全唐文

〔清〕董誥等編

三

中華書局

欽定全唐文卷二百一

薛孤吳仁

吳仁龍朔朝官右金吾衛將軍封朔方公

僧道拜君親議狀

道家立旨取貴於柔謙釋教爲宗有存於汲引雖復邁九仙而飛迹標致弗爽於同塵超十地而遊神修行豈乖於忍辱且君親尊重比乾嚴而有裕臣子忠肅申拜伏而無違斯乃萬國之大經千葉之常軌居造次而必踐處少選而難廢至若緇黃二教頓捐茲禮唯擅貢高之法莫循資敬之儀（事如同馭寺議中彈）虛啓弊風實差彝典（事如右武衛議中彈）但勸誘之規雖則多蹈等歸利物寧履義方何必驕倨爲容便躋衆妙之域虔恭表節遂隔眞如之鏡（事如左戎衛議中彈）緬尋指趣深謂不然致拜君親實爲通理謹竭愚識庶會宏謨深懼不當退用慚惕謹議

苗神客

神客龍朔時官著作郎宏文館學士上柱國封濟南縣開國男

大唐故右虞候副率檢校左領軍衛將軍上柱國

乙速孤府君碑銘（并序）

天地之大德曰生聖人之大寶曰位生不可以無宰俟有道以存之位不可以無寄（闕一字）有德以尊之故創極剖天張維闢寓大君有作（闕三字）而乘雲多士聿興仰登山而捧日可久可大闡洪業而非常立德立功垂大名於不朽存而爲一時之傑歿而爲一代之英爰有異人今可得而聞矣公諱神慶字昭祐其先王氏太原人也昔房（闕一字）以天戈耀象六英開鳳舞之祥后稷以星袟興農萬里厝鸞歌之域帝圖克峻王道攸歸周德方隆翦商以光其業齊功可遂敗敵而有其勳官族著乎天下（闕一字）緒傾乎海內五代祖顯後魏拜驃騎大將軍偉德挺生稟嵩岱之精魄洪川派别洩江海之波瀾特拔千仞盤紆九野遂賜姓爲乙速孤氏始爲京兆醴泉人焉有命承家代功居寵然後以周畿委榦奉春異鐘鼎之門漢殿乘軒田秋匪珪璋之操（闕一字）其榮閟故無得而傳之曾祖貴齊右衛大將軍儀同三司使持節都督岐州諸軍事齊州刺史周上開府儀同三司（闕一字）附大夫隨河州諸軍事河州刺史河州總管太子右庶子和仁郡開國公祖安齊前鋒都督周右武候右

六府驃騎將軍開府儀同三司使持節長州諸軍事長州刺史隋益州都督襲封和仁郡開國公拜前拜後惟昭惟穆咸以忠貞之操並資文武之林終始一心雖百君而每合出入三代居八命而逾榮父晟皇朝上開府右武候(闕一字)廿府左車騎將軍轉驃騎將軍令緒逾崇高門克大岳靈鳳德紹賢哲以相趨河目龜紋(闕一字)公侯而繼出公山資海授星傑雷英跨俗騰彩驚時駮驤雖仲連飛兎追日電以長鳴而諸葛臥龍候風雲而戢景俄屬黿鼉駕海猨鶴淩江黃神吟而寓縣分素靈歎而區域震高祖神堯皇

帝開天躧步翼日騰精偃橫流於九海蕩洪氛於八極雲雷噴薄興於晉水之湝天地氤氳闢於渭川之涘於時邑居幅裂豪俊碁分鵲起逢時之心寰中既擾烏止於誰之室寓內攸瞻公乃存悟井之深幾載驅驪阜知躍泉之秘跡言訪龍田獄訟歸禹不忘於寤寐歌舞迎周獨斷於襟抱以義寧之始乃奉見於涇陽初蒙恩命預參秦府從平京邑授通議大夫賜物六十段戎章克峻雖策勳而既重國圖伊始以門冑而方榮乃取祖長州府君之資任右親衛於時雖地開金策翦鶉旬而斯安而池(闕一字)玉(闕一字)亂

雞津而未靖公於是奉陪八校薄伐三川從討王充破青城堡賜物一百段幷袍彩牛等加勳大將軍武德元年又征薛舉二年復破武周神兵四舉每推立於後服英圖百勝必賈勇於先登時宋金剛尚憑地險更勞天伐公乃因機有捷燭雲火之高輝應變無方刋風灰之遠陣平冦之後蒙賜馬及金肇彩物百段王充以巨猾窺疊假位號於成周建德以大盜因時竊仁義於全趙恃連雞之援以興危邦託刑馬之盟方爲與國太宗乃韜龍豹旅貔貅黃鉞排天朱旗斷霧沸洛川而憤角震嵩巖而疊鼓王充以迭

食爲命不移蛩駏之心建德以弱甲相依無舛螳蜋之衛公乃懷奇請奮受命長驅破王充千金堡并從擒建德預軒聖於元符奉堯績於丹浦燕趙俄獲蚌爲脯而無遺虞虢終亡馬服輿而不失加勳柱國賜物二百段劉黑闥擁銅馬之餘孽氣蘊圖南阻金鳳之(闕一字)川兵雄趙北公乃從平清漳洛水(闕二字)因遂俘之授上柱國賜物(闕一字)段幷(闕一字)馬等綵物一百五十段粤以超時之效恒當不次之恩滿寵受田殊非異賞李忠錫馬遠多慚色尋又從破徐員朗復著奇勳既而聖情載洽念功勞止特蒙賜(闕一字)

用表深榮太宗以元雲入戶未改唐侯之爵白水開錢猶踐蕭王之號秦王府妙資左右公以良家首辟（闕一字）令長上仍賜大袍既而飛燕侵（闕一字）長虹竭井雖域中四大正西北之傾維而天下一家有東南之反氣太宗乃殄茲方命殲厥流言推大義以龔行宏至公而克翦公以九年六月四日載靜姧回因而侍衛十（闕一字）不（闕一字）既而汾陽脫屣代邸承祧高鳥盡而藏弓歸獸存而去戰公乃方從挾策且欣櫜矢結墳籍而爲器驅禮義以爲禽然以七德攸歸五營斯佇方始執鞭之任式隆初簣之基以貞觀五年

授右衛勳衛（闕四字）長上六年（闕二字）七年賜絹一百匹八年授右勳衛校尉公以懷才樂道緯武經文（闕一字）而時習顚沛必於函丈功成不居終始存乎退尺每策勳而命賞常後已而先人所以幽谷非遷望喬木而韜響潿池徒奮坐大樹而銷聲雖薄（闕一字）之志每深而厚祿之期終及十年蒙授游擊將軍守左領軍長（闕一字）府（闕一字）別將仍於永豐倉留守佳兵七萃左帶皇畿敖庾千箱傍臨陝服正壘壁其斯重瞻海陵其巳陋聿兼其任隆寄存焉十二年以（闕二字）璇極西顧玉鸞東驚皇輿帝阜肅龍駕於風雲天動神

行揚鳳旗於日月董司戎禁載佇忠賢車駕自東都還京乃勑公檢校右勳衛上府郎將十七年以震宮養德乾心佇（闕一字）乃（闕一字）詔曰（闕三字）志懷強濟計略沈遠勞効著於戎旅恪勤宣於階闥宜加榮擢周衛儲闈可守太子右衛率府勳衛郎將於是青闈振景絳地增輝招搖之柱連芳共（闕一字）蒼琅之竹比節同（闕一字）十九年馬邑懲職無蹈於驟山之義龍顏憑怒有事於遼水之陽驚雷輜於碣石洗天兵於海島時高宗天皇大帝銅樓毓粹玉裕流溫雖義在懸弓宜扈於擒縱而時方主鬯實資於監撫乃（闕二字）州

留守命公（闕二字）奉儲闈廿年丁驃騎府君憂去職遏輟移巷（闕一字）悲陟岵絕漿九日巳摧唐頌之心茹痛三年每泣高柴之血廿三年詔授太子右衛率府翊衛郎將犀鉤在飾鶴（闕一字）登榮抑禮援琴仍奏樂風之韻踰朞改燧更承重日之輝既而龍躍在天正銀題於紫極鴻飛漸陸振玉羽於元霄高宗卽位之後授右衛郎將永徽三年除右驍衛翊衛中郎將張奐坐帷奮雄邊之遠略馬卿建節馳喻蜀之高文才宦雙美括囊千載五年詔授太子右虞候副率尋加兼太子右虞候副率徐邈授經之彥師表攸存卞

敦良將之才閑邪是屬公之授也斯實兼焉俄屬六麟徐駕御西京之霧雨五斗遐拂俯（闕一字）洛之風煙鈎陳（闕一字）委英賢是賴駕幸東都之日檢校左領軍衛將軍尋又駕幸并州勑公於并州先置還東都日檢校右領軍衛將軍仍知六閑馬事淵驪簫雲歕（闕二字）於雪谷瑞（闕一字）生風銜珠耀於（闕二字）職無不理帝有嘉焉俄又兼太子右衛率（闕一字）惟（闕一字）秩實（闕一字）茲（闕六字）建功茂仲以主門興績瞻言故實英尚斯遂公以傳之則爲優矣方冀有仁必壽有壽必隆而位未極於鈎璜（闕一字）問望周之浦齒不延於練玉

遽頹觀魯之峯以顯慶五年八月廿四日遘疾（闕三字）於（闕五字）之私第春秋六十有二冕旒興悼哀榮兼極勑書垂慰賵贈逾隆詔問嗣子行儀等幷賜物二百段粤以龍朔三年歲次癸亥二月乙酉朔十九日奚時永厝於雍州醴泉縣履中川以從先旨禮也惟公降辰象緯誕靈川嶽德光寶璧舒白氣以成虹才苞利器橫紫氣而射斗昔在髫初即踰常類嶷然殊狀如旭日之吐青山湛乎深識若明月之含碧海克岐日就至性天成教以義方則行之靡失趨而有訓則奉以無違承顏必當於隱犯知年每形於喜懼不愆於德瞻梓無以措其徽未嘗有過折蓼無以（闕一字）其罰洎乎歷丁艱疚殆不勝喪在驃騎府君之憂公時已班隆貴屢將毀滅痛深朝野於時乃有巢燕乳於倚廬觀聽嗟（闕一字）古今攸絕豈止許孜永慕棲雛翟於虛檐丁密窮哀（闕一字）鵜梟於（闕一字）沼若斯而已矣加以友于成性（闕一字）愛爲懷共駕無睽屢極鍾輿之（闕一字）同衾有慰每追姜室之歡兄弟數人公爲其長居上斯睦撫下惟仁奕奕增映怡怡可樂其後五門將闕三荆遽慘公乃責深自筆悲共氣而無終訓切在原泣分形而有異雖同胞竟阻王修之

喻罕遵而推產不干卜式之資（闕一字）給公以鼎貴餘業財逾鉅萬一無所取咸以讓焉遐邇嗟服宗姻駭歎公以幼承教義早聞詩禮德思潤己學尚專門俄屬有隋蕩覆生人殄喪擲書劒而事干戈棄俎豆而修軍旅故得藝殫弧矢精極韜鈐戟枝楊葉窮取睽之妙金遺玉堂盡殪戎之術所以革車每次大憝斯殲（闕一字）應（闕一字）策兵無挫銳非以賞而邀利寧以功而自伐然而因時命律積稔論兵受而莫違當厚惠而居百夫之長推而不有委榮名而辭萬戶之侯卓矣高蹤魯連豈唯於蹈海安乎卑位曼倩遂勞

於執戟大雅君子斯之謂焉子國子明經高第朝請大夫行綿州司馬行儼寧遠將軍守岐陽府長上折衝行均游擊將軍守甘泉府左果毅都尉行方等或傳經綜業或良弓嗣美誠在孝而斯勇實致果而爲雄仁者安仁心無昧於觀行將門有將理不差於必復既而匪莪嬰酷悴柏纏哀攀纛索而增慕循鑿楹而載感於是乃與昆季聚族興言以爲陵谷難恃風猷易絕雲臺入畫莫究遺芳天祿藏書方成蠹簡欲垂不刊之跡必存無愧之辭於是爰勒他山用旌斯烈庶使波溢渤澥識墮淚於千齡麓徙琅琊傳

受辛於萬古其詞曰

立功立德惟武惟文銘戈著範勒鼎昭勳名懸日月氣稟風雲誰其克紹卓矣夫君緒派伊堃（闕一字）隆淮篤肇錫官族即榮昌裔衮服有輝旗章靡替明德斯謀高門是繼英英亮狀灼灼瑰奇不愆於道無忒其儀光含巨闕彩振長離公（闕一字）比驥呂望非彫運屬時屯道參人傑鵬圖鳳舉雲迴風烈濟水秦亡登山趙滅功成百勝途夷九折已建宏勳俄膺懋寵期門甫陟羽林初奉帝庾斯衞儲兵載擁寓省才高司偕位重官連四萃望越五營聲芳漢將器表

周楨未登召室遽掩佳城哀纏國寶痛結人英樹慘王哀松凋許泣九泉長送百身何及鶴兆方兼烏墳永戢山秋月思野寒風急傳鉤令緒待漏英才蘭期奄隔楸思俄開圖芳隧路紀德泉臺九原徽烈萬古風埃

祥妖對

人雖至靈而稟性含氣同於萬類故吉凶兆於彼而禍福應於此聖人受命龍鳳爲佳瑞者和氣同也故漢高斬蛇而驗秦之必亡仲尼感麟而知已之將死夷羊在牧殷紂以絕鸜鵒來朝魯昭出奔鼠舞端門燕刺誅死大鳥飛集

昌邑以敗是故君子虔恭寅畏動必思義雖在幽獨如承大事知明神之照臨懼患難之及已也雉升鼎耳殷宗側身以修德鵩止坐隅賈生作賦以敘命卒無患者德勝妖也

李儼

儼字仲思隴西人龍朔中官中臺司藩大夫

益州多寶寺道因法師碑文（并序）

大哉乾元播物垂象肇有書契文籍生焉雖十翼精微陰陽之化不測九流沈奧仁義之塗斯闡而勞生蠢蠢豈厭

塵門闇海茫茫恒漂苦浪亦有寶經浮說錦籍寓詞駕鳳升雲驂龍棲月跡均轉縷空溺志於邪山事比繫繩詎知方於覺路孰若訓昭金口道祕瓊箱靜痛毒於三漏拯橫流於五濁是生是滅發蓮花之音非色非空被栴檀之簡暨乎鶴林稅軫涅槃之岸先登鳥筆記言總持之苑斯闢結集之侶揚其實諦傳授之賓宏其妙理然則紹宣神典幽贊元宗跨生肇以遐騫追安什而曾鶩可以聲融繡石采絢雕圖則於我法師而見之矣法師諱道因俗姓侯氏濮陽人也自繞樞凝祉紀雲而錫允貫昴摛祥奠川而分

緒司徒以威容之盛垂範漢朝侍中以才悟之奇飛芳晉牒衣冠繼及代有人焉祖闞齊冀州長史父瑒隨柏人縣令並琢磨道德砥錫文藝或題輿展驥贊務於千里或烹鮮製錦馳聲乎一同法師稟祐居醇含章縱哲覃訏之歲粹采多奇髫齔之辰殊姿獨茂孝愛之節慈順之風率志斯存因心以極年甫七歲丁于內艱嗌粒絕漿殆乎滅性成人之德見稱州里免喪之後乃發宏誓而以風樹不停浮生何恃思去髮膚之愛將酬罔極之恩便詣靈巖道場從師習誦而識韻恬爽聰悟絕羣曾不浹旬誦涅槃二袠

舉衆嗟駭以爲神童逮乎初丱方蒙落髮於是砥行飭躬架德緝道篋蛇能懾心猨久制遡流增智望井加勤在疑必請見義思益尋講涅槃十地洞盡幽微宿齒名流咸所歎異及受具戒彌復精苦若浮囊之貞全譬圓珠之朗潔始聽律義遍訖便講辨析文理綜核指歸十誦之端五篇之賾寫缾均美傳鐙在照又於彭城嵩論師所聽攝大乘嵩公懿德元猷蘭薰月映門徒學侶魚貫鳧集講室談筵爲之闐隘遂依科戒而爲節文年少沙門且令習律曉四分者方許入聽法師夏臘雖幼業行攸高獨於衆中迴見

推挹每敷攝論即令復講而披演詳悉詞韻清暢諸方翹俊靡弗歸仰於是遍窺釋典咸通密藏五乘之說四印之宗照盡幾初言窮慮始每摳衣講席隱几雕堂舉以玉柄敷其金牒渙乎冰釋怡然理順延惠風而不倦同彼清流譍來響而無疲類夫虛谷搢紳之客慕義波騰緇黃之侶承規景赴法師志求冥寂深厭囂滓乃負袠褰裳銷聲太嶽寢谿局岫飲露餐霞樹偃禪枝泉開定水凡經四載將詣洛中屬昏季陵夷法網嚴峻僧無徒侶弗許遊涉於是杖錫出山孑焉孤邁恐罹刑憲靜念觀音少選之閒有僧

欻至皓然白首請與俱行迨至銅街暨於金地俯仰之際莫知所在咸謂善逝之力有感斯見非夫確至曷以臻乎既而黃霧興祆丹風起孽中原蕩覆具禍以燼法師乘杯西邁避地三蜀居於成都多寶之寺而靈關之右是曰隩區遠接荆舒近通卭僰邑居隱軫人物叢湊宏才鉅彥碩德高僧咸挹芳猷歸心接足及金符啓聖寶歷乘時運屬和平人多好事導元流於已絕闢妙門之重鍵法師以精博之敏爲道俗所遵每設講筵畢先招迓常講維摩攝論聽者千人時有寶暹法師東海人也植藝該洽尤善大乘

昔在隋朝英塵久播學徒來請接武摩肩暹公傲爾其間仰之彌峻每至法師論義肅然改容沈吟久之方用酬遣法師抗音馳辯雷驚波注盡妙窮微藏牙折角益州總管鄧國公竇璡行臺左僕射贊國公竇軌長史申國公高士廉范陽公盧承慶及前後首僚并西南嶽牧並國華朝秀重望崇班共藉聲芳俱申虔仰由是梁岷之地庸濮之甿飮德餐仁雲奔雨集法師隨緣誨誘虛往實歸昔曇翼高奇教闡沈犀之壤法和通敏道著蹲鴟之域協時揆事抑亦是同考業疇聲彼則非裦而以久居都會情異傲眞養中晦跡可求天解復於彭門山寺習道安居此寺往經廢毀院宇凋殘法師慨然構懷專事營輯若乃危巒迢遰俯瞰龍隄絕磴逶迤斜臨鴈水近對青城之巘遙瞻赤里之街雲榭參差星橋縈映於是分巖列棟架壑疏基窈窕陵空徘徊單景松吟竹嘯共寶鐸以諧聲月上霞舒與璇題而並色仙花祕草冬夏開榮擾獸馴禽晨昏度響諒息心之勝境毓道之淨場乎而以九部微言三界式仰緬惟法盡將翳龍宮揮兎豪而匪固籥魚網而終滅未若鐫勒名山永昭弗朽遂於寺北巖山刻石書經窮多羅之祕奏盡

毗尼之妙義縱洪瀾下注巨火上焚俾此靈文永傳退劫豈直迷生之類覩之而發心後學之徒詳之而悟道既而清猷遠暢峻業遐昭遂簡宸衷乃紆天綍追赴京邑止大慈恩寺與元奘法師證譯梵本奘法師道軼通賢德鄰將聖揭遊天竺集梵文而爰止旋謁皇京奉綸言而載譯以法師宿望特所欽重瑣義片詞咸取刊證斯文弗墜我有其緣慧日寺主楷法師者聰爽溫贍聲藹鴻都乃首建法筵請開奧義帝城緇俗具來諮稟欣焉相顧得所未聞諸寺英翹懣然祇服咸敷師子之坐用佇頻伽之音法師振

以元詞宣乎幽偈同炙輠而逾暢譬連環而靡絕耆年梓德曠士通儒粉滯稽疑雲消霧蕩伏膺請益于嗟來暮惟法師姿韻端凝履識清敏粹圖內蘊溫采外融運柔嘉以成性體齋遬而行己峻節孤上夷險同貫沖懷不撓是非齊躅加復研幾史籍尤好老莊咀其菁華含其腴潤包四始於風律綜五聲於文緒宿植勝因恬榮撓欲善來佛子落采菴園開意花於福庭濯元波於妙境而貞苦之操絕衆超倫聰亮之姿踰今邁昔信法徒之冠冕釋氏之棟梁乎凡講涅槃華嚴大品維摩法華楞伽等經十地地持毗

曇智度攝論對法佛地等論及四分等律其攝論維摩仍出章疏既而能事畢矣宏濟多矣脫屣於夢境棲神於淨域春秋七十有二以顯慶三年三月十一日終於長安慧日之寺梵宇殲良眞門喪善悲纏素侶慟結緇徒即以四年正月旋乎益部二月八日窆於彭門光化寺石經之側道俗門人星流波委銜哀追送衆有數千巖谷爲之傳響風雲於是變色慧日寺徒衆並蠲邪迪妙綜理探微保素眞源歸元正道自法師戾止咸共遵崇追思靡及情深軫慕弟子元凝等稟訓餐風師稱上足而以慈鐙罷照崇山無仰循堂室而濡涕對几帷而流慟敬於此寺刊金撰德氣序雖遷音塵方煽亦猶道林英範託繡礎以長存慧遠徽猷寄雕碑而不朽其詞曰

緬哉佛性廓矣元門功昭曠劫化拯重昏沖儀已謝妙道斯存匪伊開士孰暢其言於顯法師誕靈傑起如松之秀如巖之峙穆穆風規堂堂容止行窮隱括識洞名理爰初紐錦早厭樊籠言從落飾乃沐元風將超八難即悟三空貞圖可仰峻範彌融鹿野微詞猴江粹典源流畢究奧隅咸踐法鏡攸懸信花彌闡振嶽符論奔濤喻辯昔在昏虐

時逢禍亂東去戢道西遊達難天啓聖期光華在旦翼教嶓益騰聲巴漢爰雕淨境于彼曾岑分櫚架壑聳塔依林摻金緝義篆石雕金芥城斯盡勝跡無侵載奉王言來遊帝宅慧義資演眞宗佇譯紫庭之彥丹臺之客並企清儀俱餐妙賾淪羲闕五字光遽嗟分岸永泣摧梁龕留舊影室泛殘香書芬紀藹地久天長

蘇知機

知機儀鳳二年官太常博士

請改定章服奏

去龍朔年司禮少常伯孫茂道奏請諸臣九章服與乘輿冕服章數雖殊飾龍名袞尊卑相亂望請諸臣九章衣以雲及麟代龍升山爲上仍正冕名當時竟未施行今請制大明十二章乘輿服之加日月星辰龍或山火麟鳳元龜雲水等象鷩冕八章三公服之毳冕六章三品服之絺冕四章五品服之

李思元

思元字文成高安人舉進士爲文林郎滕王元嬰爲洪州都督待以師友之禮

對鄉射司正倚旌判

甲司正命獲者倚旌爲有司所糾詞云兼官無事

國有燕饗代存飲射貴以觀德先乎踐禮故比茲六耦是辨其等威抗彼三侯必憑乎班列眷言伊甲則曰司存實掌厥儀克閑乃事序賓明揖讓之則進或歷階贊射辨升降之儀退惟輔序而決拾是佽弓矢斯調射人發功非無破的之藝司正命獲爰有倚旌之禮將欲乘其多算罰以弛弓使夫沮勸必明威容可則況職不在備禮或從宜無事則兼寧云離局之過有司所糾實負曠官之責

李尚一

尚一趙郡元氏人

開業寺碑并序

夫八龍荀里榮問在於當年駟馬于門餘慶消於終古亦有漢將軍之甲第磨滅成空魯司寇之華堂摧殘已盡豈不以泡露倏忽陵谷遷移寂寥千載煙塵四合雖復武陵洲曲時逢李衡之樹山陽苑中頗見嵇康之竹竟未能激揚眞界取大壯於龍宮欽崇妙境授全模於象塔是用神

居肅穆靈德支持縱石盡而猶存與金剛而不壞鞠遺蹤於茂草彼或未思攀勝果於堅林我誠先覺開業寺者後魏黃門郎使持節衞大將軍陝州刺史都督冀定瀛相殷五州諸軍事定州刺史尚書令司徒公固安縣開國伯李公捨山第之所立也其地則前臨漳水金鳳騁光而振儀郡負常山玉馬騰姿而絕影東瞻峻堞宛若香城西據崇巖依然雪嶺蓋全趙之勝地焉公諱裔字徽伯趙郡元氏人也珪璋盛德代資卿相之林鐘鼎貴遊人負河山之氣便繁竹使入天門而上八重密勿槐庭登太階而步三級

朱輪趨闕拜天子於南宮黃閣當衢肅羣公於北里位望隆矣歡娛極矣乃喟然歎曰假使門兼萬石不能遣生滅之源家累千金不能去吉凶之域以爲同生者物異物者超生滯教者方離方者會教挹三明而豁悟乘公正以虛求妥貶泰於豐家庶推煩於朽宅及其高臺未毀曲池猶濬迴季倫之業作須達之園昔我宴居今成法宇變歌梁於月殿卽下梵塵移舞觀於花臺還飄淨雪八功德水波通西舍之池四禪定林影庇東鄰之樹爾其考輪奐度崇高或仍舊而標迹或惟新而廣制隨方授矩基階因巨壑

之形審曲裁規垣院取重巒之狀岧嶤香閣涌地神行窈窕禪棲中天化立千門遠闢當斷岫而全開百栱危承隱連峯而半出垂珠綴玉日月迴薄於山窗刻贊圖龍風雲吐納於巖棟優填靈匠盡變態而無窮闍崛眞容極尊嚴而有睟青蓮目湛猶縱觀於南浮丹菓脣開似微言於西竺詭狀千名而競出殊名萬計以爭陳觸類長之能事畢矣先是有沙門僧明曇寶等並不知何許人屬魏氏之遷都隨孝文而戾止咸以冥通勝範夙證良緣非聲聞乘是菩薩行動機靈於物表屈形相於人間覩茲願力共謀經始當由道資冥助故使天降異人大矣哉諒福庭之最也于彼延昌之末錫其偃角之名孝昌年際改爲隱覺自魏歷齊僧徒彌廣德均鶖鷺數若稻麻洎乎周季道消芟夷像教斯虐主之稱亂甚魔王之末降四百八藏之文咸淪汲冢飛錫乘杯之侶悉陷秦坑遂使多寶湮覆支提廢毀散給勳臣以充園第可爲長歎息矣公之嫡孫襲固安伯祖元締感遺墟果蒙恩賜城侔越國淨王多後嗣之家地擬齊塵晏子據先臣之宅旣而蒼精失御赤運登符大宏妙有廣標靈刹慧日昏而還曙法流塞而更通祖元復捨

舊居而爲淨域北堂安寢之處重扇元風東閣招賢之所再流清唄遂能上聞旒纊光動絲綸以公淨業攸開更以開業爲稱首俄而燬室云謝波旬縱慝寰中法侶盡嬰塗地之災海內仁祠多溺滔天之浸惟此靈構巋然獨存因大聖之依憑威傾六賊賴諸天之守護壤隔三災苟非至德通神奇工入妙其孰能與於此也皇明首出大拯橫流繫醉象而定昆陽斬毒龍而清冀野反淳風於上葉集甘露於中枝都畿壯而帝服闢國土淨而天冠皦蜂臺切漢方演化於時和鳳刹臨雲尚韜名於朝命祖元第二子維

摩武德年中趙定二州別駕屬乾坤漸泰曦望初華攀龍之茂績既宣展驥之休聲克著永言堂構題目闕如屢有申聞情逾懇至重使澤流元地金輪轉北走之途渙發紫泥銀牓照東方之國粤以貞觀四年還賜舊額爲開業寺也上座圓徹寺主圓鏡都維那道英大德僧道寬智習圓一圓眞道通慈倫道名等並董修戒範持護律儀騰逸氣於三空汎仙舟於八解鳩摩羅什望景傾魂鴈門慧遠聞風動色且夫難捨能捨遠人隆百代之基從明入明君子積萬年之祚誠哉斯道信而有徵公第五子子雄隋輔國

將軍平東將軍左金紫光祿大夫通直散騎常侍驃騎大將軍儀同三司使持節豪州刺史鴻臚卿進爵高都公河北道行臺兵部尚書曾孫緯皇朝宗正衞尉司農三寺卿金紫光祿大夫荊州大都督府長史幽州都督戶部尚書太子詹事懷洛蒲三州刺史襲高都公緯弟俊皇朝揚州大都督府兵曹參軍汴州封邱易州易縣舒州太湖三縣令朝議郎行商州司馬上騎都尉箕裘遞襲憑蔗苑而彌昌黻冕相承託檀波而轉盛大仙幽讚鄉長則累葉無慚大覺顯仁公侯則連華必復詎比夫謝家遺宅徒擬甘棠

韓國舊臺空傳酸棗而已但此寺爰初締葺迄乎崇麗公又發宏誓願圖徽曠劫乃建豐碑將符鏤鼎嗟乎十烏傾日二鼠催年空留白凡之名未勒黃金之字俊第八子宣德郎行本州錄事參軍事雲騎尉崇悊即公之元孫也風神秀嶷器業甄明發揮經史抑揚詞翰申鴻漸於上藩屈鵬摶於中錄雖榮厤作牧褰襜之位未登而仕闕一字還鄉衣錦之遊斯在欽惟舊德祗若先功望鹿園而拜首登鷲山而禮足於是仰挹緇徒傍詢碧殿翦荒苔而相質允屬謀孫訪麗藻而披文無遺小子乃命從姪尚一製文焉尚

一學謝探微詞慚析妙謝安庭序叨承白雪之篇韋孟宗祧敢述彤弓之詠庶使家風入偈抗佛土以飛英祖德惟眞積僧祇而不朽重宣此義乃爲銘曰

美哉東墅奐乎西第榮觀一時湮沈千歲邪山易擁愛河難濟徒徇假名竟迷眞諦其一達人藹藹情洞如如爰推別業式建精廬跨谷彌阜乘危躡虛傍通碣館直抵漳渠其二凌雲之闕一字匪日而就廣制彌新崇基即舊蚪檐吐鍔鳳甍銜岫月落上楹星迴中霤其三有周滅德怠棄眞實勝彼伽藍咸成鞠草洎於赤帝紹隆元道弊風一革慈雲再造

（其四）漢東鹿走燕南狼籍毒被王城災延帝石四魔怙亂三乘泯迹獨此招提居然不易（其五）功符化造事叶神憑妙物凝粹眞人效徵皇家鳳舉帝室龍興一戎底定五濁攸澂（其六）法門既闢（闕一字）源載返道貫芴山恩孚柰苑雞峯仞積鶴池波偃地絕風塵人多林遠（其七）七州論德四（闕一字）標榮猶嬰有待豈悟無生我祖騰懿天師配明還因梵筆永播家聲（其八）

欽定全唐文卷二百二

王友方

友方高宗朝官吏部郎中

對司倉拔𦴤父老送錢判

滑州刺史初臨人掃第以待司倉乃拔家𦴤一本水一器置於第中刺史入第見之以其饋餉遂與下考司倉不伏又越州都督吏滿將還父老以錢物追送都督各取大錢一枚廉使訪知科其贓罪刑部例以爲不當

負海名區攸稱越府濱河大郡爰指滑臺旁連射的之巖俯帶灑舟之浦戶千人萬實俟廉能露冕褰帷是資寬惠司倉之置水拔𦴤方取喻於龐參父老之賚物送錢乃報恩於劉寵漢陽服其高義耶溪書以清風取之者不以爲貪置之者無聞於詭詭不累物難以損名貪不汝來詎得而罪饋餉之理與此全乖廉察之行殆將謬舉賴秋官審愼宏兹閱實類皆無罪竊謂合宜

馮神德

神德高宗朝官御史。

上釋在道前表

臣聞祕教東流因明后而闡化元風西運憑至識以開宗故知宏濟千門義宣於雅道提誘萬品理塞於邪津只可隨聖教以抑揚豈得逐人事而興替沙門者求未來之勝果道士者信有生之自然自然者貴取信眞絕其近僞之迹勝果者意存杜漸遠開趣道之心誘濟源雖不同從善終歸一致伏惟皇帝陛下包元建極御一飛貞乘大道以流謙順無爲而下濟因心會物教不肅成今乃定道佛之尊卑抑沙門之拜伏拜伏有同常禮未是出俗之因尊卑

物我之情豈曰無爲之妙陛下道風攸闡釋教載陳每至齋忌皆令祈福一依經教二者何獨乖違陛下者造化之神宗父母者人子之慈稱陛下以至極之重猶停拜敬之儀所生既曰人臣何得曲伸情禮捨尊就愛棄重違輕緣情猶尚不通據教若爲行用陛下統天光道順物流形形物尚不許違淨教何宜改作願陛下因天人之志順萬物之心停拜伏之新儀遵尊卑之舊貫庶望金光東曜不雜塵俗之悲紫氣西曛無驚物我之貴卽大道不昧而得相於明時福業永貞庶重彰於聖日謹言

李鼎祚

鼎祚資州人開耀時官祕書省著作郎

周易集解序

元氣絪緼三才成象神功浹洽八索成形在天則日月運行潤之以風雨在地則山澤通氣鼓之以雷霆至若近取諸身四支百體合其度遠取諸物森羅萬象備其工陰陽不測之謂神一陰一陽之謂道範圍天地而不過曲成萬物而不遺仁者見之以爲仁知者見之以爲知百姓日用而不知君子之道鮮矣斯乃顯諸仁而藏諸用神无方而易无體巍巍蕩蕩難可名焉逮乎天尊地卑君臣位列五運相繼父子道彰震巽索而男女分咸恒設而夫婦睦人倫之義既闡家國之教鬱興故繫辭云古者庖犧氏王天

下也始畫八卦以通神明之德以類萬物之情作結繩而爲罔罟以佃以漁蓋取諸離庖犧氏沒神農氏作斲木爲耜揉木爲耒耒耨之利以教天下蓋取諸益日中爲市致天下之人聚天下之貨交易而退蓋取諸噬嗑神農氏沒黃帝堯舜氏作通其變使人不倦神其化使人宜之刳木爲舟剡木爲楫舟楫之利以濟不通蓋取諸渙服牛乘馬

引重致遠蓋取諸隨古者穴居而野處後代聖人易之以宮室蓋取諸大壯弦木爲弧剡木爲矢弧矢之利以威天下蓋取諸睽上古結繩爲政後代易之書契百官以理萬人以察蓋取諸夬故聖人見天下之賾而擬諸形容象其物宜而觀其會通以行其典禮觸類而長之六十四卦三百八十四爻天下之能事畢矣其旨遠其辭文其言曲而中其事肆而隱若夫雜物撰德辯是與非終日乾乾夕惕若厲無有師保如臨父母自天祐之吉无不利者也至於損以遠害說以先之定其交而後求安其身而後動履和

而致謙尊而光能說諸心能研諸慮是故君子居則觀其象而玩其辭動則觀其變而玩其占蓍之德圓而神卦之德方以智探賾索隱鉤深致遠定天下之吉凶成天下之亹亹莫善乎蓍龜神以知來智以藏往將有爲也問之以言其受命也應之如響無有遠邇幽深遂知來物故能窮理盡性利用安身聖人以此洗心退藏於密自然虛室生白吉祥至止坐忘遺照精義入神口僻焉不能言心困焉不能知微妙元通深不可識易有聖人之道四焉斯之謂矣原夫權輿三教鈐鍵九流實開國承家修身之正術也自卜商入室親授微言傳注百家緜歷千古雖競有穿鑿猶未測淵深唯王鄭相沿頗行于代鄭則多參天象王乃全釋人事且易之爲道豈偏滯於天人者哉致使後學之徒紛然淆亂各修局見莫辨源流天象遠而難尋人事近而易習則折楊皇荂嗑然而笑方以類聚其在茲乎臣少慕元風遊心墳籍歷觀炎漢迄今巨唐采羣賢之遺言議三聖之幽賾集虞翻荀爽三十餘家刊輔嗣之野文補康成之逸象各列名義共契元宗先儒有所未詳然後輒加添削每至章句僉例發揮俾童蒙之流一覽而悟達觀之

士得意忘言當仁既不讓於師論道豈慚於前哲至如卦爻彖象理涉重元經注文言書之不盡別撰索隱錯綜根萌義音兩存詳之明矣其王氏略例得失相參采葑采菲無以下體仍附經末式廣未聞凡成一十八卷以貽同好冀將來君子無所疑焉祕書省著作郎臣李鼎祚序

孫處禮

處禮字過庭富陽人高宗朝官率府錄事參軍

書譜

夫自古之善書者漢魏有鍾張之絕晉末稱二王之妙王

羲之云頃尋諸名書鍾張信爲絕倫其餘不足觀可謂鍾張云沒而羲敬繼之又云吾書比之鍾張鍾當抗行或謂過之張草猶當雁行然張精熟池水盡墨假令寡人耽之若此未必謝之此乃推張邁鍾之意也攷其專擅雖未果於前規摭以兼通故無慚於卽事評者云彼之四賢古今特絕而今不逮古古質而今妍夫質以代興妍因俗易雖書契之作適以記言而淳醨一遷質文三變馳騖沿革物理常然貴能古不乖時今不同弊所謂文質彬彬然後君子何必易雕宮於穴處反玉輅於椎輪者乎又云子敬之

不及逸少猶逸少之不及鍾張意者以爲評得其綱紀而未詳其始卒也且元常專工於隸書百英尤精於草體彼之二美而逸少兼之擬草則餘眞比眞則長草雖專工少劣而博涉多優總其終始匪無乖互謝安素善尺牘而輕子敬之書子敬嘗作佳書與之謂必存錄安輒題後答之甚以爲恨安嘗問敬卿書何如右軍答云故當勝安云物論殊不爾子敬又答時人那得知敬雖權以此辭折安所鑒自稱勝父不亦過乎且立身揚名事資尊顯勝母之里曾參不入以子敬之豪翰紹右軍之筆札雖復粗傳楷則

實恐未克箕裘況乃假託神仙恥崇家範以斯成學孰愈面牆後羲之往都臨行題壁子敬密拭除之輒書易其處私爲不惡羲之還見乃歎曰吾去時眞大醉也敬乃內慚是知逸少之比鍾張則專博斯別子敬之不及逸少無或疑焉余志學之年留心翰墨味鍾張之餘烈挹羲獻之前規極慮專精時逾二紀有乖入木之術無間臨池之志觀夫懸針垂露之異奔雷墜石之奇鴻飛獸駭之資鸞舞蛇驚之態絕岸頹峯之勢臨危據槁之形或重若崩雲或輕如蟬翼導之則泉注頓之則山安纖纖乎似初月之出天

涯落落乎猶衆星之列河漢同自然之妙有非力運之能成信可謂志巧兼優心手雙暢翰不虛動下必有由一畫之間變起伏於鋒杪一點之內殊衄挫於毫芒況云積其點畫乃成其字曾不傍窺尺牘俯習寸陰引班超以爲辭援項籍而自滿任筆爲體聚墨成形心昏擬效之方手迷揮運之理求其妍妙不亦謬哉然君子立身務修其本揚雄謂詩賦小道壯夫不爲況復溺思毫釐淪精翰墨者也夫潛神對奕猶標坐隱之名樂志垂綸尚體行藏之趣詎若功定（一作宣）禮樂妙擬神仙猶埏埴之罔窮與工鑪而並

運好異尚奇之士翫體勢之多方窮微測妙之夫得推移之奧賾著述者假其糟粕藻鑒者挹其菁華固義理之會歸信賢達之兼善者矣存精寓賞豈徒然與而東晉士人互相陶染至於王謝之族郗庾之倫縱不盡其神奇咸亦挹其風味去之滋永斯道逾微方復聞疑稱疑得末行末古今阻絕無所質問設有所會緘祕已深遂令學者茫然莫知領要徒見成功之美不悟所致之由或乃就分布於累年向規矩而猶遠圖眞不悟習草將迷假令薄解草書麤傳隸法則好溺偏固自閡通規詎知心手會歸若同源

而異派轉用之術猶共樹而分條者乎加以趨事適時行書爲要題勒方富眞乃居先草不兼眞殆於專謹眞不通草殊非翰札眞以點畫爲形質使轉爲情性草以點畫爲情性使轉爲形質草乖使轉不能成字眞虧點畫猶可記文迴互雖殊大體相涉故亦傍通二篆俯貫八分包括篇章涵泳飛白若豪釐不察則胡越殊風者焉至如鍾繇隸奇張芝草聖此乃專精一體以致絕倫伯英不眞而點畫狼籍元常不草而使轉縱橫自玆已降不能兼善者有所不逮非專精也雖篆隸草章工用多變濟成厥美各有攸宜篆尚婉而通隸欲精而密草貴流而暢章務險而便然後凜之以風神溫之以妍潤鼓之以枯勁和之以閑雅故可達其情性形其哀樂驗燥濕之殊節千古依然體老壯之異時百齡俄頃嗟乎不入其門詎窺其奧者也又一時而書有乖有合合則流媚乖則彫疏略言其由各有其五神怡務閑一合也感惠徇知二合也時和氣潤三合也紙墨相發四合也偶然欲書五合也心遽體留一乖也意違勢屈二乖也風燥日炎三乖也紙墨不稱四乖也情怠手闌五乖也乖合之際優劣互差得時不如得器得器不如

得志若五乖同萃思遏手蒙五合交臻神融筆暢暢無不適蒙無所從當仁者得意忘言罕陳其要企學者希風敘妙雖述猶疏徒立其工未敷厥旨不揆庸昧輒效所明庶欲宏既往之風規導將來之器識除繁去濫覩迹明心者焉代有筆陣圖七行中畫執筆三手圖貌乖舛點畫湮訛頃見南北流傳疑是右軍所製雖則未詳眞僞尚可發啓童蒙既常俗所存不藉編錄至於諸家勢評多涉浮華莫不外狀其形內迷其理今之所撰亦無取焉若乃師宜官之高名徒彰史牒邯鄲淳之令範空著縑緗暨乎崔杜以

來蕭羊以往代祀綿遠名氏滋繁或藉甚不渝人亾業顯或憑附增價身謝道衰加以糜蠹不傳搜祕將盡偶逢緘賞時亦罕窺優劣紛紜殆難觀縷其有顯聞當代遺跡見存無俟抑揚自標先後且六文之作肇自軒轅八體之典始於嬴正其來尚矣厥用斯宏但今古不同妍質懸隔既非所習又亦略諸復有龍蛇雲露之流龜鶴花英之類乍圖眞於率爾或寫瑞於當年巧涉丹青工虧翰墨既異夫楷式非所詳焉代傳羲之與子敬筆勢論十章文鄙理疏意乖言拙詳其旨趣殊非右軍且右軍位重才高調清詞

雅聲塵未泯翰牘仍存觀夫致一書陳一事造次之際稽古斯在豈有貽謀令嗣道叶義方章則頓虧一至於此又云與張伯英同學斯乃更彰虛誕若指漢末伯英時代全不相接必有晉人同號史傳何其寂寥非訓非經宜從棄擲夫心之所達不易盡於名言言之所通尚難形於紙墨粗可髣髴其狀綱紀其辭冀酌希夷取會佳境闕而未逮請俟將來今撰執使轉用之由以祛未悟執謂深淺長短之類是也使謂縱橫牽掣之類是也轉謂鉤鐶盤紆之類是也用謂點畫向背之類是也方復會其數法歸於一途

編列衆工錯綜羣妙舉前人之未及啓後學於成規窺其根源析其枝派貴使文約理贍迹顯心通披卷可明下筆無滯詭辭異說非所詳焉然今之所陳務裨學者但右軍之書代多稱習良可據爲宗匠取立指歸豈惟會古通今亦乃情深調合至使摹搨日廣研習歲滋先後著名多從散落歷代孤紹非其效歟試言其由略陳數意止如樂毅論黃庭經東方朔畫讚太師箴蘭亭集序告誓文斯並代俗所傳眞行絕致者也寫樂毅則情多怫鬱書畫讚則意涉瓌奇黃庭經則怡懌虛無太師箴又縱橫爭折暨乎蘭

亭興集思逸神超私門感誓情拘意慘所謂涉樂方笑言哀已歎豈惟駐想流波將貽嘽喛之奏馳神睢渙方思藻繪之文雖其目擊道存尚或心迷義舛莫不强名爲體共習分區豈知情動形言取會風騷之意陽舒陰慘本乎天地之心既失其情理乖其實原夫所致安有體哉夫運用之方雖由己出規模所設信屬目前差之一豪失之千里苟知其術適可兼通心不厭精手不忘熟若運用盡於精熟規矩闇於胷襟自然容與徘徊意先筆後瀟灑流落翰逸神飛亦猶宏羊之心預乎無際庖丁之目不見全牛嘗

有好事就吾求習吾乃粗舉綱要隨而授之無不心悟手從言忘意得縱未窮於衆術斷可極於所治矣若思通楷則少不如老學成規矩老不如少思則老而逾妙學乃少而可勉勉之不已抑有三時時然一變極其分矣至如初學分布但求平正既知平正務追險絕既能險絕復歸平正初謂未及中則過之後乃通會通會之際人書俱老仲尼云五十知命而七十從心故以達夷險之情體權變之道亦猶謀而後動動不失宜時然後言言必中理矣是以右軍之書末年多妙當緣思慮通審志氣和平不激不厲

而風規自遠子敬已下莫不鼓努為力標置成體豈獨工用不侔亦乃神情懸隔者也或有鄙其所作或乃矜其所運自矜者將窮性域絕於誘進之途自鄙者尚屈情涯必有可通之理嗟乎蓋有學而不能未有不學而能者也考之即事斷可明焉然消息多方性情不一乍剛柔以合體忽勞逸以分驅或恬憺雍容內涵筋骨或折挫槎枿外曜鋒芒察之者尚精擬之者貴似況擬不能似察不能精分布猶疎形骸未檢躍泉之態未覩其妍窺井之談已聞其醜縱欲唐突羲獻誣罔鍾張安能掩當年之目杜將來之口慕習之輩尤宜慎諸至有未悟淹留偏追勁疾不能迅速翻效遲重夫勁速者超逸之機遲留者賞會之致將反其速行臻會美之方專溺於遲終爽絕倫之妙能速不速所謂淹留因遲就遲詎名賞會非夫心閑手敏難以兼通者焉假令衆妙攸歸務存骨氣骨既存矣而遒潤加之亦猶枝幹扶疎凌霜雪而彌勁花葉鮮茂與雲日而相暉如其骨力偏多遒麗蓋少則若枯槎架險巨石當路雖妍媚云闕而體質存焉若遒麗居優骨氣稍劣譬夫芳林落蘂空照灼而無依蘭沼漂萍徒青翠而奚託是知偏工易就

盡善難求雖學宗一家而變成多體莫不隨其性欲便以為姿質直者則徑侹不遒剛佷者又倔強無潤矜斂者弊於拘束脫易者失於規矩溫柔者傷於軟緩躁勇者過於剽迫狐疑者溺於滯澀遲重者終於蹇鈍輕瑣者染於俗吏斯皆獨行之士偏翫所乖易曰觀乎天文以察時變觀乎人文以化成天下況書之為妙近取諸身假令運用未周尚虧工於祕奧而波瀾之際已濬發於靈臺必能傍通點畫之情博究始終之理鎔鑄蟲篆陶鈞草隸體五材之並用儀形不極象八音之迭起感會無方至若數畫並施

其形各異衆點齊列爲體互乖一點成一字之規一字乃終篇之准違而不犯和而不同留不常遲遣不恒疾帶燥方潤將濃遂枯泯規矩於方圓遁鉤繩之曲直乍顯乍晦若行若藏窮變態於豪端合情調於紙上無間心手忘懷楷則自可背羲獻而無失違鍾張而尚工譬夫絳樹青琴殊姿共豔隋珠和璧異質同妍何必刻鶴圖龍竟慚眞體得魚獲兔猶恡筌蹄同夫家有南威之容乃可論於淑媛有龍泉之利然後議於斷割語過其分實累樞機吾嘗盡思作書謂爲甚合時稱識者輒以引示其中巧麗曾不留

目或有誤失翻被嗟賞既昧所見尤喻所聞或以年識自高輕至陵誚余乃假之以緗縹題之以古目則賢者改觀愚者繼聲競賞豪末之奇罕議鋒端之失猶惠侯之好僞似葉公之懼眞是知伯子之息流波蓋有由矣夫蔡邕不謬賞孫陽不妄顧者以其元鑒精通故不滯於耳目也向使奇音在爨庸聽驚其妙響逸足伏櫪凡識知其絶羣則伯喈不足稱良樂未可尚也至若老姥遇題扇初怨而後請門生獲書几父削而子懊知與不知也夫士屈於不知己而申於知己彼不知也曷足怪乎故莊子曰朝菌不知晦朔蟪蛄不知春秋老子云下士聞道大笑之不笑之則不足以爲道也豈可執冰而咎夏蟲哉自漢魏以來論書者多矣妍蚩雜糅條目糾紛或重述舊章了不殊於既往或苟興新說竟無益於將來徒使繁者彌繁闕者仍闕今撰爲六篇分成兩卷第其工用名曰書譜庶使一家後進奉以規模四海知音或存觀省緘祕之旨余無取焉

王博

博高宗時人

文林郎馮慶墓誌銘

馮君諱慶字貞菘冀州下博縣人也其源出自長樂郡北燕文成帝跋之苗裔曾祖于齊威檀二州刺史祖長隨平州盧龍縣令父才唐初深州錄事參軍惟君日景凝祥雲光委曜望隆燕國久標奇士之名家枕叢臺夙叶將軍之氣飛聲下邑竊布鴻漸之由矯翰上蕃無失惟蟲之用乃授文林郎屬桂枝秋落俄鍾犯月之妖薤草晨晞方嬰墜露之慘唐咸亨四年五月終於莊第嗚呼哀哉時權殯於下博野北三十里祖父塋內大周久視元年歲在庚子十月二十日改葬於冀州城西與夫人馮氏合葬於平原禮

也其銘曰
青烏卜塋元鶴孕兆南北神壇東西靈沼揚貞高於玉山
播芳猷於筆杪

程士禺

士禺高宗時人

上沙門應不拜親表

臣言臣聞佛化所資在物斯貴良由拔沈冥於六道濟蒙識於三乘其德既宏其功亦大所以佛爲法主幽顯之所歸依法爲良藥煩惑由之清蕩僧爲佛種宏演被於來際

遂使歷代英主重道德而護持清信賢明度子女而承繼固得僧尼遍於區宇垂範導於無窮伏惟陛下慈濟九有開暢一乘愛敬之道克隆成務之途逾遠近奉明詔令僧跪拜父母斯則崇揚孝始布範敬源但佛有成教出家不拜其親欲使道俗殊津歸戒以之投附出處兩異眞俗由之致乖莫非心受佛戒形具佛儀法綱懸殊敬相全別且自高尚之風人主猶存抗禮豈惟臣下返受跪拜之儀俯仰撫循無由啓處意願國無兩敬大開方外之迹僧奉內教便得立身行道不任私懷之至謹奉表以聞塵黷威嚴伏增戰越謹言

顏元孫

元孫琅邪臨沂人垂拱初進士考功員外郎歷官長安尉太子舍人亳州刺史

干祿字書序

史籒之興備存往制筆削所誤抑有前聞豈惟豕上加三蓋亦馬中闕五迫斯以降舛謬實繁積習生常爲弊滋甚元孫伯祖故祕書監貞觀中刊正經籍因錄字體數紙以示讎校楷書當代共傳號爲顏氏字樣懷鉛是賴汗簡攸

資時訛頓遷歲久還變後有羣書新定字樣是學士杜延業續修雖稍增加然無條貫或應出而靡載或詭衆而難依且字書源流起於上古自改篆行隸漸失本眞若總據說文便下筆多礙當去泰去甚使輕重合宜不揆庸虛久思編輯頃因閒暇方契宿心遂參校是非較量同異其有義理全僻罔弗畢該點畫小虧亦無所隱勒成一卷名曰干祿字書以平上去入四聲爲次且言俗通正三體偏旁同者不復廣出字有相亂因而附焉所謂俗者例皆淺近唯籍帳文案券契藥方非涉雅言用亦無爽倘能改革善不可加所謂通者相承久遠可以施表奏牋啓尺牘判狀因免詆訶所謂正者並無憑據可以施著述文章對策碑碣將爲允當有此區別其故何哉夫筮仕觀光惟人所急循名責實有國恒規既考文辭兼詳翰墨升沈是繫安可忽諸用舍之間尤須折衷目以干祿義在茲乎綆短汲深誠未達於涯涘歧多路惑庶有歸於適從如曰不然請俟來哲

陳集源

集源瀧州開陽人武后時歷右豹韜衞將軍

龍龕道場銘

蓋聞中天顯跡千劫誠希遇之因迊相騰暉三界表獨尊之稱悟其指則直心是道場契其源則淨身爲佛土可以神(字闕一)事絕於筌蹄難以名言理歸於眞寂故八十種好不可以色覩眞容十二部經不可以詞詮至理然而煩惱郭重貪愛河深六趣輪迴劒葉與刀山競起四生湮沒毒蛇將惡獸交馳由是法雨橫流慈雲普覆宏化城於嶮路朗惠炬於迷津大乘小乘隨淺深而悟道中莖中葉逐性分以含滋皆所以安樂羣生提孩衆品施殷憂以無裹息

多難以夷途大矣哉無得而名也此龍龕者受形於渾沌之字闕一擢秀於開闢之日孤峰峻峙罩深逕而出雲霞危壁削成排日晨而轥霓漢峭崿秀麗爲衆巖之欽挹花藥奇卉實先聖之安憩是故龍出龍入每脫骨於巖中仙隱仙棲屢承空於香氣因得龍骨故曰龍龕云武德四年有摩阿大檀越永寧縣令陳普光因此經行遂回心口願立道場卽有僧惠積宿緣善業響應相從惠積情慕純陀巧自天性卽於龕之北壁畫當陽像左右兩廂飛仙寶塔羅漢聖僧雖年代久遠丹雘如字闕一粉色凝沈采影猶在洪

鐘一叩響徹三十三天石磬再鳴遠聞十八地獄蚪蟠外颺彩影亂於雲霓香煙內騰素氣通於迥字闕一故得法流荒俗釋教被於無垠元化遐覃振錫窮於有截豈如白馬駝經靈泉創於方丈緇衣闡教廬山頓其威儀者哉旣而年代浸遠石龕無毀壞之期歲序奄遷粉黛有沈湮之理昔之惠積早隨劫而爲灰寶亮亦投身於餓虎兩僧勇猛志貫白雲雖學不出境而精情自溢上元年先男叔瓊不弃前蹤龕中造立當陽連地尊像一軀近有交趾郡僧寶聰弱歲去家卽詣江左尋師問道不惑圖南聞有此龕振杖頂禮覩佛寺之摧殘心目悲眩共成勝因又檀越主善勞縣令陳叔珪陳叔字闕一陳叔琰痛先君之肇建悲像教之湊遲敦勸門宗更於道場之南造釋迦尊像一座遂得不日而成功德圓滿爲七代之父母修六道之緣屬聖神皇帝御紺殿以撫十方動金輪以光八表宏護大乘紹隆𠙺教覆載之恩均黔黎乎赤子雲雨之施等潤澤於蒼旻地平天成河溓海晏雖復道被匡中而凝懷俗表將使比屋之化契法俗以菩提垂拱之風叶治眞而成𠙺覺就日與慧日俱明油雲共法雲同覆遠矣大矣無得言焉是

知覩夫秉氣含靈有生之類七識巳具六精斯起攀緣於虛妄之境馳騖於名色之間譬彼騰猨猶茲狂象棲托於愛河之內遨遊於火宅之中方石幾銷冰炭之羣不息須彌屢盡鼎鑊之報無窮輪迴長夜終焉莫曉同凶異術豈不哀哉大矣能仁隨機誘喻或宣四諦或導一乘潤小枝而不遺淨滿迺以圓燭繫想於方寸之間而神超於字闕一塵之表喻起生死歸乎寂滅其爲淨室禪龕者也字闕一永鐫勒以希不朽爰命解劒之夫運茲不斌之筆庶海變桑田終無毀日敢題年紀不文而質其詞曰

巖巖石室，鬱鬱禪枝。五門清淨，八解連漪。神高習海，道溢須彌。欲求蟬脫，良津在斯。龕自天工，室唯地絡。石磬長懸，洪鐘不著。無假梁棟，自然花葉。掩室杜口，何憂何樂。爰飾金繩，於茲勝境。字闕二畢修雕龍，咸整雲起。山窗花開，蓮井蕭爾。閑曠悠然，虛靜篤矣。親信共宏利益，或捨衣資，或傾銀帛。詎勞斤鑿，無煩匠石。湛然眞相，嶷爾無斁。三十二相，八十種好。佛日之日，天寶之寶。猛虎相宿，波字闕一降。早闡六渡於迷津，踐三乘之悟道。

王元宗

元宗字承眞，琅琊臨沂人。隱嵩山，號太和先生，傳黃老術。垂拱二年卒。

臨終口授銘

於戲！昔有唐氏作，吾中遇而生。姓王，名元宗，字承眞，本琅琊臨沂人。晉丞相文獻公十代孫。陳亾過江，先居馮翊，中徙江都。其肇錫考系，則國史家諜具矣。降年五十有五，直垂拱二年四月，順大衍之數，奄忽而終。終後可歸我於中頂舊居之石室，斯亦墓而不墳。神無不在耳。且伊洛之間，迺昔者周南之域，吾祖上賓之地，吾家得姓之鄉。反葬中岳，幾不忘本也。舉手長謝，亦復何言。示人有終，乃爲銘曰：

馮馮太淸，悠悠太寧。混沌無我，其中有精。忽然爲人，吾何以停。歸於眞宅，此室冥冥。不封不樹，絕待忘情。道無不在，神無不經。幽傳祕訣，默往仙京。萬物共盡，時哉乃形。理通寂感，陰聚陽升。知常得始，無狀無名。字闕一體嵩石，言追洛笙。去來千洞，駈馳八靈。風雲聚散，山水虛盈。谷神不死，我本長生。

王紹宗

紹宗字承烈，揚州江都人。徐敬業起兵，高其行，以幣劫之，不起。敬業怒，將殺之，賴唐之奇諫以免。事平，大總管李孝逸表其節，擢拜太子文學，累進祕書少監。坐與張易之交往，廢於家。

與人書

鄙夫書翰無工者，特由水墨之積習，恒精心率意，虛神靜思以取之。每與吳中陸大夫論及此道，明朝必不覺已進。陸後於密訪知之，嗟賞不少，將余比虞七，以虞亦不臨寫故也。但心準目想而已。聞虞眠布被中，恒手畫腹皮，與余正同也。

兄元宗口授銘序

伊垂拱二歲孟夏四日怳曶寅卯之際吾六兄同人見疾大漸惟幾將還冥於未始委化於伊洛之間僑居惠和里之官舍自古有死於乎哀哉他日先詰其第七弟紹宗曰吾宅性元鄉保和仁里寄居羣有遊心太無乘陽以生遇陰而滅物之恒也汝固知之化後汝可依道家無爲之事諸子姪行儒教喪紀之迹吾聞精神者天之有也形骸者地之有也觸處而安不須擇日單車時服不俟營爲紹宗敬奉緒言不敢失墜此時沛國桓先生道彥亦在吾兄之

側因歔欷而報曰此眞率之理道流所尚有情有信安敢違之其後昇眞潘先生門徒同族名大通越中岳而來自遠問疾知吾兄眞命已畢又申勸曰儻或不諱願歸神中頂石室之中曩者昇眞臨終亦令宅彼況與先師平生居止宿昔神交冥期不昧宜還洞府再三敦請則又從之此吾迹也重違爾然不須別鑿堂宇恐傷土石但託體山阿而已吾嘗幽贊眞誥肇創元圖祕錄別傳內本人境不傳如或不忘款志儻存其兆可取一塊青石其上有自然平者刊刻爲字俾諸來裔知吾之用心也其銘文皆力疾緜微勉情事課舍精寓爽藉響乘光彷彿曖昧不獲已而口授之外姻密友憑眞考行強號曰太和先生庶追道跡光衆妙也

劉承慶

承慶聖歷初太常博士

明堂災後求直言疏

臣聞自古帝王皆有美惡休祥所以昭其德災變所以知其咎天道之常理王者之常事然則休祥屢臻不可矜功而自滿災變奄降不可輕忽而靡驚故殷宗以桑穀生朝

懷懼而自省妖不勝德遂立中興之功辛紂以雀生大鳥恃福而自盈祥不勝驕終致傾亾之禍故知災變之生將自覺悟明主扶持大業使盛而不衰理須祇畏神心警懼天誡飭身正事業業兢兢則凶往而吉來轉禍而爲福昔殷湯禱身而降雨成王省事以反風宋公憂熒惑之災而應三舍之壽高宗懲雊鼎之異而享百年之福此其類也自陛下承天理物至道事神美瑞嘉祥洊臻狎委非臣所能盡述日者變生人火損及神宮驚惕聖心震動黎庶臣謹按左傳曰人火曰火天火曰災人火因人而興故指火

體而爲稱天火不知何起直以所災言之其名雖殊爲害不別又漢書五行志曰火失性則自上而降及濫燄妄起所謂人火其來雖異爲患實同王者舉措營爲必關幽顯幽爲天道顯爲人事幽顯迹通天人理合今工匠宿藏其火本無放燎之心明堂教化之宮復非延火之所孽煨潛扇倏忽成災雖則因人亦關神聖臣愚以爲火發既先從廐主後及總章意將所營佛舍恐勞而無益但崇其教卽是津梁何暇紺宮方存汲引既辟在明堂之後又前逼牲牢之筵兼以厥構崇大功多難畢立像宏法本擬利益黎

元傷財役人却且煩勞家國承前大風摧木天誡已顯今者毒燄冥熾人孽復彰聖人動作必假天人之助一興工役二者俱違厥應昭然殆將緣此臣以爲明堂是正陽之位至尊所居展禮班常崇化立政玉帛朝會神靈依憑營之可曰大功損之實非輕事既失嚴禋之所復傷孝理之情陛下昨降明制猶申寅畏之旨羣寮理合兢畏震悚勉力司存豈合承恩耽樂安然酺宴又下人感荷聖德覩變增惶神體克寧豈非深悦但以火氣初止尚多驚懼餘憂未息據以歡事過之臣恐憂喜相爭傷於情理故傳曰可憂而爲樂取憂之道又古者有火祭四墉四墉積陰之氣祈之以禳火災火陽之氣歡樂陽事火氣方勝不可復興陽事臣聞災變之興至聖不免聿修其德來患可禳陛下垂制博訪許陳至理而左史張鼎以爲今既火流王屋彌顯大周之祚通事舍人逢敏奏稱當彌勒初成佛道時有大魔燒宮七寶臺須臾散壞斯實諂妄之邪言實非君臣之正論晻昧王化無益萬幾夫天道雖高其察彌近神心雖寂其聽彌聰交際皇王事均影響今大風烈火譴告相仍實天人丁寧匡諭聖主使鴻基益固天祿永終之意也

伏願陛下乾乾在慮翼翼爲懷若涉巨川如承大祭審其致災之理詳其降眚之由無曹天人之心而興不急之役則兆人蒙賴福祿靡窮幸甚幸甚

請貢舉人列方物前疏

伏見比年已來天下諸州所貢物至元日皆陳在御前惟貢人獨於朝堂拜列但孝廉秀異國之英才既隨方物以充歲貢宜同珍幣列見王庭豈得金帛羽毛昇於玉陛之下賢良文學棄彼金門之外恐所謂貴財而賤義重物而輕人甚不副陛下好道之心尊賢之意伏請貢舉人至元

日引見列在方物之前以播充庭之禮

七廟議

謹按王制天子七廟三昭三穆與太祖之廟而七此載籍之明文古今之通制皇唐稽考前範詳採列辟崇建宗靈式遵斯典但以開基之主受命之君王迹有淺深太祖有遠近昔湯武祚基稷卨太祖代遠出乎昭穆之上故七廟可全若夏繼唐虞功非由鯀漢除秦項力不因堯及魏晉經圖周隋撥亂皆勛隆近代祖業非遠受命始封之主不離昭穆之親故肇立宗祐罕聞令制夫太祖以功建昭穆

以親崇有功百代而不遷親盡七葉而當毀或以太祖代淺廟數非備更於昭穆之上遠立合遷之君曲從七廟之文深乖迭毀之制皇家千齡啓旦四業重光景皇帝睿德基唐代數猶近號雖崇於太祖親尚列於昭穆且臨六室之位未申七代之尊是知太廟當六未合有七故先朝惟有宣光景元神堯文武六代親廟大帝登遐神主升祔於廟室以宣皇帝代數當滿準禮復遷今止有光皇帝以下六代親廟非是天子之廟數不當有七本由太祖有遠近之異故初建有多少之殊敬惟三后臨朝代多儒雅神祊事重禮豈虛存規模可沿理難變革宣皇既非始祖又廟無祖宗之號親盡既遷其廟不合重立若禮終運往建議復崇實違王制之文不合先朝之旨請依貞觀之故事無改三聖之宏規光崇六室不虧古義謹議

李義範

義範龍朔中官右戎衛長史

議沙門不應拜俗狀

父慈子孝起自天經君義臣忠資於地理三尊之重君最爲先五教所崇父居其首人倫之綱紀臣子之歸宗佛道

興隆之前緇俗異貫陵遲之後同籍國王連河制之於主君屬鄉盡編爲天户況釋迦滅度付囑國王（事如內府李監議中彈）老喬孫克成宏構緇黃代俗握實鏡以君臨縱使佛道尊嚴天位彌重帝王國母無上最尊稽首虔誠無妨悟道（事如同文議中彈）至貞之理猶曰勤修禮佛拜天彌成正覺謹議

李行敏

行敏龍朔中官右崇掖衛長史

議沙門不應拜俗狀

竊以釋老二教語迹雖殊恭順之理雅同儒轍（事如右司禦議中彈）

豈有尊極之處抗揖等於平交師僧之前拜伏過於輿皁事如右威衛議中彈既驚物議且斁彝章革此舊風咸謂爲允事如右司禦衛議中彈況黃冠荷天基之慶緇衣受付託之重事如左司禦衛議中彈劬勞盡生育之恩欲報申昊天之義二門之法謇倨乖於恒典五敬之所投拜允合常儀謹議

斛斯敬則

敬則龍朔中官右典戎衛將軍

議沙門不應拜俗狀

竊以三教殊塗俱極尊崇之道五儀齊致實隆嚴敬之規

而釋老二門本求虛寂周孔兩法歸於教義若乃君臣之禮固無易於緇黃事如司更寺議中彈父子之容豈有隔於賢智崇樹既久積習相沿損益惟宜允歸明聖臣等詢議請從拜禮謹議

熊元逸

元逸龍朔中官右監門衛中郎將

議沙門不應拜俗狀

竊以親生膝下鞠養之愛惟深一人至尊嚴敬之儀斯重豈以身披緇服而不拜於君親彈曰誠固以此而佛不令拜俗首掛黃冠遂替子臣之禮謹議

楊思儉

思儉龍朔中官衛尉少卿

議沙門不應拜俗狀

剛折柔存扇元風之妙旨苦形甘辱騰釋路之微言故能開善下之源宏不輕之行事如祕閣議中彈是以聲聞降禮於居士彈曰經云淨名居士示疾毗耶見有妻子常修梵行見有眷屬常樂遠離雖爲白衣奉持沙門清淨律行既同僧伍拜跪故是常儀况乎示彼宿心得法寧容不苟引斯爲例竊恐非宜柱史委質於周玉此乃成緇服之表綴立黃冠之龜鏡自茲已降喪其宗軌歷

代溺其眞理習俗守其迷途彈曰佛教入華歷經英聖五遭拜伏三被屏除咸以事理難違還遵舊轍今言守迷溺理似傷迂誕一人有作萬物斯覩紐維天地驅駕百玉轉金輪於勝境構玉京於元域遂使違眞道士追柱史之遐風矯釋沙門緝聲聞之絕典彈曰佛教所明人有二種一聲聞二菩薩菩薩形無定質應隨類以爲宜聲聞薙髮染衣守高蹈而成則教制聲聞之伍不令禮彼白衣順以奉行何名矯釋況太陽垂耀在天標無二之明大帝稱尊御宇極通三之貴且二教裁範雖絕塵容事止出家未能逃國彈曰沙門所以不拜俗者正以絕於塵容非爲逃國者也至如嚴光干木之流潁濱商山之伍或踞謁長揖至之而不屈洗耳辭榮聘之而不至此亦高蹈而爾寧逃國乎同賦形於姒鏡皆仰化於姚風豈有抗

禮寢居獨高眞軌然經尊傲長在人爲悖臣君敬父於道無嫌考詳其義跪拜爲允謹議

韓處元

處元龍朔中官司馭寺丞

議沙門不應拜俗狀

禮無不敬名教是先君父同資彝倫所尚況眞人善下妙在和光菩薩不輕義摧我慢 事如司衛議中彈 斯則舛慮齊致分波共源所以綱紀百王則成萬品者也而緇黃之侶沿習爲常銷愛敬於君親行貢高於尊極苟殉私欲 彈曰沙門棄鬚髮去華競守道不屈豈殉私耶易稱言行君子樞機榮辱在焉何不慎也 坐素天經點厲鄉之清塵負連河之妙旨 彈曰連河通教皆云令沙門不拜君親謨誥顯然何云負旨 靜言永念良可寒心 彈曰梵網經云出家人法不禮拜國王父母又薩遮尼乾經云若人謗聲辟支佛法毀呰留難者諸善神王不護其國四方賊起水旱不調死亾無數令不信佛教抑令跪拜此則謗法此則留難若佛語有徵則粉首碎身無以塞責豈寒心靜念而可免之哉 如愚管見致拜爲允謹議

柳元貞

元貞龍朔中官內府監丞

議沙門不應拜俗狀

竊以禮無不敬名教是先君父同資彝倫所尚且佛滅度後法付國王舒卷之規里鍾明聖 彈曰右春坊議云夫付囑者佛以像法末年淳心漸薄邪見增長正法衰替四部之衆無力宏宣是以付囑國王令王擁護如其不護法當自壞豈勞付囑令王毀壞誠哉得付囑之旨也 但非常之制黔首恒驚雷同之心君子爲恥自我作古方懸日月之典可使由之寧拘風雨之好如愚管窺致拜爲允謹議

李仁方

仁方龍朔中官都水使者

議沙門不應拜俗狀

愛敬之道義極於君親恭和之德事昭乎釋老豈有生因覆載將抗禮於人天質稟髮膚遂齊尊於父母眷言方外未離天地之間顧惟俗表尚處閻浮之域 事如司衛寺議中彈 而爲不拜天子類嚴遵之不臣長揖至親似宋人之名母何以津梁品彙導引凡庶聖智之教豈至於斯 彈曰易稱藉用白茅又云巽在牀下紛若之吉乃爲無咎未有抑令致拜復曰津梁尊而辱之何以去取 奉勑議聞伏請令拜謹議

張約

約龍朔中官司更寺丞

議沙門不應拜俗狀

釋教開俗儒風範化卽途雖言異軫證理誠則同歸事如右清道衛議中彈莫不粉澤仁義舟輿恭儉然後克闡徽猷以隆遠大何則忠爲令德孝實天經惟君惟父同取其敬借使行超物表道備人師豈可長揖於顧復之親抗手於宸扆之貴事須適變未可膠絃彈曰正以君親容養開以方外抗手長揖豈自爲矣君父尊嚴申拜爲允謹議

楊思元

思元龍朔中官中臺司列少常伯

議沙門不應拜俗狀

竊以佛道二教本尚虛无演方便於三乘契忘言於一指惟寂惟寞何寂寞之不包非有非無何有無之不鑒今之法侶實繁有徒久損拜跪之儀彈曰清問何處令拜而言損耶自處高尚之地約有爲之戒律揖無上之君親彈曰雖削既奉釋宗守戒不宜設禮推之人情情涉縱誕求之至理理所未通彈曰推之人情巢許無云縱誕求之至理沙門寧曰不通令致敬於君親庶垂範於來葉謹議

馬大師

大師龍朔中官左司禦衛長史

議沙門不應拜俗狀

竊以光分兩曜是顯尊卑之容位辨三才爰彰父子之性明乎愛敬之禮與天地而齊生君臣之義將造化而俱立至若金人啓夢慧日初開紫氣浮關元風肇扇此乃興於中古教始漸移雖復各設法門津梁庶品究其所指終會儒宗事如司更寺議中彈庇俗既是同方遵敬何煩異路必將道體爲別有犯未合繩違彈曰有犯非僧繩違寧容不可無懲守道設禮有累君親遺教制在國王設禮寧容不可事如左春坊議中彈況三乘之典無聞傲誕之經五千之教詎載矜誇之義敬親何妨重道拜主豈廢尋真事如左戎衛議中彈且割股捨頭猶無訴苦尊君愛父詎卽辭勞彈曰割股捨頭必益無宜訴苦敬君拜父慮損豈敢辭勞參練是非拜誠爲得謹議

欽定全唐文卷二百四

崔崇業

崇業龍朔中官右司禦衛長史

議沙門不應拜俗狀

竊惟藏史立言靡替君臣之義能仁闡教先崇孝敬之風縱道敬乘尅尚委身而降禮業成捧馬猶負櫬以追恩（彈曰負櫬敎有誠文拜伏經無此說乎）況共踐俗塗同餐聖化豈有盜名黃服遂忘亭毒之功託跡緇門便遺顧復之德慠物行已高視王侯我慢爲心長揖父母（事如中臺司列議中彈）求之前代久滯迷

方皇家户牖百王澄汰千古事非害政容或可沿時有虧風理宜革弊（事如祕閣局議中彈）且四大齊德豈使遵道而不遵王三教均名（事如左司禦議中彈）何獨崇釋而不崇孔今若正其儀而教毀設敬須疑（彈曰誠哉何須致惑耶）屈其身而道存加拜何惑重以不輕攝行更符眞諦之規（事如司文寺議中彈）持下御情彌合沖虛之軌式遵璽誥輕獻芻言致拜之禮實諧僉議謹議

竇尚義

尚義龍朔中太府少卿師綸子官左崇掖衛長史

議沙門不應拜俗狀

厲井微言二篇極於爲谷崛園幽旨萬物存乎不輕（事如右司禦議中彈）況乃君親兼極跪拜猶簡豈非絕棄於內敬而矯修於外迹乎（彈曰行道以答四恩豈矯修於外迹育德以資三有豈絕棄於內敬乎幸子思之無多言也）如見所量望令加禮謹議

蔣眞冑

眞冑龍朔中官左清道衛長史

議沙門不應拜俗狀

竊以釋道二門俱承元化雖復緇黃有別虔恭之志不殊宜令拜跪以申臣子之敬（彈曰沙門迹超方內津梁家國稱謂異於臣子拜敬何預率賓）

謹議

李洽

洽龍朔中官右清道衛長史

議沙門不應拜俗狀

竊以道教沖虛釋門祕寂至於昭仁濟物崇義爲心乃睠儒風理將無異（彈曰儒教所明不踰寰域釋宗所辯高出見聞故魏東陽王丕曰佛法沖洽非儒墨者所知今言不異何多謬耶）至若宿德耄齒戒律無虧棲林遯谷高尚其事若斯儔輩可致尊崇其有弱齓蒙求熏修靡譽背眞混俗心行多違以此不拜義難通允（彈曰夫稱沙門者何也謂紹法象賢發蒙

（啓化儀非搢紳之飾敎殊廊廟之規求宗故所以直骸孰可分其德業矯俗故由茲抗禮寧容隔以尊卑）但在家在國事君事親不拜之儀何可以訓（彈曰誠哉奉君親者無宜不拜沙門不事王侯背恩天屬以拜爲訓似未之思）望請勒拜垂憲於後謹議

邱神靜

神靜左奉裕衛長史

議沙門不應拜俗狀

若夫二儀始闢君臣之道卽隆三才創分父子之情斯在莫不皆竭股肱俱遵愛敬故知君臣父子稟自天然極尊極親無可爲間止如釋老之敎近日始崇釋則興於漢朝老則置於宋代皆縁時君有旨父母承恩方染緇衣然稱入道如無所稟不得離俗離俗雖言絶境習道仍居宇內（事如司津議中彈）率土皆曰王臣不聞限以緇素（事如左清道衛議中彈）父生母育罔極難酬於法雖曰絶塵在身須敦仁義豈容爲臣未曾效節爲子未展溫凊承恩乃變素衣去髮言眞入道乘茲慠誕慢君慠親高揖帝王不拜父母爲臣貽寬怠之咎爲子招不敬之辜（事如左清道衛議中彈）庸流自謂合然往代恕其無識（彈曰昔漢帝降禮於摩騰吴主屈節於康會趙邦澄上寵懋錦衣秦日道安榮參共輦斯並德迴萬乘道降極尊况乎十室難誣而曰庸流無識）因循日久行之不改聖上重纘

皇極欲革前非孝理蒼生思遵名敎爰降綸旨飾光彝典恐爽恒情特令詳議謹尋釋老二敎見在遺文我慢矜高是人難度（彈曰守道不屈寧是矜高耶）庶事謙約無失沖撝靜思此言其義見矣入道已成陵虛控鶴深修禪定得五神通如此輩流猶願卑屈況庸僧尼見居王土衣緇異俗餘事罕知（彈曰曇倩云談何容易談何容易惜哉夫沙門之內功業實繁聖朝已來蓋亦不少且帝京僧伍盛德如林畧舉十科用開未喻至若譯經則波頗元奘義解則僧辯法常習禪則曇遷惠因護法則法琳明贍明律則元琬智首感通則通達轉明遺身則元覽法曠讀誦則惠銓空藏聲德則智凱法炎宏福則德美智興若此之流具如僧苑所列而言罕知餘事何雷同之甚乎）唯自矜高顧居人上求之釋敎其義蔑聞凡曰是人准經致敬況在極尊并之父母欲令拜伏義無不可其僧尼道士女道士於君皇后皇太子及其父母所並請准勑令跪庶使光二敎之謙撝隆萬代之名敎謹議

韋懷敬

懷敬龍朔中官右奉裕衛率

議沙門不應拜俗狀

竊以三敎五儀咸窮睿哲殊塗一致必俟尊嚴釋老戒時遵崇是務周孔訓俗嚴敬爲先遂使緇衣之首抽簪奉敎青襟之伍映雪傳芳爲百代之楷模作千齡之准的且誕

靈舍衞道自尸毗既有母子之恩（事如右司禦衞議中彈）豈隔君臣之禮緇黃雖異賢智寧殊不拜君親誠乖昔典（彈曰據教令拜有益乎有損乎有益也豈以乖昔典不拜乎有損也豈以順昔典而令拜乎今只可約損益以昌言無宜據乖順而申議）無聖卽仍舊有聖卽典移法既俟聖方興亦冀緣興改法曹司僉議請從拜禮謹議

趙崇素

崇素龍朔中官右武衞兵曹參軍

議沙門不應拜俗狀

竊以三教爰興俱敦勸獎流派雖別趣善同歸緇黃之躅稍殊君親之儀詎隔豈有纔捐俗服遂傲禮容高揖乘輿不拜嚴父資敬之道不足忠孝之跡頓虧李釋斯風未爲盡善（彈曰內將外反眞與俗乖何得輕弄筆端商畧元極孔子曰非聖人者無法誠哉）方今垂範立制導德齊禮經典乖失詳議改張據理論情拜實爲允謹議

王思九

思九龍朔中官左典戎衞倉曹

議沙門不應拜俗狀

竊以川瀆細流竟朝宗於溟海螢燭末光終歸曜於日月故知物有深厚猶取貴於總名況在君親莫大而有棄於嚴肅洎乎關浮紫氣塔照金容老釋二門俱隆法教但法教流布事由君后出家離俗命在尊親遂使載覆之恩棄而不答（事如奉常議中彈）貴賤之禮捐而靡修既虧人事有傷禮律（彈曰內外既殊奚可拘於禮律）爰軫聖慮詢及芻蕘輕陳管見從拜爲允謹議

劉仁叡

仁叡龍朔中官雍州司功

議沙門不應拜俗狀

竊以元風肇扇莫先於伯陽總衆妙而謙卑高棲物表致羣生於道德象帝之先聿宣爲子之方贈言尼父載揚事君之禮從政周行神功用而無名至化流而不測人能宏道其在茲乎況乎道異崆峒人非姑射竊比河上之德不遵柱下之規虛談捕影之書自取順風之禮矜傲誕於家國絕忠孝於君親有靦之容曾無愧怍及至青牛西邁涉流沙而化胡（彈曰魏畧西域傳云臨猊國有神人名曰沙律年老髮白狀如老子常教人爲浮圖有人災禍及無子者勸行浮圖齋戒令捨財贖僭時臨猊王久無太子因祀浮圖其妃莫耶夢白象而有娠及太子生從右脇而出自然有髻墮地能行七步其形似佛以祀浮圖得兒故名太子爲浮圖也前漢哀帝元狩中秦景使月氏

國王令太子口授於景所以浮圖經教前漢早行後漢十三年明帝方感瑞夢也秦景傳經不云老子化胡作佛經是老說晉代雜錄云道士王浮每與沙門帛遠抗論王屢屈焉遂改換西域傳爲明威化胡經題彼沙律以爲老子曲能安隱誑惑人間尹喜與聃化胡作佛佛起於此裴子野高僧傳云晉惠帝時沙門帛遠字法祖每與祭酒王浮一云道士基公次共諍邪正浮屢屈焉既瞋不自忍乃託西域傳爲化胡經以誣佛法遂行於世人無知者殃有所歸致患累載幽明錄云蒲城李通死來云見沙門法祖爲閻羅王講首楞嚴經又見道士王浮身被鎖械求祖懺悔但不肯赴孤負聖人死方思悔又案袁宏後漢紀皇甫謐高士傳等並無老子化胡作佛之文卽曰朝廷君子博識者多豈得塞耳偷鈴指鹿爲馬信可謂虛無之談徒聒人耳爰有白馬東來越葱山而夢漢宏通貝葉比妙蓮華行以普敬爲先教以不輕爲本事如左崇掖議中彈服貌雖異同趣無爲率土之賓未聞無父之子

普天之下未見無君之臣貞觀年中已定先後盡禮致敬斷焉可知彈曰貞觀中詔本以皇系所宗殊無使拜之文但有先後之語令乃例茲遺敬斯則比附敕文失旨之僭孰重於此歷代茲多曾莫先覺彈曰自佛教入漢年逾六百其中晉代庾冰僞楚桓元赫連宋武蕭齊有隋等諸君皆抑僧拜咸以事非通允俱尋舊迹而云歷代滋多曾莫先覺者豈不面欺聖旨誣罔羣英乎陛下乘乾御歷咸五登三振千古之隤綱維萬國之絕紐豈徒革狸首之詠資父事君方且變天竺之風自家刑國謹議

崔道默

道默龍朔中官長安縣尉

議沙門不應拜俗狀

竊惟在三之禮罔極於君親不二之門獨遺於資事豈不以眞俗兩隔孔釋雙分臨之寵辱既不驚受之髮膚則已毀元冕與緇裳詭飾振錫與鏘金殊義足使弱喪知歸行迷識反今若降其塵外之迹嬰其俗中之事一乘紊典三歸弛法尚其道而黷其儀挹其流而汩其本義非稽古宋不足徵求之愚衷有所未愜且道之爲道元之又元衆妙所歸啓聖辭屬入關之業可大而不可小居河之訓可尊而不可卑降纏睿想方宏損益冒進芻詞伏增戰汗謹議

崔安都

安都龍朔中官左威衛長史

議沙門不應拜俗狀

竊以紫氣騰眞元牝之風西被白虹沈化涅槃之蘊東流鑾羽驟霞影玉京而凝衆妙津慈照寂啓金園而融至道義觀空有理洞希夷袪濟塵蒙熏滌因累神道禆教茲焉有徵垣躅業已遵從流弊議資懲革彈曰守法高尚稱爲流弊違經拜俗爲之懲革卽事不可其如理何原夫在三之敬六位峻尊卑之象百行之本四始旌罔極之談本立然後道生敬形於焉禮穆實王化

之始乃天地之經佛以法爲師帝以天爲則域中有四大王者居一焉王道既其齊衡天法固乃同貫身爲法器法惟道本黃冠慕道緇裳奉佛致敬君父眇契元波彈曰佛法乃寰外之尊帝天爲域中之大教存而令屈折不羈還類編人此乃法水壅而不流何元波之眇契耶且夫戒籙纔高猶盡肅於膜拜況乎貴賤懸邈頓遺恭於屈膝彈曰王讜云沙門所以上下相敬而抗禮宸居者良以宗致既同則長幼成序津途有隔則義無降屈誠哉是言可爲龜鏡矣必以山林獨往物我兼忘混親疏齊寵辱惠我不爲是損已詎稱非自當泯若無情湛然恒寂安假仰迦維而頓顙覲天尊而雅拜塵容不異俗致敬未乖眞彈曰沙門落髮披緇道俗懸隔拜違佛教具顯經文而言敬未乖眞容不異俗此乃指南爲北反白爲元也且伯陽緒訓於和光不輕演教於當禮妙叶謙尊之德遠符鄰照之規彈曰伯陽誕自姬周身充柱史爲官則王朝之一職言道乃儒宗之一流拜伏君親固其宜矣至若不輕之禮四衆乃據理以行之理則無簡於怨親通貴賤而俱禮敕乃約其尊極不制禮於卑微涇渭兩殊無宜一貫矣又三極之中師居其末末猶展敬本何疑哉彈曰釋衆所以師資相敬正以教義不殊故耳非是約本末而言何孟浪之甚也若以袈裟異乎龍黼轂巾殊於鷩弁服既戎矣拜何必華各循其本無爽彝式其有素履貞遯清規振俗神化肸蠁戒行精勤藻掞桐鸞梵清霄鶴錦旌徵馹瓊符御靈德秀年耆獨其拜禮自餘初學後進聲塵寂寥並令盡敬君父請即編之恒憲彈曰若以不拜爲非則德秀年耆詎宜獨免若以不拜爲是則後進初學無宜令拜進退矛盾去取自乖請即編之恒憲何所見之短乎如此則進德修業出塵之軌彌隆苦節棲壇入道之心逾勵元風斯遠國章維緝庶可以詳爾景則靜一訛弊彈曰以乖宗爲景則謂守法爲訛弊約斯見驗惟何可觀自我作古奚舊之拘夫鏡非常之理必藉非常之照天鑒元覽體睿甄微探象外之遺宗極寰中之幽致雖則暫駭常聽抑亦終冥大道謹議

張松壽

松壽龍朔中官長安縣令

議沙門不應拜俗狀

竊聞佛道二門虛寂一致縱不能練心方外擯影人間猶須迹與俗分事與時隔然今出家之輩多雜塵伍外以不屈自高內以私謁爲務徒有入道之名竟無離俗之實彈曰不屈者奉法而然私謁者誠違教義只可峻其科簡懲彼不逞之流寧容縱火崑岡而欲俱焚玉石耶至若君親之地禮兼臣子孝敬所宗義深家國不有制度何以經綸望請僧尼道士女冠等道爲時須事因法會者雖在君后聽依舊式捨此以往並令請拜若歸覲父母子道宜申如在觀寺任遵釋典彈曰夫僧尼合拜則無宜不拜不合豈簡時方何得薙髮同是一人

約處便開異禮法服始終無二據事遂制殊經此乃首鼠兩端苟安時譽未曰志隆家國獻奉忠貞庶其以卑屈爲恥稍屏浮競以道德自尊漸宏教法輒進愚管伏增慚戰謹議

李晦

晦龍朔中官右威衛將軍

議沙門不應拜俗狀

原夫指樹摛祥訾龍德於皇胄蹈花標瑞抗輪寶於宸儀創迹毗城包紫宙而開宇疏基屬壤貫青曦而闡耀故能抑揚庶類控引羣靈十地閑安趣紺殿而希果九天凝貌

佩元珠而問津由是著美皇猷馳芬帝載緇服齊裾於上輦黃冠接武於中州宴坐經行道不參於廊廟登壇執簡迹未齒於朝宗今欲約以儒門牽於王制儀背纓冕法符簪笏便使貴其道而賤其人申其教而屈其禮禮隨教顯人由道尊固可以道廢人不應以禮虧教誠宜疇咨故實軌範舊章俾夫高尚之風昭明易象隨時之義允洽毗心但燭燎螢翻豈增華於日月塵霏露委希締美於山河冒進芻言輕陳輿頌詞疎理慒汗驚神悚謹議

辛宏亮

宏亮龍朔中官右奉宸將軍

議沙門不應拜俗狀

釋老二門教周四海源流自久宏益已深敢申愚見仍舊爲允謹議

崔修業

修業龍朔中官右衛長史

議沙門不應拜俗狀

李釋二教旨趣幽深理絕名言功超意表道以清淨爲主佛以拯物爲宗然含生者以爲津梁有形者將爲彼岸故

河上屈文帝之貴鷲嶺感明皇之尊自茲以降其道彌廣止如柱下妙理迦衛神蹤仰其道者莫切於指歸挹其波者無詳於終始方審駕鶴遊五嶺分形遍三千直是託跡應身方便誘接但憑其化者俱希輕舉之功資其業者亦救濟於塵劫是故黃冠既變緇服纔露人主不屈而臣父母不子而育此乃尊於佛教非是虧於禮義拜揖者何損於身但恐虧於聖教必也形神雙遣拜揖兩忘均然同彼天真無煩貌屈既未窮於性相便是若存若亡理須成此勝因遂其高尚況今聖上欽明孝臨天下尤遵二教資助

福田所以道士道人許其不拜且遣拜甚易不拜甚難足使褰野幼童不獨善於軒帝河上老叟無專美於漢皇千慮一得不拜爲允謹議

王元策

元策貞觀十二年爲右衛率府長史使西域爲中天竺所抄掠元策發吐蕃兵破之龍朔中官左驍衛長史

議沙門不應拜俗狀

自佛教之興始於天竺臣經三使頗有見聞臣聞輸頭檀王是佛之父摩訶摩耶是佛之母僧優波離者本王家僕

隸王親遍禮敬同於佛臣又見彼國僧尼法不拜諸天神祠亦不拜君王父母君王父母皆禮僧尼及諸道衆臣經難彼僧曰此之僕隸始落髮披緇殊無所失即令君父致敬大不近人情僧對曰雖初薙髮形已同佛復能震動魔宮雖曰無知豈不如泥木泥木一立爲主像縱博通貴勝得不致敬僧不拜俗亦已明矣臣又親難彼僧曰維摩經比邱亦禮維摩詰足法華經僧行普敬此二經文拜俗明矣何因比邱得不拜尊者僧曰佛制律經乃是僧尼常軌其維摩經比邱荷法暫行曲禮法華經大士一時別行何得以權時別行亂茲恒典臣深然之臣聞妻死鼓盆環屍而歌此亦一時別行豈得預於喪服之制臣於天竺經禮天像彼王乃笑而問曰使等並是優婆塞何因禮天臣問所由答曰此優婆塞法不禮天昔迦貳色迦王受佛五戒亦禮天像像皆倒地後至日天祠事天者恐王至禮天像倒遂將佛像密置天頂王三禮不倒王怪令檢於天冠內得一佛像王甚大喜歎佛神德嘉其智慧大賞封邑至今見在又云有外道受佛五戒但供養天祠而不頂禮王責不禮之罪白王曰小子豈敢辭禮禮恐損天王曰天

損不關你事彼即禮拜天像遂碎五戒優婆塞尚不得禮天況具戒僧尼而令拜俗臣元策言臣聞百王布軌但禮制於寰中大覺垂教乃津梁於域外莫不資眞人以易俗賴高僧以移風遂得謐四海之波濤脫三界之塵俗故漢帝不屈於河上輪王遍禮於沙彌此則道俗殊途豈得內外同貫教許黃冠之輩遊一道於寰中緇衣之徒駕五乘於方外因循既久助化益深草偃風行其來尚矣臣聞聖人無常師以主善者爲師聖人無常心以百姓心爲心兆庶曩昔敬信歸依今議令拜君父實乖主善百姓之心況

袈裟異華俗之服髡削非章甫之儀崇之則福生卑之則罪積共知拜君無益於國拜父不利於親臣如寢默不言豈得爲忠爲孝臣望隨舊軌請不改張同太宗文皇帝故事依前不拜謹議

徐慶

慶龍朔中官右武衛長史封孝昌縣公

議沙門不應拜俗狀

竊以三綱之重義極君親百姓之先實資敬愛而黃冠緇服咸均亭育之恩謁帝奉親頓虧臣子之敬本乎教義頗

紊彝倫解而更張抑爲通允然則道樞邃賾出乎名言之外慧輪廣運超乎心行之表經行之侶庇白馬而栖禪繕性之流佇青牛而警契雖迹羈有待而利涉無涯誠宜重其道而崇其教尊其人而異其禮是以河上真人親紆漢后之蹕廬山惠遠竟絕晉臣之議況復出家殊致顯昧異途羽帶田衣既匪朝宗之服乘杯負局寧同就養之方致敬之儀未爲盡善若以道雖可尚而處非其人則宜峻彼隄防甄其律行不可以人屈道誠可以道勵人伏以皇家發慶肇自猶龍之德宸居體寂每崇靈鷲之風不革前規彌光尊祖之義儻違舊制便曠師臣之禮天渙下覃俯令詳議竊懷管見輒肆芻詞用檢之宜非敢取衷謹議

韋思齊

思齊龍朔中官外府寺卿

議沙門不應拜俗狀

竊以臣子跪拜固是常規爰在禮經兼有權制母拜其子以禮成人不臣其臣以尊其德況方外之教爲善不同道有淩虛佛無生滅修心練行因果是憑名曰出家明超俗表咸言勝業歷代俱尊盛立道場皆求常樂獻君親以廣

福濟含識於冥塗久大而論高於俗教若同儒例還入俗流不尚學徒無由顯道賴有崇護道獲常存不拜之儀以彰深護尊道之本取益爲宗今據經文云拜非益利人益國實所宜言非益之文何容敢進循法仍舊無闕彝章體妙窮深非下能及幸霑芻議敢竭愚誠懼不合宜追深戰灼謹議

高藥尚

藥尚龍朔中官中御府少監護軍

議沙門不應拜俗狀

法本沖寂非有名言至道希夷故無聲教三千大界之境小智未能揆其原恍兮惚兮之中巨賢無以究其理但釋老二氏挺大聖之姿慧光塵外超然物表短三衣之拂石促四海之傾毛談寂滅之宗說有無之教門開方便演十二之因緣道誘多途述五千之廣說敬順則逍遙六度忽怠則苦海長流故去鬚髮而就桑門釋素衣而紉緇服冀登彼岸出此愛津父母貴其容王侯重其戒此卽君親道隔去俗絶塵三百之禮不拘五侯之位無義未可敦茲俗訓勵以風儀拜首私庭稽顙公室請循舊貫於愚爲允謹

議

王思

思龍朔中官馭僕寺大夫

議沙門不應拜俗狀

竊以厲鄉垂範實東國之至人祇園演法乃西方之上聖皆能割慈忍愛絶塵離俗禮者忠信之薄超道德而上馳色爲眞相之空遺形骸而幽賾故前王待之方外後帝許以不臣習見生常其來自久頓爲改創恐乖聽矚且復緇衣非揖拜之徒黃冠異折旋之侶縱使人非精感不能式景元風本立道生庶以漸持眞教若浮沈類俗俯仰隨時恐鷲嶺之業將虧茨山之風行替變道從儒未見其可因循勿改竊用爲宜謹議

皇甫公義

公義龍朔中官沛王府長史

議沙門不應拜俗狀

臣聞三教同歸漸頓雖别俱爲助化咸稱歎喜宣尼作訓不拘方外之流大師垂範全捨寰中之累虛室生白一粒餘資並駕康衢唯道是務自元風載偃法雲收族黃冠緇

服心跡不俱皇上愍其忘反式令僉議但絶允髡頂形之重也擎跪拜伏禮之末也今若捨其重而檢其末申其道而屈其人恐習俗生常頓改非易伏望嚴告有司詳加誘進如更因心靡歷方可寘之形禮輕陳芻管伏深戰懼謹議

梁孝仁

孝仁龍朔中官司稼寺卿

議沙門不應拜俗狀

佛道之典其來尚矣自白光東照紫氣西浮莫不遵彼五

于崇茲二教。無爲寂滅。同樹勝因。而僧尼道士女冠。趣承訓典。其爲教也。裨濟實多。歷覽前修。非無去取。所以同遵不拜。良或可觀。至如道之爲宗。皇基由漸。尊嚴之切。有異恒倫。豈可改作。別儀俯隨常俗。因循不拜。理謂爲允。謹議。

元大士

大士龍朔中官詳刑寺少卿

議沙門不應拜俗狀

竊以白馬東歸。寺剎爰建。青牛西上。觀座方興。莫不照燭昏迷。導引騰化。然敬君之範。簡略闕言。不拜之儀。因循往

有。非直情乖物義。抑亦意爽聖經。事如中臺司引議中彈且法服制儀。表絕凡流之恒敬。蓮花寶座。豈說不拜於君親。彈曰銅自石生珠因水育取者方委傳者故迷況佛教幽微理難窺涉不知而作其斯謂乎君有天地之尊。敬君遠符經教。親著生育之惠。拜親還會法源。撫事有益。於經捫理。未虧於法。牽率愚管。設敬爲宜。謹議。

欽定全唐文卷二百五

謝壽

壽龍朔中官右春坊主事

議沙門不應拜俗狀

一勑云。君親之義。在三之訓爲重。愛敬之道。凡百之行攸先者。此實先王之要道也。今請申其禮。竊尋教有外教內教之別。人有在家出家之異。在家則依乎外教。服先王之法服。順先王之法言。上有敬親事君之禮。下有妻子官榮之戀。此則恭孝之躅。理叶儒津。出家則依乎內教。服諸佛

之法服。行諸佛之法行。上捨君親愛敬之重。下割妻子官榮之戀。以禮誦之善。自資父母。行道之福。以報國恩。旣許不以毀形易服爲過。豈其責以敬親事君之禮。異乎孔老之教。所以理絕常境。不抑拜禮。無損於國也。

一勑云。宋朝暫革此風。少選還依舊貫者。自佛法東流六百餘載。帝代相次。向有百王。莫不敬崇佛法。樹福僧田。者故以染衣剃髮。同諸佛之容儀。割親辭榮。異衆人之愛戀。天龍敬重。號爲福田。故佛告憍曇彌。莫供養我。當供養僧。此則大聖誠言。理不可棄。如其佛語可棄。請總除廢。豈容

存之欲求其福辱之而責其拜禮也伏惟太宗文皇帝聖智則無所不達神威則無所不伏於時僧衆豈不易令跪拜故以佛法可敬長其容善又恥好異亂常之迹故不爲也但願近依先朝聖化之道遠棄晉宋邊鄙之法則萬古不怪道俗心安矣

一勅云朕稟天經以揚孝資地義而宣禮者比見普天之下俱行孝道親在則盡心色養親歿則追思遺跡者皆稟陛下至孝之道也今忽改棄先朝正淳之軌遠慕晉宋矯異之風今僧等雖復暗昧竊爲陛下不取也伏願追思先

迹還依貞觀之法此則至孝之道不化而自行矣

一勅云連河之化付以國王裁制之由諒歸斯矣臣竊尋付囑之意恐不如此何者佛以像法末年淳心漸薄邪見增長正法衰替四部之衆無力宏宣是以付囑國王令王擁護如其王者不護法當衰沒自壞豈勞付囑令王毀壞今僧徒雖復凡鄙而容儀似佛使之跪拜還如佛拜一至於此疑則存之無益且夫去好異順大同者君子之道也故先朝云以人從欲亂於大道君子所恥此風未遠伏願依行

人或問曰經中既說新學比丘禮維摩詰足不輕菩薩亦致敬於慢衆況今聖主示爲白衣神德則不謝於維摩立行則不同於慢衆今使僧拜正合其宜更有何辭敢不從順答不可以一人別行而亂於大教若以比丘頂禮於居士則令五衆設拜於君親俗人有居母喪而不哀豈使天下喪親而不哭至如莊周對婦屍而歌樂知存歿如四時孟孫居母喪而不戚達死生乎一貫此皆體道勝軌何不令天下俱行若以體道之情不可施於國法者彼亦證理之行豈得施於大化之議疑風也夫議者蓋欲取其大理

以成畫一之法三教之法卽國王法其法既成終天不易若不行用則須除廢若行用之必須述其教跡昔聞帝王禮佛未見佛禮帝王所以帝王敬法服者以先勝國王受佛付囑歷代尊承佛教故也父母敬其袈裟不可屈其佛衣招父母之過自古帝王度人出家去其鬚髮與其佛衣不拘常俗令作導師敷演法教而作福田若令其禮拜則屈其尊服付囑之義安在今欲改變恐昧理之流心有疑惑因生其過譬由敬泥龕木像以其圖寫佛容若不覩相欽承泥木一何可貴泥木尚假佛儀僧尼還託法服無假

無託疊伐誰伐如愚所見望請循舊不拜爲定謹議

王千石

千石龍朔中官詳刑寺丞

議沙門不應拜俗狀

竊惟君臣契重忠孝之義本隆父子恩深愛敬之情攸切存日用之理荷生成之大受其蔭者豈有忘其德餐其惠者寧有闕其禮斯固在三隆訓盡一垂範乃理叶神衷義符聖詔然而域內之法與老釋殊轍方外之軌共堯孔異轍筌蹄不能喻性相兩忘小大所不拘天地齊一不以色養爲孝不以棄親爲嫌神道經久此而莫止尋其要旨亦有助化故詭服無黜彝章毀形不傷教義超然出塵之表紛然不羈之賓沖而無替凝爾圓湛雖因果難了至理窅冥若存若亾因循自昔往者釋遠著論晉庾息議與其慢也寧崇其敬今若尊其道而毀其法要其福而屈其身是使鳴錫趨劍佩之容捧鑪端簪笏之理緇衣並列散弛雙行斯則袈裟忸金翅之威鉢盂慚呪龍之術其爲敎也安所施乎遜等預忝芻蕘言非可擇輒申愚管伏深戰懼謹議

劉慶道

慶道龍朔中官奉常寺丞

議沙門不應拜俗狀

夫孝養所以事親髮膚爲立孝之始敬忠所以奉上跪拜申資敬之容此固仰究天經俯窮人理至夫眞如寂滅言行俱盡元妙希夷窅冥難測陛下恢宏正道闡闢妙門典彼法徒膺茲冥祐然而教非域中之政形乃方外之儀衣異國容身無首飾何以參搢紳於下拜廁弁總而長跪愚謂紹法象賢可以朝不屈節毀形自絕可以家無降禮且同巢許之流有異勛華之盛付囑之託因循爲善既奉明勑敢陳正議謹議

鄭欽泰

欽泰龍朔中官司戎太常伯護軍

議沙門不應拜俗狀

臣聞三災變火六度逾凝二字爲經百成攸緬是以白毫著相闡一乘於萬劫紫氣浮影混萬殊於一致爰有儒津復軔殊軫秀天地陰陽之裏禮君臣父子之穆故知循名責實矩跡端形則教先於闕里齊心力行修來悔往則化

漸於連河釋爲內防雅有制於魏闕儒爲外檢不能括其靈臺別有元宗素範振蕩風物翻鵬逸鷃促椿遼菌無爲無事何得何失然則道佛二教俱爲三寶佛以佛法僧爲旨道以道經師爲義豈眞攝生有托陶性通資信亦爲政是基禪聲濃化而比邱未喻先生多僻恃出俗而浮逸以矜傲爲誇誕處匹夫之賤直形骸於萬乘忘子育之恩不降屈於三大固君父所宜革乃臣子所知非遂降綸璽是攻其弊雖履孝居忠昌言攺轍而稽古愛道參酌羣情懷響者谷不銷聲撫塵者山無隔細必備輿人之頌以貢芻

蕘之說何則柱史西浮千有餘祀法流東漸六百許年雖歷變市朝而事無損益惟庚冰責沙門之拜桓元議比邱之禮幸有何充進奏慧遠陳書事竟不行道終不墜是以大易經綸三聖蠱象不事王侯大禮充物兩儀儒行不臣天子亦有嚴陵踞謁光武亞夫長揖漢文介冑豈曰觸鱗故人不爲嬰綱惟舊詎先師道法侶何後戎昭上則九天眞皇十地菩薩下則南山四皓淮南八公或順風而禮謁或御風而游處一以貫之靡得而屈十室忠信亦豈無其人哉五刑之設關三木者不拜豈五德之具居三服者拜之罪之不責恭肅德之誠足容養然則含識之類懷生之流莫不致身以輸忠彼則不忠王者莫不竭力而遵孝彼則不敬其親雖約弛三章律輕三尺有一於此三千其大而不被以嚴誅寘於臣責者豈不以道釋與堯孔殊制傷毀與禮教正乖蓮花非結綬之色貝葉異削珪之旨人以束帶爲儀章道則冠而不帶人以束髮爲華飾釋則落而不容去國不爲不忠辭家不爲不孝出塵滓割愛於君親奪嗜欲棄情於妻子理乃區分於物類不可涯撿於常途生莫重於父母子則不謝施莫厚於天地物則不答君親

之恩事絕名像豈稽首拜手可酬萬分之一者歟出家之與君父豈曰全無輸報一念必以人天爲願首四諦則於父母爲宏益方祛塵劫永離死生豈與夫屈膝爲盡忠色養爲純孝而已矣必包之俗境處之儒肆屈其容降其禮則不孝莫過於絕嗣何不制以婚姻不忠莫大於不臣何不令稱臣妾以袈裟爲朝服稱貧道而趨拜儀範兩失名稱兼乖深恐一跪之益不加萬乘之尊一拜之勞式彰三服之墜則所不可而豈然乎王者無父事三老無兄事五更君人之尊亦有所敬法服之敬不敬其人若屈其數則

卑其道數而可卑道則云缺矣豈若存敬於己存道於物敬存則己適道在則物尊尊道所以敬於物敬於物所以尊於己也況復形猶身也道若影焉身既如聲道亦如響形動則影隨聲揚則響應道崇則身寵身替則道息豈可使居身之道屈於道外之身豈可使方外之人存於身中之敬又彼守一居道不離塵俗若可拜之是謂俗之道而可俗俗又參道則一當有二而道不專行矣安可以區道之常域保專一之至誠哉據僧祇律敬袈裟如敬佛塔謂袈裟爲福田衣衣名銷瘦取能銷瘦煩惱鎧名忍辱取能

降伏魔軍亦喻蓮花不染泥滓亦爲諸佛之所幢相則袈裟之爲義其至矣夫若損茲佛塔壞彼幢相將輕忍辱更貶福田甚用危疑終迷去取解服而拜則越俗非章甫之儀整服而趨則緇衣異朝宗之典故闡幽舍衞之境步屏高門之地理絕朝請事乖榮謁豈不謂我崇其道所以彼請其來請而卑之復何爲者廬山爲道德所居不在搜簡之例甘棠爲聽訟所息或致弗翦之恩山與樹之無心且以德而存物法與道之有裕豈崇道而遺人語曰人能宏道則道亦須人而行也王人雖微位在諸侯之上行道之輩焉復可卑其禮若謂兩爲欺詭則可以而寢之寢之之道則芟薙之之謂是則所奪者多何止降屈而已若謂兩爲濃助則宜崇之崇之之道則尊貴之之謂豈可尊貴其道而使其恭敬哉假以金翠爲真儀不以金翠而增肅假以芻狗而尊像不以芻狗而加輕肅敬終寄於道輕重不係於物物之不能遷道亦猶道之恒隨於物矣沙門橫服於己資法服而爲貴莫不敬其法服而豈係於人乎不拜之典義高經律法付國王事資持護法爲常也常行不易一隅可隔千門或爽通有護法之資塞有墜法之虞與其

墜之曷若護之何必屈折於僧容盤辟於法服使萬國歸依者居蒂芥於其間哉語曰人因所利而利之則利之之術亦可因其精詣而爲利矣洎乎日光上照皇運攸宗海接天潢枝連寶構藉無上之道闡無疆之業別氏他族敬猶崇往神基靈派道豈偏令此爲甚不可一也月氏東國實祚斯侯定水元波法雲彩潤高解脫之慶演常住之福王前帝昔尚或攸遵主聖臣良胡寧此變臣愚千慮萬不一得儻緣斯創造無益將來於恒河沙劫有毫釐之累雖率土碎首羣生粉骨何以塞有隱之責彌不忠之罪此爲

甚不可二也臣所以汲汲其事區區其誠搔首捫心隳肝瀝膽伏願聖朝重興至教恒春柰苑永轉法輪心歡錄其人百祚遠光於帝業則雖死猶生朝夕可矣竊惟詔旨微婉義難適莫天情晝一則可使由之睿想旁求則誰不竭慮臣以庸昧何足寓言以兩教爲無則崇於聖運聖而崇之則非無矣以兩教爲有則筆削明時時而削之恐非有矣斯所以歧路裹回兩端交戰道宜存跡理未厭心管豈窺天蛙焉測海理絶庶幾之外事超智識之表自懷鈆閣筆扣寂銷聲而欲烏處程言竽中竊吹將聾聽而齊俗舉

瞽視而均矣雖有罄於心靈終不詣於聞見也直以八風迥扇萬籟咸貢其音兩曜昇暉千形不匿其影茲焉企景是庶轉規就日心葵輸涓驛露而靦顔漿夏履薄冰春兢惕已甚赧畏交集謹議

王泉

泉龍朔中官內侍監給事

議沙門不應拜俗狀

竊以耆山闡化泛幽津而鼓檝碧落垂訓趣眞境而揚言德總四天挺教殊乎俗檢義均一指資敬異乎常倫故致禮堅林至理與恒情別綂屈身河上元功共即事已乖是知緇服黃冠非闕廷之飾禪林洞府豈臣子之榮至於功深利益道備宏誘列三乘之旨則理極四生示五千之文則言包萬象執慧刀而割煩惱棄有欲而習無爲存歿仰其舟航動植資其含養性相非研機所盡希夷豈探賾所窮況乃轉法輪以翼帝功則功濟塵劫浮眞氣而基聖道則道冠混元蕩乎大乎固無得而稱矣今欲獎同名教令依俗禮綸言既降誰曰不宜竊恐高尚之風因斯遂往元妙之理流蕩忘歸伏惟陛下愛敬隆於百王德教敷於四

海凝神體物宏道爲心何必約此二門混同眞俗之路限茲兩教亂彼默語之途戒律既異於恒科跪拜豈通於常禮因循之跡請依恒軌謹議

源誠心

誠心龍朔中官萬年縣令

議沙門不應拜俗狀

竊以老釋之教雖曰沖元君父之尊終資嚴敬況所行化不出寰中義屬在三須遵孔禮但爲落髮不可加冠法衣不可加帶無冠無帶拜伏失儀如愚管窺依舊爲允謹議

王隱客

隱客字少微。太原人。贈太子少保琚從父。官鳳閣侍郎。

議沙門不應拜俗狀

若夫雞渾起。一龍聖開三。飛義畫而踰繩。泛軒文而越契。端宸肅扆。題尊玉宇之中。斑鼪影琚。光佐璿逵之右。洪猷僅於禮樂。秀業止於仁義。亦有棲月籠霞之儁。乘黿控鯉之英。窒欲蟺姿。茹丹菌於祕洞。休糧蛻影。吸青露於神邱。終驚迅節之期。徒侈浮歡之會。豈若能仁撫運。梵典開宗。撰妙輪而會擊。假寶騎而高引。無生之生。究生生於至賾。

不滅之滅。窮滅滅於幽源。大千通智炬之輝。盡億曳法蠡之響。繁罝弛綱。邁三咒於湯年。苦浪堙洪。軼四乘於夏序。浸羣方而演澤。濟悠劫而凝勳。襲其儀者便屈紫皇之敬。入其道者乃標黔首之尊。爲愛習之良資。作塵勞之依止。洎乎星潯褫照。日夢飛光。東徙休屠之像。西漸罽賓之化。高人響係。敷妙說於琅函。茂德肩隨。暢眞詞於貝牒。列辟以之崇奉。縣代以之欽尚。故苻秦肅念。紆翠輦而同嬉。劉漢虔誠。下緗輿而致禮。唯有牛圖晚運。慧星曖而還明。龍緒衰辰。德水凝而復渙。我大唐澄飛日海。撲燎霞崐。延喜流禎。昭華獻吉。財成紫宙。葳蕤改粒之勳。大比蒼黎。菌靄遷裳之業。皇帝乘雷震極。鑠電離宮。驅九駿以會馳。駕八驥而橫厲。希風崛岫。啓鶴苑於神畿。仰化連河。搆蜂臺於勝壤。敷攝誘之徽範。敦愛敬之洪模。而以控國必俟於忠。裝家實資於孝。爰命僧尼之輩。將申跪拜之儀。則裕凝懷誶通規於會府。因心在念。捨輿頌於英寮。雖囂議相攻。各言其志。而宸襟歷選。遂率於常。特懷顧復之恩。仍致升堂之拜。悰上人沖宇淹穆。秀器韶雅。迥韻道通。峻詞閑綽。身城浪謐。飛寶仞以衝天。意樹紛披。聳珍翹而拂漢。既洽九

儒之要。還探三藏之微。緇徒擅其娉節。素侶挹其徽望。固已偶迹乘盃。侔聲飛錫者矣。將恐迷生曲學。近識孤聞。以適俗之權。爲會眞之實。叩鳳闈而莫遂。叫鸞掖而無從。爰興護念之心。載啓發揮之作。粵自晉氏。迄於聖代。凡其議拜事。並集而錄之。總合三篇。分成六卷。爲之贊論。格以通途。縟旨含鏘。雕文振彩。信所以激昂幽致。刷盪冥津者也。隱客業寡才疎。名蕪槩淺。坐煙郊而晦迹。泊風户以棲神。徒以早尚華編。深崇葉篆。欣兹盛事。綴而序之。秋蟀輕光。匪助奔羲之曜。春蛙陋響。寧裨大樂之音。聊以宣情。詎云

摛藻與我同志幸無誚焉

沈元明

元明龍朔中官左威衛錄事

成唯識論後序

原夫覺海澂圓涵萬流而濬宗極神機闡妙被衆象而凝至眞明慧日而鏡六幽洩慈雲而沛八寓演一音而懸解逸三乘以遐騖體陳如之半器津有有於鹿園照善現之滿機繹空空於鷲嶺雖絕塵於常斷詎遺筌於有空顯無上之靈宗凝中道於茲敎逮金河滅景派淳源而不追玉

牒霏華緒澆風而競扇於是二十八見迷喪應於五天一十六師亂牛雲於四圭半千將聖茲惟世親實賢劫之應眞悔生知以提化飛光毓彩誕暎資靈曜常明於八蘊藻初情於六足秀談芝於俱舍標說有之餘宗攝元波於大乘責研空之至理化方昇而照極湛沖一於斯頌唯識三十偈者世親歸根之遺制也理韜囦海泛浮境於榮河義鬱烟飈麗虹章於元圃言含萬象字苞千訓妙旨天逸邃彩星華幽緒未宣冥神絕境孤明歛暎祕思潛津後有護法安慧等十大菩薩韞元珠於八藏聳層搆於四圍宅照二因樓淸三觀升暉十地澄智水以潤賢林鄰幾七覺皎行月而開重夜優柔芳烈景躅前修箭涌泉言風飛寶思咸觀本頌各裁斯釋名曰成唯識論或名淨唯識論空心外之二取息滯有之迷塗有識內之一心遣歸空之妄執晦斯心境苦海所以長淪悟彼有空覺岸於焉高蹈九十外道亂風轍而靡星旗十八小乘軔轍軒而扶龍轂窮神體妙詰賾探機精貫十枝洞該九分顧十翼而搏仙羽頫九流以濬瓊波盡邃理之希微闡法王之奧典稱謂雙絕筌象兼忘曜靈景於西申閟虹光於震旦濟物宏道眇歸

宗德粤若大和尚三藏法師元奘體睿含眞履仁翔慧九門禪晏證靜於融山八萬元津騰流於委海疊金牆而月曜峻玉宇而遐騫軼芳粹於澄蘭孕風華於龍翼悼微言之匿彩嗟大義之淪暉用啓誓言肆茲遙踐泳祥河之輟水攀寶樹之低枝循鏤杠以神遊躡霙峰而安步昇紫階而證道矙元影以嚴因採奥觀奇徙蒼龍於二紀緘檀篆具旋白馬於三秦我大唐慶表金輪禎資樞電奄大千而光宅御六辦以天飛神化潛通九仙賁寶元猷旁闡百靈聳職凝旒邃拱杳通夢於霄暉掞組摛華煥騰文以幽贊

元奉綸旨溥令翻譯敕尚書左僕射燕國公于志寧中書令高陽公許敬宗等潤色沙門釋神泰等證義沙門釋靖邁等質文肇自貞觀十九年終於顯慶之末部將六十卷出一千韜軼蓬萊池湟環渤載隆法寶大啓羣迷頌德序經並紆宸藻元風之盛未之前聞粤以顯慶四年龍棲叶洽元英應序厥閏惟陽糅茲十釋四千五百頌彙聚羣分各遵其本合爲一部勒成十卷月窮於紀銓綜云畢精括詁訓研詳夷夏調驚韶律藻掞天庭白鳳甄奇紫微呈瑞遂使文同義異若一師之製焉斯則古聖今賢其揆一也

三藏弟子基鼎族高門玉田華胄壯年味道綺日參元業峻林遠識清雲鏡閑儀玉瑩凌道邃而澄明逸韻蘭芬掩法汰而飛辨緒仙音於八梵舞霄鶴以翔禎摛麗範於九章影桐鸞而絢藻昇光譯侶俯潛叡而融暉登彩義徒顧猷暢而高視秀初昕之璇景晉燭元儒矯彌天之絕輪騰邁眞俗親而四辨言奘三明疏發戶牖挍導津涉績功資素通理寄神綜其綱領甄其品第兼撰義疏傳之後學敘蟠黃陸跨合璧於龜疇祥浮紫宮掩連珠於麟籀式罄庸謏叙其宗致云

郭震

震字元振以字顯魏州貴鄉人舉進士授通泉尉唐休璟破吐番元振參預其謀以功拜主客郎中睿宗景雲二年累官至同中書門下三品封館陶縣男以誅太平公主功進封代國公兼御史大夫持節爲朔方道大總管未行元宗於驪山講武坐軍容不整流新州尋以舊功起爲饒州司馬道病卒開元十年追贈太子少保

劾趙彥昭韋嗣立韋安石奏

彥昭以女巫趙五娘左道亂常託爲諸姑潛相影援既因

提挈乃踐台階或驅車造門著婦人之服或攜妻就謁申猶子之情於時南憲直臣劾以霜憲暫加微貶旋登寵秩同惡相濟一至於此又張易之兄弟勢傾朝野嗣立此際結爲甥舅神龍之初已合誅死天網疎漏腰領獲全安石託附阿韋編諸屬籍中宗晏駕削大皇輔政之制定阿韋臨朝之策此時朝野危懼人神怨憤乾坤交泰宇宙再淸不加貶削法將安措臣忝司淸憲敢不糾彈請付紫微黃門準法處分

論去四鎭兵疏

臣聞利或生害害亦生利國家奄有天下囊囿八荒而萬機百揆之中最難消息唯吐蕃與默啜受命是將大利於中國若圖之不審則害亦隨之如防害有方則利亦隨之今欽陵所論唯分裂十姓地界抽去四鎮兵防此是欽陵切論者若以爲可允則當分明斷決之若以爲不可允則當設策以羈縻之終不可直拒絕以阻其意使興邊患也臣竊料此事關隴動靜之機豈可輕舉措哉使彼和望未絕則其惡意亦不得頓生請借人事爲比設如人家遭盜一則攻其內室一則寇其外落主人必不先於外寇而憂

在內室矣何則以內患近而外患遠也今國之外患者十姓四鎮是內患者甘涼瓜肅是復關隴之人事屯田向三十年臣料其力用久竭弊矣脫一朝甘涼有不虞此中豈堪廣調發耶臣實病之不知朝廷以爲何如夫善爲國者當先料內以敵外不貪外以害內今議事者捨近患而靡恤務遠患而是貪臣愚駑罔識厥策必以四鎮殷重事不可依何不言事以答之如欽陵云四鎮諸部與蕃界接懼漢密近蘭鄯比爲漢患實在茲輩斯亦國家之所要者今宜報欽陵云國家非恡四鎮本置此以扼蕃國之尾分蕃國之力使不得幷兵東侵今若頓委之於蕃恐蕃力強易爲東擾必實無東意則宜還漢吐渾諸部及青海故地即俟斤部落當以與蕃如此足塞欽陵口而和事未全絕如後小有乖則曲在彼兼西邊諸國款附歲久論其情義豈與吐蕃同日而言今未知其利害未審其情實遥有分裂亦恐傷諸國之意非制馭之筭待籌損益知其利便續以有報如此則亦和未爲絕更使彼蕃懸情上國是亦誘人之方伏願省擇使無遺筭以惠百姓也

離間欽陵疏

臣揣吐蕃百姓倦徭戍久矣咸願早和其大將論欽陵欲

分四鎮境統兵專制故不欲歸款若國家每歲發和親使而欽陵常不從命則彼蕃之人怨欽陵日深望國恩日甚設欲廣舉醜徒固亦難矣斯亦離間之漸必可使其上下俱懷猜阻

論闕啜忠節疏

往者吐蕃所爭唯論十姓四鎮國家不能捨與所以不得通和今吐蕃不相侵擾者不是顧國家和信不來直是其國中諸豪及泥婆羅門等屬國自有攜貳故贊普躬往南

征身殞寇庭國中大亂嫡庶競立將相爭權自相屠滅兼以人畜疲癘財力困窮人事天時俱未稱愜所以屈志且共漢和非是本心能忘情於十姓四鎮也如國力殷足之後則必爭小事方便絕和縱其醜徒來相吞擾此必然之計也今忠節乃不論國家大計直欲公爲吐蕃作鄉導主人四鎮危機恐從此啓頃緣默啜憑陵所應處兼四鎮兵士歲久貧羸其勢未能得爲忠節經略非是憐突騎施也忠節不體國家中外之意而別求吐蕃吐蕃得志則忠節在其掌握若爲復得事漢往年吐蕃於國非有恩有力猶

欲爭十姓四鎮今若効力樹恩之後或請分于闐疎勒不知欲以何理抑之又其國中諸蠻及婆羅門等國見今攜背忽請漢兵助其除討亦不知欲以何詞拒之是以古之賢人皆不願夷狄妄惠非是不欲其力懼後求請無厭益生中國之事故臣愚以爲用吐蕃之力實爲非便又請阿史那獻者豈不以獻等並可汗子孫來卽可以招脅十姓但獻父元慶叔僕羅兄俀子并斛瑟羅及懷道豈不俱是可汗子孫往四鎮以他匐十姓不安請冊元慶爲可汗竟不能招脅得十姓却令元慶沒賊四鎮盡淪頃年忠節請斛瑟羅及懷道俱爲可汗亦不能招脅得十姓却遣碎葉數年被圍兵士饑餒又吐蕃頃年亦冊俀子及僕羅并拔布相次爲可汗亦不能招得十姓皆自磨滅何則此等子孫非有惠下之才恩義素絕故人心不歸來者既不能招攜唯與四鎮却生瘡痏則知冊可汗子孫亦未獲招脅十姓之算也今料獻之恩義又隔遠於其父兄向來既未樹立威恩亦何由卽遣人心懸附若自舉兵力勢能取則可招脅十姓不必要須得可汗子孫也又欲令郭虔瓘入拔汗那稅甲稅馬以充軍用者但往年虔瓘已曾與忠節擅

入拔汗那稅甲稅馬臣在疏勒具訪不聞得一甲入軍拔漢那胡不勝侵擾南勾吐蕃卽將俀子重擾四鎮又虔瓘往入之際拔汗那四面無賊可勾恣意侵吞如獨行無人之境猶引俀子爲蔽今此有娑葛強寇知虔瓘等西行必請相救胡人則內堅城壘突厥則外伺邀遮必知虔瓘等不能更如往年得恣其吞噬內外受敵自陷危道徒與賊結隙令四鎮不安臣愚揣之以爲非計

上安置降吐谷渾狀

臣昨見唐休璟張錫等衆議商量其吐谷渾部落或擬移

就秦(原注今天水郡)隴(原注今汧陽郡)或欲移近豐(原注今九原郡)靈(原注今靈武郡)貴令漸去邊隅使居內地用為防閑之要冀免背叛之虞臣以為並是偏見之一端未為長久之深策若近秦隴則與監牧雜居如在豐靈復與默啜甫邇必以慮其翻覆須有遷移縱至中土安可易其本性至如躭爾乙句貴往年王孝傑奏請自河源軍徙居靈州用為愜便及其逃叛之日穿監牧掠馬羣所在傷夷大損州縣是則遷居中土無益之明驗矣往者素和貴雖背聖化只從當所居地叛走其於中國無所損傷但是失少許吐渾耳豈與句貴之為害

同日而語哉今吐谷渾之降者非驅略而來皆是渴慕聖化衝鋒突刃棄吐蕃而至者也臣謂宜當循其情以為制勿驚擾之使其情地稍安則其系戀心亦日厚當涼州降者(原注今武威郡)則宜於涼州左側安置之當甘州(原注今張掖郡)肅州降者(原注今酒泉郡)則宜於甘肅州左側安置之當瓜(原注今晉昌郡)沙降者(原注今燉煌郡)則宜於瓜沙左側安置之但吐渾所降之處皆是其舊居之地斯輩既投此地實有戀本之情若因其所投而便居之其情易安因數州而磔裂之則其勢自分順其情分其勢而不擾於人可謂善奪戎狄之權矣何必要纂聚一處如一國使情通意合如一家脫有異志則一時盡去傷害州縣為患處深何如分置諸州使每州皆得吐渾使役欲有他懷必不能遠相連結總去臣愚輒以為勝策如允臣此見其所置之處仍請簡取當處強明官人於當處鎮遏之則小小為非亦易杜絕兼每使達蕃情識利害者共宣超兄弟一人歲往巡按以撫護之無使侵削其生業日就樂戀自亦深矣如此臣實以為羈縻戎狄之良策設使後有去就不過邊州失少許吐渾終無傷於中國今此輩心悠揚而無主未知所安必在早定安置之計

無令驚擾速生邊患

欽定全唐文卷二百六

姚崇

崇字元之陜州硤石人本名元崇以與突厥叱利同名武后時以字行至開元時避帝號更名崇爲孝敬挽郎應下筆成章舉授濮州司倉五遷夏官郎中超遷侍郎同鳳閣鸞臺平章事尋遷鳳閣侍郎爲張易之所譖改司僕卿猶同鳳閣鸞臺三品出充靈武道大總管神龍元年預謀誅張易之兄弟以功封梁縣侯睿宗立拜兵部尚書同中書門下三品進中書令先天二年改紫微令進封梁國公授

開府儀同三司罷知政事除太子少保以疾不拜開元九年薨年七十二贈揚州大都督諡曰文獻十七年重贈太子太保

撲滿賦

夫惟哲人罔有敗德几杖攸誡盤盂見勒容過於鏡則照窮任重於才則道塞多藏必害常謹不忒茲撲滿之陶形假埏埴以爲器其中混沌竅開兮沈以默其外空蒙忽合兮烱而靑藏鏹符於神論固壘同於道扃謙以自守虛而能受奚初積而終散竟出無而入有乍苦乎巨蚌之全滿而則剖不異乎亢龍之悔盈莫能久故君子永鑒是式允執厥中道不可以常泰物不可以屢空雖聚寶含眞立制之端自我而辭豐忌覆致用之數在公何茲器之微賤蓋與時而變通苟利物而害己亦持盈而省躬豈獨夫魯國宥坐誠欹虛己周階銘玉端口室慾損之有餘補之不足明遠鑒之退止訓勞謙之軌躅稽長倩以投贈庶平津而自勗

請褒賞劉子元吳兢奏

伏見貞觀十七年監修國史房元齡與史官給事中許敬

宗著作佐郎敬播修高祖實錄二十卷成制封元齡一子爲縣男賜物一千段敬宗一子爲高陽縣男賜物七百段敬播改授太子司議郎賜物五百段仍並降璽書褒美又神龍二年五月監修國史中書令魏元忠與史官太常少卿徐彥伯國子司業崔融等修則天實錄三十卷成制封元忠一子爲縣男賜物一千段彥伯等各賜爵二等物五百段自餘卑官加兩階物段准處分仍並降璽書褒美今史官劉子元吳兢等撰睿宗實錄又重修則天中宗實錄並成進訖准撰太宗實錄例並修官已下加爵及賜命子

元等經臣援引古今欲臣聞奏臣謹尋故事例有恩賞事屬當時不可爲准子元等始末修撰誠亦勤勞敘事紀言所緣雖重承恩賞賜固不在多子元吳兢望各賜物一百段

請東都別立義宗廟奏

準禮大行皇帝山陵事終卽合祔廟其太祖第七室先祔皇昆義宗孝敬皇帝哀皇后裴氏神主伏以義宗未登大位崩後追尊至神龍之初乃特令昇祔春秋之義國君卽位未踰年者不合列昭穆又古者祖宗各別立廟孝敬皇

帝恭陵既在洛州望於東都別立義宗之廟遷祔孝敬皇帝哀皇后神主命有司以時享祭則不違先旨又協古訓人神允穆進退得宜在此神主望入夾室安置伏願陛下以禮斷恩

請宣示豫州鼎銘符瑞奏

聖人啓運休兆必彰故化馬爲龍預流謠頌秀爲天子早著冥符臣等今見薛謙光所獻東都鼎銘大聖天后所製其文云上元降祉方建隆基豫州處天下之中所以遠包四海銘文獨聖后所製固必先感二儀靈慶昭彰曠絕今古臣等忝陪近侍喜萬常情請宣付史官並頒示內外

對太廟屋壞奏

太廟殿本是苻堅所造隋文帝創立新都移宇文朝政殿造此廟國家又因隋氏舊制歲月茲深朽蠹而毀山有朽壞尚不免崩既久來枯木合將摧折偶與行期相會不是緣行乃崩且四海爲家兩京相接陛下以關中不甚豐熟轉運又有勞費所以爲人行幸豈是無事煩勞東都百司已作供擬不可失信於天下以臣愚見舊廟既朽爛不堪修理望移神主於太極殿安置更改造新廟以申誠敬

諫造寺度僧奏

佛不在外求之在心圖澄最賢無益於全趙羅什多藝不救於亾秦何充苻融皆遭敗滅齊襄梁武未免災殃但發心慈悲行事利益使蒼生安樂卽是佛身何用妄度奸人令壞正法

答捕蝗奏

庸儒執文不識通變凡事有違經而合道者亦有反道而適權者昔魏時山東有蝗傷稼緣小忍不除致使苗稼總盡人至相食後秦時有蝗禾稼及草木俱盡牛馬相噉毛

今山東蝗蟲所在流滿仍極繁息實所稀聞河北河南無多貯積儻不收穫豈免流離事繫安危不可膠柱縱使除之不盡猶勝養以成災陛下好生惡殺此事請不煩出勅乞容臣出牒處分若除不得臣在身官爵並請削除

對問究獄疏

自垂拱後被告者類自誣當是時以告言爲功故天下號曰羅織甚於漢之鉤黨雖陛下使近臣覆訊彼尚不自保敢一搖手以悖酷吏意哉且被問不承則重罹其慘張虔勗李安靜等皆是也今賴天之靈發寤陛下凶豎殲夷朝

廷乂安臣以一門百口保内外官無復反者陛下以告牒置弗推後若反有端臣請坐知而不告

請遣捕蝗疏

臣聞詩云秉彼蟊賊付畀炎火漢光武詔曰勉順時政勸督農桑去彼螟蜮以及蟊賊此除蝗誼也且蝗畏人易驅又田皆有主使自救其地必不憚勤請夜設火坎其旁且焚且瘞乃可盡古有討除不勝者特人不用命耳

東幸疏

王者陰盛陽微則先祖見變今後宫非御幸者宜悉出之以應變異舉畯良撙奢靡輕賦愼刑納諫爭察諂諛繼絶世則天人和會災異訖息

答張九齡書

忽辱牋翰喜慰攸集退惟自省慚懼亦深實智力之所不逮也宜朝廷之所見責也僕本凡近之才素非經濟之具叨承過聽謬膺朝委自少及長從微至著唯以直道爲業匪以曲路期通歷官三朝年逾一紀凡所稱薦罕避嫌疑實有祁奚之舉非無許允之對則天之世已被流言行之有恒久而自辨近蒙奬擢倍勵駑庸每以推賢進士爲務

欲使公卿大夫稱職豈楊橋之或用及解狐之可爲而悠悠之徒未足矜察嗷嗷之口欲以中傷上恃天聰俯仗神道旣不得奉身而退但知信心而前然顧無隱慝亦死爲分明矣猥惟不敏敬承厥休持當座銘永爲身寶元崇頓首

報倪若水捕蝗牒

劉聰僞主也德不勝妖今日聖朝也妖不勝德古之良守蝗蟲避境若言修德可勉彼豈無德致然今坐看食苗忍而不救因此饑饉將何自安

造像記

切闕八字彰昊天之恩罔闕三字施渥牛涔効淺每以弄烏勤侍恩反哺而馳魂記鳳凌虛願銜書而走魄聞夫踐寶田之界登壽域於三明揚慧炬之暉警迷塗於六暗爰憑聖福上洽君親懸佛鏡而朗堯曦流乳津而霑血屬下該妙有旁括太無並悟眞詮咸昇覺道銘曰

地踊珍塔天飛聖儀丹楹日泛錦石蓮披酌慧難測資生不疲長褰欲綱永庇禪枝

遺令誡子孫文

古人云富貴者人之怨也貴則神忌其滿人惡其上富則鬼瞰其室虜利其財自開闢已來書籍所載德薄任重而能壽考無咎者未之有也故范蠡疏廣之輩知止足之分前史多之況吾才不逮古人而久竊榮寵位逾高而益懼恩彌厚而增憂往在中書遘疾虛憊雖終匪懈而諸務多缺薦賢自代屢有誠祈人欲天從竟蒙哀允優遊園沼放浪形骸人生一代斯亦足矣田巴云百年之期未有能至王逸少云俛仰之間已爲陳迹誠哉此言比見諸達官身亡以後子孫既失覆蔭多至貧寒斗尺之間參商是競豈唯自玷乃更辱先無論曲直俱受嗤毀莊田水碾既衆有之遞相推倚或至荒廢陸賈石苞皆古之賢達也所以預爲定分將以絕其後爭吾每靜思深所歎服昔孔子至聖母墓毀而不修梁鴻至賢父亡席捲而葬昔楊震趙咨盧植張奐皆當代英達通識今古咸有遺言屬令薄葬或濯衣時服或單帛幅巾知眞魂去身貴於速朽子孫皆遵成命迄今以爲美談凡厚葬之家例非明哲或溺於流俗不察幽明咸以奢厚爲忠孝以儉薄爲慳惜至令亡者致戮屍暴骸之酷存者陷不忠不孝之誚可爲痛哉可爲痛哉

死者無知自同糞土何煩厚葬使傷素業若也有知神不在柩復何用違君父之令破衣食之資吾身亡後可殮以常服四時之衣各一副而已吾性甚不愛冠衣必不得將入棺墓紫衣玉帶足便於身念爾等勿復違之且神道惡奢冥途尚質若違吾處分使吾受戮於地下於汝心安乎念而思之今之佛經羅什所譯姚興執本與什對翻姚興造浮屠於永貴里傾竭府庫廣事莊嚴而興命不得延國亦隨滅又齊跨山東周據關右周則多除佛法而修繕兵威齊則廣置僧徒而依憑佛力及至交戰齊氏滅亡國既

不存寺復何有修福之報何其蔑如梁武帝以萬乘爲奴胡太后以六宮入道豈特身戮名辱皆以亡國破家近日孝和皇帝發使贖生傾國造寺太平公主武三思悖逆庶人張夫人等皆度人造寺竟術彌街咸不免受戮破家爲天下所笑經云求長命得長命求富貴得富貴刀刃段段壞火坑變成池比來緣精進得富貴長命者爲誰生前易知尚覺無應身後難究誰見有徵且五帝之時父不葬子兄不哭弟言其致仁壽無夭橫也三王之代國祚延長人用休息其人臣則彭祖老聃之類皆享遐齡當此之時未

有佛教豈抄經鑄象之力設齋施佛之功耶宋書西域傳有名僧爲白黑論理證明白足觧沈疑宜觀而行之且佛者覺也在乎方寸假有萬像之廣不出五蘊之中但平等慈悲行善不行惡則福道備矣何必溺於小說惑於凡僧仍將喻品用爲實錄抄經寫像破業傾家乃至施身亦無所恡可謂大惑也亦有緣亡人造像名爲追福方便之教雖則多端功德須自發心旁助寧應獲報遞相欺誑浸成風俗損耗生人無益亡者假有通才達識亦爲時俗所拘如來普慈意存利萬損衆生之不足厚豪僧之有餘必不然矣且死者是常古來不免所造經像何所施爲夫釋迦之本法爲蒼生之大弊汝等各宜警策正法在心勿效兒女子曹終身不悟也吾亡後必不得爲此弊法若未能全依正道須順俗情從初七至終七任設七僧齋若隨齋須布施宜以吾緣身衣物充不得輒用餘財爲無益之枉事亦不得妄出私物徇追福之虛談道士者本以元牝爲宗初無趨競之教而無識者慕僧家之有利約佛教而爲業敬尋老君之說亦無過齋之文抑同僧例失之彌遠汝等勿拘鄙俗輒屈於家汝等身歿之後亦教子孫依吾此法

先師冉伯牛贊

巓門肄業入室推賢名惟科首行則士先是爲上足寧同及肩亡之命矣懷之喟然

口箴

君子欲訥吉人寡辭利口作戒長舌爲詩斯言不善千里違之勿謂可復駟馬難追惟靜惟默澄神之極去甚去泰居物之外多言多失多事多害聲繁則淫音希則大室本無暗垣亦有耳何言者天成蹊者李似不能言爲世所尊言不出口冠時之首無掉爾舌以速爾咎無易爾言亦孔

之醜敬之慎之可大可久敬之伊何三命而走慎之伊何三緘其口勗哉夫子行矣勉旃書之屋壁以代韋弦

執秤誡并序

秤者衡衡天下之平也君子執之以平其心夫衡在天以齊七政在人以均萬物稱物平施爲政以公毫釐不差輕重必得是執衡持平之義也

聖人爲衡四方取則志守公平體兼正直用於天官銓綜斯得行於里閈紛競以息故南北以𣂪左右以持秤物低昂不差毫釐使錙銖不惑輕重無疑智不能矯愚不能欺

存信去詐以公滅私無偏無黨君子似之法者天下公器官者庶人之師其身既正不令而行在下無怨唯上之平故曰上之所仰人皆其向我之所教人皆其效心苟至公人將大同心能執一政乃無失嗟爾多士欽哉勉旃庶以觀則同夫佩弦

彈琴誡并序

琴者樂之和也君子撫之以和人心夫其調五音諧六律則移風易俗感舞禽獸而況於人乎故身不下堂不言而理者蓋鳴琴故也

樂導至化聲感人情故易俗以雅樂和人以正聲樂有琴瑟音有商徵琴音能調天下以治異而相應以和爲美和而不同如彼君子故善爲國者若彈琴宮君商臣則治國之道大急小緩豈安人之心不調者改張踰於立法聲悲者調下感於知音昔武城單父以弦歌樂職鄒忌雍門以辯對匡國美此調撫而人是則昭告後來無怠於德

執鏡誡并序

執鏡者取其明也夫內涵虛心外分朗鑒物不可以匿詐體無得以逃形是以野鹿窺而慚山雞對而舞故君子是

繪是畫置之座隅蓋將照姦回之心絕險詖之路也詩曰我心匪鑒不可以茹亦其理焉

秦樓明鏡鑒有餘暉色自凝曉光能洞微飾以鞶組匣以珠璣龍繞池臥鳥臨月飛傍入四鄰中延萬象濟物攸博利人斯廣握在帝心則宇宙融朗懸諸銓目則魏楚瞻仰且明不匿瑕君子是嘉不疲屢照君子是效嗟爾在職爲代作則刑不可濫政不可賊凡今之人鮮務爲德紛綸諂媚汩沒忠直當須如鏡之明斷可以平如鏡之潔斷可以決敢告後來無忝前哲

辭金誡 并序

辭金者取其廉慎也昔子罕辭玉以不貪爲寶楊震辭金以四知爲慎列前古之清潔爲將來之龜鏡原其立者俯而揖讓也跪者仰而受恭也俾左右顧盼又得謙恭之道焉

古之君子策名委質翼翼小心乾乾終日慎乎在位欽乃攸司請謁者咸息苞苴者必辭爾以金玉爲寶吾以廉慎爲師爾以夜昏可納吾將暗室不欺若爾有贈吾今取之爾則喪寶吾則懷非故曰欲人不知莫若無爲欲無悔悋

不若守慎慎之伊何主誡在乎瓜李悔之伊何讒謗由乎薏苡慎則禍之不及貪則災之所起苟自謹身必無謗恥凡所從政當須正己誡往修來慎終如始

冰壺誡 并序

冰壺者清潔之至也君子對之示不忘乎清也夫洞澈無瑕澄空見底當官明白者有類是乎故内懷冰清外涵玉潤此君子冰壺之德也

玉本無瑕冰亦至潔方圓相映表裏皆澈喻彼貞廉能守其節凡今之人就列稱臣當官以害剝爲務在上以財賄爲親豈異夫象之有齒以焚其身魚之貪餌必曝其鱗故君子讓榮不憂辭滿爲珍以備其德以全其眞與其濁富寧比清貧吳隱酌泉羅參致水席皮洗幘緼袍空裹雖清畏人知而所知遠矣嗟爾在位祿厚官尊固當聳廉勤之節塞貪競之門冰壺是對炯誡猶存以此清白遺其子孫

十事要說

垂拱以來以峻法繩下臣願政先仁恕可乎朝廷覆師青海未有牽復之悔臣願不倖邊功可乎比來壬佞冒觸憲網皆得以寵自解臣願法行自近可乎后氏臨朝喉舌之

任出閹人之口臣願宦豎不預政可乎戚里貢獻以自媚於上公卿方鎮寖亦爲之臣願租賦外一絶之可乎外戚貴主更相用事班序荒雜臣請戚屬不任臺省可乎先朝褻狎大臣虧君臣之嚴臣願陛下接之以禮可乎燕欽融韋月將以忠被罪自是諍臣沮折臣願羣臣皆得批逆鱗犯忌諱可乎武后造福先寺上皇造金仙玉貞二觀費鉅百萬臣請絶道佛營造可乎漢以祿莽閻梁亂天下國家爲甚臣願推此鑒戒爲萬代法可乎

答盧懷慎捕蝗說

楚王吞蛭厥疾用瘳叔敖殺蛇其福乃降趙宣至賢也恨用其犬孔子將聖也不愛其羊皆志在安人思不失禮今蝗蟲極甚驅除可得若其縱食所在皆空山東百姓豈宜餓殺此事崇已經面奏定訖請公勿復爲言若救人殺蟲因緣致禍崇請獨受義不仰關

兗州都督于知微碑

闕十七字乃有闕五字其有高山峻極闕二字磊闕一字而不窮大川靈長清瀾浩汗而無絕闕一字芳闕四字雲闕一字者其惟于闕四字乎君諱知微字辨機其先周封闕十一字東海闕一字爲闕二字

其後仕於魏亦家於代闕一字代闕一字謹左僕射太子太師雍州牧子孫相承故今爲京兆萬年人也高祖闕一字周涇州刺史闕一字安郡守驃騎大將軍開府儀同三司瓜潼兗邵四州刺史涇州總管建平郡公謚曰剛曾祖宣道周儀同大將軍隨内史舍人左衛率上儀同闕一字安子皇朝贈涼州刺史謚曰獻早執珪璧累傳茅土履闕一字遍於文武聲華被於中外祖志寧皇朝秦王友禮部尚書侍中尚書左僕射太子太傅太師蒲岐華三州刺史上柱國燕國公贈幽州都督謚曰定山河授闕一字星象降精負明闕一字之闕二字佐絲綸之大業謀猷瑣闥動合全模詳綜禮闈言成故事聲徽滿於天下位望極於人臣父立政皇朝吏部郎中國子司業太子率更令渠號二州刺史太僕少卿公子公孫多材多藝闕六字聲實豈惟臺閣取則抑亦河海稱宜公丹穴融姿生而五色青田表質動則千里言爲士範行乃人師包括藝文闕一字詞場而獨步甄明政理登闕二字而先闕一字朝澣闕二字之衣心闕一字地義夕寢闕二字之被性篤天倫行必由信不負黃金之諾舉無失德逾慎白圭之玷正假馬之非禮革攘羊之爲直風塵不雜契芝蘭而獨秀

歲闕一字無闕二字松柏之闕一字彫每屈於書生亦闕二字公子不恃才闕一字傲物將闕四字仁永徽元年補宏文生爰以佩觿之年且戀過庭之訓特降恩旨許其在家比及三冬方齊闕一字哲擢第釋褐授太子内闕一字丞闕一字年遷授祕書郎兼通事舍人内供奉闕四字峻闕二字增闕二字有詞令之闕一字遂兼敷奏之職緣親延累下遷常州司兵參軍梁州西縣令同州司法岐州岐山縣令汙池戢鶴棘林栖鳳固闕一字高而位下惟小屯而大亨謙而彌光闕一字而不雜闕二字無闕一字齊闕六字之受闕二字條范滂之責成千里中都之彰

善癉惡上蔡之易俗移風蓋無以過也俄丁窮罰殆至滅性雖槐榆屢變而創痛猶殷服闋被徵闕一字爲舉首勑授魏州貴鄉縣令闕一字任未幾闕一字在京違豫公乃請休急躳尋醫緩專專代喘感而遂瘳於時魏州連夏大旱州縣祈禱靡愛牲璧密雲徒積甘澍罕闕一字公入境闕一字人闕一字心闕一字戴闕一字薪艾闕一字即未焚灌壇風雨闕一字其闕一字洽闕二字隨誠降雨施及公私枯稼蔚爲嘉苗赤地變爲膏野百姓鼓舞而相賀五穀滋蕃而遂登尋被巡察使昇進制加朝散大夫行城門郎大名之邑人結去思闕三字門

朝推稱職俄兼夏官郎中闕三字著闕一字兼五熱昔稱歸闕一字是膺俊選阮籍之樂東平孫盛之思小邑願從所好天且不違乃出爲許州司馬累除蒲晉潤三州長史龍驗一闕一字驥足載馳闕一字下河史亟展闕一字輿之政延陵闕一字瀆累闕一字歸闕三字旣闕一字人謠遂紆朝獎長壽二年制授鄂州刺史無何又累除道利二州刺史化被荆楚威覃蜀漢去獸遷蝗以奉最斥爲患雖經討闕一字曾不衰止有果州流溪縣丞邢曇之等聞公政術深思拯庇仰鄰燭之延佇慕河潤以傾勤曇之因使入京乃以父老等狀上請情

詞懇到闕二字天心乃降優旨授公檢校果州刺史褰帷一視羣闕一字出奔下車三令闕一字境闕一字息神功之歲復除恒閬二州刺史礪岳北臨劒門南峙是爲襟要實賴才雄公以身率人令行禁止河朔拒二天之謁漢中輿五袴之歌惟揚奥區是闕一字重鎮事兼闕二字允藉親賢久視元年又改授揚州大都督府長史地總淮海路兼嶺蜀僑舊相雜良猾莫分攘敚爲恒椎埋所聚公懸明鏡以臨照稱物無闕一字撝利劍以斷割隨機有裕補張網之闕一字政紹何武之遺績江圯之闕一字於是乎在長安二年改授常州刺

史毗陵大藩實要良守輟已成之務就有待之司顧盼而澆俗自清咄嗟而闕一字政咸理公每懷敬止恐闕二字之漸蕪願近鄉閭雖執鞭而可仕屢陳章表具列款誠闕二字時在鳳閣侍郎預知闕一字政備悉情素常爲贊成乃屈資除雍州司馬從其好也粤以宏才俯從闕一字尹闕一字晞闕二字有犯闕六字惟賢是闕一字能名播於京輦公心闕二字人吏旣推宿德闕二字舊資朝廷稱歎聲聞旒扆乃加銀青光祿大夫改授絳州刺史州管軍府户多彫散惟良之任自昔稱難公隨方撫馭應時闕一字理奸盜畏威而闕一字境流闕一字

感恩而復業以公闕一字舊正人德業斯重講闕一字之任髦
俊是闕一字乃除太子左庶子又遷太僕少卿并累封東海
郡使行本忠良器實高茂膺負璽之清級播恭慎之嘉聲
鄒魯闕一字番闕一字標舊國闡揚文敎馮藉師資乃除兗州
都督公五百挺生博聞強記三千受業發瞽振聾撫俗則
黃霸重生講藝則顏回不死俎豆益先生之饌歌詠光夫
子之門發餘燧於槐檀導末流於洙泗公讀闕二字傳乃慨
然歎闕一字古人云闕一字相視盡闕一字壽哉闕一字況闕四字殘
光詎幾昏中闕一字壁餘歲可知乃懷鼓缶之娛遂抗懸車

之請至誠上達優旨旋許追二疏之逸軌訪四皓之幽居
張禹韋闕一字之流魏舒闕二字之輩遂異代闕二字殊塗同歸
者焉景雲二年封闕一字海郡公又檢校鴻臚少卿公遠覽
夜行之誡自傷月告之年僶俛承恩斯須罷職嗟乎鄭辰
甫及謝酉難移既勞息之有期豈桐闕一字之可救以闕二字
二年六月廿五日薨於長安常樂之里第春秋七十九泰
山其頹仰曾峰而何及長河既竭望清瀾而遽遠以開元
二年十一月十八日遷祔於京兆府三原縣萬壽鄉長坳
原舊塋禮也公闕一字海闕一字族三台闕一字胄行爲模楷言

成准的居家盡孝奉國竭忠情叶段干直以道義爲富性
符徐邈唯以詩書自娛歷居官次每著殊尤之績篤於友
道非虧然諾之心嗟乎闕一字憖溫闕一字永往子安何闕三字
仙鶴之聲元伯長闕二字有素車之闕一字平原四望闕二字春
闕一字荒燧千年蔓草秋露旌旐低而復舉簫鼓咽而不鳴
涕淚成冰瞻昔恩而未重柱檻皆素顧今禮而爲多嗣子
朝議大夫行密州別駕上柱國東海郡開國男克勤次子
朝議郎行左監門率府長史上柱國武陽縣開國男克構
朝議郎行華州司戶參軍上柱國黎陽縣開國男克懋等

聿修祖德不墜家風冬日將夏日相輝金友與玉昆交映
闕五字以闕一字義相規別闕一字逾闕五字遂闕一字良友既沒誰堪
制服之悲知音者希空軫絕絃之痛罷馬之室本不分於
客主管鮑之契固無限於存亡見闕一字爲文辭不獲免平
生言行誠僕所知揄揚事業則吾豈敢將闕三字之迹闕一字
題無愧之詞云爾
江河派別兮靈長芝蘭挺秀兮芬芳象賢襲慶兮忠良過
庭承訓兮義方本百支兮無疆彌七葉兮未央心懸明鏡
兮氣銳干將化成雉狎兮德闕一字鸞翔或闕二字而馳譽或

闕二字而爲光列爵窮於五等爲尹邁乎三王入龍樓兮膺侍接擁鳩杖兮體歸藏東川不待西域無香盧敖仰兮無逮王喬去兮何常思武子之可作歎公業之不亾露闕一字泣於闕五字於闕四字玉兮長想臨挂劍兮增傷

欽定全唐文卷二百七

宋璟

璟邢州南和人舉進士調上黨尉爲監察御史累拜黃門侍郎睿宗立遷吏部尚書同中書門下三品開元初累封廣平郡公授開府儀同三司罷知政事十七年遷尚書右丞相二十年以年老乞休二十五年薨年七十五贈太尉謚曰文貞

梅花賦 并序

垂拱三年余春秋二十有五戰藝再北隨從父之東川授

館官舍時病連月顧瞻圯牆有梅一本敷蘤於榛莽中喟然歎曰斯梅託非其所出羣之姿何以別乎若其貞心不改是則可取也已感而成興遂作賦曰

高齋寥闃歲晏山深景翳翳以斜度風悄悄而龍吟坐窮檐以無朋命一觴而孤斟步前除以躑躅倚藜杖於牆陰蔚有寒梅誰其封植未綠葉而先葩發青枝於宿枿擢秀敷榮冰玉一色胡雜遝於衆草又蕪沒於叢棘匪王孫之見知羌潔白其何極若夫瓊英綴雪絳萼著霜儼如傅粉是謂何郎清香潛襲疎蕊暗臭又如竊香是謂韓壽凍雨

晚濕夙露朝滋又如英皇泣於九疑愛日烘晴明蟾照夜又如神人來自姑射煙晦晨昏陰霾晝闕又如通德掩褏擁髻狂飇捲沙飄素摧柔又如綠珠輕身墜樓半含半開非默非言溫伯雪子目擊道存或俯或仰匪笑匪怒東郭慎子正容物悟或憔悴若靈均或欹傲若曼倩或嫵媚如文君或輕盈若飛燕口吻雌黃擬議難徧彼其藝蘭兮九畹采蕙兮五柞緝之以芙蓉贈之以芍藥玩小山之叢桂掇芳洲之杜若是皆物出於地產之奇名著於風人之託然而豔於春者望秋先零盛於夏者未冬已萎或朝華而速謝或夕秀而遄衰曷若茲卉歲寒特妍冰凝霜沍擅美專權相彼百花誰敢爭先鶯語方澀蜂房未喧獨步早春自全其天至若棲迹隱深寓形幽絕恥鄰市廛甘遯巖穴江僕射之孤鐙向寂不怨凄迷陶彭澤之三徑長閒曾無惜結諒不移於本性方可儷乎君子之節聊染翰以寄懷用垂示於來哲從父見而勗之曰萬木僵仆梅英再吐玉立冰姿不易厥素子善體物永保貞固

三月三日爲百官謝賜宴表

臣某言臣伏以漢崇元巳齊曰上遊咸聞執蘭以盛褉飲洛水之會囂呼不足紀也永和之遊僻陋不足追也臣等生逢多幸遇會聖明賜與榮渥逾溢涯分詢於史策超軼古今臣某伏惟皇帝陛下屈己愛人布和施恩慶賞所及萬國歡心財成之道與天悠久爰以令節錫宴公亭翠帟文茵俱來天上嘉餚清酤亦自大官欣歡之聲浹於億兆銜感之至形於頌歌而天心霈然宸章煥發曲蒙賜示捧讀兢懼涵泳五音光輝二雅流於鐃磬永播無窮豈臣庸愚詎能思度今狂虜衰息年穀屢登俗被湛恩人歸壽域謙遊高會適助時康況上宰冢卿修簪長劍前後羅列小大相從所以序聖朝之多士爲百代之風流臣等叨榮無任懇迫報効何日進退知慚不勝欣忭之至

謝觀內宴表

臣某等言伏以雲韶是稱天樂華夷不覩庶品徒瞻伏惟皇帝陛下慶洽人神惠敷雲雨合歡飲於八仙闕伎降於九重遂使六樂增唱萬人駭歎豈激楚之足匹何鈞天之能擬況復飾無貴寶衣用大帛遠而望之如金翠之旅近而觀之同弋綈之髳其廣大也可以俗應陽和其純儉也可以人知軌物故能作程海內垂裕天長望編史冊永彰

明聖臣等不勝悅豫之至

請停東宮上禮表

臣伏以太常狀以皇太子冠准東宮典記有上禮之儀謹按上禮非古從南齊後魏方始有此事而垂拱神龍更扇其道羣臣斂錢獻食君上厚賜答之姑息施恩方便求利每緣一事有此再煩齊魏之風故不足效後車轍有前車之戒應當取適皇太子冠乃盛禮自然合有賜賚上臺東宮兩處宴會非不優厚其上禮宜停

賀雨表

近者日永南陸雲密西郊鬱彼炎氣暫愆時雨陛下順天布德憂人在念潔壇菲膳恤獄緩刑故得膏澤應期會旬而至夜良田望歲自公而及私觀其洒液九重雜梅香而共溢含涼入水將麥氣而俱清臣等預睹休和叨承霑沐

乞休表

臣璟言臣聞力不足者老則更衰心無主者疾而尤廢臣昔聞其語今驗諸身況且兼之何能爲也臣自拔幽介欽屬聖明才不逮人藝非經國徒以久承驅策歷參試用命偶時來榮因歲積遂得再昇台座三入冢司進階開府增邑大郡所更中外已紊彝章逮居端揆尤竊右職何者丞相官司之長任重昔時愚臣衰朽之餘用慚他日位則逾盛人則浸微盡知其然何居而可頃者僶俛從政蒼黃不言實懷覆載之德冀竭涓塵之効今積羸成憊沈痾莫瘳耳目更昏手足多廢顧將隕越寧遂宿心安可苟徇大名仍尸重祿且留章綬未上闕庭儀刑此乖禮法何設伏惟陛下選能以授爲官而擇察臣之有詞矜臣之不逮使得罷歸私室養疾衡門上弭官謗下知死所則歸全之望獲在愚臣養老之恩施於聖代日暮途遠天高聽卑瞻望軒

墀大深感戀臣比伏枕不堪詣闕無任懇誠之至謹遣男朝請大夫行起居郎渾於朝堂奉表陳乞以聞

定諸王公主封邑名號奏

王子將封三十餘國周之麟趾漢之犬牙彼何足云於斯爲盛竊以郯郕王等皆傍有古邑字臣等以類推擇謹件三十國名又王子先有名者皆上有嗣字又公主邑號亦選擇三十美名皆文不害意言足定體又令臣等別撰一佳名及一美邑號者七子均養百王至仁今若同等別封或緣母寵子愛骨肉之際人所難言天地之中典有常度

昔袁盎降慎夫人之席文帝竟納之慎夫人亦不以爲嫌美其得久長之計臣等故同進更不别封上彰覆載無偏之德

請卹盧懷慎家口奏

太學助教張知謙與臣等言論故黄門監盧懷慎清儉身死之日家無餘財遺嗣貧窶衣食不給伏以懷慎歷官中外數十餘年晚在黄門足爲貴秩清約守道朝廷共推親弟懷莊雖居朝列然其簡身素謹亦有兄風妻子居貧無可以給聖朝褒賢勸善激濁揚清貪婪者靡不棄捐介潔

者宜應念錄况富本榮業所貴能散天地至仁所貴能養行賞必於合義賜與難以妄加如懷慎者既曾任宰相特承皇眷施舍可愛沮勸斯在臣等暗識不早陳聞知謙上言理足甄用望出制論懷慎平生苦更賜其家物一百段粟二百石以示不遺

請停仗内音樂奏

十月十四十五日承前諸寺觀多動音聲今傳有仗内音聲擬相誇鬬官人百姓或有縛綳此事儻行異常喧雜四齊雖許作樂三載猶在遏音伏惟孝理深在典故臣等既聞此事不敢不陳

請罷悲田奏

悲田養病從長安已來置使專知且國家矜孤恤窮敬老養病至於按比各有司存今遂聚無名之人著收利之使實恐逃逋爲藪隱没成姦昔仲繇仕衛出私財爲粥以施貧者孔邱非之乃覆其饋人臣私惠猶且不可國家小慈殊乖善政伏望罷之其病患人令河南府按比分付其家

論頌示興慶符命奏

徵祥所寶在於聖德興慶休應宇内咸知頌告刻石恐塵

大體望宣付國史

請停廣州立遺愛碑奏

臣伏見韶州奏事云廣州與臣立遺愛頌但碑所以頌德紀功披文相質臣在郡日課無所稱縱恭宣政理幸免罪戾一介俗吏何足書能濫承恩私見在樞密以臣光寵成彼謟諛欲革此風望自臣始請勅廣府即停

請綏令王惠充使往車鼻施奏

嘉會表稱突騎施車鼻施勾引大食吐蕃擬取四鎮見圍撥換及大石城嘉會已發三姓葛邏祿兵與史獻同掩襲

臣等伏以突騎施等跡已叛渙葛邏祿等志欲討除自是夷狄相攻元非朝廷所遣若大傷小滅皆利在國家成敗之狀卽當聞奏王惠充使本爲綏懷事意既殊未可令去望待以西表至續更商量

論修德刑疏

陛下屢降德音勤恤人隱此誠蒼生緊賴明主用心但河北不登或須給貸責在用遍省於差科共遵程式又考使去日恩敕再三若有饑弊隨使賑廩山東蒸黎德施溥洽又頃者緣農桑在候恐囚繫尚多徒已下刑並責保放唯

流死等色則情不可寬古人慎赦義在存法恐今有言事者未能細知直以月蝕修德或云分野應有災祥因而多言冀感上聽臣以爲君子道長小人道消女謁不行讒夫漸遠此所謂修德也囹圄不擾甲兵不興理官在平不以深苛爲獄軍將慎舉不以輕進邀功此所謂修刑也向時祈陳皆朝廷常已留念縱日月愼盈滿將因此而致福必指期而有應且君子恥言浮於行故曰予欲無言又曰天何言哉四時行焉百物生焉望以至誠動神不要制書頻降其京城諸司及府縣繫囚仰重臣等卽准敕興所由參詳處分

諫築墳逾制疏

夫儉德之恭侈惡之大高墳乃昔賢所誡厚葬實君子所非古者墓而不墳蓋此道也凡人子於哀迷之際則不以禮制爲思故周孔設齊斬緦免之差衣衾棺槨之度賢者俯就私懷不果且蒼梧之野驪山之徒善惡分區圖史所載衆人皆務奢靡而獨能革之斯所謂至孝要道也中宮若以爲言則此理固可敦諭在外或云竇太尉墳甚高取則不遠者縱令往日無極言者其事偶行令出一時故非

常式貞觀中文德皇后嫁所生女長樂公主奏請儀注加於長公主魏徵諫云皇帝之姑姊爲長公主皇帝之女爲公主既有長字合高於公主若加於長公主事甚不可引漢明故事云羣臣欲封皇子爲王帝曰朕子豈敢與先帝子等時太宗嘉納之文德皇后奏降中使致謝於徵此則乾坤輔佐之閒綽有餘裕豈若韋庶人父追加王位擅作酆陵禍不旋踵爲天下笑則犯顏逆耳阿意順旨不可同日而言也況令之所載預作紀綱情既無窮故爲之制度不因人以搖動不變法以愛憎所謂金科玉條蓋以此也

比來蕃夷等輩及城市閒人遞以奢靡相高不將禮儀爲意令以后父之寵開府之榮金穴玉衣之資不憂少物高墳大寢之役不畏無人百事皆出於官一朝亦可以就而臣等區區不已屢以上聞諒欲成朝廷之政崇國母之德化浹寰區聲光竹素儻中宮情不可奪陛下不能苦違卽準令一品合陪陵葬者墳高三丈已上四丈以下降勅將同陪陵之例卽極是高下得宜

對集百姓不便判

得魏州貴鄉學士謝希顏告本縣令鄭國僑每

集百姓以爲不便勸以六禮兼用七教修殷摯之法後弁（一作復伍）其田百姓被論國僑法外妄加箠楚處分

墨綬臨人國僑隨班於邑宰青襟敬業希顏齒跡於鄉校將宣風於禮敎道化未敷議爲政之得失訟聲斯起利害之間非是相半何則修六禮以節性明七教以崇德蓋闡皇王之風何虧令長之敎至若廢耕釋耒方行殷摯之法計畝分疆後施子產之令風雨惟序豈資區種之勤虞芮不爭焉用井田之制處事則於人不便容或施張加箠則於法有違固須科結

對勳品判

宋臣前任視流外傳得勳品請依視品定階

宋臣位末名卑迹參郎署前任後敗亦異階資欲定見任之階希取視流之品且視流於正流旣別勳品將三品斯殊階雖請於後高品終在於前任章程可據體例先施犯罪雖許同科定階難爲共貫宜從二品庶允三章

先師冉有贊

文之禮樂適可成人目以政事方爲具臣豈才不足寧道

斯屯其謂國老眇然清塵

閻朝隱

朝隱字友淸趙州欒城人累遷給事中聖歷二年轉麟臺少監詔事張易之常代作篇什易之伏誅坐徙嶺外先天中復爲祕書少監坐事貶通州別駕

晴虹賦

一陰一陽備藻繢以成文章載淸載濁挂天涯而臨地角生於氣立於空宛宛轉轉曈曈曨曨上下明媚表裏沖融洗奇光於暴雨留艷彩於飄風隱顯之情奚爾造化之理

何窮若乃碧嶂無雲清江息浪曲折異體低昂殊狀半出高岊疑蟾魄之孤生全入澄瀾若蛾眉之相向又乃綺窗遠鬭錦帳斜褰髣髴天上依稀目前曄兮煜兮既類丹山碧樹之重疊斷兮連兮又似美人彩女之嬋娟察之無涯究之無實光天地之大造保雲霄之元吉爰有下才或趨微秩其志蹇蹇其心慄慄體物無功著書有疾既蘊慚於明鏡載有閣於鴻筆

亳州錄事參軍事上騎都尉馮府君紀孝碑

夫元亨利貞開物之綱鍵也典謨訓誥設範之源流也變

通周於三古而闕二字其情浸潤洽於九區而人乘其利闕二字之捶歲探其微如筆之折日取其半萬代而不盡府君之道歟府君諱本字闕二字長樂信都人也周之爲主夫子授以丕基晉則有人丞相登其寵遷自後衣冠代起組綬駢驅邦家必聞出幽都而獨秀名教可樂入魏國而先鳴曾祖闕一字後魏外兵參軍北地郡丞昂藏絶羣耿介負俗其功可立思與主而吁噓其道不行視危邦而傲睨祖悅宇文朝驃騎將軍定安闕一字郎中令與隋文帝有舊辟命不出去病以威名動俗昇之驃騎雍齒以故舊生釁封以什方國步重淸出爲嘉州峩眉縣令仁恩浹於旋軺信義流於闔棺父賢隋校書郎國初率子弟應接義旗加通議大夫檢校定州北平縣令蒼疋篆籀之指歸陰陽術數之城府莫不備窮制造妙盡精微建功則與天會留委質闕五字重規沓矩驥闕一字鵬飛爲珠則漢水聯華爲玉則崑山動色公波瀾萬仞節目千丈闕一字衣壁水見科斗之爲文鼓闕七字成字草隸斯盡筋肉備存或取以龜圖或詳諸鳥跡或理窮元妙或思盡毫芒以之象形顯脫於前載以之會意闕九字解褐利州參軍徙緜州參軍頻丁父憂去職結

廬在墓負土成墳父兮母兮鞠我育我取敬取愛以尊以嚴事闕七字荼蓼陟屺岵而不見行碎肝闕一字僅全毁滅之中重起簪裾之內服闋遷淄州錄事闕二字乾封中入計上臨軒問闕九字王是臨奇獸不入九十百衆日月歲資艸秸盡有爲之門倉坵虛不急之事闕二字庚壹粒積成九稔之儲露闕八字之産陛下以損爲未損微臣以安爲未安爰下天書載牧坰澤有犯無隱皆闕二字也尋擢亳州錄事參軍如闕八字如綱提綱得鳥期於一目功無所蔽過無所容巡察使以清白聞秩未進於闕二字名巳登於岱籙以咸亨四

年闕六字春秋六十有四人吏傷心仰徽容其若疢友朋交臂顧支體其若失夫人恒農楊氏繼夫人上闕八字交接爲國則土宇齊封陽數奇陰數偶以久視元年五月廿二日合祔於先塋禮也嗣子銀青光祿大夫闕六字留直昭文館敦直曾輿至孝閔闕一字醇心公才備於四科帝獎隆於三篋若韋闕一字之銘寶器若李斯之篆銅人挺生間起角立傑出兼張華之博物若孔光之深慎剖析凝滯則明鏡見膽鎔裁得失則利劍吹毛闕二字劬勞未盡罔極之報匍匐感咽庶期不朽之文朝隱竹簡舊遊蓬山遺老有企無愧

考行直書迺銘其言俾刻於石冀東西南北闕夫子之墳焉其辭曰

瓜瓞緜緜系於周年畢公自出畢萬是遷仕晉何代封魏何年食邑命氏馮鄉有焉符運代起水火更王闕一字燕稱孤入魏爲相士流模楷名教宗匠冠冕搢紳允歸時望光光郡丞挺生其後昂藏獨得耿介是守辭疾邱園養高林藪雖卽千駟非義不受赫赫驃騎聲雄五都盈尺美玉徑寸明珠盧綰卽舊雍齒何辜或出或處與時並驅爰降異靈是生良宰陰陽數術篆籀文采矯驚未振潛龍有待以忠事君其跡斯在鳳凰有雛闕二字有駒雛鳴鏘鏘駒行昂昂登闕一字胄子擢於上庠參卿軍事其道逾光盡節匡時受命河洛典茲刺舉繩違景亳物情刻孤代務闕二字無謂我固藏舟於壑哀哀嗣子惴惴餘生孝友成性忠貞令名通於天地感於神明冀搖雄筆以紀頌聲千秋萬歲灌木豐草子孫盈門軒車闕一字道或青或紫以拜以掃披其遺文與天同老

皇甫瓊

瓊一作伯瓊永昌元年進士

對詞標文苑科策

問朕聞北辰端扆佇衆彥以經邦南面居尊俟羣材而緯俗是知九官分職薰風之詠載敷八元匡朝就日之規方遠歷選列辟遐考前修並建明敭之躅式廣旁求之義故康衢扣角授相越於齊班海上牧羊封侯超於漢秩洎乎淳風陵替雅道湮沈仕必因基官非材進官雖備職位匪得人遂使七輔之林銷聲於巖穴六佐之彥晦跡於邱園寤寐以之載勞虛佇今欲革因循之弊躡稽古之蹤此志雖勤其途未遂爲是旌賁爽於前代英傑寡於今晨佇爾

昌言朕將親覽

對珠衡上列聖人居耀魄之尊玉理旁融元后握乾坤之柄膺寶歷而推五勝皇綱居混沌之先懸玉鏡而運三千帝系出氛氳之上莫不闢天關以統業橫地軸而開基象列宿而環北辰制諸侯而嚮南面柱州巢氏之際晦聲迹於龍圖結繩鍊石之餘摛景曜於龜象未有巨川已濟不資舟檝之功大厦已成不假棟梁之力至於遠電流祉既委任於三台就日居尊亦僉謀於四岳道德爲富魏文侯之式廬禮義可尊燕昭王之擁篲孔明佐蜀叶魚水以陳

謀仲父相齊假鴻毛以康俗洎嬴暉掩鏡漢道亾珠位以恩升榮非德進挂網羅者則黃鵠高飛縻爵祿者則青鳧競至自欽明撫運憲章稽古司光鳳紀位映龍名振鷺來儀襲憲颸而鼓舞白駒萃止食苗場以縶維所以繩準百王牢籠萬代伏惟聖母皇帝陛下闢陰陽之一氣獨化初皇啓日月之三光混成太極靈祇翕忽出震宮而齊巽圍雲雨氤氳辨天垓而通地圻慕崩沙之靈運符澗石之休期憂在進賢道叶採苓之化恩無不逮德合樛木之風掩媧后以彌尊邁姬旦而立政吹竽釣璜之侶接武於階墀騎星弄電之夫肩隨於廊廟雖良駿充廄逾懷買骨之謀眞龍在堂久佇丹青之翫應休璉之獨坐鳥雀來庭尹叔良之閑居蠨蛸在戶傍加策問親覽政途詞麗汾州聲洋沛洛（一作邑）掩鵬圖而該魏綱漆園無控地之詞飛鶴板而徵漢臣九皋有聞天之響凡曰羣生孰不幸甚臣中庸賤逸下澤幽微忝預明敭謬承採擇馳心日路冀三捨以矜魂累息天門瞻九重而惕慮謹對

孔元義

元義垂拱初爲成均助教

郊丘明堂嚴配議

謹按孝經云孝莫大於嚴父嚴父莫大於配天既言莫大於配天明配尊大之天昊天是也物之大者莫大於天推父比天與之相配行孝之道莫過於此以明尊嚴之極也又易曰先王以作樂崇德殷薦之上帝以配祖考鄭元注上帝天帝也故知昊天之祭合祖考並配請奉太宗文武聖皇帝高宗天皇大帝配昊天上帝於圜丘義符孝經周易之文也神堯皇帝肇基王業應天順人請配感帝於南郊義符大傳之文又按祭法云祖文王而宗武王祖始也

宗尊也所以名祭爲尊始者明一祭之中有此二義又孝經云宗祀文王於明堂文王言祖而云宗者亦是通武王之義故知明堂之祭配以祖考請奉太宗文武聖皇帝高宗天皇大帝配祭於明堂義符周易及祭法之文也謹議

李譔

譔韓王元嘉子少以文才見知諸王子中天后朝官通州刺史元嘉起兵誅武氏與父同坐誅

造大道天尊像記

有唐五十三祀龍集敦牂哀子李訓誼譔諶銜恤在疚寘

懷靡所永言報德思樹良因敬立大道天尊及侍眞像粤若稽古藐觀遂初眞宰貞乎得一混成表於沖用元之又元蹟超言象之域惟恍惟惚理冥視聽之端所以峒山順風勞乎靡索汾陽御辯窅然自喪曠矣哉道之韞也其寄於寥廓之場焉至於玉笈宣徽琅函吐祕方壺神闕蒙轂靈遊倏忽九陔導飛廉而從敦圄俯仰六合戴列星而乘雲氣固亦昭章逸軌肸蠁孤風淳化其瞭幽契無爽伏以先妣令貞載德克懋柔儀延慶台華正位藩闈動容資於典禮發言光乎箴訓故紘綖是肅粢盛無違大當叶曜中闈以睦況倚閭分甘之澤從居側盱之規義越人倫恩深振古重以凝神道域抗志澄源淮館儀仙參鴻寶之靈術楚壇敷敎暢微言之盛範儒元兼洞貞俗兩該德冠母儀事高嬪則豈圖昊天不惠積善無徵咎罰奄鍾荼蓼俄集訓等痛纏過隙感切風枝泣血攀號自期顚隕祇奉嚴訓慈勉備隆偷存視息遄移氣序几筵寂寞瞻望長違創巨徒深寄哀何地所以貪及餘漏祈福元宗敬寫眞容庶幾終古而土木非可久之致鎔鑄爲誨盜之先肅奉沖規圖輝貞質睟容伊穆元儀有煒金眞摛耀疑金闕之易奔琳

華揚彩若琳房之可覩霓裳交映欻駕斯留帝晨飾翠雲之美香童散朱陵之馥載雕爰畢式展咸祈以此勝因上資神理伏願栖眞碧落飛步黃庭謁羣帝於天關攜列仙於雲路融心懸解宅美希夷注儀鄰以同煥指乾坤而齊極介兹多祉藩度惟隆如山作固永播熊章之烈循陔自勗冀申烏鳥之志孔明在鑒匪曰道遐同心嗅闞庶斯無拔昔人銜哀罔極鉛槧騰聲柔紛克劭義切張憑之誄至德興思痛深陸機之賦況清輝懋範宛若前蹤瞻言景行敢忘刊紀餘魂弱喘情不逮文謹託貞猷直書心事音儀

日遠風烈空傳叩心感慕終天何及

欽定全唐文卷二百八

韓凝

凝昌黎人

漢齊蓋廟碑

天子建德因生賜姓胙之土而命氏從其謚以稱族自羲軒法天洎我唐垂拱取威定霸宏弼皇維者即錫姓封樹公之先伯益典司三禮尚父封公營邱助化唐虞扶傾周漢爵窮五等榮冠百工雖繁華族莫居其右公諱蓋字副世前漢平帝錫字漢賢公生為人瑞歿為人神神而靈應

代崇明祀考史冊薨位之歲闕書徵譜諜降神之年無錄原其圖籍建號取公之錫字而名漢賢神矣十一代祖周諡康公因避田和篡亂爰宅於茲曾祖節皇懷州刺史祖賀皇左司郎中考智皇成帝博士公五百年膺期挺生漢代神識沈毅凜肅丰姿經濟之略夙富於襟懷翊贊之源久明於徽旨節用於內樹德於外闕一句時無與京伐未萌之謀世何能敵縣是平帝聞之深嘉其器累徵釋褐拜宣議郎大明為臣之節素抱匡時之術肅治明法敬天畏人耿介對問有任座直言諫諍犯顏同朱雲折檻帝念公之

爲臣乃社稷之臣也乃錫之字時元始季年番戎猾夏帝知公神武名略又拜北平將軍受律遄征爲民舒禍五申誓衆定見無窮之勳三略訓兵決逞必然之捷桴鼓作氣果應神機大潰羣兇振旅而返獻俘受馘帝輸鴈塞之憂命爵庸勳公拜鳳池之詔除幽州刺史臨下簡肅御衆詳明清聲獨彰飽聞天聽遷冀州刺史爰革舊規維揚新令間執私黨斥遠姦回大副宸衷殊褒丕績封險瀆侯累承渙汗倍戒驕淫絕盤遊之娛除罩弋之物化源既厚錫命愈深又封關內侯兼知河北道事兩綰郡符救旱有隨車

之雨二秉侯印臨邊無擊柝之聲任彌重轉勤位踰高尤謹居祿以德不其然乎詩云樂只君子邦家之光公之謂矣時屬漢之季世臣莽巨君逆天肆兇踐極公銜哀之次憤氣塡胸按劍呼天曰我先帝朝夕思治寤寐求賢子惠困窮民服厥命任我事効我功與惡而棄好非謀去順而效逆速禍天監孔明敢臣僞主迺於幽冀中分以濟水之南深溝峻壘繕甲兵具車乘戈矛林植雉堞雲平一方民飲公之惠愛尚公之忠節罔不祇若時僞主令大將軍鄧郁帥兵討攘公獨步戎場卓然雄略不恃其險而恃其德進戰虎賁爭先退守金湯莫固大挫勍敵不尅而還公純臣純孝冠絕古今神勞遠謀思復漢業大勳未集公薨於位冀趙之民號泣如堵耕夫釋耒若子產之喪鄭邦童子不謳類五羖之亾秦國會漢室復興追謚公號禮也有子五人咸名掩前哲克纘鴻業章帝拜孟子爲郎中仲子左翊衞大將軍至和順二帝徵命諸子建爵榮位易曰天之所助者順也人之所助者信也公之一門克彰二美順契天道信感人心美哉輪奐清廟（闕二字）儼然如（闕一字）二子侍坐奉冢祀焉趨詣者鱗集皆股栗懾威祈禱者雲臻俱心

肅生敬列國之君粢盛（闕一字）替民有災而思靈必贊歲若旱而雲雨時興德著四維福流千古以爾靈感定霸於茲不文於石奚彰厥美

沈伯儀

伯儀吳興人武后時爲太子右諭德歷官祭酒修文館學士

郊丘明堂嚴配議

謹按禮有虞氏禘黃帝而郊嚳祖顓頊而宗堯夏后氏亦禘黃帝而郊鯀祖顓頊而宗禹殷人禘嚳而郊冥祖契而

宗湯，周人禘嚳而郊稷，祖文王而宗武王。鄭元注云：禘郊祖宗，謂祭祀以配食也。禘謂祭昊天於圜丘，祭上帝於南郊曰郊，祭五帝五神於明堂曰祖宗。伏尋嚴配之文，於此最爲詳備。虞夏則退顓頊而郊嚳，殷人則舍契而郊冥，去取既差，前後乖次，得禮之序，莫尚於周。禘嚳郊稷，不聞於二主；明堂宗祀，始兼於兩配。咸以文王武王父子殊別，文王爲父，上主五帝；武王對父，下配五神。孝經曰：嚴父莫大於配天，則周公其人也。昔者周公郊祀文王於明堂，以配上帝，不言嚴父武王以配天，則武王雖在明堂，理未齊於

配祭，既稱宗祀，義獨主於尊嚴。雖同兩祭，終爲一主。故孝經緯曰：后稷爲天地主，文王爲五帝宗也。必若一神兩祭，便則五祭十祠，薦獻頻繁，禮虧於數，此則神無二主之道，禮宗一配之義。竊尋貞觀永徽，共遵專配，顯慶之後，始創兼尊，必以順古而行，實謂從周爲美。高祖神堯皇帝請配圜丘方澤，太宗文武聖皇帝請配南郊北郊，高宗天皇大帝德邁九皇，功開萬寓，制禮作樂，告禪升中，率土共休，普天同賴。竊維莫大之孝，理當總配五天。謹議。

李昭德

昭德，司刑太常伯乾祐子。擢明經，累官御史中丞。如意元年，拜鳳閣侍郎同鳳閣鸞臺平章事，以怙權貶欽州南賓尉。召授監察御史，來俊臣誣以謀逆誅。神龍二年，贈御史大夫。建中三年，加贈司空。

請建皇嗣疏

臣聞文武之道，布在方策，豈有已爲天子而爲姑立廟乎？以親親言之，則天皇是陛下夫也，皇嗣是陛下子也。陛下正合得天子子孫爲萬代計，況陛下承天皇顧託而有天下，若立承嗣，臣恐天皇不血食矣。

東方虬

虬，武后朝官左史。

尺蠖賦

六氣氤氳，四時平分，天道恍忽，是生萬物。化而爲鳥兮，有鳴鳳之來儀；化而爲蟲兮，有尺蠖之能屈。原夫蠖之爲生也，不飲不食，非榮非利，無欲進道，處身似智，幸稟天地之生，亦承雲雨之施。哂搏擊而爭疾，輕爪牙而自致，其勇也不怯雷霆之聲，其慎也寧勞鷹隼之鷙。浩然無悶之境，獨處不爭之地，多其順時而出，就暖而長，吐微絲以逍遙，履

緩步而來往當靜泉澄遇躁風興屈伸進退翼翼繩繩同吹萬而生養體抱一以含容聖人書之以作誡君子行之而足徵況不才之下士敢求伸以自矜

蚯蚓賦

惟陰陽之播氣實萬類以呈形有微蟲之稟質應甲子而濕生雨欲垂而乃見暑既至而先鳴乍逶迤而鱔屈或宛轉而蛇行内乏筋骨外無手足任性行止物擊便曲徒進退而皓首竟不知其所欲東西詰屈南北貫緣上食塵塊下飲淵泉應軒轅土德之王入蔡邕勸學之篇其體甚微

其用至專墐泥塗以自保觸鹽滋而罔全豈造化之賦命信歸之於自然

蟾蜍賦

觀夫天地之道轉萬物以自然鱗蟲之聚有蟾蜍而可稱焉鳥吾知其擇木魚吾知其在泉此皆嬰刀俎以生患而我沈冥而得全爾其文章睆目銳頭皤腹本無牙齒之用寧懼鷹鸇之逐或處於泉或漸於陸常不離乎跬步亦何擇於栖宿當夫流潦初溢陰霖未晴乘清秋之良夜散響耳之繁聲須洞雷殷混萬籟而爲一喧豗鼓怒恒異類以那驚既莫知其所止故乃逢時則鳴觀其念機似智稱善不伐進而無愧恥魚之曝鰓退亦能謀笑龜之灼骨方將樂彼泥中與井底安能出乎河長與海闊稱其異則畫地成川語其神則登天入月豈眞窪坳之內而見其浮沒意茲蟾蜍匪陋攸居沼沚之毛恣涵泳之無斁蘋蘩之菜兼粮糧而有餘方其鳴孔公若聞於鼓吹當其怒越子反駐乎乘輿彼龍蛇之蟄也吾不知其所如

韋元旦

元旦京兆萬年人擢進士第補東阿尉遷左臺監察御史

與張易之有姻屬易之敗貶感義尉召爲主客員外郎遷中書舍人景龍二年爲修文館學士

游神泉詩序

美原縣東北隅神泉者雖無樹石森深之致而有谿險清冷之異韋子蓋嘗倦簿領泆塵冥爰命丞太原王公主簿平陽賈公尉南陽張公釋事以遊焉喟然而歎曰陵谷之變雖窮造化之功何檢有窮則適變無檢則念功所以物効其奇事冥其契嗟虖恨不得列之玉檻漱以瓊漿勝負無私流俗所忽徒觀其色潔其味美起自文明首秋時則

垂拱元夏隤祥應運非醴泉歟不然何明析雜字闕一降福肸蠁而幽通之若此也洞形如規四望若掃平地可深百許尺東西延袤七八十尺下積員泉字闕一渟鏡澈莫測其底南流出界雖雲漢昭回而滲漉無端則所謂上善利物谷神不死豈虬龍窟宅靈僊福祐懷清佇俊抱逸尋幽者乎騎顥氣而瑩襟情疏元流而屏喧濁忘歸淡定盍賦詩云

張齊賢

齊賢陝州人聖歷初爲太常奉禮郎遷博士論禮制合古

議累遷諫議大夫

明堂告朔議

禮官狀云經史正文無天子每月告朔之事者謹按穀梁傳曰閏月天子不告朔是知他月天子告朔矣又按左氏傳以魯侯不告朔爲棄時政也則諸侯閏月亦告朔矣又按周禮太史職頒告朔於邦國之中禮記玉藻天子聽朔於南門之外皆有閏月王居門之事是天子亦以閏月告朔矣非是天子不告而諸侯亦告也穀梁子去聖尚近雖閏月告朔之義與左氏不同然皆以天子諸侯每月當行告朔之事兩禮之説其文甚著不可謂經史無正文也又禮官狀以周禮天官太宰職云正月之吉始和布治於邦國都鄙乃縣象法於象魏使萬人觀之浹日而斂之即是謂禮記玉藻之聽朔因此遂謂王者唯以歲首元旦一告朔此說非也何者太宰所云布治於邦國都鄙者布其所掌太宰之典也故地官司徒職則布教典春官宗伯職則布禮典夏官司馬職則布政典秋官司寇職則布刑典唯冬官司空職亾以五官之職言之則其職亦當布事典也此乃六官各以正月之吉宣布其職之典非告朔也于寶

之注以經所云正月之吉者即是正月之朔日也故解云吉是朔日也今云告朔日者即傳寫之誤不可據以爲說也又禮官狀云每月告朔者諸侯之禮故云左氏傳云既視朔遂登觀臺今王者行之非所聞也又云以天子之尊而用諸侯之禮非所謂頒告朔令諸侯使奉而行之謂此大謬也何者左氏所言視朔者猶玉藻之聽朔也今禮官據左氏有魯侯行視朔之禮即謂諸侯每月當告朔玉藻亦有天子行聽朔之禮亦有閏月王居門之事即天子唯歲首一告朔何其一取而一捨也又孝經云昔者明王事

父孝故事天明又云明王以孝理天下豈有王者設教使諸侯尊祖告朔而天子不告也非所謂以明事神訓人事君之義又禮官狀云鄭所謂告其時帝者卽太皞等五人帝此又非也何者鄭注惟言告其時帝及其神以配文王武王不指言天帝人帝但天帝人帝並配五方時帝之言包天人矣但以文王武王作配則是並告天帝人帝諸侯受朔於天子故但於祖廟告而受行之天子受朔於上天理宜於明堂告其時之天帝人帝而配以祖考也故玉藻疏載賀瑒義亦以時帝爲靈威仰等五天帝且聖人爲能

饗帝孝子爲能饗親今若但告人帝則聖人之道未備非所謂能饗也又禮官狀云若天子每月朔旦告祭然後頒之則諸侯安得受而藏之告而行之是明太宰以歲首宣布一歲之令太史從而頒之令旣頒矣政旣行矣而王猶月月告朔復欲何所宣布者春官太史職云頒朔於邦國是總頒一歲之朔於天下諸侯故諸侯得受而藏之告而行之而王猶月月告朔頒之於官府都鄙也此謂畿內彼謂畿外事不相關也又禮官狀云漢魏至今莫之用者秦人滅學經典不存漢祖馬上得之未能備禮自魏以下喪亂宏多豈可以漢魏廢禮欲使朝廷法之也又禮官狀云禮論等及祠令並無天子每月告朔之禮崔靈恩三禮義宗廟祭服義亦載天子視朔之服不可言無也又貞觀顯慶禮及祠令非徒無天子每月告朔之文亦無天子歲首告朔之事今禮官何以言天子歲首一告朔乎借矛擊楯昭然易了每月告朔在禮不疑尊祖配天於義爲得若乃創制垂統損益舊章或欲每月聽政或欲孟月視朔此則斷在宸極事關執政固非羣議所得參詳謹議

七廟議

昔孫卿子云有天下者事七代有一國者事五代則天子七廟古今達禮故尚書稱七代之廟可以觀德祭法稱王立七廟一壇二墠王制云天子七廟三昭三穆與太祖之廟而七莫不尊始封之君謂之太祖太祖之廟百代不遷祫祭之禮毀廟之主陳於太祖未毀廟之主皆升合食於太祖之廟太祖東向昭南向穆北向太祖者商之元王周之后稷是也太祖之外更無始祖但商自元王已後十有四代至湯而有天下周自后稷已後十有七代至武而有天下其閒代數稍遠遷廟親廟皆出太祖之後故合食有

序尊卑不差其後漢高受命無始封祖即以高皇帝爲太祖太上皇之父立廟享祀不在昭穆合食之列爲尊於太祖故也魏武創業文帝受命亦即以武帝爲太祖其高皇太皇處士君等並爲屬尊不在昭穆合食之列晉宣創業武帝受命亦即以宣帝爲太祖其征西豫章潁川京兆府君等亦爲屬尊不在昭穆合食之列歷茲已降至於有隋宗廟之制斯禮不易故宇文氏以文皇帝爲太祖隋室以武元皇帝爲太祖國家誕受天命累聖重光景皇帝始封唐公實爲太祖中間歷數既近列在三昭三穆之內故皇

家太廟唯有六室其宏農府君宣光二帝尊於太廟親近則遷不在昭穆合食之數今皇極再造孝思匪寧奉二月二十九日敕七室已下依舊號尊崇又奉三月一　日敕既立七廟須尊崇始祖速令詳定者伏尋禮經始祖即是太祖太祖之外更無始祖周朝太祖之外以周文王爲始祖不合禮經或有引白虎通義云后稷爲始祖文王爲太祖武王爲太宗乃鄭元注詩雍序云太祖謂文王以爲說者其義不然何者彼以禮王者祖有功而宗有德周人祖文王而宗武王故謂文王爲太祖爾非祫祭羣主合食之太

祖今之議者或有欲立涼武昭王爲始祖斯爲不可何者昔在商周稷卨始封湯武受命湯武之興祚繇稷卨故以稷卨爲太祖即皇家之景皇帝是也涼武昭王勳業未廣後主失國守土不傳景皇始封實基明命今乃捨封唐之盛烈崇西涼之遠構考之前古實乖典禮魏氏不以曹參爲太祖晉氏不以殷王卬爲太祖宋氏不以楚元王爲太祖齊梁不以蕭何爲太祖陳隋不以胡公楊震爲太祖則皇家安可以涼武昭王爲太祖乎漢之東京太議郊祀多以周郊后稷漢當郊堯制下公卿議者僉同帝亦然之唯

杜林正議獨以爲周室之興祚繇后稷漢室特起功不緣堯祖宗故事所宜因循竟從林議又傳云欲知天上事問長人以其近之武德貞觀之時主聖臣賢其去涼武昭王蓋亦近於今矣當時不立者必不可立故也今既年代浸遠方復立之是非三祖二宗之意也實恐景皇失職而震怒武昭虛位而不答非社稷之福也宗廟事重禘祫禮崇先王以之觀德或者不知其說既灌而往孔子不欲觀之今朝命惟新宜應慎重祭如神在理不可誣請勅加太廟爲七室享宣皇以備七代其始祖不合別有尊崇之議謹

議

馮萬石

萬石聖歷初第進士大足初中嫉惡科神龍初中才高位下科景雲中中懷能抱器科開元初重考及第六年中超羣拔類科十三年考判入第十六年又入第二十六年中文詞壯麗科凡九登科選

對文詞雅麗策

問朕聞至道雖微不言而化皇天陰騭相叶其彝信寒暑而生成施雲雨而沐潤垂範作訓樹君育人時有澆淳教

垂繁略成湯既聖禹道云亾桑扈谷風屢動詩人之刺塞門反坫時貽宣父之嫌我國家振彼頹綱開茲盛業朕以不德襲號乘時而皇極之道未敷謨明之軌尚闕思宏厥理其義安從至如視聽貌言恒若時若會極歸極作哲作乂之一以貫之何方而可夫禮以飾情情疏則禮略樂以通感感至則神和理內爲同修外爲異同異之用有昧其功人俗未融佇明斯要又四時武德制自何君五行文始本之誰代昭德盛德莫辨所歸昭容禮容未詳所出悉情以對用釋余疑

對臣嘗黽勉讀書夙夜匪懈觀前代之事稽王者之風欲樹文明必招俊乂所以平章百姓昭暢萬人負黼扆而海宇清垂衣裳而天下理今陛下朝盈多士野無遺賢猶復發德音下明制張雲羅以掩俊設天網以頓奇片善不遺有能皆進故得飛飛丹鳳棲翼於帝梧皎皎白駒連食於場藿縱夷齊巢許咸屈於茲臣旣庸愚豈敢當此且聲非入異譽不出凡文律未明才用無取謬參推擇濫赴搜揚安敢避直飾詞向華乖實但丹誠有屬至敬無文敢竭鄙聞用當明試然將涓滴以足海用纖埃以增岳雖寡攸助

誰能默哉臣聞建國興邦必以黎元爲本康時訓代必以政術爲先軌謨雖異理化皆一昔者太上之君崇道以致化立德以養物人必欲壽敦禮教而不傷人必欲富薄賦歛而不困人必欲逸則省力而不勞人不欲危即扶持而使固不强人之所惡不禁人之所欲故能無爲而理不言而化及至中古行仁履義克己厲身拯溺於人博施於物即能陰陽不錯風雨以時疾疫必除祅孼莫起洎乎末代政令不作刑法聿修奢侈是崇禮樂非雅時無美善之說俗有姦邪之釁豈不由君失其道臣非其人澆薄浸興淳

朴離散者也今陛下出號施令罔有不常齊物正人各得其所然猶綜覈古今稽謀政教視先王之得失崇今日之高明以此天聰尚云不德巍巍至化謙尊而光非臣愚昧所能涯際制策曰皇極之道未敷謨明之軌尚闕思宏厥理其義安從者臣以爲皇極將立莫先擇俊得人則政和非人則政失人賢化遠豈不謬哉至如因能任官量賢受祿即百僚濟濟萬姓安安去無用之言除無用之器即情實斯得謬說不繁使人以時謹身節用即倉廩儲積黎庶完豐進有德而退無良即庶位允釐庶官不曠尊有功之

子棄無功之人即營事者不惜其身制作者能竭其力罰必當罪及姦回自除賞必中賢則人臣自勸夫如是則海內行大中之道天下有幸甚之言何憂夫皇極之道未敷者也若乃列張輔佐建立官司詢忠直之言開進諫之路用能獻可替否補過弼違外藏主之非內正君之失今陛下乃順時而動非道不行事無不嘉人欲何說故獻納之職諫諍之詞但可略言莫知所議大哉至德實冠古今且朝無妄臣縱朱雲重生安得折檻人不妄從雖辛毗不死曷聞牽裾天子甚明是故羣臣無事亦何憂文軌之闕哉

制策曰視聽貌言恒若時若會極歸極作哲作乂一以貫之何方而可者臣聞王者法乾理物觀象裁規敬順天時恭行月令恒若時若罔有咎徵矣尊九疇之儀修八政之規事不失儀動不違制出處語默皆歸於仁依乎中庸遠棄偏黨垂至道於萬國寄良政於百官直道而行不可則止會極歸極作哲作乂不日而致矣視聽貌言無從而失也制策曰禮以飾情情疏則禮略樂以通感感至則神和理內爲同修外爲異同異之用有昧其功人俗未融佇明期要者臣聞化難將美人各有心不違制節必有放縱故

先王作典禮以防之興雅樂以感之用能移風易俗安上理人矣今陛下行宗廟之禮故能配天地之神履直言之議故能立上下之敬聽宮商之變故能分善惡之俗捐鄭衛之音奏簫韶之樂正疏略之弊敦揖讓之儀州郡大行朝廷式序同異斯達內外罔差既合盡美之端何問不才之子若罄愚而說則陛下無有昧之咨若駐筆而述則陛下鍾佇明之訪實迷誨遊何足知之臣聞大樂與天地同和大禮與天地同節既列同異之因將分內外之殊皇王是尊古今所重俱爲時用其功一焉制策曰四時武德制

自何君五行文始本之誰代者臣聞四時武德制之以周王五行文始本之於漢帝制策曰昭德武德莫辨所尊昭容禮容未詳所出者臣聞昭德武德實有攸尊之道昭容禮容出於劉氏之代昔者魯哀公問儒行宣尼有更僕之勞孔父訪鳥官郯子生傾蓋之倦然宜富學滄海猶黽勉於一隅況乎道謝桂林豈對揚於庶事徒周遊於文苑終展轉於迷津謹對

對求賢策

問選賢舉能秀造參用今之所薦誠爲得人未聞含聲待

扣乃有不耕而穫十室忠信理亦難誣若遂踐於清朝仗何材而濟物又二老歸周見稱何德八元佐舜見述何功滋泉以何術見稱莘邑以何辭作相

對昔者聖人之立極也選衆舉能列官分職以通天地之德以類亭毒之功臣哉鄰哉時用遠矣主上重光纘曜紹開中興拜輶軒於受命之初希俊賢於御極之首茲乃羲軒之志堯禹之心勤求道要實所望清光哉故鄧林有必至之林崑山亦無藏價之寶可不謂然乎臣以妄庸藝無兼採謬從卑列應此嘉薦誠非鉛朽所能塞充然天休震動虛求秀逸揚於王庭亦僶俛矣顧當參明試獻嘉謀竭謏聞敷大體言用身退以酬萬一豈所謂不耕而穫邀名幸時而已哉今見屬有司恭承下問懋陳常務自謂無奇若得飾躬召見對揚天休下學上達舒情竭憤則亦引諭陰陽較明時政之要咸激枉直甄摭授受之宜効其涓埃以增海岳耳若遂踐清朝濟時成務其道甚大惟變所適俾聞後命則藏器而動顧以更僕亦何盡言曲學鄙生居今志古若乃終爲令德功實佐時披卷懷人恨爲異代雖慚非博物敢不揚言則夫西伯善養夷齊以讓國歸老帝

舜舉能元凱以通才受職惟師尚父韜鈐乃適道之功相時阿衡鼎飪獻爲君之術雲臺紀績吳鄧懿其元勳麟閣圖功衛霍流其茂實謹對

對歷數策

問元龜效祉鼎命昭夏王之祚赤烏呈祥金德總商君之業白魚躍而周道隆丹雀來而秦德霸殷因夏禮損益可知秦盛周衰天人何昧若水滅火起殷周之運匪人若桀暴紂昏廢興之期自我然而龍鬬興於夏日黿袄發於周年災祥兆於前成荒敗形於後政蕩蕩之德何所加焉佇

爾揚名爲余張目

對臣聞天地草昧洪鈞列五運之期雲雷始屯大德分一人之位莫不時來命偶人迪天將白環昭虞后之功元珪錫夏王之德空桑負鼎遇爲牲之君渭水張羅得非熊之相伏惟陛下化光坤載道叶乾行總五氣以發生籠百王而亭育粤若稽古推歷數之存亾感而遂通酌天人之符命明揚側陋典採芻詞開闡大猷旁求雅問則天文幽遠誠匪管窺然人事昭彰敢陳壅塞原夫興亾有數符命無差遠啓丹書俄迴白璧君臣道合則遐邇乂安上下情乖

則邦家板蕩水火革而天人順暴虐行而桀紂亾百六爲霖旱之災七九非湯堯之運歷數斯在惟德動天禍福無門惟人所召故德者五行之義也人者兩儀之心也人心動而悔悋生德義形而陰陽謝必乘金運則殷不及於期果歷木行則周不及於數龍闞黿袄之發人與事殊白魚丹雀之符德將時應神道設教金土之運匪他人文化成狂聖之來是我蕩蕩之德何敢不通翼翼之心奚施不可天也人也坦然克分時乎命乎昭文斯辨臣優柔理道沓同河漢或躍文江懼深冰谷謹對

對議邊塞事策

問東胡逆命北海爲墟朝廷循修復之功邊境乏折衝之寄遼水東西城池不復九山左右職貢猶迷其使三聖遺黎九州故地飄然零落可不痛哉今欲示以威惠申誘約東選衆之舉未覩於今出羣之略何必是古指明其要無大簡焉

對古之王者仁覆萬類不以中外爲隔而以兼濟爲心固能出門同人遠近感應含生受氣靡不從助焉蠢彼林胡阻分遼漢挺而走險代搆其患昔我大唐之創業也東舉

日域北暨幽陵不毛之類僉率貢職頃邊吏不謹僁我王度夷戎怙亂遂荒塞垣致乃虔劉朔邊騷驚河冀天地悔禍人亦有心懷我舊章自相魚肉遊魂待命爲日久矣光天纂曜景號昭升萬靈與能兩儀交際蠢彼醜裔何獨非人但未諭堯心自疑其譴累息跼蹐猶昧占風且舜自側微舞干而有苗即敘湯亦小惠褰羅而異方懷柔今若一選王人以備行李諭玆天造慰彼遺黎則兼程驟步不日而至北極夷陲無限於幽荒東絕扶桑盡同於封內何止兵不血刃野無勞師復遼水之城池循九山之琛賚而已

若乃選衆舉能之術五材三略之奇亦鏘鏘廟堂濟濟朝序人誰不職知臣在君何待庸言而後行是羲皇之代戰征不興文景之時韓彭勿用雖欲自效亦無所施謹對

對不以采蘋爲節判

甲會射制氏不以采蘋爲節取由加罪訴稱非三命已上

三皇咸察利用弧矢六藝和容率由飲射故澤宮相圃揆尊卑之節出正中質定賢愚之分既參之以樂章必備之以禮物甲利乃習妙言會其儀豈徒主皮之善將勤君子

之爭制氏頗曉鏗鏘班乎樂職屬斯登降須徇疇人寧宜箕篾不修鐘鼓靡奏闕於所守罪亦何疑至如武侯熊侯自天子而斯逹采蘋采蘩由命士而有差理合各附等威咸依節制訴非三命已覺游詞將扣兩端須知甲品請更閱實然後定刑

吳揚吾

揚吾聖歷初成均博士

明堂告朔議

臣等謹按周禮禮記及三傳皆有天子告朔之禮夫天子頒告朔於諸侯秦政焚滅詩書由是告朔禮廢今明堂肇建總章新立紹百王之絕軌樹萬代之鴻規上以嚴配祖宗下以敬授時令使人知禮樂道適中和災害不生禍亂不作今若因循頒朔每月依行禮貴隨時事須沿革望依王方慶議用四時孟月日及季夏於明堂修復告朔之禮以頒天下其帝及神亦請依方慶用鄭元義告五時帝於明堂則嚴配之道通於神明至孝之德光於四海

魏靖

靖武后朝監察御史

理寃濫疏

臣聞古之綱紀在乎降殺理道攸寄人命所懸法務於寬刑期尚簡猶慮誣欺過制旋濫不歸臣遠睇前經歷採故事刑得其中則風雨順而陰陽和法失其宜則怨濫興而災眚作虐臣酷吏者資矯佞以事君行刻薄以臨下矯佞似乎用意刻薄類乎無私侮憲害公弄權撓法倚深之奏似公之請既肆淫巧理難聽察其周興來俊臣邱勣萬國俊王宏義侯思止郭宏霸李敬仁彭先覺王德壽張知默者既堯年四凶矣恣愚騁暴縱虐含毒讐疾在位安忍朝

臣罪逐法加刑隨意改當其時也囹圄如市朝廷以目旣
而神靈不昧冤魂有託行惡期報禍淫可徵具嚴天刑以
懲亂首臣竊見來俊臣身處極法者以其羅織良善屠陷
忠良籍沒以勸將來顯戮以謝天下臣又聞之道路上至
聖主傍洎貴臣明明有羅織事矣俊臣旣死推者獲功胡
元禮超遷裴談顯擢中外稱慶朝廷載安破其黨者旣能
賞不逾時被其陷者豈可銜冤累歲且稱反之徒須得反
狀惟據口辨卽請行刑拷楚妄加疑答何限故徐有功以
寬平見忌斛瑟羅以妓女而受拘中外具知枉直斯在借

以爲喻其餘可詳臣又聞之郭宏霸自刺而唱快萬國俊
被遮而遽亾霍獻可臨終膝拳於項李敬仁將死舌至於
臍皆衆鬼滿庭羣妖横道近集若響隨聲備在人謠不爲
虛說伯有晝見殆無以過此亦羅織之一據也臣以至愚
不識大體儻使平反者數人衆共詳覆來俊臣等所推大
獄庶鄧艾獲申於今日孝婦不濫於昔時恩渙一流天下
幸甚

蔣挺

挺義興人武后朝官殿中侍御史內供奉歷湖延二州刺
史

對增貲就賦判

劉乙爲邑道百姓增貲就賦減年從役自
皇明撫運萬寓欽承墨綬爲邦四人從化雖輯寧之道
我國章而惠養之規亦憑良宰劉乙懷符宓賤比績劉平
增貲減年誠一時之異政以今方古亦千載而同風撫狀
雖欲驚歎論情翻可嘉尚請從薦舉用表賢能

欽定全唐文卷二百九

陳子昂一

子昂字伯玉梓州射洪人文明初舉進士詣闕上書武后奇其才擢麟臺正字再轉右拾遺聖歷初以父老解官歸侍縣令段簡覬其富因事繫獄憂憤卒年四十三

麈尾賦并序

甲子歲天子在洛陽時余始解褐與秘書省正字太子司直宗秦客置酒於金谷亭大集賓客酒酣共賦座上食物命余爲麈尾賦焉

天之浩浩兮物亦云云性命變化兮如絲之棼或以神好正直天蓋默默或以道惡强梁天亦茫茫此仙都之靈獸固何負而罹殃始居幽山之藪食乎豐草之鄉不害物以利已不營利以同方何忘情以委代而任性之不忘卒罹網以見逼受庖丁而惟傷豈不以斯尾之有用而殺身於此堂爲君雕俎之羞厠君金盤之實承主人之嘉慶對象筵與寶瑟雖信美於茲辰詎同歡於疇昔客有感之而歎曰命不可忍神亦難測吉凶悔吝未始有極借如天道之用莫神於龍受戮爲醢不知其凶王者之瑞莫聖於麟遇害於野不知其仁神既不能自智聖亦不能自知況林棲而谷走及山鹿與野麋古人有言天地之心其間無巧冥之則順動之則夭諒物情之不異又何有於猜嫌故曰天之神明與物推移不爲事先動而輒隨是以至人無已聖人不知予欲全身而遠害曾是浩然而順斯

大周受命頌

臣聞大人升階神物紹至必有非人力所能存者上招飛鳥下動泉魚古之元皇祇承上帝所以協人祉匹天休卓哉神明昭格上下莫不以之矣是故物有可則而道有可

宗謂之文獻其原上也緬哉有唐欽崇天命三祖繼統品物咸章元歷攺元黃瑞告神皇出地軸陟天階歷軒轅登太昊集乎初始之極以援我皇符烏之肇開辟元台女希氏姒神功大哉莫不盛於茲日矣乃察璿璣稽寶命發元識升紫圖則天粲然皇文炳也非夫昇光之曜魄寶之精其孰能威神皇赫赫若斯者哉是時三階底平百揆時序天下昌矣元功溥矣西土耆老欣然來稱曰至哉天子恤我元元勤勞下都升聞上帝臣聞天無二日土無二王皇帝嗣武以主匕鬯豈不宜乎神皇窅然乃登崑崙之臺修

三統觀五始探命歷之紀則知元氣之所造也方探鍾龍象鳴鳳協林黃之律以因生賜姓九月戊申朔八日乙卯神都耆老遐荒夷貊緇衣黃冠等萬有二千餘人雲趍詣闕請曰臣等聞王者受命必有錫氏軒轅皇帝二十五子班爲十二姓高陽氏才子二八命爲十六族書云祇台德先不拒朕行然則聖人起則命歷昌必有錫氏之規臣等伏惟陛下受天之符爲人聖母皇帝仁孝肅恭神明可以纂武承家以克永代陛下崇錫類垂憲章不易日月天人交際斯亦萬代之一時臣等固陋不達大道敢冒死上聞

神皇穆然方御珍圖謙而未許也越翌日丙辰文武百寮又與耆老夷貊道俗等五萬餘人守闕固請曰蓋臣聞聖人則天以玉順人以昌今天命陛下以主人以陛下爲母天之丕律元命也人之大猷定姓也陛下不應天不順人獨高謙讓之道無所憲法臣等何所仰則敢冒昧萬死固請是時字闕一踵昆吾有鳳鳥從南方來歷端門羣鳥數千蔽之又有赤雀數百從東方來羣飛映雲迴翔紫闥或止庭樹有黃雀從之者又有慶雲休光半天傾都畢見羣臣咸覩於是衆毗雲萃囂聲雷動慶天應之如響驚象物其猶神咸曰大哉非至德孰能覩此昔唐虞之瑞遂聽矣今則見也天物來聖人革時哉况鳳者陽鳥赤雀火精黃雀從之者土也土則火之子子隨母所以纂母姓天意如彼人誠如此陛下曷可辭之昔金天鳳凰鎬京黃烏赤氏朱鴈有吴丹烏皆紀之金冊藏之瑞府以有事也陛下若遂辭之是推天而絕人將何以訓於是皇需然曰俞哉此亦天授也乃命有司正皇典恢帝綱建大周之統歷革舊唐之遺號在宥天下咸與惟新賜皇帝姓曰武氏命爲嗣皇崇乎紹天統物其赫胥大庭之上事巳乃獻頌曰

天命神鳳降祚我周彩容有穆其儀孔休惟我有周實保天德上帝臨命纂承皇極人曰天祐有皇女希造天立極緬然猷徽赫我皇帝乃先厥徽匪天之命鳳鳥誰歸因生錫氏革號循機豈不順乎天而應乎人帝曰俞哉

上大周受命頌表

臣子昂言臣聞昔周道昌而頌聲作遂能昭配天地光烈祖宗垂之無窮永爲代典伏惟神聖皇帝陛下闡元極昇紫圖光有唐基以啓周室不改舊物天下惟新皇王以來未嘗覩也臣聞仲尼曰聖人邱不得而見之矣又曰舜禹

之有天下邱不豫也又曰鳳鳥不至河不出圖邱已矣夫皆傷不得見大道之行而鬱悒也臣草野愚陋生長休明親逢聖人又覩昌運舜禹之政河洛之圖悉皆目見幸亦多矣今者鳳鳥來赤雀至慶雲見休氣昇大周受命之珍符也不稽元命探祕文採風謠揮象物紀天人之會以協頌聲則臣下之過也有國彝典其可闕乎臣不揣樸固輒獻神鳳頌四章以言大周受命之事誠未足以潤色鴻業揄揚盛美亦小臣區區丹慊之至謹輒詣洛城南門奉進塵冒旒冕伏表慚惶

爲豐國夫人慶皇太子誕表

臣妾某言今月日伏承軒宮載誕皇嗣克昌品物咸歡天人交慶臣妾聞聖人多子祝美於堯年螽羽宜孫稱道乎周頌自非璿圖配永寶祚靈長何以茂對天休光紹大業伏惟皇太后陛下星虹授祉月夢延禎餘慶集於天孫榮光流於帝子玉衣方泰瑶渚增輝其竊寵中姻承恩外戚塗山之慶既裕於夏臺高禖之祠未陪於殷薦竊以潢汙之品可享王庭元秬之微有芳天獻豈圖美於豐侈信有厚於由衷敢用擬議蘋蘩精誠菽藿洗心而薦竊希瑶席之珍潔意而羞以陪金鼎之實謹獻食若干輿冒黷珍膳沾汙象筵追用慚惶伏表悚灼

爲喬補闕慶武成殿表

臣某言臣以今月日奉勅於武成殿喚臣入問骨篤祿等賊請降事臣以愚瞽得踐赤墀對揚天休具奏其狀天恩特賜臣溫顏又降問云洛陽宮室皆隋朝營制歲月久遠方有隳頹樓閣內殿凋落者衆補一壞百無可施功唯此武成確然端立土木丹綵光色如新不知何故得自如此卿之博識應知其說臣當時造次略奏其梗概退而再省

未涉萬分臣恭惟聖言緬求神像研幾太極幽贊元符上以稽驗神謀旁以合契冥數信有至道允在於茲臣聞聖人有言曰清明在躬志氣如神嗜欲將至有開必先天降時雨山川出雲此蓋言神應必有其物陛下至尊至神爲天下主宰御羣品威統百靈宸居尊嚴品物昭泰自天而祐於是用寧抑臣又聞物之有靈如人之有神神之和暢則支體便利用人繁昌則物必豐茂所以見其俗知興廢之數覩其氣識盛衰之由服物猶然況其大者今陛下應天受命括地登樞先飛名於祕籙終據圖於寶座今則當

千載之運得三統之元帝氣氤氳作基於元命皇圖幽藹象顯於天成夫以德之休明尚榮草木化之昭慶且變烟雲況皇皇眞君龍居其極武成合慶土木增榮獨超衆殿夫何足怪臣聞敬其事者必載其文美其業者必頌其德臣所恨才非墨妙思乏筆精不能讚揚休祚歌詠聖德臣請以此事付之史臣千代知神萬載知述伏願天恩特垂降許

爲程處弼慶拜洛表

臣某言臣糞土殘魂合竄荒裔特蒙陛下施再生之德赦

萬死之誅起骨九泉同列編户臣誠萬死無以上答況恩全賤命生在帝鄉伏見陛下至德配天化及草木天不愛寶洛出瑞圖地不藏珍河開祕籙陛下恭承天命因順子來建立明堂式尊顯號成之匪日功若有神萬國咸歡百靈同慶元正肇祚品物惟新陛下郊祭昊天總受羣瑞神靈慶戴萬福攸宜斯實曠古莫聞於今始見喙飛蠕動莫不歡心臣以糞土窮骸不合輒同朝賀以古來大禮莫盛於今昔登封泰山七十四主明堂布政無三數君誠以陛下道冠古今恩溢天地昆蟲草木猶或相歡況臣久蒙驅策今日又拔死爲生溝壑殘骸而得再造遂得恭聞大禮側聽鴻名臣伏惟宇宙之中含氣之類蒙恩負德獨臣最甚向非陛下慈造曲被鴻私臣已灰滅遐荒肝塗邊壤豈得尚存骸骨恭聞聖慶臣所以匍匐冒死不避誅戮冀申螻蟻之情以同鷰雀之慶然臣自惟罪累不可比人在於禮經尤宜自絕所以屛營糞土不敢先聞今既萬國禮終百神慶畢昆蟲鳥獸亦並歡寧故臣螻蟻之誠始敢冒死上賀臣伏知冒禮違法罪合誅夷臣生見明時豫聞嘉慶臣今卽殞滅實萬死爲榮不勝歡踴戴賀之誠

爲朝官及岳牧賀慈竹再生表

臣等言臣聞天視自我人視天聽自我人聽故堯臣放命降震怒之災姬聖尊仁受昭事之福先王所以恭畏上下祇奉天人於是有昭德塞違懲惡勸善所以明枉直正典刑一昨伏奉恩勅宣示司農卿宗晉卿所奏日者王德壽等承使失旨虐濫無辜災感蝗蟲毒痡慈竹寧歲爲之饑饉毗庶以之流離寃魄冥呻元感上惻乃降明制發德音恤淫刑黜虐典於是幽魂雪憤遺噍昭蘇枯竹由其再生蝗蟲爲之韜眚（一作隕跡）牂蠻動色瘴癘收氛當天札之凶年

致昇平之稔歲非夫聖靈昭感天人合符何吉凶之徵報同影響天下幸甚臣等聞聖人法天所以順物小人違道則必亂常故虞稱欽明嚴四凶之罪魯有仁義正兩觀之誅所以邦家用昌苛慝不作王某等色厲內荏心僻行堅弄措一作指刑之文爲商夷之法以訟受服同惡自尤竟招殛竄之辜允肅政刑之序今日蒼鷹斂翼乳虎含牙朝廷無腹誹之憂天下有刑措之頌信可以懲殘創酷誘善旌寃永清侮弄之階共登仁壽之域臣等謬贊臺閣忝守藩維實思仰奉大猷以穆中典幸屬至聖崇德小人勿用凡

在庶品實百恒歡雖成康頌聲文景默化刑清政肅曾何足云伏乞書之國經頒示天下使四方風動萬國歸仁垂範後昆以爲炯戒無任慶抃之至

爲建安王賀破賊表

臣某言今月日得遼東都督高仇須等月日破逆賊契丹孫萬斬等一十一陣露布并捉得生口一百人送至軍前事三軍慶快不勝踴躍臣聞天之所棄雖暴必亡人之共讐在遠彌戮況凶羯遺醜未及犬羊固作孽以招誅自辜恩而取滅伏惟陛下威加四海子育百蠻鬼神尚不敢違凶狡豈能逃罪逆賊萬斬等天奪其魄生自爲殃仇須等謹奉廟謀遠憑國計短兵纔接羣逆銷亡返風迴烟薰晴掩日此乃天威潛運神道密周豈止人謀抑由靈助今盡滅殃孽固折服飢災兼至凋弊日滋未加天兵應自糜爛臣訓勵士馬今日尅行大軍一臨凶寇必殄獻俘在即拜闕有期預喜承恩思勝慶賀無任抃快之至

奏白鼠表

臣某言今月日臣等今中道前軍總管王孝傑進軍平州十九日行次漁陽界晝有白鼠入營孝傑捕得籠送者身

如白雪目似黃金頓首跧伏帖若無氣將士同見皆謂賊降之徵臣聞鼠者坎精孽胡之象穿竊爲盜凶賊之徒固合穴處野居宵行晝伏今白日歸命素質伏辜天亡之徵兆實先露自孝傑發後再有賊中信來不謀同詞皆云盡滅病死親離衆潰匪朝即夕臣訓兵勵勇取亂侮亡昔宋尅鮮卑蒼鵝入幕今聖威遠振白鼠投營休兆同符實如靈契凡在將士孰不歡欣執馘獻俘期在不遠

爲陳御史上奉和秋景觀競渡詩表

臣某言伏見某月日御製秋景務餘聊觀競渡故陳先作

式佇來篇凡六韻天文爰降品彙咸亨金簡潛開瑞圖斯見臣聞白雲興詠漢遊汾水之祠黃竹申歌周舞瑤池之駕然而志崇遠轍事或勞人故文思之化未光太清之道猶闕伏惟聖母神皇陛下太虹齊聖感月含神元德茂於皇階文明照於天下用能提玉斗挹璿衡百神景從三靈協贊青雲出洛爰開受命之符赤甲榮河終御興王之寶非窮神之至德者其孰能與於是哉既而黃屋務閑紫機時暇洞庭張樂思接軫於軒遊嬀水披圖想同驂於堯輦然而遠而勞物者未若近而安人動而勤已者豈比靜而

泰神於是從金蹕鳴玉鑾清禁林御池殿肅波神（一作臣）而戒事命舟子爲水嬉彩鷁蓮歌作起江吳（一作吳江）之引青龍桂檝時搖甌越（一作時謳越女）之風鳥逝虬驚沸珠潭而競逐雲飛電集橫玉浦而流光信可以娛樂惟靈發揮文物皇歡允洽白日俄光於是奏薰風於管絃詠叢雲於林籞帝歌爰作天藻攸彰黼帳帷宮縟文房之綉綵祥雲瑞景霏輸苑之榮光信探道（一作賾）於元包得斯文於紫極太平允矣元首康哉方欲朝明堂之宮輯羣后之瑞尊崇顯號光啓聖圖封玉嵩邱以接千年之統泥金少室攸增萬歲之規

卓哉煌煌聖君之表也微臣曲學蓬戶竊位蘭臺未聞騶馬之論非有雕龍之思鞠躬霜署謬覩於天章逖聽鈞臺側聞於帝樂天文尊貴（一作賁）不遠於下臣帝寶珍崇曲宣於近貴竊以君唱臣和固不隔於尊卑宮變商從方允諧於金石輒用齋心扣寂假翰求詞將以攀日月之末光繼螢爝之微照不勝云云

爲建安王獻食表

臣謬藉葭莩叨榮圭組元戎出塞違鳳扆而逾年班師入朝拜鸞闈而有日策勛飲至頻承湛露之恩獻壽奉觴未

申行潦之薦所以白茅微藉願享於鈞臺黃汙菲誠思奉於瑤水謹輒獻食一百轝伏知金雞瑞鼎盈上帝之珍羞玉女行廚盡羣仙之品味以茲菲薄有類蘋蘩多慚在藻之歡竊有獻芹之志所願皇慈俯納丹慊獲申天子萬年永慶南山之壽微臣百拜長承北極之恩無任誠懇之至

爲河內王等論軍功表

右金吾衛大將軍兼檢校洛州長史河內郡王臣懿宗加爵一等勳五轉司賓卿兼羽林大將軍建安郡王攸宜加爵一等勳七轉臣某等言伏奉月日制書錄臣等在軍微

功特加前件勳封嘉命聿至寵渥載優伏對慚魂殞首顛越云云臣聞古者名將先士卒而後身故其功勸末世庸將竊人力以寵己故其政乖然則簞醪投河三軍告醉刓印在手萬夫以離夫與衆共功專己獨利成敗之理與亾繼焉賞者國之大事故不可忽日者林胡搆孽敢亂燕陲陛下徵義兵誅不道天下士庶焱集星馳皆忘身憂國紓禍郤難至於躬先矢石血塗草莽冒艱險歷寒溫氣騰青雲精貫白日誠亦勤矣雖聖靈威武逆虜自滅然士卒戮力亦盡其勞今大功未酬衆議猶在而臣等駑怯猥加先

封臣等不能折衝虜廷還師衽席今坐加茅土之賜以先將士之勤使鶡冠虎臣將何以勸今戰士留滯於外府軍吏咨嗟於下寮臣等胡顏敢冒天造夫賞一勸百猶恐未孚利一沮萬其弊誰救爵命不可以招謗國章不可以假人伏願天光俯回昭發軍禮請以臣等前件勛封迴受戰亾人及立功將士等上以明國之大賞下以雪臣等謬功使人悅忘勞士感知死然後兵可訓勵賊可誅屠此誠國之元經不可苟而利者臣等不勝區區

爲喬補闕論突厥表

臣某言臣以專蒙叨幸近侍陛下不以臣不肖特勑臣攝侍御史監護燕然西軍臣自違闕庭歷涉秋夏徒居邊徼無尺寸之功臣誠暗劣孤負聖明然臣久在邊隅夙夜勤灼莫不以蕃事爲念俾按察之比以突厥離亂事跡參驗委曲窮問往來竊有以得其眞莫不自爲鯨鯢遞相吞食流離殘餓莫知所歸臣誠愚不識事機然竊以往古之變考驗於今乃知天亾凶醜之時陛下收功之日然臣聞之難得易失者昔也易遇難見者機也聖人所貴者去禍於未萌今陛下體上聖之資開太平之化匈奴爲中國之患

自上代所苦久矣合天降其災以授陛下萬代之業在于今時臣請以秦漢以來事跡證明之伏願陛下少留聖聽尋繹省察天下幸甚臣聞始皇之時併吞六國制有天下按劒叱咤八荒犇馳然匈奴彊梁威不能服牧馬河内以侵邊疆始皇赫然使蒙恬將四十萬衆北築長城因以逐胡取其河南之地七百餘里當時燕齊海岱贏糧給費徭役煩苦人以不堪故長城未畢而閭左之戍已爲其患二世而亾莫不始於事胡也至漢興高祖受命率羣雄乘利便以三十萬衆窘迫白登七日被圍僅而獲免自是歷呂

太后至孝文帝單于桀驁益凌漢家文帝徒以遜詞致獻金帛但求其善和而已不敢有圖賈誼所以哭之痛文帝以天下之盛而卑事戎狄以倒懸天下也至景帝時邊受其患於是漢武踐祚以承六代鴻業屬乎文景元默之化海內乂安太倉之粟紅腐而不可食內庫之錢貫朽而不可校財力雄富士馬精彊忿匈奴之驕慢將報先帝之辱遂使王恢韓安國將三十萬衆以馬邑誘單于師出徒費竟無毫髮之功於是大命六師專以伐胡爲務首尾三十餘年中國騷然大受其弊至於國用不足軍興不給租及

六畜算及船車盜賊羣興京師起亂竟不能制單于之命一日而臣服之漢宗衰殘幾至覆社稷也故漢武晚年厭兵革之弊乃下哀痛之詔罷輪臺之遊封丞相爲富民侯將以蘇中國也至宣帝代罕復出師屬匈奴數窮天降其禍虛閭權渠單于病死右賢王屠耆堂代立骨肉大臣自不相服又立虛閭權渠子爲呼韓邪單于擊殺屠耆堂諸名王貴人各自分立爲五單于更相攻擊以至大亂殘虐死者計萬億數畜産耗減十至八九人以飢餓相燔燒以求食於是寄命無所諸名王貴人右伊秩訾且渠當户以

下將兵五萬稽首來降於北方晏然靡有兵革之事直至哀平之際邊人以安臣竊以此觀匈奴之形察天時之變盛衰存亡之機事可見也然則匈奴不滅中國未可安臥亦明矣夫以漢祖之略武帝之雄謀臣勇將勢盛雷電窮兵黷武傾天下以事之終不能屈一王服一國宣帝承衰竭之後撫瘡痍之人不敢惕然有出師之意然而未有遺矢之費而臣僕於單于之長者其故何哉蓋盛衰有時理亂有數故曰聖人修備以待時是以正天下如拾遺陛下肅恭神明德動天地今上帝降匈奴之災孽遺陛下之良

時不以此時順天誅建大業使良時一過匈奴復興則萬代爲患雖後悔之亦不及矣古語曰天與不取反受其咎今天意厚矣陛下豈可違之哉臣比在同城接居延海西逼近河南口其磧北突厥來入者莫不一一臣所委察比者歸化首尾相仍攜幼扶老已過數萬然而瘡痍羸憊皆無人色飢餓道死頗亦相繼先九姓中遭大旱經今三年矣埜皆赤地少有生草以此羊馬死耗十至七八今所來者皆亦稍能勝致始得度磧磧路既長又無好水草羊馬因此重以死盡矣不掘野鼠食草根或自相食以活喉命

臣具委細問其磧北事皆異口同辭又耆老云自有九姓來未曾見此飢餓之甚今者同羅僕固都督早已伏誅爲亂之元其自喪滅其餘外小醜徒侵暴自賊耳本無遠圖多獵葛復自相讐人被塗炭逆順相半莫知所安回鶻諸部落又與金州橫相屠戮羣生無主號訴嗷嗷臣所以願陛下建大策行遠圖大定北戎不勞陛下指揮之閒事業可致則千載之後邊鄙無虞中國之人得安枕而臥豈不在陛下斷哉且匈奴爲中國患非獨秦漢之閒臣竊惟先聖時衛公李靖蓋中國之一老臣徒藉先帝之威用妙勝

之策當頡利可汗全盛之日因機逐便大破虜庭遂繫其侯王裂其郡縣六十年將於今矣使中國晏然斥堠不警書之唐史傳之無窮至今天下謂之爲神況陛下統先帝之業履至尊之位醜虜狂悖大亂邊陲皇天遺陛下以鴻基之時陛下又得復先帝之跡德之大者其何以加若失此機事已過往使李靖豎子獨成千載之名臣愚竊爲陛下不取也伏見去月日勅令同城權置安北都護府以招納亡叛振匈奴之喉臣伏度陛下見幾於萬里之外得制匈奴之上策臣聞隗囂言漢光武見事於萬里之外制敵應變未嘗有遺今陛下超然神鑒遠照實所謂聖明之見覩於無形也臣比住同城周觀其地利又博問諳知山川者莫不悉備其地東西及北皆是大磧磧並石鹵水草不生突厥嘗所大入道莫過同城今居延海澤接張掖河中閒堪營田處數百千頃水草畜牧供巨萬人又甘州諸屯犬牙相接見所聚粟麥積數十萬田因水利種無不收運到同城甚省功費又居延河海多有魚鹽此所謂強兵用武之國也陛下若調選天下精兵采拔名將任以同城都護臣愚料之不用三萬陛下大業不出數年可坐而取成

臣比來看國家興兵但循於常軌主將不選士卒不練徒如驅市人以戰耳故臨陣對寇未嘗不先自潰散遂使夷狄乘利輕於國威兵愈出而事愈屈蓋是國家自過計於敵爾故非小醜能有異圖臣竊以爲陛下今日不更爲之圖以激勵天下忠勇但欲以今日之兵今日之將冀收功於異域建業於中興則臣之愚蒙必以爲未可得也陛下即以突厥爲萬代之患則臣所言願加察若以夷狄荒服不臣小人非所敢諫臣今監領後軍某等取某月即渡磧去討至某日及劉敬同謹當請按行磧計至比已來地形

及突厥滅亡之勢當審虛實績以奏聞伏願陛下省臣此章爲國大計儻萬有可一中者請與三事大夫熟圖議之此亦萬代一時也伏願少留聖意閑暇念之天下幸甚陛下採臣芻蕘臣請執殳先驅爲士卒啓行橫行匈奴之庭歸報陛下臣死之日庶無遺恨不勝云云

欽定全唐文卷二百十

陳子昂二

爲人陳情表

臣門衰祚薄少遭險釁行年三歲嚴父早亡慈母鞠育哀惸相養臣又尫羸少多疾病零丁孤苦僅得成人老母憫臣孤蒙恐不負荷教誨師氏訓以義方家貧無資紡績以給束修衣褐並出母指臣既無姊妹寡有兄弟衡門獨立唯形與影母子相視惸惸靡依罹此艱虞歷二十歲臣稍以成立忝迹朝班薄祿微資始期色養私情獲遂母子相歡殃罰不圖老母見背攀號何及泣血漣洏於時日月非宜權殯京兆歲序遷速於今集年臣本貫河東墳隧無改先人邱壟桑梓猶存母亡客居未歸舊土宿草成列拱樹荒涼興言感傷增以崩咽今卜居宅兆將入舊塋明年吉辰最是良便除此之際未有剋期臣謬齒王人職在驅役今歲奉使已至居延單行虜庭絕漠千里臣雖萬死無答鴻恩恐先朝露有負眷知（一作老母）伏惟陛下仁隱自天孝思在物哀臣孤苦降鑒幽冥使臣來年得營葬具斬草舊域合骨先墳保送羈魂獲申子道烏鳥之志獲遂私情遷窆

事畢馳影奔赴雖卽殞歿甘心無憾

爲程處弼辭放流表

糞土臣某言臣以殃釁姪構凶逆臣合宗族誅戮以顯國刑不謂天慈哀矜宥從寬典全臣骸骨生竄遐荒竊魂再造以崩以躍中謝臣聞忠臣事君如子事父竊痛之至則呼所親何者君父恩深臣子懇切况臣蒙陛下恩遇如子於母今爲子不孝爲臣不忠長辭闕庭永沒荒裔悲窮痛恨荼毒誰依卽使朽骨埋魂長滅泉壤懇誠莫展幽翳明恩實恐隱匿於君不盡臣節明神誅殛瞑目貽殃輒敢陳

裂肝心罄竭誠懇殘喘冒死期以少謝伏惟聖母神皇陛下哀憐垂察中謝臣聞犬馬賤畜尚知主恩草木無心猶感德化臣雖駑猥不足比人負榮懷恩能無感激臣山東孤賤朝無親故性識愚鈍材無可堪非能矯跡立方飾行軌物假借名譽爲時吹噓遂得宿衛階墀忝職郎將勤勞莫紀尸素已多任經十有三年竟無一階升錄臣之駑劣於此可見而貪冒榮寵尚不知歸陛下應天受圖恢纂大業又不以臣駑鈍特見褒昇擢任中郎委以心膂忝職未幾卽檢校將軍纔逾一年又加正授未盈三歲貴顯朝端寵渥隆崇莫與臣比每刻肌骨曉夜思維臣以何功謬私天造超羣越輩顯赫明朝應由天性專愚志一守直行不負物心不愧神盡忠事君竭力養母所以聖慈幽鑒曲照懇誠寵任無疑委同親近不然愚臣何以叨此殊恩臣凶險罪深母不終養爰初遘疾以至終亾天慈再三降醫賜藥酒脯珍膳繼踵臣門優問殷勤若同親戚臣之母子何德於天子貴母榮恩禮重疊臣誠不孝至頑至嚚蒙此恩榮豈無感戴臣愚性爲善不願人知非敢自矜用爲僥倖皇天后土實見赤心臣往任郎將之日陛下特以臣貧賜

銀及綵臣以天恩非分矜慜賜臣懷戴之心祈懇冥報遂用於天宮寺寫書造像半爲聖人半爲老親臣以君親之恩所宜並報報是當理不合人知自爾造成一無知者臣今日獲罪不合上言實以事君之心所宜罄盡善惡有隱恐負赤誠恐臣長沒黃泉無見聖日區區之意安可不陳臣每以陛下恩深微臣命淺嘗願湮宗滅族獲報萬分何圖誠効未申凶孽先集逆天反道背德辜恩汚辱門宗虧缺臣節此臣所以椎心泣血仰天號咷長負陛下之恩終無上報之日煩冤荼毒心肝以摧此者待罪幽囚以殞身

碎首爲奉陛下賜書示喻照察臣心所以捧戴偷生假息殘喘今既蒙寬法兄弟獲全投竄遐荒甘禦魑魅臣之慶賴復何可言所恨亾母弃背即遭此禍几筵塗炭孤魂煢煢存者流離亾者哀痛辛酸幽顯爲世所悲應由臣不孝不忠延此禍酷何以面目下見先臣何以心顏拜辭天闕生死無措永訣於今即以某月日部勒妻子奔波就道即應死滅結草幽泉伏願聖母神皇陛下至尊寶神爲萬姓加勝天下禔福以祐蒼生壽若南山永永無極不勝戀慕感咽之至

爲將軍程處弼謝放流表

臣某言臣無教訓家有逆子臣合汚宗滅族以顯國刑天慈哀矜放從流竄臣爲慶賴已是非圖今月遂蒙天恩以臣所坐流刑特從放釋窮骸枯骨一朝再生踴躍章惶再崩再殞中謝臣山東孤子朝無親故性識愚魯非有才能陛下超羣越輩崇以榮寵昔任郎將十有三年遂無涓塵一階昇錄自陛下踐極謬荷恩私冒寵叨榮超絶時輩從郎將檢校將軍纔逾一年即加正授皆從宸眷非有因人寵渥隆崇莫與臣比臣之孤賤榮顯知慚臣又凶殃積罪甘投魑魅孤負陛下之恩永爲遐荒之鬼肝腦塗地無以徵酬豈謂天造曲矜恩及枯骨收骸溝壑返魄幽泉使魑魅窮魂重生聖日糞土殘命不滅荒陬荷德感恩萬死無報不勝感荷再生之慶

爲赤縣父老勸封禪表

臣聞帝功既乂必昭告於上元命攸尊必升封於厚載故七十二主能恢萬代之規三五六經以爲百王之典伏惟陛下應天受命握紀登樞包括乾坤之靈亭毒神明之化故能開天實闡地珍溫洛所以升圖榮河由其薦籙羣

神既贊衆瑞交馳謳歌於是大歸禮樂以之咸備陛下仰順天意允答神休垂顯號以居宸建明堂而治物百寮惟允萬國咸寧然則嵩岳神宗望玉鑾而來禪天中仙族佇金駕而崇封實大禮（一作德）之昌期膺告成之茂典況神都爲八方之極太室居五嶽之尊陛下垂統紫微大昌黃運報功崇德允協神心應天順人雅符靈望皇圖盛業實在於玆臣等叨願堯封久忝帝力竊聞聖人封禪天下所以會昌山岳成功皇壽由其配永臣等既爲陛下赤子陛下又爲萬姓慈親實願上報天功下順人望勸成嵩嶽大顯

尊名不勝慶幸之至

爲永昌父老勸追尊中山王表

臣聞子貴親榮聖人典禮故姬文受命尊太王之名漢祖登宸加上皇之號而皆事美帝籍業盛昌圖臣伏見中山大王道合先天功成佐命昔高祖神堯皇帝義旗爰建大號初興首贊皇基定策京邑用能神驅電掃應天順人龍躍紫微光宅區夏實賴大王之德翼成高祖之勳開國成家猶未奉答況陛下應命受天協運披圖正顯位於明堂昭大明於天下功崇五帝業盛三皇可謂寶極洪名尊崇

光大今者追尊之義猶闕於顯陵榮親之典未聞於帝號臣聞商周革命封杞宋之君春秋正名美虞晉之祀夫以興王繼絕尚不闕於禮經況乎大孝尊親豈可虧於祀典臣等喩和白屋沐慶元門幸爲可封之人叨遇永昌之運伏見陛下則天法地崇孝臨人方且示天下以事親正皇猷以達禮蒼生之慶實賴惟新不任區區伏請上中山大王尊號遠以光祖宗之德下以順黎元之望

爲人請子弟出家表

臣某言臣以險釁私門不造亾父故某官先臣某早先朝露永謝休明日月不居星紀云暮伏以先臣策名委質冠帶早年始自解巾即陪軒禁終於結綬累忝榮私三歷名卿職參於河海八居州牧任叨於股肱而報効未聞零落先及啓足之日露首之懷是以臣克奉詔言志期冥報請以當家子弟三兩人奉爲高宗大帝出家歸道而孤煢在疚遺屬未申奉以哀號實貫心髓今者大帝登仙之忌以及茲辰先臣懇誠未效他日所以乞遂冥願敢覬天恩庶菩提之因發揮於正覺涅槃之謚幽贊於宸階先臣夙心無恨泉壤伏願上天降鑒微誠可哀因緣獲展存沒交慶

不勝崩迫云云

爲義興公求拜掃表

臣禍釁所鍾早日孤露墳塋莫掃松柏凋荒臣之不天實有由咎死罪死罪昔先臣下代遺訓未忘而殃罰不圖家禍潛構兄弟無故並爲參商中冓之言所不可道孤臣不孝萬死餘責死罪死罪然臣之負譴實陷無辜吏議不明以投魑魅自泣血去國寄命南荒歷年被病再以生死炎山漲海氣瘴窮天戴白之老俗無聞者孤臣疲薾豈望須臾分謂委骨窮溟餌身魚鱉狼荒之鬼永悲長逝不意慶

雲垂澤天渙宏流拂拭霧露生見白日踴躍昭泰情何以
勝死罪死罪而餘殃未泯凶故薦臻亾兄濟江合家淪溺
嫂姪俱逝一不生存尋途未中臣妻又殞重疊亾没契闊
山川至止之日生意盡矣誓將守死陵墓歿齒家園不圖
恩幸曲成寵章仍及題輿別駕職是恩州再造生涯天實
爲德死罪死罪臣自歸日淺塋廟未修荆棘荒然祭祀無
主今卽便祗皇命遠職邊夷歲月方賒拜掃何日瞻言出
涕感䏰崩摧伏惟陛下仁養羣生孝理天下萬物咸遂各
得其宜臣獨向隅有以長感伏願天慈愷悌憐憫孤窮寛

以簡書之刑賜其告歸之請使得駿奔西土長號北陵獲
申存没之悲生謁園塋之槲稽顙松關謝不睦之辜肉祖
山門祈自新之路刻誓肌骨奉以周旋然後退死蠻夷沈
骸糞土甘心朽滅庶無遺恨儻昊天鑒照孤誠可哀則臣
之鰥生志畢今日不勝崩迫之至

爲義興公陳請終喪第二表

草土臣某言去年某月日奉哀陳請乞終喪制今某月日
奏事官賫臣所奏表迴伏讀報詔不勝悲懼陛下爲臣累
有政能特見任用使臣移孝爲忠卽斷來表臣内愧不孝
外慚無能汚辱聖聰措身無地臣某中謝臣聞時方渝薄
勸人以孝時方趨競勸人有禮有不至者誅而教之臣今
不病固合辭避況臣疾發日久亾母未葬忍偷餘生望畢
家事敢汙人倫以傷風俗昔山濤與時主有舊溫嶠亦功
存當代濤起應禮嶠不歸葬守禮法者議而薄之臣於國
家無濤嶠之功舊必依詔命兼濤嶠之可薄俛仰人間豈
獨羞恥聖朝用法合置誅殛前者直省賫勅勒臣赴任使
司準勅移責州縣所由官吏畏懼威嚴臣所經行停留不
得待臣出界然後奏報臣氣力羸憊奔波道路悲憂惶恐

舊疾加極半身不遂手節拘急行步飲食須人扶助近又
兩目昏暗如有瘴冒雖生猶死不堪力强特望聖慈乞臣
骸骨歸奉几筵及葬州里在臣私情死生願足臣今病在
桂州俯伏待命臣風昏謬妄舉動失常頻犯天威不勝震
恐謹遣某官奉表陳乞以聞

爲義興公陳請終喪第三表

草土臣某言臣先患風疹并兩目昏闇右手不能制物一
足不自運動前後頻有表狀請停官職臣自到桂州病轉
增劇更加瘴虐臥在床枕兩目漸不見物起動皆須扶引

死在朝夕敢偷祿位伏恐陛下謂臣尚顧禮教以疾辭讓遷延歲月待畢喪紀臣除官已來向欲一歲頻違詔命合正典刑陛下縱不忍罪臣殘喘乞臣餘生固不可為臣曠官待臣痛損特望天恩即為臣替不任荒懼哀懇之至

為副大總管屯營大將軍蘇宏暉謝表

臣聞玁狁不恭周王致其大戮將軍失律漢將被其嚴刑未有逆命驕天而逋釁鼓之戮亡師沮衆遂寬載社之誅伏惟天冊金輪皇帝陛下肅恭上帝子育羣生萬國所以宅心百蠻由其屈膝而契丹凶狡敢竊陲邊毒虐生靈暴

殄天物皇兵順伐仗仁義以共行竊寇姦回憑險阻而猶鬭臣等仁虧聖略智昧詭圖遂以熊羆之師挫於犬羊之旅誠合結纓軍壘抵罪國章陛下以堯舜深仁且緩三苗之伐禹湯罪己不與萬方之辜遂得齒劒餘魂更參授鉞之任死綏之魄復同挾纊之恩四夷義以來蘇三軍感而抃舞瘵瘡再起俘馘是圖將士同心誓雪孟明之恥殤魂共憤思亢杜回之讐臣等殉義忘生報恩惟死不任感激慶戴

為副大總管蘇將軍謝罪表

臣某言伏奉某月日已前赦書赦臣萬死纔削見任官秩還復本將軍名始慶再生即榮寵命宛轉踴躍感戴慚惶中謝臣聞鑿門受律本合忘生對敵臨戎殉節唯死此乃國家恒典軍政嚴科臣妄以庸才謬叨重任不能深圖遠筭馘醜摧凶以宣廟略之威永息邊人之患屬前軍挫衂士卒奔亡臣復繼驅馳戰鬭交合川谷地險客主勢殊步馬相懸左右受敵決命爭死力盡塗窮遂以貔貅之師衂於犬羊之衆誠宜刎首謝國殺身報恩陛下洪湯禹之仁務寬大之典愚臣同孟明之侶遂免嚴誅白骨再榮丹慊

未泯誓將枕戈嘗膽殄逆梟凶躬為士卒之先以雪殤魂之憤肝腦塗地少答鴻私不勝荷戴再生榮幸之至

謝衣表

臣今月日千騎田楷至伏奉恩勅賜臣紫衫早衫袴等一副臣萬死骸骨垂朽蒙榮載戰載殞肝心塗地中謝臣以駑朽叨承重任憑奉聖略誅討元凶實合震曜天威俘斬逆首而智力淺短進退無規被王孝傑陷鋒于前臣則接戰於後躬先士卒苦鬭山林自辰至酉殺賊無數嵓谷峻狹車乘相旋被孝傑敗兵回相衝突逆賊乘便重襲臣軍

士卒被傷子將多死臣決命爭首陷陣摧兇日暮兵疲瘡痍相半鳥散山谷人無鬭心臣獨無依遂失師律卽欲刎頸陣下委骨顯誠實恐身死尅傷未雪國恥所以含垢忍辱圖死闕庭今月六日至幽州卽囚繫獄户延頸戮魄惟待嚴刑湯鑊在前分委灰土豈謂天慈矜鑒回憲增榮以其伏鑕之魂更辱賜衣之寵煩冤踊躍載兢載惶泣血嘗膽誓復國讎刻骨刻肌敢忘天造不勝已死再生感戴欣躍之至

謝賜冬衣表

臣某言中使某至伏奉某月日敕書慰問將士官吏僧道耆老等幷賜臣手詔及冬衣兩副大將等衣一十五副者天慈遠致聖澤傍流海隅臣庶抃舞相慶臣某中謝伏維陛下道宏文武任切藩維遠念戎旅之勤亟頒時節之賜臣以謬膺寄理載涉炎涼効績無聞負敗將及恩私每降慚懼不寧今又俯浹宸慈曲延寵賚當戒寒之初候沐挾纊之殊榮佳氣集於城池喜容生於草木三軍叶慶萬井相歡況臣荷寵逾涯忝恩滋甚螢燭無裨於景曜畎澮徒願於朝宗悚踴遐方感戀俱切無任感恩荷懼屏營之至

爲建安王謝借馬表

臣攸宜言伏奉聖慈敕借臣廄馬四匹星旗方列天馬忽來祇拜恩榮抃躍兼集臣名慚白馬陣昧青龍徒憑廟勝之威竊總元戎之首皇師久露凶羯未平方欲親負干戈身先士卒金山深入期突厥之功玉壺遂臨叨得駿之賜昔開東道今見西來感燕骨而長鳴君恩罔報向朔雲而驤首蹋頓方擒坐馳千里實愧三軍寵貴非圖榮多增懼

謝藥表

臣某言伏奉中使宣敕旨賜貧道藥總若干味肅恭休命敬受慚惶猥以眇身叨蒙大賴室殊方丈同問疾之榮施等醫王感能仁之惠雖赭鞭神授未可比其英藜赤斧僊圖固以謝其靈氣方將駐茲營魄蠲彼衰痾以要上品之經將希大年之壽人微惠重答施何階不勝云云

爲宗舍人謝賻贈表

草土臣某頓首稽顙臣言今月日中使某至奉宣敕旨以臣母喪贈物若干以給凶事孤臣鞠凶禮辱天眖稽顙拜命號絶迷圖中謝孤臣不天早失父蔭兄弟孤藐並未成人亾母哀惸鞠育見保不墜於地以及於茲煢煢私門幽

顯爲慶榮忝之望非有始圖陛下親親敦念末屬憫臣孤賤惠降恩休孤門載昌實始天造母子之賴以喜以惶兢兢孤臣未知攸荅陛下又悼大運崇號寵章時復私臣弟兄超登顯位母子光寵榮養以申豈臣單微所能及此早誓先沒以爲親榮而天不禍臣延及先母號怨無及荼毒煩冤陛下降哀又見憫悼惠賜禮物過越典章生榮死哀重疊若此孤臣殘喘胡顏冒德（一作日月）而臣之迷塞荒謬禮經先遠之期又勞聖問有無之禮憂若家人天實爲之臣復何及即此殞絕期以謝恩號咷崩魄伏表迷塞不勝荒迫之至

初七謝恩表

草土臣某頓首稽顙言今月日伏奉恩勅以臣亡母初七特降上宮若干人給使黃門若干人并賜物若干段以給護齋事天恩過禮伏念號惶孤臣殃釁尚未殞滅荼毒如昨奄將一旬崩號無及肝心糜潰陛下慈惻哀念孤窮復憂齋祭恐有闕禮既賜束帛又降上宮恩慈再三若猶未足自國家寵貴未聞此榮草茅孤臣何以堪處不日銷滅永負聖恩號泣昊天以崩以怨不勝荒迫之至

遷祔謝恩表

草土臣某頓首稽顙言伏奉某月日恩勅以臣亡母還祔特降勅給人夫及車牛服用物若干以護送靈柩至京祇奉恩私頓首崩殞臣未亡滅假息苫廬日月永往奄及先遠荒迷在疚不知禮儀陛下哀矜憫其不逮恐有顛沛憂及亡靈備物象設並自天賜祖載營送又遣官供威儀在途魂魄光寵行路延佇而以爲榮孤臣窮亡何圖至此天德彌厚殘喘待終泣血扶靈方滅歸路號感恩造窮絕迷圖不勝號噎戀恩殞絕

爲僧謝講表

僧某言一昨預內道場講恩勅殊獎賜有褒稱死罪死罪某實專蒙昧於至道徒以早栖眞實忝預香緣遂以濫越殊私光照寵渥日者法宮闡道講賜承恩叨玉麈之榮預金闈之議遂得對揚眞會咫尺天威徒有明恩卒無幽贊不能絕王倪之問以默夸詞息毗耶之言冥通得意天休光被曲見稱揚羣議允懷猥忝其陋顧揣涯分實靦心顏將何翼亮緇徒發揮元極以念嘉惠怵惕惟憂載懷恩贊而心況知愧無任慚荷之至

謝免罪表

臣某言月日司刑少卿郭某奉宣勅旨以臣所犯特從放免伏對恩命魂魄飛揚中謝臣巴蜀微賤名教未聞陛下降非常之恩加不次之命拔臣草野謬齒衣冠臣私門祖宗幽顯榮慶豈止微臣一身而已臣宜肅恭名節上答聖恩不圖誤識凶人坐緣逆黨論臣罪累死有餘辜肝腦塗地不足塞責陛下宏慈育之典寬再宥之刑矜臣草萊憫臣愚昧特恕萬死賜以再生身首獲全已是非分官服具在臣何敢安臣若貪冒寵私靦顏恩造復塵舊職以玷清

猷螻蟻微心實慚面目臣伏見西有未賓之虜北有逆命之戎尚稽天誅未息邊戍臣請束身塞上奮命賊庭效一卒之力答再生之施庶陛下威命綏服荒夷愚臣罪戾時補萬一若臣獲死鋒鏑爲厲犬羊古人結草實臣懇願不勝大造再生荷戴之至

爲張著作謝父官表

臣某言臣父某守官不謹獲罪自躬犯非清廉法宜不赦實由臣爲子不孝使父陷刑天恩不肅嚴科放全首領臣得父子相見已是非圖豈謂天澤無涯更垂休命臣父子兄弟免罪從榮載惶載殞實慶實躍中謝臣父子凡品守道幽微天恩矜憫見垂采錄叨承恩幸側列陪臣自侍奉已來於今十有八載雖業藝無紀勞勤不闕小心恭勤實免愆過明明昊天實昭實察不敢有二不敢有私夙夜兢兢祇惕若厲所以父母兄弟皆荷恩私叨職謬官並豫供奉摩頂至趾豈足上酬愚臣兢兢實慚實愧不意臣父衰老恃寵忘公貪潤微財取犯朝憲應是臣不忠不孝事父無良廉恥不羞幾諫有闕遂使陷於刑法有玷國章臣之萬死無補此責刻肌刻骨泣血泣天恨負聖恩以媿朝列

臣宜代父蒙罪自殞闕庭不合偷安尚求苟免誠以天波昭洗得更自新所以忍垢偷生尅躬自勵期効萬一補過酬恩灰軀糜骨以甘心願伏惟神皇陛下恩同父母矜照懇誠信其赤心實有罄竭

爲王美暢謝兄官表

臣某言臣兄某前某官特蒙恩詔擢授豫州司馬未及赴任即以某月日改亳州司馬再三策命叨荷恩私在臣宗門實爲慶幸中謝臣兄自解巾從仕三十餘年五爲縣宰三遷州佐政皆通顯職實恭勤直道在公有終始之節平

心應物無造次之愆在於周行頗蒙推薦近屬虺貞搆逆惑亂豫州詿誤平人自貽梟滅陛下憫荆河之俗遭此無辜弔汝潰之人使其昭慶以爲奉揚皇化者必藉其才撫馭窮人者亦資有德臣兄貞固濫承天獎遷授豫州在於天恩實爲超擢今者未及赴任復降授亳州重叠承恩飜同貶降朝廷體例實亦爲尤臣兄弟叨榮濫竊非據天慈改授不合冒聞但以始者承恩蒙越抽擢今有何過遂同左遷區區懇誠輒敢祈訴天澤伏願皇慈有裕降昭獎之恩臣兄竭忠獲展才之地小臣死日猶生之年

爲武奉御謝官表

臣某言伏奉某月日詔書以臣爲尚食奉御肅恭休命祇拜寵章榮慶既崇慚荷交集臣某中謝臣才虧琢玉學昧籝金徒以席寵葭莩榮光日月叨承雲渥既曠天工而榮更恩昇位非德舉無階而進坐致於青霄有慶方來載光於朱紱臣聞瑶庭任切猶稱六尚之榮玉食禮尊實總八珍之貴臣銜慚緣鵠業匪豢龍將何致美瓊芳式和金鼎宏私曲被殊寵降臨天命既不可違聖恩允宜祇戴循涯揣分實所非圖

爲百官謝追尊魏國大王表

臣等昨陳愚懇請上魏國大王尊號天慈恩孝降順羣情宇宙咸歡品物知泰云云臣聞一人有慶萬國歡心况乎道洽奉先義光尊號伏惟聖母神皇陛下鑣宮受命寶極披圖以大孝而居尊勤至仁而育物用能光於四海化及萬方緬惟尊祖之儀實美前王之典宸心載穆盛百辟之誠求帝冊終開見千年之盛禮蒼昊以之禔福皇極由其永昌凡在含靈孰不歡慶

爲司農李卿讓本官表

臣某言伏奉月日恩制依舊授臣中大夫守司農卿臣枯骨再生更蒙寵命魂魄競越不知所圖臣某中謝臣實庸愚本無名節庇身公族竊軒冕之餘假翼宗枝濫衣冠之末因循寵服累歷榮班素飡之責每深効拙之勤未補橫被逆賊徐敬貞以私讐架禍誣臣云與叔孝逸交通逆豎獄官執法寘以極刑臣腰領之誅已甘灰粉泉壤之魄分隔幽冥不圖天地之恩再生枯骨日月之照曲被幽泉察臣非辜愍臣無罪不牽文法之議特垂赦宥之慈螻蟻微軀復得全活自非陛下克明克聖至德至仁臣之魂骸不

保今日臣免死爲幸豈敢期榮陛下重加寵章還臣舊職典司宗伯以睦周親愚臣胡顏敢冒朝典況臣叔孝逸推使未迴在於臣愚更深待罪安敢私一作訟職以玷國章伏乞天恩照臣愚懇不勝感戴生榮之至云云

爲陳舍人讓官表

臣某言伏奉今月日詔書以臣爲鳳閣舍人榮命自天寵章非次祇奉惶越顚沛失圖中謝臣以諸生宦不期達徒以時逢昭泰迹忝周行非有君子瑚璉之林通儒青紫之秀已得評刑北寺執憲南臺鷹鳩之政無聞驄馬之榮已

極陛下天飛踐祚雲紀命官陽館初開庶政惟始金章玉式允恃其人如臣疲駑宜所退棄豈圖尚矜庸劣昭覩欽明任同信臣寵優時輩豫參詳於詔獄叨獎渥於宸階省已循躬實知非分陛下不以榮過其量職越其才遂欲超絕親賢參掌樞要司言鳳綍揮翰龍池愚臣何人敢冒天造臣聞紫機務重青鎖任隆位匪其人政由有闕臣才無經濟識昧典章將何以光贊帝猷奉揚休命物無異議政允其中臣雖小人必知不可何況乎君子豈曰能賢伏望妙選時英旁求衆議僉曰惟允以弼良圖愚臣懇誠非敢飾讓

爲司刑袁卿讓官表

臣某言伏奉某月日敕授臣某官祇拜寵光魂首飛越中謝臣聞王者敬愼懋在典刑天下允平取茲廷尉苟非其任法不虛行臣本庸微名術無紀皆緣際會昭遇盛明謬得揚歷簪徽陪奉駕鸞綢繆榮祿荏苒平時毫髮之功無聞於官守素飡之責每積於公朝何嘗不悚迫惟憂夙夜祇畏而天恩方被寵命仍加復蒙璽誥之榮驟綰銀章之貴永言非據稽首知慚伏惟陛下恭已受圖任賢興化方

其合符皇極代理天工臣亦何人敢妨賢路伏見某官弱冠登仕早有能名每以清白洗心不爲寒溫變節誠使榮加天寵職察雲司必能利用文明哀矜庶獄弼成五教無謝於虞臣典載三墳允諧於周議愚臣暗昧不識大猷請乞以所授官讓與某官庶使官允其才名不失實聖明有得人之盛愚臣無冒貴之譏實在聖慈鑒非虛謬

爲資州鄭使君讓官表

臣某言伏奉月日制以臣爲資州刺史恭承璽命祇拜寵章匪服知慚循榮如失中謝臣學慚名術才乏器能而寶

歷逢時金章坐忝題輿佐獄無展驥之庸剖竹專城闕懸魚之化坐嘯徒積主諾空慚伏惟陛下革命開基造天立極方且宏宣帝典大啓皇猷而四岳觀風不虛其任六條班政允屬其才臣疲朽已侵循良久昧將何式光刺舉允協得人伏願博選英才克諧僉議使人光理政洽惟良大周之命惟新愚臣之責攸息其所讓人具如別狀

爲金吾將軍陳令英請免官表

臣某頓首死罪上言臣聞軍政不臧春秋責帥故楊干之亂魏絳致戮所以國有明賞下無濫功臣幸以常才文武

兼閑始年十八投筆從戎西踰流沙東絕滄海南征北伐無所不至席寵門緒忝迹軒墀屬高宗崇德深仁孝理天下以臣祖父（一作父子）兄弟一門五人皆伏節盡忠身死王事遂超臣不次授原州都督臣時年三十二（一作四十二）職兼五印榮絕一時階緣此恩累忝藩翰持節統部前後八州皆居塞垣當賊衝要國之重寄莫與臣比雖無長策邮戎伏胡恭守朝章保完免失屬陛下大聖矜老容愚不以臣駑怯更加寵命授以青紫遣督幽州林胡搆凶王師出討士馬雲集軍務星繁糧饋軍甲動以億計臣無田疇鄉導之策又乏杜預度支之才空竭疲駑晝夜不息以勤補拙首尾三（一作二）年彌縫闕漏幸無僭乏張元遇等不謹師律賊得乘機遂敢長驅燕陲深入趙際臣又無李牧東胡之略實媿吳起西河之守使凶狡鼓鬣遂擾邊甿論之國憲合刎頸謝罪陛下又不以臣爲辜更授清邊軍副大總管五月恩制六月到軍逆虜天亾臣又無効至於軍功戰籍敘勳定勞副職日淺未及精覈大兵旋旆王師獻功而漢庭將軍未聞辭第雲中太守已論增級今乃竊功謬賞有忝朝章忠誠殉節不昭國議實由臣濫其職任過其才上不

能允副聖心中不能匡正戎律傍招物議有紊軍容臣罪何逃孰執其咎伏願乞賜骸骨貶歸私第式清朝序永覩師貞不勝待罪惶懼之至

欽定全唐文卷二百十一

陳子昂三

上蜀川安危事 三條

臣伏見四月三十日勅廢同昌軍蜀川百姓每見免五十萬丁運糧實大蘇息然松茂等州諸羌首領二十年來利得此軍財帛糧餉以富已潤屋今一旦停廢失其大利必是勾引生羌詐作警固以恐動茂翼等州復使國家徵兵鎮守若松茂等州無奸都督則此詐必行旦夕警固必有發者一發已後警動蜀州朝廷不知徵兵赴救兵至賊散靡弊更甚伏乞選擇茂州都督嚴加斥堠乃命御史一人專在按察若有詐妄即錄奏稱加法以懲其姦庶可久長安帖不然受其弊

蜀中運糧既停百姓更無重役至於租庸合富府庫今諸州逃走戶有三萬餘在蓬渠果合遂等州山林之中不屬州縣土豪大族阿隱相容徵斂驅役皆入國用其中遊手惰業亡命之徒結爲光火大賊依憑林險巢穴其中若以甲兵捕之則鳥散山谷如州縣怠慢則劫殺公行比來訪聞有人說逃在其中者攻城劫縣徒衆日多誠可特降嚴加勅令州縣長官與使人設法大招此戶則劫賊徒黨自然除殄其三萬戶租賦即可富國若縱而不括以養賊徒蜀川大弊必是未息天恩允此請乞作條例括法

蜀中諸州百姓所以逃亡者實緣官人貪暴不奉國法典吏遊容因此侵漁剝奪既深人不堪命百姓失業因即逃亡凶險之徒聚爲劫賊今國家若不清官人雖殺獲賊終無益天恩前使右丞宋爽按察蜀州者乞早發遣除屏貪殘則公私俱寧國用可富若官人未清劫賊之徒必是未息以前劍南盡弊如斯即日聖恩停軍息役若官人清正劫賊翦除百姓安寧實堪富國惟乞早降使按察謹狀聖歷元年五月十四日通直郎行右拾遺陳子昂狀

上蜀川軍事

臣伏見劍南諸州緣通軌軍屯在松潘等州千里運糧百姓困弊臣不自恤竊爲國家惜之伏以國家富有巴蜀是天府之藏自隴右及河西諸州軍國所資郵驛所給商旅莫不皆取於蜀又京都府庫歲月珍貢尚在其外此誠蜀國之珍府今邊郡主將乃通軌一軍徭役弊之使百姓貧窮國用不贍河西隴右資給亦減臣伏惟松潘諸軍自屯

鎮已來於今相繼百十餘年竟未聞盜賊大侵而有尺寸之效今國家甘心竭力以事之臣不知其故伏惟念惜臣聞上有聖君下得直言賤臣敢越次冒昧以奏臣在蜀時見相傳云聞松潘等州屯軍數不逾萬計糧給餉年則不過七萬餘石可盈足邊郡主將不審支度乃每歲向役十六萬夫擔糧輪送一斛之米價錢四百使百姓老弱未得其所比年以來多以逃亡臣伏以吐蕃陛下未忍即滅松潘屯兵未可廢散若準此賦斂每年以十六萬夫運糧臣恐更三年吐蕃未殄滅劍南百姓不堪此役愚臣恐非

聖母神皇制敵安人富國彊兵之神算者也愚臣竊見蜀中耆老平議劍南諸州比來以夫運糧者且一切並停請爲九等税錢以市騾馬差州縣富戶各爲馳主稅錢者以充脚價各次第四番運輦不用一年夫運之費可得數年軍食盈足比於常運減省二十餘倍蜀川百姓永得休息通軌軍人保安邊鎮京臺府庫河西軍馬得利供輸其資臣伏審訪便宜體大非一二狀俱盡陛下若以此奏非虛或可採者請勒臣付所司對議得失然後具條目一一奏聞若臣苟爲謬妄無益國家請罪死不赦

上益國事

臣聞古者富國彊兵未嘗不用山澤之利臣伏見西戎未滅兵鎮用廣內少資儲外勤轉餉山澤之利伏而未通臣愚不識大體伏見劍南諸山多有銅鑛採之鑄錢可以富國今諸山皆閉官無採鑄軍國資用惟斂下人乃使公府虛竭私室貧弊而天地珍藏委廢不論以臣所見請依舊式盡令劍南諸州準前採銅於益府鑄錢其松潘諸軍所須用度皆取以資給用有餘者然後使緣江諸州遞運散納荊衡沔鄂諸州每歲便以和糴令漕運委神都太倉此

皆順流乘便無所勞擾外得以事西山諸軍內得以實中都倉廩蜀之百姓免於賦斂軍國大利公私所切要者非神皇大聖誰能用之管仲云聖人用無窮之府蓋言此也臣某言臣伏見神皇陛下恭己受圖遐想至理將欲制御戎狄永安黎元不欲煩撓蒸人故爲無益賤臣朝不坐宴不豫軍國大事非臣合言伏見松潘軍糧費擾過甚太平百姓未得安居臣參班一命庶幾仁類不敢自見避諱忍之不言所以不懼身誅區區上奏冒越非次伏待顯戮惶悚死罪死罪

上軍國機要事

臣竊聞宗懷昌等軍失律者乃被逆賊詐造官軍文牒誑召懷昌昌等顓愚無備陷没今諸軍敗失東蕃固知然恐安東阻隔未審此詐國家若無私契與安東往來臣恐凶賊多端詐偽復設萬一被其矯命更失其圖乃是資長賊權没陷府城此固宜天恩已應先有處分然臣愚見不敢不言又賊初勝不即西侵者深恐圍畧安東以自全詐若安東被圍畧則遼東以來非國所制伏乞天恩早爲圖之臣聞天子義兵不可以怒發怒則衆懼急則人搖人搖則

賊得其勢故昔者聖人守靜以制亂持重以服姦大義常存人無疑懼臣伏見恩制免天下罪人及募諸色奴充兵討擊者是捷急之計非天子之兵且比來刑獄久淸罪人全少奴多怯弱未慣征行縱其募集未足可用況當今天下忠臣勇士萬分未用其一契丹小孽假命待誅何勞免罪贖奴損國大義且陛下富有四海一戰未勝遂即免罪募奴若更有他虞復何徵發臣恐此不可威示天下臣聞聖人制事必理未萌所以姦不敢謀賊不得起臣聞吐蕃近日將兵圍瓜州數日即退或云此賊通使墨啜恐瓜沙止遏故以此兵送之臣雖未信然惟國家比來勍敵在此兩蕃至於契丹小醜未足以比類今國家爲契丹大發河東道及六胡州綏延丹隰等州稽胡精兵悉赴營州而緣塞空虛靈夏獨立今冰生河合草秋馬肥秦中北據隴右亦關東鄰黨凶羯姦謀覘知此隙驅其醜類大盜秦關隴右馬羣是國所寶防備遠策良宜豫圖不可竭塞上之兵使凶虜得詐伏願詳審臣聞所養非所用所用非所養理家必弊在國必危故明君不畜無用之臣慈父不畜無益之子今朝廷三品五品受國寵榮天恩賞賜府庫虛耗食

人之祿死人之事恩養聖朝甚矣厚矣及邊有小賊則云無人驅使又勞聖恩遠訪外人外人先無寵祿臨難又不肎殉節然則國之所養者總無用之臣朝之所遺者乃有用之士今不收有用厚養無用欲令忠賢効力凶賊滅亡以臣愚見理不可得近者遼軍張立遏等喪律實由內外不同心宰相或賣國樹恩近臣或附勢私謁祿重者以拱默爲智任權者以傾巧爲賢羣居雷同以殉私爲能媚妻保子以奉國爲愚陛下又寬刑漏網不循名實遂令綱紀日廢奸宄滋多今國家第一要者在稍寬兵期山南淮南

去幽州四千里。所司使十月上旬到。計日行百里。四十日方到。即今水雨如此。又徵符到彼未久。當日便發。猶不及期。況未便發。且日行不可百里。若違限者死。國有常刑。到不及期。懼罪逃散。爲賊。此更生一患。縱倍程趁期。亦恐不及。若違不誅。則軍不可統。若違必誅。則全衆皆怨。況兵疲不堪用。吳廣陳勝爲盜。由此切急切急。即日江南淮南諸州租船數千艘。已至鞏洛。計有百餘萬斛。所司便勒往幽州納充軍糧。其船夫多是客戶游手。隳業無賴。雜色人。發家來時。唯作入都資料。今已到京。又勒往幽州。幽州去此

二千餘里。還又二千餘里。方寒冰凍。一無資糧。國家更無優恤。但切勒赴限。比聞丁夫皆甚愁歎。又諸州行綱承前多儌向一作勾至都糴納。今儻有此類。向滄瀛糴納。則山東米必二百已上。百姓必騷動。今國家不優恤。又無識事明了人檢點勾當。知租米現在虛實。又未宣恩旨慰勞兵夫。惟切勒赴限。倘在道逃亡。此糧有萬一非意損失。則東軍二十萬衆。坐自取敗。爲賊所圖。切急切急。楊元感以此爲亂。實軍國大命。山東百姓。國家比以供軍。矜不點募。近聞東軍失利。山東人驕慢。乃謂國家怕其麤豪。不敢徵發。今

街談巷議。多有苟且之心。伺國瑕隙。頗搖風俗。國家大政須人無二心。若縱懷二。奸亂必漸。臣伏思即日山東愚人。有亡命不事產業者。有遊俠聚盜者。有奸豪強宗者。有交通州縣造罪過者。如此等色。皆是奸雄。國家又不以法制役之。臣恐無賴子弟暴橫日廣。上不爲國法所制。下不爲州縣所羈。又不從軍。又不守業。坐觀成敗。養其奸心。在於國家甚非長計。以臣愚見。望降墨敕。使臣與州縣相知。子細採訪。有麤豪游俠亡命奸盜失業浮浪一作漂食富族強宗者。並稍優與賜物。悉募從軍。仍宣恩旨慰勞。以禮發遣。若

如此。則山東浮人。安於太山。一者以慴奸豪異心。二者得精兵討賊。不須免奴稽胡等。又身既在軍。則父兄子弟自不敢爲過。昔漢祖征山東。使蕭何鎮關中。漢軍數敗。蕭何每發關中子弟以助漢軍。三秦無盜亂之患。漢軍有強雄之勢。蓋以此道是也。夫亂羣敗衆者。惟在奸雄。奸雄既羈。亂弊自息。伏乞聖慈早圖之。詩云。無縱詭隨。式遏寇虐。紫袍緋袍綠袍金帶牙笏告身金銀器物等。即日軍中已集。入賊有期。臣欲募死士三萬人。長驅賊庭。一戰掃定。軍中未有高爵重賞。無以勵勇使貪。伏望天恩賜給前件袍帶

告身器物二千事庶以勸勵士衆未敢虛用比來將軍不明賞罰所以兵不齊心今聚十五萬衆戈甲糧餉日費萬金不早克定恐所費彌廣山東百姓貧弊不可再役特乞天恩允臣所請

上軍國利害事 三條

出使

臣伏見陛下憂勞天下百姓恐不得所又發明詔將降九道大使巡察天下諸州兼申黜陟以求人瘼甚大惠也天下百姓幸甚臣竊以爲美矣未盡善也何以言之陛下所以降明使豈非欲令天下黎元衆庶知陛下夙興夜寐憂

勤念之邪欲天下賢良忠孝知陛下夙興夜寐思任用之邪欲使天下奸人暴吏亦知陛下夙興夜寐務欲除之邪陛下聖意必若以此而發使乎則臣愚昧見陛下之使有未盡善也若愚臣所謂使者皆先當雅合時望爲衆人所推仁愛足以存恤孤惸賢明足以進拔幽滯剛直足以不避彊禦明智足以照察奸非然後使天下奸人畏其明而不敢爲惡也天下彊禦憚其直而不敢爲過也天下英奇慕其德而樂爲之用也天下孤寡賴其仁而欣戴其恩也夫如是然後可以論出使故輶軒未動於京師天下翕然皆已知矣今陛下使猶未出朝廷行路市井之人皆以爲非任朝廷有識者亦不稱之夫天子之使未出魏闕朝廷之人皆以輕之何況天下之衆哉夫欲黜陟求瘼豈可得也陛下所以有此失者在不選人亦輕此使非天下之大任故陛下遂大失至於此也宰相徒以爲常但奉詔而行之苟以出使爲名不求任使之實故使愈出而天下愈弊使彌多而天下彌不寧其故何哉是朝廷輕其任也輕其任則不擇人不擇人則其使非實其使非實則黜陟不明刑罰不中朋黨者進貞直者退徒使天下百姓修飾道路

送往迎來無益於聖教耳臣久爲百姓實委知之陛下欲令天下黎庶知陛下夙興夜寐憂勤政化不可得也故臣以陛下大失在於此也夫欲正其末者必先端其本清其流者必先潔其源自然之符也國家茲弊亦已久矣今陛下若不重選此使貴得其人天下黎元必以爲陛下尚行尋常之政不能革此弊也則賢人必不出貪吏必得志惸獨必哀吟天下百姓無苟賴於陛下此使也臣不勝有願願陛下與宰相更妙選朝廷百官使有威重名節爲衆人

所推者陛下因大朝見親御正殿集百寮公卿設禮儀以使者之禮見之於是告以出使之意殷勤儆戒無敢或慠遂授以旌節而發遣之先自京師而訪豺狼然後攬轡登車以清天下若如是臣必知陛下聖教不旬月之閒天下家見而戶習也昔堯舜氏不下席而天下理者蓋黜陟幽明能折中爾今陛下方開中興之化建萬代之功天下瞻望冀見聖政此之一使是陛下爲政之大端也諺曰欲知其人觀其所使不可不愼也若陛下必知不可得其人則不如不出使出使煩數無益於化但勞天下之人是猶烹

小鮮而數撓之爾伏惟陛下察照

牧宰

臣伏惟陛下當今所共理天下欲致太平者豈非宰相與諸州刺史縣令邪陛下若重此而理天下乎臣見天下理也若陛下輕此而理天下乎臣見天下不得理也何者宰相陛下之腹心刺史縣令陛下之手足未有無腹心手足而能獨理者也臣竊觀當今宰相已畧得其人矣獨刺史縣令陛下獨甚輕之未見得其人是以腹心雖安而手足猶病而天下至今所以未有大利爾臣竊惟刺史縣令之職實陛下政教之首也陛下布德澤下明詔將示天下百姓必待刺史縣令爲陛下謹宣之故得其人則百姓家見而戶聞不得其人但委棄有司而挂牆壁爾陛下欲使家興禮讓吏勗清勤不重選刺史縣令將何道以致之邪愚臣竊見陛下未有舟檝而欲濟江河不可濟也臣比在草茅爲百姓久矣刺史縣令之化臣實委知國之興衰莫不在此職也何者一州得賢明刺史以至公循良爲政者則千萬家賴其福若得貪暴刺史以徇私苛虐爲政者則千萬家受其禍矣夫一州禍福且如此況天下之衆豈得勝

道哉故臣以爲陛下政化之首國之興衰在此職者也臣伏見陛下憂勤政理欲安天下百姓無使疾苦然猶未以刺史縣令爲念何可得哉臣何知陛下未以刺史縣令爲念竊見吏部選人補一縣令如補一縣尉爾但以資次考第從官遊歷即補之不論賢良德行可以化人而拔擢見用者縱吏部侍郎時有知此弊而欲超越用人則天下小人已囂然相謗矣所以然者習於常而有驚怪也所以天下庸流莫不能得爲縣令庸流一雜賢不肖莫分但以爲縣令庸流資次爲選不以才能任職所以天下凌遲百姓

無由知陛下聖德勤勞夙夜之念但以愁怨以為天子之令遣如此也自有國來此弊最深而未能除也豈不甚（一有可惜二字）哉昔漢宣帝有言曰朕之所共理天下者豈非良二千石乎故宣帝之時能委任矣伏願陛下與宰相深知妙選以救正此弊使天下之人稍得以安臣有計然甚鄙近未能著於書願陛下興念與明宰相圖之以安天下幸甚

人機

臣聞天下有危機禍福因之而生機靜則有福機動則有

禍天下百姓是也夫百姓安則樂其生不安則輕其死輕其死則無所不至也故曰人不可使窮窮之則姦宄生人不可數動動之則災變起姦宄不息災變日興叛逆乘釁天下亂矣當今天下百姓雖未窮困軍旅之弊不得安者向五六年矣夫妻不得相保父子不得相養自劍以南爰至河隴秦涼之郡山東則有青徐曹汴河北則有滄瀛恒趙莫不或被饑荒或遭水旱兵役轉輸疾疫死亡流離分散十至四五可謂不安矣幸得陛下以仁聖之恩憫其失業所在邊境有兵戰之役一切且停遂使窮困之人尚得與妻子相見父兄相保各復其業獲以救窮人心稍安殆半年矣天下可謂幸甚愚臣竊賀陛下得天下之機能審靜之非陛下至聖大明不能如此也愚臣今所以為陛下更論天下之危機者恐將相有貪夷狄之利又說陛下以廣地彊武為威謀動甲兵以事邊塞陛下或未知天下有危機萬一聽之臣懼機失禍搆則天下有不可柰何也詩不云乎人亦勞止汔可小康惠此中國以綏四方故臣願陛下垂衣裳修文德去刑罰勸農桑以息天下之人務與之共安然後使遐荒蠻夷自知中國有聖人重譯而入貢

愚臣竊以為當今天下之大計也伏惟陛下念之近者隋煬帝不知天下有危機自以為威德廣大欲建萬代之業動天下之衆殫萬人之力兵役相仍轉輸不絕北討胡貊東伐遼人於是天下百姓窮困人不堪命機動禍搆遂喪天下此是不知天下有危機而信貪佞之臣冀收夷狄之利卒以滅亡者也隋氏之失可以殷鑒豈不大哉伏惟陛下察之國家所伐吐蕃有大失策中國之衆半天下受其弊然遂事不諫當復何言陛下不以臣愚芻蕘可採一賜召臣至玉陛得以口論天下幸甚

臣子昂言臣本下愚未知大體今月十六日特奉恩勅賜臣紙筆遣于中書言天下利害天之降命敢不對揚而孤負聖恩萬一無補死罪死罪謹率愚見封進以聞塵黷玉階伏闕累息臣子昂誠惶誠恐頓首頓首謹言

上西蕃邊州安危事　三條

臣聞聖人制事貴於未亂所以用成功光濟天下大業臣伏見國家頃以吐蕃九姓亡叛有詔出師討之遣田揚名發金山道十姓諸兵自西邊入臣聞十姓君長奉詔之日若報私讎莫不爲國家克翦凶醜遂數年之內自率兵馬

三萬餘騎經途六月自食私糧誠是國家威德早申蕃戎得効忠赤今者軍事已畢情願入朝國家乃以其不奉璽書妄破回紇部落責其專擅不許入朝便於涼州發遣各還蕃部臣愚見竊爲國家危之深恐此等自兹成隙何以言之國家所以制有十姓者本爲九姓強大歸伏聖朝十姓微弱勢不能動故所以委命臣妾爲國忠良今者九姓叛亡北蕃喪亂君長無主莫知所歸回紇金水又被殘破磧北諸姓已非國家所有今欲掎角亡叛雄將邊疆惟倚金山諸蕃共爲形勢有司不察此理乃以田揚名妄破回紇之罪坐及十姓諸豪拒而遣還不許朝覲臣愚以爲非善御戎狄制於未亂之長策也夫蕃戎之性人面獸心親之則順疑之則亂蓋易動難安古所莫制也今阻其善意逆其歡心古人所謂放虎遺患不可不察且臣昨於甘州日見金山軍首領擬入朝者自蕃中至已負其功見燕軍漢兵不多頗有驕色察其志意所望殊高與其言宴又詞多不順今更不許入朝謂疑之以罪與回紇部落復爲大讎此則內無國家親信之恩外有回紇報讎之患懷不自安鳥駭狼顧亡叛沙漠則河西諸蕃恐非國家所有且夷

狄相攻中國之福今回紇已破既往難追十姓無罪不宜自絕今若妄破回紇有司止罪揚名在於蕃情足以爲慰十姓首領國家理合羈縻許其入朝實爲得計今北蕃既失虜不自安廟勝之策良恐未爾事既機速伏乞早爲圖之

臣伏見今年五月勅以同城權置安北府此地逼磧南口是制匈奴要衝國家守邊實得上策臣在府日竊見磧北歸降突厥已有五千餘帳後之來者道路相望又甘州先有降戶四千餘帳奉勅亦令同城安置磧北喪亂先被饑

荒塗炭之餘無所依仰國家開安北府招納歸降誠是聖恩洪流覆育戎狄然臣竊見突厥者莫非傷殘羸餓並無人色有羊馬者百無一二然其所以攜幼扶老遠來歸降實將以國家綏懷必有賑贍冀望恩覆獲以安存故其來者日以益衆然同城先無儲蓄雖有降附皆未優矜蕃落嗷嗷不免饑餓所以時有劫掠自相屠戮君長既不能相制以此盜亦稍多甘州頃者抄竊尤甚今安北府見有官羊及牛六千頭口兵糧粟麥萬有餘石安北初置庶事草創孤城兵少未足威懷國家不贍恤來降之徒空委此府

安撫臣恐降者日衆盜者日多戎虜桀黠必爲禍亂夫人情莫不以求生爲急今不以此粟麥不以此牛羊大爲其餌而不救其死人無生路安得不爲羣盜乎羣盜一興則安北府城必無全理府城一壞則甘涼已北恐非國家所有後爲邊患禍未可量是乃國家故誘其爲亂使其爲賊非謂綏懷經遠之長策也且磧北諸蕃今見大亂亂而思理生人大情國家既開綏撫之恩廣置安北之府將理其亂者以慰喻諸蕃取亂存亡可謂聖圖宏遠矣然時則爲得事則未行何者國家來不能懷去不能制空竭國用爲患於邊取亂之策有失於此況夷狄代有其雄與中國抗行自古所病倘今有勃起遂雄於邊招集遺散收強撫弱臣恐喪亂之衆必有景從此亦國家之大機不可輕而失也機事不密則必害成聖人之至誡今北蕃未定降者未安國家不早爲良圖恐坐而生變乞得面奏指陳其利害邊境幸甚幸甚

臣竊見河西諸州地居邊遠左右寇賊並當軍興頃年已來師旅未靜百姓辛苦殆不堪役公私儲蓄足可憂嗟頃至涼州問其倉貯惟有六萬餘石以支兵防纔周今歲雖

云屯田收者猶在此外畧問其數得亦不多今國家欲制河西定戎虜此州不足未可速圖又至甘州責其糧數稱見在所貯積者四十餘萬石今年屯收猶不入計臣觀其衡要視其山川信是河西扼喉之地今北當九姓南逼吐蕃二虜奸回凶猾未測朝夕警固頗有窺覦甘州地廣糧多左右受敵其所管戶不滿三千堪勝兵者不足百數屯田廣遠倉蓄狼籍一虜爲盜恐成大憂涼府雖曰雄藩其實已甚虛竭夷狄有變不堪軍興以河西諸州又自守不足今瓜肅鎮防禦仰食甘州一旬不給便至饑餒然則河

西之命今並懸於甘州矣此機一失深足憂危又得甘州狀稱今年屯收用爲善熟爲兵防數少百姓不多屯田廣遠收獲難遍時節既過遂有凋固（疑）所以三分收不過二人力又少未入倉儲縱已收刈尚多在野臣伏惟吐蕃桀黠之虜自爲邊寇未嘗敗衂頃緣其國有亂君臣不和又遭天災戎馬未盛所以數求和好寢息邊兵其實本畏國家乘其此弊故卑辭詐僞苟免天誅今又聞其贊普已擅國權上下和好兵久不出其意難量比者國家所以制其不得東侵實由甘涼素有蓄積士馬彊盛以扼其喉故其

力屈勢不能動今則不然甘州倉糧積以萬計兵防鎮守不足威邊若使此虜探知潛懷逆意縱兵大入以寇甘涼雖未能劫掠士人圍守城邑但燒甘州蓄積蹂踐諸屯臣必知河西諸州國家難可復守也此機不可一失一失之後雖賢聖之智亦無奈何臣愚不習邊事竊謂甘州宜便加兵內得營農外得防盜甘州委積必當更倍何以言之甘州諸屯皆因水利濁河灌溉良沃不待天時四十餘屯並爲奧壤故每收獲常不減二十萬但以人功不備猶有荒蕪今若加兵務窮地利歲三十萬不爲難得國家若以此計爲便遂即行之臣以河西不出數年之閒百萬之兵食無不足而致倉廩既實邊境又彊則天兵所臨何求不得管仲云聖人用無窮之府積不涸之倉事非虛言也

陳子昂 四

荅制問事 八條

臣今月十九日蒙恩勅召見令臣論當今政要行何道可以適時不須遠引上古具狀進者微臣智識淺短實昧政源然嘗洗心精意靜觀人理竊見國之政要興廢在人能知人機順而施化趨時適變靜而勿動政要之賢可得而行今陛下以應天命而受寶圖建立明堂施布大化勤恤人隱存問高年報功樹德順時興務至公至仁垂訓天人

可謂典章大備制度宏遠五帝三王所不及也愚臣何敢有知政要然天恩降問貴採蒭蕘謹竭愚直悉心以奏凡用賢之道未廣仰成之化尚勞然則取士之方任賢之事故陛下素所深知應亦倦譚亦倦聽不待臣更一二煩說也

請措刑科

臣聞言有順君意而害天下者有逆君意而利天下者唯忠臣能逆意惟聖君能從利恩勅不以臣愚微降問當今政要臣伏惟當今之政大體已備矣但刑獄尚急法網未寬恐非當今聖政之要者臣觀聖人用刑貴適時變有用有捨不專任之且聖人初制天下必有凶亂之賊叛逆之臣而爲驅除以顯聖德聖人誅凶殄逆濟人寧亂必資刑殺以清天下故所以務用刑也凶亂既滅聖道既昌則必順人施化赦過宥罪所以致措刑也然則聖人用刑本以禁亂亂靜刑息不爲昇平所設何者太平之人悅樂於德不悅樂於刑以刑窮於人人必慘怛故聖人貴措刑不貴煩刑今神皇應運受圖臨御天下逆臣賊子頓伏嚴誅所以殛貞羣黨同惡就戮此蓋天意將顯神皇威靈豈此凶

徒所能自亂今魁首已滅朋黨已屠聖政惟昌天下咸服神皇又降文昌鴻恩滌蕩羣罪天下昭慶企望日新措刑崇德正在今日實聖政之至要者也臣伏見近來詔獄推窮稍復滋長追捕支黨頗及遠方天下士庶未敢安止臣伏惟神皇聖意務在措刑安恤天下不務察法以損昇平然今刑獄未息者應是獄吏未識天意所以至於此也伏願神皇垂愷悌之德務仁壽之恩勅法慎罰以省刑典臣伏見當今天下士庶思願安寧途謠巷歌皆稱萬歲此其懷樂聖化願保永年欲與子孫同此仁壽今神皇不以此

時崇德務仁使刑措不用乃任有司明察事務威刑臣竊恐非神皇措刑之道且臣聞殺一人則千人恐濫一罪則百夫愁人情大端畏懼於此今天下至廣萬國至繁神皇雖妙察獄囚不可門告戶說令一一知者若使有一不知以神皇好任刑法則非太平安人之務當今聖政之要者也此是臣赤心至誠敢言其實冒死犯奏所冀天鑒務求措刑察臣所言非敢苟順

重任賢科

臣伏惟刑措之政在能官人官人惟賢政所以理此故神

皇深知倦問不假臣一二煩說今臣所更重說者實以天下之政非賢不理天下之業非賢不成固願神皇務在任賢誠得衆賢而任之則天下之務自化理也則賢人既任須信既信須終既終須賞夫任而不信其才無由展信而不終其業無由成終而不賞其功無由別必神皇如此任賢則天下之賢雲集矣何以知其然君子小人各尚其類者也若神皇徒務好賢而不能任能任而不能信能信而不能終能終而不能賞雖有賢人終不可用矣神皇降問小臣當今政理之要者臣竊以此爲政要之至極何以言之神皇大業已成天下已平尊名已顯大禮已備所未足者在於忠賢若得忠賢相與而守之太平之功可以於此而就斯實天地神靈贊助神皇而致此時也當此時不成千歲之業立萬代之規小臣誠愚竊爲神皇所惜

明必得賢科

臣伏惟刑措之道政在任賢議者皆云賢不可知人不可識臣獨以爲賢固可易知人固可易識但是議者不精思之耳夫尚德行者必無凶險之類務公正者必無邪佞之朋保廉節者必憎貪冒之黨有信義者必疾苟且之徒智

者不爲愚者謀勇者不爲怯者死猶梟鸞不接翼薰蕕不同氣此天地之性物類之情其理自然不可改易何者以德事凶兩不相入以正接佞兩不相利以信質僞兩不相從以廉說貪兩不相和智者尚謀愚者不聽勇者徇死怯者貪生皆事業不同趨向各異賢人之道固可豫知誠能尚賢賢可至矣然則賢人之業須賢人達之賢人之才須賢人用之公正廉節信義勇謀皆待其人然後獲展苟非其類道不虛行凡賢人君子未嘗不思效用但無其類獲進所以湮沒於時今神皇誠能信任賢良旌納忠正如左

右之臣灼然有賢行者賜之尊爵厚祿以榮寵之使其以類相舉責成其政合度者進失度者貶神皇但垂拱明堂保神和志天下之事臣必見日就無爲不言而理也今神皇憂恤萬機日不暇給昧旦丕顯中夜以思誠是羣臣未稱聖任伏願神皇審察賢能垂恩信任夫忠賢事君必諫君失奸佞事主必順主情直道曲事惟聖鑒所察

賢不可疑科

臣伏惟神皇聖明具知得賢須任既任須信既信須終既終須賞悉備知也然今未多信任者應以經信任無效所

以致疑如裴炎劉禕之蹇昧道周思茂固蒙神皇信任之矣然竟背德辜恩神皇以此有疑於信任賢也以臣愚識則謂不然何者聖必藉賢以明國必待賢以昌人必待賢以理物必待賢以寧若神皇疑於信賢欲以聖謀自斷臣恐勤勞聖躬而天下不可獨理況聖躬不可勞弊神心不可細用此最須任賢者也臣聞鄙人云有人以食噎而得病者欲絕食以去病乃不知食絕而身斃此言近小可以喻遠臣竊謂賢人於國亦猶食之在人固不爲一噎而絕餱糧亦不可以謬賢而遠正士此實神皇聖鑒可明知也不待愚臣一二言之伏願任賢無疑求士不倦以此爲務天下誠不足理也若外有信賢之名而內實有疑賢之心臣竊謂神皇雖日得百賢終是無益適足以損賢傷政也伏惟熟察可信者信之

招諫科

臣伏惟聖人制天下貴能至公能至公者當務直道臣伏見神皇至公應物直道容賢然朝廷尚未見敢諫之臣骨鯁之士天下直道未得公行臣聞聖人大德在能聽諫古典所記蓋不足陳臣伏見太宗文武聖皇帝德冠三王名

高五帝實由能容魏徵愚直獲盡忠誠國史書之明若日月直言之路啟從諫之道闢貞觀已來此實爲美今神皇坐明堂布大政神功聖業能事備矣夫骨鯁之士能美聖功伏惟神皇廣延直臣旌賞諫士使大聖之德引納日新書之金板萬代有述非神皇卓犖仁聖臣不可獻此言也

勸賞科

臣聞勞臣不賞不可勸功死士不賞不可勵勇當今或有勤勞之臣死難之卒策功命賞未蒙優異臣伏惟人臣徇節在爵與名死節勤公名爵不及偷榮尸祿寵秩或加故

不可以進賢顯能旌功勵行伏願神皇廣求此色勸勵百寮以及將士此最當今聖政之所宜先也古人云賞一人而千萬人悅者蓋言其功當也夫賞而不知賢者不務也伏願神皇陛下特垂省察

請息兵科

臣伏以當今國家事最大者在兵甲歲興賦役不省神皇欲安人思化理不可得何者兵之所聚必有所資千里運糧萬里應敵十萬兵在境則百萬家不得安業以此徭役人何敢安臣伏見國家自有事北狄於今十有餘年兵甲

歲興竟不聞其利豈中國無制勝之策朝廷無奇畫之臣哉臣竊謂不然是未計之廟算爾臣伏惟神皇聖武天威若神突厥小醜何足誅滅然今未滅者臣恐庸將無智未審廟算之機故使兵甲日多徭役日廣今國家又命將出師臣願神皇審圖廟算量其損益計其利害若事必不可請兵不虛行兵不虛行賦役自省以此安人得賢可理若失之於此而救之於彼臣恐人日以疲勞不得安息伏願熟察臣言審圖廟算則夷狄不足滅中國可永寧

安宗子科

臣伏惟陛下以至仁爲政以至公應物天下士庶莫不咸知虺貞等干紀亂常自取屠滅陛下惟罪其搆逆者更無他坐宗室子弟獲以安寧自非陛下恩念慈仁敦睦九族豈得宗室蒙此寧慶實大聖之德崇重宗枝然臣更願陛下務安慰之惠以恩信使其顯然明知陛下慈念之至上感聖德下得自安臣聞人情不能自明則必疑慮疑慮則必不安不安則必危懼危懼積則僭過生伏願陛下明恩賜垂愷悌之德使天下居無過之地萬姓知陛下必信任賢是天下有慶然賢人之業皆務直道於姦邪不利姦邪

不利必有讒譖此賢人之災阨如是也一人之行十人謗之未有不遭禍患者自古忠良賢達罹此患者不可勝言臣子昂言臣本草茅微陋才無可取陛下乃越次假以恩光將同近臣延問政要臣實愚昧何堪此寵頓首死罪然臣之誠直實自愚衷與君子言猶且不妄況蒙天子之問敢不悉螻蟻之誠眞實罄盡然臣所奏前件狀者固是陛下所悉見知然臣復重言者貴以微誠披露肝膽不知忌諱實戰實惶

諫靈駕入京書

梓州射洪縣草莽愚臣陳子昂謹頓首冒死獻書闕下。臣聞明主不惡切直之言以納忠。烈士不憚死亡之誅以極諫。故有非常之策者必待非常之時。有非常之時者必待非常之主。然後危言正色。抗議直辭。赴湯鑊而不迴。至誅夷而無悔。豈徒欲詭世誇俗。厭生樂死者哉。實以爲殺身之害小。存國之利大。故審計定議而甘心焉。況乎得非常之時。遇非常之主。言必獲用。死亦何驚。千載之迹。將不朽於今日矣。伏惟大行皇帝遺天下。棄羣臣。萬國震驚。百姓屠裂。陛下以徇齊之聖。承宗廟之重。天下之望。喁喁如也。

莫不冀蒙聖化。以保餘年。太平之主。將復在於今日矣。況皇太后又以文母之賢。協軒宮之耀。軍國大事。遺詔決之。唐虞之際。於斯盛矣。臣伏見詔書。梓宮將遷坐京師。鑾輿亦欲陪幸。計非上策。智者失圖。廟堂未聞有骨鯁之謀。朝廷多見有順從之議。愚臣竊惑。以爲過矣。伏自思之。生聖日。沐皇風。摩頂至踵。莫非亭育。不能歷丹鳳。抵濯龍。北面玉階。東望金屋。抗音而正諫者。聖王之罪人也。所以不顧萬死。乞獻一言。願蒙聽覽。甘就鼎鑊。伏惟陛下察之。臣聞秦據咸陽之時。漢都長安之日。山河爲固。天下服矣。然猶北假胡宛之利。南資巴蜀之饒。自渭入河。轉關東之粟。踰沙絕漠。致山西之寶。然後能削平天下。彈壓諸侯。長轡利策。横制宇宙。今則不然。燕代迫匈奴之侵。巴隴嬰吐蕃之患。西蜀疲老。千里贏糧。北國丁男。十五乘塞。歲月奔命。其弊不堪。秦之首尾。今爲闕矣。即所餘者。獨三輔之間爾。頃遭荒饉。人被薦饑。自河而西。無非赤地。循隴以北。罕逢青草。莫不父兄轉徙。妻子流離。委家喪業。膏原潤莽。此朝廷之所備知也。賴以宗廟神靈。皇天悔禍。去歲薄稔。前秋稍登。使羸餓之餘。得保沈命。天下幸甚。可謂厚矣。然而流人

未返。田野尚蕪。白骨縱横。阡陌無主。至於蓄積。猶可哀傷。陛下不料其難。貴從先意。遂欲長驅大駕。按節秦京。千乘萬騎。何方取給。況山陵初制。穿復未央。土木工匠。必資徒役。今欲率疲弊之衆。興數萬之軍。徵發近畿。鞭朴羸老。鑿山採石。驅以就功。但恐春作無時。秋成絕望。凋瘵遺噍。再罹饑苦。倘不堪弊。必有逋逃。子來之頌。其將何詞以述。此亦宗廟之大機。不可不深圖也。況國無兼歲之儲。家鮮匝時之蓄。一旬不雨。猶可深憂。忽加水旱。人何以濟。陛下不深察始終。獨違羣議。臣恐三輔之弊。不止如前日矣。且天

子以四海爲家聖人包六合爲宇歷觀邃古以至於今何嘗不以三王爲仁五帝爲聖故雖周公制作夫子著名莫不祖述堯舜憲章文武爲百王之鴻烈作千載之雄圖然而舜死陟方葬蒼梧而不返禹會羣后歿稽山而永終豈其愛蠻夷之鄉而鄙中國哉實將欲示聖人之無外也故能使墳籍以爲美談帝王以爲高範況我巍巍大聖轢帝登皇日月所臨莫不率俾何獨秦豐之地可置山陵河洛之都不堪園寢陛下豈可不察之愚臣竊爲陛下惜也且景山崇麗秀冠羣峯北對嵩邙西望汝海居祝融之故地

連太昊之遺墟帝王圖跡縱橫左右園陵之美復何加焉陛下曾未察之謂其不可愚臣鄙見良足尚矣況瀍澗之中天地交會北有太行之險南有宛葉之饒東壓江淮食湖海之利西馳崤澠據關河之寶以聰明之主養淳粹之人天下和平恭己正南面而已陛下不思瀍洛之壯觀關隴之荒蕪遂欲棄太山之安履焦原之險忘神器之大寶徇曾閔之小節愚臣闇昧以爲甚也陛下何不覽諍臣之策採行路之謡諮謀太后平章宰輔使蒼生之望知有所安天下豈不幸甚昔者平王遷周光武都洛山陵寢廟不在東京宗社墳塋並居西土然而春秋美爲始王漢書載爲代祖豈其不願孝哉何聖賢褒貶於斯濫矣實以時有不可事有必然蓋欲遺小存大去禍歸福聖人所以爲貴也夫小不忍則亂大謀仲尼之至誡願陛下察之若以臣愚不用朝議遂行臣恐關隴之憂無時休息臣又聞太原蓄鉅萬之倉洛口積天下之粟國家之寶一作資斯爲大矣今欲捨而不顧背以長驅使有識驚嗟天下失望倘鼠竊狗盜萬一不圖西入陝州之郊東犯武牢之鎮盜敖倉一抔之粟陛下何以遏之此天下之至機不可不深懼也雖

則盜未旋踵誅刑已及滅其九族焚其妻子泣辜雖恨將何及焉故曰先謀後事者逸先事後圖者失國之利器不可以示人斯言不徒設也願陛下念之臣西蜀野人本在林藪幸屬交泰得遊王國故知不在其位者不謀其政亦欲退身巖谷滅迹朝廷竊感妻敬委輅干非其議圖漢策於萬全取鴻名於千古臣何獨怯而不及之哉所以敢觸龍鱗死而無恨庶萬有一中或垂察焉臣子昂誠惶誠恐頓首頓首死罪死罪

諫雅州討生羌書

將仕郎守麟臺正字臣陳子昂昧死上言竊聞道路云國家欲開蜀山自雅州道入討生羌因以襲擊吐蕃執事者不審圖其利害遂發梁鳳巴蜒兵以徇之臣愚以爲西蜀之禍自此結矣臣聞亂生必由怨起雅之邊羌自國初已來未嘗一日爲盜今一旦無罪受戮其怨必甚怨甚懼誅必蜂駭西山西山盜起則蜀之邊邑不得不連兵備守兵久不解則蜀之禍搆矣昔後漢末西京喪敗蓋由此諸羌此一事也且臣聞吐蕃桀黠之虜君長相信而多奸謀自敢抗天誅邇來向二十餘載大戰則大勝小戰則小勝未

嘗敗一隊亡一矢國家往以薛仁貴郭待封爲虓武之將屠十萬衆於大非之川一甲不歸又以李敬元劉審禮爲廊廟之宰辱十八萬衆於青海之澤身爲囚虜是時精甲勇士勢如雲雷然竟不能擒一戎馘一醜至今而關隴爲空今乃欲以李處一爲將驅顚頓之兵將襲吐蕃臣竊憂之而爲此虜所笑此二事也且夫事有求利而得害者則蜀昔時不通中國秦惠王欲帝天下而并諸侯以爲不兼賨不取蜀勢未可舉乃用張儀計飾美女譎金牛因間以啖蜀侯蜀侯果貪其利使五丁力士鑿山通谷棧褒斜置道於秦自是險阻不關山谷不閉張儀躡踵乘便縱兵大破之蜀侯誅賨邑滅至今蜀爲中州是貪利而亡此三事也且臣聞吐蕃羯虜愛蜀之珍富欲盜之久有日矣然其勢不能舉者徒以山川阻絶障隘不通此其所以頓餓狼之喙而不得竊食也今國家乃撤邊羌開隘道使其收奔亡之種爲鄉導以攻邊是乃借寇兵而爲賊除道舉全蜀以遺之此四事也臣竊觀蜀爲西南一都會國家之寶庫天下珍貨聚出其中又人富粟多順江而下可以兼濟中國今執事者乃圖僥倖之利悉以委事西羌得西羌地不

足以稼穡財不足以富國徒殺無辜之衆以傷陛下之仁糜費隨之無益聖德又況僥倖之利未可圖哉此五事也夫蜀之所寶恃險者也人之所安無役者也今國家乃開其險役其人險開則便寇人役則傷財臣恐未及見羌戎而已有奸盜在其中矣往年益州長史李崇眞將圖此奸利傳檄稱吐蕃欲寇松州遂使國家盛軍以待之轉餉以備之未二三年巴蜀二十餘州騷然大弊竟不見吐蕃之面而崇眞贓錢已計巨萬矣蜀人殘破幾不堪命此乃近事猶在人口陛下所親知臣愚意者得非有奸臣欲圖此

利復以生羌爲計者哉此六事也且蜀人尫孱（一作劣）不習兵戰一虜持矛百人莫敢當又山川阻曠去中夏精兵處遠今國家若擊西羌掩吐蕃遂能破滅其國奴虜其人使其君長係首北闕計亦可矣若不到如此臣方見蜀之邊陲不守而爲羌夷所橫暴昔辛有見被髮而祭伊川者以爲不出百年此其爲戎乎臣恐不及百年而蜀爲戎此七事也且國家近者廢安北拔單于棄龜茲放疏勒天下翕然謂之盛德所以者何蓋以陛下務在仁不在廣務在養不在殺將以此息邊鄙休甲兵行乎三皇五帝之事者也

今又徇貪夫之議謀動兵戈將誅無罪之戎而遺全蜀之患將何以令天下乎此愚臣所甚不悟者也況當今山東饑饉關隴弊歷歲枯旱人有流亡誠是聖人寧靜思和天人之時不可動甲兵興大役以自生亂臣又流聞西軍失守北軍不利邊人忙動情有不安今者復驅此兵投之不測臣聞自古國亡家敗未嘗不由黷兵今小人議夷狄之利非帝王之至德也又況弊中夏哉臣聞古人善爲天下者計大而不計小務德而不務刑圖其安則思其危謀其利則慮其害然後能享福祿伏願陛下熟計之

欽定全唐文卷二百十三

陳子昂　五

諫刑書

承務郎守右衛曹參軍臣陳子昂謹頓首昧死上言臣聞昔者聖人務理天下者美在太平太平之美者在於刑措臣伏見陛下務太平之理而未美太平之功賤臣頑微竊惑下列臣前蒙天恩召見恩制賜臣曰既遇非常之主何不進非常之策臣草木微品天恩降休伏刻肌骨不敢忘捨今陛下創三皇之業務三皇之理大統已集神化光明

雖伏羲神農昔有天下誠未足比臣敢不竭節以効愚忠臣聞自古聖王謂之大聖者皆云尚德崇禮貴仁賤刑刑措不用謂之聖德不稱嚴刑猛制用獄爲理者也故周有天下八百餘歲而惟頌成康漢有天下四百餘歲而獨稱文景皆由幾致刑措者也何則刑者政之末節非太平之資臣竊考之於天天貴生成驗之於人人愛生育旁稽於聖聖務勝殘皆不云以刑爲德者然則聖王養天下者固當上務順天下務濟人不天不人不可謂理故曰惟天爲大唯堯則之又曰唯天地萬物父母唯人萬物之靈亶聰

明作元后元后作人父母然則爲人父母固當貴於德養不可務於刑殺臣伏惟陛下聖德至大矣應天受命有三皇之功順人正位有三皇之業拜圖巡洛有三皇之符尊名顯號有三皇之冊明堂神構萬象宣威風雨順時百穀昌熟可謂足爲萬代之規也今天下百姓抱孫弄子鼓腹以望太平之政矣陛下爲天地父母固將務德以順養之登於太和以協皇極今陛下之政雖盡善矣然太平之理猶屈於獄官何以言之太平之朝務上下樂化不宜亂臣賊子日犯天誅比者大獄增多逆徒滋廣愚臣頑昧初謂

皆實乃去月十五日陛下特察詔囚李珍等無罪明魏眞宰有功召見高正臣又重推元萬頃百寮慶悅皆賀聖明臣乃知亦有無罪之人掛於疎網者陛下務在寬典獄官務在急刑以傷陛下之仁以誣太平之政臣竊私恨之賴陛下又獨決天斷寬蕩羣刑死囚張楚金郭正一弓彭祖王令基等以凶惡之罪特蒙全活朽骨更肉萬死再生天地人祇實用同慶何以知之臣伏見去年八月以來天苦霖雨自陛下赦李珍等罪天朗氣晴又九月十八日明堂享會慶雲抱日五彩紛郁龍章竟天萬品咸觀宇宙同慶又其月二十一日恩勅免楚金等死初有風雨變爲景雲司刑官屬皆所共見臣聞陰慘者刑也陽舒者德也慶雲者喜氣也臣伏考之洪範驗之六經聖人法天天亦助聖休咎之應必不虛來陛下法天垂仁天助陛下仁化獄吏急法則慘而陰雨陛下赦罪則舒而陽和君臣歡娛則喜而見慶雲天意如此陛下豈可不承順之夫刑者怒也不可以承喜氣今又陰雨臣恐過在獄官況陛下明堂之理本以崇德配天之業不以務刑今垂拱法官且猶議殺布政衢室而未措刑賤臣頑愚尚疑未可況巍巍大聖光宅

天下哉今者繫獄囚徒多極法者道路之議或是或非陛下何不悉召見之自詰其罪罪眞實者顯示明刑罪有濫者嚴誅獄吏使天下咸服人知政刑以清太平之基用登仁壽之域豈非至德克明哉昔鄧太后以天降旱親決洛陽獄囚徒良史書之而以爲德況陛下大聖億萬超於鄧后者乎夫獄吏不可信多弄國權自古敗亡聖王所誡陛下萬代之業千載之名固不可使竹帛書之有虧於此也伏願熟察以美太平之風賤臣不勝愚懇忠憤之至輒投諫匭昧死上聞

諫政理書

月日梓州射洪縣草莽愚臣陳子昂謹冒死稽首再拜獻書闕下臣子昂西蜀草茅賤臣也以事親餘暇得讀書竊少好三皇五帝霸王之經歷觀邱墳旁覽代史原其政理察其興亡自伏羲神農之初至於周隋之際馳騁數百年雖未得其詳而略可知也莫不先本人情而後化之過此已往亦無神異獨軒轅氏之代欲問廣成子以至道之精理於天下臣雖奇之然其說不經未足信也至殷高宗亦延問傅說然纔救弊未能宏遠自此之後殆不足稱臣每

在山谷有願朝廷常恐沒代而不得見也豈知霑沐聖化未天天年幸得遊京師覩皇風親逢大聖之詔布於天下問於賢士大夫曰何道可以調元氣賤臣孤陋誠未足知然臣竊觀自古帝王開政之原備矣未有能深思遠慮獨絕古今如陛下者也故賤臣不勝區區願竭固陋以聞見言之雖未足對揚天休然或萬一有可觀者敢冒昧闕庭奏書以聞伏惟皇太后陛下少加察焉臣聞之於師曰元氣者天地之始萬物之祖王政之大端也天地之道莫大乎陰陽萬物之靈莫大乎黔首王政之貴莫大乎安人故人安則陰陽和陰陽和則天地平天地平則元氣正矣是以古先帝代見人之通於天也天之應乎人也天人相感陰陽相和災害之所以不生嘉祥之所以遂（一作作則一作並遂）觀象於天察法於地財成天地之道輔相天地之宜以左右人於是養成羣生奉順天德故人得安其俗樂其業甘其食美其服陰陽大和元氣以正天瑞降地符昇風雨以時草木不落龜龍麟鳳在郊藪矣洎顓頊唐虞之朝不敢荒寧亦克用理故其書曰百姓昭明協和萬邦黎人於變時雍乃命羲和欽若昊天歷象日月星辰敬授人時和

之得也至夏德衰亡殷政微喪桀紂昏暴亂於天道殺戮無罪放棄忠良遂竭天下之力殫天下之貨作爲瑶臺起乎瓊室極荒淫之樂窮耳目之玩傾宮之女至數千人奇伎淫巧以億萬計信巫鬼聽讒邪遂爲糟邱酒池炮烙之刑一朝牛飲者三千人龍逢不勝其憂諫而死箕子不堪其憤囚爲奴是以陰陽大乖天地震怒山川鬼神發見災異疾疫大興妖孼並作而桀紂不悔卒乃滅亡和之失也逮周文武創業順天應人誠信忠厚加於百姓德澤休泰興乎頌聲成康之時刑措三十餘年天人之道始和矣幽

厲之末復亂厥常苛慝暴虐詬黷天地百川沸騰山冢崒崩人以愁怨疾厲爲作故其詩曰昊天不傭降此鞠訩昊天不惠降此大戾不先不後爲瘥爲瘵天地生人之理復悖於茲矣嗚呼豈不哀哉豈不哀哉近者有隋氏亦不克終厥初隋高帝之有天下也以六合爲家方將對越天人傳之萬代至煬帝承平自以貴爲天子富有四海欲窮宇宙之觀極遊宴之樂以爲人主之急務也於是乃鑿御渠決黃河自伊洛之閒而屬之揚州生人之力既弊天地之藏又洩煬帝方欣然以爲得計將後宮綵女數百千人遂

泛龍舟遊三江五湖之閒當其得意也視天下如脫屣爾其後百姓騷弊災變數興吏人貪暴其政日亂陰陽感怒彗孛以出煬帝不悟自以爲天下安於泰山方率百萬之師而有事於遼東當時山東父子不得相保也天厭暴政人懷亂亡故遼東之役未歸而中國之難已起身死逆手宗廟以隳其故何哉逆天人之理也是以臣每察天人之際觀禍亂之由跡帝王之事念先師之說昭然著明信不欺爾不意陛下以大聖之慮見天人之心將欲調元氣之紛返淳和之治自非陛下合天地之德有日月之明誰能

眇然遠思欲求大和於元氣哉此昔者伏羲氏之所以本天人而爲三皇首也愚臣暗昧不勝大願願陛下爲大唐建萬代之策恢三聖之功傳乎子孫永作鴻業千百年間使繼文之主有所守也非甚無道不失厥嗣陛下可不務之哉臣伏見天皇大帝得天地之統封於泰山盛德大業與天比崇矣然尚未建明堂之宮遂朝上帝使萬代鴻業今猶闕然臣愚意者豈非天皇大帝知陛下聖明必能起中興之化留此盛德以發揮陛下哉不然何所與讓而未作也今陛下欲調元氣睦人倫躋俗仁壽興風禮讓捨此

道也於何理哉故臣不勝區區螻蟻之誠思願陛下念先帝之休意恢大唐之鴻業於國南郊建立明堂使宇宙黎元遐荒夷貊昆蟲草木天地鬼神粲然知陛下方興三皇五帝之事與天下更始不其盛哉昔者黃帝合宮有虞總章唐堯衢室夏后世室羣聖之所以調元氣理陰陽於此教也臣雖未學竊嘗聞明堂之制也有天地之則焉有陰陽之統焉二十四氣八風十二月四時五行二十八宿莫不率備故順其時月而爲政則風雨時寒暑平萬物茂暢五穀登稔元氣不錯陰陽以和逆其時而爲政也則水旱

興疾疫起蟲螟爲害霜雹成災陰陽不和元氣以錯故昔者聖人所以爲教之大業也是以臣願陛下爲大唐建萬代之策者意在茲乎意在茲乎陛下若不以臣微而廢其言乞以臣此章與三公九卿賢士大夫議之於庭倘事便於今道不違古即請陛下徵天下湛生鉅儒賢良豪傑之士博通古今皇王政理之術者與之按周禮月令而建之臣必知天下庶人子來不日而成也乃正月孟春陛下乘鑾輿駕蒼龍載青旂佩蒼玉從三公九卿賢士大夫鴻儒碩老衣冠之倫朝於青陽左个負斧扆憑玉几南面以聽

天下之政於是遂發大號宣布四方使各順十二月之令無敢有違乃命太史守典奉法司天日月星辰之行無失經紀以初爲常陛下遂躬藉田親蠶以勸天下之農桑養三老五更以教天下之孝悌明訟恤獄以息天下之淫刑除害去虐以正天下之仁壽修文尚德以止天下之干戈察孝興廉以除天下之貪吏矜寡孤獨疲癃羸老不能自存者賑恤之後宮美人非三妃九嬪八十一御女之數者出嫁之珠玉錦繡雕琢技巧之飾非益於理者悉棄之巫鬼淫祀誑惑良人者禁殺之陛下務以至誠躬服質素以爲天下先愚臣以爲不出數年之閒將見太平之化也天人之際既洽鬼神之望允塞然後作雅樂潔粢盛宗祀天皇於明堂以配上帝使萬國各以其職來祭豈不休哉臣伏惟陛下至德明聖未有能越行此道者也故臣竊以爲此化一成則人倫之道自睦刑罰之原自息兵革之事不興還淳之途可見仁壽禮讓稼穡農桑不言而自致也是以賤臣未得爲陛下一二論之何者聖人之教在於可大可久者故臣欲陛下振領提綱使天下自理也然臣竊獨有私恨陛下方欲興崇大化而不知國家太學之廢積歲

月矣堂宇蕪穢殆無人蹤詩書禮樂罕聞習者陛下明詔尚未及之愚臣所以有私恨也臣聞天子立太學可以聚天下英賢爲政教之首故君臣上下之禮於是興焉揖讓樽俎之節於此生焉是以天子得賢臣由此道也今則荒廢委而不論而欲睦人倫興禮讓失之於本而求之於末豈可得哉況君子三年不爲禮禮必壞三年不爲樂樂必崩柰何天子之政而輕禮樂哉臣所以獨竊有私恨者也陛下何不詔天下胄子使歸太學而習業乎斯亦國家之大務也臣愚蒙所言事未曲盡者恐煩聖覽必陛下恕臣

昏愚請賜他日別具奏聞

諫用刑書

將仕郎守麟臺正字臣陳子昂謹頓首冒死詣闕上疏臣本蜀之匹夫官不望達陛下過意擢臣草莽之下升在麟臺之閣光寵自天卓若日月微臣固陋將何克負然臣聞忠臣事君有死無二懷佞不諫罪莫大焉況在明聖之朝當不諱之日方復鉗口下列俛仰偷榮非臣之始願也不勝愚惑輒奏狂昧之說伏惟陛下少加察焉臣聞古之御天下者其政有三王者化之用仁義也霸者威之盛權智

也强國脅之務刑罰也是以化之不足然後威之威之不變然後刑之故至於刑則非王者所貴矣況欲光宅天下追功上皇專任刑殺以爲威斷可謂策之失者也臣伏覩陛下聖德聰明遊心太古將制靜宇宙保乂黎人發號施令出於誠慊天下蒼生莫不想望聖風冀見神化道德爲政將待於陛下矣且臣聞之聖人出治必有驅除蓋天人之符應休命也日者東南微孽敢謀亂常陛下順天行誅罪惡咸服豈非天意欲彰陛下神武之功哉而執事者不察天心以爲人意惡其首亂倡禍法合誅屠將息奸源窮其黨與遂使陛下大開詔獄重設嚴刑冀以懲創觀於天下逆黨親屬及其交遊有跡涉嫌疑辭相逮引莫不窮捕考訊枝葉蟠拏大或流血小禦魑魅至有奸人熒惑乘險相誣糾告疑似冀圖爵賞叫一作刑於闕下者日有數矣於時朝廷偟偟莫能自固海內傾聽以相驚恐賴陛下仁慈憫斯危懼賜以恩詔許其大功已上一切勿論時人獲泰謂生再造愚臣竊亦欣然賀陛下聖明得天下之機也不謂議者異見又執前圖比者刑獄紛紛復起陛下不深思天意以順休期尚以督察爲理威刑爲務使前者之詔不

信於人愚臣昧焉竊恐非三皇五帝伐罪弔人之意也臣竊觀當今天下百姓思安久矣曩屬北胡侵塞西戎寇邊兵革相屠向歷十載關河自北轉輸幽燕秦蜀之西馳騖湟海當時天下疲極矣重以大兵之後屢遭凶年流離饑餓死喪略半幸賴陛下以至聖之德撫寧兆人邊境獲安中國無事陰陽大順年穀累登天下父子始得相養矣故揚州搆禍殆有五旬而海內晏然纖塵不動豈非天下蒸庶厭凶亂哉臣以此卜之知百姓思安久矣今陛下不務元默以救疲人而反任威刑以失其望欲以察察爲政肅

理寰區臣愚暗昧竊有大惑且臣聞刑者政之末節也先王以禁暴整亂不得已而用之今天下幸安萬物思泰陛下乃以末節之法察理平人臣愚以爲非適變隨時之議也頃年以來伏見諸方告密囚累百千輩大抵所告皆以揚州爲名及其窮究百無一實陛下仁恕又屈法容之傍訐他事亦爲推劾遂使奸惡之黨決意相讎睚眦之嫌即稱有密一人被訟百人滿獄使者推捕冠蓋如雲或謂陛下愛一人而害百人天下喁喁莫知寧所臣聞自非聖人不有外患必有內憂物理之自然也臣不敢以遠古言之

請借隋而況臣聞長老言隋之末代天下猶平煬帝不龔窮毒威武厭居皇極自總元戎以百萬之師觀兵遼海天下始騷然矣遂使楊元感挾不臣之勢有大盜之心欲因人謀以竊皇業乃稱兵中夏將據洛陽哮闞之勢傾宇宙矣然亂未踰月而首足異處何者天下之弊未有土崩蒸人之心猶望樂業煬帝不悟暗忽人機自以爲元惡既誅天下無巨猾也皇極之任可以刑罰理之遂使兵部尚書樊子蓋專行屠戮大窮黨與海內豪士無不罹殃遂至殺人如麻血流成澤天下靡然始思爲亂矣於是蕭銑朱粲起於荆南李密竇建德亂於河北四海雲搖遂並起而亡隋族矣豈不哀哉長老至今談之委曲如是臣竊以此上觀三代夏殷周興亡下逮秦漢魏晉理亂莫不皆以毒刑而致敗壞也夫大獄一起不能無濫何者刀筆之吏寡識大方斷獄能者名在急刻文深網密則共稱至公爰及人主亦謂其奉法於是利在殺人害在平恕故獄吏相戒以殺爲詞非憎於人也而利在己故上以希人主之旨下以圖榮身之利徇利既多則不能無濫濫及良善則淫刑逞矣夫人情莫不自愛其身陛下以此察之豈能無濫也冤

人吁嗟感傷和氣和氣悖亂羣生癘疫水旱隨之則有凶年人既失業則禍亂之心怵然而生矣頃來亢陽僭候密雲不雨農夫釋耒瞻望嗷嗷豈不由陛下之有聖德而不降澤於下人也倘旱遂過春廢於時種今年稼穡必有損矣陛下何不敬承天意以澤恤人臣聞古者明王重慎刑罰蓋懼此也書不云乎與其殺不辜寧失不經陛下奈何以堂堂之聖猶務強霸之威哉愚臣竊爲陛下不取也且愚人安則樂生危則思變故事有招禍而法有起奸倘大獄未休支黨日廣天下疑惑相恐無辜人情之變不可不

察昔漢武帝時巫蠱獄起江充行詐作亂京師致使太子奔走兵交宮闕無辜被害者以千萬數劉氏宗廟幾傾覆矣賴武帝得壺關三老上書廓然感悟夷江充三族餘獄不論天下少以安爾臣讀漢書至此未嘗不爲戾太子流涕也古人云前事之不忘後事之師伏願陛下念之臣不避湯鑊之罪以螻蟻之命輕觸宸嚴臣非不惡死而貪生也誠恐負陛下恩遇臣不敢以微命蔽塞聰明亦非敢欲陛下頓息刑罰望在恤刑爾乞與三事大夫圖其可否往者不可諫來者猶可追無以臣微而忽其奏天下幸甚臣子昂誠惶誠恐死罪死罪

申宗人冤獄書

臣聞古人言爲國忠臣者半死而爲國諫臣者必死然而至忠之臣不避死以諫主至聖之主不惡直以廢忠臣幸逢陛下至聖大明好忠愛直每正言極諫特見優容今陛下方御寶圖以臨陽館崇闡元化寧濟蒼生固臣精心潔意願陛下至德與三皇比矣然臣伏見陛下有至聖之德左右無至忠之臣使上下不通內外壅隔臣竊懼之恐後代或以爲聖朝無至忠之臣故臣敢冒萬死越職上奏伏乞天恩寬臣喘息畢盡忠言臣聞上有聖君下無枉臣昔舜誅四凶堯不罪舜周公誅管蔡成王不罪周公霍光誅燕王昭帝不罪子孟何者此數公皆爲國討賊爲君殄讎假雖擅權猶不可罪況奉君命而執法者乎臣伏見宗人嘉言有至忠之誠抱徇公之節執法不撓爲國殄讎頃者逆子賊臣陰搆禍難潛圖密計將危社稷當時逆節初露朝野震驚賴陛下神武之威天機電斷得奉聖決恭順天誅不顧軀命不避彊禦唯法是守唯惡是讎幸能察罪明辜窮奸極黨使伏法者自首情實天衢得以清泰萬國得以懽寧誠是陛下神斷之明抑亦盡忠之效陛下所以自

監察御史擢拜爲鳳閣舍人者豈不以表其臣節報其竭誠使天下之人知其忠懇者也當此之時忠必見信行必見明自謂專一事君無貳也今乃遭誣罔之罪被搆架之詞陷見疑之辜困無驗之告幽窮詔獄吏不見明肝血赤心無所控告母年八十老病在牀抱疾喘息朝不保夕今日身幽獄戶死生斷絕朝蒙國榮夕爲孤囚臣竊痛之頃者至忠而今日受賂辜負聖主憂及慈親誠足痛恨臣比者固知不免此禍不能度德量力貪榮昧進以訟受服誰

能免尤向使辭寵讓榮陳力就列雷同衆輩勤恪在公與全軀保妻子之臣恭默聖代臣固知今日未招此患何者古人云盜憎主人被堯誅者不能無怨頃來執法誅罪多是國之權豪父讎子怨豈可勝道親黨陰結同惡相從假使爲脯肉爲葅醢宗誅族滅肝腦塗地彼凶讎也未足以快其心況蒙國寵榮位顯朝列凶讎切齒怨讟何窮臣竊恐今日之辜已是讎怨者相結搆矣陛下至聖明察豈不爲之降照哉倘萬一讎誣濫罪使凶嚚者得訐忠正者見辜爲賊報讎豈不枉苦夫孤直者衆邪之所憎至公者羣

惡之所疾寡不敵衆孤不勝羣羣誣成罪聖不能救自古所有非止於今古者吳起事楚抑削庶族以尊楚君楚國既強吳起蒙戮商鞅事秦專討庶孽以明秦法秦國既霸商鞅極刑鼂錯事漢諸侯威彊七國驕奢將淩王室錯削弱其勢以尊漢景帝不悟惑奸臣之說遂族滅鼂氏以此三臣豈不盡忠願保其君然而身死族亡爲讎者所快皆當代不覺而後代傷之聖主明君可不謂之痛傷邪臣以嘉言雖無三子之智竊恐獲罪或與之同伏惟陛下仁慈矜憐憫察其忠且臣聞漢高祖謀楚與陳平四萬金及其爲帝不問金之出入何者立大功者不求小疵有大忠者不求小過所謂聖主之至道者也陛下豁達大度至聖寬仁觀於漢祖固已遠矣齷齪小吏何足爲陛下深責哉伏願天恩矜愚赦罪念功補過乞將終養老母獲盡餘年豈非聖主之恩仁君之惠有禮有訓善始善終哉臣於嘉言親非骨肉同姓相善臣知其忠然非是邱園之賢道德之茂大雅明哲能保其身假使獲罪於天身首異處蓋如一螻蟻爾亦何足可稱然臣念其曾一日承恩蒙聖主驅使而不以赤誠取信今乃負罪見疑臣實痛之恐累聖主之

明傷其老母之壽身汚明法爲後代所悲臣知其忠豈能無惜所以敢冒萬死乞見矜憐臣若言非至忠苟有僥倖請受誅斬伏表惶怖魂魄飛揚

諫曹仁師出軍書

臣伏見詔書發懷遠軍令郎將曹仁師訊勒以征凶醜臣聞古之天子方建大禮必先振兵釋旅以告成功故漢孝武皇帝將封禪乃徵精卒十萬北巡朔方畧地而還此蓋遵古先哲王之禮也今神皇陛下應天受籙將欲郊祭天地巡拜河洛建明堂朝萬國斯邁古之盛禮也誠合式遵

舊典耀武塞上畢境而還臣猶慮曹仁師未識典禮肆兵長驅窮極砂磧不恤士馬專以務得爲利不以全兵爲上今朝廷百寮雖有疑者無敢言之臣誠愚昧不識忌諱曾聞事君之道所貴盡心心以爲非安可不言臣料仁師到雲内城發兵之日合至九月初到突利城迴兵之日合至十月初胡地隆冬草枯泉涸南中士馬不耐祁寒計仁師所將之馬從靈州常時所發之處却迴到雲内城已行四千餘里雲内城中又先未支度馬既疲瘦經冬無粟以臣愚筭十不存二若送南中散就諸州路程益遠疲瘦更極

以臣愚筭十不存五紫蒙之軍類例相似且仁師此行計遲發速至於應會不甚精備以臣計料恐未成功脫若功未克成士馬先喪盡中土求市卒又難得且自古與匈奴戰非士馬相資不可臣恐馬既虛用致盡賊又竄遠未平但慮後之謀臣悔於今事且古來絕漠多喪士馬非臣臆度輒敢陳聞昔漢室以衛青出塞是時漢馬三十萬疋旋師之日唯餘四萬四十年不得事匈奴葢由此也臣願陛下考驗前古取臣愚誠望與三公大臣審更詳議

復讎議狀

臣伏見同州下邽人徐元慶者父爽爲縣吏趙師韞所殺卒能手刃父讎束身歸罪議曰先王立禮所以進人也明罰所以齊政也夫枕干讎敵人子之義誅罪禁亂王政之綱然則無義不可以訓人亂綱不可以明法故聖人修禮理內飭法防外使夫守法者不以禮廢刑居禮者不以法傷義然後能使暴亂不作廉恥以興天下所以直道而行也竊見同州下邽人徐元慶（一作徐君光）先時父爲縣吏趙師韞所殺元慶鬻身庸保爲父報讎手刃師韞束身歸罪雖古烈者亦何以多誠足以激清名教旁感忍辱義士之靡

者也然按之國章殺人者死則國家畫一之法也法之不二元慶宜伏辜又按禮經父讎不同天亦國家勸人之教也教之不苟元慶不宜誅然臣聞昔刑之所生本以遏亂仁之所利葢以崇德今元慶報父之仇意非亂也行子之道義能仁也仁而無利與亂同誅是曰能刑未可以訓元慶之可顯宥於此矣然則邪由正生理必亂作昔禮防至密其弊不勝先王所以明刑本實由此今儻義元慶之節廢國之刑將爲後圖政必多難則元慶之罪不可廢也何者人必有子子必有親親親相讎其亂誰救聖人作始必

圖其終非一朝一夕之故所以全其政也故曰信人之義其政必行且夫以私義而害公法仁者不為以公法而徇私節王道不設元慶之所以仁高振古義伏當時以其能忘生而及於德也今若釋元慶之罪以利其生是奪其德而虧其義非所謂殺身成仁全死無生之節也如臣等所見謂宜正國之法寘之以刑然後旌其閭墓嘉其徽烈可使天下直道而行編之於令永為國典謹議

欽定全唐文卷二百十四

陳子昂六

為建安王與遼東書

月日清邊道大總管建安郡王攸宜致書於遼東州高都督蕃府賢甥某至仰知破逆賊孫萬斬十有餘陣并生獲夷賊一千人三軍慶快萬里同歡都督體英偉之才抱忠義之節遂能身先士卒為國討讎以數百之兵當二萬之寇指麾電掃逆黨雲銷非都督智勇過人威名遠振誰能以少擊眾陷醜摧兇使國家無東顧之憂是都督之力也

賢甥俊酷似其舅遂能與某等應機破敵効節立功此已各賞金帶緋袍薄荅誠効更自錄奏擬加榮官願都督遠知此意也今賊饑餓災疊日滋天降其殃盡滅已死人厭其禍萬斬方誅營州士人及城傍子弟近送密款準待官軍某令將蕃漢精兵四十萬衆剋取某月日百道齊驅分五萬蕃漢精兵令中郎將薛訥取海路東入舟檝已具來月亦發請都督勵兵秣馬以待此期共登丸山看殄凶虜書勛竹帛開國傳家是都督建功之日也中間剋期同會當更別使知聞正屬有軍事未能委曲初春向暖願動靜

勝常所是都督官屬及大首領并左右立功人等並申此問相見在近豫以慰懷

爲建安王荅王尚書送生口書

使至所傳斬首及生擒獲馬等具如來狀仰以欣快三軍共之狡寇逋誅此來擒戮師徒企踵爭望先鋒尚書遠畧英謀臨機果斷潛制凶醜梟首伏辜在此諸軍實增募勇既壯尚書之節又美先登之功幽州士人尤以慶快破竹之勢自此爲階某方擐甲負戈爲尚書後殿登高臨陣坐覩俘虜此期在即豫以慰懷初春猶寒願保休勝裨將已下各慰問之云云

爲建安王與諸將書

使至辱書仰知都督率兵馬摧破凶虜遠聞慶快實慰永懷非公等忠勇兼資統率多筭同心戮力殉節忘軀以剋翦逋兇揚國威武在此將士聞公等殊戰賊不當鋒莫不西望憤勇欽羨獨勉甚善甚善即日契丹逆醜天降其災盡病水腫命在旦夕營州饑餓人不聊生唯待官軍即擬歸順某此訓勵兵馬襲擊有期六軍長驅此月將發恨不得與諸公等共觀諸將斬馘獻俘旦夕嚴寒願各休勝契丹破了便望迴兵平殄黠㷀與公等相見有日預以慰懷臨使怱怱書不盡意

爲建安王與安東諸軍州書

日月清邊道行軍大總管建安郡王攸宜致書安東諸州刺史并諸將部校官屬等初春猶寒公等久統兵馬勤國扞邊不至勞弊也某如常比賊中頻有人出來異口同詞皆云逆賊李盡滅已死營州饑餓人不聊生諸蕃首領百姓等唯望官軍即擬歸順前後繼至非止一人某先使人向營州貯迴具得父老密狀云賊勢窮蹙去正月上旬有妖星落孫萬斬營中其聲如雷賊黨離心各以猜貳天殃

如此人事又然平殄凶渠正在今日大軍即以二月上旬六道並入指期剋翦同立大勛請公等訓勵兵馬共爲犄角開國封侯其機在此幸各勉力以圖厥功尋當更使人續徃先此不具

爲建安王荅王尚書書

使至辱書知初出黃龍即擒白鼠凶賊滅兆事乃先徵凡百士衆莫不喜躍鼠者坎精穿窬爲盜夜遊晝伏乃是其常今白日投軀素質委命賊降之象理必無疑近冊有賊

中信來親離衆潰期在旦夕尚書宜訓兵勵士秣馬嚴威因此凶亂之機乘其敗亡之勢事同破竹無待翦茅坐聽凱歌豫用欣慰

與韋五虛己書

命之不來也聖人猶無可柰何況於賢者哉僕嘗竊不自量謂以爲得失在人欲揭聞見抗衡當代之士不知事有大謬異於此望者乃令人慚愧悔赧不自知大笑顛蹶怪其所以者爾虛己足下何可言邪夫道之將行也命也道之將廢也命也子昂其如命何雄筆雄筆棄爾歸吾東山無汨我思無亂我心從此遁矣屬病不得面談書以述言

子昂白

爲蘇令本與岑内史啟

某啟某聞子以母貴自古通方禮以親榮在昔恒理豈非奉上之道休泰必同膝下之恩親愛先及伏惟尊舅寵居密戚位列崇班實富貴於當今允尊榮於前代居得言之地據至要之途九族同欣皆憑於辯聦六親咸賴仰沐於恩波莫不拂拭其羽儀增長其光價某自末器忝在甥徒早蒙撫育之恩不殊骨肉之愛自痛無福家禍遂纏爰在孤遺載延慈眷愛同諸子禮越常流遂得教訓成人策名從宦舅又曲垂顧念恩甚庭闈渭陽之情實多荷戴猥以庸薄叨累周行自委質戎班昭名果毅經今一十三歲矣而竟未一遷仰望儕流莫不皆居顯位旋觀時輩亦以再歷榮班獨某一人空嗟留滯雖命途乖舛良或甘心然親貴盈朝豈忘提奬所以仰瞻恩惠不棄於疎微冀降慈流有憐於孤賤伏願舅大宏收採之眷特垂咳唾之恩矜憫小子使得官及朋友寵以親榮私門載昌幽冥是賴豈不幸甚豈不幸甚無任企仰之至謹奉啟不宣某再拜

上薛令文章啟

某啟一昨恭承顯命垂索拙文祗奉恩榮心魂若厲幸甚幸甚某聞鴻鍾在聽不足論擊缶之音太牢斯烹安可薦羹藜之味然則文章薄伎固棄於高賢刀筆小能不容於先達豈非大人君子以爲道德之薄哉某實鄙能未窺作者斐然狂簡雖有勞人之歌悵爾詠懷曾無阮籍之思徒恨跡荒淫麗名陷俳優長爲童子之羣無望壯夫之列豈圖曲蒙榮奬躬奉德音以小人之淺才承令君之嘉惠豈不幸甚豈不幸甚伏惟君侯星雲誕（一作挺）秀金玉閒成衣

冠禮樂範儀朝野致明君於堯舜皇極允諧當重寄於阿衡中階協泰非夫聰明博達體變知機如其仁如其仁方當拔俊賞奇使拾遺補闕坐開黃閤高視赤松然後與稷契夔龍比功並德豈徒蕭曹魏丙屑屑區區而已哉某實細人過蒙知遇顧循微薄何敢祇承謹當畢力竭誠策駑磨鈍期效忠以報德奉知己以周旋文章小能何足觀者不任感荷之至

金門餞東平序

昔者漢朝卿士供帳餞於東都晉國名賢傾城祖於西郊

雖時稱盛觀而人非帝族東平紫微英胄朱邸天人蘊岐嶷之瓌姿得山河之寶氣劉君愛士常致禮於幽人曹植論文每交歡於數子屬鑾輿拜日來朝太室之前玉檢停刊言返章華之路羣公以眷深王粲思邀祖道之歡下走以遇重荀慈謬奉芳筵之醴於時青陽二月黃鳥羣飛殘霞將落日交暉遠樹與孤烟共色江山萬里眇然荊楚之塗城邑三春去矣伊瀍之地既而朱軒不駐綠蓋行遥琴罇之清讌已疲珠玉之芳言未贈請各陳志以序離襟

梁王池亭宴序

子昂少游白屋未歷朱門聞王孫之游空懷春草見公子之興每隔青霄弋陽公座辟青軒飾開朱邸金筵玉瑟相邀北里之歡明月琴罇即對西園之賞鄙人幽介酒醴知慚王子愛才文章見許白日已馳歡娛難恃平生之樂其在茲乎

薛大夫山亭宴序

夫貧賤之交而不可忘珠玉滿堂而不足貴閉門無事對黃卷以終年高論不疲逢故人而永夜薛大夫其人也下官昔承顏色早蒙車騎之知晚接恩光不異平津之舊蔡

邕書史許以相資張載文章見稱於代爾其華堂別業秀木清泉去朝廷而不遥與江湖而自遠名流不雜既入芙蓉之池君子有鄰還得芝蘭之室披翠微而列坐左對青山俯盤石而開襟右臨澄水斟綠酒弄清絃索皓月而按歌追涼風而解帶談高趣逸體靜心閑神眇眇而臨雲思飄飄而遇物林軒寂寞星漢縱橫思欲垂汗漫而羣遊與眞精而合契歡窮興洽樂往悲來悵鸞鶴之不存哀鵷鳩之久沒徘徊永歎慷慨長懷東方明而畢昴升北閣曙而天雲靜悲夫向之所得已失於無何今之所遊復羈於有

物詩言志也可得聞乎

別中岳二三眞人序 時龍集乙未十二月二十日

夫愛名山歌長往世有之矣放身霄嶺宴景雲林卑俗不可得而聞時士不可得而見則吾欲高視終古一笑昔人嵩山有二仙人自浮邱公王子晉上朝玉帝遺跡金壇鳳簫悠悠千載無響吾每以是臨霞永慨撫膺歎息常謂烟駕不逢羽人長往去囂世走青雲登玉女之峰窺石人之廟見司馬子微馮太和霓裳眇然冥壑獨立眞朋羽會金粲玉液則有楊仙翁 一作公 元默洞天賈上士幽棲牝谷玉

笙吟鳳瑶衣駐鶴方且迷軒轅之駕期汗漫之遊吾亦何人躬接茲賞實欲執青節從白蜺陪飲崑崙之庭觀化元元之府宿心遂矣冥骨甘焉豈知瓊都命淺金格道微攀倒景而迷途顧中峯而失路塵縈俗累復汨吾和仙人眞侶永幽靈契翳青芝而延佇遥會何期結丹桂而徘徊遠心空絕紫烟去黃庭極仰寥廓而無光視寰區而寡色悠悠何往白頭名利之交咄咄誰嗟元運盛衰之感始知楊朱歧路墨翟素絲尚平辭家而不歸鮑焦抱木而枯死可以慟可以悲古人之心吾今得之也

送吉州杜司戶審言序

嗟夫德則有鄰才不必貴昔有耕於巖石而名動京師詞感帝王乃位卑武騎夫豈不遭昌運哉蓋時命不齊奇偶有數當用賢之世賈誼竄於長沙居好文之朝崔駰放於遼海況大聖提象羣臣守規杜司戶炳靈翰林研幾策府有重名於天下而獨秀於朝端徐陳應劉不得劘其壘何王沈謝適足靡其旗而載筆下寮三十餘載秉不羈之操物莫同塵舍 一作合 絕唱之音人皆寡和羣公愛禰衡之俊留在京師天子以桓譚之非謫居外郡蒼龍闕茂扁舟入

吳告別千秋之亭迴棹五湖之曲朝廷相送駐旌蓋於城隅之子孤遊森風飄於天際白雲自出蒼梧漸遠帝臺半隱坐隔丹霄巴山一望魂斷綠水於是邀白日藉青蘋追瀟湘之遊寄洞庭之樂吳歈楚舞右琴左壺將以緩燕客之心慰越人之思杜君乃挾琴起舞抗首高歌哀皓首而未遇恐青春之蹉跎且欲攜幽蘭結芳桂飲石泉以節味咏商山以卒歲返耕餌朮吾將老焉羣公嘉之賦詩以贈凡四十五人具題爵里

冬夜宴臨邛李錄事宅序

下官遊京國久矣接軒裳衆矣池臺鐘鼓雖有會於終朝琴酒管絃未窮歡於永夕豈非殊我親愛異我風謠而使臨堂有懷聞樂增歎者也何功曹舊州耆老迹尚於沈冥李錄事吾土賢豪義多於遊俠高軒置酒甲第迎賓絲竹紛於綺窗琅玕盛於雕俎樓臺若畫臨故國之城池軒蓋如雲總名都之車馬於是乘興自此而遊安得不放意留歡遺老忘死金壺漏晚銀燭花微北林之烟月無光南浦之星河向曙赤車使者下官雖謝於古人錦里名家羣公豈慙於昔彥我之懷矣實在於斯同賦一言俱爲四韻

忠州江亭喜重遇吳參軍牛司倉序

日月交分春秋代謝昔歲居單閼適言別於茲都今龍集昭陽復相逢於此地山川未改容貌俱非敍名宦而猶嗟問鄉關而不樂雲天遂解琴酒還開新交與舊識俱歡林壑共烟霞對賞江亭迴矚羅新樹於階基山榭遥臨列羣峰於戶牖爾其丹藤綠篠俯映長筵翠渚洪瀾交流合座神融興洽望眞情高覺清溪之仙洞不遥見蒼海之神山乍出既而行舟有限嗟此會之難留別日無期歎分岐之易遠徘徊北渚惆悵南津江陵之道路方賖巴徼之雲山漸異嗟乎離言可贈所願保於千金別曲何謠各請陳於五際

暉上人房餞齊少府使入京府序

永淳二年四月孟夏東海齊子宦於此州雖黃綬位輕而青雲器重故能委邦君而坐嘯屈刺史而知名屬乎鑾駕巡方諸侯納貢將欲對揚天子命我行人執玉帛而當朝擁騑驂而戒道指途河渭發引岷嶓粤以丙丁之日次於暉公別舍蓋言離也爾其巖泉列坐竹樹交筵吐靑藹於軒窗棲白雲於左右參差池榭亂山水之清陰繚繞階庭

雜峰崖之異勢入禪林而避暑肅風景於中林開水殿而追涼徹氛埃於戶外瑶琴合奏翠斝時行譚窈窕於天人極留連於晷刻既而歡樂極良辰徂攀白日而不迴唱浮雲而告別山光黯黯凝綠樹之將曛嵐氣沈沈結蒼雲而遂晚雖同交未阻風月可留岐路方乖關山成恨嗟乎朝廷子入期富貴於崇朝林嶺吾棲學神仙而未畢青霞路絕朱紱途遥言此會之何時願相逢而誰代永懷千古豈知仁者之交凡我三人盍崇不朽之迹斯文未喪題之此山同疏六韻云爾

送魏郎將使默啜序

葢北夷不羈之日久矣天子垂元默穆皇風而狼居革心蟻伏請職歲一月上將恤戎乃以金章假魏公爲司賓卿載馳錦車諭意雲幕且欲頓單于之膝受呼韓之朝不踰青春復命紫闕其忠臣烈夫之節感激壯矣朝廷以赴此絕國追送近郊登熊山望燕塞黃雲千里亭皐悠然僉曰賦詩絕句以贈

偶遇巴西姜主簿序

子疲爾永久未嘗解顏正欲登高山望遠壑揮斥幽痗以

劘太淸姜主簿倏自縣中至於林下乃飾琴酒之事雜文章之娛將蠲我憂積靡取樂夫浩浩之白不可獨也青春之詩又誰咎也逢太平之化寄當年之歡同人在焉而我何歎南國橘柚陽月初榮北梁山水良辰復別揮手何贈詩以永言云爾

餞陳少府從軍序

夫歲月易得古人疾没代不稱功業未成君子以自強不息豈非懷其寶思其用然後以取海内之名以定當年之策展其才力受以驅馳少府叔鳳彩龍章才高位下班超遠慕每言關塞之勲梁竦長懷恥爲州縣之職屬胡兵犯塞漢將臨邊商君用耕戰之謀充國起屯田之策皇華出使言收疆場之功白水開筵遂爲雲雨之别爾其蒼龍解角朱鳥司辰溽景薰一作蒸天炎光折地山川漸遠行人動游子之歌罇酒未空送客起貧交之贈嗟乎楊朱所以泣岐路蘇武所以悲絕國古之來矣盍各言志以敘離歌

窅冥君古墳記銘序 爲張昌寧作

神功元年龍集丁酉我有周金革道息寶鼎功成朝廷大寧天下無事皇帝受紫陽之道延訪玉京羣臣從白雲之

遊載馳瑶水笙歌入至元鶴飛來時余以銀青光祿大夫忝在中侍擁青旄之節陪翠鸞之旗昔奉車子侯獨隨武帝昌明爲御每侍軒遊比之今日未足多幸是時屢從嚴祀遥謁祕封嘗覩衆靈如雲羣仙蔽日乃仰感王子晉俯接浮邱公行吹洞簫坐弄雲鳳竊欲邀羽袂導鸞輿求不死於金庭保長生於玉冊上以尊聖壽下以息微躬因登緱山望少室尋古靈跡擬刻眞容得王子晉之遺墟在永水之層曲且欲開石室營壽宮庀徒方興畚鍤攸作乃得古藏焉其藏上無封墳内有甓瓦南北長二丈二尺東西

澗八尺。中有古劍一。長尺餘。銅椀一。并瓦器二。其器文彩怪異。非蟲篆雕斲所能擬也。又有古五銖錢朱漆片數十枚。初開時文彩可見。及棖撥之。應手灰滅。既無年代銘誌。不知爵里官族。參驗其事。已曾為人所開。於是撫之永懷。念昔增嵤。始知有形必弊。涉器則毀。鍾鼎玉帛。非度世之資。名位寵章。為累真之府。未能獨立物表。超世長存。與日月齊光。天地比壽。非天道乎。君窅窅冥冥。久幽珍藏。迨此昭發。豈不欲感示元契。奇暢靈期。昔王喬古壙。惟留一劍。令威荒塚。又歎千年。起予道心。在乎此。仰惟聖主仁慈。恩

被草木。陽和揜骼。既昭國典。至德埋胔。又在周令。今此藏虧露。誠感仁惻。謹歷吉日。協良辰。即以其年十月甲子朔。具物備容。還定舊壙。豚雞在奠。犧罇若歆。哀其銘誌磨滅。姓位不顯。乃錫之名曰窅冥君。其銘曰（銘入薛稷）

為建安王誓衆詞

諸總管部將旗長隊正各聽命。夫聖人用兵。以伐有罪。奸慝竊命。戎夷不龔。則必肆諸市朝。大戮原野。我皇周子毓萬國。寵綏百蠻。遐荒戎狄。莫不率職。聚兵帥衆。非欲勞人。葢逆不可縱。亂不可長。所以屈己推轂。垂涕泣辜。誠恐蒼生顛墜塗炭。今契丹凶羯。敢亂天常。為封豕長蛇。薦食上國。玉帛皮幣。弃而不貢。名器正朔。僭而有謀。乃將紿神虐人。暴殄天物。故皇帝命我肅將王誅。今大師已集。方將問罪。公等諸將及士卒已上。須各嚴職事。肅恭天命。契丹凶賊。本為中國奴隸。昏狂不道。勞我師徒。今與公等及士卒久勤干戈。冒犯霜露。夫四郊多壘。士大夫之恥。蕞爾兇狡。一鈕可屠。況皇帝義兵。剋期誅翦。此猶太山壓卵。鴻毛在爐。今日之伐。須如雷霆之震。虎豹之擊。搴旗斬馘。掃孽除凶。上以攄至尊之憤。下以息邊人之患。鼓以作氣。旗以應

機。公等各宜戮力。務當其任。若能奮不顧命。陷堅摧鋒。金紫玉帛。國有重賞。若進退留顧。向背失機。斧鉞嚴誅。軍有大戮。各宜勉勵。無犯典刑。

座右銘

事父盡孝敬。事君端忠貞。兄弟敦和睦。朋友篤信誠。從官重恭慎。立身貴廉明。待士慕謙讓。莅民尚寬平。理訟惟正直。察獄必審情。謗議不足怨。寵辱詎須驚。處滿常憚盈。居高本慮傾。詩禮固可學。鄭衛不足聽。幸能修實操。何俟鈞虛聲。白珪玷可滅。黃金諾不輕。秦穆飲盜馬。楚客報絕纓。

言行既無擇存歿自揚名

燕然軍人畫像銘并序

龍集丙戌有唐制匈奴五十六載蓋署其君長以郡縣畜之荒服賴寧古所莫記是歲也金微州都督僕固始桀驁惑亂其人天子命左豹韜衛將軍劉敬周發河西騎士自居延海入以討之特敕左補闕喬知之攝侍御史護其軍事夏五月師舍於同城方絶大漠以臨瀚海君子曰兵者凶器仁者惡之醜虜猖狂厥自招咎今至尊不得已而順伐嘗聞西方之聖有能仁者凶吉之業各報以直則使元

惡授首羣吒不孤兵無血刃荒戎厎定豈不在於大雄乎諸將部校僉曰允哉將軍乃飭躬率士卒因古祠廟圖畫形容有古之彌勒像也天人備容丹青畢彩蓋以昭乎景福也乃作銘曰

耀天兵兮征荒服絶雲漠兮出元極白羽旆兮青雲旗簫鼓鳴兮士馬悲顧左右兮浮屠道備丹青兮妙天寶功既畢兮業既成神之來兮福冥冥

唐故朝議大夫梓州長史楊府君碑銘

君諱越字復珪宏農仙掌人也其先帝高辛氏之裔周有天下晉授其封至宣公伯喬早基楊國若乃彤弓旅矢巨鬯赤茀則禮命之樂歌之崇天王之寵光保元侯之休祉其後十六代有楊寶者天錫黃鳥授以白環若曰命君子孫世登三事迨震秉彪賜四代五公烈光昭於漢室盛德充於海內金圭銘鼎至今爲宏農世家也高祖椿魏尚書右僕射開府儀同三司司徒公進位太保加侍中給後部鼓吹致仕歸邑賜安車駟馬傳制二人可謂國之元老帝之師臣功成名遂社稷之寶曾祖思善齊通直散騎常侍贈中書侍郎祖敬通鎭遠將軍鄭州治中邛州别駕父君

同隨蒲州芮城縣令皆國書舊史烈乎名節公即芮城府君之第二子也少而沖嶷苦節眞素禮非玉帛室有琴書聞少連之風而悅之庶乎身中權行中淸上以察乎道下以敦乎物不應州郡之命而有金玉之心嘗歎曰以明月珠彈千仞雀吾不能也於是觀寶龜之象心滅朶頤探金虎之爻志存幽履遂去家遁於嵩山經十餘年丹山白雲之志眇然矣屬太宗文武聖皇帝初臨天下物色幽人焚山牓道網羅遺逸君子若曰天下有道可以見矣於是始以角巾應命褐衣詣闕陳大道之宏謨論至言之閫奧帝

曰俞爾言乃可底行若歲大旱用汝作霖雨今南山近塞
北漠連胡石州邊烽皇化未謐汝往欽哉輯乃人禦乃敵
以息匈奴之患始解褐授石州方山縣令樽俎在堂干旄
在階布大信於獯戎示折衝於衽席威名震耀乃升聞也
有勅徵授憲臺監察御史繡衣始拜珥筆昇朝臺閣以之
生風豪貴由其斂手又勅直中書待制未幾又遷祕書郎
直中書省如故遊鳳凰之池觀蓬萊之府是天下之榮踐
也又轉宗正寺丞居歲餘帝思南史之才將崇東觀之美
又遷起居郎加騎都尉龍朔中天子將觀兵於東夷以復

先帝之業凡居中者多出守旁郡是歲授公朝散大夫除
冀州司馬又轉魏州司馬皆知州事於時天下雌韓而雄
魏壯武而柔文公始厭承明初臨外郡探丸至面犯禁崇
姦欲嘗朱博之能以觀龔遂之政公深鉤潛徃英機立斷
短服豬裾於是乎理麟德初兼梓州長史蓋在華之南區
彭之北鄙人豪俗侈政削公朘攢六國之遺眦雜三巴之
奧壤公下車問俗觀風立政先之禮讓教以詩書抑浮窳
禁蠹食至於堂叩鐘磬家擅山川莫不為之節制行其典
禮來暮之頌復起於斯時高宗大帝方接千載之統升中

太山玉帛雲趨朝者萬國公預陪金蹕侍拜瑶壇白雲既
封皇慶斯洽加朝散議一作大夫餘官如故東山拜命西駕
未歸逢太歲之臨辰感殷楹之夢奠遇疾薨於官舍時年
六十四嗚呼哀哉遺令薄葬不藏珠玉唯孝經一卷堯典
一篇昭示後嗣不忘聖道即以某年月日葬於西嶽習仙
鄉登仙里之西麓遵遺命也嗣子嘉賓等哀號泣血柴骨
棄心緬惟罔極之恩思崇永錫之道以為吾邱子疑一作于沒
無助冥因季由之歎空勤負米於是考羣聖之典探衆妙
之門求所以昭報幽局贊祉冥籍則云金仙慈救寶手來

迎若德崇於此則功濟於彼是用歸誠真諦祈祐能仁箱
鐵圍而寫容現金蓮而得像遂於登仙麓塋之側造阿彌
陀像一軀坐高三丈并象變菩薩天人畢備全金湧出衆
寶裝嚴雲仙鬼神周羅上界珠幡羽蓋圍繞中天所以丕
顯尊靈光昭惠業達人之能事畢矣孝子之事親終矣銘
曰
巖巖大岳浼浼長河歊雲涌霧含靈佇和楊侯之國宛其
中阿子孫瓜瓞軒蓋駢羅四代五公自于伯起蟬聯彪歘
令聞不已二千戶侯三十刺史世濟其榮至我君子峩峩

君子皎有令光不寵我組而括其囊洗心巖逕抗跡雲翔冥鴻不遠白駒在場解其蘺袂綰我墨職邊朔多虞獫狁孔棘之子之往允威允德干旄在陼烽火罷色行行駿馬繡衣之光烈烈董狐司史之良而我君子總其徽章出同嚴助政穆王祥雄魏既康鄴蜀猶侈攬轡言邁題輿載理尺兵允戢亂繩攸靡天子登封拜服玉趾大禮既畢歸路遲遲歲亦秋止天不憖遺嗚呼吡吏號泣漣洏曷其往矣來暮歌思煢煢孤子棘心哀疚永號昊天眇泣冥祐蓮花之國金池玉霤崇此香緣生彼穠秀全金既湧泉寶斯莊

考墳其左叔塋其旁香花圍繞松柏成行千秋萬歲祚祉無疆

欽定全唐文卷二百十五

陳子昂七

梓州射洪縣武東山故居士陳君碑

君諱嗣字宏嗣其先陳國人也漢末淪喪八代祖祗自汝南仕蜀爲尚書令其後蜀爲晉所滅子孫避晉不仕居涪南武東山與唐胡白趙五姓置立新城郡部制二縣而四姓宗之代爲郡長蕭齊之末有太平者兄弟三人爲郡豪傑梁武帝受禪網羅英豪拜太平爲新城郡守尋加本州別駕弟太樂太蒙蒙爲黎州長史都督護南梁二郡太守

樂爲本郡司馬即君之高祖父也生曾祖方慶好道不樂爲仕得墨子五行祕書而隱於武東山生烈祖湯湯仕郡爲主簿遇梁季喪亂避時不仕生皇考廣迴迴早卒君即迴之第二子也少孤而有純德恭己飾行一日三省家代本以清白崇德迨君之孤素業空矣君有仁兄養母以孝君克順至行同勤苦節夏不避暑冬不避寒蒸蒸服事行年四十有五入則孝出則弟謹而信汎愛衆而親仁無餘力也以是不憂於道遠親終殁春秋已高從事不可以養矣乃輟干祿之學修養生之道山巒高居農野永歲雅聞

漢有王丹者放居不仕家累千金以自奉田稼勤者載酒肴從之鄉里承化以相懲沮乃歎曰彼王丹者是爲政矣奚其爲政也由是始致林澤闢良田習山書務農政天道時變地道化成邱陵泉藪星歲雲物靡不用心也原田莓莓黍稷漠漠汶陽之稼如雲矣春日載華歲聿其秋白露時降百穀收熟君常秉肩轝省農夫饋田畯刑以肅惰悅以勞勤若孫吳之用兵鷙鳥之搏擊也卓彼莆田歲取十千倉庫實崇禮節恤惸寡賑窮乏九族以親之鄉黨以歡之居十餘年家累千金矣其鄰國有媮衣食帶刀劍推埋

胠篋之類鬬雞走狗之豪莫不靡下風馴素節曰里有仁焉吾何從之也遂頓浮窳之節肅恭儉之規修孝悌飾廉恥將欲效君之素業也君時年已耳順素無經世之情林園遺老元黙忘歲遂保先君武東山之故居行不由徑非公事未嘗至於州縣也昔襄陽有龎德公谷口有鄭子真東海王霸西山蜀才皆避人養德退耕求志軒冕不可得而羈憂患不可得而累遠於我君作者五人矣於戲古者至人不利苟得不務近貴量腹而食度身而衣非其道萬鍾不足豐也非其榮五鼎不足飪也躬勤耕稼植其杖而

耘不荅子路之問者豈我君之徒與緜緜羅網冥冥高鴻趯趯竹竿穆穆幽龍其與禍敗之遼絶如胡越哉然則兩龔不免於蘭焚二老不免於薇歎其近貴利邪夫上無憂悔下無飢寒含道以制嗜慾達命以順生死仁以愛身智以養德俾爾耆而艾俾爾昌而熾君子保之以永壽考非我君者乎享年八十有五太歲壬辰五月十三日考終厥命臨終戒曰啟子足啟子手吾聞古人有言珠玉而瘞之是暴骸於中原也古者不封不樹後代聖人易之以棺槨吾不敢違聖人可具棺槨而已斂以常服墳無邱隴吾將

庶幾以奉先人之清業也有子某等皆能祗奉遺訓聿從先志長壽二年龍集癸巳某月某朔日元月載踰卜兆時吉始啟殯昭告奉遷於舊塋武東山之陽禮也鄉里會葬者千餘人皆涕泣號慕悲純德之不見咸曰君子没矣仁何以名陵谷不朽匪唯頌聲小子不敏謹述鄉人之教其詞曰

肅肅我祖國始於陳中裔淪喪泊此江濱山川隆鬱旂鼎氛氳生我君子於鑠元真惟孝肅悌惟仁善鄰樂我耕稼忘我搢紳茫茫田藪歲也其春農人肅事君子槁勤孰爲

夫子植杖而耘弋者何慕鴻飛高雲楚狂懼殆夷叔求仁良時一作圖終矣不考於身我異於是非隱非淪撫化隨運安排屈伸大年既沒長夜何辰聖達不免宇宙同塵桐棺三寸豈我寠貧自古有死吾從聖人嗟爾百代子子孫孫驕奢自咎天道無親思我松柏恭儉是遵

臨邛縣令封君遺愛碑

敘曰蒼生蚩蚩其動也直蓋顓蒙乎聖人顥顥其汲也教務皇中乎則時至其理樹之君公弼其機馭之師之疑非能駿尊上帝保乂黎元誰則荷天之寵折人之爵行其禮

樂驟覿於中和裕其廉平載聞於謠誦我之遺愛者不從事於是邪嘗試論之公名某字某渤海蓨人也昔后稷有德於邰文王受圖於鎬珍符冊命始自於西周珪社建侯奄荒於東土裘鼎軒冕有家代焉曾祖子繡齊潁川渤海二郡太守霍州刺史隋通直郎通州刺史榮分麾蓋道邁循良時雨洽於齊陳惠風被於唐楚祖德於北齊著作郎隋扶風郡南陽縣令芸局一作編覿奧見天下之圖石柱聞琴知君子之化父安壽皇朝尚衣直長懷州司馬豪一作濠州刺史湖州刺史良二千石聞乎共理之尊肇十二州榮

多刺舉之首公則使君第某子也沖和誕命光大含章實公侯之子孫有山河之氣象明不外飾黙昭於元機敏實內融養蒙於用晦故其廉不直物恕不由衷崇善足以利仁自彊足以從事有朋友之信焉有閨門之肅焉非夫恭人其孰能景行行之者也年始若干爲國子生言從太學之遊以觀先王之道某年以明經擢第解褐守恒州參軍秩滿補許州司法參軍許惟舊國陳實多巫君子豐明利用乎獄載以課最累加秩焉又轉洺州司兵參軍叢臺袪服一旦成市非利器者政以多荒公實佐之官無留事信

矣乎能其理者有其任濟其業者享其功我豈蒙求物思其理某年選補臨邛縣令夫蜀都天府之國金城鐵冶而俗以財雄弋獵田池而士多豪侈此邦之政舊難其人公按轡清途下車而宰覽其謠俗永歎於良圖想其風流慨然於惠化以爲太上之理因人者也通變之機隨時者也必使無訟不亦由吾用乎利貞夫何在物於是謀其教令肅其儀刑敬其事以順其人正其文以利其義以爲昔者聖人之務本也在乎稼穡有稼穡然後可以養人故公之勸人也用天之道分地之利以爲昔者聖人之利用也實

在財貨有財貨然後可以聚人故公之化居也貿遷有無和其衆寡以爲昔者聖人之事生也謹其制度然後可以富故公之節用飲食有節車服有數以爲昔者聖人之事死也愼其喪祭有喪祭然後可以睦人故公之送死也葬之以禮祭之以禮以爲昔者聖人之用獄也崇其法制有法制然後可以禁人故公之恤刑也唯齊非齊有倫有要夫如是者豈苟其利哉唯欲潔乎其源正乎其本愼之於謀始要之於用終將使斂轍矯虔而是以息孤寡不穀而是以寧者哉夫然後磨之以仁琢之以義使男女異路班

白不提熙乎其若春肅乎其若神然後文以禮樂幾乎以淳樸道豈遠乎嗚呼昊天不愍降此荼毒某年以太夫人憂去職於時公之莅始逾年矣然三載考績是用未成百姓哀惶人吏嗟咨咸云我父去矣而人悴矣鄉望老人前某官等五百餘人或金隄之秀玉宇之英並服美於寛允嚴祇於教義遂走之州府訴之上官冀奪其哀摧禮終秩不謀而同者日有百數司馬元公帝王之裔也康歌協化盛德在人憫烝庶之求思嘉我君之懿績以爲古之借寇者何以踰是哉遂用疇咨舊章允懷甿誦奪之公禮上之

於文昌臺非將協贊天工慰彼黎庶君子之教而日見之哉班白之老胥吏之徒又以天子在宸勤恤孝理我君云邁誰其嗣之千餘人復連表詣闕投匭乞君以墨縗從事遑遑焉若有望而未至也鬱陶增思寤寐永歎將欲思慕不朽想見懿德乃相與言曰昔者君子思其人而愛其樹蒙其澤則歌其詩封君之仁我無金石乎又述其行狀訪余以銘勒之事縣丞等有弼諧之美刀筆之能永思清風歎息仁化尉安定梁愼盈知名之士也墨妙幾於草聖文義總於辭雄昔仕京畿左遷此職自以爲贊封君之化有

日矣承封君之德有年矣夫其忠信之勑寛猛之機古之官人君其殆庶乎父老之請允矣余竭來舊國傳據其實恭聞其去思而親覩其遺愛余所備者敢述斯文猶懼後生有言以爲口實河東薛稷隋内史公之孫也文章之伯而時所宗故憑其實錄寄之爲頌其詞曰

天地之間有渤海焉伯宗伯谷神山在焉精氣飛騰生良宰焉良宰實生代祿代鄉君達好道風雲上征武興察孝州郡有聲陳其弓冶戴其簪纓笠仕斯邑我龜觀貞深期高悟絶策遠明既至肅肅其來英英臨事若祭視人如嬰

三農憖困折獄以情輕重共用穀貨以平我裳既襲我簋斯盈於惟我君張仲孝友家膺五福堂享三壽温凊不違喜懼兼守枯魚銜索疾風過牖匪降自天誰執其咎棘心劬勞匪莪伊蒿彼蒼不弔惟其永號借寇為請惠此嗷嗷曾是奔告謂天蓋高昇仙橋下赤車使者客於臨邛文雅雍容觀風萬里謁帝九重嗟嗟其舊椎牛擊鍾門於君墨借輪雕龍專思君兮不返伐石登山山高兮望遠懷車馬於言告欲絃歌於言偃人實去思我無愧詞

九隴縣獨孤丞遺愛碑

彭州九隴縣丞獨孤君有恭懿之行柔毅之才臨官以莊敬事而信清白苦節勤恪厚躬廉而不矜利以不浼有特立之操焉在位四年無一日自倦精專力務澤潛氣通天彭之人陶然大化居秩歲滿單車告歸邦思其仁國詠遺愛乃樹碑刻石追崇厥庸既頌歎之又思福之以金仙世尊慈善萬物遂貢金鑄像祈祉冥休悠悠之人至今稱賴夫官不必貴政惟其才獨孤丞上迫宰君下雜羣尉文墨教令不專在躬然力行務仁推誠愛物謳吟者不歌其宰頌議者必歸於丞豈欺也哉吾每聞一言可以永寧天下者在能官人而已苟謬其任綱維以穨感獨孤丞智效一鄉惠孚百里況其大者乎於戲官人哉乃作頌曰

於維國家建官以理得人則盛匪人則圮英英我君清節素履恭寬敏惠將順其美禮實在躬人以知恥歲秩其暮薄言歸止祁祁吏人何嗟及矣涕戀沱若遺愛罔已瞻德樹碑造真祈祉不有其惠孰能享此悠悠彭門千載有紀

漢州雒縣令張君吏人頌德碑

至哉天子在穆清之中端元默之化萬國日見百姓以親誰其昭宣令長其任也然則國有小大政有汚隆遭其和

平則循理之功易值其凋瘵則革弊之業難況罹乎薦瘥救其塗炭力倍於中而功不半之利盡其仁而澤未全洽則我府君當欽明之世承苛慝之燼緝積靡之餘遂能撫寧矜殘淳耀敦懿改制立憲昭德顯仁奇跡光乎曩賢惠風穆於茲日我行千里而得一賢傳曰夫用我者而豈徒哉府君姓張氏名知古蓋漢少傅留侯之裔也昔留侯得滄海力士東報於秦遇黃石老人西歸於漢山河鍾鼎子孫保之代在關中今為宜州人也高祖藝周恒州司馬曾祖歡隋許州司馬祖雄唐并州榆次令考琳原州平原令

皆稟瑚璉之器著經濟之才大位不躋元德滋茂其昭祉
復襲於我府君府君體英奇之姿沖希默之量齊敏內肅
端簡外融夫其孝友睦婣研幾成務深斷守節之固撥煩
簡要之能在於家邦聞其政矣起家補同州朝邑尉歷太
州鄭縣尉左金吾衛倉曹參軍洛州洛陽主簿黃圖左㘸
豪俠所湊赤墀佐理實賴其能又遷雍州明堂縣丞時皇
帝恭默明臺清問下吏西南矜寡有詞上官曰刺史沓貪
而苛縣令威施而忍奸宄因疊羣行斂歎哀哉甿黎顛在
荼毒朝廷憫之帝曰俞允哉乃用勅撫此荒邑噫嘻昔者

苛政未作封境保安茲都衝要衿帶全蜀百濮兼錯萬裔
之臬寶利珍貨盡四海矣迨殘猛聿至蠡賊內訌始於碩
鼠之侵終屠餓狼之喙杼軸既盡郛邑殆空悲夫仲尼云
苛政虐於猛虎豈猛虎而已哉我府君殷然始宣皇明恭
職事巡省黃髮周爰令圖所以綏亡固存蠲虐去暴與百
姓更始者輿人斐然乃作誦曰我有聖帝撫令君遭暴昏
椓愕寡紛民戶流散日月曠君去來兮惠我仁百姓蘇矣
見陽春然不躬不親庶民不信於是府君知人散久矣黷
於詐罔已曰未遂躬六曹之務先五美之訓下官斂手牟

食革心人始翕如也初官戶在版圖者萬有五千餘家歷
政侵殘逃者過半歲月永久廬井湮蕪蠨蛸在堂蟋蟀空
歎先是有勅天下逃人歸復舊業者免當年租庸公以柔
遠能邇政之大端乃下令曰於戲天子誠憫斯人是用命
我其訖有濟若逋不及惠幽不能明吾之罪人部內有逃
越他境能相率歸者免一歲租及征徭若愕嫠貧窶不能
自濟者當別議優之其長正耆老可明喻此誠使被幽谷
令既下克己示信或有逃者引首而歸公親循寧慰贍理
其業於是小大悅賚遠近承風四封諸通一朝景附夫負

妻戴子荷蓑提笠首尾郊郭者凡七千餘家熙乎若鴻鴈
之得春也既至矣則勞來之既止矣則安輯之或三年或
十年舊館已無喬木猶在公緝屋塗室薙陌開阡爲其井
疆人得其居矣田畯失業農野榛荒此邦膏腴利在江漫
有金鴈白魚二水是其朝雲澤麓無虞溝畛塡塞公濬其
塗洫川澮始通人得就畊矣流亡初復貧鞠兼半食不鋤
口力未贍農公又假富資貧耦耕分種助其銍刈歲以有
年人得其食矣曩者征稅橫斂商旅不行貿遷有無廛肆
半絕公阜其貨賄交易復通日中噬嗑人得其利矣乃種

樹畜牧蠶漁工賈什伯之器車服之庸婚姻之時喪祭之禮莫不盡爲度數制其權衡征賦既均千室如一於是百姓允賴鼓舞而歌其歌詩凡六章題曰逃還樂其首章蓋言天子之德也其二章憫前政之虐也其三章喜公惠之至也其四章言逃還之樂也其五章美公化行而奸慝不興也其六章善政令均平賦斂不淫也時日月會於龍豵歲功成乎孟冬百嘉備蒸品物咸乂府君乃稽版籍攷幽明親巡乎邦廬存問乎鰥耄黃耇稚齒山原之民乃接手賡歌迎擁馬首累乎道路者以百千輩晝肆酒夜聯燭羣舞蹈詠迎途餞郊皆歌前六章慶公惠也是以封內歡康境外萌動企公德美有若神明府君嘗因公事至成都成都之民駕肩相矚蓋籍甚其異也封人有喪者廬於墓側鞠然在疚負土成墳公親從寮吏弔其苦蒿自是禮讓行焉學校興焉長史河南竇公旌別尚賢廉簡居政以公甄理積弊躋美中和歷政逋亡一朝狎至遂表其狀奏之於闕庭屬獯鬻孔亟戎車未暇郊壘既夷邦憲清穆刺史南陽張公幨幃臥理寬猛以濟儒術兼優吏畏獨坐人歌來暮甄綜品鑒物無遺才又以公保邦乂民勝殘去殺重理

前秩昇聞宸扆夫昇聞者豈循良而已哉蓋激清勵貪聳善懲惡祈元嘉命優公寵章於是鄉旌邦彥華髮杼首或名淹玉壘家擅銅山如王宏馬靖等若干人皆以政洽仁顯功著頌宣揚金帛嘉止不日而至至則國肥矣去則民瘠矣况我邦族其將疇依兄弟睦親不可以從往也筐篚玉帛不足以永貺也隔千里而不昧與百姓而長存非刻金石列圖象揚宏懿崇耿光則喁然衆情孰克慰滿於是乃從旅鑿巉巖自金水之山得玉玫之石農夫田婦擔扛力運皆懼公往遺像莫瞻共琢之磨之議之謀之子昂時因歸寧采藥岐領父老乃載酒邀諸途論府君之深仁訪生祠之故事永我以典禮博我以文章夫千里一賢義者所貴今百城一理公獨有之不熙其烈光以示當世則孱弱者胡以激節貪垢者曷以悛心敢因此義乃吒謡而作頌曰頌缺

續唐故中岳體元先生潘尊師碑頌

尊師業尚沖密勤毖幽深理心事天所寶惟嗇絕聖棄智不耀其光故真感冥期珍圖祕學性與天道不可得而聞也若乃崇標曠迹遐情遠思志摩青雲蓬視紫闕高宗每

降靈鑒親詣精廬尊師身不下堂接手而已每歎曰大丈夫業於道不能投身霄嶺滅景雲林而疲痾此山以煩時主吾之過也遂欲東求蓬萊孤舟入海屬天皇敦篤斯道祈款逾深踟躕山陽絕策未往旣而金革（一作格）有命鑾遺區於戲昔姑射有神人堯輕天下崆峒有至道軒屈順風元眞高蹤萬古同德何其盛哉尊師有弟子十人並仙皆之秀然鸞姿鳳骨眇愛雲松者惟潁川韓法昭河內司馬子微皆稟訓（一作命）瑤庭密受瓊室專太清之業遺下仙之傳谷汲芝耕服勤於我蓋歷歲紀也始尊師受籙於茅

山昇元王君王君受道於華陽隱居陶公陶公至子微二百歲矣而元標僊骨雅似華陽夫階眞蹈冥鍊景遊化者其必有類乎法昭等永惟尊師靈跡洞業高深邁古而棄代往矣其若之何乃斲石幽山申頌元德其頌曰

觀元化兮求古之列仙得瑤圖與金鼎信元符之自然神與道而為一天與人兮相連苟精守以專密必駕景而凌烟丹邱不死兮羨門子黃宮度世兮吾體元體元至德兮洵淑美沖心養和保元始初學茅山濟江水乃入華陽洞天裏道逢眞人昇元子授以寶書青台旨今守嵩陽玉女峯雲棲窮林兮五紀聖人以萬機為貴而我以天下為累聖人以大寶為尊而我以天下為煩是以冥居於嵔[illegible]寄遺跡於軒轅有唐高宗兮天子之光好道樂仙兮思彼雲鄉千旌萬騎兮翠鳳凰遨遊汝海兮箕山陽朝拜白茅夕紫房齋心潔意緬相望祈問玉眞及玉皇何以得之受天昌黃庭中人在子身窅窅冥冥精甚眞去汝驕氣與淫神勤能思之道自親遂解形而遺世乘白雲而上賓弟子不知其所往乃刻石以思其人

昭夷子趙氏碣頌

昭夷子諱元亮（一無亮字）字貞固汲人也本居河間代為大儒至祖掞尤博雅耽道隋徵八學士與同郡劉焯俱至京師補黎陽郡長始居汲焉有二子禮輿禮轅輿官至臨潁縣丞轅為校書郎並著名當代昭夷即禮輿季子也元精沖懿有英雄之姿學不常師志在遐遠年二十七褐衣遊洛陽天下名流翕然宗仰羣蒙以初筮求我昭夷以元轂發機故蓬居窮巷軒冕結轍時代議迫阨不容其高乃屈身泥蟠求祿下位為幽州宜祿縣尉到職逾歲默然無言唶採藥彈琴詠堯舜而已州將郡守穆然承風君之道標浩

如也因巡田入隴山見烏支丹穴密有潛遁之意蒼龍甲（一作丙）申歲在大梁遭命不造發痟疾而卒時四（一作三）十九嗚呼哀哉天下士人聞之知與不知莫不爲之垂涕蓋傷其有濟時之量而無長駐之年夫上德道全器無不順中庸以降才好則偏有張也之莊無展也之道好由也之勇緬回也之仁侈宰予之言遺澹臺之行務端木之智忘甯武之愚或正而不奇或達而過雜君獨五味足六氣和通衆賢之不兼暢羣才之大適雖不至於聖道其殆庶乎故人無間言物飽其義吾嘗論人事有十君得其九一不至

者命也夫於戲名聞天下而不達於堂上智周萬物而不適乎一人也其時歟其事歟君故人雲居沙門釋法成嵩山道士河内司馬子微終南山人范陽盧藏用御史中丞鉅鹿魏元忠監察御史吳郡陸餘慶秦州長史平昌孟詵雍州司功太原王適洛州參軍西河宋之問安定主簿博陵崔璩咸痛君中夭鼎飪不實百代祀德故老或云以爲名者德之表謚者行之迹君囊括代道位屯時艱困乎飈光景不耀乃共稽雋舊行考謚定名問於元蓍象曰明夷于昭夷昔歎才位不兼大運有數嘗哀時命而作頌云諸公以余從君之遊最久故秉翰參議其頌曰

天道宏運兮物各有時匪時不生匪運不成昔者元精回潏陽九滔災大人感生堯禹恢能陰陽既和元帝傳家五百數終桀驁暴邪子乙提運水火革明匪賢不昌尹乃阿衡六百運徂受始淫狂西伯考元歷在躬昌匪雄不決匪謀不臧姜牙皓眉實逢其良投鈞指麾奄有八荒周有天下七百餘年太公之後不聞大賢豈無仲尼負道周旋無勢一掔無土一廛然則大運之所來時哉時哉時臨業臨運巨功巨苟非其時草木爲伍昭夷作頌云爾又嘗著汲

人嘼記言變化之事且曰請爾靈龜永晏息乎浩初

唐故循州司馬申國公高君墓誌

君諱某字某渤海蓨人也昔周天子命我太公受封東海鍾鼎寶玉七百餘年故其公侯代有國祀曾祖勵字敬德北齊朔州大行臺僕射襲爵清河王改封樂安王周授開府隋授楊楚洮三州刺史我唐有命崇寵典章貞觀初贈恒定并趙四州刺史垂拱中又贈特進非明德上公孰享之哉祖宗儉字士廉皇朝太子太傅上柱國申國公食邑三千戶贈司徒并州刺史永徽初贈太尉配享太宗文皇

帝廟庭謚曰文獻昔帝光天下公實佐之至是元勛克配
清廟父懋字履行秦府軍直千牛滑州刺史將作大匠金
紫光祿大夫太常卿洪州都督上柱國申國公尚東陽長
公主駙馬都尉衣冠禮樂盡在是矣故帝乙歸妹尚于中
行公則駙馬之元子也含章丹穴籍寵黃扉承禮訓於公
庭盡儀刑於士則年若干嗣封申國公十四解巾授千牛
備身超奉紫璋已有光矣秩滿補海監府左果毅都尉再
遷遊擊將軍右師府郎將遂昇榮禁衞承寵司階千廬之
務式遵八舍之榮攸襲又授朝散大夫尚輦奉御再遷尚

衣奉御屬展宮搆難巫蠱禍興坐堂弟岐左遷循州司馬
蒼梧南極桂海東浮是唯篁竹之區而有山夷之患永隆
二年有盜攻南海廣州邊鄙被其災皇帝哀洛越之人罹
其凶害以公名家之子才足理戎廼命專征且令招慰公
奉天子威令以喻越人越人來蘇日有千計公乃惟南蠻
不討之日久矣國有大命將布遠方欲巡禦象林觀兵海
裔彼蒼不弔夭我良圖因追寇至廣州遇疾薨於南海之
旅次時年若干嗚呼哀哉珠鼎之秀邦國之光負才能重
書劍方將克崇舊業祗寵前人降年不長永墜厥緒嗚呼

哀哉夫人京兆韋氏銀青光祿大夫太子詹事武陽侯琨
之第某女也有淑慎之德窈窕之賢長於公宮少習婦道
年十六歸於申國鳳臺尋悶鵲巢斯在雖珠玉翡翠職是
其儀而澣濯蘋蘩不改其操故我君子琴瑟友之年三十
儀鳳二年先公而歿其年權殯先塋嗚呼哀哉始公之適
南裔也夫人逝矣死生言别永懷燕越之悲旌旐同歸終
淪松柏之路先是公有命合葬宏道歲靈櫬自南海還嗣
子紹等追惟永終仰遵先志粵載初元年歲在攝提格始
昭啟亡靈攺卜遷祔某月日遂合葬於少陵原禮也嗚呼

哀哉霸山南望秦川滿目紫臺鍾鼓方對於青春白楊邱
陵獨悲於元夜紹等以東西之人懼岡陵之變古不樹今
則墳焉

申州司馬王府君墓誌

君諱某字某其先太原人也昔周文王有聖人之德甲子
受圖至我靈王誕膺丕顯太子晉得鳳凰之瑞恭揖羣后
上爲帝賓緜緜生人作我王氏迨秦有賁翦弁吞諸侯晉
有渾祥功格帝室魏至慧龍爲貴種矣十二代祖卓晉常
山公主子也始公主湯沐邑在汾陽永嘉淪夷不及南度

因樹枌檟而結廬焉卒葬於長壽原至今鄉有太原之號也曾祖亮周開府儀同上大將軍隋信州刺史樽俎之師也祖儉隋離石郡守唐石州刺史贈岳州總管廣武烈侯社稷之器也父諶唐虞部郎中荆州大都督司馬商壁鄜許冀五州刺史加銀青光祿大夫瀘州都督金水敏侯上柱國廊廟之才也敏侯有功於國始賜土田白茅苴之在鄠之曲因食菜今爲雍州人君即敏侯之元子炳靈珍粹輝采幽黃愿而以恭寬而以栗青衿聞道已光大矣天子立太學所以養賢公子齒上庠所以觀國君休烈泉塞志

業雲翔年若干爲國子生其中射策甲科解褐補吳王府參軍事時吳王帝之愛子國選英寮君三德允章六行既穆與某郡劉孝孫首光此舉誦詩三百和淑其仁而醴酒不恭楚筵亦廢坐除滑州錄事參軍又轉隴州錄事參軍時樂成公劉仁軌以宰相之貴持節此州曖然推中主諾責下君提綱未幾羣轄載孚劉公坐嘯以爲能也舉遷汾州平遥縣令其地有臺駘之怪蟋蟀之人君黃鼎分中鳴琴不下鐘鼓既考風俗允和帝曰良哉而格我政加朝散大夫遷岐州扶風縣令昔尹翁歸以文武之幹緝熙此邦

黃圖雖寧赤丸未乂君以先庚斷甲設距投鉤赭裾始纚墾面咸革丁我敏侯艱遂茹哀苦廬銜恤終祀是歲申國不理元寮佇才制加朝請大夫授申州司馬屬太夫人有羸老之疾去官不之白華増勤綵衣是慕至於朝盥夕膳候色承歡夔夔齋慄蒸蒸不匱有若楚老萊子之爲嬰兒也嗚呼昊天不弔降我鞠凶太夫人以眉壽薨時君年已七十二矣禮以飲酒而君絕漿虞以降哀而君泣血煢煢在疚欒棘其心新穀未升匪莪以殞以某年青龍癸巳薨於某里第之正寢孝之終也嗚呼哀哉昔聖人五十而慕

先子謂之至德今君七十二而盡其哀非敦篤允元深仁淑德者疇能離此哉夫人宏農楊氏隋內史侍郎丹川公演之孫女也幼有淑德而美令儀採蘩昭華穠荷比秀至於內嚴闈訓外匡君子麟趾以穆雞鳴有章誠可道暎公宮事宣彤管晚年以儒因未究冥業惟深遂揭無生之筌將遺有漏之屣顓潔道行受蓮花經理極翻三心滅不二形亡緣盡歸眞化冥歲在丁酉處順而往始我府君以懸車之歲從負米之勤夫人亦能肅恭晨昏嚴祇左右夫至行莫大於孝崇義莫顯乎忠君克勤於家盡力於國刑於

妻子至於朝廷夫矜而不與物或有違廣而無適義所以比君好謙達禮研幾成務摹其法器無不馴從其事政無不理夫用我者而豈徒哉嗟夫矜而能廉利而不浼百行允備三事不階臧文仲其竊位與柳下惠其直道與有子四人長曰某官至武連縣令先公而卒次子某等皆肅奉嚴訓景行高山達於家邦光於禮樂永號罔極泣血旻天始府君臨終遺令薄葬墨龜未食青烏不封權殯於某所需吉兆也龍集己亥律躔應鍾金雞鳴玉狗吠黃腸密啟丹旐徐飛始遷神於某原之陽禮也青龍在左朱鳳居前

雙衾共封二室同窆珠玉不瘞邱隴誰傳刻此金石以旌後賢

陳子昂八

率府錄事孫君墓誌銘

嗚呼君諱虔禮字過庭有唐之不遇人也幼尚孝悌不及學文長而聞道不及從事得祿值凶孽之災四十見君遭讒慝之議忠信實顯而代不能明仁義實勤而物莫之貴堙厄貧病契闊良時養心恬然不染物累獨考性命之理庶幾天人之際將期老而有述死且不朽寵榮之事於我何有哉志竟不遂遇暴疾卒於洛陽植業里之客舍時年

若干嗚呼天道豈欺也哉而已知卒不與其遂能無慟乎

銘曰

嗟嗟孫生人見爾迹不知爾靈天竟不遂子願兮今用無成嗚呼蒼天吾欲訴夫幽明

唐故袁州參軍李府君妻張氏墓誌銘

夫人諱某清河郡東武城人也昔軒轅錫允弧矢崇威畏其神者三百年得其姓者十四族金貂七葉漢天子之忠臣鼎足三公晉武皇之名相孤卿玉帛世有其庸曾祖某北齊太常卿徐兖二州刺史天人之禮位掌於秩宗侯伯

之尊寵優於露冕祖某隋汾陰壽春陽城三縣令襲公侯之瑞屈銅墨之班士元非百里之才太邱有三台之望父某唐戶部侍郎復亳建三州刺史尚書北斗始贊於南宮方岳專城終榮於獨坐夫人即刺史之第若干女也稟柔成性蘊粹含章承禮訓於公庭習威儀於壼則夫其窈窕之秀婉孌之姿貞節峻於寒松韶儀麗於溫玉鉛華不御飾環佩之容浣濯是衣勤黼黻之綵自作嬪於君子主中饋於家人三千之禮不違九十之儀無愆至乃恭於奉上順於接下仁孝以承宗祀慈惠以睦閨門則雍雍蹌蹌必

由其道矣嗚呼府君不造遘此閔凶中年不圖早世而殞青松摧折哀斷女蘿之心丹節孤高終守柏舟之誓而府君食先人之德無厚生之貽夫人徇黔婁之貞闕丹臺之產孀居永日蓬首終年處貧素而彌堅保幽芳而不昧始府君之逝有四子焉少遭罔極之哀未奉過庭之訓夫人保持名教終始禮經既勗之以義方又申之以遠大皆能率由慈訓克荷嘉聲箕裘之業載隆燕翼之謀不賈非夫淑明賢懿聖善溫良崇婦道之深規宏母儀之至範孰能昭宣令問若斯之盛哉彼蒼不恤殲我眉壽春秋若干載初元年月日遘疾終於洛州某里之私第嗚呼哀哉夫人令儀有穆惠問無喧敦雅志於詩書婉嫺情於琴瑟若乃姆師酒食之議女工纂組之繁莫不總制清衷宏宣懿則茂蘋蘩之雅訓協沼沚之芳猷雖古稱敬姜詩云淑女論容比德殆無以過穠華不居私局永閟嗣子某等悲摧欒棘思結寒泉永惟同穴之儀仰遵歸祔之典以大周天授二年二月日朔遷祔於袁州府君之舊塋禮也合葬非古奉周公之儀墓而爲墳宗仲尼之訓嗚呼鴛鴦之樹眇泣於松楸鼓吹之山緬然於邱壠原陵何代銘誌無文有哀

黃鳥之詩遂勒青烏之兆銘曰

詩云淑女君子好求懿哉令德嘉儀聿修溫容玉映峻節松楸妙心彤史潔志元猷昭宣壼則惠穆蘋洲共伯早逝貞姜獨留煢居蓬首哀深柏舟彼蒼不愁此夜長幽懷南風之吹棘想北隴以同邱青春兮白日獨昭昭以悠悠

上殤高氏墓誌銘

維唐垂拱二年太歲景戌七月二十日殤子高氏卒嗚呼哀哉含瓊敷而不玉實者有矣夫我觀顥元機化出入夭壽之數榮落之原皆一受而不易者也悲夫古人之仁懿

中庸不幸短命今復見之於高子矣高子渤海蓨人也黃州府君之幼孫宛邱府君之叔子生而岐嶷實覃實華越在襁褓神明滋茂童蒙淵敏光潤玉顏八歲始教方書受甲子巳知孝悌之道詩禮之規宛邱府君鍾愛之他日嘗趨庭與諸兒戲神情涵泳綽然如鴻鶵鵠子有青雲之意也府君美之曰能光我家者此兒十五通左氏春秋及尚書飛翥之志日新宏大矣不幸享年十七遇暴疾而夭嗚呼哀哉宛邱府君感慟哀過於禮曰不恨爾壽之不長惜爾器之不彰夫何苗育今也則亡嗚呼吾將老矣爾遠何

哉其年七月殯於家園日月云徂六載於茲矣天授二年龍集辛卯府君方大崇元域以安先兆諸子之柩皆祔焉其年二月癸卯朔十八日庚申啟殯歸瘞於大塋禮也銘曰

來不可遏去不可止唯死與生由生以死於戲殤子噫何往矣傷慈父之肝情獨冥冥而長已死而有知可也若其無知悲爾

唐陳州宛邱縣令高府君夫人河南宇文氏墓誌銘

夫人諱某河南郡人也昔吾君夏后氏之子霸有幽都皇運北興鼎圖南起開寶符而帝天下撫璿璣而王中國則後周之受命武帝之雲孫夫人四代祖也曾祖某失周子之封亡山陽之國雖存天子之允已類咸陽布衣植德早夭祖某隋朝官澧州澧陽縣令父某龍州司法皆承家席寵代有令名夫人賁穠華襲繁祉崇徽惠穆秀色苕榮自於幼年有令儀也十四適於高府君夫其溫慈惠和信肅修穆行有法度動有禮經嚴恪以理家人僩瑟以和君子則已含乎光大矣若乃宗廟衷敬仁孝也娣姒祇和謙順

也蠲潔酒食婦儀也黼黻元黃女工也宏此四德而務六親鞶帨以文之雜佩以發之猗可以作範母儀昭宣壼則矣至於訓子以睦教女以順愛下以慈與人以讓外以贊府君之德內以光中饋之教皆曰聞其進不見其退也嗚呼仁而不壽生也永終永淳元年五月遇疾終於宛邱縣之官舍時年二十七嗚呼哀哉高府君尋以公事罷職山塋未卜旌旐來歸府君思北海之魂留東園而殯日月遂往九歲於茲府君方崇樹先塋增封舊域以大周天授二年太歲辛卯二月癸卯啟殯於東園遷祔於洛州某原禮

也哀哉夫人雅有高行終而不忘以爲厚葬非禮也是以珠玉不飾塼瓦是藏高府君聿遵其志率以薄葬於戲非古之明德淑女金玉其光何以躋之吾忝門閭之賓覩其家道矣雍穆懿鑠實有清風故叙之而未充德也銘曰

夭夭桃李有華兮灼灼淑人宜家兮修睦婦道不諱兮窈窕嬪儀孔嘉兮榮采之方茂而云亡兮咨嗟

故宣議郎騎都尉行曹州離狐縣丞高府君墓誌銘

君諱某字某其先渤海蓨人也因仕居洛今爲陽翟人昔

赭鞭秉運襲炎帝之宗蒼兕應期承太公之允崇勛霸業光烈猶存曾祖某北齊太子中舍人贈冀州刺史青宮近侍光寵朝班阜益追榮恩崇國禮祖欽仁隋左親衛大都督檢校祕書郎帶七尺劍始遊天子之階持三寸筆終入芸香之閣父相唐江州潯陽縣令舒州懷寧縣令絃歌之化身不下堂神明之威蝗猶避境君即懷寧府君之長子也黃河一直青松萬仞性惟仁孝行實溫恭文義必以潤身名節由其徇物唐龍朔元年有制舉忠鯁君對策及第試永州湘源縣尉位卑黃綬志在清規秩滿以常調補鳳州黃花縣丞梁竦長懷尚勞州縣桓譚不樂空負琴書又轉易州遂城縣丞以管輅之材從趙典之任古人斯在君子居之大周革命任曹州離狐縣丞而春秋已高日月方出武盡美矣不得夷齊之臣文哉郁乎自邈夏商之道於是因階秩滿告老歸閑閉郊扉於南野習巖居於東澗詩書琴酒以觀先達之風山水邱園將爲遺老之賞天授二年歲在單閼七月二十二日考終厥命卒於陸渾縣明高之山莊時年七十有二嗚呼哀哉君雅尚節義素履元亨懷古人之遠圖慕先賢之遺烈以爲桓魋石槨非則於禮

經墨翟桐棺實宜於聖典遺令薄葬務取隨時即以其年十月日葬於北邙山平樂之原禮也嗣子思恭孝思罔極喪制過哀思封樹而緬懷恐東西而不志白楸爲槨奚遵古葬之儀丹漆題封即表永年之記銘曰

泱泱大風其太公兮穆穆君子紹厥宗兮忠鯁察廉仕漢宮兮才高位卑考永終兮哀哀孤子號蒼穹兮歸葬平陵松柏桐兮

堂弟孜墓誌銘

君諱孜字無忌其先陳國人也六代祖太樂梁大同中爲

本郡大司馬生五代祖方慶屬梁亂始居新城郡武東山生高祖湯爲郡主簿生曾祖通早卒通生皇祖辯少習儒學然以豪英剛烈著聞是以名節爲州國所服皇祖生考元爽保植先人茂德降生於君君幼孤天資雄植英秀獨邁性嚴簡而尚倜儻之奇愛廉貞而不拘介獨之操始通詩禮畧觀史傳即懷軌物之標希曠代之業故言不宿諾行不苟從率身克己服道崇德閨門穆穆如也鄉黨恂恂如也至乃雄以濟義勇以存仁貞以立事毅以守節獨斷於心每若由己實爲時輩所高而莫敢與倫也是以鄉里

長幼望風而靡邦國賢豪聞名而悅服方謂拂羽喬木緬昇高雲而遭命大過棟橈而殞嗚呼天咎予乎時年三十五是歲龍集癸巳有周天授二年秋七月卜兆不吉權殯於眞諦寺之北園始以今甲午歲獻春一月己酉朔二十五日己酉定於石溪山之北岡陪考墳也君家世墳壠在武東山昭穆崇封松柏列盛至君考遺令獨愛石溪之岡故君從先志祔葬於此嗚呼哀哉始君伯父海内之文人也含純剛之德有高代之行每見君歎曰吾家代雖儒術傳嗣然豪英雄秀濟濟不泯常懼後來光烈不象先風每一見爾慰吾家道實謂君有逸羣之骨拔俗之標超山越壑可以駿邁也豈其天絕喪玆良圖嗚呼其元命歟遭命歟天不恍歟道固謬歟大圓蒼蒼大方茫茫賢聖同此爾之何傷古人有言珠玉而瘞是暴骸於中原況吾家道尚儉名訓未墜封樹之禮吾敢過焉是用錫爾瓦木之器塗芻之靈堯舜之典忠孝之經昭示後代以安爾形銘曰

我祖之葳蕤兮邈於陳緬遥裔兮此江濆五代崇光兮至夫君徽烈英曜兮始葢葚何意嚴霜兮降青春玉樹摧落兮成黃塵南山無隟兮永幽淪悠悠昭代兮卜爾辰吾慟

感傷兮號蒼旻問之蓍策兮立茲墳乃言千載兮衣冠來臻黃頭之子白服人嗟爾黃頭兮勿傷神

周故内供奉學士懷州河内縣尉陳君石人銘

君諱該字彦表緜州顯武人也其先自潁川遷蜀矣曾祖寄祖曾考永貴皆養高不仕君少好學能屬文上元元年州貢進士對策高第釋褐授將仕郎其明年制勅天下文儒司屬少卿楊守訥薦君應詞殫文律對策高第勅授茂州石泉縣主簿開耀元年制舉太子舍人司議郎大府少卿元知讓應制薦君於朝堂對策高第勅授隆州蒼溪縣

主簿垂拱四年又應制學綜古今對策高第勅授懷州河内縣尉凡歷所職皆以清廉仁愛著聞有周革命天授三年恩勅自河内追入閤供奉居未期不幸遇疾於神都積善坊考終厥命年六十三歸葬於豆圖山之陽原禮也嗚呼哀哉古人有云飾顔夷之行不逢青雲之士而聲名磨滅者有之矣嗚呼我陳君敦懿元默潔清温良馴道執志好學博古恂恂焉行高職卑不改其操學優祿薄不怨於天四舉有道三歷下位宴如也非諄諄淑人其誰能涅此而不渝哉夫知命可謂君子矣好學可謂爲文矣丹書不

藏於勲府青史不昭於方冊於戲一絶故老之口孰知夫子之賢哉吾與君族人也服美其德尚矣昔子雲稱李元常璩敘令伯皆没而不朽後代稱之斯非若人之徒歟吾豈默而無述其銘曰

闇閶君子好斯文兮縟藻盤章潛卿雲兮棲遲下位允升聞兮金署玉堂見吾君兮鸞階鴻漸期紫氛兮鐘鳴漏盡竟蘭焚兮儒行墨節將何云兮恭承遺言立石人兮金刻丹書記歲辰兮青龍甲午銘兹墳兮

館陶郭公姬薛氏墓誌銘

姬人姓薛氏本東明國王金氏之允也昔金王有愛子别食於薛因爲姓焉世不與金氏爲姻其高曾皆金王貴臣大人也父永沖有唐高宗時與金仁問歸國帝疇厥庸拜左武衛大將軍姬人幼有玉色發於穠華若彩雲朝升微月宵映也故家人美之少號仙子聞嬴臺有孔雀鳳凰之事瑶情悦之年十五大將軍薨遂翦髮出家將學金仙之道而見寶手菩薩静心六年青蓮不至乃謡曰化雲心兮思淑貞洞寂滅兮不見人瑶草芳兮思葐蒀將奈何兮青春遂返初服而歸我郭公郭公豪蕩而好奇者也雜佩以

迎之寶瑟以友之其相得如青鳥翡翠之婉孌矣華繁艷歇樂極悲來以長壽二年太歲癸巳二月十七日遇暴疾而卒於通泉縣之官舍嗚呼哀哉郭公怳然猶若未亡也寶珠以含之錦衾而舉之故國途遥言歸未迨留殯於縣之惠普寺之南園不忘貞也銘曰

高邱之白雲兮願一見之何期哀淑人之永逝感紺園之春時願作青鳥長比翼魂魄歸來遊故國

我府君有周居士文林郎陳公墓誌銘

公諱元敬字某其先陳國人也五世祖太樂梁大同中爲

新城郡司馬生高祖方慶方慶好道得墨子五行祕書白虎七變法遂隱於郡武東山生曾祖湯湯爲郡主簿湯生祖通通早卒生皇考辯爲郡豪傑公河目海口鷰頷虎頭性英雄而志尚元默羣書祕學無所不覽年弱冠早爲州閭所服耆老童幼見之若大賓二十二鄉貢明經擢第拜文林郎屬憂艱不仕潛道育德穆其清風邦人馴致如衆鳥之從鳳也時有決訟不取州郡之命而信公之言四方豪傑望風景附朝廷聞名或以君爲西南大豪不知深慈恭懿敬讓以得也州將縣長時或陳議青龍癸未唐歷云

微公乃山棲絕穀放息人事餌雲母以怡其神居十八年元圖天象無所不達嘗宴坐謂其嗣子子昂曰吾幽觀大運賢聖生有萌芽時發乃茂不可以智力圖也氣同萬里而合不同造膝而悖古之合者百無一焉嗚呼昔堯與舜合舜與禹合天下得之四百餘年湯與伊尹合天下歸之五百年文王與太公合天下順之四百年幽厲板蕩天紀亂也賢聖不相逢老聃仲尼淪溺溷世不能自昌故有國者享年不永彌四百餘年戰國如麋至於赤龍赤龍之興四百年天紀復亂夷胡奔突賢聖淪亡至於今四百年矣天意其將周復乎於戲吾老矣汝其志之太歲己亥享年七十有四七月七日己未隱化於私館孤子子昂愚昧鞠然在疚不知所從乃祗馴聖人卜宅之義是歲十月己酉遂開拭舊塋奉寧神於此山石佛谷之中岡也銘曰

賢者避地邈其往兮鳳兮鳳兮誰能象兮嗚呼我君懷寶不試孰知其深廣兮悠悠白雲自怡養兮大運不齊賢聖罔象兮南山四君不遭漢天子固亦商邱之遺壤兮

唐水衡監丞李府君墓誌銘

君諱某字某趙國人也乃昔嬴楚睽孤豪傑雲起廣武君

負霸王之畧爲成安之師實欲北興帝基南面稱創雄圖未展大運陵積傳云有明德當代不顯其後必有昌者自武至君二十四代矣公侯寶玉刻鼎銘鍾紛綸葳蕤代濟不泯六代祖孝伯後魏北部尚書秦州都督宣城公魏之名臣載在青史曾祖某後周陜州芮城縣令祖某屬隋運板蕩君子道消遜言遁時不顯於仕拜儒林郎父某唐隆州蒼溪縣丞襄州荆山縣尉有高才而無貴仕君鍾常山之氣炳漳水之靈少尚名節躬行仁義始入太學以精理見知未幾進士高第拜白水縣尉尋轉雲陽尉屈青雲之

貪從黃綬之任雖吏道迫脅而遐情眇然秩滿調補洛陽尉盤根利器尹守拭目遷懷州司法祿不徇榮位以行道雅尚貞遯與衆趍少合洎上聞對策甲科授益州大都督府錄事參軍滿歲擢授水衡監丞君所居清濬仁惠爲政識眞之士以公輔許之而好學篤道介如石焉故位不充量搢紳高其節烈士伏其義竟不能驤首雲路長鳴天衢知與不知咸皆共歎有餘恨也而君浩然冥順獨與化遊方將幽採元微精覈通變天命不祐春秋若干遘疾終於官某歲某月安厝於某所禮也嗚呼古所謂歿而不朽者

有矣夫遺言餘旨粲然可觀有子曰某痛門風之將泯懼代業之罔傳乃刊石紀德銘旌之曰

常山之靈和氏之英世有明德鍾此令名黃轂不貴拱璧爲輕仕以宏道祿匪徇榮高志厲雲思機入冥嗚呼天乎殲我國楨

禡牙文

萬歲通天二年三月朔日清邊道大總管建安郡王某敢以牲牢告軍牙之神蓋先王作兵以討有罪奸慝竊命戎夷不龔則必肆諸市朝大戮原野我皇周子育萬國寵綏百蠻靑雲干呂白環入貢久有年矣契丹凶羯敢亂天常乃蜂聚丸山豕食遼塞宴安鴆毒作爲欃槍天厭其凶國用致誅皇帝命我肅將王誅今大軍已集吉辰協應旄頭首建羽旆前列夷貊咸威將士聽誓方俟天休命爲人殄災惟爾有神尚殲乃醜召太一會雷公翼白虎乘青龍星流彗掃永淸朔裔使兵不血刃戎夏來同以昭我天子之德允乃神之功豈非正直聰明哉無縱大憝以作神羞急急如律令

禜海文

萬歲通天二年月日清邊軍海運度支大使虞部郎中王元琰敢以牲酒馳獻海王之神神之聽之我國家昭列象胥惠養戎貊百蠻率職萬方攸同鮮卑猖狂忘道悖亂人棄不保王師用征故有渡遼諸軍橫海之將天子命我贏糧景從今旌甲雲屯樓船霧集且欲浮碣石凌方壺襲朔裔即幽都而漲海無倪雲濤洄潏胡山遠島鴻洞天波惟爾有神肅恭令典導鷁首騎鯨魚呵風伯遏天吳使蒼兕不驚皇師允濟攘慝勦虐安人定災蒼蒼羣生非神何賴無昏汩亂流以作神羞急急如律令

國殤文 并序

丁酉歲三月庚辰前將軍尚書王孝傑敗王師於榆關峽口吾哀之故有此作

天未悔禍兮熾此山戎虐老昏幼兮人罹其窮帝用震怒兮言翦其凶出金虎兮曜天鋒掃宇宙之甲馳燕薊之衢何士馬之沸渭若雲海之洶溶荊吳少年韓魏勁卒戈矛如林白羽若月且欲蹈烏丸之壘刈赤山之旗聯青邱之繳封黃龍之屍凶胡猖獗姦險是憑蛇伏泥滓蟻鬬邱陵哀我將之佗勇兮無算畧以是膺陷天井之死地屬雲騎

以相騰短兵既接長戟亦合星流飈馳樹離一作雜山沓智無所施其巧勇不能制其怯頓金鼓之雄威淪輿尸之敗業嗚呼哀哉矢石既盡白日積主將已死士卒哀徒手奮呼誰救哉含憤抗怒志未迴殺氣凝兮蒼雲暮虎豹慄兮殤魂懼殤魂懼兮可柰何恨非其死兮棄山阿血流骨積殪荒尅思歸道遠不得語降不戮兮北不誅殁不賞兮功不圖豈力士之未御誠師律之見孤重曰壯士雖死精魂用凶醜爾讎不可縱我聞强死能厲災古有結草抗杜回苟前失之未遠儻冥讎之在哉嗚呼魂兮念歸來

弔塞上翁文

居延海南四百餘里有古城焉土人云是塞上翁城今爲戍其基扃趾跡蓋數千年也丙戌歲兮我征匈奴恭聞北叟託國此都予尚于叟日月遐邈及今來思實獲心契欣問于叟何德其愚僻居幽漠浩與代殊忘情逸馬胡寧而知福謝於鄰人何達而不淑丁男既存君子知復人以爲極也伊懷玆土既板且築扃禁天崇墉隍雲矗今則荒穢代亦不觚其故何哉賢叟之德登叟之堂天道何遠而玆理茫茫人代自故兮邱壠崩荒魂魄何獨不歸故鄉叟乎

叟乎我心之傷

祭孫府君文

維年月日謹以牲酒之奠致祭故延俊府折衝燕然軍孫府君之靈惟君少馳英武早效成功聲雄塞上名重關中憺稜威於敵國存大節於家風既揮金而退老方餌藥於仙童何昊天之不弔隨大化以長終白馬故人青鳥送往素車永訣黃壚誰賞酹酒盈觴魂兮尚饗

爲建安王祭苗君文

維某年月日朔方道大總管建安郡王攸宜以酒饌之奠

祭故壯武將軍左玉鈐衛中候左三軍營主苗君之靈君忠勇兼資戎麾夙濟烏丸作逆赤羽從軍方且任君先鋒仍馳後勁刈鮮卑之壘摧冐頓之師執馘獻俘歸受國賞何圖大勛未立隨命先凋永懷咨嗟情用兼慟故命酒奠告爾殤魂君其有靈歆茲薄酹嗚呼尚饗

祭黃州高府君文

維年月日朔孫女夫某等謹以清酌庶羞之奠敢昭告於故黃州高府君之靈惟府君含德元亨保和光大才堪濟代而運屬承平器允登臺而命鍾流落有瑚璉之寶無廊

廟之資豈圖大位不躋幽靈永昧尊儀潛翳三十餘年元殯既開黃腸已古今青烏改卜丹旐來歸宅兆即期幽明永訣某等忝承嘉惠奉事門闌興言追慕實增感咽竊惟精意以享黍稷非馨敢陳薄酹以獻明靈嗚呼哀哉伏惟尚饗

祭外姑宇文夫人文

維年月日朔女夫某謹以清酌嘉蔬之奠奉祭於故高氏河南宇文夫人之靈恭聞夫人有清穆之德皓潔之行淳懿肅恭內外仰則而遺風素範蕙敷蘭滋用能惠心光乎氤氳沼沚崇嚴壼訓芬郁母儀中饋柔嘉娣姒有則豈圖慈顏幽翳於今十年毫木已拱尊靈廓然今吉辰協應幽殯方開容象如在器質已灰改卜禮典宅兆方遷山園既列祖載行焉哀子號咷女也嬋媛終天永訣泣血流漣某謬承嘉惠預叨姻戚生事早暌送終空積竊聞精意以享黍稷非馨敢陳薄酹以獻明靈伏惟夫人明神尚饗

祭韋府君文

維年月日左拾遺陳子昂謹以少牢清酌之奠致祭故人臨海韋君之靈惟君孝友自天忠義由己有經世之畧懷

軌物之量甘心苦節風雨不改常欲窮則獨善其身達則兼濟天下感激遐詠邈然青雲何期良策未從大運奄忽嗚呼哀哉昔君夢奠之時值余寘在叢棘獄戶咫尺邈若山河話言空存白馬不弔追天網既開而宿草成列言笑無由夢寐不接永言感慟何時可忘今旌旐言歸關河方遠興言永訣今古長辭鄧攸無子天道何知洛陽舊陌拱木猶存京兆新阡孤松已植已矣韋生云何及矣大運之往賢聖同塵嗚呼哀哉伏維尚饗

祭率府孫錄事文

維年月日朔某等謹以云云古人歎息者恨有志不遂如吾子良圖方興青雲自致何天道之微昧而仁德之攸孤忽中年而顛沛從天運而長徂惟君仁孝自天忠義由己誠不謝於昔人實有高於烈士然而人知信而必果有不識於中庸君不愸於貞純乃洗心於名理元常既沒墨妙不傳君之逸翰曠代同仙豈圖此妙未極中道而息懷衆寶而未攄永幽泉而掩魄嗚呼哀哉平生知己疇昔周旋我之數子君之百年相視而笑宛然昨日交臂而悲今焉已失人代如此天道固然所恨君者枉天當年嗣子孤藐

貧窶聯翩無父何恃有母惸焉嗚呼孫子山濤尚在嵇紹不孤君其知我無恨泉途嗚呼哀哉尚饗

欽定全唐文卷二百十七

崔融一

融字安成齊州全節人擢八科高第累補宮門丞兼直崇文館學士累拜國子司業神龍二年預修武后實錄成封清河縣子因撰武后哀冊文用思精苦絕筆而卒年五十四追贈衛州刺史謚曰文

瓦松賦并序

崇文館瓦松者產於屋霤之上千株萬莖開花吐葉高不及尺下纔如寸不載於仙經靡題於藥錄謂之為木也訪

山客而未詳謂之為草也驗農皇而罕記豈不以在人無用在物無成乎俗以其形似松生必依瓦故曰瓦松楊炯謂余曰此中草木咸可為賦其辭曰

賓館兮沈沈明月高兮重海深試一望兮上棟下宇開陽闔陰彼美嘉族依於夏屋煌煌特秀狀金芝兮產霤歷歷空懸若星榆而種天茶蓴丰茸青冥芊眠葩條郁毓根柢連拳間青苔而裛露陵碧瓦而含煙春風搖兮轇起冬雪糅兮蒼然詎充採擷罕任雕鐫桐君莫賞梓匠難甄用匪適於時要必濫聞於俗傳慙魏宮之烏韭恧漢官之紅蓮

觀其衆開榮列虛心獨潔高寧我慕無木禾之五尋甲以自安類石蒲之九節進不必媚居不求秭芳不爲人生不因地其質也菲無忝於天然其陰也薄纔足以自庇望之常見其表尋之罔得其祕肅穆承華堂皇不賒繩懸麥穗戶刻菱花竹蒼筤而衆色樹連理而相加芙蓉發池兮照爛日及懸霤兮芬葩彼懷寶以遇賞此不材而見嗟雖有慕於階闥亦無混於泥沙已矣哉不學懸蘿附柏直蓬倚麻固將含美惡以同貫齊是非於一家亂曰少陽之地兮於何不春博望之苑兮莫匪正人纖根弱植兮生君之館

荷施霑恩兮爲人所託物不謝生不知其榮惟願聖皇千萬壽但知傾葉向時明

代宰相上尊號表

臣某言臣聞形器以陳萬物有名之謂母尊卑既位兩儀合德之謂皇非母則不能慈愛域中非皇則不能導化天下歷考前政詳窺舊牒金匱玉版帝王之迹易搉鐵軸銅渾天地之情可驗不知誰予氣母握其靈機厥初生人維皇啟其光宅然則儀坤配永至聖者所以降天符建極施尊至神者所以塞人望禮存知貴事叶强爲天命則休應畢臻人心則休應允集不可得而避也不可得而違也其唯聖人乎其唯神用乎伏見某日制書以天授聖圖羣臣上尊號曰聖母神皇昭備典冊肅應景命大赦天下賜酺五日含生之類稟識之儔雍雍如欣欣如洎鳥獸率舞與草樹咸樂中謝臣聞以凡測聖者理絕於名言以管窺天者事迷於遠近雖帝其何力自聞田父之歌而事有不談終獲樵夫之笑亦安敢梗概而無述哉粤若稽古聖母神皇陰陽和而獻德生日月合而沖靈降其在家也御娀氏之瑤臺其正位也紹漢皇之玉璽維皇高祖肇創王業惟

太宗克成帝功惟高宗發揮二聖之耿光惟陛下對越三后之明命顯承遺託敬守前基宏濟艱難躬親政事情深社稷義切園陵其至公有如此者七月而葬三年免喪乃顧明辟載懷高蹈陛下致還君之美德盛於謙尊皇帝竭爲子之孝誠深於覆育八紘無外六合一家其沖讓有如此者蒐八代之禮講三王之樂定齊斬之數革靡曼之音草章程垂勸誡除指斥之坐議故誤之條百官以理萬人以察其制作有如此者慎終追遠因心罔極崇七廟廣三雍仁不遺於一物教必行於百姓有虞舜大孝之德焉訓

甲兵誓將帥南北清宴東西緝穆有軒皇戰伐之功焉定都邑殊徽號居三統之政處六合之中有周成隆平之業焉錦繡羅縠雕文刻鏤人君之美色也而陛下澣濯之服大帛之衣珍羞圓方滋味重累人君之甘旨也而陛下藜藿之羹粢糲之飯黃金白玉青珠紫貝人君之驕也而陛下所寶惟賢所重惟穀上林禁苑層臺累榭人君之麗也而陛下宮垣不葺廊宇莫修置拾遺補闕之官則前疑後承仰天俯地孰云尚也創通賢招諫之匭則聽聲之鼓告善之旌疇以懿茲夫然後不登而高不行而遠天降以瑞

地升以符日月光風雨潤慶雲出神泉湧鳳凰翔於庭麒麟臻於囿雲集霧散日至月書固不可得而言也陛下猶固守沖挹深惟惕厲以元默爲神澹泊爲德回聖慮運全謨采衢室之舊儀酌明臺之故事因人之欲不日而成於是靈命孔彰元心總集山開秘篆洛出祥圖每纓冕同觀軒墀共謁則有曦車五色對玉匣而如還雲蓋三層伴瓊緘而不去豈非顯見神物覺寤黎蒸者歟可以昭報昊穹可以抑揚宗社明至德表至功陰陽不測之謂神應變不窮之謂聖洋洋乎發育萬物蕩蕩乎人無能名尊號之來豈徒然而已也聖母神皇乃不得已而從之命有司曆大禮秩羣望懷百神配諸侯於四瀆視上公於五鎮百姓有辠思與天下滌之一人有慶思與天下覃之垂動鑰之深恩降合錢之普澤凡百在宥不知手之舞之足之蹈之者也豈使女媧神化仍參泰古之皇太姒徽音獨擅隆周之母而已微臣早霑揚歷亟奉恩榮慙擁腫之曲材荷生成之大德山濤者渾金之器魏國擢之以尚書伊尹者飾玉之姿殷朝待之於右相在臣駑暗遠謝賢明徼逢振拔擢登左右陛下不以臣不肖復使臣待罪元戎顧無平虜之

能未荅破羌之寄恭聞瑞典載沐鴻私幸屬皇羲之代欣承帝魁之美冕旒端拱既不獲接景前行玉帛來朝又不獲趨風後位橫行萬里限中國以長城悚踴一隅望東朝於西域不任悦豫翹勤之至謹遣某官奉表稱賀以聞

代百官請上尊號第二表

臣等言一昨仰稽舊章虔上尊號至誠猶鬱沖旨未回孤遐邇之心闕神祇之望羣臣百辟相顧罔然中謝臣聞古先王者祇奉天命遵時爲法因事制宜不必相沿各有所立化而裁之存乎變推而行之存乎通故庖犧是生創天

下之法則周成旣作改人聞之制度況煌煌大寶穆穆中興至道已邁於胥庭鴻名尚襲於漢代臣子之地悚迫不安又謝伏惟陛下紹開聖圖光復丕緒繼文之體行湯之政撫綏兆庶清蕩二兇舊物不失能收夏衆老吏垂涕復見漢官補三皇之闕文緝五帝之漏目享太廟祀明堂禁網疎濶凡事簡易道德海浸符瑞山承百蠻向風萬人樂業固以萌柢開闢彈壓往初自可去故而取新何必同條而共貫循季末之常躅忽殊尤之盛儀乎臣等禺禺不勝致懇又謝臣聞天爲上帝九名所以示崇高佛爲法王十

號所以稱具足陛下安得徇小節遺至公推而不居猶以爲薄臣等敢昧死謹再拜重上尊號曰應天皇帝伏乞順萬國之歡心荅三靈之睠命不違誠請昭備典冊使百代垂景光而作程飛英聲而不朽豈不美歟豈不盛歟臣等幸逢興運夙參朝列累獻非常之祚願奉維新之慶所冀日回三舍天移二山愚有不奪期有必遂無任悃款屏營之至謹詣朝堂奉表固請以聞

進洛圖頌表

臣某言奉某年月日勅令臣撰洛圖頌伏以陛下聖烈豐懿應期首出珍符炳爍曠代罕聞雖臯繇歌虞伯禹申欵其或生於今日尚不足以談天況臣涉學葢淺揆才多陋安可潤色皇化對揚神休竊讀古文幽尋舊式言大道者莫先於典誥序以之生焉美盛德者莫近於詩作頌以之成焉其辭婉而微其事簡而要今臣斟酌前訓擬議鴻猷述洛圖頌一篇幷序謹詣宣義門奉進誠未能探索元奧憲章經書庶幾竭肝膽効塵露增日月之末光借天地而不朽斯亦微臣之願足矣臣拜手稽首冒顏以聞死罪死罪

爲朝集使于思言等請封中岳表

臣某言臣聞易有太極是生兩儀有父子焉有君臣焉道莫尊於三皇皇合符於奕葉德莫高於五帝帝展事於云亭禮莫盛於三王報功於岱畎政莫隆於兩漢紀號於仙閭皆所以省方觀人增天益地刻玉篆印金泥激清流於滲漉翔仁風而萌動然則業隆不封禪何以荅三靈道備不巡遊何以會萬國爲人上者可不敬哉中謝伏惟聖母神皇陛下寶命絪緼元期肸蠁包混元而建極宅造化而開階剖靈符於天合至德於地渥澤浸潤萬物恩光明懸

四海不言而含氣風從無爲而流形日用允所謂榮鏡絕代彈壓振古者焉臣聞古之聖王受命者然後得封禪又云功成道洽符出乃封又云致太平必封禪今陛下獲瑞銘於廣武得寶圖於溫洛星連月合雲起風搖上以擁神休下以塞天望崇徽號定都邑文質再而復正朔三而映義在得天乃立天統非受命者孰能臻茲因時創宜以順制逆建三廟崇五學廣太學以教胄子開明堂而祀上帝彼東夷西戎南蠻北狄殊方絕界窮幽極遠蠢然莫敢不來享莫敢不來王非功成者孰能臻茲三階平萬方晏嚴

廊無事囹圄云空獄訟清而王風淳禮樂和而人氣樂衢路有鴈行之序邑里得鶵居之時五尺童兒羞論霸道八十父老不知帝力非道洽者孰能臻茲乾符總集不召而自至坤瑞昭昇應圖而合諜慶雲出神池湧毛宗擾羽族馴樹連理而麥兩岐闕一字黃黍而闕一字元秬匪朝伊夕以時繼年非符出者孰能臻茲命既受於天矣功既成於人矣道已洽於古矣符已出於今矣若此者非太平之效歟可以外中名山可以肆類上帝嵩高維嶽峻極於天風雷所起設險於畿甸霜露所均作鎮於邦國雖復千八百處

未嘗遊玉女之臺七十四家不能幸仙人之洞區區漢武止聽三呼汲汲晉炎但諠羣議臣等竊以爲祕籙有云中岳之神姓武天意若曰神皇其封中岳乎藏纖緯以須時蓄符祥而待聖顯見神跡覺寤黎蒸天祚岳姓必將封祀封祀神岳者非陛下而誰由是王公侯伯日夕登封之奏禮官博士歲時符命之書鴻儒碩學思獻儀於野外川后山祇願前驅於闕下天人之望久矣陛下何得而辭哉伏乞深惟至公仰祇靈貺傍稽瑞命俯順甿歌龍駕帝服背河洛而上泝星陳天行指轘嵩而東邁石芝生而五色可

以爲盛貝樹長而三花可以爲籍埋玉報地燔柴告天載巍巍扇翼翼上以荅昊穹之儲祉下以副率土之歡心永保鴻名長爲稱首盛矣美矣猗歟偉歟臣等忝職外臺受委方玉宣太平之風化聽古老之謳謡望屬車而未來思叫閽而至極庶千年一會陛下垂不讓之恩使五載四朝羣臣有慶成之地孰不幸甚不勝悃款之至謹詣朝堂奉表誠請以聞

賀封禪表

臣某等言伏奉某日詔書有某年月日有事於中嶽恭聞

大禮不勝欣抃臣聞巡狩者何觀人風而叶時月封禪者何增天高而益地厚然則聖帝臨下必有玉帛萬國之事焉明王在上必有柴望百神之禮焉伏惟天皇御寶位膺璿曆宅顥氣以開元鼓神風以成化宗文祖武之業天祚彌光制禮作樂之功皇猷載遠四方無事不聞犬吠於國中六合同歸唯覩鴈行於道路恩周動植德洞淪冥東魚西鳥不召而自至元秬黃麰應圖而合牒嵩維中嶽洛陽下都三臺崛起五衢相映風雨交會實惟天地之中威靈肅然固是神明所伏可以光昭累聖可以謁款上元展時邁於仙宮叶歲巡於福地象天之道備法駕而非遙望君之來因名山而有日臣等飲和昌運冒寵崇班用雖微於犬馬情諒兼於鳥獸三呼在聽欣承漢后之儀羣議不行竊鄙晉皇之德限以官守不獲稱賀軒墀無任悚踴之至謹附某奉表申賀以聞

代皇太子請停幸東都表

臣某言臣聞乘雲駕羽者非以逸樂其身觀風設教者將以宏濟於物故後予胥怨幾望湯來吾王不遊嘗思禹會伏惟天皇察帝道敷皇極一日二日智周於萬幾先天後天化成於四序雖鴻名已建銘日觀而知尊而膏澤未流御雲臺而不懌市朝之邑天地所中四方樞會百物阜殷爰降恩旨行幸東都然以星見蒼龍日纏朱鳥清風用事庶彙且繁桑翳葉而眠蠶麥飛芒而雊雉詳求易緯是君無發衆之辰博訪禮經當人急勸農之月固未可陳詩展義拜洛觀河況序屬亢陽時方避暑露臺風館尚多薰灼之勞帳殿帷宮將有鬱蒸之弊天皇昔常服餌近更躬親睿情勤苦天儀憔悴若何以萬乘之重四海之尊暴露而行旰日而食者也加以官僚扈從或少資糧程期迫促未遑周辦必若事應巡狩務從寬恤猶望白露涼風然後清蹕洒道下不違於人欲上無隔於天心可舉而行庶幾於此臣又聞關中屬縣畿內旁州百姓驅馳頗多飢餒天皇仁深覆育並令賑贍求轉徙者任其逐糧欲寧居者加其廩食家懷再造人得安全乞至秋來不煩聖慮特訖少留元鑒俯察丹誠迴太陽之末光納蒙泉之餘瀝臣三朝問寢常候色於宸慈五日詣臺每承言於聖躬輒陳冗職輕進芻詞蹈地知驚窺天自失無任私懇之至謹遣某官奉表以聞

代皇太子上食表

臣某言伏見臣妹太平公主妾李令月嘉辰降嬪公族詩人之作下嫁於諸侯易象之興中行於歸妹又臣銅樓再惕常荷蔭於中慈金屋相驚忽承恩於內輔周官典瑞旁稽聘女之儀晉朝加璽兼採納妃之制聖懷感慰皇澤霑濡顧垂扶木之光俯遂甘芹之請謹上禮食若干轝如列尊師四學雖有謝於溫文問豎三朝竊無違於視膳謹遣某奉表以聞

代皇太子請復膳表

臣某言臣聞善持國者舒慘必繫於天時德稱皇者動靜莫違於物理故百姓不足一人所以載懷四海爲家萬方由其在慮伏惟天皇觀風設教拜洛遊河光華前乎日月法象齊乎天地頃以歲儲微耗年穀未登睿旨憂勞宸情戒惕菲飲食而卑宮室居常夏禹之期減廚膳而徹鍾懸重取黃軒之事由是神靈肸蠁景氣絪氳雪千里而朝飛雨四溟而夜下兩河之甸瑞麥盈疇三川之境嘉苗被隰天意人事其在玆乎可以隨道抑揚可以與時通變周王之本支百代每進鱻庖殷帝之亢旱七年猶資鶴鼎昔賢具稱其美往聖不議其非唯此小心將乖大德臣又聞下之奉上猶枝附根君以人作基人以君爲命天皇恩深子育念切家安損己勵精無違旱晏停滋罷味已隔歲時聖躬有勞瘁之容羣黎動兢惶之責伏乞俯從人欲仰順靈心具珍物以登羞隨太陽而復膳蓮莆知送涼之地芝莢識駐壽之期豈使眇眇燧皇獨流名於膰炙悠悠黃帝空紀稱於庖犧而已哉臣寄忝元良任當監守春冬胄序學書禮而空勤朝夕寢門視寒溫而未節無任悃款之至謹遣某官奉表陳請以聞

代皇太子請起居表

臣某言今月某日起居舍人某至伏承聖躬頃稍不安今已痊復手舞足蹈慶躍兼深臣聞孝於事親爲子之方已極恭於奉上爲臣之道則先臣自違侍軒墀已淹時序周儲故事一日三至於寢門晉室舊儀一月五朝於左閤今之望古臣獨何人日者瀝膽陳祈焦心覲謁伏惟天皇以關河鎮重監守務殷睿旨沖邈未垂矜亮今既十月築場三農事隙特乞暫息恩召俯念丹誠遂以起居假以時月得展拜旒扆遂臣私情則暮辭闕庭在臣無恨不勝戀慕

之至謹遣某官奉表陳請以聞

代皇太子請修書表

臣聞昔者明王學以化人成俗古之君子文以緯地經天雖有閬風之高嶽弗登弗知其峻也雖有浴日之巨溟弗涉弗知其廣也伏惟天皇域中居大天下化成百官以理萬人以察日行中道而淑濤歲起攝提而位序光薰萬物豈直芝珇蓂茚澤加四海寧惟壽麻孤竹地成形而天成象其道彌光河出圖而洛出書其徵可驗環林璧沼金門石室墳典積於邱山筆墨盈於泉海聖朝多士自可包二代之文臣顧不才何足奉三王之教皇慈渥洽帝獎優隆擢公望爲太師徵子房爲少傅所冀習與智長化與心成嘗辛苦於歲餘終未階於日就臣聞學者殖也問以辨之積必有成勤則不匱以周公之上聖日讀百篇以孔父之多能韋編三絕臣雖不敏竊所庶幾然以列代遺章先王舊典康成興業纔覽卷於八千士安覃思願加年於累百豈不以學而時習博則難精者乎今欲搴其蕭稂擷其樞要可以出忠入孝可以益國利人極賢聖之大猷盡今昔之能事商搉百氏勒成一家庶有代於箴規長不違於左右又近代書鈔實繁部帙至如華林園徧畧修文殿御覽壽光書苑長洲玉鏡及國家以來新撰藝文類聚文思博要等竝包括宏遠卒難詳悉亦望錯綜羣書刪成一部藝官賓館亦既天皇立之矣端士正人亦既天皇致之矣伏乞俯從微願特降鴻私許臣撰緝遂臣誠請當宮學士如少仍望通取京官謹當開桂樹之山鑿芙蓉之水引甘泉之詞賦總望園之賓客下芸閣而長謡臨梓廚而高會一遊蘭莚竹變蓬麻區區之誠敢希矜允豈使肅成門內惟傳魏國之名崇政殿中獨紀晉朝之事而已無任誠懇之至謹遣某官某奉表陳請以聞

爲皇太子賀甘露表

臣某言某至伏承某月日甘露降於金闕亭肅奉休徵不勝抃躍中賀臣聞五材並用天地合而凝津四序遞來陰陽和而灑潤望之成雪若墜崑崙之山嘗之則甘似降軒轅之國伏惟天皇御元氣平太階正圭表於都畿考銅欄於宮室薦河圖而升洛範日載祥編過竹苑而憩芝臺宵零瑞液爾其塗塗被物滴滴流膏承以玉杯淩漢宮而擅美獻之瓊爵掩魏殿而稱珍可以致靈仙之壽可以延帝

王之壽孝經援神契未足敘其和平春秋運斗樞不能議其清濁臣濫膺國本多慙人望仰宸遊而不及倍懸恒情聞帝澤而先驚慶深常位無任喜抃之至謹遣某官某奉表陳賀以聞

代皇太子賀白龍見表

臣某言伏見某官等奏稱某月日玉山宮西南王谷上有白龍見臣聞天地和平聖人所以乘九五帝王符命神物所以寤黎蒸粤若皇家既高居而遠望於惟史闕亦舒圖而負扆服星辰之冕袞彩奪華蟲建日月之旂常文騰翠

鳳出東方而據木天下知春臨北荒而銜火容光是燭風雨順陰陽和五穀登百實用豈孫氏所謂出入應命上下以時無道則處有聖則見矣大火中星長風季月詳乎戴禮則帝嚳乘龍之時校以河圖是黃軒夢龍之晦裁金别宇挺玉名區宮模抗殿之基山接陵陽之路翩翩素翼矯矯白鱗異彩霜封風姿雪灑徵鄴城之故事若下神祠探吳郡之遺塵疑過象穴臣聞感通之兆人事可尋嘉瑞之來天心易察地稱王谷先題王者之名壤號玉山實兆南山之固天皇以帝出乎震自天鍾有德之期天后以致養乎坤承天得西南之位披圖按諜影響合符漢朝之出在上封特其小者晉國之來從京兆曾何足云唯我后能得之固前王所不遠方使見龍于甸一人繫年月之書豈直囿龍于池百姓爲朝夕之觀而已臣業謝温文觀聞絶瑞雖四靈爲畜未足以舞之蹈之而萬國歡心敢忘於美矣盛矣不勝鳧藻之至

欽定全唐文卷二百十八

崔融二

代皇太子賀嘉麥表

臣某言伏見雍州司馬徐慶稱所部有嘉麥一莖六穗纖芒濯露疑因黑壤之宜香稼搖風若吐黃金之色豈非靈心昭應睿德感通降之自天何必來麰之詠嘗之于廟先符孟夏之時凡在含生相趨動色臣謬當居守肅奉宗祧一穗兩岐徒說張君之詠十畝千石方輕范氏之書仰天意而增歡顧人心而載躍無任喜抃之至謹附起居使某

官某奉表陳賀以聞

爲皇太子賀瑞木表

臣某言臣聞惟德動天無遠而不格惟神感物有來而必應伏惟天皇提乾象運斗柄戴黃屋而臨太階正紫宮而開列室伏見某官奏稱石門元谷內玉山宮側秋水漂木三萬餘根林衡悚迫匠人驚視仙楂來於月中靈查下於天上昔開陽門之肇建飛柱潛移太極殿之初營浮梁遠至論其壯觀猶尺燼之窺尋木喻以皇家若牛涔之望鼇海方見凌雲之搆匪日而成負黼扆而朝百神垂衣裳而會萬國盛矣美矣輪焉奐焉臣德謝元良濫膺儲貳寢門來謁常取候於雞鳴大廈既成竊自歡於雀賀不任鳧藻之至謹遣某官某奉表稱賀

代皇太子賀芝草表

臣某言伏承某月日芝草生於乾元殿瑞命天來符祥日至煌煌三秀分芰井而攢柯煜煜九光閒梅梁而吐葉昔都宮闕何必靈芝之臺洛邑山川居然密芝之地中賀伏惟天皇天臨海內帝有域中兼漢制而宅兩京用堯心而加百姓神精下降洽至道於邱陵靈液旁霑被深仁於草

木觀其如蓋如闕如日如星得五方之氣象合四時之景色仙人在上則車馬疑飛神龍居下則風雲不去謂蓬瀛之海到一作列即崑閬之山開魏皇之雙幹莫儔漢帝之九莖爲劣可以薦郊廟可以觴公卿臣謬踐儲闈祇膺守國不獲親承左右目覽休徵雖玉脛延齡在神仙而可致而刀圭入臆視朝夕而猶賒是用心馳仁壽之前慶集肅成之下無任抃躍之至謹遣某官某奉表稱賀

代皇太子賀石龜負圖表

臣某言臣聞虞舜五帝也夏禹三王也應歷數則星昴告

期度水土則河精授象故知至誠上感無往而不通神道曲成有來而先見伏惟天皇運斗極平太階漏德澤於海河散皇明於日月煙雲郁郁鳥獸蹌蹌百寶用而銀甕滿五穀豐而丹甑出化之遠及陰陽不測之謂神德之廣被天地無名之曰道嵩高維嶽洛陽下都此焉符理之所古則仙靈之地伏見洛州牧相王所奏嵩山下頂封禪壇側掘得石龜負圖篆文一百六十字者臣亟聞其言矣昔者黃轅東省河獻龍書蒼頡南巡洛呈龜字古猶今也其若玆乎夫惟氣挾風霜文含星象玉經山上匪藉旁求銀丹

地中居然暗發頌國祚之長久孕育於萬八千年歌卜筮之叶從牢籠於六十四卦況復高臨泰室近控洛壇佇降王者之封常有君來之望由是神工不召若鐫金鏤之名天意潛彰似刻銀繩之篆豈與玉龜在泰山之上莫覩其祥石龜出吳江之右空傳其跡可同年而語哉臣才謝元良忝當儲貳三靈睠命預聞東序之圖萬國歡心願奉南山之壽無任悅豫之至謹遣某官奉表稱慶以聞臣某誠歡誠喜云云

代皇太子賀天后芝草表

臣某言臣聞德合天地仁之所及也深道貫神明孝之所寘也極故有元功肸蠁靈命氤氳瑤光發辰象之精金色吐陰陽之秀伏惟天后化含萬物訓正六宮天下被塗山之音海內仰河洲之教今月某日使某至伏承芝草生於東都太原寺舍利塔屋下芝英繞殿髣髴王母之臺芝草成田聊比宓妃之館其蔕紫其莖白霑濡雨露之津搖動風雲之氣斜臨網樹分貝葉而騈開近對輪池接蓮花而倒下豈與夫生於石室空傳好道之言產自珠宮徒事不經之說可同年而語哉臣濫承天祚多慙國本始欽元淵

之祥更喜黃雲之地頌聲無輟在郊廟而方傳御膳有憑俯神仙而何遠臣子之慶倍百恒情無任欣抃之至

代皇太子請放罪囚表

臣某言臣聞堯舜推心諒因於百姓禹湯責己必在於庶人頃以炎亢逾時資儲頗乏天皇情勤戒慎務切憂勞發倉廩以賙窮罷珍羞而酌損紅粟未阜愈兢御朽之懷白粲有形特軫推溝之念爰降恩旨俯加寬恤凡在生靈不勝鼓舞然以和風所被蘭艾同榮膏雨所流公私並潤徒刑之輩已沐於深慈杖罪之流未霑於厚渥且五刑之內

笞坐爲輕兩造之開原情可恕時當慘勁命甚漂浮因茲決罰或從顛躓伏乞迎春布澤應天道而無違任地成功順人時而不奪使三農有望萬物知歸臣濫守儲闈叨陪帝幄乾坤覆載荷至德而徒深日月昭明在末光而何助無任區區之至

代皇太子請家令寺地給貧人表

臣某言臣聞法天之道義屬於有餘象地之宜理存於益寡頃以咸城近縣鄽市傍州頗積風霜或侵苗稼天皇兩儀合德百姓爲心發倉廪以賑貧人垂雨露以滋微物俗荷財成之施家懷亭毒之恩臣濫奉宗祧親承覆載歲時衣物咸憑府藏之餘朝夕膳羞必佇饔飧之辦過此以往臣亦何求但知問豎寢門尊師胄序魏兩文儒之盛竊所係心漢儲湯沐之資未嘗留意但關輔之地萌庶孔殷丁壯受田罕能充足所以水旱之歲家室未豐正末端本思有裨助臣家令寺有地九百餘頃特請迴授關中貧下等色雖地非安邑寧期千戸之封而價等露臺虛費十家之產伏乞皇恩遠及聖澤旁流矜臣愚款遂臣誠請謹遣某官某奉表以聞

代皇太子請給庶人衣服表

臣某言臣聞心有所至諒在於聞天事或可矜必先於叫帝庶人不道徙竄巴州臣以兄弟之情有懷傷憫昨者臨發之日輒遣使看見其緣身衣服微多故弊男女下從亦稍單薄有至於是雖自取之在於臣心能無憤愴天皇衣被天下子育蒼生特乞流此聖恩霈然垂許其庶人男女下從等每年所司春冬兩季聽給時服則浸潤之澤曲霑於螻蟻生長之仁不遺於蕭艾無任私懇之至謹遣某官奉表陳請以聞

爲百官賀雨請復膳表

臣某等文武官若干人言臣等聞太平之代天地合而流津至德之時陰陽和而布澤所以三農滋殖百姓阜安伏惟天册金輪聖神皇帝陛下寶命絪緼元期肸蠁包混元而建極宅造化而開階德教布濩仁聲洋溢增高益厚已修中岳之儀順時班令更絹正陽之禮近以少愆甘澍親發至誠懷宋景之一言採殷湯之六事德音纔降靈心允協捧瑶緘而風起迎寶字而星流雲不崇朝復三千之藥草雨必以夜通百億之江河遍高下而同霑在公私而並

及陳留雨穀譬此非多櫟陽雨金方斯未重邦國延有年之慶黎元罷望歲之憂臣等中賀伏願陛下凝神保和頤情養壽復龜庖之舊膳進鶴鼎之常羞使芝英有駐液之期蓂莆知送涼之地則光天之下率土之濱孰不欣戴孰不幸甚微臣等幸逢休運預沐恩波混虞獸而同歡比齊禽而累抃無任悚荷之至謹詣朝堂奉表稱賀

爲西京百官賀老君見表

臣某等文武官若干人言臣聞至德之運必有告聖之符大道之行必有通靈之應故虞舜氏作五老出遊於河渚

周武勃興四神來朝於洛邑伏惟皇太后陛下補天爲盛配地居尊體國經野肇建惟新之業應天順人果得非常之事伏見某日勑虢州閿鄉縣界老君見并授鄔元宗語皤然鶴首至哉龍德若游渦水之年疑往流沙之路敘皇威之有截論國祚之無疆道可以濟天下功可以侔造化元言妙鍵關令受教而先迷神理希微河公願談而莫測方驗老人見於南極但謂承天黃人遊於後池止云乘土固不可同年而議也臣等豫覩嘉祥早參簪笏惟神降福欣承帝系之隆惟德洞冥願奉元元之慶無任感悅之至謹附某奉表稱賀以聞

賀赦表

臣某言臣伏奉久視元年十月十日墨制以一月爲正大赦天下服周之冕衣冠混於無外行夏之時正朔覃於有截伏惟皇帝陛下天地合德歷數在躬交日月於龍躔會風雲於鳳紀取新之化首出於九皇除舊之恩曲成於庶類加以載懷孝享肅事天田休聲動於萬國盛禮懸於百代凡在形氣孰不昭蘇微臣慶偶時來榮沾日用同草樹而知樂類鳥獸而增歡跡雖限於一隅心每馳於雙闕抃

舞昌運倍百恒情不任屏營之至謹附賀正使某官奉表稱賀以聞

爲涇州李刺史賀慶雲見表

臣某言伏奉詔書上御武殿有慶雲映日見於辰巳之閒肅奉休徵不勝抃躍中賀臣聞諸瑞應圖曰天下太平則慶雲見大子大孝則慶雲見伏惟皇帝陛下早朝宴坐憂勞庶政遠無不肅邇無不懷神感潛通至誠上格涼秋中月滯雨移旬天心合而喜氣騰陽德動而愁陰歇文章郁郁惠日照而成彩花蘤蓬蓬晴風搖而不散雖復紫雲來

漢皇殿白雲入殷帝房校其優劣疇以爲喻臣運奉休明榮沾刺舉千年多幸已逢河水之淸百辟相歡重偶叢雲之曲不任悚躍之至謹遣某官奉表稱慶以聞

爲百官賀斷獄甘露降表

臣某等文武百官若干人言一昨伏見御史中丞吉頊稱某日承制推法司斷事惡逆者會赦不免謀反者會赦從流主上以爲輕重不當陷人入罪制曰君親無將將而必誅安有忠孝同極而流罪異貫若此者豈欽恤之意邪旋命主司奏上沿革謹按貞觀律唯有十卷其捕亡斷獄兩

卷乃是永徽二年長孫無忌等奏加果非庭堅所制百寮蒙瞽一朝開鑿聖鑒元通有如影響自發德音之後每夜觸處有甘露降者臣等中賀臣等聞刑罰者人之鞭策號令者國之舟車所以懲惡止姦輔政助化故軒轅之爲君也設法而天下安樂陶唐之爲帝也察令而天下昭明然則不令而誅不教而殺是虐人也法不勝姦刑不制罪是陷人也有以知懸之象魏布以都鄙是謂禁人爲非銘之鍾鼎鑄之金石是謂丕天之責爲人上者可不務乎若乃前主所是疏爲律後主所是疏爲令事有不合於古不務於時則弛而更張矯以歸正正朔三而改文質再而復王禮不相襲帝樂不相沿夫何爲乎亦云適時而已惟天冊金輪聖神皇帝陛下躬明哲之性秉淑聖之姿順風雨以發生乘雷電以震耀推功天地所以告成太室致孝祖考所以宗祀明堂陳寶鼎於帝庭正土圭於王邑能事畢頌聲興冤積之氣不彰刑殘之尸復育斷獄四百愈鑒寐於淳源科條三千尚劬勞於畫象日者有司奏牘議事不明大聖當樞囚人軫慮但臣之事主猶子之事親父子則身體髮膚君臣則股肱元首出忠入孝義在俱全履霜堅冰

法無異罰曲禮垂教子處洿宮之條大傳立文臣從瀦室之坐何以纔經赦宥頓隔刑書反逆首條而遂生惡逆末坐而猶死下上暫屨顛倒衣裳遂使吏生淫巧人無常禁逆節所以時萌凶黨由其或在夫立殺止殺制刑息刑重其死然後生峻其法然後禁禮以齊君子刑以齊小人非惟聞義而輸忠固亦知教而遷善斲雕爲樸自然登至道之初墨幪赭衣何必獨上皇之代銓也法也念茲在茲昔者仲尼修春秋亂臣賊子懼梁靖撰七序竊位素食慚況我大君財成上帝制作昭昭焉若日月之代明𣎴𣎴焉似

星辰之錯行有典有則是彝是訓懷生幸生而有餘羣下瞻仰而不足蕭相國摺摭秦法窺天無階杜氏車參定莫章蹐地失措誠可以垂後誠可以達幽至人無心靈契昭於元極昊天有命神物萃於休期巽風未行甘露頻降亦何止言善而星退躬禱而雲來夫其素液繁灑芳滋豐溢叢駢六氣之英搖動二儀之粹匝園林而並潤溥郡邑而同霑漢宮無假於玉盃魏殿不勞於瓊爵臣等謹按甘露者美露也一名膏露一名天酒其凝如脂其甘如飴蓋神靈之精仁瑞之澤稽命徵云稱謚正名則葦竹受甘露孫

氏圖云王者和氣茂則降於草木食之壽援神契云天子刑於四海德洞淪溟則甘露降鶡冠子曰聖人之德上及太清下及太寧中及萬靈則膏露下白武通云甘露之降則百物無不盛也陛下俯迴沖睠親定律文必也正名果符稽命是使孟堅持論談功德而未詳抱朴裁書稱太平而不盡上可以輔聖躬之壽下可以延庶物之和言之動天一至於是臣等庇廕昌運接景清朝常勉志於克家每勤誠於報國恭聞大典伏覽殊祥臣知拱極之尊子識晞陽之慶無任抃躍之至謹詣朝堂奉表稱賀以聞仍請宣付所司頒告遐邇

為許智仁奏懷州黃河清表

臣智仁言臣聞德水清瀦詩人以之興頌濁流澄鏡大聖於是登期伏惟皇帝陛下道叶二儀功超萬古上元降祉變孟津於綠波厚載呈祥發榮光於翠渙臣以去月得河內縣申云自太平郵已下三十餘里河水變清各遂淺深泠然徹底鱗介之族無所藏形謹自依極疑息閱一作同其狀又嵩高維嶽形入清流少室奇峯參差具寫謹按易坤靈圖曰聖人受命瑞見於河伏見涼州立石式昭靈命臣

部黃河應時清徹天禎地貺既符易象之文聖祚河清暗合靈圖之義古人歎其難俟臣今乃得親觀身體太平之風目擊會昌之瑞無任悅豫之至

賀秦州河清表

臣聞崇高不及之謂天廣博無涯之謂地若乃參天地之元化代覆育之神功者其在聖人乎故能俯同五情恩浸八紘允膺千載仁霑萬代明靈之貺自我所招幽顯合符斯其效矣伏惟皇帝陛下家六合馭三光推明允之一心置於天下之腹用徇齊之四目招於萬物之情蛸蟲㲉卵

之所安猶懷夕惕輿頌蒭蕘之謍説尚迴天聽其所愛育者多矣而況於鰥寡孤獨乎其所容納者衆矣而況於公侯卿士乎至若剷平宇宙混一華夷乃武也政教會昌樂新禮創乃文也穆巖廊以凝睇調風雨於絶垠乃聖也運埏埴以裁成動陰陽而不測乃神也體兹四齊侔彼兩儀神物之來蓋惟常理伏見秦州刺史表今月某日黃河水復淸深淺澄映百有餘里淸自龍門之下驗登期以御天波及萬春之畢表無疆以彌壽臣聞道之所格者宏則靈之所感者大德之所包者厚則地之所應者深是以千祀

登期自古歎其難遇一歲之內祚聖人而再淸求諸典墳竟無倫匹在於明世絶後光前宜其上荅靈心外中告禪金聲玉振合百神於介邱玉輅朱輪副萬國之翹首則普天幸甚何其樂歟臣等越自下才欣逢上德致百王之不致聞億載之未聞舞蹈之深實百恒品

爲涇州李使君賀慶山表

臣某等言某日奉某月詔書新豐縣有慶山出曲赦縣囚徒改新豐爲慶山縣賜天下酺三日凡在含生孰不慶幸中賀微臣詳窺海記博訪山經方丈蓬萊人跡所罕到層城元圃道家之妄説伏惟皇太后陛下應天順人正位凝命中外咸一陰陽以和嘉木四方而平春露草三旬而候月沖恩浹洽嘉貺駢闐當雍州之福地在漢都之新邑聖渚潛開神峯欻見政平而湧自蕩於雲日德茂而生非乘於風雨游龍蜿蜿疑呈八卦之圖鳴鳳噰噰似發五音之奏仙蠶曳繭美稼抽芒一人有合於天心百姓不知其帝力方驗鎭星垂象山萌輔地之徵太歲加年水兆載坤之應天人交際影響合符雷雨旣作嘉氣沖於三象鍾石以陳歡心動於萬物臣幸忝簪帶濫守藩隅不獲馳蒼闕而

拜手望紫庭而繼足殊祥踵至寶算無疆厚賚傍霑羣生幸甚不任悚踊之至謹遣某官奉表以聞

爲百官賀千葉瑞蓮表

臣某等文武官若干人言伏奉恩旨垂示臣等千葉瑞蓮觀其綠裹紅葩緗莖素蕚露搖珠點霞拆金鬚百星交映羽蓋張而一色萬目齊明車輪合而千狀謂翔鸞之欲舞若羣鵠之並飛峯形聳而半天石勢蹲而臨海沖氣積其下惠風流其上服之可以登仙採之可以駐壽雖復釋梵天王之國千影離婁善住天子之池雙輝爍爛校之今日

未可同年臣等謹按華嚴經云蓮花世界是盧舍那佛成道之國一蓮花有百億國無量清淨經云無量清淨佛七寶池中生蓮花上夫蓮花者出塵離染清淨無瑕有以見如來之心有以察如來之法道之行也曾不徒然伏惟天冊金輪聖神皇帝現此妙身當茲巨瑞符契冥合影響不差有百億國無量清淨者天意若曰護蘇蟻結默啜蜂飛聞鼓鞞而革面望旌旗而懸首指揮而邊境獲安高枕而中國無事風行電掃納噍類於百億之區霧廓塵銷反遊魂於清淨之域深仁所及不亦宏哉臣等濫奉朝恩親披

瑞牒非常之貺曠古未聞殊特之珍歷代一見手舞足蹈倍百常情無任慶躍之至謹詣朝堂奉表陳賀以聞

爲魏州成使君賀白狼表

臣某言某月日得所部魏縣申稱得令孟神符牒稱某日得佐吏長壽鄉單守中狀稱隆周長壽兩鄉界有白狼見臣等嘗恐是虛未敢即申因處分諸鄉若有見者輒令繫取某日長壽鄉致仕前游擊將軍上柱國朱佛兒於長壽鄉界內逢白狼馴狎無懼人意遂以繩絡頭繫得隨送者臣謹按瑞應圖云白狼者金狼精也殷湯時銜鈎入於庭王者仁智明哲即至動準法度即見周宣王時見而犬戎服伏惟皇帝陛下元期兆朕靈命氤氳物類有感而必通符祥不召而總集金精累爍鼓鑄於陰陽玉毳霜翹騰倚於郊甸應時乃出野心狎而無驚有道則游貪性馴而不搏亦何必兕豹可羈蚖蛇可弄者哉徵故事於璇鈐考異聞於玉冊出自神符之縣顯符命之通神來於長壽之鄉明久長之益壽重以陛下獨尊三界高視四天身運明哲動循法度既合周王之時仍彰犬戎之服上元潛警佛兒來送天尊若曰陛下養衆生其如二乎善守其中亦可知

矣謹尋令式唯合申臺臣以尊號初加神聰顯應守文不奏恐爽靈心無任躍悚之至謹冒死遣官奉表稱賀以聞其白狼既非常獸臣未敢即放之山野見令佛兒養飼伏聽進止

代家奉御賀明堂成表

臣某言臣聞昭昭上天五座列降神之府赫赫中國九筵開布政之宮自軒皇肇制帝堯嗣作歷虞夏而維新在殷周而克壯斯皆尊祖配帝從時統天節寒暑而吹律順陰陽以班令降及有漢頗採前章雖年惟屢豐而日不暇給

過此以往寂寥無聲伏惟天冊金輪聖神皇帝陛下與復舊邦光啟新邑萬物覩而聖人作百寶用而神靈滋遠肅邇安功成道洽泥金刻玉已修中嶽之儀乘鸞駕龍更葺正陽之禮乾策坤策具稟宸聰左个右个親承睿式朴畧淹中莫能言其制度崎嶇汶上疇克効其規模土事不文木事不鏤九柱自立豈藉瑯琊之飛二石潛開寧煩穀城之採板築星奔而化造斧斤風動而神助聖有通於上帝產無費於中人由是日抱紅輝雲叢紫靄霜毛下翥電翼羣飛夕見神光似對莊嚴之國晝聞仙響疑過數樂之天

匪日而成衡霄特起仰浮圓笠俯鎮方輿金鸑鷟而將飛玉驪龍而若動三辰引曜相望於複道之間六氣氤氳旁魄於重檐之半可以發大教陳盛容會百神朝萬國比二儀而永固齊四序而偕行允所謂穆穆皇皇巍巍蕩蕩者矣微臣攀光日用荷蔭天休接五尚之隆班霑九清之下列方圓罕伍叨重寄之呈林輪桷無施濫殊私於構廈仰之不遠雖謝於鵾翔成輒相歡竊同於燕賀手舞足蹈倍百恒情無任悚躍之至謹奉表稱賀以聞

代百官賀明堂成上禮表

臣某以下文武官若干人等上言臣等聞上帝居高懸太微之府先王建國闢宗祀之堂不有聖人誰其經始伏惟天冊金輪聖神皇帝陛下尊祖揚禰嚴禋之德再光統天順時布政之道尤急親紆睿思躬運元模故能上合乾象下當坤策柱將扶而已立石未鑿而懸開丹鷟踶甍似鳴岐而遠至蒼虬繞棟疑出河而欲飛神光熠燿於向晚仙樂清泠而方晝月惟孟夏時屬正陽張文物於闕庭震聲名於寓縣聖皇戾止諸侯在列穆穆焉禺禺焉交喜氣於三靈動歡心於萬類者也臣等進窺朝典既逢嘗麥之辰

旋顧野誠輕蘘獻芹之禮謹上禮若干轝如別項滋疎鶴鼎味劣龜庖何以延蓂莆之涼契芝英之壽無任丹懇之至謹奉表稱賀隨進以聞

爲韋右相賀平賊表

臣某言伏奉某月日遞敕逆賊等並已傳首都市纂庭拜受旌門宣告凡預軍司孰不慶悅中賀臣聞惡禽怪獸有以彰普覆之仁亂臣逆子不能損盛明之德故三監作難周王未寢於頌聲七國爲災漢帝克臻於刑措伏惟聖母神皇陛下象天之運法地之安澤浸河海光懸日月以忠

信爲甲冑以慈惠爲干戈所向無前何人不服舉神兵如電掃破兇黨若冰離數月妖氛一朝清蕩斯實皇威遠肅聖化傍霑故能市不改肆人皆安堵臣濫承天澤忝預戎麾聞逆命而增憤聽梟懸而累抃慶快之情倍百恒品不任悅豫之至謹附某官奉表稱賀以聞

欽定全唐文卷二百十九

崔融三

爲裴尚書慰山陵事畢上表

臣某等言自遏密纏悲山陵啟卜陛下情深撤帳慼切遊冠至於鹵簿吉凶途程日月莫不親垂睿旨顯發宸衷由是川后競馳山祇薦委雲物澄霽景氣清和靈駿電轉非因下人之力神輦風行自有上天之助山河道路曾不艱虞木石犬馬咸當感悅豈非大孝所洽通於神明至聖所宏動於天地者矣伏以某日吉辰永安神寢郊原四合門闕九重傍奉園林近瞻京邑元宮一閟紫禁長辭萬國同軌五情分裂伏惟皇太后陛下哀慕永往聖懷難居臣等早侍軒墀謬霑簪履攀龍不及顧慕軒轅之臺耘鳥相驚屛營會稽之野限以歸從末由詣闕無任悲感之至謹遣某奉表以聞

爲韋將軍請上禮食表

臣某言臣聞坤德承天所以曲成萬類陰靈配日所以兼燭四方故嬀水佐虞塗山翼夏殷之興也有莘光其業姬之盛也太姒贊其功用能家道以正國風茲始伏惟陛下

睿知神武文思聰明光復丕基惟新寶運包混元而建極體造化而開階流形日用而不知含氣風從而自樂皇后坤維發祉軒宮正位黃雲不散白氣常流玉璽載懷椒塗以峻洛書疇能諭其懿河圖不足紀其靈外理克和內德惟茂臣濫逢明聖忝當姻戚榮寵被於門庭光耀生於道路西京六族在昔何優東國七家方今未重魚鼈咸若在品物而同歡鳥獸率舞顧微臣而倍躍臣聞飲食之禮聖賢所貴以奉君人以親宗族敢因斯義輒罄丹誠伏望時降特恩聽臣上禮雖玉饔珍味固無假於獻芹而臣下微

心寔有同於傾藿瞻言抃踴伏竚矜遂無任悃款踴躍之至謹奉表陳情以聞伏聽勅旨

請停讀時令表

臣伏見去年元日明堂受朝讀時令謹按讀時令自魏晉已來創有此禮每歲立春立夏大暑立秋立冬常讀五時令帝升御座各服五時之色尚書令已下就位尚書三公即奉時令就位伏讀凡五時皆如之所以祗迓天和至宋朝亦行斯禮此後尋廢迄至國初但存讀令之文亦不行其事自陛下御極創建明堂舊典缺本莫不補輯每至元日受朝布政因以時令之禮附於元日行之今布政等禮已停不合更讀時令所司因循去年元日尚讀有乖古典事須停廢臣謹與鸞臺鳳閣考古詳議已停讀訖不敢不奏

為宗監請停政事表

臣楚客言臣聞古之聖君慎擇賢佐故軒轅得力牧而為五帝先夏后得咎繇而為三王祖殷之盛也伊尹格於皇天姬之隆也虢叔聞於上帝斯皆應風雲之會依日月之光社稷繫以興衰時政由其輕重粤若大周之有國也天

策金輪聖神皇帝提封千里光宅四天道化淳醲神功靜默雖堯年無事久聞童子之謠而漢家用人或取匈奴之笑臣某中謝臣疲駑強策卒無行地之功泱羽曾飛終罕沖天之望今臣經術淺短才能朴略言不足以補世行不足以勵時徒以枝葉微姻葭莩末屬遂得拔擢泥滓騫翥雲霄食君厚祿不能有所輸報受君殊寵不能有所發明茫然政途妨此賢路外慙衆口內愧諸心朝廷亦何異捨陸而泛舟膠柱而調瑟當域中之有道豈天下之無人嘗深鼎覆之憂每切鼓妖之懼臣之懇懇非欲自保其身臣

之區區切慮上塵於國今者契丹大𠡠黙啜自來六合大同四方向化加以朔旦冬至鼎命維新五星若連珠二曜如合璧謂宜退不肖進賢良與天同休與人更始又聞管夷吾有言曰德義未明於朝而使居尊位者則良臣不進也功力未見於國而令處重祿者則勞臣不勸也臣有何德而居之臣有何功而處之臣雖至愚敢忘先誡伏乞陛下察匹夫之志思仲父之言坦至公之方宏滅私之道羊叔子之辭開府臣事君以忠庾元規之讓中書君使臣以禮博求於衆廣聽於人停臣檢校夏官輟臣平章政事臣

得避位清切待罪上方罄竭單誠庶幾或濟伏惟陛下容納纖陋鑒揆愚蒙使周勃無浹背之慙虞邱有退身之地則雖死之日猶生之年矣無任悃款屏營之至謹詣闕奉表陳情以聞云云

爲温給事請致仕歸侍表

臣某言臣以凡薄幸承基蔭一霑官侶三十餘年爲子未能報鞠育之恩爲臣未能荅生成之惠公私靦冒夙夜驚惶久欲退奉家園以避賢路直以犬馬識戀木石感恩猶希罄竭未即陳叫今臣母虞國夫人妾盧氏行年八十志力衰謝體氣虛羸先苦胝瘺近微風痓委臥牀枕緜歷歲時扶人不行加帛不暖比者西京有宅老母在堂臣以留司之餘尚接和顏之半自忝膺皇睠祇命神都子奉局而莫從母倚閭而空切加以門衰祚薄長兄早世昏定晨省惟臣一身但臣之所以奉檄載馳釋巾從務貪榮徇祿惟迫於甘旨淺知薄能豈期於聞達伏惟皇太后陛下天地容納雲雨霑被錄臣勳舊賜臣邱山臣雖小人豈忘大德然以聖人在上孝理天下整齊風俗砥礪名教臣縱不才其如禮法何臣雖無識其若朝廷何無任丹血勤懇之誠謹冒死詣闕請罷官歸養奉表以聞方違軒扆伏紙惶戀

云云

爲王起避諱辭澧陽縣令表

臣某言臣伏奉恩旨授臣澧陽縣令臣才疎藝薄植此無庸命偶時來遭兹多幸逢上聖之初劫參太平之末位槐檀驟徙亟遊銓館之門草芥何爲忽枉樵薪之綵召見於赤墀之下垂恩於紫霄之上豈徒任好之魄忽上於鈞天固亦闞澤之名遂昇於飛日仰殊私而載惕顧匪服而增慚雖刻跡都畿永無闕庭之望然委心蓬艾長懷雨露之

仁幸欣就日之明敢憚乘流之遠但以州縣之號與臣亡父諱同迫切私情不獲遄赴伏乞天慈永錫聖造曲成宏以孝理之風愍其心瞿之日使得策名他職陳力異邦則地義天經實弊於名教糜軀粉骨豈酬於鴻恩無任懇迫之至謹昧死陳表以聞

諫稅關市疏

伏見有司請稅關市事條不限工商但是行人盡稅者臣謹按周禮九賦其七曰關市之賦竊惟市縱繁巧關通末遊欲令此徒止抑所以咸增賦稅臣謹商度今古料量家

國竊將爲不可稅謹件事跡如左伏惟聖旨擇焉往古之時淳樸未散公田藉而不稅關防譏而不征中代已來澆風驟進桑麻疲弊稼穡辛勤於是各徇通財爭趨作巧求徑捷之欲速忘歲計之無餘遂使田萊日荒倉廩不積蠶織休廢弊縕闕如饑寒猥臻亂離斯瘼先王懲其若此所以變古隨時依本者恒科占末者增稅夫關市之稅者謂市及國門關門者也惟斂出入之商賈不稅來往之行人今若不論商人通取諸色事不師古法乃任情悠悠末代於何瞻仰濟濟盛朝自取嗤笑雖欲憲章姬典乃是違背周官臣知其不可者一也臣謹按易繫稱庖犧氏沒神農氏作日中爲市致天下之人聚天下之貨交易而退各得其所班志亦云財者帝王聚人守位養成羣生奉順天德理國安人之本也士農工商四人有業學以居位曰士闢土殖穀曰農作巧成器曰工通財鬻貨曰商聖王量能授事四人陳力就職然則四人各業久矣今後安得動而搖之蕭何有云人情一定不可復動班固又云曹參相齊齊國安集大稱賢相參去屬其後相曰以齊獄市爲寄愼勿擾也後相曰理無大於此者乎參曰不然夫獄市者所以

幷容也今若擾之姦人安所容乎吾是以先之夫獄市兼受善惡若窮極姦人無所容竄久且爲亂秦人極刑而天下叛孝武峻法而刑獄繁此其効也老子曰我無爲而人自化我好靜而人自正參欲以道化其本不欲擾其末臣知其不可者二也四海之廣九州之雜關必據險路市必憑要津若乃富商大賈豪宗惡少輕死重義結黨連羣喑嗚則彎弓睚眦則挺劍少有失意且猶如此一朝變法定是相驚乘茲困窮或致騷動便恐南走越北走胡非惟流迸齊人亦自擾亂殊俗又如邊徼之地寇賊爲鄰興胡之

旅歲月相繼儻因科賦致有猜疑一從散亡何以制禁求利雖切爲害方深而有司上言不識大體徒欲益帑藏助軍國殊不知軍國益擾帑藏逾空臣知其不可者三也孟軻又云古之爲關也將以禦暴今之爲關也將以爲暴今行者皆稅本末同流且如天下諸津舟航所聚旁通蜀漢前指閩越七澤十藪三江五湖控引河洛兼包淮海宏舸巨艦千軸萬艘交貿往還昧旦永日今若江津河口置鋪納稅納稅則檢覆檢覆則遲留此津纔過彼鋪復止非惟國家稅錢更遭主司儌賂船有大小載有多少量物而稅

觸途淹久統論一日之中未過十分之一因此擁滯必致吁嗟一朝失利則萬商廢業萬商廢業則人不聊生其間或有輕訬任俠之徒斬龍刺蛟之黨鄱陽暴謔之客富平悍壯之夫居則藏鏹出便竦劍加之以重稅因之以威脅一旦獸窮則搏鳥窮則攫執事者復何以安之哉臣知其不可者四也五帝之初不可詳矣三王之後厥有著云秦漢相承典章大備至如關市之稅史籍有文秦政以雄圖武力捨之而不用也漢武以霸略英才去之而勿取也何則關爲禦暴之所市爲聚人之地稅市則人散稅關則暴興暴興則起異圖人散則懷不軌夫人情莫不背善而樂禍易動而難安一市不安則天下之市必搖矣一關不安則天下之關必動矣況澆風久扇變法爲難徒欲禁末流規小利豈知失元默亂大倫魏晉眇小齊隋齷齪亦所不行斯道者也臣知其不可者五也今之所以稅關市者何也豈不以國用不足邊寇爲虞一行斯術冀有般贍然也微臣敢借前箸以籌之伏惟陛下當聖朝御元籙沈璧於洛刻石於嵩鑄九一作寶鼎以窮姦坐明堂而布政神化廣洽至德潛通東夷暫驚應時平殄南蠻纔動計日歸降西

域五十餘國廣輪一萬餘里城堡清夷亭堠靜謐比爲患者惟苦二蕃今吐蕃請命邊事不起即日雖尚屯兵久後終成弛柝獨有默啜假息孤恩惡貫禍盈覆亡不暇征役日已省矣繁費日已稀矣然猶下明制遵太樸愛人力惜人財王侯舊封妃主新禮所有支科咸令減削此陛下以躬率先堯舜之用心也且關中河北水旱數年諸處逃亡今始安輯倘加重稅或慮相驚況承平歲積薄賦日久俗荷深恩人知自樂卒有變法必多生怨生怨則驚擾驚擾則不安中既不安外何能禦文子曰帝王富其人霸王富

其地理國若不足亂國若有餘古人有言帝王藏於天下諸侯藏於百姓農夫藏於庾商賈藏於篋惟陛下詳之必若師興有費國儲多窘即請倍算商客加斂平人如此則國保富强人免憂懼天下幸甚臣知其不可者六也陛下留神繫表屬想政源冒茲炎熾早朝宴坐一日二日機務不遺先天後天虛心密應時政得失小子何知率陳瞽辭伏紙惶怖

吏部兵部選人議

議曰太極生而兩儀見聖人作而萬物覩仰以觀法於天

夫君人者以天下之目視以天下之耳聽以天下之智慮以天下之力動故號令能究而臣情得上聞八千年之初不可得而詳矣夫二十四氣之後請摧揚而陳之軒轅氏之立議明臺斯所以上官於賢也陶唐氏之清問衢室斯所以下聽於人也以大舜之德也而有告善之旌以大禹之功也而有欲諫之鼓然則三皇垂策而下濟五帝擊手而上行唐虞按轡而光宅禹湯驅馳而奄甸雖步驟之道不同而啟沃之情一貫可不務乎今天皇垂衣裳負黼扆獨得千年之景運猶懼一物之未安發德音採輿議憂選司之或爽慮考績之弗明此天皇堯舜之用心也有司伏奉明旨以吏部兵部選人每年萬人已上及其銓量十放六七疲於來往虛費資糧者愚臣敢不悉以陳之夫唐虞稽古建官惟百舉八才命四子上有以明其化下有以晏其風康哉之歌於是乎出郁乎之德於此自興夏商倍之亦克用乂濟濟多士文王以寧自周道無章秦原競逐張官設府班員積於簡書選衆舉才受垂疑一於典憲降及漢魏下逮周隋豈其然歟無聞焉爾皇家再造區夏重張宸極四神驟兩而來遊五聖奔星而下降禮明樂備天平

地成八百餘國之君長襲賓廷之冠帶七十二代之帝王仰仙閭之軌躅量其土宇固可頓豎亥而迷大章算其臣人固已讋容成而驚隸首室多忠信家盡孝慈老夫不知帝力童子羞稱霸道文也武也左之右之實蕃有徒不可勝既出門無咎適顯於明時比屋可封何驚於聖俗誠望博謀俊德敷求哲人兩曹妙選三官備設然後收其杞梓搴其蕭稂其有狀犯贓私罪當徽貶案覆已定景跡具存者此等既未合得官遠來徒爲勞費伏望許同選例限以歲年諸色入流每年參選資品未著伎藝未工此等自知

未合得官情願更加修習伏望許同選例錄以選勞關外諸州道里迢遞河洛之邑天地所中伏望詔東西二曹兩都分簡留放旣畢同赴京師選人每年長名常至正月半後伏望速加銓簡促以程期夫然有署者不來無德者不至來者就而簡之至者速而遣之因其物情亦何疲於來徃順其人欲亦何費於資糧入官考績先憑善最比來乃有不論德行惟據功夫獎勸之道未爲折衷者愚臣敢不明目以論之書不云乎三考黜陟唐帝虞帝之遺烈燦焉禮有之矣百官會計文王武王之彝典存焉京房進課式

之言漢王之所未暇盧毓苦眞僞之雜魏后竟以施行盡善之文明詔攸在至如不論德行惟據功夫者此由外州郡牧未盡得賢監司長官時有其濫褒貶不遵令式高下隨其愛憎至公外爽曲私內結伏望播告天下申明舊章其有德有行府寮共推者雖有公坐小失重加褒進之無才無識朝廷罕稱者雖有公事微效量加抑退之德行雖不能茂因之以勤勞者亦量加褒進之然後命繡衣驄馬糾舉內外隨狀推科以情案察刑玆無赦令在必行夫然德行爲上功夫次之折衷之方庶幾此道微臣等才謝知今學慙半古海內無事君子盈朝天下有道庶人何議謹議

斷屠議

議曰春生秋殺天之常道冬狩夏苗國之大事豺祭獸獺祭魚自然之理也一乾豆二賓客不易之義也上自天子下至庶人莫不揮其鸞刀烹之鶴鼎所以充庖廚故能幽明感通人祇輯睦萬王千帝殊塗同歸今若禁屠宰斷弋獵三驅莫行一切不許便恐違聖人之達訓紊明王之善經一不可也且如江南諸州乃以魚爲命河西諸國以肉

爲齋一朝禁止百姓勞弊富者未革貧者難堪二不可也加有貧賤之流刲割爲事家業倘失性命不全雖復日戮一人終慮未能總絕但益恐嚇惟長奸欺外有斷屠之名內誠鼓刀者衆勢利依倚請託紛紛三不可也雖好生惡殺是君子之小心一作恩而考古會今非國家之大體但使順月令奉天經造次合禮儀從容中刑典自然人得其性物遂其生何必改革方爲盡善伏惟聖主採擇謹議

拔四鎮議

議曰北狄之爲中國患者久哉唐虞以上爲獯鬻殷周之

際曰獫狁西京東國有匈奴冒頓焉當塗典午有烏丸鮮卑焉拓跋世則蠕蠕猲狂宇文朝則突厥悉䧺斯皆名號因時而改種落與運而遷五帝不能臣三王不能制兵連禍結無代不有長策遠算曠古莫聞夫胡者北狄之總名也其地南接燕趙北窮沙漠東接九夷西界六戎天性驕傲覘伺便隙鳥飛獸走草轉水移自言天地所生日月所置南有大漢北有強胡更相馳突至今陷潰者靡歲而寧焉漢興高皇以百萬衆窘於平城之下國人羞之逮至武帝患其如此赫然發憤肆志遠畧建元中使張騫始通西

域既而列四郡據兩關以斷匈奴右臂乃復度河湟築令居塞以絕南羌北交於是乘障塞絕亭燧出長城數千里矣於斯時也承文景元默之後國用富強太倉之粟相因水衡之錢貫朽練兵選將深入窮追傾府庫之財殫士馬之力行人使者歲月亭障貳師驃騎首尾關河餓虎未摧其國已耗駝馳既死其人亦殄乃至造皮幣算緡錢稅舟車榷酒酤夫豈不懷深惟長久之計然也匈奴於是乎孤特遠竄羽檄不行焉始孝武開西域之後爲置使者校尉領護之宣元哀平其道不替王莽篡位貶易侯王由是西域怨叛與中國隔絕並復從屬匈奴斂稅重刻諸國不堪命光武中興皆遣使求內屬自建武至於延光三絕三通至唐太宗方事外討復修孝武舊跡並南山至於葱嶺爲府鎮煙火相望焉其在高宗勵精爲政不欲廣地務其安人徭戍繁數用度減耗復命有司拔四鎮其後吐蕃果驕大入西域焉耆以西所在城堡無不降下遂長驅東向踰高昌壁歷車師庭侵常樂縣界斷莫賀延磧以臨我燉煌伏賴主上神鑒通幽沖機測遠下嚴霜之令興時雨之兵乃命右相韋待價爲安息道行軍大總管安西都護閻溫

古爲副問罪焉時也先命蘭州刺史行軍司馬宋師將料敵簡徒倍道據磧賊逢有備一戰而走我師追躡至於焉耆糧道不繼而止竟亦無功朝廷以畏懦有刑流待價於瓊州棄溫古於秦州放棄二罪而諸將咸肅至王孝傑而四鎮復焉今若拔之是棄已成之功忘久安之策小慈者大慈之賊前事者後事之師柰何不圖也四鎮無守則狂胡益贍必兵加西域諸蕃氣羸恐不能當長蛇之口西域既動自然威臨南羌南羌樂禍必以封豕助虐蛇豕交連則河西危河西危則不得救況復邊境守禦之具未整內

郡武衛之備未精方須命將出師興役動衆向之所得今之所失向之所勞今之所逸可不謂然乎而議者但憂其勞費念其遠征曾不知其處國滅土春秋所譏杜漸防萌安危之計夫南羌者請試言之往孝武皇帝築令居時羣羌盟約與匈奴合兵至十餘萬共圍枹罕遣李息爲擊平之是則羌胡同惡有自來矣遽而依西海鹽池左右漢遂因山爲塞河西地空稍徙民以居之至宣帝時先零種豪言願得度湟水逐人所不田處爲畜牧將軍趙充國以爲不可後羌因緣前言遂度湟水郡縣不能禁乃遣充國與

諸將擊平之是則願牧給言非止於今年耳且漢之匈奴曷若今之黠戛今之勃律孰與漢之南羌頃者若兵稍遲留賊先據要害則河西四郡已非國家之有今復安得而拔之乎何謂非國家之有但莫賀延大磧者伊州在其北沙州在其南延袤向二千里中間水草不生焉每災風橫沙石飛吼行人晝看朽骨以知道路夜視斗柄以辨方隅往往遇駝臭時時得馬酒而後度焉蓋駝馬死者十四五人畜疲極若北有强寇則難以度磧漢兵難度磧北伊西延安及諸蕃無救則疲兵不能自振不能自振則爲賊所

役屬賊吞之又得肥饒之馬馬肥人逸漢復焉得懸軍深入乎有以知通西域之艱難也磧南有沙瓜甘肅四川並以南山爲限山南即吐渾及吐蕃部落賊知漢兵不得度磧必踰南山分路而下磧北賊與突厥通結相合而前則涼州以西勢必危矣故曰非國家之有拔之非便主上以黠戛逆天置之度外神武不殺上仁好生遂令甸匐請命聳踴知恥中國不聞犬吠之警邊庭不識狼顧之憂聖人之用兵也如此則知啟修政而有扈奔農修德而夙沙至禹焚甲而夷人附舜舞戚而苗民來爲不虛也賈誼書云

周成王問鬻子曰聖王在上位使人富且壽夫富則可爲也壽不在天乎對曰聖王在上位則天下無軍兵之事則人免於一死而得一生矣君積於道吏積於德人無凍餒則免於二死而得二生矣君積於仁吏積於愛則刑罰廢人無夭閼之誅則免於三死而得三生矣使人以時而用之有節人無癘疫則免於四死而得四生矣今聖主在上人得四生稟氣流形孰不幸甚然爲邦之道安不忘危漢時單于上書願保塞請罷邊備郎中侯應習邊事以爲不可東漢時西羌作亂徵天下兵賦役無已司徒崔烈以爲

宜棄涼州議郎傅燮厲言曰斬司徒天下乃安涼州天下要衝國家藩衞世宗拓境列置四郡議者以爲斷匈奴右臂烈爲宰相不念爲國思所以弭之之策仍欲割棄一方萬里之土若使左衽之虜得居此地土勁甲堅因以爲亂此天下之至慮社稷之深憂竟從燮議今宜日愼一日雖休勿休探候應不可之言納傅燮深慮之議然後風爲號令雷爲折衝繕甲兵思將帥上與天合德下與地合明中與人合心善戰者不陣如斯而已矣拔舊安之四鎮委難制之兩兇求將來之端考已然之驗伏念五六至於再三

愚下固陋知其不可伏惟朝廷再三察焉謹議

欽定全唐文卷二百二十

崔融　四

對蚘書穿牀判

孔安家貧蚘書一坐數載不移故穿牀邑宰以爲惰農遂蒙笞責廉使謂高賢附狀

孔安家承闕里訓習淹中黃叔度之平生朱買臣之故事康成進德斯覽卷於八千士安行道願加年於數百邑宰職當訓俗務在化人管幼安之藜牀莫欽高義王君公之板榻靡尚眞規縲紲冶長昔聞其事鞭撻甯越今見其人

徒有望於勸農終致慙於勵學廉使親承聖旨肅事澄淸一字之褒人知激節片言之貶士識愧心附狀稱不闕一字優賢據理自闕一字慙德更闕一字文過懷刑須事言提

對京令問喘牛判

京縣宰冬日退朝逢相害者至死初不屑懷委而不問俄見行牛喘停車尋詰久而方去所司以爲不理所職妄干他事

弈弈九重鏘鏘萬國凝旒闢纊天臨布政之宮曳組垂紳日旰懸書之闕臺郎伏奏蕭翟初飛縣宰退朝王凫稍下

度金錢之廣埒過鐵鎖之長橋河南帝城是惟都會陝西王邑須禁椎埋何得逢暴客而不收委僵屍而無詰徵洛陽之故事行馬先知採漢相之遺塵停車有問當其所職曾不懼於宣風越其所司翻見憂於喘月妄干他事深謂當然牒送所由任依常典

報三原李少府書

僕去夏遄征徂秋戾止於舍弟圓處辱吾子贈書撤函數紙恬神靜諷龍文陽發居然異氣射人鳳律雄鳴自有奇音震物是何詞裁清雅興旨奧深黃縑白鍛吐其文玉篆

銀鈎艷其彩超超美論上陵於八十五篇婉婉成章下該於五十六字心靈密會許予以煙霄鸞鳳之交景氣潛通博我以風雨魚龍之感雖曰不敏竊所庶幾下走才不逮於中人名謬參於下士頗亦希達者之陳跡慕君子之遺風何不勤勤於接賢汲汲於結善見一才庶褰裳千里聞一德期負笈七州而心跡相妨竟未之致也且僕之於君早欽風素子未知僕載勞翰墨同聲相應可謂知言庸詎知哉是何言也善乎東方生有言曰士大夫相知何必垂髮齊年拊手塵游僕每覽此嘉其旨氣重其達識斯可謂之知言矣足下博聞强學豐才贍思以爲魏蜀名遊吳鄭奇節不獨於古可生於今若高明之禮樂大器足并吞於八九若下走之瓶筲小才豈與言於萬一也然才器雖不足擬風尚或可思齊區區之誠有望於此耳夫黃金之爲寶也重矣而衆或鑠之白玉之爲璞也真矣而衆或非之木秀於林堆出於岸者卒爲風波所擊材出於衆行高於人者必爲時俗所議以孔宣之德也而招毀於武叔以周公之德也而見疑於管叔此古而有之予何爲怪者若吾子之蘭薰雪白冰清玉潤變通古今識貫終始而不免於

讒口者斯亦可以痛心哉然則霜雪增加然後知松柏之勁也陰陽薄蝕然後知日月之明也涅而不緇磨而不磷者此非其效歟嗟乎王事不遑行役無定及君降止伊余載馳庶將自過黃叔度不意求尋陳仲舉參差不展踟躇爲勞而吾子泛交直造余室弱季愚者因此得聞夕飽儒珍朝充道味南指有資於先覺北面頓廓於初蒙成人之美君子之務也遂令齊聲五對嗣美一枝名登甲乙之科身預賢良之末此非師資之效歟僕志尚幽閒體業疏放自拘文墨屢學栖遲院草侵階而不薙惜其十步有芳也

庭樹當軒而不徙重其一枝可巢也素琴委篋絃上之聲勿取也道書盈架物外之情足徵也此僕之不能忘懷聊復爾耳而子矜余以傲吏誇我以高人多見其詆人喪德者也僕少乏文章長微學藝緣情體物誠所不工雕朽礪鉛有時牽拙直將歌其勞事豈欲冒彼知音而吾子廣肆褒揚深加提飾上擬飛龍之奏旁援儀鳳之音語人必於其倫在僕何可至此足下德擅宗師名推雄伯文高積玉身學日以照天光韻警鏘金激思風而吹地籟至若山柱河官之作珠胎鼎氣之篇並登作者之心每諷詞人之口

竊露餘論久已懷音重勞賜簡殊深荷戴謹當藏之於篋書之於紳奉以周旋期諸永久僕自恭承綵札握翫瓊章筆硯俱焚神氣都盡所以遲迴曠日俛仰窮年者抑由於此矣亦將性不好書往賢之通論言非盡意前哲之美談苟意得而言忘冀神交而道合耳而竟不能以已者恐爽無言不酬之美云耳相知心期要以會面景山足下勿我棄遺敬慎德音邀君歲暮耳當今六月頗暑二時隆赫敬想出忠入孝自公及私養親以祿効官以智邕邕然致足樂也僕拙於札翰行復推遺未卜清言良深太息不具崔某白

嵩山啟母廟碑

臣聞天地生成其法自然之謂道陰陽鼓舞其功不測之謂神然則物或類感事因通變乾棟傾而三光北馳坤輿缺而百川東瀉河淪越巂有郡邑之爲魚水陷歷陽有吏人之化鼈訪遺蹤於女峽風雨蕭條徵往事於姑泉絃歌響亮盈虛靡定合散焉常不知誰子既老氏之多懵忽然爲人寧賈生之足辯仰觀俯察裁識幽明之故原始反終未窮生死之說得於道而失於道義有必然出於機而入

於機理無或廢知變化者其知神之所爲乎臣謹按啟母廟者蓋夏后啟之母也漢避景帝諱改啟之字曰開厥後相傳或爲開母而顧野王輿地志盧元明嵩高記並不尋避諱之旨以爲陽翟婦人事不經見諒無所取粵若玉斗璇璣李母之居鄰北極金臺石室王母之宅在西山氣爲母則羣物以萌月爲母則容光必照坤爲母則上下交泰后爲母則邦家有成故華胥履跡而雄氏孕女登感神而炎運作星流華渚而白帝生月貫幽房而黑精降明明有夏穆穆塗山子娶於度土之辰女婚於台桑之地搜奇帝

紀摭異歸藏東生發蒙而有迷韓子稱賢而不朽漢臣之筆墨泉海陳其令名秦相之一字千金敘其嘉應士歌南國徒聞候禹之詞石破北方終見生余之兆則郭璞所謂陽城西啟母石李肜所謂嵩山南啟母祠隋巢之說有徵鴻烈之言無爽者矣昔者鸞川之上毋變空桑豚水之濱男生破仡美人之虹名螮蝀仙婦之月作蟾蜍精衛銜木而償冤女尸化草而成蘼（一作媚）山崩蜀道臺候婦而無歸石立武昌亭望夫而不及論乎誕載羣下莫尊於帝王語乎遷易凡百無聞於感致美矣哉不可得而稱也大唐革

去故鼎取新與運而生繼天而作握乾坤而造物海內知春闔混沌而爲家域中無外天皇膺歷數順謳歌金櫃玉版服皇王之能事衢室廟堂承祖宗之茂烈垂衣裳而作元后端拱北辰負黼扆而朝諸侯嚮明南面周邦赫赫其道洽於成康漢室巍巍其化鍾於文景東漸西被遠安邇肅海三年而無波雲連月而不散天瑞降地符昇靈鳳五文歲時來苑囿神龍八卦昏旦遊池沼禮云乎哉無取於周旋揖讓樂之謂也必在於移風易俗司祿益富家國於是乎有餘司命益年臣人於是乎不夭明王三懼未嘗遺戒慎之心天子四鄰莫能展弼諧之用家安其業但聽於鄰雞人得其和遂同於野鹿表識記奏河圖四十六事之著明曷云尚也登太山禪梁甫七十二封之可識何以加乎且夫窮聖神備道德滋萌元氣開闢太初斯乃天皇氏之所以應乎天也依土地明神靈駕六羽而上騰度九州而下濟斯乃人皇氏之所以順乎人也造書契教畋漁合五緯而節四時登九天而類萬物斯乃犧皇氏之所以制人法也務播殖該變通嘗藥以救兆人聚貨而交天下斯乃農皇氏之所以興人利也振夔鼓載龍旗天則元女授

符帝則黃神降斗斯乃軒轅氏之所以除人害也均度量正都邑懲秋令於金天分瑞官於鳳紀斯乃帝昊氏之所以爲人極也潔祭祀義鬼神履時以象天養財以任地斯乃帝頊氏之所以爲人教也秋乘馬春乘龍順三辰而天道平建五正而人事理斯乃帝辛氏之所以爲人政也明如日晦如陰人無識其名帝何力於我斯乃帝堯氏之所以昭君德也聞一善舉八才帝唱動而爛星雲天歌發而蹌鳥獸斯乃帝舜氏之所以章后功也夫三統者道之大五行者生之宗三皇法之而列五帝則之而序道以三興

德以五立非天下之至聖孰能兼於此乎而猶雖休勿休損之又損下明詔發德音尊天而重人省方而巡狩舉星畢曳雲旂召風伯以清塵命山靈而護野馳洛邑驚襄城天迴而地游雲合而霧沓周穆王來遊太室先徵夏啟之居漢武帝有事嵩邱即訪姒開之石徒觀其丹青歲古霜露年侵聖情有睠興言改葺其山則古文之外方其地則新邑之中土銘壇邐迤斜分玉女之臺碑闕相望近對石人之廟金草生而五色貝樹長而三花紫雲合沓於溪澗白霧氛氳於巖嶺考之易林信爲神明所伏求之遁甲固

以威靈肅然夫其命有司乘務隙因高背下察隱嶙之餘基審日觀星揆摧殘之落構周官置臬郢匠揮斤異態神行全模化造紅葩奪日飛累榭於山開綺綴衡風架迴廊於木末仙人在棟神女臨窗周施玳瑁之椽徧覆琉璃之瓦赤玉爲階甃黃金作門闕山如白岸樹似青溪羞蘊藻於前庭藉生芻於後徑蘭香夾水居然洗沐之資竹帚臨風自隔囂塵之境夢臺雲雨宋玉對而先驚楚壁山川屈原書而幾倦壽宮憺兮不擾象設安兮逾肅霜羅曳曳雲錦披披鴛鴦褥兮翡翠幬白羽扇兮青絲履垂玉鸞之珮若往而若還戴金雀之釵不長而不短其居處也曖曖昧昧陰閉陽開其被服也煌煌熒熒霞駁雲蔚鼎俎則麟胎鳳卵烝蕙燃蕒餌膳則木蜜金膏玉漿瓊酒當是時也合五岳訊九魁選太陰命元闕馮夷鳴鼓女媧清歌左蒼龍兮吹篪右白虎兮緪瑟金眞拂座玉女焚香肅肅習習天媛來風雨雺雺霏霏神姬下霜雪孔雀飛而儀鳳舞弄玉邀歡輧車合而羅綺陳智瓊陪宴麻姑服道變海水而來遊織婦希風塡河津而下謁洛妃綽約江妃縹眇元女以明月爲珠素女以積雲作髻九天眞母八極夫人畢集於

茲矣青霞衣兮翠雲裘靈連蜷兮既留車迴風兮馬飛電視倏忽兮無見昔者濟陰山下降堯母之精靈湘川水曲留舜妃之響像壝壇或在徒聞介福之名棟宇不修誰辨安歌之處豈知夫三仙福地百姓尊祠挾王者之都畿當聖人之順動犧牲玉帛可以洽氣和神幼婦外孫可以披文相質虔奉綸旨式陳壯觀雖周人作詩自得后妃之美而魏臣獻賦終慙神女之工敢作銘曰

九州地險五岳天中蛟龍洞穴日月仙宮蓄洩雲霧震蕩雷風笙歌近接鍾鼓遙通（其一）昔在嬀帝洪泉未塞昏墊下

人。況濫中國於鑠大禹顯允天德龍畫旁分螺書偏刻。其二佩文北海省土南方還從碣石更下台桑予娶有禮我都攸昌八年不顧四載維荒其三宛委既登輾轅佇鑿家室誤往熊羆方作天道幽祕生涯糾錯其化則遷其靈是託其四處妃之館仙女之臺物類通感精魂去來巫山廟立漢水祠開壝壇歲古棟宇年摧其五皇矣大唐麗哉神聖膺圖受籙體元居正赫赫高祖天有成命明明太宗於茲爲盛其六重光累洽下武嗣文負扆而化垂衣以君三靈肸蠁六氣氤氳魚鼈咸若雞犬相聞其七重譯請命殊鄰稟朔化及中

乎風移大朴天秩百禮人和萬樂汾水可遊崑山何邈其八隨巢舊說夏啟遺居盛德不泯嘉聲在諸周王轉蹕漢帝迴輿聿懷降鑒其祀如初其九虞衡掌木班倕葺宇虹亘梅梁龍盤桂柱草積庭院水周堂廡石室置儔軒宮爲輔其十珠簾洞卷玉座含清金翠玓瓅羅縠輕明儀形若動侍衛疑生依稀有物惝怳無聲其十一帝子湘川天孫漢曲翩緜縹眇躊躇躑躅神女弄珠靈妃啟玉倏來忽往星繁電燭其十二壯矣麗矣神之聽之聰明是屬景福無欺夫人立館幼婦鐫辭巍巍皇室萬萬餘基其十三

唐故密亳二州刺史贈安州都督鄭公碑

公諱仁愷字仁愷鄭者宗周之圻內國宣王封其弟友於咸林以國爲姓京兆闕　其都闕　至武公定平王東遷之後晉鄭焉依闕八字　濟前華後河食溱洧焉河南新鄭是故今爲滎陽人我武公父子代爲周司徒詩人美之其詩曰緇衣之宜兮弊予又改爲兮闕　有司農闕二字　漢有司農闕六字　晉有司空裦洋洋乎良史書之清風流於四海盛德加於百代鬱爲天下甲族搢紳士大夫靡然到今猶鱗介之宗龜龍也曾祖闕　育周議曹闕四字　騎中闕六字　守祖子裕周畢

王友大丞相府倉曹武泉郡太守父宏諒隋安定郡法曹並列爲君子之林稱爲英俊之闕　易其至矣知微而知章詩不云乎令聞闕　令望楊公四葉遠推闕二字　之孫杜侯五代復見神仙之子公吸淳耀滋靈液因地美而芝蘭生受天真而松柏茂懷文抱質闕三字　方機思內潛闕二字　外闕　拔自弱冠闕六字　艱闕　殆將滅性屬隋氏爽馭海水羣飛衣冠蕩析既亂離而瘼矣禮樂逃散爭攜持而去之聖唐載造區夏削平宇宙闕　道焚林求賢命職起家補闕八字　宗衛錄事參軍拜闕二字　子通事舍人遷詹事府主簿漢邸與鄒枚

並遊鄴園與應劉方駕轉豳州三水同州蒲城二縣令君述職二城推明三輔叡爲政闕四字養闕三字萊闕十植穀夏長秋成市無墮遊家安農業魚菜不乏食毛米無所闕三字望風闕四字黨聞名而自化秩滿遷萊州長史是時也青邱負阻滄海揚波乃眷行師深惟利涉制命公爲造船使赤馬黃龍萬艘千軸成之不日望之如雲闕十字以西候多虞邊寄爲重制授公闕州都督府司馬馳驛之官都督崔餘慶絕俗之士也每推公清心談不容口屬高宗升中岱岳預陪闕十字尋闕二字州長史闕之闕二字舊壤湫闕四字咎闕訴

闕五字乃闕二字占星離疆畫野得郊原之爽塏當水陸之要衝城邑洞開閭閻對出闕十二字權授使持節密州諸軍事守密州刺史闕叶推良門歸通德有同衣錦時論榮之居無何遷使持節亳州諸軍事亳州刺史傳車驂駕鼓吹旌旗故人不敢私恩闕三字子闕二字相名闕鄉闕三字國霸闕三字大行惠化豐洽闕乎時禮云及年病相成可以致政於君可以傳事於予詣闕上書乞辭榮秩優制許焉從高志也婆娑田闕夭傷邱墳始鳩杖而闕二字俄闕衣而闕五字元闕歲闕三字九月闕二字朔廿五日闕二字遘疾薨於東都惠訓里第享年七十有六嗚呼哀哉惟公五山之精六金之英大闕所成剃鍾無聲生而異狀幼而殊闕五字成闕五字信發闕四字清機虛沖默體言出乎口應而莫違道存乎身酌而罔極延頸者日有所得傾耳者日有所聞節於損己豐於濟物四踐闕二字二登邑宰三爲别闕十一字朝闕夫學始於周孔中於老莊終於釋教故能全耳目逸形神兀然體命油然合道彼蒼不仁殲我明悊嗚呼哀哉以其年十一月與夫人合葬闕十字平原禮也垂拱二年貝州父老乃相與而謀曰自州辭驥足及野送龍輴纏慕百城行淹一紀昔年草莽

閑桃李而闕十字兩邑闕九字德逾芳神其如在咸恐欒公之社蓬渚何常武侯之祠桑田且變廣祈時彥奉讚徽音乃建豐碑式揚清德其碑先寘於闕十字臨闕八字紀勳刊碑情深於即事未有居諸逾於十載猶結去思人吏隔於存亡仍崇頌記雖周人緬懷於邵伯未是過闕十六字豫郡闕六字之鎮荆州千年墮淚夫人清河郡君房氏隋司隸刺史皇朝贈徐州都督臨淄定公之孫太尉闕二十九字公特所鍾愛每謂親族曰我女實賢明嘗退朝之餘時與參謀政事及御車有典結鏡言歸芬若椒闕二十三字匡夫闕範訓子知方博

綜書林深明覺道性純孝初丁公憂哀毀踰禮乃表奏男智度女光嚴出家以申追福(闕二十四字)悲(闕)今日西階之葬應天皇帝纂堯興運嗣夏配天遽覃錫類之恩特降追榮之禮神龍二年二月一日制贈公(闕十三字)軍事安(闕七字)之贈鴻恩被於九京高密鄧禹之封盛烈光於千載有子十人長曰愛客萬州刺史贈(闕)州刺史(闕四字)朝(闕二十字)朗州刺(闕二字)子眞客中散大夫晉州臨汾令次子智度京懿德寺僧次子固忠定潞許三州刺史少府少(闕五字)二(闕四字)書(闕)部侍郎次子慈明趙(闕六字)卿曹州刺(闕)次子信鄉左屯衛長

史八龍齊驥六鳳羣飛讀先聖之文行諸侯之孝潘中郎之茹泣顧慕修埏(闕)內史之銜(闕三字)大(闕)靈衣曳曳容駕遲遲當松柏之(闕二字)在桑榆之暮時元闕(闕二字)不復覩陰堂閉兮從此辭乃作銘曰

大哉宣后詩歌中興武公載德緇衣是稱乃作卿士良哉股肱玉鉉金幹(闕)湧(闕)蒸盛德必祀信而有徵(其一)惟岳降神生甫及申(闕二字)純嘏文質彬彬道光邦國行重彝倫廊廟之寶社稷之臣(其二)肅肅端士宦成兩宮英英時彥(闕三字)同舞鸞馴雉(闕二字)返風太邱貴德密賤推功(其三)魏重題輿漢隆(闕五字)軾三居展驥鼇川波靜烏城風被楛矢東來白環西暨(其四)按節海沂分符譙沛明明良牧帝庭稱最還(闕)獸威(闕四字)一變澆俗翳公是賴(其五)歲窮鍾漏日運(闕六字)廣德懸車方壽三畧言從二疏俄悲夢奠忽愴楹書(其六)漢封樂毅周祀庭堅皇矣聖作疇德旌賢昭錫(闕六字)滕公之室原氏之阡棠陰一謝墮淚千年(其七)(闕三字)兮謂盛德遵釋老兮憲孔墨孝于家兮忠于國人之英兮士之則朱鳥南兮元武北日翳翳兮泉門黑(闕)冥冥兮(闕三字)翠(闕三字)丹宇刻(其八)

則天大聖皇后哀冊文

維神龍元年歲次乙巳十一月丁丑朔二十六日壬寅大行則天大聖皇后崩於洛陽宮之觀象殿旋殯於集仙殿之西階粤二年歲次丙午某月朔日將還祔於乾陵禮也祖庭火燼攢宮月曉雲㦸黼翣風牽綍旐儼天衛之蒼蒼邈宸儀之窅窅哀子嗣皇帝諱慕切充窮誠殷遣奠瞻象服其如在攀龍車而不見閟慈範於長陵戢神輝於前殿示人軌訓先王典則爰命史臣颺言聖德其詞曰

天生后稷飛鳥覆翼天護武王躍魚隕航施於成康武子

有光豐沛之疆河汾之陽異氣發祥聖后其昌穆穆皇皇作合於唐至哉坤德沈潛剛克奇相月偃惠心泉塞蘋藻必恭紘綖是則訓自閨閫風行邦國九一作七廟肅祗六宮允釐中外和睦遐邇清夷家道以正王化之基皇曰內輔后其謀咨謀咨伊俟皇用嘉止亦既顧命聿懷代己聖后謙沖辭不獲已從宜稱制於斯爲美仗義當責忘軀濟厄神器權臨大運匪革宗祧永固寰區奄宅負扆肅清垂旒光赫洸洸我君四海無氛英才遠畧鴻業大勳雷霆其武日月其文灑以甘露覆之慶雲制禮作樂還淳返樸宗祀

明堂崇儒太學四海慕化九夷稟朔沈璧大河泥金中岳巍乎成功翕然向風乃復明辟深惟至公歸閑於大庭之館受養於長樂之宮品彙胥悅謳歌載隆鼎祚既穆璇樞已肅庶保太和長介景福如何靡怙而降斯酷后弄孫其未淹人喪妣其焉速嗣皇擗摽列辟扶服九族號咷萬姓荼毒嗚呼哀哉積憂勞而弗悆兮搆氛沴而成災逢冰霜之慘烈兮見草木之凋摧感大漸之將逝兮遺惠言而不回付聖子其得所兮顧黎元曰念哉須寵錫以留訣兮節禮數以送哀邈終天而一往兮復何時而下來嗚呼哀哉

光陰荏苒兮氣序迴互泣盡冬霜兮悲生春露攢塗云啟兮同軌畢赴湘川未從兮漢塋葢祔古則禮闕今也儀具嗚呼哀哉夜漏盡兮晨轜發轉相風兮搖晝月厭河洛兮不臨去嵩邙兮飄忽指咸陽之陵寢歷長安之宮闕旋六馬兮須期考三龜兮中歇嗚呼哀哉出國門兮林邱一作夷由覽舊迹兮新憂具一作備物森兮如在一作無改良辰闋兮莫留當赫曦之盛夏宛蕭瑟之窮秋山隱隱兮崩裂水洄洄兮逆流嗚呼哀哉掛旌旐於松煙即宮闈於夜泉下幽翳兮無日上穹窿兮葢天隧路嚴兮百靈拱殿垣虛兮萬國旋

如有望而不至怨西陵之茫然嗚呼哀哉軼帝皇之高風兮欽文母之餘懿時來存乎立極數往歸乎配地何通變之有恒兮而始終之無愧惟聖慈之可法播徽音於後嗣嗚呼哀哉

欽定全唐文卷二百二十一

張說一

說字道濟又字說之其先范陽人徙家河南之洛陽弱冠應詔舉對策乙第授太子校書中宗朝歷工部兵部侍郎加宏文館學士睿宗景雲二年同中書門下平章事轉尚書左丞罷知政事徵拜中書令出爲相州刺史開元九年拜兵部尚書同中書門下三品爲朔方軍節度大使十三年授集賢院學士知院事將東封授右丞相兼中書令致仕在家修史十七年復拜尚書左丞相加開府儀同三司十八年卒年六十四追贈太師謚曰文貞

奉和聖製喜雨賦

愚臣啟先王之冊府校絕瑞於祥經樂雲雨之平施齊品物之流形帝王爭重而爲寶麟鳳自輕而讓靈況徯時而渴望欵意達而神聽是月也朱明漸半紫榴未吐恐降災兮此下人罄虔祈兮我仁主退象龍之禮禱斥持鷺之貌舞屏翳懟其廢職祝融悔其遷怒山泱漭而出雲天霶霈而下雨速一言而感應尅三日而周溥氣滃靄以黔黮聲颯灑以蕭條漼如雲漢之屑落散似珠泉之歕澆街塵漫其潢潦阜壤萋其絲苗舒四溟之清潤卷六合之煩囂咸澡骨於神液共歡心於聖朝借如五月有梅雨之名三春有穀雨之氣越人以泥牛代沃胡土以賣龍求費出員嶠而石香入成都而酒味彼偏方與小節非大人之所貴復有送山祇於鬱島迎海后於葛川疾雷碎其山裂走電煜其海然天子作愁霖之賦詞人綴苦雨之篇牆屋壞於倒井黍稷沈於下田乃凶祲之不令曷休徵之有焉請言瑞雨之可喜也協氣交泰嘉生是賴湛覃而不溺衍溢而無害東漸出日之表西被無雷之外南窮火鼠之譯北盡燭

龍之會天文則雲漢昭回天澤則江河霶霈雖欲談天而窺管孰知堯德之爲大

進白烏賦

咨大鈞之播氣在品物而流形有莫黑之凡族亦變白而效靈感上仁於孝道合中瑞於祥經若夫事出神妙理包舒卷既集王屋飛隨帝輦捧日高翥迎風細轉識句句於招呼每啞啞於啄吮以其雪羽霜毛冰精玉狀抜奇綠林之下賞異紫臺之上瞰鳩鵲之紗窗抱鳳凰之衣桁恐同類之見嫉畏不才之速謗期委命於渥恩豈願思於閑放

惟聖君之靈囿物何遠而不臻有能言而可重或善舞而取珍羞陋軀而入獻與寶羽而爲鄰采朝噪之聲樂眷夜啼之曲新無芒距以耀武不鈎觜以懷仁謝先容而特達却假飾以全眞鑒深心於反哺終報德於君親

虛室賦

明月窗前古樹檐邊無北堂之樽酒絶南鄰之管絃理涉虛趣心階靜緣室惟生白人則思元厭百慮之勞止歸一途之元然嗟乎巧智首亂禮樂增矯名起異端利成貪兆役二見之交戰驅五神而雜擾形何費而不衰性何煩而不夭每竭源而追末必亡多而獲少玉帳瓊宮圖奢務豐

朱門金穴恃滿矜隆榮與辱而俱盛事隨憂而不窮陷營爲之桎梏留健羨之池籠心元是幻法本皆空莫不因無證實假異生同魚何知而樂水蛇何意而憐風大哉黙識守此元通顧瞻天下還如夢中

江上愁心賦寄趙子

江上之峻山兮巒崎巇而不極雲爲峯兮煙爲色欻變態兮心不識江上之深林兮杳冥濛而不已鳥爲花兮猿爲子紛灧瀲兮言莫擬夏雲陰兮若山秋水平兮若天冬沙飛兮澌澌春草靡兮芊芊感四節之黙運知萬化之潛遷伴衆鳥兮寒渚望孤帆兮日邊雖欲貫愁腸於巧筆紡離夢於哀絃是心也非模放之所逮將有言兮是然將無言兮是然

畏途賦

青泥路白馬關雲足躡霞手攀忠臣往兮孝子還陟羊腸臨鳥道搏絶岸援蔓草懸梁孌娜以樹接虛閣穹崇而烟抱風雨櫛汨兮崩泉而險湍圖畫詭屈兮紅峯而碧巒林黙黙而人靜山寥寥而地寒客有夢兮在城闕背芳萱兮

心不歇憫秋草之墜露弔窮崖之飛月聞哀猿之一鳴憂人宿昔兮生白髮

聖德頌

太古厥初遺文闕矣書祖二典聿陳五教唐虞之訓歷代宗焉孰同理而不休奚同亂而克肆皇唐之興也道積四聖時將百年澤浸生人自根流葉孝和晏駕嗣子幼沖凶臣孌女蹙弱王室人甚崩角之危朝深綴旒之歎賴天獎忠勇大戮鯨鯢尊文廟而安神清帝宮而待聖少主奉天命以至禪皇上拒天命以固遜羣公卿士胥進曰陛下孝

弟之至歷數在躬處儲闈有讓元子之德居藩邸有辭太
弟之高六合欣戴三靈允協爲天下君其誰與讓皇帝義
不得已曰吁所憂之長也乃被帝服陟元后延羣臣見兆
人是日也景雲至茲歲也戎狄來其尤祥極瑞雜沓異類
蓋翫狎而不記矣上方謹庶務覽衆則履乾乾懷翼翼游
道德之靈囿從鸞鷟之珍羣視天下之所不見聽天下之
所不聞帝典皇綱於斯備矣宜定郊報之禮革封禪之則
荅神貺揚元德不然者則二宗無類帝之壇五岳無省方
之館矣若夫湯頌傳於考父文什著於周公臣子之志不

欽定全唐文　卷二百二十一　張說　五

可闕也敢作頌曰
天祚聖唐啟我明主大哉皇帝與天同矩天乎蓋之地乎
載之陽和化育懷生賴之孝乎惟孝告成於天靈壇神岳
思皇昄焉皇哉皇哉胡可捨旃大君受命景雲來翔流天
汎日爛漫成章稽諸瑞典昔祚軒皇而今表聖土德以昌
西戎遠國畏君之靈古稱卽序今乃來庭帝女是降其從
如星天人偃革以迄太寧北胡狙獷狃於征伐帝初歷試
護彼窮髮懷我好音稽顙天闕遐哉大同天子之功

皇帝在潞州祥瑞頌十九首奉敕撰

日抱戴

皇帝初臨潞州景龍元年四月二十有七日其日日抱戴
頌曰
日告帝符王起乘土重光五色四方之主或抱或戴氣華
暉嫵大明經天豈忘忠輔

月重輪

皇帝臨潞州景龍元年七月十有四日夜月重輪頌曰
維帝潛德受天眷命月之重輪示我金鏡璧彩內澈環規
外映君心用明神道協慶

欽定全唐文　卷二百二十一　張說　六

赤龍

皇帝臨潞州景龍二年四月二十五日廳事據案假寐百
姓白鶴觀道士宋大辯等三十餘人同見赤龍在案頌曰
聖寐無體神融氣渙蜿然赤龍垂首據案昔有王媼預覩
興漢今此潞人亦兆靈觀

逐鹿

皇帝景龍二年二月二十有八日巡屬縣至潞河有鹿奔
走渡河水深三丈帝馳鞭逐鹿水不及馬鞴應時獲鹿司
戶參軍崔弼隨帝而涉纔入數步馬溺焉頌曰

王者之映必有天佑逐鹿深水乘躍而過不失其馳舍矢如破後騎没溺乃驗靈迹

嘉禾

皇帝臨潞州景龍二年八月二十有五日長子縣界内有嘉禾合穗頌曰

靈氣滋液嘉禾族生或分九穗有合雙莖昔効唐叔歸功太平今於歴試抽此德萌

黃龍

皇帝臨潞州景龍二年九月五日黃龍見於州城東五里

伏牛山南岡遲留久之觀者如堵頌曰

黃龍土精五方之長在田而見文明厥象軒圖瑞來夏匱妖徃惟德可應恃神難謂

羊頭山北童謡

皇帝臨潞州景龍二年九月已後嘗有童謡云羊頭山北作朝堂其州南六十里有羊頭山頌曰

熒惑降精是爲天使會合齠齓謳謡街市通賢妙識採斷來事山北朝堂此明天位

仙洞

皇帝臨潞州襄垣縣北有仙洞忽然自開十數里仙乳靈液凝膏注玉頌曰

憑乘仙穴應吳建號襄垣洞開神亦我報玉膏灑瀝石巻幽奥天將佑之陰靈啟道

大王山三壘

上黨記禹治水而登此山因名焉魏書云望氣者言其山有天子氣故太武壘石爲三封欲以厭之頌曰

昔望茲山當出天子太武心忌壓以軍壘地氣雖發河清有俟三百餘年聖人方起

疑山鑿斷

上黨記後魏太和末孝文帝自代幸洛見此山有伏龍疑而不進遂斷山東麓以厭之其斷處猶存因名疑山頌曰

王命必有厭勝多無不徵緣錯虛役丹徒舊山伏氣今聖靈符魏雖穿鑿能違天乎

赤鯉

皇帝景龍三年三月巡屬縣至襄垣南漳水上有赤鯉魚騰躍頌曰

龍或魚服鯉同國姓躍泉將飛告我天命麟昭武德翼贊

興慶昔去隨仙今來迓聖

黃龍再見

皇帝臨潞州景龍三年六月十五日黃龍再見於伏牛山頌曰

蜿蜿黃龍旣見將躍氣動雲繞精流電鑠文明剛健嫵媚纖弱萬物覩焉聖人其作

紫雲

皇帝臨潞州景龍三年九月九日與羣臣壺口山界坐其時東北有紫雲翩翩而來光彩照日明日上黨縣丞王敬

賓等白刺史劉懷一并啟皇帝請上狀奉教不許頌曰

天臨壺口露座山眉紫雲來覆如蓋如帷畢景不滅含風自持一人有慶兆人賴之

李樹

皇帝臨潞州延唐寺有李樹連理皇帝親如驗見今御書額焉頌曰

李興帝族寺榜延唐異枝同幹雙名合祥花轉瑤蕚子綴珠光本支百代永永蕃昌

神蓍

皇帝臨潞州景龍三年九月十有五日召百姓韓擬禮蓍筮卦未成而一蓍翹立擬禮曰此天人之瑞洎帝踐祚授擬禮遊擊將軍長上折衝頌曰

纖纖靈蓍下有伏龜天生神物以決狐疑一蓍特起自天立之無卦之卦告帝之期

金橋

金橋在潞南二里常有童謠云聖人執節度金橋皇帝景龍三年十月二十有五日由此橋朝京師頌曰

出郡二里橫路金橋聖人南渡駟馬西朝運及詠呂時當

煥堯卻尊後事一合童謠

紫氣

皇帝臨潞州景龍三年十月二十有五日還京後州內所居寢堂上有紫氣七日不散頌曰

王往京國傾城戀悅紫氣浮空七日不散斐亹牕戶輪囷臺觀都人係心瞻仰雲漢

大人跡

皇帝從臨潞州還京後其宅內及州街並有大人跡長二尺五寸自東而西布武相繼頌曰

百神從王。一舉西適。衆觀空廨。連步雲跡。躡似郊媒。痕同雷澤。曠古奇事。存乎帝籍。

神人傳慶

皇帝唐隆元年六月二十日夜除妖孽。後其明日。州佐吏索崇嗣于州南門外聞空中有人云。臨淄王誅韋氏。相王得天下。其崇嗣告長史裴思。裴思以妖惑罪之。禁錮累日。逢其月二十一日赦到獲免。案牘猶存。頌曰。

天帝下席。承韋干命。王赫斯興。撥亂反正。擊凶尊主。一麾大定。神人相歡。肹蠁傳慶。

起義堂頌

皇矣上帝。臨下有赫。降監四海。求人之瘼。吁彼隋煬。其政不獲。眷我高祖。此惟其宅。天輔皐陶。明刑弼教。道尊老氏。同元體妙。仁表四乳。明融獨照。隨父託心。史良辯貌。高祖誕靈。神光夜耀。天妹作合。日兄夢紹。祚生文帝。膺運會昌。首唱高祖。騫飛晉陽。萬夫一心。元戎啟行。火旗炎炎。雲烏洋洋。五星迸帝。萬國謳唐。天網恢疎。王師節制。威惟連戮。老生摧斃。山祇引軍。河龍渡帝。渭倉散積。離宮弛閉。關輔來蘇。遠方咸惠。長安宮室。上法太微。隋遷寶鼎。唐在璿璣。仗入雙闕。詔出九圍。三靈協載。百祿同歸。帝謂太宗。表正封略。濤蕩飈掃。霆馳電鑠。劍不摧鋒。弩無再彍。西平汧隴。東取河洛。杲密德充。頭懸面縛。北走獯鬻。南達蠻荆。遼碣作乂。梁岐底平。風動神行。海隅蒼生。莫不來庭。於昭義堂。誓衆資始。天命所起。于胥頌美。維予小子。夙夜敬止。於戲皇王。緒思不忘。

上黨舊宮述聖頌并序

惟開元十有一祀正月。皇帝展義於河東。挾右太行。留宴上黨。整兵耀武。入於太原。設都建頌。以崇王業。南轅汾脽。

祈穀后土。天清日朗。神歆如荅。三月庚午。飲至長安。六軍解嚴。四方和會。遍觀法象。遐詠德澤。大虞巡之典。修美漢祠之禮。舉人心翕而一變。神物效而無方。於是邠王臣守禮。寧王臣憲。申王臣撝。岐王臣範。薛王臣業。獻書於內。開府儀同三司臣璟。尚書臣晙。臣象先。臣頲。御史大夫臣漼。抗疏於外。僉曰。陛下受天曆數。稽聖典謨。道貫三靈。仁育萬類。掃陰沴而覩日。開闢之功也。尊文考而御天。帝王之孝也。天以陛下爲子。人奉陛下爲君。萬殊之福。斯應畢臻。三代之風。頌聲咸作。今潞人懷代邸。詠泗亭。採聖崖。延元石將表潛龍之館勒啟聖之圖勤亦至矣陛下推而不報其何以下塞衆望上對神庥哉臣聞天之所啟人之所戴必憑睿聖元懿之德元命貞符之紀功業見乎變德施加乎時德厚者施溥功元者應速或階晦以彰或由難而昌葢生其德之謂天授其時之謂命天有成命其可沒乎陛下昔居是州也紫雲在天神光照室白鹿來擾黃龍上昇隴出仙洞而神魚躍山開禪穴而靈鐘韻謡言合讖巨迹引途嘉李傍連神蓍自起當此時也金石豫變獄頌先歸政殷六府人重五教陶無窳器漁有讓泉神而化之人不

知力昔龍負圖而大舜登狼銜鉤而后殷昌元圭錫於夏禹赤伏歸於漢光應運協符希代稱贊未有窮祥極瑞俶儻瓌異如今之至者矣若元貺集而不彰則神心不悅鴻業成而不贊則祝告無聞是掩天庥而葢聖德也臣子之罪將何解焉願聽潞人以揚丕烈帝曰往者中宗違代國步維艱天祚我唐大命集於睿宗大聖真皇帝朕畏天將命不敢怠遑其乾符坤珍皆先聖之餘福朕何力之有焉然重違昆弟公卿之請抑心敬從無爲虛美重朕不德也羣臣游聖蕩莫能名約乎舊史敢頌成績辭曰

帝德廣運乃聖乃神天祚聖兮唐雖舊邦其命維新再受命兮帝初正人降居上黨天下往兮黃龍晝見攀天而上九五象兮帝適於野紫雲之下求必在兮帝寢於堂變龍有光觀者駭兮天迹星謡木連著立總神異兮靈鐘化穴縞鹿赤魚何詭異兮上天無聲託類附形覺悟人兮聖皇齋栗在得戒失昭事神兮皤皤潞老樂我王道愛舊宮兮赫赫頌功與天比崇攄無窮兮

大唐封祀壇頌

皇帝六葉開元神武皇帝再受命致太平乃封岱宗禪社

首鑿石紀號天文煥發儒臣志美立碣祠壇曰厥初生人俶有君臣其道茫昧其風朴略因時而欻起與運而紛落泯泯没没無聞焉爾後代聖人取法象立名位衣裳以等之甲兵以怛之於是禮樂出而書記存焉反其源致敬乎天地報其本致美乎鬼神則封禪者帝王受天命告成功之爲也閱曩聖之奧訓考列辟之通術疇若天而不成局背道而靡失由此推之封禪之義有三帝王之略有七七者何傳不云乎道德仁義禮智信乎順之稱聖哲逆之號狂悖三者何一位當五行圖籙之序二時會四海昇平之

運三德具欽明文思之美是謂與天合符名不死矣有一不足而云封禪人且未許其如天何言舊史者君莫道於陶唐虞舜臣莫德於皋陶稷禹三臣備德皆有天下仲尼敘帝王之書繫魯秦之誓明魯祀周公用王禮秦承伯益接周統孔聖微旨不其效與然秦定天下之功高享天祿之日淺天而未忘庭堅之德也故大命復集於皇家天之贊唐不惟舊矣其興之也元靈啟迪黃祇顧懷應歸運以義舉撫來蘇以利見濩也無放夏之慚武也無伐殷之戰高祖創業四宗重光有德格天漏泉蒸雲濡露菌蠢滋育

氤氳涵煦若天地之覆載日月之照臨溥有形而希景罄無外而宅心百有八年於茲矣皇帝攘內難而啟新命戴睿宗而纘舊服宇宙更闢朝廷始位蓋羲軒氏之造皇圖也九族敦敘百姓昭明萬邦咸和黎人於變立土圭以步歷革銅渾以正天蓋唐虞氏之張帝道也天地四時六官著禮井田三壤五圻成賦廣九廟以尊祖定六律以和神蓋三代之設王制也武緯之文經之聖謨之神化之然猶戰戰兢兢日慎一日納規誨以進德遂忠良以代工講習乎無爲之書討論乎集賢之殿寵勇爵貴經明翼乎鵷鷺之列在庭毅乎貔貅之師居鄙人和旁感神寶沓至乾符坤珍千品萬類超圖溢牒未始聞記我后以人瑞爲心不以物瑞爲意王公卿士儼然進曰休哉陛下孝至於天政合乎道前年祈后土人獲大穰閒歲祀圓丘日不奄朔感祥以祈聖因事以觀天天人交合其則不遠意者喬岳掃路望翠華之來上帝儲恩俟蒼璧之禮久矣焉可專讓而廢舊勛羣臣固言勤帝知罪至於再至於三帝乃挹之曰欽崇天道俯率嘉話恐德不類敢憚於勤其撰巡狩之儀求封禪之故既而禮官不戒而備軍政不謀而輯天姥練

日雨師灑道六甲按隊八陣警蹕孟冬仲旬乘輿乃出千旗雲引萬戟林行霍濩爕爛飛焰揚精原野爲之震動草木爲之風生歷郡縣省謠俗問百年舉百祀興墜典葺闕政攸徂之人室家相慶萬方縱觀千里如堵城邑連歡邱陵聚舞其中垂白之老樂過以泣不圖蒿里之魂復見乾封之事堯雲往舜日還神華靈鬱爛漫乎穹壤之閒是月來至於岱宗祗祓齋宮滌濯靜室凝神元覽將款太乙議夫泰山者聖帝受天官之宮天孫總人靈之府自昔立國莫知萬數克升中而建號惟七十而有五我高宗六之而

今七矣非夫尊位盛時明德曠代遼濶難并之甚哉先時將臻夫大封也累封疆於高岡築泰壇於陽趾夫其天壇三襲辰陛十二咸秩衆靈列坐有次崇牙樹羽管磬鏞鼓宮懸於重壝之內千戚鈒殳鈎戟戣戵周位於四門之外伐國重器傳代絕瑞旅之於中庭玉輦金轂翠冒黃屋夾之於端路庶官百辟羌夷蠻貊襃成之後讓王之客序立於禮神之場旄頭弩牙鐵馬金鍭介胄如雪旗幟如火遠亙於清禁之野於是乎以天正上元法駕徐進屯千乘於平路留羣臣於谷口皇帝御六龍陟萬仞獨與一二元老

執事之人出天門臨日觀次沆瀣宿巉巖赤霄可接白雲在下庚寅祀高祖於上封以配上帝命衆官於下位以享衆神皇帝冕裘登壇奠獻俯僂叶金奏佾羽舞撞黃鐘歌大呂開閶闔與天語清蹕信公奉斗布度懋建皇極勤恤蒼生昭假乎未兆禳災乎未萌上下傳節而禮成樂遍福壽同歸而帝賜神策乃檢玉牒於中頂揚柴燎於高天庶忠誠之上達若憑焰而駕煙日轡方旋神心餘眷五色雲起拂馬以隨人萬歲山呼從天而至地越翼日尊睿宗侑地祇而禮社首遂張大樂覲東后國風惟舊無黜幽削爵之誅王澤惟新有眚災大賚之慶不浹日至化洽於人心不崇朝景福遍於天下然後藏金匱於祏室迴玉鸞於上都煌煌乎眞聖朝之能事而高代之盛節者也於斯之時華戎殊俗異音同歎曰兵合多雨山峻多雲豈有大舉百萬之師尅期千里之外及行事之日則天無點翳地無纖塵嚴冬變爲韶燠寒谷轉爲和氣非至德其孰能動天如此其順者乎昔人云自西自東自南自北無思不服今信知聖人作而萬物覩其心服之之謂矣或曰祭泰折主先后非禮與曰是禮也非宜也王者父事天母事地侑神崇

孝無嫌可也且夫柴瘞外事帝王主之烝嘗內事后妃助之是開元正人倫革弊禮起百王之法也故令千載眡末光聆絕韻咀甘實漱芳潤爍元妙之至精流不已之淑聲臣說作頌告於神明四皇墳而六帝典雖吉甫亦莫能名徒採彼輿人之詩曰大矣哉維天爲大惟皇則之率我萬國受天之祺子孫百代人神共保綏之云爾而已矣

張說二

開元正歷握乾符頌

客有謿臣曰聖主正新歷握乾符百寮賡歌以美時六合鼓舞以頌德先生獨晏默書閣含翰詞林奚其爲儓儗也臣應之曰斗水不能評巨壑之量隙光未足議大明之體何者見褊而守隘也握乾符者不謂執天命歟執天命者非夫廣德休歷交相表裏況命者夫子之所罕言也焉可偏贊而總握符之盛哉如作者略大本舉小節不亦仲尼

之門所聽營也是以涸思乾慮久難其述客無異焉客曰請終餘論粤若我大唐慶始白雲道昇紫氣屬漢東失馭淮南不返高祖舉晉陽之甲戡定關西太宗因傒后之師削平天下高宗收圖海外檢玉封中九域黎人重代飲澤雖鳴鸞改號神龍中興周鼎歸唐元圭祀夏中宗違代孼孽窺國於是乎聖上起藩邸入鈎陳一麾水心羣凶泥首崇復大聖越踐少陽受禪當宁而光大前烈垂統拜璽而愼寧後嗣四海有覆盂之安百代無委裘之隙是之謂聖人握符之大寶也四星入輔五將出禦倚禮樂爲國訃仗仁義爲軍勢英賢集殿而文教成干戚舞階而武功振故讓光於九族孝慈行於萬宇磧嶂西南渤澥東北織皮火毳暍炎山氾熱海向風來王黑貂駮駿浮天溟絕冰漠連歲獻款鳥獸無猜人之意草木無不達之氣升中於天比天同貴是之謂聖人握符之大政也歷試上黨黃龍飛天入淸中禁白虹指日瘞汾脽寶鼎見柴岱宗卿雲蔚非應事而呈瑞者雖多狎而不紀矣是之謂聖人握符之大祥也以數推氣以氣定朔以星殷時以閏成歲考星閒而革疏廢置歲差而辨誤曰立大衍之紀參大渾之晷合鐘律

之聲極鬼神之情是之謂聖人握符之大歷也若夫仁聖根於內菁華發於外祥兆祕於前謠讖灼於後自然之理也彼洛下閎者漢太初時一巧歷耳云後八百歲當差一日有聖人正之斯人也抑將露才揚術預證來聖有耆舊之傳記無史策之明文然至隋之開皇及麟德聖歷三家創法一引爲徵約之年代則鄰近稽之圖籙則曖昧未有如新歷之昭昭者矣在昔唐虞之際以斗精受命者七人得四均間氣而生者又二十八人所謂三十五際者也禹以金德王故夏后之有天下也生數四百年契以水德王

故殷人之有天下也成數六百年稷以木德王故周人之有天下也成數八百年伯益之命中天而堯族以火德乘之故漢室之有天下也生數再及二百年其閒距王而興不能復大禹九州之跡及勝殘百年之命者皆五神之餘氣也咎繇降德皇唐復興土精應王厚德載物生數五百成數千年命歷有歸此其大較修德增祚與天無窮轉筭之徒莫能究也緯以入元三百四歲爲德運七百六十歲爲代軌千五百二十歲爲天地出符四千五百六十歲爲七精返初天人相應合若符節自堯典命羲和修重黎之

舊理顓頊之歷上元甲子千五百餘歲得孔聖而春秋之歷序暨開元十二年甲子凡三千四十歲遇聖上而大衍之歷興是時也土德入生數之元天命當出符之會信矣伏惟聖上聰明文思道德之具也豁達大度皇帝之體也藝總六經漢光之學也文通三變魏祖之才也緣情定制五禮之本也洞音度曲六樂之宗也神於弧矢黃軒之威也聖於翰墨蒼頡之妙也兄弟善友王季之心也子孫衆多周文之福也大寶以定天位大政以布廣德大祥以合靈符大歷以啟成命德位兼才臨照如此符命介福粲章

如彼所謂廣德休歷交相表裏之效也善歷者必推來運以自神興王者不俟往言以表聖設徵夫洛下閎之語也其不有容成之事乎且如恃有命比於日孰是夏王之福也賴卜年衰其德豈謂周公之訓也故曰王者執天命在於俟天符致天符在於順天德布天德在於保天位四者備矣然後陳其盛德告於神明舍此道也胡可語正天歷握乾符哉謏臣懵學謝生元造樂虞典之歌舜羨周詩之美文敢不敷信詞薦清樂厭上客之誚託衆篇之後云爾

維皇六葉於赫啟聖步玉斗握金鏡地維續天柱正山川

授方雷雨施令清廟九祐堯門百慶郊稷尊祖擇吕定命德自我流藝從我修龜易八卦龍書九疇文含玉律字吐金鈎鳴絲鶴舞調箭猿愁集賢牓殿花萼名樓神用外表事行先兆萬目朝徹千心暗曉卿雲爛漫黃龍窈窕游姑射神人省登太山天下小飛祥走瑞均靈踳類鞮譯窮天琛維盡地爍此金戟鑄爲農器匪直也然探元索祕軸止輪運辰居星轉得一神凝吹萬情辨發斂潛合晦明幽闡階蓂朝開宮槐夜卷正我長歷同符大衍天地清焉日月貞焉四時行焉萬物生焉窮神知化美功成焉金版玉牒

遠頌聲焉

龍門西龕蘇合宮等身觀世音菩薩像頌

我聞上古有聖人。心入羣有。身包大空。普觀察一切音聲。其名曰觀音菩薩。日月有盡。光明無際。天地有終。神通不滅。禮其形像。隨緣而成功。稱其名號。因時而獲果。龍門西龕等身像者。此都人士思賢令蘇君之所造也。天下之大都有五。而河洛總其中。皇居之赤縣有二。而合宮是其一。四隩輻湊。萬商龐襍。政煩財黷。刑放寵怙。所由然舊矣。故强毅臨之。則攫斂猋擾。䖏虐不辜。以扶扑睚眦。是稱辯吏。

寬厚處之。則乾沒淫詭。相詐莫禦。以息偃簡怠。謂之風流。其傷弊一也。武功蘇君名頲。字廷碩。隋右僕射邳國公之元孫。今吏部尚書懷遠公之元子。相門華列。儒庭善訓。雍容文雅。當代知名。通才博藝。於何不可。御史天憲也。抗執簡之雄。郎官星象也。高握蘭之選。帝車西幸。皇眷東遲。四方之極。一臺歸妙。蘇君於是乎始為政於京邑。籍田戶以衍賦。徹考資畜以程力。伍董逋逃以業浮。虞詰姦慝以豫禁。釐制事典以示好惡。敦術學以興禮義。省法罪。獄吏無作威。煦郵驛。圉人不敗塵。加以躬親足以勵勤。謀始足以作則。端莊足以易暴。清儉足以息貪。夫如是。簡往而事行。正身而人慕。輕薄束修而歸厚。流亡襁負而來復。曾未期月。遷給事中。既而人吏父老聚而謀曰。咨休哉。明府之惠人也。春風暢之。時雨霖之。心乎愛矣。何以祝之。朝廷豈不念下民之鬱陶乎。奚其爲奪我君而不省留也。詩曰。愷悌君子。神所愛矣。庶幾乎三珍依憑。百祥臻降云爾。乃購奇匠。倣靈峯。追琢鏡光。鑱鑿電熛。倚高壁。臨懸闕。蹈石菂。戴琅蔓。縹緲雲聳。嬋娟玉立。模宰官之形儀。現輪王之相好。諦視瞻仰。將莞爾而微笑。攝心傾聽。疑僁然而有聲。其左

右則福地園林。香城基址。前佛後佛。大身小身。亘岑嶺而相望。遍虛空而無數。此身不動。觀大地之衆生。彼佛何來。見河沙之世界。爾其北對宮觀。南馳荊越。闕路開豁。而中斷伊水逶迤而長注。修途交會。車馬川流。帝城風俗。是焉游覽。如鎮南之峴山。似關西之灞岸。暮春桃李。上巳清明。汎法池之綠波。憑靜域之丹檻。揚袂陰景。躡步震山。花散四天。香聞八國。以不居之歲月。閱無窮之人代。知妙容之常在。覩永劫之因緣。盛德相傳。與此山而終始。不其偉歟。昔孔子化中都。以攝魯相。卓茂理千密。以致漢治。夫樹善

有基建功無小蘇君春秋鼎盛德業日新方欲驤首天池整翮雲漢致大君於堯舜紹曆構於韋平是宰也故以五路之椎輪九域之覆簣已重宣此義而說偈曰

大哉元聖心如明鏡深入禪定龍飛清淨觀我佛性靈相珍飾精窮妙極於岩之側因空見色登我願力不競不絿不剛不柔敷政優優百祿是遒侑我蘇侯

答宰臣賀破賊制

省表具知蠢茲戎狄侵軼邊鄙不交鋒刃自取敗亡既邊將之功亦天道所棄心之有慰與卿同之

試洛州進士策問四道

問有征無戰道存制禦之機惡殺好生化含亭育之理頃塞垣夕版戰士晨炊猶復城邑河源北門未啟樵蘇海畔東郊不闢方議驅長轂而登隴建高旗而指塞天聲一振相弔俱焚夫春雪偎陽寒蓬易卷今欲先驅誘諭暫頓兵刑書箭而下蕃臣吹笳而還虜騎眷言籌畫茲理何從

問夫子述孝經裁道德輔天相地樹之王化穆乎人倫既鉤命而合謨亦契神而盡性歷聽藏書同爲代寶永言五孝不列六經將設教之有旨豈偏序之無法北宮羣彥未始詳焉東觀諸儒不之辯也且禮樂二本古文漏失春秋三傳大議派分而備六籍於蘭臺懸九經於甲令今欲登孝道爲七藝抑未前聞足經名爲十部恐疑後進思觀義窟用定儒門

問語人以倫鳴鶴斯和砥名礪節異代同歸子等溫古知今將施有政前言往行豈曰無聞至於顯仁義以基德標智信以習禮觸目青史比肩縹帙思齊其事各辯其人既呈役於扣鐘可徵賢於求燧肖形天地甄化陰陽五常配於五行六情同於六氣爲所稟之各異益因物而或遷仍

分情氣之題目兼敘常行之方位

問自昔帝王必有制作所以隆基天命器辯神姦至如或鑄昆吾或遷郟鄏虞邱之說尚疑周漢楚子之問未詳輕重通明舊史幸爲指陳亦有弗父勒銘仲山傳器得於何代顯自何功魚遊之旨安施雉頌之文奚飛兼言鼎鼐之異及顯家國之宜

兵部試將門子弟策問三道

問禮樂詩書將之本也德刑政事戰之資也自營州東襲趙郡南侵踐更塞下望獵塵而股戰擁麾隴上聞虛弦而

心死中興皇歷大講戎機懸金待賞築壇思拜吾子才標美箭門襲良弓軍法盈懷兵規指掌未知獻何道使人興義進何政使人知禮施何方使人向信行何術使人有勇擇前王之令典合今日之權宜助武成於七德翼威加於四海又聞乎兵以正合戰以奇勝然則守信非乎尚詐成列異乎鼓儳去就之宜佇詳厥旨

問良將者必精辯天時審詳人事兵家舊畧遺訓存焉借如歲在豕韋日交析木漢軍北戍胡騎南飛守則覩於星高戰則逢於陰盡何方以得天道何策以決時機應積沈

謀勿參浮說且闕由角力克在同心而子野歌風遙知不競亞夫望氣懸識將與豈雲物非繫于人或成敗不關於戰幸陳晉楚之術以定天人之理

問輕齎遠襲取敵人爲資敵人固守不我斯應（疑）圍則師老而力屈去則糧盡而途遙何策可以下城何謨可以召戰又兩軍相遇同阻一水必資其畧以致敵來傾俟良圖抗行前志

兵部試沈謀秘筭舉人策問三道

問詩稱有截傳載無爲必在其人方致斯道皇上心存元默政洽清虛坐五室以調氣舞兩階以柔遠溥天之下計日來庭尚有戎羯餘塵覘長城於塞北句驪舊壤走都護於安東棄招慶國之譏取有疲人之患綏討之理用捨何從且夷狄異方地俗殊等借是斷山川之是利較戰守之所長贏糧調兵幾何克濟選倫求將可者爲誰靜聽嘉謀將聞執事

問安西迥途磧北多寇自開四鎮於茲十年及瓜戍人白首無代分閫節使丹旐方歸未悟恢邊之益且疑事遠之弊今赤畧既并於黃姓默啜復覘於庭州漢旆徒張胡臂

未斷而內匱積穀外非足兵於何出踐更之師奚使閒穹廬之黨息人靜國有策存乎

問五嶺山深三蜀地險篁竹之下時驚剽劫瓜芋之壤歲擾居人若縱兵揚麾則鳥散谿谷及旋師反旆則蟻聚津途窮之乃一切歸降置之又無不反覆安輯之術敷陳其要

諫內宴至夜表

臣聞上天示下災祥將以誘導人主先王仰觀休咎亦以順修政教易曰天垂象聖人則之言天人之際感通必矣

臣伏見去年十月十七日月滿猶望應虧不虧今月十七日亦未少虧此易常之異也夫月者至陰之氣臣下之象當助天作明順時盈缺若過盛逾時盈縮乖度得非臣下之咎而上天之誡耶伏願陛下深察熟思而預防之臣又見近日內宴夜深方罷小臣無識抑所未安王在在鎬凱樂飲酒此誠大雅之美也臣卜其晝未卜其夜此蓋春秋之義也伏願陛下宴樂之餘不及於夜臣職忝補闕昧死陳愚謹言

并州論邊事表

臣說言臣說頓首死罪死罪言臣聞小忿不忍延起大患小罪不寬迫成大禍契丹實背恩誠負天地不容之責然原其狀本是夷戎君臣不和自相誅戮耳所望聖慈且使其族類在朝者將勑書再三告讓因其所欲立酋長而便定之或可不戰而定也必告之不馴則大發兵馬東召靺鞨西舉九姓來春未靑數道齊入突于之首可拾而取未爲晚也天恩若不忍以中國勞事蠻夷則嚴兵備塞棄兩蕃如糞土耳又許欽泱擁二萬餘衆據五丈之城有糧即守不可拔無糧即鼓而行歸何所慮也今遣史獻非時遠抄近掠其實甚難萬一未捷賊氣轉壯下臣愚昧不敢隱情伏願聖恩再加裁度臣說誠惶誠恐頓首頓首

爲留守奏慶山醴泉表

臣某言臣聞至德洞微天鑒不遠休徵祕景時和則見是知縣代曠歷慶牒祥經帝王有必感之符神靈無虛應之瑞伏惟天冊金輪聖神皇帝陛下金鏡御天璿衡考政欽若元象宏濟蒼氓茂功將大造混成純化與陽和俱扇朝百神之樂職宅萬國之懽心嘉氣內充淫雨外息豈止搖風紀月之草列蒔於階除儀簫銜籙之禽相鳴於戶閣而

已固有發禎厚載抽貺泉源表元德之潛通顯黃祇之昭報臣於六月二十五日得所部萬年縣令鄭國忠狀稱去六月十四日縣界霸陵鄉有慶山見醴泉出臣謹差戶曹參軍孫履直對山中百姓檢問得狀其山平地湧拔周迴數里列置三峰齊高百仞山見之日天青無雲異雷雨之遷徙非崖岸之騫震欻爾隆崇巍然蓊鬱阡陌如舊草樹不移驗益地之祥圖知太乙之靈化山南又有醴泉三道引注三池分流接潤連山對浦各深丈餘廣數百步味色甘潔特異常泉比仙漿於軒后均愈疾於漢代臣按孫氏

瑞應圖曰慶山者德茂則生臣又按白武通曰醴泉者義泉也可以養老常出京師禮斗威儀曰人君乘土而王其政太平則醴泉湧潛潭巴曰君臣和德道度協中則醴泉出臣竊以五行推之六月土王神在未母之象也土為宮君之義也水為智土為信水伏於土臣之道也水相於金子之佐也今土以月王而高水從土制而靜天意若曰母王君尊良臣善相仁化致理德茂時平之應也臣又以山為鎮國水實利人縣有萬年之名山得三仙之類此蓋金輿景福寶祚昌圖邦固不移之基君永無疆之壽自永昌

之後迄於茲辰地寶屢昇神山再聳未若連巖結慶並泌疏甘羣瑞同區二美齊舉高視古今曾無擬議信可以紀元立號薦廟登郊彰賁億齡愉衍萬宇臣辱司京尹忝寄留臺牧西夏之疲人荷東蕃之餘寵游泳鴻露震悚明神禧祉有歸光啟茲部喜覩殊觀實百恒流踊躍一隅馳誠雙闕伏請宣付史館頒示朝廷無任鳧藻之至謹遣某官繪圖奉進

為留守奏瑞禾杏表

臣聞天微地杳惟聖能通物寶靈禧在德斯感伏惟天冊金輪聖神皇帝陛下覆翼萬方植生羣類化行至道風流太和白耀青光日月之瑞赤文元甲于河洛之符既慶溢於山泉又嘉賁於草木臣今月三日得所部萬年縣令鄭國忠狀言縣界內霸陵鄉新出慶山南之醴泉北岸有瑞杏三樹再葉重花嘉禾三本同莖合穗臣謹差司兵參軍鄭味元檢覆皆實臣謹按孫柔之瑞應圖曰嘉禾者五穀之長也王者德茂則生昔炎帝教洽人心而嘉禾秀周公理合天道而嘉禾豐臣又以事可理推物有類驗蜀桑異葉李定知其有祥漢木奇枝終軍以為無外今植物搖

落而瑞杏繁滋所謂仁育之風行於肅殺之序此蓋聖道隆渥靈祚宏多朱萼素花彰孝理於詩傳一莖九穎合德耀於祥經曠代殊珍崇朝累集方俟山流石髓杏茂仙林醴挹軒漿禾登堯膳受天介福錫帝長齡覲王母於崑臺朝神人於谷口今綠苗尚稚黃粒未成當須晚秋不獲早獻臣忝尹茲部頻矚洪休抃躍之誠倍萬常品

為留守作賀崛山表

臣聞山川變見如來有得道之祥國土遠移至人任不思之力伏惟皇帝陛下宏惠福深勤人願滿蓮花授記應上

聖之降生貝葉開圖握大雄之寶命司戶參軍孫履直伏承臣奏所部萬年縣新出慶山醴泉乃有天竺眞僧於春首獻狀若以梵音所記此是祇闍山恒河沙佛必經林下虛空衆聖常處巖閒隱見外方湧秀中土岑泉可識體類宛然感應十號之尊示見千輪之主此實天威無礙地寶有歸化焜燿於裁成理窈冥於言說但瞻三山丹壁奄靈鷲而飛來三泉淥池逐神龍而吐沃峰高八百協周室之隆基地得萬年祈皇靈之資始儒書分載望偈希聞加以堅固開林吉祥被草重花瑞杏藻岫紅源九穎嘉禾蔥蘢

黛巒原臨白鹿識鹿苑之仙游路邇朱城悟王城之鍾聽方侯迴輿雪嶺厭香積於羣臣沈璧天池蔭靈枝於下國吹法螺而朝玉帛乘瑞象而會天人溢宇流觀殊鄰浹慶臣守符京郡奉神嶽於郊畿係葉皇柯仰慈雲於油露喜抃之極倍百恒誠

為留守奏羊乳麞表

臣某言臣聞靈感無方每先時以見象神鑑不昧必憑物以示人有德著而休歸或祥來而事應伏惟天冊金輪聖神皇帝陛下端冕馭天舞干柔遠南越瑞貢久通驛而歸仁西域奇山近隨方而應聖臣今日得所部萬年縣令鄭國忠狀送新出慶山下羖牝羊乳麞麑一頭狎擾因依動息隨戀如從所產若素同羣理有可嘉事無前例竊以異類相育外方慕化之徵野畜自馴荒服來王之兆必有遠夷解辮歡心百獸之庭獷俗懷音稽顙三朝之會臣言可驗翹足是期昔馬或生羊易占得人安之體犬時養彘天鏡顯代康之文援此比蹤實爲同貫況復晨飲醴浦夕下靈山翳仙杏之奇花拾嘉禾之餘穗羊禎甚玉麞慶如銀晦朔未移祥符累集福應之盛前古未聞臣忝尹京都屢

薦嘉瑞抃躍之至兼倍恒流謹差某官奉表隨進

為留守奏嘉禾表

臣某言臣聞天聽自人神和在德代非乏瑞罕遇開泰之期福不虛徵必俟休明之主伏惟天冊金輪聖神皇帝陛下仁覆萬靈孝理四海功莫高於尊祖道莫大於配天嚴備郊禋崇肅宗祀秩百王之禮兼六代之樂恩溢膠庠訓優更老政每光於帝籍役不紊於農時嘉氣橫游祥風紛灑騰文煒色九光連合於貞明逸翬殊倫百寶駢滋於動植臣今月日奉進止告望鳳臺慶山醴泉之瑞其日於山

陵東柏城内得嘉禾一本臣初見衆苗亘壟香穎垂秋嘉甤繁滋欲觀稃粒左右無識折以呈臣異其綠葉緌舒葱芊璧秀熟視奇狀乃知嘉祥下則異畝合莖上又同連雙穗昔雍熙之代政理之君雖導出應時而生不擇地未有託根神域彰孝德之能深吐秀壽宮助粢盛之豐潔此蓋睿誠通感靈佑降祥中古以來未睹斯美臣籍慶宗枝久沐星潢之潤躬持瑞穎預奉天保之符抃悅之誠倍兼恒品

爲清邊道大總管建安王奏失利表

臣攸宜言今日某乙從峽石山稱前軍王孝傑等以某日失利於峽石山忽聞殞絶心摧魂死上孤天威下慙士卒死罪死罪頓首頓首臣以駑怯謬職戎麾銜戴恩榮統率將士驅關隴之馬引淮海之餉旗幕亘於邊城弓甲傾於内府不堪任使撓失節度羣帥無決勝之功偏師有挫衂之咎長犬羊之孔熾縱梟獍之未滅憤結靈祇怨毒骨髓臣實其罪罪非他人忍恥苟全遠愧胡顏之責引愆遄死内負猶鬬之心踧踖無顏進退靡處臣既不建師律有干常憲合即嚴科以塞重責然以見在兵馬交要部統未敢束手軍事委置旌節稽緩刑書伏深兢戰特乞更召嚴猛代臣統帥請歸罪司寇以正國刑囚伏邊陲唯待斧鉞

讓起復黄門侍郎第一表

草土臣説言臣私門凶咎喪紀未終不自毀滅苟存聖代忽降制書復臣工部侍郎尋奉後命授臣黄門侍郎震驚失圖哀悕隕絶臣説誠惶誠恐頓首頓首死罪死罪臣弱年早孤母氏訓立得紹基構忝列簪裾從宦歷年晨昏多闕播遷遠裔離别又苦顧復無荅報養何追心所摧感語不能喻甫至冬中禮及祥禫今巳春暮瞻言幾何是臣事

朝廷日長戀几筵日短乞寢嚴命許遂私情訴衷祈天所望矜遂無任荒迫之至謹詣朝堂路左奉表乞哀以聞謹言

第二表

草土臣説言臣在疚承榮布哀陳款精誠無感天睠未迴假喘殘生悲懼轉集臣説誠惶誠恐頓首頓首死罪死罪臣聞苦者不覺聲哀窮者貴其言達情有至切辭無敢隱臣爲少子慈愛所鍾每一離别輒加憂憫況臣生年多故違隔私庭終堂之日身限公事存既數違左右没復不畢

几筵痛心自傷特殊人類臣今望延數月企及再期乞恩無多報國非晚冒死重請冀蒙哀遂無任懇迫之至謹詣朝堂路左奉表陳乞以聞

第三表

草土臣說言臣荒喘窮情再瀆旒扆懇誠不到未感天心誓將冒死祈恩分外中謝臣本書生門非代祿數葉單緒族無親房臣父遭憂曾祖未葬臣有兩兄一妹甥姪九人又有中表相依向成百口吉凶衣食待臣以辦臣今釋職黃閣侍奉丹墀厚祿清班一朝改官舉族榮賴爲幸過甚

人情所欲豈合稽恩正以煢煢苦心有所未盡臣亡母在日朝夕誡臣以臣獨立無徒好直多忤知子者母果驗所言往罹大獄竄命炎海晨出晚歸貽慮非一況涉危難傷心幾途追憶生平倍增摧慕侍養日少違離日多即臣母憂臣以終身臣其忍服縗以從事情既不同常例望在特降殊恩臣先患風緩近加虛痺陛下倘從臣數月容過再期非但寬其哀疚固亦全其生理亡身報國庶竭後圖木植有性枉之則折人願在心違之則苦雖强爲用將何以堪銜泣仰天冀蒙哀允無任懇迫之至謹詣朝堂路左奉表陳乞以聞

讓兵部尚書平章事表

臣說言伏奉九月十九日制書到并州授臣兵部尚書同中書門下三品王人在門驛騎首路奉恩循分以慙以惕臣說中謝臣早以書生射策載筆聖朝晚以軍誌典兵秉旄乘塞祿非援進寵是宸衷久侍玉階四掌綸誥一心好直三黜其宜今復用之猶夫人也何足以舉明邦政光緝帝猷更策疲駑來塵法駕又臣已受命司籍專意簡書所希散冗因閑就業忽叨劇職責大憂深人心有限事難兩

濟國史無成臣執其罪上思薦賢以自代下願守分以全節竊見開府宋璟清介獨立倚法不回詹事陸象先清明向道臨事能斷其高明有素歷朝之所仗委其積行無疵衆人之所體信揆停往任未盡宿誠乞迴此恩以納來效必能補舊政之缺漏廣前途之軌轍雖探心角力臣頗與二子齊驅然校德考年彼皆有一日之長天下者累聖之公器宰相者萬方之具瞻臣所以廷讓彰言不陳密啟伏願聖恩聽與而舉俾詣僉矚儻朝任得人實海內幸甚無任力微任重惶懼之至謹奉表陳讓二年十月十七日

讓中書侍郎表

臣說言伏奉制書除臣中書侍郎寵命俯臨驚魂自失臣說中謝臣聞雲構鬱起非枳棘之任天波暴集寧溝澮所容臣識無通方文不經國南宮華省已忝前行西垣內閣將陪近侍心慚官謗跡愧時流何以承掌王言贊決機務當今二儀再造百度皆新太平之基惟賢是與渾成庶政責在中書豈以常才敢膺首選乞寢恩命改擇時髦惟慎庶官以諧僉議無任悃款之至謹詣朝堂奉表陳讓以聞

臣所讓人別狀封進

讓右丞相表

臣說言伏奉制書除臣右丞相兼中書令臣學慚稽古早侍春宮階緣舊恩忝竊樞近雖思致君堯舜而才謝伊皐今屬升中大封方求俊乂猥升端右實愧朝行乞停新命獲守舊職辭訥情懇希垂察諒無任屏營之至謹奉表陳讓以聞

第二表

臣說言伏奉今月十日制書除臣尚書右丞相恩命自天戰踼無地臣說中謝臣少長儒門墾鑿墳史才非高格官不因人徒以命偶龍興位階鴻漸五入西掖七踐南宮中閒拙延謫於直招玷缺傷矢之禽聞弦虛墜賜環之客聽歌先泣此則魂爲危感氣由懼奪安可重收廢器再辱端揆何以師長禮闈正持憲府當今典章革故風教鼎新野無四隱朝有三傑具瞻之地顧擇時髦臣幸沐遺簪墮履之恩好生養志之德朝遊簡牘暮對圖書受賜無涯循榮過分豈更干處士之橫議招匈奴之遙哂艾骨自癐負乘致寇雖則愚情懷戀覥冒求寵亦望聖慈限約令度餘年願停今授長守舊史罄陳肝膽非敢飾讓謹詣朝堂奉表

自乞臣說誠惶誠恐頓首頓首死罪死罪謹言

讓平章事表

臣說言臣伏奉宣旨制書以臣同中書門下平章事承命戰汗拜舞失容臣說誠惶誠恐頓首頓首死罪死罪臣本書生器識凡近仕不望於通貴祿只期於代耕蒙時寵榮越踐臺閣局心守職竊所庶幾長筭經邦則無遠及伏以廟堂寄切軍國務殷循涯審分非臣攸處爲國者爲官擇人爲臣者陳力就列若智小謀大力微任重豈敢顧惜微軀實恐上塵王政是以披露肝膽不暇飾詞乞停此授俯

遂誠請無任怖懼慚惶之至謹詣朝堂奉表陳讓以聞

讓中書令表

臣說言伏奉今月十一日制授臣中書令恩渥自天震越無地臣說中謝伏惟陛下至孝安親大功定國六合翹首庶政惟新雍熙之化望在兹日中書理本臣叨首名將何以翊贊聖君光澤天下自臣攝官禁掖已涉七旬不知賢才以舉是不仁也不辨不肖以退是無勇也何足以備乎宰臣胡顏冒恩復受真拜臣之愚執正在於此不敢繁辭以塵聖聽乞迴榮授改擇時髦無任懇款之至謹詣朝堂

奉表陳讓以聞臣所讓人別狀封進

欽定全唐文卷二百二十三

張說三

讓封燕國公表

臣說言伏奉今月七日制書封臣燕國公食封三百户寵靈猥及中心如惔臣說中謝臣聞至道之時重法守義上無無功之賞下無無德之祿故授受禮全而踰越不起伏惟陛下光撫寓內大寧天域百度維新萬靈翹注建侯疏壤允荅元功臣亦何人首膺是命自古有傳道而爵說經而封蓋以訓蒙成聖資師通學臣之侍講有異前聞何者

大明朝昇螢爝無助時雨夕濡浸灌焉施幸得依附光景游泳恩渥豈敢虛承啟發之恩謬荷將就之報且如人臣之義二則爲罪愚智之分一心不回譬如犬馬有不背之性草木有不凋之理知何德於天壤而欲蒙造化之偏施哉臣之無功正與此類叨恩過量終懼且慙乞回聖慈以容介節無任惶悚之至謹詣朝堂奉表陳讓以聞

爲建安王讓羽林衛大將軍兼檢校司賓卿表

臣某言伏承月日勑書除臣右羽林衛大將軍兼檢校司賓卿朝榮對及恩露洪垂馨仰驚抃環揆慙失臣某頓首

頓首臣庠慶皇枝辱司天衞素官成責久盈人口頃屬山戎自擅王師震加謬當推轂之禮竟空汗馬之績實賴睿謨幽贊靈兵潛詩滅犬羊於遼海卷旌麾於燕薊臣得歸功北闕待罪東藩沐泳休眺生死榮幸安敢貪要塞而告勞貪天功以爲己又況羽林清禁上則星辰主客命卿下法河海藎文武具美方議望僉歸豈臣弊劣所堪尸忝伏乞特迴睠鑒更擇能賢俾朝興薪燎之歌臣免伐檀之刺非敢飾讓實披誠請無任悚戴之至謹詣朝堂奉表陳讓以聞

爲薛稷讓官表

臣稷言伏奉制書除臣工部尚書寵靈俯逮營魄震飛揣分何階戴恩無力臣某中謝臣才乏濟川功微橫草故以業承薪構澤潤葭莩效雕蟲之薄技蒙金蟪之榮飾徒參進對愧無好詞頃以冗職東垣暫諧清曠今若統司南省將招素飡五翟之正典事斯重六官之長求人未易以臣叨授實爲非宜願寢前恩致命他士無任悚懼之至謹詣朝堂奉表陳讓以聞臣所讓人別狀封進

爲郭振讓官表

臣某言臣本書生幸事先帝歷踐清職遂參機密宗武樹黨忿疾正人猜忌眉睫構結瘡痏臣與一二貞士指天誓心枝梧羣邪扞城王室曉入宮省暮不望歸艱危備嘗幾不免禍日覩一日以逢開泰臣之宿圖今已足矣陛下寶位既復元良又定凶讎咸翦百度惟新正宜博採屠釣大變風俗豈臣微才空忝重任外不厭於衆望內實畏於多言臣父年老先嬰風疾五月以來不離枕席臣方寸已亂短效無施夙夜在公扶持有闕乞免官秩歸侍私庭罄心仰恩期於孝治無任懇迫之至

爲僧普潤辭公封表

僧普潤言伏奉甲寅制書以普潤加榮沐秩授邑封公聖恩無涯將變枯朽佛法有教誠願住持普潤自剃落壞衣五十餘載心不見是口不言俗因誠證業憑禪悟理幸逢皇祚將啟大運有歸皇太子逼畏凶讎永懷興復憂虞之際始蒙顧問貧道起廣救之悲決必成之策奉符命之旨贊無畏之心今得衆生乂安羣魔消伏在於法侶所願爲多視身本無何功受祿天位有德陛下享之天討有罪太子行之豈貪天之功以爲己力賣佛之法而求身利必若

冒榮背律返俗違眞亦恐乖陛下崇信之誠失如來付屬之義凡所稱述諸佛證明伏惟聖慈亦垂開領乞停恩授以幸法門無任護戒傳道之至願謹詣朝堂奉疏陳情以
聞

進渾儀表

臣說言臣聞迎日授時莫先於歷象先天成務必歸於制作伏惟開元神武皇帝陛下建中立極緯武經文至德難名神功莫測於是定歷成歲立象考天紹唐堯欽若之典遵虞舜在璿之義上皇能事於斯備矣臣書院先奉勅造

游儀以測七曜盈縮去年六月造畢進奏又奉恩旨更立渾儀臣等準勅令左衛率府長史梁令瓚檢校創造於是博考傳記舊有張衡陸績王蕃錢樂之等並造斯器雖渾體有象而不能運行事非經久旋亦毀廢臣今按據典故鑄銅爲儀圓以象天使得俯察上具列宿赤道周天度數注水激輪令其自運一日一夜天轉一周又別立二周輪絡在天外綴以日月令得運行每天轉一匝日行一度月行十三度十九分度之七凡二十九轉有餘而日月會三百六十五轉而行匝仍置水櫃以爲地平令儀半在地上半在地下晦朔弦望不差毫髮又立二木人於地平之上前置鍾鼓以候辰刻每一刻則自然擊鼓每一辰則自然撞鍾皆於櫃中各施輪軸鉤鍵交錯關鎖相持轉運雖同而遲速各異周而復始循環不息陰陽不能逃其數分至不能隱其時究天地之斡運極乾坤之變化斯皆上稟聖謨傍獲神助臣等愚思非所能及望錄付史館宣示百僚使知告成之功迥越前古無任勤懇之至謹隨表上進以
聞臣說誠惶誠懼

進佛像表

臣說言去年行塞至朔州忍辱尼寺見有高祖太宗造金像銀趺刻題尊號彼州士女屢瞻佛光臣懇思聖心如在咫尺伏以皇帝事業遠存荒塞拯溺救焚身勤慮苦歸誠佛寶何神不據信知功遍區域澤周生人心憑神靈躬履危險故皇天眷命奄有邦家後嗣聖人欽承大寶所當思由積德而興帝系本艱難而成王業先聖一心奉佛眷蓋爲百姓求福也陛下爲繼文之主實創業之功再廓氛祲重安廟社垂統萬億同符祖宗夫惟興王必籍佐命咸有一德克享天心書曰非天私我有商惟天佑于一德非商

求于下民惟民歸于一德功臣同德可不念哉物有小而感深事有微而傳遠臣謹將金像隨表奉進謹言

進嶲州鬬羊表

臣說言臣聞勇士冠雞武夫戴鶡推情舉類獲此鬬羊遠生越嶲蓄情剛決敵不避強戰不顧死雖爲微物志不可挫伏惟陛下選良家於六郡求猛士於四方鳥無遁林獸不藏伎如蒙效奇靈囿角力天場却鼓怒以作氣前躑躅以奮擊趹若奔雲之交觸碎若轉石之相叩裂骨賭勝濺血爭雄敢毅見而衝冠鷙狠聞而擊節冀將少助明主市

駿骨揖怒蛙之意也若使羊能言必將曰若鬬不解立有死者所賴至仁無殘量力取勸焉臣緣損足未堪履地謹遣男駙馬都尉垍謹詣金明門陳進輕冒宸嚴伏深戰越

舉陳寡尤等表

文林郎陳寡尤年六十四（貫滄州）右出身四十餘年懷道抱德博涉經史白首幽棲不求聞達堪激勵化俗處諫諍之官幽州節度使參謀劉待授年六十四（貫京兆府）右懷德退靜立操端確精通術數堪備顧問四品于悉年三十二（貫京兆府）右志定神和學精文遠達皇王正道通古今大義堪拾遺左右以前幽州都督兼節度管內諸軍經畧大使攝御史大夫燕國公張說奏稱臣身任邊城心在庭闕報國之志莫若進賢勅旨陳寡尤等三人宜並追取試練考覆臣說言知賢不達謂之竊位聞賢而拒是乃蔽君竊位冒也蔽君姦也有姦與冒何以事君臣前歲入朝特蒙顧問聖情側席懼有遺賢臣以寡尤三人上聞天聽中書宣旨取考覆吏部寫勅宣下文書三載於今一人不至夫輕進者是干祿之人靜退者是養高之士天下廉讓之風未長趨競之俗未懲若令所司引試招其隱逸士寧伏死巖穴焉肎

拜侍郎之庭哉徒有薦賢之名竟無進賢之實非朝廷禮賢之道豈陛下求賢之心近因奏謁具承天旨請勅州縣各以禮徵至京之日中書引見然後付與宰臣請言採賾必有可採寘彼周行如當謬薦罪臣所舉謹錄前舉狀本如前

舉陳光乘等表

開元九年正月日洛州臨武縣主簿陳光乘（攝監察御史在河北）夔州歸州鎮將勤思齊（見在桂州）前申州參軍戴師倩（遭憂在都）勅戴師倩勤思齊或身自有犯或逆人緣坐未可擢用亦不須

追以前狀準七月二十二日制內外文武職事五品以上官有奇材異畧堪任將帥者封狀進內陛下垂心萬機親擇將帥欲大頓天綱收羅雲逸今者塞北有屈强之胡漢南屯不羈之馬使邊郡憂患朝廷旰食此天下士君子飢待虜饍渴待虜血決命於匈奴之時也臣所舉前件三人光乘積學而善謀求之古人吳起韓信敵也師倩沈勇而能斷求之古人彭越吳漢類也思齊忠壯而異林求之古人張飛許褚等也皆懷道藏器仰望明時羞自媒衒莫能上達臣聞拔人於死者必捨生而報恩榮人於辱者必盡

節而雪恥至如師倩思齊亦嘗生竄死地其爲屈辱甚矣如蒙拯將墜之命起已廢之魂一言所及百年可盡凡情尚知此況感激之人哉陛下發使召之旬月可到試以軍事必立奇功若不如所言請受面欺之罪

賀祈雨感應表

臣說言臣聞水旱常數堯湯固有聖賢之理恭潔爲難自冬踰春積陽成亢陛下以時災繫政人患由君退巫女之雩却應龍之請陛下躬自暴露炎景瞻仰雲漢推心引譴爲人受咎誠既發而動天言剋期而降雨今已霖霔三日澤漏重泉草樹含欣郊原變色加以雲平雨細氣潤風和豈惟優渥王畿必將周遍天下羣心舒釋聖情開暢無任萬姓懽悅之至謹奉表陳賀以聞

賀示歷書表

臣說等言內侍尹鳳翔至奉宣聖旨內出新撰歷書二十五卷以示臣等竊窺深奧仰觀英華涉海登山罔知攸際臣聞唐堯光宅順昊天而定四時虞舜登庸在璿衡而齊七政伏惟開元聖文神武皇帝陛下至德廣運文明濬哲道冠生知與神合契備往聖之能事紹昔王之闕典發揮

易象以應乘乾之時考正歷書更表履端之始上包二帝下括三王徵晷運之盈虛究推步之疎密備稽氣象載躔坎離三辰順軌而更明五緯合度而增煥足使天地貞觀神人允諧唐虞舊章于斯重覩臣等幸陪書府得預朝門抃躍之情實萬恒品謹奉表陳賀以聞

賀大衍歷表

臣說言伏以開元大衍歷天旨裁其紀綱日官考其精要履端更始敬授惟新加以辯五行之序推七精之數明徵聖期實光土德臣又見梁天監中陶宏景著玉匱記云盛

德木予以肇來運頊者僧一行推璿衡歷得皇家天命成數千年古今祥兆若合符契歷數既在於聖躬卜年又表於長歷莫大之慶獨冠前王臣忝跡儒林預聞昌運無任抃躍之至謹奉表陳賀以聞

集賢院賀太陽不虧表

太史奏太陽不虧聖德上感變災爲瑞陽光增暉陰慝不作休徵之美莫盛於斯臣等無任欣抃之至謹進狀陳賀以聞謹進

禮儀使賀五陵祥瑞表

右臣等伏以陛下孝通天地親朝五陵拜橋陵則紫氣見獲白兔甘露降白鵲巢天光清和日色明朗拜定陵則有景雲見甘露降拜獻陵則甘露被樹祥雲抱日拜昭陵則先聖見於神游薦享之際陛下親聞欬息初進服用樂器自然發聲又素像迴面甘露降滋從祀先臣歷聞蹈舞拜乾陵則有靈草生甘露降日抱戴之瑞此皆陛下虔誠上感神靈福降四海同歡萬方抃躍臣等幸陪大禮親覩禎祥無任大慶之至謹奉表陳賀以聞臣說謹言

請許王公百官封太山表

臣說等言臣聞聖人者與天地合其德故珍符休命不可得而辭鴻名盛典不可得而讓陛下功格上天澤流厚載三五之盛莫能比崇登封告成理叶幽贊故符瑞必臻天意也書軌大同人事也菽粟屢登和平也刑罰不用至理也今陛下稽天意以固辭違人事以久讓是和平而不崇昭報至理而闕薦祖宗億兆之情猶知不可況上帝臨照祖宗顧諟其可止乎願納王公卿士列嶽縉紳之衆望迴命有司速定大典臣等不勝懇禱敢昧死再拜上言

請八月五日爲千秋節表

左丞相臣說右丞相臣璟等言臣聞聖人出則日月記其初王澤深則風俗傳其後故少昊著流虹之感商湯本元鳥之命孟夏有佛生之供仲春修道祖之籙追始尋源其義一也伏惟開元神武皇帝陛下二氣含神九龍浴聖清明總於玉露爽朗冠於金天月惟仲秋日在端五恒星不見之夜祥光照室之期羣臣相賀曰誕聖之辰也焉可不以爲嘉節乎比夫曲水禊亭重陽射圃五日綵線七夕粉筵豈同年而語也臣等不勝大願請以八月五日爲千秋節著之甲令布於天下咸令宴樂休假三日羣臣以是日

獻甘露醇酎上萬歲壽酒王公戚里進金鏡綬帶士庶以絲結承露囊更相遺問村社作壽酒宴樂名爲賽白帝報田神上明元天光啟大聖下彰皇化垂裕無窮異域占風同見美俗

請置屯田表

臣說言臣聞求人安者莫過於足食求國富者莫先於疾耕臣再任河北備知川澤竊見漳水可以灌巨野淇水可以溉湯陰若開屯田不減萬頃化萑葦爲秔稻變斥鹵爲膏腴用力非多爲利甚溥諺云歲在申酉乞漿得酒來歲

甫邇春事方興願陛下不失天時急趨地利上可以豐國下可以廩邊河漕通流易於轉運此百代之利也當今國儲未贍邊軍未息靜人業農願留聖意亦嘗賜前階之食承後騎之顧竟唯唯而無一言者豈敢隱情於聖主也正以職在仗衛憂於部伍馬上非公議之所圍遊非朝廷之事今昧死上愚見乞與大臣籌謀速下河北支度及溝渠使檢料施功不後農節謹附賀正使隨軍前曹州考城縣尉同希再奉表以聞謹言

駁行用魏徵注類禮表

今之禮記是前漢戴德戴聖所編錄歷代傳習已向千年著爲經教不可刊削至魏孫炎始改舊本以類相比有同抄書先儒所非竟不行用貞觀中魏徵因孫炎所修更加整比兼爲之注先朝雖厚加賞錫其書亦竟不行今行沖等解徵所注勒成一家然與先儒第乖章句隔絕若欲行用竊恐未可

爲建安王謝賜衣及藥表

臣某言伏奉某月日恩敕賜臣衣及藥渥流璿極彩溢旌門拜捧戴舞載欣載越臣受律齡方扞城無寄偏師不振

逋寇仍滋進懟計日之功退積踰時之咎誠合歸罪司寇以厭深責豈圖天寵猥臨宸慈寬假當從褫服轉承且吉之衣宜肆典刑翻加有喜之藥毀車夷馬復振鑾和窮炭枯荄重敷榮皦踢影邊塞馳心闕一字城微命易投生成難謝無任感戴之至

謝觀唐昌公主花燭表

臣說言內侍尹鳳翔宣敕賜臣觀唐昌公主花燭伏以天人下嫁王宰送行苟非榮寵何階瞻望臣免歸餘叟忽承朝請之恩廢駕羸驂復覩肅雝之禮鴻私所被枯瘁生光

無任歡荷之至謹奉表陳謝以聞

荊州謝上表

臣說言伏奉二月二十五日制書除臣荊州大都督府長史受命荒服浮舟溢泝以今月十七日到州上訖山列楚望水横南紀德非羊祜迹謝宋均何以鎮靜流亡攘除猛獸臣說中謝臣宿濫宸眷累塵榮獎福過生災至剛多缺及一辭庭闕已涉五年不有自白之書竟無因人之論天光獨照雲霧頓披窮鱗更躍鎩翮仍翥揣分瞻恩何階及此媿乏才能不足宣暢皇風敢竭心力少冀上酬元造無

任欣抃兢惕之至謹附送丁匠資使所部文林郎守公安縣主簿封希魯奉表陳謝以聞

岳州刺史謝上表

臣說言伏奉四月十有二日制書除臣岳州刺史某月二十七日遞書到相州承恩惶怖狼狽上道以月一日至岳州上訖臣以昔侍金華過蒙榮寵負乘招寇日待譴黜聖慈遲回仍委符守刻肌刻骨誠願上報恩私無術無才將何克宣風化夙夜慚惕胡寧啟處伏以貶官到任理在速聞不敢循常稽緩附使無任荷恩兢懼之至謹遣遞表陳謝以聞

謝修史表

臣說言伏奉今月十六日勅令臣在家修史捧恩戴命且喜且慙臣服道儒門策名昌運掌綸四后載筆三朝階緣宿遇踐躡端揆職爲劇而心盡史無閑而功廢自貽官謗待罪私門反魯之感特深藏周之望已絕豈意特流天旨重緝簡書雖才慙左馬而時盛周漢況復編堯舜之年事皆目覩敘羲黄之德言匪傳聞善志將訓於百王實錄可貽於千古國家之鴻業辦矣朽臣之志願畢矣不勝天恩

難任之至謹奉表附內侍尹鳳祥陳謝以聞

謝賜碑額表

臣說言伏奉今日恩旨賜先臣碑額悲荷交心拜捧以泣臣某中謝臣亡父先臣隲安貞下位不待昌辰先帝贈之以專城陛下目之以積善光賁重壤感慶三泉舉宗悲喜外姻歡賀昔孔篆吳札之墳秦存里子之壟事輕列國義小陪臣豈若天王禮士鳳書旌墓榮軼曩賢道映來籍在臣在子移孝爲忠心効草木何酬雨露無任幽明感戴之至謹奉表陳謝以聞

謝問表

臣說言內給事高力士至伏奉墨制聖慈綢繆言及舊昔拜舞捧讀且驚且喜臣聞漢主眷驂乘之臣魏君憶同遊之客誠以故舊不棄而光陰易往今之聖情實過於昔臣曩蒙侍文北闕陪宴東堂庭闕一違寒暄二載不意逢春之華承湛露之惠渥容光之隙引遲日之暉華無任荷恩戀主之至謹附高力士奉表陳謝以聞

謝賜藥表

臣說言去年某月日於右銀臺門蒙天恩引對特賜慰問

攝理無方以致熱疾緣在假內不敢奏聞聖慈憂軫詔使臨門伏枕在床雖氣體未適趨風拜命覺勝理遂平恩榮豈止於邱山朽質永延於龜鶴無任感戴之至謹奉表陳謝以聞

謝賜鍾馗及歷日表

臣某言中使至奉宣聖旨賜臣畫鍾馗一及新歷日一軸者猥降王人俯臨私室榮鍾睿澤寵被恩輝臣某中謝臣伏以星紀迴天陽和應律萬國仰維新之慶九霄垂湛露之恩爰及下臣亦承殊賜屏袪羣厲繢神像以無邪允授

人時頒歷書而敬授臣性惟愚懦才與職乖特蒙聖慈委以信任既負叨榮之責益懷非據之憂積愧心顏難勝惕厲豈謂光迴蓬蓽念等勳賢慶賜之榮賤微常及感深犬馬戴重邱山無任感荷之至

謝京城東亭子宴送表

臣某言力士至奉宣勅以臣臨岐特令賜宴恭承惠渥念及庸微天地同仁木石知感不勝惶悚戴荷之極臣某中謝臣歷觀自古君臣凡所際會或因緣黨進或延接功成故未竭而知不言而信豈有地孤援寡毀衆謗深察蒙蔽

之中致曠蕩之外逢陛下特達之遇當陛下聖明之朝事出非常澤深恩重今者誓將瀝血未足竭誠徒欲殺身豈能報德至如勵精勤政與直守公酬陛下憂人之心行陛下宏道之化安敢失墜以負神明但函關路遙長安日遠不任戀主悽愴之至

郊祀燔柴先後奏

徐堅等所議燔柴先後議有不同據祭義及貞觀顯慶已後既先燔若欲正失禮求祭義請從貞觀禮如且因循不改更請從顯慶禮凡祭者本以心爲主心至則通於天地

達於神明旣有先燔後燎自可斷於聖意所至則通於神明燔之先後臣等不敢裁定

諫避暑三陽宮疏

右補闕臣説言臣聞明主不惡切諫以博覽忠臣不敢隱忠以曲辭伏願陛下特加裁察臣説誠惶誠恐頓首頓首死罪死罪陛下屯萬乘幸離宮暑退涼歸未降還旨愚臣固陋恐非長策請爲陛下陳其不可三陽宮去洛城一百六十里有伊水之隔崿岅之峻過夏涉秋水潦方積道壞山險不通轉運河廣無梁咫尺千里扈從兵馬日費資給

連雨彌旬即難周濟陛下太倉武庫並在都邑紅粟利器蘊若山邱奈何去宗廟之上都安山谷之僻處是猶倒持劍戟示人鐏柄臣竊爲陛下不取夫禍變之生在人所忽故曰安樂必戒無行所悔此不可止之理一也告成褊小萬方輻輳塡城溢郭併插無所排斥居人蓬宿草次風雨暴至不知庇託孤惸老疾流轉衢巷陛下作人父母將若之何此不可止之理二也造設奇巧誘掖上心鑿山疏觀竭流漲海俯窮地脉仰出雲端易山川之氣奪農桑之土延木石運斧斤山谷連聲春夏不輟勸陛下作此者豈正人邪詩云人亦勞止汔可小康此不可止之理三也御苑東西二十里所出入來去雜人甚多外無牆垣局禁內有榛藂谿谷猛獸所伏暴慝是憑陛下往往輕行警蹕不肅歷蒙密乘險巇卒然有逸獸狂夫驚犯左右豈不殆哉雖萬全無疑然人主之動不宜容易也易曰思患豫防願陛下爲萬姓持重此不可止之理四也今國家北有胡寇覷邊南有夷獠騷徼關西小旱耕稼是憂安東近平輸漕方始臣願陛下及時旋軫深居上京息人以展農修德以來遠罷不急之役省無用之費澄心澹慮惟億萬年蒼蒼羣

生莫不幸甚臣自度芻議十不一從何者沮盤遊之娛開林沚之翫規遠圖而替近適要後利而棄前驩未沃明主之心已捩貴臣之意然臣血誠密奏而不愛死者不願負陛下言責之職耳輕觸天威伏地待罪

諫潑寒胡戲疏

臣聞韓宣適魯見周禮而歎孔子會齊數倡優之罪列國如此況天朝乎今外蕃請和選使朝謁所當接以禮樂示以兵威雖曰戎夷不可輕易焉知無駒支之辯由余之賢哉且潑寒胡未聞典故裸體跳足盛德何觀揮水投泥失

容斯甚法殊魯禮褻比齊優恐非干羽柔遠之義樽俎折衝之道願擇芻言特罷此戲干冒宸極伏深戰慄

欽定全唐文卷二百二十四

張說四

論幽州邊事書

臣頓首死罪皇帝陛下先帝以臣踐履忠孝使臣啟發聖明故得侍讀春宮夙承天眷景雲中歲兼掌樞衡內當沸騰之口外禦傾奪之勢陛下監撫既安自天所祐臣協贊之意明神啟之開元之始首典鈞軸智小任大福過災生出守三州違離六載曲直非己升降由人惟君知臣事不待說今改秩邊鎮委重戎麾竊以兩蕃近和能無同異九

姓遠附未聞撫納欲恃賊殺無侵擾之慮保寧兩蕃受徵發之盟臣愚料之恐未然矣何者賊殺新立必逞兵威賊兵所加必收九姓九姓若去兩蕃搖矣九姓雖屬幷州節度然共幽州密邇脫有風塵何事不至臣熟聞幽州兵馬寡弱卒欲排比未可即戎城中倉糧全無貯積設若來迫臣實憂之伏乞聖慈深以垂意博詢舊將豫爲籌畫若早圖之必無後悔且孤臣總衆易起猜疑寬大失濟事之宜嚴整招怨黷之謗遠辭天聽臨路徬徨如有論告臣身奏劾軍事者乞追臣面問對定真虛則日月無可蔽之期幽

遠有自通之望伏願留書在內時加矜察

論神兵軍大總管功狀

右被牒奉勅責通大總管功狀者自契丹背恩營州失守前軍喪律榆關不開幽平鳥棲於重壍戎羯虎食於四野燕南諸城十僅存一河朔之地人挾兩端由是豺狼入於牢穽蜂蠆出於懷袖王受服不宿孤劒先驅寇讎日深甲兵未繼於時鳩合步騎不滿三千彼衆我寡兵怯虜熾且保關守塞力猶不禦況土人弄兵轉相攻拔外召夷狄內據險隘冀州既陷勢將不已當決水之衝承烈火之焰逆

風撲燎摧岸塞河韓白見之知其難矣王權以料敵靜而鎮下宣國恩以撫寧曉愚俗以逆順督將吏以忠義示士伍以嚴肅深籌祕於六奇潛檄通於千里滄瀛貝博嚮援增氣幽易恒定聲威有立而又分兵井陘杜其西望引軍河漕阻此上流張虛旗於趙城設奇兵於襄國亦猶吳人潛軍於巢縣而見舟豫章漢將捷徑於武關而聲出崤澠蓋廣援以安衆多方以悞敵故能舉無遺策兵不踰時滌昴宿於妖氛拔冀方於塗炭俾皇靈溥暢黔首昭蘇朝廷釋東顧之憂漳滏息南侵之患然後歸剽掠返流亡業窮乏賑痍傷僵暴皆掩死喪復恕賞不失勞亦無濫受罰不漏罪亦無冤人則王有大勳於是役也而又誠以奉上義以利人至忠之狀有三爲善之迹有五所謂忠者一曰思致命也初戎寇方殷王乘驛赴救衆纔數騎捍敵羣醜山東父老如恃山河既而王躬擐甲冑吐誠師旅誓在盡敵以報前讎故得感激來戰決命爭勝二曰能果斷也凶黨狂狡飛轉妖書吠堯謗舜閒誘愚惑事斯蔓結搖我人心王陰察州閭掩求魁蠹獲應賊書人耿羅漢等一十三人焚書伏罪衆而後定故得破謀殺諜悖計無施三曰誠感

神也王地維近屬躬當大任所過山川鬼神之地罔不精意懇禱以請云天子聖明皇天輔德實降靈助以濟神兵幽感明祇多獲孚祐故得行師之處勝風送旗合戰之時興雲翊陣金鼓所向冰消草靡所謂善者一曰均下也飲食勞逸與將士必同二曰潔己也徧賞有功王秋毫無受三曰詢善也國之彝典成誦在心閱實定名必諮羣議四曰嫉惡也每戮一人親數其罪必深加咎責使愧恥於地五曰不伐也賊平之日將吏賀功王稱美天威推勞士衆兢兢然若不己有也惟聖人神武制命豫授兵符惟大總

管忠善龔行克成廟算今者顯號年紀騰輝國籍方謂垂範雲臺勒功彝器而杕杜遺宴甫率於舊章茅土增封殊末於宗正此壯夫義士所以竊議而長歎者也雖樹下不言用歸功於明主然策勳有典何勸善於戎臣敢憑下問是用大陳其所正復州縣招撫歸降補署官僚存集流迸擒殺凶醜收獲軍實與吏士共功者具如別狀

賀彩雲見狀

右伏奉恩旨今日屬下元賜臣等侍從升降聖躅禮謁大聖尊容行香之際日西南有彩雲見者伏以大道無形至誠斯應上元降福感而遂通步輦涉於齋宮虔修香火彩雲生於曉日遠發祥光是知聖德與天心合符萬靈與羣仙叶贊臣叨倍侍從如昇汗漫之遊承恩禮謁更覩氤氳之瑞榮幸之極千載一時無任欣慶之至

賀破吐蕃狀

右臣等伏以涼州遥稟神算大振天威吐蕃小醜應時摧敗元惡渠魁乘勢俘馘隻輪匹馬坐見無遺雖虞舜之格有苗黄軒之征涿鹿未有廓清氛祲如今日之盛者臣等無任慶快之至

謝賜撰鄭國夫人碑羅絹狀

右内侍尹鳳翔宣口勅得所進闕羊表及鄭國夫人碑今賜卿綵羅二十匹絹一千匹者伏以闕羊薄技恩感戰士之心雕蟲陋詞媿稱賢母之德効輕賞重戴厚慚深臣子之情豈望天報

集賢院謝示道經狀

右臣伏見聖札金字八分寫道經兩卷以爲惠文太子三七追福天毫發彩宸翰騰輝色麗風雲光逾日月伏惟陛下孝弟之至通於神明俯念天倫用資幽贊當兹炎暑服此勤勞事絶古今感深名教臣忝司右職載考前王未有親親之至楷隸之美如此之備也足以作則貽範垂之無窮伏望宣付史館以光典策無任誠懇慚惶之至

謝賜御書大通禪師碑額狀

右内侍尹鳳翔宣示御書大通禪師碑額六字畫起平雲點蹲芒玉戈矛攢倚鸞鶴交飛神功發於至想睿思成於元德實謂天龍捧持虚空稱贊逝者如在薦福知歸臣棲志禪門撰碑靈塔幸遇聖情崇道御書假貸刻星辰於嘉石爛日月於封邱感極悲生恩深無荅臣無任望外殊澤

之至。

謝賜藥狀

右內使陳忠盛宣旨。賜臣痢藥。臣攝生無方。自遺疾疢。聖慈矜憫。垂恩救護。氣衰力憊。忽吞永命之符。腸滑胃虛。更餌返魂之草。蒙天營佑。指日痊平。雖萬粉灰。何酬造化。謹附忠盛奉狀陳謝以聞。

祭天不得以婦人升壇議

乾封舊儀。禪社首。享地祇。以先后配饗。文德皇后配地祇。天后為亞獻。越國太妃為終獻。以宮闈接神。有乖舊典。上元不祐。遂有天授易姓之事。宗社中圮。公族誅滅。皆由此也。景龍之季。有事圜丘。韋庶人為亞獻。皆以婦人升壇執籩豆。褻瀆穹蒼。享禮不潔。未及踰年。國有大難。亞獻終獻。終受其咎。平座齋郎及女人執祭者。多亦夭卒。今主上尊天敬神。必須革正斯禮。請以睿宗大聖真皇帝配皇地祇。侑神作三獻禮。上初獻。邠王守禮亞獻。宋王成器終獻。

重定南郊星辰位次議

晉元帝建武二年。定郊禮於建業之南。去城七里。一壇之上。尊卑雜位千有五百神。去聖日遠。損益不同。臣等按祠令。五星已下。內官五十三座。中官一百六十座。外官一百四座。衆星三百六十座。臣共所由勘史傳及星經。內外所主。職有尊卑。舊圖座位。升降頗錯。今奉墨勅授尊卑升降。又新加降等座。總三百一十九座。并衆星三百六十九座。凡六百八十八座。具圖如左。

神龍享廟習樂議

吉凶異儀。降殺殊節。以日易月。自久行之。其在凶時。不可言祭祀。既祭之後。不可存凶事。若祭而廢樂。吉不除凶。是五禮交亂。而吉凶駁雜。夫王者奉神祇。承宗廟。二至郊祀。四時烝嘗。鼓鐘所以格上下之神。舞詠所以象祖先之德。於其有祭。不可闕也。今山陵已畢。清廟既祔。於禮則吉祭。於時則踰年。宜遵漢禮。以復常度。請舉永徽故事。以行先朝之典。謹議。

改撰禮記議

禮記漢朝所編。遂為歷代不刊之典。今去聖久遠。恐難改易。今之五禮儀注。貞觀顯慶兩度修。前後頗有不同。其中或未折衷。望與學士等更討論古今。刪改行用。

對詞標文苑科策

問朕聞立極開基之主經文緯武之君莫不法象殊流汚隆異制至於安人導俗咸卽運以垂芳緝化宣風各因時而播美是以道孚繩木爰膺九翼之年圖祕龜龍用啟六文之代窮桑御歷狎威鳳以踐司軒邱列位因景雲而命職徵汾陽之跡則十政方凝俯河濱之化則四門攸闢祥披玉斗理九土以興功祚徙金精調五聲而作教周崇六禮仁義之道爲先漢設三章皇霸之圖斯雜皆所以牢籠八際隱括三靈齊四大以居尊協五神而稱正且隨時之義既不相沿師古之言又聞前詰朕欽承先聖對越上元

當宁興懷鎮切推溝之慮凝旒結想方深馭朽之情思所以式展宏猷勉康庶績而撫茲薄德昧此永圖爾等積學多聞含章獨秀未顯疇庸之德宜申待叩之音適時之務何先經國之圖何最帝皇之道奚是王霸之理奚非佇聽良謨朕將親覽

對臣聞舜命昌言漢徵極諫嘗覽千古賢哉二君今陛下發德音下明制選空巖穴訪匝輿臺大哉邈乎過之遠矣臣以草莽之賤謬當車乘之招誠不足以庶幾王庭充塞大問伏讀聖旨乃知天情之所存焉臣聞昔者鳥跡代繩龍文演卦水土遷王時更萬祀金木互興人非一姓暨乎三皇五帝氏往夏商周漢氏作或導人以禮樂或驅俗以政刑或革弊以忠敬或沿風以文武非師古之詰有殊蓋隨時之義異也伏惟聖母神皇陛下誕受鴻基光膺駿命粤若立極格天之業論道布政之典任賢克暴之功出洛飛雲之瑞此並藏緯玉冊勒休金版鬱美前古揚光後葉者矣至若創業垂統之則宏猷永圖之義重光三聖再清六合可不謂然乎猶或惕慮推溝勞謙馭朽謝文明於薄德想疇庸於清問此陛下之至讓也愚臣何足以知之策

曰適時之務何先經國之圖何最臣聞古者因人以立法乘時以設教以義制事以禮制心夫人者理得則氣和業安則心固崇讓則不競知恥則遠刑若强人之所不能雖令不勸禁人之所必犯雖罰且違故曰政不欲煩煩則數改數改無定人懷苟免之心網不欲密密則深文深文多傷下有非辜之懼竊見今之俗吏或匪正人以刻爲明以苛爲察以剝下爲利以附上爲誠綜覈之司考課專於刀筆撫字之宰職務具爲簿書陛下日昃維勤守宰風化多闕臣以爲將行美政必先擇人失政謂之虐人失人謂之

傷政捨人爲政雖勤何爲伏願陛下進經術之士退掊克之吏崇簡易之化流愷悌之風畫一成歌此通時之務也愼賢而用此經國之圖也苟能英才不棄大化方隆而猶曰朝謝垂衣野非擊壤則文武之道尚何言哉堯舜之君徒虛語耳策曰帝皇之道奚是王霸之理奚非者布在方策臣聞之矣皇人御歷上淳而下信帝者膺期君明而臣哲周用王道教化一而人從漢雜霸道刑政嚴而俗僞故親譽優於畏侮文景劣於成康臣謹對

第二道

問朕聞禮崇三典方宏愼罰之規書著五刑不以深文爲義朕母臨赤縣子育黔黎夏日貽憂懼青牛之結氣秋荼軫念慮丹筆之成冤然以人尚掛於湯羅情倍深於禹泣頃者荆郊起祲淮服挻祅朕惟罪彼元凶餘黨並從寬宥今敬眞之輩猶蘊狠心不荷再生之恩重搆三藩之逆還嬰巨釁便犯嚴科豈止殺之方乖於折衷將小慈之澤爽彼大猷子大夫等學富三冬才高十室刑政之要實所明閑傾此虛襟佇聞良說

對臣聞刑以助教德以閑邪先王愼於好生大易誡於緩死今陛下母臨黔首子育蒼生孚佑下人克配上帝然有東南小祲荆蠻遠郊雖聖德泣辜尚用防風之戮天心罪己仍勞淮甸之征其有詿誤閭閻脅從井邑陛下愍孤孀於海淮恤困窮於江漢捨從寬宥此陛下之恩也而蕞爾餘孽蠢茲頑兇思弄兵於潢池之下將搆難於戎狄之域罪盈稔貫禍得萌芽此又陛下之明也今陛下乃賜臣策曰豈止殺之方乖於折衷將小慈之澤爽彼大猷臣實見折衷大猷之規不知小乖微爽之義也策曰政刑之要實所明閑臣聞政猶水火刑譬陰陽頃者三監亂常有司旣

糾之以猛於今四罪咸服陛下宜濟之以寬明肆赦之渥恩安萬人之反側布深仁於羅鳥收至察於泉魚豈不大哉天下幸甚且夫人者甿也暗而不可罔庶者衆也愚而不可欺是故刑在必澄不在必慘政在必信不在必苛故明王之理天下也刑一則人畏而不干政簡則俗齊而不僞於是禍亂不作災害不生君安於上臣悅於下百姓日用而不知其然四海風動惟帝之則道暢鍾石聲流舞詠其行已也非他所理人者以此刑政之要庶幾一隅臣謹對

第三道

問朕聞仰觀乾象房心爲布政之宮俯察坤元河洛建受圖之所是以上稽珠緯佇風雨之和下表圭壥均遠近之節定都考室斯爲是崇顧以庸虛忝膺大寶乾乾夕惕每軫納隍之懷懍懍宵興恒勞馭朽之念而昊穹眷命靈貺屢彰雲構旣隆天城斯畢是用內省多愧上荅逾勤將欲殷薦有常嚴配不墜光啟惟新之躅申明祀典之方順四時以布和風考五物而行正氣盛禮之要猶慮未宏爾等並積學基身含章表質或遠從賓貢聲滿於州閭或邇應

搜揚譽光於朝選採皇王於奧旨援周漢之前蹤蘊彼胷襟咸應備曉未知何代之政參詳適中何禮之規施用爲切務存必簡之道式崇可久之基試陳嘉謀爾其揚搉思擢太常之第副朕求賢之懷

對伏惟陛下則天法地畏命重人據河洛之規模總風雨之交會軒后魚圖之水建邦設都周公龜墨之地考堂作室靈祇降福嘉祥薦祉制同神造力以子來將以殷薦上帝至法也嚴配先王至孝也加以八風攸序四時克諧無得而稱能事畢矣猶復執勞謙之不已懼盛禮之未宏訪末學之臣詢稽古之政斯事體大臣何足言然而敢不欽承以竭涓滴耶策曰何代之政參詳適中何禮之規施用爲切臣謹錯綜三五明徵典謨竊以緯武經文布方策而非遠英風顯號流頌聲而可襲未有反義悖德而致昇平之政棄禮違經以克永終之祿莫不發號施令法乾坤之動靜執契懸衡順金木之刑德是故青陽元室遵孟仲而觀風白輅朱旂因離兑而布政養老用上庠之禮教胄取大學之義環水著辟雍之名向陽表明堂之位蓋所以享羣瑞朝諸侯頒正朔調景緯成簡易之基崇久大之業也

皇王奧旨庶此詳探周漢前蹤固難專用臣才智駑劣草莽飯生至如軍國務廣政刑理急但至敬無文信言不美陛下欲聽其說必觀於事將達其謀先求諸道危言抵禁破膽寒心伏惟聖主稍留天聽臣謹對

與鄭駙馬書

晚尋莊周書以天地爲國道德爲身老室之戶牖孔門之根闑足可反覆孝慈胎青仁義而晉朝賢士乃祖尚浮虛弛廢禮樂其所遺失將詣眞宗不愈遠也老稱歸根曰靜復命知常復命近於無有知常其有知見耶斯故反照爾

孔云窮神知化德之盛者神不可窮而窮之是神合於我化不可知而知之是化爲我用惟此二義緊莊生亦未始盡言焉非榮陽之深於道者孰爲輕導茲意也

與執政書

說拙於守身往年遷流嶺外亡親愁懼痼疾增加比蒙生還曾未數歲家口在洛身徒入京及丁兇苦不獲侍側比於他人情實不等在禮君親同貫事君無負事親有負不能殺身以自咎責乞過祥禫報國非遲三度表請不蒙矜遂當是文墨不盡苦心投之執事乞爲一言聞達不敢守

禮抗請直是私情乞恩若以此情可矜猶冀聖人萬一哀憫若將譴越甘心待罪謹狀

與褚先生書

說拜白薊北餘沍關西早春物候所宜年來共感惟先生進經玉殿退食金門黼藻元猷榮問清暢甚善說往陪君子視學瑤山中貽官謗謫居湘浦賴聖主識其面目憐其宿心捨衆口之無稽容庇身之有地自授軍鎮躬當夷狄出入以馳突爲羣坐臥以戈劍爲友翰墨都廢典籍生塵時憑夢魂一見宮闕每憶朝侶邈若雲天愧乏武才供國麤使豈望立明主之側陳先王之道哉說與先生事願乖矣曩喜同席今嗟異鄉遐路三千曷其言會强飯安步爲國師臣時流德音以惠疆埸張說再拜

與鳳閣舍人書

范陽張說謹上鳳閣舍人公足下竊聞高義遠矣願託下風久之自非氣以同求音爲賞奉降此巳往復何云云昔有飛英子處於深林俘轉溝壑適遇靈風子出於大塊將獵雲霄飛英子思欲遊焉揚袂大呼請俱載矣靈風子不知其人也怒氣視叱而還之飛英子曰吁子非至公也夫

至公也者以義而求之以仁而與之況乃假有餘之資濟無階之望施不費之惠振將墜之魂子不濫吹我無苟進此種德也夫何拒焉靈風子曰請受教遂相與翻飛而行搏扶而上經乎綺閣集乎瑤臺籋芳萬里騰景千仞既而靈風子卒無德色飛英子亦無私心今明公據清風之資令賢者獲飛英之託此至公也得無嫌揚袂之謁懷怒氣之疑乎且夫論美聲者不於清瀨之室議絕足者不於王良之門今東蘊知歸彈冠且衆若公固讓而不然之彼亦將倚輈於遠方闕於天下矣輕重十倍去留一言惟君處

之張說再拜

與魏安州書

說白尊豫州府君德業高遠名言路絕豈說常詞所堪碑紀比重奉來旨力爲牽綴亦不敢假稱虛善附麗其迹雖意簡野文朴陋不足媚於衆眼然敢實錄除揎釀亦無愧於達旨今手寫裝本來使齎縑馬何爾疎外通財不謝故無辭却甚熱願履恒休張說白

與營州都督弟書

骨肉世疎居止地濶宗族名迹不能備知讀厭次府君狀

已具歷官未書性習夫五常之性出於五行稟氣所鍾必有偏厚則仁義禮智信爲品不同六藝九流習科各異若以稷禼之事贊於巢由孫吳之術銘於游夏必將神人於悒未以爲允今之撰錄蓋欲推美實行崇識素心先德怡神於知我後生想望於見意說爲他人稱述尚不敢苟況於族尊行哉往來信多直疏早報冬末寒沍野有戎歌山無夏草步步日遠能無鄉國之心乎荒州新立向者未有下車殊俗意緒如何說患恒服湯虛多健少因別奉去說呈

弔陳司馬書

正月癸卯孤子范陽張說頓首頓首陳君之靈頃伏苫葢遠辱慰疏執對號慟次於展洩來使未還傳君遇禍盡哀寢外傷心痛骨明府兄毓德南邦飛聲中夏急人之急憂人之憂勇於履危果於從政入使天闕有專對之美按俗交州見澄清之節故得振衣衡管剖錦閩鄉越嶂舊風人狃輕剽振之以淳俗格之以華章矯枉過中斯害也已齒由剛折膏爲明銷嗚呼陳君婞直而殞皇天輔德問之何故疇昔炎海契濶周旋義則友朋恩結兄弟方期歲暮韡

韡相榮元髮未華何圖零落山濤猶在嵇紹不孤逝者有知當昭是意今返防關力報前書幽明雖異交友無改悲言下筆涕泗從之弁往千錢俾陳奠酹歔欷萬里哀哉柰何頓首再拜

上東宮請講學啟

臣某等啟臣聞安國家定社稷者武功也經天地緯禮俗者文教也社稷定矣固寧輯於人和禮俗興焉在刊正於儒範順考古道率由舊章故周文王之爲世子也崇禮不倦魏文帝之在春宮也好古無怠博覽史籍激揚令聞取

高前代垂名不朽伏惟皇太子殿下英睿天縱聖敬日躋神筭密發雄威立斷廓清氛祲用寧家國兆人由是歸德六合所以推功主鬯青宮固本也分務紫極觀政也副羣生之望作累聖之儲殿下之於天下可謂不輕矣監國理人可謂至重矣莫不拭目而視清耳而聽冀聞異政以裨聖道臣愚伏願崇太學簡明師重道尊儒以養天下之士今禮經殘缺學校凌遲歷代經史率多紕繆實殿下闡揚之日刊定之秋伏願博採文士旌求碩學表正九經刊考三史則聖賢遺範粲然可觀況殿下至性神聰留情國體

幸以問安之暇應務之餘引進文儒詳觀古典商略前載討論得失降温顏聞讜議則政途理體日以增益繼業承祧永垂德美臣等行業素輕藝能寡薄顧慙多士叨侍宮闈日夜祗懼無以匡輔區區微誠願效塵露輕進芻鄙望垂採擇臨啟如失伏用兢惶謹啟

欽定全唐文卷二百二十五

張說五

爲河內郡王武懿宗平冀州賊契丹等露布

大總管右金吾衛大將軍兼檢校洛州長史河內郡王臣某前軍總管行左衛翊府中郎將上柱國定陽郡開國公臣楊元基行軍長史朝奉大夫守給事中護軍臣唐奉一行軍司馬通議大夫行天官郎中臣鄭果等言臣聞氛祲薄霄戎狄謀夏則武庫兵動中國有弧矢之威文昌將飛邊城用金革之事葢以式遏姦暴大庇黎人震蠻蕩夷明

罰耀武者也伏惟天冊金輪聖神皇帝陛下仁覆有截化被無外皇圖未臣之黨帝載不庭之俗罔不衣被聲教浸潤邕熙望雲向風密邇遐裔而契丹凶醜奴隸餘苗非冒頓之榮族異單于之貴種徒以錯居遠郡漸化平時田牧混乎四甿貿遷通於三市成人解甲邊馬垂轡禽獸飽而忘恩蜂蠆養而恣毒敢孤亭育自絕生成乃狼心干紀鴟張竊發虐我邊吏覆我鎮軍大棘殘於夷落孤竹淪於荒虛陛下震赫斯之怒授決勝之符天地合謀鬼神助順六狄舉國百蠻整衆運欃槍而埽除從列缺而焚蕩臣飲冰

受斧指日揚麾雖謝河閒之學竊慕任城之勇誓將首冒鋒刃躬先士卒上假神兵之威下定鬼方之罪兇醜狂悖素無大志因乘便利扇動姦回去歲嘗師疑一軍之盡化今春輕敵見三帥之不歸蟻聚實繁豺牙益厲結山戎以西寇連島夷而東入臣乃廣開形勢大振聲威移告郡邑金湯固守傳檄諸軍犄角相應清邊道大總管建安郡王攸宜仗鉞薊門作鎮燕國當要害之地挫虎狼之羣高壘深溝臥舊營而不動山蛇雲鳥陣死地而無疑總管沙吒忠義王伯禮安道買等兵臨易水使接桑河犀渠衡將士

之冠雕騎落將軍之箭四面當敵九拒乘城御史大夫婁師德總管高再牟薛思行等扞敵中山折衝外侮訓厲鷹揚之士輯睦震驚之師其餘部散校分離綱別緒兵車星布巡太行而綴碣石介馬雲羅挾衡漳而連海浦山川積雨盡消邊騎之塵草木長風咸有王師之氣清邊士馬稍南驅而擁麾神兵甲卒漸北逐以威臨但合圍而持重未輕挑而即戰重以蕃臣黙啜統率氈裘控弦逾於萬騎帶甲彌於千里長驅松漠掩集柳城巢穴是空胎卵皆覆於時賊衆兵馬屯逼幽州聞其塞外之敗懼有舟中之敵勢力外窘心腹內乖建安郡王攸宜蓄銳泉停乘機電發援桴作氣則山岳動搖書箭一飛則酋渠相滅兵纔接刃元兇授首春喉蔽野京觀起於中州積甲成山組練收於外府雖本根斯拔巳蕩滌於一隅而餘蔓所滋尚聯延於數郡賊帥何阿小等頑凶是極屠僧爲資授其署置肆行驅掠幽陵之下不知首惡之巳擒兩河之閒仍謂游魂之可恃士女遭其逼脅軍城被其屠陷以殺戮爲事戶積虔劉之悲以劫奪爲心家盈剝割之痛鹿城縣令李懷璧衣冠貴胄令長崇班背我朝恩歸城敵寇潛修甲杖輸以利器

之資見委兵權當其上將之任蠢茲狂亂暫同燎火言事翦除方申沃雪臣乃盛兵邢趙塞井陘之隘命虎賁之將過其衝突之鋒長史唐奉一馳使洛魏據阿曹之津縱羽林之雄挫其侵軼之勢臣又遣前軍總管忠武將軍行左衛翊府中郎將上柱國定陽郡開國公楊元基押飛騎營中郎將李鐸子總管雲麾將軍行玉鈐衛翊府中郎將康國公阿史那毗伽子總管冠軍大將軍行左玉鈐衛翊府中郎將宋撥延子總管冠軍大將軍行左金吾衞翊府郎將回鶻果別勅行人雲麾將軍康戡誕子總管定遠將軍

左威衛長李當義。壯武將軍何義本。子總管忠武將軍何利深。子總管壯武將軍俱羅惟准。宣威將軍行左玉鈐衛翊府郎將蘇達俟斤度施。子總管定王府典軍成善威。子總管押飛騎定遠將軍平原府左果毅長上穆仙童。子總管劉尚珪。子總管渭州府左果毅鹿思讓。押飛騎左玉鈐衛隊正長上賈楚珪。左鷹揚衛長上花匡鼎。押飛騎李言忠。押飛騎沮忠。揚鎮副張元孜。押飛騎康景休。押飛騎左監門衛司戈竇九皋。別奏右武威衛長上楊仁爽。左武威衛長上楊裔。原州崇岡鎮副康戌子。右監門衛長上傅阿

毛。左監門衛長史殷承範。右衛長上王仁獎。右衛執戟嚴宏炎。右金吾衛羅元讓。潭州花石戍主蘇元暉。前右武威衛長鄭嘉祥。左衛司戈鄭彥湊。嬀州威寧戍主崔思睞。押步兵子總管左玉鈐衛長上張中儼。別奏首領蘇農婆羅。三品子首領宋義本。別奏游擊將軍左玉鈐衛宿衛歌咄施注比。別奏鄭思疾。左衛潞州府果毅員外置同正阿史皎。子總管王城府檢校果毅任宏誓。別奏檢校虞侯任處寂。別奏裴光嗣等徇其東北。又遣子總管游擊將軍玉鈐左司階伏羌縣開國男李宏顏。子總管邢州司戶參軍飛烏縣開國男常元楷。子總管原州廣牧領將軍元寂。子總管右武衛員外置同正武元禮。子總管前潞州參軍武其。別敕行人張景。扶州刺史舊鎮副崔敬一。右武衛中郎將阿史德奉職。右鷹威衛將軍業温啜刺俟斤。右豹韜衛柔遠府長史上果毅吐火羅泱斯。右金吾衛果毅執失守直。右鷹揚郎將員外置同正阿所那。左玉鈐衛長上借緋金元濟。東天竺國王子僧伽杖摩。右鷹揚衛郎將僕固郡骨支。左金吾衛郎將阿康地具。右武威衛郎將東河察使左豹韜衛高城府長上果毅阿史德伏麼支。右玉鈐衛郎將

路驢駒。左金吾衛長上阿史德伏麼支。右玉鈐衛郎將路欲谷。遊擊將軍葛羅枝延。遊擊將軍契苾木昆。折衛都尉車鼻施俟斤。虔州猶口鎮副白善德。晉州仁壽府果毅侯義威。子總管左武威衛侯神城府果毅杜元隱。押後隊長上李德峻。天官常選王昺常彥緯。押千騎三交戍董元景。河州安喬戍主王才龕。別奏康元寂。押千騎隊楊待封。前冀州堂陽縣丞温待禮。別敕行人白君詧等略其西南。或折衝其前。或乘躡其後。整貔貅之佐。奮猛毅之倫。長戟林迴。高旗雲橈。賊黨昬窮。漏急命窄。途殫執無全之心。投必

死之詐。以今月一日。何阿小等帥不悛之旅。擁脅從之衆。結聚數萬。抗拒官軍。自寅及午。前後九陣。元基等並鋒鏑爭先。戈鋋遞躍。抗足而跐。鮮卑之血塗地。攘臂而扔。烏丸之首積野。摧同冰陷。裂若山焚。窮其子遺。無復噍類。斬獲逆賊冀州三品大總管何阿小。逆賊河北道招慰大使冀州刺史馬行慰。逆賊冀州道副大總管楊奉節。逆賊冀州長史王宏允。逆賊總管劉伏念。逆賊十二衛大將軍見任鹿城縣令李懷璧。逆賊信都縣令楊志寂。總管胡六郎。逆賊總管王知先。逆賊帥馬明誓。逆賊三品總管姬目等魁

首巨蠹三百餘人。所有戎馬。憑陵殘毀之地。臣皆宣布制旨。撫集其人。咸懷聖恩。俱得復業。羣凶既定。冀方砥平。二載逋誅。一朝泯滅。數州愁毒。俄然清弭。舞溢河冀。歌達塞垣。截風浪以息滄溟。廓氛埃而清白日。卻轂何力。敢推羣帥之勞。叔向有言。實在明君之德。臣憑藉睿略。忝當戎政。神機密運。不待橫草之功。天贊冥符。恭承破竹之勢。伏惟廟勝。速奉朝歡。抃舞之情。倍萬恒品。不勝慶快之至。謹遣傔人天官常選李佑別奏左衛長上校尉張德俊奉露布以聞。其軍資器械。別簿條上。謹言

大唐西域記序

若夫玉毫流照。甘露灑於大千。金鏡揚輝。薰風被於有截。故知示現三界。粵稱天下之尊。光宅四表。式標域中之大。是以慧日淪影。像化之跡東歸。帝猷宏闡。大章之步西極。有慈恩道場三藏法師。諱元奘。俗姓陳氏。其先潁川人也。帝軒提象。控華渚而開源。大舜賓門。基歷山而聳搆。三恪照於姬載。六奇光於漢祀。書奏而承朗月。遊道而聚德星。縱壑騈鱗。培風齊翼。世濟之美。鬱爲景胄。法師藉慶誕生。含和降德。結根深而莚茂。道源浚而靈長。奇開之歲。霞軒

月舉。聚沙之年。蘭薰桂馥。洎乎成立。藝殫墳素。九皐載響五府交辟。以夫早悟眞假。夙照慈慧。鏡眞筌而延佇。顧生涯而永息。而朱紱紫纓。誠有界之徽網。寶車丹枕。實出世之津途。由是擯落塵滓。言歸閑曠。令兄長寂法師。釋門之棟幹者也。擅龍象於身世。挺鷲鷺於當年。朝野挹其風猷。中外羨其聲采。既而情深友愛。道穆天倫。法師服勤請益。分陰靡棄。業光上首。擢秀檀林。德契中庸。騰芬蘭室。抗策平道。包九部而吞夢。鼓枻元津。俯四韋而小魯。自茲徧遊談肆。載移涼燠。功既成矣。能亦畢矣。至於泰初日月。燭耀

靈臺子雲聲悅發揮神府於是金文暫啓佇秋駕而雲趨玉柄纔撝披霧市而波屬若會斲輪之旨猶知拜瑟之微以瀉瓶之多聞泛虛舟而獨遠迺於轘轅之地先摧鍱腹之誇井絡之鄉遽表浮杯之異遠邇宗挹爲之語曰昔聞荀氏八龍今見陳門雙驥汝潁多奇士誠哉此言法師自幼迄長遊刃元籍名流先達部執交馳趨末忘本摭華捐實遂有南北異學是非紛糾永言於此良用憮然或恐傳譯踳駮未能筌究欲窮香象之文將罄龍宮之目以絕倫之德屬會昌之期杖錫拂衣第如遐境於是背元灞而延

望指葱山而矯跡川陸綿長備嘗艱險陋博望之非遠嗤法顯之爲局遊踐之處畢究方言鐫求幽賾妙窮津會於是詞發雎黃飛英天竺文傳貝葉聿歸震旦太宗文皇帝金輪纂御寶位居尊載佇風徽召見青蒲之上迺眷通識前膝黃屋之間手詔綢繆中使繼路俯摛睿思乃製三藏聖教序凡七百八十言今上昔在春闈裁述聖記凡五百七十九言啓元妙之津書揄揚之旨蓋非道映雞林譽光鷲嶽豈能緬降神藻以旌時秀奉詔翻譯梵本凡六百五十七部具覽遐方異俗絕壤殊風土著之宜人備之序正朔所曁聲教所覃著大唐西域記勒成一十二卷編錄典奧綜覈明審立言不朽其在茲焉

大衍歷序

特進集賢院學士修國史上柱國燕國公臣說言歷者先王以明時授人敬天育物者也辰極恒居斗運不息晦朔相推而變月寒暑往來而成歲日月右進周天之度啓星辰左旋正時之氣合積餘分而置閏配甲子而設蔀鳳鳥爲司疇人受職分分而加之者百鈞必過毫毫而減之者千里必差何則古法存而其人異也不有大聖孰能起之

伏惟開元神武皇帝陛下欽崇天道愼徽月令受命再新改制創歷十有三祀詔沙門一行上本軒頊夏殷周魯五王一侯之遺式下集太初至於麟德二十三家之衆議比其異同課其疏密或前疑而後定或始會而終乖振古未探之象必發揮於神筭大鈞不測之氣盡覼縷於天聰迺更審日晷之短長度星間之廣狹繩九道之朓朒糾五精之進退參大衍天地之數綜八卦六爻之序一轍於文王也覈春秋交蝕之辰研九疇五紀之奧同符於孔子也杅軸萬象優遊四載奏章朝竟一公夕落臣說奉詔金門成

書冊府先有理歷陳景善算趙昇首尾參元之言接承轉籌之意因而緝合編次勒成一部名曰開元大衍歷經七章一卷長歷三卷歷議十卷立成法十二卷天竺九執歷一卷古今歷書二十四卷略例奏章一卷凡五十二卷所以貫三才周萬物窮數術先鬼神稱制曰者即聖人顧訪之旨標謹按者是歷家進對之辭非軒后至聖不啟履端之業非容成詣極不就歸餘之經據其圖也七政之天心不遠守其術也千歲之日月可知蓋中黃之寶符太紫之神器者也謹以十六年八月端五赤光照室之夜皇雄成

紀之辰當一元之出符獻萬壽之新歷伏望藏之書殿錄於紀言掌之太史頒於司歷制曰可

石刻般若心經序

萬行起於心心人之主三乘歸於一一法之宗知心無所得是真得見一無不通是元通如來說五蘊皆空人本空也如來說諸法空相法亦空也知法照空見空舍法二者知見復非空耶是故定與慧俱空法中立入此門者爲明門行此路者爲超路非夫行深般若者其孰能證於此乎祕書少監駙馬都尉滎陽鄭萬鈞深藝之士也學有傳癖書成草聖迺揮灑手翰鐫刻心經樹聖善之寶坊啟未來之華葉佛以無依相而說法本不生我以無得心而傳今則無滅道存文字意齊天壤國老張說聞而嘉焉讚揚佛事題之樂石

季春下旬詔宴薛王山池序

有生之性萬殊無方之盛一節陽和而動植暢春滿而皐壤悅后皇所以發時令布新慶二南邁周召之風百辟形金石之詠者也碧流日暖南山雪殘首獻歲之浹辰尾暮春之提日帝京形勝借上林而入遊戚里池臺就修竹而

開宴泉賜御府味給天廚仙倡侑樂中貴督酒太平佳事前史未書大矣哉一德日新九功惟敘運璿樞而均四氣握金鏡而靜萬方堯舜湯文不違顏於咫尺夔龍伊呂共接武於朝廷不可見而見焉不可聞而聞焉豈深思勝殘去殺累百年之至仁推歷按圖啟千齡之昌運河清難得人代幾何擊壤之歡良有以也此則青門上路朱邸平臺城煙屢起而泊山野風時來而過水春將悵別愛落花之灑途夏如欣會玩峯雲之映沼爾其列筵授几分曹設幕艇送江鳧舩迎海鶴魚龍丸劍曼延揮霍鸞鳳鳴簫鼓作

申錫逾於百甕慈心出於三爵炮炙熏林塘醪醴厭邱壑抃急管於無筭醉湛恩以取樂羣公賦詩俾僕題序長卿消渴覺含毫之轉遲子雲壯夫見雕蟲之都廢敢憚鄙詞之訥澀恐貽盛集之蕪穢云爾

南省就竇尚書山亭尋花柳宴序

尋花柳者上賜羣臣之宴也大哉春氣同夫聖心無物不榮有情咸遂況乃五教敷洽萬邦懷和尉候警而莫犯刑法存而不用歷觀近古此遇良難諸公入金門侍瑤殿窈窕雲閣葳蕤華館不亦泰乎然王事靡盬夙夜在公接良

會於愷澤散煩襟於清曠不亦優乎爾其嘉賓爰集勝賞斯備召絲竹於伶官借池亭於貴里雕俎在席金羈駐門遠山片雲隔層城而助興繁鶯芳樹遶高臺而共樂旨酒未缺芳塘半陰盍陳既醉之詩以永太平之日

會諸友詩序

谷子者昔與說聯務蓬山出入三載事志相得情深友于尋屬吾人秩遷迫吏織劇愛而不見春也再華今說復謝書坊補他職窮猨之意不擇儒林喜且把袂舊筵解帶餘日臥玩文墨笑談平生茲歡豈多後面方永沈沈春雨人亦淹留

送工部尚書弟赴定州詩序

宵旰天子送冬卿之詩也河朔慫歲恒陽侯牧借威六官導俗千里俾乎列城遷仰止之化鄰境蒙波及之澤不然者豈一小郡而勞大賢哉尚書河東侯朝廷之舊宰也操法度於掌握運陶鈞於方寸是將敷皇惠寒谷挾纊而知暄暢君恩疲人飲德而自飽蘇其槁瘁樂我陽和亢宗殿國亦望於此於時春帶餘寒野銜殘雪太官重味御酒百壺供帳臨岐假絲竹以留宴傾城出餞會文章以寵行三

台厚常寮之意八座深聯事之矚既而離人遽起班馬爭嘶尋太行之連山想邯鄲之長陌雖仰瞻鴻鴈來往易於前期而相對桑榆遲暮難於遠別送歸之地歡悵如何應制華篇凡若干首騫翔鸞鳳欲掛千金之木糺合蛟龍附藏羣玉之府置之懷袖以慰遐心云爾

送田郎中從魏大夫北征篇序

夫王者所以威四海攘六夷雖在德與兵亦曰有數焉爾歲纏奮若月交皋且皇帝有天下之十二載也金精東上雄漢國之兵形天道南來告胡庭之運盡帝曰亟爾倅朔

右文廟授鉞御閑錫馬太卜禎辰乘輿餞宴臨長樂而推轂頓近郊而誓旅總部曲統五羌署將士校侯王班律事功列而後動於時大雨洗兵長風憤角雷輜轂野而千里霜戟林森而萬隊左翊碣石右角臨洮鐵騎連光金鼓接氣秉旌旗掃朔漠縱熊羆獵葦澤故將堙龍海夷鷹關郡高闕縣盧山碣陰陵以築觀醢單于以享士東震浴日西盪弱水立不世之奇功報舊年之宿恥已矣以衆有素飽之怒將有必取之謀如田生耀武炳文運籌入幕平戎之業不再舉矣於是南宮舍郎東觀墨客朋修合俎載酒同

筵攄憤作歌臨途贈劍勉哉夫子尚桓桓焉

和戎篇送桓侍郎序

和戎送桓侯之詩長安三年吐蕃乞附中國有聖殊俗向風納虎豹之文修葡萄之貢慓平分六狄之種類包九羌之山谷前代罕羈歷年多梗至仁深感今也來王鳳閣舍人攝鸞臺侍郎桓言重一國妙結成之選志澄四方俞即敘之征季春令日張旃首路置酒中省歡言少留同列穆乎匪他舊寮嬰其相應夫廣覆如天博容如地德流膏雨懷洽異類順乎太和以樂生遂性者聖主之用心也罷甲兵坦疆場厚忠信親蠻貊臻夫無事以繼好息人者國家之急務也遇非常之時決希代之策金幣以將命歌鍾以報勲驅戎心於轂中一王化於海外此亦使臣之盛業是一行也有三美焉凡所賦詩以存大雅云爾

鄴公園池餞韋侍郎神都留守序

夫良才出乎休運大任歸乎令德四海既安乃注意於賢相兩都分正實具瞻乎師尹鸞臺侍郎兼左庶子韋公國之楨幹人之表儀矜嚴有叔子之容持重得楊公之望門通禁省當朝稱累代之名管綜諸闈帖職盡一時之美頃

以五星東聚八月西巡武王既入於鎬京君陳當往於洛邑中日晷之盈縮均天宇之會同清廟明堂政理之本也太倉武庫兵食之原也機務所總半天下之軍國聽訟實繁連海隅之郡縣恩有密而處遠事有疎而授親腹心遐寄惟賢是屬歲臨單閼月在長嬴同蕭何之居守當陰識之留鎮北闕拜辭西堂宴餞大君垂藻承月露之光榮元良賜服被星海之耀潤執事以同列之好載壺酒而送行鄴公以彌甥之禮掃郊園而留別此地有離洲別嶼竹館荷亭曲沼環合而連沚叢山相望而閒起幽隱長寂蕭條

遠風通終南之雲氣下昆明之水鳥爾其駐馬青林肆筵碧岸清管四發坐客增悲高臺一望遊人忘返韋公方祗率嘉命保釐成周樹之風聲流我王澤然而臨觴不樂首路遲遲瑣闈夕拜戀未央之宮闕錦服晝遊懷杜陵之桑梓層城日下高蓋雲飛天子賦詩已載寵行之史羣公盛集須傳出宿之文凡若干首合成一卷陸生何幸暫遊朝宰之班商也斐然輕述國風之序云爾

送嚴少府赴萬安詩序

時哉天啟元聖山輸股肱飛鶴銜書幽求鬼谷之路潛龜

載籙振奮明庭之下禮靡淑而不優遜無遐而不至三蜀嚴子西南之選也登英江漢冑德沈宜志量夷雅情幾深祕煥乎炳凌雲之才褎然光大風之舉敷陳青簡茂三道而登科名聞赤墀拜一命而于吏蜀門勝地邑雄左緜岷山故鄉人榮衣錦既而飲冰從政選日戒途方將越碧雞之衆難阻綠江之多險顧瞻周道載懷京邑綺筵臨路而告別朱蓋傾城而出餞衣冠成市翰墨爲林增樂府於蜀道嗣文集於金谷是日孟冬十月朔風四起高天清迥孤雲不飛長衢蒼茫寒木無影之子於邁跂予望之豈云路遠交有鳴鶴之義無以位卑士有勤人之道贈言凡什錄爲一卷

送毛明府詩序

昔之謂良宰者講道議行訓俗式人出自郎官遷登郡守不以才限流品位遷寵賂聖歷之際任賢稽古毛明府執德不回發言無擇雍容文雅罷曲江之曳裾樽酒絃歌即平鄉之製錦甲朝辭洛宴別嘉賓孟夏涉河路踐芳草眷彼燕趙頃罹戎寇金革毒三北之師杼軸醜二東之賦毛公將勝苛居簡止濁徐淸不下堂而爲理有入境而先歎朋知坐閒弦望何時益賦金谷之詩遠送邯鄲之陌愛而不見同夫樹萱

送張先生還姑射山序

姑射之嶄巖兮曲有龍蛇於其中迹不違喧竭來朝市之遊心不忘寂復歸林壑之幽帝城爲別臨御溝之潺湲青山可望嘉白雲之徘徊亦有詠歌式闕

唐昭容上官氏文集序

臣聞七聲無主律呂綜其和五綵無章黼黻交其麗是知氣有壹鬱非巧辭莫之通形有萬變非工文莫之寫先王

以是經天地究人神闡寂寞鑑幽昧文之辭義大矣哉上官昭容者故中書侍郎儀之孫也明淑挺生才華絕代敏識聰聽探微鏡理開卷海納宛若前聞搖筆雲飛咸同宿搆初沛國夫人之方娠也夢巨人俾之大秤曰以是秤量天下既而昭容生彌月夫人弄之曰秤量天下豈在子乎孩遂啞啞應之曰是生而能言蓋爲靈也越在繦褓入於掖庭天實啟之故毀家而資國運將興也故成德而受任自則天久視之後中宗景龍之際十數年間六合清謐內峻圖書之府外闢修文之館搜英獵俊野無遺才右職以

精學爲先大臣以無文爲恥每豫遊宮觀行幸河山白雲起而帝歌翠華飛而臣賦雅頌之盛與三代同風豈惟聖后之好文亦云奧主之協讚者也古者有女史記功書過復有女尚書決事容閣昭宮兩朝專美一日萬機顧問不遺應接如響雖漢稱班媛晉譽左嬪文章之道不殊輔佐之功則異迹祕九天之上身沒重泉之下嘉猷令範代罕得聞庶姬後學嗚呼何仰然則大君據四海之圖懸百靈之命喜則九圍挾纊怒則千里流血靜則黔黎乂安動則蒼甿罷弊入耳之語諒其難乎貴而勢大者疑賤而禮絕者隔近而言輕者忽遠而意忠者忤惟窈窕柔曼誘掖善心忘味九德之衢傾情六藝之圃故登崑巡海之意寢翦胡刈越之威息璿臺珍服之態消從禽嗜樂之端廢獨使溫柔之教漸於生人風雅之聲流於來葉非夫元黃毓粹貞明助思衆妙扶識羣靈挾志誕異人之寶授興王之瑞其孰能臻斯懿乎鎮國太平公主道高帝妹才重天人昔嘗共遊東壁同宴北渚倏來忽往物在人亡憫雕琯之殘言悲素扇之空曲上聞天子求椒掖之故事有命史臣敘蘭臺之新集凡若干卷列之如左

洛州張司馬集序

夫言者志之所之文者物之相雜然則心不可蘊故發揮以形容辭不可陋故錯綜以潤色萬象鼓舞入有名之地五音繁雜出無聲之境非窮神體妙其孰能與於此乎洛州司馬張公名希元中山人也族高辰象氣壯河山神作銅鈎天開金印孝友內植禮樂外滋勵行閨庭鄉人謂之曾子飛名都邑諸儒號曰聖童下帷覃思穿牆嗜古蓬山芸觀之書羣玉懸金之記魯宮藏篆汲冢遺編無不日覽萬言暗識三篋博學吞九流之要處盈若虛雄辯敵四海

之鋒退藏於密漢王問策知帝者之師楚子聞名實諸侯之選故得雄飛白簡鷹揚丹筆卷襜帷於天郡設鈎距於皇都若乃抗理輪之章執驚馬之議旌賢有通德之教疾惡存署背之文繼軌前途遇物成興理關刑政咸歸故事之臺義涉箴規盡入名臣之奏加以許與氣類交游豪傑仕遭夷險身更否泰昔嘗攝戎幽易謫居邛嶲亭皐漫漫與去國之悲旗鼓洶洶助從軍之樂時復江鷩遷樹隴鴈出雲夢上京之臺沼想故山之風月發言而宮商應搖筆而綺繡飛逸勢標起奇情新拔靈仙變化星漢昭回感激

精微混韶武於金奏天然壯麗綷雲霞於玉樓當代名流翕然崇尚自大夫之頌成室太史之賦京都魏則十龍儒雅晉則三陽藻縟朝分南北運迄周隋文人才子重世間出豈止柟榴體物陳琳得以示人鷦鷯寄辭阮籍稱其王佐故以開國籍鱗次乎史傳之首入文場羽儀乎天下之半公增繁縈葉桂林之一枝彌廣源流荆江之九派宗門多士斯爲盛歟且如承家舊德之基賓王歷官之序玉琯銅渾之數黄公元女之符落猿殪兕之巧顧鵲迴鸞之妙詳諸別傳可略言焉某室邇蘭芬族聯棣萼荷千里之嘉奬接四友之良游謹撰令引式題前集七子賦詩期取類於鄭志一家垂範庶齊衡於孔藂來日新文請諸君子起儀鳳之後迄景龍以前凡若干卷列之如目

孔補闕集序

唐會稽孔季翊字季和識眞之士也弱冠制舉授校書郎轉國子主簿年三十一卒於左補闕祖紹安中書舍人考楨絳州刺史季和清規素業有奕代之訓依仁遊藝其聖者之後永昌之始接跡書坊有廣漢陳子昂鉅鹿魏知古高陽許望信都杜澄昌樂谷倚廣陵馬懷素東萊王無競

河南元希聲臨淄李伯魚譙國桓彥範僉謂季和神清韻遠析理探微衛叔寶之比也嗚呼人斯云亡世閱多故十年之外零落將盡而後來者皆首華金步鳴玉負璽丹地揮毫紫宸何嘗不拜職之日歎在劉王喬臨壇之時恨無謝益壽者矣頃見許州之子風裁可觀潘子之門有尼夏侯之學傳建集作者五卷以示予稱從弟四人皆良器愴相如之遺草幸公業之不亡因敍曩意存之篇首云爾

張說六

東山記

兵部尚書同中書門下三品修文館大學士韋公體含眞靜思協幽曠雖翊亮廊廟而緬懷林藪東山之曲有別業焉嵐氣入野榛煙出俗石潭竹岸松齋藥畹虹泉電射雲木虛吟恍惚疑夢閒關忘術兹所謂邱壑夔龍衣冠巢許幸溫泉之歲也皇上聞而賞之廼命掌舍設帟金吾劃次太官載酒奉常抱樂停輿輦於青靄佇暈褕於紫氛百神

朝於谷中千官飲乎池上緹騎環山朱旆焰野縱觀空巷途歌傳蹕是日即席拜公逍遥公名其居曰清虛原幽棲谷景移樂極天子賦詩王后帝女宮嬪邦媛歌焉和焉以寵德也加以中宮敦序謂我諸兄引內子於重幄見兒童於行殿家人之禮優棠棣之詩作於是實其筐筥下以昭忠信之獻賁其束帛上以示慈惠之恩朝野歡忻君臣義洽夫飛翠華歷茨嶺至道之主也紆紫綬期赤松素履之輔也千載一時難乎此遇故雨曜合舍衆星聚德雅道光華高風允塞寒谷煦景窮崖潤色猗歟盛事振古未有篆之元石貽代厥後

蒲津橋贊

易曰利涉大川濟乎難也詩曰造舟爲梁通乎險也域中有四瀆黃河是其長河上有三橋蒲津是其一隔秦稱塞臨晉名關關西之要衝河東之輻湊必由是也其舊制橫絙百丈連艦十艘辮修笮以維之繫圍木以距之亦云固矣然每冬冰未合春沍初解流澌峥嶸塞川而下如礎如臼如堆如阜或摐或捷或磨或切絙斷航破無歲不有雖殘渭南之竹仆隴坻之松敗輒更之罄不供費津吏咸罪

縣徒告勞以爲常矣開元十有二載一作九年十二月 皇帝聞之曰嘻我其慮哉乃思索其極敷祐於下通其變使人不倦相其宜授彼有司俾鐵代竹取堅易脆圖其始而可久紓其終而就逸受無疆惟休亦無疆惟恤於是大匠蕆事百工獻藝賦晉國之一鼓法周官之六齊飛廉煽炭祝融理爐是煉是烹亦錯亦鍛結而爲連鎖鎔而爲伏牛偶立於兩岸襟束於中潬鎖以持航牛以繫纜亦將厭水物奠浮梁又疏其舟閒畫其鷁首必使奔澌不突積凌不溢新法旣成永代作則原夫天意有四旨焉濟人仁也利物義也

順事禮也圖遠智也仁以平心義以和氣禮以成政智以節財心平則應諧百神矣氣和則感生萬物矣政成則乂文之經矣財節則豐武之德矣故天將儲其禎地將阜其用人將盈其力聖皇之道乾乾翼翼觀藝而無窮詠功而無極

皇帝馬上射贊

第一 甘泉頓射飛野雞一隻走狐二走兔十四不隔箭連中五隻

一面昭仁三驅示武走則發射伏則不取

第二 中鷹前兔

寒兔滅沒疾鷹逞巧鳴鏑洞飛失雋亡狡

第三 福陽頓同日中狗前兔

狡兔雋犬力奔勢迫持圓騄飛搶拔先獲

第四 望賢頓停日射高飛鴈一隻走麞二走兔三十六不隔箭連中五隻

獸殪山豪鳥落雲雋貫三疊兩血不濺刃

第五 望賢頓中獯狐

夜鳴之鳥是謂獯狐除人之惡應箭而鋪

第六 望賢頓隔馬射中麞

趯趯牙麞寒草同色隔馬百步一縱而側

第七 仙遊頓中麞一走狐三走兔十八不隔箭連中八隻

天子省斂薄狩岐陽躬射五十以奉蒸嘗

第八 文山頓射麞不隔箭連中二走狐一走兔二十一隻

我將獻鮮從禽於野一日百中以威天下

第九 武停頓向後射走兔其中射兔十九隻不隔箭連中十一隻走狐三走麞二

霜兔斗迴雲龍矯過天旋月滿舍矢如破

第十 飛林頓分駿射野狐中

有艽者狐起帝之右分駿遠發應踣於手

第十一 鵮子搦鴟不著飛過在後箭發應弦而落

鷙鳶上飛鷙隼橫撲矯箭爭中紛然旋落

第十二 一箭中兩鹿橫貫走五十餘步方倒

雙鹿並出一箭橫連上思陵寢以獻時鮮

第十三 是日還宮苑內用大箭射走鹿四十口分賜諸王郡王及從人等

帝入靈囿數百麀鹿射其四十頒諸羣牧

孔子堂杜預贊

猗歟杜侯發揮孔聖春秋既立王道以正列國行事君子莫之他人有心予忖度之推凡見例定罪原詞開我後學從祀先師

金紫光祿大夫太常卿上柱國中山郡公崔日知

寫眞圖贊

廓哉中山。靈宇朗徹。逸韻豪爽。達音妙絕。孝盡思戚。忠全見節。優游宮侶。蕭條禪悅。白髮傳貌。青松拂雪。要之歲寒。是望邦傑。

盧舍那像贊并序

詩云。哀哀父母。生我劬勞。欲報之德。昊天罔極。是傷不可止之戀。而懷無所及之感。其有飾聖以資親。修法以展慕。豈非孝子持明之心哉。武擔山靜亂寺盧舍那丈六鐵像

者。沙門履徹爲先妣用無價黃金之裝也。徹師俗姓劉氏。青城眞人知古之弟。道門釋種。守律護戒。了如來廣大之心。達如來加持之力。見虛空界。劃縵茶壇。知定慧手。結金剛印。過去不悟。因後行而追福。當來未聞。指前緣而證道。覩佛相者。成一切智。承佛光者。壞無始業。張說聞其事而懌之。乃合掌西南。遙禮偈曰。

大雄盧舍那。妙法甚深祕。神變加持力。普昇不動位。孝乎彼沙門。愛母而錫類。法財裝妙色。空色不相異。慧日破金山。慈光觸寶地。善來金剛手。一一見佛事。

藍田法池寺二法堂贊并序

法池西三歸院二法堂。茲寺長老初上禪師所造也。禪師俗姓彭。名知至。性篤孝。執親之喪。七日不食。微言密行。志道探元。究易老莊太一之旨。善正書。擅鍾王品格。其精至點畫。（一作點畫婉秀）毫縷必見。如折槁荷。磨文石。筋理灑颯。固非人力之所致也。中朝名士。山藪高尚。法流開勝。遠近慕焉。及晚年專意於禪誦。平生藝業。脫若遺塵矣。嘗歎曰。帝王。父母許我出家。雨露生成。恩惟一揆。依如來教。創是功德。萬一乎。獻福二宮。潛祐七祖。將與一切。咸登道場。於是三

歸堂以長安元年辛丑子月望日癸未立。善法堂以開元元年癸丑丑月望日戊辰建。禪師母弟仁琬。弟子沙門啟疑及沙彌令哲。左右斯業。實有力焉。而作贊曰。

三歸堂贊

敬告諸佛子。一心清淨觀。欲求正眞道。當從信根入。是佛虛空相。是法微妙光。定慧不相離。是僧和合義。人空法亦空。二空亦復空。住心三空寶。是名三歸處。

善法堂贊

至哉初上人。建立善法堂。彩翠三世佛。莊嚴清淨眼。能運

無礙心普入於一切見若不染色知若不取識是名真實見亦名解脫知佛觀離生滅諸法等如是

益州太清觀精思院天尊贊并序

蜀山劉尊師上清品人也兄學儒弟奉佛迺畫三聖同在此堂煥乎有意哉達觀之一致也張說聞其風而樂之作天尊贊

正氣生神結虛爲實上清尊帝中黃首出華彩衣裳虛無宮室紫氣乘斗赤爐鍛日十天從化萬靈受律蓮花釋門麟角儒術法共不二心同得一道心惟微守而勿失

獄箴

官有決曹掌茲法獄匪惟議罪亦以防欲所貴仁恕非矜窘束吏苟吹毛人安措足古之爲主是戒是勗茫茫率土蠢蠢羣生賢愚中雜真僞相傾若魚之駭如鳥之驚不能無犯宜持以平或大或小時重時輕無以快志期乎得情孰曰非重國之政令孰曰非輕人之性命虐則招咎寬則納慶宜慎宜恤可畏可敬爲獄則固爲牢則幽晨嚴管鑰夜密更籌寂寂圜土纍纍繫囚求食摇尾見吏垂頭自昔立名此爲非所逼隘狹室敧傾漏宇冬有祁寒夏多隆暑焉可失入焉可妄處勿謂無妨勿謂無傷匹婦含怨三年亢陽匹夫結憤六月飛霜可以安危可以興亡敢告司憲無輕國章

溫泉箴

東山少連曰元冥氏之子曰壬夫妻祝融氏之女曰丁丫俱學水仙是謂溫泉之神爲帝命之救萬靈盪滯結腑臟達膚腠泄下人多賴之上帝是崇忤飛廉氏之佚女嫉之常欲大恩其功故入溫泉必齋肅洗心戒以防患恕以利物含生之疾我願除祓二神嘉之吹湯激邪珠連漚累濤

汩揚華此其効也若入溫泉僻心穢行惡言淫形居食失節動出躁輕二神醜之不匡人命飛廉佚女以裾襲人是生痓芒風瘍眩𪊭之痾夫有意之醫照合神理無恒之醫身爲慾使莫之益傷之者至矣是以君子慎其微也

贈別楊盈川炯箴

杳杳深谷森森喬木天與之才或鮮其祿君服六藝道德爲尊君居百里風化之源才勿驕恡政勿苛煩明神是福而小人無寃畏其不畏存其不存作誥茲酒成敗之根勒銘其口禍福之門雖有韶夏勿棄擊轅豈無車馬敢贈一

言

石橋銘

玉梁架迥，碧沼涵空。石鞭海上，鎖鍛河中。橫漢飛鵲，規天拖虹。仙聖來往，風雲路通。

之幷州勅造座右銘

安萬國，禮百神。放鄭聲，遠佞人。

進筆硯架銘

筆硯之閒，聖心必察。青蠅導赦，震言漏洩。

煖硯銘

筆鋒曉凍，墨池夜結。香炭潛然，推寒致熱。

素盤盂銘 幷序

國子祭酒韋公好遊山水，器珍雅素。因適湯泉，見楩梓枌榆良材滿谷，乃命山工作爲盤盂盎罌樽觶，呈其文理，素而不飾。還都分遺好事者。說受賴盤盂二事，以銘之云爾。

幽山之木，無心世路。器爲盤盂，制以法度。匪丹匪漆，惟眞惟素。理直防毀，節全思固。多用必傷，處盈招惡。嗟嗟君子，鑒微在悟。實是天然，貽我朋故。

錢本草

錢，味甘，大熱，有毒。偏能駐顏，彩澤流潤，善療飢寒困厄之患，立驗。能利邦國，汙賢達，畏清廉。貪婪者服之，以均平爲良；如不均平，則冷熱相激，令人霍亂。其藥采無時，采至非理則傷神。此既流行，能役神靈，通鬼氣。如積而不散，則有水火盜賊之災生；如散而不積，則有飢寒困厄之患至。一積一散謂之道，不以爲珍謂之德，取與合宜謂之義，使無非分謂之禮，博施濟衆謂之仁，出不失期謂之信，入不妨己謂之智。以此七術精鍊，方可久而服之，令人長壽。若服之非理，則弱志傷神，切須忌之。

爲男垍考語

父教子忠，古之善訓；祁奚舉午，義不務私。至如潤色王言，章施帝道，載參墳典，例絕常功。恭聞前烈，尤難以任，豈以嫌疑，敢撓綱紀？考以上下。

大唐開元十三年隴右監牧頌德碑

周禮校人掌王馬之政，天子十二閑，馬六種，閑爲一廄，馬二百一十六，應乾之策也。六廄成校，五良一駑，是之謂小備。校有左右，閑成十二，合月之道也。駑馬三良馬之數，凡三千四百五十六，是之謂大備。秦幷一海內，六萬騎之國馬盡歸之帝家則周制陋矣漢孝武當文景儉約之積雄衞霍張皇之勢勒兵塞上廐馬有四十萬匹及東漢魏晉國馬陵夷不可復遠武帝時矣後魏以胡馬入洛蹴蹋千里軍陣之容雖壯和鑾之儀亦闕大唐接周隋亂離之後承天下征戰之弊鳩括殘燼僅得牝牡三千從赤岸澤徙之隴右始命太僕張萬歲葺其政焉而奕代載德纂修其緒肇自貞觀成於麟德四十年間馬至七十萬六千匹置八使以董之設四十八監以掌之跨隴西金城平涼天水四郡之地幅員千里猶爲隘狹更析八監布於河曲豐曠

之野乃能容之於斯之時天下以一縑易一馬秦漢之盛未始聞也張氏中廢馬官亂職或夷狄外攻或師圉內寇垂拱之後二十餘年潛耗大半所存益寡開元神武皇帝登大寶受靈符水瑞感而河龍出星精應而天駟下二年春帝乃簡心腑善畜之將卜福祐宜生之長俾領內外閑廐使焉即開府霍國公其人也公名毛仲姓王氏開元佐命之元勳東國亡王之後裔四伯輔禹與治水之謨四七興漢在經星之列清明虛受察含冰鑑籌謀先覺慮出著龜竭無私之忠而善歸天造輸不懈之力而元同日用故得騰躍風雲攀附日月策功第一承恩莫二庭羅魏絳之鐘鼓第賞堂邑之山林文馬蕃錫於晉侯御衣函分於韓信庶姜如玉則降榮彤管衆子垂髫則抱拜朱茀聖人之見也必猶爾爲之四顧而滿志聖人之不見也乃怡然若無與樂其天下仲尼所謂是必才全而德不形者也夫其處身則立無跂正也視無還端也聽無聳誠也言無遠慎也國有憂未嘗不戚國有慶未嘗不怡其御下則明利害之鄉阜財求之務使之趨善而避惡懷德而畏威身不離於闕庭令遠行於坰牧亦有不學而暗合於古未更而懸

辨其事然其從政必問於遺訓而資於故實者也若夫春祭馬祖夏祭先牧秋祭馬社冬祭馬步敬其本也日中而出日中而入禁原燎牧除蓐釁廐時其事也潔泉美薦庤涼棧濕翹足而陸交頸相靡宣其性也攻駒教駣講馭臧僕刻之剔之羈之策之就其才也不反其性故親人樂藝節樂如舞之心自生不窮其才故闉扼鷙曼竊轡詭銜之態不作爾乃舉其神異則有騊駼騕褭乘黃茲白來儀外廐呈伎內櫪朝刷閬風夕洗天泉聖皇一馭長壽萬年別其種類則有妍蹄繁鬣小領遠志曰龍曰駷曰戎曰驥差

其毛物則有蒼白驪黃騂紫驈皇騅駓驒駱駰騢騵雒馬駮騽駩騧騏騮騠豪骭馵足狼尾魚目宗廟齊豪戎事齊力田獵齊足罔不畢有元年牧馬二十四萬匹十三年廼四十三萬匹初有牛三萬五千頭是年亦五萬頭初有羊十一萬二千口是年乃亦二十八萬六千口皇帝東巡狩封岱岳輦輅既陳羽衛咸備大駕百里煙塵一色其外又有閑人萬夫散馬千隊骨必殊貌毛不離羣行如動地止若屯雲百蠻震聳四方抃躍威懷紛紜壯觀揮霍迴衡飲至朝廷宴樂上顧謂太僕少卿兼秦州都督監牧都副使

張景順曰吾馬幾何其蕃育卿之力也對曰帝之福也仲之令也臣何力之有因具上其狀帝用嘉焉霍公曰無伐辭貌無德色朝髦庠齒歆以多之於是明威將軍行右衛郎將南使梁守忠忠武將軍行左羽林中郎將西使馮嘉泰右千牛長史北使張知古左驍衛中郎將兼鹽州刺史鹽州監牧使張景遵隴州別駕修武縣男東宮監牧韋衡都使判官果毅齊琛總監韋績及五使長戶三萬一千人僉曰自開府庇我十三年矣畜有娩息人無乏匱克厭帝心莫匪嘉績且如停西南兩使六頓人夫藁穀計八十萬工圍石以息人約費其政一也納長戶隱田稅三萬五千石以儉私肥公其政二也減太僕長支乳酪馬錢九千三百貫以窒隙止散其政三也供軍筋膏膠十萬七千斤以收絹繕工其政四也蒔茼麥苜蓿一千九百頃以茭蓄御冬其政五也使監官料舊給庫物新奏置本收分其利不喪正錢二萬五千貫以實府宜官其政六也賈死畜貯絹八萬匹往嚴道市僰僮千口以出滯足人其政七也五使長戶數盈三萬墾田給食糧不外資以勸農却輓其政八也敢問監收之事孰能加於此乎然則稱伐計功前典所

貴上以美聖主擇才之得人下以贊忠臣受任之盡節末以道官屬承風之成事竟以示後代昭前之令聞是四烈者不可廢也既而大君有命舊史書功吟咏瓌奇篆刻金石秦汧渺瀰尚想非子之風魯野區區猶傳史克之頌試從此而觀彼夫何足以言哉頌曰

皇天考牧兮聖之君四十三萬兮馬爲羣瀄汧渭兮垣隴坂飛黃皁兮昆蹄苑山崆峒兮水嗚咽泉噴玉兮草汗血聚如花兮散如雪性既馴兮才亦絕維國家之大事駕時龍兮祭天地和鑾發兮文物備維皇帝之七德總戎馬兮

威萬國兮彩髦翻兮金介冑有霍公之掌政擇張氏之舊令天皇駕兮仗黃麾太僕驂兮展軨儀舞月駟兮蹀雲螭神倜儻兮態權奇騏驥溢野兮牛羊日多子孫榮位兮恩寵如何頌皇靈兮篆石鼓萬斯年兮鞏玉府

唐陳州龍興寺碑

觀夫廣大無相者虛空也四輪倚之而住精微無體者佛性也萬法因之以生聖人有以見三界成壞皆有爲殼故剖之以戒觜聖人有以見六趣輪迴是無明網故決之以定刄爍寶光之慧炬沛善利之慈舟返迷路率於中道倚

橫流登於彼岸以言乎眞實之要總攝一乘以言乎天地之間曲成萬物大矣哉道心包舉等太虛而無際法教流通彌曠劫而常在則有乘如來方便出應化門用大士因緣處帝王位俾庶類咸若謂之光宅天下令衆生修善名爲莊嚴佛國龍興寺者皇帝即位之歲溥天之所置也唐祚中微周德更盛歷載十六奸臣擅命伯明氏有盜國之心一鬨提有害聖之跡皇上操北斗起東朝排閶闔運扶搖張目而叱之殷乎若震雷發地欻虩翕響以克彼二凶赫然若太陽昇天晞熙仰象以復我萬邦返元后傳國之璽受光武登壇之玉尊祖繼宗郊天祀地之禮旣洎修舊布新改物班瑞之典又備乃考出世之法鼓大雄之事入無功用之品住不思議之力一光所燭庶兆爲之清涼一音所宣大千爲之震動雲蒸風靡不崇朝而壞衣涌塔徧天下矣陳州者上古太皞之虛近代淮陽之地置守則列爲郡封王則建爲國本其風俗豪侈靡麗舊矣翰東門之下接袂成帷觴宛邱之上袪服成市信豫州之郊一都會也刺史南陽韓府君名琦其爲邦也勝殘去殺聖主之得賢臣別駕彭城郡王名隆業其從政也能肅而恭高陽之

有才子長史南陽張齊賢儒林之選也司馬河南雲盈公族之良也士曹從事八人錄事參軍于璆爲稱首六屬官人二十五人宛邱縣令崔修己爲稱首或以藝榮或以門進高車一轍美利同人禮舉刑清於是乎在因邦甸積稔之蓄偶日月再旦之初欽若王言建立靈寺上畧其趾下務其終百工不勸而亟庶役不徵而會經始如雲成之不日夫其帶四郭五衢之陌踞重墉閬闠之端福地砥平長垣雲矗高門有閌大厦斯飛連廊曲閣交軒對霤木磨而不雕土塗而不飾壯無僭侈以約費爲功儉無偪陋以靜

居爲寶法王宮殿近寶花之城菩薩伽藍住金燈之地亦猶是也上座處元寺主真度維那守愼等戒珠如月獨潔麒麟之行法寶如山普聞獅子之吼克諧善衆厎定神居甘露飽而滿盈天香醉而圍繞於時陳項之老褒衣而博帶皤皤然相造而諷曰久矣吾黨之惑也倥侗顓蒙情嗜橫放恚愛我業聰明不開日有忘其生生月無覺其滅滅一息之漏可勝言哉而今舉足至于道場申臂及于淨土晝則目禪誦之事夜則耳鍾梵之音何悟是生晚臻斯樂豈不思天子之至仁乎惻下人之昏墊適上聖之昭軌假

有相之途詣無生之理灑冥澤於已滅帶元根於未始百靈之所歸依萬宇之所欣喜非獨陳而已矣蓋神闢天聖開地代之祖也纂帝寶基皇統孝之主也殄僭狂破魔孽威無外也廣正典紹度門德無大也通幽洞明兼麤該精滂洋而行混濩厥成一收功而四善舉一推心而羣願立咨如是則龍興之化曷有量矣夫業可大而蕪没焉不貽於後事可尊而苞蘊焉不述於代臣子之罪也敢請圖之然言語之不到者心識心識之不到者真如二乘聞之而不見十地見之而未了而我云何能知能說竊比六時之鳥七寶之樹是出乎和雅音聲是讚乎微妙功德記其在處長者之金園銘其事因育王之石柱其詞曰

聖皇在上於昭于天唐雖舊邦其命維新龍興返政滅二暴臣少康非儗於舜爲鄰皇王蒸哉其一　於廓元教生人戶牖神化洒心小大稽首掌擎萬域潛移仁壽三代之前蓋未曾有最上乘哉其二　泱泱陳服韓侯道之奕奕寶坊邦人造之天龍護持賢聖熙熙受福維祺帝心則怡至理興哉其三

平偃師碑尾

粵以長壽二年十月十七日改窆於衛縣苑樓之西北原夫令德所庥餘慶未也神龍紀歷皇運中興天子嚴祀清廟緬懷前哲乃下制曰朝議大夫守衞王府司馬上柱國平元沓父故偃師令某公門襲慶士林成則名教羽儀道德泉藪輔仁冥昧早謝昌辰積善洋溢垂休茂允時光祀夏慶屬配天錫類之恩俾覃於卿士哀榮之典宜旌於泉路可贈蒲州長史君子謂成其子而植乎身義方也愛其臣而及其祖孝理也孝以行惠惠以察忠義以立慈慈以昭順君臣父子於是形焉

貞節君碑

神功元年十月乙丑陽鴻卒於雩都縣友人沛國朱敬則清河孟乾祚范陽盧禹等哀鴻抱德沒地繼體未識考行定諡葬於舊域鴻字季翔平恩人也其先著族右北平郡大父眞陽宰適茲樂土爰定我居維桑與梓既重世矣鴻倜儻奇傑瓌瑋博達貫涉六籍百家之書其要在霸王大畧奇正大旨君親大義忠孝大節而已章句之徒不之視也嘗陋漢史地理志周禮職方志時異虛記心不厭焉乃攀恒岱浮洞庭窺河源踐岷衡稽四海之風俗筭九州之

險易與趙國賈高圖獻其議遇火焚盪天下壯其志而痛其事養徒閭里不應賓辟儀鳳中河北大使薛公舉鴻行屬貪鄙天子喜之用寘于吏乃尉汲曲阿主簿龍門雩都大夫其屏居十年一方化德歷佐四邑諸侯觀政惜乎有大才無貴仕命也初鴻遊大學有書生山東李思言物故南館鴻傷其終遠家屬有喪無主乃駕柩車送歸東土及在曲阿敬業作難潤州籍鴻得人歷旬堅守城既陷而猶闘力雖屈而蹈節寇義而脫之因僞加朝散大夫即署曲阿令鴻貞而不諒詭應求伸既入邑則焚服闔門而設拒矣故得殿邦奮旅一境賴存淮海底績勳荅効功卒不言賞賞亦不及君子以爲急友成哀高義也臨危抗節秉禮也矯寇違禍明知也保邑匿勳近仁也義以利物智以周身禮以和衆仁以安人道有五常鴻擅其四武有七德鴻秉其二大憲克就之謂貞好廉自克之謂節粤若夫子可諡爲貞節也已於是紀名垂迹表墓勒石其詞曰

倬良士縱自天辨方物覈山川厥志大哉峻剛節殷義聲返旅櫬宴窮城厥德邁哉哀斯人命莫贖德不朽温如玉軌來世哉

大周故宣威將軍楊君碑 并序

公諱令一字令一太州仙掌人也隋司徒觀王之元孫周孝明高后之歸孫今司衞卿之元子維有隋接三統建萬國我高祖以同姓爲玉維皇周敦九族敘百官我諸楊以外戚而貴公體元黃之純粹承河山之丕緒孝乎內炳忠焉外均性與天和道合仁愛收恤孤老分產踈屬泰於周施約於妻子加以樂善而好學降尊而容衆能辯樂和思柔酒德容止可度温温如也文章可觀彬彬如也泉英皎穆當世碩士與之游焉而曰君子若夫漢魏舅族有恩澤

之封公卿門子有良家之侍公浮雲世祿匪石儒風究乎王道之紀綱明乎人事之終始年十九舉進士高第授潞州參軍轉千牛胄曹遷洛陽尉從班次也居無何拜朝散大夫行通事舍人俄而加太中大夫檢校天官員外郎夫行人之在周禮方國是接公修其政令帝曰余嘉郎官之著漢儀列宿是應公司其典故時稱邦則國家左賢右戚一武一文以公地望羽儀寄深虎旅除宣威將軍行右衛翊府郎將僶俛從事非其好也初公時爲郎也遼戎悖虐作患幽冀皇上燠休下人故我有神兵之役選達權靡監

之吏佐猛毅維城之師乃下制以公爲兵曹焉實有密贊軍政獨飛長策豈云卒乘輯睦戎機式序若此而已哉俾雷霆飈動剿凴殷邦威元菟懷黃龍馬未汗而狄盡人未疲而兵戢者公與有力也及班師振旅冊勳踰時帝用咨有司之違古念有功之未祿將迂德命霈多勤有日矣方當翼大化增三光之明熙天秩垂九德之聲昊天不惠厲氣流行如何斯人胡不眘壽年四十一聖歷元年夏六月辛丑遘疾而卒嗚呼哀哉梁木未施予道不究呱呱稚嗣仰號蒼穹哀哀嚴親惴臨泉谷遐邇寮舊暨乎欽風未識之徒罔不盡朋悲而輩欷矣天子憫焉弔之以玉冊贈之以錦衾羣公傷焉誄德於素旐圖休於青史粵乙卯假葬於合宮縣平樂鄉之北阜郭門十里邙山西岡聯萬古之阡都邑九原之地隧寄新隴魂懷故域藐是諸孤未遑歸葬平生志事孰已焉哉厥弟五人比才連譽曰踐一獻一循一惟一尚一等因心則友世稱萬石之閨門死喪之戚吾見伯淮之兄弟僉曰我圖後事日月除乎哉龜云此地陵谷居乎哉乃布哀友生記詞懷舊迹德表墓示之來昆其銘曰

洪河南注少華西峙氤氳靈會生此君子生此君子維國之紀宣慈惠和禮樂文史敦錫宗類汲揚嫩否勤然濟物若不由己克明從訓誕敷厥美修詞北闕潤色東里揮翰文昌列星順晷交戟禁衛爲王爪士允文允武翁歸是比疇曰禦寇諗軍北鄙攘狄黃龍濟師蒼兕將王元默緊公是恃帝懿乃勳將圖膴仕仇仇執憲不我力以役役大勞未受多祉景命無祿洪基中圮父兮葆鬢孤兮稚齒孔懷靡及凡伯萃止陟彼邙山邱墟歲碍荒草無際羣哀所起于嗟楊侯託居此矣汾澮緜曼德音之美久客思鄉永懷

桑梓

廣州都督嶺南按察五府經略使宋公遺愛碑頌

維唐御天下九十有八載蒼生貢乎海隅元澤漫乎荒外天子念窮鄉之僻陋徼道之修阻吏或不率不馴人或不康不若乃命舊相廣平公宋璟鎮茲裔壤式是南州篤五管之政揔三軍之旗鼓幅員萬里馴致九譯詔書下曰靡然順風曷由臻斯威名之先路也公曩時執白簡登瑣闥推誠謇諤不私形骸忤英主之龍鱗蹈奸臣之虎尾挫二張之銳則聲怛寰域折三思之角則氣蓋風雲由是極

有四星維帝之輔地有五嶽維天之柱其入宰也君之股肱其出守也人之父母至於此邦之長人也飲食有節衣服有常清心而庶務簡正色而羣下一瑟兮僩兮赫兮喧兮固以不怒而威不言而信雖有文身鑿齒被髮儋耳衣卉㲲木巢山館水種落異俗而化齊言語不通而心喻矣其率人版築教人陶瓦室皆塹壁晝遊則華風可觀家撤茅茨夜作而災火不發棟宇之利也自今始祖國之舶車海琛雲萃物無二價路有遺金殊裔胥易其迴途遠人咸內我邊郡交易之坦也有如此故能言之士舉爲美談蓋微子去殷以後王者襄公伐楚將得諸侯尚書東漢之雅望黃門北齊之令德宋氏世名公其濟美詩所謂無念爾祖聿修厥德廣平有焉若夫往者屈也來者伸也往來相召而哀樂繼之鴻飛遵渚於汝信處龍章袞衣以我公歸鬱陶乎人思嗟歎之不足廣府司馬譚環番禺耆老某乙等相與刻石傳徽斯文予春秋之徒也豈將苟其辭哉雅敬宋公王臣之重次嘉譚子贊德之義遙感耆舊去思之勤越裳變風知周公之才之美吉甫作頌見申伯于蕃于宣觀政將來惡可廢也頌曰

降王宰兮遠國靈歌北戶兮舞南溟酌七德兮考六經政畫一兮言不再草木育兮魚鼈寧變蓬屋兮攺籬牆魚鱗瓦兮鳥翼堂洞日華兮皎夜光火莫炖兮風莫颺事有近兮惠無疆崑崙寶兮西海賝幾萬里兮歲一來舟如鳥兮貨爲臺市無欺兮路無盜旅忘家兮扃夜開越井岡兮石門道金鼓愁兮旌旆好來何暮兮去何早犦牛牲兮菌雞卜神降福兮公壽考

張說七

唐西臺舍人贈泗州刺史徐府君碑

敘曰經天地揭日月文之義也掌邦籍出王命位之崇也本乎言行君子之樞機成乎易簡賢人之德業則徐公其人也昔公奮明哲之姿當高宗之盛天保大定俊乂用彰而光耀天臺雲飛綸閣文敏以暢機務稽古以析嫌疑禮樂政刑擇三代之令典典謨訓誥有唐虞之遺風較然於庶績者可得而聞也其嘉猷讜言沃心造膝滋液內潤精

微外密混成於元象者不可得而聞也公諱齊聃字將道姓徐氏東海郯人也遠祖偃王基仁義於上代嚴考孝德濟宏美於近也公始以宏文生通五經大義發跡曹王府參軍右千牛兵曹潞王府文學崇文館學士兼侍皇太子講又芳林門修書於時中朝碩老下國英雋皆忘年請交不遠來謁望其路者若晨風之赴北林得其門者如衆山之仰東岱公不樂趨競雅尚退謐深以椒房之家聲名太甚求為外職出宰桃林未下車敕改沛王掾終歲選擬司績員外司議郎並不就乞補雲陽令到官累日詔除司城員外郎乃遷西臺舍人其為政也如始云爾初公幼而殊異八歲工文太宗聞其聰明召試詞賦錫以佩刀金鞢稱曰神童及中年高宗嘉其道優悉命皇子受業訏謨帝采許以國鈞故公備吏潞沛豫諸王侍讀上之在周邸也公嘗來誨詩焉夫然集虎觀之書承龍樓之問二宗之代犄首辭林四王之門從容經席非有海山之藝溫良之德儀形以孚柔嘉維則其孰能發揮聖智啟迪天人者乎咸亨元年出為蘄州司馬二年坐事徙於欽州夫君子大守道而小守位汙隆隨時屈伸以義去令尹而不愠失司寇而

遂行蕙蘭敗不為不芳日月蝕不為不明姑務忠信何陋蠻越優游欽江歲餘而沒春秋四十有三惜乎不登宰衡以平天下天天是瘃命也歟既而慶隆嗣子返公孫之柩德施後王拜先師之寵上元三年某月歸葬於少陵原中興神龍元年贈泗州刺史褒賢追遠念道尊師聖人之禮也議者以公考果州府君高學才華香名省闥武帝賢妃姊也大帝婕妤妹也公既高步掖垣子又踐修舊職同生標藻於鸞殿重世含章於鳳池自班姬父兄文雄漢室左思女弟詞蔚晉宮悠哉二族徐氏三矣才難不其然乎凡

是好文之君賞音之士公之逝也豈不慨然閱青簡而存淩雲之氣操朱絃而想流水之屬哉厥子曰堅景龍中加金章紫綬行禮部侍郎得以命卿之祿奉蠲潔之祀無忝烈考樹之家風迺刊石立頌將以識往行攄無窮使本支百代不忘先人之不隕其名也其詞曰

王言惟令中禁是司帝嘉文父曰汝宜之終溫且惠習禮明詩長裾傳道大筆修辭鴻業潤色元猷緝熙昊天大戾君子明夷蒼梧啟手涅而不緇中興受命逝者無追靈符泗水崇贈先師髣像精魄丕承聖期教近子貴榮躋父慈

學嗣三葉才俱一時春秋孝享霜露深思後之視昔斯文在茲

齊黃門侍郎盧思道碑

有齊黃門侍郎范陽盧公諱思道字子行涿州人也其先姜姓世胙東海别爲盧氏家於北燕自漢世中郎將植至侍中陽烏徵君之子稟天靈傑承家令軌清明虛受磊落標奇言不詭隨行不苟合游必英俊門無塵雜至於求己勵學探道覩奧思若泉湧文若春華精微入虛無變化合飛動斯固非學徒竭才仰鑽之所逮也事齊歷散騎侍郎以文翰直中書中廢復進至給事黃門侍郎待詔文林館武平末天子總兵禦寇太子監國於晉陽公留綜宮朝兼典樞密及皇輿敗績於外而百寮蕩析於內公節義獨存侍從趣鄴告至行賞授儀同三司入周除御正上士定省歸郡郡人祖英伯作難公脅在其旅幽都既平玉石將燎賴元帥宇文公舉以舊有令聞引謁因命草露板立就駭其麗異其敏釋於齊斧之下揖於羣士之上除掌教上士隋高祖爲丞相也遷武陽太守以母老乞解職優詔許之後復徵爲散騎侍郎奏內史郎事隋開皇六年春秋五十

有二終於長安反葬故里凡更臣三代易官十七再降一免二去職八平除擢遷者四而已公處屯安貞賦詩積飲視得失蔑如也臨難無懾在黜無慍危不去主仕不違親休明有賓禮之盛顛覆無淪胥之禍其大雅者歟夫禮儀損益公能言之故與熊安生詳定齊禮三墳五典公能讀之故與薛道衡侍學儲后公國華人望光照鄰邦故所居之朝應對賓客修詞抗議允執其中故青瑣黃纖異代咸掌大名之下豈誣也哉昔仲尼之後世載文學魯有游夏楚有屈宋漢興有賈馬王揚後漢有班張崔蔡魏有曹王

徐陳應劉晉有潘陸張左孫郭宋齊有顏謝江鮑梁陳有任王何劉沈謝徐庾而北齊有溫邢盧薛皆應世翰林之秀者也吟咏性情紀述事業潤色王道發揮聖門天下之人謂之文伯於戲國有校家有塾祿位以勸風雅猶存然千數百年羣心相尚竟稱者若斯之鮮矣才難不其然乎然則飛黃虛騁百辔遺路鵾鵬天運萬翼無階文士擅名當時垂聲後代亦云乎才力之絕衆故爾開皇以來百三十餘載天贊唐德生此多士公之元孫曰藏用濟美文館重祿黃門永惟衣冠子孫邑里多改先人封樹歲久將平

迺假詞菲才刊石表隧庶乎涉齊地者不薪柳惠之隴過邢山者無惑子產之墓至矣乎盧氏之子其用心也遠矣

銘曰

彧彧黃門實天生德才葢一世榮聞四國文王既沒文在人宏公爲宗匠當朝與能龍躍春霽鳳鳴朝昇或頌或變或雅或承理以神合聲以妙徵高視睢渙與君代興人之云亡十有一紀斯文未喪施於孫子新作豐碑德音不已

唐故廣州都督甄公碑

君諱亶字道一中山無極人也昔胡公紹舜奄有大邦楚子縣陳逃威樂土當烈王之王也有陳通奔周王以爲忠將美其族言舜居陶甄之職命爲甄氏錫姓因生如堅之讀形聲轉注以眞爲音處則稱劉明歸晉者以異變而爲郭葢承號者有馮通之裔邯仕漢爲太保大司馬承陽侯邯十六代而生鸞仕齊爲太山太守司隸校尉無極縣伯撰笑道論行於代鸞生隋汾州刺史族族生隋沁州刺史紹紹生隋新市令協協生單于大都護府錄事參軍贈宋州刺史封惟祖惟曾在商在夏世濟其美永觀厥成君即宋州府君之第四子也博綜經史脫畧流俗情之所遺對咫尺於千里氣之所重輕百金於一諾曰輿曰比階應劉之閫奧或草或眞藏鍾張之筋骨譽滿鄉曲聲聞闕庭天后臨朝再加辟命皆辭以親老不赴逮疾革易簀骨立廬墓復有制徵爲刺史獨孤莊率府僚敦喻起於墳左乃授左金吾中候生盡其養豈違親許人沒盡其哀方委身徇國或用或舍有以見大君之仁時止時行有以觀大孝之節君臣之際其遠矣哉尋除左千牛長史檢校武始軍長史攝右臺侍御史兼靈武道行軍長史攝右屯衛郎將副臨洮軍使轉右驍衛右郎將爲臨洮大使拜蘭州刺史兼

榆林臨洮等軍大使除夏州都督兼鹽州防禦使徵授幽州都督衣之以紫攝御史中丞爲河北軍州節度大使君政成周月惠則在人患是緩風表以去職未幾復除夏州都督屬山戎矯虔俶擾王畧兵落天上思回行以出竒虜墮計中守便宜而未進時以爲逗遛貶撫州刺史朝廷明此舉也未到官遷廣州都督兼嶺南按察五府經畧討擊使春秋五十有七開元五年七月二十八日終於官舍以某年月日歸葬於恒陽之王公山南原不忘本也君三承辟命再攝憲曹八典戎旅五司藩翰事之去就所歸必執

其中職之高卑爲政各當其選觀夫果於事喻於義下學而上達強立而知類畏克厥愛道無常師有商也之文有求也之藝習禮必本飾之以菁華積行必崇茂之以枝葉以此探賾則投刃皆虛矣以此効官則操刀必割矣是故羣士之所鞅掌而君之所綽約常情之所戚戚而君之所蕩蕩由是言之搶榆之與海運鳴琴之與星入從可知也惜其志懷慷慨雅多大畧援桴作氣有七縱之能孤劍無前當萬人之敵竟不得横絶漠騁雄算刮狼望之祲鏡乎太淸卷瀚海之波靜而可掃騄駬之足受羈騏驥之途堂堂之貌不畫麒麟之閣彼哉彼哉有遺恨矣其孤某等望兮不至求兮不得永懷揚名庶慰罔極銘曰

有鯀在下陶復河濱元女作合相攸於陳楚爲不道祚以永淪周寵忠節氏以初因丕惟承陽致君論道施及無極建家載考彼汾彼沁伊時之竇宰兮牧兮亦孔之好積慶潛演俊乂挺生標格磊落氣志清明八司戎事厥謀有成五刺方伯厥政有聲山有杞梓工思其度國有孫吳君思其畧葉德珠沛遺氛沙漠惜哉不當今也可作恒岳臨北滹沱注東仁不忘本孝亦令終壽堂盤礴牧子充窮勒美

松隧穆如清風

元城府左果毅贈郎將葛公碑

公諱威德字某曰葛氏京兆涇陽人也其先嬴姓咎繇之後夏有葛伯氏族興焉寧陵之傍尚傳侯國綏山之下獨有仙祠嬰則威伏五城龔則績稱二縣鴻臚秀於吳會散騎崇於晉景在其子孫是宜繁羨公生而開朗長而英拔非因馬鄭之學動合禮經不待孫吳之書暗同兵法有拳勇尚氣概顧眄稜華風神都爽五馭善於東野六射勁於西霜少以嫖姚之才入光供奉之選御橋驂駕犯清蹕而

不驚輦道啼烏應鳴弓而自落便蕃左右星歲重深賜上柱國拜元城府左果毅天下大定李廣之用無施雲中薦賢馮唐之言已老春秋六十五神功二年某月終於洛師槀殯邙阜夫人太原郡王氏夫人郭氏實生大將軍福順一見聖主冊紐乾綱重位冠乎北軍茂功藏乎南史故象服臨祭魚軒以朝天子深嘉歎馮勤之母羣公列拜賀虞潭之親享年七十五薨於京兆之三真里公愛敬奉親軌則可移於後代義方訓子福祿來及於先人葬有日矣乃下制曰禮著飾終情惟悼往詢諸前烈抑有舊章前左羽

林軍大將軍葛福順亡父某守其謙素宏此藝能未展才術奄從凋殞而嗣子克家式昭勳業旣念功以追遠亦自葉而流根宜申褒贈俾慰泉壤可贈遊擊將軍守右驍衞翊府郎將開元九年二月九日葬我郎將君前夫人王氏後夫人郭氏祔焉禮也章芾以襚輅旗在列廟食備其牲牢法葬陳其簫鼓孝慈之道著矣哀榮之禮畢矣尋彼平生之事忽如絕光繫乎碑版之文永存遺烈銘曰

硜硜都尉角立傑豎神銳玉劍氣雄金鼓六藝爰設射馭爲武百行雖名忠信爲主時不兼命位不充才善流慶荅身謝榮來太原棣棣實惟嘉偶羽林桓桓克大其後

頴川郡太夫人陳氏碑

頴川郡太夫人者諱某字某雷州大首領陳元之女羅州大首領楊歷之妻驃騎大將軍兼左驍騎大將軍虢國公思勗之母也陳氏家富兵甲代奠嶠外夫人誕靈豪右淑問幽閑六行天至不因師氏之學四德生知無待公宮之教原夫陳本嬀水楊承赤泉九真爲郡良吏出乎中國五馬浮江僑人占乎南海兩州接畛二門齊望卜妻鳴鳳擇對乘龍楊公有聘玉之祥應嫗獲探金之慶虢公弱冠昇

仙鞠躬禁闥正性本乎胎教剛腸形乎義色神龍三年六月五日北軍作難西華失守騎入宮壼兵纏御樓公孤劍淩鋒羣兇奪氣倉卒之際安危是屬旣立殊常之勳遂蒙超次之命授銀青光祿大夫上柱國宏農郡公行內常侍其後改拜將軍太夫人是加爵邑高堂九仞重祿萬鍾朝廷美其揚名州黨尊其遠聽夫人富而好儉貴而能勤身却錦繡手親紡績公每昏定晨省夫人必誡之忠孝勸學文武嘗謂汝口稱思勗當心念其義父母名之欲汝三思而勗厲也故號公便習干戈漁獵書史致命伐罪擒叛獠

於百越寫誠誓衆破狂蠻於五溪關子弟如使手足請風雷若應期契聖朝荅高秩於驃騎酬大封於虢畧豈非以辭第之懇忠成斷織之明訓臣節立矣君恩厚矣子孝成矣母慈著矣備此四者善孰加焉抑神道祐心而人倫與行詩曰母氏聖善又曰宜爾子孫斯實穎川太君之有也享年若干開元九年四月八日薨於長安之翊善里先公早世邱墳故域古無合葬禮有從宜夫以體歸下地萬里豈殊乎黃壤魂何不之雙棺幸同於元室以其年十一月十六日招魂祔葬於萬年縣龍首鄉神鹿里申孝子不忍

隔親之情也恩勑賜錢十萬絹布皆百段日磾忠厚漢武知其母教馮勤寵貴世祖稱其母德克軫天情頗爲連類虢公生盡其禮沒盡其哀嗟閱水之日逝懼藏山之夜徙追鏤碑板遠貽圖傳蒸蒸至意有足感人悾悾信言固無媿色銘曰

陳公舜後楊侯周裔去國何人南遷幾世酆湪嶂表珠崖海際兩族相京財雄兵銳猗歟邦媛儷兹國士友若琴瑟花如桃李心契法度容和愠喜貧敬從夫移忠訓子嘉此令子南溟北歸於天鶴唳拔湔鴻飛朱宫退飲銅柱來威國安家寵魚軒翟衣子封虢國五公前宇母邑潁川三君舊土感激榮慶躕躇今古高堂夜空弔客朝聚龍首山前前臨灞川招魂五嶺合葬三泉山山邱墓樹樹風烟孝碑不滅慈墳永傳

贈涼州都督上柱國太原郡開國公郭君碑奉勑撰

四序平分清秋之氣勁五方異俗崆峒之人武故隴上多豪山西出將其有雲龍感召星象特生金鼓登壇隱如敵國麾幢指塞自比長城得之於太原公矣公諱知運字逢

時其先太原著姓今則晉昌人也本乎文王之弟是爲虢叔虢或云郭因而氏焉自燕昭尊隗以築宫漢祖封亭以列國其侯於陽曲宅彼太原舊矣亭之元孫友從太原徙隴西昭帝分隴西置西平郭氏又爲郡之右族友之昆孫武威太守憲憲之猶子散騎常侍芝俱有名跡見於魏晉則晉昌諸宗散騎之後也爾乃一門連譽時人號曰三儒四海齊名天下謂之八顧光祿派分於馮翊廷尉世茂於潁川孝則天錫釜金忠則帝章冕服仁則猛獸不害信則童兒不欺豈直介休見有道之碑洛陽聞立德之傳而已

曾祖欽瓜州大黃府統軍上柱國祖才朝議郎瓜州常樂縣令上柱國父師朝散大夫上柱國贈伊州刺史磧鹵之地戎馬生郊業戰鬬而宏勳仕州縣而爲達啟莫京之繇福不在於其身積無聲之善慶必流於後嗣公太白之精雷泉之靈膺家之禎爲國而生身長七尺力能扛鼎猿臂虎口虯鬢鷙膺射穿七札劍敵萬人子卿路逢遙識將軍之相唐舉一見足辨封侯之骨解褐以善戰授昭武校尉秦州三度府左果毅以敗敵北庭加游擊將軍沙州龍勒府折衝兼右金吾郎將瀚海軍副使尋改朝散大夫伊州

長史伊吾副使以軍累破虜即授其州刺史進當軍經畧使朝廷以未愜前除且有後命還本衛中郎將仍舊爲州軍使默啜之寇北庭也公奔命解圍軍聲大振加雲麾將軍右武衛將軍封介休縣開國公食邑二千戶開元二年吐蕃入隴右掠坰牧公兵以奇勝寇不復蹤積甲山齊而有餘收馬谷量而未盡歸功廟算朝議多之拜右羽林將軍持節隴右諸州節度大使兼鄯州都督河源軍使鎮西陲信國之藩屏坐北落亦王之爪牙故入奉期門而出分閫寄於是料敵無備閒其師老潛軍一舉大俘九曲鎖甲文劍棘馬犛牛既獻戎捷遂領朝賜乃兼鴻臚卿攝御史中丞改封太原郡開國公加前食邑三千戶執憲總軍典屬乘障增爵益邑遇厚恩深俄而六州羣胡相率大叛命公統隴右之騎濟河曲之師鋒鏑爭先玉石俱碎拜左武衛大將軍授一子官賜金銀器百事雜綵千段班師臨洮遘茲虐疾嗟乎匈奴未滅宿志不申生也有涯死而猶視開元九年十月二十二日薨於軍舍春秋五十有五蕃夷邊鎮血面椎心悲慘風雲號動山谷豈非良將視人如子人亦視猶父乎皇帝閔焉詔贈涼州都督米粟五百石錦

帛五百段命都水使者張景佚備物護葬導朝典也惟公氣猛而性和量寬而精銳沈謀可以掩蓍蔡雄斷可以奪鬼神故常糟粕韜鈐芻狗風角然其樹恩結信立威用武烜赫如風濤盪震如雷雨戰必克攻必取每有奏謁上特稱歎孝文之得魏尚虜不足憂太祖之見郭嘉知成吾事前後錫錦衣寶帶文馬素女爛其盈門長鳴在廄感知己之主陳必死之力皇情西顧則九羌釁鼓詔書北伐則六夷焚旗上成聖君之元鑒下効武臣之素節其竟也如此夫爲人子立廟致敬祖考來格不亦孝乎爲人臣恢疆禦

侮以勞定國不亦忠乎若然者歸義方於先人揚令名於後代可也嗣子英傑起復定遠將軍左領軍衛翊府中郎將假紫服金章河西節度副大使英奇朝散大夫前尚輦奉御英協游擊將軍前京兆勵行府右果毅都尉英彥朝議郎前左衛冑曹參軍等咸善居喪而過哀或從王事而奪禮則知辛賢父子繼位將軍祭彤兄弟並參師律去本不戀達也而新是謀權也嘉此武功創其宅兆以十年七月葬我公太原夫人燉煌索氏祔焉禮也皇上念功以惜逝厚終以遇存有詔詞人爲其碑志介士送葬即封征虜

之墳單于入朝當祭度遼之墓銘曰

洸洸將軍雄畧冠羣平西征北震戎懾獯亭障臥鼓屯田饋軍仗此白刃致彼青雲郭侯宴喜既多受祉元牡黻衣清廟蠲祀鼎食金奏炮鼈膾鯉既來不庭有嚴天子流沙博望羽林飛騎河曲回兵臨洮舊防手握金節魂沈玉帳千里送喪三軍悽愴詔葬禮崇恩碑義豐生爲神將死爲鬼雄身世一滅榮華萬空祁連之墓長旌武功

唐故豫州刺史魏君碑

公諱叔瑜字思瑾曰魏氏鉅鹿曲陽人也考太師鄭文貞公致君皇極配神清廟故祖德冑系敘於太宗之先碑矣公生有慶緒天然炳胎教之姿少長德門日用成躬率之化性盤於孝友習狃於禮樂俛仰中則從容蹈道加以專精好古旁通多藝聖人之所志聞一而反三君子之所能舉十而知九與同生璘琬知名當代始以門資補左千牛轉洛州司兵司議郎職方郎中太子洗馬出爲懷州長史歷慶慈儀豫四州刺史春華韡於兩宮時雨零於四郡觀風之使所在聲聞變雅之老到今遺詠其年春秋五十有一終於豫州葬於舊域夫人太原王氏祔焉禮也議者以

公不避強禦有昭子之政事不爲皎厲有康子之隱德虛己尚賢有文侯之樂善重諾分急有信陵之高義人鮮有一況兼四乎公賦入封君妹歸帝子車馬無戚里之盛衣服有儒者之節儉而得禮富而無驕此蓋奉先之素履也公善於草隸妙絶時人以筆意傳次子華及甥河東薛稷世稱前有虞褚後有薛魏此又貽訓之餘美也嗟夫公學埒向歆操齊固黌若天假三壽朝登六事則鄭之桓武可尋漢之韋平一撥而年近知命位止方州落鵬翼於半霄負天之力莫展頓龍媒於局路追風之勢斯畢九原不作

誰將與歸二子獻華追完先德俾余作頌以慰罔極銘曰
昂昂豫州毓粹含道欽若古訓思文烈考於穆烈考維國之師公承丕搆思皇纘之發軫臺閣風流榮問建麾千里澤霧四郡位未充德命不遂才彼蒼孤善謂之何哉子孫必復邱封永久穆如清風振芳厥後

撥川郡王碑奉勅撰

珠玉無遠而登輦輅之飾寶也松栝無幽而入殿堂之搆才也物貴其用人亦如之撥川王論弓仁者源出於疋末城吐蕃贊普之王族也曾祖贊祖尊父陵代相蕃國號爲

東贊戎言謂宰曰論因而氏焉公有由余之深識日磾之先見陋偏荒之韋毳慕上國之衣冠聖歷二年以所統吐渾七千帳歸於我是歲吐蕃大下公勒兵境上縱諜招之其吐渾以論家世恩又曰仁人東矣從之者七千人朝嘉大勳授左玉鈐衛將軍封酒泉郡開國公食邑二千戶周語曰犬戎樹敦守終純固今其俗獷而輕死其法折而不撓故前代無降人中土無僮僕自公拔身向化首變華風澤潞之間始見戎州矣若夫河南胡苑坰牧所利每歲冰合虜騎是虞中軍必謀於元老亞將固選於時傑神龍三

年以爲朔方軍前鋒游奕使景龍二年換右驍騎將軍開元五年兼歸德州都督使皆如故八年遷本衞大將軍改朔方節度副大使公之理兵也堅三革利五刃偶拳勇齊足力信賞罰分甘苦六轡如手千夫一心接獯獫猶蚊蚋臥沙塞如衽席薦居露食垂二十年雨畢而成師冰泮而休卒寒風入於肌骨夜霜出於鬚鬢人不堪其勤公不改其節韓公之建三城也公洗兵諸眞之水刷馬草心之山以爲外斥而版徒安堵鄭卿之和默啜也公授館李陵之臺致饔光祿之塞以爲內候而賓至如歸九姓之亂單于

也公四月度磧過白檉林收火拔部帳納多眞種落彌川滿野懷惠忘亡漠南諸軍韙其計也降戶之叛河曲也公千騎奮擊萬虜奔走戡翦畧定師旅方旋而延陁跌復相嘯聚上軍敗於青剛嶺元帥沒於赤柳澗公越自新堡奔命寇場贏糧之徒不滿五百兇醜四合衆寡萬倍公殺牛爲壘啖寇爲餉決命再宿衝潰重圍連兵躡踵千里轉戰合薛訥於河外反知運於寇手朔方諸軍壯其戰矣斫摩之奔也邀於黑山口覆其精銳布思之背也追至紅桃帳掩其輜重乳泊之會剿蘭池之狂胡木盤之役縲方渠

之逋寇凡前後大戰數十小戰數百算無遺策兵有全勝是以六狄逃遁三垂乂寧聲纍露於天下業光華於代載信皇威之所加亦武臣之力也故錦衣寶玉允荅戎功甲第良田丕承錫命語其智効未甚優寵黃頭黑齒比價齊名積戰多瘡累勞生疹恩命尚藥馳往診之晉暨巳深秦醫無及十一年四月五日薨於位享年六十制贈爲撥川玉稱故國志其本也太常議謚曰忠由舊典昭其行也長子盧襲官封繼事業次子舊久特拜郎將十二年四月詔葬於京城之南懷遠人也太常鼓吹介士龍旆虎帳貔裘

封蕃殉馬吉凶之儀舉夷夏之物備長安令總徒以護事鴻臚卿序賓以觀禮哀榮之道極矣君臣之義厚矣有命國史立碑表墓吾嘗同僚敢昧遺烈銘曰

黃河接天青海殊壤峯世安俗拔俗誰旌倬哉論侯利有攸往奮飛橫絕摶空直上以衆款塞因敵立勳吐蕃萬戶吟嘯成羣精感天地氣合風雲旣封酒泉乃位將軍朔方陰塞直彼獯虜帝命先鋒闞如虓虎山北加寵漢南擊鼓十數年閒耀國威武我有師旅將軍鞠之我有邊甿將軍育之柳澗亡師一劍復之蘭池叛胡三戰覆之武節方壯朝露不待王爵送終宿恩未改時來世去人物如在銘勳諡忠以告四海

唐故高內侍碑

孝足動天義堪變地河中見三州之姓炳彼精誠南亭聞冉逢之母彰茲奇事不有隱德曠代誰鄰內侍高延福者將軍力士之慈父也粵自西雲千呂東明銜璧以亡王之族處巷伯之官而將軍本系馮亭代家南越未知父母來奉宮闈老而無子曰悲幼而失親曰苦調之悲者笙磬異器而同音貌之苦者秦胡別狀而共色從此斷金合要投

漆相受承順無違日嚴生乎本性仁慈匪飾天屬由乎自我父子之名旣定姓氏之目因移大將軍之家去鄭而取衞平原侯之室變郭而從甄亦猶是也旣而內侍以鴻漸登朝苒蒻朱紱將軍以龍樓得主豔耀金章其訓子也溫室之樹無言車中之馬數對其事親也三牲有養志之樂百行無匪疾之憂至矣哉高氏之子也以思親之願而展親以欲報之誠而報德神明翕而哀懇荒裔竦而慕義乃有秀求聖善提挈炎洲二紀積離萬里遥至音容莫識涕對茫然驗七星於子心認雙環於母臂而後深傷頓感若

墜谷而登天蘊怨都除類愈曚而覩日於是盡歡二媪兼敬三人均養之恩咸不寐於十起反哺之志齊色難於一堂羣公賀虞潭之親天子歎馮勤之母此復然矣內侍事主四朝歷官七政專良恭肅著美綸言沖謙儉讓得名朝列年六十有四開元十四年終於來庭里明年五月葬於長樂原繼子力士喪孺慕而加等葬罄誠而備物義方之經鬱爲稱首孝德之傳今見其人永惟先恩追綴餘烈若夫慈爵旅之稚童仁也約詩禮之尊教義也貴不居而要遐權禮也生推心而死有託信也仁爲德本義爲行先禮

爲身宅信爲意田故仁之報也壽義之報也樂禮之報也安信之報也順履順居安乘樂享壽此四者生人之偉事自求之深致者矣於戲領賜冠馳寵勢偃蹇俗上煜爚君旁者豈不思景行高山慎視前轍如或少選亡禮顛沛違仁瞻言四報咫尺千里揚芳樹淑其不務乎予固春秋之徒也懲不濫而勸不僭義重天綱孝崇人紀樂諄諄之成訓善哀哀之克子不著倚相之書將受邱明之恥九原上千月深覽碑版傷知音有以見古史之心也銘曰

高堂樂未散重壤哀已掩寶帳吹靈衣金樽照塵席苦長夜之易泯怨寸景之難惜刻義聲與孝心萬古千齡傳此石

故洛陽尉贈朝散大夫馬府君碑

君諱某字某扶風人也其先伯益贊禹中衍御殷在周曰嬴在晉曰趙上卿以人歸政（疑）將軍以馬服爲姓緝熙乎平通重合焜燿乎伏波中水我高祖汾州刺史諱歸歡我大父鷹揚郎將諱士幹嚴考獲嘉令諱果濟美惟舊冥德於君君幼而瓌奇長有規操樂道稽古昇堂覩奧伯父匡武撫之曰亢宗保家吾有望爾悉以先人家牒圖傳付之

入太學舉明經補巴西尉內憂去職君四歲而孤重集於蓼因心孺慕名教同傷歸次葭萌江溢毀道攀轅號慟濤爲之却蜑人哀之葺棧而濟釋服調襄陽尉主進魚家絕𩺰食州將魯王俾盤二白魚時其亡也遺之夫人以辭君還拜受使復王曰非惟是夫又亦賢婦吾嘗其一得其二善焉長史盧幼孫悅是獎也舉君清幹有聞授清城尉未往且有後命爲河西營田判官物土穡人蓂穀洋羨皇揆其懋考績登焉程務挺之軍靈夏也咨君運籌乘遞入幕獲虜數百欲剿馘之君諫曰王者之師將德是以討叛惟

武攜遠在寬搏牛之蝱不可破虱未擒伏念何逞釁囚乃止師歸策勳上柱國改溫縣尉永淳阻飢廣提中外絕甘分少約己周人既喪好逑室無嬖御夫人張氏詹事丞師寂之女也敬事皇姑能佐君子娠有胎教宗如樂詣前誌之美多所闕載絳郡夫人王氏則天聖后姑之女子而夫人之母也嘗曰婦則女訓吾女有焉享年不永元髮殂落先時君之伯姊歸宗夫人推居廡寢事之而躬處下室及亡設几筵於正寢惟明靈以女公之故憑巫通夢屢寢爲辭舉家懇啟久而後定噫生則盡禮死而知讓殆其神不

昧乎溫秩滿轉洛陽尉當周之興也版都社澤郊廟粹紛獄僎明堂京轂回回日不暇給又勅君專總徒匠凡三百有餘旬蘊勞成疾聃憂損壽永昌元年孟夏辛卯卒官春秋五十有七帝用悼之贈朝散大夫旌淑紀庸禮也龜玉在山泉爲國寶以其靈與瑞君子居下位而上達以其名與義夫是之寵有由也哉葭萌之戚昭其孝也陽侯息浪異類胥感襄陽之饑識其潔也德形於家聲聞於外塞垣之譏植其仁也衆俘賴全將不爲暴重屋之役底其勤也沒而益榮朝不棄力有一於此猶爲令德況備舉乎豈惟其身將施其後厥子攜據擇皆國之良也爲有後之闕其在是乎徵攜職太子僕景龍初宰長安也永惟考襲朱茀已佩蔥珩母氏早逝而榮不及乃讓賜階乞封先妣天子憐之制贈夫人清河縣太君人謂長安能報恩矣詩云欲報之德昊天罔極此之謂也馬氏之墓世在扶風清河之喪也卜宅於洛陽北邙南麓後君捐館因窆其所夫人穴於兆之甲大夫龕於域之庚今龍集戊申將返葬故國君執友禮部侍郎嚴善思諗之曰夫子之逝一終八辰精氣其存親壞石矣吾嘗相二土從新其愈乎且不戀本達不

合葬古神尚休無或變有夢先君者與其言叶於是祗率嘉話既安成規堙雙壙溝四塹傍建祠宇前勒豐碑茫茫天地永懷長畢誰居後之人匪惟是四時烝薦之事所以觀百代祖宗之烈其詞曰

昂昂大夫有邈其致洽聞膺敏明窮錫類行實迴川清能攺位佐邑惟五安人則四多稼穰邊昌言履帥比義后稷勤官沒地獻欷天朝袞衣以襚我有令德追啟清河宜家族揉主祭神和親戚光貴劍蓋金敺相從先後樂此山河

張說八

唐贈丹州刺史先府君碑

府君諱騭字成騭范陽方城人也張祖曰揮帝軒之允肇勳弦木錫姓上矣詩有卿士孝友史有留侯世家八葉至東漢司空皓公子宇北平太守始居范陽四葉至西晉司空華公子韙散騎常侍乃僑江左昆孫太常復歸河洛故河東有司空砦洛陽有散騎里後司空至府君十二代不失仁義矣王父諱弋周通道館學士考諱恪無祿早世府

君煢生遺育四代單緒家世尚儒不及伯魚之訓外祖爲理遂讀皐陶之書以明法歷饒陽長子二尉介休主簿洪洞丞以所願乎下事乎上以所願乎上交乎下反身與人何往不順臺選貞白覆囚山南人謂是行有典刑矣昊天不弔年五十二調露元年十二月乙卯捐背於縣廨夫人長樂縣太君馮氏父威藍田丞敬修法度踐涉圖史顧復幼孤將就成立家道不殞夫人是賴享年七十有二傾背於東都康俗里第光珪說不天夙遭閔凶又集荼蓼先王制禮不敢從滅以景龍二年七月己酉安厝於萬安山陽祔從周制也惟先君不祿俸不奉親不機杼不資身僚舊無鷄黍之接況非其類乎族姻無魚菽之受況其人吏乎是全其高而善其獨也過四十始閱六籍觀詩得之厚觀書得之恒觀樂得之和觀禮得之別觀春秋得之正觀易得之元曰君子多乎哉事斯一言而已矣每誦道記三復三寶曰至人之心有以垂世又聞之太夫人云吾有子五十載非其疾無一日之憂先夫人亦云吾事夫子三十年耳無忤聲目無暴色先君子之違世也其憂戀者尊門在殯歟聖善在堂歟我諸孤無日敢忘及王母終養二祖封

崇亦尚克家成遺訓矣若夫安親孝也宜家義也翼子慈也軌迹隱乎含光故當代罕耀馨香發乎潛德故明神終勞先大夫久而益榮沒而不朽蓋此景雲二年天子嘉侍臣之匪躬念前人之蘊德二月乙巳詔曰故官某毓德高邁藏器下僚代載儒雅家傳清白河東佐邑長不欺之風山南覆囚溢無冤之聽徂謝永久邱墳不飾啟玆令允貞事先朝宜崇追遠之恩以表揚名之志可贈使持節丹州刺史王澤漏乎泉壤國禮崇乎宗廟漢帝論士恨不見李牧之爲人曾子思親泣無逮楚王之厚祿道存運往痛矣

餘悲緬尋前哲之所以聞無聲於四海視不見於百代者匪銘頌歟桓麟蔡邕其則不遠嗚呼霜露交積松檟滋深兄弟永懷相顧將老胡伯虎豈敢掩大人之淸陳季方何足知家君之德小子銜恤非曰能文莫假辭於他者務傳信於我也銘曰

猗嚴考用元妙體太和竭高志貞夫一戒其多孝於親正於家形于訓淸厥心晦厥迹畏厥聞寶如何其謙儉孝慈皇哉褒德永世有詞

元識闍黎廬墓碑

夫孝者法象乎天地感通乎鬼神故愛敬之中又有眞報哀戚之外更追冥福元識禪師其人也厥姓桑氏其先長樂人漢尚書洪之後也曾祖梁州刺史諱千秋祖貴鄉縣令諱信考文林郎諱爽自前代無違德基於累仁是生達者禪師智周萬物而理證本無願度四生而見滅諸有以爲空不離色體念子之慈業不忘緣起思親之孝乃於萬山北陌滎陽東原葬先考文林府君先妣太原王氏負土成墳結廬其域置義井取施無求報鑄洪鐘取聞而悟道修古寺造尊容取覩相生信若夫信生攝攝生靜靜生定定生慧於生滅處得常住心於虛空中立一切法其定慧之門乎禪師昔宴坐介山羣虎自擾今經行宰樹四衆依德至人凝寂雖罕見全象識者餘論亦時存一隅篆美豐石寄詞短偈云爾

邈矣上德行密道高哀哀父母生我劬勞禪心護念神足遊遨若河雖廣曾不容舠甘井既渫利物無竭不增不減不流不滯仁靜而鑒智動而悅華鍾既鑄雄雄法聲如來如去如滅如生不有奚得不爲胡成寶地嚴飾金山晃耀善惡無門惟人所召境因心起理憑思照懿哉一心混成

衆妙

唐故夏州都督太原王公神道碑

良玉禮神用之西序之器捨之南山之璞同然不有其珍也君子安命進之干城之雄退之去國之老隤然不失其正也語夫杖運以行道屬辭以比德亦何代無其人哉公諱方翼字仲翔太原祁人王周之後也王子以敗狄受姓徵君以遯世爲名司徒之濟艱難義形漢室太尉之圖舉甲心盡魏朝聞蔣濟所言則知尚書志力兄弟繼美覽周書所載則見潁川忠烈子姓皆封臣節奮揚於百代家聲

籍甚於四海大王父司徒定公秉隋氏之崇也王父駙馬
開府文公裕先朝之懿也考特進愼公仁表皇室之甥也
公門總四岳之靈帝子分五潢之氣是生時傑鬱爲人紀
公雄姿沈毅凛難犯之色虛懷信厚坦招納之量識畧精
斷達應變之權神守密靜堅不奪之節孝友内兆於免懷
忠敬外灼於既冠加以思參造化誠合鬼神文其詩書武
其韜畧推此才也以從政焉求無匱矣夙遭家艱哀過柴
瘵京師號曰孝童王母同安長公主引貴游之誡示作苦
之端命太夫人徙居鄜壄儲無斗粟庇無尺椽公躬率傭

保肆勤給養墾山出田燎松鬻墨一年而良疇千畝二年
而厦屋百間三年則日舉壽觴厭珍膳矣處約能久不亦
仁乎在困能亨不亦智乎永徽初始宰安定誅豪暴以育
人察奸宄以申冤異政三舉清風一變除瀚海都護府司
馬以母疾辭職爲姜恪乘便逐徙朔州尚德府果毅歲餘
王本立上書理公國之惇孝不宜擯抑有詔徵還而親不
待心與哀絕氣屬禮存詔御醫孟默朝夕診視免喪踰年
僅堪履立樂成公東討新羅薦爲將帥詔公持節雞林道
總管軍停不行授沙州刺史未至改拜肅州以爲慢防啟

寇非重閉也乃大築雉堞嚴備櫓械人知有恃戎亦來威
儀鳳歲河西盡蝗獨不入境鄰郡湊飽提挈如雲公傾私
泉以資乏引激水以立磑舉火百竈日餔千人遂有芝草
叢生豐年屢降人之詠德刊石存焉裴吏部立名波斯實
取遮匐偉公威厲飛書薦請詔公爲波斯軍副使兼安西
都護上柱國以安西都護杜懷寶爲庭州刺史大城碎葉
街郭迴互夷夏縱觀莫究端倪三十六蕃承風謁賀自洎
汗海東肅如也無何詔公爲庭州刺史以波斯使領金山
都護前使杜懷寶更統安西鎭守碎葉朝廷始以鎭不寧

蕃故授公代寶又以求不失鎭復命寶代公夫然有以見
諸蕃之心搖矣於是車薄啜首唱寇兵羣蕃響應蝟毛而
豎公在磧西獻捷無虛歲蹙車薄於弓月陷咽麪於熱海
剿叛徒三千於麾下走烏鶻十萬於域外皆以少覆衆以
誠動天葛水暴漲祭徹而三軍涉渡葉河無舟兵叩而七
月冰合由是士卒益勇戎狄益懼璽書下問皇靈遠爍遷
夏州都督徵詣奉天宮熱海之役流矢貫臂陣血染袖事
等殷輪帝顧而問之視瘡欷歔曰爲國致身乃吾親也妖
賊白鐵余據平城以反奉詔與程務挺討擒之善公有發

石壞城之訃反風焚柵之感封太原郡公元珍寇邊受命討擊公以無甲乃發思造六片木排袴闢鈕解合畫爲虎文北至關先與虜合戰若驅猛獸蒙皐比莫之敵也胡馬奔駭獲其二啜桑乾舍利兩部來降初公善書與魏叔琬相輩工射與趙持滿齊名帝每矚之賜比鳴輦賞深懸帳嘗獨行入夜有怪人長丈直來趣逼射而仆焉乃朽木也太宗壯之授右千牛及持滿伏法暴骸公哀而收葬爲金吾奏劾高宗義之釋而不罪履道坦坦多如此類適將任帝夔龍爲國方虎天下膏潤羣生雲雨惜哉不辰悄焉遘侮嗣聖之際太后臨朝有凶人誣奏公廢后從兄常懷怏怏司刑御史侮文矯制不名等法遷於崖州路至衡山寢疾捐館春秋六十有三垂拱三年閏正月二十九日葬於咸陽原君子曰斯才也斯望也難乎免於斯之代也周公聖而謗屈平賢而放賈誼才而謫李廣勞而喪彼天命之糾紛此人情之惆悵神龍中興以陷酷吏例復官爵孝爲人極忠爲令德神之聽之始枉終直信矣有子故光祿少卿璵今祕書監珣皆篤行純孝慎終追遠說少也蒙會友昇堂今老矣豈能文旌墓遷司漢籍感激論都尉之書邕

敘彪情追美樹楊公之碣銘曰

上德惟公氣秀才傑孝宏世美忠廣前烈日月心照江河思決難地必通暗機先徹卓犖文藝崢嶸武節歎由宰邑借恂臨郡海女避途山蛇可問師律三總軍聲六振銳氣入營長雲出陣肅將國威烜赫天外玉弩方擎雲旗卷旆天道茫茫自古多傷功存西域身棄南荒易簀中路懸棺反藏寶刀生衣玉玦無光後有才子先賢不忘

贈太尉裴公神道碑

星辰懸象所以殷時布氣然而行不言之道者天也文武用才所以勤官定國然而致無爲之理者帝也當高宗之休運任名世之良臣清九流而闢四海代天工而張帝德歷選前哲豈多乎哉公諱行儉字守約河東聞喜人也其先出乎嬴姓伯翳之後也秦則裴侯始封漢則侍中受職魏晉之代蟬爲盛門八裴方於八王聲振海內三子尊爲三祖望高士族自冀州刺史徽至公十二代中軍將軍雙虎至公六葉代無違德不隕厥問者已大王父伯鳳周驃騎大將軍光汾二州刺史琅邪郡開國公大父定高大將軍馮翊郡守襲瑯邪郡公諸侯受封山河傳國天子共理

循良克家考仁基隋左光祿大夫以陰圖王充仗義書土遭時不利玉折名揚聖唐龍興旌淑勵節贈原州都督命謚曰忠蓋春秋之褒也公清明本乎世德正性出乎胎教氣潤河靈貌雄岳立仁孝之道天生而知將相之器與年俱長以高蔭爲宏文生絶事篤學累年不舉房僕射異而問焉對曰隋室喪亂家乏典籍館有良書探討未遍故少留耳梁公驚曰驥子志氣淩雲當一日千里其早爲通人之目也如是明經補左屯衛倉曹詔舉轉雍州司士遷金部戸部二員外歷都官郎中長安令明慶中與長孫太尉褚河南論及中宮廢立國家憂患有公伯僚譖行於季氏出爲西州長史又改金山副都護又拜安西大都護西域從政七八年開窮荒舉落重譯向化我之獨賢邊之多幸乾封歲徵爲同文少卿尋除司列少常伯官復舊號爲吏部侍郎加銀青光祿大夫自居銓管大設綱綜辨職差才審官序爵法著新格言成故事上元中長星出天秃髮入塞詔公爲洮州道左軍總管又爲秦州鎮撫右軍總管並受元帥周王節度雖祭公有諫耀武之事不行而方叔帥師來威之道備矣儀鳳二年十姓可汗匐延都支及李遮

匐潛搆犬戎俶擾西域朝廷憑怒將行天討公進議曰敬元敗績於茅戎審禮免胄而入狄豈可絶域更勤王師今波斯王亡侍子在此若命使冊立即路由二蕃便宜取之是成禽也高宗善其訏謨公以名冊送波斯兼安撫大使公往莅遺愛洽於人心是行也百城故老望塵而雅拜四鎮酋渠連營而諮洒一言召募萬騎雲集公乃解嚴以反諜託獵以訓旅誤之多方間其無備裹糧十日執都支於帳前破竹一呼鉗遮匐於麾下華戎相慶立碑碎葉益美克儁不殺而用謀安人以德而去害廓氛祲於地表燀皇靈於天外充國有屯田之頌竇憲有燕山之銘詢茲遠略彼何微也遷禮部尚書加上柱國又特降恩命兼右衛大將軍夷典秩宗神必據我文昌有將天道存焉調露中單于可汗伏念外叛大鴻臚蕭嗣業喪律詔公爲定襄道大總管軍至朔州斥候相接匈奴故態狃劫糧以餒師神將出奇張虛勢以啗敵僞爲轉運伏其壯士示羸師以緩行隱精騎以躡跡寇果大下掠兵奔散驕虜益驁自爲得色驅此車牛憩彼泉井於是箱中兵起千弩齊發要路騎飛一息而至羣胡顛沛殺傷滿野從茲饋運路無驚者觀夫

大漠無倪穹廬靡所追之逃遁捨之憑陵費日老師兵家所病公潛使綏頗均其利心深圖既入狼意亦改及委罪衙官陰送降狀公密上其事人莫知之及如其期舉國歸附煙塵大起師徒惶惑公徐使令軍曰此是伏念執温傳來降非他寇也俄而銜璧轅門釋縛納款帝嘉其勳命尚書崔知悌乘驛勞軍備禮獻凱策勳之日程務挺張虔勗者行軍之偏將也訴言子營逼逐方降大軍又屬秉鈞忌才下上其手公曰雖不逮羣帥之讓功猶恥與二王之競加今而殺降後無來者乃封公聞喜縣開國公而伏念温

傳皆戮都市是年也伏念弟元珍擁其餘種復叛則天稱制追正宿枉贈伏念太僕卿程張諸家别故夷族君子以爲神理之不可誣也永淳元年詔公爲金牙道大總管未行遘疾四月二十八日薨於京師延壽里春秋六十有四長子貞隱早卒嫡孫參元嗣封藐是諸孤哀哀童幼高宗悼焉贈幽州都督賜凶儀還鄉喪葬官供禮部郎中監護窀穸之數率禮有加别勅留守委皇太子擇六品京官一人檢校家事五六年間待兒孫稍成長日停寵極哀榮禮之厚者澤及存沒義莫重焉太常議謚博古多能文武表

式曰憲其年十月葬我憲公於聞喜之東良原禮也神龍中興朝思舊德贈公揚州大都督開元孝享宰嗣延恩贈公太尉生不登乎台階没追位乎靈宰序四時於下地調三光於上天聖人神教意在茲乎公志堅慮精神勇識澈藝必討本學皆覩奧又善測候雲物推步氣象鬼無遯謀靈不藏用著文集二十卷造草字數千文皆寶傳人間以爲代法又撰選譜十卷又爲軍營行陣部衆料敵等四十六訣大聖天后令祕書監武承嗣就家取進以爲祕術豈比馬卿浮華唯留封禪之草劉安虛誕空傳鴻寶之書而

已哉加以汲引沈淪推獎氣類虛懷而襟帶不設宏亮而城府洞開故虎旅雲從詞林響應若毛羽之宗麟鳳衆川之長江河也在選曹見駱賓王盧照鄰王勃楊炯評曰炯雖有才名不過令長其餘華而不實鮮克令終見蘇味道王勮歎曰十數年外當居衡石後各如其言其在軍麾擇帳下之士則有張知運薛訥閻敬容甘元柬裴思諒王智方呂休璟劉元意引偏裨之將則有程務挺張虔勗王方翼崔智䛒党金毗郭待封劉敬同李多祚黑齒常之凡所進拔盡爲名將此則有道之人倫武侯之賞鑒也公之送

波斯也入莫賀延磧中遇風沙大起天地暝晦引導皆迷因命息徒至誠虔禱狗於衆曰井泉不遠須臾風止氛開有香泉豐草宛在營側後來之人莫知其處此乃耿恭之拜井商人之化城也公在禮闈勅賜善馬及寶鞍令史奔馳馬倒鞍破懼而逃罷公使召之曰知汝誤耳又平都支遮匐大獲珍異酋長將吏請遍觀焉有馬瑙大盤希代之寶也隨軍王休烈捧盤跌倒應時而碎叩頭流血惶怖請死公笑曰事有不意何至重玉而害人乎此又文饒之含容邴吉之仁恕也公西擒都支北降伏念前後錫馬五百

匹僮二百人金銀器物三千品錦罽織皮三百段公受置庭中旬日盡散此又趙奢之待士田文之市義也若夫知人以爲本感通以爲行善貸以爲常散積以爲樂古之有道者嘗從事于斯矣公元夫人河南陸氏兵部侍郎爽之女也陸氏卒繼室以華陽夫人厙狄氏有任姒之德班左之才聖后臨朝召入宮闕拜爲御正中宗踐祚歸養私門歲時致禮媧皇（一作后）補天進參十亂少康嗣夏退協三從晉朝公卿列拜虞潭之母周官音注近同韋逞之家皇上臨極旁求陰政再降綸言將留內輔夫人深戒榮滿遠悟

眞筌固辭嬴儁超謝塵俗每讀信行禪師集錄永期尊奉開元五年四月二日歸眞京邑其年八月遷窆於終南山鵄鳴堆信行禪師靈塔之後古不合葬魂無不之成遺志也長孫參元官至涇鄧二州刺史聿修厥德人忘道存次子延休幷州文水令世載文雄家傳草聖次子慶遠協律郎深達禮樂克和神人咸負長才同淪短運季子光庭侍中兼吏部尚書輔政邕熙致君堯舜孝理發乎陵廟仁澤遍乎松檟是故妻以夫榮母以子貴以尚書先贈方伯申命上公夫人舊封華陽增號晉國詩云文武吉甫萬邦之

憲上公有焉又曰彼美孟姜德音不忘小君有焉孝經云立身行道以彰（一作顯）父母侍中有焉合三德而爲家橫百代而濟美信可以言時稱伐鏤石刊金者歟神道前銘薛令所撰且有後命俾余係述馬遷世家益孟堅之一傳劉寬表墓並伯喈之兩碑報德教忠俱傳不朽銘曰

天生亞聖祚此王國文綜九流武參七德柔遠服叛窮西盡北赫我皇靈去其蟊賊仁則不遠智何不周如山之峻如川之流術與神合藝將道遊書來懸帳賦出登樓司馬軍陣官人綱紀帝加常伯國于聞喜室有令妻家成克子

社金傳世桓圭守祀神爲上台永介邦祉

大唐中散大夫行淄州司馬鄭府君神道碑

五岳可陟惟德也謂之崇高萬物皆化惟名也謂之不朽若夫行欲蓋而德彰道無求而名立常聞其語今見其人公諱某滎陽人也華州刺史襄城公偉之曾孫蒲陽太守大濟之孫荊州刺史乾獎之子在昔周王敦序九族封懿親於鄭維時鄭伯敬敷五教賦善職於周其後蕃衍儒門光華士族威行西域名震京師入則天子授經出則單于抗禮公揭日月表山川體二氣之清淳納百代之層慶越

在岐嶷異於常童既以冠帶遊皆長者初以門子宿衛解褐涼州參軍轉嘉州司士又宰鍾離當陽二縣皆秩滿兼攝江陵碁月政不改俗官不易方羣盜出奔遠人來附其所處也入境聞愷悌之聲其所去也扶路有鬱陶之思非夫忠信以結之法令以齊之易簡以業之仁義以肥之孰能順人如此其理者乎神皇玉冊受天金壇拜洛頓網而鶴書下闢門而羣龍至公待詔公車召議宣室目以奇士承一顧之恩許其正人參四率之屬乃墨制除太子右清道長史尋加中散大夫行淄州司馬負士元之才於是拜職遇邱明之疾從茲掛冠洛汭閑居漳濱沈痼優游卒歲福應愆期豈非朋友之哭將見神仙之弔享年七十有九神龍二年夏六月十五日終於洛陽之私第冬十月一日歸葬於滎陽之舊原成先志也公執親之喪三年泣血以聞州里不亦孝乎先人餘業一物不有以讓兄弟不亦悌乎加以振窮紓急隱德陰施惠人由己反身待物是用氣類益親聲談載路善擊劍好投壺盡五射之妙巧究六書之體勢此蓋行有餘力則以多能位不充量天之命也有子曰博古曰博雅曰嘉徵曰嘉慶曰嘉重生極其養沒過

乎慼恭惟皇考安宅靈邱盛德備於卑位家風缺於國史伐石他山寄哀詞客子產遺愛得無叔譽之言公業不亡實有荀攸之歎式撰鴻烈垂之後昆銘曰

大君有命桓公封鄭世執王政其後不競爲韓所并以國成姓沇水截河溢爲滎波荊山之阿勝氣實多高門峩峩衰服委佗猗嗟君子世濟其美動如義市居成仁里鳳集文史猿啼弧矢美政當官惟人所安救危拯越勞而不伐大運奄忽芳留形沒高隴既封深泉又重徑無人蹤蒼苔歲濃哀哀邱隴墮淚青松

河州刺史冉府君神道碑

昔者堯舜既沒文武將墜天縱孔聖誕敷皇極於是乎恢六藝而正王道舉十哲而闡微言雍也爲德行之目求也爲政事之首吾見乎龍翰鳳雛百代而共貫虎符犀節重世而增華明德之後知其必大公諱實字茂實其先魯國鄒人也古天子有相氏宅於相土實曰冉姓蓋氏族之興舊矣不常厥所今爲河南人焉五代祖雎陽公諱道周尚齊南康公主位平南將軍散騎常侍荆州刺史信州都督高祖諱軫仕梁太子左內率荆州刺史齊梁之間荆巫重

鎮世善其職江漢宜之曾大父義城公諱黎在梁雲麾將軍湖州刺史入周拜驃騎開府儀同至隋開皇中爲旭州刺史大父黃國莊公諱安昌隋啟平城祚之穀璧唐分蜀國瑞以桓珪其後改封於黃授信州刺史歷潭州總管贈夔州都督烈考天水郡果公諱仁才秩金紫光祿大夫婚皇室漢南縣主涇浦澧袁江永凡六州刺史偉矣哉承家善慶歷代名臣風流載於史官勳業藏於王府公即果公季子天王自出內稟胎教混成之姿外被門風式瞻之訓從容合度造次皆法生而知之孝弟也學而知之禮樂也德義如山文章如泉縉紳之士仰焉宗焉弱冠太學生進士擢第遭家不造府君捐館五日絕漿三年泣血雖麻葛就禮而欒棘加人服闋調并州大都督府參軍事丁太夫人憂過哀終喪有如前制應八科舉策問高第授緜州司戶參軍轉揚州大都督府倉曹參軍又舉四科敷言簡帝除益州導江縣令鴻漸二鎮翰飛三蜀府中之孫子荆郡內之岑公孝用能據淮距海我庾如坻岷山導江入境先歎加朝散大夫除鄜州長史仍加關內道支度使去青城之洞府來白帝之鄜祠命服有輝使車何重除夔州司馬

入謝於武成殿主上以邊庭有事喜問陳湯宣室清言思逢賈誼公召對蘊藉謀慮深長眷甚前席恩加後命因改恒州長史於時四鎮未復二蕃猶梗屯田遶塞戎馬生郊代郡藏符臨冀北而誠重漢家張掖比西河而還輕乃徙拜涼州都督府長史仍知赤水軍兵馬河西諸軍支度使地壯伏龍城雄飛鳥位居半刺總管三邊公乃利溝洫懋藨蓘庤芟藁積糗糧均轉輸程力役寬御悅使授方任能人胥忘其久勞兵不遠其長道雖金方氣候風雨不交之地磧路沙壟草木不植之所莫不豐滯穗於坰牧厭甘瓜

於戍時朝廷賴之遷使持節河州諸軍事河州刺史仍知
營田使崆峒連五郡之壤積石控九河之源公夙奉皇華
政聞行露高車未至闔境相歡既見君子溫其如玉率性
仁愛由衷易簡推是心也物感斯應覩恭肅而無競見禮
義而興行不言而庶事熙非教而羣下順故得大田多稌
人和歲豐饟軍廩師處勤餘裕計偕入朝侍宴於長壽殿
上謂公曰河州軍鎮要衝屯田最多卿以足食爲心朕無
西顧之憂矣侑以彩幣錫以文衮及公還州也璽書勞勉
王人相繼國家徑流沙梁弱水收西域護南庭連百萬之

兵以濟事於外不一日而乏者則公之力也無驟入極可
謂費夸父勝之杜預平吳蓋知羊叔子功爾宜登元老作
貳天朝止於邊服寔孤人望享年七十有一證聖元年二
月十日寢疾終於官舍天子悼焉凶費喪歸悉命官給是
日河湟耆老山谷羌夷反首剺面號奔州邑雖國亡子產
吏哭祭遵豈云過也愷悌之化人之父母及其沒也哀亦
如之信矣夫夫人金城郡君隴西李氏江夏王道宗之女
也宜此象服爛其盈門嗣先姑之徽音立庶姬之範則蘋
華前落蕣瘞城隅以證聖二年正月合葬於河南之定鼎
原禮也天使馬悲啟滕公之室人看鶴舞閉王女之壙松
柏接於邙山邱陵對於伊闕石麟將闕華表何年有子曰
祖雍景龍初擢給事中兼侍御史內供奉追惟皇考孝於
事親忠於事君恭於立身惠於臨人總是四行旁通具美
貽厥孫謀以燕翼子故老之口既絕竹帛之文又滅揚名
兮柰何刊石兮來裔其詞曰
倬哉冉氏世有仲弓鐵冠繡服給事於中克昭遺懿樹之
家風於皇嚴考高明有融德罔不尊藝何不涉嗣武先正
思文載協建旟千里逮君六葉龜顧印房蛇盤綬篋官以

勤積業因時峻宰號神明掾稱親信驥足既展熊軒亦軔
邦國海康京師河潤出車西域我君謨之屯田北假我君
護之六軍有饋其誰度之一人無憂其誰樂之猛獸避德
均遷所莅靈鳥依仁霸昇執事以今視古名齊績類天不
憖遺山頹此位隴首回望秦川斷腸吏人攀紼哀鴈隨輿
虛靈奠野行臨帷堂廟立邊郡魂歸故鄉王姬祔葬禮之
終也水合蛟龍墳同石馬地積霜露煙攢松檟千載九原
高碑淚下

張說九

贈戶部尚書河東公楊君神道碑

若夫孝在揚名忠歸令德事因感激氣概生焉時逢屯難勳業成焉桃李灼灼不自言於蹊逕松柏青青不受令於霜雪窮獨善而無撓達兼善而無矜子曰君子哉若人斯吾河東公之謂也公諱執一字某宏農華陰人也司徒觀王雄之曾孫鄆州宏農公續之孫潞州胡城公思止之子戶部尚書相國執柔之弟觀公侍中恭仁公之伯父也安德公尚書令師道公之叔父也在隋則二代五公在唐則一門三相公台輔積慶稟清明之識河岳會靈資磊落之氣體剛毅深於城府蘊規畧長於襟帶戲爲軍陣敵國之勢幼成請學兵書長城之望早集年甫十六先君捐館七日絕飲三年泣血縞縗有制儒家歎其從禮柴棘加等議者憂其死孝清門祖德勢冑能貧太夫人在堂有致力之養非躬藝黍稷不以供甘旨非手樹桑麻不以薦絺纊年逾一紀勤不知勞既極安親之心方展事君之節乃濯纓璜溪獻策金門干當代之聖君論天下之成敗秦皇覽奏

屏左右而與謀漢帝聞言膝前席而不覺一見拔玉鈐倉曹再見取尚食直長三見寘典設郎驟進直詞深觸權嬖爲易之兄弟所嫉左授伊州府果毅又上封章帝用嘉納加游擊將軍右衛郎將歷左清道率換右衛中郎押千騎使總統貔武便繁肘腋故得恊心五王戡勳二豎奮飛北落推戴中宗嗣唐配天不失舊物以匡復勳拜雲麾將軍右鷹揚將軍封宏農縣公賞未充庸且有後命增冠軍大將軍右威衛將軍進河東郡公邑二千戶賦四百室俾之鐵券恕其十死又賜天馬瑞錦珠盤瑤爵綵紋五百縑素三千分三土之上腴處五等之高列珮戈紫綬環衛於鈎陳玉瓚黃流侍祠於清廟豈知釁結梁魯政出豔哲里克納惠而爲戮萇叔城周而見咎彼五績之摧積此三黜之屯躓出爲常州刺史以太夫人羸老乞避卑濕特降中旨轉牧晉州駙馬都尉瑯琊王同皎親賢地切休戚圖深安劉之策未遂鍾室之災先及吏扇紛獄公陷關通貶徙沁州刺史不知事仍長任夜魂九逝非北首而無歸晝戶重扃異南冠而同縶果能推分榮辱忘懷生死人不堪其憂公不改其操久之盡削官封放還侍母梁山雨雪不隔晉

氏之思王畿風景來就潘園之養尋而大勲不廢天道復反歸既奪之井邑起故時之將軍擢衛尉卿復初封爵巖巖劍山蜀之險要嗷嗷飛鴈人未安居飢渴仁明輯綏凋弊又授公劍州刺史蔚彼黍苗樂我膏澤内憂遠訃殞絶逾時於是搏膺星奔徒跣永路雨不接乘夜不解纕因心通禮朝流欽歎有命奪情除汾州刺史知團結兵馬哀訴不允金革無違中國簡稽而有備單于遁逃而遠迹詔徵爲涼州都督兼左衛將軍河西諸軍州節度督察九姓赤水軍等大使公富以農政和以師律彰信蕃部赫怒軍容

斷匈奴之臂磧路安而不警張漢家之掖雪山開而無寇遂攝御史中丞璽書勞徠縟賞稠疊又牧原州未發復授涼州都督改右衛將軍使悉如故尋移許州刺史未到以單于款關授右衛將軍檢校勝州都督兼處置降戶使懷柔以德種落宜之徵還本官又兼原州都督旋屬降戶翻叛河朔俶擾邊城聳覆諸將無功強修連率夏州按察關内羽書日夜俾還郡牧公按甲待敵確乎不動虜騎畏威竟無來掠向使迴避行於一步則攘竊啟於萬端十將耗五數年未復既而强公追媿朝端延賞徵拜右威衛大將軍進檢校右金吾大將軍尋而即眞禁衛肅然異於他日也皇上哀庶戮之不辜念羣胡之自孽大軍之後荆棘生焉乃命公攝御史大夫爲朔方元帥公剛腸疾惡擒奸摘罪曩將之所彌縫宿吏之所乾沒匿贓散廩一徵百萬矯枉過正衆口囂然改右衛大將軍無何復右金吾大將軍金刀更新鞞鞘仍舊巖廊益峻徼道增淸改金紫光祿大夫鄜州刺史人寬吏急猶前政也享年六十有五開元十四年正月二日薨於官舍闔境發喪列城望祭古之遺愛何以加焉天子傷之下詔曰故官某夙負名義早著勲庸

居内外之職備文武之任忠勤匪懈誠節無渝忽焉徂沒情深悲悼可贈戶部尚書歸賵成喪有加恒數惟公以孝數聞以忠特達以幹述職以能典兵凡領郡十四將軍十二再杖節鉞三執金吾一至九卿二兼獨坐儼有直道侃無媚辭銀艾復乎舊德珪爵傳乎祚允全忠節於夷險與福祿而終始謚曰忠公朝之令典也夫人新城郡夫人獨孤氏左威衛大將軍贈益州都督卿雲之女也婦德母儀中外師範開元四載先公即穸以今十五年六月合葬於咸陽之洪瀆川禮也其孤濯汪等銜恤靡訴託詞疇識感

稱伐之垂文哀劬勞之罔極銘曰
堂堂楊公神密氣雄苦身難孝正國危忠落彼狡童樹此
帝功昔稱關西今也河東觀王之裔珠華玉麗重葉尚主
三朝嬪帝韡韡七德侁侁六藝公之亢宗鬱爲世濟涼鎮
西陲朔臨北胡天子授鉞將軍剖符青蛇入笏白獸銜珠
去持玉節來執金吾轉子爪士守於鄜畤明察號神仁恩
名子武都石折文昌星死素蓋歸飛黃泉已矣卜葬卷阿
哀榮孔多尚書鼓吹太平虞歌碑流雨迹松引風過獨封
茅土長誓山河

右羽林大將軍王公神道碑奉勅撰

維大唐開元十五年閏九月二十三日庚申右羽林大將軍持節河西隴右兩道節度使營田九姓轉運十副大使兼赤水大使專知節度事攝御史中丞判涼州都督上柱國晉昌伯薨於鞏筆亭故也夫事君效命之謂忠殺敵榮親之謂勇干星襲月之謂氣逐日拔山之謂力有一於此名猶蓋代矧兼其四人何閒焉是晉昌所以錯落將星崢嶸山嶽者也公諱君㚟字威明瓜州常樂人也父壽因公建績致位九卿臨難守死褒贈特進審塞翁之倚伏達蒙叟之浮休老而益壯沒而立名者矣公威聲發於雷泉武毅標於峒嶺小頭銳上猿臂虯鬚龍劍摧百勝之鋒蛇矛得萬人之敵拔自行陣果有呂蒙之才拜於壇場不爽韓信之用始任鎮戍列班外府及郎將中郎至軍副率雖驟移官守而恒在疆場郭知運推轂河源握符隴右公未登一命事主將之旌麾不出十年代總戎之節鉞慷慨之士以爲美談於是自驍衛將軍遷羽林大將軍旣督隴右兼統河西綰塞垣之十軍佩節制之兩印大田多稼而屯廩百億蒐乘籍馬而鐵騎數萬迺蹈赤山焚罽幕獵青鳥驅

犛牛喑嗚則七戎辟易烜赫則千里震動亭候恃其長城廟堂賴其神將月獻戎捷歲行軍賞王侯無種屠狗起於將軍戰伐有功爛羊超於都尉前後翻飛幕下奮躍行閒跨軍典郡腰金冠玉者數十百人矣每至入朝奏謁升殿論邊山川險易立成於聚米攻守方畧一決於前籌遙詔置兵先合漢光之旨新書從事暗同魏武之心故得延譽上騰風雲鬱其氣色恩榮下沓日月借其光輝當斯時也躊躇攘袂三垂可以氣壓百蠻可以力制卽斜者老生之常談和親者豎儒之怯計安足爲神武非常之主道哉誓

請先拔犬戎次繫獯鬻盡區域於西海闢郡縣於北荒燀皇靈於天外圖壯節於雲閣其事如果曠古未儔惟君知臣保斯言之可復何神與善負厥志而無成是年秋八月吐蕃犯邊瓜州失守盜憎我將執致其親公以爲背父立威非孝也頓兵從敵非忠也大義逼而忘家方寸亂而供國其定計也成列而出討賊盡狄而退殺身忠在孝先將之道也公馳驛要謀而迴紇内叛以八九之從人當數百之强虜然猶虓噉擊射殺傷畧半亭孤兵盡流矢橫及所謂仆而餘威折而不撓矣嗟乎嘗膽之憤空結噉肝之怨

莫讎天子聞之黯然興歎人言以命許國夫豈忘其言哉苟收必死之忠焉問不虞之過至矣蓋聖主推仁恕於天下懸大信於後人愛欲其生懲晉侯再克之喜惡傷其沒抱秦伯猶用之誠婉獨見之端豈常情所遽謀臣飲恩於望表猛將感德於事外然後任人之固衆可知也乃下詔追贈特進荊州大都督禮命窀穸加常二等死事之經也公之伉儷曰武威郡夫人夏氏韓母築城之智孟光舉臼之抃拔棘解圍三軍懾其健婦崩城慟哭四海傷其孝妻此又閒代之一奇一家之兩絕者也嗣子尚衣奉御承榮天獎賜蘭星祥名實禮義形於橋梓哀慼過於縗麻稟訓帷堂克持門戶特奉恩旨收其二蔭飾柩玉關歸魂上國以十六年十月詔葬於萬年縣見子之原鹵簿齊列方相雙引京尹護喪史官頌石千乘送葬觀驃騎之威儀十里開塋識龍驤之邱墓銘曰

合衆在仁正兵惟義將爲天目國命所寄曲乃老師輕實兒戲安我封畧才難不易赳赳將軍貔貅絕羣超騰白地騫翥青雲朝盛勇爵家榮戰勳衆聲飛譽帝曰予聞予聞伊何甲兵繕肅屯積萬庾馬量百谷甘心犬戎指掌獯鬻

大畢當趾單于可擒壯計先違王師未張城隳孤塞寇及高堂忠先孝後取敵而亡外仇易復内變難防克日將戰呼天不假岑彭詐客張飛帳下流鏑何人交錢去馬蒼皇反復哀哉命也美殮姑臧寵歸芷陽東都門外南登路傍高墳纍纍列樹行行父子同兆何殊故鄉詔刻金石義形意氣隱善必書殤魂不諱事棄忠在生輕節貴嗟爾明靈銜恩永慰

贈吏部尚書蕭公神道碑

仁以度心施物義以由道利貞孝以養志安親慈以教忠

有後舉四行之尤善成百代之餘慶蓋得之於蕭府君矣公諱灌字元茂蘭陵人帝高辛之苗裔也元鳥受命敬敷五德白雲入房綱開三面微子封宋樂叔居蕭氏族之始也相國下秦大夫師漢門閥之宗也大齊以肅竹膺期踐皇帝之位大梁以木刃興運張天地之圖傳寶祚於一家易鴻名於兩漢青蓋入洛重南國之衣冠白馬朝周盛西雍之賓客公即梁宣皇帝之元孫明皇帝之曾孫大父南海王瑒入隋封梁國公纂德乾坤承靈睿哲舊邦雖改見周鼎之時輕新社仍封知晉圭之必大考鈞中書舍人率

更令宏文集賢兩館學士學窮祕賾文標宗匠廣博幽深契神無迹溫良恭儉與道爲徒是謂啟迪後昆而焜燿前烈者也公總山河之粹氣注日月之末光心根孝友器包禮樂動蹈思後故口無擇言照在機前故身無擇行加以啟蓬山之塞路入藏室之元關四科得游夏之門六藝取鍾王之雋年十八明經高第補代王功曹王昇儲改通事舍人又換內直監曳裾西苑擅文士之場東帶東朝首正人之列尋以外艱去職王戎死孝時論憂之閔子免喪哀心未盡乃不就祥縞不撤几筵者久之或曰懷其寶迷其國行其志約其親可乎哉公曰吾過矣不得已而外除不擇官而祿仕拜國子監丞以婚姻之故出爲甘州司馬徙集嵐二州司馬轉渝州長史其從政也反身以惠下推誠以敬上老吾老以施教幼吾幼以子人執是心也何往不濟故歷佐之郡必僻陋知方戎蠻變俗狠戾馴執貪饕寡欲迎新者望風而歌來暮送故者計日而戀不足詩云淑人君子正是國人能長人之謂也太夫人在堂有羸老之疾公因使入計得扶侍還京下巫峽之波上當陽之坂展轉在側殷憂歷時席不安枕衣不解帶及板輿長秘遂扶

杖不起子春視疾加損徒勤石建執喪悲哀自絕永淳元年八月寓居稷縣終於苫蓋春秋五十有七先君之服也三年有終公過時不釋聖善之喪也五十不毀公戀親滅性君子曰禮也夫可謂至矣夫人京兆韋氏祖雲起兵部尚書父師實秦州都督公卿令族蘭杜齊芬鳳凰飛鳴始正家道珠玉秀色終高母儀年五十有四長壽元年十月逝於京師布政里粵以二年二月辛卯合葬於少陵原之先塋禮也其孤嵩克戴聖君以宰天下大福再成於身後湛恩廣運於泉路開元十七年仲冬癸丑詔曰中書令嵩

父某毓粹沖和降靈神象言入精微之奧迹登聖賢之軌位不充量道足庇人松檟雖幽音徽不昧宜承追遠之慶俾崇冢宰之榮可贈吏部尚書同日詔曰嵩母韋氏門傳一經行包四德才淑冠乎邦族言範光乎母師誕茲寶臣作予良弼封其石窌俾承土宇之榮表以金章永閟珩璜之飾可贈魏郡夫人於是建宗廟修禮物榮君後命告我前人遠哉心乎一思一敬之感會也如是垂裕立訓克家揚名遺愛至矣愼終備矣東武公之子孫共建塋闕南城侯之夫婦同刻碑銘詞曰

維蕭係宗出宋之子天命齊歷河圖梁紀累帝重玉雍容文史是生邦俊世濟其美仁義孝慈中和庸祗文章鳴鳳禮樂元龜碣館枚馬儲闈潘賈人望國華風流儒雅歷佐列郡政成休問行立時法言垂後訓沒而益榮追位冢卿哀感有情事傳無聲墓門松平碑字金生不知千古誰遊九京

故括州刺史贈工部尚書馮公神道碑

金之爲寶百鍊而惟精玉之稱德久幽而不昧聖人美焉君子比焉可鑠也不可奪其剛可毀也不可汚其潔偉哉馮公秉斯操矣公諱昭泰字遇聖長樂人也說學於古史豈不聞舅氏之厥初乎畢公建德於周畢萬大名於魏别封之裔遂氏馮城秦則丞相並時漢則將軍重世積仁鍾慶王者鬱興開晉南浮因燕北號家變成國爲天下雄勳業競五伯之先子孫齊二王之後公即昭成皇帝之十代孫也高祖大將軍隨州刺史長山公謙以寇恂之才翊戴周武曾祖兵部尚書左僕射魏國公世基以曹參之功經濟隋文大父尚書左丞檢校御史大夫少府監揚州長史安昌公長命以佳吏之名勤勞王室考仁高亮無祿子道

不究故公幼而襲安昌公焉清明激灑標格峻豎夏翟耿介無矯飾於韋絃寒松青冥不受令於霜雪專經覩奧習法精理起家左奉裕改讓賢府果毅換文州司馬爲酷吏所陷罷官久之調滎州長史屬城慢法按而繩之入計會府仇家橫訟明勅杖其愬者遷公宋州司馬朝廷翕然知有王法復假右臺侍御史江南道廉察使頻會高等加朝散大夫進潞州長史堆岸受湍獨醒見嫉轉湖州長史公東濕不回聚蚊交訕貶爲饒州司馬未行降使詳覆拜鄂州刺史制曰卿志氣剛勁操履貞潔歷佐藩條咸有聲稱

詰奸糾繆不避強禦苦節淸威若淩霜雪頃因讒毀遂有貶降使者案問皎然明白俾從優奬特加寵命其在江夏異政風行入爲太子家令兼知內外鑄錢事國泉是殷盜鎔乃絕河朔淫雨帝思作乂俾公檢校邢州刺史散有賙無人忘歎歲帝乃璽書勞焉其旨曰卿忠於事君簡以臨下忘私徇公之美歌謠所載擒奸摘伏之竒吏人攸仰雖陳朔之貶黜邪懸王業之斥除貪殘無以加也一郡淸靜副朕意焉其後以戚累移睦州刺史復爲羣小所譖左授泉州司馬未之任又貶榮州司馬公砥節荒服天高聽卑

旋除溫州長史俄復舊階拜括州刺史水國瀸洳告疾言歸景龍三年六月十三日終於蘇州之逆旅春秋六十有五正人歎息舊莅傷感公淸白傳家信義高世門有竒士室無長物夫其善於鉤距長於衿帶法嚴令峻人寬吏急當官而行不避讒慝之口除惡務本不求愷悌之譽出入從宦十有六職以謗獲貶者五洗謗特遷者四不曰忠乎將無悔於九死不曰直乎焉往而不三黜故人謝而名益著迹遠而風可懷也皇上志其持法不撓贈大理卿本其坐樹無言謚之曰節窀穸之事一以官供哀榮之禮被於存沒是時天子巖謁山陵訓人追孝推恩庶物瀉澤幽泉公長子少府監紹正次子給事中紹烈並構層堂仰延榮贈乃贈公工部尚書君子曰孝必錫類忠則不墜臧孫達其有後乎鄭公業爲不亡矣夫人瑯琊君左相邢公及善之女垂拱二年三十六而夭後夫人彭城君鴻臚卿善因之孫女景龍三年五十有五而逝所謂齊姜昭前邦媛輝後碧樹先落悲同孫楚之妻紅蘭漸苞貴在馮勤之母以開元十八年十月壬寅葬我節公於長安縣高陽原夫人王氏劉氏祔焉禮也長子紹正少府監第四子紹忠未仕

第五子紹烈御史中丞孝乎二連之心思崇三絕之美魏主來顧賞幼婦之碑秦師不侵尊死士之壠揚名稱伐道遠乎哉銘曰

古之志士忠不違難偉哉馮公矯此雲翰嚚嚚羣小彼何足算屢困忠直天下改觀經用百年窮達相半貽慶二子雙承天渙嚴嚴大理人命是懸聖朝表贈王道無偏六卿冬官百工攸序韓稜雖沒龍泉可許邱陵鼓舞兮改谷移山歲月奔波兮有去不還惟德音與頌石傳不朽於人間

唐故瀛州河間縣丞崔君神道碑

蛟龍蟠乎沼無雲雨而不翔君子志於道無運命而不彰然則變化者是神靈之末富貴者非德行之本守其眞樂其分不其至矣世有人焉君諱漪字某博陵安平人在唐爲姜姓炎帝之孫也在周爲崔氏齊侯之允也遥源長發洪河之水接於天層盤列秀太行之山拒於海東觀所以美其文宗北州所以貴其清族魏冀州刺史簡公諱纂君之高祖也齊散騎常侍諱觖君之曾祖也隋大理少卿諱世立君之大父也故祁陽令諱抗君之皇考也承百代之隆慶總五德之清淨孝友忠肅宣慈恭儉好古博雅鄰幾

亞聖盈而若虛漠而無象非夫入周公之廟升孔子之堂則憲章禮樂鮮得其門而覩矣弱冠以門胄入國學舉進士毋弟汲以明經同年擢第大理卿張公文瓘人倫之表也目君曰昔兩劉並舉以爲騁二龍焉今兩崔齊飛可謂儀雙鳳矣縉紳景慕憧憧往來徙宅就居投刺成市若衆流之赴壑也及親而仕盤桓利貞解褐澤州晉城尉降爲光州安樂尉換蘄州黃梅尉轉河閒丞凡更三尉佐四邑體公綽之不欲勵伯夷之高操臨事以簡御人以寬雖爲小政必有可觀故八使巡風再薦淸白河上遺老江濱舊吏吟咏餘聲祖述前事人到於今稱之若夫碧樹煙藹於江潭紅荷藻耀於澤畔寶貝烱光於空浦美玉明潤於斷岸不爲珍輿瑤輦之飾前殿後池之玩誠自得焉必將有賞心之所歎也況乎殿邦光國之寶罇俎柱石之器道爲帝王師言爲天下利已而稅遠駕於窮轍頓高才於下位亦無懵焉固將有知音之所欷也垂拱元年奉使上都遘疾終於時邕里之旅館享年六十有二夫人河東裴氏湖州治中懷儉之孫滁州司馬昉之女也稟訓華室作合高門嗣徽先姑克和娣婦德容之盛圖傳罕有喪親過毀殞

華朝落儀鳳中卒於鄭春秋二十有八長安三年春二月合葬於金谷鄉邙山之陽禮也北據高岡連隴南面大道禁林上國皇州川原指掌仙門宰樹碑闕相望元靈嘉之是安是宅嗣子日用景龍中爵安平縣子職兵部侍郎夙遭閔凶不承誨誘愼終追遠克家用譽蒙聖主拔奇賞異絕等超倫三顧赤墀之下一舉青雲之上祿廩所資吉蠲致美實先人宥十世降百祥之所及也永惟官不達者身不登乎明堂行不夸者名不書乎史冊則韜光隱德之緒俾後代將何述焉夫銘景鍾稱茂伐彼大夫之事篆豐石

揚令名此孝子之志辭曰

維嶽建國厥生炎皇維師尚父諒彼武王古人言曰必齊之姜齊之丁公後有崔予因邑命族世濟其美黃鵠倚歌雕龍擅史偉哉嗣武含章挺生以蒙養正用晦而明混之不濁人莫能名學以崇道文以慰志垂其雲翼坦然卑位祿逮吾親榮非我仕皇身上帝建官惟賢有人在下胡寧捨旃孰云輔德曾不永年展矣邦媛宜其家室友如樂諧皎如月出重壤既兆終天偕畢北陵墳邱松檟千秋金碑石樓祇令人愁東都城郭通澗瀍洛飛橋連閣金管迭作

人世之轉然兮山川之宛然兮德音之緬然兮

延州豆盧使君萬泉縣主薛氏神道碑

或稱達性命者齊死生之域違憂怯者一修短之數斯蓋無心之倫耳焉足與議於情哉何則雲虹滅影詞人於是詠謠華秀從風君子爲之歎息豈不以對仙麗之景懷變化而遺戀在韶蕊之節悼零落而偏憤吾見豆盧氏之子於其伉儷有焉縣主諱字姓薛氏河東汾陰人也大父駙馬都尉奉宸將軍諱瓘尚城陽公主考駙馬都尉散騎常侍諱紹尚鎮國太平公主其在昔也夏有車正先封周有薛侯爭長其在今也五宗姻於帝里重葉母於王姬河水經天上積星辰之氣霍山震地下多珠玉之林縣主幼而敏惠長而洵淑貞義孝烈之傳吉凶賓祭之儀一聞成誦紘綖絇組之製湆茞醞羞之品一見懸解至乃鶴迴清汎鸞聚崩雲月韻玫砧花穠綵樹婦人能事咸臻妙焉大聖天后鍊石補天有王母之神器分茅列土啟弄孫之美邑封猶有禮義引而親天授三年四月內封萬泉縣主天愛下流日親上簡乘龍之舉和鳳爲鸞絡八紘以選門奄千官以求俊夫以龍圖帝寶析步搖之華源虎戟侯門襲京

燕之雄胄人之信美帝用嘉焉以萬歲登封元年仲春既望歸於豆盧氏六官送行百僚供事迓以鑾輅遣以翟車環珮晃旋璆然在馭黼藻朱黛爛其盈門詔婚之禮於焉爲盛爾乃移其愛敬以事舅姑伸其友恭以諧公妹舉宗洽比如鼓瑟琴每至婚姻會同少長咸集珩璜節步金翠耀首有婉嫕之心無驕矜之色睎眄睞者若遲日之映漣漪瞻詞氣者猶光風之轉蘅蕙加以引納懷和饋分周賑踈屬自附窮歸忘窘故蘭行彰信於閨門而蕙風滿盈於邦國諒惟琬玉之性自美抑亦劬勞之訓致焉中宗孝和

皇帝雲迴南土龍見東京二儀更闢九族咸敘望我兄兮公主贊陶鈞之力曰吾甥也縣主開邑井之賦神龍元年春加實封三百戶縣主既通籍門闈奉御又尚司殿省天子巡遊宮觀觴樂池臺我有周親無時不從主家外幸比齊后而聯恩子壻中參與趙王而均理或醉飽踰度寒燠未平何嘗不御藥在門王人接路當時厚澤莫之尚也景龍四年二月以奉御出爲丹延二州刺史保傅下堂隨朱轓而同去輜軿入郡與皁蓋而齊飛辭宮闕而歲闌戀庭闈而日遠肥泉永歎邪氣攻衷楚祝招而不來秦醫來而

不及景雲元年八月二十一日傾逝於延州之廨舍春秋二十有四美玉褫顏明珠晦色平陽舊宇遂無望於歸寧懷縣新文空留連於永逝有子三人西華南容東里等或齔或岐呱呱而泣天何以罰神其忍之冬十有二月五日歸葬於長安之洪瀆原窀穸營護有命加等器服祖遣率由舊章生之也榮葬之也禮若夫柔嘉好合善之元也肅雍降貴謙之道也山河其德容潤廣也熊羆其祥祚允大也總衆美於修婷馳落暉於小年此所以哀中之又哀也昔袁亡馬氏蔡筆斯奮鄭喪曹姬潘文亦作矧茲內範事華無媿砥望夫之石以表崇邸緝幼婦之詞將傳終古銘曰

薛之重祖胄軒國禹相殷侯周氏其土宇英英白雲鬱彼河汾公門蕃衍銘鼎氛氳則仁則義則戚則勳餘慶介祉誕靈女士中宗之甥鎮國之子皎如霜雪華如桃李舜族爰序堯封咸秩萬泉開源三百其實守盛以儉居沖不溢亦既鳴鴈宜爾家人謙恭下下撫納親親傾財致客對饁如賓我有邸第前臨黃道我有池塘郤望青草漢輦停暮秦簫拂早歲月易忘歡愉難保良人出守將命北徂與子偕往飲別東都望母腸斷辭家淚枯露萎莖草霜酸衆雛魂兮何歸京兆之野葬於何處杜陵之下巖巖雙闕列列

行檟勒是徽音以觀來者

贈太州刺史楊公神道碑

公諱志誠字某宏農華陰人也厥初生人爲姬伯之祖因邑命氏有楊侯之允其後東陵奮而開國西漢盛而移關門廬隱隱亘連桃塞之上碑闕巖巖蔽滿華山之下明德之後世有人焉大王父隋直閤將軍岷蔚撫豪道五州刺史邢國公諱貴大父故右衛副率慈汾二州刺史靜公諱

贈考故常州刺史工部侍郎鴻臚卿金紫光祿大夫散騎常侍太子少師贈儀同三司上柱國鄭國懿公諱崇敬若夫家聲代業累德積仁故以克隆前緒光啟來葉矣公稟純嘏之粹靈漸軌物之名教端操以正己崇讓以與人勵精以探道善問以毓德學無不達藝無不周成童有傾矚之望既冠爲宗匠之表年十三調太宗挽郎尋補潞王典籤大夫門子執紼橋山王國詞人曳裾睢苑皆一時之選也明慶中詔郡國舉賢良公對策天朝無能出其右者遷太子通事舍人再舉高第從國子監丞坊監清流才地兼

擇東朝束帶銀牓增華西序影纓環林益潤高宗接千歲之統嗣百王之業封岱岳禪云亭稽於舊章俟茲通博乃除公禮部員外郎祀事克明大典攸序建邦分職得人者昌吏曹居六官之首郎官盡一臺之妙又轉公吏部員外郎準的文昌羽儀丹地丁太夫人憂去職公至行純篤幾於滅性雖杖經外除而柴瘠加等門人記其喪禮天子憂其死孝服闋授幽州三水令曳尚方之舄鳴單父之琴志道不矜其大才勤政無陋其小邑美聲流於幽篇惠化匝於周原又應文擅詞場舉策試爲天下第一敷陳聖謨啟

沃明主究天人之際建皇道之極如有用我者其爲東周乎朝廷納賈生之言排汲直於外乃拜公隴州司馬未及赴官遘疾卒於長安之私第春秋若干王祥未施於邦政陳寔近終於邑長位不充德其如命何神龍初中宗克復丕業格於文祖廼睠從臣緬懷先正以公二子在章綬之列追贈公使持節太州諸軍事太州刺史非夫立言不朽陰德陽報安有藐諸孤而隆家既沒世而榮號者哉夫人天水趙氏殿中監武權公某之女也受訓公宮作合君子言容賁於圖史德行循於法度六姻之內宗焉始有輔佐

之力卒延門戶之寄初公之捐館也九子呱呱哀纏喪位賴夫人是顧是復日就月將徙宅依仁闔門成訓三十年內八子登朝廷交虎綬之華門接魚軒之軫某年月日封梁國太夫人景龍二年五月七日終於長安之延壽里閒者遭家還播几筵靡託而今蒙國昭洗情禮獲申以先天元年十月二十五日合葬於少陵原禮也第二第三子夫人在堂而歿長子第八子夫人在殯而亡今並列於塋兆用嘉䰟魄長子故兵部郎中徽中子前武衛將軍泚永懷徽烈思勒銘頌郎中昔嘗緒言意感延州之許將軍今復

哀託情深舊館之悲高跡難名短詞莫遠採諸故老忝存梗槩其詞曰

昂昂楊君秉心泉懿大河靈岳含光毓粹學妙研精文道逸思行爲時範言爲故事存蘊令德沒揚虛位善慶克家哀榮乃備嗣姑稱姒敬妻曰冀後有母儀千載一致貞墳土壟同封此地芳烈悠哉金生碑字

常州刺史平君神道碑

公諱貞眘字密一字閒從燕國薊人也蓋晉之公族有韓國者列於世家韓之餘子食平邑者因爲氏姓有漢丞相

改造繡衣在魏薊侯宅茲元社故瓜瓞綿於三輔枝葉盛乎兩燕魏齊之閒世濟其美公即北齊司空公鑒之曾孫祕書郎子敬之季孫故偃師令直容之叔子鍾積慶之洪允包太和之粹靈敦麗沈靜直方簡易仁義根心政理率性度以禮義文以詩書戶部尚書清河崔知悌朝望人倫公之文友深賞延譽遠近宗焉始以司成館進士補盧州愼縣尉刺史盧寶允舉器藏下僚轉冀州大都督府曲沃縣尉換晉州洪洞縣主簿北平陽道昕氣尚標舉河東裴知禮鑒裁精拔陽推以孝友資身裴亦薦以經邦興化徙雍州新豐縣尉盧少儒引爲檢點判官差卒選校小大推允休議登聞擢監察御史裏行奉使黔中監選有牂柯謝鳳節仁奏罷漢官專任首領公上其挾奸樹黨俶擾蕃落天子悟焉再使置吏遠夷騷而旋定舊貫改而復完又駉牧在野攘竊是繁耗以歲月莫之禁禦公軺車上隴羣慝畢露表監官斛斯果之輩奪職者九人沒贓者萬計牧圉知禁思無邪矣開耀閒吐蕃侵境師旅不給乃購運酬勳募耕入選利之所在詐亦居焉公與大理正王守一於河蘭鄯廓四州推獲僞糴王希古盧種王誕其徒二千餘人

正處其罪爰得我直授監察御史內難去職居喪過毀死孝貽憂光宅初肇建兩臺分典百郡服闋授右臺監察御史巡察河南澄清郡邑昇賢黜罪能執其中類功最加兩階拜右肅政殿中侍御史郎官法天古難其選具美斯在再拜司勳員外郎永昌中遭凶黨網羅爲周興所奏貶溫州固安令州特舉清白改鴻州櫟陽令邑多猾人屢宰敗駕公威簡有素誠結無欺率是而行人用不擾獄犴自靜狼戾反慤詔書嘉譽加朝散大夫又羅密徒貝錦爲河內所鞫降括州員外司倉尋而事白進吉州司馬神龍中興

官反舊政窮鱗沛而縱壑墮羽翼而順風拜司門郎中兼衛王司馬無何正除衛王司馬拜太子左庶子以節愍之禍出爲涪州刺史未往又轉盧州司馬致仕久之景龍中復起左諭德兼崇文館學士詔曰公縉紳書彥操履清淳令譽播於始終嘉績宣於中外儲闈諭論雅望尤高宜申朝典俾加徽服可銀青光祿大夫又攝詹事東都留守拜常州刺史居歲餘優詔致仕享年八十先天元年仲冬薨於河南之正平里第遺令近地便葬斂以終服開元二年冬卜葬於伊闕之西夫人河東縣君柳氏祔焉禮也公出

入四朝歷官二十其進也皆擇能錄勤惟德是與其退也必含垢受屈在涅不淄子文之量從可知矣凡撰淳孝友悌傳各一篇以匡儲后撰先君親友傳十卷以篤故舊撰家譜家誌各十卷以明系本撰河南巡察記十卷以辨風俗非通理博物立誠錫類其孰能見志以著書因事以設誡若斯之盛也有文集十卷行於代初公侍祠清廟有髦士之宜而先考偃師贈蒲州長史自祖考三葉塋無碑記公諮諸通儒而追建銘碣幽趙之士以爲美談夫爲子則頌德以尊祖飾終以榮親孝之大也爲臣則不枉毫髮以顧私不避豺狼以撓法忠之至也潔志則利不涉口欲不萌心清之源也履道則不俛眉以悅勢不屈色以苟容正之方也詩曰仲山甫舉之公有其德傳曰左邱明恥之公有其直總是四善遠齊二賢於是芬苾令問優游眉壽惠風激於勝流丕績敷於哲后然以忤彼權貴保茲介特不登三階以正四國貞白之士慨焉太息其孤總援充窮泣血靡所寘懷俾予作頌布哀豐石恭惟先人之寮友常奉長者之話言公雅珍確實不尚華靡敬慎風規直紀行事業廣詞褊萬無髣髴少子援八分之妙獨善當時公平日

惠愛故存之刋刻詞曰

峩峩淑德克生休命履孝蹈忠含清體正如玉之潔如金之鏡高明洵美學以潤之官方正事靜以鎮之嚴嚴憲府公三峻之赫赫儲宮公三訓之道有行廢時有泰否三入三出無愠無喜鼓缶而歌懸車致仕全歸葬儉允也君子西山幽幽東川悠悠雲過墳闕風薄松楸人亡道存榮往哀留貽世作則行歸於周

欽定全唐文卷二百三十

張說十

贈陳州刺史義陽王神道碑

昔高祖之起唐侯革隋命太宗之威四海正萬邦作藩帝家用建王國二十一族堯之昭也十有一宗文之穆也王諱琮字某文帝之孫紀王之子龍種異品鳳毛秀色仁義天啟德威日就學無不探藝無不究故齊王之允以爵推恩周公之子以才分政總角封義陽郡王弱冠拜歸州刺史又守檀州又撫沂州若敖之舊荆人是懲單于之衝胡馬自遠淮沂其乂邦國不空遭王運中微投於南海書稱大去憫失土之諸侯禮不逃誅義無辜之王子某年月日遘六道酷吏薨於桂林之野春秋五十神龍之初興廢繼絕追贈陳州刺史王生不得志沒受遺榮信乎才之短長不如命之豐約德之輕重不如藝之厚薄有矣季子豫州刺史行休髫齔羈孤託身炎厲藐是餘慶巋然獨存泣血上請迎喪遠裔開元四年二月至桂林王同氣三人往偕遇禍殯殮無主封樹缺如歲月茫茫盡爲野草問鄰母而失處訪樵童而莫識議者以爲不可復得宜招魂而葬行

休拊心蒼昊誓不徒還乃掃亭館設地席潔齋懇惻覬乎幽報遂頻夜髣象曲示其端夢魯王乘舟舟分爲兩既而適野見東洲中斷因忽悟焉陰隱微明率此類也又靈堂鎖鑰一夕自屈管上有三指凹迹一奇二並其傍鐵生文理布列成卦衆駭其異使善易者張法著之曰屈者於文爲尸出指者於義爲指蹤一奇二並三殯近闕若引渦山揆之可以察先王之心矣考夢協卜定處剋辰以其月二十八日於桂城東洲發見神柩舉體咸備而一節闕焉行休甚痛惋若自毀裂其夜又夢王告在南洛州厥明直舊殯而南十有九步沙洲痕下掘而得之安合如故他日北郭之外併收二叔父焉於是乎驗著夢之有徵也孑孑三施連舳歸飛遙遙百越經途瞻歎零桂人士以爲美談夫至孝潛通精魂昭應果虛無之見推步而有必窈冥之體尋求而致雖前誌所詳未有幽感反覆若斯之昭晰矣以某年月日陪葬於昭陵柏城妃汝南周氏祔焉禮也妃考曰駙馬都尉梁郡襄公妣曰臨川大長公主宗周元舅大君自出左右圖史循環法度邦有好逑室無偕老以王之故薨於掖宮初永昌之難王下河南獄妃錄司農寺惟有

崔氏女扉屨布衣往來供饋徒行頳色傷動人倫中外咨嗟目爲勤孝王之二子配在嶲州及六道使之用刑也長曰行遠以冠就戮次曰行芳以童當捨芳啼號抱行遠乞代兄命既不見聽固求同盡西南傷之稱爲死悌君子謂勤孝者仁之厚也死悌者友之難也感神者誠之至也此三者有以見義陽之義方賢妃之内訓繼體之崇德夫如是淳美上歸乎本朝盛烈延燿乎邦族安可闕而不飾碑版無文而已哉銘曰

高邱白雲惟堯大理函谷紫氣維周柱史百代福流千齡

運起富有海内貴爲天子聖帝才子於穆紀王賢王祚允倬哉義陽愼徽九德九德有常允釐三郡三郡以康明夷于飛丹匡之下梁木其壞桂林之野不識阡陌無存松檟於以求之人無知者哀哀孝子眷眷靈夢語妙常闍文微甄仲南洛占從東洲億中舊穸移編新棺改賵既克返葬亦祔山陵卜云其吉神心允憑人非地是迹謝名稱青青松柏不顯不承

贈太尉益州大都督王公神道碑奉勅撰

維天命帝子萬邦維坤配乾母萬物以親九族后父之屬尊以敍百官開府之班最執謙德而光重地者則祁國公其人也公諱仁皎字鳴鶴太原祁人王子賓天啟靈仙之族司徒衛漢大忠義之門盛德之後仁賢繼出曾祖景孝隋屯田侍郎祖諗歙縣男贈汾州刺史考文洎贈右僕射纘戎前烈啟迪後人公之生也膺汾霍之禎體敦龐之度禮樂狃於代襲忠孝萌於自然克寬克恭不激不傲鑒窮未兆而養之以蒙智周無際而處之以默故質勝於文行過於譽其隱德也三年不鳴其會時也一日千里初以翊衛調同州參軍換晉州司兵應將帥舉授甘泉府果毅遷

左衛中郎將上昇春宮后正妃壼擢將作大匠事時工練八材孔修轉太僕正卿騶訓車攻六飛如舞先天内禪引伸外戚懷柔畏滿猒劇思閑公既深辭以職事上亦優之以散秩迺加特進禮異羣公乃拜開府儀同三司策上柱國封祁國公邑戶三千實賦三百公於是寓情宴喜簡跡朝行入告嘉猷密而人莫窺也陰薦多士晦而人莫知也不自異於當路每同塵於衆流常語所親曰明明天子擇賢共理瑣瑣姻婭則無膴仕不識不知樂我而已善矣夫人臣位極遇莫大焉王曰外舅厚莫重焉而能明道若昧

進道若退事不事而縣解爲不爲而理會一以無目牛之全一以無亢龍之悔所謂言合古行中權歟後之人愼終始而保福祿者固將沿通波而蹈高軌也享年六十有九開元七年歲次己未四月己未朔廿日戊寅薨於京師皇上悼爲設次大臨輟朝累日榮之以華衮寵之以飾終追贈太尉益州大都督賜東園祕器含襚贈錫率加常禮乃命尚書彭城侯劉知柔攝大鴻臚俾之監護京兆少尹崔琬介爲申命詹事南安侯龐承宗持節弔祭左庶子白知愼倅爲公卿命士更弔迭唁溢巷塡街爲之縞素粤以十

月初吉葬我昭宣公羣官執紼祖奠國門如前會夫天作聖合必起大邦故軒妃美於西陵周婦表於東海公藩衍之慶祚允二十或哲或謀或肅或乂永錫之類也如是元女祥發望雲業參練石內被螽斯之德外偃關雎之化門風之至也如彼長子惟力戴君畢心禦侮奉雲雷之會懸日月之功庭訓之致也如此高陽有才子八族我盈其二武王有理臣十人家出其兩稽諸舊史罕或前聞若乃積三盛事而重之以純德篆於金石垂於億萬宜哉其文字光華撰錄旨要則皇帝所爲也詞臣奉詔作之銘曰

於穆祁公誕靈信厚有倬其慶天子外舅高以卑牧盈將沖守忠焉孝乎沒而不朽人之忠孝其德不回天俾純嘏大福時來貴踰九列榮並三台祚之元社帝曰欽哉祁公之德柔嘉維則令儀令色小心翼翼如何昊天喪此邦式休問其永豐石是刻我思肥泉孝心罔極

唐故贈齊州司馬陸公神道碑

公諱孝斌字順姓陸河南洛陽人也其先帝嬀啟姓陳胡立族敬仲之孫有齊國宣王之弟封陸鄉蓋命氏之所由興也秦幷諸國陸氏分適燕吳在燕者魏文成帝時東平

成王俟生平原簡王麗重世游美爲國之華公即簡王七世孫也曾祖彥昇北齊以文藝高選任祕書郎以至德表所居號終孝里祖元亮隋鷹揚郎將父淳感盤桓利貞弓招莫進同志誄行謚爲惠康孝悌仁義世不殞矣公誕靈沖和稟識高朗簡而中禮易而達節篤學厲行著實飛聲文史者宗其淵府德行者仰其牆仞舉國子明經選絳州參軍始州司法其在官也示人親其親長其長不苛察而小無廢不皎異而大有成知識日明常憺如也喪親過哀因中風廢臥疾累年不起楚邸肇封大羅雲逸雖沈痾未

彌而僉望允歸授楚王府兵曹參軍實有躬降師賓之禮目擊儀刑之訓府罷換趙州錄事參軍以病去職聖曆元年匈奴入趙公危邦不處盡室以行望河南而將濟至黎陽而疾甚年六十有二十月丁未終於姚邨之逆旅歸殯於滏陽之郭北先天二年皇帝踐祚以故吏贈齊州司馬惜哉用公之道行公之志上可以序三光下可以平九土存則位不充其德沒則榮不逮其身命矣夫夫人范陽郡太君盧氏故岐山丞元瑾之女恭儉之德備貞信之教興妻道母儀自家刑國享年七十有六開元六年十一月丁

未終於洛陽之宣教里八年五月丙子合葬於漳北之神岡禮也初咸亨中王師征遼公參是軍事友人太原王守義遇疫於海東路艱寇阻兵危勢急公獨顛沛致喪歸其井邑其在安州也朝廷以公精達法理乃命覆囚劍南梁岐冤繫動盈千百丹筆所詳十全八九其捨生徇義返已施仁皆此類也禮莫重乎飾終於是見其不朽矣善莫大乎餘慶於是知其有後矣四子伯玉仲容叔獻季良泣血銜恤視天若墜俾予作頌式昭遺懿銘曰

曠哉陸公覩奧臻妙文雅外炳清明內照從政本仁資忠移孝不言而理正身作教才何富之命何貧之居喪柴毀遭疾棲遲垂彼雲翼落此風時沒後榮進終延贈寵德之休明位匪爲重嗟嗟千載賢士之隴

故開府儀同三司上柱國贈揚州刺史大都督梁國公姚文貞公神道碑奉勅撰

敘曰八柱承天高明之位定四時成歲亭育之功存畫爲九州禹也堯享鴻名播時百穀棄也舜稱至德由此言之知人則哲非賢罔乂致君堯舜何代無人有唐元宰曰梁文貞公者位爲帝之四輔才爲國之六翮言爲代之軌物

行爲人之師表蓋維嶽降神應時間出者也公諱崇字元之姚姓有虞之後遠自吳興近徙於陝今家洛陽焉烈考長沙文獻公樹勛王室建旟嶲府公紈綺而孤克廣前業激昂成學榮問日流武庫則矛戟森然文房則禮樂盡在弱冠補孝敬挽郎又制舉高第歷佐濮鄭並有聲華入爲司刑丞天授之際獄吏峻密公持法無頗全活者衆進夏官員外郎郎中侍郎朝廷曰能遂掌軍國遷鳳閣侍郎監修國史兼相王府長史始則天人讓王承置醴之顧終以飛龍利見延參乘之恩自時厥後恒當大任凡三處兵部

尚書三入中書令一爲禮部尚書左庶子又肅政大夫總靈武軍兵馬又司僕卿知隴右監牧使出典亳宋常越許申徐潞揚同十郡景雲初以藩邸舊僚封梁國公食賦百室公性仁恕行簡易虛懷汎愛而涇渭不雜貞率徑盡而應變無窮常推是心以御於物故所莅必甿庶風偃鷙狠化從言不厲而教成政不威而事理去思靚頌來暮聞歌既登邦政卒乘輯睦及在宗伯神人克諧今之中書是爲理本謀事兼於百揆論道總於三台公執國之鈞金玉王度大渾順序休徵來臻懋德格天名遂身遜拜開府儀同

三司崇其秩逸其志也初太夫人在堂公授職西掖頗限扃禁求侍晨昏優詔既許尋令還職公固請以泣制曰家有令弟足慰母心國有棟臣安可蹔闕其後剖符江表敦諭起復衰麻外壘欒棘內毀變禮中權通識所貴神龍之歲預聞興復疇其井賦累讓而停夫以革故鼎新大來小往得喪而不形於色進退而不失其正者鮮矣君子曰忠不忘親仁也哀不違事義也讓功辭邑禮也濟代全名智也仁以長人義以和下禮以安上智以周身宜其光輔四帝軒冕三紀池臺琴筑優游暮齒傳爵土於祚允保祿位於終始矣享年七十有一開元九年九月寢疾薨於東都之慈惠里皇上悼焉國人慕焉撫牀輟舂曾未云比制贈揚州大都督謚曰文貞禮也十年二月葬於萬安山之南原在疾也王人賜膳御醫視藥於薨也中使弔臨羽儀哀送君臣之義厚莫重焉子弆子弈思綴遺美以寘罔極有詔掌文之官敍事盛德之老銘功將以寵宗臣揚英烈帝乃洒恩仙翰鏤澤豐碑日月臨照於佳城烟雲變態於神道寶其文字別爲羣玉之山禁其樵蘇即表三司之墓銘曰

源深自虞派別從吳避地魯陝居家洛都神明遠契嶽瀆冥符翊聖斯偶生賢不孤仁將勇濟孝與忠俱學刃攢植文鋒迅驅纔安卑位即騁長途惟實惟有若虛若無再三軍國一二訏謨戎柄尤重王綸最樞兼司任切久政榮殊黼藻彌煥丹青靡渝以寬容物以鑒分區外或形旋中恒禮拘箴雖誡口諍亦忘軀但覩渾璞誰詳瑾瑜伊皋尺寸管樂錙銖名正身遂言誠願孚方辭漢祿更辱齊租既積而散窮歡盡娛川歸東極日去西晡上惻旒扆傍悲路衢藍田美玉荔浦明珠載廣休慶爰宏典謨豐碑乃立盛業

其鋪帝念頻軫仙毫特紆鐫金刻石鳳篆龍圖七曜光動三泉澤濡銓能敘事理鬱詞斅求舊銘實慚殫惡蕪緬思雲霧尚想江湖有道之德其何以踰延陵之墓空此嗚呼存沒終始遐哉邈乎

鄭國夫人神道碑奉勅撰

鄭國夫人者宏農楊氏之女也開元神武皇帝惠妃之母曾祖諱譿以禮樂習文爲越州司馬祖衍以折衝學武爲游擊將軍父宏以門才入仕爲雍縣丞而早卒初則天之代夫人言歸武氏曰恒安郡王生惠妃及家令忠太子僕

信開元十年三月終於通化里其四月卜宅於少陵原哀子銜恤號旻仰訴怨報德而未待託思齊於永慕皇帝悒鸞殿之内憂悵鶴池之外慘揚淑聲而金石刻揭高行而天地感國史司文命爲鄭志若夫清明下濟嶽瀆上昇祥會德門慶育邦媛神授孝理之性天啟聰達之心加以潤澤詩書游玩圖傳伯宗好直預戒將亡重耳羈游先稱必霸豈直漢庭章奏假借仲長之才周官禮儀咨稟宣文之學昌言嘉論有如此者蓁首蛸領修眉橫波既工嚬笑易爲容止肅恭而不踰舒和而不倨商周革命遇屯有怡懌之顏桑霍儆予在貴無驕矜之色端容一貌有如此者紘綖祭服闕翟朝衣纂組入神翦制驚國雕胡之飯露葵之羹五齊六清三鬻七醢咸一見而洞理或不習而知和女工中饋有如此者惠妃載誕皇子在者四人驪泉多龍丹穴皆鳳克岐克嶷預見元凱之才實覃實訏早聞宵燭之艷亦關陰德之潛襲胎教之密傳乎又名子以義成家以禮忠者以令德爲忠信者以不欺爲信傳云去食存信信而有徵經云移孝爲忠孝則不匱周宗咸覆紀季獨存至德深圖有如此者壁司徒之妻邑其合禮南城侯之婦封

其舊功況夫昚徽四德四德咸舉經綸二義二義克從匪武收繼趙之勳產姚承配夏之慶吹凱風於椒掖外王母於梧宮盛德大業窮光極寵啟國西鄭不亦宜乎十數年間二子榮立每至四時令節六參嘉會魚軒照門龜艾交室爲壽則珠貝山積侑幣則錦綺霞飛白玉滿堂聚姻親而同宥黃金作穴散鄰里而無餘君子欽其市義聖人嘉其寶儉故寢疾則飲食天廚湯藥御府匪日伊夕上宮絡繹於閨庭送終則威儀傾都車騎曀目自宮徂野中使相望於道路哀榮之盛書記罕聞猗歟所謂小君之遺美聖

善之高烈者也如使後代考南史議西陵披簡牘而歎息臨山原而茫眛旌貴之道不其闕而然則外孫之碑武擔之石非明淑之懿其何設焉辭成進御帝稱曰善顧謂尚札我其書之於是洒翰黃縑鏤字青琬雲橫波蹙神變艶爛於山門鶴倚鸞翔生氣宛延於松路禮尊事絕恩榮迹遠斯又元德動天幽誠迴日之奇致也誰昔未覩名言莫

遠係曰

代有母德厥氏楊兮祖考爲士父爲王兮聖后中葉總萬方兮天命未改復歸唐兮賢淑啟佑繼絕亡兮宗周雖滅

神女昌兮建號西鄭榮舊鄉兮魚軒翟茀盛龍光兮二子雙飛華綬章兮出入輪輿庭韡煌兮去此昭昭即茫茫兮何處詔葬少陵阜兮貴妃慈親侯王舅兮寒暑流易山川久兮古墳坡陁老樹朽兮壽宮靈寢百代守兮頌石光華千載後兮

郿國長公主神道碑銘

臣聞堯有娥英承九族之敦序舜有霄燭動百里之光耀大聖之後天必縱之積善之家神所慶矣豈惟上帝之女雲漢爲靈平王之孫肅雍其德連華前志代有其人皇唐郿國長公主者睿宗之第七女也母曰崔貴妃構畧聖而成門合濟美而爲室蘊乾坤之純粹演日月之清明神媛誕靈常言所絕免懷之歲天奪聖善不食三日哀比成人文母流胎教之慈曾子得生知之孝由是宮闈延矚邦國遠聞及乎玉笄耀首油軿在馭錫之美地邑以荊山求之令族嬪於薛氏爾其居玩圖史動修法度服其澣濯恭儉之教興鼓其琴瑟敬讓之風被其行己也安親惠下之謂仁敬宗合好之謂義降貴接卑之謂禮恕情周物之謂智推心而行罔不該備其理家也視膳饔餗之均和主饋醴

酏之品齊絲竹七音之徽靡纂組九華之縟麗經目所涉罔不精詣每至三元上賀五日中參進對詳華折旋舒婉故以式瞻貴里儀範通門如千花之汎惠風百卉之涵膏露窈窕之宜克舉繁衍之福大來有男子四女子五瑤碧生階芝蘭滿室者也習禮明詩日漸庭闈之訓銀章艾綬地連恩澤之侯自先朝徹扆之辰迄公主成笄之日外除過制內疚餘哀手寫金字梵經三部躬繡綵線佛像二鋪貝葉眞偈現心相於銀鉤蓮花妙容呈意生於玉指孝思惟則道遠乎哉開元繼明推恩由己進封郿國長公主食

邑一千四百戶田賦廣而彌儉禮秩尊而益恭其後君子晨歌夫人晝哭未亡爲稱生意盡矣撫視遺孤將守柏舟之誓志祈剃落永從柰苑之遊朝制斷恩改降鄭氏陵谷可移隋和之德不昧寒暑有遷松竹之性如一均養七子麻廕二宗汾陰之室忘亡滎陽之黨相慶既而善福虛應寢疾彌留盡國醫之技遠方畢至供御府之藥中使相望命之必至不可支也堂邑山林忽焉瘁色平陽歌舞適足愁人開元十三年二月庚午薨於河南縣之修業里春秋三十有七震悼紫庭哀傷朱邸傾家若墜舉國同悲有詔

光祿卿孟温禮監護喪葬京兆尹馮延休副焉宅穸之禮一如涼國長公主故事夏四月恩旨陪葬於橋陵不祔不從古之道也皇上念同氣之致美感閱川之永謝恨棣華之半缺悲瑤草之先化乃命國史昭銘懿迹降恩禮於雲露寫哀詞於金石水非湘渚還起帝子之祠山是洛陽即封天妹之冢銘曰

帝系白雲僊源紫氣漲家成國承天作貴赫赫聖祖曰文曰武皇皇睿宗一夔萬邦挺生淑媛慈和孝恭清矑如神娥眉無雙邸第立官湯沐建封年及笄總禮施環珮鳴鳳獻祥乘龍擇對帝唐降女天乙歸妹珠玉過庭蘋蘩正內蛟門早閟龍湖忽上無地何載無天何仰金澱書經華絲繡像欲報之德昊天罔極孰是言歸良人永違銀爐烟斷羅幕霜飛懇願毁形託身壞衣不諒人只改嬪他士稟命曰從從人曰順息嬀緘楚懷嬴霸晉反經合權與道同韻煥休二室均懽等潤四海謐淸九族和平萬物向榮眾雛未成心懣盛明形隨落英祖載鼎城歸窆咸京挽歌歘聲鹵簿凶行哀哀聖情惻惻同生橋山片石千秋令名

河西節度副大使鄯州都督安公神道碑銘 并序

公諱忠敬字某武威人也軒轅帝孫降居弱水安息王子以國爲姓世高之違漢季自河南而適遼東高陽之受魏封由陰山而宅涼土高陽王同生尚書左僕射河澗公原晤眞河澗生建節將軍西平公顯從正西平生龍驤將軍黃門侍郎廣宗侯諱晤徵累葉勳華載於魏史高祖何藏器廣宗之子也周開府儀同三司寧遠將軍肅州刺史張掖郡公曾祖羅方大隋開府儀同三司皇朝贈石州刺史貴鄉公祖興貴右武候大將軍涼州刺史徙封榮涼歸三國公考文生不仕涼公皇運經綸首平李軌大舉河湟之

地遠通城郭之國寵錫蕃庶冠絕等夷水出渥洼之神文馬者二千乘山得崆峒之武朱輪者四十人公育榮盛之門鬱豪爽之氣孝友天至清華玉立幼聚童兒必爲軍陣之戲長交英俊唯談韜畧之書始以良家子僕射韋公待價引於帳下安息軍建奇績解褐授游擊將軍臨洮府右果毅復以善部統御史大夫唐公休璟處之前鋒洪源谷立異効遷右威衛翊府右郎將兼新泉軍使進本衛中郎將赤水軍副使兼赤水新泉兩軍監牧使改會州刺史營田使換松州都督防禦使遷左司禦率兼河西節度副大

使臨洮軍使轉鄯州都督使如故其在軍州傾心下士視人如子無約而親附不言而條理其在農牧大田多稼如茨如梁思馬斯才有驈有皇輪力四朝歷官三紀名參禁衞身任疆埸以靜總繁以逸待寇我無亡鏃之費敵有不戰之屈玆所謂一方之干城者也享年六十有六開元十四年十一月二十八日寢疾終於位知與不知莫不隕涕十五年某月葬於烏城之南志公鄉祔先塋也公寬以御衆畢以自牧直而無訐廉而無劌朋友不聞臧否之言家人不見喜愠之色加以心淨三業躬勤八戒推是而行何往不濟初甘州有舍利沙多禪師道場之四果也嘗云檀越德充於內神護於外雖冒鋒鏑永無害也及百戰之後啟手歸全西州士人聞之激厲有子仲璋如璋季璋金璋重璋庭襲芝蘭喪過欒棘敬奉窀穸備禮儀於文武撰述家風刻功名於金石詞曰

玉關氣爽金波秋澈涼野蕭條寒山積雪授靈産義精勁才傑孝固純深忠維剛烈負羽從軍奮飛青雲麾幢按部惠流時雨總軍挾郡入文出武三十年間式遏戎虜疆埸務靜非公莫鎮金鼓氣雄非公莫震神山與鉞龍池取駿

霹靂陷營衝風入陣勇將知時仁兵善持反耕罷戰王者之師牧馬如雲屯庾如坻西軍方壯東首長辭振古同嗟沒而不死所謂明德永傳神理鐘鼎題門珠玉名子信言豐石令問不巳

贈廣州大都督馮府君神道碑銘

夫積德垂裕之謂仁追遠揚名之謂孝仁則慶鍾厥後孝則榮及其親嘗三復於斯言今於馮府君見之矣府君諱君衡其先長樂人也釋趙歸秦本家上黨分燕徙越又據高良自遠祖榮懷化侯業以至於大父贈荊州都督盎先

考高州使君智戣咸以勳績建旗本郡甲兵雄於一方政化杳於千里君蘊含宏光大之德守沖默安貞之志秉難進易退之操諧希聲若訥之道爲而不有故物譽難得而稱靜以居常故世榮無由而及以聖歷之歲終於本城子幼家艱喪禮葢闕夫人麥氏備母師之六行履先姑之四德處順思柔以成婦道及衛亡共伯而魯重敬姜誓以汎舟之詩遵其閨門之禮季子令冠軍大將軍右監門衛大將軍上柱國渤海郡開國公力士始自齠齓來儀上京旣違徙宅之歡爰從倍年之訓感三州之深義易百代之因

生捨馮亭之本枝從高傒之令族千秋仕漢遂去田宗隨會在秦別爲劉氏遇風雲之感會承日月之光輝茅土荅其勳庸貂璫寵其忠信太夫人踰越嶺嶠就養高堂孝子展白華之勤慈母欣綵衣之貴精誠所感振古難儔噫歟資孝爲忠隱心後動引桑霍之深誡慕金張之周密敬以衛主愛以安親而善不彰官不遂者未之有也由斯言之則哀樂存乎心不以至音昡禍福惟所召不以偏覆及詩云魯侯燕喜令妻壽母明神勞善人而壽其母也夫人以開元十七年享年八十有七五月十二日壽終於京兆之

來庭里舍天子悼先賢之晦德嘉侍臣之克孝思賵襚之未崇愴窀穸之將及於是詔贈先府君潘州刺史備禮飾終招魂合葬是歲也大享宗廟徧謁園陵錫類之恩施於卿士重贈府君使持節都督廣韶循康等一十六州諸軍事廣州大都督夫人受邑舊邦啟號南海從夫加賵改封越國夫人哀榮備於始終寵光洽於中外爲子之道何以加焉於是與兄左衛中候元璡左領軍衛郎將元珪等惟舊業之難名感新恩之薦及思建碑表以永芬芳夫毓至德以庇後嗣仁之厚者也揚令名以崇祖考孝之大者也

仁爲五常之先孝實百行之首貫經教而莫比標人倫而獨出宜其鏤美金石式旌墳隧無忘清徽昭示來葉何必會稽江上獨有紀孝之碑安陵廟前空傳尚德之頌其詞曰

明珠紫貝產於南國代所珍兮允矣君子不耀其德克全眞兮慶流我後高驤迥翥中貴臣兮朱輪象服寵及泉路榮其親兮孝道不隕勒銘表墓留芳塵兮

后土神祠碑銘

至哉坤元萬物資生王者母事德合天明義有大報用協

永貞茫茫九土思索其精因天事天因地事地彼汾之曲高脽傑異景象遺光壇場舊位寂寥千祀精靈永閟誣神不祥復古維祺文所無者秩而祭之矧曰后土昔載明祠何必因陰乃爲我師意多漢武跡在横汾風流可接簫鼓如聞壽宮創制神鼎勒勳古往今來豈無斯文

西嶽太華山碑銘

巉巉太華柱天直上青崖白谷仰見靈掌雄峰峻削菡萏森爽是曰靈岳衆山之長白帝西下黄河北來陰陽孕育精氣徘徊偶聖呈瑞逢昏降災玉池神挹石室仙開海絶

瀛洲天遥元圃偉哉此鎮崢嶸中土鬼神乍游風雲忽聚高標爀日半壁飛雨自古王者巡方必至龍駕帝服封天禪地南面會神西后在位待予治國安人然後徐思其事

欽定全唐文卷二百三十一

張說十一

唐玉泉寺大通禪師碑銘 并序

謨夫總四大者成乎身矣立萬始者主乎心矣身是虛哉即身見空始同妙用心非實也觀心若幻乃等真如名數入焉妙本乖言説出焉真宗隱故如來有意傳要道力持至德萬劫而遥付法印一念而頓受佛身誰其宏之實大通禪師其人也禪師尊稱大通諱神秀本姓李陳留尉氏人也心洞九漏懸解先覺身長八尺秀眉大耳應王伯之

象合聖賢之度少爲諸生游問江表老莊元旨書易大義三乘經論四分律儀説通訓詁音參吳晉爛乎如襲孔翠玲然如振金玉既而獨鑒潛發多聞旁施逮知天命之年自拔人間之世企聞蘄州有忍禪師禪門之法允也自菩提達磨天竺東來以法傳惠可惠可傳僧璨僧璨傳道信道信傳宏忍繼明重跡相承五光乃不遠遐阻翻飛謁詣虛受與沃心懸會高悟與真乘同徹盡捐妄識湛見本心住寂滅境行無是處有師而成即燃燈佛所無依而説是空王法門服勤六年不捨晝夜大師歎曰東山之法盡在

秀矣命之洗足引之並坐於是涕辭而去退藏於密儀鳳中始隸玉泉名在僧錄寺東七里地坦山雄目之曰此正楞伽孤峯度門蘭若蔭松藉草吾將老焉雲從龍風從虎大道出賢人覩岐陽之地就者成都華陰之山學來如市未云多也後進得以拂三有超四禪昇堂七十味道三千不是過也爾其開法大略則慧念以息想極力以攝心其入也品均凡聖其到也行無前後趣定之前萬緣盡閉發慧之後一切皆如持奉楞伽近爲心要過此以往未之或知久視年中禪師春秋高矣詔請而來趺坐覲君肩輿上

殿屈萬乘而稽首洒九重而宴居傳聖道者不北面有盛德者無臣禮遂推爲兩京法主三帝國師仰佛日之再中慶優曇之一現混處都邑婉其祕旨每帝王分座后妃臨席鵷鷺四匝龍象三繞時熾炭待礦故對默而心降時診飢投味故告約而義領一雨溥霑於衆緣萬籟各吹於本分非夫安住無畏應變無方者孰能焉爾乎聖敬日崇朝恩代積當陽和會之所置寺曰度門尉氏先人之宅置寺曰報恩軾閭名鄉表德非擬局厭諠輦長懷虛室累乞還山既聽中駐久矣衰憊無他患苦魄散神全形遺力謝神

龍二年二月二十八日夜中顧命趺坐泊如化滅禪師武德八年乙酉受具於天宮至是年丙午復終於此寺蓋僧臘八十矣生於隋末百有餘歲未嘗自言故人莫審其數也三界火心四部冰背榱崩梁壞雷動雨泣凡諸寶身生是金口故其喪也如執親焉詔使弔哀侯王歸賵三月二日冊謚大通展飾終之義禮也時厥五日假安闕塞緩及葬之期懷也宸駕臨訣至午橋王公悲送至伊水羽儀陳設至山龕仲秋既望還詔乃下帝諾先許冥遂宿心太常卿鼓吹導引城門郎護監喪葬是日天子出龍門泣金襯

登高停蹕目盡迴輿自伊及江扶道哀候幡花百輦香雲千里維十月哉生魄明即舊居後岡安神起塔國錢嚴飾賜逾百萬巨鐘是先帝所鑄羣經是後皇所錫金牓御題華幡內造塔寺尊重遠稱標絕初禪師形解東洛相見南荊白霧積晦於禪山素蓮寄生於坐樹則雙林變色泗水逆流至人違代同符異感百日卒哭也在龍華寺設大會八千人度二七人二祥練縞也咸就西明道場數如前會萬迴菩薩乞施後宮寶衣盈箱珍價敵國親舉寵賚侑供巡香其廣福博因存沒如此日月逾邁榮落相推於戲法

子永戀宗極痛慈舟之遽失恨涌塔之遲開石城之歎也不孤廬山之碑焉可作竊比夫子貢之論夫子也生於天地不知天地之高厚飲於江海不知江海之廣深強名無迹以慰其心銘曰

頷珠内隱匪指莫效心鏡外塵匪磨莫照海藏安靜風識牽樂不入度門孰探元要偉哉禪伯獨立天下功收密詣解却名假詣無所得解亦都捨月影空如現於悟者無量善衆爲父爲師露清熱惱光射昏疑莫將住世萬壽無期柰何過隟一朝去之嗟我門人憂心斷續進憶瞻仰退思

付囑盡不離定空非滅覺念玆在玆敢告無學

和麗妃神道碑銘奉勅撰

舊史云軒轅帝宮次星具黄龍之體郊媒神祀次妃成元鳥之命非聖也莫能法天非天也莫能感聖則有相乎坤而母乎震齊乎古而合乎天跡雖祕絶猶可測而言焉麗妃趙氏天水人也麗者以華美爲貴妃者以配合爲尊易云日月麗天傳稱星辰合度麗加妃號自我爲初原夫八駿勤周鞏有封姓三軍霸晉乃蕃卿族設寶符而開國史珠履而成家果驗成宣之後不乏文忠之慶堯門昭飈何代無人曁乎紫氣上通瑶臺獨立楚宮選美納良袂於神雲漢掖求才進團扇於明月故坐而論教則比位三司動而具瞻則儀刑六列者矣先將軍以恩澤授職太夫人以有禮封鄭流車躍馬豈無甲觀之親湫宅閑門不有椒房之勢探風揆化憂國如家故聖人有以尚其德也躬親繭館義形熊檻退席以愛禮樛木以廣恩望古難臻之地必爲常踐之域故聖人有以嘉其志也懸象告沴經時寢疾在蒙被之辰荅還輦之問生可捐於浮假心獨係於元具神往土淸願承恩而入道形歸下上期去禮而薄葬慈顏

同氣奚敢爲言皇上閔而許之咨嗟不已開元十四年春秋三十有四七月十四日薨於春華殿殯於龍興觀之精屋示以出家從道例也命河南尹監護河南令副焉喪葬務約成遺語也二十六日窆於故都之後邙山之陽孺慕承華淒涼薄室列薤歌於東路迴容衞於北山壽堂一閉兮凡聖等人代同悲兮修短闕月帔雲衣襚以神仙之服上方陶篋旋於造化之初此皆聖主之曲成賢妃之本志何必雲陽山下别起通靈之臺未央宮中虚立致神之帳若夫易名之典考行是存帝謚曰和禮之貴也氣之和者

生萬物聲之和者孕八音魂而有知感聖恩乎有詔史臣恭銘內職事出彤管辭無華飾寫樂池之永傷寄瑤山之罔極銘曰

帝妃佐后實掌陰教八月選才千金聘貌禮獻絲繭詩修澣濯婦政可尊嬪風胥茲皎皎漢女爲皇降靈娥娥邦媛順道之經結以印綬華光後庭帶之弓韣朗潤前星追述潛運夙承嘉獎謙苦中京崎嶇上黨金鏡開目明珠耀掌心方樂於時泰魂奄悲於化往紫雲衣兮霓裳送美人兮北邙白壤宮兮青松菀去君恩兮日遠秋風急兮霜天草

木黃兮野田滅香容於空櫬留畫像於甘泉春秋以麗和之二字獨褒美於千年

昭容上官氏碑銘

天降時雨山川出雲乃生靈媛祚我聖君精微其道煥炳其文三光錯行昭容綱紀百揆繁會昭容條理外圖邦政內諗天子憂在進賢思求多士忠孝心感天焉報之吉凶有數邱焉禱之如彼九日羿焉暴之如彼三良秦焉悼之漢宮選才班氏其特楚史書霸樊姝之力或穆齊公敘其明德嗟爾彤管是鑒是則

故太子少傅蘇公碑銘

斤斤蘇公體正含道稟靈淳粹爲唐元老忠以衛主孝以立身文以經國惠以安人司牧九郡九郡爰靜平章百工百工爰整千載典憲三朝綱領上纂先人五代相國下垂餘慶七子令德帝謂庭碩伊公是似接侍玉墀序拜金戺聯華疊潤佐我天子於戲彼蒼國幹云亡地頹五嶽天拆三光備禮詔葬羣官會喪掌史司德刊銘路傍

故吏部侍郎元公碑銘

英英白雲瑞彼君輅佻佻公子嘉我王度魏后遺德作華

天朝靈氣應變直心逍遙麟閣書仙鳳池墨妙太常國禮少宰邦教公之處之有倫有要玉折其貞金斷其清沒而不朽仁乎令名

邠王府長史陰府君碑銘

賢哉陰侯孝友仁信符彩外發清眞內鎮史門文宗國子儒允克家踵武金聲玉振結髮筮仕利用勸心雉馴風化鹿賦文章函文禮樂雷門紀綱微言教冑直道匡王年惟大耋克茂精爽疾不彌留怡然長往世比過隙生猶絕響契均范張會阻天壤通家自昔永懷厥初昏姻之故言就

我居富同鼎食窮共園蔬動心規戒言成著書奪我良友天其喪余南望龍門東都九原萬籟酸骨千霜斷魂琴瑟都盡墳筦半存葬收子壻碑傳外孫人生到此天道何言

唐故處士河南元公碣銘

嗟我處士煥炳其文精微天象與道爲隣頽乎萬化于三十春在昔薄葬時服幅巾厥孤克孝永懷遷神君其心之無違返眞乃建豐碣追揚茂塵王門公路豈微朱輪天才海學于何寠貧心焉有主孰知我艱烈烈皇考求仁得仁哀哀王母斯恩斯勤李虔報養王褒感親退居更命喪禮

終身忠爲令德孝實至純一門二善千載不泯

周故通道館學士張府君墓誌銘

君諱弋字嵩之范陽方城人也其先張仲以孝友佐周子孫醜周仕晉相韓至留侯報韓仇秦興劉滅項爲漢世家九代及于漢亂居燕四葉爲晉司空混一天下司空生褘避胡過江六世至太常而復寓於河東之族人君即太常卿隆之曾孫徵君子犯之孫河東從事俊之子性倜儻尚氣節能引弓六鈞命中百步車服出入擬於封君州里頗患之君廼勵操強學不出門者十餘年探道覩奧鬱爲淵藪周武帝聞之徵爲通道館學士旣入隋而面其國高尚厥志終於山廬嘗言夷齊清者非達伯鸞曠者非中優哉游哉吾不與也夫人某氏少而嫠居長而喪子流離世故窮盡艱危提攜女姪託身禪宇實有高行之烈隱居之風未遑歸葬有志不就追恨終天降及曾孫追申情禮景龍三年歲次己酉十月十六日克葬曾王父曾王母於河東之普救原成先志也銘曰

皇矣烈祖才雄氣武不值漢高空思萬戶一旦折節十年學古高步華光飛纓書府昔有周處斬蛟契虎易暴以儒

異代同矩周命旣浸鼎遷于隋仕於二姓君子不爲昭昭盛德百代之規

唐處士張府君墓誌銘

府君諱恪其先晉人晉有張老韓有開地漢有留侯侯八代孫皓爲司空司空子宇爲北平太守遭漢亂離家於范陽至元孫華復爲晉司空遇難子孫南渡其處者或寓於蒲坂周齊閒有歸者因從焉君晉司空十一代孫也曾祖徵君諱子犯祖河東郡從事諱俊父通道館學士諱弋德音遺範詳諸家牒君孤紹單門傍無兄弟苗而不秀未仕

而卒道未融於邦國位未揚於王庭故老之口浸遠好事之書又闕是後生不得預聞焉哀哉嗣子晉州洪洞丞騰襁褓纕麻育於舅氏夫人隴西董氏常州長史雄之女也早年守義唯鞠一子嚴而有檢勤而善訓成先人之丕烈貽後嗣之積善微太夫人德則張氏幾將墜焉開耀元年十二月二十七日終於鄜城縣世婦馮氏之別業春秋七十有二先君之違世也太夫人在堂大門在殯日月逾邁有志未從是諸孫疾焉若履淵谷以景龍三年歲次己酉冬十月二十六日克葬王父王母於蒲坂東司空之祔成

先志也銘曰

緜緜王父纘我靈基幼而植德人莫知之烈烈王母克明克類教我鬻子光我族嗣中條之北大河之東邱陵桑梓鬱鬱崇崇千年啟室百歲來同永惟先志欽成厥終

贈郎將葛君墓誌銘

公諱威德字某曰葛氏本梁國寧陵人也因遷徙今居京兆涇陽縣父寶未仕早世公室無陶白之資朝無金張之援不承過庭之訓不漸鼓篋之術而能奮飛喬木獨拔深濟富忠孝而由己善射馭而聞天早以武藝妙選供奉每扈游別館侍蹕禁林何嘗不左發五豝傍連雙兔歲久拜元城府左果毅都尉尋加上柱國入陪内仗思馬斯才出典外軍握兵之要所謂白珪特達青雲自致者也其用未展其生有涯神功二年某月日終於東都私第殯於北邙山之原夫人太原郡太夫人郭氏從夫有禮以子而貴開元八年十一月薨於京兆之修真里有子福順克家用孝開國惟忠泣風樹之不追痛榮祿之不逮哀戚之情上感飾終之澤下流窀穸有期祖奠將設有詔贈右驍衛郎將開元九年二月七日合葬於長安縣龍首鄉禮也鬱鬱宰

樹蒼蒼墓田恐佳城之見日祕銘石於重泉詞曰

都尉武達夫人禮封令德高行譽偶名雙自古迄今仁賢同盡惟傳忠孝餘慶不泯

恒州長史張府君墓誌銘

君諱承休字某吳郡吳人也留侯興漢播美西京長沙徙吳蔽蔓東土曾祖沖在陳爲文帝師入隋爲漢王學士祖後允授經太宗尊之以祭酒既封新野又贈以宗伯考少師位不充量止於朱陽宰班固稱世名忠孝魏武謂積善之家昌門一系暉我諸族君受天戩穀傳家業藝希言敦

行去華崇實非法不由非禮不動精於理物敏於政事初以南郊齋郎補兖州兵曹丁太夫人憂廬墓三年加人一等再任始州司倉應八科舉改鄭州錄事參軍又舉賢良方正遷揚州司錄參軍移蘇州常熟令歷政皆有能名加朝散大夫入爲司農丞實掌錢穀姦僞息望使覆囚嶺南是司獄訟聽折惟允廼授濟源令風行畿甸河潤洛師加朝議大夫上柱國拜隆州司馬轉恒州長史簡而有孚權而中道嬰風恙去職就醫還京春秋六十有二終於須政里夫人成紀郡君天水秦氏廬陵郡公行師之孫嗣公遊

福之女敬事君子誠訓諸孤當代之孟母也年六十二終於許州開元九年十月某日合葬於武功之禮讓原禮也夫道大難合仕屯而不進德高有後身沒而福流君同生八人半服銀艾祚允五子率爲珪璋比迹於燉煌六龍南鄭千室德門濟美信有徵乎懼陵谷或遷乃勒銘沈石銘曰

思文留侯時惟皇祖長沙南守分幹東土家有道書門傳相府嵬峩重世通經二主誕靈上哲克廣斯文造次仁義優游典墳孝乎事親忠乎事君猗邢叔父亦足有云

岐州刺史平原男陸君墓誌銘

開元十三年十一月六日故岐州刺史平原男陸公卒於京師十四年冬十一月葬於鄴西之先塋公諱伯玉字某河南人識眞之士也夫譽其克家光乎觀國篤慈惠以宰邑宏雅量以執憲擅華妙於禮闈敷文敏於禁掖推直方以獨坐率易簡以專城所居而美風振所莅而德聲溢非德充於內而美形乎外者焉若是夫孝盡愛敬之衷悌包友順之節仁協返身之恕義適成物之和四者禮之善物歟吾友嘗從事於斯矣然而舉禮之綱持心之柄靜則樂

先王之道動則濟賢人之業位不盈量年無登壽之才也之命也復焉可得而言哉銘曰

陸侯泉妙體曠心古龍章炳文麟角藏武橐籥沖用詩書義府移孝則忠安親合土乃建侯社乃牧王畿有嚴有翼有長有威沒直謝病秦和不醫乞言未老啟手全歸石鼓東臨銅臺西望別業宛在舊塋增創弱子攀車孀妻送葬風景飄忽山川惆悵令德可傳浮生匪重神去一息形遺萬種露往草陳霜來樹拱（闕二字）仁兮（闕）義長蕪沒於邱隴

元州司戶上柱國呂君墓誌銘

公諱虔字某其先東平人也堯之太嶽始封呂侯周之太師實表齊國河西則霸王繼代關東則丞相聯華近徙河間是稱右族大父贇隋幽州都督府長史考師滄州青池令並振羽儀馳聲郡邑公孝悌天至福禄混成千里聞騏驥之才五都重琅玕之價壯士行去樹勲於塞垣君子居之何陋於蕃郡以上柱國爲元州司戶參軍積善襲於家風餘慶流於身後享年若干而卒夫人河清縣太君傅氏四德爰備六行聿修始則賓於冀妻終則訓成孟母春秋若干而終開元十四年某月合葬於州城西南里之平原

禮也我有令子職司馬於小山我有淑孫偶乘龍於大樹榮哀之事於茲畢矣銘曰

堂堂呂公休有令德穆穆傅母順成內則兩譽齊振雙儀不忒景行山東風流河北有生必謝誰能獨存神寧故里合葬平原劒暗泉室松寒墓門勒銘沈礎萬古何言

贈潘州刺史馮君墓誌銘

公諱君衡字正平廣管高州人也昔畢萬苗裔邑於馮城因以爲氏其適越者則袁宏過江錄所載長樂馮祖思之後也遠居僻地代爲右族帶甲千人擬四豪之公子田洞百里齊萬戶之封君祖盎持節總管高州都督耿國公薨贈左驍衛大將軍荆州大都督恩命分府爲三州授君之三子子智戣高州刺史子智玳恩州刺史猶子子猷潘州刺史公荆州之孫恩州之子量包山海氣逸風雲陰德以濟物力行以游道散岸從心乘化而逝斯寔一方超邁全眞之士也夫人南海郡太夫人麥氏誕媺勲門作嬪傑室初執冀妻之禮終抗梁寡之行即大將軍宿國猛公鐵杖之曾孫女也夫人有三子一女同歸上京長子元璣左衛中候次子元珪左領軍衛郎將少子力士右監門衛大將

軍以將軍少養於高氏故舉家從其姓焉夫德厚者福長先否者終泰天之報應豈虛也哉大將軍所以雲漢奮飛忠孝至感迎聖善於炎海展三牲之色養拔友于於荒徼會四鳥之嚶鳴縉紳美談簪紱傾慕是知敬仲羇旅將育於齊孟軻儒藝成名此母信瑰才之特達亦餘慶之助成乎夫人享年八十有七開元十七年五月十二日薨於西京來庭里粤八月二十二日安厝於長樂原之新域閔將軍之純至嘉先士之晦名恩詔追贈潘州刺史招魂而合葬焉蓋殊常之禮若夫慈以遺後孝以揚親忠能合聖惠

足昭仁。嗟乎馮氏之子。具此四德。鏤石垂文。爲不朽矣。銘曰。

潘州違世。滅迹沈彩。詔贈本邦。光爍南海。其孤永慕。昊天不遠。夫人處順。奄背榮光。悲離兩鄉。魂合雙櫬。孝心可贈。百年匪愜。天日蒼蒼。邱隴茫茫。地名長樂。人樂無長。郭門之外。愁生白楊。

文昌左丞陸公墓誌

公諱元方。字希仲。蘇州吳縣人也。帝典惟二。虞盡美於南風。強國有七。齊莫大於東海。元侯制食。因而爲宗。丞相冊

勳。開吳佐命。盛德之後。瑶琨代襲。故丹青弈世。三君之望並高。金玉聯華。五常之目齊重。公即陳給事黃門侍郎琛之曾孫。唐荊州當陽縣丞山仁之孫。司儀郎柬之之姪。豫章尉元之之子。體元黃之純粹。峻清白之隆名。鵬翼載軒。騏鳴自遠。始以司成明經業優擢第。補三水扶風渭南三縣尉。授裏行監察殿中三御史。遷鳳閣舍人兼太子中舍。又判鳳閣。又守秋官。行鸞臺三守侍郎。同鳳閣鸞臺平章事。坐公事降爲綏州刺史。居無何。檢校春官。又試天官二侍郎。兼司尉卿。復除鸞臺侍郎。同鳳閣鸞臺平章事。轉右庶子。轉文昌左丞。前後掌選及知考各二歲。九流銓總。代天理物。公執其衡鏡。而野無遺賢。三載考績。惟王舊典。公秩其幽明。而庶官咸事。斯並憲章臺閣。籍甚人倫。至於經濟大道。彌綸庶務。嘉猷削於隱德。宏益晦於推美。蓋不得而聞也。古人有言。進退在命。忠信在人。一出持州。再入莅政。汲長孺之方直。時守外臺。胡伯始之詳明。亟司中禁。抑有由焉。嗚呼。人之淑斯。宜享難老。昊天降戾。曾不慭遺。大足元年二月七日。寢疾而終。春秋六十有三。歷事兩宮三十餘載。奉上惟敬。臨下惟誠。密勿兩終。靜而調理。心尚坦

率。不違名教之地。迹列軒裳。不雜風塵之伍。施與忘倦。鄉黨穆焉。夷險若一。朋友義焉。所謂終溫且惠。行同歸於大雅。克己復禮。身不離於令名。及東首歸全。西階徹奠。無食粟之馬。無衣帛之妾。知與不知。莫不嘉歎。粤三月十四日。假葬於國門之南。賁栫永刊。昭烈垂之幽礎。

司屬主簿博陵崔訥妻劉氏墓誌銘

夫人劉氏。其先彭城人也。隋毗陵郡通守子將之曾孫。唐滁州刺史德祖之孫。汾州刺史延嗣之女也。昔武子處秦。厥初令氏。元王國楚。是爲昌族。盛德之門。龍驤接彩。世祿

之胄龜武聯華夫人璇室載蘭蕙林曾秀喈喈黃鳥艷艷清明聞詩聞禮竊比諸生茂行淵心實稱士女及鳳飛啟繇夫婦盡琴瑟之和鷄鳴咸纚舅姑移喬梓之敬友愛洽乎姒娣任恤周乎姻戚豈惟禮備澄幕工深機杼固以能循法度宜其室家矣年若干以大足元年七月某日寢疾而卒粵二十九日某辰假葬於某里夫國喪賢嬪家亡淑媛母氏垂白頻奪所懷稚子始孩翦焉無倚嗚呼天道輔仁人道與順眷茲大德不遐三壽何哉報應之理豈神食其言修短之期將事歸於命外姻畢萃累歎不定夫人即

吾姨也今薄譔素履永刊幽石圖史之外有美存焉其銘曰

崔實齊胄劉亦漢宗崇其顯嬪望偶族雙閭闈是穆饋奠斯恭貞歌浮漢孝室洞江珪璋其節桃李其容宜享偕老胡寧鞠凶朝槿飛陌春蘿墜松夫傷子慕去此何從百歲之後魂兮合封

四門助教尹先生墓誌銘

先生諱守貞天水冀人蓋好學博古者也本乎官族稱爲尹氏昔有尹佚司周太史暨乃吉甫勤於宣王格言大勳布在詩傳遠祖緯魏僕射曾祖欣隋開府大父珍唐棣州蒲臺令父文唐通州三岡令先生積德餘慶天錫純嘏愿而克恭情與禮合七歲誦爾雅能通書契訓詁之義識草木鳥獸之名十五誦三禮能明君臣父子之道定郊廟吉凶之制二十誦春秋尚書能精五行九疇之數斷褒貶會盟之節二十五誦詩及易能辨政教雅頌之始極變化生生之至又能誦古史百家之書善文章草隸之則恥夫流俗背實嚮聲飾華褰末故每外和内厲元元本本學者如斯不舍晝夜垂拱四年以明經高第遂授大成自延載之

後條限賓薦長安之初大開貢舉考功是歲千五百餘人召先生課覈淑慝時稱無滯矣天子聞其進通經術乃下制曰成均大成尹守貞業隆時習功宣日就既有勵於分陰俾參榮於杖席可四門助教詵詵青襟有所仰矣長安二年六月十日晝寢忽夢麟臺兩局爭召修文覺而歎曰十二日稷吾當往矣因命親族序訣至日安枕俟期俄然而卒春秋四十可謂古之達化知命者也嗚呼天與之德而不永其年天與之才而不大其位何乎粵七月十七日葬於高陽原先君之舊塋銘曰

尹氏之子其殆庶幾爲仁由己三月不違謙成德柄學也身基辟雍洋洋可以療饑環林之下可以棲遲我實道貴人言位微修文地下前哲同歸子之知命將歿先期朝衣東首精魂高飛人之云亡胡不悽而高陽之原有陫其側郭門直視松柏一色邱隴纍纍阡陌誰識浮焉休焉爲我心惻

鳳閣尹舍人墓銘

峨峨尹氏太古之始發源堯師中葉周卿爰暨初考咸有頌聲猗歟府君代烈增盛孝行之本謙德之柄耽樂道真

含光無競三典郡土五行以正再司府丞百工興詠茫茫大造物生遂性虛無宰之孰能力爭位不充德優游天命身沒道存同符孔聖是有才子克成餘慶

子曲阿令墓銘

存爲神鑑歿爲國殤惟呂惟子同歸義方

徐氏子墓誌銘

徐氏子者名巖字某司封員外郎堅之第四子也驥子睨雲鳳毛洗日孝友因心聰敏若神置在膝前已會星辰之氣戲於牀下能記賓主之詞及總角成童精意好學問一知十外堂覩奧下筆成章而倫要發言爲論而卓詭識者咸謂增世構之崇蘊益源流之洪潤雖甘茂之孫十二飛辯班彪之子九歲能文不尚之也天乎何辜顏項無命年十有三歲大足元年九月遭疾而沒嗚呼哀哉琱月始生不見其盈瓊枝方秀不見其茂悲哉銘曰

生日何淺死路何深珠碎朓月花殘稚林哀哀父母孰處其心

張說十二

府君墓誌銘

府君諱騭字成騭姓張氏其先晉人也晉分家世相韓韓滅留侯為漢謀主至宇為范陽太守因居其郡及華博物亞聖為晉司空府君司空十二代孫也曾祖諱俊河東從事大父諱弋字嵩之通道館學士考諱恪未仕即世先君四代早孤單門煢立宗祀之不絕如綫府君縗褓衰麻鞠育舅氏而炳太和之純嘏爍遠慶之洪允庇身禮樂發言

忠信小無不戒大無不慎終日乾乾遠於悔恡靈根顛而還植祖德墜而復振加以好學不倦問一反二道機元鍵罔不幽探外王父大理丞某重世為士府君傳其憲章博施精理年十九明法擢第解褐饒陽尉丁王母憂去職夫人少而守義老而無子因心創巨事不忍言喪紀之數加人一等服闋調長子尉換介休主簿洪洞丞太夫人在堂官求近便故累徙而不進也內清淨以化人外平反以悅親不樂歸美而善隱德故下車無赫赫之聲所去有遺愛之廳有旨差覆囚山南輶軒所歷全濟甚衆府君以律有違經背禮著妨難十九篇書奏帝下有司而刪定之宮黨同妒異竟寢其議道之將廢也歟命也臧倉其如命何調露元年秋奉使晉陽遇疾輦歸藥禱無降冬十二月大漸九日乙卯棄背於縣廨春秋五十有二光珪說不天總角在疚明年春奉轊葉殯於河東賴夫人撫養孫藐躬加訓授男習文雅女工組繡姻不失親官復其舊景龍元年秋封長樂縣太君夫人故藍田丞威之女也享年七十有二是歲十一月戊申傾背於東都康俗里第於戲哀哉靡瞻靡依何怙何恃二年七月己酉克葬我先公夫人合祔焉

從周制也初議葬小子夢度景於萬安山南孫堆東峯之下時淮南宏公相地曰是山為華蓋岡為蟠龍龍者大人之德孫者王侯之稱卜夢協兆何善如之乃定墳塋刜宅玆所小子銜恤誌之幽礎係曰

欽若古訓時惟皇考翕和三光希聖二老清有世業儉為身寶彌綸典憲思緝王道佐彼四邑人用不擾生我曷後棄我曷早閔予髫髮遺家不造鳲鳩在桑其子在棘母氏聖善示我顯則命服天朝封邑舊國榮未卒歲哀已匝城泣血思親昊天罔極孫之華蓋土龍蟠連岡四遠帶林巒

朝日吐耀遠峯攢微風夕發過蕙蘭石室固護泉火寒衆靈幽謁奉神歡壽宮深靜永閑安

李氏張夫人墓誌銘

臨淄李伯魚妻者范陽張氏女諱德性孝悌柔婉能日誦數千言習禮明詩達音妙績德言容工蓋出人也伯魚天下善爲文擢校書郎出爲青州司功而卒夫人寡居無子以歸宗焉長安二年四十有八傾逝於康俗里殯於永通門外景龍三年家疚居貧季弟説鬻詞取給冬十月安厝伯姊於萬安山陽蒼梧不從古之制也北望先隴西接妹

邱明靈其嘉永安此室銜哀敘誌嗚呼孔懷銘曰

送我伯姊萬安之壙精靈何處爲雨爲雲彼臨淄兮千里望倏忽兮夫君

上邽縣君李氏墓誌銘

夫人太祖景皇帝之元孫西平郡王普定之女也賦靈陰德資性柔嘉事舅姑盡其敬與娣姒致其睦茂行充乎內則懿聲溢於外姻雖幼育王家長自傅保而能謙光庶類降心細物手成朝祭之服躬操酒食之品凡婦人之所能事而夫人莫不備焉府君朱紱之歲也於是乎始受封邑象服盈門魚軒在路姬氏王者之後夫人帝室之親夫貴婦榮於斯爲盛及帷堂而哭有敬姜之禮擇鄰而處有孟母之教入閭俟信有諸婦之期出言成章有衆女之誡受命不淑以某年月日卒於同州之私第以神龍元年十一月二十日合葬於萬年縣白鹿之舊塋有子孫殿中侍御史檢身承家揚名爲孝思我母氏感秦伯之詩祔於府君取周公之禮髣髴心跡志之幽石其銘曰

茫茫萬姓朝宗於李婺星分極咸池派水后稷裔孫神貽女士動遵法度居觀圖史輔佐哲夫訓成賢子宜崇徽號

以享介祉高堂奄空霜露方始儉用禮節葬非奢美鏡下穸臺衣緘泉笥壠煙不散松風長起摘果人迷侵林獸死永言惟孝事親終矣

滎陽夫人鄭氏墓誌銘

夫人諱某字某滎陽開封鄭氏之女也有唐銀青光祿大夫行少詹事博陵侯崔氏之妻中大夫中書舍人湜之母也高祖述祖北齊吏部尚書太子太保滎陽平簡公曾祖武叔北齊洛州刺史中牟公祖道援隋宋城令父世基故吉陽令故左僕射安吉公杜淹太夫人之外王父也夫人

家世德門母氏鼎冑衣冠禮樂耳目所徵號之諸生實爲女士先夫人以崔出泰岳之允鄭祖周王之穆長源修麓比濬聯崇故夫人年十有七歸於我氏盡敬愛以安舅姑致友穆以諧娣姒性寬恕尚素雅文而不奢約而不陋故邑號光啟象服是宜博陵侯更事兩朝多歷官序居必大理去有遺愛雖毳衣善聽得非鷄鳴之弼乎舍人及三弟長安尉泌藍田尉液左千牛滌咸有當代之名立無過之地滋液德教琢磨禮範雖趨庭善稟得非闔門之誨乎夫樂得好逑關雎義也鞠成衆子鳲鳩仁也采蘋采藻修禮

度也如山如河有德容也婦禮既成內則用貞母儀乃行家道以寧於是春秋高矣雅好眞諦厭斁禪味減徹珍華被服蕙衣捐斥文繡總斯羣懿式是六姻故以嗣徽先姑垂裕來史詩所謂邦之媛也夫人有焉皇天難忱不享偕老年六十四神龍元年十一月九日遘疾終於洛陽之遵化里其明年二月某日葬於富平縣之某原君侯傷神諸子銜恤置銘幽竁用存終古其詞曰

東惟詹府西望綸闈吾夫鷃鷺吾子鵷飛青綬赤芾魚軒翟衣喬梓搆基堂堂榮暉如何不淑奄永泉扉漠漠元夜溶溶白日百歲之後同乎此室

右豹韜衛大將軍贈益州大都督汝陽公獨孤公

燕郡夫人李氏墓誌銘

夫人諱某字某故代州東治府右勇毅都尉幽州高士李感之女也本姓張居於清河郡大父元悊官至安東大都護長史與太宗有故賜姓李氏仕歷澶州司馬始家薊城是則帝龍舊臣乃命王族官平朔野因爲郡人偉哉孝友清白之仁基金鈎石印之靈慶必將光大别族繁衍淑女彩黛紛皶娓燿華美若斯之盛也夫人幼而韶異長而婉

穆金聲玉澤蕣榮蘭茂傳賢莊姜詩美仲氏無以尚也初汝陽公夫人元氏生一男四女而卒繼室以夫人封諸燕郡王元生立及長孫楊氏二女秉螽斯宜爾之德著鳲鳩均養之仁色無偏和心無殊厚閨庭之內邕邕如也雖邑中五服之家門下三千之客莫能察其異焉永寧里先人之舊廬也有通渠轉池巨石嶔嵰噴險淙瀠洄潭沈沈殊聲異狀而爲形勝遊衍之處者十四五前夫人之孫蘇氏之婦弱歲嬉而墮焉舉家環流憚莫能救夫人投身赴水或沈或浮久之提挈僅免其行已也實多此類府君吏郎

將中郎將各一將軍大將軍凡四前後領左右羽林二軍禁營青海鴨綠二道總管天子元老白首兵權腹心爪牙朝無與二外受琱戈文馬之賞內委金璣寶貝之飾將軍旣須於部曲夫人亦散於宗姻可謂貴而好禮富而能惠者已及君子晨歌夫人晝哭喪有過戚制無越禮其後法吏苛禮令子遠遷窮荒一謫倚閭三歲炎山瘴海曷云其來施珍玩以奉佛徹滋味以奉道精意入冥明神與直中興昌歷無廢舊勳先公茂乎飾終愛子榮乎起滯天步方泰家屯適夷宜享南山之壽奄頓西泉之駕神龍元年十

二月二十二日寢疾終於洛陽之德懋里春秋若干國壓邦媛宗傾母儀孤允孝孫哀哀欒棘有詔旨曰獨孤某妻亡還京日宜給靈輿并遞悼舊褒德矜孤恤喪朝之大經者粤以明年十一月二十日卜葬於雍州之某原不從先塋古之道也夫計功伐勒彝鼎非婦人之事撰德行存國史亦孝子之志乃爲銘曰

猗嗟昌兮月出之光如葉莫莫如華皇皇宜啟燕郡作合汝陽尊之象服錦衣褧裳以慈行訓曰仁之綱以命易難曰義之方婦有柔德亦惟其常女之士行于何不臧彼天蒼蒼胡降百殃捨我媚子捐其高堂邱壠芒芒風生白楊象物皆盡德音不忘

鄧國夫人墓銘

詩美莊姜傳稱孟母庶幾緜邈千載時有猗嗟邦媛柔明亶厚龜玉毀櫝膏蘭夭壽遠矣皇祖肇自伯宗靈基在晉華胄陵江尹兹西楚宅是南邦高蓋結轍圓冠比蹤魏館虛待周京長發父對雄風母膺姊月珠浦瀆潤玉林清越昆弟三人羽儀雙闕家芬淑女國茂賢妃具瞻四德秀通八徽步幛馳辯連環定機調紘魚躍弄杼鸞飛媯后創業

軒宮多事高行登聞大家入侍幽贊日月財成天地溫室不傳平城盡祕大君命我變禮斷恩衛妻空誓息嬀無言均養七子劬勞二門始賦樛木終歌采蘩多難啟聖羣凶構孽朋家作仇脅權相滅臨禍不懾忘生蹈節彼何人斯碎此貞烈氛消日朗旣安且平皇心震悼禮備哀榮啟國加等復土陳兵外姻來唁中使臨塋恭惟夫人宿精智刃昭昭開士授之心印古無合葬遺言别壙欒欒孝子敢廢前聞服不珍繡盤無膩薰室暗泉火松殘隴雲神合大化誰爲小君

張氏女墓誌銘

女郎名炎。姓張氏。洪洞丞府君之少女也。聰慧孝友。蘇條鬒晳。能讀史書。善奏絲桐。舉族珍之。未成人而夭。命也。聖曆中。隨仲昆之任。殞折於慶州。歸殯於藍田別業。景龍年。屬家艱。季兄說。徵黃門侍郎。哀請不拜。詔許終服。家貧。傭文以取資。冬十月。獲葬女弟於萬安山陽。差池姊塋。顧瞻尊闕。不忘孝弟。慰爾幽魂。含酸屬銘。投筆氣索。詞曰。

陟彼京兮痛同生兮。柰何朝露在蕣榮兮。共天地之大德。焉早落而無成兮。

中書令逍遙公墓誌銘

唐故中書令逍遙公韋氏。諱嗣立。字延構。京兆杜陵人也。受渾元之正性。挺生人之秀傑。門爲孝悌之庥。世處台衡之地。蓋士林之高標。宗臣之首出者也。生於秦之清水。長於鄭之成皐。聰明先覺。博古兼覽。究蓬山之百氏。綜闕里之六藝。文而不華。實而不滯。原夫志在於易。行在於禮。守橐籥之沖虛。播朱絃之愷悌。事有則而言有度。神無方而用無體。其與人也。溫良善誘。仁恕多容。俾夫頑蔽開析。愎鷙擾從。君子進道。小人革慮。聞者願來。見者忘去。若膏澤之浸。陽和之感。萬物不知其化矣。及夫覆簣登朝。濫觴宰邑。聖朝知其周慎忠肅。簡易循良。是以綢繆兩禁。重疊千里。迄踐宰衡。終厥有成。凡化二邑。理七郡。三入中書。再統兵部。選兵吏各兩冬。典樞密共五載。光弼四主。歷政三十有餘。其閒累有謗。及官因左退。日月蝕而更明。隨和幽而不昧。爾其爲邦設教。遵德閑邪。身勤心苦。誠感物化。禮讓興於私室。刑罰廢於公家。衡鏡高懸。文武矯首。才無我失。善若己有。風流名教。作法垂後。訏謨皇極。功格天地。茫茫蠢蠢。既生既遂。四夷來王。五靈皆至。然而外榮中素。迹邇心遐。杳然朱戶之若喪。邈矣赤松之可接。西宴驪山之谷。東息龍池之野。擇逍遙而建號。裂土宇而開社。即明主封立帝之誄表。高臣之志也。公考侍中。爲國元輔。公兄承慶。當代齊名。咸以令德。繼和金鼎。扶陽二相。陳氏三君。復追美矣。侍中前夫人崔氏。生黃門而即世。後夫人王氏。生公而偏愛。公克諧以孝。因心則友。啟均養之德。成無閒之言。天下之人。比之祥覽。惟公德行言語文學政事四者。實總而兼之。事親養志而能爭。居喪過哀而顧禮。此又善中之善者也。善人。天之經也。國之寶也。道將興廢。木鐸之用有時命或推移蒼生之望恒在春秋六十遘疾陳郡還醫洛師開元七年九月二日薨於歸德里有詔贈兵部尚書謚曰孝禮也明年某月葬於某地有子孚恒濟丈偘然在疚靡所寘哀以某忝縉雲之舊寮沐清風之餘論入難名之閫域窺妙德之形容見託銘誌庶傳精爽至於歷官次序平居事業當見郡府遺愛之碑國史名臣之傳故不存焉銘曰

峨峨仁公抱孝含忠文獻則足高明有融翻飛王佐穆我清風道濟明時心樂幽地薜衣華袞坦然一致逍遙啟封

帶礪傳祀生涯共盡振古其常人秉三德天歸百祥臧孫有後公業不亡

唐故左庶子贈幽州都督元府君墓誌銘

維開元十年正月己未左庶子武陵公河南元公薨於東京留守之內館公諱懷景字某魏武陵王雄之曾孫右衛大將軍胄之孫贈麟州刺史仁惠之季子昔天啟水行君臨寰海雄圖長發本枝碩茂濟美象賢餘慶不隕公受茲介祉誕膺淑靈幼有純至之節長立公直之操學綜羣藝詞擅精微夫其結言以信導物以德清儉足以軌俗貞厲足以矯邪故美暢於中名揚於外弱冠以國子進士高第補相王府典籤藩邸擇賢妙盡時選尋以內憂去職重補相王府參軍及明兩昇儲作貞萬國以宮臣除太子通事舍人天授中以親累除名向逾一紀後除直羅温縣二令雖大位未亨通材必久初自太府主簿累入副鄉河南掾曹克昇亞尹握蘭右轄綱紀南宮秉茲憲簡肅彼專席再侍儲華卒踐宮相公執心好直履法斷恩觸雷霆而除惡不避也枉絲髮而干譽不爲也升降兩宮出入三代克慎其始終厥有成君子以爲難允哉其難矣及啟手歸全遺

言薄葬家無長物士伏其清年過懸輿人傷其夭嗚呼哀哉制贈都督幽州諸軍事幽州刺史賻悼之節優於恒數明年二月歸葬於咸陽之舊塋夫人韋氏祔焉禮也夫人卽逍遙公敬遠之元孫左常侍希仲之叔姊淑行無徵華年早世其孫彥仲等克遵遺訓靡及寘哀說情睦外姻懷深國士旣閱西階之奠遠投東武之詞銘曰

卓彼英運慶靈旣長貽訓夫子體微知章在藝斯博於欲則少徒文其中莫飾其表惟靜惟默不激不矯時經三代官成兩宮化若風偃德如澤融邦稱其直朝表其忠禮祔

周兆墳贈漢宮哀哀純孝長訴旻穹

節愍太子妃楊氏墓誌銘

開元十有七年二月癸未中宗節愍太子妃楊氏薨於京師太平里第之內寢越五日景申詔葬於新豐之細柳原黃陵不從古之道也嗚呼哀哉妃氏之先代居河華赤泉啟國清白傳家東都之公冑西晉之后族高祖士達隋開府納言天授中以孝明高后之父追封鄭王贈太尉曾祖緘隋符璽郎抗節王充朝廷旌載贈靈州刺史祖全節左內率贈魏州刺史考知慶千牛豹韜二將軍若夫軒冕王

官同許史之繁漢婚姻帝室比姜姞之宜周是故二華降靈五河飛響拜玉冊於文廟儷金璽於青宮入參視膳之儀出友元眞之樂禮陪蘭館祭服始於北郊詩贊鵲巢王化終於南國豈知言違闕水神往邛山七日之望不歸千秋之言何及於是視身知苦幽探白馬之偈覺心等空坐證青蓮之葉久以喬木無怙柏舟早誓棣華先落聖善相依闔門正家稱未亡而全禮高堂終養不勝哀而遂絕此又禮外之禮孝中之孝者也初上在東宮時妃有女娣選爲良媛生忠王卜者曰不宜養爰自襁褓命妃舉字及開元正位良媛爲嬪而卒妃之視忠王也隱儭之教誨之竭從母之仁慈陪猶子之珍愛忠王之託妃也敬愛焉聽順焉生盡因心之樂沒過如母之慼且夫慈懋鞠育孝思顧復仁叶恩親愛備恭睦成天下之百行致生人之五福斯蓋皇極之端國風之首者矣湖陽王當小宗之祭元妃之喪故喪挾兩孤而祭殷二國何必鼓吹山上遙傳慈母之名石闕廟中獨立少姨之像史官承詔勒銘沈碧詞曰

太華北足長河東肘總粹陰靈妃德儲后鳴美玉佩炯光金鈿貴嬪長姨寵王從母永訣上賓死孝哀親顧懷孺子

忍別天人昔貞萬國今撫百神泉燈我夜宮樹他春陵麥秀兮漸漸隴月生兮纖纖元灞去兮無還日青門絕兮不可瞻石獸澀兮綠苔粘宿草殘兮白露沾園寢閉兮脂粉膩不知何人兮開鏡奩

唐故涼州長史元君石柱銘 并序

公諱仁惠字某河南洛陽人也昔帝軒命子爰宅幽都天神降祚遂荒北嶽其後日月運行雲雷經始壇場鄴洛據天地之圖帶礪山河建王侯之國公即魏昭成皇帝之十代孫中書令濮陽王順之曾孫也大父雄魏濮陽王後改

封武陵王昆吾伯嗣越在濮陽之墟瑯琊王子别封武陵之郡宇文朝降爲武陵公太府卿秦州總管微子去國不替舊章薛侯來朝於焉降等父胄隋濠豫二州刺史右衛大將軍襲封武陵公翼亮隋室宏濟王基有佐命之元勲承異朝之延賞文武藉甚貽燕深長公受金行之正性承冠代之隆烈幼見岐嶷夙聞聲器靈臺雲秀繩墨之宰無施雅韻天成金石之師何力屬隋綱弛紊神棄不歆卿族衣冠日失其序獨寐寤宿永懷盤澗之人藏器待時未射高墉之隼唐祖龍飛天宇鶴版巖林授公右千牛録事覺

開之恩舊也高皇邑子既與盧綰同衣光武學徒則有嚴陵共宿久之以公事免爲嶲州法曹又歴循州河源滑州靈昌二縣令克己爲政蠻貊化忠信之言直道與人仕已無喜慍之色永徽在歴碩真搆難羣兇既翦江界蕭條帝念疲甿疇兹俾乂乃授公睦州雉山縣令乘駟而往下車作則江逋海溢革面來威然後簡網鳩人峻策羈吏閑田盡闢鰥寡委犬彘之餘絶澗無游豪猾屏蠶漁之氣我有禮樂達於山川鬼神物應休禎孚於鳥獸草木朝廷異之拜朝散大夫行隆州閬中令未至改授雍州渭南令觀人設教異邑同風遷隆州司馬尋加朝散大夫守涼州都督府長史分乘兩蕃人康頌作化澄巴濮無侵橘柚之圖教溢河湟不飲蒲萄之酒離歌就畀歲夢臨辰命躓修途榮歎厚德總章二年終於官舍春秋七十有三夫人安定梁氏文伯之妻君子以爲知禮孟軻之母良史稱其能賢齊德茂於昭塗合祔期於幽隧有子懷貞斧藻詩禮佩踐義方承家有馥芝蘭如也歴官右司員外郎太子舍人而雁事徙居復歸舊土履霜露於三紀無改素冠之行違桑梓於十載還守青門之田勤孝在乎追遠豐感思乎備物武

陵公之塋域今順陵柏城之内也山園有禁奉瞻靡及粤以聖歴二年歲次月朔别卜宅於咸陽縣肺浮原合葬焉公孝友純深風標峻起門無雜客家有嚴君而佐郡爲邦宏風邁德執法不撓去邪勿疑仲由之政事叔向之遺直豈稱論之典有闕範則之容將墜仰惟代姻恭承哀託郭有道之故事無媿蔡邕趙文子之將游永懷隨會寓詞楹石式題賢壟其銘曰

大哉乾元我族資始有國伊魏曰天之子皇羲姓風帝媯氏水創業垂統鬱乎舊史崇德象賢允也重軌貞涵玉性

潤結璇源武公之子平王之孫川流長直光氣熊渾孝深
柏類義重荆璠白珪比節黄金敵言行實剛簡游無諂驕
學妙神教書能鬼哭避彼屯運盤桓空谷四海有王一旦
明目佩此芳草遷於喬木亦既從政淑問克宣秉心如水
臨事如弦歷宰四邑高芬屬天元僚兩郡汪化流泉江河
秦蜀嘉聲在焉三光西没百川東度天道運迴人隨代故
倏忽三紀悲涼千露帝葬橋山傍壖祖墓天斷舊域地開
新路路即咸陽阡惟京兆坤氣雲矗長岡龍拖竁掩銅人
塋留石鳥塵歇徑滅山飛海少篆刻揚名亭亭華表

欽定全唐文卷二百三十三

張說十三

兵部尚書代國公贈少保郭公行狀

公名震字元振本太原陽曲人也大父任相州湯陰令因
居於魏公少倜儻廓落有大志儀觀雄傑身長七尺美鬚
髯十六入太學與薛稷趙彥昭同業時有家僕至寄錢四
百千以爲學糧忽有一人縗服叩門云五世未葬棺柩各
在一方今欲齊舉大事苦乏資用聞君家信至頗能相濟
否不問姓名以車載去一無所留深爲趙薛所誚公怡然

曰濟彼大事亦何誚焉十八擢進士第其年判入高等時
輩皆以校書正字爲榮公獨請外官授梓州通泉尉至縣
落拓不拘小節嘗鑄錢掠良人財以濟四方海內同聲合
氣有至千萬者則天聞其名驛徵引見語至夜甚奇之問
蜀川之跡對而不隱令錄舊文乃上古劒歌其詞曰君不
見昆吾鐵冶飛炎烟紅光紫氣俱赫然良工鍛煉凡幾年
鑄得寶劒名龍泉龍泉顏色如霜雪良工咨嗟歎奇絕琉
璃玉匣吐蓮花錯鏤金環生明月正逢天下無風塵幸且
用防君子身精光黯黯青蛇色文章片片綠龜鱗非直結

交游俠子亦曾親近英雄人那知中路遭棄捐零落漂淪古獄邊雖則沈埋無所用猶能夜夜氣衝天則天覽而佳之令寫數十本遍賜學士李嶠閻朝隱等遂授右武衛冑曹右控鶴內供奉尋遷奉宸監丞屬吐蕃請和親令報命至境上與贊普相見宣國威命責其翻覆長揖不拜瞋目視之贊普曰漢使多矣無如公之誠信遠近疆界立談悉定因遺金數十斤而還公悉以進上奏言揣彼上下之情人倦其隸役久矣咸願早和大將論欽陵不爭四鎮獨不欲耳但國家每歲不絕其使而欽陵常不稟命自然彼蕃

之人怨欽陵日深望國恩日甚設欲廣舉兵徒難矣斯乃反間之微旨也必可使其上下俱懷猜阻矣則天甚然之無何吐蕃君臣果相疑貳遂誅欽陵弟贊婆及其兄子莽布支並來降公聲名籍甚授御史加朝散大夫遷主客郎中吐蕃與突厥連和大入西河破數十城圍逼涼州節度出城戰沒蹂禾稼斗米萬錢則天方御洛城門酺宴涼州使至因輟樂拜公爲涼州都督兼隴右諸軍大使調秦中五萬人號二十萬以赴河西公至涼州吐蕃素聞威名相謂曰我贊普猶懼吾輩何可敵乎相率而去公收合餘衆繕修城壁施法令屯田一年而復公之功也公以涼州西拒吐蕃北有突厥久示其弱未揚天威因徵隴右兵馬一百二十萬號二百萬集於湟州營幕千里舉烽號令時宗楚客爲相素與公不協令人告變則天惶懼計無所出狄仁傑魏元忠韋安石李嶠宋璟姚崇趙彥昭韋嗣立張說二十五人抗表請保如公有異圖並請身死籍沒則天由是稍安兵既大集人又知教分兵十道齊進過青海幾至贊普牙帳贊普屈膝請和獻馬三千匹金三萬斤牛羊不可勝數公大張軍威受其蕃禮而還既伏西戎震威北狄

突厥獻馬二千匹所獲涼州人士皆放歸塞上從此方鎮肅清蕃落畏慕令行禁止道不拾遺凡所規模制作率爲後法河西隴右十餘處置生祠堂立碑頌德閻立均等爲其文尋有詔許入朝公素無第宅寄居友人之舍候鼓入朝忽有人馬前送狀開緘前人已去狀中惟有物數而無姓名便於樹下獲騾馬二十餘匹帛三千匹公曰豈非太學請粹之士乎因以買宅居止薛稷趙彥昭聞之皆嗟嘆良久景龍年中宗楚客韋處訥等潛結朋黨憎功害能授公驍騎大將軍兼安西大都護四鎮經略使金山道大總

管時烏質勒久恃衆倨傲不屈朝廷縱兵遠掠道路不通公以衆寡不敵難以力制因率麾下數十騎徑入部落烏質勒大出兵衞出迎望見公威容端毅風韻若神不覺屈膝因而下拜公宣國威命抗聲與語自朝至暮雪深尺餘竟不移足質勒頻拜伏語畢歸帳相去二十餘里質勒久立雪中倉卒疾發是夜暴卒其嗣子娑葛集諸將曰漢使殺我君父今須復讎大舉兵衆將追殺公聞質勒死遲明素服來弔道路相逢兵圍數匝娑葛見公忽來未之敢逼但言衞護漢使公至其帳下大哭流涕因撫定其嗣蕃人

大喜留數十日助其葬事娑葛獻馬三千匹牛羊十餘萬移居千里西域無事道路肅清諸蕃聞之遣使歸降者十餘國時人語之曰郭元振詭殺烏質勒知娑葛與闕啜有釁奏請移於瓜州制從之會中書令宗楚客受金遂寢其事公具以狀聞楚客恃勢囑請召公將陷之公不從又奏請斬楚客清蕃落時韋庶人竊弄國權中宗竟不之省也初安西南有毒河源遠在葱嶺西北河岸百步人畜踏之者輒死公威振西域所向無不從者因驗圖經知其源率兵三萬人歷于闐康居大食等十餘國所過之國令供資糧仍署其國王爲左右總管率兵前進北至葱嶺牙帳前十二國王兵百餘萬其河源上有大樹高千餘尺垂陰數頃大軍至日有黃龍繞樹以口吐毒氣而拒官軍三軍悉覩焉公手書操檄文令左拾遺張宣抗聲讀之畢黃龍解樹而下公率諸軍誅之數日方倒聚而焚焉河源且絕數十里内悉爲良田在安西十餘年四鎮寧靜韋庶人知政屢徵不至因下僞詔令侍御史呂守素中丞馮家賓相繼巡邊欲將害之未及皆爲娑葛等諸蕃劫殺之睿宗即位徵拜太僕卿勅至之日舉家進發安西士庶諸蕃酋長號

欽定全唐文 卷二百三十三 張說 五

哭數百里或剺面截耳抗表請留因給之而後即路其至玉門關也去涼州八百里河西諸州百姓蕃部落聞公之至貧者攜壺漿富者設供帳聯綿七百里不絕公旌節下玉門關百姓望之宛轉叫呼聲動巖谷自朝至暮傳呼至涼州涼州城中男女在衢路並歌舞出城咸言我父至矣通夜城門不受禁制都督司馬逸客聞之謂公近矣陳兵出迎會候騎至云始入玉門關都督嗟嘆良久且狀聞至京同中書門下三品加銀青光祿大夫遷兵部尚書封館陶縣男依舊知政事尋轉吏部尚書知選舉囑請不行大

收草澤睿宗屢下詔褒美後默啜大寇邊拜刑部尚書充朔方道行軍大總管築豐安定遠等城以拒賊路尋加金紫光祿大夫再遷兵部尚書知政事仍舊元帥會太平公主竇懷貞潛結兇黨謀廢皇帝睿宗猶豫不決諸相皆阿諛順旨惟公廷爭不受詔及舉兵誅竇懷貞等宮城大亂睿宗步出肅章門觀變諸相皆竄外省公獨登奉天門樓躬侍睿宗聞東宮兵至將欲投於樓下公親扶聖躬敦勸乃止及上即位宿中書十四日獨知政事因下詔曰大臣立事夷險不易良相昇朝安危所繫兵部尚書同中書門

下三品上柱國館陶縣開國伯元振偉才生代宏量匡時經綸文武今之王佐出入將相古之人傑夙侍宸扆疇咨廟堂思致堯舜以期管樂朕往在儲闈洎登寶位每覩其仗義感激願制凶邪立誠慷慨密陳宏益爾其至矣朕實嘉之頃者梟獍興謀干戈作釁太上皇帝既命朕除誅元振又馳奉宸極始則賚予爲弼終則寧朕問安可謂格於皇天貫於白日元惡既翦庶物惟新昌言是圖朕豈忘舊宜開井邑永誓山河可進封代國公賜實封四百戶物一千段子五品官尋兼御史大夫天下行軍大元帥是歲大徵兵衆閱武驪山兵一百萬號三百萬並奉公節度是日三令之後上將親鼓公慮有大變因略行禮上大怒引坐纛下紫微令張說犯鱗而諫上乃曰元振有保護之功宜捨軍法流新州未至屬開元元年冊尊號赦曰元振往立大功保護於朕頃因閱武頗失軍容責情放逐將收後效可饒州司馬未至卒於道時年五十八有集二十二卷文章有逸氣爲世所重公少負氣縱橫遺意磊落作尉巴蜀不修名檢及登朝受任屢使遐方霜明烈心玉立貞節言行忠正居取儉約飭體雜於皇王致君期於堯舜公務之

暇手不釋卷雖子弟家人未嘗見其喜怒前後上事切諫得失十數道俱焚其藁草不以語人故朝廷莫知也睿宗嘗曰元振正直齊於宋璟政理逾於姚崇其英謀宏亮過之矣舊於宣陽里居二十餘年不至諸院馬廄每朝迴對二親言笑歸室儼如也不問家事與狄仁傑朱敬則魏元忠李嶠韋安石趙彥昭韋嗣立薛稷張說等爲忘言之友事父母以孝聞父愛授濟州刺史後以爲相奏請解職授銀青光祿大夫濟州刺史致仕公歿後二親猶在自我唐受命宰臣有二親者惟公而已

弔國殤文

北伐兮東胡邈遼陽兮孤竹偏師兮覆衆在崇山兮峽谷露芃芃兮蔓草風蓁蓁兮拱木見馬血兮夜燃聞殤魂兮兩哭君王按金鼓而氣憤撫珠鈐而淚滋橫萬里兮抽悵弔羣山而寫悲懟凶將兮我辱悼勇夫之狄纍彼前鑒兮未遠何後來兮不追對死地兮出陣臨傷門兮用師軍奪帥兮虹食壘車脫輻兮火焚旗有蘗蠹兮愎矣無范宣兮媿之命窮迮兮短兵錯膚迎刃兮血染鍔旋殘潰兮棄組練山猶號兮谷餘戰殪原野兮柰何違君親兮不見於戲

何天命之奄忽俾仁義之理兵爲蠻夷之俘馘骸六校之飛將鎭五營之勁卒吾見出兮不歸噫名存兮身沒

奉勑赤帝壇祈雨文

維開元十年歲次壬戌四月壬申朔十四日乙酉曾臣侍中源乾曜中書令張嘉貞兵部尚書張說謹以清酌昭告於赤帝自冬涉春至茲夏首宿麥將秀時雨未洽皇帝降服減膳避正殿懸恐害粢盛是憂黎庶仁旨之勤已極兆人之感未通何辜於天而此不惠曾臣乾曜等同力聖日無敢怠荒薄才粃政多所不及神則不雨或此之由內訟恇惶莫知啟處曾臣等若上無補袞下不利人妨功害能負恩竊位惟神臨照簡擇其心降禍厥身墜祿隕命三臣當咎足謝天責萬姓何辜俾失農望今因夏享展禮既終上杼聖衷懇祈人命至誠必感佇流嘉澍旨酒獻誠神其尚饗

祭城隍文

維大唐開元五年歲次丁巳四月庚午朔二十日己丑荊州大都督府長史上柱國燕國公張說謹以清酌之奠敢昭告於城隍之神山澤以通氣爲靈城隍以積陰爲德致

和產物助天育人人之仰恩是關祀典說恭承朝命綱紀南邦式崇薦禮以展勤敬庶降福四時登我百穀猛獸不搏毒蟲不噬精誠或通昭鑒非遠尚饗

禜城門文

維大唐開元五年荊州大都督府長史上柱國燕國公張說謹遣議郎行錄事參軍皇甫嶧敢昭告於大府城門天有三光地有五行陰陽順序庶物以生霖雨過旬晦昧不晴柰何以陰賊陽以蒙蔽明恐害嘉穀無奉粢盛維爾崇墉本人所營積陰攸處德在助成苟人是利亦神之臧速

收雲雨以復天常報爾特豚薦爾馨香謹以清酌脯醢式陳崇事尚饗

祭江祈晴文

滔滔大江南國之紀協靈通氣降福禦災是載方冊代存祀典歲維秋季苗稼大熟雨霖猥集農夫未收油油秫稻垂生芽蘖上則神威將廢下則人心何仰公私憂窘靡禱不周訴爾明靈撤此雲雨欽儲牲幣俟荅神休謹以嘉酌脯醢敬崇禋請

賽江文

年月朔日具官某敢昭告於大江之神王有百谷禮尊四瀆善利維神朝海作寶發源岐山駕福來臻率此荊土明靈是主已成嘉穀垂敗霖雨聽我虔祈福我農畝既暵既穫既場既庾欣欣衆心願荅神祐潔牲明酌寅奠江滸

祭殷仲堪羊叔子文 并序

荊州府城中西北隅舊有殷仲堪祠某到官廣其堂立羊叔子廟像成而祭之

維開元六年歲次戊午正月日荊州大都督長史燕國公范陽張某謹遣功曹參軍吳興沈從訓敢昭告於晉羊殷二荊州之神我聞立人之道曰仁與義仁者孝之先義者忠之主殷公爲孝子羊公維忠臣行植晉國德施荊人不孤其美是建爲鄰雙風雖舊二廟維新凡百君子高山仰止馨香以時敬恭明祀尚饗

祭霍山文

長安二年月日皇帝使并州道大行軍副大總管尹元凱等敬薦酒脯時果敢告霍山之神皇帝天覆萬物各遂其性祠於羣神罔不咸秩獨彼凶虜黠嘬悖天虐人窺邊猾夏略無寧歲皇帝哀此黎獻勤於征役憫彼夷落毒於昏

暴常欲誅其魁首安是藩甿寇虐盈稔神人同棄今自送死并朔近鷲山陵命將出師龔行天罰惟神炳靈參野作鎮冀方歆是正直贊揚威武俾胡馬化爲沙蟲王師衆於草木獻捷之日昭報神休尚饗

祭崔侍郎文

維神龍三年月朔日兵部郎中員外曹良史等謹以清酌少牢之奠敬祭故侍郎崔公之靈位以行成名以才起天臨明代是生君子長戟高門層堂峻趾孝友仁愛衣冠標軌清通正直省閣條理東帶立朝惟國之俊抑揚吐納金

聲玉振器不滯方神無留韻厚奉外不爲假坦率内不違眞沉交而容博好施而能均欲人規己恕己及人故者不遺其故親者不失其親歷否泰能全其節故令名不離其身方齊六相助明三辰何孤我德何負茲神摶空落羽中駕摧輪昔時寮列今爲弔賓凡二三子夙承惠眷聯務七兵歲陽三變分與時積事由更練謇謇公庭申申私宴慟音徽之永掩懷儀範之不見戢容止於綴足潛眉目於蒙面哀哉柰何涕零如霰緬惟初疾以迄將亡意氣精爽乾乾自強顧瞻賓客勉勉矜莊几不側弁衾無解裳話言靜

密憂公不忘猶看駿馬尚聽名倡靡神不禱靡藥不嘗倏然信宿魂歸渺茫歲初置酒春中酹觴何吉凶之共域同歌哭於此堂自古及今人誰不沒豈嘆生死所嗟倉卒修途未半壯志先伐縈子齔年遺允數月在親親與懷舊孰不傷心而痛骨靈其易收深悲難歇尚饗

爲河内王作祭陸冀州文

維萬歲通天元年月朔日神兵道大總管河北道按撫使右金吾衛大將軍河内郡王以少牢之奠致祭故冀州刺史陸君之靈戎羯不道侵軼幽都凶渠電滅餘燎星鋪鳴弓挾柳飲馬長蘆攬集同惡難起無虞梟獍爲旅鯨鯢有族裳旗耒兵剡荻弦木泮渙吞噬睢盱觸逐亂舞梯衝潛攻版築鑿齒爭厲熊蹯未熟踰垣自潰守陴皆哭高扃已陷連櫨復焚人類薙草城隨壞雲僵屍暴骨藉藉紛紛嗟嗟使君死節無吝政寬成俗兵機不振狡爾猖狂難以德鎮城爲仇保身膏虜刃明明上帝仁覆憫下赫赫神兵驅馳在野朝告夕赴如何不及將守非堅爲寇是急救兵適來涉血猶濕三軍雷歎百城雨泣天子命我董戎冀方旌旗介冑千里相望既掃氛濁言巡戰場輯穆人吏撫寧孤

孀徘徊城府悽愴甘棠禮重王事哀深國殤魂兮有感歆此嘉嘗尚饗

爲魏元忠作祭石嶺戰亡兵士文

維長安二年月朔日敕并州道行軍大總管兼宣勞使左肅政御史大夫同鳳閣鸞臺三品兼知并州事魏元忠遣裴思益以酒脯時果之奠致祭於石嶺戰亡兵士之靈戎羯慢天南牧吠主石嶺橫地北都扃戶與我王卒保界并土如何不弔罹此寇虜列鎮既嚴連巖既削攻則路險守非城惡彼謀匪臧寔懲偕作援絕兵滅軍孤勢弱地拒兩

陘山望雙嶂胡塵大起白刃交錯石盡矢窮旗焚胄落嗟爾戰夫烈烈忠勇奮不顧命志無旋踵身沒名揚生輕義重天子命我理兵晉陽思與士衆厎寧遐荒痛茲壯士翦爲國殤盍訴天帝降厲鬼方助氣金鼓復怨沙場虜血爾酹虜馘爾嘗封屍死所招魂故鄉尚饗

爲魏元忠作祭石嶺沒陷士女文

維長安二年月朔日勅并州道行軍大總管兼宣勞使左肅政御史大夫同鳳閣鸞臺三品兼知并州事魏元忠以酒脯時果之奠致祭石嶺死喪百姓之魂北胡自擅賊虐

不道氣悍朔風馬肥秋草侵軼郡縣驚逼稚老奔走山林是障是保兵不善守將不遠謀如何減竈無復燒牛俾爾士女殲於寇仇魂飛狄刃血迸氈裘殤悲雨哭氣怨天愁總兵帝鄉言念北阜抗憤戎漢傷心按部泣弔郊童哀閭田叟爲爾復惡誓滅羣醜蹴踏蘭山脂膏葦藪誠若克紓沒亦不朽慰爾衆靈酹此簞酒尚饗

爲人作祭弟文

維景龍三年歲次庚戌正月癸丑朔五日丁巳從兄兵部尚書某以清酌少牢之奠致祭於故將軍弟之靈歆若貽宴俾降戩穀神祚玉衣天開金屋緜系溢寵諸宗橫福覲交泰之二儀承亭毒之九族引同本於條幹合分流於昭穆義有感而意深恩無方而情篤況山慕喬頂林晞秀木深仁遠慶俟子能復何從才之有餘而輔德之不足舉朝野而皆痛在密愛而尤酷嗚呼哀哉永懷令弟言念生平蘭華雪豔玉潤珠清禮樂懸解文章挺生三篋暗記十門畫成風流望美月旦傾聲掌北軍之師律首東觀之詞英偉壯夫之勳頌善仁者之論兵睠新豐而臨幸遶湯井而連營乃奉車之暴逝忽復綬而兇行軫天悲於宸極固聚

族於華京惠連詩夢子敬琴情倘昭昭之不泯知親親之素誠嗚呼哀哉尚饗

爲人作祭弟文

維年月日兄某致祭亡弟尚書之靈天實喪予不慭遺善家殞玉樹國墜寶臣嗚呼執柔何痛之甚嗟予與爾夙遭閔凶哀惸相鞠殆及長成爾性實岐穎德表宣慈居盡友悌之心言必忠貞之事緜緜我族俟子而大奉祖德之令圖荷朝戚之渥惠白首相對紫綬雙紆爾既秉國鈞既數朝典出牧千里入宰六官予聞爾言嘗誠過寵余嘉爾行

在貴能卑。清淨溫恭。每希於上士。飲食車馬。不越於平人。每思與爾。歸印東都。懸輿故里。揚名講德。居常待終。當謂老夫。沒於汝手。不圖令弟。殞自吾先。及爾纏痾。屬予伏枕。不見數日。長悲九泉。嗚呼。刊述未成平生已盡。髮膚猶在。魂魄焉知。聞爾屬纊之辰。託予身後之事。薄葬之禮還從爾心。字孤之情。不待遺意。所恨在疾不視。於喪不臨。沈緜苦懷。纏迫斯甚。予羸老矣。傷心幾何。人琴兩亡。命也命也。

為鄭虛己作祭舅文

維年月日。外甥虛己。謹以清酌少牢之奠。敬祭於故汴州

司馬四舅之靈。賁積周親。天禍外氏。仁舅捐館。靈輀祖庭。四海喪其範儀。九族失其陰潤。感今循昔。觸緒增悲。恭惟先門。逮舅平日。淵流莫逆。道術同歸。穆齊鄭之累姻。深言孫之至友。及鞠凶之際。創巨失圖。贈厚獲葬之恩。事優含哺之育。顧省全立。功歸撫惠。竊荷濟於百罹。思効過於一等。豈其德素積而力莫讎。願未伸而禍先集。不孤之託。緬爾何依。猶父之心。忽焉罔報。冥昧靡覿。存亡永違。執饋奉醑。五性含塞。幽靈昭察。當歆宿誠。

祭和靜縣主文

維年月日。敬祭薛氏太夫人和靜縣主之靈。惟夫人軒庭繁祉。嬴臺茂淑。承訓公宮。宜家卿族。博士學藝。尚書題目。法度蘋蘩。儀刑松蔦。夫拜中令。昔同鮑婦。子昇瑣闥。今類馮母。舉案如賓。闔門誠友。在貴能降。居貧施厚。天道初革。王風變韶。維城落構。若木踈條。欽聞積善。智洽神昭。克庇二族。命服兩朝。肅肅柔和。如風是暢。娥娥女師。如月斯望。潘輿獻壽。仲祿方養。不弔昊天。何德之喪。嗚呼哀哉。洛邑啟殯。長安歸陌。哭慟高臺。旌懸舊宅。階濕夜露。庭陰曉魄。嗟我外姻。俱成弔客。

為將軍高力士祭父文

維開元十七年月日。孝子力士。敢告於考潘州府君妣南海太君之靈。小子不天。夙齡閔凶。身嬰寇斮。家值虜裂。幸供洒掃之餘。遂蒙侍從之顧。扶戴明聖。逼畏艱難。大固不敢不密。小亦不敢不誠。事必記心。言無漏口。日慎一日。將二十年。玉弁加首。金章在佩。先靈納祐。明神降鑒。阿母遠至於京華。妹兄自拔於泥滓。咸以官漸榮祿。姻通士林。慈顏復慶於目前。同氣展歡於膝下。又緣幼育高氏。變族移家。敬愛盡於二堂。溫清周於一紀。不圖無狀招禍。永見孤

稟聖主恩華曲逮存沒邑封舊郡官贈本邦親感恩澤子承父意致命報天誓有同於皦日竭忠資孝志無忝於幽泉敬惟靈懷慰聞昭遂先遠有日卜兆新塋遇啟尊魂合祔良壤哀迫祖載攀戀須臾謹以清酌少牢恭陳遣奠盈罇不舉虛饌莫嘗號天叩地殞絕何仰

爲伎人祭元十郎文

維神龍三年月朔日故伎人伏十善謹以清酌少牢之奠致祭於元十郎之靈源流茂樹莽羅是依山崩川竭魚鳥何歸恭惟主君高才達節賞心樂事風流不絕歌豔露華

舞迴春雪幸持此技承君餘悅綺羅脂粉嬌上春自言終代保情親寧知一旦君恩斷絃清管爲何人懷主君之異顧頻徇命於九泉迫夫人之嚴旨遂投足於他門生有十年之愛沒無一日之恩雖強容飾於新奉心摧絕而不敢言君子廣德仁心必遍疇昔與君琴罇懽宴永懷蕙歎俯憐荼苦錫以時珍申哀故宇厥車既展祖奠斯開悲歌助挽長袖承杯平居好此魂來不來心思往而莫遂足欲返而遲迴終天地於此訣毒煩冤而難裁

欽定全唐文卷二百三十四

張楚金

楚金幷州人贈工部尚書道源子鄉貢進士擢第高宗朝爲刑部侍郎武后朝遷秋官尚書賜爵南陽侯爲酷吏周興所陷配流嶺表卒

樓下觀繩伎賦

惟千秋之令節啟聖壽兮無疆詔百辟以高會挾宸歡而未央地勝樓闕天清氣涼禮容克備樂府斯張翕赫曶霍熒熒煌煌伊曠古之未有豈名言之得詳廼有殊伎特異

呈材累至動不勤物用非假器觀夫立象蓋取諸意本自宮中之傳名爲索上之戲掖庭美女和歡麗人身輕體弱絕代殊倫被羅縠與珠翠鋪璊筵與錦茵其縱練也橫亙百尺高懸數丈下曲如鈎中平似掌初綽約而斜進竟盤姍而直上或徐或疾乍俯乍仰近而察之若春林含耀吐陽葩遠而望之若晴空迴照散流霞其格妙也窈窕相過蹁躚卻步竒兩木以更躡有雙童而並騖還迴不恒蹋躍無勤驚駭疑落安然以住雖保身於萬齡恃君恩於一顧節應鍾鼓心諧律呂履冰谷兮徒云臨焦原兮虛語是時

齊謳輟響趙舞掩色絲桐發而沮勢丸劍調而挫力方今寰海清太階平兵革不用令國無征風雨既洽今年順成上曰可樂人胥以享大則有轟載之義小則無角抵之名固端拱而成理豈繫物而爲程者哉

透撞童兒賦

卓絕之伎不爲則已爲必陵羣駭目駕俗驚耳觀透撞之兒信其然矣雲竿百尺繩直規圓惟有力者樹之君前傳傳就日亭亭柱天鬼魅不敢傍其影鵷鸞不敢翔其顛此兒於是跂雙足戟兩臂踴身而直上若有其翅盡竿而平

立若餘其地人以爲難我以爲易人以爲恐我以爲戲難中有戲戲中有難倒軀軀墜高竿如更贏之鴈下空裏似蒲且之鶴落雲間不識者謂之尚奇好絕自取其殘服爲之慘心爲之寒怖甚蠆粉之勢不敢仰看庸詎知所憑之竿暗相扶所恃之術私有準掩都盧其若無顧驚戲而足哂屹然中駐餘勇不盡於時也解雀散鳥逃龍走魚跳劍臂折咒刀口呿一場之內獨雄雄如既而天眷偏及天顏賜喜曰其絕人有如此其服人有如此豈止投竿之兒抑由持竿之士持若不定或掉而或傾透雖自強何怙而何恃乃迴天札題其兩絕降天酒賞其雙美斯道也誠則小哉可以感於知己

崔神慶

神慶貝州武城人舉明經武后長安中官太子右庶子封魏縣子神龍初坐前推張昌宗獄不實流欽州卒年七十後贈幽州都督

請定宣召太子儀注表

臣伏思五品以上所以帶龜者比爲別勅徵召恐有詐妄內出龜合然後應命況太子元良國本萬方所瞻古來徵

召皆用玉契此誠重慎之極防萌之慮臣昨見緣突厥使見太子合入朝參直有文符下宮曾不降勅處分太子當時又報臣云昨日至晚侍奉不見聖人論及遣來今者直準臺符入朝事得安否臣又思周禮儀注例皆奏聞臺符所下必將非妄臣又自到朝堂審知是實所以太子遽往當今人稟淳化內外同心然古人慮事於未萌之前所以長無悔吝之咎況太子至重不可不深爲誡慎以臣愚見太子既與陛下異宮伏望召太子先報來日非朔望朝參應須宣喚伏望降墨勅及玉契以符重慎之道

劉憲

憲宋州寧陵人。第進士。累除鳳閣舍人。神龍初坐爲張易之所引。自吏部侍郎出爲渝州刺史。景雲初遷太子詹事。卒贈兗州都督。

對墳樹有甘露判

楚州申殷賢喪親負土成墳。甘露降樹。芝草生廬。青鸞鎮集。白鶴翱翔。縣令張德以爲孝感。刺史欲旌表。鄉人梁靜告國家祥瑞

殷賢名編荆楚。行達神明。實稟先賢之風。遍聞至孝之感。

甘露降其樹。還同汳柏之林。芝草生其廬。即在寢苫之室。雖禎祥驟委。諒神理無欺。而謗議是興。爲鄉人所惡。且求諸故事。抑有前聞。率土莫非王臣。含靈皆用天道。通論則歸於有國。析理則存乎其人。以匹夫之感。皆爲王者之瑞。則皇天所相。何彰孝德之深。梁靜須正刑書。刺史不煩疑惑。

上東宮勸學啟

臣以今月二十二日侍從外參。親奉令旨。令臣勾當所進書。隨了隨進。并語臣云。當今閒暇。正好讀書。臣自承殿下之好尚。私心歡喜。不能自勝。伏惟天縱神武。生知睿哲。誠時與理會。固無待勤求。然自古及今。皆重於學。至於光輝盛德。發揚令聞。安靜身心。保寧家國。除此之外。更無以加。常人讀書。擬干爵祿。事須精熟。乃堪試練。殿下居副君之位。有絕世之才。豈假尋章摘句哉。蓋應略知大意而已。用功甚少。爲利極多。伏願克成美志。無棄暇日。上以慰至尊之心。下以荅庶寮之望。幸甚幸甚。侍讀褚無量經明行修。在朝罕匹。是以皇帝簡擇。令侍殿下。謂宜時蒙召問。而察其言。臣以愚劣。忝跡士端。區區之誠。莫不罄竭。謹啟。

大唐故右武衛將軍上柱國乙速孤府君碑銘 并序

武之去虣。與文德而競馳。陰之爲功。配陽和而並運。利用厚生之事。依古以來。折衝禦侮之材。何代蔑有。秦之強也。起翦恬賁用其兵。漢之盛也。辛李衛霍爲其將。大唐操斗極。把鉤陳。帶甲百萬。授鉞四七。其有中分麾下。總堂堂正正之師。儼若敵國。負赳赳桓桓之稱者。在於乙速孤府君矣。公諱行儼。字行儼。本姓王氏。太原人也。五代祖有功於魏。始賜而氏焉。因居京兆之醴泉縣。王子晉之上仙。肇開

茂緒車千秋之作相重錫華宗家何代而乏賢人何時而不貴曾祖安齊前鋒都督右武候右六府驃騎將軍開府儀同三司上柱國河州刺史隨益州都督襲封和仁郡開國公徙孝移忠遷虞事夏司馬安之四至晏平仲之一心祖晟皇朝上開府右武候右卄府左車騎將軍驃騎將軍藏器於身待時而用功參列將寵盛輿玉父神慶右虞候副率檢校左右領軍衛將軍氣岸瓌傑志力雄武持軍以禮陰德有徵才子挺生將門斯在公鍾家代之休烈奉韜鈐之成訓鷹圖奮於霄漢鸛陣溢於風飈得射法於偃靈

習軍容於嬉戲子房智勇時其無敵郤縠詩書頗亦兼善永徽中司成生擢第明慶中丁父憂性實過人俯而就禮麟德初授宣德郎號王府記室參軍事閒平邸第枚馬交遊曳裾其間首席推美咸亨元年以將門子弟授振威校尉守普濟府左果毅都尉丁太夫人憂哭泣之節饘粥之數復如居府君之喪儀鳳二年勅除興國府右果毅都尉鎮河源軍定州道遊奕護河陽橋垂拱二年授游擊將軍黃城府左果毅都尉致果爲毅治戎以律洗兵鹽澤秣馬中山護濁河之橋綰黃圖之府智謀洋溢威武紛綸功靜

朔垂氣雄京邑永昌元年制除朝散大夫縣州司馬天授二年加朝議大夫長壽二年除資州長史延載元年加中散大夫題輿縣外展驥資中風俗所同政教如壹證聖元年制除使持節萬州諸軍事萬州刺史萬歲通天元年制加中大夫二年加大中大夫其年檢校永州刺史聖歷二年授使持節都督夔歸忠萬渝涪肅等七州諸軍事守夔州刺史三年授使持節都督廣韶端康封岡等十二州諸軍事守廣州刺史長安三年授使持節泉州諸軍事守泉州刺史神龍元年授使持節都督黔辰沅等州諸軍事守

黔州刺史其年加正議大夫神授政理之材天挺公侯之表故能方州典郡盡周官牧伯之尊越海淩山窮禹貢荆揚之域控御數千里周旋廿年化洽夷夏功成方國置生祠之廟往往而存畏清酒之盟于今莫犯神龍二年墨制授忠武將軍守右武衛將軍員外置同正員特勅停南衙上下專委北軍事羽林之任歷代爲重用周勃而後安召宋昌而先拜以公確乎忠信厲然壯勇須命卿之秩掌孤兒之軍宿衛陛殿而逾嚴徼巡巖廊而匪懈壘垣增肅軒禁穆清錫御府之金錢分大官之玉食殊恩所逮中使相

望而執（闕一字）持戟筋力爲倦輸節竭誠心術俱盡神用疲而致損腠理勞而生疾其歲夏中遇病廳事半體云廢經時未瘳願休攝於家庭遂遲迴於天闕陳情拜蹠理切詞殫有感宸衷特聽致仕仍褒美績更惜羸痾睿旨殷勤形乎綍翰公結欸而辭雲陛投迹而返私門懸廣德之安車施仲翁之行馬仙方上藥冀養性而延齡芳醞嘉羞且忘憂而永日而公素無息允命昆弟之子令從爲嗣鞠育侔於已生仕爲太子通事舍人坐外氏累左除溱州扶驩縣令公天屬爲重既切猶子之慈門寄所鍾何深舐犢之念

亦既離謫舊疾暴增春秋七十有二景龍元年十二月十五日薨于大寧里第嗚呼哀哉惟公盛德溫恭雅懷寬肅行無文飾言不浮華出身入仕儀家刑國靡欺暗室獨運虛舟於人之善無所遺於人之惡無所記可疑之地投足莫踐弗稽之謀措心所絕親友信而敬之老少安而懷之惟汲汲以行仁豈遑遑而求利防衛之際屢有奇功撫字之方亟彰靈感公之在永州也屬時（闕一字）不登土人多餒罄倉儲而罕贍捃山谷而無資所部界分素饒穭竹盤根合翠彌漫蒼然忽於一朝結實咸徧若五穀之含穎油然可覩比千箱之載詠俄而告給人皆和（闕三字）盈路公仍持數石奏進京師聖旨咨嗟嘆其靈昧公之在夔州也鄰界不虞羣蠻暫擾侵軼城郭殘傷吏人公不俟制命星言致討威靈震蕩氛穢廓清稽顙咽於巫雲（闕三字）於江水天朝命將甫戒於師期邊郡飛書已聞於戰捷雖耿弇之不遺賊於君父亦何以尚茲時嘉乃功璽書慰勉疾亟之（闕一字）思慮彌長遺書戒令從曰吾遭遇（闕四字）卌餘載恨無以報不敢絲毫有負於聖朝家業素貧喪葬所須務從節儉勿違吾平生志也所樹碑務令存實無爲虛美以掩吾眞爾

等唯清唯愼勿矜勿伐則吾死而無恨矣夫人常樂縣君賀若氏宋公弼之姪孫開州刺史懷武之第六女門宗之盛鐘鼎連華家室之歡瑟琴齊契春秋五十一證聖元年八月五日亡於萬州官舍維景龍二年歲次景申二月辛卯朔十六日景午合葬於雍州醴泉縣白鹿鄉李中川先府君之塋炎禮也嗣子令從叫叫穹蒼哀哀霜露永言（闕一字）誓終身奉行子壻右驍衛鎧曹參軍安定粱望之代業通家天資長者冰清玉潤常懷國士之恩石字金書願託中郎之筆（闕二字）言行乃作銘云

公侯子孫必復其始將門有將其來久矣伊我將軍奕代爲美壯勇傑出威稜峻峙文則循良六條千里武以侍衛巖除軍壘黄霸匪儔宋昌寧擬中外從闕三字勤止年至禮優神勞疾起有生終謝令問不已賢哉伏波誠其兄子

梁朱賓

朱賓雍州藍田人

大唐故朝議郎行澤王府主簿上柱國梁府君并夫人唐氏墓誌銘并序

君諱寺字師睐雍州藍田人也丕承帝緒自雍墟而逮夏

陽克勤王家由安定而宅京兆其如萬氏昆季列於三方有類林家昭穆光乎十德至若衣冠禮樂之盛烈廉孝賢良之儀表固以爲奕當代昭彰季葉者乎曾祖遵周秦州清水縣令遽辭相用勞逸兼資重泉之磬載昌單父之琴斯洽祖殊隨監門録事參軍德以潤身學以從政八屯由其式序五校於是克隆父杜皇朝奉義郎騎都尉識量夷雅風神耿介青田表秀丹穴摛祥進而不榮安乎散列退而不野鄰乎湫隘君承積善之餘祉挺生人之上姿因心而好孔墨挽跡而齊曾閔縱王佐之奇表揚於王庭屈公輔之宏量薄遊公府咸亨四年授文林郎隨班例也日者東風爽候西旅不庭三軍乏坐甲之資七萃興懸磬之歎君散陶凝慮指困推誠躬親饋鹽之勞式周儲峙之務恕己及物下布人謡憂國忘家上紆帝念永隆二年恩詔授上柱國道光西漢已極武功之尊名冠南荆竟保昭陽之貴旣而上僊興慕下代纏哀梁山降白鶴之祥畢陌啟青烏之兆君深悲考逝義切子來茂績顯於園塋豐功徹乎旒扆垂拱元年授朝議郎行澤王府主簿以枚馬之英規偶閒平之上邸芳風扇乎蘭坂茂躅隆乎桂山東閣由是希聲西園以之藉甚豈期攝生謬理與善失常西山何高

未接仙童之羽南溟尚遠翻墜化鵬之翼以垂拱四年十月五日終於長安懷德里第春秋卌有一夫人晉昌唐氏名惠兒後魏驍騎將軍本部守契之七葉孫即故司農寺長樂監敏之第二女也巫山降祉巽位摛精挺琬玉以成姿懷冰霰以清慮纂組織紝之務早擅女工幽閑婉嫕之規夙彰婦德恭謙娣姒宗族所以推先肅事舅姑閨門由其作訓將以鵷鷺並驚常接影於仙樓不意龍劒雙沈竟連形於寶匣以垂拱四年九月廿七日終於長壽里第春

秋卌有六粤以其年十一月十七日合葬於終南山梗梓谷口隋信行禪師林側陪大父錄事參軍之舊塋由夙志也惟君器周大雅德備中和敏殫衆藝好兼靈迹牟子博之異錄動息會其情虞孝敬之奇記俯仰明其術黃金積銙鎮寫眞容白玉成田併開精舍夫人亦凝心貝葉屬思曇花幼彰龍女之功長契勝鬘之德婉茲嘉偶咸借慶於一乘倬彼好仇並歸神於八正其子景先等以爲形資業起業立則形存化以緣生緣亡則化息履霜增感豈若奉於遺音聞雷警慕固可託於眞侶式崇寶構虔考勝因寄篆刻於幽埏庶飛芳於奪里其詞曰

有秦支子始國於梁帝堯景胄必復其唐易代載德繼軌傳芳雅符秦晉信叶潘楊其一於惟君子夙承家慶顯允夫人早標門令笙簧其德黼藻其性問望備隆容工兼盛其二身由業立果乃因成共資有相並證無生八正凝想七覺馳情德踰善德名蓋淨名其三積善方融輔仁無準始驚炭折俄看薪盡悲哉則豹騎連翔痛矣則螭軒接軫門庭兮蕭索墟落兮淒緊其四哀哀鞠子感感遺孤共詳勝地式奉先蕃構曾臺於翠阜刻貞石於黃墟山山兮靈塔往往兮眞徒其五

朱寶積

寶積瀛洲人喪親廬墓以哀毀卒

彌勒尊佛碑

若夫眞宗奧鍵言象昧其津源俗諦法門性闕一字詮其教義自三天錫福十聖揚猷道俗薰修階資積習若海流懸闕一字涵闕二字而闕一字天江源濫觴下歸塘而括地至如闕一字波傳話素契闕一字於菩提墨血摘文闕一字志期於上德善才童子求友不逾於十城羅刹聖僧談經無過於半偈

未有濟巨川而棄楫昇彼岸而闕二字者哉粤若大覺乘乾天仙利現應賢劫而開運耀佛日以光臨載誕王宮獻異蓮花之步撫監儲苑呈祥白馬之蹤伽耶非立行之場擅特是坐忘之地始則舉筌蹄而繹理終乃期得意以忘言空色兩捐是非俱遣斷言語之路開不二之門湛湛常存如如不動不皦不昧水鶴無分無去無來空鵜詎辨洎恒星不見之後金人入夢而還象教西流創經行于震旦龍波東注餐妙化於迦維仁祠徧滿於郊虞支提充創于州部矣建興寺者晉朝建興元年所立也薙草開基疏源設

砂多招法侶廣置緇徒大辨名僧振衣戾止天親大德挾
錫來遊歷晉宋而常存經齊梁而永固屬隋季喪亂因而
廢焉蕪沒一朝荒涼十紀洞房幽閴空留野獸之蹤廣廡
長廊竟滿巢禽之響崩榛塞路淒涼（闕一字）道之懷駭壁潰
墉痛切桑門之掩有唐上元二年天皇大帝爲孝敬皇帝
崩制所立也三善空留四皓罷遊聲沈鳳籥影絕龍樓皇
帝悽馳道之無恭傷臨渦之輟調普天之下廣闢仁祠其
地距維揚岡連楚塞歸峯南峙淩倒景而干雲蠙浦西通
下焦溪而沃日且土風多冣人望攸高漢帝祠壇瑤席徹

球琳之韻楚王陳迹淮淝播英傑之名徐偃行仁徽猷尚
在汲黯臥理嘉譽猶存實荊壤之奧區楚都之勝境者也
唐之有天下七十餘載矣高祖神堯皇帝鳳起唐郊龍飛
參野翦奔鯨而清寓縣銷伏鼈而靜雲雷出震有臨繼天
當宁重規累聖被淳曜於圖書允武允文揚鴻輝於帝籙
太宗文武聖皇帝樞電摛祥形雲薦祉大橫成卦三讓之
禮愈恭寶祚開元八百之隆已永高宗天皇大帝握蘭演
慶夢月貽祥紹三皇五帝之絕軌光乃聖乃神之洪祚皇
上聖孚光宅元德昇聞億兆事繁馭朽之懷轉切萬幾務

重履冰之戒愈深神皇德尊軒聖道叶坤元鍊石而補旻
穹執契而成品彙稽帝籙披皇圖搆合宮啟陽館神工而
符神造天製而合天心嶽澤効靈河洛開奧慶雲紛郁閒
霞彩以成文甘露泛（闕一字）混珠光而動色郊栖祥鳳苑樂
遊麟東栝西環望帝閽而入貢南蠻北狄思解辮以來王
天域垂平樂和禮貴而比邱僧惠靜俗姓卞氏周濟陰侯
卞英之後也三歸早攝六波先悟戒律思備（闕一字）惜鵝珠
道德兼修取光虹玉自道（闕一字）沒後惠遠生前（闕四字）道網
解紐其有紹斯高躅者其惟上人法師識悟三生心明四

果乘因趣級登十路以高遷喪律背緣入四流而下墜去
垂拱元年發心敬造彌勒像一鋪奉爲皇家帝主及州縣
官僚師僧父母一切庶類數年之閒裝嚴（闕二字）且連肸示
妙便寫眞容紺髮開儀還圖實相圓光煥彩亂晨景之照
梁背日流明炯朝虹之燭牖談之不可已已其在茲歟次
有寺主比邱僧智須僧智雲上座惠品都維那法（闕字）惠
崇惠明淨琛淨泰法融等夙懷敏悟早譽克聰行潔珪璧
業周禪誦靈山之妙法毗邪之善談敬之重之載挹載味
而心不住法捨乃遺情知幾其神抑惟明德邛州鎮將劉

元爻蔚州鎮將王本柱國王文霸柱國王超柱國王仕弼上柱國王楷騎都尉王肆騎都尉王智略劉德逸並淮南蠹桂江北明珠肆談柄于鷄窻縱武能于虎帳既開冠蓋之理還闡通德之門屬踐畏途共取誡于冰谷馳心妙境同見樂於閑居各捨冰紈志求無上而已下官少披孔籍覃思三墳晚學釋經窺窬十步雖日夜無倦端倪靡躬行坐未瘞波瀾詎際法師不遺淺識見請慇懃雖假數句以成文章終懼一字以爲褒貶敢竭愚瞽輒陳聖諦庶化城空而劫石盡貞石無刊滄海變而桑田改元言不昧乃爲

銘曰

理超繫象道先天地譯有開宗因無成器嘉號稱十妙門匪二湛然不動見應斯至其一

先佛後佛千名萬名天上天下王城化城一來一去不死不生賢哉妙覺實曰儲明其二

出門悟道數歲成因遠超三界深明六塵化馴鱗羽德洽天人言語一段千載元津其三

箭驚宵漏舟移夜壑漢夢纔通周日已落孤阜棲鸑疎林隱鶴質明金剛形圖丹雘其四

慧日遥臨道風振響發迹伽衛聿來中壤月殿崢嶸日宮宏敞二諦開教三乘駕網其五

爻靈告謝黃神嘯吟竟飛闕二字爭怒鼉音沙河咽鳴闕二字崩岑一摧道樹詎識檀林其六

皇家創歷廓土開疆繼蹤媯燧齊聖虞唐法門再闢釋網重張緇徒濟濟梵響琅琅其七

去斯塵累歸茲法宇妙辨銀鉛深明水乳緇衣領袖道場儀羽廣樹福田增崇帝主其八

邈哉伊人至哉羣彥遽驚折軸俄悲毒箭榮利誰重解脫斯羨蠡髻韜姿開模紺殿其九

廣川化雉高岳稱黿緜緜畎澮硌硌川垍天高城迥平路通遙接江之滸連河之湄其十

日月晦冥寒暑遷易始聞生死俄成古昔天衣拂兮歲深塵劫空兮年積幸微言之不昧刊芳猷於元石其十一

欽定全唐文卷二百三十五

俞文俊

文俊荆州江陵人武后載初年新豐因風雷山移乃改縣名爲慶山文俊上書諫武后怒流嶺外爲六道使所殺

上則天書

臣聞天氣不和而寒暑隔（一作併）人氣不和而疣贅生地氣不和而埴阜出今陛下以女主處陽位反易剛柔故地氣隔塞而山變爲災陛下謂之慶山臣以爲非慶也臣愚以爲宜側身修德以荅天譴不然恐殃禍至矣

柳沖

沖蒲州虞鄉人天授初爲司府主簿賜爵河東縣男景龍中累遷左散騎常侍歷太子賓客昭文館學士開元五年卒

請修譜牒表

臣聞乾元資始而庶物形焉人倫既肇而族類詳焉姓氏之初代本著其義昭穆之序周譜列其風漢晉之年應摯明宗系之說齊梁之際王賈述衣冠之源使夫士庶區分懲勸攸寄昭之後代實爲盛典自魏太和已降作者彌繁或以八族品人倫或以九等量地冑爰洎今日年祀以淹冠冕之家興衰不一晉原藥郤有降夷品許史袁楊一時各盛豈可以曩時之褒貶爲當今之軌模原始要終有所未允伏惟應天皇帝陛下誕膺靈命大庇蒼生道冠羲軒風踰韶夏損益前載垂範後昆帝緒皇源與天沖而比大良才人物掩姬漢而飛聲理當自我作古牢籠古昔豈可闕於著紀無示將來臣願得序大唐之隆修氏族之譜使九圍仰止百代承風豈不大哉豈不盛哉

席豫

豫字建侯襄陽人徙家河南天授中舉手筆俊拔科補襄邑尉舉賢良方正異等天寶初累官尚書左丞檢校禮部尚書封襄陽縣子七載卒年六十九贈江陵大都督謚曰文

請耕耤田書

臣聞古先哲王躬親耤田者所以供粢盛勸稼穡俾夫海內元元相謂曰天子至尊也猶行三推之禮況乎田野農圃之人乎於是父勸其子兄率其弟躬耘力耕不遑霜露故畝稅流衍國倉峨嶬帝堯之洪流包山天乙之巨旱爍

石人無菜色用此道也自陛下允陟皇階未親帝耤伏願命有司具儀禮以來年春耕于公田躬執耒耜使黍稷豐備然享天于南郊宗祀先聖于明堂大孝烝嘗于茲爲盛豈止年登歲稔如坻如京而已哉

對嗣足不良判

景食一縣嗣子足不良請立其弟禮司不許云古有其道

錫爵啟土將以疇庸開國承家寄于令嗣乙受封一邑參榮五等高門不昌厥子嬰疾昔郤克爲使取笑齊人孟縶

不佞稱于魯史況主喪祭之禮如有朝覲之儀繼代非輕擇賢而立有符故事無爽通途

唐故朝請大夫吏部郎中上柱國高都公楊府君碑銘 并序

夫靈鎮三峯倚京師而西峙榮河一曲抱華陰而東注故川嶽氣交雲雨時出感降才傑紛綸元勳冠世爲強家宅滋沃土者其惟宏農楊氏焉曰我伯允厥自唐叔關中相府乘朱輪者十人洛下儒門登袞職者四代慶靈不隕以生我高都公公諱仲宣字蕘後漢太尉震之二十代孫也自高祖至於大父並名播海內迹存朝端舊史前碑其詳之矣烈考皇孫刑部尚書魏國忠公元炎屬姦臣擅命明辟應期功濟中興安劉氏者周勃禮優歸老論叔向者祁奚出處全身忠貞盡節公即尚書府君之第三子也粵在幼齡夙有至性事魏公甚國夫人以孝聞宗族推稱州閭籍甚清眞邁俗秀楚不羣氣和可親色厲難犯言必合禮動不違仁集七略之書名高漢閣作三都之賦價重洛城未弱冠以通經爲修文生授右千牛光朝選也秩滿補太廟丞以親累出爲蘄州司戶參軍屬先尚書辭滿告歸公

罷官就養潁曲別業地連嵩高邸中有華孝子潔白之興川上有水漁父滄浪之歌溫清獲申隱淪兼遂橫爲酷吏王勗所誣貶授嶲州臺登縣尉劍南節度使益府長史韋抗奏公爲管記飛書之急倚馬立成尋有詔停官歸侍俄丁尚書府君憂鞠凶而降哀毀骨立殆不勝喪取全於禮服闋從常調吏部侍郎魏奉古早以文伯期於王佐乃授河南府河陽縣尉尋應藻思清華舉今上親試對策甲科除蒲州司法參軍丁甚國夫人憂杖而後起公居魏公之喪也服闋不仕爲叔父瑶所敦逼不獲已而應命其年

糊名考判公居上等乃擢拜監察御史獬豸之角初見觸邪雞棲之車還聞嫉惡坐剛直出爲汾州孝義縣令前宰無良下氓失業稼穡之地半爲荒疇桑榆之人多在逋藪公曉喻歸本流亡盡復既富而教厥土有年故得雉馴郊甸鸞降庭樹刺史蕭煚乃圖畫其像郵傳以聞天恩疇庸璽書褒美乃除華州下邽縣令辭疾罷職求歸養閑無何除河南鞏縣令所歷爲政有逾于前尋遷禮部員外郎歷左司員外郎春官之屬以和神人左轄之佐以正綱紀乃轉吏部員外郎九品之曹一臺之劇有簿書以旌淑慝擇

刀筆以決否臧于是乎以公滅私秉心匪石剖疑析滯揮翰如流選部以清繁公是賴尋遷本司郎中乃統胥徒是稱小選峻以風檢請託不行絕其關梁僥倖自息若乃見理之遠持事之堅雖有賁育之勇金張之勢曾無恐懼不可動搖不陟台階奄先泉壤悲夫以開元二十九年七月五日遘疾終於萬年永寧里之私第春秋四十有九以其年十月十七日歸葬于閿鄉牧馬原禮也惟公自家刑國曰仁與義厚利者常流之所重公以先人邑入盡分諸孤善交者衆人之所艱公以結下朋遊曾無凡客士有險陂比鄰不通人或急難傾家以濟素懷儉約雅好眞如不服綺紈不食葷血雖粉闈有閱朱紱斯皇不易貴賤之心能全始終之節嗟乎譽高千載道屈一時漢之崔駰官終邑宰魏之管輅位止府丞天乎與才而人乎無命自古所歎豈獨高都而已府公所著文集十卷盛行于代嗣子輪行太常寺奉禮郎次子輳輸轔輯等永惟過庭之訓式遵卜宅之禮靈轜戒道哀挽及歸靈掌東拓地惟鄉縣拱樹西靡心存帝京銘曰

河之靈華之精人之傑國之楨年不永位未亨閉泉路兮

冥寞空歲陰兮崢嶸

富嘉謨

嘉謨雍州武功人舉進士中興初爲左臺監察御史嘉謨與新安吳少微同官友善屬詞皆以經典爲本人欽慕之稱富吳體

麗色賦

客有鴻盤京劇者財力雄倬志圖豐茂繡轂生塵金羈照路清江可涉綠淇始度拾蕊歲滋摘芳奇樹錦席夜陳茗華嬌春瑤臺吐鏡翠樓初映俄而世姝郎國容進疑自持

兮動盼目爛爛兮昭振金爲釵兮十二行錦爲履兮五文章聲珊珊兮佩明璫意洋洋兮若有亡躡躚兮延佇招吾人兮由房凝釭吐輝兮明燭流注願言始勤兮四坐相顧時娥娥而載笑唯見光氣之交驚夜如何其夜遲遲美人至止兮皎素絲秉明心兮無他期夜如何其夜巳半美人至止兮青玉案之死矢兮無彫換既而河漢欲傾琴瑟且鳴餘弄未盡清歌含韻歌曰涉綠水兮採紅蓮水漫漫兮花田田舟容與兮白日暮桂水浮兮不可度憐彩翠於幽渚悵妖妍於早露於是覽物遷跡徘徊不懌起哀情於碧

湍指盛年於光隙擊節浩歎解珮嘉客是時也楊雄始壯相如未病復有鄒枚藉藉荀令咸娛座客嬉妙情灑豪翰動和聲使夫燕姬趙女衛豔陳娥東門相送上宮經過碧雲合兮金閨暮紅埃起兮絲騎多價奪十城之美聲曼獨立之歌況復坐絃酌而對瑤草當盛明而謂何

爲建安王賀赦表

臣某言今月七日奉十月二十三日制書大赦天下日者關輔之地鑾輅曠遊山川望幸積有年歲是以西土耆老東首累祈濬城隍修宮室考舊邦之式稱長安之盛福應旋至嘉穀屢昇故奉時無違乘輿乃降六龍大動羣方咸悦蓋三光增曜而漢祚隆萬戶加嚴而高居壯紫宸端拱朝諸侯而垂統鴻霈流恩申三宥而作典浹洽遐邇孰不抃躍臣寄重軍州地連肺腑載覃天恩不勝悦豫無任踴躍之至謹奉表陳賀以聞謹言

爲并州長史張仁亶謝賜長男官表

臣某言伏奉二月十四日敕賜臣絹一百匹又奉其月二十六日敕除臣男之輔尚舍直長史麗澤之來匪月而降受賞轉級惟臣及予寵渥所分臣無與二夙夜惶悸萬殞

增惕然旌節所統緣邊千里禦寇既廣兵賦自殷受任非據屢移年祀未能司大事而靜外虞汔小康而鎭內役而崇班厚貺載在臣門將何以祗拜殊渥光顯休命此微臣所以有死無報也南望闕庭以榮受懼無任悾款之至謹附表陳謝以聞

駕幸長安起居表

臣某言伏奉車駕以今月二十二日西至長安臣聞咸秦奧壤河洛舊區王者是宅因時順動故睿情載佇西瞻邦土玉軔金根天旋雲被皇輿凱入在藻知歸臣忝莅茅謬

膺垣翰尹京靡託陪鑾遂阻紫宸漸遥丹慊空積伏惟祁寒在候輦路逶迤法駕就蹕聖躬多祐然後闢天陛而臨舊都巡卜征而考元吉者也無任悅豫之至謹遣某官奉表以聞

鄭遂初

遂初萬歲通天中登第

對津吏告下方傷水判

得津吏告下方傷水請毀左右堤水工景固爭

九土之宜高卑異等百川之勢面背殊源所以堤設沈薪

以防其溢河流酸棗竟被其災今者津吏所陳水浸方盛請毀堤而取便遂抑強而扶弱考古頹傾之異前後乖奉之宜疑未爽河渠之篇深符溝洫之記工人有諍即事雖通請更辨於今形方可遵於古典

沈佺期

佺期相州內黃人第進士神龍中歷官太子詹事開元初卒

峽山寺賦 并序

峽山寺者名隸端州連山夾江頗有奇石飛泉迥落悉從梅竹下過渡口至山頂石道數層齋房浴堂渺在雲漢神龍二年夏六月予投驩南裔承恩北歸結纜山隅周謁精舍爲之賦焉

峽山精舍端溪妙境中有紅泉分飛碧嶺若乃忍殿臨岸禪堂枕江桂葉薰戶蓮花照窻銀函獅子之座金刹鳳凰之柱野鹿嬌而屢馴山鷄愛而頻舞千層古龕百仞明潭幡燈夕透杖鉢朝涵炎光失于攢樹涼風生于高竹仙人共天樂俱行花雨與香雲相逐法侶徘徊齋房晏闢心猿久去怖鴿時來走何爲者竄身炎野旋旆京師維舟山下

稽首醫王誓心無常向何業而辭國今何緣而赴鄉豈往過而追受將來愆而預殃即撫躬而內究幸無慝以自傷心悞辱而知忍迹繫窮而辨方嘉遁來之放逐爲吾生之津梁

峽山賦

縹緲之閒有禪關焉俯尋碧灣勅特賜之廣厦兮名標峽山嶄然七十二峯兮高侵雲漢亘爾百千萬紀兮永鎮人寰切惟羊城王嶺之要衝清遠諸峯之高壓中有絕境山名曰峽澗穿一水之流夾列兩峯之夾層崖邃谷疊屏帳

以重圍怪石奇峯聳樓臺之高插山尖兮嶺危天環兮地旋前山踴兮龍奮躍後山猛兮虎蹁躚冠出巫山之十二高超法界之三千霧鎖烟籠眞物外虛無之境月明風裊實壺中未有之天春木茂兮翦琉璃春花開兮靄蘭蕙夏風涼兮來殿閣秋霧冷兮滴松檜冬爐煖兮新炭酷歲醪酌兮杯盤美壯蓬萊三島之居類天闕五雲之際閑憑晚閣指天外之霞飛夢斷曉鐘聽雲間之鶴唳記事者曰昔在梁武帝統臨幅員極降二庶子之青襟疑來五羊之穗轅其後化遊士以去此託舒州之夢焉于是雲奔電激神

殿一霎而至止雕梁峻柱金身丈六以巍然爰立靈祠居二禺而作鎮中有梵刹羣列釋以安禪輒有怪異紛紜神靈出沒達磨石兮聖蹟俱存觀音泉兮源流不絕老人松畔竹交加白泡潭中魚跳躍猿環不見時聆古木號風犀鎖巳沈夜有寒潭浸月更復臺高獅子巖產金芝薜斑斑兮定心石水淼淼兮放生池龍磨角而江澄素練嶺蟠縹而雲走輕旗舍利塔兮觀神人之現波羅樹兮聞異香之奇烟鎖釣魚臺往事空追于趙子雲迷和光洞今人莫見乎吕期雲衲來遊琴書投靜恬然淡泊于吾是酩役役芬華而非所競何妨拚峽山之遊恍乎步蓬萊之境

蝴蝶賦

羌蝴蝶之可憙兮紛化育乎陽和二角六足蠕腹狀蛾脈紺縷以元翅點赭珠以緗窠淩獵蘭蕊嘘吸蕙葩飛將進而又退兮含百態以委蛇豈緜舞而不懈兮柰衆芳其鑠何圖君子之翠屏儷緜族而星羅蒙左右之深賞況夢寐之所嘉

追冊章懷太子張良娣文

維景雲二年歲次辛亥十月壬寅朔十日辛亥皇帝若曰

於戲咨爾故章懷太子良娣張氏家承峻閥代襲徽猷法度有章言容克備始應良選入奉元儲柔規緝於上下淑問揚於中國恩絕賓帝七日無歸義申從予百齡先謝言念窀穸憫悼良深追崇徽號典故斯在是用命某官某乙冊爾爲章懷太子良娣魂而有靈膺茲寵數

冊金城公主文

維景雲二年歲次辛亥二十日癸亥皇帝若曰咨爾金城公主幼而敏惠性質柔明徽藝日新令容天假先帝承皇祖之寶訓繼文成之舊姻割天性之慈徇安人之業何蒼

生不幸紫宸厭代朕勉及丕業兢守大烈永懷同氣注心遺體靖言河湟無忘鑒寐湯沐之數信命之勤追平昔而載深於骨肉而加等於戲禮之隆殺大繫于情情之厚薄抑亦在我今猶子屬變何異所生然叔父繼恩更思敦睦是用命朝散大夫試司賓少卿護軍曹國公甘昭充使試詹事丞攝太子贊善大夫沈皓仙爲副持節往冊爾爲朕長女依舊封金城公主率由嬪則無替爾儀載光本朝俾乂蕃服豈可不慎歟

安興公主謚議文

議曰臣聞表終受名按存考行王姬內範胎教潛流徽問積中知之在下公主降靈宸極升慶高禖貞惠曰嚴柔明天縱英姿灼乎齠齔夙智形于襁褓孝爲德本資色以養覩禮即敬與履謙而軌物生成天族長自華宮珠玉滿堂不忘於瀞濯歌鐘成列載玩於圖史恭聞懿風庶覩嬪則未延百兩奄遘重泉皇帝正位瑤圖追榮金牓穠華失秀軫餘悼於生前彤管凝芳追令名於沒後謹按周禮謚法容儀恭美曰昭慈仁短折曰懷請謚曰昭懷公主謹議

吳少微

少微舉進士調晉陽尉中興初拜右臺監察御史

代張仁亶賀中宗登極表

臣仁亶言今月一日春官牒至皇帝陛下去月二十五日光臨寶極誕告萬方億兆羣生抃舞欣賀中賀臣聞皇天愛人則有非常之主聖人受命必復先王之業伏惟皇帝陛下明德動天輯寧國家張乾坤之重仾紹文武之耿光日月再貞正朔惟序百神啟佑九服咸若天下元元不勝慶戴臣夙仕皇朝被荷恩化荏苒勤役復遇聖明枯朽再生慶抃之情特萬恒品臣忝慶州域未獲馳賀闕庭

爲桓彥範謝男授官表

臣某言伏奉某月日恩勅以臣男某爲某官臣實多幸偶遭皇運鳴玉以㭊建土而玉大錫崇榮斯亦極矣先臣老母復荷渥恩追亡寵存光被窀穸自妻及弟雙綬六珈闔門振耀惶懼未巳今臣子某年方髫齔服臣之榮爲祿巳甚更承天秩將何以堪殊澤荐臨斯厚臣寵敢不祇奉拜命之休無任悚荷之至

爲任虛白陳情表

臣某言臣亡父某昔在聖朝累蒙進任亟登麟閣纘校祕

文衛迹鳳池翊謀神化內陳青瑣之拜出有朱輪之寵何其休哉而恩榮未報釁禍潛起閶門而就拘連頸而待戮陛下發雲霓之彩回霜電之威捨過好生全棄嶺表一蒙渙汗忻借命之恩萬里奔波無乞骸之望竄身邊裔皓首荒隅以臨年之危坐炎方之瘴雖欲勿死其可得乎遠謝闕庭奄先泉路旅櫬期朽今猶未還輿言血下號懼交集臣某中謝陛下通天之歲復降恩勅追魏某崔某及臣亡父等赴都元忠或入處台相出臨藩牧門庭曜軒組之榮妻子厭粱錦之美其李乙雖死亦蒙贈官子某又登徼職

惟臣一門之內存亡俱不霑恩臣之不天亦胡顏上訴然比生則孤臣豈敢同死則存李獨優皇天平分豈其偏施伏惟皇帝陛下惠育羣生無幽不燭臣之孤苦皇天所鑒父終嶺外喪在關中宇宙雖廣無一廛之地弟妹幼稚絕斗舂之儲兩柩雙魂未遑安厝臣所以鯁情割戀忍而未死者竊爲此耳倘雲雨之賜復潤無私則南有歸來之魂北無高堂之位臣之罪也不任崩迫之至謹奉表以聞輕觸宸嚴伏知待罪

爲并州長史張仁亶進九鼎銘表

臣聞鼎者夏后氏作羣牧貢金遠方圖物備諸山澤以禦魑魅厥後嗣德昏亂鼎遷於商夏之寶也杞不足徵殷既有之又患失之周德休明神寶不墜百代可繼伏惟陛下光大而當之若乃崇貫之器金玉之鼎鎔首山發脽上列太廟序明堂克昭靈命以奉上帝非愚臣所敢議臣聞禮之興也始諸飲食故先王之制日舉九鼎蓋芍藥淳熬滌瀡膏餌御九州之美順四時之和臣所以征繕北金敢貢新鼎夫有器必有銘臣竊見九州攸同廼述九號夫永昌天中所以基皇周也長安及岐所以紀靈瑞也武興建都

所以光帝開也日觀云亭所以美升中也少陽載青所以冀儲德也東原底平所以廣封植也江都淮海所以肆朝宗也江陵作鎮所以制荆蠻也成都奧區所以遏珍貢也夫此九者誠不足揄衍鴻休昭振方紘庶覩者美其所稱知有由作徵臣朽老不逮有慚歌頌塵八命之寵章負中軍之重任匪躬厥猷伏表汗流其九鼎銘謹敢列上謹遣某官奉表以聞

冬日洛下登樓宴序

僕抱書劒河洛歲月多矣曷常不憶林宗想元禮慨然今

古追思盛德有太原莊（闕字）一雄材特達信而好事招奬英奇亦千載一時也取樂文翰不孤風景置旨酒命羣公列坐層樓觀望天地烟霞咫尺左右娛賓山水淒清縱横在目其時既晚其日將闕度北牖之涼風下南端之白石覽物增思遊子多懷廼眷斯文期乎不墜云爾

唐北京崇福寺銅鐘銘 幷序

夫鐘者梵場之信鼓也聚萬法者莫大乎信鼓是故佛置信鼓所以窮遠究微一切賢聖恒河沙數者也所以開教設敬使天下之人善勸而淫懼也所以制鬼神之端而魔

魅不得閃其姦乂剎不得載其毒也故以聽則不惑以念則受福者信鼓之謂矣洞夫樹之而不朽攻之而不匱颺言曰皇后之舊業也飛龍在天載華厥號殿施翼庭煌煌井甃不改耽耽萬構有鐘在堂窕而不滿越相公御史大夫鉅鹿魏元忠仗旄鉞振金鼓發秦兵河卒利伐玁狁鉤車逐而北之於是休兵十月入自禪闕聞鐘聲薄而觀之曰斯一鼓鐵也曷以昭蘇羣聾光響皇梵頋稅金紫之秩賈梁岷之銅張而鏞之俾兵哮吼埏周俶宇會東郊不開公於是再有盧龍之役天子申命執金吾南陽張公仁亶以魏公之事端尹北京保釐府戎左右梁葉纂鑄洪器庀工慮鈞塗坯堪剛壞象睎炭隧宣火房歕飛廉扇回祿金光鑠鉛液汯煎準沸潏爛烻烘赫爇重雲焮寶界鬱攸而不可嚮者旬有日矣廼撤乃相制作可觀嘗試而鏗之聲聞于天得未嘗有大而不㰖斂也長而不掉正也固而無瑕忠也扣之則應信也大扣則麤厲而猛奮勇也小扣則清逾而溫韻仁也剛而爲圜天也含章可貞地也非夫虛妙純粹幽贊而不測者孰能致於此故良冶獻欵羣眞悏躍自相與建高臺於西廂殫土木之瓌峻赫如也則俯綍

以累之攢欒以扛之千人引萬人唱夫力斯拔乃登大懸焉猛虎贔負以奮㚟長絙掣曳以縻摔四緇用壯是拒是邇山訛而河洩蹶狂故顏魮（疑）啜爾其亂也天地殷雷霆考始作也鍠鍠乎雙城井陌震來虩虩少縱也驚遠而懼闢魚脫淵羽翽雊戲駭栗栗而汗涸況貔虎與百獸夫其終也戢怒游威春容將盡久而不絕雄雄乎無間北方之強能與罔不諦聽而求時夜於是旭旦之音達而人用悛惕伐虞泉而人悲衰老鼓昏定而人悟煩愛宵中哉人釋其病昧爽哉人室其意欲惚九圜而利萬有者勉是夫初

大夫之禱施也人咸曰休哉夫美而不稱君子以爲誣矣
若二公美莫不可歌也則其疇離之頌曰
佛說撞鐘本三聲昭會百衆持六情厭有叱王愛輪割故
我長擊以護貺因而作偈演之曰一救寘獄湯劒時二救
餓厲釋縲鐵三救六畜報愚癡四救修羅勇且疑凡鑠堅
剛十耗一我金再鍊滋百鎰巍巍神力誰其尸大道至感
曰諸佛

欽定全唐文卷二百三十六

韋嗣立

嗣立字延構贈祕書監承慶異母弟第進士累補雙流令累官鳳閣侍郎同鳳閣鸞臺平章事會李嶠唐休璟請簡臺閣分典大州乃以嗣立帶本官檢校汴州刺史景龍三年轉兵部尚書同中書門下三品嗣立與韋庶人宗屬疏遠特詔編入屬籍封逍遥公睿宗立拜中書令開元初爲太子賓客坐宗楚客等削遺制事不能執正貶岳州別駕再徙陳州刺史七年卒年六十六贈兵部尚書謚曰孝

省刑罰疏

臣竊嘗聞之在堯舜之日畫其衣冠當文景之時幾致刑措歷兹千載以爲美談臣伏惟陛下濬哲欽明窮神知化自軒昊以降莫之與京獨有往之論法或未盡善皆由主司姦宄惑亂視聽尋而陛下聖察具詳之矣然竟未能明其本源察其前事令天下萬姓識陛下本心尚使四海多銜冤之人九泉有抱痛之鬼臣誠愚昧不識大綱請爲陛下始末而言其事揚豫之後刑獄漸興用法之伍務於窮竟連坐相牽數年不絕遂使巨姦大猾伺隙乘間內包豺

狼之心外示鷹鸇之跡陰圖潛結共相影會構似是之言成不赦之罪皆深爲巧詆恣行楚毒人不勝痛便乞自誣公卿士庶連頸受戮道路藉藉雖知非辜而鍛鍊已成辯占皆合縱皋陶爲理于公定刑則謂汙官毀柩猶未塞責雖陛下仁慈哀念恤獄緩死及覽辭狀便已周密皆謂勘鞫得情是其實犯雖欲寬捨其如法何於是小乃身誅大則族滅相緣共坐者不可勝言此豈宿構讎嫌將申報復皆圖苟成功效自求官賞當時稱傳謂爲羅織其中陷刑得罪者雖有敏識通才被告言者便遭枉抑心徒痛其冤

酷口莫能以自明或受誅夷或遭殛竄並甘心引分赴之如歸故知弄法侮文傷人實甚賴陛下特迴聖察昭然詳究周興邱勣之類宏義俊臣之徒皆相次伏誅事暴遐邇而朝野慶泰若再覩陽和且如仁傑元忠俱罹枉陷被勘鞫之際亦皆已自誣向非陛下至明垂心省察則葅醢之戮已及其身欲望輸忠聖代安可復得陛下擢而升之各爲良輔國之棟幹稱此二人何乃前非而後是哉誠由枉陷與甄明耳臣但恐往之得罪者多並皆此流則向時之冤者其數甚衆昔殺一孝婦尚或降災而濫者蓋多寧無

怨氣怨氣上達則水旱所興欲望歲登不可得也陛下儻宏天地之大德施雷雨之深仁歸罪於削刻之徒降恩於枉濫之伍自垂拱已來大辟罪已下常赦所不原者罪無輕重一皆原洗被以昭蘇伏法之輩追還官爵緣累之徒普沾恩造如此則天下皆知比所陷罪元非陛下之意咸是虐吏之辜幽明歡欣則感通和氣和氣下降則風雨以時風雨以時則五穀豐稔歲既稔矣人亦安矣太平之美亦何遠哉伏願陛下深察

請崇學校疏

臣伏聞古先哲王立學官所以掌教國子以六德六行六藝三教備而人道畢矣禮記曰化民成俗必由學乎學之於人其用蓋博故立太學以教於國設小學以化於邑王之諸子卿大夫士之子及國之俊選皆造焉八歲入小學十五入大學春秋教以禮樂冬夏教以詩書是以教洽而化流行成而不悖故自天子至於庶人未有不須學而成者也國家自永淳已來二十餘載國學廢散胄子衰缺時輕儒學之官莫存章句之選貴門後進競以僥倖昇班寒族常流復因陵替弛業考試之際秀茂罕登驅之臨人何

以從政又垂拱之後文明在辰盛典鴻休日書月至因籍際會入仕尤多加以讒邪兇黨來俊臣之屬妄執威權恣行枉陷正直之伍死亡爲憂道路以目人無固志罕有執不撓之懷徇至公之節偷安苟免聊以卒歲遂使綱領不振請託公行選舉之曹彌長踰濫隨班少經術之士攝職多庸瑣之才徒以猛暴相誇罕能清惠自勗使海內黔首騷然不安賴陛下憂勞頻有處分然革弊斯近此風尚餘州縣官僚貪鄙未息而望事必循理俗致康寧求之於今不可得也陛下誠能下明制發德音廣開庠序大敦學校

三館生徒即令追集王公已下子弟不容別求仕進皆入國學服膺訓典崇飾館廟尊尚儒師盛陳奠菜之儀宏敷講說之會使士庶觀聽有所發揚宏獎道德於是乎在則四海之內靡然向風延頸舉足咸知所向然後審持衡鏡妙擇良能以之臨人寄之調俗則官無侵暴之政人有安樂之心居人則相與樂業百姓則皆戀桑梓豈復憂其逃散而貧窶哉今天下戶口亡逃過半租調減耗國用不足理人之急尤切於茲故知務學之源豈惟潤身進德而已將以安人利國安可不務之哉

諫濫官疏

臣聞設官分職量才擇吏此本於理人而務安之也故書曰在知人在安民知人則哲能官人安民則惠黎甿懷之能哲而惠何憂乎驩兜何畏乎有苗者也是明官得其人而天下自理矣古者取人必先採鄉曲之譽然後辟於州郡州郡有聲然後辟於五府才著五府然後昇之天朝此則用一人所擇者甚悉擢一士所歷者甚深孔子曰譬有美錦不可使人學製此明用人不可不審擇也用得其才則理非其才則亂理亂所繫焉可不深擇之哉今之取人有異此道多未甚試效即頓至遷擢夫趨競者人之常情

僥倖者人之所趣而今務進不避僥倖者接踵比肩布於文武之列有文者用理內外則有回邪贓污上下敗亂之憂有武者用將軍戎則有庸懦怯弱師旅喪亡之患補授無限員闕不供遂至員外置官數倍正闕曹署典吏困於祗承府庫倉儲竭於資奉國家大事豈甚於此古者懸爵待士惟有才者得之若任以無才則有才之路塞賢人君子所以遁跡銷聲常懷歎恨者也且賢人君子守於正直之道遠於僥倖之門若僥倖開則賢者不可復出矣賢者

遂退若欲求人安俗化復不可得也人若不安國將危矣陛下安可不深慮乎又刺史縣令理人之首近年已來不存簡擇京官有犯及聲望下者方遣牧州吏部選人暮年無手筆者方擬縣令此風久扇上下同知將此理人何以率化今歲非豐稔戶口流亡國用空虛租調減削陛下不以此留念將何以理國乎臣望下明制具論前事使有司改換簡擇天下刺史縣令皆取才能有稱望者充自今以往應有遷除諸曹侍郎兩省兩臺及五品已上清望官先於刺史內取刺史無人然後餘官中求其御史員外郎等

諸清要六品已上官先於縣令中取制中明言如是則人爭就刺史縣令矣得令天下大理萬姓欣然豈非太平樂事哉唯陛下詳擇

請減濫食封邑疏

臣聞國無九年之儲家無三年之蓄家非其家國非其國也故知立國立家皆資於儲蓄矣夫水旱之災關之陰陽運數非人智力所能及也堯遭大水湯遭大旱則知仁聖之君亦所不免當此時百姓不至於困弊者有積也今陛下倉庫之內比稍空竭尋常用度不支一年倘有水旱人須賑給徵發時動兵要資裝則將何以備之其緣倉庫不實妨於政化者觸類而是臣竊見比者營造寺觀其數極多皆務取宏博競崇瓌麗大則費耗百十萬小則尚用三五萬餘略計都用資財動至千萬已上轉運木石人牛不停廢人功害農務事既非急時多怨咨故書曰不作無益害有益功乃成不貴異物賤用物民乃足誠哉此言非虛設也且元旨祕妙歸於空寂苟非修心定慧諸法皆涉有爲至如土木雕刻等功唯是殫竭人力但學相誇壯麗豈關降伏身心且凡所興工皆須掘鑿蟄蟲在土種類實多

每日殺傷動盈萬計連年如此損害可知聖人慈悲爲心豈有須行此事不然之理皎在目前世俗衆僧未通其旨不慮府庫空竭不思聖人憂勞謂廣樹福田即是增修法教儻水旱爲災人至饑餒夷狄作梗兵無資糧陛下雖有龍象如雲伽藍概日豈能裨萬分之一救元元之苦哉於道法既有乖在生人極爲損陛下豈可不深思之臣竊見食封之家其數甚衆昨略問戶部云用六十餘萬丁一丁兩疋即是一百二十萬已上疋臣頃在太府知每年庸調絹數多不過百萬少則七八十萬已來比諸封家所入全

少倘有蟲霜旱潦曾不半在國家支供何以取給臣聞自古封茅土裂山河皆須業著經綸功申草昧然後配宗廟之享承帶礪之恩皇運之初功臣共定天下當時食封纔祇三二十家今以尋常特恩遂至百家已上國家租賦大半私門私門則資用有餘國家則支計不足有餘則或致奢僭不足則坐致憂危制國之方豈謂爲得封戶之物諸家自徵或是官典或是奴僕多挾勢逞威陵突州縣凡是封戶不勝侵漁或輸物多索裹頭或相知要取中物百姓怨歎遠近共知復有因將貨易轉更生釁徵打紛紛曾不寧息貧乏百姓何以克堪若必限丁物送太府封家但於左藏請受不得輒自徵催則必免侵漁人冀蘇息

姜晞

晞贈岷州都督謩曾孫永隆元年進士官工部侍郎襲封郕國公

姜遐碑

上闕望闕二字規規之流闕一字間間之智亦衆矣咸欲闕一字英攀景躡賢飛光則負鼎者絕臏闕子之薄於德而厚於位闕一字里閭之美其貌而空其腹復何取焉其闕一字王元之一日千里闕於魯闕一字公之有焉公諱遐字柔遠代爲天水著姓惟先肇於炎農氏大闕一字配於闕之芳聲闕一字國命於晉年四徵君之稱首天祚休祉代不虛賢曾祖景周使持節驃騎闕元闕一字緒闕一字克象山岳繼代二千石賢期五百年祖謩唐起義相國府員外賓曹參軍闕父行本唐起義闕一字部兵部郎中闕一字爲將作少匠殿中監左屯衛大將軍贈左闕旗鼓闕三字壁公殷盛德雍熙之風稟靈岳逍遙之氣闕一字五秀以會質闕一字六行以崇心闕之以孝友闕一字之以仁賢時謂闕一字室顏回張家曾子矣故

伯父太子僕嘗指公而謂人闕第宗黨闕一字其闕二字邦國以爲闕一字談又奉制授東宮通事舍人時春闈肇建妙選寮寀闕通事舍人公賦形瑰偉明晤如神彥輔雲天披覩瑩目太初日月懷袖闕矣闕三字象方闕一字俯仰之容闕一字韶九成闕二字鏗鏘之韻夷夏以爲殊觀朝廷莫不駭矚昔闕授闕一字任闕一字公闕一字無以易故久於其職頃之遷左衛翊府郎將肅鉤陳以警衛奉閶闔闕古難其選闕三字網以取俊採時秀以旌奇雖則荏苒有年闕一字無以上膺成命尋又制闕來儀喻鹿眼闕一字解箭矣尋檢校光祿少卿

明試以功滿歲爲正四至九列有美昔人七侍闕左衞將軍此後十年不進轉後來者多昇上位時論殊以爲屈公處之怡然未始以細闕權考洛州及諸縣官屬公神無滯識明有餘鑒正之以黜陟飾之以文理自午及未考闕地官侍郎餘如故修六禮以節人性明七教以興人德天工人代公實崇之至若嚚競闕以無聲自是雲闕三字豈直風生臺閣時恩勅賜絹百匹以彰才用之効也又奉闕故授斯任以國慶累封闕三字俄丁內憂去職哀貶柴毀莫能俯就尋奪禮起爲左豹闕典憲每勅公與執事參議焉或降

中使頻延厚錫公雖祇奉恩獎而毀疚彌侵闕十有二遺命務令薄葬歸於舊塋冕旒興悼斂日賜朝服一襲賵贈有加哀榮以備闕史即以天授二年十月十日同合葬於昭陵神迹鄉之舊塋禮也惟闕生以道潤身恥名浮行諸微索隱搴枝葉於闕一字經原始要終求聖賢於黃卷性堅正以靜闕檢訓子姪不交異類闕一字無操行不入闕字殷之門人闕一字通家豈造李膺之室自喪妻後不復再闕於窮變每有闕一字濟則終始闕一字之加以博聞強識備殫諸藝尤善草隸超冠一時雅好山水闕白之良會雖家尚清素恒戒滿盈至於奉親也則罄無方之養故闕一字女伎歌舞之娛加洞精闕通率有逾焉爾闕二字之闕一字未嘗不操翰紀闕一字文詠翩翩諒以繼闕一字風雅矣時中書令薛元闕抱創巨於泉壤塵明闕一字於闕一字邱長子銀青光祿大夫太常卿楚國公晈次子兵部侍郎晦闕贈公吏部尚書贈太夫人爲闕一字國夫人永昭闕一字靈以闕一字罔極痛百身兮無闕一字思萬古闕以親奉風規闕一字假闕四字意將申而氣闕一字言欲敘而心摧遂爲銘曰

闕標奇倜儻闕一字冰內潔瓊峯外朗心醉逢咸雲披遇廣

行必可則言歸於讜括囊衆藝該闕數天憲光闕一字帝宇北闕一字重寄西闕一字掌武珪闕一字赫奕謙恭傴僂神理昧昧天道茫下闕

趙頲

頲武后時人。

浮圖銘

夫以陰魄陽魂如風似燭歎浮泡之易盡闕三字之難闕一字預啟津梁不憂生滅高託蓮花之上遙歸柰苑之中美矣哉不可得而言也況乎鷄鳴遠系郎署遙基門德早通時

英不絶曾祖諱忠祖諱推父瓊琳玉茱俱抽撲漢之陰驥子龍文並蹤追風之影父諱[艹敬]夫人沈氏或碎珠驪頷貽誡將來或斷織蛟梭遐吞故事旣侵蒲柳早歸松柏孤子善廓等哀纏露蓼痛軫風林追念二親願從三寶所冀先靈納祐遊定水之津梁後嗣承恩入慈門之戶牖以大周萬歲通天二年歲次景申肆月景寅朔拾肆日己卯遂造浮圖一所石像字闕一區爾其元石疊重雜烟雲之氣色紫金圓滿含日月之光輝對喬木之隱天即爲龍樹俯通波之括地聊當猴池雖則事畢功成然恐山移海變須垂不

朽敢作銘云

前代後代非一代兮前身後身非一身兮精進禮拜得超界兮歸依念因能出塵兮迴向功德生淨域心緒清勤離苦津長遊滿月之地永拋飛天之人

任知古

知古朝議郎行麟臺郎

寧義寺經藏碑

原夫大德曰生體二儀而合道至德曰孝備百行以成功故跡發歷山媯泉標其茂實業字闕一泗水闕里播其嘉名字闕二承驪聞偉行於聘楚躍魚繼美兆峻節於臨沂斯蓋丈夫餘事自淩軼於前古未有婦人蹤迹獨字闕一暎於當今屬茹蓼銜哀餐荼側息虞風難靜傷屺岵之無依滕日易沈懼陵谷之將改而復翹襟淨域銳想福林瞻鷲山而仰止顧龍池而利涉誕敷聖教其在茲乎靑州壽光縣寧義寺經藏者有唐至孝此寺比邱奉孝之所立也法師俗姓任氏樂安苗裔壽光舊隷樂安郡郡廢縣名猶存法師即樂安壽光人也昔祚啟陞陑匡殷隆其左相源分命薛朝魯讓其宗盟開國惟敎肅丹毫於御殿承家曰隗敞黄

第於司空翼翼昭先標魏朝之淑愼昂昂元裔掌晉代之銓衡迄乎江左大小雙名旣淩南而守郡亦翔西而尹京莫不蘭芬桂馥玉潤金貞用能駿發緒餘丕膺復始書云克諧以孝易云不事王侯總二美在躬萃一門而高視者其惟吾宗達人乎法師父惻昔在隋季遭家不造周烏爰止則白騎彌山秦鹿尚驚則黃巾蔽野將恐將懼泛蓱水而無歸自西自東寓蓬阡而靡託與弟軌安乎膝下就養無方勁笋含靑巳抽冬暖崇蘭孕紫將被春除及國步初康言旋舊里樂簞瓢而日用肆耕鑿而年徂貞觀初太夫

人奄隨風過闕一字揄闕二字斷機之訓以乖淚柏全枯倚廬之望奚設至若去瑟送終之禮承衾追遠之情則通人故屯田郎中京兆韋山甫製其碑從伯左右武衛長史處權爲之頌清芬懿迹可得而詳也法師稟訓母儀承規女憲旌淩霜之苦行表犯雪之貞心松操不虧冒歲寒而轉勁蕙苗自遠秉獻春而逾馥年十九出家於是練識歸眞儲精詣道赴三歸之勝轍泳波若津排六趣之迷塗踐菩提境釋鉛粉御緇衣不以婉淑攖其懷唯以貞靜凝其慮龍朔之歲丁乎內憂無幾父又遷化號天靡愬擗地何追水

漿絶於口者遽經七日負土而成墳者奄至三年爰捨伽籃結廬兆域青烏啟隧環削杖而輸哀白鶴疏塋撫惡笄而瀝欷鄰里潸而罷相市壥顰以同悲服屛繒綺味資蔬菽日居月諸迄今廿有七年矣前後州將皇叔祖贈司徒號莊王鳳司空舒王元名明德茂親建旟作牧武陵公北平陽文璡通儒碩學海內具瞻並歲時致問親詣其所先是父於墓左別建精舍筆精墨妙廣事招延寫一切經厥功垂畢法師聿遵前志草創後圖經之營之復廿有三年矣遂於寺院設經藏以貯焉玉字霄開因毫發相金聲曉振自口流音婉婉乘龍似覿淩雲之藻亭亭顧鵲疑觀垂露之書爾其飛檐四注順陰陽以開闔曾軒八襲積寒暑而來往前縈德水宛如舍衛之中却枕香山即是耆闍之外朱柰爲苑其實也玲瓏青蓮作池其花兮菡萏地則川原疊暎煥淄壤以成都人則忠孝連蹤肅任童而濟美千里可照杜魏乘以無虧萬卷可師揖馬樓而有歎所謂英靈間出震耀邦家者焉於時歲在泉獻大唐之握寶圖七十餘祀皇太后紹隆景化發揮洪烈練石光其元極鰲金清其赤縣神嶽披蓮暎龍鱗而動色靈阿孤竹渠馬頰以

浮光總衆妙於情機仙焱迅發導羣迷於意網闕一字景飛昇廣命宗枝屛藩王室使持節青州諸軍事青州刺史司徒雍王亦今上之叔祖也粹府沖曠英姿爽澈凝神獻易潔靜洞其靈關濼慮元詩溫柔甄其思匠光流佛若竹園將日館相暉吹動生蘋蘭坂與風臺交暎長史司馬聲孚展闕二字贊形襜壽光縣令譽浹翔暈俯臨墨綬咸能翼宣調御光輔時省法師以舊譯諸經繕寫云備新翻衆論流傳未遠故躡屩西遊言過洛邑曾不旬日復得一千餘卷豈非天經懇至地義聿修之所致哉余素奉闕二字實居茲

壞有懷敬梓微願莫從儻血食未淪(闕二字)族(闕一字)則盛德
必祀非其効歟法師又欲余爲文確乎(闕十二字)裁之其詞云
爾
(闕二字)太始肇有(闕二字)蟾光啟夕鷄唱移晨時遷否泰運革
澆淳心猨匪寂意馬(闕二字)(其一)(闕八字)赫矣能仁誕敷慧力遽
撤疑網旋超淨域色即是空空即是色(其二)亭亭鴈塔翼翼
蜂臺香匳標上寶鐸風來杏壇左列松映斜開(闕二字)顯異
彼美良林(其三)朝魯讓滕匡周胙薛廣阿負祉信都曾烈地
稟賢蹤門承孝轍結廬墓在餘芬靡竭(其四)挺生媛淑實惟

貞固鬻想十因騫容六度亦既鍾罰循還孺慕吹警揚風
光睎璧露(其五)欲報之德哀哀我思歸誠梵宇磬節仁祠爰
創經室繡栭雲榻鸞迴聳態鵲顧凝姿(其六)日閱寶函手披
仙軸衣則麻枲食惟蔬菽露液春滋霜明冬肅何以取喻
寄之松竹(其七)河楚藩屏海岱奧區建旟(闕一字)鑒周禮是斅
道光辭玉化穆還珠式閭標敬清徽不渝(其八)屯田彥緒武
陵英允德音孔碩風流坐鎮或振詞藻或彰恩信詎測波
瀾孰窺牆仞(其九)緜緜瓜瓞系自吾宗孝乎惟孝必敬必恭
貞猷矩疊茂績規重勒玆琬玉永播笙鏞(其十)

房晉

晉武后光宅元年登第

對詞標文苑科策

問朕聞北辰端扆佇衆彥以經邦南面居尊俟羣材而偉
俗是知九官分職薰風之詠載敷八元匡朝就日之規方
遠歷選列辟遐考前修並建明數之蹤式廣旁求之義故
康衢扣角授相越於齊琊海上牧羊封侯超於漢秩洎乎
淳風陵替雅道湮沈仕必因基官非材進官雖備職位匪
得人遂使七輔之林銷聲於巖穴六佐之彥晦跡於邱園

寤寐以之載勞虛佇今欲革因循之弊躡稽古之蹤此志
雖勤其途未遂爲是旌賁爽於前代英傑寡於今晨佇爾
昌言朕將親覽

對惟德動天文雲開其五色惟賢濟俗大運符其半千是
知廣厦將崇必佇羣材之用巨川方濟良資舟楫之功俾
作股肱方之羽翼自風姜御辯之始樹以后王君公雲鳥
分司之初承以大夫師長莫不投竿入相捨築稱師五臣
光就日之朝八凱翊薰風之代陰陽由其燮理百姓用以
平康善俗必藉於賢臣輔國或佇於良佐國家旁求俊乂

東帛之禮荐陳物色異人邱園之彥咸華登壇對楚連城之寶不足稱置館求燕照乘之珍無以貴多士邁隆周之日得人光炎漢之朝猶以爲官匪材外仕因基進顯革因循之弊用追稽古之風誠願察彼山苗之詞求夫縱壑之論材或可紀超升於槐棘之班德或可褒擢任於公卿之位開其上賞之路須以中和之詩則淳于髡之進賢一朝而見七士許子將之舉德少選而收二儁自然詞人闊步才子長鳴公理息昌言之篇節信罷潛夫之作謹對

李朝隱

朝隱字光國京兆三原人明法中第開元時累官大理卿封金城伯拜御史大夫進太常卿出爲嶺南採訪處置使兼判廣州二十八年卒年七十贈吏部尚書謚曰貞

執奏裴景仙獄表

臣某言伏見武強縣令裴景仙犯乞取贓至五千匹事發逃走奉勅令集衆決殺伏以景仙緣乞取犯贓罪不至死又其曾祖故司空寂往屬締構首預元勳載初年中家陷非罪凡有兄弟皆被誅夷惟景仙獨存今見承嗣據贓未當死坐準犯猶入請條十代宥賢功實宜錄一門絕祀情或可哀願寬暴市之刑俾就投荒之役則舊勳不棄平典斯允

第二表

臣某言臣伏以有斷自天處之極法生殺之柄人主合專輕重有條臣下當守枉法者枉理而取十五匹便抵死刑乞取者因乞爲贓數千匹止當流坐今若乞取得罪便處斬刑後有枉法當科欲加何辟所以爲國惜法期守律文非敢以法隨人曲矜仙命射兔魏苑驚馬漢橋初震皇赫竟從廷議豈威不能制而法貴有恆又仙曾祖寂草昧忠

節定爲元勳位至台司恩倍常數載初之際枉被破家諸子各陷非辜惟仙子然猶在且又承嫡繼封主祀若寂勳都棄仙罪特加則叔向之賢何足稱者若敖之鬼不其餒而捨罪念功乞垂天聽況應勅決杖及有犯配流近發德音普標殊澤杖者既聽減數流者仍許給程天下容容孰不幸甚瞻彼四海已被深恩豈於一人獨峻恒典伏乞採臣之議致仙於法則國典有常率土幸甚幸甚

讓揚州長史起復表

草土臣某言奉親無狀禍降私門窮衰殘喘不自殞滅朝

夕苫塊纔經半年伏奉四月十八日勅書俯臨奪情制授臣揚州長史荒情震怖悼心失圖臣某中謝臣險釁不滅才術無紀往因叨遇頻升榮秩猥忝青紫罕裨塵露今乃寄以維揚位超列岳非常睿渥忽霑朽縶尚敢冒哀陳款實以私志未終且臣亡母在日猶蒙曲澤憫其羸老抱疾不任隨臣之官有命自天數令歸覲受恩未幾此禍俄鍾上既不盡天慈下則末由就養今復號哭無位奠酹莫親有倍哀慟重增摧苦況臣之在疚尚未小祥遽此復官殆無其例臣今扶力自曳哀惶詣闕伏乞賜停權奪許以終

哀則微命偷生終期報國倚廬過隙少答允懷無任窮懇之至

第二表

草土臣某言臣在艱疚遽蒙榮獎曳體陳款冀遂荒誠天眖綢繆未蒙哀許進退狼狽悲惶殞絶臣某中謝今臣窮噎豈暇多喻所不殫言敢以陳冒臣自少不幸先臣早逝亡母養訓謹能成立昔處微秩甘旨不充及忝大官臣親已老從官或遠不任扶輿十數年來每違左右以臣長子常恨不見積此憂憶遂成沈痾是臣不孝莫慰母心追惟及此五臓驟裂且母尚憶臣以成病臣豈可變纊以就榮新穀未升便起如故則臣何力以負斯咎何心以忍此痛何庸以承孝理何面以對吏人又臣先患風緩頃加心疾觸事迷錯鮮能行步臣平日無釁猶不如人今尩疾轉侵朝不保夕仍令處事恐辱所委徒紊藩條必不勝任以是冒昧不渺仰天重請望輟前恩以全餘息忽不聽臣血淚俱盡死亡無日無任荒迫之至

第三表

草土臣某言昨再犯宸嚴亟陳哀懇荒辭謬理不足感天

恩眖如初又令斷表臣知萬死豈合觸冒誓畢窮命更披肝血匍匐下迷悚懼失據逼迫碎首不知所陳中謝臣既自傷早孤墳塋未立母因臣成疾以至於亡殺身何贖昊天罔極母終日近遷祔猶闕成病危殘懼不克葬故欲偷生忍死冀遂本情服勤墓側以畢封樹不謂殊私忽降委臣藩岳累有懇誠天恩未許事君違命罪在殊刑喪親靡終期不覆載去就無屆幽明受責雖大和所容而莫知所擇且臣先患風緩今已積年往年任大理卿於朝堂悶倒困殆良久朝臣共見自爾已來數數發動又丁艱酷此疹

彌加每常一發累日不起心緒煩迷若喪若失更令處劇形必不支窀穸闕營葬則倍苦心形俱極死可立至若不具陳實理便成欺罔聖恩送終莫從郡務不舉無益於國兩罪何逃殘氣泯焉誰執其咎特望哀其巨痛救其將死知臣無他直以衰病惜臣微喘使延晷刻嚴命少輟情理得終非臣蕞爾所能上荅臣今哀辭窮極莫可告訴皇天后土實鑒臣心前後所上無非至切敢有片言假託詭露虛妄天地鬼神當共夷滅臣身以謝陛下恩遇之重魂爽震越不知所忌無任懇苦之至

欽定全唐文卷二百三十七

蘇安恒

安恒冀州武邑人神龍初爲習藝館内教節愍太子之難或讒安恒豫謀下獄死睿宗立詔贈諫議大夫

請復位皇太子疏

臣聞歷數在躬握璿璣者哲后天命攸屬臨寶極者聖人或揖讓而昇或干戈以定二途一也古今共之伏惟皇帝陛下德合天地澤流河海庶物和平靈光充塞臣謂胥庭之化無以過也陛下欽先聖之顧託受嗣子之推讓豈不

以極斯大節成此鴻勳應天順人于今二十餘年矣臣馳情緗素竊見女媧之代風俗簡樸人淳易理垂衣拱手不足可言洎漢朝以惠帝幼沖呂后監撫享國八歲日不暇給雖傳簡策亦烏足道哉豈如陛下之在位五星同色四海無波陛下造明堂即祖文宗武之業也封中岳則萬代一時之事也受寶圖即河圖洛書之瑞也功既大矣業既成矣即當捐其犬馬減其服御觀四大其如遺視萬乘其若脫陛下豈不聞虞舜褰裳周公復辟良以大禹至聖成王既長推位遜國其道備焉故舜之於禹事祇族親旦與

成王不離叔父且族親何如子之愛叔父何如母之恩今太子孝敬是崇春秋既壯若使統臨宸極何異陛下之身陛下年德既尊寶位將倦機務殷重浩蕩勞心何不釋位東宮自怡聖體陛下縱日慎一日雖休勿休其若大寶何其若人事何陛下輟金輪聖神等號即是厭倦萬機之象此謂天意也太子以奸臣枉搆久已自新相王推位青宮退居朱邸天下聞之莫不謳吟聖代此謂人事也故知天意人事鍾我聖朝大臣重祿不言近臣畏罪不諫使吾君有堯舜之位不行堯舜之道故書曰后德惟臣此之謂也

臣又聞自古明王之以孝理天下者不見二姓而俱王也當今梁定河內建昌諸王等承陛下之蔭覆並得封王臣恐千秋萬歲之後於事非便臣請黜爲公侯任以閑薄曹務臣又聞陛下有二十餘孫今無尺土之侯此非長久計也臣請四面都督及安衡州郡分土而王之縱今年尚幼小未聞養人之術臣請擇立師傅成其孝敬之道將以夾輔周室藩屛皇家使累葉重光饗祀不輟斯爲美矣豈不大哉臣今又聞胡賊侵邊覘中國陛下居總章申廟算赫然發怒分閫出師輓粟飛芻十室而九撓簳鑠刃以時繫年即士卒不遑府庫空竭此其謂也陛下若能告倦萬機推位太子分州列郡以王子孫自然四夷聞之繫頸面縛百姓聞之鼓腹擊壤史臣曰掩媧燧而邁胥庭後代聞之曰四三皇而六五帝豈虛也哉豈虛也哉臣山中一草萊耳無擊鍾鼎食之榮有碩學鴻儒之業臣來日跪而辭父父謂臣曰丈夫處代君子生年必當獻一謀畫一策厥塗不就草木何殊今上有堯舜之德下有稷皐之位古人有言欲安其家必先安其國欲安其親必先安其君當今天下雖安亦有未然之誡故書曰若昔大猷制理於未亂保

邦於未危此其謂也臣母又謂臣曰朝暮倚閭而望汝若能上干人主進書獻說揚名後代以榮父母是吾之子也臣感父母之言明發不寐今故杖策千里徒步三川雖牽拙而無局敢獻芹而竊抃陛下若採微臣一言之善成家國萬代之基臣之懇誠幸甚謹言

請復位皇太子第二疏

臣聞忠臣不順時而取寵烈士不惜死而偷生故君道不明者忠臣之過歟臣道不軌者烈士之過歟伏惟皇帝陛下功格四表道大百王昔者先皇晏駕留其顧託將以萬

務殷廣令陛下兼知政事雖唐堯虞舜居其位而共工伯鯀在其朝間陛下骨肉之恩阻陛下母子之愛愚臣謂聖情以運祚將衰極斯大節天下之人謂陛下微弱李氏貪天之功何以年在耄倦而不能復子明辟使忠言莫進姦邪乘時夷狄紛擾屠害黎庶陛下雖納隍軫念亦何以救此生靈臣聞天下者神堯文皇之天下也昔有隋失馭小人道長羣雄駭鹿四海瞻烏皇唐親事戎旃鳳翔參野削平寓縣龍飛踐極歃血爲盟指河爲誓非李氏不王非功臣不封陛下雖居正統實因唐氏舊基故詩曰惟鵲有巢

惟鳩居之此言雖小可以喻大陛下自坤生德乘乾作主豈不以上符天意下順人心東宮昔在諒陰相王又非長子陛下恐宗祀中絕所以應其謳歌當今太子追迴年德俱盛陛下貪其寶位而忘母子深恩臣聞京邑翼翼四方取則陛下蔽太子之元良枉太子之神器何以教天下母慈子孝焉何以使天下移風易俗焉惟陛下思之將何聖顏以見唐家宗廟將何誥命以謁大帝墳陵陛下何故日夜積憂不知鐘鳴漏盡臣愚以爲天意人事還歸李家陛下雖安天位殊不知物極則反器滿則傾故語曰當斷不斷反受其亂此之謂也陛下不如高揖樞務自怡聖躬命史臣以書之令樂府以歌之斯亦太平之盛事也臣聞見過不諫非忠臣也畏死不言非勇士也臣何惜一朝之命而不安萬乘之國哉故曰苟利國家雖死可矣願陛下暫輟萬務詳臣愚見陛下若以臣爲忠則從諫如流擇是而用若以臣爲不忠則斬取臣頭以令天下

理魏元忠疏

臣伏聞昔者明王有含天下之量有濟天下之心必能達天下之善除天下之惡若爲君上而不行此四者則當神

冤鬼怒陰錯陽亂欲使國家榮泰其可得乎伏惟皇帝陛下懸像設教順時致理非不欲褒進良直屏黜姦佞蓋爲逆耳者寡順情者多陛下往日革命之初際即能勤於庶政親總萬幾博採謀猷旁求俊彥故四海之內以陛下爲納諫之主陛下朞年以來怠於政事讒邪結黨水火成災百姓不親五品不遜故四海之內以陛下爲受佞之主當今邪正莫辨獄訟蒙冤豈陛下昔是而今非蓋居安忘危之失也臣竊見御史大夫檢校太子左庶子同鳳閣鸞臺平章事魏元忠廉直有聞位居宰輔履中正之基者用元

忠爲龜鑑蹝邪佞之路者疾元忠如仇讎伏見麟臺監張易之兄弟在身無德於國無功不踰數年遂極隆貴自當飲冰懷懼酌水思清夙夜兢兢以答恩造不謂溪壑其志豺狼其心欲指鹿而獻蒲先害忠而損善斯將亂代之法汚我明君之朝自元忠下獄以來臣見長安城內街談巷議皆以陛下委任姦佞斥逐賢良以元忠必無不順之言以易之必有交亂之意相逢偶語人心不安雖有忠臣烈士空撫髀於私室而鉗口不敢言者皆懼易之等威權恐無辜而受戮亦徒虛死耳今三秋屆節蕃中則馳馬盛肥

九牧作貢天下則斂賦繁重以臣言之此已不勝其弊況又聞陛下縱逸讒慝禁錮善良倘刑罰失中則遐邇生變臣恐四夷因之即窺覦得失以爲邊郡之患百姓因之即聚結義兵以除君側之惡復恐逐鹿之黨叩關而至亂階之徒從中相應爭鋒於朱雀門內問鼎於大明殿前陛下將何事以謝之復何方以御之臣今爲陛下計安百姓之心者莫若收雷電之威解元忠之網復其爵位君臣如初則天下幸甚陛下好生惡殺縱不能斬佞臣頭以塞人望臣請奪其榮寵翦其羽翼無使權柄在手驕橫日滋專國倍於穰侯迴天過於左悺則社稷危矣惟陛下圖之臣雖微賤天性愚直未曾謁王侯將相亦不識元忠易之之面豈此可親而彼可疎但恐讒邪長而忠臣絕伏惟陛下暫回天鑒察臣此心即微臣朝得志行夕死無恨

于知微

知微字辨機太僕少卿立政子永徽元年以門蔭補宏文生三年擢進士第釋褐授太子內坊丞遷祕書郎累官太子左庶子太僕少卿封東海郡侯除兗州都督景雲二年進封公檢校鴻臚少卿太極二年卒

明堂令于大猷碑

粵以天子制爵祿諸侯掌邦畿五十里之國者（闕十一字）十有一蓋所以設方伯置令長彊理宇宙宰制羣庶者矣故汝南國之心膂河東郡之股肱非賢勿居惟材是寄大則曳青緺而紆銀印小則綰墨綬而佩銅章是以（闕一字）宰（闕一字）城皇漢則以南臺御史俾居（闕一字）邑大晉則以東宮（闕一字）明堂縣令東海于公乎公諱大猷字徽本東海郯人後（闕三字）遂寓家雍州今高（闕二字）也（闕二字）帝（闕一字）之命官開國侯

伯之保姓受氏祚字闕一則周公之允邗韓則武王之穆金章建國里中大丞相之門玉帳字闕一家聞外列將軍之戟曾祖宣道隋内史舍人左衞率成安縣開國子皇朝贈使持節都督涼肅甘瓜沙五州諸軍事涼州刺史諡曰獻徐邈以東州儒素劉超則西省人倫表字闕二而警彤闈執虎符而飛字闕三德降表墳之贈優賢崇告第之儀祖志寧禮部尚書侍中尚書左僕射太子太傅太師上柱國燕國公贈使持節都督幽易嬀檀平燕六州諸軍事幽州刺史諡曰定皂褐瓊佩北斗喉舌之司絳服金蟬西掖股肱之寄

劒履上殿方崇重傅之恩羽葆蓋車式備尊師之禮鳳展推其獻納龍樓字闕一其字闕二父立政尚書吏部郎中國子司業太子率更令渠虢二州刺史太僕少卿上護軍仙臺侍女禮閣郎官攝齋槐肆之前曳組桂山之下郗超以蕃伯之望職總字闕一河馬防以字闕一公之林榮參象海公丹山鳳下滄溟鯤化明珠則徑寸爲寶白璧則盈尺稱珍小年識五方之書大成通九經之義嬉戲則以詩書禮樂造次則以孝友謙沖顯慶三年解褐左千牛備身材推令德士選良家青瑣晨嚴赤墀近侍緣坐左遷梓州參軍事謫

即謫居咎非投俾郗嘉賓之卓犖高雋見字闕一公軍袁彥道之俶儻不羈言歸柏府轉桂州都督府功曹參軍境接鳶溪載洽昇龍之譽地鄰鯨海幾淪棲鳳之林文明元年選授蘇州司兵參軍東里藩維恐老荆州從事南中方鎮謂屈蠻府參軍屬攀號弓劒遏密金石錫印章而錄舊膺璽誥而念勞垂拱三年勅除并州大都督府士曹參軍唐叔翦桐之境遲爾材字闕三分竹之郊光我藩翰枌榆之地誠爲沮洳之川豐沛之郊何必芒碭之澤帝鄉推其善價公府義其良圖惡少遷佩犢之風流俗漸驅鷄之化永昌

元年授洛州字闕二參軍向雄佐鎮西之府毛玠處平南之軍太守范滂主諾之聲猷自遠功曹岑晊坐嘯之風裁獨高制授朝散大夫餘如故尋加朝請大夫行字闕一州字闕一官縣令榮曜朱紱材光紫誥蔣公炎豈千石之器而委割鷄麗士元非百里之材方思展驥制除德州司馬又遷汾州長史一冠介幘二職彤襜歷從事之班居字闕二之字闕一形色安於席地神意見乎屏字闕一不撓於危無負於物聖歷元年除使持節隨州諸軍事隨州刺史田叔以壯勇而刺三河王尊以忠貞而驅九折分行字闕二朱明以剡強宗

獨坐州鎭元英而按豪族聖歷二年制除雍州明堂縣令黃圖帝國黑水神皐地即京都人多傑暴信陽侯之門客尚在必誅寧平主之家僮猶闕三字威信表西門之化惠愛奉東里之風抑挫右姓誅闕二字猾災蝗宛轉由去督郵義鳥歸飛爲馴童子推誠而理則人不忍欺宿訟無冤則吏維仰德加以筆簧六籍篋笥五經三寸弱毫迴鸞拂羽四闕一字油素縞鳳和鳴眷眷吏人預軫去思之戀依依故老每哥來晚之謡悲夫安仁七命不遇箱中之術桓侯五日闕一字聞壁上之行以聖歷三年七月十日終於萬年縣常

樂里之私第春秋五十七黃髮攀轅心傷折石之痛元髫戀抵臉盈埋玉之悲公劒號純鈎珍稱闕一字炎儀表闕二字風神壯勇黃金必棄每見揮鋤赤仄無留恒持挂樹總角之歲隱幔駭而不驚佩觿之年闕一字衣去而無愠一日千里四代五公忠孝足以光時能賢足以軌物夫人滎陽鄭氏父闕一字矩雍州富平縣令魏趙郡李氏外闕二字都公闕二字公闕一字服尚書闕一字衣蕙問都闕一字蘭儀婉淑女訓芬乎奉蕃母師光乎主饋即以其年歲次庚子十一月乙亥朔十二日景戌合葬於雍州三原縣萬壽鄉闕一字坳之先塋禮也兄銀青光祿大夫行太子左庶子使持節都督兖州諸軍事兖州刺史辨機鯉庭禮樂鵷序杞梓摇山入輔擢彼正人外臺出闕一字慰兹羣庶鶺鴒懷斷闕一字摧金玉之心鴻鴈悲鳴若灑瓊瓌之闕一字嗟乎八龍長逝三虎永懷庶振家聲思光祖德南陽陌上爰標構石之墳京兆阡傍俾建生金之碣其詞曰

浩浩洪源闕三字代闕二字朱輪翻飛紫蓋錫爵分茅命官食采邢韓之穆里閭其大其一傅相繼業公侯踵武氣雄家邦榮曜區宇人之領袖物之規矩闕四字量闕二字公輔其二闕一字

明俊德丕承寵光風儀磊落天骨昂藏家闕一字之盛門戶之綱襲兹圭組侍彼巖廓其三銅陵之東珠崖之北姑蘇臺下晏温鼎僩囂然令望偉哉高闕一字端委佐兹刑清訟息其四闕一字以師友賢哉主吏聯翩化鶴徘徊展驥球琳之寶瑚璉之器白日既披青雲自致其五漢東舊國隨有大名關西列郡秦稱上京闕一字有良翰宰闕三字教漸闕二字威加闕一字城其六秩秩德音凜凜風格山靈固闕一字河神是追手荅戕書心明紀擿虫螟感化犬牙移陌其七僉言惠愛帝曰允諧劇闕一字尒闕一字繁俗闕一字懷祥鸞翽翽鳴鳳喈喈闕四字

玉樹闕一字埋其八衣冠道謝衮職誰補闕三字颶風悲蒼茫霧苦寂寂兮荒隧幽幽兮后土石槨掩兮千年金聲振兮萬古其九

魏知古

知古深州陸澤人舉進士長安中歷遷鳳閣舍人衛尉少卿神龍初擢拜吏部侍郎授晉州刺史睿宗景雲二年遷右散騎常侍同中書門下平章事先天二年累封梁國公知吏部尚書開元二年改紫微令除工部尚書罷知政事三年卒年六十九贈幽州都督謚曰忠

荅張九齡賀西幸延期表

省表具知朕初聞三輔之間今歲善熟朕緣陵寢誠欲西幸然積累虛年乍得小稔即又聚食必所重難儻夏麥不登未免匱乏百姓不足君孰與安所以再三痛懷欲去不忍至於宮苑所樂氣候非宜苟得人安終不以此爲念卿可宣前旨更俟後期所請徧示朝列及宣付史官亦豈煩也任卿等自商量

諫造金仙玉真觀疏

臣聞穀梁傳曰古之君人者必時視人之所勤人勤於力則功築罕人勤於財則貢賦少人勤於食則百事廢書曰不作無益害有益又曰罔咈百姓以從己之欲禮曰季夏之月樹木方盛無有斬伐不可興土功以妨農又曰季夏行冬令則風寒不時語曰修己以安百姓此皆興化立理之教爲政養人之本也今陛下爲公主造觀將樹功德以祈福佑但兩觀之地皆百姓之宅卒然迫逼令其轉徙扶老攜幼投竄無所發剔椽瓦呼嗟道路乖人事違天時起無用之作崇不急之務羣心震搖衆口藉藉陛下爲人父母欲何以安之且國有簡冊君舉必記動則左史書之言

則右史書之是以非禮勿言非禮勿動夫如是則君之所舉可不慎歟微臣備位諫諍兼秉史筆書而不法後嗣何觀臣愚以爲不可伏願俯順人欲仰稽天意降德音下明策速罷功役收之桑榆其失不遠

又諫營道觀疏

臣聞人以君爲天君以人爲本人安則政理本固則邦寧自陛下戡翦兇逆君臨寶位蒼生喁喁以謂朝有新政今風教頹替日甚一日府藏空虛人力凋敝營作不息官員日增諸司試補員外檢校等官僅至二千餘人太府之布

帛以殫太倉之米粟不支又金仙玉眞等觀造作咸非急務臣先請奏停竟亦未止今歲前水後旱五穀不熟若至來春必甚饑饉陛下爲人父母欲何方以賑恤療饑拯溺須及其時又突厥於中國爲患其來自久其人本無禮義焉有誠信今雖遣使來請結婚恐豺狼之心首鼠何定弱則順伏強則驕逆屬草衰月滿弓勁馬肥乘中國飢虛在和親際會窺犯亭鄣國家何以防之臣所論者事甚急切伏願特垂詳察

報吐番宰相坌達延書

承屯聚兵馬初不知者頗亦爲疑但以彼國君臣素敦信義況立盟誓又結婚姻悠悠之談復何足信若見利忘義破親負約神道不遠何以逃殃自見來書果符意擕兩國和好百姓安寧永絶邊釁豈非好事所論分界先有盟書今奉勅令左散騎常侍解琬往河源與公平章解琬國之重臣素有德行言無二諾衆所共推昔嘗充使西安備諳彼之境土今遣將命實惟命焉

祝欽明

欽明字文思京兆始平人舉明經永淳天授間又中英才傑出業奧六經等科拜著作郎長安初累遷太子率更令兼崇文館學士進太子少保中宗立擢拜國子祭酒同中書門下三品加銀青光祿大夫歷刑禮二部尚書兼修國史累封魯國公景龍三年中宗將祀南郊欽明希旨言皇后當助祭於是韋后爲亞獻景雲初侍御史倪若水劾論其事左授饒州刺史徙洪州都督入爲崇文館學士

皇后南郊助祭議

謹按周禮天神曰祀地祇曰祭宗廟曰享大宗伯職曰祀大神祭大祇享大鬼理其大禮若王有故不預則攝位凡

大祭祀王后不預則攝而薦徹豆籩又追師職掌王后之首服以待祭祀又内司服職掌王后之六服凡祭祀供后之衣服又九嬪職大祭祀后祼獻則贊瑶爵亦如之據此諸文即皇后合助皇帝祀天神祭地祇明矣故鄭元注内司服云闕狄皇后助王祭羣小祀之服然則小祀尚助王祭中大推理可知闕狄之上猶有兩服第一褘衣第二揺狄第三闕狄此三狄皆助祭之服闕狄即助祭小祀即知揺狄助祭中祀褘衣助祭大祀鄭舉一隅故不委說惟祭宗廟周禮王有兩服先王袞冕先公鷩冕鄭元因此以后

助祭宗廟亦分兩服云禕衣助祭先王揄狄助祭先公不言助祭天地社稷自宜三隅而反且周禮正文凡祭王后不預既不專言宗廟即知兼祀天地故云凡也又春秋外傳云禘郊之事天子親射其牲王后親舂其粢故代婦職但云詔王后之禮事不主言宗廟也若專主宗廟者則内宗外宗職皆言掌宗廟之祭祀此皆禮文分明不合疑惑舊說以天子父天母地兄日姊月所以祀天於南郊祭地於北郊朝日於東門之外以昭事神訓人事君必躬親以禮之有故然後使攝此其義也又禮記祭統曰夫祭也者

必夫婦親之所以備内外之官也官備則具備又哀公問於孔子曰冕而親迎不已重乎孔子愀然作色而對曰合二姓之好以繼先聖之後以爲天地宗廟社稷之主君何謂已重焉又漢書郊祀志云天地合祭先祖配天先妣配地天地合精夫婦判合祭天南郊則以地配一體之義也據此諸文即知皇后合助祭望請別修助祭儀注同進

詳定博士等七廟議

博士三人自分兩議張齊賢以景帝始封爲唐宗太祖不合更祖昭王劉承慶以王制三昭三穆不合重崇宣帝臣等商議依張齊賢以景皇帝爲太祖依劉承慶尊崇六室

建太社議

周頌載芟篇敘曰春藉田而祈社稷也禮記天子爲藉千畝諸侯爲藉百畝即此緣有藉田自爲立社王社侯社因此有名卿大夫以下無藉田所以成羣置社藉田壇祭止是王社往者直云藉田近日改名先農之祭不知王社根本魏世妄設三牢羣說紛紛乍毀乍立晉氏徒云省費不知仍在藉田千畝共迷其日固久不詳經典致此諠譁今者創立社稷理宜正名典故請改儀注及式將先農以爲

帝社使人聽不惑古義具存移前代之末學表當今之準繩豈不美歟

社稷議

藉田之祭本是王社承前若祠先農共是勾龍后稷烈山之子亦謂之農周棄繼之皆祀爲稷共工之子后土主名湯既勝夏欲遷不可社稷主祭惟此二神祭法所載祀典皆存自黃帝以下羲農二皇不列常祀豈有社稷之祭上取炎皇正經典籍曾無此語膚淺諸儒妄爲曲説借如蜡主先嗇鄭元云若神農徒見易之揉木即云若神農耳如

其遠推邃古磨蜃在神農前將爲先嗇有何不可此鄭之謬妄不尋祭法根源後儒守株即以爲定始立社稷祈報惟祭共工烈山神農未報大功何不遠取祈報即明三皇以上樸略洪荒帝王之道無取爲教魏秦靜者又何知社稷先農妄分爲二且六宗之義先儒猶且紛然六神之言秦靜憑何分析習俗迷謬殊不可依豈有一藉田中置四壇墠先農王社同貫異名固是一種后稷勾龍更無二道同途分祭四牢徒費豈是爾愛其羊又言漢祀禹神此義更殊未得若將禹平水土其功大于勾龍成湯革夏社時何不替勾龍之祀周棄既將易祀夏禹豈可獨遺漢德不遠殷湯祀禹無乃爲諂後王更無遵用明其一時謬僻禮官今欲效僻張禹無乃迂乎前以王社沒于先農欲依祀典正號今乃更加兩祀亦恐乖謬增多退傳禮官更加詳度具依經訓勿據俗儒

賈虛己

虛己神龍時官左拾遺

諫封后族疏

臣聞孔子曰唯名與器不可以假人其非李氏而王自古盟書所棄今陛下創制謀始垂範將來爲皇王之令圖子孫之明鏡匡復未幾后族有私臣雖庸愚尚知不可史官執簡必是直書今萬姓喁然聞一善令莫不途歌里頌延頸向風欣然慕化日恐不及陛下柰何行私惠使樵夫議之而先朝贈太原王殷鑒不遠同雲生於膚寸尋木起於蘖栽誠可惜也如渙汗已行憚改成命臣望請皇后抗表固辭使天下知宏讓之風彤管著沖謙之德是則巍巍聖鑒無得而稱

盧藏用

藏用字子潛幽州范陽人舉進士不得調隱居終南山長安中徵拜左拾遺神龍中知制誥遷中書舍人景龍中至尚書右丞先天中坐附太平公主配流嶺表會交阯叛有捍禦勞改昭州司戶參軍遷黔州長史判都督事未行卒年五十餘

爲姚大夫請致仕歸侍表

臣某言臣聞孝於親者然後可以忠於君理於家者然後

可以移於國臣實妄庸叨奉明聖職在樞要切寄股肱恩非始圖榮絕流輩臣之殞身無以上荅然臣老母今年八十有一起居漸廢齒髮日衰飲食朝晡非臣不膳寢興侍奉非臣不歡臣欲僶俛國朝則顧復無報臣欲歸養私第則聖澤不貲實類羝羊羸角方同狼跋其尾去歲陳乞初沐聖恩旋承後命不垂允納良由臣孝道衰廢至誠無感扣心泣血夙夜無寧臣自受北征綿歷旬月慈母銜泣朝夕倚閭寢膳不時重增羸耗臣子之道何以爲心陛下聖澤遠覃中外無事彝倫攸敍俊乂盈朝臣之短才無所裨補伏願少垂矜察俯遂私恩許臣告歸之請終臣犬馬之養然後糜軀粉骨上荅天造奮身虜庭効命戎幙臣之萬死不敢爲恨無任愚懇之至

諫營興泰宮疏

臣愚雖不達時變竊嘗讀書見自古帝王之迹衆矣臣聞土階三尺茅茨不翦采椽不斲者唐堯之德也卑宮室菲飲食盡力於溝洫者大禹之行也惜中人十家之產而罷露臺之制者漢文之明也並能垂名無窮爲帝皇之烈豈不以克念徇物博施濟衆以臻於仁恕哉今陛下崇臺邃

宇離宮別館亦已多矣更窮人之力以事土木臣恐議者以陛下爲不憂人務奉已也且頃歲已來雖年穀頗登而百姓未有儲蓄陛下西幸東巡人未休息土木之役歲月不空陛下不因此時施德布化復廣造宮苑臣恐人未易堪今左右近臣多以順意爲忠朝廷具僚皆以犯忤爲患至令陛下不知百姓失業百姓亦不知左右傷陛下之仁也臣聞忠臣不避死亡之患以納君於仁明主不惡切直之言以垂名千載陛下誠能發明恕之制以勞人爲辭則天下必以陛下爲惜人力而苦已也小臣固陋不識忌諱

敢冒死上聞乞下臣此章與執事者議其可否則天下幸甚

答毛傑書

毛子足下勤身訪道不毒氛瘴裹糧鬼門放蕩雲海有足多矣一昨不遺猥辱書札期我遐意詢于道眞使人慙愧也僕知之矣士之生代則有冥志深藪滅木穹窒鍊九還以咽氣味三秀以詠言因將養蒙全理不以能鳴夭性則其上也義感當塗說動時主懷全德以自達裂山河以取貴又其次也至於誠信不申忠孝胥缺獨禦魑魅永投豺

虎無面目以可數推心膺以問天斯最下也僕在壯年常慕其上先貞後黷卒罹憂患負家爲孽置身於此何顏復講道德哉雖然少好立言亟聞長者之說老而彌篤猶憐薄暮之景加我數年庶無大過覽莊生鯤鵬之喻則乾坤龍馬之旨可好矣培風運海則六九之源無差矣驟之正氣則洗心藏密有由矣開卷獨得恬然會眞不知寰宇之寥廓不知生之與謝斯亦曖昧所守何必爲是倘吾人起予指掌而說今之隱几不亦樂乎道在稊稗闕一字無相阻曷爲區區過勞按劍也頃風眩成疾下淚復厲力此還荅無所銓次淹遲闕一字期庶不我責盧藏用頓首

右拾遺陳子昂文集序

昔孔宣父以天縱之才自衛返魯迺刪詩書述易道而修春秋數千百年文章粲然可觀也孔子歿二百歲而騷人作於是婉麗浮侈之法行焉漢興二百年賈誼馬遷爲之傑憲章禮樂有老成之風長卿子雲之儔瑰詭萬變亦奇特之士也惜其王公大人之言溺於流辭而不顧其後班張崔蔡曹劉潘陸隨波而作雖大雅不足其遺風餘烈尚有典型宋齊之末葢顦顇矣逶迤陵頽流靡忘返至於徐

庾天之將喪斯文也後進之士若上官儀者繼踵而生於是風雅之道掃地盡矣易曰物不可以終否故受之以泰道喪五百歲而得陳君君諱子昂字伯玉蜀人也崛起江漢虎視函夏卓立千古横制頽波天下翕然質文一變非夫岷峨之精巫廬之靈則何以生此故其諫諍之辭則爲政之先也昭夷之碣則議論之當也國殤之文則大雅之怨也徐君之議則刑禮之中也至於感激頓挫微顯闡幽庶幾見變化之朕以接乎天人之際者則感遇之篇存焉觀其逸足駸駸方將摶扶搖而陵太清躐遺風而薄嵩岱

吾見其進未見其止惜乎湮厄當世道不偶時委骨巴山年志俱夭故其文未極也嗚呼聰明精粹而淪剝貪饕桀驁以顯榮天乎天乎吾殆未知夫天焉昔嘗與余有忘形之契四海之內一人而已良友歿矣天其喪予今採其遺文可存者編而次之凡十卷恨不逢作者不得列於詩人之什悲夫故粗論文之變而爲之序至於王霸之才卓犖之行則存之別傳以繼於終篇云耳

衡嶽十八高僧序

夫理存於業理契則業忘心宅於形心寂則形勝豈不以

體會機化通同我人馳無役有而脗合出生入死而無際古之懸解者懷挾海岳提挈天地掌擲千界身沒一絲前際後際其非動無去無來而常樂豈支離其德孟浪其言哉蓋同體大非而物不能自物也則有泳其洪波志其小行指元源以驤首扣幽鍵而少留亦能押闔形神度越茲數則衡嶽思海之列可得而稱矣衡嶽寺者梁天監三年立本名善思暨陳改爲大明有隋號爲衡嶽則衡山之心也二十八宿上飛翼軫之晶三十六都下蟠吳楚之紀赧駿舒蔚爍爛炳煥以萬殊松標玉聳清蒼璀錯以億尺水碧巖霜而育粹雲芝佇秀以孕真幽岫滅氛絕頂無跡遊其質者則蘧廬清明挹其靜者則管魄淵瀞信神明之所棲遲也故異人接踵於此焉遊靈跡葳蕤道風綿邈自鷲巖西陽象教東流勝躅雖多宗元或替至於仗智慧劍壞煩惱軍理以意傳階惟神遇者未有斯美之盛也然而年代悠邈故老或遺真詮細微後生何述有沙門惠日俗姓慶氏濮陽人也息心達道利見觀方自北徂南爰憩茲嶽入空寂舍覺今昔常然到清涼池知我人非遠備聞衆異祇覿前修而山閒朴略簡篇無次遂覃思翰墨博采遺風

事無虛美務存摭實自思大師凡一十八人著之於傳藏用早遊斯道頗涉藝文承日真之恩獎聞衆公之故事心存目想若見期人倘茲理或存亦旦暮之斯也遂懷鉛秉翰序其傳焉

析滯論

藏用常以俗多拘忌有乖至理乃著析滯論以暢其事詞曰

客曰天道元微鬼神幽化聖人所以法象衆庶由其運行是故大撓造甲子容成著律歷黃公裁變元女啟謨八門

御時六神直事從之者則兵强國富違之者則輔弱朝危有同影響若合符契先生亦嘗聞之乎主人曰何爲其然也子所謂曲學所習懦儒（一作昧）所守徒識偏方之詭説未究亨衢之通論蓋易曰先天不違傳稱人神之主範圍不過三才所以虛中進退非邪百王所以無外故曰國之將興聽於人將亡聽於神又曰禍福無門唯人所召人無釁焉妖不自作由是觀之得失興亡並關人事吉凶悔吝無涉天時且皇天無親惟德是輔爲善者天降之福不善者天降之殃高宗修德桑穀以變宋君引過法星退舍此天

道所以從人者也古之爲政者刑獄不濫則人壽賦斂蠲減則人富法令有恒則國靜賞罰得中則兵强所以禮者士之所歸賞者士之所死禮賞不倦則士爭先赴苟違此途雖卜時行刑擇日出令必無成功矣自季代澆訛俗多徼倖競稱怪力爭誦詭言屈政教而就孤虛棄信賞而從推步附會前史變易舊經依託空文以爲徵驗覆軍敗將者則隱祕無聞偶同幸中者則共相崇飾豈惟聽之增惑亦乃學人自是嗚呼習俗訛謬一至此焉夫甲子興師非成功之日往亡用事異制勝之辰苟修其德何往不濟夫環城自守接陣重圍無關地形不乖天道若兵强將智粟積城堅雖復屢轉魁剛頻移太歲坐推白武行計貪狼自符雞鬬之祥多貽蟻附之困故曰任賢使能則不時日而事利法審令正則不卜筮而事吉養勞賞功則不禱祀而得福此所謂天時不如地利地利不如人和故太公犯雨逆天時也韓信背水乖地利也並存人事俱成大業削樹而斬龐涓舉火而屠張郃未必暗同歲德冥會日遊俱運三門並占四殺杜郵齒劍抑唯計沮垓下悲歌實階刓印若以並資厭勝不事良圖則長平盡坑固須恒濟襄城無

噍亦可常保是知拘而多忌終喪大功百姓與能必遺小數金雞樹上方爲楚國之殃萬畢枕中適搆淮南之禍剗符指盜反更亡身被髮邀神翻招夷族吁嗟威斗赭鞭不禳赤伏之運築城斷岡何救素靈之哭火災不驗裨竈無力以窺天超乘階凶王孫取監于觀德九徵九變是曰長途人謀鬼謀良歸有道此並經史陳迹聖賢通規仁遠乎哉詎宜滯執客乃蹙然避席曰鄙人困蒙不階至道請事斯語歸于正途而今而後焚蓍龜毀律曆廢六合斥五行浩然清慮則將奚若荅曰此所謂過猶不及也夫甲子所

以紀日月律歷所以通歲時金木所以備法象龜蓍所以前人用聖人以是神明德行輔助謀猷存之則叶贊成功執之則凝滯于物消息之理其在玆乎客於是循墻匍匐帖然無氣口敖心醉不知所以荅矣

弔紀信文

維年月日某官名恭弔漢忠臣將軍紀信公曰皇綱絶兮帝紐頹王風悲兮霸道衰天運促兮周以霸秦德棄兮漢業開何項王之贔屓作驅除於雲雷豈淵海之飛盪資拔山之偉才於是左挈歸楚羣雄奉職皇矣漢祖獨負其直

矧滎陽之圍城兮旣孤而逼偉將軍之天誘兮矯奪其識彼見危而授命兮亦各有時考振古以爲觀兮罔怬帝基感將軍之發憤兮壯大義之在玆仰前修以砥節兮顧車迴而馬遲嗚呼身旣焚兮業旣昌楚歌絶兮漢道光君不旌兮史不揚功不錄兮歿不殤奄孤墳以載葬抑千祀而爲荒皇周敷訓兮澤及枯胔伊予寡德兮忝宰玆地奉宣嘉猷兮懼尸厥位（闕二字）將軍兮允忠且義託神交於萬古兮實獲心志乃斲石於他山兮式幽墳以昭賁詞曰攝提貞歲兮奉揚仁風跋涉草莽兮詞弔紀公善彼勇兮殺身爲忠九原不作兮子將焉同金石刻名兮千萬歲魂魄光烈兮爲鬼雄

紀信碑

有漢忠烈姓紀名信官族代載史失其書昔秦始皇棄六代之業窮天下之力以從其心施及二代荐作昏德人怨神怒百姓與能此皇天所以興漢祖也夫龍躍虎變不有非常之災則不能蔚其文而神其行故英雄豪傑雷動震擊並起而亡秦當是時海水飛而無紀王綱積而不紐強者制命弱國連衡項籍提八千之兵鼓行而稱伯驟名城

阬勁卒弑義帝屠咸陽七十餘戰而天下大定矣於是背關懷楚專制主約雖負河山藉舊業南面而稱孤者猶膝行請命舉國受署莫能枝梧焉而高祖奮于漢中定三秦之地扶義仗信東向而爭天下天下之命懸于二雄山東紛紛螽合蟻聚未有所係籍當以百萬之衆困高祖於滎陽紀公推天歷之在劉顧臣節以自償躬載黃屋出東門而詭之沮百萬之氣頓強楚之威奪諸侯之魄迴霸王之機身焚孤城之下功濟廟堂之上高祖因之以成帝業雖宏演納肝而無悔干犨請矢而不疑公孫抱子而爲詐孟

陽寢牀以自欺其忠則然於大業不可以希也先軫免胄以立誠鉏麑觸槐以取喪富辰懟諫而赴翟仲由結纓而爲壯其節則全於大機則無以尚也苟息守言而死事豫讓感遇以自殘石乞就烹以徇白漸離矐目以報丹其義立矣於大濟則闕焉故功貴成業貴廣苟有大賴則輕太山於鴻毛壯哉紀公誠得其死矣夫城郢而增君名寢齋以祈於死其於忠也不亦泰如於戲仲尼所謂殺身成仁臨難無苟免者則紀公其人也而歷載數百莫能表之縣令會稽孔君名祖舜字奉先資大聖之緒秉忠孝之規清

身以激俗矯枉以從政到官視事三載有成於是鄉之碩老攝齋而請曰府君以盛德茂才宏宣大化旌孝尚節敦學務農人無懸耜野無冥草可謂政之美者也而紀公之墓蕪而不顯豈所以鼓舞前志發揮臣子之道哉府君乃咨謨寮吏稽古訓典以爲忘生從道者仁也沈斷固分者義也威儀不忒者禮也好謀而成者智也有死無二者信也決機興運者明也大節不撓者勇也夫藏一行於人則銘之金鼎輝鑠風雅況紀公兼而有焉斯實忠臣義士之殊尤而文獻之所先也故表商容式干木君子韙之乃仰惟春秋旌善之義庶幾爲臣之節奮于百代之上凜然可以比肩斯人俾能揚耿光厚忠義崇尚教化以昭烈我明天子之風豈不褒德而顯功哉遂作頌曰

雄雄紀公自天作忠膺皇祖兮卓犖磊朗瑰傀倜儻奮威武兮虎鬬龍戰扶危制變挫强楚兮定霸興王身焚業昌得其所兮雲雷經綸乃聖乃神萬物覩兮千載一振闡幽作訓爲代矩兮三五巳矣愚聖同死苟無足而稱焉吾何以貴夫古兮

紀信碑陰

長安元年鄉人白孔府君請爲紀公建立碑表府君具狀申請而州寮以爲異代風烈令式無文且懼鄉人頭會抑而不建孔府君感激忠義拘牽下僚乃歎曰吾以不才忝茲邦政至於激貪勵俗旌孝尚忠臣子之行教化之端也鄉人之請允有禮矣吾可以嘿歟至二年七月乃自減私俸將斲石采山以旌忠烈會有耕（闕一字）於紀公墓側居人田中得一古石磨礲俱（闕一字）但無文字其螭首及兩側龍距文髣髴有子丹碑法生動之勢非近工所爲詢之故老莫究年代府君遂酬地主之直樹之於墓刊勒斯頌豈神

明昭應有所感發哉何其幽顯之符會也鄉人奔走而觀者甚衆咸喜紀公有述幽石自彰（闕一字）以崇宰君之徽烈表至誠之必感夫滅倖以旌賢至清也希古以砥節至忠也不然後（闕一字）何以仰德而立名哉乃於碑陰刊紀斯異

景星寺碑銘

蓋天地無私窮理者惟性陰陽不測寓形者曰神飛龍御乾固洗心於密大鵬運海亦止氣於符致言乎寥廓之場抑有幽兆會精於寂滅之域罔窺成憲豈禮樂仁義漸漬之速相資將受相行識明昧之功互用粤我元聖于照竺

乾知生生不生以一乘爲貞實體滅滅不滅以三身爲去來示八萬法門應乎六道運百千方便極乎兆域小枝小葉洒甘露而俱霑非想無想覆慈雲而畢潤四天爲界陶輪斯擲十地登庸大車以載然後示凡遺化即色歸空乜筌于善逝之名脫屣于無餘之分雖薪盡火滅菩提無可作之期而影謝燈傳智惠有不止之壽舍利形像沙界滿于文提修多文字泉宮演于科目則言非理適而理必因言見異眞詮而眞固憑見矣容州都督府景星寺者高宗天皇大帝所建也高宗繼文嗣武纘歷登樞淳化洽于無垠至德覃於有截緝熙庶績平章百姓沐雨思理官然姑射之風順風聞眞邈矣崆峒之野金繩玉檢蹐日觀而告成功寶篆瑤緘禪雲亭而肅明祀靈茅瑞麟海嶽之珍畢萃氣象謳歌天人之心允接增封東岱有景星垂象制諸州置寺仍景星爲名蓋恒星幽感金人應夢之兆也是時天子接千歲之統揖九牧之符日月告休風雨時若人是用息化臻俾人故列嶽之建刹者罔不揆日庀徒儀星起構樽櫨嶷而爭聳瑤碧煥以相輝而此邦荒服權輿墉隍草剏雖琁題可訪而金地猶蕪時都督樂處元以式遏爲

心未遑經始後長史陳善宏以薰修爲念頗加薙蕚於是香緣法侶聽鐘梵而知歸飛錫上方仰旛花而發行矣垂拱中有寺主僧伏備者密行稱獨解空無二法雲持誦即降天花惠風宴坐允飛靈液厥有甘露泫于庭柯都督李行裒具狀以聞中旨宣諭賜天柱納一條由是歸依檀度者日有之矣天授中改爲大雲寺移額于城西焉五緯韜光三靈改眡法因事起修塔廟而依然名隨代遷仰絲綸而已替星辰可望尚想衣冠棟宇無瞻鞠爲禾黍通天中賊謝策陳隱等干紀叛換縱兵郊郭虔劉邑居焚爇城市

尊儀法宇復成煨燼惟阿育王像并夾侍菩薩不隨烘燎夫元精沖隱非擬議所及道眞密趣豈知識能究然而即體均化所契者莫殊就物同如彼適者誰拒山河信隔我念不疲金石自流外緣罔易法身寶相理則固然像教遺形曷以臻此抑靈姿密會神明之所扶持也御史李令質具狀以聞有勅褒異仍令農隙繕葺聖歷之際都督沈仁果將事開拓審曲面勢規模博敞移置于城矩臬所圖有儀式矣神龍初爲龍興寺道以不住爲名事以無常爲體海桑頻變詢故老而猶存星榆既往訪賓實而無所故景

星之號淪于再祀矣今都督光府君名楚客樂安郡人也昔光曜契理於元言光音造靈於眞位自茲厥後英邁聯華公實濟之不墜其緒夫其現姿雅量貞操峻節朗若登崐邱而剖虹玉自爲廟廊之寶鎔祕匣而見龍泉即成軍國之器精識粹理婉詞奧學又似武庫居府圖象莫遺文軒在藻庭黼斯備始以孝廉擢第倅西城尉歷增城南海令韶州司馬廣州都督府長史兼經略副使制加朝散大夫充嶺南五府安撫經略副使以功倅游騎將軍守右驍衛翊府右郎將兼檢校廣州都督府長史以親累貶授藤州司馬守之晏如也尋授朝散大夫守邕州都督長史未幾擢授檢校邕州都督充開馬援古路使北轉安南副都護賀州刺史累充邊隅任參文武張綱靜寇攘敛載清魏絳和戎威懷允輯安仁作賦初直虎賁之省馬援言邊復縮狼荒之郡朝廷以容山諸越鬼門多梗博選吳遹僉歸望實倅正議大夫檢校北府都督兼管内經畧使公至則宣皇明頒時令修戰守之備以興權示威信之成以諭物夷梗翕然革心矣又以俗殊政異吐風不一因人設範違方或二難以慮始可使由之阜成日用之功克就月將之

漸以爲食者人之天食不足焉未可以訓時則度其川原分其高下田畯至喜是銍是穫歲以有成矣以爲禮義者德之輿禮義興而人倫厚然後修其喪祭節其賓嘉夫夫婦婦兄兄弟弟庶及乎教矣以爲學校者行之府學校立而邪枉措時則理其庠序敦其絃誦青青子衿在城闕矣夫如是郛壥之閒坰野之外典章器服粲然可觀復有幽洞負阻荒閉憑深者瞠目駭心滅木閒分封其林塢之固時爲道路之虞公則奉國廟之威靈恭武臣之貔豹隮險冒毒深入不毛故振古未賓如思蕃古往者莫不風舉雷

爍魚潰鳥散矣威加陬落聲被縣道聯虛均化列郡同風抑前載之所闕也然後親視閭閻詢問耆老披圖牒以望古緝典憲以考詳則知茲寺久蕪也是用稽騰墜記虔心帝藉捧喬嶽之遺芳餘威可戴守疑山之舊緈熙載思揚今天子嗣守丕構開元立極修廢祀秩無文同符三王超越五帝將以軼包犧之化洽葛天之風而煌煌祖業翳于遐甸豈有司恭守率由之節也是亦爲政敢不勤職遂于城北廢祠復建茲寺即棟宇之遺趾因庶人之子來經之營之是版是築法堂迴構畫刹孤標鴈塔分身初疑踴出

蜂臺合勢更自飛來清梵晨吟龍象森而成列華鐘夜吼魔鬼瞑而不作此地南馳日戶北走石門海陸當天下之衝賝賮總寰中之貴珠還浦媚商旅之所往來桂長巖芬隱淪之所棲息故乘緣趣業覩皆因者斯亦衆矣寺主僧惠雲上座法練大雲寺主僧小車上座神衛都維那空空隆興寺主僧灌頂上座道昌等越金之粹冰玉之英探丹果於九部見青蓮于一念思惟佛影感聖后之仁慈棲息寶橋愧賢臣之護屬竊懼德充位博功高名遂後之來者莫繼斯文若夫金石之堅讚述之美庶乎故事不朽則精

舍可以長存矣相與斲石建表祈之篆刻而作者蓋闕故歷稔未刊長史知經略副使上柱國河東薛惟鑒宏量厚德器博才贍一言所趣山河罔千里之艱片善相依風雨投百年之分錄事參軍鄧武龍工曹賈長源倉曹朱嵩戶曹房燕客兵曹蘇奭法曹庾德從參軍周仁昉黎重炎宗庭玭普寧令曹風賀川令王眺渭龍令趙大賢欣道令陳令高北流令李獎陸川令黎伯倍陵城令嚴崇甫隨安令秦行儒羅豆令胡行楚宕昌令成謩等學古入官勵精祗務聲高列寀化洽爲邦藤州刺史李偉之義州刺史陳大

煥禺州刺史陳吳客白州刺史覃崇位黨州刺史莫懷毅平琴州刺史周珪巖州刺史陳越客牢州刺史耿仁忠竇州刺史陳仁玘蔚林州刺史何乾遇等或位以材擬或職因地獎化浹海壖績揚朝聽鄉人前豆州懷德縣令楊誕平琴州福楊縣丞丁行忠前白州周羅主簿覃雲方蔚林州興業縣令盧丞祐等百有餘人或文以幹（闕一字）或武以成節並深悟緣起虛懷贊勲屬鄙人罹憂五宅投速九真心依鷲嶺之恩路出鳶江之徼衆君子博我以道德訪我以文章昔常掌言西掖載筆東觀必聞其政豈直是邦乃

靳小音無非喜舍其詞曰

天運而下元精隱曜地靜而外默化潛召通才綴象中樞演妙含粹蘊和會眞體要對越前覺應速棄時昧定凝照虛融宴持即體惟密同如則悲有感斯赴攸稱大師業著功揚緣空識謝獨園善屬雙林稅駕賢劫千名塵沙萬化惠炬方皎傳燈不夜昔在高宗文思作主珍圖輯瑞瑤壇稽古璧合珠連雲臺策府實感眞夢元開法宇帝鄉厭代喬山棄祕象韜精榮河改名籙歸授手識假神足福地還金靈豪變王官議識舊邦其命維新珠緯雖復璇題尚淪

軒除莫究鐘梵誰親匪我良牧疇皆勝因我牧伊何光分作扞懿文經武綏邊靜亂勝因伊何書刹仍貫遺綸可仰故趾無換帝典還揮王城重開叱風則阜人亦子來班爾稅弍林虞効材崢嶸法架肅穆香臺列岳惟良大藩英宷邑稱髦俊封美賢宰刻頌金石揚名山海奉國承家忠孝斯在因以事起功以銘宣理以詞著教以言傳見色祈信觀文趣緣道場永久我業無邊

太子少傅蘇瓌神道碑

維唐景雲元年歲在庚戌十一月己巳太子少傅許國蘇公薨於崇仁里之私第春秋七十有二嗚呼哀哉粵明年三月己酉制葬我公於武功之先塋禮也公諱瓌字昌容京兆武功人其先出自帝高陽襲允曰黎實勤火正逮昆吾之子始封於蘇以國受氏公其後也暨漢平陵侯子建子侍中嘉魏侍中則晉尚書邈即聯華國圖代載明德公高祖周度支尚書邳國公諱綽立言成務垂於後昆公曾祖隋尚書右僕射開府儀同三司邳國公諱威嘉謩成績懿于當代大父隋尚書職方郎鴻臚卿諱夔理綜羣品識覃衆妙烈考祕書丞池台二州刺史贈岐州刺史諱亶遊

藝聚學素風不隕公系上聖之遐緒鍾盛德之泉茂資元和以體仁穆清明以成美初孩而孤稟絳郡夫人之慈訓幼而岐嶷聰敏冠常始讀山棲志一覽便誦及長博綜經史尤善屬詞年十八進士高第補寧州參軍轉恒州司法丁絳郡夫人憂自中山涉褰跣從至京兆哭不絕聲性以禮全形以哀瘠左庶子張大安以孝悌上聞服闋拜恭陵丞轉相府錄事參軍上改封豫官亦隨府上即帝位拜朝散大夫尚書水部員外郎未幾兼侍御史淮南廉按俄拜夏官員外兼官尹丞歷水部祠部郎中兼判司禮事以親

聯出爲朗州刺史轉欽州刺史幷州武興令檢校冀州刺史累遷汾鼎同汴揚陜以累最入爲尚書右丞加銀青光祿大夫遷尚書左丞戸部尚書又拜侍中京師留守兼理冤滯車駕還京持節河北按撫加金紫光祿大夫轉吏部尚書東都留守尋復還守本職廷拜尚書右僕射同中書門下三品封許國公監修國史今上踐阼拜尚書左僕射屢抗詞乞骸優荅不許拜太子少傅公有子七人長子顥字廷碩歷給事中中書舍人修文館學士太常少卿嘗掌綸誥與公聯侍紫垣接機黃閤前後之拜近古未有公體

道貞固立心簡直多識前言遍詳舊事自周隋損益家牒可紀公則紹之罔不畢綜故閨門之內孝悌成則朋友之閒忠信克舉其在參佐也婉孌柔嘉醜夷不爭其事藩邸也從容諷議賓寮是仰四爲郎而彌綸之功布於省闥九爲牧而循良之績著於州郡周旋二轄焯燿文昌迴翔兩宮耀鑠巖廊版圖國之信而五教在寬冢宰人之紀而九流式敘左右端揆盡訏謨之畧東西掖闈備忠讜之美德愈盛而心益下位彌大而行益恭用能高而不危長守富貴考父三命謙光數郇平仲一心中孚累聖非至德淑愼

疇至此哉夫其仁恕篤密清廉簡惠躬儉約以自持蹈名教以檢物祿以周急不積于家財以睦親必均於衆故義廣而私謁之途阻名揚而兼濟之道宣亦叔敖之賢國僑之懿也幾深通志精晤默識文以蹤實靡絢其華學以辨微固信於己故始終機撥舉無遺策斯又子房之知孔明之能也造膝沃心務存匡救引過稱善不近於名故聲聞于天而口無擇績宣於外而事罔專蓋叔子之仁孔光之愼也兼斯衆善以畜明德方將三階載理前宮更曜天命不祐閽忽遷殂朝喪其楨人殞所戴天子悼焉遣大府卿

李從遠冊書弔祭輟朝三日有司備禮發哀追贈司空荆州大都督賻絹布八百段粟米八百石凶事葬事並官給賜東園祕器大鴻臚監護將作立碑太常考行謚曰文貞禮也皇太子別次發哀遣洗馬弔祭賻物二百段祖載之日闕三字官闕二字於開遠門外別遣左常侍徐闕一字宣旨送于郊闕一字令遣洗馬如初禮宮臣已下畢赴朱旐載路班劒啟行哀榮之禮備矣諸侯之孝終矣公家代尚儉載在緗竹其生也堂無宴客門無主賓其終也塋無封樹隧無碑表大漸之始遺令遵行公卿暨親戚賵襚弔祭一無所

受周身之外唯(闕一字)一車一乘顯等泣血受命罔有踰越雖迫旨朝不旌墳壙建碑於塋北一十五里故臨大節而不奪見大義而能勇經緯之迹文藝之行備於國章布在人口懼違先訓皆略而不書中書侍郎同中書門下平章事昭文館學士兼修國史皇太子侍讀范陽張說雅俗之鎮具瞻令德文章之雄談者爲楷偉公道德之首徽猷可行刊石紀頌詞如清風

陳子昂別傳

陳子昂字伯玉梓州射洪縣人也本居潁川四世祖方慶

得墨翟祕書隱於武東山子孫因家焉世爲豪族父元敬瑰偉倜儻年二十以豪俠聞屬鄉人阻饑一朝散萬鍾之粟而不求報於是遠近歸之若龜魚之赴淵也以明經擢第授文林郎因究覽墳籍居家園以求其志餌地骨鍊雲膏四十餘年嗣子子昂奇傑過人姿狀嶽立始以豪家子馳俠使氣至年十七八未知書嘗從博徒入鄉學慨然立志因謝絕門客專精墳典數年之間經史百家罔不該覽尤善屬文雅有相如子雲之風骨初爲詩幽人王適見而驚曰此子必爲文宗矣年二十一始東入咸京遊大學歷抵羣公都邑靡然屬目矣由是爲遠近所籍甚以進士對策高第屬唐高宗大帝崩於洛陽宮靈駕將西歸子昂乃獻書闕下時皇上以太后居攝覽其書而壯之召見問狀子昂貌寢寡援然言王霸大畧君臣之際甚慷慨焉上壯其言而未深知也乃勅曰梓州人陳子昂地籍英靈文稱偉曄拜麟臺正字時洛中傳寫其書市肆閭巷吟諷相屬乃至轉相貨鬻飛馳遠邇秩滿隨常牒補右衛胄曹上數召見問政事言多切直書奏輒罷之以繼母憂解官服闋拜右拾遺子昂晚愛黃老之言尤躭味易象往往精詣在

職默然不樂私有掛冠之意屬契丹以營州叛建安郡王攸宜親總戎律臺閣英妙皆署在軍麾特勅子昂參謀帷幕軍次漁陽前軍王孝傑等相次陷沒三軍震慴子昂進諫曰主上應天順人百蠻向化契丹小醜敢謀亂常天意將空東北之隅以資中國也大王以元老懿親威畧邁世受律廟堂弔人問罪具精甲百萬以臨薊門運海陵之倉馳隴山之馬積南方之甲發西山之雄傾天下以事一隅此猶舉太山而壓卵建瓴破竹之勢也然而張元遇王孝傑等不謹師律授首虜庭由此長寇威而殆戰士夫寇威

長則難以爭鋒戰士殆則無以制變今敗軍之後天下側耳草野傾聽國政今大王沖謙退讓法度不申每事同前何以統衆前如兒戲後如兒戲豈徒爲賊所輕亦生天下奸雄之心聖人威制六合故用聲爾非能家至戶到然後可服況兵貴先聲今發半天下之兵以屬玉安危成敗在百日之內何可輕以爲尋常大王若聽愚計即可行若不聽必無功矣須期成功報國可欲送身誤國耶伏乞審聽請盡至忠之言凡軍須先比量智愚衆寡勇怯强弱部校將帥士卒之勢然後可合戰求利以長攻短今皆同前不

量力又不簡練暗驅烏合敗後怯兵欲討賊何由取勝僕一愚夫猶言不可況奸賊勝氣十倍未可當也且統衆禦奸須有法制親信若單獨一身則朱亥金鎚有竊發之勢不可不畏人有負琬玉之寶行於途必被劫賊何者爲寶重人愛之今大王位重又總半天下兵豈直琬玉而已天下利器不可一失一失即後有聖智之力難爲功也故願大王於此決策非小讓兒戲可了若此不用忠言則至時機已失機與時一失不可再得願大王熟察大王誠能聽愚計乞分麾下萬人以爲前驅則王之功可立也建安方

求鬭士以子昂素是書生謝而不納子昂體弱多疾感激忠義嘗欲奮身以答國士自以官在近侍又參預軍謀不可見危而惜身苟容他日又進諫言甚切至建安謝絕之乃署以軍曹子昂知不合因箝默下列但兼掌書記而已因登薊北樓感昔樂生燕昭之事賦詩數首乃泣然流涕而歌曰前不見古人後不見來者念天地之悠悠獨愴然而涕下時人莫之知也及軍罷以父老表乞罷職歸侍天子優之聽帶官取急而歸遂於射洪西山構茅宇數十間種樹採藥以爲養嘗恨國史蕪雜乃自漢孝武之後以迄

於唐爲後史記綱紀粗立筆削未終鍾文林府君憂其書中廢子昂性至孝哀號柴毀氣息不逮屬本縣令段簡貪暴殘忍聞其家有財乃附會文法將欲害之子昂荒懼使家人納錢二十萬而簡意未塞數輿曳就吏子昂素羸疾又哀毀杖不能起外迫苛政自度氣力恐不能全因命著自筮卦成仰而號曰天命不佑吾其死矣於是遂絕年四十二子昂有天下大名而不以矜人剛斷强毅而未嘗忤物好施輕財而不求報性不飲酒至於契情會理兀然而醉工爲文而不好作其立言措意在王霸大略而已時人

不之知也尤重交友之分意氣一合雖白刃不可奪也友人趙貞固鳳閣舍人陸餘慶殿中侍御史畢構監察御史王無競亳州長史房融右史崔泰之處士太原郭襲微道人史懷一皆篤歲寒之交與藏用遊最久飽於其論故其事可得而述也其文章散落多得之於人口今所存者十卷嘗著江上文人論將磅礴機化而與造物者遊遭家難亡之荊州倉曹槐里馬擇曰擇昔從父友王適獲陳君欣然忘我幼齡矣榆關之役君籌其謀戎安累年不接晤語聖歷初君歸寧舊山有挂冠之志予懷役南遊遘茲歡甚

幽林清泉醉歌絃詠周覽所記條徧岷峨予旅未幾陳君將化悲夫言絕道冥杳然若喪之幾延陵心許而彼已亡天喪斯文我恨何及君故人范陽盧藏用集其遺文爲序傳識者稱其實錄嗚呼陳君爲不亡矣遂爲贊曰

岷山導江回薄萬里浩瀚鴻溶東注滄海靈光氛氳上薄紫雲其瑰寶所育則生異人於戲才可兼濟屈而不伸行通神明困於庸豎子曰道之將喪也命矣夫

祭拾遺陳公文

子之生也珠圓流兮玉介潔子之沒也太山頹兮梁木折士林闃寂兮人物疎門館蕭條兮賓侶絕嘆佳城之不返辭玉階而長別嗚呼置酒祭子子不顧失聲哭子子不迴唯天道而無託但撫心而已摧尚饗

武三思

三思士彠孫以后族累轉右衛將軍武后臨朝進夏官尚書封梁王證聖元年同鳳閣鸞臺三品神龍初進拜司空同中書門下三品固辭隨例降封靜德郡王尋拜左散騎常侍桓彥範等旣誅二張薛季昶劉幽求勸并誅三思不從翌日三思因韋后潛入宮中反易國政彥範等皆斥去悉復武后法忌節愍太子謀廢之太子懼發羽林兵圍其第殺之旣死中宗爲舉哀贈太尉復封梁王謚曰宣睿宗

立斲棺暴尸夷其墓

賀老人星見表

臣守節等文武官九品以上四千八百四十一人上言臣聞惟德動天必有非常之應惟神感貺允屬會昌之期天鑒孔明降休徵者所以宣天意神聰無昧效嘉祉者所以贊神功故黃鳥白麟載稱姬漢之日元圭黑玉式昭禹湯之代伏惟天冊金輪聖神皇帝陛下潤色丕業光赫寶祚執大象而御風雲鼓洪鑪而運寒燠浹洽四海輝華六幽希代符來超今邁昔浪委波屬故合沓而無窮日臻月見尚殷勤而未已伏見太史奏稱八月十九日夜有老人星見臣等謹按黃帝占云老人星一名壽星色黃明見則人主壽昌又按孫氏瑞應圖云王者承天則老人星臨其國又春秋分候懸象文曜鏡云王者安靜則老人星見當以秋分候之懸象著符于上人事發明于下壽昌者知億載之有歸安靜者示萬邦之必附澄霞助月非唯石氏之占散翼垂芒何獨斗樞之說臣等謬參纓笏叨目禎祥慶抃之忱寔倍殊品無任踴躍之至

大周封祀壇碑 并序

臣聞乾坤大象也張三光而列五岳帝皇大寶也朝萬國而禮百神然則歷考河圖傍稽洛讖秉樞建極闕三十一字地義農軒頊氏往堯舜禹湯氏作邦畿則千八百國封禪則七十二君唯臨日觀之岫纔越天齊之嶺闕三十二字三花玉樹遥分神女之臺五方金芝下秀仙人之窟仰通上帝之境俯枕中樞之甸風烟萬載徵薦鰈而闕三十一字昌之日可以召玉帛可以勒銀繩建顯號而施尊名飛英聲而騰茂實其唯我大周乎祖闕三十字興王之祕籙運鵬海而首出躍龍泉而高視卷舒元氣分寶位於元宮登步大階受珍圖

於黃屋均兩曜而闕三十字天冊金輪聖神皇帝陛下徇齊作后聰明爲辟心懸萬月從鴈塔而乘時足馭千花自龍宮而應運垂大闕三十一字位祥龜負字懸符啟夏之徵瑞馬呈圖豫送開虞之兆豈獨天浮紫氣知赤帝之將興地映紅闕一字表朱宣之闕三十字之因葉聚祥經誰識去來之果延妙相於丹扆降法身於紫極湛然常樂輪風銷八柱之天寂爾圓明劍兩闕三十字踊懸石鏡於丹霄聖水潛開湛珠泉於碧漢澄漪寫月非關竹箭之流迴岫排雲何止蓮花之闕一字遐循闕三十二字至德掩於百代宏猷超於萬葉謳歌纂籙

考符瑞於堯終獄訟膺期送休徵於舜禪八牕四達之制五室九闕三十字宮非待子輿之議懸寶思而不測運靈襟而獨遠雕楹峻峙若鼇柱之臨空反宇中垂似鵬雲之映闕三十二字紺席於雞津開紫壇於龜浦蒼龍曉闢鉤陳迴雙闕之前翠鳳晨張玉輦下三川之上山分虎據指曰闕三十二字之野開玉帷而鈐士命金壇而拜將營分水月烟消彭蠡之濱陳起山虹霧廓洞庭之野三監縱慝七國闕三十一字雲梯驅鴻裝而驂鳳駕未若浪井常沸雲漿鎮涌流珠罕四練玉難儔偶西聖而爲尊配東皇而保祚闕三十一字奏飛龍

遠叶高陽之代鬼神無以祕其奧造化所以同其節鯤池象沸纔居侯甸之中細柳蟠桃未出王畿闕三十字庭而失所銅掌著於漢日金莖營於魏代空竭神仙之望無階風化之美未有殊方送款爭馳就日之心闕三十一字岧嶢而上秀山光拂迴疑覆鼎之黃雲珠影浮空似臨圭之白日銅舟鐵軓凌幽駕險石弩玉環馳烟驛闕三十一字鹿銀麞年趨於帝囿龍編列壤遥通落鴈之峯象郡疏疆遠控跕鳶之水時驚蛇豕之暴或縱豺狼之虐闕三十字毗俗皇威遠舉取八桂若摧枯廟略冥通殄三珠如拉朽烟塵息而九區靜文

軌同而萬方泰至若闕三十一字至鷟啼草秀鴈飛木落丹花翠柳送宇宙之春光玉露金風漲山川之秋氣披繡闥而闕一字天步敞雕軒而闕三十一字庚登而俗阜高天降祚先開雨粟之禎厚地鍾祥更錫歸禾之瑞艾韠知懼草纓無犯鄭竹所以焚科燕闕三十一字集黑玉來而殷業泰龍飛白水赤伏至於劉亭鳳集岐山丹書下於姬戶今皇圖纂于七寶天冊闕一字於闕三十一字頭燕頷既巢於阿閣牛尾狼題方馴於禁籞山車澤馬湊仙掖而駢闐丹甑黃銀擁神州而駱驛祥蓂候闕三十一字曠時殊貺咸不召而自來絕代洪禎

固無幽而不出于是三靈聳聽萬方翹首羣公陳禪草之儀天子闕三十一字者霧集叫龍圍者雨驟宸儀迴映俄流黃道之暉仙漁遥垂忽降丹穹之液粤以天冊萬歲二年元闕三十一字三界有昭蘇之樂皇恩與和氣同泛帝澤共祥雲俱灑車書正朔極遠而窮幽文物聲明振天而動地闕三十字之樓法駕出銅駝之道八神分衛飛蒙茸而走陸梁萬騎齊驅擁浮雲而騰轉電虹霓作其旌旆霜雪為其闕三十字帷宮欲野笙鏞交太一之壇帳殿歎山鐘鼓沸天中之邑聖皇乃端瑞斑降雕輿率百辟而虔肅契闕三十一字祥光下燭

金花孕彩依輦道而分暉玉醴浮甘委行廚而蓄潤變溫景於黑陸降仙禽於丹嶠木呈連理之闕三十字射牛之盛禮鏤皇猷於翠礎騰帝徽於紫岳烟雲動色標絕跡於千年雷雨流恩洽殊私於萬類闕三十一字牋而頌德抽兔毫而瀝思所冀皇猷永固將九地而齊貞帝祚長隆與三天而共遠其詞曰

洪罏開闢大象初甄四溟環地八柱承天江河瀆薄日月迴旋三徽遞阹五運更遷其一文物既敘皇王有作闕三十字奕三皇俱陳玉帛各起壇場鳥魚符瑞茅黍徵祥寧臨太室空陟神房其三玉冊延祚金輪馭極壇躍闕三十字中千花聳塔七寶闕一字宮傍周法界上達虛空長懸佛日永息魔風其五峻極于天鬱盤于地漢蹕徒擁虞巡莫闕三十字疊跡蒼龍希陪闕一字輦願侍雲封蒲輪欲馭芝詔俄從其七鳳歷祥年龜圖考日法駕將備乘輿廼出却闕三十一字璋旌旗焰焰宮徵鏘鏘天浮瑞日地燭神光其九古樹三花仙巖萬歲銀繩是勒金闕三字業闕一字九皇功超下闕

大周無上孝明高皇后碑銘并序

臣聞二儀合德中黃承太紫之庭兩曜齊明玉兔儷金烏

之象是以九霄高映星躔乘婺女之精十野旁羅嬀水叶娥皇之德亦有西陵美族闕二字軒帝之宮南土嘉媒入嫓夏王之幄其後太任端一即創文基太姒勤勞還開武運故知皇三事業咸資坤載之功帝五風謠必藉陰靈之化無上孝明高皇后宏農仙掌人出自有周蓋唐叔虞之後也原夫赤烏流火丹雀銜書初開夢梓之祥旋茂翦桐之業自唐郊徙邑晉野裁封即胙土而為家啟禎符而得姓周則志為大將承九伐之餘畜秦則款為上卿居七城之重任豈直十人丹轂金萃爲奕于都畿四代白環玉緒蟬

聯于海縣子雲博識吐鳳摛詞伯起高材銜鱣襲祉誕聖不墜降靈相屬神基與紫嶽爭高仙派共黃河俱遠所以代隆鍾鼎地積衣冠五公則異代相傳八子則殊年間出詳諸國史可畧而言曾祖諱定後魏都督歷新興太原二郡太守并州刺史晉昌穆侯宏材卓犖峻局深沈丹山有像日之彩綠地見遺風之步褰帷按俗風行馭竹之郊露冕臨人化偃焚林之阜豈直鄧攸罷郡深歎雞鳴劉寵辭官方憂犬吠祖諱紹後魏征西將軍金紫光祿大夫兼通直散騎常侍驃騎大將軍周開府儀同三司封儻城郡公

鄜豳燕三州刺史贈使持節大將軍成文扶鄧洮五州諸軍事成州刺史謚曰信聲飛漸陸響逸鳴皐器重南金材横東箭謀深八陣勇冠三軍既隆投石之勳果踐銜珠之秩加以金龜結組銅虎分符轉扇揚風停車待雨童兒結要無欺一日之期親友論刑自得二天之詠父鄭恭王諱達周内史中大夫隋開府儀同三司黃門内史吏部刑部二侍郎尚書左右丞趙鄯二州刺史工部吏部二尚書納言營東都大監將作大匠武衛將軍左光祿大夫遂寧恭公贈吏部尚書唐贈尚書左僕射垂拱二年封鄭王食邑一萬戶依舊謚曰恭即司徒雍州牧觀德王之季弟也量包江海氣逸烟霄文即呂氏春秋武則孫吳兵法箕裘代襲鏘鏘萬石之君禮樂基身翼翼千金之子鸞迴玉扎鴈落琱弓激水張鱗遥浮渤海摶風理翰直上扶搖累踐崇階頻昇顯秩腰韃北闕位總貔貅曳履南宮聲高鵷鷺貂冠入侍氣應連珠隼旆分班榮參執玉加以累仁鍾祉積德延祥四履開封寵及九泉之路千乘闕一字禮恩覃萬古之前棠棣相輝鶺鴒交映劉家兩驥譽滿寰中荀氏八龍名高海内通門向術冠蓋成陰甲第當衢歌鍾就列伏惟

無上孝明高皇后資靈月魄毓粹星宮承茂祉于瑶筐降仙儀于金屋聲馳丱歲潛流夢日之祥譽表笄年暗積捫天之兆蘭襟散馥蕙問揚翹懿則重于邦家柔儀冠于今昔忠圖孝範援翠竹而淩霜婉德嬪容引青松而冒雪禮枝含秀藻七誡于情田行葉分芳籠九師于性府徽猷内湛韶姿外發懸明鏡于積水之間振青飈于長松之下貞規漢遠亮節秋高翠縷紅繡從來未理龍梭鳳杼本自多輕簡素鄙鞶繡之工靜默尚韋編之道明詩習禮豈唯秋菊之銘閱史披圖寧止春椒之頌學標天縱開道德之清

關業契生知入文章之妙境曾于方寸具寫千言總遊霧
于毫端窮偃波于筆杪芝英雲氣入魏帳而分輝龍爪魚
形映張池而散彩嘗題一簡密記貞心置以緘縢藏之屋
壁云當使惡無聞于九族善有布于四方指此立身期之
必遂後因修宅匠者得之恭王見而嘆曰此隆家之女矣
昔者書堂欲壞惟聞絲竹之音劍匣將開空覩蛟龍之氣
未有仁心暗徹睿德冥通橫宇宙而無違滿乾坤而自應
若乃行該地義孝極天經親枕席而忘疲候晨昏而靡倦
及乎風枝不靜露蓼含哀履厚地而無追仰曾穹而莫報

思欲託三乘之妙果憑五演之元宗永奉嚴親長棲雅志
昔隋季喪亂海內沸騰伏鼈垂天風塵暗起羣龍戰野旗
鼓潛張白騎于是爭驅青犢由之競擾蚩尤則餐沙食石
項羽則索鐵申鉤赤眉探盆子之籌黃巾聚天師之米夫
三才合契惟神膺大寶之名六位乘時惟聖運洪鑪之德
唐高祖神堯皇帝杖雄鶚起業峻龍飛用丹扆而寧人將
朱旗而撥亂天綱既紐竟收龍鳳之圖地角咸清遂翦豺
狼之毒無上孝明高皇帝觀時有作應運而生先知赤伏
之言預識黃星之兆功深坐樹績茂披榛負伊鼎而陳謀
入張帷而建策龍鈐獨運當赤地之三千獸節長驅偶皇
天之百六息崑山之巨燎並藉中權定滄海之橫流咸資
上畧志同魚水契若鹽梅如魏武之得荀攸似漢光之逢
鄧禹雖英圖盛烈昭鶴鼎于高門而閫則嬪風闕魚軒于
中饋高祖神堯皇帝位膺元首任切股肱利涉大川寄隆
舟檝式崇勳舊爲結潘楊酬功草昧之時賞效雲雷之日
高后以孝誠純至雅操虛沖拒縟禮于移天誓開襟于初
地六塵不染孤標水上之花四諦方披獨晤星中之月洎
乎鳳凰開繇獨堅匪席之心烏鵲成橋果迫如綸之命于

是使桂陽公主爲婚主禮娉所須並令官給既而三星叶
兆百兩邀歡與松蘿而比茂諧琴瑟而流響風閨少女襲
蘭蕙而馳芬月幌仙娥韻珩璜而動步光生綺殿比桃李
而增鮮影發春樓視雲霞而掩色八紘欽其雅躅四海挹
其鴻徽猶羽翼之宗鸞鳳風雲之隨龍虎者矣廟見斯畢
即拜應國夫人從班例也于時帝圖肇建王業初基三戶
亡秦覺風塵之始定四門闢舜識雷雨之將調天無鬪日
之妖地息崩山之禍主上方勤庶政屬想羣黎將貽共理
之憂式廣求賢之務無上孝明高皇帝以勳兼竹帛義重

金蘭備歷文武昭昇內外三踐八元之位四臨九伯之途中臺飛署劍之榮南服總班條之任高后以業光圖史道洽壎篪欲啟仁明實資陰助是以量如江海令未發而風移化穆荆衡澤將流而人悅呼鷹臺下尚隔去思抵鵲巖前始歌來晚俄而高祖晏駕瞻脫屣而無留太祖崩號奉遺弓而積慕沈緜遽軫終無就日之期痼疾遄淹忽切乘星之戀高后哀深杞堞誓切柏舟悲一劍之先沈怨雙桐之半死昔時寶鏡愴對孤鸞舊日瑤琴悲聞獨雀銜冤負痛撫繐帳而增號弔影傷魂踐孀閨而凝慕方祈淨業敬

託良緣憑慧炬于幽途艤慈舟于覺海于是心持寶偈手寫金言字落貫花詞分半月龍藏豈及象負難勝將佛日而長懸共慈燈而不滅及龍旌首次蜃紼遵途永惟憑附之誠願託邱榛之側方冀鵷棲梓樹近接埏庭鶴舞松枝傍依隧路特以聖上年居膝下愛切掌中理藉劬勞方資顧復宣和諭善屢積葭灰日就月將頻移柘火至永徽六年聖上母儀萬國正位六宮將開鍊石之基乃遂積沙之祉大帝以西京命賞平原之秩未宏東漢崇恩新野之封猶褊于是廣流元霈大啟黃扉稽石窌之遺塵裂寶符之氣鼎即以其年十一月冊拜代國夫人食湯沐邑一千戶品正第一位在王公母妻之上魚軒水鶩颺輕影于龍池翬服霞明下鮮文於鳳腋榮由德被位匪恩昇驟應嘉名徙昭洪澤以顯慶五年十月轉拜榮國夫人尋改封鄭國夫人自家疎槐里門荷椒庭累沐殊輝頻膺茂典南鄰夜靜奏鐘磬于高臺北里晨遊列笙竽于廣榭門有躡珠之客家豐饌玉之廚恒處逸而思勞每將昇而必降綠墀青瑣特忝王根火布金池深非梁冀謙撝之美萬國仰而知勤端潔之風九圍欽而取則智周寰宇識洞古今思所以

匡國庇人濟時揆物嘉謨讜說屢發于神襟厚利豐功頻彰于帝念奏便削藁人莫能知每以孔光祕言合爲臣之道山濤密啟得事君之要可久可大置黔首于生成惟幾惟深頓蒼元于覆載至若緣情體物屬事比辭取之以義方先之以風化清詞海富縟藻雲繁凡所著述皆成典訓其動也方其靜也直其恩也若春雨之流津其威也若秋霜之應節接上以禮逮下以仁君子感其德小人懷其惠天機獨轉靈臺迥燭虛鑒與日月齊明神理共陰陽比奧洋洋乎不可得而稱也既而離宮霧闢遥横地乳之山別

館星開上戴天眉之宿甘泉避暑方陪萬乘之遊景福追涼更屆六龍之駕不謂災纏霧露疾積膏肓丹扆凝慈召名醫而接軫紫霄流渥下珍藥而相望玉釜徒煎竟乏長生之術金丹莫就終無駐壽之期咸亨元年八月二日崩于九成宮之山第春秋九十有二聖上以身齊霄極禮闕晨昏戀隔九重望長筵而下泣心馳五起瞻厚褥而銜悲大帝慮不勝哀秘慈凶問苴筵欲對仍流不次之恩某服將臨更下非常之澤仍改封衛國夫人以諭聖上之憂懸也后疾將大漸時落高舂雅志無昏神情不撓影隨燈滅

自此長辭魂逐香銷終無暫返以爲合葬非古禮貴從宜將追罔極之慈願在先塋之側聖上奉遵遺旨無忝徽音割同穴之芳規就循陵之懿躅即以其年庚午閏九月辛丑朔廿一日辛酉遷座于雍州咸陽縣之洪瀆原鄭恭王舊塋之左禮也爾其郊原坱圠林薄阡眠秦地關河迴接寶雞之野漢家墳壠平依金狄之川松檟森沈何年烏住風烟蕭索幾代人亡于是凝恨九天廢朝三日空山露泣痛結飛行曠野雲愁悲纏草樹乃下制贈魯國太夫人謚曰忠烈仍令司刑太常伯盧承慶攝同文正卿充監護大使右肅機皇甫公義等爲副賜東園秘器每事官供務從優厚仍令西臺侍郎道國公戴至德持節弔祭京官文武九品以上及諸親命婦並赴宅弔哭仍送至渭橋葬事並依王禮給班劍四十人羽葆鼓吹儀仗送至墓所往還官爲立碑親紆御札聖上因心轉切錫類方宏希申莫大之懷冀展飾終之請烏墳欲列思增茅土之儀鶴隴將崇願廣山河之誓遂得五雲飛彩墜仙液于松塋十日迴光被增輝于蒿里乃下制贈太原郡王妃餘並如故所司備禮冊命大帝親御橫門開軒悲哭紫宸哀痛黃屋淒涼天地

爲之寢光烟雲由其輟色聖上以幽明永隔屺岵長辭終無再見之因鎮結千秋之恨奔曦已遠薦霜菫而無年逝水難追饋冰魚而未日又以嚴規早墜遠卜厝于鄉墳慈蔭重傾近陪親于京隴陵塋眇隔長懸兩地之悲關塞遙分每切百身之痛遂命大使備法物自昊陵迎魂歸于順陵焉遊冠遠降墜舄遙遷方移沛邑之魂更啟橋山之域白雲朝起乍伴龍輴明月宵懸時低蜃衞文明元年聖上臨朝其年九月追尊先妣曰魏王妃食邑一萬戶寔封加滿五千戶改咸陽園寢曰順義陵大名天啟奧壤星分古

樹捎雲近對黑龍之水荒墳映月傍鄰丹鳳之城徽號既崇園陵載廣屬以圖書河洛龜負鳳銜窗闥方圓雲攢霧矯合宮重屋既布政而嚴禋玉輦金輿且巡河而拜洛永昌元年追尊先妣曰忠孝太后既而謳歌允集獄訟知歸天垂革命之符地涌受終之籙元珪錫禹還逢揖讓之年黑玉歸商即啟休明之運九莖仙草依漢殿而抽芳五色祥雲繞軒宮而布彩下從人望上應天心乘寶位于通三建瑤圖于得一黃琮蒼璧祀地郊天複廟重檐宗文祖武鴻名肇創光鳳闈于幽泉茂禮將加飾鸞闈于長夜天授

元年追尊曰孝明高皇后陵曰順陵復以祥分貝葉瑞演龍花金容開十地之圖玉相告三空之讖龍軒黯黯俄爲兜率之天鳳闕岧岧忽似須彌之座金輪既轉玉鏡方懸式詮無上之文載顯崇親之義長壽二年后位之上又加無上二字尋又下制改順陵曰望鳳臺東京故事西漢遺塵封樹空存追崇未廣豈若宸襟鎮結長懷露序之哀睿念恒纏永結霜旻之慕遙瞻鳳野式建嘉名遠望鶉郊長懸美稱且夫功成翼贊尚晝雲臺勳擅勲庸猶題麟閣況乎俔天茂德貫月殊禎垂母則於寰區導嬪風于邦國豈可使炎涼晤積陵谷潛移惟栽舞鶴之松不刻盤龍之石聖上凝懷萬化長想千齡恐地軸之西迴懼天關之北轉方圖琬玉式降絲綸永嗟仙鶴之歌用固靈龜之卜微臣攀輝日樹沐潤星漢榮忝綠車職兼青史奉先追遠恒積慕于丹誠相質披文忽承恩于紫誥是用恭抽弱思敬述洪猷屑瓦徒勤生金媿妙揮毫奪魄陳萬一而寧窮伏紙驚魂辭再三而不獲逡巡拜首乃作詞云

邈矣上古悠哉厥初天迴紫府地轉黃輿陰陽蕩薄日月居諸靈龜負讖寶鳳銜書（其一）六位既陳三才乃立帝皇鬱

起后妃更襲蛟電遙凝虹星下入渭涘疏派塗山是葺（其二）明明高后奕奕輝光白環代轡丹轂家昌靈基嶽峻曾派河長捫天集祉裕後開祥（其三）爰自生育早彰尊貴月出星流青龍翠氣金屋是貯玉衣方萃燕卵非奇雞珠寧異（其四）芝蘭吐葉桃李開花黃雲白氣夜月朝霞賢明自負仁孝無加曾霄降葯祕篋飛沙（其五）聰悟天資惠才神與河漢靈匹瀟湘帝女筆動鸞迴絃調鶴儛滌想金地（闕一字）心寶聚（其六）仙容婉婉艷質峩峩星妃恥出月媛羞過椒花入頌柳絮縈歌詞峯秀嶽學海馳波（其七）舫鯉成詩鳳凰開兆琴瑟

既合室家斯紹兩鶴齊飛雙龍並繞德行方肅言容是昭其八九圍毋則六合嬪風恩流海內化被區中銀環曉上金佩夜中祥開梓闕位冠椒宮其九習禮明詩披圖閱史漢朝馬鄧周年任姒陰化聿宣坤儀載理貫月騰瑞驚雷送祉其一十高春忽墜上壽俄驚金丹不熟玉釜徒煎黃泉九地白日三天六宮恨積萬國哀纏其一十一寂寞邱隴凄涼原隰畢地難追終天靡及薤露晨清秋霜降急伏紙銜悲揮毫灑泣怨聖賢之同盡感昏明之遞襲紀盛德于豐碑冀神猷兮永立其一十二

毛傑

傑一名欽又號雲夢子荊州長林縣人

與盧藏用書

月日雲夢子毛傑謹致書于盧公足下傑聞君所貴者道也所好者才也故才高則披襟而論翰墨道狎則言事而致談笑何必雞鳴狗盜始資僥倖之能簞食瓢飲不顧清虛之用自公立名休代博物多能帝曰爾諧擢爲近侍所以從容禁省出入瑣闈忠弼在躬優柔薦及傑時在草莽運厄窮愁思折俎而無因嗟掃門而不逮豈知羣邪遘逆聯聲嗷嗷紫奪我朱遠詰惡土賴公神色自若心行不逾餌芝术以養閑坐烟篁而收思傑梁鴻遠旅閔仲未歸留連德音徘徊失路互鄉童子當願接於宣尼蘇門先生竟未言於阮籍公於傑者如彼僕於公者若此百年朝夕何事惜於交遊四海兄弟何必輕於行路賈生不云乎達人大觀物無不可小智自私賤彼貴我況公披衣高尚習靜閑局世事都捐尤精道意豈有自私而已無大觀者哉倘能憐雲獎無知愍張良小子說鴻濛之偈遺黃石之書虛往實歸霑霧露之微潤裒多益寡落邱山之一毫則知足下之眷深焉小人之慶畢矣

賀蘭敏之

敏之武后姊韓國夫人子也武后既誅惟良懷運乃以敏之爲其父士彠嗣累拜左侍極蘭臺太史襲爵周國公改姓武氏敏之挾愛佻橫多過失后暴其惡流雷州中道以馬韁自縊死

僧道拜君親議

竊以犧皇至賾金人靡兆於龜文軒后韞靈紫氣未敷於鳥迹洎劉莊精感託神想於東流尹喜翹誠覩物色於西

邁由是龍宮梵化灑慈潤於大千澹泊凝眞沖寂宏於寓內雖復遠標天構氣淑無爲體均具相功深濟度莫不稟宸極以存其法（事如端尹府議中彈）資遺體以受其靈豈有超俗塗而輕法主潔其己而忽所生忠孝一虧二教何寄今若資忠貞以凝道移孝行而修誠則福足以顯元門忠孝用光臣子假或恭敬被於羣品據理尚有可通況唯拜伏君親未審於何不可（事如祕閣局議中彈）請準明詔致拜爲允謹議

張易之

易之左僕射行成族子幼以門廕累遷尚乘奉御武后臨

朝爲司衛少卿聖歷二年置控鶴府以易之爲監尋加麟臺監封恒國公武后臥疾長生院易之引支黨謀爲不軌左臺御史中丞宋璟請按攝當斬后不許神龍元年張柬之崔元暐率羽林兵入迎仙院誅之

秋日宴石淙序

夫瀛洲渤澥瞻地際而無窮崐邱閬風望天涯而不極豈若陽城石淙山水名區觀其峯（闕二字）豎巖巒環繞青翠掩日韜霞闕銀榜於叢巖敞瑤臺於洞啓懸崖削壁自然風雨之鄉複澗迴潭即是雷霆之府則知陰陽同功而穿鑿獨此標奇造化僇力而雕鐫居然孤絕平臨襄野童兒牧馬之埸斜瞰茨山野老休牛之地可以兮登踐可以兮棲遲羣公松竹其心芝蘭其性罄忠而事明主投分而接神交雖迹混市朝而心遊江海或班超燕頷榮封萬里之侯或叔夜龍章聲振五鉏之鍛或十居外一居內季成子而佐文侯或筆則筆削則削魯孔某而刊大易或涕唾流沫濕蔡生之嶔頤或颯灑鬚眉舉羊公之折臂或長安鸞鐵而位掌兵機或文昌握蘭而榮分星署亦有銀床貴寵爲座上之顏回亦有金穴懿親作關西之孔子是知烏有鳳

而魚有鯤翥垂天之羽毛聳橫波之鱗甲並汾水黿游之暇柏梁侍奉之餘披霧覩天思逢樂廣彈琴命酌願値劉伶大開文酒之娛都會琳瑯之客將辭繁雜適莽蒼而遨歡已造虛無陟崢嶸而抒意於是臨月觀俯雲扃丹壑萬重青溪四合騰猿把臂倒掛松枝遊鱗鼓鰓下吹蓮葉文貍赤豹窟穴於嵓亭貝闕龍堂沈淪於水府攀窅蒙之倒景既如登紫陽兮入洞天觀瀾汗之洪濤又似駕黿梁兮浮碧海樵蘇不爨高談衆妙之門蘿薜成衣遠得幽棲之致爰有堯年許仲武來此練魂漢代劉君安遊茲服食目

不私視口不私言日誦仙（闕一字）夜披真訣平身七過含咒（闕一字）而（闕一字）符叩齒三通設靈壇而禹步傍祛俗累郤坐仙崖相顧而言曰鍾鼎不可以久食囂塵不可以久（闕一字）蘭薰而摧玉貞則折故仲尼抗浮海之說孟軻養浩然之氣名利所在似刻舟而訪寶劍禮義何施若擊鼓而求亡子富貴者勞筋苦骨風火日夜而煎熬文章者傷神潰心蝨蟲朝昏而嗜嚙豈不見金樓要（闕一字）永出樊籠玉釜靈膏長排促景三千年之瓊實緩緩充飢五百歲之銅人時時拍背常縱開口對老聃而不言鴻濛掉頭仰雲將而拊

髀北遊汗漫與若士而摩肩東戲蓬萊共麻姑而扼腕我輩仰之而杌隉望之而瀀靈曠若發蒙惵然意下於時青要戒序朱明謝時紅飈息而涼蟬吟白日下而殘虹歇秋風稍起撼羣木於高邱夏日旋移落長繩於暮景天開雲散流離爛漫少室巔兮嵩高半遶澗連崗吐焰生光紅綠阿兮紫翠房面林巒而神濤閱烟霞而技癢落札則書成鳥跡映科斗之文章染翰則思縟魚牋射驪龍之光彩聚東山之瓌寶未足為珍擁南澗之風烟纔堪入賞乃戛瑟導意抗音高歌炎暑隔而泉石心寒勸酬舉而鵷鴻耳熱瀑下潨奔兮雲和樂流波之作管絃丹崖青壁兮地屏風藤葛之為鉤絪耳目所接天下之為奇也遊踐所經天下之為絕也吸精英而咀根荄既四序之無厭腦翰墨而髓風烟須一言之有作

薛曜

曜中書令元超子尚城陽公主聖歷中附張易之與修三教珠英官正諫大夫

服乳石號性論

夫金石之性堅剛而急烈又性清淨而惡滓穢凡服乳石

訖即須以意消息尋檢舊法不可無備忌也但人性或冷或熱或寬或急皆須量性將衛不可輕有犯觸凡乳石一服之後常在腸胃若人氣力衰石氣強即發動若人氣力盛石氣安即強健謹按古法皆令五十以上始服乳石殊謂不然今驗所見年少服者得力速兼無病患何以言者年少筋力滿盛飲食飽飫彌益精明壯健終無發理年歲遲暮氣候衰竭食飲失宜此石氣勝人無不發動歷觀得失莫過於此夫人年少縱不喫飲食血氣自強年老力微縱肉精細猶不可健以此言之足明古法疏矣凡人身血

脈經行不絕。如血脈微有滯處。便於其處發瘡。或發熱。神氣昏悶。必欲防之。每朝及暮。溫一兩盞清酒。或可以生薑刮碎和少茱萸飲之。令遍體熱薰薰。又作熱羹粥歠之。使腸胃通利。即石氣流行。其初服石一二百日。尤宜作此。將息是古法。服石不取夏月。只取冬月。所以然者。石有發動與服時皆背此。又殊乖通論。今驗服石。飲食失時。勞役過度。立即發動。豈待背時。今歷見將衛得宜。並不發動。復見名醫平章服石之人。常作熱將息。儻發調適。乃易耳。脫若石氣發動。暫須宣洩。服少冷藥。便得轉瀉。若得通暢。熱氣

併除。若常作冷將息。脫若石氣發動。用冷藥無由得轉。此一曲之說。今古存之。但欲廣聞見爾。其將息皆須自量本性冷熱為候。務取安穩。不可拘執古論。捨己從人。庶通幽君子以此為意也。按本草石鍾乳味甘溫無毒。主欬逆上氣。明目益精。安五藏。通百節。利九竅。下乳汁。益氣補虛損。療脚弱疼冷。下焦傷竭。強陰。久服延年益壽。好顏色不老。令人有子。不鍊食之。令人淋。一名公乳。一名蘆石。一名夏石。生少室山谷及太山。採無時。蛇牀子為之使。惡牡丹元石牡蒙。畏紫石蘘草。少室猶連嵩山也。今第一出始興。而江陵及東境名山石洞。亦皆有之。唯通中輕薄如鵝翎管。碎之如爪甲。中無鴈齒。光明者為善。長挺乃有一二尺者。黃色。以苦酒洗刷則白。仙經用之少。俗法所重。亦甚貴之。謹按鍾乳第一始興。其次廣連澧朗柳等州者。雖厚而光潤可愛。餌之並佳。今硤州清溪房州三澗出者。亞於始興。自餘非其土地。不可輕服。多發淋渴。只可擣篩白練裹之。合諸草藥酒浸服之耳。陶云鍾乳一二尺者謬說也。

欽定全唐文卷二百四十

宋之問

之問字延清一名少連虢州宏農人武后朝與楊炯分直内教授洛州參軍累轉尚方監丞左奉宸内供奉坐諂附張易之兄弟左遷瀧州參軍未幾逃還匿洛陽人張仲之家仲之與駙馬都尉王同皎謀殺武三思之問發其事起爲鴻臚主簿景龍中再轉考功員外郎中宗增置修文館學士之問首膺其選尋轉越州長史睿宗立以舊附張武配徙欽州先天中賜死

太平公主山池賦

粤若公主誕生皇家太平徵郡國以選號叶時雍之美名孕靈娥之秀彩輝婺女之淳精虹美電熠蘭香玉清稟金后之元訓係列聖之聰明厭綺羅與絲竹愛瑤池及赤城搆仙山兮既畢侔造化之神術其爲狀也攢怪石而岑崟其爲異也含清氣而蕭瑟列海岸而爭聳分水亭而對出其東則峯崖刻劃洞穴縈迴乍若風飄雨灑兮移巒島又似波沈浪息兮見蓬萊圖萬重于積石匿千嶺于天台荆門揭起兮壁峻少室叢生兮劍開削成秀絶蓮華之覆高掌獨立窈窕神女之戲陽臺爾其樵溪釣浦茅堂菌閣秘仙洞之瑶膏隱山家之場藿煙岑水涯縈繞逶迤翠蓮瑶草的皪紛披映江潯而爛爛浮海上而纍纍廼之罘與衡霍豈吾人之所爲向背重複參差反覆翳薈蒙蘢含青吐紅陽崖奪錦陰壑生風奇樹抱石新花灌叢向若天長地久兮苔蘚合古往今來兮林澗空始燕秦而開徑訪靈藥乎其中其西則翠屏嶄巖山路詰曲高閣翔雲丹巖吐綠惚兮恍涉弱水兮至崑崙杳兮冥乘龍梁兮向巴蜀壯岷嶓兮連屬鬱氛氳兮斷續巖虛兮谷峻藏清兮蓄韻含珠

兮蘊玉衆彩兮明潤芳園暮兮白日沈爽氣浮兮黛壑深風泉活活兮鳴石葛藟青青兮蔓岑羅八方之奇獸聚六合之珍禽別有複道三襲平臺四注跨渚兮交林蒸雲兮起霧鴛鴦水兮鳳凰樓文虹橋兮彩鷁舟山池成兮帝子遊試一望兮消人憂召七賢集五侯棹浦曲席巖幽鳴玉佩兮登降列金觴兮獻酬未窮觀而極覽忽雲散而風流於是乎上客既旋重扃嚴閉榜童儼而齊發綵女分而爲衞牽水葉兮張水嬉摘山花兮詠山埒燕姬荆艷兮代所稀鳳舞鸞歌兮儼欲飛披煙弄月兮宵未歸桂枝清霧兮

濕羅衣奕奕濟濟夜旋玉邸隱隱崇崇朝趨帝宮銀鑪翕
習烟生霧集絳節繽紛揚光吐文行軒節水去馬騰雲鏘
鏘翼翼兮馳丹闕超超遥遥兮向紫氛寵極兮慈掌情勤
兮幽賞戀宸展兮出入憶幽山兮來往採朱萼兮山之側
步蘭庭兮候顏色擬綠蘋兮於澗潦宜室家兮叶仇好既
而貞心内潔淑則遠傳詠談者聞之而必勸勲薄者聞之
而凜然況復淮王招隱秦主隨僊弄紫房之琴瑟馳碧落
之風烟賓屈宋於珠履引鄒枚於玳筵秋葉飛兮散紅樹
春苔生兮覆綠泉春秋寒暑兮歲榮落林巒沼沚兮日芳

鮮吾君永保南山壽車騎往來千萬年

秋蓮賦有序

天授元年敕學士楊炯與之問分直於洛城西入閤每雞
鳴後至羽林仗閤人奏名請龜契佇命拱立于御橋之西
玉池清冷紅蕖菡萏謬履扃闥自春徂秋見其生視其長
覩其盛惜其衰得終天年而無夭折者良以隔礙仙禁人
莫由窺向若生於瀟湘洞庭溱洧淇澳即有吳姬越客鄭
女衞童芳心未成採擷都盡今委以白露順以涼風榮落
有期私分畢矣斐然願歌其事久之乃述秋蓮賦焉

若夫西城祕掖北禁仙流見白露之先降悲紅蕖之巳秋
昔之菡萏齊秀芬敷競發君門閟兮九重兵衞儼兮千列
綠葉青枝綠溝覆池映連旗以摇艷輝長劍兮陸離疏瀍
兮裂穀交流兮相泬四繞兮丹禁三匝兮承明曉而望之
若霓裳宛轉朝玉京夕而察之若霞標灼爍散赤城既如
秦女艷日兮鳳鳴又如洛妃拾翠兮鴻驚足使瑶草罷色
芳樹無情複道兮詰曲離宮兮相屬飛閣兮周廬金鋪兮
璧除君之駕兮旖旎蓮之葉兮扶疎萬乘顧兮駐綵騎六
宮喜兮停羅襦仰仙遊而德澤縱元覽而神虚豈與夫溪

澗兮沼沚自生兮自死海圻兮江沱萬里兮烟波泛漢女
遊湘娥佩鳴玉戲清渦中流欲渡兮木蘭楫幽泉一曲兮
採蓮歌江南兮峴北汀洲兮不極既有芳兮莎城長無依
兮水國豈知移植天泉飄香列仙嬌紫臺之月露含玉宇
之風煙雜葩兮照燭衆彩兮相宣鳥翡翠兮舟青翰樹珊
瑚兮林碧鮮夫其生也春風晝蕩爍日相煎夭桃盡兮穠
李滅出大堤兮艷欲然夫其謝也秋灰度琯金氣騰天宮
槐疎兮井桐變摇寒波兮風颯然歸根息艷兮八九月乘
化無窮兮千萬年越人望兮長巳矣鄭女採兮無由緣何

深蔕之能固何穠香之獨全別有待制揚雄悲秋宋玉夏之來兮翫早紅秋之暮兮悲餘綠禮盛燕臺人非楚林雲霧圖兮蘭爲閣金銀酒兮蓮作杯落英兮徘徊風轉兮衰穠入黃扉兮灑錦石縈白蘋兮覆綠苔寒暑茫茫兮代謝故葉新花兮往來何秋日之可哀託芙蓉以爲媒

為楊許州讓右羽林將軍表

臣某言伏奉今月二日制書除臣忠武將軍守右羽林將軍五色無主如驚葉縣之龍千秋來歸似對遼門之鶴中謝臣聞爲官擇人先辟之成務陳力就列古人之用心臣

家本關西衣冠河曲素業將墜莫嗣英靈朱輪載輝謬承恩渥未盈一紀連刺九州西涼本六部之樞南荆乃九州之會蒲藩關左之重鎮魏郡山東之奧區宣城襟帶於吳郊許昌密邇於周室每恥政逾期月乏來暮之歌候易星霜無去思之詠隼旟迴復日忝恩榮熊軾往還多慚道路出居岳牧負尸祿之譏入計河都待曠官之責不意天私俯宥睿獎曲成擢之以心膂之官賜之在爪牙之地非常之澤捧戴失圖天衞凝嚴北軍清切風霜劍騎頓元武之傒闈龍鳥旌旗環紫微之帝座掌斯嚴祕必屬親賢臣也何顏敢膺殊寵當今鵷鴻接翼文武周身咸皆實已過名位未充量臣內求諸已外愧妨賢若使愚臣苟安於私懷聖授不允於清議陶鈞雖廣無路自容懼實由衷讓非飾跡伏乞垂收渙汗更授環林軍司得人臣謂報國無任傾幸媿負之極謹詣朝堂上表陳讓以聞

為皇甫懷州讓官表

臣某言伏奉今月一日制書除臣使持節懷州諸軍事守懷州刺史成命俯臨菀魂自失妨賢不退無德而外恩屢錫而知懸祿彌高而轉懼中謝臣聞國經選士有一善而

不遺天爵與能從九徵而可試臣薄遊憲府累踐禮闈衣繡無執簡之才起草愧含香之列移官望苑日月其除驂駕梁園涓埃莫效剖符南峴既愿民謠作鎮西河未寬人隱二邦爲政撫熊軾而無功八使迴軒同鶴鳴而有薦遂乃謬霑束帛猥賜褒揚頓掩前瑕更延今寵山陽大郡河內名區桑竹映淇水之西井田雜邙山之北將何以潤通京邑化接神州雖勉三載之勤何補一年之借封畿之要歷選稱難臣也胡顏敢膺斯寄伏乞再求遺玉更網潛珠庶使賢才申共理之心聖主得分憂之地無任叨竊之至

謹詣朝堂奉表陳讓以聞臣所讓人別狀封進

為田歸道讓殿中監表

臣某言伏奉今月二十二日制除臣殿中監依舊押千騎特降鴻私超加等數足臨鯨壑未借聞寵之憂首抃鼇山豈踰承恩之重臣某中謝臣聞欲成大廈必寄於環林將適遠途理歸於駿足未有闕公輸之巧輒事揮斤無良樂之能謬令市骨臣藝術無取名檢莫聞叨承任遇遂階通顯再趨武禁誠恪未聞三入文昌涓埃莫効剖符為郡山東無匆翦之謠握節和戎北漠有不賓之虜而制書涵育

猥錫褒揚天造曲成更延今擬臣知不可清議難容推賢讓能列聖之明範量力審分先覺之讜言當今運屬昇平朝多俊乂伏乞精求稱職以代不能遂愚臣由衷之詞全聖王至公之道授受無失臣免妨賢無任悚懼忝竊之至謹詣朝堂奉表陳讓以聞臣所讓人別狀封進謹言

為梁王武三思妃讓封表

妾言妾聞天與才多地居外戚理乖謙益患在寵盈妾亡夫三思頗讀聖賢之書夙知止足之分在先朝錫漢藩之社位亞上台陛下流渭陽之思室嬪愛主常恐官高祿厚福極禍來閨門之談顛覆存戒但以願施塵露之効尚鬱山林之遊詎謂吳楚指有寵為名父子以無辜同枉良以崇高取忌退讓未形事雖噬臍言猶在耳妾夫埋黃壤子夭青春唯知哀訴神明號泣天地妾之殘命稱曰未亡更何心顏享茲豐厚況三思久謀謙退人所未知實恐士庶遊談是非相半既未能辨明高義豈復忍貪吝餘資雖則伯宗已亡猷識者聞乎奸盜尚冀黔婁宿意見知者因乎寡妻今墳土未乾繐帷猶設妾所以廢寢忘飡瀝款披誠未允前祈更陳後請伏願俯矜賤妾遠念幽魂收彼白茅

之封表其赤松之節光陛下有任賢之德明三思無冒寵之譏妾之區區意盡於此無任感切之至謹遣某詣朝堂上表以聞再黷威嚴伏深戰越妾死罪謹言

為定王武攸暨請降王位表

臣攸暨言臣聞力微任重無德者履之必危功薄賞隆有識者陋其非據臣地因外戚器實中庸顧慙蓬艾之姿謬忝葭莩之末則天大聖皇后敦睦九族崇念六姻曲申猶子之情爰垂降主之澤禮優築館恩洽錫珪拔自堂姪之流光以親王之位臣嘗再瀝誠懇已蒙賜等諸昆今陛下

龍德嗣興鴻基紹復羣萬物而攺旦宅千齡而配永洛識河圖允叶純深之義雲行雨施載流寛大之恩追奉先慈將覃後命外家諸子降等猶誓於山河主第增榮在臣更超於等數陛下雖渭陽情重沁水恩多凡是封冊王公終須憲章堯舜以濯龍之戚今乃方於五侯緣駙馬之姻古未封於四履私親越禮聖人之孝理載光冒寵延災微臣之官誘斯久又以班參禁内秩比侍中自非德邁應璩識侔慶忌將何以對揚顧問規獻文章況臣位以恩升寵非才進無脛而至凡姿莛於珠玉無翼而飛睿澤借其毛羽

未貽身譴幸庇容光臣亡兄攸寧循榮增懼以臣叨冕紼之貴日夕魂兢負鼇抃之恩歲時力盡屬纊之夕再受懇言憂臣愚蒙令臣退讓倘陛下俯遂勤請照察冥心納臣撝分之言置臣獲全之地去茲王號降以公名爰食封邑同諸兄弟賜攺散職即望參朝實冀家福惟新朝章咸序天德更逾於造化神理不責於滿盈臣無任懇款覥懼之至

第二表

臣聞富貴者易象謂之崇高滿盈者至人誡其顛覆臣在非次久冒殊恩所以輟寢思危廢飱懷懼嫌疑之極載陳前表備瀝中誠之訴實非外飾之詞而聖鑒未迴寵章仍舊戴岳之重何憚力疲阽原之隍日憂身墜臣某中謝臣雖學慚敦史而塗聽前言尸位者必會短期冒榮者難爲長守豈有外戚尚主異姓封王男皆公侯女食郡縣佩服五等輝耀一門湯沐山河家踰萬戶耕夫織婦凡有幾人役彼有勞之人供臣無德之用縱蒙聖心垂假其如神理不容自先后臨朝攀榮已久聖皇纂極沐澤惟新自古迄今如臣流輩苟進者速禍勇退者獲全且王者所以强幹

弱枝爲藩作屏封必李氏無闕漢章伏乞陛下降河渚之姻感渭陽之族賜臣軀命永守蒸嘗得同昆季之流望捨郡王之號臣以日爲歲以榮爲憂希迴三舍之光允臣萬死之請無任覥冒之至

爲東都僧等請留駕表

臣僧某等言臣伏見某日月勅以今月十九日將幸長安東都道俗不勝攀戀伏惟應天皇帝陛下重興靈命再造黎元域中懷三聖之恩天下識吾君之子關西帝宅渭北神皋思切園塋未謁長陵之樹貴爲天子不歷咸陽之宮

宜應萬乘巡遊展鎬池之新慶三秦故老覩漢家之舊儀率土喁喁孰不欣躍但以先后神寢夏首方成太子仙墳秋中未畢王主倍奉更促工徒雖力以子來而頗妨農事倘千官扈蹕同費太倉之粟萬國來庭共索長安之米將何給用以濟公私且東都有河朔之饒食江淮之利九年之儲已積四方之賦攸均誠宜宅幸三川寬徭八水稍登稔歲方事歸鑾以欲從人孰不幸甚則天皇后久成佛果俯應輪王冀發無邊之巨願光有爲之妙福經始大像年籥滋深愧緇流之淨財念蒼生之苦力俯從羣議莫遂聖

情陛下孝感旁通沖襟獨斷追成先志上合天人故得蓮礎未施爲停風雨梅梁鬱起若有神明施其力者萬殊莫分龍鬼捨其財者千計豈辨人祇岁已干雲程之匪日實冀金輿近幸玉輅親臨禮如來之大身畢先聖之遺旨然後載詣京輔馳謁山陵即付囑無違情禮兼極無任懇款戀慕之至

爲洛下諸僧請法事迎秀禪師表

僧某等言某聞住持眞教先憑帝力導誘將來遠屬能者伏見月日勅遣使迎玉泉寺僧道秀陛下載宏佛事夢寐斯人語程指期朝夕詣闕此僧契無生至理傳東山妙法開室巖居年過九十形彩日茂宏益愈深兩京學徒羣方信士不遠千里同赴五門衣鉢魚頡於草堂菴廬鴈行於邱阜雲集霧委虛往實歸隱三楚之窮林繼一佛而揚化棲山好遠久在荊南與國有緣今還豫北九江道俗戀之如父母三河士女仰之猶山嶽謂宜緇徒野宿法事郊迎若使輕來赴都遐邇失望威儀俗尚道秀所忘崇敬異人和衆之願倘得焚香以遵法王散花而入道場則四部衛恩萬人生喜無任懇款之至謹詣闕奉表請與都城徒衆

將法事往龍門迎道秀以聞輕觸天威伏深戰越

爲文武百寮等請造神武頌碑表

臣某等聞行至公者莫先於發揮茂實垂不朽者不若於刊紀鴻名伏惟應天神聖皇帝陛下一德披圖五精乘運先天地而利用依鬼神以制法無思不服有感必通日者變起心膂禍生肘腋弄兵指闕敢忘下濟之恩犯門斬關遂激上靈之憤陛下近幸元武傍顧紫微鳳翔而梟獍失圖龍見而鯨鯢就戮順天翊聖皇后配乾積德從帝居尊佐莫大之英猷參非常之妙略親紆寶思式頌元猷椒掖

之文久垂河漢甘泉之石已入京都伏惟陛下早奉聖躬謙保神器惜其國用念彼人艱有命且停含靈失望臣等容光壽域竊位明朝不蠶而衣無裨塵露不耕而食有負靈祇陛下寢有道之豐碑臣等享無功之厚載亭育雖廣何所自容且天惠不可以闕書神功不可以久寂臣等請各減所俸以勒殊休庶同子來成之匪日無任光開垂裕之至

爲長安馬明府亡母請邑號狀

臣亡母屬在外戚夙忝末姻不蔭慶雲早先朝露臣髮膚

遺體是亡母所生金紫通班乃聖朝所賜臣每服一輕妙嘗一甘鮮何曾不遠愧劬勞近慚榮寵又見同列有太君拜邑命婦入朝臣早孤偏不勝感羨毋因子貴幸者何多祿不及親臣獨含恨明年某月改葬有期私門大事莫逾於此臣內寡材術謬忝朝恩外無愆尤夙承母訓郡縣之號翻及臣妻哀榮之禮不霑臣母臣生不侍養歿未追榮若懼不敢祈恩偷生以安厚祿儻歸泉壤何對慈顏臣死罪死罪臣準某年月日制令加一階伏乞迴臣此階追贈亡母又臣身死之後合有鼓篋出郊在臣何顏存歿叨僭亦許臣亡母用臣威儀臣身當以蘧蒢存榮死足所祈越禮罪實干誅伏惟陛下孝理寰瀛仁及草木皇室之戚軒冕盛於前朝太后之親恩澤踰於曩日臣幸遇非常之主敢祈不次之恩伏乞陛下少念蓼莪垂哀犬馬回臣休寵以慰營魂則今日以前報恩於亡母自茲以後盡命於聖朝無任慊懇悲慕之極謹進狀陳請以聞

在桂州與修史學士吳兢書

拙自謀衞降黜炎荒杳尋魑魅之途遠在雕題之國颶風搖木饑鼯宵鳴毒瘴橫天悲鳶晝落心憑神理實冀生還

關號鬼門常憂死別事未瞑目豈在微身先君業粹中和才光文武志道游藝名動京師出谷入朝事多宏益雖崇班去已而陰德被人清議所尊何減驃騎恐耆舊咸謝竹帛儻遺使盛烈湮沈下情感痛自昔逸羣之器曠俗之才譽雖冠于人倫祿不躋于卿士南史之筆漏美不書東岱之魂與名俱滅故史遷述許由云不遇青雲之士焉足道哉惟君侯禮樂山高文華海濶古一千歲聞聖人之書今五百年知作者之運山甫拾遺於中路時謂得賢蔡邕揮翰於詞林誰其不許往送家狀蒙啟至公之恩希果實言

深蓄自私之感下官久辭榮擢夙慎禍胎內無負於明祇外冀申於知己豈謂一人相毀衆口爭喧遂以虛聲乃加眞罪賴皇明昭宥腰領賜全空荷再生無階上荅侍子以松竹之操期子以金石之堅幸無雷同懸納謗議見危不易是所望焉遠識古人之懷敢申窮鳥之請如季布之諾乃重於黃金延陵之許竟懸於寶劍生負食花之惠死効結草之誠刺血爲書萬不抒一往年恩貸許惠爲看起居注實錄江融別錄使不錯漏國史及高明所撰唐史春秋等六處並乞逸遺事跡不翳聲塵代業有光實在吾子遠

佇來札以當招魂秋冬凝寒惟動履休勝青簡時至願想窮愁白雲遥來希訪生死珍重珍重

欽定全唐文卷二百四十一

宋之問二

早秋上陽宮侍宴序

臣聞神器至大非聖無以光臨寶位至尊非神無以長守我金輪聖神皇帝垂妙覺撫鴻勲出軒宮而鎭紫微卷翬衣而襲元兖釋罘祝網萬族咸寧革故維新五刑不用潤玉律而含元氣轉金渾而調順晷窮荒極遠重譯左言之俗負阻憑危背德殊風之類莫不厥角稽顙執贄來庭烟火通於萬方車書混於千界慶延八室享配於明祇辟水

三雍講論乎道義麟鳳薦祉龜龍奉圖石銘顯瑞於郊畿玉書告祥於宮掖以日繼月紛綸葳蕤竹帛書之而未窮夷夏歌之而不極聖人之具品周矣天子之能事畢矣自千古以下迄於梁隋何功於人比我全德於是寧宴坐展豫遊順四時乘六辨先王洛食上帝河都樞機正於域中雨露均於天下徒觀其離宮別殿彌複道而亘南端高閣重甍瞰崇墉而連北斗滄洲曉氣化爲宮闕之形閶闔秋風亂起金銀之樹降琱輿而式燕簪紱凝嚴披鏤檻而昇高山河在目參光有地遊日月於天邊睨遠無窮見城池

於掌上。四達分九重之路。積樹捎雲。雙莖當鐵鎖之橋。流珠耿漢。霞漿玉醴。與湛露而俱傾。鳳管龍絲。雜商飇而共奏。聖皇乃望芝田。賦葛天。和者萬。唱者千。乃命小臣。編紀衆作。流汗拜首。而爲序云。

奉勅從太平公主遊九龍潭尋安平王宴別序

安平王地惟藩翰。才實宗英。懸鵲鏡於胸懷。運龍泉於掌握。以爲時和政理。實探道之期。賤物貴身。尚延齡之術。悠然遠覽。廼卜茲山。屬聖主之能仁。遂賢王之雅好。羅紈罷御。與朱邸而長辭。金玉滿堂。棲白雲而不顧。巖石信美。結

構多奇。錦壁周庭。以造天。玉泉注戶而鳴蹬。三光貝樹影入山窗。九節菖蒲光揺砌水。竹林茅宇。自冥棲隱之心。藥物圖書。即有靈仙之氣。人惟帝念。巖穴所以增輝。地入王家。樵採尤其不犯。嗟乎。林棲谷飲。古亦有之。豈有貴而爲玉。鍊形雲蹬。希世獨立。萬古誰鄰。子晉以來。一人而已。羣公等閒紫泥之寵命。藉清溪之逸游。駐驂騑。步巖石。銜落花而聽時鳥。累宿忘歸。蔭芳樹而弄春泉。窮年不厭。衣冠車馬。明日下於春山。鸞鶴笙歌。今宵共乎芳月。隱淪可作將知心與事違。城闕非遙。終惜風流雲散。下官少懷微尚。

早事靈邱。踐疇昔之桃源。留不能去。攀君王之桂樹。情可何之。請人賦一言。俱裁六韻。

奉陪武駙馬宴唐卿山亭序

一人御歷。乾坤盡覆載之功。四海爲家。朝野得歡娛之契。若乃侯門向術。近對城隅。帝子垂休。時過戚里。銀鑪絳節。辭北禁而渡河橋。駿馬香車。出東城而臨甲第。林園洞啓。亭蹬幽深。落霞歸而疊嶂明。飛泉灑而迴潭響。靈槎仙石。徘徊有造化之姿。苔閣茅軒。髣髴入神仙之境。芳醪既溢。妙曲新調。林園過衛尉之家。歌舞入平陽之館。是日也。涼

陰稍下。溽暑將闌。前階晚而白露生。後池夕而秋風起。重茲行樂。欣陪駟馬之遊。繼以望舒。不頓六龍之轡。爰命牋札。咸令賦詩。記清夜之良遊。歌太平之樂事。各探一字。先成受賞云爾。

三月三日奉使涼宮雨中禊飲序

三月上巳。有祓除禊飲者。成俗久矣。摯虞對而不經。束皙言而有禮。漢庭故事。衣冠就元霸之橋。晉國遺風。輜軿耀翠嫣之浦。興秦宮者。我大周之所建也。境連伊塞。岸隔河都。清暑必在於三伏。沬寒疑不踰於十里。占星已畢。擢仙

闕而威百神匪日將成宜聖皇而福四海吾儕恭興路寢初忝雲軺違北京之宴樂坐南山之霧雨相與會良友陶暮春席幽林觴曲水是日也雜英初發羣物半榮春透迤而上山雪欽崟而藏谷高人一坐杞梓交陰作者肆筵芝蘭同氣遞襲歌詠不登絃管嵇叔夜之鳴琴偏依綠竹郭子期之春酒本出青山論史可聽談元愈默不覺齊萬品溢九圍愛流波惜遲景顧聆相謂雖非巢許之朋左右同聲盍各巖泉之助請染翰操紙賦詩言志人探一言俱題四韻

上巳泛舟昆明池宴宗主簿席序

僕不遊於茲十有五載矣心由物感退矣不忘跡爲事牽近而難挹南陽宗邕文通學古器重名高令君有奉倩象賢丞相生元成邁德暮春修以文之會上巳邀祓禊之遊乃結縉紳撰清辰殷殷轔轔歊霧驚塵望於昆明之滻觀其大浸川陸博資畿甸鳧鷖發海來往沈浮日月麗天東西出入千年珍館無復豫章四面金隄仍同樹杞是日也駕肩錯轂備朝野之歡娛袪服靚妝匝都城之里閈翠幕星布錦帆霞屬餘瀝下醉於綃人新聲遠聒於川后縱目遐覽識皇代之承平得意同歸有吾儕之行樂高明一座桂樹叢生君子肆筵玉山交映東晳以言談得儁張華以史漢先鳴登旨酒而無荒紘清琴而自逸於是涉漣搦命孤舟桃水漲而浦紅蘋風搖而浪白逼匡阜兮遵彭蠡遡矣載淨指衡岳而超洞庭眇焉疑到曲島之光靈乍合神魂密遊中流之萍藻忽開龜魚潛動睎鏤鯨而鼓棹共看燒劫之灰歷牽牛而問津欲取支機之石晴光劃野有象而必形夕陽照山無奇而不見思溢今古心搖草木漢家城闕遺之以雜霸之風秦塞膏腴潤之以太平之色景窮勝踐歸限嚴闉思染翰於上林願揮戈於濛汜主稱未醉惟見馬駐浮雲賓共少留自有魚銜明月宮商待叩羣公之獲助已多序引先題下走之求蒙不遠請授素幅以須佳遊使一時之興詠遥存千古之姓名常在

宴龍泓詩序

玉樹涼臺之側丹谿洞壑之傍靈聖之所往還蛟螭之所潛伏飛泉鶴挂矚江隅之七里曲磴龍盤架彭門之九折潭如月映狎之者無從石似霞開陟之者莫曉斜馳洛邑徑路接於風煙却枕寒郊年代成乎今昔羣公以乘星辰

止納言以捧日來遊雖復八舍七車情每存於野託貂冠鵲印志彌尚於幽尋探勝迹而忘疲對良朋而不倦於是藉纖草挹清樽咀芝术浮蘭桂同謝客之山行類淵明之野酌時臨夏首繡羽囀而添歌序屬春餘丹花舒而助笑相趍動色縱賞飛談覿軒蓋而爲輕悅薜蘿而是重兀然而醉心已合於大道恍爾而醒迹暫均於小隱物外之興致斯遠俗中之囂塵自隔此之嘉會僉曰難逢曹子建七步之才論情實愧江文通五色之管豈宜虛擲

春遊宴兵部韋員外韋曲莊序

長安城南有韋曲莊京郊之形勝也却倚城闕朱雀起而爲門斜枕岡巒黑龍臥而周宅賢臣作相舊號儒宗聖后配元今爲戚里韋大官雙珠絕價百金懿名文華得儁於陸氏兄弟掩譽於荀家先人結廬當大厦之地衆賓連袂乘暮春之月觀其奧區一曲甲第千甍冠蓋列東西之居公侯開南北之巷嬴女樓下吹鳳降於神仙漢妃館前濯龍走其車馬地靈磊落而閒出天爵蟬聯而相繼拜郎起草襲鳳而傳羔補衮司槐送伯而迎季爾乃闢虛幌敞華筵闔門之秀士咸集京邑之清流畢萃萬株果樹色雜雲霞千畝竹林氣含煙霧激樊川而縈碧瀨浸以成陂望太乙而鄰少微森然逼座尚書未至曳履驚鄰宮尹遞來鳴騶動壑登玉俎醉金觴地高而珍物雖豐理洞而清徽不雜以醉觀德因談獲情外戚遨遊自擕歌吹主人賞會但有琴詩於是下高臺陟曲沼鋪落花以爲茵結垂楊而代幄霽景含日晚霞五彩而丹青韶望卷雲春膏一色而凝黛景闌興逸氣清心遠仰大儒之肆其德可師入處士之廬斯人若在諷誦於逸彭之藻沐浴於扶陽之墟向來挹清議擅風流即事奇偉佳辰行樂安可無述文在茲乎斟

國善誘詞宗見收士未內史禊亭之集竊倚琳瑯衛尉別業之遊濫先題目歸軒莫駐麗城將掩拙而不速恨無倚馬之才婉而且微請談雕龍之作公命賦水字盍成四韻云爾

送懷州皇甫使君序

甸服三百里共京都參化良吏二千石與天子分憂覃懷奧區必寄能者皇甫使君累司寵職夙著香名威惠歷刺於外臺風流載款於京國議者應南宮之象實謂光朝使乎奏西河之能更勞爲郡襜帷即路供帳出郊宿雨碧滋

浮漢城之氣色朝陽紅景入太山之草樹新豐美酒不換離心函谷重關能搖別恨河內未理暫借寇恂潁川旣輯佇歸黃霸廟堂側席羣公以尚義相高川陸分途我輩以贈言爲貴況筵開灞岸路指太行請居人贈王粲之詩去者留阮公之作

送尹補闕入京序

河閒尹公博物君子解褐調慈州司倉白雲在天不樂爲吏有竹林近鄰杜南山彈琴讀書日益淪旋雖道貴物外久無世情身退名高再顯天爵遂使公卿舉手羔鴈成羣

無何勅書到秦徵詣函洛天子以其老成達學昂藏有古人風命典著書職在補闕時議以謂伯喈得召仲甫登聞旣而藉馬入關西攜老幼重見喬木載馳舊山念出處事違居人惜別離車將遠凡我同志賦詩贈行

三月三日於灞水曲餞豫州杜長史別昆季序

上巳佳遊近郊春色朱軒映野見東流之祓禊白雲在天愴南登之送別杜長史言辭灞滻將適荆河戀舊鄉之喬木藉故園之芳草鴿原四鳥是日分飛輿泉二龍此時云遠綠潭一望青山四極秦人去國秉右輔之修途洛客思歸憶東京之曲水請染翰操紙即事形言各賦蘭亭之詩咸申葛陂之贈

送裴五司法赴都序

夫有別必感今昔共之蓋理迫聚散事均窮達望秦是斷腸之所況念故園懷洛多掩涕之人更分良友裴五官業傳河實才誕岳靈彩思有神鬚眉若畫一日不見鄙悋都生千里送歸風流忽遠朝英出餞迴北走於郊隅野墅銷霧引南山於庭際客飲恨而歡促席含情而景遲目喬樹之將華青門戀舊背芳萱之稍出金谷逢春舉杯伊何願君軫之少駐賦詩於是旌予志之所之敢謂座賓盡宣離

唱

袁侍御席餞永昌獨孤少府序

春其暮兮勞志士之幽嘆友其行矣結吾徒之遠悲豈不以時物歲華好事者賞而不足名流才子相歡者懷而不見河南獨孤冊風儀松竹詞賦雲泉清議多南史之才選署半北部之尉袁侍御風霜利器金石宏材執憲稱柱下之雄禮士採域中之俊爾乃選辰開宴考地疏筵落花覆沼懸藤掃砌竹林以清氣娛賓蘭畹以芳心愛客環坐三

尺起君子之風祖道百壺酌賢人之酒去留交軫舞詠相喧管召魚樂杯薰鶯醉此時奚怨盛集無何是日增悲韶芳亦盡啼鳥送晚遥棲御史之林班馬斷歸近送舍人之驛夫登高動詠贈遠形言豈鄙懷之庶幾乃羣公之事業盍請離唱用貴洛陽之紙焉人採一言各題四韻

春夜令狐正字田子過弊廬序

田二官考室頳陽令狐九閑居渭涘徵君太守世業相親洛邑秦京道遊非遠春山採藥揖二子之高蹤夜月迴車入故人之窮巷闢書幌卷琴帷綠竹一叢清風三尺幽吟

所詠遊仙招隱之詩嘉話伊何丹邱白雲之事焚枯未薦飽我以老氏之言舉白無譁醉予以胡邱之說池塘潤於時雨衣巾漸於和氣蘭欲芳而逼人林將曙而催鳥嗟乎語默恒理聚散何常請揮翰寫心用旌厥事使嵩高洞裏記茲夕之當歌太白巖中念今宵之秉燭共編四韻貽諸好事云

爲太平公主五郎病愈設齋歎佛文

至矣哉釋迦之本願也念起於大悲業成於廣濟代俗以積迷爲用有感斯通衆生以諸病作身至誠能愈我鎮國太平公主娥靈襲彩女曜聯英戒環佩於中閨邑山河於外館位彌高而迹彌下保是洪猷身日貴而心日微由乎夙植全其忠孝頌美於家邦宜爾子孫理歸於福壽第五子某官某才光性與慧發生知山桂含芳而逼人階蘭吐秀而驚俗頃以寒暄稍畋保攝微乖留臥玳瑁之牀陪侍鳳凰之宇公主上祈妙福蒙降慈恩漢賜黃金還依膝下隋珍明月再入掌中今者上報慈恩大張名供於是披甲第闢梵筵幢蓋乘空而下來龍象接武而爰集迴供純陁之國求饌香積之宮麪爲邱而蔽庭酪爲沼而環砌龍王

獻水噴車馬之埃塵天女散花綴山林之草樹無邊之施下飽於三塗普救之心傍寬於六趣伏願以斯妙福上薦聖朝應天皇帝長保金圖永臨璿極九族既睦祛其有漏之緣萬人以安不捨無生之見順天皇后慶垂椒掖德盛蘭宮國風流洽於鵲巢坤儀光贊於龍辰皇太子業躋聖敬本固元良諸王公主等擢秀本枝崇榮湯沐三槐九棘庶職羣寮咸維赤縣之圖共翼青雲之紀備該空有遍燭幽明俱超解脫之津永拔輪迴之地

祭王城門文

維長安二年歲次月日司禮主簿宋某謹以清酌之奠敬祭於故宮尹丞太原王君之靈惟靈顯考抗志恬漠九辟奚顧一邱自樂行擬巢由言重許郭粵我先人比德同道理闡探索詞源論討翰墨具存有眞有草古人之言朋友世親王氏兄弟既義且仁撫我則厚莫殊天倫粵我幼蒙哀纏岵屺急難相顧若出諸已聞過必箴見善斯喜盛德之後昔聞其昌之子壯年朱紱始光賀者在門哭者在堂慰君之兄撫君之子郭門祖祭平生已矣問天何言閉恨泉裏嗚呼哀哉尚饗

祭楊盈川文

維大周某年月日西河宋某謹以清酌脯羞之奠敬祭於楊子之靈曰自古皆死不朽者文北河流液西岳吐雲叶神通契降精於君伏道孔門遊刃諸子精微博識黃中通理屬詞比事宗經匠史玉璞金渾風摇雲起聞人之善若在諸已受人之恩許之以死惟子堅剛氣陵秋霜行不苟合言不苟忘大君有命徵子文房余亦叨忝隨君頡頏同趨北禁并拜東堂志事俱得形骸兩忘載罹寒暑貧病洛陽褢馬同弊老幼均糧自君出宰南浮江海余嘗苦饑今日猶在之子妙年香名早傳從來金馬夙昔崇賢門庭若市翰墨如泉千載之後聞而凜然死而不亡問余何傷傷予命薄益友零落生平之言幽顯相託痛君不嗣匪我孤諾君有兄弟同心異體陟岡增哀歸葬以禮旅櫬飄零於洛之汭我之懷矣感歎入冥見子之弟類子之形悼往心絶慰存涕盈古人有言一死一生昔子往矣追送傾城今子來也乃知交情惟郭是戚有崔不易來哭來祭哀文在席帷席可依冰雪四滿家人哀哀賓徑微斷今我傷悲情懃昔時子文子輸我緘我持子宅子兆我營我思子有神鑒我言不欺我有絮酒子其歆之我亦引滿儻昭神期魂

兮歸來聞余此詞

為兖州司馬祭王子喬文

維大唐神龍二年歲次甲子月日前大中大夫行兖州都督府司馬王某謹以清酌之奠敢昭告於仙君之靈夫惟仙君神化寥廓昔為葉宰莅此鄴郭謁帝乘鳧賓天控鶴玉以為棺言降楚鄉土自成壠人知東岡靡靡行邁邑過諸梁實感我先顧慕增傷載馳載奔于陵于谷廼披蔓草式敬喬木孰不懷古誰非後昆靈胄日衰遐心莫存逮及

仙伯復茲道門小子實幸忝惟枝孫華陽舊里緱氏新宅二君爰緲百代不易豈無沃土永守遺跡有鳥有鳥歸來何斯緬惟此地登眞之基願考俠室樹茲豐碑有志未就靈其祐之尚饗

爲宗尚書祭梁宣王文

維大唐景龍元年歲次丁未十月乙未朔四月戊戌兵部尚書宗楚客弟將作大匠秦客等謹以清酌庶羞之奠致祭於梁宣王之靈惟王神岳降靈英姿濟代在周錫梁社之寵翊唐有代邸之勳不謂業在必安而釁生非意賊臣

結黨大釁宸闈逆子弄兵輕誣懿戚密謀奉主惟以國家爲心飛禍及門翻令父子併命九重軫念悼舟檝之堙淪百辟興嗟愴衣冠之殄瘁楚客等早承輝眄夙忝娛遊姻屬謬接於葭莩兄弟竊方於鴈序叨列五等同事兩朝昔以高義銘心今猶德音在耳嚴慈永往伯季凋零友睦申於長姊成立冀於猶子而家不悔禍俱斃仇人入私庭而痛深過王門而悲極竹池舊賞看鴈鶩之猶歸蒿里新歌恨天人之永逝嗚呼哀哉九原撰日萬古營魂士悲高駕帝慟津門殞賢輔而星坼害良臣而霧昏想平生之如在庶髣髴於斯樽尚饗

爲宗尚書兄弟祭魯忠王文

維景龍二年歲次戊申月日兵部尚書楚客弟將作大匠秦客等謹以清酌之奠敢昭告於魯忠王之靈惟王寶構因地瑤林肅天靈資海岳質冠神仙德潤猶雨機清若泉不孤大造翻摧少年百身豈贖四序云變慈軫玉扆悲盈金殿令德彌秀徽容難見悼前歲之今日共銜酸於隙電錦鸞失偶臺鳳悲隻玳席賓空金鄉戶闃徑不踐兮苔紫庭不遊兮草碧敢申賦於童恥痛平生之姻戚嗚呼哀哉

鴈池送夏馬埒迎秋露白天淨雲低隴愁恨名王之淪枉悲促運之浮休蓄哀思而成泣憑聰明而致羞小山一平兮多桂樹故人雖在兮罷蘭遊心追往而將絕淚橫目兮難收嗚呼哀哉尚饗

爲韋特進巳下祭汝南王文

維大唐景龍二年歲次戊申月日某官某等謹以清酌之奠祭於汝南王之靈相門踵德王實挺生天資溫克神與聰明人稱玉樹我嗣金蘭芝庭欲秀桂林將遂惟彼鴈堂墜茲鴻陸魅奪精氣墳迷草木漢皇纂籙周母參功夷夏

昭洗幽明感通九魂見日一葉隨風孝極先妣丹旐前歸慈殷諸季素旐相次楚吒啜泣秦人下淚荆分自久棣落無餘悲炎海之下制惟觀津之上書鳶忌南而跕水鴈愛北而隨車嗚呼凡在枝戚銜恩極遍寵賁濯龍榮分化鸞獨傷元子冥寞無見玉宸下感金屋增悲珠亡禍速沙崩慶遲緣車為贈黃泉各思官舍攸止先塋甫詎齊國返葬隨原可作靈之歸來無惑甌駱尚饗

祭杜學士審言文

維大唐景龍二年歲次戊申月日考功員外郎宋之問謹

以清酌之奠敬祭於故修文館學士杜君之靈嗚呼位曰大寶才曰天爵辭業備而官成名聲高而命薄屈原不終於楚相揚雄自投於漢閣代生人而豈無人違代而咸若運鍾唐虞崇文寵儒國求至寶家獻靈珠後復有王楊盧駱繼之以子躍雲衢王也才參卿於西陝楊也終遠宰於東吳盧則哀其棲山而臥疾駱則不能保族而全軀由運然也莫以福壽自衛將神忌也不得華實斯俱惟靈昭昭度越諸子言必得俊意常通理其含潤也若和風欲曙搖露氣於春林其秉艷也似涼雨半晴懸日光於秋水衆轍同遵者擯落羣心不際者探擬人也不幸而則亡名兮可大而不死君之棲遑自昔迷方逢時泰兮欲達聞數奇兮自傷屬文母之丕運應才子之明敭援淪秀於蘭畹侍仙遊於柏梁命以著作拜之為郎始翔鴛於清列旋禦魅於炎荒遺旅鴈兮超彭蠡作編人兮居越裳殊許靖之新適憶虞飜之舊鄉惟皇龍興再施法度拂洗溟渤騫翔雨露通籍於八舍禁門搖筆於萬年芳樹仰赤墀兮非遠謂白首兮方遇君病何病到此彌留藥雖餌兮寧愈針不及兮可憂雖則妙醫莫識實冀明神獲瘳嗚呼哀哉君之將亡

其言也善余向十旬日或再展君感斯意贈言宛轉識金石之契密悔文章之交淺命子誡妻既懇且辨自予與君弱歲遊執文翰共許風露相遇況窮海兮同竄復文房兮並入川流遽閱隙電初過昔乘運兮如此今造冥兮若何懷君疇好兮恨已積念君近惠兮情倍多道之南宅困之東粟使君孤之有餘寧我家之不足籍籍流議喧喧薄俗名全每困於爍金身沒誰恨其埋玉空落長松千尺詎置生芻一束倬彼韋公贈殷禮縟善乎崔子理感情屬相識有素見賢增勖登君詞賦於雲臺之上藏君齒髮於緱山

之曲緱氏山兮山上雲秦城郊兮郊外墳孟冬十日兮共歸君君有靈兮聞不聞我咀瑤觴君知自久坐泣焚芝遥哀晝柳闕視祖載爰遺卮酒願歆悲誠將告良友尚饗

祭禹廟文

維大唐景龍三年歲次己酉月日越州長史宋之問謹以清酌之奠敢昭告於夏后之靈昔者巨浸横流下民交喪惟后得流星貫昴之夢受括地理水之符底定九州弼成五服遂類上帝乃延羣公自有生靈樹之司牧大災莫踰於堯日勤人不越於夏君向微隨山奠川之功蒼生爲魚

至今二千九百年矣肇爲父子始生君臣興用天之道廣分地之利者嗚呼皆后之功也之問移班會府出佐計鄉遂得載踐遺塵遠探名穴朝玉帛於斯地聲存而處亡留精靈於此山至誠而響發悲夫井家相連於今幾年當其華也上不通臭下不及泉棺絞葛兮墳收壤鳥耘荒兮象耕田先王爲心享是明德後之從政忌斯姦慝酌鏡水而勵清援竹箭以自直謁上帝之休佑期下人之蘇息日之吉神之歆激楚舞奏越吟芳俎溢醇罍深遺羞厭於魚鳥餘瀝醉於山林忽雲揺兮鳳舉空壽堂兮陰陰

欽定全唐文卷二百四十二

李嶠一

嶠字巨山趙州贊皇人舉進士累遷麟臺少監聖歷初同鳳閣鸞臺平章事轉成均祭酒罷知政事檢校文昌左丞長安三年復以本官平章事中宗朝封贊皇縣公拜中書令加修文館大學士進封趙國公元宗踐位以中宗時嶠密表相王諸子勿留京師下制放斥尋起爲廬州別駕卒年七十

楚望賦有序

序曰登高能賦謂感物造端者也夫情以物感而心由目暢非歷覽無以寄杼軸之懷非高遠無以開沈鬱之緒是以騷人發興於臨水柱史詮妙於登臺不其然歟蓋人稟性情是生哀樂思必深而深必怨望必遠而遠必傷千里開年且悲春目一葉早落足動秋襟坦蕩忘情臨大川而永息憂喜在色陟崇岡以累嘆故惜逝愍時思深之怨也摇情蕩慮望遠之傷也傷則感遥而悼近怨則戀始而悲終達節宏人且猶軫念苦心志士其能遣懷是知青山之上每多惆悵之客白蘋之野斯見不平之人良有以也余

少歷艱虞晚就推擇揚子甘泉之歲潘生秋興之年曾無侍從之榮顧有池籠之嘆而行藏莫寄心跡罕并歲月推遷志事遼落棲遑卑辱之地寤東文墨之間以此為心心可知矣縣北有山者即禹貢所謂岐東之荆也岩嶤高敞可以遠望余簿領之暇益嘗遊斯俯鏡八川周睇萬里悠悠失鄉縣處處盡雲煙不知悲之所集也歲聿云暮遊子多懷援筆慨然遂為賦云爾

眇乎忽然高山之巔露團團而濕草風烈烈而鳴泉對蒼茫之寒日聽蕭瑟之悲蟬廓獨處而無晤吾凝睇乎八埏

於是繁懷載紆積慮未豁生遠情於地表起遥恨於天末霜盡川長雲平野濶恨遊襟之浩蕩憤羇怨之忉怛寂焉長想倏若有亡固將言而已歎信無哀而自傷撫余情之增軫悼人事之多戚曾浮促之幾何而思緒之纏邈思何憂而不入心何慮而不攢雖感目之一致終寄懷而百端若乃平原杳兮千里春晴山沓兮萬里新迷故鄉之處所滅愛舊之聲塵願寄言而靡託思假翼而無因徒極睇而盡思終天性而傷神或復天高朔漠氣冷河關漢塞鴻度吳宮燕還對落葉之驅壽怨浮雲之慘顏爾乃永眺無見端居不聊音留愴歸軒之寂寂傷遠客之悠悠月臨城曉風送邊秋唳鶴聞兮炯不寐凝笳動兮此夜愁及夫寒野蕭條空山寂寥目鄢郢而途眇指邯鄲而路遥傷永離兮浦曲决遠送兮河橋眺平蕪之漫漫瞻遠樹之迢迢仡然直視嗌兮魂銷形將槁木同植心與飛蓬共飄至如隴上從軍漢疑陽謫戍插羽朝急要鞭夜赴黯黯塞雲蒼蒼關樹甘埋影於異域暫回首於歸路魂逝兮邑里目斷兮煙霧步將前而復留望欲罷而還顧覩驚塵之歘起見征羽之將度泉石愴而增咽行旅悲而失措亦有擣衣思婦織錦

佳人看粉黛兮無色視桃李兮非春君去兮還無期妾心兮私自悲高臺四望杳無極天涯一去何盡時天涯兮緜緜問道路兮將幾千朝朝暮暮綺牕前長懷此恨終永年若夫羇旅失職之人放逐流離之客羌抱恨而誰訴塊緘愁而不釋於是窮澤際天滄流拂漢屬榮悴兮時改遇炎涼兮節換莫不瞻草木而孤絕向風煙而永歎故夫望之為體也使人慘悽伊鬱惆悵不平興發思慮震蕩心靈其始也罔兮若有求而不致也悵乎若有待而不至也悠悠揚揚似出天壤而步雲莊逡逡巡巡若失其守而忘其眞

羣感方興衆念始并既情招而思引亦目受而心傾浩兮漫兮終逾遠兮肆兮流兮宕不返兮然後精迴魄亂神茶志否憂憤總集莫能自止雖剛悍武力之夫法度禮容之士孰不解威失毅廢綱遺紀借使據河負海牛山之美可遨左江右湖京臺之樂難忘（闕）邈千秋金石悲兮綺羅傷顧山川以永慨邀山月而詎央乃若羊公愴惻於峴山孔宣憫然於曲阜王生臨遠而沮氣顏子登高而白首惟夫作聖明哲寬和敦厚亦復怛色愀容喪精虧壽故望之感人深矣而人之激情至矣必也念終懷始感往悲來沿末

形而至造思繫無而生哀此歡娛者所以易情而慨慷達識者所以凝慮而徘徊者也

授于惟謙給事中制

鸞臺文昌右司郎中于惟謙局量宏深理識精遠幹能兼備詞學並優會府提綱雖佇才用鎖闥待問更資宏益宜登侍從之職以光清切之署可朝請大夫守給事中

授劉如玉崔融等右史制

鸞臺朝散大夫行太子舍人劉如玉朝散大夫檢校麟臺著作佐郎崔融等並言芳蘭芷行溫珪璧或譽美銅樓或名高石室記言之重選衆尤難宜收博辨之才俾居良史之任並可行右史散官如故

授楊沚通事舍人制

勅朝散大夫行通事舍人員外置同正員楊沚肅承簪笏頗著聲芳趨奉軒墀兼效勤恪宜加恩命俾從優獎可檢校通事舍人散官如故

授豆盧欽望秋官尚書制

鸞臺天作機衡實惟北斗朕之喉舌其在南宮揆德而居非才莫可新除司府卿上柱國芮國公豆盧欽望踐仁履

義抱質含文出莅藩條具聞威惠入為朝讓多所宏益立身必由於清謹處職無廢於忠勤外府國泉雖藉幹用中臺天憲更資明允宜膺尚德之舉令踐詰奸之位可銀青光祿大夫守秋官尚書勳封如故主者施行

授武攸寧冬官尚書制

鸞臺事典職隆禮闈望切自非明德莫允具瞻具官建昌郡王攸寧道臻八元名高兩獻行兼為善業茂多才待問七車屢聞獻替參司百揆多所宏益頃以牙璋首路羽檄乘邊委以罇俎之謀藉其股肱之用而卑以自牧成而不

居固守鳴謙願辭劇職重違雅志用成其美宜遷九法之司回典百工之任可冬官尚書封如故

授唐奉一兵部侍郎制

鸞臺參貳百揆樞衡九法是司邦政尤切帝難具官唐奉一宇量深明襟懷雅正文場得儁翰苑推工瑣闈內朝致延譽之美珪符出守樹威恩之績永言禁暴事切安人俾昇五戎之府佇諧九流之選可夏官侍郎

授崔元暐庫部員外郎制

鸞臺朝散大夫行尚方監丞崔元暐理懷沈正文藝優深

內府策名已馳聲績中臺揆務更佇良能宜收起草之才俾昇握蘭之位可行文昌庫部員外郎散官勳如故主者施行

授崔昇等侍御史制

勅承議郎前行鼎州司兵參軍崔昇等學可從政文能按章幹局並優清勤咸著丹墀持法既佇良才白簡繩違尤資器識宜膺石室之命俾參鐵冠之侶可依前件

授馮嘉賓左臺監察御史制

勅通直郎行瀛州河間縣丞馮嘉賓砥礪名節恭勤職務幹能兼備清直有聞黃綬隨班未展才用繡衣莅事方觀舉察可行左肅政臺監察御史散官如故

授武重規司屬卿制

鸞臺百工惟時必在推擇九族既睦仍資敦敍右千牛衛大將軍上柱國高平郡王重規宗室儀表衣冠領袖有姬旦之藝兼劉蒼之善出居連帥功名著於兩河入奉鉤陳誠款申於八校本枝望重河海職隆宜輟掌於魚鈐俾專司於麟族可司屬卿勳封如故主者施行

授豆盧欽望太府卿制

鸞臺宗卿之任選衆尤切銀青光祿大夫檢校司禮卿上

柱國芮國公豆盧欽望體業貞簡幹能詳備歷官中外具聞政績象河惟月太府國泉繫要所鍾委任斯在宜加榮擢允茲公議可太府卿勳封如故主者施行

授宋元爽司膳少卿制

勅朝請大夫守司僕少卿宋元爽藝能詳洽局量優深踐行不虧歷官著稱參守僕正以表公勤可兼檢校司膳少卿餘如故

授張沛司膳少卿制

鸞臺新除齊州刺史張沛禮義高族忠賢令緒才優識通學敏詞贍實蘊幹時之具雅懷在公之節絃歌出撫亟動於謳謠符傳所經必聞於課最允稱衣冠之望是謂廊廟之珍三署爲卿九流莫尚宜迴負海之駕俾登象河之列可司膳少卿主者施行

授杜景佺司刑少卿制

鸞臺銀青光祿大夫守秋官尚書上柱國杜景佺薄有吏能頗閑時務比加弊擢令典樞衡乃輕違憲章私樹恩福罔懷緘愼屢有洩言朕情在含宏不忍寘之嚴憲五曹顯

秩非可濫居九列通班冀當自効可司刑少卿勳如故主者施行

授徐有功司刑少卿制

鸞臺中散大夫行文昌左司郎中東苑縣開國男徐有功器局宏深文藝優贍秉節守義直道正辭繩準憲曹樞機會府咸歸平恕雅有聲績獄吏輕重人咨胥怨天工推擇朕之所難選衆而居庶乎不濫可守司刑少卿散官勳如故主者施行

授張昌宗麟臺監制

鸞臺校理文籍緝宣大典惟國所重非才勿居新除右散騎常侍中山縣開國男張昌宗鐘鼎盛門珪璋重器資忠履孝遊藝依仁碩學惣於邱墳高才軼於睢渙資澹雅之操無欲無營體撝謙之風不矜不伐每懷五嶽之舉期陟九仙之路雖混濟之量未去朝廷而元遠之心恒對山水頃立功祠廟欲以致福朕躬嘉其懇誠用增顯秩而有懷難進深懼將滿固辭侍從之班願在優游之地子雲寂寞雅好文詞季長博通堪典經史宜因松柏之性處以蓬萊之山可麟臺監餘如故

授王方慶麟臺監修國史制

鸞臺芸閣祕文蓬山奧府是爲國重尤切帝難銀青光祿大夫行鳳閣侍郎同平章事上柱國石泉縣開國子王方慶鍾鼎高門簪纓舊德學富今古才優舒向自參機密亟改涼暄謇諤之風不忘於獻替謙挹之美屢陳於衰病西垣掌誥雖藉謨猷東觀屬詞更資通博宜輟鳳凰之省俾緝麒麟之署可麟臺監仍修國史勳封如故主者施行

授敬暉營繕少監制

勅前中大夫檢校洛陽縣令上柱國平陽縣開國男敬暉

體業端詳識用强濟護衣仙閣已著聲芳制錦神畿遠聞課績杼人務切棘署名高宜回三善之能令得百工之任可檢校營繕少監散官勳封如故

授皇甫文備營繕少監制

鸞臺正議大夫行司刑少卿皇甫文備早預衣簪累居清顯恭勤無怠歷職有聲徽纆爲官已淹歲序斧斤成用更佇才能宜輟掌於棘庭俾昇營於梓匠可行營繕少監散官如故主者施行

授崔融著作郎制

鸞臺具官崔融長才廣度贍學多聞詞麗楊班行高曾史外臺美其方正中省推其良直永言司典尤俟得人載筆西垣既藉微婉紬文東觀更資博通宜昇著作之庭兼踐記言之地可著作郎仍兼右史内供奉官

授崔挹成均司業制

鸞臺太中大夫使持節博州諸軍事守博州刺史崔挹懷才抱器悅禮敦詩博究毀陵深窮壞壁秦章漢綬雖踐吏途魯衣宋冠無輟儒行虎門齒胄蟻術横經重道尊師於是乎在宜罷外臺之任俾昇上庠之秩可行成均司業散官如故主者施行

授烏薄利左金吾衛大將軍制

鸞臺冠軍大將軍行右豹韜衛將軍員外置檢校源州都督良鄉縣開國男烏薄利族茂蕃庭位參朝佐懷恩慕化守義全忠宜錫殊榮以旌美烈可左金吾衛大將軍主者施行

授武懿宗武重規左右金吾衛大將軍制

鸞臺昔程李二將分領東西之宅周召兩藩並行南北之化兼此重務允歸賢戚右金吾衛大將軍兼檢校洛州長

史上柱國河内郡王懿宗司屬卿兼檢校并州長史上柱國高平郡王重規並麟趾英髦犬牙良幹承朱紱之寵命奉彤弓之征伐勳藏天府名入史圖或誰何儆巡忘晝夜之倦或敦敘宴異協親疎之理題輿河輔而桴鼓希聞别乘汾垧而狴牢不葺勤誠著於文武美績宣於内外爪牙任切都輦寄深求賢審官不踰伯叔之國叶心共理佇觀兄弟之政懿宗可左金吾衛大將軍依舊檢校洛州長史重規可右金吾衛大將軍依舊檢校并州長史勳封如故主者施行

授王方慶左庶子制

鸞臺昇降銅樓輔弼玉裕必求時望以隆國本麟臺監王方慶盛門良緒敏學豐才道藝夙彰言行無玷備歷清顯式昭幹具體溫恭之性造次不違守廉退之風終始若一實舊德之明允見通人之老成昔張良以三傑之才始傅儲右史丹資八舍之重方護春宮簡賢任能抑有前事宜膺九德之選用光三善之業可行太子左庶子散官勳如故

授于復業太子中允制

鸞臺新除朝議大夫守隨州刺史于復業志識端雅藝能詳洽既罷臺閣方驅節傳銅樓依俊銀牓翹賢漢水觀風且輟彤襜之務瑤山聽樂宜煦黃離之景可守太子中允散官如故主者施行

授壽春郡王成器太子左贊善大夫制

鸞臺相王男壽春郡王成器毓彩桂山承規椒掖韶容霞舉美志月將望苑翹才瑤山佇俊宜參多士之選俾從正人之列可中大夫太子左贊善大夫勳封如故主者施行

授成善威甘州刺史卜處沖龍州刺史制

鸞臺壯武將軍行定王左親事府典軍上柱國成善威効績藩邸宣功戎陣新除中大夫守甘州刺史上柱國卜處沖久參武衞夙奉文樞張掖遐陬老縣故俗地連荒憬人藉撫循寄以厚城佇觀美績善威可使持節甘州諸軍事守甘州刺史處沖可使持節龍州諸軍事守龍州刺史散官勳如故仍並馳驛赴任主者施行

授坊州刺史豆盧志靜等官制

鸞臺大中大夫坊州刺史上輕車都尉郢城郡開國公豆盧志靜等登朝受服咸積歲年莅職當官並有聲稱與我

共理實存咨岳代天無曠受任得人分命良材佇觀美績可依前件主者施行

授張元福勝州都督府長史制

鸞臺寧遠將軍守右衞彭池府右果毅都尉張元福素閑武略兼有吏能荷戟臨戎屢陪蒼兕之陣題輿撫俗庶清白羊之黨可朝議大夫行勝州都督府長史仍馳驛赴任主者施行

授陳璲涼州都督府長史制

鸞臺邢州司馬上柱國陳璲智足禦戎才堪理劇題輿趙

北未展器能分乘河西。佇清邊徼。假以優命。行觀成績。可朝散大夫守涼州都督府長史。勳如故。主者施行。

授杜從則雍州司馬制

鸞臺。中大夫檢校上方少監杜從則。體素端固。器識通敏。驅策自久。績效有聞。作貳神州。實資幹用。兼司劇署。載佇公勤。宜踐新榮。仍兼舊職。可雍州司馬。兼知尚方少監事。主者施行。

授吉義福等鄯州都督府司馬制

鸞臺。檢校河源軍營田游擊將軍守左衞杜陽府左果毅

都尉員外置上柱國吉義福等。勳績兵欄。効申田祖。五戎既戢。萬庾斯殷。宜輟掌於連營。俾收功於別乘。可鄯州都督府司馬。

授鄭仙客長安縣令制

勑。朝散大夫行鼎州長史鄭仙客。識量淹通。理懷沈正。攝官無怠。歷職有聲。三輔名畿。五方雜俗。求人之瘼。惟帝所難。宜遷題坐之風。俾試鳴絃之化。可檢校長安縣令。散官如故。

授元素履臨江縣令制

勑。奉議郎行涪州隆化縣(闕)元素履。綰銅兩穴。遊刃三巴。府推其能。人便其政。賓寮戀仰。蠻漢謳吟。宜遂所祈。以終美績。可忠州臨江縣令。

授李承嘉太原縣令制

勑。通議大夫前守文昌司勳員外郎李承嘉。擢秀士林。昇榮禮閣。公勤無怠。幹制有能。既修太原。是惟舊國。爰制美錦。實佇良材。宜錫崇班。佇聞異績。可檢校并州太原縣令。散官如故。仍馳驛赴任。

授趙崇嗣南由縣令陳義全潼關令制

勑。朝議郎前行慶州同川縣丞趙崇嗣。儒林郎守蓬州大寅縣丞陳義全等。或典農朔陲。致京庾之積。或驅驛巴徼。有綏輯之功。且敘成勞。俾無遺賞。崇嗣可行隴州南由縣令。義全可守潼關令。散官並如故。

授高昌首領子麴元福蒲類縣主簿制

勑。麴元福拔跡輪臺。策名會府。宜受芝泥之命。往參蒲海之邑。可將仕郎守北庭蒲類縣主簿。

封右武威衞將軍沙吒忠義郕國公制

鸞臺。清邊中道前軍總管冠軍大將軍行右武威衞將軍

上柱國賓山郡開國公沙叱忠義三韓舊族九種名家夙奉戎麾遂參文衛蕃夷豕荐虜騎蜂屯頻出奇謀屢摧凶黨昔臨鴈塞能羈縛馬之妖今拒狼河更翦奔鯨之孽勤功允著誠効克宣宜酬矢石之勞用廣山河之賦可封郕國公食邑三千戶主者施行

封烏薄利歸義縣開國子制

鸞臺左金吾衛大將軍員外置檢校源州都督烏薄利家近圓城任隆方岳惠洽藩部功宣朝廷扶津搆虐遂穴生氛能拒妖凶固守臣節踰馬韓而獻冊汎鯨海而申虔計

議並深忠懇成到書勞有典方隆將帥之班舉善不遺宜拓公侯之宇可左金吾衛大將軍員外置同正員仍封歸義縣開國子食邑一千戶主者施行

封劉璿彭城縣開國男制

鸞臺朝散大夫行左肅政臺監察御史劉璿執簡當朝秉軺撫俗効彰伏柱勤深攬轡堅貞之操既申於柏臺利建之榮宜及於茅社可封彭城縣開國男食邑三百戶主者施行

授沙叱忠義右金吾衛將軍駱務整左武威衛將軍制

鸞臺辭第鑿門允稱鼓鼙之將列位疏爵是為廟堂之賞冠軍大將軍行右武威衛將軍檢校左羽林衛上柱國郕國公右奉宸內供奉沙叱忠義遼東壯傑名蓋於狼河東武威衛將軍員外置同正員右奉宸內供奉駱務整薊北雄渠氣高於龍塞並受登壇之任俱懷出閫之畧或輕齎絕險以應青邱之別軍或高壘抗威以要黑山之潛遁兵強由算師克在和爰清食彘之袄遂廓浮黿之黨操袂成市執袪盈路屈指告捷未待於經年疇庸冊勳豈假於踰

月宜膺剖珪之錫兼峻衛珠之寵忠義可行右金吾衛將軍餘如故務整可左武威衛將軍封盧龍縣開國男食邑三百戶餘如故主者施行

授宣城縣令儲孝任等加階制

鸞臺朝議郎行宣州宣城縣令儲孝任等並早從推擇久著勤勞績茂綰銅時逢檢玉千齡有慶既屬休符百里能官宜從榮獎可依前件主者施行

授右衛親府中郎將裴思諒等加階制

鸞臺宣威將軍守右衛親府中郎將檢校左羽林衛上柱

國裴思諒等八屯五校俱奉職司三垓九埏咸屬休慶錫以班秩用存優奬可依前件主者施行

授通州刺史于光遠等加階制

鸞臺中散大夫使持節通州諸軍事守通州刺史于光遠等並資才藝咸剖符竹勤勞有積聲望俱優神岳泥金明堂會玉頒賞行慶宜加恩奬可依前件主者施行

上應天神龍皇帝冊文

維神龍三年歲次丁未九月景申朔五日庚子具官某及文武羣官等謹昧死再拜稽首奉冊言爰自厥初肇興司

牧皇矣撫極蒸哉察道莫不因時適變改物殊徽推五運而陟崇高步三微而膺歷數天地人皇之立稱始別洪荒唐虞夏帝之居尊漸詳文質姬水以推輪發號烈山以斵耒增名然後仁被德宣功昭業遠歷訪前古玆爲舊式我大唐受乾坤之睠命當寓縣之謳歌奄有蒸黎遂荒宸象應天皇帝陛下垂旒御辯截海披圖承四業之休光握三靈之寶契虞舜蒸蒸之德永錫羣方周文翼翼之心其凝庶績驅齊民於仁壽致雅俗於醇醲六府咸修五兵不用航海梯山之客奉贄輸琛耕田鑿井之夫擊壤鼓腹中外靜謐表裏雍熙而孽子滔天亂臣干紀謀同觸瑟禍劇弄兵不虞之災忽生於肘腋無象之鑒獨憤於神祇於時兇豎逼樓聖君憑檻威靈下濟覺封豕之周惶醜逆上瞻見神龍之傅翼寶仗似億千之衞天儀成文六之容衆瑞俱臨羣祅大駭盡迷方而失據咸喪氣而亡精顧眄而斬馘攀麾指揮而冰銷霧廓雖復草爲兵甲泰師驚蔣帝之神樹作幡幢釋主屈魔王之衆虵軀之變媧后蛟影之隨漢高未足以匹此奇徵方斯偉應自非冥符幽贊睿感潛通何以承波若之護持享高明之福助昔者伏牛之主是曰

犧皇名鳥之君仍題鳳紀法身用馬鳴成道上士以龍德爲仙敢託元符爰咨故實謹上尊號曰應天神龍皇帝鴻猷載肇昌歷惟新庶以仰順乾心俯從人欲天長地久更隆四大之尊名玉振金聲恒爲百王之稱首盛矣美矣皇哉唐哉臣某等誠歡誠喜頓首頓首死罪死罪再拜以聞

李嶠二

代百寮請立周七廟表

臣某等言臣聞享帝立廟陳乎太極之典尊祖配天載乎厥初之頌蓋用嚴宗虔祀敦孝睦親以修海内之職以崇天下之訓斯千帝百王之所因襲也四學三雍之所講肄也伏惟大周繼天作聖踵武嗣徽湛恩洎於行葦崇構興於緜瓞陛下纂祖宗之洪緒資聖神之睿問乾坤合德日月在躬利澤浹幽顯光明燭宇宙用能誕膺休歷丕臨大

寶近惟神祇福祿之祚遠想稼穡艱難之業后稷以弼諧大舜隆姬錫受命之符太皇以翼亮有唐聖武當樂推之運七百之鴻基不墜九五之尊位以光天休薦委靈命再集豈非積善累慶深仁厚德之致歟夫源長者流深道悠者利博是以商廟觀德享祀彌乎七代牧野追尊行號光於三葉今者徽章改物宗石變音神靈扶更始之運億兆慶維新之業宜其憲章典禮損益質文奉嚴配之恒事採褒崇之故實三昭三穆對於不遷之祖八簠八簋存乎如在之敬然後上以化下卑不臨尊宏詩人永錫之義合周易大觀之象豈惟祖考來格實懷安樂之心故亦夷夏式瞻載佇雍熙之福伏願浚發皇鑒時流天璽考經籍哲王之典雜搢紳先生之議涓時擇日冊祝備禮臣等得參陪振鷺洗滌大牲承奔走之下列觀肅邕之盛典則一人有慶子孫承永保之祥四海宅心臣下得自安之地無任懇懇之至

為朝集使等上尊號表

臣某等言臣等聞正覺既隱而苦海橫流衆教不興而業風亂起則有至人應運元聖撫期援手而拯其沈淪推心

而救其焚爇四生不慧必將有以宅其緣六度未康必將有以振其緒慈氏越古金輪聖神皇帝陛下業隆四諦德懋三空道成於祇劫之初迹遠於梵天之外而深惻末教俯哀流俗宏善推之畧下濟蒼生屈無上之尊降臨丹扆神功暢於明一至德覃於吹萬三千國土咸登福壽之庭百億天人並出塵勞之境能紹七佛之鴻業躡三身之正位雖多寶之證明法教出見空虛釋迦之感護凡愚來遊穢濁未足以仰參神變遠媲仁慈臣等宿植有因生平多幸聖朝難遇類萁葉之希逢法主儻來似曇花之一出屬

千齡之大慶欣萬劫之禎符是用下訪謳歌旁稽讖籙攀玉署駕鴻之議雜金圖龍象之謀拜手闕庭虔奉徽號叫帝閽而延佇徒罄丹誠仰天路而遲回不流元霈朝野失望衣冠沮色竊惟聖人忘己以百姓爲心菩薩救時共衆生合體是故屈伸進退因其志而不違變化感通順其求而不隔伏乞暫回聖慮俯鑒愚誠宏至公之大道畧鳴謙之小節特命有司勉膺殊典使尊名嘉號與法日而俱懸寶算靈基比恒沙而不極臣等得預陪下列攀奉末光長登正法之筵永樹來生之果豈不幸矣豈不大矣無任誠

懇之至謹詣闕固請以聞

爲杭州崔使君賀加尊號表

臣某言伏奉五月十一日制書陛下俯順羣情懋膺大典垂光休於百代被鴻私於萬族凡在含生孰不慶幸臣某中賀臣聞太朴既謝旦昏之迹已殊聖道不追王霸之風且雜雖崇號廣謚遞享於尊名而德薄政衰不光於神器伏惟越古金輪聖神皇帝陛下承大雲之法記應榮河之寶籙以天上天下之尊爲隆平太平之主不言而理三階正而六氣調不怒而威萬寓清而百蠻服延富壽於和平制雍熙於昜簡懷恩慕化之黨候雨占風疇德瑞聖之符非煙若霧青襟詠歎於庠塾黃髮謳吟於衢路固可使堯舜擁篲禹湯扶轂踰賢劫而首唱邈梵天而高視豈登三咸五邁古超今而已哉嘉號初登殊章備舉鋪帝容而建皇極大寶重光撫乾軸而正坤維洪爐再造仙渙與祥風俱動湛恩將洊雷並作綏姬文之獄既削爰書錫漢后之酺且頒戎級滂流之澤出九掖而浸羣方抃躍之音自三川而周四海加以崇祇肅於梵宇致嚴恭於清廟中寃舉滯而有善必甄享德報功而無文咸秩規模粲而洋溢道

德純而布濩豈徒朝野稱慶觀美化之維新故亦神祇降祥見鴻基之載永臣叨延龜組謬分虎符千年有遇更逢開闢之初百辟相歡不預趨馳之末瞻雲路而式忭仰天庭而載佇踴躍之懷企聳無極不任鳧藻悅豫之至謹遣某官奉表陳賀以聞

爲百寮賀雪表

臣某等言臣聞至道充被而沖和感發元化沈潛而祥物昭應伏惟皇帝陛下合德天地齊光日月陶正氣之氤氳降元符之肸蠁用能經緯六合驅馭百靈垂旒法宮而品

物清晏揆景中土而風雨休若三元肇革九陽初動撞黃鍾而布氣順元冥而率職曾陰候律豐澤順時薈蔚方興起太山之膚寸參差荐委自平地而盈尺銅街洽其如素金隄紛其遂滿縈樓棲檻凝璧臺之九重落絮飄花似芳林之二月豈惟洛神呈象來舞帝宮故亦海騎相趨下朝仙闕東皐欣而望歲南史慶而書祥萬寶登秋居然可詠雙銅叶唱即事非遥自非睿感通微乾心輔德何以降神靈之滋液發兆庶之歡慶臣等恭承元造沐浴太和欣聖澤之滂沛對天休而踴躍無任鳧藻之至謹詣朝堂奉表

稱賀以聞

爲武攸曁賀雪表

臣某言自涉隆冬頗虧甘液皇情睠佇聖德憂勤慭囹圄之罹僁念祈寒之在節爰發恩造親慮囚徒絲綍始行寒光已布德音纔降同雲便飛落絮飄花與新梅而競彩凝光吐艷共宵桂而連輝俄盈九域之中遍灑四瀛之外遂使狴牢式舞布霈澤於三天畎畝長歌佇豐年之萬庾報應之速固影響而無違慶躍之私在臣妾而何極無任欣抃之至謹奉表陳賀以聞謹言

爲納言姚璹等賀雪表

臣某言自元冥授節素液未流宿麥翹滋陳根俟拔聖情迴睠天造曲成載想狴牢有矜幽滯方臨聽訟之觀且閱明刑之書中旨纔宣上元俄應沛乎降澤油然興雲凝瑞色於千里散禎祥於六出積素彌晝下集於瓊臺飄花滿空旁霈於玉樹海神奔走而來賀田畯謳吟而共舞靈心昭發事速於置郵聖意冥通有同於合契臣等謬當樞近親覩休祥抃躍之情實百恒品無任欣慶之至謹奉表陳賀以聞謹言

爲百寮賀日抱戴慶雲見表

臣某等言臣聞大人造物亨衢所以貞觀上帝懸象層穹所以照臨合其德而先後不違契其誠而表裏潛應伏惟聖母神皇陛下仰應顧託俯順謳歌臨天下之大寶當域中之正氣斟酌律度三神援亭毒之權鼓舞陰陽萬象入財成之契六幽金鏡四時玉燭凱澤將膏雨共流協氣與景風齊暢故能使天地儲祉靈祇降福樞紐薦符勾芒錫壽自呈有命洛書肇出惟宗社之饗德迪神明之祚聖象物昭應休徵煥發每至十二月元琨啓匣綠錯披題遷寶

祕於東序。視衣纓於北闕。必有仙鶴翔集。雲烏杲曜。祥光入於九重。異氣懸於三象。雖復鼎來汾水。黃雲冠於北山。劍在豐城。紫氣沖於南斗。無以方斯。影響近此。闕

天作符籙。動而有徵。日官考驗。以爲常準。日在朔月。時惟孟秋。奉鴻休而正位。先告辰而解網。休日申酉。衆姬稱賀。申禮既畢。詔示帝圖。芝檢初開。扶光未徙。即有氤氳傳漢。發祥於俛仰之間。蕭索浮天。舒彩於折旋之際。於時晬容當宁。嬪儀在列。文物充於紫庭。暉光察於元象。或抱或戴。拱環佩之威儀。非煙非雲。奪褘褕之彩色。兩宮胥抃。六妃式舞。欣

就望之近臨。悅光靈之下濟。臣等謹案孝經援神契。王者德至於天。則日抱戴。又黃氣抱日。輔臣納忠。瑞應圖曰。天子德孝。則慶雲出。又曰。天下太平。慶雲見。陛下宵衣旰食。至德通於九元。皇帝錫類推恩。純孝刑於八表。惟明求道。若金在礪。自物觀化。如草從風。屬千齡之景業。承肆眚之鴻霈。乾坤合而喜氣生。圖籙啓而禎符作。既以發揮天德。昭寶運之隆平。且以光翼端章。究靈心之終始。自非上下和洽。幽明薦成。何以徵造化之神偉。合天人之符契。昔者元珪受命。無間感召之祥。赤土披圖。不發昭回之貺。故知冥祇戩道。歷載祀而潛休。靈物俟時。當聖明而効用。事超六籍之外。聲高百王之表。卓哉至矣。無得而稱。臣等謬奉隆知。親承大慶。朝聞夕死。每竊抃於昌期。手舞足蹈。敢承歡於下列。無任鳧藻踴躍之至。謹詣闕奉表陳賀以聞。

爲百寮賀慶雲見表

臣某等言。伏見今月十一日誅反逆王慈徵等。乃有慶雲見於申未之間。蕭索滿空。氛氳蔽日。五彩畢備。萬人同仰。伏以慈徵等並典司戎旅。出入禁闈。反德亂常。背天逆理。聖靈感通。神祇昭應。雖逆節始萌。而潛謀必兆。窮姦回之

密計。盡包藏之巨慝。並膏斧鑕。俱肆朝市。五屬明啓。嚴刑應於九秋。萬寓悅豫。嘉氣呈於三象。此實天人合德。宗社降休。欣紫宸之永固。在蒼生而知幸。無任嘉慶之至。謹拜表稱賀以聞。

爲納言姚璹等賀瑞桃表

臣某等言。伏見內出靈桃四實。共同一蔕。禁園芳果。仙庭奇樹。名珍杏柰。族茂櫻胡。鮮花發於上春。嘉實成於早夏。四而爲一。表四夷之一君。異而爲同。明異方之同貫。漢宮留核。曾所未窺。衞國報瓊。何能竊似。殊祥靈應。疊貺駢臻。

凡在見聞孰不歡躍臣等謬當樞近累覿休符喜抃之情實萬恒品無任欣慶之至謹奉陳賀以聞

爲百寮賀瑞筍表

臣某等言伏見舊明堂基前有叢竹抽新筍數莖綠籜含霜紫苞承雪淩九冬而擢穎冒重陰而發翠伏惟陛下仁兼動植化感靈祇故得萌動惟新象珍臺之更始貞堅效質符聖壽之無疆鄰帝座而虛心當歲寒而抱節一人有慶萬類呈祥凡在見聞孰不欣躍無任慶抃之至謹奉表稱賀以聞

爲納言姚璹等賀瑞石龜表

臣某言伏見衡州所進瑞石其形似龜頂上有文曰大周并有乾坤卦字左邊有王武九千字又有水火金木土字各依其方北邊兼有井字臣等詳觀靈字伏覩奇文事實非常理同神契首列大周之字表元首之尊左有王武之名明左契之執合乾坤之兩卦分金木之五行五行展轉而不窮兩卦周流而無極井以養物而知渥澤之下覃石以補天乃顯貞文而上列將以九千之寶祚嗣七百之鴻基兆發靈心事符嘉運況復名爲元武叶國姓而呈休出自炎方迎嚮明而發祉神祇之命受託於四靈感應之符實超於千載臣等叨延恩獎屢覩嘉祥喜抃之情實百常品無任慶躍之至謹奉表陳賀以聞謹言

爲納言姚璹等賀瑞石表

臣某等言伏見瑞石有文曰武帝李彰好生臨國永保吉昌伏惟陛下受命旻穹降靈宗祏複棟重簷之禮嚴配昭外五刑九辟之科平反宥恤故能使三精孚德七廟垂祥頻降靈符屢彰潛祉好生臨國實開琬炎之文永保吉昌顯示堅貞之籙隆萬代之遐算曠千齡而不聞臣等叨沐恩私謬當樞近親覿休實相趨抃躍無任喜慶之至謹奉表稱賀以聞仍請出示百寮并錄付史館

爲百寮賀瑞石表

臣某等言臣聞高明博臨無遠不應正直潛感雖幽必通伏惟皇太后陛下慶發曾沙業隆大寶以至明當宗社之寄以至聖合乾坤之德荷三葉之休光承五形之歷紀平秩庶政大亨羣物冠帶遐荒之域天福日臨閭閻富壽之氓禮變樂和液露霑洽休徵昭顯用能上披乾象下發坤珍吐川之靈祕開神之韞匱伏見雍州永安縣人唐同泰

於洛水中得瑞石一枚上有紫脉成文曰聖母臨人永昌帝業八字臣等抃窺靈跡駭矚珍圖俯仰殊觀相趨動色竊惟聖德奉天遞爲先後神道助教相因發明陛下對越昭外欽若扶揖允塞人祇之望實當天地之心所以幽贊嘉兆傍通景貺且人稱同泰縣實永安姓氏將國號元符土地與石文明應表裏潛會樞機冥發明宴坐之逾昌驗皇基之永泰則自然之無朕不測之謂神非夫道格昊蒼德充幽顯豈能發何言之微旨臻不召之靈物考皇圖於金冊搜瑞典於瑶編則有蟲蠹成文魚鱗吐匣丹書集於昌戶綠錯薦於堯壇或詞隱密微或氣藏讖緯莫究天人之際罕甄神秘之心未有昭聖毓靈發祥隤祉明白顯著燭曜暉光若斯之盛者也且夫導洛疏津卜瀍經宇是開帝王之宅實謂龜書之泉伯禹以致孝鬼神九疇天錫陛下以虔恭顧託八篆靈開超萬祀而同存歷百世而罕逮況乎陰陽景測朝市天臨號令施於四海機衡動於萬國靈心叶贊景業會昌薦希代之鴻寶獲非常之嘉應固可以明禋大寶禮秩介邱副神宗之逌眷荅上元之蕃祉臣等遇偶休明榮參簪笏千年旦暮邀逢累聖之期百辟歌謳喜屬三靈之慶無任凫藻踊躍之至謹奉表詣闕陳賀以聞

賀天尊瑞石及雨表

臣聞大悲握契汲引之數盈千元聖垂機感現之瑞不一隨緣應俗或作孺童降跡通凡常爲長老然則前佛皆同一字可通（一作道）非道理兩名至矣哉不可得而稱也伏惟天冊金輪聖神皇帝陛下功成塵劫跡御金輪萬姓樂推百靈欣戴如來備記昔避天女之宮菩薩降生遂坐人王之國臣等一昨伏見西岳雲臺觀道士奏稱御像瑞石大妙至極天尊一鋪創造聖容未施五色宿昔之頃畫繢自然不加之分宛同神化七十二相合而成體八十一好散而成章披絳雲之室闢明霞之館千乘億騎浮空而下九仙五老步虛而來羽抱錦幰風搖雲起龍文而鳳章日縣而月綴威儀而睟侍衛舞聲坐疑龍漢之遊何必仙山之會自非陰陽不測變化無方憑法匠之威靈假神功之動用其孰能與於此中賀臣等又聞先天後天聖德合於無象欲雨而雨元契通於不言日者王室（闕）閒炎方在候陛下乘朱駱駕赤騮歷太陽之中道居明堂之左个百神受

職萬國來朝旣配帝而嚴禋亦統天而布政是時也慈雲結慶甘露流香微風蕭然纖塵不起凡百在宥動色相歡咸以爲天者萬人之本物有不霑於澤者則仰皇天而望之有不覃於惠者則籲告而請之更祈洪澍輒聞流潦俄而油雲族晚覆雙闕而朝隮膏雨及私浹三川而夜下郊原吐潤呈彙霑蘇麥壟纖莖已濯兩岐之秀黍田香粒方滋合穎之苗凡在羣生不勝幸甚然後知御雲臺而占緜幸洛陽而錄囚葢其眇少曾何髣髴臣等幸忝簪笏預睹珍符惟德洞冥即叶元皇之化惟靈薦福長延梵帝之尊

抃蹈之情倍百恒品無任鳧藻之至

賀麟跡表

臣某言今月十六日聖上擬檢行安置大像處其夜舊著大像曜儀院內從南行向北總有八十一麟跡見外無入處內有出蹤靈貺潛開禎符顯發惟此仁獸獨冠毛羣識變知機通靈感化悟金輪之欲轉即見殊祥知玉輦之方遊先呈異跡九九爲數明歷算之無疆濯濯咸歌見休明之有應五蹄顯五方之會一角彰一統之符式廣鴻基方宏象教昔有鳳巢軒閣纓冕相趨龍止堯壇神祇動色豈

若祥開紫掖瑞感元樞發揮萬劫之符幽贊三天之果美超五籍珍越四靈曠千古而不聞超九皇而獨遠臣濫承驅策親覿嘉祥欣慶之情實倍恒品無任抃躍之至謹奉表陳賀以聞伏請須示天下錄付史館

爲納言姚璹等賀破契丹表

臣某等言伏見遼東都督高仇須承露布逆賊孫萬斬等驅率凶黨燒逼州城城中出兵與其賊拒戰則有飛廉作氣回祿揚熛起沙礫而薄天助茲鼉鼓吹煙火而漲日燎彼鴻毛靈應潛施勇士皆奮遂使妖徒震懾亂轍而搴旗

善戰橫行摧枯而拉朽僵屍蔽於草莽俘馘聚於轅門善馬咸牧名王且縶無假燒雞之策而觀其自焚不勞燧象之師而撲其餘燼又凶渠不逞將竊號而假名逆黨未悛止挺妖而怙亂或神摧其股或天厲其身似安國之登車同伯牛之自牖故知高明輔順正直司憸惟辟好仁與乾坤而合德惟狂樂禍在神鬼而同誅方看翦滅之期行覿凱旋之奏臣等叨延辨渥謬奉軒墀抃躍之情實萬恒品無任慶快之至謹奉表稱賀以聞謹言

爲雍州父老賀鑾駕停幸洛邑表

臣等某言伏奉今月日詔書鑾駕停幸洛邑臣等輕生多幸淺識逢時青襟遊聖人之國白首觀太平之化常恐涓涘難效溝壑易期所以眷戀軒宇徘徊霄極日者農秋甃缺庶政微勤天皇損上益下忘身循物便欲移鑾從蹕望河洛之封畿削賦蠲徭罷咸秦之力役臣等仰銘元造退揆愚心誠以天府膏腴帝畿殷實雖菑畬之務稍闕於千箱而衣食所資尚豐於累載況惸嫠賙給家室乂安何容使展座鳴謙聖躬服勩勞之事衡門高枕臣等蒙過差之澤是用低徊跼蹐杼柚慙惶方且選議蓬荚推中襟於白

欽定全唐文 卷二百四十三 李嶠 十五

屋因言槐棘升下情於紫路不謂乾心俯應聖德潛融降六璽而紆綵回三光而改照人欲天從旣通誠感稟靈含氣疇非慶躍竊惟政途非一朝務有恒國彝不可以恩廢家征不可以事闕天皇愛精頤壽荅兆庶之歡心臣等畢力窮年供黍稷之餘稅庶得百度無曠九功惟敍伏望皇明乃睠輿輦少安則海甸蒸人撫耕鑿而知勉渭濱遺老仰雲天而識庇無任踴躍之至

爲何舍人賀御書雜文表

臣彥先等言臣於梁王三思處見御書雜文尺牘凡九十卷跪發珍藏肅承瑤檢天文景鑠璧合而珠連聖理雲迴鸞驚而鳳集究黃軒鳥跡之巧殫紫府結空之勢偃波垂露會寶意而咸新半魄全曦象天形而得妙固已奇蹤絕俗美態入神掩八體而擅規模冠千齡而垂楷法重以語成四教文總六詩聲咀徵而含宮旨懲違而勸德用之於國敦風俗而厚人倫行之於家習雍和而崇孝敬惟彼良翰特蒙殊獎銘厚渥而歡悚竭深誠而奉戴是用編之玉軸勒以銀繩盡罄梁珠特裝璹瑁之匣總收陶璧用飾瑠璃之笥雕鏤十品緹巾萬襲芸香却蠹芝體爲封珍寶之

欽定全唐文 卷二百四十三 李嶠 十六

精下燭西崑之岫文章之氣上纏東壁之象實可謂天下之妙迹域中之奇觀者焉臣等幸遇休明叨近簪笏駭矚非常之瑞欣逢不世之寶足蹈手舞徒懷鑽仰之心夕死朝聞豈識名言之地無任抃躍歡欣之至謹奉表陳賀以聞

爲韋右相賀拜洛表

臣某等言伏見五月九日制書將拜圖温洛肅事南郊御朝堂列羣后恭聞大禮不勝慶躍臣某中賀微臣泛覽金冊詳窺玉版商較於七十二代下上於數百千年以義軒

稱皇所貴者河圖龍出以堯舜稱帝所尊者洛書龜負猶未聞總集靈命宏敷聖業籠大勛於萬代盡能事於一朝非天下之至神其孰能與此乎伏惟皇太后陛下肅膺遺託光踐丕基皇業高於補天母德隆於配地東西浹洽窮八際而流河海南北貞明洞六幽而懸日月淹中訪禮汶上披圖情每留於布政義不忘於宗祀於是全謀聖造異制神行迎四象而疏闈向八風而闢牖上圓法天而煙雲爲之動色下方象地而龜玉所以呈姿元功叡範洋溢於歌頌祕采靈文昭彰於篆刻豈白銀青玉惟傳地理之經

黃魚黑烏但播天乙之號可以荅上元之命可以光累聖之隆制有司陳法駕用禋柴之典探沈璧之儀然後負黼扆而朝百神垂衣裳而會萬國不亦休哉不亦盛哉臣忝預出征恨深留滯河西弔影銜珠之託未申洛北馳心抃石之歡何極不任悚懼之至

爲秋官員外郎李敬仁賀聖躬新牙更生表

臣敬仁言昨因奏事蒙恩入對伏見陛下所御湛露殿三間兩間雨漏無所修葺又因顧問之次伏承聖旨云去年口中生一齒今年又生一牙臣伏以聖德謙沖躬自菲薄富有四海尊居萬乘而中堂外扉不閱於寒暑上棟下宇未離於燥濕降紫宸而齊白屋屈帝力而用民心雖昔之采椽土階茅茨蒿柱漢皇之儉用夏后之卑宮六籍之所讚揚百家之所記述曷足以希風上聖仰帝道之崇高攀躡後塵望皇輿之軌躅臣又聞之易有四營金牙爲壽考之象詩有六義玉齒載神仙之謠還年而編貝不虧却老而郄犀仍出亦有堅而不脫聞於導養之方落而更生得自靈飛之散斯並道藏幽詮術隱上清誠福力之所招匪勤求而可致陛下端莊靜默寬惠仁慈抑嗜欲而省煩勞

恤饑寒而甘弊陋宜其延貺宗社受報黎元集天地之休和享靈祇之介祉故得百祥護體五福登年同鎬邑之夢齡邁鐫宮之錫壽豈徒一人有慶常居北極之尊實乃萬姓同歡共仰南山之固臣謬以庸賤獲奉宸嚴欣聖壽之延長願稱大慶見宸居之挹損思揚至德乞宣示海內仍錄付史館庶使六合之中知寶算之方永百代之後頌休風而不絕無任抃躍之至謹詣闕奉表陳賀以聞

爲武承嗣等賀賊平後新殿成上禮食表

臣承嗣等言伏見逆賊盡滅未誅先斃叛奚部落不守自

降或貫盈而亡或懾懼而伏行從除殄不勝慶快臣承嗣等中賀臣聞違逆助順穹昊所以照臨振遠懷荒邦家所以底定蠢茲豺虺慓彼犬羊稱亂白山虔劉蒼海豈徒石砮楛矢式過於天朝故亦桑弧鐵衣憑陵於邊朔陛下乃睠愚悖情深遵養聊用七旬之舞未加五戎之罰雖大聖之德恒存於好生而冥祇之心有切於除害驅桃都之厲鬼剿檀石之妖魁不資舉網之勤而長鯨已曝無假合圍之費而封豕先屠有以知神道之難誣有以見天心之不遠元凶既覆餘孽旋殲畏威者鼠竄而離心懷惠者鴈行

而革面毳幙連路氈裘成市與夫姬得瑞穎期越裳於累年漢獲駢柯俟匈奴於後歲若斯而已也方傾巢而盡落佇匣刃而藏鋒自非睿感潛通靈符叶贊豈能使天地假手幽顯同心及有秩之方歌屬斯干之肇獻上棟下宇儲百福而擁神休開陽闔陰積千祥而宜聖壽配南山而永固與北極而長尊仙聖所以安居黎元由其式抃臣等幸逢昌運叨延嘉犇喜遐陬之霧廓且覩歸牛欣大厦之天臨方同賀雀願奉需雲之慶思承湛露之歡無任區區之誠謹上禮食若干轝蘋羞何有希陳上帝之筵芻豢非珍遂同野人之獻旋顧單菲追增悚怍謹隨表進奉以聞臣承嗣等誠歡誠喜頓首頓首

爲百寮賀恩制表

臣某以下文武官九品以上二千七百五十人等言臣等伏見今月九日恩制緣逆人親屬有能公勤清白者自當隨材擢用不以爲瑕宜各坦懷佇收來効臣等仰承恩造伏誦德音感戴屏營忭舞相屬臣某等誠歡誠喜頓首頓首死罪死罪臣聞父殛子興聖賢忠厚之教身死宗戮季末陵夷之道或罰不及嗣或禍并其族淳朴浸往惻隱不

逮於昆蟲法令滋章網羅必及於麛卵天厭淫虐誕興明聖掃百王之餘弊張網羅而更理去貪殘而遂生育品物昭蘇哀獄訟而緩虔劉寰瀛凱懌刻薄之風盡敦厚之化流猶且締想納隍凝情溝壑在予之旨固以刑於萬方拯物之心豈直解其三面日者亂臣干紀巨猾滔天將傾渤海之流且觸崑山之柱陛下傷澆浞之爲變弔管蔡之不咸法雷電之威誅而不怒用春秋之義斷必以情擢其髮而葬其尸殲其魁而宥其黨漢主三夷之法黜而不行秦王九族之刑矜而莫用至若瓜連萍託枝附葉隨或玉石

難分或淄澠易混俱削嫌疑之迹槩從寬大之文遷州貶縣纔示於小懲竄海投沙尚班於榮級則是我有大造於羣凶也而聖慈無已天澤逾隆並運四時乃錫造於平分之外不遺萬物尚加惠於曲成之表使枯朽之榦向秋而更榮窮涸之鱗在轍而能躍藏其疾而含其垢責其效而要其功雖魏士之私於外朝獲安反側商人之染於汙俗咸與維新無以匹此含宏方斯滌蕩陛下祚始酆鎬嗣周家之忠信卜於瀍洛承夏鼎之休明三后在天日歆於盛德四夷爲守永慕於高義方當鬼神降福豈止黎庶歸心

臣等沐道昌期叨榮顯列觀太平之德禮聽中和之詩頌雨露之施徒仰於財成天地之仁豈議於酬答無任欣戴踴躍之至謹詣朝堂奉表陳賀以聞臣某等誠歡誠喜頓首頓首死罪死罪謹言

爲武承嗣讓知政事第二表

臣某言臣由衷之辭已具前表分外之澤仍叨後恩祇命低迴不知所處臣某誠惶誠恐頓首頓首死罪死罪臣九能無術五技不成空荷陶甄竟微知效陛下篤猶子之愛用家人之慈流其渥恩被以簪組析珪分器等姬氏之藩維裂壤誓河承漢家之禮秩皇儀曉列拜金屐而升玉墀仙蹕晨遊陪柏梁而侍蒿柱在臣榮幸實冠等夷惟臣妄庸已成忝越豈可以仍祇大命更竊厚恩任濟時之股肱爲巨川之舟楫且臣屬居宗室地接葭莩惟社稷之安危乃門庭之休戚豈不願磨頂至踵裨高益深徒以智力有涯勉強無地懼傾輈之爲敗憂折鼎之生災匪藏器而謀身實輸誠而體國伏乞俯矜愚劣永鑒隆替思懋賞懋官之義用知臣知子之心特停過恩速寢嚴命則物情輿議咸仰於至公叨榮謬官不塵於則哲無任慙懼屏營之至

謹詣閤奉表以聞

爲王及善讓内史第二表

臣及善言臣叨荷殊私冒陳至懇而惕慮昏於凡識深誠蔽於短辭丹槩罔通紫泥徒渥祇奉還答周惶失措臣中謝臣才疎行缺運偶時來榮匪德遷官由恩達法河象岳升臺歷府行參八命坐陟九霄彤軒阜騶非振鷺之飾青組丹綬是濡鵜之譏施重邱山效微涓澮妨賢自久速謗滋深頃因齒髮之衰得蒙骸骨之賜西河退老非翫經書東海歸閒空求藥餌方養支離之疾翻成愷悌之恩曲降

絲綸重收簪屨徵榮朽木責焰寒灰將使箕裘磨鉛入總樞祕牽羸引憊參典鈞石仰扑恩渥顧探心守桑榆且晏蒲柳先秋方與絳縣老人論其甲子淄川艾耋比其容貌將何以對敭金扆趨奉玉墀當鳳沼之便蕃望龍闈之清切況寅亮皇極經綸帝道功參濟巨義等作霖隆替是因具瞻斯在永言授受豈當容易是用深鑒陳力載懷量己方憂折鼎乞保懸車且今百度惟貞九流式序鵷鴻齊列俊乂在官豈可使畫虎承羞豐貂竊幸謬中孚之好爵辱大雅之能官伏願深惟至公俯收曲澤矜此疲劣改命才

賢則器滿之凶不累於愚叟棟隆之吉永光於聖代無任慚懼屏營之至謹重詣朝堂奉表以聞

欽定全唐文卷二百四十四

李嶠三

爲王方慶讓鳳閣侍郎表

臣某言伏奉恩制以臣爲鳳閣侍郎同鳳閣鸞臺平章事恩寵光臨獎飾踰分虔荷明命營魂失守臣某中謝臣學非儒墨術異商韓文乏斧藻藝慚刀筆屬乾坤貞觀日月光輝飛龍在天而庶物咸覩仙凫離畢而羣萌皆潤遂得封植樗散謬齒於翹薪蘭拂駑駘濫陪於逸驥驟荷私遇頻階榮擢入參丹闥出擁彤騶爰自海邦遂升河輦佩若

若之綬鶩轔轔之轂叨恩竊幸空變星霜尸祿妨官曾微報效宜受素飡之責翻成黃閣之榮夕拜瑣闈朝陪禁省敢希任先淑睿之美每憂王歆謬誤之失而天慈逾渥聖澤無涯爰迴斗極之暉更寵掖垣之授下神畿而入仙禁未變葭灰自鸞渚而遊鳳池僅彫蓂葉荀俁之十旬累命未可爲儔車公之同日九遷曾無足比既超倫而邁等實負愧而承羞臣亦何人敢叨非據況樞祕之重絲綸是職言參元化步入紫微臣蒲柳既秋桑榆漸迫耄期云及衰疾徂侵以日昳之歌當夜行之罪招愆獲謗非爲身謀敗

駕傾餗將貽國負蓋力周於用則輕重咸宜任過其材知巨細同躓伏願察臣知止之分矜臣自量之情杲乎出日迴三舍之光油然作雲垂九霄之澤曲收過謬改命才賢則維鵜之譏不起於輿誦振鷺之詠復聞於朝序無任悚懼之至謹詣朝堂奉表以聞所讓人別狀封進臣某誠惶誠恐頓首頓首死罪死罪謹言

第二表

臣某言臣由衷之祈已具前奏而不次之澤仍垂後恩俯仰慚懼莫知攸處臣某誠惶誠恐頓首頓首死罪死罪臣

爰從壯齒不逮脩沇況在耄期曾何志力嗟負鼎之無術患挈缾而屢空徒以慶雲垂津枯槁蒙澤杲日流照嚴霜不凋貪及聖明之辰願從簪屨之列僶俛榮祿推遷歲時豈忘陳力之言方致乞骸之請不謂聖慈迴睠天造曲成東膠尚賢未始澄汰西伯養老更垂優渥拔跡囂滓之曹假寵神仙之署二離齊景八舍連芳款段涉千里之途輪囷爲萬乘之器龍池沐髮始暢前榮鳳沼躍鱗旋叨後命顧茲波朽理絕琢磨在方圓而罕施顧長短而無取豈可以仍塵帝載累紊國經使身貽鼎覆之憂朝失棟隆之舉是用內慙外懼夕惕晨興輕蔑本誠敢謝非飾伏乞矜臣難奪之志體臣不移之愚特停過恩改命賢哲則濟濟之詠復聞於聖朝洋洋之美不專於曩載無任慚懼之至謹重詣朝堂奉表以聞

爲楊執柔讓同鳳閣鸞臺平章事表

臣某言伏奉恩制命臣同鳳閣鸞臺平章事受命祗懼載驚魂爽臣執柔誠惶誠恐頓首頓首死罪死罪臣聞任官擇人哲王之所不易陳力審分忠臣之所宜守固當使寵私路絕公直道行然後能謗讟不興緝熙有寄臣材非上

達地則外姻攀日月之末光承雨露之餘渥遂得持衡天闕攝職斗樞塵八座之政本忝三軍之戎務高秩厚位徒辱於庸虛弱霧輕埃竟微於荅效盤桓寵祿僶俛歲時甘受維鵜之刺寧懷振鷺之舉而聖慈無已天造彌隆復使參掌國鈞預聞執政撫己慚悸捫心震越夫以衡石萬機鹽梅三鉉參翕闢之元造輔丹青之景化自非騰華占渭出昴乘箕安可寅亮帝圖弼諧邦教臣之蒙蔽久塵聽覽豈足以傍允物情上迴天鑒承舟檝之遠託當股肱之重寄伏願暫停旒纊俯擇芻蕘搜訪才良用平分之道屏絕

私昵收曲成之惠則域中多幸天下至公豈惟匪服免譏臣無器滿之懼固亦得賢斯在朝有棟隆之吉無任慚悚之至謹詣朝堂奉表以聞

讓知政事表

臣某言伏奉恩旨令臣同鳳閣鸞臺平章事有命自天光寵踰量如集於木啟處失圖臣嶠誠惶誠恐頓首頓首死罪死罪臣聞簡賢任能百揆所以時敘謬官失職九流於是咸曠隆替所寄義不可輕臣才實凡庸志無遠大叨預簪履遂升臺閣踐金門而遊石室掌狐史而參鳳綸被蜉

蝣之衣徒竊榮寵接鴛鷺之羽久慙尸曠甘受妨賢之責忽承非次之恩仍使參預機衡獻替帷幄持濟巨之舟楫味和羹之醯醢以挈瓶之智陪負鼎之遊將何以祗奉帝難弼亮皇極況丹青所運鼓舞通於四時鑪錘所裁綱紀行於萬俗動關政體豈易其人臣才闕行踈藝殫術淺同子房之多病異吳漢之強力策支離之杖未振其軀資擁腫之材豈勝其任將恐貽災傾餗取辱敗軍喪實虧名夫豈足惜害公撓法茲焉是懼敢緣陳力之義輕布由衷之請伏冀九霄垂澤三舍迴光體臣不移之愚矜臣難奪之志特停過謬改命才賢則器滿之凶不累於凡鄙棟隆之吉永光於聖代無任慚懼屏營之至謹詣朝堂奉表陳讓以聞

讓鸞臺侍郎表

臣某言伏奉恩制以臣為鸞臺侍郎依舊同鸞臺鳳閣平章事兼修國史仰祗聖澤退揆愚衷周章失圖怵惕惟厲臣某誠惶誠恐頓首頓首死罪死罪臣聞疇德而授則尸曠之譏絕推恩而舉則緝熙之道虧臣志狹量淺業空理踈揆才異言行之科入仕非廉高之選邀屬時幸累叨榮

級石渠麟閣司典籍之林金門鳳池參廟堂之議以小才而居大任用近智而恢遠略緣鶴之鼎既失於鹽梅濡鵜之衣實慚於紱冕甘待素飧之責忽承非次之恩夫以瑣闥崇嚴玉堂祕近職參持蓋位亞掌壺子雲以善屬文詞始應夕拜李真以妙通經術方陪旦講臣之愚陋實畏友朋豈足以奉帷幄之昌言聯名賢之逸軌且短才不齒未減雙鳧之數豐秩妄加必喪羣龍之績陛下經緯品物捜揚管庫方使道風德範遠出帝先豈令敗政妨官近自臣始伏願俯收人望顧惜朝班特迴寵光改命賢俊則百工

寅亮長無鼎覆之憂二階底平自有棟隆之吉無任感戴屏營之至謹詣朝堂奉表陳請以聞其所讓人具如別狀臣某誠惶誠恐頓首頓首死罪死罪謹言

爲張令讓麟臺監封國公表

臣某言臣短辭易窮愚意難達雖由衷之訴累黷於清規而臨下之明未照於丹懇伏奉還旨更優前命心魂交悸啟處失圖臣某誠惶誠恐頓首頓首死罪死罪竊惟服勤致用事主之名節推誠納忠爲臣之職分凡列衣冠之序忝升教義之筵立身揚名孰不由此況臣沐浴盛化被服

隆恩陪萬乘之旌旃列四臣之禦侮犬馬立效雖未堪申防代勞鷹鸇有情豈敢忘除兇弭慝論削蒲之釁逆舉觸瑟之祅變蓋惟恒事豈足言功陛下錄臣諛才收臣薄藝以某纓組舊業頗聞於義方山林遠情粗閑於道術訪其隱仙之訣求其詩禮之對不行而至坐辭麋鹿之羣無翼而飛遂接鴛鴻之侶久慙粉米之飾欲辭稻粱之惠日來月往猶戀於軒墀雨施雲行亟迴於印綬今復更申殊獎追敘微庸以臣子之恒情辱公卿之顯位等威齊乎四履名器光於五臺縟禮崇徽頓榮於非據深憂巨惕更切於如臨夫不失賞刑先王所以撫中外大明黜陟前典所以正邦家中槩豹之偯僅堪封爵乏羔羊之節無階流品乃賢哲之所慎豈庸微之敢安是用仰辭渥恩俯誓肌骨寧甘於犯違朝憲不可以虧損帝難固守不移之愚庶全難奪之志伏冀南離迴耀微察於傾心北斗垂芒稍矜於走魄特停過謬曲賜優容使官謗不諠工歌有序則無私之覆彌大於九元至公之途永隆於萬國無任忝竊慙懼屏營之至謹重詣朝堂奉表固請以聞

爲第二舅讓江州刺史表

臣某言伏奉恩制以臣爲江州刺史寵命載臨憂惕若厲臣某誠惶誠恐頓首頓首死罪死罪臣行疎道缺學淺藝空百里絃歌尠蒲密之化六條贊貳乏海沂之績幸屬乾坤改旦堯舜爲君下邑多淳朴之氓太平無峻切之政遂得逾安高秩未抵直繩尚且叨價藩庭竊譽人口挂二星之光彩達九皋於霄漢畫餅虛名孰云可錄素餐厚責猶懼未弭不謂聖恩旁暢天造曲成錫大官之印綬剖專城之符竹飲冰懷炭內慙外悚況夏首西浮水陸交湊荆門東會舳艫相接是謂九江之府實殷三楚之郊旋顧庸虛

本慙斡理將何以階浮獸之政術奉錫龜之職貢負乘之累豈但於身災敗駕之憂慮虧於國重臣雖貪冒苟且進趨至於上負帝難下速官謗猶知恐懼不敢寢默伏願迴光三舍收霈九天徵漢濱之翹楚罷燕宮之緹襲則共理之寄無褰於外臺得賢之佇復聞於中扆無任悚慙之至謹詣朝堂奉表以聞謹言

爲武嗣宗讓陝州刺史表

臣某言臣謬延殊獎改牧大藩由中之訴已薦於宸扆恤下之鑒未迴於霄極祗奉還命啟處失圖臣某誠惶誠恐頓首頓首死罪死罪臣地則葭莩質惟樗散實慙淮南好古之意有謝東平爲善之樂徒以攀光日月藉慶雲霄遂得升降玉除珮服金璽四科取士本異賢良五等建侯自緣恩澤常懼貽累宗室取笑衣冠上缺麟趾之風下招鵜翼之刺不謂聖慈愈厚天造彌隆收其十舍之才委以六條之任雖臻榮益觀竊抃於如絲而謬職妨賢顧慙於匪服況神皐名岳天府上腴是殷帝畿實始王化東則二南作頌有周召之餘風西則三輔式歌望趙張之遺跡顧循庸昧本慙政理將何以肅應殊典崇藩屏之位繼踵前良

致京師之福不能者止竊銘於夙心非據必危敢忘於大誡伏願覽紆聖鑒俯收愚款永懷至公之道特寢曲私之澤則符竹有寄長無尸素之譏樵薪得才不失朝廷之序無任慙懼之至謹重詣朝堂奉表陳請以聞

爲竇孝諶讓潤州刺史表

臣某言伏奉恩制以臣爲潤州刺史祗奉寵榮俯仰慙惕臣某誠惶誠恐頓首頓首死罪死罪臣尺澤輕生斗筲淺品行非三德藝乏四科屬雲雨曲成山川廣納遂得差肩冕笏簉羽鴛鷺自兼司天地副象河海空陪九卿之末詎達三禮之源柏梁賦詩徒迷鍾磬槐市講藝更慙几杖當曰妨賢獲罪豈以稱職爲功而皇矣高臨霈然降澤乃爲棘寺還剖竹符入奉千乘之尊出當六條之寄叨恩竊幸自初洎末夫以下邑樹風是惟政本外臺驅傳實總人極薛宣以理劇有才滿歲加授龔遂以撥繁無效數月召還歷選前猷實資共理安可使赤紱虛忝素餐高詠伏願敦名器之實絕過謬之私更簡良才言刈其楚則山谷耆老方懷樹李之歡江湖吏人不起伐檀之刺無任悚懼之至謹詣朝堂奉表以聞臣所讓人具如別狀臣某誠惶誠恐

頓首頓首死罪死罪謹言

爲李景諶讓天官尚書表

臣景諶言伏奉恩制以臣爲天官尚書寵命載臨震悸交集鞠躬自覗屏營無措臣景諶誠惶誠恐頓首頓首死罪死罪臣聞俊乂在官百揆所以時敘名器妄假九流於是咸曠事關隆替義難忝越臣才疎行缺學淺智空十舍無千里之資一經乏三冬之敏徒以遭逢昌運因藉時來幸雨露之曲成遇山川之廣納遂得差肩冕笏比跡流品出入臺省周旋階闥鏘金鳴玉坐榮枯朽擊水摶風顧慙腹

背自忝司衡鏡亟易星灰雖智力已窮而清通未效朱紫多紊涇渭莫辯宜其抵罪觸網稍清官謗翻乃假寵增服更垂天獎是用荷恩內訟以榮爲憂且夫八座位隆五曹望重典南宮之喉舌象北斗之樞機式資藻鑑奚綜賓實自非孝先亮直彥輔公忠山濤之簡靜篤素顧譚之心精體密何以對揚天哲厭塞人望顧斯政本實總國彝豈臣庸愚所堪尸忝伏願迴光寢照返汗收恩察臣由東之請矜臣陳力之議則朝端允穆天下至公四始輟在梁之譏六爻無負乘之累矣無任慙懼之至謹詣朝堂奉表以聞其所讓人具如別狀臣景諶誠惶誠恐頓首頓首死罪死罪謹言

讓地官尚書表

臣某言伏奉制旨以臣爲地官尚書無涯之恩忽降霄極非據之惕坐驚魂宇臣某誠惶誠恐頓首頓首死罪死罪臣少無奇志長乏異能短步非疾於驊騮翾飛自同於燕雀逢聖神之再造屬天地之兼容鄭璞齊竽竊混聲價秦冠漢綬叨踐名級步鴛池之清切陟鸞渚之便蕃出入五臺周旋三閣行膺負璽之任遂服專車之寵萬機損益蔽

於庸陋之心百揆謨猷滯於膏肓之疾爰發皇揆特留宸眷假優閑之秩雖入杏壇參翊亮之謀尚和梅鼎徒延舟檝之舉竟微股肱之效挈瓶之智患在於空虛曠室之災懼深於盈滿方陳骸骨之情遽荷雲霄之命負乘之責前誘未除忝越之譏後恩仍及還振蜉蝣之羽欲參龍鳳之行赤紱妨賢物知不可素食得位臣亦胡顏況八座樞機五曹要劇上儀七星之象旁理萬邦之教自非元凱之明允忠肅陳韓之敦樸淳深將何以釐正版圖擾安邦國臣之淺狹誠則貪叨朝有典章敢叨疑非望伏乞迴乾坤之

曲澤收雨露之殊私廣訪訏謨詳求棫樸更引食場之彥俾臨均土之司則受任得才無忝振鷺之美官方有序不失貫魚之次無任懇悚之至謹詣朝堂奉表陳請以聞臣所讓人別狀封進臣某誠惶誠恐頓首頓首謹言

爲歐陽通讓夏官尚書表

臣通言伏奉恩制以臣爲夏官尚書非常之恩忽萃庸朽顧匪服而增醜奉如絲而自失臣通中謝臣聞思皇多士必求於俊乂惟帝念功不寄於庸保臣識量凡淺志業空疏乏刀筆之吏能無俎豆之經術徒以積勞爲忝久官成

資承日月之末光霑雨露之宏貸文二之組每慙於假竊尺一之制更奬於庸微俛仰慙惶屏營反側夫以天臺峻密帝猷殷曠端揆隆於八座樞衡總於萬機非夫賢才孰能綜理況周官司馬有甲兵之職漢服珥貂兼喉舌之任歷觀前載此選尤難安可以樗櫟散才瓶筲小器比德陳劍差蹤鄭履豈無慙於謬寵實有懼於妨官今聖歷惟新王化資始天工其代帝難所急伏願特寢過恩旁求實用塞多幸之路開至公之道則巨鱗縱壑朝有得賢之頌惟鵜在梁臣無濫官之責無任懇懼之至謹詣朝闕奉表陳請以聞

爲楊執柔讓夏官尚書表

臣執柔言伏奉恩制以臣爲夏官尚書光寵載臨震悸交集臣某誠惶誠恐頓首頓首死罪死罪臣學無所成志不及遠徒以憑託霄漢接南陽之近親感會風雲附西京之外戚遂得叨恩藉幸服冕乘軒將燕雀而同化共鸞鳳而並翼自升榮軒闥接武卿士徒參河海之象竟乏涓塵之效竊位妨賢自甘屏黜循涯揣分敢希超奬而聖造不貲天波累洽仍降非常之澤更申踰等之命豈非連芳八座

上比七星固亦分職五曹專司九法昔虞登百揆命喉舌之官晉簡庶僚崇元凱之秩自時厥後此選尤難自非宿望通才高賢舊德何以別邦國之大典膺腹心之重寄臣尸忝無成實彰於旣往朽劣不逮難冀於將來雖輸報有心而勉勵無術寧敢自安時謗屢玷國猷陛下綜理機衡搜擇才俊而至公之道未廣於翹薪則哲之明近謬於庸菲恐人物解體衣冠失望伏乞蹔迴沖鑒俯絕過恩更宏尚德之舉不失能官之授則濟濟庶寮自有悅於多士區區庸鄙儻無譏於僥人不任懇懼之至謹詣朝堂奉表以

聞謹言

爲歐陽通讓司禮卿第二表

臣通言臣受恩怖懼已薦款誠而還旨綢繆未垂矜亮俯仰跼蹐心魂震蕩臣通誠惶誠恐頓首頓首死罪死罪臣學藝雙缺心迹兩蕪顧常接言友朋而信未盈缶陳力官守而智罕挈瓶徒以沐道康衢湌和休歷四方無事逢聖后之垂衣百度已貞得庸夫之高枕幸承寬大遂安忝竊本將榮利求達不以廉隅自修厚祿尊官雅是所溺陳辭抗疏豈敢爲高誠以理苟未安義則不可何者器有劑限

物有局量當其才則事或能濟踰其分則力所不堪是以枯木朽株不荷棟梁之任謏聞曲學不爲廊廟之資臣妨賢自久竊位非今然自承乏具寮叨榮散職雖云尸忝未甚曠廢至於典司邦禮出納王言徒飭躬而自強終絕臏而無力汝作霖雨既非庸妄所堪臣爲股肱必致陰陽之失虧名損實匪顧身疵蠹政傷風將辱朝鑒誠爲貪冒豈敢自安伏願迴日月之明收雲霄之澤察臣由衷之請矜臣知止之分則周廟之器無懼於盈滿曹人之衣或免於譏刺無任懇懼屏營之至謹詣朝堂奉表以聞臣通誠惶誠恐頓首頓首死罪死罪

爲武重規讓司禮卿表

臣重規言伏奉今月十五日制書加臣中大夫兼司禮卿寵命光臨心靈隕越臣重規中謝臣聞量能而官往聖垂範無德而祿昔賢有誡陛下施物之平不私毫髮知人之鑒獨謬庸虛但禮秩之職歷選所難苟非得賢於何求化西京置一十二列首貫金吾東漢有三十九人多遷玉鉉妙擇時望將以洽神祇博採列侯所謂重宗廟桓榮之經學始展今恩孫通之禮儀方膺此命在臣無取遠謝古人

將何以載元冕之七旒驅素車之十乘臣之慊慊非欲自保其身臣之慺慺深慮上塵於國伏乞聖恩容納皇澤霑濡深惟得人傍授能者則天官無曠庶績其凝謹封所讓人狀如前不任懇懼屏營之至

爲崔神基讓司賓卿表

臣神基言伏奉恩制以臣爲司賓卿芝渙曲臨獎飾踰分蓬心迴蕩冰炭交集臣神基誠惶誠恐頓首頓首死罪死罪臣才實凡庸志無遠大徒以命偶時來湌和飲澤累叨恩遇浸成榮顯遂得出擁朱軒入陪紫蓋被服珪組周旋

階闥自謬司六尚承乏九賓星琯驟移壘露無紀每懷忌滿之誡實負曠官之責寧可以更奉殊徽重叨非據當象河之顯列處惟月之崇班陛下刻象瑚金焚山榜道維駒在詠異人並出無容使芳蕙爲蕕疑康瓠成寶伏乞天哲改擇人望則尚德之舉無累於翹薪匪服之譏不墜於列棘無任慙悚之至謹詣朝堂奉表以聞

爲宗楚客讓營繕大監第三表

臣某言臣叨承睿澤冒陳愚懇而九重再違三舍不迴鞠躬慙惶莫知啟處臣誠惶誠恐頓首頓首死罪死罪臣自

惟寡薄何階榮遇徒以山林舊籍有感聖慈葭莩末戚特延宸獎遂得升朝列位服冕乘軒平視公卿奄同七貴坐登霄漢非因六翮自兼司喉舌副掌樞衡百姓不親徒承在寬之詠萬機都曠終替責成之舉期獲戾於妨官敢邀榮於賜秩而甘露時雨不遺於溥汎尊官厚祿更集於庸虛仍令入總巨卿出毗藩牧顧匪材於樗櫟空媿梓人方假職於襜帷多慚竹使夫以渚宮作鎮旁兼水陸營室致功上儀星象自非馬延年之勤苦羊叔子之恩惠何以撫茲千里按彼百工陛下義不斷恩遂忘濯龍之誡微臣寵深增懼敢冒濡鵜之譏況今天地開元聖神改物四方拭目而觀化九流褰裳而願仕而則哲之鑒未奬於翹薪至公之心近謬於凡菲將恐開親昵之多幸失衣冠之雅望小人淺見偶識自量匹夫雖微敢守難奪伏乞俯停過謬更擇良能則出門同人更釋于宗之吝側席思彥不乏登壇之寶無任慙懼之至謹重詣朝堂奉表以聞謹言

爲王遺恕讓殿中少監表

臣遺恕言伏奉恩制以臣爲殿中少監奉命荒越不知啟處臣某中謝臣行忤神祇身積釁咎偷延苫臬自甘隕越

陛下忘其厄陋牽以縶維仰號上昊俯蹐下土精誠無感三舍不迴志節莫修九泉未即遂復肅膺紫綬權就墨縗俛首官寺靦顏朝序自攝職天臺慙簡要之目徙秩京輦乏仁明之政銓管無滯多謝昔賢枹鼓不鳴實愧前烈空尸厚祿坐積時誘不謂天光下濟聖慈曲覽重延殊奬更超顯位司六尚之嚴凝望九重之清切懷恩揆拙既懼且慚但臣下棄情禮上虧荅效孝不足稱忠無可紀永惟家國實負君親將何以安其尸忝暴之視聽伏乞暫迴沖懸少察懇誠不虧聖朝之鑒無重愚臣之罪則涵育有方官

序無替無任哀悚之至謹詣朝堂奉表以聞

爲第十舅讓殿中監兼仗内閑廄表

臣某言伏奉恩制以臣爲殿中監兼檢校仗内諸閑廄逾涯之恩忽降霄極非據之惕坐驚魂宇臣某誠惶誠恐頓首頓首死罪死罪臣本乏才藝素無操植徒因緒業獲齒簪裾屬兩曜重光三靈再造登山捧日始會於風雲涉海窺天遂攀於星漢位非德進榮以恩昇出捧鑾鑣驂玉輿之式道入陪鳳扆預金門之通籍扈清切之嚴衞接綢繆之宴私邱山之恩徒謝成貸絲髮之効竟知無補加以兼

烏竊幸假鳳連棲兄弟分侍於閶闔甥舅齊跡於樞祕光榮被於九族寵遇傾於百寮是以常誡滿盈亟慚尸素叔寶之遇武予雖願輸忠正禮之對公山惟憂曠職常思高明之瞰室無懼平路之傾轍豈謂天道不賛聖慈逾厚仍降非常之澤重紆加等之命妨賢受任多慚於鴛鷺之羣匪服叨榮實愧於蜉蝣之羽竊惟先王慎擇不進於凡庸明主虛求務延於才儁伏乞傍羅杞梓更詢棫樸必取九能秀傑方爲御府之臣無使五技輕姿謬處七閑之任自然六尚增價七騶無忝納於百揆終無廢事之譏賓於四門必有得人之頌無任慙懼屏營之至謹詣朝堂奉表陳謝以聞謹言

讓麟臺少監表

臣嶠言伏奉制書以臣爲麟臺少監依舊兼修國史仍知鳳閣舍人制閣事仰戴私恩退揆愚陋手足知舞心魂載惕臣嶠誠惶誠恐頓首頓首死罪死罪臣一經莫守五技不成官牆易窺俎豆無術陽和布德枯朽同榮雷霆發音閉蟄俱起用叨時幸遂歷清階含香握蘭惟塵於兩皂之署切問近對匪服於雙鸞之沼西垣載筆五字非工東觀

屬詞兩班難嗣空抱支離之疾坐招尸素之譏惟此挈瓶有同畫餅豈足以比肩良史參領祕文猶陪二子之行尚忝四郎之末網羅帝籍既佇英才出納王言寧容妄處陛下搜賢擇善責實循名程才畢入於準繩適用不差於輪桷伏願特迴鑒揆俯察愚蒙深惟帝難妙簡人才則尚德之舉寧謬於鴛池妨賢之談不起於麟閣無任忝竊慚悚之至謹詣朝堂奉表陳請以聞臣所讓人別狀封進臣嶠誠惶誠恐頓首頓首死罪死罪謹言

讓成均祭酒表

臣嶠言伏奉恩制以臣爲成均祭酒對揚鴻休揣摩褊量獎飾踰分周惶增惕臣誠惶誠恐頓首頓首死罪死罪臣才不應務命實偶時非親非賢奉帷幄之侍無藝無術備鹽梅之臣排金門而上玉堂步鸞閣而遊鳳沼抱支離之沈痼曠密勿之繁機六翮不任但慚於腹背四支已頓空請於骸體分辭榮於瑣闈仍藉寵於環林顧非席上之珍敢辱淹中之賞況東序蟻學稱爲教化之宮西膠虎門實應文章之宿論姬孔之制度談夏商之損益方期遺典墜業有可發明豈伊曲學謏聞所堪尸忝伏望俯停庸瘵改

命者儒則授几肆筵還知入廟之禮襃衣博帶不濡在梁之翼無任忝竊慚惶之至謹詣朝堂奉表陳讓以聞臣所讓人具如別狀臣嶠誠惶誠恐頓首頓首死罪死罪謹言

自內史再讓成均祭酒表

臣嶠言伏奉今月二十四日制書除臣成均祭酒同鳳閣鸞臺三品餘並如故列星皦日曲垂鑒揆膏雨油雲傍灑渥澤承命如失負恩不勝臣嶠中謝臣本諸生階緣常調幼趨詩禮纔學修身長習文章罕能經國徒以淹年曠日積勤累勞無翼而偶摩霄不材而參構廈往逢人乏濫荷天聽預聞政事莫近主益壽而犬馬私疾頗至虛羸螻蟻殘生俯蒙含育矜其不逮備以閑司臣獲從容稍似強健復屬皇慈不已聖獎彌勤始接貂蟬更追龍鳳機務填委昏情戰兢風勞霧氣曉迫宵煎因此疲羸遽成廢曠所以每求清閑輒事陳乞竊望優游散輩沐浴淳源豈晤大造弗遺殊榮累及玷代天之列躡教胄之行且祭酒之榮有道之選往年已知不可今者何宜重遊伏乞特寢嚴汙改命長才非敢欲逃身責深恐有紊國經由衷精誠惟聖矜納無任懇迫慙荷之至謹詣朝堂奉表陳讓以聞其所讓

人別狀封進

爲武攸暨讓官封表

臣某言臣頻布款誠庶蒙矜遂而由衷之請空竭於肝膽臨下之鑒未察於庸愚集木非兢臨泉罔懼臣某誠惶誠恐頓首頓首死罪死罪臣歷窺前志詳考舊聞其不以有道興邦家不才替社稷漢武帝網羅羣士惟佇俊賢周成王訓迪庶官不求庸保臣行能近淺識性凡陋難化之質非八音所陶不移之愚豈六藝能飾往緣戚屬叨奉恩私遂得地列齊封門開魯館承敦敘於九族被徽章於五等

今光華始旦品物維新三代典章理遵於舊式二京恩澤宜革於權制方就散秩之輩幸沾朝請之流寧可以冒踐槐庭更增茅土況班彝錫瑞執揆提衡法垂象於三台視隆班於四瀆實司邦教是曰藩維豈臣餘喘殘生所合尸忝非臣荒情菲質所宜叨據陛下懸旌訪逸刻象求才朝有白駒之賢野無黃犢之彥方使思皇多士必明於至公豈令棫樸能官近廢於親昵臣自審量實所不堪蔀屋之災豈惟於身咎折鼎之責方貽於國患伏冀回光斂靄寢紱收綸察臣不移之心矜臣非飾之請特停過誤改命才良則白馬丹書不慚於異姓和羹作礪不遠於凡庸無任慚懼屏營之至謹重詣朝堂奉表陳請以聞

為武攸暨讓兼知司禮寺事表

臣攸暨言伏奉恩制命臣兼知司禮寺事臣本無操履素乏藝能憑藉葭莩遂叨冕笏畫龍刻鵠非有天才簪星紐龜但因地勢鑒空虛微眇之質驗庸闇不逮之姿素簡神衷豈勞銓敘幸得攀光日月藉寵侯王祿比萬鍾爵窮五等備梁園之車服司周室之典經朝夕起居出入陪奉在生多幸於臣已足豈可重叨非據更竊隆班上虧國章下速身謗昔漢疇稷嗣將冠九轡虞昇伯夷實掌三禮奉蒸嘗祈祀之典有匏土笙鏞之節匪徒移風易俗兼且尊天事神豈於凡庸所可參議況此司禮分職見有二卿並在官聯事且無缺更參駑蹇之足徒亂鴛鴻之序伏乞聖慈迴鑒天造曲成矜其慊切之心念其尸曠之責怡然俯察霈乎垂許則至公之道實宏於聖朝多幸之災不累於凡識無任慚懼屏營之至謹詣朝堂奉表以聞

欽定全唐文卷二百四十五

李嶠四

爲武嗣宗讓千牛將軍表

臣嗣宗言臣學藝無稱才德兼闕幸延慈蔭遂歷通班花蕚同榮依上林而發彩鶺鴒交賀仰大厦而相歡恩比邱山效微塵露叨榮席寵荷愧承羞臣嗣宗中謝臣嗣宗夙奉皇明已忝銜珠之秩兄懿宗近承天澤又當執金之位弟兄齊列伯仲分曹咸典禁戎並參宸衞匪惟官崇祿厚思滿盈而增憂固亦秉勢操權顧章程而自惕況臣素抱愚拙更纏痾恙牽羸引憊竊位妨賢內懷尸素之慙外負朝廷之謗豈可以多塵聖化久累能官伏乞收迹丹墀歸骸素里庇堯雲之光彩浴舜海之波瀾柳蔚桃濃聽南鄰之鍾磬茅舒桂滿陪北闕之簪纓滄厚渥而忘饑樂太平而愈疾則涵養之德瞻大造而斯宏覗冒之譏在微臣而知免輒陳固陋輕黷威嚴授紙彈毫驚魂悚魄臣嗣宗誠惶誠恐頓首頓首死罪死罪謹言

爲武攸宜讓揚州都督府長史表

臣某言伏奉恩制以臣爲揚州大都督府長史光寵載臨震悸交集臣某誠惶誠恐頓首頓首死罪死罪臣蒙蔽有素非陶染所移磨礪無成豈鑽仰能及斯並久塵聖鑒不逮更伸愚款陛下降猶子之愛忘具臣之譏秉以軒車佩以璽綬射榮席寵瞻歲月而徒深結課疇庸在涓埃而莫取何曾不外慙赤紱內負素飡是以前布腹心辭禁衞之重後竭誠懇歸殿省之榮豈欲娛志養高實願遺身體國不謂聖情重疊恩旨綢繆更錫隆章重紆顯命刷燕雀之毛羽求其奮飛飾駑駘之銜轡徵其滅沒雖願盡智力而終難勉強陛下宵衣待旦仄席思賢必欲無曠庶官克諧共理臣智慙一割政乏四科豈足以恭副虛求宏宣美績況三楚舊壤一都之會永言作鎮匪易其人伏願遵尚德之彝躅杜推恩之妄舉以公滅私簡才授職則武皇得士不慙於曩歲文王能官復在於茲日無任慙悚之至謹詣朝堂奉表以聞臣所讓人具如別狀

爲道士馮道力讓官表

臣道力言臣叨緣幸會謬奉渥恩隨簪笏之九班列山河之三土王言如綍敢不欽承人好惟星願披誠款道力本厭囂滓夙躭閑曠潛形草澤不將皐鶴並聞浪性雲霞惟

慕海鷗相狎十步徒歡於飲啄一官匪尚於榮華幸屬聖期謬迴天獎承軒冕之賜列是樊籠踐繩墨之途更成維縶尺鷃但慙於鍾鼓鶢鶋空費於牲牢故欲瀝膽輸肝披誠進款倘蒙却收匪服改命如綸不以尸曠之爻免其負乘之責則物情輿論誰不謂宜如將衆例難違微功必敘仍優附鳳之賞遂假濡鵜之衣則望賜以官名還其道服仲虞懷八座之祿未入朝廷之推列五等之封尚居山藪所冀資此俸秩永修齊供庶玉清垂貺增寶祚於三元金籙開祥固珍圖於萬劫上隆紫極之統下遂清溪之遊在

於微生實爲幸甚道力昨已陳請未蒙處分重此干祈伏增戰越道力誠惶誠恐頓首頓首死罪死罪謹言

代公主讓起新宅表

臣妾言伏承聖慈以妾居處褊狹欲開拓宅北更起新第恭聞睿旨不勝慚惕陛下骨肉之愛天至而溟深敦敘之風日隆而月厚乃復推心連蔓結念同胞方欲廣沁水之庭除增常山之版築雖殊恩曲獎惠澤實浸於肌膚而妨公害私謗訕恐盈於道路況臣妾承靈天姝藉寵王姬輿服亞於椒宮土田方於茅社甲第之當衢向術並列三區別廬之帶水連山將盈萬畝深埒則可乘騏驥高樓則惟待鳳凰常憂職室之易災實懼滿堂之難守寧可更求輪奐別構崇深擾閭里之甿黎傾國家之府藏且鬼神所福常矜於缺隅賢聖垂箴必誡於豐屋孫叔辭良沃之土晏嬰求湫隘之居妾雖愚蒙頗聞訓典實願歸師老氏以止足自防仰慕周公將逸豫爲戒但希安分於容膝非敢攀榮於潤身且坊爲要衝地當貴里畝賃二三十貫居人四五百家奪其近市之門閭生其破家之怨讟雖下人之不語豈愚妾之能安又妾之平生每存捨施屈身濟物心所

願爲益己害人情豈能處今麥苗雖盛穀價未豐家少糧儲人多菜色但可勸耕耘之業未宜興土木之功伏乞俯察愚誠傍詢衆望體東作之尤要知西第之非急收茲霈澤惠被黎蒸則天下蒼生孰不欣幸無任悾款屏營之至謹遣某官詣朝堂奉表陳請以聞謹言

爲公主辭家人畜產官給料表

臣妾等言妾聞賢相防微杜盈門之車騎通人酌損忌滿堂之金玉尚子平之讀易富不如貧孔宣父之立言奢也寧儉永言故實此爲明鑒妾等並承靈坤載荷蔭中樞或

天妹申慈忝扶桑之瑞蓂或王姬藉寵竊襛李之奇秀開沁水之園苑賜常山之湯沐牓懸金字分衢離巽之宮路夾銀河並列星長之位通祕籍於龍廷之内枉仙輿於鳳樓之下殊私曲奬以日而繫年縟禮崇徽夸今而邁昔兼復別隆朝旨猥存家務輿臺供隷之衣食棧廐豢牢之秣養並迴中府俱出大農聚終歲之儲但憑絲綫供闔門之費不煩機杼仰祇鴻澤退省微躬生以地高徒竊雲霄之幸寵非德進曾微纖芥之勞何義而虛受渥恩何功而謬延賞賜是用每積慙悚常憂顛沛敢忘周公逸豫之誡深

念老氏止足之言乞留聖慈俯鑒愚懇使榮無過憪滿不至溢國邑田租之常料既已豐殷馬牛陪隷之雜供並希停減庶得無耗府實稍清朝謗長轂遠馭不逢於致寇之人高門洞開無怯於害盈之鬼不任兢悚愧懼之至謹遣某官詣朝堂奉表陳請以聞

爲裴駙馬讓官與父表

臣某言臣聞善則歸君臣之報主功推於父子所榮親臣本愚賤幸承門閥擢自弱齡得尚公主耀宗榮黨何已七疑十年成名效能曾未之有得是以昧死旒扆陳情控告

臣某中謝臣聞隱情而言不吐者事君之罪人心孝而迹未行者事親之逆子臣擢自泥滓起登上第受國之寵負親之恩情所隱而言未吐者敢奏於今日臣門閥少薄冒因遺緒父叔昆弟忝列朝班惟臣一身特拜都尉然駙馬之位因天所封寺卿之階何功受賞富過宗祖榮過棠棣無德而祿將何以堪臣父正議大夫前太子少詹事臣居士夙預周行早規陳力頃以天波溥洽許順懸車然朝命先霑已三十載累年効職復十數遷金紫末階爰從致仕桑榆尚早實願榮班臣亦何人獨多勳賞臣聞父子罪不

相及而官獨踰於父雖爵因天假不限高卑而官入私門自多伊愧每用責躬晨省覥面朝端臣子之情祇所不忍伏乞以臣在身三品并見在進讓臣父本品降賜於臣貴得秩祿相次承寵朝聞夕死實所甘心伏願陛下容臣恭讓允臣愚懇非直聖朝高孝理之風抑亦微臣盡爲子之道

爲朝集使絳州刺史孔禎等進大酺詩表

臣禎等言臣聞謠誦必採而風俗可觀舞咏既陳而德音不泯伏惟金輪聖神皇帝陛下金口屈道璿樞正辰慶徽

號於法宮撫懷生於淨國元猷再闡紫極重光天地合德而同休黎甿改視而易聽萬方欣戴百寮抃舞臣等備列下藩豫承大慶三年入計行趨玉帛之禮五日賜酺即奏雲天之宴覩光靈之赫奕接恩睨之綢繆酬報何階空誓心而銘骨嗟嘆不足遂抽毫而授簡非效狂而貢斐實有感而求音同盍各於二三冀揄揚於萬一并題序引式光鴻造雖戴天辯日誠不窺於兩垂而講德陳詩庶無慙於四子不量疏野輕敢薦聞繕寫畢功進上如別擊轅之陋輒箎響於雲門化草之微遂馳光於日谷旋顧庸鄙追增悚汗臣禎等無任云云

為鳳閣侍郎王方慶進書法表

臣某言奉墨勑令臣家所有書法並將進來但臣家書法屬隋季亂離並多墜失臣十代再從伯祖羲之書先有四十餘紙貞觀十二年太宗文武皇帝購求遺跡臣亡父先臣私直並將奉進一不敢留今之所存惟有一卷并臣十一代祖導已下書一帙十卷謹隨狀進上但臣弓冶不嗣堂構欽然雖奉納極多逢壞壁亡失之外所餘無幾私珍緹襲方遺子孫不謂兩曜迴光九霄俯聽曲延採拾遂登旒扆使千載遺寶重增於光價九泉深隧更奉於恩渥寵被私門榮霑異代懷恩慕遠感佩兼深臣方慶誠惶誠恐頓首頓首死罪死罪謹言

為鳳閣侍郎王方慶進南齊臨軒圖表

臣某言臣家有齊帝臨軒圖是南齊袁倩下手所畫私門傳寶以為妙絕伏惟聖情兼尚睿鑒旁周稽古軼於虞聰幽求過於魏覽萬幾多暇百代可知或厭遊娛儻存觀省臣暮年多幸得奉休明竊謂珍奇無容隱默近從京宅取到不獲早以上聞今謹詣闕隨狀奉進輕塵旒扆伏用慙惶屏營之至

為杭州刺史崔元將獻綠毛龜表

臣某言臣聞五氣殊方元龜列於元武四靈異稟神蔡遊於紫泉用能藏往知來發祥祚聖大禹之永終天祿文萬九疇隆姬之乃命帝庭兆成三吉永言秘寶錄存縑簡伏惟金輪聖神皇帝陛下蘊靈沙劫屈道璿樞推正覺而御彝倫宏大悲而撫羣俗雲行雨施之澤下漏三泉春生夏長之仁曲成萬物恩洎草木惠覃飛走天澤感氣而延和神靈應德而呈瑞伏見所部錢塘縣人聶幹於市內水中

獲毛龜一枚修尾長頭元甲綠毛名掩於楚宗狀奇於靈繹雖六眸在首未足尚其禎祥五色成文詎能齊其詭異伏蘐著而自久下芳蓮而暫出美兼曠代休踰羣祉謹案孫氏瑞應圖曰王者德澤湛濆漁獵從時則靈龜出禮含文嘉曰內外之制各得其宜則山澤出靈龜陛下解網收罟宏天地之大德創制改物窮帝王之能事宜其膺受冥貺克享珍符且益有十朋表賢才之入用壽踰千祀彰聖歷之無疆嘉祉不召而自臻乾象無祈而潛應臣謬當重寄親奉洪庥靈異爰臻既駭於常觀抃舞胥屬實兼於恒

品無任慶躍之至

爲司農卿宗晉卿進赤觜山鵲表

臣晉卿言昨於宿羽亭子園內捉得赤觜山鵲一枚其鳥有三足中足有五指近人相託爪上有毛儀觀非常精彩特異雖貌在禽類而名高羽族鮮毛孕碧勁觜含丹三足呈休與黔烏而比孝五指爲瑞共白麟而同德填河未足方其美繞樹無以儷其珍故使綠衣翠襟善言辯惠藻翰錦臆憚稱奇偉將明天子之德遂入虞人之羅自非睿感潛通禎符顯應豈能殊祥畢湊異物咸臻曠千古而難逢超百王而獨異臣謬參簪笏忝列葭莩抃躍之情實倍恒品無任喜慶之至謹奉表稱賀以聞其山鵲謹隨表同進

爲鳳閣李侍郎進瑞牛蒙賜馬表

臣某言臣昨輒率愚下進瑞牛一頭今蒙恩賜良馬一匹伏惟陛下道超萬古化穆三神故得天壤薦成幽明歸奉植物動類變形質而呈休羽族毛羣革音容而表貺萬爲盈數化成於大武之元牸者粹文煥炳於純離之畜斯乃自天靈命曠代殊祥實上聖之元符在微臣而何力猥蒙宸獎曲被皇慈移滅沒於帝閑降權奇於御皁漢官流赭

遂出於玉臺軒后飛黃俯迴於馳道豈直衣冠同美固亦妻子相驚臣亦何人目斯殊寵惟當附茲驥尾希自勵於疲駑託此龍媒庶長承於驅策無任慚戴之至謹奉表陳謝以聞

爲鳳閣侍郎李元素進冬椹表

臣某言聞京兆萬年縣大寧坊宅內有桑樹一株暮秋生子初冬椹熟今謹取得專輒進奉伏惟陛下惠覃區宇仁洎草木故得神蠶之樹發秀於寒露之辰帝女之林結實於繁霜之下出於萬年之界彰一人萬歲之符生自大寧

之坊表羣生大安之慶鶡鴠巳革見夷貊之懷音絲亶行豐知府藏之逾賔殊禎荐委絕貺仍臻凡在含生孰不欣慶無任抃躍之至謹奉表陳賀以聞

爲絳州刺史孔禎等上獻食表

臣禎等言臣聞式宴爲歡易著需雲之象睎陽展敬詩有湛露之歌伏惟金輪聖神皇帝陛下功掩大千化高明一憑五乘而馭羣品秉六度而宏萬機俯順人心仰膺佛記尊名大號與日月而齊光凱澤歡酺共雷雨而俱作舞詠溢於三界聲名殷乎四天臣等備守外藩幸欣入訃瞻衢

路而躑躅望闕庭而悚躍歡情未展空思側弁之娛聖造不貲仍賜合釀之禮三元告始萬品惟新陽進而君道載昌景延而聖壽彌固具寮稱賀率土同欣願申在藻之心輒效獻芹之志謹上禮食五十轝具如别狀和殊九沸美異八珍有慙殷鼎之滋豈益堯廚之膳輕薦蔬菲追增悚怍臣禎等誠惶誠恐

爲納言姚璹等上禮食表

臣某等言伏以壇場既畢文物惟新寰區被雷雨之恩宴樂動雲天之曲元髫黃髮式舞遍於康衢車馬衣冠追賞窮於勝境瞻鳳闕而列鼎抗龜浦而開筵風光滿佳麗之城煙霧上神仙之闕傾罍倒斝盡百辟之歡娛伏檻憑軒延九霄之眺矚五日開十旬之賞千齡逢萬歲之期固以慶軼朝門抃深天造無任喜躍之至謹上禮食若干轝不恥獻芹之陋方期在藻之歡旋顧單菲追增悚怍

爲武攸暨上禮食表

臣某言伏惟陛下至德動天深仁被物光輝格乎上下神化行乎中外故能使明祇叶贊景貺駢臻承靈命於九元錫禎圖於萬祀高秋在律重九御長陳法駕而展皇儀升

紫壇而奠蒼璧欽告類之典盡祗敬之容咸秩羣神允釐百福然後玉鑾回軫金鉞戒塗發雷雨之恩私展雲天之宴樂百寮簪笏承愷悌而沐沈潛四海氓黎欣復除而荷優貸瑶圖載永鼎命維新抃舞同於十方歡娛邁於千古臣謬當維翰忝屬葭莩敢申慶躍之情願奉宴私之澤謹上禮食若干轝野人何識徒致誠於獻芹天獎曲成倘俯歡於在藻無任區區之至謹昧死奉表以聞臣誠歡誠喜頓首頓首謹言

爲武攸寧辭奪禮表

臣攸寧言伏奉恩制起臣爲春官尚書曲降芝泥俯收草土承命哀震扣心號絶臣攸寧誠惶誠恐頓首頓首死罪死罪誠孝莫紀咎殃所鍾過隙永辭倚閭奚望不自灰滅偷視光陰尚何心靈得齒人類陛下愛結敦敘慈深宴逸免之苫塊錫以衣簪葭莩之恩飲澤誠厚棻蓼之慼胡顏以寬況天地同節宗伯是經尊卑共儀達喪有典使臣外掌邦禮內虧庭訓何以奉宣名教克弭訕謗臣之愚蒙夙夜揆鑒平居疇日廢職曠官況識亂匪義情荒植柏寧可儀刑八座損益萬機虛玷元猷上穢清鑒伏冀哀其窮懇

惠以至德用伸犬馬之願獲遂烏鳥之情則地義所宏彌文於永錫人倫所詠實光於孝理無任荒迫之至謹奉表陳請以聞臣攸寧誠惶誠恐頓首頓首

百官請不從靈駕表

臣嶠等言伏以靈駕遵途聖恩攀從國計非便羣臣不安冒昧上祈未蒙哀允跪對還旨載深惶惕臣嶠等中謝臣聞古者天子上法天心不極私情違衆欲以順人理國爲孝以克己制心爲禮是故凡聖異禮公私殊制私心獨展凡人之孝也萬姓咸若聖人之孝也陛下行堯禹之事以萬姓爲心柰何守曾閔之節懷獨展之願臣等嚚嚚竊所未曉且永淳已後關輔流散近適旋定人猶未足今山陵起築役徒悤萃彌春涉夏爲費宏多若陛下此行羣司畢從於人取給臣實難之水旱小僁農慮非淺東都則水漕淮海易資鹽穀之蓄陸走幽并近壓戎夷之便朝命新復人望安在宜應靜鎮未可移動陛下若俯順羣願留撫都人則其安如此若不勝私情攀奉靈駕則其慮如彼況扈從兵馬既不豫集行宮廩蓄又未先備發期俯邇支計闕然倉卒敦迫必不敢辦若待陵寢安厝霜露終感三農歲

稔萬乘時巡奉郊廟以展虔瞻日月其何遠今固將抒私戀棄羣言忘人力蔑國用此實非陛下安集新業之旨亦非先后憐憫遺人之意且朝廷故事典章猶在獻陵追遠太宗不至於三元昭陵上遷高宗不至於九嵕豈先帝私懷不堪故事羣臣公議之所奪也伏願仰遵舊訓顧定新基屈至情而順羣心抑小節而成大孝使軍國長算函洛皆安邦甸窮人賦斂少減萬姓翹望實深至願百寮結誠期於死請無任悲迫之至謹詣朝堂奉表固請以聞

請車駕還洛表

臣嶠等言臣聞天下皆春而燕谷有析祈一作暄之律日中並照而彭澤有隨陽之禽豈非承光歆和仰德延慶深於戀者其往若不親渴於求者其來如不足以圭表既宅關河馳怨思之誠鑾和未巡樊鄧切謳歌之慕帝車北指宸駕西臨槐檀聿歷於四時績茷猶淹乎八水耆老延頸簪裾企望戴天有分徒嗟京兆之遥捧日無階竊恨長安之遠臣嶠等中謝伏以載祀七百卜年非豐鎬之地乘時九五啟聖由瀍洛之鄉所以受龍圖龜書所以朝兩師河伯叶祥符於讖籙採謀議於人鬼萬靈幽贊百物阜昌是曰

天地之心實與帝王之祚方使四夷爲守西賓屈無外之談六合爲家東土壯居中之業況復圓丘方澤神祇之兆域以安複廟重檐昭穆之尊卑既敍定社而立稷建邦而設都是萬年長王之郊誠億載不遷之宇寧可久曠中壤即安偏據詠山河於漢舊訪宮室於秦餘五載時巡曾無告至之禮四方述職仍以不均之患臣等庸愚竊所未達今三秋告稔萬寶已成陰陽所和稼穡偏茂却連澤潞汾曲敘廟疑荆揚海隅萬庾同般千箱並詠禾萌九穗未曰休祥穀石五錢詎名豐穰加以舟車並湊水陸交衝物產尤多觀聽胥悅衆庶有來蘇之冀神靈翹望幸之心伏願陛下俯察氓謡仰祇天意因銅省疑之稔歲命玉鑾之仙軫涓時擇日屯萬騎而出函秦省俗觀風撫四人而還鞏洛逍遥乎九河之阻容與乎八表之路迴輿駐蹕觀十月之圃場闢纊凝旒問百年之疾苦然後歸格造乎九廟明堂衆星拱列長居辰極之尊萬寓駿驅載詠朝宗之庥光輝將日月齊殷德澤與江河比潤致乾坤之景福盡億兆之歡心凡在人祇孰不欣幸臣等限以所守不獲親詣闕庭無任區區之誠謹附洛州奏事使朝議郎行洛州司兵

參軍盧正言奉表陳請以聞

爲王及善請致仕表

臣及善言臣愚款頻薦心隨言盡而睿旨彌隆禮以恩酬固辭則成命有礙勉進則私情不堪惟此憂惶坐交冰炭臣及善中謝臣志均駑馬知眷戀於軒櫪生比瘣木懼零落於風霜思十駕之驅馳迫四時之代序辭稻粱之惠寧是宿心乞桑榆之年但緣量力昔者主父未達常健羨於陳鼎孔某遭難每殷勤於執鞭或排擯於中朝乍栖遲於列國況臣叨恩竊幸非待營求尸祿効官不假才藝獲當

年之榮貴無曩世之艱虞豈應輕物傲時薄優游之寵宦陳辭抗跡循耿介之名節直以頹齡向盡衰疹踰加二首六身甲子催其歲月百骸九竅寒温煎其骨髓無仙童之却老有災豎之侵年志力昏沈精神耗竭心已迷於方寸目久暗於元黃鳩杖扶危且猶不逮鴒池養望孰云非罪竊畏衆多之口顧思庸短之累昔之少壯猶不如人今也耄期詎堪經國是用披肝踣地拜手祈天方登月制之辰庶免夜行之咎言非飾請理實誠陳陛下厚眷殊私尚留陪於簪屨老臣餘喘微息終絕望於軒墀空荷不貲之恩

實無自強之地伏望俯矜疲劣微賜含容免其折鼎之憂假以懸車之樂倘殘骸未擯尚齒不遺猶望俎豆几筵接虞庠之庶老歲時朔望陪周行之末班更得拜奉宫闈瞻覲日月則生涯兼足死將不朽伏蝸廬而獻款仰龍闕而翹魂心往形留授簡增欷無任拙疾衰老戀慕屏營之誠謹遣息清廟臺主簿温重詣朝堂奉表陳情以聞

為皇太子請加相王封邑表

臣某言臣以相王旦發彩璿萼承流寶派雖班彝錫瑞既同於伯叔之封而食菜茸茅不逮於子男之國敢緣敦敘之義輒獻由衷之誠而葵藿傾心徒希皇矣之鑒雲霄絕望不流霈然之澤惝恍如失徘徊增佇臣某誠惶誠恐頓首頓首死罪死罪臣聞命以車服錫之土田實將共安邦家永固宗祏炎漢之開藩樹屏壥閈七十城隆姬之書社建侯封疆四百里故知業隆者基大本盛者末豐涯涘濶而潤澤深枝條繁而庇蔭遠伏惟皇帝陛下握河開歷載海凝圖化緜於商夏之朔地廣於唐虞之域裁舊典之損益補前王之闕漏萬官咸事百度以貞雖穆穆之風具宣於政理而親親之道或廢於捴謙至今骨肉禮薄藩維業

曠曲阜之特高才藝仍減附庸平臺之深篤孝慈僅留湯沐徽章空列於五等祿秩不踰於九命曦舒兼曜之德久被於寰中雲雨曲成之恩翻遺於膝上異強幹弱枝之道違先親後疎之意非所以上宗王室下睦帝姻況天垂後星承髮膚者蓋勘卦膺習坎奉晨昏者非衆荷圓穹之實覆藉厚載之珍腴若令寵數不加等威無辨便是卑萬乘之尊蔭闕四海之遐贍蠻貊荒陬猶知不可衣纓士庶孰謂其宜伏念天倫深惟國體情實存於天道理不涉於私求伏願曲降聖慈俯收愚懇愜久遠之大義抑沖撝之小

節疇咨故實申命有司劃以山川優其井賦剖符開國依希魯衛之親盤石居宗髣髴應韓之躅明鳲鳩均養之惠慰鶺鴒同氣之心使麟趾式安犬牙愈固則洪恩所被允及於萬方靈貺所覃豈惟於九族無任悃款屏營之至謹遣某官某奉表陳請以聞

爲太平公主請住山陵轉一切經表

妾某言妾生涯有緣仰繫皇極孝行無感上傾乾蔭號天罔極扣地不追集蓼崩心茹荼泣血自攢開東洛紼下西秦氣朔遄移光靈浸遠怨晨昏之易隔悲節敘之難留舉

目摧傷觸途殞裂今橋山已祔灞水還封二曜停臨九天絕仰慟遺弓於此日思稅駕其何年追想平居永惟曩載粵自襁褓迄於成立鍾慈結愛殆欲蒙攜於掌中候色承顏何嘗暫離於膝下方倚南山之固長承北極之尊豈圖就養之歡遽乖於扇枕問安之地翻類於過隙念凶妨而自咎思顧復以何酬所冀扶杖墳塋結廬山隧瞻奉觴奠依憑園寢終三年之禮企及通喪轉一切之經庶邀冥福上以資未來之果下以攄罔極之心伏惟陛下孝通神明仁洎草木乞體荒疚特垂憐許使烏鳥微志獲與耘禽致哀犬馬孤誠得從耕象申慕則窮喘無恨餘生知幸無任哀切之至謹附使具官某奉表陳請以聞

爲魏國北寺西寺請迎寺額表

沙門臣某等言竊聞加隆園寢漢道以光潔誠宗廟周卜惟永斯但禮極崇奉事昭嚴配未能尊揚七覺酬顧復於前生幽贊三途樹津梁於後劫伏惟聖母神皇陛下中天構極截海凝圖懸法日而貞觀汎慈舟而利涉天經地義之德率禮因心奉先追遠之誠宅緣證果宏濟深於冥境薰修入於梵門天子之孝感陰陽而通鬼神聖人之心刑

萬邦而被千祀乃者深發睿思永懷遺躅禬帷轍跡之所盡建寶坊南北東西之域咸修法宇佛剎周於天壤寺名因於國號自崇陽改謚奉明增邑雖配天盛典已革於常數而淨境大名尚題於舊額是以稻麻衆侶葵藿微心願宏金石之名思降瓊瑤之札愚言聖擇已蒙昭許日往月來未遑迎致今望以九秋嘉節七月良辰當蓂莢之初滿屬盂蘭之始獻勝幡香蓋延寶字於金門法鼓天花奉鸞書於象闕俾夫道路瞻仰虛空唄讚高懸銀牓豈惟天地之宮列署瑤房遠邁神仙之宅某等或枌榆故社或桑梓

舊京謬參龍象之筵豫奉衣冠之列白雲千里瞻帝鄉而極目朱門九重望宸陛而延首倘皇慈曲被人願不違則八部式歌四海知幸無任懇佇之至

爲獨孤氏請陪昭陵合葬母表

妾獨孤氏言妾早罹艱罰終鮮急難門構傾頹宗緒斷絶零丁在疚微眇何依賴母氏劬勞顧存鞠撫漸離厓瘵以至成立犬馬含識烏鳥有情空懷返哺豈曰能養枯鮮何幾隙駟不追擗地扣心仰天泣血應門乏五尺之嗣當室無三年之主衣衾之舉誰則始終奠酹所存實寄惸眇今

日月斯邁龜策告期將安窀穸或從遷祔妾亡祖唐右衛大將軍溧陽縣公彥雲跡參締搆功勒鼎彝亡父唐某府折衝都尉襲溧陽縣公臣某寵懋戎行嗣守藩服咸得託基橋岳陪塋穀林杜氏階前雖云非古齊君廡下義彰自昔儻蒙返魂舊塋合骨先壟則存沒榮幸幽明感戴妾百罹兼至六極備嘗雖送往飾終無資石槨之厚而傾家破產不贍塗車之費先臣苴茅舊封食菜遺業須諸同族散在別房相彼誓河事憑先德永言書社宜奉大宗伏望哀此孤微惠以絲綍迴一歲之邑入助千齡之宅兆豈惟哀多益寡有叶典經固亦勸義篤親實允觀聽妾生輕茨蓄地接葭莩承夏禹之致孝屬唐堯之敦敍荒情謬款輕敢上祈天造曲成儻蒙哀遂無任窮懇之至謹詣朝堂奉表以聞穢黷冕旒伏增戰越

爲某官等請預陪告廟獻捷表

臣某等言臣某沐道昌期承榮休歷或叨恩獎擢謬隨州縣之班或收拙罷歸行戢邱園之影徒懷闕庭之感終絶雲霄之望不謂幽誠上達卑聽下臨太陽之暉遠鑒於傾藿油雲之澤俯潤於纖荆俱延鶴板之恩遂忝龍闈之召

雖秦君入夢暫喜登天晉士披心長祈捧日豈足方其榮幸匹此歡泰今三軍凱入邊境廓清五室恭禋靈祇配享介胄承策勳之禮衣冠陪執豆之儀萬辟同趨百蠻在列有識摇心而竊抃含靈鄉背而延頸臣等鞠躬天闕待命帝閽馳心目於九霄隔門庭於萬里企悚之至徘徊罔極伏望俯垂矜察曲賜參陪使得接影蹌蹌充鳥獸之前列隨肩濟濟望夔龍之後塵則夕死朝聞有欣於服道千齡一遇無憚於灰骨不任延佇企悚之至

欽定全唐文卷二百四十六

李嶠五

爲汴州司馬唐授衣請預齋會表

臣某言臣母氏齒髮既衰風氣彌積寢興乖豫定省不安陛下降視萬方俯矜一物哀老母虛羸之疾愍愚臣煎迫之私宏以不匱之思布以非常之澤使得暫辭藩岳別梁郡之禮帷旋赴京都求越人之砭石自班輿首路潘宅來歸承厚蔭於四天接歡言於九族雖名醫上藥研祕術而未嘗而佩德感恩覺沈痾之半愈屬千齡啓旦十號登樞

演金石之微言呈玉毫之寶相三千國土俱傳貝葉之文億萬天人並入蓮花之會臣六時空念五起未寧思酬顧復之恩願假招提之福儻獲書名檀供廁影法筵罄歸依迴向之心受清淨菩提之果實望三身覆育開梵帝之仙坊十善護持發醫王之祕藏永離災厄長登福壽上以祈龍象之深惠下以申烏鳥之懇誠豈惟區區閭門獨荷於仁覆故亦悠悠法界永覃於孝理不量淺薄敢輕上祈塵黷威嚴伏增戰越臣某誠惶誠恐頓首頓首

爲百寮請加王慈徵等罪罰表

臣某等言伏見逆人王慈徵等並擢自凡庸累承恩獎遂得叨榮秩職此禁戎任切爪牙寄同心膂而忠勤之志莫效於鷹鸇悖逆之儔反同於梟獍向使邪謀不洩陰計遂成將恐變起宮闈禍生肘腋此實靈祇之所切齒臣子之所寒心若但寘以恒科委之常憲何以明大憝之愆咎杜元凶之覬覦望請汙其官室轘之都市用遵雷電之象允叶春秋之義則衣冠塞望夷夏甘心無任憤切之誠謹冒死陳請臣某等誠惶誠恐頓首頓首死罪死罪謹言

請令御史檢校戶口表

臣聞黎庶之數戶口之衆而條貫不失按此可知者在於各有管統明其簿籍而已今天下之人流散非一或違背軍鎮或因緣逐糧苟免歲時偷避徭役此等浮衣寓食積歲淹年王役不供簿籍不挂或出入關防或往來山澤非直課調虛蠲闕於恒賦亦自誘動愚俗堪爲禍患不可不深慮也或逃亡之戶或有簡察即轉入他境還行自容所司雖具條科頒其法禁而相看爲例莫適遵承縱欲糾設其僣違加之刑罰則百州千郡庸可盡科前既依違後仍積習簡獲者無賞停止者獲原浮逃不悛亦由於此今縱

更搜簡而委之州縣則還襲舊蹤卒於無益臣以爲宜令御史督察簡校設禁令以防之垂恩德以撫之施權衡以御之爲制限以一之然後逃亡可還浮寓可絕所謂禁令者使閭閻爲保遞相覺察前後乖避皆許自新仍有不出輒聽相告每糾一人隨事加賞明爲科目使知勸沮所謂恩德者逃亡之徒久離桑梓糧儲空闕田地荒廢即當賑其乏少助其修營雖有欠賦懸徭背軍離鎮亦皆捨而不問寬而勿徵其應還家而貧乏不能致者乃給程糧使達本貫所謂權衡者逃人有絕家去鄉離本失業必樂所住

情不願還聽於所在隸名即編爲戶夫顧小利者失大計存近務者喪遠圖今之議者或不達於變通以爲軍府之地戶不可移關輔之人貫不可改而越關繼踵背府相尋是開其逃亡而禁其割隸也就令逃亡者多不能總計割隸猶當計其戶口等量爲節文殷富者令還貧弱者令住簡責已定計料已明戶無失編人無廢業然後按前躅申舊章嚴爲防禁與人更始所爲限制者逃亡之人應自首者以符到百日爲限限滿不出依法科罪遷之邊州如此則戶無所遺人無所匿矣

爲左丞宗楚客謝知政事表

臣某言臣志識無取才藝缺然叨豫葭莩遂昇班秩彈冠受檄曳組登朝內府尸榮已招官謗中臺揆務愈塵政本聖恩無限天造不貲仍屈帝難俾參皇極西雍之羽仍所庶幾東郭之毫敢陳誠請九霄徒邈三舍不迴嚴命必行靦顏何寘方持畫虎且對羣龍遂以挈瓶謬膺和鼎空焉作礪之命豈庶磨鉛之功祗拜寵臨伏增慚惕無任悚戴屏營之至謹奉表陳謝以聞

謝加授通議大夫表

臣嶠言伏奉恩制加臣通議大夫守成均祭酒兼檢校文昌左丞餘如故榮過望表慶溢身涯荷寵祇恩蹈冰臨谷臣嶠中謝臣鸞雀之羽多謝於飛翻蜉蝣之衣久慚於黍竊屬秦人望幸虞帝卜征萬騎時巡不陪遊於渭北四關留鎮獨延欷於周南劬勞異羈靮之臣寵渥均廟堂之士燕徯弱黍分隔於陽和楚塞輕茅遂承於雨露仰平分而載躍撫留滯而成歡惠重邱山徒深於抃舞身輕糞壤豈議於荅酬無任喜戴慚惶之至謹附某官奉表陳謝以聞

謝賜優詔矜全表

臣嶠言臣植性愚陋稟質庸疎過蒙恩私特垂拼飾擢自泥滓之下昇之雲霄之上參豫機密接奉軒墀寵光百僚榮被九族殞身未能以答施灰骨不足以明恩屬日月齊明乾坤交泰弓旌出谷俊乂盈朝非親非賢無藝無識猥將齊竽入吹謬以鄭璞爲珍昔綜銓衡有慚簡要署置過當涇渭莫分致令外削氓黎内傾府藏煩擾之弊既傷於國體謗訕之咎允集於臣躬是用仰慙公朝下積私懼顧循支離犬馬之疾恐玷棫樸鵷鸞之羣不敢仍勞準繩實願自甘屏黜言布心腹輒以陳祈而愚慮不周僭違自速

有命遄降營魂載飛豈徒絕望邱園故有甘心鼎鑊忽蒙聖恩懸察慈旨曲矜爰集簪纓諭以絲綍許臣以無僭衡鏡怪臣以輒謝鹽梅察臣誠款之心知其憂國覽臣狂愚之奏謂合事宜謙讓之中恩多而責少含容之内善詳而過略本將因愆而獲戾翻乃以謟而蒙榮惟大造曲成既蒙再生之惠小人多幸方輸九死之答無任欣喜踴躍之至謹詣明福門奉表陳謝以聞臣嶠誠歡誠喜頓首頓首死罪死罪

爲武承嗣謝男授官表

臣某言伏奉恩制除臣息尚舍直長史某爲左監門衛長史榮隨恩集歡與懼并臣攀軫日車附流星漢才無天質藝以地高陛下每降皇情特垂聖蔭先親後疎之澤自葉流根謀孫翼子之慈愛人及息遂復推恩家室假職幼童參九等之班榮掌重門之禁衛賞延之命寧待於勳庸敦敍之風但緣於骨肉雖東平之子能趨拜咸錫印章齊國之地可割分悉侯支庶豈足以方斯嘉惠匹此殊渥奉絲綸而仰德叩木石而論心受生於天但知榮荷曝骨於地何階酬荅無任悚戴慚懼之至謹詣朝堂奉表陳謝以聞

爲王華暢謝兄授官表

臣某言臣兄某前某官某月日特蒙恩詔擢授武州司馬未及赴職即八月改除亳州司馬再三榮命叨荷恩私在臣宗門實爲慶幸臣兄自歸解巾從仕三十餘年五爲縣宰三遷州佐政皆通顯職實著勤直道在公有始終之節平心應物無造次之僭在於周行頗蒙推擇近屬虺寇搆術惑亂豫州詿誤平人自貽梟滅陛下憫荆河之俗遭此無辜弔海濱之人使同昭慶以爲奉揚皇化者必藉其才撫御窮人者亦資有德臣兄同濫承天獎遷移武州在於

天恩實爲超擢今者未及赴任復蒙改授亳州重疊承恩翻同貶降朝廷體例實以爲先臣兄弟叨榮濫竊非據臣兄既授不合冒聞但以始者承恩越蒙抽擢今有何過遂同左遷區區懇誠輒敢祈懇伏願皇恩有裕降昭獎之恩兄果竭忠獲展才之地小臣死日猶生之年臣無任云云

謝撰懿德太子哀冊文降勑褒揚表

臣某言昨奉勑令臣撰懿德太子哀冊文臣術異懷蛟藝非吞鳥四科函丈多謝於文學七子登筵有慙於詞賦恭聞聖旨輒奏庸音豈足以褒敘重離激揚三善宣睿慈之

惻愴述天顧之綢繆曲降絲綸猥垂剪拂諭之以雲間日下方之以陸海潘江飾嫫母之容加其粉澤瑩碔砆之質發其光彩雖宋玉大言見褒於楚國公孫下策蒙賞於漢朝無以比此揄揚方斯恩渥欽戴紫綫伏銘元造仰高天而發悸顧短札而成羞無任慙荷戰懼之誠謹詣闕奉表陳謝以聞

謝撰攀龍臺碑蒙賜物表

臣嶠言伏奉恩勑編撰攀龍臺碑文賜臣物四百段研精不優篆刻無術下惟闚蛟龍之學搦管慙鳳凰之思猥辱隆命俾圖光範戴天知蹐仰大象而增迷遊聖爲言撫管魂而自失寧足以發揮一德揚搉萬分述虞后之孝思談姬文之睿業而天情不匱帝造無涯式推愛敬之心用廣褒崇之惠披文相質本殊黃絹之詞須賞計勞遂承紫泥之渥荷寵惟懼瞻恩載靦祗奉之日悚汗交馳無任慙戴屏營之至謹附洛州奏事使具官臣某奉表陳謝以聞

爲納言姚璹等謝勑賜飛白書表

臣璹等言今月十一日侍宴蒙恩作飛白書題臣等名字垂賜跪承寶貺仰戴瓊文如披七曜之圖似發五神之檢

九霄靈澤與垂露而同霑千載嘉祥共迴鸞而共集冠六文而首出掩八體而孤騫眇乎若遊霧之拂春林靄乎似輕雲之上秋漢頡皇之始模蟲篆未足多奇劉后之嘗學史書孰云能擬固已工踰懸帳妙盡刻符鍾繇竭力而難比伯英絕筋而不逮則知乃神乃聖包衆智而同歸多藝多才總羣方而兼善諒天機之獨運豈凡識之能窺臣等才将瓶筲任叨衡石器滿之誡每切於愚心棟隆之吉實慙於明代而天慈曲獎聖造不遺厚祿尊官既殫恩而極寵良辰美景又申歡而接宴慶方行而已及澤未溥而先

加殊恩與骨肉等深縟禮共衣冠相絕今復親陪睿賞特流哀翰嬴氏之魂遊天上未比超昇闕生之名在月中詎方遐邈昔者韓稜深博肇蒙於署劍田鳳名流僅聞於題柱未有芝英草聖近縟於彩牋合璧連珠俯光於掌握在臣叨忝獨冠古今方且示彼記言傳諸貽訓表一人之殊寵留百代之榮觀手舞足蹈徒申踴躍之心摩頂至踵豈荅生成之施無任欣戴之至謹詣闕奉表陳謝以聞

謝加賜防閤品子課及全祿表

臣某言伏奉恩旨加賜臣防閤品子課及全祿並以特進全給身若在京仍朝朔望者臣自叨榮職無補分毫抱疾沈痾有踰年歲蒙賜臣骸骨得守邱園方從麋鹿之遊分隔鵷鴻之侶不謂皇私廣被天造曲成迴日月之光更臨幽側降雲霄之澤俯潤凋枯歲時須廩藏之儲朔望接縉紳之禮無績無効虛忝於恩榮非才非賢謬霑於祿秩仁慈出於分外寵渥生於望表邱山厚澤猥及下流草木輕生何階上荅臣苦腰脚軟弱不獲躬詣闕庭拜謝無任慚悚喜荷之至謹因留守奏事奉表陳謝以聞

爲第五舅謝加賜防閤品子課及全祿表

臣某言伏奉恩旨加賜臣防閤品子課及祿并全給身若在京仍朝朔望者臣運偶時來久叨匪服鐘鳴漏盡得保懸車逢舜歷之雍熙遂堯人之耕鑿乾坤含養之德尚貸光陰雨露霑霈之恩不遺枯朽特降綸旨優加祿秩更沐天慈許朝朔望錫大造於平分之外收無能於委棄之餘荷澤蒙榮空深於抃躍殘生餘喘豈期於荅効無任慙悚喜荷之至謹附中使某官某奉表陳謝以聞

爲御史大夫婁師德謝賜雜綵表

臣某言顯福門宣勑出彩八十段賜臣充軍裝臣才貧駑下智能短乏謀非上略識豈中權謬奉殊私猥參大任雖鑿門之志必掃妖凶而受鉞之功未宣戎幕遽延寵命先承優賞懷恩揆拙既懼且慚惟當誓骨銘心永緘天地之施觸鋒突刃常爲士卒之先庶邀犬馬之勲遂滅鯨鯢之黨七擒三捷誠所庶幾九死一生豈當還顧無任悚戴歡欣之至謹奉表陳謝以聞

爲武攸暨謝賜錦表

臣攸暨言伏奉恩旨以臣昨扈遊上苑執轡還宮特賜臣瑞錦一匹臣某中謝臣承暉日月漸潤雲霄叨符聖慈累

延宸照遂得入陪金殿出捧玉輿瑤水參八駿之遊璿臺翊二龍之舉榮兼侍從寵冠宗枝捧日無以儷其歡登天未足儔其樂昔蟻封啟繇不迴參乘之恩駟馬從良寧承附輿之澤在臣叨忝實邁古今徒欣不世之榮豈望非常之賜況臣地兼臣子職奉君親覲尋咫尺之途纔捧神仙之馭有何殊効合降隆私陛下恩愛曲成綢繆累洽俯迴珍異猥及庸微跪開緘題伏視文彩爛若朝霞之初起粲如春花之競發成都濯具本自非儔朝鮮製衣則知難擬方且裁而學政希勉勵於天工服以晝遊庶光榮於戚里

効微施屬徒益慚惶恩重命輕罔知酬荅無任悚佩之至謹詣閤奉表陳謝以聞

謝端午賜物表

臣某言中使某至伏奉手詔慰諭并宣口勑賜臣端午衣一副及銀椀百索等兼賜大將衣若干副者天書綢繆聖澤汪濊被服輝煥承恩隕越臣某中謝臣聞日移東井律應南風正陽爲納慶之辰長嬴表交運之節臣謬膺任使備位守臣撫封而多愧無能望闕而遙思獻壽而陛下恩覃率土寵並勲賢俯因初五之辰遠頒尺一之詔衣垂纖靡之盛器飾雕刻之珍則辟邪寧假於赤符鑴癘詎勞於朱索況賜霑裨將化洽方偶仰荷殊私實慚非據誓將誕敷渥澤保定藩維變淳風於邑里宣戎政於軍旅俾谿洞安靜波濤不驚伏惟皇明俯照丹悃臣無任云云

謝端午賜衣表

臣某言中使某至伏奉手詔慰諭并奉宣聖旨賜臣端午衣一副銀椀百索等大將衣兩副者王人遠臨天賚下逮承恩捧詔心悸汗流臣伏以正陽屆節初五授時萬國獻珍以稱壽九天垂衣而納慶至如靡麗出於王府頒賜及

於方隅蓋所以褒寵有功旌異有德顧臣庸劣未補涓毫沐日月之齊光與勲賢而並命猥將固陋之質獲茲器用之深衣降九天懼與刺於鵜翼縷分五色增長壽於堯年何角黍之足稱豈纖繒之爲比況賚及裨將澤被戎行顧茲殊賜實愧非據臣一至湖湘再周星歲扇皇風而蘇息黎庶布聖澤而底定封疆今井賦不愆軍旅知訓庶期獷悍之俗獲躋仁壽之域伏惟鴻造俯察丹誠無任云云

謝臘日賜臘脂口脂表

臣某等言品官劉阿道至奉墨勅賜臣等臘脂口脂等物

恩命忽臨喜抃交至手舞足蹈心懈意慄伏以安寧戒序嘉平在節白日臨於暘谷繁霜入於露寒蘅林始楟疑桂筵豐暇青牛帳裹未輟鑪香朱鳥窓前新調鉛粉因三冬之吉慶造六宮之脂澤糅之以辛夷甲煎燃之以桂火蘭蘇氣溢象奩香衝翠幄以光金屋之仙御以賜瑶房之帝嬪南國容華之人從來未識西京妖冶之妾何時可見臣等叨膺天命謬總留臺雖天動星迴暫違於侍從而雲行雨施更延於恩渥猥承郵驛曲賜絲綸分八子之膏腴及三臣之瑣賤竊窺明鏡已覺衣冠之不任旋顧粧奩遂成箕箒之多幸身輕塵露佩德空深既等邱山殞身何答無任踴躍屏營之至

謝許致仕表

臣某言伏奉恩勑聽臣致仕祇服慈造不勝銘戴臣本無器識素乏材能幸屬時來屢蒙朝獎虛受榮遇迄無成績光陰漸迫衰疾常留二豎頻侵十旬每曠懼忝腹心之寄遂陳骸骨之請天情曲獎聖澤旁流殷鼎調梅雖輟參議漢藩剖竹仍叨臥理百城肇案六疾彌加竟虧露冕之功俄錫懸車之寵方循初服退守故園忘機求漢水之翁擊壤就堯衢之老歌太平而永日飲聖澤而窮年林壑長辭俟卉木而俱槁雲霄坐隔仰闕庭而增慕無任犬馬棲戀之至謹因留守起居使奉表陳謝以聞謹言

為水潦災異陳情表

臣嶠言臣聞明主程才先求於稱職忠臣効用必務於量己然後庶官無曠百度以康若使假鳳登朝真龍不馭將緣鶴之鼎方憂於折足和鸞之駕必誡於傾輈豈徒鍾鼓生袄蠻夷起笑而已臣瓶筲賤器駑蹇輕姿同鼯鼠之五伎不成異飛鴻之六翮兼備遭逢幸會累叨階級陛下降非常之澤垂不次之恩昇之冢司握九流之銓管委以樞近參萬機之損益傳說作舟之命徒奉箴規仲山補衮之談曾微荅効致令衡鏡失序紀綱不張官僚日增府庫歲減謬職之誚或譏於畫武續貂敗官之尤有議於諠盧吠鵲下生朝野之蠹上悖陰陽之和水潦為災慮深於昏墊黎氓失稔憂在於溝壑軫皇情於南面墜國庚於西成虧燮理之節失平分之度推其咎戾實在微臣昔者堯逢阻饑而四岳咨訪漢遇災異而三公策免舉遺才而求俊乂退不肖而清庶官厥有由來著於古昔臣緝熙莫効尸曠

無戚以擁腫之凡材抱支離之痼疾久懷致寇之祿猶帶妨官之綬靦目而視不遑自安是用啟處慚惶寢興誠惕思解鵜鶘之服願辭鵷鷺之行庶得保愚公之廬避賢者之路以寧衆口之囂謗以荅三靈之譴咎則物情朝序誰不謂宜昔干木辭第恒思衛生管平寢疾不忘憂國當今兵戎未靜費務方多人庶空虛官僚苟且不可不深爲防慮妙思政術臣銜恩佩德念咎慙榮雖智効無聞自甘於罷黜而庸短所見猶樂於輸盡不勝區區之意謹昧死陳利害事一封幸當明主不諱之朝敢効愚臣無隱之節儻

蒙赦其狂直收其固陋乃冀有益纖芥効添山海無任悚懼懇誠之至謹詣朝堂奉表陳請以聞

自敘表

臣嶠言奉今月十七日口敕令臣等各自述行能進者臣以蒙鄙遭逢休歷陛下降非常之遇垂不次之恩擢處崇班超登近侍上感皇明識遇之厚下憂忝冒負乘之責常願肝腦塗地以報所天魂魄歸泉不忘結草至於欲披誠款曲盡智能竭心本朝輸力明主此臣日夜之所思念胸襟之所蓄積豈敢更爲進退苟事廉隅固守撝謙坐飾邊幅臣早遘凶閔素甘賤貧少纏羸疴不任勞苦從仕代饑寒之役徇祿無顯達之心修身懼於辱先履道期於遠害見強禦之爲患也故處之以謙卑知刻薄之爲尤也故行之以仁恕慕退讓不敢從馳競之流戒貪殘不敢爲絲髮之犯若乃溫良誠信之道忠孝友悌之規莫不仰承聖風俯蹈家訓束太平之名教移中人之志業及其屏私昵忘比周內無術數之機外絕朋附之黨一心奉主介然孤立此臣之所以登朝廷而事明聖全直道而勖身名者也夫臣事君有死無二見危則致其命當事則先其勞有罪不

敢辭有能不敢隱是以西戎不靜充國自銜其謀南越未賓終軍思赴其難臣幸蒙採擇得備驅馳若使飾固陋之心竭駑蹇之用勉之以匪懈將之以至公則雖簿領百端樞衡衆務亦淺深而必効何難易之敢辭哉蓋明主程才以建官忠臣量己以受職是故輪轅異適水火殊用當其材則事逸而功倍乖其分則形勞而績虧陛下棄短收長循名責實使得効其薄伎申其末用則臣之淺術可得而言臣曾涉經典篤好文史漸六藝之腴潤馳百家之閫閾至若操觚秉牘紀事屬辭雖竊比老彭誠未擬於先哲而

上追班馬。敢自強於後進。陛下以欽明撫運。齊聖握圖。冠千齡而首出。超百王而高視。德澤汪濊。典章明郁。至道共八風俱翔。神功與四時並運。是以衆庶悅豫。符瑞肸蠁。九服清夷。百蠻職貢。而嵩高梁父。未修昭報之壇。禮官儒林。不輯昇平之頌。使鴻名有時而鬱。良史靡得而稱。臣竊懼焉。昔成康之隆。頌聲並作。武宣之盛。文章間起。虞德茂而皐繇作歌。魯道興而奚斯有述。然後功業顯乎代。德音昭乎聲。若夫保馭中和。憲章大雅。通諷諭之旨。攄嗟嘆之懷。此臣子之舊經。國家之前式。不可闕也。臣幸得沐浴恩造。

扶侍軒墀。目覩雍熙。心積憤懣。思陳愚瞽。庶存萬一。徒以牽迫賤事。卒卒無須臾之閑。頓伏尫羸。軋軋多沈滯之思。常恐犯霧露。塡溝壑。不獲贊揚上德。攄布下情。生爲負義之人。死爲孤恩之鬼。是用終朝三省。達夜九迴。撫心刻意。屛營反側。倘得參名芸閣。假跡蓬山。探石室之祕文。覽金版之遺籍。聽歌採頌。以觀四方之風。講藝論詩。以崇三代之式。第其科目。載之簡編。大以薦陳郊廟。報享成功。小以敷布樂章。潤色鴻業。使宏勳播於金石。盛德流乎舞詠。光濟於當日。洋被於來葉。然後退沒草澤。下入幽泉。猶生之年也。冒陳愚懇。惟我陛下察焉。臣嶠誠惶誠恐。頓首頓首。

欽定全唐文卷二百四十七

李嶠六

論巡察風俗疏

陛下創置右臺分巡天下察吏人善惡觀風俗得失斯政途之綱紀禮法之準繩無以加也然猶有未折衷者臣請試論之夫禁網尚疏法令宜簡簡則法易行而不煩雜疏則所羅廣而無苛碎竊見垂拱二年諸道巡察使所奏科目凡有四十四件至於別準格勅令察訪者又有三十餘條而巡察使率是三月已後出都十一月終奏事時限迫

促簿書塡委晝夜奔逐以赴限期而每道所察文武官多至二千餘人少者一千以下皆須品量才行褒貶得失欲令曲盡行能則皆不暇此非敢惰於職而慢於官也實才有限而力不及耳臣望量其功程與其節制使器周於用力濟於時然後進退可以責成得失可以精覈矣又今之所察但準漢之六條推而廣之則無不包矣無爲多張科目空費簿書且朝廷萬機非無事也機事之動恒在四方是故冠蓋相望郵驛繼踵今巡使既出其外州之事悉當委之則傳驛大減矣然則御史之職故不可得闕自非分州統理無由濟其繁務請大小相兼率十州置御史一人以周年爲限使其親至屬縣或入閭里督察姦訛觀採風俗然後可以求其實效課其成功若此法果行必大裨政化且御史出持霜簡入奏天闕其於勵己自修奉職存憲比於他吏可相百也若其按劾姦邪發摘欺隱比於他吏可相十也陛下試用臣言妙擇賢能委之心膂假溫言以制之陳賞罰以勸之則莫不盡心而効死矣何政事之不理何禁令之不行何妖孽之敢興哉

請減員外官疏

自寶命中興鴻恩溥及唯以爵賞爲惠不擇才能任官授級加階朝廷多晈正缺不足加以員外非復求賢助理多是爲人擇官接武隨肩塡曹溢府無益政化虛請俸祿在京則府庫之財殫竭在外則黎庶被其侵漁伏願微惜班榮稍減除授使匪服之譏不興於聖朝能官之謡復光於曩載

請輟近侍典大州疏

竊見朝廷物議遠近人情莫不重內官輕外職除授牧伯多是貶累之人風俗不澄實由於此望於臺閣侍監妙簡

賢良分典大州共康庶績臣等請輟近侍率先具條

諫建白馬坂大像疏

臣以法王慈愍菩薩護持唯擬饒益衆生非要營修土木伏聞造像稅非戶口錢出僧尼不得州縣祇承必是不能濟辦終須科率豈免勞擾天下編戶貧弱者衆亦有傭力客作以濟糇糧亦有賣舍貼田以供王役造像錢見有一十七萬餘貫若將散施廣濟貧窮人與一千濟得一十七萬餘戶拯饑寒之弊省勞役之勤順諸佛慈悲之心霑聖君亭育之意人神胥悅功德無窮

上中宗書

元首之尊居有重門擊柝之衞出有清警戒道之禁所以備非常息異望誠不可易舉動慢防閑也陛下厭崇邃輕尊嚴微服潛遊閱廛過市行路私議朝廷驚懼如禍產意外縱不自惜柰宗廟蒼生何又分職建官不可以濫傳曰官不必備惟其人自帝室中興以不愼爵賞爲惠冒級躐階朔望夕晚正闕不給加以員外內則府庫爲殫外則黎庶蒙害非求賢助治之道也願愛忝班榮息匪服之議今文武六十以上而天造含容皆矜恤之老病者已解還授員外者旣遣復留恐非所以消敝救時也請勅有司料其可用進不可用退又遠方夷人不堪治事國家向務撫納而官之非立功酋長類靡俸祿願商度非要者一切放還又易稱何以守位曰仁何以聚人曰財今百姓乏窶不安居處不可以守位倉儲蕩耗財力輕殫不足以聚人山東病水潦江左困輸轉國匱於上人窮於下如令邊塲少踈恐逋亡遂多盜賊羣行何財召募何衆閑遏乎又崇作寺觀功費浩廣今山東歲饑糟糠不厭而投艱阨之會收庸調之半用吁嗟之物以營土木恐怨結三靈謗蒙四海又

比緣征戍巧詐百情破役隱身規脫租賦今道人私度者幾至數十萬其中高戶多丁黠商大賈詭作臺符羼名僞度且國計軍防並仰丁口今丁皆出家兵悉入道征行租賦何以備之又重賂貴近補府若史移没籍產以州縣甲等更爲下戶當道城鎭至無捉驛者役逮小弱即破其家願許十道使訪察括舉使姦猾不得而隱又太常樂戶已多復求訪散樂獨持鼗鼓者已二萬員願量留之餘勒還籍以杜妄費

謝譴讓狀

臣特蒙天慈擢在樞近恩私屢及寵命頻加粉骨糜軀雖久誓於心府纖埃涓水竟無補於川岳是用晨宵載惕啟處增懃素自庸愚加以疾疹心緒遺忘耳目昏沈實恐虛曠天工傾敗鼎餗伏思大臣引咎之義輒露微軀陳力之誚豈敢避鞅掌之職就優游之閑臣每思古人竊仰遺事充國則臥而陳策子囊則死不忘忠臣自念妨賢甘從屏退敬竭芻蕘之議庶裨日月之明所以固欲辭違昧冒陳上智識庸短自速僭尤伏奉綸言俯垂恠責心膽飛越五情無厝跼天蹐地伏待刑科死罪死罪無任戰懼之至謹

詣明福門奉狀陳謝以聞

上雍州高長史書

八月十五日三原縣尉趙國李嶠謹再拜奉書明長史執事嘗聞諸師曰易稱君子或出或處蓋君子與時消息從道汙隆故其處則閉重元坐虛白龍盤鳳峙桂郁蘭芬下生川嶽之氣上發星辰之象其出則摛景光吐文質風雲相召日月爭明撫八翼而登太階提七星而酌元氣夫然故終始亨吉進退利貞今嶠當休明之期權去就之分滄洲密邇未貞嘉遁之名閶闔洞開不列亨衢之步顧嘗希仕尺寸徇祿斗升僮僕之與鄰趨走之爲役婆娑塵垢之下踸踔藩籬之際區區短懷亦云可見矣抑貧賤實難降志顛沛不可違仁是用終夜九迴一朝三省懼斯言之或玷將細德之爲累至於有文無害之政得玉喪寶之談服以周旋庶乎聞達然以守其愚直任此拙難入門無爲言之侶出谷罕求聲之援生平琴曲惟以下調相哀疇昔朋遊詎有中人見識誠不幾乎幽蘭芳蕙實有愧乎枯木朽株自獲忝微班預聞賤事佩紛綸之雅訓承肅穆之清塵有日矣亦曾越嚴序趨下風希口吻之芳音候眉宇之陽

氣而堂上百里邈明無撤器之因門下三千毛遂乏處囊之地雖願披心膽欲進款誠雲漢逾邈風流遂遠夫客果有能不孤彈劍之食士實難盡誰知執矢之工此昔人所以慷慨於神交懇懃於知己者也伏惟君侯日門翔照天池撫翼廚開銘鼎庭列歌鐘吐亹亹之言植堂堂之望河陽春樹開四照於詞林洞庭秋水清九流於心鏡若夫標置度量權衡物理蕭公畫策不採宏遠之規孟子持籌未極精微之數粤若登金闕排玉堂利見九五差蹤二八或奏昌言伏丹墀而心啟或迴天睠憑紫樞而目送南宮秘

署。出入生光。西京神輔。指麾成俗。固已羽儀振鷺。黼藻羣龍者焉。下走家本燕南。君侯昔臨趙北。負書懷刺。方致維桑之感。賁帛翹車。幸枉錯薪之薦。愷悌之慈。允洽數腴之好。不忘。洎解褐中林。易農下邑。希光東壁。猶是貧女舊鄰。激水西江。非復達人前惠。鄙賤之質未改。提獎之恩已別。昔時薑桂。早因得地而生。今茲桃李。翻以無言受棄。豈非時亨其會。命塞其通者乎。今餘秩無幾。解巾有日。便當斂襟初服。收拙後塵。何去何從。罷龜策之臧否。自開自落。任天地之榮枯。宜其卷舌吞聲。滅影削跡。不干執事之紀。無煩左右之聽。徒恨勤誠累歲。而丹慊不通。服道彌年。而白頭成謗。所以低迴岐路。抒軸蓬心。搦翰操觚。而不能自已者也。夫引往納來。江海所以深廣。損上益下。乾坤所以光大。是以虛己之求。有屈位而伸道。汎接之愛。或開懷而受物。乃能崇峻官垣。扃鑰閫奧。使屬睇之目。隔愈深而照窮。仰止之心。限彌高而望絕。御賓以之失位。孳客以之亡門。將恐慕義之夫。思爲黃鶴之舉。企景之客。不作眞龍之遊。願君侯垂古人之風。申國士之分。假其白璧之契。接以黃金之言。不忽當年。要之卒歲。則重如熊掌。府中饒取義之賓。輕若鴻毛。節下有狥身之士矣。敢薦狂妄。惟君侯擇焉。嶠再拜。

與雍州崔錄事司馬錄事書

月日。三原縣尉趙國李嶠謹再拜致書於崔錄事司馬錄事執事。嶠聞彩異彰施。不足以遇離婁之目。聲殊操暢。未可以接延陵之耳。況乎元黃莫主。宮徵舛節。將何以移於好事。藉賞知音者乎。伏惟公等思侔天假。道合神契。清襟與秋水俱映。縟藻共春葩競發。風雲感其聲律。牆仞深其閫奧。羽陵緗簡。遙開博綜之門。洞庭金石。近入鏗鏘之韻。固以重規坐右。連華史筆。深思匠之眞筌。畢文心之能事。嶠學術蕪淺。才藝寡薄。弓冶遺業。獨事斯文。而衣冠後進。多慙接武。頃以三餘暇景。四時風月。斗酒娛樂。嚶鳴感召。春還江北。時興楚客之謠。木落淮南。乍動潘生之思。有同狂簡。無近雅什。不意頻降德音。猥垂訪逮。恭承嘉惠。揣摩虛寡。鑒淄水而慙容。遵壽陵而恧步。但以螢燭光耀。尚增輝於暘谷。畎澮微流。且朝宗於水府。敢緣斯義。上呈如別。大夫攄思空擬。於登高小子。裁章顧羞於調下。某再拜。

與夏縣崔少府書

安成足下伏聞高義之日久矣緬維徽範虔想德音山川闊契風月勞心何嘗不煎九迴苦百慮向清風而披襟仰高門而企躅然執事者庸詎知哉蓋理或冥符雖違必契物有彙感雖遠必臻龍虎鬱風雲魚龍歸林壑同聲相應孔父精微之書同翼共飛馬生通博之史僕竊不遜仰希古人以為天下襟期四海兄弟款平生於千載感氣義於一言道或乖膠漆不能同其異志苟合楚越無以異其同萬里比鄰寧須羣聚而會百年叶契何必偃伏而遊昔者鍾君西入邀蔣生為臭味延陵北遊款國僑為舊識斯並

未言而信不介而親芬若椒蘭婉同琴瑟何哉誠相期之有素也若下官者落拓無繫支離少合何嘗効一藝於友朋闕一奇於卿相形淪散宂名棄草澤通人未曾接賞談士不以挂言行為誚累動成嗤鄙然敢獻區區之心者徒以螢燭之光不逮日月而稟照之理同涓滴之水無覿江河而體潤之原一也故輒布之於左右以為魏蜀兩俊可復生於今吳鄭兩賢不獨美於古此褊心所庶足下豈有意耶且僕智不効於一官謀不周於千慮德慙季路訴甚伯寮畏此簡書就茲文墨首路之日馳情下風不謂燕雀

聯翩鴻鵠已遠形留神往室邇人遐孤此宿心延佇何極然喜遇賢季得抒幽襟直置心許居然目擊竊以通家自任更將覿奧為歡聊下拂塵之榻便登勒銘之座芝蘭在室久久逾芳花萼連枝韡韡交映徒觀其室居閒曠庭草蕪沒高窗納景密樹栖煙筵有邱中之琴案有濠上之帙瓌情落落無事草元虛館陰陰自然純白此傲吏之遺賞高人之遠致也加復披玩華藻終朝忘倦珠明玉潤霞蔚雲舒符彩相燭稀聲間起雕逾繪素采奪華蟲之飾韻動旋宮響入飛龍之奏三月忘味疇足為多一朝投筆於是

乎在想望光景若覿清顏下官才不逮人學非通敏徒以聞長者之餘論忝好事之末流有時感激斐然牽課但短綆之才嗟於不及挈瓶之智患在屢空頃者闕塞羇遊風塵旅泊抒情歌事畧有短篇未足追蹤詞人亦以言其所志竊不自外思簡知音所冀南郢之聲時參委巷東里之潤或被庸章則駑駘獲薦於九方腹背可儔於六翮矣仍恐豚肩禴薄未足享盈車之報犧餌非香不能致吞舟之獲耳僕事已清白尋就西轅仰承背夏涉秋方期戾止契濶不會我勞如何勉敬風猷時敦景行李某諮

上巡察覆囚使歷城張明府書

月日涇州安定縣尉趙國李嶠謹再拜上書明公足下側聞幽明三光止水洞窮神之察雷電六爻連山繹噬膚之象是以金祇獻序肅帝典於秋霜瑞節宣風播皇華於春澤鵜鴂司讞黃沙俟清問之仁神獬摧姦素簡飛惠文之筆寶舜門而佇穆指軒郊而靜害（一作豁疑）分聽之寄其在茲乎伏惟某公孤官授祉昂臣疏宗登雅譽於祥禽照禎黻於瑞鵲青衣西指標玉壘之英詞紫蓋南浮燮金陵之間氣若乃地華承懿天才嗣武連十珝於中陽疊雙都於上

國遺編默覽粹識表於神聰化池昭業精藝鄰於聖道仙查泊宿懸河通博望之津天口飛鉗鬼谷禪縱橫之術文用足矣學而優矣然後銅章展務紘佩維襟泱泱大風汎游歌而成韻巖巖崇岫應窔琴而度曲誠招異感春狎仁量德憚靈遊夜呼神女屬二星齊鶩八駿駢驅議馬良規茲承不冤之裔誅狼駿撫是寄埋輪之風廼者繡衣耀日錦傳詢風下璿樞而稟渙劑玉關而致職宰鮮東夏舊辯淄澠道鼠西源近分涇渭鎬池十乘端衡制其輕重清河二天直繩糾其枉桼故使神雞輟唱於酸吻夜鵲緘謠於

苦哀實棘剗東薪之茍食苗愜甘荼之戮矣嶠西垂之賤吏耳技非專業未始存於劍書迹惟太簡居然弊於刀筆頃以亨衢覩物窮路迷方自谷罕求聲之資挺險無擇陰之暇是用沿流委逝遇抵而止乘日愒景沍陰斯茈而涸鱗不懸於枯肆更想江湖衰羽未摧於墜繳緬窺雲漢退求鄗尚旋顧微軀雖質異鳳毛飾慙豹鞟然嗣徽良冶抱道聖術至於組織身文筌蹄意象照神交於千載得奧旨於三復貞筠範撫秉楛羽以銘丹秀蘂數簡搴菁華而杼素砥礪希割鉛之効巾緹庶沾玉之資豈期事以命迍迹

隨穴擯沈泣與涇泥共淨悲歌將隴泉俱咽彩叨靈鑒触三獻而孤憤影昧天機懷九方而累悒顧以爲探幽詣極元宰之貞分閱祕甄微知音之妙賞且夫清英傣雲出於煨燼之末光華孕日生自泥沙之下是知賤有可尊明眸不忽陋而或寶清耳無遺明公銜綍帝廷影纓天闕片言之賞飛鬬言於日署尺一之奏抗陳德於星階伏冀晰鑒蘭茁綴思茅茹俾夫集螢收曜攀若華而翳景射鮒壎流泝扶津而飲滄野籟叶編鐘之韻甘藜味和鼎之滋則樹李其緘反拋（疑）知執昔鯷濱據地抗嘉言於直指龍門蹈

闢邀遠好於司隸兩實不嫌於驥進二主無忤於歡接並雕芳憲序灼美清流然則古之望今亦猶今之視昔矣投翰愧沮援簡心馳不宣某頓首

荅李清河書

君白辭間累月益深勤系秋後尚熱惟兄動靜云云君粗爾推免昨自歷亭路還至臨淸展一慟於崔氏舉目酸咽良不可任變故幾何氣序遄革舊館荒毀殘蟬悲鳴夫情生於有情之地古人所以登峴山而淚下聽鄰笛而淒涼誠有以也亡友崔生才高位下盛年夭閼同志遽絕絃之

傷有識深埋玉之恨此而可忍孰不可忍其藻綴鮮華姿彩秀舉故已久處大府呈諸水鏡可畧言也所未盡者此君幼無怙恃終鮮兄弟有田一廛桑竹靡樹孀姊返室諸甥數門移愛敬之慕以奉之假友悌之歡以臨之貧病爲感慨之資羇栖無學植之伴終能抗跡泥滓高步京華交結盡一時之儁文章滿談者之口亦爲難矣加以重襟期敦賑施良辰美景故或自遠而至一俎一觴繼以繒紵亦無絕於時所以薄俸不資於目前孤高遺於身後古人稱清吏眞不可爲者豈徒言哉兄仁及遺簪禮縟追賻千古之下凜然而高凡百賓寮孰不激節然其懸磬之室所費多端舊業偃師交質他族淹泊已及又頻濟施贖莊之餘颯爾復盡今授衣附及窀穸有期合門嗷嗷靡所控告亡友平日惠愛若人吏吡追感道路屑泣而簡書是懼贈禭莫申夫所以惡貪饕而懲貨賄者豈不憑怙作威褻我公道耶今則異於是積東里之仁既將萬化同盡企西江之潤方爲萬口所懸適足以重仁恩而敦教義也惟兄實深圖之儻一言辱及羣願獲申豈惟崔氏獨受其賜亦二三朋友所佩服焉幸甚幸甚明日西上不果拜辭伏惟珍重

上高長史述和詩啟

某庇近於錄事參軍杜延昌處伏見公秋月遙想洛城十韻之作曲中之妙傳乎郢客之聲天下之珍得自隋侯之掌鳳鳴六呂龍文九光駭屬奇觀相趨動色若乃政理餘隙翱翔多暇臨八水之高秋企三河之上國衣冠濟濟入青瑣而步丹墀車馬喧喧下銅衢而赴金谷人物仙舟之會風塵俠窟之遊莫不屬想心目託情謠詠九迴靈府遥馳雨露之郊千里神馳近接風雲之思雕文將錦綉同美

惠氣與芝蘭等馥用過秦肆懸輕呂氏之金持入周京即貴洛陽之紙足使兩都賓主羞談翰墨二陸兄弟恥論詞賦死者可作賈生爲入室之徒來者難誣潘子得扶輪之地某學異通敏才非沈鬱刀筆爲吏趨馳之歲月已多黼藻成文雅頌之風流尚缺平原從者終慙入楚之遊闕里門人空積後陳之歎徒以夙承光彩早延提拂曾將薄伎見知思以庸音自効輒忘固陋敢有和歌登卞肆而論寶入夔門而撫節擬託非倫揣摩增醜謹啟

神龍歷序

昔者龍負河圖八卦列明時之象龜呈洛字九疇開叶紀之文青巖啟而六甲飛黃壤埋而五行缺故知乾策遼坤符靈秘法効用常邀乎聖期研幾測深必貫於神道皇軒於是乎合而不死帝皞於是乎推而致福自重黎並命叔仲分官理八節而調四時部三元而齊七政權衡度律在虞夏而兼修正朔陰陽及殷周而備舉既而王風版蕩戰國縱橫瞽史忘三家之言疇人失二官之業履端閏而歸餘壞攝提差而孟陬殄廢時亂日非直羲和湎淫亡甲喪子豈唯商辛暴虐漢興草創肇謀紀綱而方士異詞天官橫議張倉從甲乙之術未叶變通鄧平用丁丑之元旋聞疎濶當塗圮隔典午陵遲戎狄升僭僞之壇寓縣乏神祇之主三辰九野壓析景而分躔二象七衡孰當期而合度建元高而不饒沿木火而無識與百代之闕文復千齡之大統貺我昌運疇能離此國家草昧區夏權輿品物萬方同會獄訟之往南河五緯運謀神靈之入東井然元珪受命紫籙登樞回玉斗而察璿璣把珠囊而膺歷數勤於水土大禹之平滌山川禮乎方圓高辛之迎送日月應天神龍皇帝大橫纂極元良繼體乃神乃聖三王接袂而扶轂

允武允文五伯連衡而擁篲於是乎東明捧日西掖占風南震雄王之墟北清驕子之落粟同水火人類胥庭衎囿徒施干戈不用上庠講道而宣化比屋畊田而鑿井功成理定之業協律登歌疇德瑞聖之符陳郊謁廟萬官咸事百度已康猶且存省闕遺徵求典故以爲欽若歷象哲后之恭天事神敬授人時明君之勸農闢土自麟德創紀四十餘年雖斗憲未移而渾儀漸變蔡伯喈所謂術無恒是洛下閎所謂歷後當差昔太初肇規便易高皇之制元和新造旋移孝武之法因時通變厥有前聞爰命典司更從

刊正金紫光祿大夫行祕書監駙馬都尉上柱國楊慎交鐘鼎貴遊山河寶氣赤泉疏社軒裳接於五公朱輪贈言翰墨連於七子資玉環之舊德擁金埒之新慶簫吹鳳管朝昇烏鵲之樓漸（疑）閱龍章暮下麒麟之閣臨西山典籍之府總東壁文章之事九源百氏之說盡入胸襟六家三統之書咸歸掌握永言董率實資詳明左散騎常侍兼修國史上柱國陳留縣開國公柳沖望重簪纓才高瑚璉家風推其直道帝範藉其謨明吐白鳳而草元言垂紫貂而步黃閣參司國典時望允諧副掌天書朝寄斯在鎮國大

將軍右驍衛將軍知太史局事迦行志中散大夫守禮部侍郎上騎都尉嚴善思正議大夫行太史令上護軍傅志忠等或禮閣兵鈐以賢才而入用或天門地理緣道術而見知皆學富匪羣藝超甘石窮神盡智之妙闇落銅丸測遠窮高之方懸裁玉表朝請大夫行太史局令瞿曇悉達朝請郎行司歷徐保文承議郎行司歷南宮說等或善分天部或工言算法稽長短之效無煩於驗識披圖察休咎之徵非假於登臺上庫凡此衆哲各承朝委悉達等則專司課務據覈其真志忠等則監共討論用裨其闕雖異體而各術並同心而合契於是精研六位通考十端立東西之定儀採南北之遺事會數於天九地十起元於子二丑三追日暮之行按星分之度以推四時之發生以步三元之盈縮然後分至啟閉無忒於玉衡弦望躔離必應於銅史纔窺幽室已見飛灰雜候清臺仍看合璧追論古法師驗前章八十一寸爲日分徒言精密六百八年爲歲紀終非允當歷祀之所紕繆異端之所穿鑿莫不裁之繩準格以銓衡究天道之精微開日官之軌憲容成再出不能參黍累之功壽王重生無以議分毫之失豈比夫時乖兩閏

始載鄒人之語亥有二首方聞絳老之年序臨安寧歲次强圉皇帝撫天下之三載也珍圖改御寶歷初調授以丹鳳之官頒以元鳥之署候耕耘之節非藉杏花宣昏夕之期詎須蓂莢參幽明而制術邁古今而垂範玉儀既正金鏡逾明知聖祉之無疆識懷生之永泰元符允合可以觀天地之心能事畢甄可以爲帝王之式盛矣美矣無得而稱紀次勒成名曰大唐神龍歷云爾

李嶠七

大周降禪碑

愚臣觀象銅衡紬文金版變化莫神於開闢崇高莫大於富貴陰陽密運帝王操輔相之機歷數潛迴穹壤授陶甄之業故謂上下同德幽明合契靈祇有命旣錫造於雍熙人主推功必申虔乎報謁奉符而勒成展宇修祀而益厚增高有道存焉其來尚矣自旦昏交謝文質遞遷朴畧洪荒上行於萬八千歲陵夷因革下傳於七十二家披圖而

考其樹風按軌而詳其陳迹莫不祗肅其事神明其道龍駕帝服疆埸於鄒魯之坰犧樽象彝薦秸於云亭之上咸就發生之宇以爲禮神之宅未有迴輿按驛覲中土之神靈刻石泥金崇外方之禋祀名臣於是乎斷其去就良史於是乎題其失得然則置表測日陽城當六氣之交祭林奠山太室爲九封之長神翰降生於廊廡王畿仰矚於峯岫風雷所蓄俯鎮於三河辰緯所躔旁臨於四岳立崇乾事坤之兆疏就下因高之位捨此地也疇其尚焉歷千載而撰徽音罕聞先覺超百王而崇軌躅允資元聖我大周之有天下也鼓道德之林藪恢聖神之事業始於閶闔成於家邦輝光燭於兩朝德澤流於八裔登庸納麓則舜有大功錫範陳謨則禹躋元后謳歌而鼎新革故揖讓而改物承天由牝馬而御飛龍自積沙而臻練石蓋千帝所不能及六籍所不能談若夫兆朕鴻源絪緼寶系戴千嗣於改律窮桑連乎夢梓皇天睠命積大寶而爲家聖道會昌擁洪鑪而作極神基將偃伏齊攜僊派與昭回同遠太祖無上孝明高帝含幾察道盡睿窮神屈帝象而龍潛座台庭而虎變黃星造魏而文握漢圖赤羽興姬而武遷商鼎

天冊金輪聖神皇帝遂荒三極奄有萬方御六辯而高馳憑九霄而下濟若乃元通不測之智神用無方之業超因越果名流於貝葉之書應物隨緣迹滿於蓮花之會祕恍忽於言象徽希微於讖籙亦猶寶應慈物推心坐雄帝之朝吉祥哀時屈己登女皇之位此之謂神力張寰立寓蕩海夷山正八柱之低昂理三光之盈縮乾坤闔鑰於廡下品物鑪錘於堂內春生夏長循環奉亭毒之仁暑往寒來奔走赴財成之節此之謂天造左規右制俯察仰觀授朱烏於南宮契元龜於東洛天威四臨而有截王道一家而

無外均霜調露正六合之樞機叶軌同文立三川之朝市此之謂建國臨戶牖之法座垂星辰之采章嚮明而居端默以聽號令存於寬大規畫出於易簡循名責實而苟且之弊銷極深研幾而變通之理得此之謂立政焰煙灰之墜典寫溪谷之遺音無體無容與天地同節有法有象共陰陽通氣引之而被乎百代横之而充乎四海此之謂禮樂雷電皆至先王以折獄致刑歲月履端君子以懸書立法殊井疆而知禁畫衣冠而不犯疏械破杻掩方載而勝殘解網取罘閉圓扉而靜讞此之謂刑典操盾秉翳立於

賓主之階縫掖摳衣聚之東西之學辨尊卑之章服觀禮容於俎豆委裘多服合九德之成歌垂拱無爲援五絃而度曲此之謂文教因農隙而講事順天時而鞠旅定功在於歸馬保大由乎止戈然後干苞虎皮箭射貍首鞞鼓不作廟堂懸百勝之威尉候無虞征戍罷三邊之役此之謂武德耤乎千畝所以備粢盛齊於九疑所以嚴禋享苞茅潔乎楚入樽俎隆乎殷奠於穆顯相而公侯駿奔肅雍和鳴而祖考來格此之謂孝理金玉是賤委於嶄巖之山輿馬不珍捐其騕褭之服御高辛之黃黼垂孝友之皁綈栝

杜茅茨未能埒其卑損藜羹糗飯無以儔其菲薄此之謂沖挹任皐夔衡旦之輔酌虞夏商周之書網羅弁包商攉擬議衆目張而彝倫敘羣才用而庶績康野無遺賢朝無闕典猶且昧旦懃懇方宵厲惕虛心解顏博愛兼聽防六事察五聲檢身有常視準繩而爲度衹德罔倦刻盤盂而自警遺身主於徇物勞已存乎逸人是以恩澤流通教化洽著龍荒鼠徼覃寓外之雍熙鳳穴麟州奉寰中之度律遠安邇肅地平天成玉律調年珠囊叶紀棲京坻於隴畝逸馬牛於衢路慘嫠蒙鑰班白不提閭閻無犬吠之驚風

俗有鶉居之暇原隰驅軺之使採詩聽歌菑畬植杖之翁擊壤鼓腹和氣旁薄禎符肸蠁招一角五蹄之仁獸儀九苞六象之僊禽亳墠出其祥麟昆田化其珍物日烏素毛而丹喙天龜元甲而青純雲蒸霧涌拜九洛之瑤圖電激雷奔受三清之寶冊若乃山鶼海鰈石銘巖篆之符候月摇風連葉駢柯之祉神靈之所酬酢廣大之所薦成紛綸葳蕤紹至疊見董狐之窮墨磬簡書而未周夷吾之傾辯畢辭談而不盡昇平之浹洽也如彼符命之昭彰也若此固可以循類帝之事奉丕天之律聖上方固懷讓德虔守

謙光升中之儀推而不莅也於是王公庶尹牧伯羣寮粵耆艾惇龐之儒洎蠻夷戎狄之長咸進而稱曰陛下欽承元命對越上元廓天地之宏圖張祖宗之丕業臣妾四極驅馭百靈鼓舞發育經緯彌綸之績宣滲漉沈潛懷柔容保之恩備是以人祇順德遐邇宅心元符畢臻黃瑞盡出幽贊乎祖考之茂烈發明乎施尊之盛儀意者三塗滅氛二室儲貺以望屬車之塵久矣帝者雖倦焉得距而已乎伏願坦至公之懷捐獨善之意欽若大典疇咨故實上以光七廟之休德下以納羣生之福祐長爲稱首豈不美歟

帝曰俞哉乃包含藝文考練風俗採儒術徵禮官窺五歲之典章覈四朝之制度叔孫掌事容成諏日以天冊萬歲二年臘月乙亥闢丹掖開紫微撫元虬按黃道叶紀先路靈威並轂五戎促節旗常畫垂象之文六甲分營壁壘曖太陰之氣雷動海運天迴星轉踰鼎觀而南下望圭臺而左薄陸離方攘煥炳聿皇以屆夫嵩陽萬乘停鑣百司就列文物隱地遺光滿於竹宮輿徒沸川輕壒埋於石柱天子乃幸齊寢披偃幄靡薜荔之席陟壇蜎之臺惟夫蠲意澄心所以至誠盡敬於是乎山祇護野風伯清塵玉醴潛滋金沙闇涌神鐘驚曙峯巖傳九乳之音寒律移暄草樹動三陽之色徵祥之報影響不違壬午柴燎祀昊天上帝於岳南顯祖立極文穆皇帝太祖無上孝明高皇帝侑神作主天子戴圓冕披大裘登三垓植四邸藉陳葅秸器用陶匏高炎四施耀流沙而燭滄海廣樂六變來象物而降天神感霏煙瑞（一作靄）露之徵延薰風景星之祉大禮既畢嘉應既臻思欲契精爽於高明剖靈符於峻極甲申御金躍登玉輿環拱百神導從羣后遂陵桂蕚攀松磴跨崢嶸而出煙道排列缺而玒天門羽節高揮上干鳥星之次龜

壇下映俯瞰鵬雲之色瓊文祕檢絡之以銀繩寶算休期探之於金策交大靈於咫尺受洪釐於億萬然後徜徉煙霄怊悵古昔凝神於九天之上遊目於八紘之表睠觸石之雷雨爰覃作解之恩仰斗杓之運行仍布維新之令是日大赦改元爲萬歲登封元年歡浹幽明慶霑動植千齡之統由聖代而連九皇萬歲之音自神山而周四海休氣低而翔輦神光起而屬天抃舞相趨以降於行殿丁亥禪祭后土於少室下趾東南顯祖妣立極文穆皇后太祖妣無上孝明高皇后侑神作主戈矛山立玉帛星陳登澗沼

之毛。輯江淮之物。禹會之殊方異俗。俱執豆籩。漢祠之偉獸珍禽。悉加壇墠。撫空桑之琴瑟。斟鬱鬯之樽罍。咸秩衆靈。遍祀羣望。席以黃琮。爲鎭書以青石。爲緘元封之謁款方邱。儀因東峙。建武之推功太折。禮視北郊。陽烏珥而僊鶴飛。紫雲騰而黃霧起。靈之來兮如雨。瑞之委兮如山。於是事畢功宏。禮周慶洽。方欲輯圭璧。陳韎任。鋪六代之禮文。受萬邦之朝賀。宏規大業。其盛矣哉。蓋淳源侵衰。叔葉多故。神器不還於至道。尊名或假於涼德。秦羸極暴。企踵於無爲之朝。漢徹窮奢。厚顏於盛德之事。人不見義。其來

自久。我后首出。帝先遂。康天步。登封降禪。拉宇宙之樞衡立顯崇功。定皇王之軌式。鴻勳上格於穹昊。厚福旁浸於黎元。煒煒煌煌。亘寰區而宣壯麗。巍巍蕩蕩。橫山邱而殷聲名。固已轥前賢之規模。開含靈之耳目。方使炎農抱愧。愕睨於梁甫之阿。姚舜欽風。延佇於崇高之路。天下之大功成矣。域中之能事畢矣。昔者鳥獸率舞。一人賦元首之篇。戎夷來賓。四子詠中和之樂。時僅平而頌作。俗未泰而歌興。況乎咸五登三。遠承文武之裂。襲六爲七。近叶春秋之義。神功與二儀並運。顯號將七曜俱懸。豈可使時邁無詩於皇不作。臣嶠謬忝司牧。躬陪錯事。末光幸煦。長傾捧日之心。僊石徒攀。終愧淩雲之筆。敢承明制。而爲頌云。

天命上君。君臨下土。靈祇允懷。品物咸覩。龠受三六。時乘九五。於昭文明。粤若稽古。關鑠六氣。庭衢八荒。殊鄰筐篚。絕黨梯航。河海晏謐。閶闔阜昌。琴橫帝扆。鼓臥邊場。齊衡鈞度。制禮作樂。武戢五戎。文興四學。法宮布政。靈臺視朔。化偃中和。人還太朴。湛恩布濩。協氣氛氳。嘉庚歲積。休符日聞。祥開草樹。慶動煙雲。乾冊丹篆。河圖紫文。欽若元命。率由前典。道洽升中。功成丕顯。神筴演卦。名山除墠。翠鳳

銜蕤。元龍御辯。迴鑾左屆。弭節中樞。萬騎雷動。羣方電趨。層壇殷薦（闕八字）登鑾山符。駐輦星躔。交神漢曲。雷雨下濟。輝光仰燭。地戶開扉。天牢罷獄。萬歲重熙。三辰改旭。迎陰廣澤。報地方畦。庭合六舞。筵陳兩圭。神靈第瑞。巨象天犀。牒貫銀縷。函封金泥。禮具德明。神歡瑞浹。儲算玉斗。賜齡金篋。知崇高之可封。悟梁甫之虛躡。敷帝道於一藝。振天聲於萬葉。

宣州大雲寺碑

或稱唐虞。神祇之奧主也。其在孔墨。道術之明師也。然其

經畧所制僅行於冠帶之鄉名教所談不出於乾坤之位徒齷齪於步武蓋搶攘於禮法語方外之靈躅窺天中之妙寶則知夫力有遺而途有窮矣察動用於神機推朕迹於冥數則知夫識有畔而功有闕矣悠悠百代蠢蠢四流蒙埃塵於夢幻之境隔視聽於神明之域任忠信之薄徒喪淳源救質文之弊無階聖道沒世不聞至極之理終身不覩元門之法奔嗜騁欲壓五濁而輪迴蹈弃投機入三途而鼎沸大運不可以終否橫流不可以遂溺五精延貺披鳳籙而告休期七覺垂仁闢龍宮而開寶命慈氏越古

金輪聖神皇帝體兼具相心冥衆善超十方四諦之門總三明六通之業諸天翼戴上昇於兜率之宮萬寓慕思下莅於閻浮之俗哀末法之衰弊悵夷途之榛梗載紆金屣由紺殿而起西方迺睠瑶圖臨紫宸而正南面大矣靈覺深哉妙果去來無象曠萬劫而潛神起滅有緣應千齡而啓聖粤若屈跡宏道乘機濟物馭之以神通知惠行之以方便善功感或異理故應無常身化本隨方故居無定位襲五運於元壇之上降三尊於黃屋之下稱緣而動宰官共商主同歸虛己而遊廟堂與山林一致天人之善權也提宏綱之落紐廓大象之權構遂荒百億窮有頂而君臨奄有三千罄無邊而光宅闢海縣而清囂滓開天庭而掃氛祲四魔六賊盡爲征賦之民萬邑千閭悉成道場之宇爾乃御寶極而元覽撫璿衡以貞觀茫茫淨界宛如忉利之天眇眇大紘化爲莊嚴之國宇宙之嘉惠也制巨籥而動出張洪鑪而造化不爲不宰鼓舞而羣品隨何慮何思氤氳而百寶淨然後蕩之以香風甘露薰之以福田惠業大根小葉咸受施而蒙榮蠕動翾飛盡淪和而飲澤協氣煙曼休徵雲聚乾符坤寶載於龍馬之圖歲德年祥調於

鳳凰之歷陰陽之太和也立最上之乘不棄於聲聞小道用無爲之理猶存夫禮樂常教闢四果之門闡訓三雍之典業然後遠心近行俱得所聞傾樽酌蠡各滿其量憲章乎法寶而度律既周經緯乎時文而網羅畢備登一世於解脫躋羣生於仁壽軌躅謐靜頓屣於元亨之衢品物康寧高枕於會昌之宅道德之神化也合樂而埋瘞焚燎陳詩而嚴配昭格禮於上下不失於金木五官享於宗祊遂及於山川百祀旁求六趣之府下建四冥之室莫不于食有福奔走而來蘇用晦而明攀援而出苦鬼神之福寧也

元門罕測法象難窺雖金口微言時傳於貝多之葉而玉毫靈相莫覩於優曇之花屬大事之因緣逢遠期之旦暮稽首禮足親瞻五梵之容滌慮清心俱奉一音之偈洗貪慾之腸腎開盲聾之耳目置須彌於掌握詎是難思擎海水於靈空未爲希有氓黎之誠感也惣人祇幽顯之微資鬼神變化之妙兼育萬物而莫見其生成遍履十方而不窺其轍跡巧諭善說而罕測其靈祕黠墨數塵而未量其終始故能慈以救物寬而容衆罷黜刑憲而天下勝殘屏撤牲牢而蒸人以粒豈與夫慘痛傷骨象魏懸桎梏之書

剖卵殈胎山澤厭罝罘之酷可同年而語也觀握鏡之緣起得獻書之本事藏象祕籙禎符鬱乎大雲發跡秉時靈應開於寶雨受先佛之付囑荷遺黎之負擔須其瑞紀所以旌識善緣樹其階梯所以津梁法俗天授二年乃下制令天下諸州各置大雲寺一所宣州大雲寺者本名永安寺晉義熙二年之所立也龍飛在運既易龍興之名天歷惟新即改天安之號積暄寒而驟風雨所以制毀圓方法爻象而應星辰所以基縣載祀若乃地橫瑶阜壤帶金陵廓巨鎮於三吳走通莊於百越山川磊落郊畿枕端委之鄉島嶼憑隆烟霧合朝宗之浦上帝於是乎垂象先王於是乎高會衣冠俊傑滿舊國之風謡物產珍奇傾神州之韞櫝東南之巨麗也因福地之形勝即靈模之兆迹拓其趾而峻其墉擇其材而增其構星榆月桂汎河鼓之天津露柏霜松出巴陵之地道山祇則讓夫美境海若則輸其珍藏精衛銜石遇神營而中留靈蛇吐珠屬良緣而改獻爾乃授矩司臬乘巒架巘迴廊曲榭亘迢遞而掩高深峻閣崇臺陟崢嶸而望寥廓複道共星階連步雙闕與天門對象內則香殿崛起若朱鳥舒翼冠南海之鵬雲前則涌

塔化成若皇媧振鱗立東維之鼇柱翕赫璀璨帶璧而垂珠窈窕深沈藏烟而吐霧瓊林幽其妙境珍衛嚴其象設五通羅刹夾奉金山八部龍王分司玉砌窮壯麗於天巧擬威神於帝室故能使外道摧服異方歸向四倒八謬瞻柰苑而心迴五蓋六纏經竹園而累盡若乃雲除雨霽闢牖當軒眺八極之山川臨萬家之井邑輜軿綉軸前通舍衛之城桂檝蘭橈下泛蓮尼（一作尼蓮）之水賞心極目遺累忘機處士於是乎傲其江海詞人於是乎驕其翰墨至如毘耶聚落眷屬俱來摩竭道場君臣惣集攀瑇瑁之欄檻入

琉璃之塔廟一一香蓋懸於寶縷之幢種種天花散於金繩之地贊嘆圍繞歸依薰習洗心於八解之池拭目於三明之藏名衣上服資貝樹之經行重溢全裝觀蓮花之法會自非大心宏益圓智曲成爲天上天下之師護人間世間之法豈能使恒沙國土並登常樂之門億界生靈俱出無明之路刺史曲陽男鉅鹿魏正見大名開宇復南史之公侯懋賞承家奏西河之金石隆簪組之舊德壯朝廷之厚寄朱軒皂蓋辭折坂而赴長洲來晚去思喜昌門而怨彭闕長史隴西李延慶黃裳具美白賁全眞文學則東魯

之四科鍾鼎則西朝之七貴司馬南陽男張安宏才碩量經文緯武策勳光刑馬之封服冕榮珥貂之業機明足用政理多方承緜禮於襜帷有成勳於邦國諸曹參佐錄事參軍李文遠等或文房學府吐鳳而懷蛟或劍室珠泉銜星而襲月水火錯居而致用青藍糅色而成彩羣務允輯誼北汝之謳謡庶事無留聞南陽之府寺縣令丹陽儲孝伍大江播氣長離發藻未踐廊廟之班猶屈絃歌之事阜子康之莅政不任刑書虞承卿之到官唯開講席縣丞鄭公覽等並刀筆英選琳瑯奇姿高才未展聊從枳棘之遊

俊翮方昇豈滯榆枋之集凡我聯事莫匪同心攀十地之宏因奉四天之大號經營樸斲克成輪奐之功修習住持願假招提之福上座寺主等並通達無礙惠解多聞勤求於八清淨心成就於五菩提法昇大悲之座俯慰迷津轉無上之輪高懸勝躅用能經始梵域規模神造凌雲起構雖憑於太極之靈匪日成功實俟於彌天之力鄉望前杭州鹽官縣尉吳寶度等雲澤奇寶水鄉遺俊或隱鱗求志蓄美價於瑶琨或撫翼俟時貢珍名於箘簵咸能厭離塵垢修持行業具足三施豈直黃金買田積累衆功皆自白

衣成道咸以爲六種震動法王之利見金身十善護持大士之莊嚴淨字闕一吐無算數之良果有不思議之妙力豈可使車轍馬跡獨銘於西弇之山佛影龍龕不紀於東林之石是用伐彼貞珉詢其藻繢下官負薪多恙驅傳不遑欽白黑之勤誠偉丹青之壯觀客自南鄙王壽之雅嘆靈光言於東吳左思之高談建鄴聊扣寥寞而爲頌云

正法中否淳風載邈道隱三明時昏五濁聲利外染驕淫内斲識淺易淪蔽深難覺其一

至人乃睠屈已乘時諸佛付囑羣仙護持遂荒法寶奄頓乾維露洒天澤雲含帝慈其二

是撲燎原爰清闘水翦截奔競滌除囂滓九道合符十方同軌區宇一變陰陽更始其三大康雅俗廣濟含生六寶神御三才化成慶延動植德至幽明魔識正觀神呼太平其四至道雖洽迷方未悟樹以妙梯登之覺路寶坊邑啟銀函壤布大矣能仁深哉善護其五勝境吳俗名都楚封海潮翔鷺山氣盤龍物產殷阜閭閻錯重津途擊轄里閈鳴鐘其六良牧帝難俊僚人望負荷深委規模大壯長者法財沙門異匠共表靈刹同開寶相其七觀閣雲心階基洞口飛月棲棟宛虹入牖闕對蜃樓幢侵牛斗跨崎靈域津梁妙有其八

落落開宇沈沈絕機池開梵樂樹下天衣高座宏道深經暢微虎馴十戒龍學三歸其九天啟聖期神扶淨域萌祇斯遠徵祥難測粹業已安高碑乃植沙數有盡金堅無極其十

洛州昭覺寺釋迦牟尼佛金銅瑞像碑

蓋聞法體凝寂離形相之區道心元微同虛空之德不可以名言說不可以去來取泊矣無繫修焉似存潛輝匿端而迹遍三界滅識掩智而行該萬法契存於希夷之表機動於怱恍之中談其空則不盡有為索其朕則復歸無物非天下之至妙其孰能與於此乎夫權智無方說三應物真乘寂住抱一湛然同天等人寧累於我淨見病示慘未虧於常樂故能蒙塵於八邦疑之路含垢於五濁之津入其輪迴爾乃度脫生死共其迷復然後舟航顛倒撫神機而獨化攜弱喪而同歸大悲所薰其利博矣元德所祓可勝言哉及道隨盈虛教遷正象猶囑累於句偈尚隄防於修習是以四依弟子深演護持之功十行法師大宏供養之事爪甲儻盡悉成菩提心口能存俱離煩惱法雲上際於兜率慧日傍臨於震旦魯人將聖神契闇託於西方漢主聖明靈儀夜飛於東國屈伸變化其不可思議之致歟

皇帝以六龍乘時三獸演法窺道品於掌握援聖期於旦暮彈壓海際彌綸沙境赤縣為休祥之宅蒼生沐仁壽之賜瑤函玉檢荅宇宙之隆平寶網珠幢迎天人之勝福丕業以不宰成務深慈以無緣致功固已合上帝之元符開中天之寶藏豈徒窮數盡妙越契踰繩而已哉太子左衞率上柱國相王八卦乾男五行帝子金相玉質鳳毛龍翰幼承寵異列俎豆於南郊長懋徽音奉粢盛於東陸孝友隆其三善溫良登其四行貴而思降體易象之流謙沖而不盈懷道家之日損每推大宗之重深讓元良之德攀紫

庭而抗疏懼隔照臨仰元昊而申虔庶通誠感冀因十善之力遂迴九臯之聽跪辭銀牓褰裳下天地之宮拜受玉璜備物坐侯王之國裂山河於大郡黑社生光屬匕鬯於元昆黃離退阻欣跗萼之有序慶宗社之彌隆載荷今恩永垂曩誓乃發願造釋迦牟尼佛尊像一軀大菩薩弟子神王各二身方撤東山之府且模西竺之容皇嘉廼誠用錫休命制度廣輪之法咸順私心琢磨鎔範之資盡令官給於是乎百工獻技九牧輸琛瑞雀棲爐仙人練火觀秘影於龍窟得眞形於鷲山一輪千輻之偉姿七滿八圓之

殊相青毛紺髮蓮目睟容珠纓大士登護法之筵金杵神王夾降魔之座磐崑岑之瑤碧窮蜀道之丹青黼繢周施莊嚴具足煜兮似金山之出海疑毗首天近塹其琱刻靈儀始畢寶飾纔終眉宇之間忽呈異彩圓同植璧炯若懸珠合身相之千光連面門之五色官司駭視而愕立遠近爭途而交赴迴兩宮之軒騎動七貴之輿輪稍積旬時愈益朗明神變無象眞筌隱乎密微感通有途妙契存乎咫尺自非聖靈合德忠孝因心何以發金鞍之殊祉玉毫之祕相者哉西域金身既遷於勝妙之塔南宮畫像亦送於

清源之臺揆卜因安有自來矣聿求勝壤用遷斯剎有司制禮具音樂洛州供車乘内出神幡香輦送至道場於是士女雲趨衣冠翕集二龍灑道千馬隨軒幡花經鐵鏁之橋讚唄下金繩之路前後遵從梧宮竹苑之球琳左右奉持柰圃蔗園之龍象煙霞將囂塵混色鼓鍾與蠡貝齊音回繞周旋達於淨境既安象設仍建齋筵親屈萬乘之尊俯從八關之會日月天子來侍威儀星辰大夫預陪文物攜麒麟之貴戚入鷞鵷之仙臺嘉樹低陰祥蓮接步以犧帝龍顏之相謁象王螺髻之容對奉二尊忽疑釋迦之讓

座詳觀兩聖更似多寶之分臺於時人天盡室法俗傾都衆有稻葉之多地無針鋒之隙並睎玉鏡咸仰珠輪莫不注目虔心稽首禮足慶薝蔔之還嗅悦優曇之更開咸訝難思得未曾有爾乃寶坊四敞銀關雙闢地如龜甲山似龍鱗羽騎銜枚列萬隊而清警天龍按部總八神而環衞威容儼其既肅中外寂而無譁然後借座燈王請飯香士大乘法匠開不住之宗耆儒禮官獻無遮之式傾中藏之寶貨移太官之玉廚衣鉢分行簪裾聯事流三川之水未足方油渠酪池輿二室之榮不能媲香煙花雨大樂驚於

寶刹高幢入於梵宮誦經則上界遥聞彈指則下方俱動用慈悲而行喜捨以清淨而爲功德初中之布施寧比其多南北之虛空未量其果方見如來種智化成大寶之基菩薩慧明利建維成之業寧止百千聞法咸蒙離垢億萬同會俱證無生惟抱義含仁顧言慎德文章冠代禮樂在躬以旦奭之周親踐曹史之名行詩書探四學之奧纂籀殫六文之功資寬和之性不伐不矜秉夷澹之心無榮無欲用能體道悟法遣榮去羨讓其天下高名動於萬方得其環中妙果深於大庾解末俗之常愛蹈眞空之遠跡勝

上之業所以崇奉君親謙撝之風所以率先黎獻行可以激貪止競誠可以運神感靈即事論功因今揆昔則南吳去國心未階於紹隆東海稱藩福不登於資敬豈足以梗概風範參差軌轍昔栒邑以塵勞樹績猶勤珥戈衞臣以陪隷收功尚銘彝鼎矧乃調御輪闕之功亦君王去就之事津涯共滄溟將廣名節與嵩岱齊高形舞詠而被笙鏞固其宜矣書版圖而鏤金石夫何愧焉爰命下臣式旌高躅庶山飛海竭將地軸而無傾火劫風災共金堅而不朽重宣此義敢作銘曰

心行之表虛空之際有物混成是名眞諦非生非滅不巨不細去失其方來無所繫潛通鑒揆闡發機神大慈流俗權開應身非邪作正導法爲輪盤戶逢煦迷途得津天籥含聲衡樽稱物酌焉不匱動而愈出說果明因談因證實波旬迴首尼揵頓膝應變開鑿隨方汲引德洞幽深化縣區畛洽恩洎緣停報斯盡石室韜光金河輟軫慈舟已謝慧炬俄沈色相俱覩希夷莫尋蒸哉睿聖皇矣君臨更維象法還開佛音有美親賢于嗟檀捨讓踰斷髮誠均捧馬脫屣青宮分茅黒社道軼方外義高天下將追宿契且樹

良緣乃隆皇造爰抽國帑觀形兜率取法優塡大冶神化靈儀自然異相紛紜殊姿掩藹黼繢丹雘莊嚴金貝面似月輪頂如天蓋十位傍拱四神來會眞契何遠心誠則通毫文玉潔頷理金融色動天印輝含帝弓不資睿德孰顯神功象設既安齋場乃闢玉輿迴軫瓊柯侍席仗擁曲鈎筵羅飛錫海引千供霞張萬帟人天鼓舞龍象徘徊雲散華蓋烟爲寶臺闕十六字嘉願克誠洪因無乏百靈衞善千祥護法眇眇三思悠悠萬劫永固彝器長隆寶葉

李嶠八

攀龍臺碑

粤若太極始搆氤氲含五氣之精元胎既分鼓舞立三才之位由太朴而觀成象自流形而臻物備因乾坤之變化相后辟之經綸則知肇創雲雷非一聖之事奄荒區夏由浸昌之業是以岐酆受命武王戢商野之戈譙亳開基文后遷漢宮之鼎若乃提六合之樞紐扣二儀之鐍鑰日月既出方利見於通三風雲未和尚勞謙於初九蓄宏圖於

緣鶴之邸垂慶緒於斷鼇之運屈伸應物而無累於時進退隨方而不違於道非聖人之睿智其孰能與於此乎大周無上孝明皇帝諱某字某太原文水人也其先出自周平王少子有文在其手曰武因以姓氏居沛之竹邑晉尚書僕射開府儀同三司薛侯陔其後也六代祖洽仕魏封於晉陽食采文水子孫因家焉夫其受氏中古開階上業軒轅以青龍進駕配永循機少昊以元鳥名官修方正度高辛之首戴干盾后棄之躬勤稼穡或四妃分孕隨肩執天下之圖或三聖連衡踵武司域中之契宗支繼明而襲嘉帝載重熙而累洽雖七百休祚暫遷於質文而九五尊名復光於歷數自非慶鍾長發神應遠期人鬼贊其謀猷乾坤扶其統緒豈能出入百代周旋萬春至道淳風未昏而已旦洪鑪大寶既舊而還新家纂迎日之符門傳配天之業環三辰於斗極不足比其崇高灌四瀆於滄溟未能傳其深遠若夫振氓育德屈道不王舄奕於昭穆之間頡頏於公卿之位蓋詳諸惇史可得而畧高祖成皇帝宏才碩量經文緯武曾祖章敬皇帝達學通儒金聲玉振大父昭安皇帝心冥道德志挾九區顯考文穆皇帝理會幾神

名高四海帝即文穆之第四子也母文穆皇后嘗祈晉祠於水濱得文石一枚大如燕卵上有紫文成日月兩字異而吞之其夕夢日入寢門光耀滿室已而懷孕遂產帝焉及載誕之宵夢人稱唐叔虞者謂后曰余受命於帝保護聖子驚寤而帝已生明日紫氣氛氲覆冒其城上俄而化爲五色鬖髿若文綉之衣左右親賓莫不駭異及長龍顏方面身長八尺背有黒子象北斗之形昔者禱於郊禖拾卵而興王業游乎温洛吞珠而立帝期（一作基）譙宮誕而青氣發祥猗殿生而丹曦授彩亦有御蘭感夢皇天之命伯

像翦葉開封上帝之名太叔咸躋未然之兆並獲將來之應猶不能比蹤神貺埒美聖符況乃龍顏武肩有含良之骨法戴鈐懷斗似高密之容狀是故生而聖知幼而聰達敏給於論天之始徇齊於對日之初甫及勝衣究緹緗之賾逮乎束髮殫鞶帨之巧淳深孝悌之性闇發天機宏裕仁慈之風匪因師習太后嘗被重疾不愈經時帝扶侍起居品嘗藥物僅踰蒼舒稱象之歲未及子建誦詩之年履不正絢衣不解帶及丁荼蓼號慕嘔血七日無水漿之膳三年罷鹽酪之滋扶杖而行殆至毀滅雖孝文之服勤累

載高宗之諒陰三祀無以加也常有大節早嘗小方志立功名而不求苟得心重氣俠而動循常憲道德深富規模宏遠曠心將江海齊遙宏量與宇宙同寬是以單父通人識其殊異之表大梁奇士許以霸王之畧文穆皇帝則哲之鑒恒易其難惟幾之神每前其用嘗從容謂諸子曰吾家累仁千祀積德重葉餘慶所及宜在子孫今觀汝曹悉王佐才也然草創經綸之際聖賢馳騖之秋騰嘯而馭風雲叱咤而成功業其在士龔耳以如天之聖用知子之明騭括所在錙銖不繆豈如趙邦謀嗣惟驗於藏寶楚國擇林更憑於埋璧及文穆之棄代也帝廬於墓塋負土成墳手植松柏喪紀之節復如居穆后之哀有芝草生於廬前羣烏數萬銜土集於墳上山中舊多猛獸行李艱阻至是皆逃竄絕迹時人以爲純孝之感焉隋高祖雅聞帝名屢加辟召友人同郡叔孫賀博通之士也陰陽術數無所不該謂帝曰公狀貌非常但玉理一作埋未發耳終居人上勿爲事先帝亦知隋統將終乃稱疾不應漢王諒以戚藩之重作牧太原乃親率官僚造門致禮深加敦諭逼令進發帝不得已起應明歘至仁壽宮屬隋文帝寢疾有勅館於

內史省以須後命帝高名宿望傾動當朝承風仰流揖拜無地衣冠如宗海之赴士庶均在田之覯司徒觀王雄左僕射楊素吏部尚書牛宏兵部尚書柳述咸與抗禮延登首席中郎之下迎王粲計吏之長揖袁逢千載風流復存斯舉帝風儀偉麗占對詳明朝端改容左右屬目雄等素欽才辯欲探闡奧爭出異同互興名理而洪鐘有虛受之量明鏡體不疲之德詞同炙輠應若扣機立定雌黃既堪嬴后前膝坐離堅白足使田巴杜口觀王既特相欽慕牛宏亦深加敬異並虛心降節投分申交而楊素負才恥已

不若雖外示接引而內懷猜忌乃私謂觀王牛宏曰吾觀武氏風骨實有英雄之度今太平無事安用此人不如除之王等不荅而柳述又潛遣相工視帝帝知之深不自安會隋文帝崩因移病出外素等以爲僞迹從此欲搆禍端賴觀王牛宏營護得免漢高以英威冠代取忌范增劉主以倜儻出羣見疑曹操比方前事有若合符帝既脫網羅深自隱匿雖室家追訪猶見碭山之雲而廛里去還不就丹陵之日辭杜城之弋獵罷雷澤之漁釣獨覽前志長懷古人有行高於時有行濟於物輒慷慨擊節殷勤留想便

欲冥道契於一朝託神交於千載塤篪唱和自多酬荅之親風景遊遨無乏林泉之興歲將晏也龍蟠鳳戢者久之大業七年煬帝徵天下精兵會於涿鹿將親授節鉞以伐遼左旌旗亘於千里轉運盈於萬軸閭閻失業郡縣不安帝謂諸兄曰夷狄不賓肇於上古自當置之度外耳未有紆萬乘而讐小忿擾羣生而赴非急夫兵猶火也不戢自焚禍亂之萌從此始矣既而六師魚潰九野鴻飛竟兆天亡之徵卒成土崩之勢帝於是慨然有志方思濡足乃討論兵法商摧將率上自黃帝下訖有隋考其謀畧機權稽

其成敗得失並列名氏爲之贊論彈魚鈐武韜之術究元女黃公之符勒成一家凡三十卷名曰古今兵要制高秦肆事軼魯門可以刻祕牒而昇廟堂可以藏名山而懸日月聖人之心情見矣天下之能事備矣于時兵戈屢擾鐵鏟荐臻英傑懷逐鹿之心氓黎有瞻烏之懼期謝公之出處以卜興衰待韓王之從就而論勝負與能之詎時議攸歸長吏猜焉數令相覘帝自惟人望懼發禍機欲混迹而同塵且韜光而向晦乃出應期命爲河北道總管府司騎參軍智周變通道兼語默戢大鵬之舉逐集榆枋降應龍

之神還游陷穽楊元感之作亂也後主方重討遼東元感進圍洛陽官兵頻戰不利城中大駭議欲出降時帝在東都懼其失計遽往見留守樊子蓋爲陳用兵形勢制敵權宜論元感必敗之徵說都城可守之策子蓋大悅拜而從之爾後軍謀一皆諮稟卒擒元感帝之力焉後主歸自遼陽子蓋方之行所邀帝同發擬相推薦帝知後主猜忌不願多取功名深自謙撝發言懇到子蓋心悟歎息而罷於是況以軍功奏授正議大夫遷晉陽宮留守司鎧參軍無忌之克敵讓封仲連之立功辭位比我休德曾何足云帝

旣博通羣書兼善衆術拂龜端策未勞詢於詹尹推歷考度無假訪於山稽大業十二年後主幸江都宮帝私謂諸兄曰此行也不復還矣繇是鄉里宗族勸帝起義帝每自推算知時命未符又念叔孫賀之言故抑而不許初李密爲楊元感謀主元感不能從及聞帝與樊子蓋運籌所揣皆如密意乃歎曰天下奇才也遂遣書招帝帝笑而不從諸兄素聞密名勸帝帝曰密雖有才氣未能經遠欲圖功業終恐無成會唐高祖安撫太原便留鎮守帝觀之曰雄傑簡易聰明神武此可與從事矣投刺往謁焉賈文和之

揣君鄙食其之觀將翔而後集可謂明也高祖亦虛心結契握手推誠周文之得姜牙載以騑服成湯之逢伊尹告之宗廟便應爪牙之伍即承心膂之託高陽賊歷山飛來寇帝從高祖擊之弧彎六鈞箭穿七札隨手必陷當皆靡亂神兵掩擊醜虜大殲熊山之破赤眉不比其捷犬邑之摧青犢未儔其儁高祖嗟嘆賞賜甚多軍師凱旋便過帝宅樂飲經宿恩情逾重其後數過輒宿遂以爲常帝嘗夜行聞有稱唐公爲天子者登遣尋索了無其人又夢從高祖乘馬登天俱以手捫日月於是具以狀白幷獻所撰兵書高祖大歡益以自負置其書於箱篋後皆按以從事聞程昱之夢卽以爲名聽張良之言皆納其策所謂天授豈但人謀高祖將舉義兵令帝領徒於城內義旗建授中郎將兼司鎧參軍陪斬木之經始奉披荊之締構異中涓之受職同別校之分麾從破呂州進授右光祿師至霍邑隋將宋老生發兵拒險軍不得進羣下多請引還者高祖將從之帝直入切諫高祖乃止決機於龍關之日定策於狐疑之辰笑裨諶之請車同子房之借箸實建王業事符天啟霍邑定拜壽陽縣開國公食邑一千戶屠城斬邑旣憑

帷幄之謀開國承家卽啟山河之賦京師平遷光祿大夫賜宅一區錢三百萬絲五千段灌嬰之頻從征伐始拜大夫去病之累著勳庸方開甲第釋干戈而論俎豆起桴鼓而立君臣式是禮儀允歸通博義寧元年拜禮部侍郎餘如故儀刑斯在命服有輝肅事南宮雖懋於春典司言東掖更資於夕拜遷黃門侍郎餘並如故職參持蓋位連負璽茂先之博覽圖籍譽滿玉堂務伯之提正綱維名高瑣闥錄前後功効改封義原郡開國公增邑一千戶賜良馬二百匹粟萬（一無此字）二千石爰膺嘉賞遂啟大邦解漢皇之

駿寧比其惠。分吳主之粟。未齊其寵。武德元年。拜內史令。帝累讓不受。改授納言。又固辭。乃授上柱國。金紫光祿大夫。散騎常侍。同中書門下三品。兼檢校并越將軍。賜田三百頃。奴婢三百人。綵物二萬段。黃金五百斤。別食實封五百戶。金章紫綬。玉鼎黃扉。柱國齊元相之班。將軍比命卿之服。膺上賞而平軍國。坐中樞而議文武。恩榮兼被。時輩莫儔。三年。拜工部尚書。餘並如故。差肩八座。配象七星。以百揆之樞衡。參萬機之損益。德績兼備。聲望日隆。于時軍旅猶殷。憲章未洽。帝盡心翼亮。推誠匡輔。入有造膝之謀。

外宏匪躬之義。興復乎九疇之敘。彌綸乎百度之闕。蹟網所以克振。令典於是畢修。高祖（闕一字）之禮絕羣彥。進封應（一作晉）國公。加實封八百戶。餘並如故。高祖又謂帝曰。朕在并州之日。恒往卿家。今欲使卿一門三公。用徵荅主人之意也。是日。封帝長兄司農卿士稜為宣城郡公。次兄行臺左丞相士逸為安陸郡公。並食邑一千戶。歡比連席之舊。契均同舍之游。酬德踰於二錢。報恩過於一笥。閭門受邑寧惟吳漢之子孫。舉宗畢侯。豈直蕭何之兄弟。爾後高祖行幸。常令帝總留臺事。兼知南北牙兵馬。判六曹尚書。相

國之處。秦中。益資鎮撫。令君之任許下。仍參籌畫。具瞻惟允。是謂國鈞。時帝先缺中闈。高祖親為求偶。謂帝曰。隋納言遂寧公楊達。才為英傑。地則膏腴。今有女賢明。可以輔德。秦晉之匹。不能加也。於是特降綸言。俾成姻對。高祖自為帝婚主。遣桂陽公主專知女家。降六禮於瑤樞。指三星於金穴。魯大夫之嫁女。卿士送迎。張公子之取妻。乘輿供帳。作儷於鳳凰之兆。相從於孔雀之樓。伐柯則歡其食魚。流荇則美其巢鵲。是配琴瑟。爰宜室家。欽若有行。即孝明高皇后妃也。始同嬀水之聘。終啟塗山之業。永言好合。若

有神靈之契焉。憬彼塗泥。實惟淮海。襟帶全楚。咽喉勁越。雖孫權故業。久黜霸圖。而劉濞餘妖。仍多反氣。杜伏威初行僭逆。輔公祏繼以亂亡。梟獍未懲。萑蒲猶在。帝思俾乂遂紓時哲。以本官權檢校揚州大都督府長史。賜錦袍寶帶一具。爾乃撫之以誠恕。經之以權略。鉤距闇施。既問羊而知馬。網羅潛設。亦因魚而得鴻。降北海之渠。未踰期月。盡（一作剗）南山之盜。詎假旬時。然後商旅安行。農桑野次。化被三吳之俗。威行百越之境。輶軒符節之使。復下於蠻陬。齒革羽毛之琛。還輸於王國矣。始高祖之餞帝也。期以半

年。及江湖既平。帝將入覲。父老數百人。詣闕上表。乞更留一年。潁川之還借寇恂。臨淮之重祈侯霸。傳功語德。彼獨何人。璽書褒焉。復留鎮撫。九年。太宗以儲宮統事。乃徵帝入朝。寵賜頻繁。事以殊禮。荆河奥壤。密邇瀍洛。自昔股肱之郡。由來戰爭之場。飛水初澄。雖免鯨吞之患。叢祠未翦。尚有狐鳴之妖。受委共康。非賢勿授。使持節豫息舒道等四州諸軍事豫州都督。賜黃金二百斤。朱轓首途。吏人抃舞而交謁。皁蓋臨府。盜賊驚惶而請命。傾巢咸附。闔境肅然。棄戟捐矛。既如張霸之政。術含哺鼓腹。更似岑熙之歌

詠。利州都督義安郡王孝常稱亂。劍南扇動。夷落。孝常誅死。餘黨分竄。劫掠未息。朝廷患之。太宗博訪羣寮。咸以爲非帝不可。貞觀元年。拜利隆始靜西龍等六州諸軍事利州都督。郡惟遐徼。地實偏陬。尋蜀帝新開之途。經漢主舊燒之棧。渝人賨旅。獸駭禽驚。帝招輯叛亡。撫循老弱。賑其匱乏。開其降首。百城櫜弓而不用。羣盜束手而來歸。宏以善貸之恩。赦其既然之罪。未移弦望。郡境又安。制書褒揚。增邑五百戶。賜珍物服玩。黃次公政稱長者。裂壤開封。杜伯侯動無間然。賜書增秩。五年。改授荆峽澧朗岳果松等

七州諸軍事荆州大都督。眷茲上流。實惟舊楚。接荆臺之跨踦。連渚宮之形勝。一都之會。昔號難治。帝仁化久覃。威名先著。褰帷而十部咸肅。閉閤而萬殊皆理。寬力役之事。急農桑之業。狴圄空而京坻實。姦回息而禮義興。市不倚門。田多讓畔。烝人罷訟。詠河上之甘棠。游女無思。歌漢濱之喬木。流化實同於二陝。宣風寧止於六條。先是微屬亢陽。頗傷時稼。帝乃親往長沙寺。迎阿育王像而祈焉。俄而油雲勃興。大雨洪澍。倏忽而四境滂霈。須臾而千里霑洽。申虔未踰於晷刻。降福遄同於影響。一州歎駭。稱有神明

是知元符未臻。且列於公侯之位。帝道潛契。實冥於天地之德。昔者姬文事紂。行化始自於江沱。晉武平吳。樹勳實由於荆土。誠作霸之基址。乃興王之窟宅。況復風烟氣色。樓臺邇翔鳳之川。邑里光輝。阡陌通臥龍之境。爰紆不世之主。將建非常之業。於是乎百物呈瑞。三靈降休。游般朝之白狼。止酆尹之丹爵。含牙之獸。遁迹於殊鄰。同穎之禾。垂苗於近甸。惠愛之德著矣。皇王之迹兆矣。然後白氣流而聖人感。黃河清而聖人生。奄有六宮。遂荒三象。化千乘而爲萬國。撫四海而成一家。起藩屏之會昌。致寰瀛之景

福大矣哉九年唐高祖崩帝奉諱號慟因以成疾太宗遣名醫診療道路相望醫以病候將深勸令進藥帝因舉聲大哭嘔血而崩敬想忠義之風緬惟臣主之分求諸古昔未之聞也時年五十九遺令歸葬文水因山爲墳穿足容棺斂以時服灞陵之不藏金寶紀市之無變廛肆惟聖達節千載同風於是具僚失圖闔境哀慟農商號於野士女哭於衢三月停竽瑟之音再期深考妣之慕寧止東城故老安歌對陳氏之祠復見南峴吏人垂涕望羊公之碣太宗聞帝崩狀嗟悼久之曰可謂忠孝之士乃命史官書之

追贈禮部尚書配食太上皇廟贈物八百段米粟八百石官造靈轝送達故鄉仍委本州大都督英國公李勣監護喪事緣喪所須並令官給遣郎中一人馳驛弔祭謚曰忠孝公禮也天皇大帝嗣膺乾歷光闡帝猷思盛德而有懷念元功而載佇永徽元年改贈使持節都督并汾慈嵐四州諸軍事并州大都督餘並如故聖上肇開陰曜正位坤元永徽六年又下制贈司空餘如故顯慶元年又贈司徒改封周國公食邑四千戶咸亨元年贈太尉兼太子太師太原郡王食邑五千戶以文水三百戶充奉陵邑置令丞

已下官夫源流廣而津派長枝葉繁而本根茂況立德之祀奄百代而全昌謀孫之基冠千齡而首出與夫東漢外戚西京異姓不同年而語矣文明元年皇帝臨朝追崇爲魏王食邑一萬戶永昌元年羣臣以名號不稱抗表固請於是上尊號曰忠孝太（一作大）皇及鐘石變聲謳歌有奉皇帝欽受終之茂躡御惟新之景命改正朔而營宗廟定郊丘而立社稷聿遵故實光啓鴻名乃奉冊尊太皇爲孝明高皇帝陵曰昊陵廟曰太祖推大功而增大號奉先之義存焉享皇極而配皇天敬始之誠備矣仍以爲千人起邑

名未光於寢園萬戶陪陵班僅齊於令長思廣崇陽之稱更增奉明之秩聖歷二年乃下制改昊陵署爲攀龍臺加置官屬佐吏瀵水將九河齊濬橋山與四岳爭高然後肅敬之儀旁絕於恒數尊崇之志上申於罔極蓋天子之孝也庸小人之可談乎初晉陽懿公既受田於文水有紫氣發於其地上衝太微占者以爲當有聖人興於此邦至是而天下宗周符於所占矣帝神氣和雅天姿英邁率爾坦易而無廢務儼然威容實可親昵俾好賢而樂善博識而多聞游談者空慕其風鑽仰者不知其處若乃覿文察理

覩奧鈎深推六畫而見三才覆四營而窮萬象斯乃風皇之所以際天人也敦本抑末納祜蠲邪探祕術於九門致成功於六府斯乃火帝之所以慈氓庶也語奇正縱橫之術論帝王仁義之兵教貔武熊羆作舟車器械斯乃軒后之所以張武功也溫良濬哲惇懿文明觀象乎藻火之衣聽言於宮商之律斯乃嬀水之所以昭文德也聲爲律而身爲度勤於國而匱於家沐雨而櫛風卑宮而菲食斯乃夏王之所以求諸己也引罪讓德持尊下卑虛襟於藥石之言屈體於芻蕘之議斯乃商后之所以聽於人也不傲

不逸多藝多才求賢審官興法立度通刑政之要達禮樂之情斯乃周公之所以勤王事也宮牆罕測性道難聞筆削所裁羣賢無措言之地憲章所緝百代成不刊之式斯乃孔宣父之所以正人倫也兼列聖之純懿總百王之事業時運未集東皐輟鴻鶴之心天衢既亨北面就人臣之禮似文命之匡虞歷都君之輔唐政終能與時俯仰隨運汙隆居位恒屈其身莅官必行其道是以參謀帷幄則消薄蝕而殞攙搶助理鹽梅則成雍熙而作舟檝名裕於八能之士德高於五聖之臣及賜瑞分珪牧州典郡其人變而衆化其政賢而羣美入稱來晚謳歌迎節傳之車出有去思號泣擁襜帷之路豈惟南征而北怨固亦西泣而東悲仁覃於雞犬之鄉澤浸於蟻螻之穴用能摛光表之盛業啓格天之洪緒存膺顯位彤弓開九命之尊沒享大名紫籙登萬乘之貴豈非天道人事祐賢福善之徵歟皇帝念過隙之不留哀終天之罕報欽致孝之前軌仰增名之舊式以爲廟堂作頌功業纔播於朱絲簡書策勳德音不傳於翠玉將謀相賀之事更宏丕顯之躅載紆中旨爰命下臣考泗水之遺風求弇山之故事奉天經而揚詞藻圖

帝範而懸金石將使神功睿業配圖象而昭臨茂烈崇徽共方儀而永久聽承大命而爲頌曰

厥初剖判肇有君臣體國經野司天屬人二微遞襲五運相因惟德是輔惟乾罔親（其一）謙莊斯崇荒侈則替金鏡易失玉儀難繼於皇聖周獨與神契受籙千祀重光百世（其二）軒謝摯立辛遷稷外岐山光啓酆水丕承淳耀中缺靈符更興三才奄有八景時乘（其三）方隆慶基誕生睿德齊聖剛毅欽明柔克行爲天經語成帝則文冠楊史學窮儒墨（其四）僶俛三聘觀光九重未交劉徹先揖袁逢路險難進才高

不容言辭吠犬退保潛龍其五人忌英雄物疵孤直隨運出處與時消息遂汨泥沙爰栖枳棘擇木候主摶風舉翼其六拔荆晉野借箸汾圻霍邑通路秦關啓扉策無遺兆慮必先機漢主分食蕭王解衣其七裂壤疇庸升朝致績勲刻彝鼎任司衡石玉鉉調梅金壇秉戚職備文武道光帷帟其八恩洎同胞禮加内主魚貫納幣鴈行分土外館施衿中臺曳組榮被親戚慶隆今古其九三事出牧九卿爲守憂人急於屈道資祐淮水臥汲潁川借寇龔遂買牛宋均浮獸其十荆吳異俗梁豫殊鄉德績均被椒蘭共芳歌迎來軸泣送歸艫朝禮斯懋宸心孔臧其十一堯得聖臣納諸大麓舜讓才子止其枚卜況我皇明兼而韞櫝徒屈時命罔終天祿其十二戢耀南紀遷神北維二分齊德三馬同基漢曲圖像江沱立祠存流美化沒有餘思其十三欽若大君奄荒天位率由禮樂仰尊名器禋郊展禮升壇立謚祇敬已洽孝思無匱其十四衣冠軫慕園寢加隆祼擇殷士歌留沛童弇山無裕濟水銘功流德音乎琴玉配貞觀於元穹其十五

懿德太子哀册文

維神龍二年歲次景午夏四月甲戌朔二十三日景申懿德太子梓宮啓自洛邑將陪窆於乾陵禮也廞衣夕陳祖奠朝設蜃輅俄軫龍旗按節皇帝嗟蟻庭之寢籥惜鳳渚之韜簧撫萬乘而懷國本綏六姻而悼乾將情無輟哀禮有加數刻純懿乎金版播聲芳於玉裕其詞曰

靈命將興元符是膺皇基茂立帝武丕承祥集畫堂慶流朱邸棘矢延覛桐圭備禮實惟天族載挺人英川寶岳秀虹輝電精舞象得元佩觿聞道刻舟敏遽牽衣慧早幾神闇體理識冥資心韜鍾律情含蔡蓍曰仁曰孝非訓非師寬惠深博温良肅祇苞舉六爻網羅羣籍詩接楚彥賦延梁客淮國傳騷雲臺對易樂善超輩多才掩昔乃崇匡衛實屏實藩乃列朝請爲鴻爲鷯揚聲北路振彩西園儀表姬戚光輝舜門恭事闈闥歡迎黨族怡色玉潤温詞蘭馥中外克諧親踈允睦恒德有裕間言無譖榮深出幸寵茂留中婉孌羣辟綢繆二宮陪輿澤厚賜馬恩隆西蜀欽義南山向風禮縟天孫望高元嗣重海闕象前星虛位方輟須彝行膺主器奄喪門軸俄催隙駟嗚呼哀哉鳳下朝陽龍收瞑光瓊田滅彩桂苑淪芳國軫傾榦朝悲壞梁惟靈徽之寂寂怨天道之茫茫嗚呼哀哉元聖登朝恩榮下賁

爰命典冊式昭名謚匕鬯雖崇粢盛不薦闓壤同戚具寮增欷嗚呼哀哉築思臺兮竟不旋還作室兮復何年訪來人兮傷對日瞻去鶴兮感昇天惜明離之虛繇帳風樂之徒懸懟銀牓之留月泣銅樓之送煙嗚呼哀哉司兆獻占掌圖辨域挽鐸初驚帷幌既飭引文衞之逶迤度繁笳之悽惻纏永慕於青府結餘酸於紫極嗚呼哀哉辭交風之近節出避雨之層巒望八水而遙集懷三川而顧歎麥枯兮夏早花落兮春殘林野晦而天無色烟雲愁而景欲寒嗚呼哀哉稅駕昭途即宫下土執斧供事揚麾按部藏日

兮山門埋鐙兮地戶痛平生兮冥寞哀倏忽兮今古視不見兮呼不聞天無曉兮夜無分同變化兮光陰盡配陽秋兮蘭菊芬嗚呼哀哉

欽定全唐文卷二百五十

蘇頲

頲字廷碩宰相瓌子舉進士拜中書舍人知制誥景雲中襲爵許國公開元四年遷紫微侍郎同紫微黃門平章事八年罷爲禮部尚書檢校益州大都督府長史開元十五年卒年五十八贈尚書右丞謚曰文憲

長樂花賦并序

蜀太守庭際有紫華草秋中始繁英露洗冬早尚直本霜封蕪雜大同於衆卉盛衰小異於羣物余訮而未識吏或告余曰此長虞所賦蜀長樂花也故心暗賞焉因口授書

吏遂墨而成作恨不見古人所爲得髣髴其旨爾

夫長者以短長之形度其長則至美夫樂者以哀樂之類同其樂則至喜長也樂也吾安得而間之嘉纖植之並用偉令名兮在茲徒見其豐族苯蕁高標璀璨莖丹外而縞中葉縹分以紅貫綴綠穎之重疊索紫莛之爛漫迫而象之君子其常或微或章聳危冠兮纓若綬默退靜其何望遠以意之佳人欲翔炫炫煌煌重羅綺兮搖搖翠蹇來思而未嘗匪以幽兮自直匪以直兮自藏匪以晚兮自耀匪

以耀兮自强文濁露之均灑庇清舒之汎光本無嫌於散地甘有寓於殊方然則太液初滿上林新霽華茸灼爍萬品千計搖瑞色而函芝雜奇葩而轉蕙孰與夫玉堂金闥之偏賞白日青春之特麗歲不與兮時向闌風蕭蕭兮夜漫漫賓遠鴻於沙塞叫離鶴於江干君曾不見三月華矣盡林閒之槁木千霜隕矣亦庭下之枯蘭懿此常度陵於早寒假春期而不彩雖秋令而不殘衝雨霰之飛薄任雲山之險難芳弗珍於靃靡節常慕於檀欒吾則知樹背之奚託惟傾心之可安如後凋之是貴罔獨立其誰觀文學

掾起而爲亂曰白露瀼瀼何草不黃紫華灼灼生君之堂彼不伐兮秋自騖時或珍兮君是惠彤庭赫兮朱草騈交屈軼兮友賓連伊榛莽而荒些君曷爲兮賦旃

封東嶽朝覲頌 并序

封祀之山五在中國泰嶽首之昊穹之命再集巨唐皇帝受之臨位十四年考虞氏歲巡之義頌周王時邁之什十月辛酉步自有洛十一月戊戌帳殿齋於岳趾淵默以清繹思而照將紀功布度順斗承天精享也已丑宏觀軼區宇盛儀振開闢高臨建鳳萬隊張皇以燭山上御飛龍百神龠習以扶道國台二藩后四髦士密侍信臣高位扈封臺列升陛不下五十以聖言沖邈瑤牒寶書誓之旨曰朕獲守丕業恐不克駿命惟上帝儲休錫蒼生無疆之慶朕之慶也古則祕之何哉屬寒馳迅飈露清終夕若掃若鋤晏然而已庚寅天官次籙王制協時嚴高祖以配之嗣高宗以陟之冕衮立珪璧序潔罍俎調鐘呂倨句於簨簴戛擊乎柷敔寶騈瑞兮物焜煌空薄霄兮音容與則纖塵不動和氣充塞日在於觀天爲之門揚日大光謂小天下昭以拖戴見之卿靄郁郁紛紛喜氣絪縕當芝檢引紫薰大

紫洞而三辰接鬱蒼搖而萬歲聞自下達上徯吾君君之來兮望如雲端兮睟聖之門至尊辛卯有事於社首以泰折如泰壇於穆我睿宗侑而作主奠獻嗚咽天子之孝也僉以金匱歸勛於祖禰石祴藏美於乾坤戒咸秩則司存癸巳載大旆合大樂三陔倨以帷㧑四亞鏘而輅止朝羣牧揆千官底邦賦數庭實華蟲辨等車馬來覲周人隨人二王之賓戎狄蠻貊萬里重譯必拱于著執贄奉璋雍雍昂昂靡敢怠遑乃建鷄竿伐鼉鼓帝命出皇恩溥揚巽風作解雨施舍之蕩滌之宥法罪除煩黷頌湧洋溢周流黜

霽不崇朝而遍者與此山俱疇騭而不拔胡徵而不鋪也亦旣稱壽申命宗伯咨爾頌焉效古之刻石臣頲稽首再拜而言曰臣聞昔在帝堯臣惟咎繇聰明之謂聖邁種之謂德天若曰依於臣唐易姓者李王於中華崇功者唐聖之澤德之浸也我唐祚之興昌符誕膺兩儀動六葉承皇帝宣高祖四宗之景烈肇開元神武之明號廣矣大矣莫有不寧罔有不俾咸一德之輔不貳心之臣羣后抗詞曰臣聞先王因天事天因地事地因名山升中於天陛下得天之經得地之義得人之行行也者孝莫大焉兼三才以

爲政孝也者仁莫大焉含萬物以爲性今三才貞萬物亨六典平九功成官不滔獄不旅至於刑清良有以也因斯而談清明在躬志氣如神之睿者君也四國于藩四方于宣之美者臣也有物有則我君臣保乂之原所由于前設其教于後尒往歲邦危中否天討內難陛下提三尺之劍羾閶闔絕勾陳趨北軍正北辰然後翼翼乾乾尊尊親親立我蒸人聖考所以付天下之公器蹈汾陽之清塵唐雖舊邦其命維新古者振兵釋旅祠土祈穀先事也我是以幸太原祭汾脽耀金甲肅邊鄙虜馬讋而不敢南向解嚴京師獲寶鼎獻宗廟戍人歸而盡務東作報福京坻於是乎爰佐五時郊天以奉時爰崇九室祫祖而敬思昭格遲遲神人允釐無何籍三春盛六穗不召斯至擁休之類如山則委曷月而秘豈非享物降嘉司火也立渾同度在璿也陛下姑謂之薄臣所未諭且管氏詫齊帝王凡八十九湮淪鬱沒孰若致美我高宗勒岱甲子正六十肸蠁葳蕤故能應期我神武惟繼代奉業增高係鴻缺乎中何也即先后以權暫阻於運二宗紹復未遑厥功神闈之契不在諸子而當聖躬固不可辭者審矣帝曰俞畏德之不稱而

左輔右弼雜搢紳鴻碩之倫抱葩懷書蒸雲吐霧方集賢內殿講議前席以論之傳不云乎君子勤禮敬之至也易不云乎先王作樂豫以動也愼矣哉禮樂之爲用故執禮者具刪弊則節宜之自我變樂者理去商何害謙以爲臣二者洽而三讓之制曰可始嚴鹵簿騰七萃啟禁關迴九重以聽乎鑾聲之雍雍匪疾匪徐物有其容動植讚華夷觀騈闐總樽羨漫半散出成臯踰滎波憑滑臺眺洪河遂並昆吾之墟徜徉乎大舜之澤瀕四瀆二濟入於兗經九一三齊喬于岱推二旬有六而頓行在莫不皤皤華皓如

藿傾陽或牽以鑰或捧之觴偃僂乎康莊一以伸神武之令印一以感乾封之舊章迺鑰歸之觴舉之慈且惠而與之驩沸渭頡頏翊國鄒魯家洙泗秉汶野而圖記可知指泮林而頌聲不墜以周公之故將孔子之後翹然希王者之屬車聖人之清蹕則久及信宿之意巖巖所瞻宗神曰天齊玉加一等於三事戶二十供王祀環十里禁人樵報也大種旅之數重褒成之祿撫遺甿賜之復帝曰吁夫艱難繫王業休咎牽人事況天監之殊祥也殊典也不自滿而虔翬於位朕寶臣曰乾曜洎說有初有終時乃風欽哉

汝作朕左右丞相翳汝忠藎以嘉猷補袞之闕罔或怠遂宏天封煥天章篆介邱而旋德陽大饗乎羣方程後代美其律聲其實墳作四而籍言七也臣頲不敏繼伯夷之直清微太史之留滯聆金奏同百獸之舞振木鐸採萬人之詩敢陳詩以頌曰

天子聖兮天孫崇登以封兮報以功受命再惟皇代天之賚人所載士馬山藁戈矛山沓禎符山雜靈響山荅天與人合我鋪衍兮長粹濤太元冊兮太乙精休光光我之慶成舜四朝而禹萬國莫之我京

授張說中書令制

門下咸有其德委廊廟之元宰知無不爲歸披垣之成務銀青光祿大夫檢校中書令上柱國燕國公張說含和育粹特表人師懸解精通見期王佐立言布文武之用定策勵忠公之典才冠代而不有功至大而若虛自頃宏益時政發揮王道萬事必理一心從乂以觀其獨伯起慎於四知常得其貞叔敖謹於三省故能深而不竭久而彌芳宣大號於紫宸潤昌圖於清禁我憑柱石爾作鹽梅正名之謂羣議斯集可守中書令散官勳封如故主者施行

授劉幽求左僕射制

門下尚書佐理四方取則端揆成務百工是師非允具瞻孰康庶績封州流人劉幽求風雲元感川岳粹靈學綜九流文窮三變義以臨事精能貫日忠以成謀用若投水茂勳立艱難之際嘉話盈啟沃之初存讜直以不回（舊唐書作顧）爲姦邪之所忌豐萌頗露譖端潛發元宰見逐讒人孔多既殄羣兇方宣大化期問政於經始載登賢於夢卜可依舊金紫光祿大夫守尚書左僕射知軍國大事監修國史上柱國徐公仍依舊還實封七百戶并賜錦衣一襲主者

施行

授劉幽求同中書門下三品制

門下弼諧庶政亮采有邦不遇人傑孰膺王佐金紫光祿大夫守尚書左僕射知軍國大事兼修國史上柱國徐國公劉幽求偉量天假守才代出子產之道四既取諸身咎繇之德九以成其用伊昔遭屯感義謀始洎于開泰防萌釁初景化侯其丹靑讒詞變於白黑頃居炎瘴受釐之對莫聞重踐台衡從政之言益啟睠茲密勿方聽訏謨宜兼委於掖垣仍具瞻於禮闥可同中書門下三品餘如故主

者施行

授王仁皎開府儀同三司制

門下后族之榮況有資敬合儀之重允膺是求特進王仁皎盛門華緒當代賢戚不言而自有陽秋從信而罔愆風雨軒星作範已寵於金穴魯館增輝更芳於玉樹三事斯擬百工式瞻俾延椒臺之祥宜助槐庭之理可開府儀同三司主者施行

授阿史那承獻特進制

黃門建官制爵立化之本樹善崇功惟能是任招慰十姓兼四鎮經略大使定遠道行軍大總管北庭大都護瀚海軍使節度巴西諸蕃國左驍衛大將軍攝鴻臚卿上柱國興昔可汗阿史那承獻淩鐵關之遠塞威揚萬里雄金山之舊族誠竭累朝每讀古人之書且多奇士之節豈止秺侯忠孝呼韓允緒而已哉頃服獯戎綏其種落茂勳則遠已寵於登壇厚秩未加俾榮於開府亞台之典羣議允集可特進餘並如故主者施行

授姚崇兼紫微令制

黃門天之紫微地在清禁宰臣爲重庶政攸先不有殊才

曷云兼寄金紫光祿大夫兵部尚書同紫微黃門三品監修國史上柱國梁國公姚崇河山粹氣禮樂清英德量在寬公心益厚詞必體要行之自遠學以窮微志於可大允茲忠讜光我謀猷聞善若驚欲仁斯至衣冠以爲蓍蔡廊廟資其柱石朕之欽者管樂人之傑者蕭張遂能以身許國開物成務邦是用乂朝惟得賢北辰環拱西垣近密俾因題劒之榮式演如絲之命可兼紫微令餘如故主者施行

授李林甫特進制

門下王度以貞實寄於良輔天秩有禮允歸於盛德光祿大夫尚書左僕射兼右相吏部尚書集賢院學士修國史上柱國晉國公李林甫應期致用命代生才禮樂形於物範文章表於王佐自登袞職一紀於茲啟沃之謨酌泉源而不竭忠公之節貫霜雪而罔改彝倫攸敘庶績其凝實賴予弼用熙帝載猶且謙沖夕惕兢慎日嚴問溫樹而不言履薄冰而逾勵久而益著德則茂焉近者禮屬交神恩當進秩雖允恭克讓徒有固辭而惟器與名本無虛授宜昭寵數以鎮崇班可特進行尚書左僕射兼吏部尚書主

者施行

授崔日用黃門侍郎制

門下才爲於時以宣可大之業精貫於日以定非常之勛古稱王佐今乃人傑大中大夫守兵部侍郎兼知雍州長史修文館學士騎都尉安平縣開國子崔日用果行育德修辭立誠孝則揚親忠於事主堂堂乎貌暢君子之風諤諤其言蘊大臣之節故能書讀萬卷文窮四始高步登朝平心待物日者醜孽未殄嘉謀潛斷臨危不顧見義而作是用底寧實所緊賴師兵戢矣京兆晏如宜緝台階之政式拜掖垣之寵可銀青光祿大夫行黃門侍郎參知機務學士勳封如故主者施行

授張廷珪黃門侍郎制

黃門東西禁掖出納王言精選賢良用存駁正正議大夫行尚書禮部侍郎上柱國兼判尚書左丞張廷珪文儒秀士謇諤忠貞汪洋有大雅之風明敏得至公之操言唯及霤曩歲嘗聞學則臨池當時莫比自歷遷臺省受理綱轄聲塵益茂聞實攸稱俾登青闥之榮式踐丹墀之列可黃門侍郎勳如故主者施行

授薛稷中書侍郎制

門下慶傳於家者代濟其美才許於國者時無與讓由是密勿爲用訏謨所歸銀青光祿大夫行黃門侍郎修文館學士河東縣開國男參知機務薛稷河汾之英廊廟之寶相門前社則名優作詔詞場舊業則譽動飛文公貞性成仁和道勝坦然之量羣物不干其靜穆如之風九流不測其度頃罹多難克仗嘉謀翼戴朕躬保寧王室厥功茂矣朝廷賴焉俾迴踐於綸闈以增輝於禹席可行中書侍郎餘如故主者施行

授解琬左散騎常侍制

門下散騎之列豐貂入侍選於耆艾用均師友金紫光祿大夫致仕上柱國解琬文合騷雅學殫經籍百城分按南憲是繩萬里出師西戎即序頃以剖符從政解印歸休章既拜而遂行禮及傳而則往雖風規莫擬而志力猶茂乞言伊屬寧忘賜杖之榮替否旁求宜副安車之命可行左散騎常侍散官勳如故主者施行

授褚無量右散騎常侍制

黃門獻納之任虛求是屬列於侍臣莫匪耆舊銀青光祿

大夫前散騎常侍上柱國褚無量佩服純行周旋雅道夙侍金華之講屢膺石渠之命故能禮自柔嘉動多忠益頃在艱罰近終喪禮覃思研精華皓不倦直辭讜議清明可觀俾重春卿之儒還居德璉之任可右散騎常侍勳如故主者施行

授王晙左散騎常侍制

黃門侍臣之任朝廷所重賞善唯遠兼才是先銀青光祿大夫并州大都督府長史上柱國王晙志力堅剛風情慷慨傳爲書癖成誦在心言應筆精目懸於手受一方之委惣三軍之令士卒感恩以爭效獯戎滅迹而皆遠功其茂矣朕實休之用憑龍豹之韜更踐貂蟬之位可左散騎常侍兼檢校并州大都督府長史勳如故主者施行

授于經野給事中制

門下尚書兵部郎中上柱國于經野雅量端實閑機密靜有恒其操無擇斯言理必中於繩墨才見推於札翰中臺奏草已承更直之榮左曹顧問宜接雙遊之美可朝請大夫守給事中勳如故

授李懷讓給事中制

黃門朝議大夫尚書兵部郎中上柱國李懷讓直方自守貞獨不羣理可析於毫芒文可成於藻繪雖手揮繁綜而心寄閑遠絲綸所屬嘗推起草之能駮正是司更接遊蘭之寵可守給事中散官勳如故

授柳渙給事中制

勅朝議郎守尚書司門郎中柳渙學思優博禮容莊敬蘊公直之志有廉正之風早以聲華亟從推擇丹墀列侍必選英髦青闥命官宜參顧問可守給事中散官勳如故

授薛稷諫議大夫制

門下中散大夫行尚書禮部郎中修文館直學士河東縣開國男薛稷弈代雄詞身濟其美光時雅量士慕其風故能懸帳絶倫升堂覩奧掖垣密勿字列黃纖仙闈從容文飛赤管箴闕之任惟賢是擇俾登才子式寵諫臣可諫議大夫餘如故主者施行

授吳兢諫議大夫制

黃門朝議大夫前行尚書水部郎中兼修國史上柱國長垣縣開國男吳兢雅思周密素風清曠著書微婉東觀是稱起草閑達南宮所重宜列諫臣之位復膺良史之才可

守諫議大夫兼修國史散官勳如故主者施行

授鄭勉紫微舍人等制

黃門朝議大夫守給事中鄭勉措心精覈尤明理體朝議大夫尚書庫部郎中戴令言屬詞方雅深達政端咸蘊公忠備聞學行紫闈星拱必佇賢臣青闥雲連實旌奇士（闕三字）專文事（闕四字）中散官各如故主者施行

授崔琳紫微舍人制

黃門正議大夫行尚書屯田郎中上柱國魏縣開國子崔琳素履純懿清心直諒文辭為從政之端忠孝是立身之本分符作牧共賴仁明賜筆題工咸推練習掖垣近密禁省旁求宜遷振鷺之行用集棲鸞之地可行紫微舍人散官勳封如故主者施行

授王邱紫微舍人制

勑通直郎紫微舍人內供奉王邱思會風雅文成典謨介獨為操直方（闕四字）近其華望自宏（闕二字）青瑣事密黃纖頡頏歲年籍甚聲聽俾宏詞禁之美宜正掖垣之秩可守紫微舍人散官如故

授齊澣紫微舍人制

勑朝議郎守給事中內供奉齊澣運心孤邁懷器獨立屬詞每窮其雅實臨事益表其甄明故能早負聲猷備經推擇左曹駮議常接於雙遊右掖司言佇光於五字可守紫微舍人散官如故

授韓休起居郎制

勑朝議郎左補闕內供奉判尚書主爵員外郎韓休理識清暢襟靈夷雅探學精微屬詞婉麗甲科對策嘗副求賢左史記言用觀書法可行起居郎散官如故

授賀知章起居郎制

勑朝議郎前行户部員外郎賀知章。業優詞學。時重才行。稟精微以高妙。體仁恕以明達。必能書法不隱。立言可觀。宜迴職於版圖。佇擅聲於鉛筆。可行起居郎。散官如故。

授洪子輿起居舍人制

勑通直郎著作佐郎洪子輿。雅淡不羣。清貞自遠。學探微旨。詞造幽典。立心有恒。常慕直臣之節。書法無隱。可稱良史之才。俾列軒墀。益光鉛槧。可守起居舍人。散官如故。

授崔銑起居舍人制

勑朝請郎前試通事舍人崔銑。識遠心明。懷才蘊藝。缺碑

盡記。亡篋不遺。實朝序之英髦。爲士林之俊拔。趨侍西掖。洽聞東觀。期書法以無隱。俾舉能而有聲。可守起居舍人。散官如故。

授許景先左補闕等制

勑奉議郎行揚州大都督府兵曹參軍事許景先。詞含風雅。有公直之量。宣議郎前國子監四門直講馬利徵。學總典墳。稟亨嘉之德。士推令聞。人假清規。致之掖垣。用廣賢路。景先可行右補闕。利徵可岐州扶風縣丞員外置同正員。仍直紫微省。散官各如故。

授梁昇卿等拾遺制

勑宣德郎行岐州雍縣尉梁昇卿等。或敷暢學旨。或該通詞藝。爰廣獻書之路。用開納諫之門。不獨美於雕龍。頗思齊於市駿。咸宜採擇。以申甄奬。可依前件。

授韋元珪通事舍人制

門下。朝散大夫行太子典膳監韋元珪。占對閑詳。風規韶茂。鸞庖分職。已命膏粱之緒。鸞墀敷奏。佇揚賓客之言。可行通事舍人。散官如故。主者施行。

授韋振通事舍人制

門下。朝散郎前守通事舍人員外置同正員韋振。良玉蘊

價。明珠耀彩。宜擢才於金穴。俾趨侍於瑤墀。可朝散大夫行通事舍人。散官如故。主者施行。

授劉知柔尚書右丞制

門下。天臺管轄。爰正紀綱。人望僉宜。方膺授受。銀青光祿大夫行尚書户部侍郎上柱國彭城縣開國男劉知柔。時行推美。舊德歸高。明暢襟情。閑華風表。蹈典墳之芳潤。總詞賦之笙簧。處常密於在公。迹自勤於爲政。萬人登數。已聞書版之精。六官揆才。更俟彈珠之妙。可行尚書右丞。散

官勳如故主者施行

授源乾曜等尚書右丞等制

黃門二轄之重百官取則苟非其人何以成務正議大夫行尚書戶部侍郎上柱國安陽縣開國男兼御史中丞源乾曜清深密靜有彌綸之識正議大夫行紫微舍人上柱國倪若水剛正明斷有精覈之才並果行育德以文飾吏事閑達舊章發揮大體南臺執簡動中規模西掖揮毫畢成倫要必能主其禁令肅此綱維宜膺郄詵之寵更叶楊喬之拜乾曜可尚書左丞勳封如故若水可尚書右丞散

官勳如故主者施行

授張仁愿兵部尚書制

黃門名遂身退則聞告老優賢尚齒不忘求舊鎮國大將軍行右衛大將軍上柱國韓國公致仕仍給全祿及品子課朔望朝參張仁愿有將相之才樹忠公之績入稱三傑帷幄所以運籌出總六師塞垣由其臥鼓懸利器而御物自中於桑林推素心以得士更成於李徑故能居室而應在邦必聞洎養疾歸休辭榮及禮用旌渭濱之兆空想穎陽之問乞言繫賴寵德攸宜佇增題劍之榮更遂揮金之

樂可光祿大夫行兵部尚書餘如故主者施行

授畢構戶部尚書制

黃門司徒之官實掌邦教常伯之伍先求國華銀青光祿大夫河南尹上柱國魏郡開國公畢構達識鴻才調高學贍器無不綜含清明以見微言有可觀負忠讜以居直百郡仰其成績三臺推其故事頃者任殷河尹聲滿洛師姦豪懼秋霜之威孤老懷冬日之愛故可辨於五物書以萬人誰其釐之俾爾作則可守戶部尚書散官勳封如故主者施行

授李乂刑部尚書制

黃門王命司寇汝作士師允迪政刑旁求望實銀青光祿大夫行紫微侍郎兼檢校刑部尚書兼知制誥昭文館學士上柱國中山郡開國公李乂恒碣之寶衣冠之華業總四科才抱九德爲邦理要洞入精微當代詞雄居成準的忠義得在公之體清修稟行己之用紫泥掌誥雖密王言黃沙定罪是懸人命眷茲欽恤尤賴簡孚俾迴迹於西垣宜正名於北斗可刑部尚書學士散官勳封如故主者施行

授劉知柔工部尚書制

黃門。司空之職。以平水土。常伯之任。尤重臺閣。鴻臚卿上柱國彭城郡開國公劉知柔碩德耆秀。行高才遠。文詞有綺繢之工。望實有珪璋之譽。出膺賢守。則郡國循良。入位名臣。則衣冠準的。可謂朝之明哲。代之純懿。俾遷榮於北斗。宜作範於南宮。可銀青光祿大夫守工部尚書。勳如故。主者施行。

欽定全唐文卷二百五十一

蘇頲二

授盧藏用檢校吏部侍郎制

敕。朝請大夫守中書舍人兼知吏部侍郎事修文館學士上輕車都尉盧藏用。含和育粹。直道正身。學貫儒墨。詞精比興。風塵之外。獨秀瑤林。清白之中。常懸冰鏡。自四年掌誥。九品作程。峻而不雜。重輕咸當。簡而能要。浮競斯遠。刀尺之委。銓衡已歸。特選周才。吏符僉望。可檢校吏部侍郎。仍佩魚如故。

授裴漼兵部侍郎制

門下。通議大夫行中書舍人上柱國正平縣開國男裴漼敏學聰亮。雅詞微婉。陽秋具體。夙夜在公。精義析於連環。規矩同於匪石。久典清密。見稱忠信。簡稽之務。軍國是殷。宜擢美才。俾敷戎政。可尚書兵部侍郎。勳封如故。主者施行。

授源乾曜戶部侍郎制

黃門。正議大夫行少府監上柱國安陽縣開國男源乾曜思總事端。言思政要。外則經通成務。內則周密知微。其識

也濤以文守法尚方愛費己稱寶玉之府司徒帥屬更重神仙之闈宜副朝奬莅於邦教可行尚書戶部侍郎散官勳封如故主者施行

授徐彥伯工部侍郎制

門下太中大夫前守蒲州刺史修文館學士上柱國開平縣開國子徐彥伯素履內融清暉外徹學究精密旁通儒者思含飛動高視祠人名與時行位因才致河潤九里先美股肱邸留一月初榮侍從考工之任選衆攸稱可守尚書工部侍郎餘如故主者施行

授慕容珣吏部郎中等制一作賈至

黃門朝請一作散大夫檢校尚書主爵郎中慕容珣在公無撓守道不回利用特稱其斷割清心自表其剛正正議大夫行商州刺史上柱國申國公高紹羽儀鵷鷺符采珪璋詣理愈見於昭明屬詞每聞於警拔九流綜覈五等封建式副爲郎之美宜用選衆之求珣可尚書吏部郎中紹可行尚書主爵郎中散官勳封各如故主者施行

授王邱主爵郎中等制

勑宣議郎守尚書考功員外郎王邱學思文華精而典麗朝議郎守侍御史內供奉判右司員外郎上柱國韋虛心神清氣勝敏以甄通或刈其楚翹先有司之課績或提其綱轄肅諸曹之填委爰旌二妙宜叶再遷邱可守尚書主爵郎中虛心可守右司郎中散官勳如故

授李邕戶部郎中制

黃門朝散大夫守江州別駕李邕探學精奧爲文沉鬱響諤之心動必無撓彌綸之用行則有恆故以高才逸羣懿聲滿聽宜膺版圖之任允光蘭握之選可守尚書戶部郎中散官如故主者施行

授蔡秦客金部郎中制

黃門正議大夫行尚書右司員外郎上柱國蔡秦客風格允正文詞優洽明以在公直而履道聲馳粉署爰提建禮之綱位總金曹宜轉司徒之屬可行尚書金部郎中散官勳如故主者施行

授彭景直禮部郎中制

黃門正議大夫檢校尚書禮部郎中上柱國彭景直通理內融含輝外靜文尚典雅學窮精博故能容臺是則仙闈咸推俾即眞於滿歲更惟允於卿月可行尚書禮部郎中

散官勳如故主者施行

授鄭博雅膳部郎中制

黄門中大夫檢校太子洗馬鄭博雅志業融暢襟靈閑遠備聞前言嘗習故事來遊博望旣增清道之華入奏明光宜副丹墀之寵可行尚書膳部郎中散官如故主者施行

授李懷讓兵部郎中制

黄門朝議大夫行大理正上柱國李懷讓直方在公淸而轉勁通明應務吏必兼文故能譽滿簪纓望華臺署爽鳩作士雖參聽棘之言司馬訓兵重踐握蘭之任可行尚書

兵部郎中散官勳如故主者施行

授高仲舒都官郎中制

黄門通議大夫行太子洗馬高仲舒洽聞殫見履直居溫士慕清暉人推至行崇賢企德已膺洗馬之榮建禮求才宜拜乘凫之寵可行尚書都官郎中散官如故主者施行

授柳渙司門郎中制

敕朝議郎前行左司員外郎柳渙色莊心勁瞻學能文堅守憲章務從條理爲時所重滿歲當遷宜罷臺轄更司門鍵可守尚書司門郎中散官如故

授王踐睦虞部郎中制

黄門中散大夫檢校太子左贊善大夫王踐睦明敏練習雍容閑雅聲馳在公政曉爲吏往還臺閣已叶於初從令掌衡虞俾光於重入可行尚書虞部郎中散官如故主者施行

授柳渙左司員外郎制

敕朝議郎行起居舍人判左司員外郎柳渙襟情雅正藝能敏洽珥筆記言才光東觀張燈起草譽動南宮宜同滿歲之遷式副爲郎之舉可行左司員外郎散官如故

授姜昂右司員外郎等制

敕尚書金部員外郎姜昂殿中侍御史李常等厲節修身敏才通識金曹典事頗効精勤白簡繩違久聞堅正皆能奉職宜稱遷外昂可尚書右司員外郎常可行侍御史散官勳如故

授李畬司勳員外郎制

敕朝議郎行殿中侍御史李畬雅負才學能循名教莅官執憲歷歲愈聞清操默識爲時所重俾樹聲於勳府宜矯步於仙闈可尚書司勳員外郎散官如故

授裴耀卿檢校考功員外郎制

敕朝散大夫行河南府士曹參軍裴耀卿士行純密文詞典麗時人許其清秀職事推其綜核惟才是舉方憑止水之明在位斯聞佇考觀光之彥可檢校考功員外郎

授李元紘度支員外郎制

敕朝議郎守潤州司馬李元紘清眞不雜恬雅自居部劇著於祠曹養能傳於宰邑頃聞出佐方馳日下之聲爰佇入宮猶屈黃中之美宜遷郎位以寵相門可行尚書度支員外郎散官如故

授陳惠滿倉部員外郎等制

黃門朝議大夫行尚書祠部員外郎兼判倉部員外郎上柱國陳惠滿操履堅剛能守文法朝請大夫前行太子舍人上柱國蕭嵩風情瀟灑見推才器並頡頏清貫藉甚芳猷大事曰祀蒸人以粒宜奉舊章俾承新命惠滿可行尚書倉部員外郎嵩可行尚書祠部員外郎散官勳各如故主者施行

授趙昇卿駕部員外郎制

敕朝議郎前行兵部員外郎上柱國趙昇卿爰以詞學亟兼文吏踐行貞固用心純密校人祗事即位求才宜膺賜筆之榮重陟含香之列可行尚書駕部員外郎散官勳如故

授張景昇刑部員外郎制

門下太中大夫尚書都官員外郎上柱國張景昇操履精密刑書洞曉自遷郎位咸服吏能用於噬嗑必資哀敬丕蔽之審惟才是擇可行尚書刑部員外郎散官勳如故

授李全昌工部員外郎制

門下朝散大夫殿中侍御史李全昌措懷條暢臨事明允

執憲繩違以文從吏五材審用百工爲職握蘭之美賜筆攸歸可行尚書工部員外郎散官如故主者施行

授游子騫屯田員外郎制

敕通直郎行殿中侍御史河北道度支營田使游子騫在公必慎臨事克誠言用身謀智爲心計頃持憲簡嘗驁使車往則甄明動惟宏益宜登仙署之列佇總公田之事可尚書屯田員外郎散官如故

授王琪水部員外郎制

門下宣議郎試大理評事王琪奕代儒雅門傳教義風襟

育粹詞韻含濤雖職尚安卑而才方致遠連枝席寵爰睽於棣華起草外榮俾光於蘭握可朝散大夫水部員外郎主者施行

授尹思貞御史大夫制

門下國之副相位亞中台自非邦直孰司天憲銀青光祿大夫將作大匠天水郡開國公尹思貞賢良方正碩儒耆德剛不護缺清而畏知簡言易從莊色難犯徵先王之體要敷祚必陳折佞臣之怙權拂衣而謝故以事聞海內名動京師鷹隼是擊豺狼自遠必能條理前弊發揮舊章宜承弄印之榮式允登車之志可御史大夫封勳如故主者施行

授宋璟御史大夫制

黃門三台副職百寮之師紀綱是任莅事惟能國子祭酒上柱國廣平郡開國公東都留守宋璟含純粹之德秉清剛之氣學研精以辨政文體要以經遠吉人之寡數言有訓君子之慎擇行無違正色而自具陽秋立誠而不僭風雨必能靜專動直獻忠納規常聞沃心之任靡憚犯顏之情使其坐以鎮俗凝然當朝則不能者退不仁者遠王臣蹇蹇懦夫有立俾光天憲式副人瞻可御史大夫勳封如故主者施行

授李傑御史大夫制

黃門副相之重羣僚取則爰理其綱錫之以印河南府尹上柱國武威縣開國子李傑直清浩素剛斷精密學究文儒才優經濟物寧滯用若遇盤根人或蒙求似開明鏡心公而惡惡道正以閑邪河南擅聲天下稱最必檢齊霜憲宏長風猷俾其立朝用爾敦俗可御史大夫勳封如故仍驛赴京主者施行

授崔沔御史中丞制

敕朝請郎守尚書虞部郎中崔沔純至之心求忠出孝精微之用博學多文故能清以激貪靜而鎮躁頃攝官持憲履繩錯墨臨事不詘在公則聞宜正三獨之名以光二丞之秩可守御史中丞知東都留臺事散官如故

授李懷讓御史中丞制

黃門貳彼副相一其三獨不任宏才孰膺高選朝議大夫守給事中上柱國李懷讓直方孤聳清迥特立祗服文儒克修典禮持疎網而不漏常嫉惡以闢邪泛虛舟於自然

不近名而過實必能去煩苛之小節知憲章之大體允符羣議光踐中司可守御史中丞散官勳如故

授慕容珣侍御史制

門下朝議郎行密州司馬員外置同正員慕容珣志竭忠讜才充學行方書之允門傳御史直繩必踐廷奏姦人凜然生風不避當道醜正非罪遺賢久歎長鯨已戮擊隼方秋宜賁寵章復膺清憲可朝散大夫行御史臺侍御史主者施行

授褚璆侍御史制

勑通直郎監察御史裏行驍騎尉褚璆清識雅致道文贍學養能見其盤錯臨事杜於脂韋比鷙輕軺且持嚴簡逢二庭之寇無乏於餽軍徵萬里之兵有聞於赴敵念勞斯屬懋賞攸憑增遷御史之端式寵侍臣之列可侍御史勳如故

授張遊侍御史制

勑朝議郎行司農寺丞張遊清方自居專直不撓秋風始擊每勵鷹鸇歲寒後凋斯見松柏國儲在於紅粟王憲持於白簡式寄人天之重更聞臺閣之遷可行侍御史散官如故

授游子騫等侍御史制

勑營田使游子騫等砥操礪行慎言檢迹清公乃持法之端詞學皆養能之要臨事必果已畏神羊執心不回先聞擊隼宜在鸞階之列用成烏府之遷可依前件主者施行

授楊瑒侍御史制

勑朝議郎行殿中侍御史楊瑒風度凝整器懷沈密清心所以激貪明識由其應務頃司王憲深練朝經體文質以會理通剛柔以爲用必能履繩作則執簡宏宜夙從臺閣

之遷更寵軒墀之列可行侍御史散官如故

授鄭溥殿中侍御史等制

勑奉議郎行監察御史鄭溥等志藴公忠才兼學行守文法以明練循憲章以清直神羊共觸常聞避馬之雄夕烏明飛俾叶遷鶯之舉可依前件

授鄭繇監察御史制

勑通直郎行右拾遺鄭繇心堅而靜體密而和文章掞發學思該敏諫臣讜議久列瑤墀御史直繩宜遷石室可行左御史臺監察御史散官如故

授姜皎太常卿制

黃門命卿之貴以象冬春化人之本執踰禮樂殿中監上柱國楚國公姜皎貞夷粹溫精密純固蘊深厚之量懷直方之道學非爲己聞義思齊忠以事君立言成則自歷屯險爰憑翊戴鳴謙滿於視聽好讓存於始終故可銘之鼎彝光我簪紱在昔唐典惟清乃命洎於周官以和爲重宜守太常卿勳封如故主者施行

授韋希仲宗正卿制

黃門中衛司階已崇於命將上卿爲府尤重於睦親左衛將軍上柱國兼通事舍人内供奉韋希仲以醞藉之姿中折旋之禮趨事端雅吐詞雄暢束帶立朝旣副聲實彯纓在位迭居文武宜輟魚鈐之委敘於麟族之盟可宗正卿餘如故主者施行

授房光義光祿卿制

門下上卿之貴爰因德選終獻之禮必由才致宣威將軍上柱國房光義門承胄緒地聯姻戚雅容端操惟玉有溫擇行踐言復圭無玷頃衹班序尤稱望實蘭錡趨職已仗於誰何柏梁賦詩俾聞於總領可太中大夫守光祿卿勳如故主者施行

授王希儁太僕卿制

黃門僕臣之任王命斯允在德而舉其名必彰銀青光祿大夫檢校太僕卿上柱國華容縣開國男王希儁門承舊閥器蘊通才立言可以敏事爲政可以居劇登於副尹聲滿於宇人試乃列卿眷踰於數馬巾車是屬建鼓攸司爰賴服勤宜膺邦寵可太僕卿勳封如故主者施行

授陸餘慶大理卿制

黃門法者天下所共廷尉天下所平選衆甄才惟明克允宗正卿上柱國廣平郡開國公判尚書左丞陸餘慶早回翔於近密久踐歷於中外雍容文雅自然素徽清高蕭散風華莫不瑶林瓊樹必當和而不撓貞則有恒正罰金於後人戒刻木於前吏念茲欽恤深可哀矜宜修白雲之典俾靜黃沙之職可大理卿勳封如故主者施行

授張暐鴻臚卿制

黃門賓客旅庭戎夷在邸眷言職任必佇其才銀青光祿大夫詹事兼尚書右丞上柱國鄧國公張暐雅量溫恭志誠忠信懷直方而不詭務寬大而不雜委之軍旅則常服

威名外之國朝則咸宜令典非契因潛躍義篤始終可辨鴻臚之儀惣象胥之事爰加寵拜允符成獎可鴻臚卿勳封如故主者施行

授李從遠守太府卿制

門下膺河寺之秩寵選方高致泉府之殷惟才是屬銀青光祿大夫行黃門侍郎上柱國常山縣開國男李從遠清密任道直方爲量學仞山高詞場雲鬱闕里之室動不違仁頴川之門居而會理比登要近備効忠益宜迴夕拜式踐冬卿可守太府卿勳封如故主者施行

授鄭孝式衛尉少卿制

黃門朝議大夫守太子率更令鄭孝式早負才幹素聯姻戚詢事可以樹風聽言可以從事韜戈之任衛戟是司俾移名於白簡宜亞寵於丹棘可守衛尉少卿散官如故

授陸景初大理少卿制

門下朝議大夫守中書舍人上柱國陸景初識悟清具虛心得妙言符正直獨行鄰幾故能儒元默知文史明達翔集仙署翻飛禁省而咎繇爲理釋之不冤精求上才欽恤中典宜愼刑法俾聞哀敬可大理少卿散官勳如故主者施行

授韋玢司農少卿制

黃門正議大夫行太常少卿上柱國薛縣開國男韋玢勵精正己力行徇公從務表其清白幹時允其文采故以臺閣褒稱縉紳甄獎盛禮興樂望雖重於執珪八政一農事尤殷於理粟況洛京轉漕淮海通流宜任牟融之能遷改鄭莊之弊可兼司農少卿散官勳封如舊仍分司東都主者施行

授馬懷素祕書監制

黃門迺睠文籍塡於外府旁求儒雅掌彼中緗左散騎常侍常山縣開國公仍每日入內侍讀馬懷素有舒向之風擅東南之美貫穿從學博而多能沉鬱成章麗而有則自朝趨鎖闥日侍金華事必討論言惟潤色故可以發揮祕奧詳覈異同俾徵荀勗之才更允潘尼之拜可祕書監餘如故主者施行

授韋湊將作大匠制

黃門職惟共工率以匠石愛力省費爲官擇人岐州刺史上柱國彭城縣開國侯韋湊直方在躬孝友成性文學可

以比事高明可以應物素風清節已振循良之聲課最當先宜膺述守之任可將作大匠勳封如故主者施行

授崔諤之少府監制

黃門尚方既設內府爲要選衆而求非賢孰與銀青光祿大夫行太府少卿上柱國趙國公崔諤之承名相之軌有忠臣之節正無所詘明無不鑒若披雲霧不雜風塵藉甚才名彬彬文質允茲邦彥尤重時英用符文舉之遷庶叶孟孫之拜可少府監勳封如故主者施行

授杜元逞殿中少監制

黃門銀青光祿大夫行光祿少卿上柱國金城縣開國子杜元逞久登位事早負聲實擇言以法飾吏以文清方蘊其素心斷割成其利器用才可任惜太官之滯留備物惟殿當御府之關綜宜膺寵命式副僉選可殿中少監散官勳封如故主者施行

授陳正觀將作少監制

黃門正議大夫前襄州刺史上柱國陳正觀蘊器沈敏懷才雅實在公有甄綜之能臨事有靖恭之譽頃者荆岑作鎮楚望班條時許仁明俗稱威惠五材是用百工分職爰考掄材之績宜膺梓匠之司可行將作少監散官勳封如故

授李處直少府少監制

門下中散大夫守將作少監上柱國李處直秉節清苦用心該密學探羣言文有幽致侍臣對問駁義無差共工之職豈徒有効宜遷內府俾往中京可少府少監散官勳如故仍今東都留司檢校主者施行

授陳貞節太常博士制

敕宣議郎右拾遺內供奉陳貞節卞寶輝光楚材翹秀窮

禮經之奧博踐詞律之風雅參名列侍每獻昌言掌事奉常宜銓令典可守太常博士散官如故

授吳兢著作郎制

黃門朝議大夫守諫議大夫上柱國兼修國史吳兢祇服言行貫穿典籍蘊良史之才擅巨儒之義頃專筆削仍侍軒階而官之正名禮不以諱宜著書於麟閣復載籍於鴻都可行著作郎兼昭文館學士餘如故主者施行

授胡皓著作郎制

黃門朝議大夫檢校祕書丞兼昭文館學士上柱國胡皓

屬文用思知名最久才清調遠寓興皆新頃掌秘文佇刊
良史宜擢金閨之彥用光石渠之作可行著作郎餘如故
主者施行

授楊嶠國子祭酒制

黃門師氏之職訓於胄子儒林之選必俟賢人魏州刺史
上柱國北平縣開國子楊嶠直清莊敬浩素純密服膺勤
業道在其中因心執禮行成於內樹風有循良之課試劇
聞精練之能往在東都攝於西序巾卷資其導誘紀綱正
其頹弊惟教之立厥聲孔臧俾崇於釋菜逾勸於攻木可
國子祭酒勳封如故主者施行

授鄭譔國子司業制

黃門銀青光祿大夫宋王府長史上柱國襄城縣開國伯
鄭譔純固仁厚溫恭雅實嘗覽墳籍克修言行玳筵承寵
已參佐於王門瓊林講藝用周旋於師氏可行國子司業
散官勳封如故主者施行

欽定全唐文卷二百五十二

蘇頲三

授嗣鄭王希言右衛大將軍制

門下銀青光祿大夫太僕卿員外置同正員上柱國嗣鄭
王希言才推近屬行稟中和用沈毅以為謀體直方而成
器頻升列棘之位嘗踐執金之秩歷官斯久更事逾深必
在親賢用膺心膂宜領右軍之寄仍直大將之任可雲麾
將軍守右衛大將軍勳封如故

授李延昌左金吾衛大將軍制

黃門兵戈之容是憑於師律輿馬之飾允屬於徼巡自匪
周才孰當茲任衛尉卿兼檢校左金吾衛大將軍上柱國
李延昌倜儻為用堅剛立誠學優典墳言綜韜畧賈勇聞
義則輕於九死好謀盡忠則隱如一敵自膺剌姦之寵雅
叶彈違之務正名不拜何以光於執金教戰或忘何以勵
其投石宜踐迹於中尉俾疇能於亞夫可右雲麾將軍守
左金吾衛大將軍勳封如故仍充朔方後軍大總管

授郭虔瓘右驍衛大將軍等制

黃門有功必賞（闕三字）勸所以教人立志為邦作程者也雲

麾將軍檢校右驍衛將軍兼北庭都護瀚海軍經畧使金山道副大總管招慰營田等使上柱國太原縣開國公郭虔瓘宣威將軍守右驍衛翊府中郎將檢校伊州刺史兼伊吾軍使借紫金魚袋上柱國介休縣開國公郭知運等負將帥之才展熊羆之效義烈忠壯以詢其誠智謀勇敢不懲其策頃者邊庭之際孤城獨守戎羯困乏歲時圍逼矢石交下金湯自堅護甘漢之所歷懷范羌而莫至獨能宣我王命殫其士力不顧左股仍於右斷厥功至矣朕甚嘉之宜登絶席之任方盛題坐之禮虔瓘可冠軍大將軍

右驍衛大將軍知運可雲麾將軍右驍衛將軍餘各如故仍各賜衣一副并金帶主者施行

授周仁軌左羽林大將軍制

門下周禮命卿六師成務漢圖拜將三傑雄才光祿大夫行光祿卿兼檢校并州大都督府長史上柱國汝南郡開國公周仁軌執心剛强臨事果決衛青奉法必讓其功師丹守正每聞其直彼汾之閒近胡之俻吏人仰化戎虜憚威羽翼任隆爪牙寄重宜光絶席用應題坐可鎮軍大將軍行左羽林衛大將軍兼檢校并州大都督府長史勳封如故主者施行

授薛訥右羽林軍大將軍制

黃門出師禦寇功成於告捷振旅休兵禮備於行賞攝左羽林軍將軍借紫金魚袋薛訥勳閥良將邦家老臣讀太公之立言受穰苴之爲法德業中邃墻仞罕窺智謀宏遠泉源不竭須佇公孫之勳頗蠲孟明之罪遂能長驅隴上深入湟中殲厥犬戎殘其蠆毒野無遺孽朝有茂勳宜膺設壇之寵俾光期門之寄可右羽林大將軍上柱國河東郡開國公仍賜物三百段銀五百兩錢二百貫主者施行

授高仙芝右羽林軍大將軍制

門下四鎮經畧副使前右羽林軍大將軍員外置同正員密雲縣開國男賜紫金魚袋上柱國高仙芝素稱驍悍兼聞智畧久在戎埸夙推武用才有所適禮則從權宜復官資更爲邊扞可起復右羽林軍大將軍員外置同正員

授唐先擇左金吾衛將軍等制

門下右金吾衛將軍唐先擇名公之允理識公明左金吾衛將軍呂休琳良將之材智謀深遠雖東西列衛俱賴其人宗族聯官所宜迴避俾從易位用叶朝恩先擇可左金

吾衛將軍休琳可右金吾衛將軍餘如故

授安金藏右驍衛將軍制

黃門游騎將軍行右武衛翊府中郎將員外置同正員直太常寺安金藏家本孝悌身全忠懇往在周朝困於酷吏共誣良善敢誘太皇不任楚毒並加刑憲金藏乃自刺心肺見其誠節因而悟主實賴斯人則宏演納肝田光吞舌求之既往未足爲喻眷言酬德自可超倫彰其貞固之美拜以誰何之任可右驍衛將軍員外置同正員餘如故主者施行

授楊敬述右羽林將軍制

黃門瞻彼元闕衛於丹禁命將擇人制軍爲旅雲麾將軍檢校右羽林將軍上柱國楊敬述心堅鐵石器蘊珪璋以俊穎之才有溫謙之美附枝中葉則藝極於彫弓咀實含英則詞殫於絲札自五營高選千廬入侍忠而作訓勤以宣威俾寵誰何正其名秩可右羽林軍將軍勳封如故

授許輔虔左羽林將軍制

黃門國之武士其盛如林朕之賢臣其貞匪石則可以制軍而作訓也雲麾將軍檢校右羽林將軍賜緋魚袋上柱國中國公許輔虔方外直內智崇禮卑備聞舊章好讀前史忠於事主信以庇人未嘗不抗節思齊立言致遠頃除蛇豕之孽特建殊勳洎肅熊羆之旅益稱重器我之所賴爾實僉諧必也正名用監中候可左羽林軍將軍勳封如故

起復杜賓客右威衛將軍制

黃門雲麾將軍前檢校左監門衛將軍上柱國杜賓客志唯倜儻才稱果決聞鞞而立特壯三軍之氣奮劍而前將雄萬人之敵頃在艱罰甫懷忠勇金革是任春秋所稱俾適權宜用光戎事可起復右威衛將軍勳如故主者施行

授姚崇都檢校諸軍大使李義甫副使制

黃門廟堂之儀不可去兵帷幄之謀在於料敵自非行有餘力坐而決勝則何以威百蠻而破萬里者也兵部尚書兼紫微令監修國史上柱國梁國公姚崇朝廷宿望軍國大才蘊平仲之一心舉夷吾於六翮惟此人傑是稱天賚銀青光祿大夫行黃門侍郎昭文館學士上柱國中山郡開國公李義甫用窮精微體自公直貞規踰於鐵石詞律比於笙簧左曹之美中朝所詠咸能上言寵答備陳胡虜

閱武觀對暗合孫吳頃雖衆和以德軍全非戰或徵其侍子久詣闕廷或勞我偏裨尚留關塞行役之苦寢興弗忘師臧謂何豫備斯在佇恢遥護之畧更屬遠安之算崇可都檢校諸軍大使義甫爲副主者施行

授宋王成器太子太師制

門下孟侯之禮雖歸於冢允太伯之風實尚於高節左衛大將軍宋王成器幼而聰敏長則温仁禮樂同歸質文相半孝以爲政每用因親忠而立誠所期尊主故能樂於爲善好在服儒占蟻穴以探微登雀臺而成賦自奄有梁宋

作藩邦家其儀孔臧其德可大朕之元子當踐副君以隆基有社稷大功神祇僉屬由是朕前懇讓言在必行天下至公誠不可奪爰符立季之典庶叶從人之願況別爲九州必資於牧伯貞夫萬國先佇於師傅式副僉諧之求仍光不拜之寵可雍州牧揚州大都督太子太師別加實封二千戶賜物五千段細馬二千匹奴婢十房金銀器皿二百事甲第一區良田三十頃餘如故主者施行

授唐休璟太子少師制

門下君臣之道欽若從乂師保之寄人具爾瞻必在耆德共康庶政特進前行尚書右僕射同中書門下三品上柱國宋國公致仕唐休璟自天錫夢維岳降精心竭忠公器包文武廟堂隆棟委以弼丞帷幄運籌推其決勝爰當宰任固辭揆職私第懸車耆年益壯公門軾馬朔見逾聞求舊所期懷賢是切諭於三善況待正人訾於百工孰過元老宜紆几杖俾作鹽梅可行太子少師同中書門下三品散官勳如故

授岐王範太子少師等制

黄門贊翼皇儲允歸師保崇敬叔父諒屬親賢虢州刺史

上柱國岐王範祕書監兼幽州刺史上柱國薛王業等明允篤誠温良恭儉忠孝先於令典文儒偉於成業自爲我藩翰擁其干旄雅聞召伯之詩尤羨魯公之政雖須條是務而導禮兼資因入拜於承明佇來儀於博望範可太子少師虢州刺史業可太子少保兼幽州刺史勳封等各如故主者施行

授韋嗣立太子賓客制

門下望園賓客非賢莫可中朝碩茂選衆攸歸銀青光祿大夫國子祭酒上柱國逍遥公韋嗣立温恭密靜孝悌忠

實鑒測毫端詞詮象外昆弟承一經之業登相者代不乏人閨門有萬石之風立言者士是則效疇咨滿於故事潤色數於令典屬以疾辭用體張良之志貸以德舉宜從綺季之遊可太子賓客散官勳封如故主者施行

授鄭惟忠太子賓客制

黃門元良之重賓友是擇自匪舊德孰膺斯拜銀青光祿大夫守禮部尚書上柱國滎陽縣開國公鄭惟忠積溫厚之氣暢清純之風學綜幽賾詞含比興履登近要見美徽猷不許直而徇名期後仁以爲利北斗喉舌雖屬於尚書

南山調護更憑於耆老宜迴建禮之秩將益承華之裕可守太子賓客散官勳封如故

授畢構太子詹事制

黃門攝生遂性義存於尚德去劇從簡禮切於優賢銀青光祿大夫守戶部尚書上柱國魏郡開國公畢構當代周才幹時良具臺閣推其簡練衣冠仰其全德而五教之重六官是先精以辨政勞而弱疾方欲憑於導引拯彼清羸暫踐寶嬰之職亟期呂蒙之愈可守太子詹事散官勳如故主者施行

授沈佺期太子少詹事等制

黃門正議大夫太府少卿昭文館學士上柱國吳興縣開國男沈佺期才標穎拔思詣精微早升多士之行獨擅詞人之律正議大夫行衞尉少卿上柱國楊崇禮神情凝正器識沉敏久聞忠義之風克樹循良之績儲闈總務卿寺推能佇執紀綱爰司帑藏佺期可太子少詹事餘如故崇禮可行太府少卿散官勳如故主者施行

授裴君士太子少詹事制

黃門正議大夫行殿中少監員外置同正員裴君士外以

凝正中惟雅實地稱垂棘之寶門降穠華之貴自邁迹朝行升榮御府尤聞密靜益重柔嘉亞彼儲端允符公選可太子少詹事主者施行

授姚元之等兼太子庶子制

勅元儲者萬國之貞端士者一時之選自匪英傑孰當調護銀青光祿大夫守兵部尚書同中書門下三品上柱國梁縣開國公姚元之中散大夫檢校吏部尚書同中書門下三品宋璟等並以賢良方正茂才異等著於天下揚於王庭忠而在公孝以爲政見義難奪立誠不回發揮文教

博綜儒術故能生此王國戴於朕躬屬少陽初建承華洞啟使股肱之良宣諭道德雖典厥二柄實務茲官必俟大臣俾兼中庶元之可兼左庶子璟可兼右庶子餘如故

授韋抗太子左庶子制

黄門銀青光祿大夫行兵部侍郎上柱國韋抗公直有檢清芳無欲自然禮儀飾以文雅臺閣許其精練縉紳推其望實故可以發揮夏籥光踐春華宜從綺季之遊益重王商之拜可行太子左庶子散官勳如故主者施行

授崔琟太子左庶子制

門下太子左庶子崔琟和氣由衷通才應物衣冠貴其雅道筆札資於利用宮坊効職聲實攸歸曾是遞遷宜從後命可太子左庶子散官勳如故

授崔秀太子左庶子等制

門下古者官宿其業吏不數變將欲勸其始終因以別其能否若用捨非當遲速不倫是開趨競之門豈曰和均之道宗正少卿崔秀等名迹早著朝廷所推各効一官已經四稔誠器能有用久次當遷宜副僉諧俾膺並命且承平日久從仕者多必憑考績方議進轉但須慎守豈滯其能如或躁求是招其累速則不達謙而必亨凡今庶僚宜悉朕意可依前件

授郭虛已太子左庶子制

門下朝議郎守駕部員外郎兼御史中丞朔方節度行軍司馬關内道採訪處置使賜紫金魚袋郭虛已雅才明達和氣清深致遠之資文而飾吏徐雅之用剛且近仁累踐臺閣頻更任使懋功斯久賞善當遷擢以正人宜拜職於中庶增其寵服俾兼榮於獨坐可朝散大夫守左庶子兼御史中丞餘如故

授于光寓太子中允制

黄門正議大夫行太子左贊善大夫于光寓立言踐行悅禮敦詩爲文可觀從吏不忝往登仙闈閑練駈聲洎在雄藩清公應物宜以大夫之列更增端士之華可行太子中允散官如故主者施行

授李寮太子中允制

敕李寮賓於諸侯之府者次於公朝之吏籍其參畫則就加甄擢獻其賢能則入選闕寮事其長有勞可書昇於東朝因愿之請勉奉清秩無曠厥官可依前件

授魏愨太子司議郎制

勑朝議郎前行洛州錄事參軍魏愨措心和暢祇事清密擢選殊尤早從殷劇司州總錄已提郡吏之綱望苑求賢宜在正人之列可太子司議郎

授張肩太子司議郎制

勑朝議郎前守渭州司馬上柱國武城縣開國男張肩公清衆知虛白已任政先慈惠理尚仁明每執劾官之心必聞奏課之首承華佇雋博望甄才用旌賢相之家宜在正人之列可行太子司議郎散官勳如故

授許誠感太子司議郎等制

門下朝散大夫行殿中侍御史上柱國許誠感朝議大夫守澤州別駕上柱國嘉興縣開國子姚昌潤等或持邦憲才幹稱多或貳藩條公勤克著青宮列侍元閣修文宜拜職於兩司仍佐軍於三蜀誠感可行太子司議郎昌潤可守著作郎仍充劍南節度判官勳封各如故

授楊禎太子右諭德制

黃門大中大夫前試剡王府長史上柱國鄭國公楊禎敬以安仁恭而合禮相門華胄夙著清徽王邸元寮復膺高選屬肇開於博望宜審諭於承華可行太子右諭德餘如故主者施行

授王瑀太子左贊善大夫制

黃門通議大夫行宋王府諮議參軍上柱國王瑀雅清理識尤茂風檢藝能素優名教爲樂雍容朱邸已聞諷議之先侍從青宮宜在文儒之列可行太子左贊善散官如故主者施行

授蘇徵太子右贊善大夫制

黃門正議大夫行絳州司馬上柱國蘇徵名公之訓能遺清白才子馳聲特稱敏贍往從遷貶不詘姦邪遂使揚歷

官次滯遺年序宜旌絳郡之康式寵青宮之列可太子右贊善大夫散官如故主者施行

授吳昇太子左贊善大夫制

黃門朝議大夫前守陝王府諮議參軍上柱國吳昇悟理明達用心微妙博以才藝精於談吐西園月上亟聞飛蓋之篇東陸春歸宜聽鳴笳之響可守太子左贊善大夫散官勳如故主者施行

授竇元泰太子洗馬制

勅昭成皇后四從叔朝議郎行黄州司馬竇元泰觀津之榮累稱外戚伏波之詠方裕後昆可勸導宗黨儀刑門族俾登洗馬之秩罔忝躍龍之戒可太子洗馬員外置同正員散官如故仍爲長檢校本族子弟事

授李思詮太子洗馬等制

勅朝散郎守忠王友翰林供奉兼侍諸王等書李思詮等官分望厤名著周行咸以其長各施於用藩維樂善已陟於元良僚屬延恩俾遷於列位可依前件

授蕭嵩太子舍人制

黄門朝請大夫殿中侍制史内供奉判尚書司勳員外郎上柱國蕭嵩沉密有才清方不撓郎官御史已膺臺閣之求端士正人宜副宮坊之選可行太子舍人散官勳如故主者施行

授姚弈太子舍人制

黄門中散大夫行鴻臚寺丞上柱國夏縣開國公姚弈循環禮輿祇若謙柄清白爲事文章著名宜外景倩之才更拜當時之秩可行太子舍人散官勳封如故主者施行

授崔縝太子舍人制

勅福建等州節度下都知館驛官朝散郎守大理司直賜緋魚袋崔縝爰資藝文以飾吏事名參使局効著郵亭速置多方急宣應命類能舉賢懋賞分官俾膺儲寀之任仍踐憲臣之列可試太子舍人兼監察御史餘如故

授崔宥太子舍人制

勅殿中侍御史内供奉崔宥早循學行累踐班資尤推吏道之能克展官常之効頃持風憲備洽聲猷眷求正人列彼儲寀宜膺朝選式弊公才可守太子舍人

授向遊仙義王府長史等制

勅奉議郎試太子左贊善大夫京兆府推勾官輕車都尉向遊仙奉議郎前行宣州司戶參軍京兆推勾官上護軍紀千鈞等各有藝能兼推吏幹通於文法檢以貞廉公勤不偷課効斯著俾遷階秩之寵仍加章服之榮遊仙可朝散大夫守義王府長史勳如故千鈞可太子通事舍人散官勳如故

授柳沖兼温王師制

勅左散騎常侍兼修國史上柱國平陽郡開國公柳沖族茂汾鼎價珍垂璧雅負通才備聞遺訓探六經之奥如叩

鴻鐘窮百氏之源若披明鏡挾輿切問侍從增榮擁篲崇儒師資佇德可兼温王師

授楊廉陜王傅制

門下利建子弟旁求師傅委之訓導必舉方直銀青光祿大夫前岐州刺史上柱國歸義縣開國男楊廉外示靜默言將發而寡辭内敷條理德不孤而應物故能游藝聚學修官辨政臺閣盡清華之選吏人懷撫貸之餘儀刑是稱參議斯在當肄業於鄒衍俾賦詩於韋孟可陜王傅勳封如故主者施行

授崔子源岐王府長史制

黃門朝散大夫守尚書駕部郎中崔子源地緒清茂風襟亮拔有如繩之直懷匪石之心學不爲人文能飾吏憲曹白簡秋隼曾飛禮闈青縑晨鳧就列睠於藩邸親則舊甥俾踐端寮宜膺寵命可檢校岐王府長史散官如故仍追赴京主者施行

授王守廉申王府長史制

黃門朝議大夫守忠州刺史上騎都尉王守廉飭躬清苦居心孝悌往操簡憲已著厥聲洎須條寄克修其政俾疇筵之茂寵參碣館之元寮可申王府長史散官勳如故主者施行

授魏明彭王府長史制

勑銀青光祿大夫使持節建州諸軍事行建州刺史鉅鹿縣開國伯魏明才業可稱器能適用恪勤彰於事任綏緝著於公方考績有成班資可進宜從使局之請俾踐藩寮之職可行彭王府長史散官勳封如故

授田幹之温王府司馬制

門下正議大夫行尚書主爵郎中上柱國田幹之聿修厥

德孝稱於百行無玷斯言慎比於三復文儒每固其業清白用傳其範拜郎仙署已題京兆之名爲相寵藩式贊河閒之美可行温王府司馬散官勳如故主者施行

授宋璟兼京兆尹制

勑惟雍設都實難其理尹京鎮俗不易其才御史大夫上柱國廣平郡開國公宋璟天假直清時歸方正端莊以立姦慝遷於望風果斷而行綱維成於不日衣冠所重人吏攸欽俾承彈糾之餘仍綜浩穰之劇可兼京兆尹餘如故

授蕭璿京兆尹制

黃門九牧之重列爲州伯四方之則求於京尹或匪其才莫膺茲任左散騎常侍上柱國東都留守蕭璿體峻而整氣剛而直愼必兼淸文能飾吏慈惠可以應務嚴明可以訓人故當權豪革心貴戚斂手三王迭拜況其甫嗣家聲二鮑相承未若累光朝獎休命斯允僉言所屬可京兆尹勳如故主者施行

授李傑河南尹制

黃門廼眷淸洛常聞舊尹重臨黃霸欽若古人銀靑光祿大夫陝州刺史上柱國武威縣開國子李傑通務宏才徇

公淸節以言博物貞固幹事當其奉所任罄厥心必欲存於周密曾不顧於險夷可謂國之良吏朝之藎臣宜迴陝服之委更允河都之借可河南尹勳封如故依舊充水陸轉運使主者施行

授畢構河南尹制

黃門洛陽設都海內均土自匪選衆疇能尹京蒲州刺史上柱國平陽郡開國公畢構純懿篤密直方淸勁積學所以體要道力文所以會雅正徇公滅私吏不犯法擒姦擿伏人無閒言在邦則聞從政何有六遂分職四方作經思齊李膺之舉宜允袁安之拜可河南尹勳封如故主者施行

授秦守一京兆少尹制

黃門正議大夫行萬年縣令上柱國南安縣開國公秦守一敏而無滯通則有才刻意深尚於政方立言每求於學術委之京劇時許能聲眷彼州端朝推令問俾外遷於墨綬佇明察於赭襜可行京兆少尹散官勳封如故主者施行

授白知愼河南少尹制

黃門正議大夫檢校將作少匠上柱國白知愼博觀墳史祗奉程式吏道尤精公心不轉郎官起草增其應宿之華匠者運斤主其成風之妙任能結約省費馳聲爰瞻上洛之都宜亞尹河之寵可行河南少尹散官勳封如故主者施行

蘇頲 四

授秦守一萬年縣令制

黄門楚州刺史上柱國南安縣開國公秦守一才稱幹理迹遊文藝敏而當劇明以燭姦星闈副於求郎河東美其爲宰事殷輦轂時佇絃歌旣揚百里之風更緝萬年之政可通議大夫行萬年縣令勳封如故主者施行

授趙昇卿長安縣令制

勅朝議郎守尚書戸部郎中上柱國趙昇卿識融而遠心密而堅行副其才文參於吏遊刃之美盡中桑林含香之能獨推蘭握市朝所令輦轂惟殷宜拜神京之宰用懲俠窟之姦可守長安縣令散官勳封如故

授鄭瓚河南縣令制

黄門正議大夫行尚書職方郎中上柱國鄭瓚士門雅望名教是先吏道通才聲塵自遠嵩邙帝宅周漢王都宜迴起草之能佇息鳴桴之聽可知河南縣令散官勳如故主者施行

授崔隱甫洛陽縣令制

黄門正議大夫行汾州長史崔隱甫抗迹清脩在公明察素稟才識早聞簡練故以正而不撓和而不同廼眷有洛是稱中土百里居官四方作則宜副曹攄之選俾旌王渙之能可檢校洛陽縣令散官如故主者施行

授元欽裕櫟陽縣令制

門下正議大夫行雍州藍田縣令元欽裕從政美才幹時良具山稱多玉已鳴絃於屬城地是雨金將候蹕於馳道使助王訢之辦宜符尹賞之遷可行雍州櫟陽縣令散官如故

授韋光業高陵縣令制

勅朝議郎行岐州陳倉縣令韋光業効官敏濟臨事明察嘉其墨綬聲已掞於雞祠遷以黄圖政佇成於鹿苑可京兆府高陵縣令

授艾敬直仙州長史制

勅朝議郎守豫州司馬上柱國艾敬直恪勤官次精練文法往持憲簡共憚清嚴頃擁使車旌別淑慝好龍遺迹乘凫舊壤俾州閭之創建佇邦國之成謠可守仙州長史散官勳並如故

授李守一别駕等制

黄門皇三從兄前洺州司馬守一等自登官序並穆政聲趙際燕陲漳濱淇上控河朔之風土盡山東之郡國宜膺别乘往佐專城可依前件主者施行

授韋抱眞虢州别駕制

黄門通議大夫前行郯王府諮議參軍事上柱國韋抱眞早以才地久登班序清徽藹然素風罔墜頃遊朱邸嘗寵於背淮俾鶩緹軒往之於封虢可依虢州别駕散官勳如故主者施行

授韋表玘泗州别駕制

黄門朝議大夫前行襄州司馬員外置同正員韋表玘風韻融朗文詞富贍故得朝列著聞選曹甄擇漾流爲漢嘗藉美於珠臯泗達於河爰馳聲於磬木可守泗州别駕散官如故主者施行

授張景順原州都督府别駕制

黄門朝議郎殿中尚乘奉御兼隴右南牧使張景順襟靈俊爽識具甄明代嗣僕臣家傳馬政愼言且聞於舉筴能養曾靡於缺銜惟在坰之可稱彼量谷之伊佇既叶抽犇仍循職事可守原州都督府别駕餘如故主者施行

授温愼微揚府司馬制

門下中散大夫守興州刺史輕車都尉温愼微門遺清白家傳詩禮外鳴謙而益光中造理而能密書工懸帳賦擅馳輪閑達彰其起草仁明最於分符乃睠惟揚之藩是稱重江之奧端寮所擇僉議攸歸可守揚州大都督府司馬散官勳如故

授樊侶益州司馬制

黄門太中大夫前守滎州都督借紫金魚袋上柱國樊侶

早負文詞累遷省闥頃揚才智受任軍州敏以邀功斷而臨事峨眉作鎮鼈靈開國惟巴蜀之險接西南之夷式遏撫循允擇時望端寮副職俾承朝委可行益州大都督府司馬餘如故仍知蜀川防禦副使即馳驛赴任

授馮光嗣揚州都督府司馬等制

門下朝散大夫使持節黄州諸軍事守黄州刺史馮光嗣忠信立名見推人物朝散大夫守相州别駕上柱國鄭國公楊獻通明應務雅有吏能頃在中朝各登清貫自居外郡頗聞政績連率之府貳職爲難宜膺並命之榮以副缺

官之選。光嗣可守揚州大都督府司馬。散官如故。獻可守潞州大都督府司馬。散官封如故。仍並馳驛赴任。

授竇慈遜岐山縣令制

勅。朝議郎行司農寺竇慈遜。夋以幹用。歷登班秩。憲曹農府。星籥未深。雍畤岐山。絃歌所屬。宜遷子男之邑。佇聞人吏之謡。可岐山縣令。散官如故。

授畢懷亮清流縣令制

勅。前常州晉陵縣丞畢懷亮。踐言立行。希高慕古。弓旌之禮。方議於徵辟。軒冕之榮。每聞於退讓。厥聲則遠。斯道不

渝。須嘉賢良。可鎮浮競。遂其彭澤之志。用表太邱之德。可滁州清流縣令。

授吳太元宋城縣令制

勅。朝議郎行監察御史吳太元。清以立身。嚴以持法。謡成避馬。實憚於霜威。政佇還蝗。俾聞於風教。可行宋州宋城縣令。散官如故。

授王璬柳城縣令制

勅。朝議郎前行滎州都督府倉曹參軍上柱國王璬。早聞幹用。兼擅籌畫。龍城遠邑。俾居銅墨之班。鯨海安波。仍掌舳艫之事。可行營州柳城縣令。散官如故。仍充海路押運糧使。

授陽洽安邑縣令制

黄門。朝請大夫新除河南府司錄參軍事陽洽。慎則能密。清而又公。任之養人。特曰循吏。朱鈎應務。迹豈滯於中京。墨綬宣風。才可臨於大邑。可蒲州安邑縣令。散官如故。

授于光庭聞喜縣令制

黄門。朝議大夫前行鄧州長史上柱國臨淄縣開國男于光庭。早聞詩禮。兼著詞學。歷職有聲。在公無撓。宛潭菊水。

未旌理劇之能。漢邑桐鄉。式佇宣風之最。可行絳州聞喜縣令。散官勳封如故。

封華岳神爲金天王制

門下。惟岳有五。太華其一。表峻皇居。合靈興運。朕恭膺大寶。肇業神京。至誠所祈。神契潛感。頃者亂常悖道。有甲兵而竊發。仗順誅逆。猶風雨之從助。永言幽讚。寧忘仰止。厥功茂矣。報德斯存。宜封華岳神爲金天王。仍令景龍觀道士鴻臚卿員外置越國公葉法善備禮告祭。主者施行。

封衡陽郡王成義爲申王等制

門下古者帝王受命以臨萬國子弟建封用尊五等其所由來尚矣尚書右衛大將軍衡陽郡王成義等敦詩執禮本仁祖義名教之樂得自幾深溫良之容發於忠孝晨趨魏闕則望掩軒霞夕賦曹園則思含澄景朕祇奉歷數旁稽載籍克輔王室所謂通邑大都俾爲唐藩故能帶河礪岳分膺往命咨爾（闕）慎歟可依前件仍各實封一千戶餘並如故主者施行

封致仕唐休璟宋國公制

門下養老乞言是謂侑禮建侯專國因而有命特進行前

尚書僕射同中書門下三品上柱國酒泉郡開國公致仕唐休璟才實王佐行爲物範自綜理朝綱謩猷揆政文武必濟義存簡冊公忠不回誠亮始終遠子房休事廣德遺榮雖樂在黃金而慶逢蒼玉重其行賞孰若優賢宜傳帶礪益增土宇可進封宋國公食邑三千戶餘如故主者施行

封郭虔瓘潞國公兼食邑實封制

黃門聞鼓鞞之聲者則思於將帥裂土茅之賦者則念彼勳庸右羽林軍大將軍兼安西大都護四鎮經略大使上柱國太原郡開國公郭虔瓘忠壯超倫智謀絕等決勝千里懷孺子之兵符通知四夷有老臣之戎律往者鎮於荒裔獨守孤城煮弩而其人益堅引弓而彼衆不敵故得愛子染鍔名王解辮穹廬掃地而將空沙漠聞風以歸附功則茂矣朕實休之宜誓山河開其井邑可進封潞國公食邑三千戶仍賜實封一百戶餘並如故主者施行

加王琚等食實封制

門下古之書甲令銘太常若不撫翼青雲馳光白日未有君則議賞速爲善而知勸臣亦避榮保流謙而益受豈非

君臣之際感通之理然也新除銀青光祿大夫守戶部尚書崇文館學士趙國公王琚體融純粹鑒徹精微謨猷濟時詞學辨政新除銀青光祿大夫守工部尚書楚國公姜皎宏才倜儻勝氣清明含章挺發臨事條解新除銀青光祿大夫殿中監宋國公李令問居惟密靜胄實勳華率禮而和立言以信或受釐則問或捨講相得非直蕭曹不遠自我之舊故能管樂咸起致予在斯頃掃韋兇緊賴其力爰升茂寵同辭厥位誠非易奪義所難違俾增秩於掖垣更回班於殿省仍加井邑以荅元勳琚可行中書侍郎俸

祿防閤品子課等一事以上同三品給加食實封二百戶通前滿五百戶皎可殿中監仍充內外閑廐使加實封二百戶通前滿七百戶令問可行殿中少監兼知尚食加實封二百戶通前滿五百戶散官封學士各如故主者施行

封皇第二女爲常芬公主等制

黃門諸女皆封先王之制第二女等慶聯霄漢體自穠華常閱禮於后庭必聞詩於師氏朕撫臨億兆憲章古昔俾裂河山之賦用疇湯沐之恩可依前件主者施行

封姚崇妻鄭國夫人制

黃門兵部尚書兼紫微令監修國史上柱國梁國公姚崇妻滎陽郡夫人鄭氏滎河地緒簪組家聲輝相門以才淑冠邦族而婉嫕蘭儀蕙問式備言容習禮聞詩載兼圖史金彝作輔爰開土宇之封石窌承榮宜表珩璜之盛可封鄭國夫人主者施行

進封賀蘭琬母楊氏宏農郡夫人制

門下太僕卿員外置同正員賀蘭琬母楊氏家臨桃塞門映蓮峯賦蕡實於周詩承累葉於台相言成箴戒淑慎其儀德憲圖史閑和其性正家貽則徙宅成規姻親載隆寵章猶闕宜比絳紗之學用膺青綬之命可封宏農郡夫人主者施行

睿宗受禪制

門下天下神器非上聖無以運其機域中大業非元良無以固其本欽若靈命寅奉神宗屈己順人用安四海承祧主鬯實貞萬國頃者家臻大憫在疚惟憂梟獍滿衢豺狼塞路武職戎政必任凶族國要時權咸升逆黨社稷之守但望包桑忠義之懷誰其艾棘階禍稔惡伺隙乘閒煩言碎辭所不勝述皇太子隆基正氣凝姿端命毓德自家刑

國英徽日甚移孝爲忠雄謨雷發北軍馳入掃欃槍於紫微南宮反正開日月於黃道平亂寧國翼戴朕躬一旅不勞功逾復禹七德咸舉事逸興周聲熙吹銅望歸當璧今遣司空讀冊侍中授璽實由立義豈曰尚親承華肇開元嗣以建方流樂風之緒宜申洊雷之澤（一作宜申洊雷之澤仍紀景雲之瑞）朕爰初踐極喜氣呈祥天人叶心象緯昭晛官名有紀年號用憑可大赦天下

贈重俊皇太子制

門下朕聞曾氏之孝也慈親惑於疑聽趙虜之族也明主

哀而望思歷考前聞率由舊典重俊大行之子元良守器往罹構閑困於讒嫉莫顧鈇鉞輕盜甲兵有此誅夷無不悲惋今四凶咸服十起何追方申赤暈之冤以紓黃泉之痛可贈皇太子主者施行

依王公等請上尊號制

門下朕聞天授命者爲天所予人歸德者爲人之主故崇高有莫大之尊司牧有非常之號蓋承天敘而立人極也我唐丕業克開之初朕以眇身託元元之上紹休聖緒欽若昌圖戢多難而拯綴旒蕩羣兇而夷觸柱下安區宇上

戴君親朝廷以乂家國以治斯又叶天心而從人願也太上皇釋海內之重負官公(闕一字)之遠情以朕功宣提劒運膺拜級爰奉睿謀總親庶政日慎一日問安以慶於三朝爲子爲臣順色靡違於五讓虔共若厲寢興是祗賴遐邇宅心戎夷內面奧淳風於寬大思致俗於仁壽而王公卿士獻書草議陳帝王之籙考天人之符迺以鴻名加於菲德然則徇至公之議難以私拒當至誠之請不可詞奪涉川罔濟當宁興懷敬遂禱祈益增寅畏所請上尊號曰開元神武皇帝者宜依有司可涓日練辰虔告郊廟詳諸舊典備禮進冊布告天下咸使聞知主者施行

禁斷錦繡珠玉制

勑朕聞召公曰弗作無益害有益孔子曰奢則不遜儉則固斯乃聖人之至言矣叔代遷訛僻王驕縱惟崇於玉盃象筯不勝於捐金抵璧好之者君也習之者人也即用疋帛服長纓之類歟朕爰在幼沖每期質樸手未曾持珠玉目未嘗觀錦繡願言其志造次不忘自寅奉休圖勉康政道常想漢文衣綈之德晉武焚裘之事竟未能令行禁止敦本棄末朕甚懼之今王侯勳戚下洎廝養所得者重於

遠所求者貴於異雖雕文刻鏤衣紈履絲習俗相誇殊塗競爽有妨於政無補於時豈朕言之不明教之未篤也且一夫一女不耕不織則天下有受其飢寒者今四方晏如而百姓不足豈不以尚於珠玉珍於錦繡墾田疇而奪其務出布帛而害其功歟其珠玉錦繡等自今以後切令禁斷如更循舊弊並歸罪長官仍令御史金吾嚴加捉搦州牧縣宰勸督農桑待至秋收課其貯積使人知禮節俗登仁壽有司仍爲條例稱朕意焉

張說監修國史等制

勑古之王者代有史臣以日繫月屬詞比事舉而則書用存有法事而不法是謂空言蓋褒貶之重愼也自非經術文雅進德修業出忠入孝匡俗佐時惟朕寶臣有邦良輔者孰可綜覈班紀發揮蒼籀銀青光祿大夫守中書令上柱國燕國公張說銀青光祿大夫守兵部尚書同中書門下平章三品上柱國梁郡開國公姚元之等並可監修國史餘各如故主者施行

洗滌官吏負犯制

黃門朕聞顏回知過不無過也蘧瑗知非不無非也孔子

曰過則勿憚改過而能改善莫大焉此則古之賢人所未能字闕一朕祗膺駿命光闡鴻猷思革積風以清貪吏作程者不要於密貴於必行行令者不要於嚴貴於適中比歲或使者廉按或憲司繩糾未能發明大體頗亦委曲小疵殊異恢恢之言遂行察察之事一從過誤永黜彝倫銓管不許其弃瑕簿書寧容其刷恥懷才則每歲見斥登用則終身蔑聞靜言思之誠未爲得夫學以從政祿以代農代農不可易業從政不可紊序永鑒前弊當無廢人改而更張朕之志也官人負犯經洗滌赦字闕一者宜並除痕選日量舊資依選例處分諸使通狀事或有枉斷豈無失承前要須却累通狀人然始爲雪各懼罪及致有冤人其訴枉屈人任申牒刑部事狀似枉者爲牒本使勘問盡其道理無本使者追本案爲其尋究應雪者本司斷後委左右丞更審詳覆然後牒所由字闕一司除痕并牒紫微黃門附簿諸處百姓若被勾徵使人貪功既不納理州縣承勑又不敢放或已輸已役重被徵收或先死先逃勒出鄰保欲令貧弱何以安存自今以後有隱欺須勾者宜勾當年若事連去年者亦通任勾隔年以去更不在勾限其官典及前

官隱贓在腹内者不在此例布告天下咸使聞知

誡百寮與供奉人交通制

勑朕聞事君者必在至公行已者貴乎獨立如聞供奉近侍之輩比日因循廣有招攜未能周愼寔與朝列頗相闌茸苟非親表不合數至門庭多行請託便涉趨附眷言此弊須革前非宜體朕懷深自戒勵自今已後百官輒不得與入内供奉往還

戒勵官寮制

門下法之所設本以懲非令之必行期於禁止致理爲要

何莫由斯至如官典受贓國有常法承前雖有處分在外多未遵奉且不戒視成爲暴不令而罰爲虐豈含容之日久將訓導之未明歟朕情存畫一過欲不貳恐愚人陷罪莫識隄防姦吏狥私自嬰徽纆永言於此明發興懷今日已前既往不咎從今以後有犯必繩朕不食言爾無荒怠所以勤勤懇懇豫戒凡百者蓋以罰止罰可不慎哉告示遐邇令知朕意主者施行

遣姚巂陸象先等依前按察制

黄門古者協和萬邦疇咨四岳柔遠能邇明目達聰以變

於人也自朴散醇漓割方回直失於德者格之以禮失於禮者助之以刑故懼羅網而畏簡書必振其綱而操其柄庶乎舉政之要也間歲天下諸州岳牧先充本道按察誠以今之刺舉昔之率連蓋欲爲吏之黜陟審人之愁苦中念作姦犯科獲罪相次棄本或尤於拙匠采葑不遺於下體由是申命有司咸多敘用至於按察暫令休罷夫泉有魚矣雖見則不祥林有獸焉而爲之不采與其存而勿用孰若狎以翫之俾便於時復修其政銀青光祿大夫益州大都督府長史姚巂處置兵馬使上柱國兗國公陸象先等早蘊宏量深甄大體清能勵俗仁以敦風必將檢御權豪昭明淑慝宜興化以樹善佇責成而求當可依前件餘各如故一事以上並準舊例處分本道所隸之州有偏遠不穩便者仍令所司量宜分割永爲定額訖奏聞主者施行

遣王志愔等各巡察本管内制

黄門上天降禍大行太上皇厭代升遐俾予一人煢煢在疚攀號荼毒觸向摧隕百辟卿士等上遵遺詔下狥羣心寰區任殷社稷務重資於聽斷不可暫缺遂力衰迷甫從

勤請恭惟顧託之旨思致和平之化雖在荒瘵敢忘負荷是用泣血撫膺執喪視事夫后王者代天理物師表者助朕理人物之所以茂育人之所以蕃庶蓋遂其性而安其業也朕每置旌進善仄席翹賢恐閭閻有愁苦之聲草澤無明敭之舉吏或慢法官或非才因之致理且未爲得其何以廉敗政恤冤刑問惸嫠招茂異寬賦斂節更徭使天下爲無爲事無事也頃分連率則曰使臣將求人瘼克宣朕命諸道按察使揚州長史王志愔廣州都督宋璟益州長史韋抗博州都督程行諶汴州刺史倪若水魏州刺史

楊茂謙靈州都督强循潤州刺史李濬荆州長史任昭理秦州都督張嘉貞洪州都督楊虚受梁州都督張守潔等並邁迹垂憲偉才通識有其直方無所迴避宜令各巡本管內官人有清介獨立可以標映士林或文吏兼優可以潤益邦政者百姓中有文儒異等道極專門或武力超倫膂侔敵國者並精加訪擇具以名聞其官人有老弱及久病妨於政理幷才用劣下全不稱職者上佐已下委使人便停務其官交要者便簡清勤人權攝其京官及畿內州委御史大夫及吏部官長準此詳察錄奏諸道僻遠州及

嶺南道委使人量差判官分道巡按其天下囚徒應有冤滯宜令大理寺及本巡使所在按理流罪已下非犯名教及官典取受並聽減一等收贖即使非理均事可疑者並杖以下罪並宜放免緣山陵所科夫匠等有父母年老家無中男已上者容其侍養不須差遣其河南河北遭蝗蟲州十分損二已上者差科雜役量事矜放百姓間有不穩便事委按察使與本州長官商度隨事處分奏聞布告遐邇令知朕意主者施行

遣御史大夫王晙等巡按諸道制

勅苛慝不作人斯無怨寬猛相濟政是以和周禮以官刑糾邦理以官敘正羣吏允迪前烈式惟舊章且夫寰宇至大不可以周覽黎甿至殷不可以獨化熙我庶政實惟具寮苟非其才罔以稱理朕惟夙夜不遑晏寧言念政道載深宵旰頃開元之初分遣按部糾摘姦犯煩聞懲息以其事久則煩尋亦從其停廢緜以歲月浸成寬弛今聞在外官寮多違憲法牧守則寄任茲重令長則祿秩且優亟聞侵竊屢有章奏雖賜金爲惠未愧張武之心而還珠表德罕見孟嘗之政豈敦諭之意未孚於就列將貞高之節有

謝於前修永懷於此良用沈歎且政寬而慢法弊則通弛而張之庶其致理御史大夫王晙等並識通政要位以才達茂其聲實宏此憲章宜分命巡按以時糾察巡內有長吏貪擾訟獄冤滯暗懦尸祿苛虐在官即仰隨事按舉所犯罪狀並推鞫準格斷覆訖聞奏仍便覆囚夫牧宰之任教道是先錄曹之職綱紀斯在其有政績殊尤清直獨立者咸以名薦舉餘官有清白著稱及諸色不善各別爲科目同狀奏聞其尋常平狀無不須通俾夫善取其尤罰無所濫疎而不漏密不爲苛必將正其源流宏彼綱目不可

總此煩碎擾其吏人應是州縣常務事非損益者使人更不須干預其百姓麥下不支濟應須處置事有不便於人須釐革者與州縣商量處分訖奏聞宜副虛佇之懷以光澄清之舉其外官充使者至明年冬入朝京官須奏任量事來去判官任使簡擇各依前件

命呂休璟等北伐制

門下朕聞守在四夷蓋安人以和衆加於百姓豈窮兵而黷武然則日之所出弗俾於化故知天之所討必襲其罰自默啜虔劉肆暴桀驁反常獨爲匪人假命驕子者有歲

時矣雖奉書款邸或遵於聲朔而控弦犯塞已毒於疆埸朕惟務懷柔每存含忍遂使庶邦憤積稽其六月之師逋寇禍盈窮此百年之運金山道前軍大使特進賀獵毗伽欽化可汗突騎施守忠二庭貴緒萬里威聲忠而善謀勇則能斷自膺殊禮名寵於外藩思立大勳志勤於中國兼遣弟右監門衛將軍守節長驅沙漠直指金微默啜舉其種類來相抗拒近殪於鋒鏑之下已若亂麻遠處於廟堂之上將同破竹堅昆在右犄角而東並累獻封章請屠巢穴朕又聞不得已而用者孰若兵機不可得而違者迺符人事永言取亂宜戒徂征右領軍衛將軍兼檢校北庭都護碎葉鎮守使安撫十姓呂休璟心堅鐵石氣横風雷始則和戎之利先得晉卿終而逐虜之功方邀漢將可爲金山道行軍大總管北庭副都護郭虔瓘安處哲等懷才抱器蓄銳俟時慣習軍容備知邊要並可爲副大總管領瀚海北庭碎葉等漢兵及驍勇健兒五萬騎金山道前軍大使特進賀獵毗伽欽化可汗突騎施守忠領諸番部落兵健兒二十五萬騎相知計會逐便赴金山道朔方道行軍大總管右武衛大將軍攝右臺大夫同中書門下三品上

柱國韓國公張仁亶文武將相莫之與京心腹大臣是所緊賴當分閫之任受外壇之律常願身先士卒不以賊遺君父與副大總管右監門衛大將軍魯受信等領蕃漢兵募健兒武用絶羣飛騎城傍等十五萬騎赤水軍大使涼州都督司馬逸客外寛内明正辭直道標慷慨之節曾不顧身蘊經營之志期於盡敵與右武衛將軍陳邱右金吾衛翊府中郎將李元通副使右驍騎衛鹿陵府折衝能昌仁左衛神山府折衝陳義忠等領當軍及當界蕃漢兵募健兒七萬騎豐安軍大使靈州都督甄粲副使張趙璧常

元寂等領蕃漢兵馬六萬騎防禦羣牧大使臨洮軍使甄亶領當軍莫門積石等軍馬募及秦蘭渭城等州大家子弟總二萬騎建康軍使甘州刺史李守徵玉門軍使肅州刺史湯嘉惠墨離軍使瓜州都督李思明伊吾軍使伊州刺史李脊交等各領當軍兵馬與突騎施守忠呂休璟等計會共爲表裏莫不運其長策悉心而効六竒接以短兵指掌而論七縱使天陣齊舉雲罝備設賈勇於飲醪之夫以一當萬揚威於汗血之騎左縈右拂咸挈黿斬蛟曳牛佩豕必能力簸窮海聲壓大荒刈谷蠡之庭拔扶渠之壘

不追渭橋之拜已見陰山之哭然則持旌節執金鼓者所以問不賓誅首惡而比夫不誠復迷則必俾存開網之仁預軫焚舟之歎休璟所領兵馬甲仗一事已上仍依別勅處分主者施行

命姚崇等北伐制

黄門朕聞上古聖王之政理則教之以戰陳之以兵蓋威不讋而服不順也故始於禁暴終於偃革斯不得已而用之朕以寡昧誕膺鴻業思欲率於動靜歸之教化豈要荒之外棄爲匪人而亭育之中視則如子罔不遵我文軌修其貢賦歲時相望道路抵屬而默啜素稱桀驁鳴鏑於狼居項自懷柔屢書於象魏朝廷所以許其通好議以和親使臣累齎緡帛侍子令襲冠帶庶中國無事長城罷守戢干戈而銷劒戟者朕之意焉豈謂我盟不渝爾約斯背伊庭之際遂敢侵軼西北偏隅尚聞嘯聚雖摧其精銳而困於圍逼此不虞之失也朕甚憐之犬羊無親不可恃信而輕馘熊羆有勇咸能宣威而制勝朕由是詢卿士之奏攬英雄之心謀元帥而得佐軍恢遠圖而舉長策隨時之義其在豫乎兵部尚書兼紫微令監修國史上柱國梁國公

姚崇天假其才日新厥德禮義爲本居有四鄰謨猷是先坐知千里以仲山甫之操管夷吾之能智湧泉而不窮精貫日而愈厲信廟堂之柱石鼎鼐之鹽梅必能奮爾六奇光我三傑可持節靈武道行軍大總管管内諸軍咸受節度右領軍衛大將軍兼檢校單于大都護鎮守軍使張知運寛厚沈毅外方内直威而勇決自攝單于之臺惠則撫循威仰將軍之樹可中軍副大總管權檢校原州都督李欽憲家承將相器兼文武求古人之節臨事不回讀前史之言好謀而斷可左軍副大總管檢校左威衛將軍靈州

都督呂休璟慣知邊要久探戎律誠期報國去病安用家爲奮不顧身伯昭不持賊遺可右軍副大總管左驍衛將軍論弓仁右金吾衛大將軍勿部珣左領軍衛郎將攝本衛將軍張直楷單于副都護臧懷亮右領軍衛中郎將王海賓前朔州刺史劉元楷右武衛郎將楊楚客并州定清府果毅元蕭然等頗牧爲用關張其敵懷才倜儻嘗邀百勝之功立志經營備習九章之訓弓仁及珣並可前鋒總管直楷可左虞候總管懷亮可右虞候總管海賓元楷楚客蕭然等並可行軍總管太僕少卿田崇璧鄜州刺史韓

思復等強力從政精心在公知無不爲利有攸往入敷事典省閣稱其閑練出綜條察吏人畏其嚴明崇璧可兼行軍長史思復可兼行軍司馬兵部郎中李休光司勳郎中張敬忠兵部員外郎王上客刑部員外郎楊欽明江州別駕李邕等或特達珪璋所謂登壇之寶或翩翩書記曾聞及霤之詞可以光贊出車宏宣入幕並可行軍判官靈武軍兵加滿十萬人舊馬既少宜於內外閑廄抽壯馬添滿六萬匹原夏等州要害處亦量加馬其後軍兵六萬人馬二萬匹先來點定宜令衛尉卿李延昌左羽林將軍楊敬

述等至冬檢閱且當處團結待後進止其有先鋒破賊斬馘摧堅功効灼然者並委軍將便定功賞不須限以常格總管以下有損失兵馬不能力戰棄軍逃命者便殺其有棄軍入賊不能死節者妻子依叛緣坐法凡此和衆誓於師兵統燕犀冀馬之雄屯斬蛟挈黿之勇鼓鼙沸野旌旗彗雲豈式遏於河塞方震驚於沙漠於是乎簞醪以信之芳餌以賞之戮揚干之僕必行其令持穰苴之兵不枉其法堅壁清野則投石而有餘追奔逐北則掃塵而無類俾權宜於閫外仍布告於天下暫勞永逸在此行焉主者施

行

命薛訥等與九姓共伐默啜制

黃門朕聞天所與者奉天命而不違人所棄者順人心而必伐由是古先帝王光宅區縣實仗威武用清荒夷時義遠矣默啜以叛亡餘孽凶忍遺孽敢迷聲朔獨匪人臣禍皆所召祅不自作舉其巢穴盡是離心瞻我闕庭相望內面猶竄身於寒苦且寄命於旬時當胡運之已窮在軒兵而可逐九姓部落等忠誠貫日義烈聞風數其擢髮之愆成於屈指之計請除驕子累遣使臣摧鋒而願先驅蓄銳

而期後命右羽林軍大將軍朔方道大總管薛訥左衞大將軍安北副大都護兼剡王府長史平郡公張知運右羽林軍將軍兼涼州都督赤水大使楊敬述右騎衞將軍論弓仁左武衞將軍大武軍大使于仁晢右武衞將軍豐安軍大使杜賓客豐州都督西受降城使呂休琳勝州都督東受降城使邵宏左金吾衞大將軍迴紇伏帝匐右衞大將軍渾元忠左衞大將軍似和舒右武衞將軍兼賀蘭州都督契苾承祖等或出將入相有經濟之才或敦詩閱禮有韜鈐之算或嫖姚仕漢有遮虜之勳或由余入秦有伐

戎之策謀彼元帥擇於佐軍可以授旗遂行推轂而進訥可中道大總管賓客宏休琳等爲副知運可東道大總管弓仁仁晢爲副敬述可西道大總管伏帝匐元忠和舒承祖等爲副各領馬兵二萬人與九姓計會三軍旣整百道齊入吳鈎楚練照曜陰山之峰冀馬燕犀張皇窮漠之地況彼寇惡積我師義動知存亡者觀其兆摧枯朽者鮮其力庶使彊埸罷偯從此息人邊鄙不虞因而盡敵布告天下咸遣知聞主者施行

幸東都制

黃門朕聞遂物之宜上則聽其和樂達人之欲下則生於怨思一物安可弗遂萬人安可固違且先王卜征觀乎風俗大易順動應乎天地由是巡以五載尚徧於人宸設爲兩京況稱於帝宅東幸西顧乃其常也然朕以行必淸道不爲無事至而供帳是則有勞故恤人之隱憂人不足於今四年矣遂使東土耆老傾心而徯予中朝公卿屢言以沃朕或謂國之中洛王者上地均諸侯之賦當天下之樞陸行漕引方舟擊轊費省萬計利踰十倍更知夫便於物者非自奉以懷安嗟於人者豈不誠而阻怨於是乎見品

彙之阜因京坻之饒則無奪農矣陳太師之言獻史臣之頌則無缺政矣信可以備法駕乘陽春歸於成周布我時令以來年正月五日行幸東都仍取北路所司準式主者施行

至都大赦天下制

黃門周宅中土秦里上田皆王者之都也時邁觀風載巡展義皆王者之政也朕嗣守宸極頗移年所冕旒而視心每周於萬邦車轍所屆迹不出於三輔豈懷安以憚勞姑省費而休力然以設京師者不偏於西據奉宗廟者亦俟

於東征安可阻從人之心增徯予之怨是用闓陽發歲練日簡辰乘和風以應物御惠風以行令永言告至載叶俾來顧茲菲躬畏此鴻業下輦而有宮室即舊不加登臺而有山川覽今猶昔森然在目用軫於懷思宏遠圖俾作寬典不忘師古之義特布惟新之澤可大赦天下自開元五年二月三日昧爽以前大辟罪以下罪無輕重已發覺未發覺已結正未結正繫囚見徒常赦所不原者咸赦除之唯謀反大逆不在赦限云云夫政欲清靜詞尚省要開者思致於乂未臻其道文書盈几閣而吏益欺詔命下閭里

而人莫諭得非失於牴牾弊在煩蕪邪簡而易從禁則難犯令式格勅有不便者先令尚書省集議刊定詳厥衷合於大體亡命山澤挾藏軍器百日不首復罪如初敢以赦前事相告言者以其罪罪之赦書日行五百里布告天下知朕意焉主者施行

幸長安制

門下觀俗省方所以愛人治國尊崇廟號所以事神享親欽若昔典此言大哉朕祇膺鴻業積念咸秦去歲欲幸洛京已發成命旋屬重營太廟因將中止誠以其繩則極功且未即展軨効駕信弗可違終肆勤於東方恒載馳於西土流晷不駐通喪永畢象居始成如在增慕朕之茲志日夕匪遑乃可以詩陳肅邕禮極禋祀神明之奧時惟雍州稼穡有年莫若關輔王假用告后來其蘇實獲我心俾從人欲可以今年十月取北路幸長安所司準式務在節省無得勞費主者施行

欽定全唐文卷二百五十四

蘇頲五

嗣虢王邕同知內外閑廄勅

勅驃騎服皁軍國爲容苟非懿親莫允斯寄祕書監檢校殿中監嗣虢王邕地隆藩屏才蘊忠賢以河間之碩儒膺舞陽之茂寵學窮四徹已綜圖書任司六尚式光軒冕必能駟馬擧萊兩驂執轡用聞玉臺之歌入侍瑤池之賞宜與張涉同知內外閑廄餘如故

命新除牧守面辭勅

勅自古帝王莫能獨理爰樹侯伯所以分政則今都督刺史之謂矣蓋欲亭之毒之納於富壽不夭不札以致和平朕受天眷命作人父母殷鑒遠圖罔知攸濟頃者都督刺史惟良是求而寂寥厥聲執副虛想豈六條察舉未詢事以考言將三載黜陟不責實而求當遂令進之則易吏煩於送迎退之則難人務於苟且豈所謂安孤老長子孫之意耶漢宣由是興言劉廣爲之長歎誠有旨也今事謀伊始邦政惟新俾凝庶績思改前弊自今已後都督刺史每欲赴任皆引面辭朕當親與疇咨用觀方略到任之後宜

待四考滿隨事褒貶與之改轉諸州上佐五品已上應改轉限亦宜准此夫類其才則適用久其事則有恆致用執恆未聞不致於禮也咨爾在位可弗勉哉

搜揚懷才隱逸等勅

勅立政之本惟賢是擇朕祇膺大歷殷鑒遠圖揚於王庭生此王國朕之所望久矣豈徵辟爲事未極於巖藪而高尚絕塵見遺於草澤將何以擧逸而勸貪然來思且才之或偏器罔求備固非臧文之智則尚其言收曲逆之奇則捐其行過而能改仁遠乎哉天下諸州有懷才隱逸跡弛不調及失職冤人等並令諸道檢察使博訪具以名聞副朕饑渴之懷庶廣搜揚之義

每日聽政勉勵百寮勅

勅三春布和萬物資始而去冬無雪以迄於今將何以敬授人時欽若天道豈政有所缺將教有不明致茲亢旱深有祇惕堯舜以百姓爲心禹湯以萬方罪己朕雖薄德匪敢遑寧自今以後每日聽政思宏道理俾康庶績至於日旰忘食未明求衣惟懷永圖朕之志也凡百在位可不勉歟

處分朝集使勑一

勑朝集使等朕自臨萬邦倏已三載何嘗不兢兢業業勵精政道思欲棄末敦本阜俗安人寰瀛之閒日月以冀所以急於農務不奪人時富而教之庶乎可致夫苛政甚於猛武貪人比之蝥賊頃雖臨遣使臣未能澄正此弊或刻以害物或擾以妨農或背公向私或全身養望至使錢穀不入杼軸其空捐瘠相仍流庸莫返且四方事廣一人獨化共理之寄非卿而誰卿等至州遞相勗勵勤恤孤弱勸率耕桑各効清勤無或隳怠

處分朝集使勑二

勑朝集使等朕聞御寰瀛者不可以獨化養黎獻者必存於共理故專一方親百姓能致循良之術必無愁苦之聲非牧伯之賢疇離於此所以精求臺閣歷選縉紳常舉百寮之要以先六刺之重虛想佳政用成庶績自去冬入計者則循名責實詢事考言雖不無等差終未有殊異得非歲時或淺風教未洽耶故一切不除各再臨所典至於敬耆老恤煢弱止姦盜挫豪強人不忍欺吏不敢犯田疇墾闢獄囹空虛徭賦必平逋逃自復門杜請謁庭無滯留若是者迺關乎職思可以力致至於弭災眚集休祥尚德義崇禮樂儒風大長道化滂流耕夫克讓織婦知節草木不夭昆蟲咸遂扇彼淳源登茲壽域若是者亦宏之在我仁遠乎哉豈惟祿秩就加當以公卿入拜其或靡副朝猷不恭朕言陟既有之黜故宜及勉旃愈往各勤我班瑞之分命

處分朝集使勑三

勑朝集使朕聞天生蒸人溥於四海天有成命孚於萬邦必內立公卿外建侯伯后非賢罔使賢非后罔事借耳以

廣聽假目以遐覽則諭上旨通下情庶政諧而羣萌樂矣由是三考黜陟百官會(疑)昔之訓然耶朕以薄德祚膺寶位受乾坤之顧荷宗廟之靈懍乎若涉春冰如馭朽索責在司牧所賴分憂曷嘗不想望賢才馨香至化七年於茲矣咨爾羣岳實邦之良服勤政途深佇嘉績豈為吏罕久與人未信何殊尤絕異寂寥厥聲恭惟永圖當副虛屬孔子曰苟有用我者三年有成漢宣曰庶人安田里無愁恨之聲者政平訟理也以為太守數易則下不安誠哉是論矣今之牧守古之諸侯寵數特加情寄尤切故躬饗廷內

則飲食宴樂幣帛筐篚入至朕前則敷衽以陳命席而對所冀仁且不遠言之必行以副朕憂勞之心託卿勤卹之助卿等宜慎厥始成厥終往欽哉祗守爾典操一州之統分六條之察念茲在茲用光我班瑞之命有賞有罰朕無戲言並即好去

處分朝集使勅　四

勅朕自君臨區域子育黎庶歲年是慎夙夜惟寅而誠或不孚政猶未洽所在旱澇屢覩章表因饑饉而爲理竭憂勞以養人非夫二千石孰應斯委下戶給之高戶貸之所

須賑恤並先處分至於常賦則著恒典檢據成損蠲減有條又近日以來中外少事差科調發殆至於無處駁通融當免於弊不知卿等從州來日百姓間得安穩以否其閭閻未便勅令有闕具以陳聞副我深寄時寒涉路並平安好且三兩日尋親識後取曹司進止

處分朝集使勅　五

勅朕聞諸禮曰刑禁暴爵舉賢則政均矣好惡著則賢不肖別矣其道然耶朕以虛薄祗膺景命荷宗社之靈當億兆之責曷嘗不昃朝晏坐畏天愛人思欲保其和樂躋於仁壽則與我共理者其惟良二千石乎每計吏還州與之陛見示其賞罰錫以筐篚亦云命而已矣而朝集使豫州刺史裴綱分典荆豫爲政煩苛頃歲不登合議蠲復部人有訴便致科繩縣長爲言仍遭留繫御史推按遽以實聞虐政弊人一至於此朕夙夜兢惕匪遑寧居尋遣使存問其諸道有損處已量加賑恤水旱不時實朕之過惠養失所分刺之由是用黜綱於嶺裔儆彼羣岳朕於蒼生若保赤子爲之均田邑制廬井必欲其時和年登遠安邇肅託於牧宰代以躬親故歷難其官誠經國致理之意也夫德

惟善政政在養人故土煩則草木不長水煩則魚鱉不大必也寬恕貴乎清靜諸刺史都督宜問疾苦拯貧窮杜侵漁察冤獄至於賦役務從減省深刻爲事人何以堪私惠苟行法或將墜理須折衷用存楷式其百姓有穩便者隨事條奏朕將親覽焉欽爾有官各勤爲政如風化允穆課績殊尤當擢之不次旌乃厥美凡百庶邦敬聽朕命

處分朝集使勅　六

勅朝集使古者覲羣后比萬國黜幽陟明循政思理罔之廢也朕以虛薄屬當期運受命穹昊司牧黎元何嘗不中

夜求衣分晝忘食欲其日月所燭霜露所墜不獨親其親不獨子其子五穀豐植萬物阜安爲無爲事無事與能共化於茲八年矣而淳源未還至道猶鬱豈朕之不德耶將吏之不賢耶徭賦或繁耶綱維或紊耶故延入階陛躬問得失悉如卿所對則朕無憂矣書曰非知之難行之惟難語曰仁遠乎哉我欲仁斯仁至矣卿等宜祗典厥職克正其身修於國章允茲朝寄因乎風俗示之訓誘必也道德齊禮以公滅私田里絶愁歎之聲邦家聞寬厚之化乃及優賞如或依勢作威倚法以削流亡未丞教令不行加以

常罰自餘宜依別勅處分勤恤人隱以副朕懷並仰好去

處分朝集使勅七

勅朝集使等朕承天丕命子育萬方樹之師長俾敷景化將以固茲邦本致諸昇平而大道緬然淳風未暢租賦頗滅戶口猶虛水旱相仍耕桑莫贍蓋朕之不德而吏之無方永言於茲良增歎息往歲河南失稔時屬薦饑州將貪名不爲檢覆致令貧弱萍流外境責在致理有從貶黜因茲以來率多妄破或式外奏免或損中加數至如密州去秋奏澇管戶二萬八千八百不損者兩戶而已無田商賈之流雷同入數自餘諸州不損戶即丁少得損戶即丁多天災流行豈應偏併皆是不度國用取媚下人曩之刻薄也如彼今之踰濫也如此不副朕意一至於斯踈怠之僭雖已會赦尸曠之跡豈不多慙當令所司比類澄汰卿等與朕共理實惟分憂各勉思政途以匡不逮其百姓閒事物去冬赦書已處分訖若人有疾苦鄉有姦豪不勸農桑不崇學校並宜敦勸以正風俗逃亡之戶必藉招攜差科之閒務令停減如臺省處事有不穩便於時者具利害聞奏勿復依隨以損百姓卿等至州之日宜一留意用綏我

庶人並即好去

處分朝集使勅八

勅朝集使等朕君臨寓內子育黎元何嘗不簡易愛人勤恤庶政天下至廣不能獨任故樹之方牧咨其共理而淳化未敷至道猶鬱庸賦尚滅戶口且虛水旱相仍倉儲莫贍無聞慈惠之政未息凋弊之流豈朕之不明而吏之無術言念於此用惻于懷卿等是行勉思厥政百姓間有鰥寡惸獨不能存濟者務令優養游業浮惰不勤稼穡者將令懲肅敦以學校勸以農桑差科之閒務使平允逃亡之

戶兼藉招攜令其下人使得蘇息諸州遭澇之處多是政理無方或堤堰不修或溝渠未洩頻已處分竟無承稟常破租庸是何檢校至州之日各宜勤勉應合修塞開導宜預施功若不獎勞何以獲利已令御史分知訖宜勵所職勿犯常科今考績深者已有除改資歷淺者更佇良能應還州人已令所司各與賜物待駕發後三五日別親識並即好去

處分朝集使勅 九

勅朝集使等宏風善俗寄於良吏求瘼恤隱職在親人朕並建藩牧擇其師長欽若古訓俾人用康而教化或未洽黎甿或未寧攘竊者或有犯禁逋亡者罕聞復業豈朕敦諭之道尚缺而牧宰之訓未明歟永念於此不忘旰昃卿等咸承朝寄分掌外臺共理之道期於康濟至若率身以正馭衆以仁而下不化者未之有也卿等還州宜禁侵漁絕浮惰慘獨鰥寡尤資惠育盜賊祆訛特宜禁斷其征鎮人家每須優當科斂之事必在均平頃者水災薦及河朔朕思無不至憂彼元元發倉廩漕江淮以賑之蠲租稅停征役以安之今屬春陽布和農事方起慮有乏絕致妨農桑雖已遣使安撫或恐事未周贍如有不支濟者即便量事賑給諸道有損之處亦宜准此朕不欲一物失所衆情不遂納羣生於仁壽躋大化於昇平卿等各宜恭守朝章宣布朕意雖萬方有罪敢忘在予而三載考績須徵行事安人稱職可不勉歟並宜好去

令道士女冠僧尼拜父母勅

勅夫孝者天之經地之義人之行故上自天子下至庶人資於敬愛以事父母所謂冠五常之表稱百行之先如或不由其何以訓如聞道士女冠僧尼等有不拜父母之禮朕用思之茫然罔識且道釋之教蓋懲惡而勸善父子之儀豈緣情而易制安有同人代而離怙恃哉哀哀父母生我勞瘁故六親有不和之戒十號有報恩之旨此又窮源本而啟宗極也今若爲子而忘其生傲親而徇於末背禮而强名於教傷於教則不可行行教而不廢於禮合於禮則無不遂二親之與二教復何異焉自是已後道士女冠僧尼等並令拜父母喪紀變除亦依月數庶能正此積弊用明典則罔虧愛敬之風自叶仙真之意

原滅囚徒勅

勑惟刑恤哉古之道也朕撫臨四海茂育萬邦思致淳風登諸壽域期畫冠而不犯故開羅而在宥念玆下愚自抵常法時屬盛夏天其養長在物最靈惟人爲貴朕處臺榭猶有鬱蒸之毒彼居囹圄能無憯怛之憂故遣紫微黃門備加按省覽其所奏用憫於懷爰矜可恕之罪必務惟輕之義將布寬惠俾從原減宜依前件

焚珠玉錦繡勑

勑朕聞珠玉者饑不可食寒不可衣故漢文云琱文刻鏤傷農事錦繡纂組害女工農事傷則饑之本女工害則寒

之源又賈生有言曰夫人一日不再食則饑終歲不制衣則寒饑寒切體慈母不能保其子君焉得以有其人哉朕以眇身託於王公之上曷嘗不日旰忘食未明求衣思使返樸還淳家給人足而倉廩未實饑饉相仍水旱或愆糟糠不厭靜思厥旋皆朕之咎致有漿酒藿肉玉食錦衣互相夸尚浸成風俗夫令之所施惟行不惟反人之化上從好不從言是以古先哲王以身率下如風之靡何俗不易此事近有處分當以施行朕若躬服珠玉自翫錦繡而欲公卿節儉黎庶敦樸是使揚湯止沸涉海無濟不可得也是知文質之風自上而始朕欲捐金抵玉正本澄源所有服御金銀器物今付有司令鑄爲鋌仍別置掌以供軍國珠玉之貨亡益於時並即焚於殿前用絕浮競至誠所感期於動天況於凡百有違朕命其宮掖之內后妃以下皆服澣濯之衣永除珠翠之飾當使金土同價風俗大行日用不知克臻至道布告遐邇知朕意焉

禁斷臘月乞寒勑

勑臘月乞寒外蕃所出漸漬成俗因循已久至使乘肥衣輕競矜胡服闐城溢陌深玷華風朕思革積弊返於淳樸

書不云乎不作無益害有益功乃成不貴異物賤用物人乃足況妨於政要敗紊禮經習而行之將何以訓自今以後即宜禁斷

禁斷妖訛等勑

勑釋氏汲引本歸正法仁王護持先去邪道失其宗旨乃般若之罪人成其詭怪豈涅槃之信士不存懲革遂廢津梁眷彼愚蒙相陷坑穽比有白衣長髮假託彌勒下生因爲妖訛廣集徒侶稱解禪觀妄說災祥或別作小經詐云佛說或輒畜弟子號爲和尚多不婚娶眩惑閭閻觸類實

繁蠹政爲甚刺史縣令職在親人拙於撫馭是生姦宄自今以後宜嚴加捉搦仍令按察使採訪如州縣不能覺察所由長官並量狀貶降

禁斷大酺廣費勅

勅禮存寧儉書戒無益約費嗇財爲國之本至如賜酺合宴正欲與人同歡廣爲聚斂固非取樂之意況日徇於奢是不誠也心勞於僞是不經也殷鑒於此良用憮然自今以後兩京及天下酺宴所作山車旱船結綵樓閣寶車等無用之物並宜禁斷

禁斷女樂勅

勅朕聞樂者起於心心者動於物物不正則不可爲樂樂不和則不能理人況天生黎蒸區別男女外則導之以禮中則由之以樂苟或不臧孰云致禮自有隋積靡庶政彫弊徵聲徧於鄭衛衒色矜於燕趙廣場角抵長袖從風聚而觀之浸以爲俗此所以戎王奪志夫子遂行也朕方大變澆訛用清淄蠹眷茲女樂事切驕淫傷風害政莫斯爲甚既違令式尤宜禁斷自今以後不得更然仍令御史金吾嚴加捉搦如有犯者先罪長官務令杜絕以稱朕意

幸新豐及同州勅

勅虞之四朝且編區寓漢之三輔本同京師善於古者考於今發乎邇者應乎遠若順豫之事缺則紊於王制巡遊之典備則慮於人勞朕受命膺期勵精設教幸乾坤幽贊風雨咸若百物既阜三農已登同穎薦於宗廟穡穗生於郡國我無大桀實欣於歲取人有小康未果於時邁但左翊之地近入黃圖新豐之邑甫鄰青綺山川宮館咫尺相望欲過灞亭而涉滻經沙阜而臨渭見彼耆耋問其疾苦察長吏之政恤黎甿之冤蓋所以展義陳詩觀風問俗始

自纖甸化於天下宜以今月二十五日幸長春宮停五日緣頓所須並令所司支備一事以上不得干擾州縣發日唯量將飛騎萬騎行更不須別遣兵馬及妄有科喚朕此行之處不得進奉在路有稱冤苦州縣不能疏決者委御史金吾收狀爲進各勉所職副朕意焉

居大明宮德音

黃門朕聞養人者謂之司牧非逸於人上事天者謂之帝皇蓋御乎天下故作爲棟宇以避燥濕居於臺榭以順高明斯乃奉時令布政教也朕以不德祗膺睿圖實十家之

塵愛兆人之力未嘗興工於土木役思於池籞冀之休乂以致雍熙自律應長羸時方大暑游雲屢起溫風且至伏以太上皇宴居珍衞滌慮清閑迹不往於甘泉心每期於汾水朕侍於左右以奉晨夕助元默之化則虧於聽理當炎蒸之序又瀆以囂煩惕焉載懷敢忘順色然大明創兆先聖所營即舊不加因時而徙千門萬戶外雖謂於別宮一日三朝中自連於複道下所以寧問安之懇上所以資習靜之娛實獲我心俾康政理古有服重裘者則念人之寒居夏屋者則念人之熱況比歲阻飢甫田不稔或愚人

陷罪圜土稱冤凡厥庶寮將何以恤兩京及諸州宜令長官親理冤獄除犯名教及官典犯贓幷緣妖僞以外餘罪徒以下咸宜放免其有茂才異等拔萃超羣緣無紹介久不聞達者咸令自舉朕當親問其應宣撫咸使名聞舉人試第四等宜准舊例別加優獎見任人各量與改轉前資常選人至冬依選例與處分其未出身者兼授散官先天以來軍將押衙官等在陣戰亡者令本軍勘實奏聞其妄說災祥誑惑閭里幷令州縣長官等嚴加捉搦仍令御史金吾防察糾有能直言極諫補朕之闕者各封進狀朕將親覽如有可採當加獎擢其皇親諸親及東宮承優任員外檢試等官近停令至冬處分者有家道貧迫情願外任者亦令所司勘績闕量才注擬其緣坐流人處置有輕重不類者令所司勘會聞奏主者施行

冊嗣澤王文

維景龍四年歲次庚戌五月辛亥朔二十八日戊寅應天神龍皇帝若曰夫親先之義始自國家嫡後之封終傳土宇咨爾故澤王男義瑾授桐貽緒訓（闕一字）垂芳性夙宜於禮樂行盡成其忠孝是知周之曲阜元子建侯漢之平臺共王襲父推其繼美俾爾宜乎是用命爾為嗣澤王於戲

率由軌訓祗服彝典故可以不驕不矜迺惠迺順北暨於上黨南臨於太行偉其井邑光我藩屏往欽哉

冊汴王邕文

維景龍四年歲次庚戌五月辛亥朔二十八日戊寅應天神龍皇帝若曰易不云乎義崇於利建書不云乎道尚於敦睦故知樹藩屏者以奉先王之言强宗室者乃歸諸父之允咨爾金紫光祿大夫行祕書監檢校太尉殿中監知隴右三使仗內諸閑廐上柱國嗣虢王邕爾門膺魯拜地

冠虞封本以忠孝仁義之規成乎宣慈惠和之業思窮占
兩沛經不測其精詞高賦月陳詩莫踰其麗匪惟政修中
夏稱於虢叔固以姻連外戚寵則吾姨遂能在位不驕鳴
謙自牧造次何者寧忘服儒從容謂之最樂爲善加以望
隆才位聲軼典司動則有恒靜而無撓載刊三豕廚委於
殺靑爰捧六龍旣塡於伏阜故可以縈絕乎四履位徼乎
九就夫陳留者從梁之邑在浚之郊井邑遂割於鴻溝舳
艫遠通於巨壑雖帝堯遺俗國中承重厚之風而王武舊
邦天下擅膏腴之地親旣賢矣我圖爾居是用命爾爲汴

王於戲爾其敏厥行祗厥典思不怠畏不法取則前鑒罔
貽後羞行作我唐藩以惠於汴土愼之哉其保朕之休命

上開元神武皇帝冊文

維先天二年歲次癸丑十一月辛酉朔二十八日戊子攝
太尉臣某等文武官六千五百一十四人言臣聞厥初生
人首出庶物物不自理惟后可以康乂后不自專惟人所
以歸往古先哲后安人育物表功崇號不可避也皇矣上
帝臨於巨唐降氤氳垂耿光重熙而累盛至太皇而授聖
皇臣等敢稽首而言曰曩者景龍之末長蛇縱禍陛下慮
宗社之墜提劍而夷之則因親以尊主聞者朝有賊臣天
罰大憝陛下拯邦家之難援旗而勦之則措枉以舉直戮
不及嗣惡惟其魁思與王公卿士下逮元元揚闡擇而育
和氣臣又聞軒夢華胥堯期姑射未有一其道而順太皇
之心文王昭事武王緝熙未有一其時而居聖神之位褰
裳釋重至公也端冕嚮明至孝也使九族敦敍百工允釐
東西南北砥礪聲敎彼靈有四招翠黃而可乘我寶有三
捐珠玉而不御然猶發揮禮樂馳騖典墳論思獻納進善
從諫日愼一日上稽乎天意下考乎人謀卓哉協元符而

鑠靈命者也夫開者泰也罔不亨元者善也罔不利神者
聖也罔不通武者威也罔不服臣等不勝大願昧死上尊
號曰開元神武皇帝謹上玉冊玉璽臣等誠惶誠恐死罪
死罪謹上

開元元年赦書

黃門朕聞聖人無心同於吹萬上皇有道契於明一居天
下之尊者莫大體其大以照臨成天下之務者至公順其
公以康濟故能稽昌歷考元符通於神祇格於上下鴻名
不可以深拒盛典不可以固違斯豈在予而徇於物也朕

以菲德丕承聖訓掃除欃槍保衛宗祏內問安以承志外聽理以推誠始自朝廷納之以軌物終加蠻貊洎之以聲教欲令跂行喙飲含齒戴髮去其夭札蠲其疵癘每乾乾於紫座寧自貴於黃屋而凡我羣辟顧斯兆庶以爲人謀協從天意欽若王者人所歸也帝者天之號也歸之者以德號之者以功然號以功成則功不可以不表歸以德厚則德不可以不勵朕猥屬興能之運遂忘沖讓之私將逮臨寅之歲首甫擇建子之天統是用發揮景命受茲禮冊夫循名者責實謀始者慮終勉而全之非敢自滿所以克

已思政唯懷永圖懼弗勝荷用多懃惕赦令所作其來尚矣是則姦人之幸嘗思奔馬之喻朕但欲令其畏惡化之爲善庶比屋可封豈開羅爲惠朕之此志每用形言頃屬冬序頗愆農澤洎簡辰練日有司備禮則上天同雲北風雨雪意者將乘廣慶必待湛恩宜行宥過之典以叶隨時之義可大赦天下改先天二年爲開元元年自開元元年十二月一日昧爽已前大辟罪已下已發覺未發覺已結正未結正繫囚見徒咸赦除之云云禮尚於儉書誡於奢朕方歸敦樸以存勸沮至於乘輿服御及土木之功蠲除

擲節貴從簡省王公以下宜識此心欲將先自朕躬冀能化行海內薛伯陽以凶慝之子合寘嚴刑緣尚主之恩特令遠貶旋念從夫之禮深矜自我之出宜復舊婚再承新命可唐州別駕員外郎置同正員郭元振往立大功保護於朕頃因閱武頗失軍容責情放逐將收後效可饒州司馬員外置同正員朕聞罪不相及先王之制叔向豈坐於凶弟展禽見稱於哲兄劉廙不以劉偉獲辜王導不以王敦廢職崔滌爲其兄湜搆禍每進款誠事朕有年心則無隱忠邪既判賞罰宜均俾踐儲鄉式彰臣節可太子僕員

外置同正員國初以來宰相及實封功臣子孫一房沈翳未承恩者令所司訪擇有才用者量加擢用周朝酷吏來俊臣周興之徒殘害宗枝毒害良善永言及此深所嘆恨其酷吏有身在及酷吏身後有子孫亦令所司勘會甄別處分諸軍將士有年歲深久所由要籍或不得選集及未敘勞効咸委軍將據實奏聞仍令所司早勘處分及諸軍子將總管以上自今已後冬正賜帛一準京官例給亡命山澤挾藏軍器百日不首復罪如初敢以赦前事相告言者以其罪罪之赦書日行五百里布告遐邇咸使知聞主

者施行

欽定全唐文卷二百五十五

蘇頲六

賀封禪表

臣頲等言伏以升中禮施降禪云始五玉既輯萬方胥賴臣等中賀臣聞封太山至梁甫天下之壯觀王者之丕業伏惟開元神武皇帝陛下以天覆之大地容之厚車書不及而來王日月所臨而奉朔周年七百未可語於期運漢里三萬曾何校於提封大和浹區寓榮貺彌川陸將辭上帝之休靡抗鴻儒之議式考南至之度爰備東巡之禮列

戎夷之君長聚華夷之玉帛惠化潛扇納人歡以錫符淳風外流奉天符以行事遂登日觀拜雲封泥瑞芝檢珍玉導以六穗之禾犧以雙觡之獸茅黍畢陳鶼鰈咸在六宗起典則百神之禮具羣后充庭則肆覲之儀洽乃藏祕冊昭尊名山稱歲以效祥乘溫以儲祉而叶同之令再造於黔黎增廣之仁更張於品物歸功當格於藝祖致美永延於岱宗斯所謂皇哉唐哉唐哉皇哉者也臣等不勝大慶謹奉表稱賀以聞臣頲等無任云云

為羣官請公除表

臣某等言伏奉今月二十日勑違此終喪未從權禮恭惟聖旨相顧失圖臣某中謝臣聞孝德稱三事親之道不貳喪禮有五權制之儀居一雖霜露增惕君子有終身之悲而日月其除達人無追遠之義故大賢抑情而俯就不肖庶幾而企及百王同範千古不刋此所以定通喪此所以明大孝陛下欲乖前訓獨展因心棄易月之制申再期之禮臣何人斯輒敢裁議然凡聖殊貫尊卑異等情則無別服則不同漢朝故事行之自久是以先后遺旨具刊節制率土之濱孰不哀奉陛下若違衆慮循私情想欒棘以纏

悲服苴枲而增慕此則非先后之遺意也異通賢之達節也伏願俯依慘制以順權宜屈小節而存至公抑沖襟而明大禮則下顧上達人欲天從陛下不違於先旨微臣得申於公議不任悲迫之至謹詣朝堂奉表陳請以聞

爲羣官固請公除表

臣某等言臣聞以日易月著自不刊之典以臣事君竊惟有爭之義羣心累切聖感未迴臣等焦惶不安啟處中謝臣又聞之高宗諒陰三年不言百官總已以聽於冢宰斯則求古之人自殷宗行之矣但事有通變時有損益或循古法多昧遠圖孝文由是創禮孝景因之從令故漢之帝王獨高文景孝者先於百行豈欲違而致美誠以神器之重天下至公所直小所枉大加百姓而刑四海作程於後罔不率由陛下纂大横之繇開中興之業每旰食坐朝求衣視事不可得不言也不可得總已也固不可如殷之時也臣請以近事爲明是云典故豈三聖追遠曷不甚哉三年制服葢未然矣先后所以末顧之深者欲順成先志不敗其道乎若遂乖於所奉固於執見寧獨神祇之望缺億兆之心阻必當太宗有恨於昭陵之仙寢高宗不悅於梁

山之元宮先后徒勤於憑几之言陛下是忘於綴衣之日矣今禮云喪後聖不宜獨善今禮云非前王故以垂訓其可專之乎況敬於宗廟四時之感斯在廢於禮樂萬邦之化安寄不薦不享久矣其如奉先何禮壞樂崩久矣其如致理何懼非大孝之意也頃公除有數臣等祇若今攢塗又畢時月已遠而陛下廷則簪裾之序居尚苴枲之容至有百蠻入覲千官在列仰晞太陽俾見羣下便謂君臣之禮舉而有三遐邇之人感且非一彼數事者伏惟熟計之臣等輒以悃悃之懷願抑蒸蒸之孝陛下當迴思遷慮從

權達禮思代天理物之大惟愛人治國之機上則遵於累聖稟於遺旨下則順此誠祈因而俯就喁然所戴罔不知幸無任悲迫惶悚之至謹詣朝堂奉表以聞

第二表

臣某等言臣以易服之禮著之前訓從權之義聞諸格言遂乃披瀝肝血願垂昭亮天心彌固日慮徒勤是用怔惶但深焦懼臣中謝臣聞通喪之制差等不同天子絶朞故云自達此孝情之奧旨非喪服之遺事故雍言致惑子張發問於殷宗除服不疑元凱具陳於晉主此則家國殊禮

君臣異貫前帝軌儀備之方冊況皇朝典故駿奔斯在祖宗奉先不違茲躅陛下若以庸言不信上則請按於周禮陛下若以今古異途此則請詢於唐典雖聖情多感臣不忍言而有義可憑終期俯察復以四海無外萬機事大國望時宗猶有權奪則陛下爲天下主作人父母司牧羣方纂膺寶業何忽以冕旒之貴而行布衣之禮也且臣等公除虔奉明訓陛下若素帟未卷縞衣仍服使吉凶殊於內外丹素雜於宮寢無乃哀樂乖宜乎無乃情禮失衷乎又臣以奉君爲忠子以奉親爲孝孝必順於先志忠必期於助禮今先後遺制服紀具存陛下小不忍行動而愈失陛下則固執儻違於大孝愚臣不請先陷于不忠臣何心顏敢安視息是以不勝懍懍崩迫之至謹詣朝堂固請以聞

將加神龍尊號羣官請公除表

臣某等言臣聞君親之義臣子同極陛下至孝純深將固三年之典臣等盡忠懇到佇迴三舍之暉是則陛下違先后之遺命臣等忤聖人之嚴旨違命幾於過戚不可以稱孝忤旨嫌於必諍不可以稱忠所以莫顧犯鱗共甘碎首臣等中謝臣又聞之王者代天理物爲天所子循至公以

臨大寶非獨善以崇小節由是漢之國章始從權之變禮晉之廷議故屈己以因除擁萬乘之尊有萬機之政者示不得同於凡也前王著於不刊其來久矣四聖則常追遠俯而就之陛下罔極之思通喪是執所不忍言莫之省奏遂令霜露多變日月其除皆臣之至愚誠未感聖天意若曰助陛下以非常之功人謀協從尊陛下以非常之號者欲陛下司龍紀受龍圖祇介祉而建皇極擁神休而奉清廟者也故天有景貺不可拒者審矣國有茂典不可廢者明矣鐘鼓不擊不足以旅庭冕旒不施不足以端扆未有

膺其冊缺其儀乎臣等茫然悉未能喻況哀慼有制故非同日變通適道甫及載朞誠宜奪因心之慕稽順時之請當建鴻名以承上帝則所直者大所枉者小罔不格于上下通于神祇晞太陽之光曜秉和氣之充塞伏願陛下全之臣等昧死以聞期於必遂

爲羣官請虞卒哭表

臣某等言臣等伏見有司撰旣葬反虞之禮陛下當以今月二十七日公除卒哭聖情感慕所未忍言衆處焦惶罔知攸寘中謝臣等謹按晉書杜預議畧曰天子之位至尊

萬機之政至大羣臣之衆至廣不得同於凡人故大行旣葬祔祭於廟則因而除之不除羣臣莫敢故屈已而除之天下之人皆曰我王仁也我王孝也此乃聖制移風易俗之本於是盧欽魏舒等從其奏議莫不厭服臣等歷選列辟頗徵前史王者爲天所子受天明命代天育物先天弗違居大寶之位行至公之道故沿革而致理變通以成政況先后之末顧聖朝之舊式簡冊備矣方垂無窮君親臨之寧受非禮而陛下愈遲之痛孝思罔極履曾參之小節遺漢文之故事闕十七字貫於神明粤自開闢天子之德未有如睿宗孝之純深也至使慶雲湧浪井出嘉木連理神芝三秀益其效歟要不可以情過哀而所枉斯大矣臣又聞七月而葬旣葬纔除其月而虞旣虞吉祭爲之降殺用斷喪服示不得踰之今合於山陵祔於宗廟詢之典訓嘗有稽矣而終不師古始不易月考之事宜又無謂矣舉而書此將何以法陛下昧旦聽朝戚容深視庶官所以環拱近臣莫之利見戴九天之仁覆渴十景之清光愚然之情益未能諭且追遠興感君子有終身之憂以權制服聖人思屈己之重何必三年之禮稱爲百行之端若天無卑聽固

違於獻款臣敢先除今附于不義豈司牧黎獻作人父母之意乎伏惟陛下可羣臣之奏順剛日之請去獨行以致美闡大猷以光濟勿使鴻生鉅儒廢書而鬱悒下學上達草議以屏營臣等至懷期必俯諒則凡在動植無任悲幸謹昧死詣朝堂拜表以聞

代家君讓左僕射表

臣某言伏奉制書以臣爲尚書左僕射餘如故祗陳惶悸罔知攸處臣中謝臣始孩而孤不承義方之訓及壯思勉又乏殊異之才幸以高曾緒業忝膺俊造州郡徒勞豈議

聞達陛下昔居邸第臣得謬連牧馬曳裾之末忽焉三載遺簪之舊親奉六飛攀鱗而踐臺閤撫翼而登霄漢皆聖主造物之恩成小臣飾躬之漸雖出入升降數十年間紆青拖紫復何功業大行皇帝不以非才擢登近侍貂蟬始拜居守三秦輿駕來旋俯移數月以臣愚直不任政事猶假位選曹留臺洛邑去歲秋暮復叨端揆臣往以謀猷缺如壽而年病相追每經陳乞未賜哀矜屬升遐之際變起倉卒受遺顧託形於制旨臣雖獨拒邪謀莫能死全忠烈則臣之為咎已無所逃豈謂卑聽迺誠曲蒙昭察非臣微

命能荅鴻鈞自光華在辰睿聖登極四罪皆服百工咸事尚書萬機之會僕射庶寮之長正宜明德茂才彌綸經濟豈使妨賢敗政自左而右陛下以維新之業始邀於卜夢而念舊之私尚任於疲老臣知不可議者伊何安敢上累明時下塵良吏伏乞憫臣有涯之忝越然後選衆而舉得人為盛非惟微物覽分固亦朝廷益光無任懇荷屏營之至謹奉表陳讓以聞臣所讓人別狀封進

代家君讓侍中表

臣某言伏奉制書以臣守侍中散官勳封如故仍西京留守恩隆霄極澤深雲路內省諸己不知所裁臣中謝臣實小人偶識常分志學頗慚於先構致身匪期於遠達將五十年自微而著益妄庸者何幸而升頊主禁令於管轄臣歷踐而不能肅事訓黎人於五教臣謬遷而不能揚職公私愧靦夙夜憂惶豈悟微物更蒙殊造臣中謝且常伯納言其來自古切問近對敦密於茲王命惟允宰臣之任政刑所繫理亂攸在臣恭聞典謨遠觀載籍得其人則有鹽梅之寄矣失其人則有鐘鼓之妖矣況臣淺陋加以衰疾便欲左貂右蟬負璽陪乘頡頏清禁光耀紫極臣知不可

何止流議遂使臣比肩風力接武元凱正恐國家疑事非宿儒莫辯以經術朝廷大體非故實莫稽於政要獻忠納規力不足者負乘致寇誠所宜然官謗已招身尤何塞又秦中帝里天府之奧俞往重寄於臣復忝寧有拜則侍中遠慙於軒歷居同相國多謝於漢圖以臣兼之胡顏而處伏惟應天皇帝陛下中興景運大造群物恩周動植故惕慮以求衣化穆彝倫豈非材而補袞伏乞矜臣由衷之請覽臣自卜之祈更擇俊賢曲垂照亮維鵜之作不列於詩人振鷺之儀載揚於史筆臣所以敢守難奪期於必行無

任慙懼悚戴之極謹詣朝堂奉表陳讓其所讓人別狀封
進

為王尚書讓宰相表

臣晙言伏奉制書以臣為兵部尚書同中書門下三品制命先臨魂守飛越臣中謝臣素以凡薄何階遠大明經試吏多從州縣之榮陳力就列豈望雲霄之舉爰辱皇擇屢叨寵渥出則雄藩重鎮仗鉞臨戎入則副相常伯影纓旅位負乘致寇福過生災昔忝今職將貽法罪矜臣愚者聖慈宥臣直者天斷曾莫報効仍紆寵光吏部升冢宰之司

幷州尹典王之邑臣每自料竊不遑寧豈悟衡軸之委韜鈐之要無通知四夷之略乏決勝千里之才使臣為之非敢矯飾缺邦家之望則物誰謂宜塵日月之明則臣何以處伏乞察臣自卜之審憫臣由衷之訴更選羣賢以乂成績庶使朝端不虛授天下知至公臣罄露懇誠期於必遂
謹詣朝堂奉表以聞

為岐王讓太常卿表

臣某言伏奉制書以臣為太常卿兼檢校左羽林將軍虔奉恩命罔寘心顏臣某中謝臣託蔭宸極分暉景緯從學多滯不足對於三雍為文益疎不足齊於七步日者自天有命裂地而封盛亨岐之井邑比從梁之驂駕旋省慙惶益增忝越不悟前榮始彝後寵仍加且彝倫攸敘百官所以象物方策不墜二柄所以濟時苟非其才將汩于政況上卿之任中尉之重自非膠庠告老桓榮列於東面藩邸求舊宋昌總於北軍臣何妄庸兼此叨竊伏惟皇帝陛下夙祗圖籙光宅區寓凡厥在位喜聖朝之得人獨此曠官塵睿鑒之知子將何以典司禮樂綜理韜鈐伏乞太陽迴光慶雲灑澤俯察蒙鄙旁求賢俊則冀受授無失謀謨有

倫無任下情愧悚之至謹詣朝堂奉表陳乞以聞

讓起復表

草土臣某言伏奉恩旨授臣銀青光祿大夫起復行尚書工部侍郎勳封如故制書俯臨荒怖殞絕臣某中謝臣私門不造殃罰所鍾遂延先臣永辭聖代陛下飾終念舊事光前典臣孝誠微薄不自滅身幸忝大臣之允假存主祀追惟慈父之恩不可復得痛殷創鉅豈冀生全臣心欲言言不忍喻陛下孝理天下俊乂在官恤臣遺孤加臣寵命非臣舉族少能謝天誠以吉凶典禮朝廷大政喪親執喪

人倫爲極使臣廢禮於心極冒榮於喪紀虧紊過甚將焉用之況其不任孰可陳力抱釁窮懇理殊他人匪直悲深名教實亦感增存沒煢煢昧死罔知所裁伏乞聖恩垂寢嚴命無任荒迫之至謹詣朝堂路左奉表陳乞以聞

太陽虧爲宰臣乞退表

臣某等言伏見今月朔旦太陽虧陛下啟輟朝之典有司尊伐社之義臣等伏自尋繹無任惴恐臣某中謝臣聞官或迷象必犯先王之誅辰弗次舍必貽上公之責此乃邦有常刑聖有明訓頃者論道任重袞章猶缺端揆位隆鼎

台是亟所以熙帝之載代天之工調六氣之和法三光之度則大化爲本非小才所宜崇替率由咎徵斯屬伏惟應天神龍皇帝陛下光被四海對越二儀人祇宅心俊賢翹首但置之左右以爲輔弼自忠言啟沃功臣保乂用作霖雨格于皇天臣何人斯而敢叨擬議臣等智能素薄經術殊陋望不過於掾史名不達於州閭徒以遭逢盛明頗皆履歷參廟堂之機密爲宗族之光寵者十數年於今矣忠肅恭懿遠謝八元之名進善退惡近慙二君之美陳平有言常則不稱賈誼延譏居然已得光陰久馳年禮俱逮自應屏黜以清彝序而徘徊聖恩萬一希效僶俛殘歲甲子空多遂超總領之司愈失具瞻之望將何以匡翼庶政儀刑師屬且視事而老才愧千秋之賢待罪安歸憂深萬石之裔久知塵穢寧虞貿秉所以素餐加責聚譴於下薄蝕生災見昭於上天之所戒臣不可逃陛下矜而宥之未致於理伏乞收其印綬賜以骸骨則知胡廣罷位抑有前聞徐防免官復自茲始臣竊其幸物誰不宜懇到所祈惶怖交集無任迫切之至

爲宋尚書謝加三品表

欽定全唐文　卷二百五十五　蘇頲　十三

臣某言伏奉制書加臣爲銀青光祿大夫餘如故寵榮俯臨惶怖交集臣某中謝臣爰自弱齡素無遠操僶俛職事豈期聞達二朝揚歷數載塵冒以茲過聽皆是曠官內省寂寥長懷愧負陛下聖明御極多士如林不以臣不材擢升宰輔每侍帷幄未能招宣景化頃司銜鏡未能澄汰流品若臣之咎將何以逃又擢臣於循良之末賞臣於廉問之間遂出常規猥班休命臣之涯分頗爲忝越比者應踐榮秩各限格文欲使無相奪倫較若畫一臣課効多闕勤勞未著爰屬首秋尚居五品名聞之始階方泛及格根之

内考復相懸臣何人斯忽當今授臣縱不能鎮靜流弊安敢不罄其愚直首虧不刊之典坐取非據之榮進退失圖心顔何實況國之程式示於天下凡有虧紊過在大臣臣自違之復將焉用臣年未知命識非半古旋叨厚祿仍受隆寄求國章其已黜顧身尤而必然聖朝有刺於在梁微臣生災於瞰室豈惟簪紱之恥抑亦邦家之羞伏乞天恩曲流成貸矜其至懇知匪飾詞反汗收綸亦臣之幸臣無任切迫之至

謝弟詵除給事中自求改職表

臣某言伏奉今月二十四日勅以臣弟左司郎中臣詵爲給事中嘉命猥臻惶怖相視榮以爲感茫然失圖臣某中謝臣兄弟數人獲承累代之庇自幼而長惟愚與直臣弟臣詵初一尉耳竊願從微守分豈思養拙邀榮而乾道曲臨一門特幸前恩罔謝後忝仍及生臣者父母寵臣者聖明非臣等隕首流腸少酬萬分之一臣某中謝臣自叨清切頗歷星霜乏鍾會五字之能多王濛四年之任竟未能陳一策進一賢雕蟲粗辨其所爲濡翼久知其非據下慙先臣戒盈之訓上負聖主則哲之明常甘屏黜以待髦俊豈悟臣詵復私成造比臣則行有餘力選衆則曾無足言遂使聯事掖垣同趨階陛或紊公式必招私議臣知不可物謂臣何安有兄弟妄膺並居東西要近臣懷靦愧非敢身謀事或乖違實塵皇撥伏乞詳臣自卜之審察臣由衷之請臣弟詵殊榮既拜奉綸紱而難迴臣頲薄技何成顧瓶筲而易竭指於十手臣假違寧不如一廐臣將焉用所冀移臣職守允臣陳乞抑朝章之是穆匪等列之攸宜懐懐款誠昧死期遠無任悚荷屏營之至謹詣肅章門外奉表以聞又臣先臣某往忠社稷陛下特賜茅土遂臣所讓

因授臣第四弟乂右補闕亦希別從選序不敢同在近侍臣之感恩不識爲喻輕黷旒扆懼深冰谷

謝兄除太常丞表

臣某言伏奉今月日恩制除臣兄某太常丞跪發詔書光駭閭里寵盈益懼喜極而悲闔門感恩垂涙相賀中謝臣自登兩府倏至三命天地之間未裨塵露雲雨之施已過公私撫心載驚顧影增惕伏以臣兄列官清憲專於察視臣又承殊皇樞課其條職苟懲綱紀責在準繩所以請移別官冀循常序聖慈曲被命數有加獲陪卿士之行更列

大夫之後遇深賤質誠合懇辭恩及長兄不敢多讓誓將死節上答生成云云

陳情表

臣某言臣伏奉今月十三日制鑾駕閏九月十日幸長安陛下東封禮還西賓係望喁喁品物不獨耆老屬黄壤年豐翠華時邁制書爰降懇願咸遂相聚忻躍不知所裁跡諠路衢聲溢歌頌若臣者奉辭軒屋縈疾鎬京常恐先犬馬塡溝壑朝聞既獲瞑目猶生臣某誠歡誠喜頓首頓首死罪死罪臣彌曠旬深官曹事缺乞解見職罄陳前表又

伏奉今月五日勑以留司務闕不妨醫療所請辭官不須者臣志不動天身何容地周章慙悸惶駭戰慄退則恩被羽翼德均造化臣之不敢止也進則匍匐罕遂支羸篤然臣之不能任也臣所進退失守涕洟嗚咽宜其重請骸骨豈可虛榮省署竊以鴻私俾療成貸特矜日夜翹清蹕之途炎涼近素秋之節臣希眇視跛履手之足之覲憑渥以還魂輒延慈而待罪不勝悚躍怖懼之切謹附起居使朝議郎右補闕内供奉臣李鄴奉表以聞臣無任云云

初至益州上訖陳情表

臣某言奉辭闕庭馳詣州府以某月日上訖臣某中謝臣稟識愚妄受恩忝越十有四年中書省三命承明廬臣竊比方倍逾於是特編皇擢不以人進久於近密衆莫過臣厚施如邱山微功罕絲髮遂叨宰弼莫允瞻望心慮何補血誠徒勤陛下深慈矜愚至德念舊以臣頗習儒訓更超宗伯臣益用慙負匪遑底寧豈悟西南重鎭巴蜀奧壤爰雜縣道且聯軍戎付臣兼之才實不逮審自能省亟經聞徹誠謂憑威可盡力諭指期致命臣敢辭事誰云効忠及當官而行臨事益懼者竟乏邊鄙之筭倘貽朝廷之辱其於靜人蠲役懲吏抑强惟國之恥庶臣能勉流波出浦而

嗚咽元鸞辭巢而顧慕況若臣者最蒙聖渥雲山萬里霄漢獨遠字闕二載惕拜章失圖無任云云

進東嶽朝覲頌表

臣頲言臣學不淵博詞蕃實滯陛下過聽被恩最久喜規封岱增天帝王壯觀臣以宗伯秩禮陪清道之輿臣之幸一也又伏覩自天垂象銘岳昭訓臣以有司上載封禪之烈臣之幸二也臣再三之幸萬百常情臣某中謝臣東京奉旨竊聞刻石三頌臣草一數聖主之元猷次紀宰臣之

鴻筆斯事至大咎繇吉甫之難也臣自料度不勝惶悚而議者謂臣光榮之至死且不朽臣所羸疾翳然言罕能述忠字闕二愚臣極思慮罄肝膽而爲之伏希演脩德之符非敢助親文之化儻以潤色鴻業一蒙睿覽則臣之至懇萬殞知歸輕塵冕旒若寘冰谷無任區區戰灼之至

諫鑾駕親征吐蕃表

臣某言伏承某日勑以吐蕃侵軼邊隅陛下欲親總元戎出征秦隴蠢彼羌髳敢爲叛渙王赫斯怒整旅龔行實陛下雄略英威愛人活國之長策也臣聞北狄西戎自古而

有雖夏殷之强軒農之盛未息其患也書稱蠻夷猾夏詩著獫狁孔熾未損東漸西被之化帝王馳騁之迹則有南仲出事吉甫維憲縱侵鎬及岐密邇畿甸未聞親征之義及乎漢代則烽火至於甘泉朝那喪其都尉亦止屯兵細柳天子但安於上京何者戎狄荒服忽慌之義也來則拒之去則勿逐以禽獸處之以羈縻御之比諸校獵羽毛不入於服用體肉不登於郊廟則王者不射故知千鈞之弩不爲鼷鼠發機也況萬乘之重而與犬羊角勝哉誠勝之不武不足以勞也且陛下有高行者甚衆焚珠翠放鷹狗出宮女納直言爲百姓請命故關中豐稔則知皇天所貺通夫至誠今闕小寇難將不久陛下勤脩德音日慎一日當自消弭也且兵法有先聲後實陛下但發親征之令以旨遠而潛遣猛將謀畧之士以濟其師則戎人日便崩挫也岐隴粗熟凋弊積年千乘萬騎往還儲峙恐外有寇虞內興徭役人不堪命一也又戎虜之性倏來忽往敗不羞走勝不成師若大軍臨邊尋已鳥散則屢出多方我受其誤二也況太上皇萬福鍾愛實深陛下將對寇埸必勞憂慮非唯問安頗缺亦恐御膳有違則陛下烝烝之思何以

自得三也臣故曰擇將嚴邊旰食脩德爲良算也臣愚不識忌諱惟陛下裁擇一昨欲幸蒲州及長春宮臣等以人勞未復不足輕擾輒進狂瞽遂簡天心下制賢諫臣之奏恤農人之業因而賜停遐邇並知陛下從諫如流之美今月日未久勞役倍前斷可知矣陛下若哀此疲人頓茲戎輅則天下幸甚昔蒯城侯泣諫漢祖曰主上常自苦豈無人使漢祖以爲愛我良史書爲美談今朝廷將相之衆豈無與陛下盡力哉何勞聖躬之遠行也臣等不勝慺慺之誠謹表以聞

第二表

臣某言皇情愍彼邊甿忿茲兇醜必親弔伐臣聞天子之怒伏屍百萬流血千里若吐蕃者鼠竊豕食猶魚躍釜中耳又何足以當陛下之怒哉臣愚竊以不可何也頻歲以來百姓不足岐隴河渭動無儲廩今大駕遠征供置倉卒若緩之以法必乏我軍興急之以刑則人無所措此時不可也秉邊將士或交鋒刃飛書告捷首尾繼來料賊之勢不復支久陛下若輕車電發則虧持重之慮如按部徐行又非赴敵之義此勢不可也蓋稱王者之師有征無戰謂

蕃貢有闕王命征之於是乎理兵其郊獲辭而止非謂擐甲臨軍敵人畏之莫敢戰也是以古者聖帝明王無親將也云黃帝五十三戰者即締構草昧非太平之本也故自阪泉之後修身養德與七聖游於具茨三月齊而訪道今陛下鳳翔藩邸龍躍御天不日而再造乾坤一呼而撥定禍亂是則聖過黃帝而經綸之業備矣故當高居深視制禮作樂禪梁甫登崆峒雅歌從容爲後王法閫外之事屬諸將軍何至厭玉輦甘金革邀功馬上爲一人之敵也今吐蕃遣偏裨小醜干犯大國我軍未捷而恥已深而陛下又將屈至尊遠爲之敵使攻無不勝戰無不克猶未足以誇四夷適足以驕敵人蓋天下也又扈從之人半非鬭士使給往來日費千金與其傾耗資儲孰若回募驍健重賞之下必有勇夫以敢死之師當疲老之寇若排山壓卵何必勞聖躬哉況事有不可輕敵有不可小者昔周師困於祝聃漢祖厄於平城安可謂吐蕃無祝聃耶河右無平城耶千金之子坐不垂堂聖人終日不離輜重不可忽也臣又聞吐蕃之入也惟趣羊馬不至殺掠於人但剝體取衣此窮寇耳又數道俱進按隊徐行者若有所望恐連謀北

狄陛下如必親戎邁於岐隴脫幽幷警候靈夏馳烽突厥之騎南侵猶如吐蕃之勢長安百姓驚擾太上皇帝豈不憂勞陛下以三賊憑陵誰者先擊豈可挂西軍之衆分禦北胡野次之閒遙謀廟堂不戰之策帝城空虛衆亦何仰臣固曰居中制勝爲防萌杜漸之上畧也今但發近縣之兵擇良能之將重爲之募嚴爲之約其敗衂失律者已加必罰之誅矣其勇敢殺敵者亦願加信賞之勸焉兼購賊中有能斬酋帥以下歸降者及邊軍之士俘馘醜虜者並厚爲賞格以班之我軍必大振矣彼賊聞之自解而去也

又承萬騎官者數千其受國恩亦已多矣並習練梟雄遠近所憚陛下若拔爲將帥或備軍行勒以從征足可威賊也又數十年來人之多幸乃有全軀保妻子之臣親戚貪佞之輩並入厭階勳家盈封爵乃至紫衣塞路朱服滿朝皆能侵國害人未見尺功寸效自陛下欲櫛風沐雨親冒邊塵不聞獻一奇輸一策主憂臣辱請代此行而但糜府庫之財殫征稅之奉嗚呼此所謂六蝎五蠹者是也臣所以痛心椎膺而爲陛下言之耳何不簡冗食重祿之夫權令禦寇此但惜身自當爲國而容養蠹蝎輕勞聖躬賈誼

所以長歎息繼之慟哭爲此也昔楚漢相持楚强而漢弱漢祖猶曰使刑徒擊公吾不能鬬力也區區之時猶能如此況今四海之內皆爲臣妾普天之下莫非王土而蕞爾一寇如一蚊之附九牛陛下便欲降萬乘之尊親銜橛之變輕其帝重逸此庸臣臣竊爲陛下不取也夫三皇善用仁聖五帝善用智勇陛下當三五之運而捨其所長非英武之稱也議者或謂陛下前欲征匈奴制行而止今必須一出示信萬人此大謬也夫兵者以正合以奇勝故不厭詐而尚以權今以陛下英雄之資發親征之令敵聞而懼我勢已張更練熊羆推轂將帥見可而進驟變如神適謂幽遠而難知河漢而不測人是以服信是以孚夫何疑也今夫頓岐隴之外擾疲弊之人率徵之兵不過數萬阻饑積歲師不宿飽州縣急於供費力不足以救邊軍容制于部伍勢不足以赴敵脫胡騎紛擾京城空虛人情易動難安不可不慮也如太上皇暫勤旰食是陛下以天下之大不能安其親也惟陛下圖之今卜征有期不可頓止但更延發日示擇良辰以候西軍動靜以爲長策臣愚所陳衆計亦願陛下擇善而從之臣聞資父事君惟忠與孝況臣

職參袞闕適念讜言苟益涓塵死而無悔昨四日已於閤門封進一表恐未周覽今復盡愚非敢阻於成規實願廣於天聽輕言時政伏待刑辟

欽定全唐文卷二百五十六

蘇頲七

賀太陽不虧狀

臣等伏承太史奏昨一日太陽虧陛下爰發行宮不御常服聖慮淵默天情寅戒頓於行在不可禜社以責陰凡厥觀瞻不殊登臺而視朔自停午過晡申寒沍成春陽光轉大伏惟皇帝陛下纘千歲之統擁三神之休道洽功成增高益厚金繩玉檢轍迹於前聞日觀雲封降祥於即事且疇人察序太史宣職以歷而推式聞常度至時不蝕乃自

殊祥陛下昭事於上天上天昭荅於陛下若是之速其何響會非常之祉孰不忻懼臣等忝預從臣無任踴躍慶抃之至

爲政事賀雨狀

頃者西郊不雨南陸愆陽上動聖情下憂農事一人以禹湯罪己百姓以堯舜爲心知天人之合符非土龍之可致德音朝降纔出於巖廊膏澤晚飛已周於城闕麥宜早秀日助清光禾欲潤成歲知秋穫惟皇建極天且弗違用爾作霖臣復何補既叶夢魚之吉預占鳴鸛之期抃躍之誠萬萬恒品

爲政事賀苗稼狀

右臣等昨面奉聖旨以近日暴風雨恐麥有損陛下務農在候輟膳終朝憂勞之甚起居不懌臣等聞重華之德昌發用心夏禹則爲人先成湯自以身禱求諸往事未或前聞天與聖符風將雨止杲杲之日吐扶桑而已霽芃芃之野合岐麥而皆秋仍滋北里之禾更潤南山之豆京坻可望不知日用之功旒扆注懷尚切在予之念臣叨陪近侍親奉德音上貽慮於納隍下增憂於折鼎無任惶悚之至

爲政事進白雀狀

右巢於黃門外省過官廳事丹眸瑩徹明若流珠嘉毳鮮華光如蘊玉臣等謹按瑞應圖白雀主鐵劵陰之精也不來則國無後嗣伏以青宮踐位慶重離於上天黃閣胃巢屬五瑞於明日固以事優銜符聲高作頌臣等叨陪近侍喜萬恒情無任抃躍之至

爲政事請公除狀

臣等聞喪禮俯就所貴從宜古先哲王莫非孝子則知服紀漸變以至於除既除之後無不從吉祔即吉祭示不可

踰頃者正自山陵奉安宗廟終服變禮今則其時執而不行將何用禮伏惟皇帝陛下孝思罔極首冠禮經然以神器至公理循故實今尚未臨正殿猶御慘衣夫以安上理人莫善於禮今若順情廢禮何以正人羣下喁然不知所措臣等謬陪樞密輒敢陳祈伏乞以禮制情式遵常典無任悚迫之至

第二狀

臣等伏奉墨制固違羣請未許公除臣等茫然罔知攸措臣聞孝者貴合道禮者貴從宜合道始可行孝從宜始可

達禮況先皇遺旨行孝者共遵國朝舊章達禮者同守非宜將焉用禮違命豈得稱孝伏以至尊之制與凡庶不同故易月更除以時漸降山陵既畢謂之反虞宗廟當祔無不從吉今若除不易月降不以時豈得虞而不祔尚居喪服所以先儒執禮適變而除王者從權將除必降伏惟聖懷永慕雖增罔極故事不遠孰可虧違臣等至愚期於死請

第三狀

臣等愚昧頗觀禮典數百年來漢晉閒事主天地者不以私廢公行喪紀者故以日易月貞觀之後三宗遺訓著在實錄垂之不朽匪臣等敢率下情屢希上達伏以聖懷罔極孝思永慕失人祇之大願持曾閔之小節使祖宗之禮家國成規陛下因而違之臣等固知其不可皇極神器天下至公曠時不親衆務皆闕阻羣情非順也喁喁億庶仰望天光徂夏及秋旬有四月陛下何以承顧託何以撫黎元臣等惶然不知忌諱敢昧死陳請冀垂昭納明日望於別次視事以寧臣子荒迫之心

論清舜廟狀

右臣謹按地圖舜陵在九疑之山舜廟在太陽之溪舜陵

古老已失太陽溪今不知處秦漢以來置廟山下年代寖遠祠宇不存每有詔書令州縣致祭奠酹荒野恭命而已豈有盛德大業百王師表沒投荒裔陵廟皆無臣謹遵舊制於州西山上已立廟訖特望天恩許蠲免近廟三五家令歲時埽灑以爲恒式豈獨表聖人至德及於萬代實欲彰陛下元澤被於無窮謹錄奏聞

爲宰相論月應蝕狀

臣近者特奉玉階親承聖旨伏知今月十四日夜月蝕當

盡此驗非遠即胡滅之祥臣以爲太陰之蝕必在於望太史司占不言遍日聖人同契果應先天而不測爲神前知者聖臣昨宵將暝精慮仰觀初則桂魄正圓俄見蓂枝遂缺乙夜之後所蝕便既臣載欣載躍聞所未聞但恐默啜禍盈命危勢蹙百年之運晷刻當窮三象之微蔽虧先肇臣等忝陪近侍喜萬恒情無任欣躍之至

爲盧監被盜衣物謝賜御衣物狀

内常侍趙元亨奉宣恩旨以臣被竊盜失物賜臣衣一副臣素以慢藏闕於周備令尹爲過尚不可逃太邱有言復

不能學使臣知政未息盜於萑蒲加臣匪服遂增輝於樗櫟顧深慚咎翻荷恩慈捧戴循環再三惶懼無任下情之至

對著服六年判

兗州人平辯受業於田才才亡辯著服六年廬於墓側刺史以爲違經越禮妄造異端禁錮三年辯妻遣小女上表稱冤廉察彈刺史刑獄不當

田才地居鄒魯家習文儒業擅籯金道光珍席夙漸升堂之教早傳藏壁之書學市攸開几筵爰設故得詢疑請益還如北海之節函丈摳衣更似西河之上平辯雩川童子闕里諸生常因閉戶之勤豫受專門之業庶祈榮於青紫希變采於朱藍日就月將罰水之恩何極陵夷谷徙積山之痛已深舊宅淒清空聞絲竹遺壇寂寞無復琴歌嗟二物之長收願百身而奚贖方思重服用表深哀一對松楸六遷檀柘曩時儒肆喜遇祥鱣今日凶廬悲逢弔鶴論情雖會於寧戚據理未允於通途刺史職在宣風政乖道俗沉憂六載亦可驚嗟積禁三年固其未得少女以銜冤伏

奏雅叶於雞鳴大使以糾慝彈豪正諧於隼擊即宜錄奏伏聽裁衷

對於途墜坑判

甯子讀書於途墜坑來晚師行檟楚令以罰非其罪令師謝過俱不伏

學古入官不殖將落聖人所以留範君子誰非用心倚哉甯生勤亦至矣手繩口誦何劉寔之能匹負書擔笈豈蘇秦之可加悠悠長途是諷是詠撫中襟而始厲經巨險而方歸師以來晚見嫌聊申檟楚令以罰非其罪乃起異端

在師雖則傷嚴違謝又乖通論且尊無謝甲之禮甲有順上之心蒙雖不才此爲未允

對勤學犯夜判

長安令杜虛有百姓王丁犯夜爲吏所拘虛問其故荅云從師授書不覺日暮虛曰鞭撻寧越以立威名非政化之本使吏送歸家御史彈金吾郎將不覺人犯夜訴云縣令送歸非金吾之罪

王丁果行育德師逸功倍參則不敏佇揚名以立身回也如愚自聞一而知十好問斯在請益無疲拾紫期榮滿金非寶朝遊霧市披學序之圖書暝出香街聽嚴城之鐘皷歸與不遠行者宜息墨綬榮班黃圖貴令懲姦摘伏冀靜於桴皷慕道崇儒豈威於鞭撻奚殊政本不抵彝條竟釋吏人之執旋辱宰君之惠繡衣驄馬石室生風警夜巡晝金吾坰道雖將順其美不在伺察而各恭爾職罔或愆違有觸疎網允符嚴節

餞常侍舒公歸覲序

右散騎常侍兼國子祭酒崇文館學士舒公邦之碩儒也

富於學深其智秉辟雍之禮講金華之義者嘗有日爲辯大而言若訥位高而志益下造滕則人無異辭匪躬則我有餘乃儀正可象聲希必應此所以孔光密而張輔寵也故進遜榮而榮自取退崇讓而讓得之既而命列幡旂焜煌照於西第徒成俎豆眷戀馳乎東國每洒涕而祈主將候顏以拜親天子懷公達之舊惜康成之徃乃睠中留久而下制是月惟閏乘春載陽服老萊之衣飄組丈二擁終童之傳送車數百晨省偉其傳呼晝游嘉其飲餞來而喜懼經躍鯉之新泉至則光輝對迴龜之舊浦夫志於道者二三子之莫逮善于孝者千萬人之所詭未有丹誠注於闕下白首登于堂上門生仰而結轍邦牧趨而負弩豈非訓虞受封就宋傳業俾魯師之教者其馮母之榮乎於是絲庭華省之家虎觀鴻都之士屬鶬鶊鳴矣楊柳依依情搖江上之楓思結河邊之草吳州日見楚山雲絕莫不捧袂黯然彈毫以贈庶幾離言之至知儒行之尊歟

故刑部尚書中山李公詩法記

唐開元四年太歲景辰二月戊申朔二十六日癸酉銀青光祿大夫刑部尚書昭文館學士中山公薨於京師宣陽

里私第。享年六十。先五日。扈駕自新豐湯井還。其日奉制持節復賽于湯所。以降雨故也。還歷二日。自說齋祭滌濯之事。願言賦詩。至其夕。賓友皆散。因作扈從詩十韻。遲明命以示頲。詩成而寢。奄忽生災。此即夫子獲麟之卒章也。既殮。公子壻右金吾倉曹博陵崔望之自其家取以見遺。嗚呼。翰墨未燥。形神已離。舉朝驚嗟之聲。不崇朝而達于遠矣。公文特稱于世。每謂知音則寡。同氣相求。逮觀此詞。何異於理正在心。而爲味豈交臂而相失。曾未數刻。恨不迴車擊節而如舊也。撫膺一慟。不覺涕之漣洏。痛矣。中山

長無見日。雖子期不聽。存者可以絕絃。而相如有作。歿者竟傳遺草。故錄如右。記其事云。

利州北題佛龕記

禮部尚書兼益州大都督府長史使持節劒南安南節度諸軍州事許國公蘇頲敬造。因寓言曰。吾見夫山連岷嶓。水合江沲。山兮水兮路窮嶮。鬱南望兮此情多。吾又見像法住世於巖之阿。百千萬億兮相觀我。載琢載追兮吾匪他。伊古昔兮焦。莒不懼。必忠信兮艱危若何。故吾因空而即有。孰不迴向於檀那。行矣。些。陽景積兮翠改色。陰風起兮白增波。

夷齊四皓優劣論

論曰。君子疾沒世而名不稱。恥當年而節莫覩。故發義以立志。從道以成功。激清一時。流譽千古。然立志者必義也。成功者必道也。資於義而志可明。徼於道而功可見。志以立節。功以成名。名之成。昭其道也。節之立。昭其義也。能潔其身。後代有準。非夷齊歟。能利其國。當時賢賴。非四皓歟。揆而度之。優而柔之。循其事而理。于是乎在。考其功而論於是乎著。蓋周德既廣。則夷齊讓國而歸。爲漢業既興。則

四皓受命而出。爲天之棄商矣。諫武王。正臣禮也。人之戴漢矣。護太子。忠主道也。忠之所存者大。則正之所行者高。高而能行者。節所謂立也。大而能行者。名所謂成也。若夫志士仁人。將合而已。進足以成。退足以立。用足以兼濟。否足以獨善。不辱其身。則安食其粟。不降其志。則言采其薇。墨胎氏之子不屈也。嬴之德衰。則巖穴全生。劉之德盛。則衣冠就列。夏黃公之徒知時也。舉其成事。各同乎其成矣。究其立事。各異乎其立矣。深惟終始。敢無優劣。統而論之。其美也一。別而敘之。其跡也二。棄身以遂志。夷齊之烈矣。

愛國以屈身商皓之行矣曰若稽古以質乎今四皓見賢於子房夷齊稱仁於宣父與其稱仁於宣父不猶愈於見賢於子房哉

先師曾參字子輿贊

百行之極三才以教聖人敘經曾氏知孝全謂手足動稱容貌事君事親是則是效

元通大居士法雲公贈司徒虢國公萬迴大師贊

法本無著而乃強名名言則斷法止不生應化得眞示空歸有言似或中法皆虛受以心觀心無淨無垢

爲韋駙馬奉爲先聖繡阿彌陀像贊 并序

大唐唐隆元年六月二十二日右金吾將軍駙馬都尉臣韋鐬等奉爲先聖三七日繡阿彌陀像一鋪臣聞北極尊者有在天而捨萬邦西方聖者有在天而應三界上比義則無不通下抒情則無不感小臣鐬受恩之極昔也尚主悲鳳聲之莫留中於事君痛烏號之靡逮徵慕則殞越何補迴向則精誠所憑爰纏陳於法象仍繡揚於績事伏願蓮花之池莊嚴盛其樂土毅林之野順豫清其梵宮如是重宣敢稱贊曰

大聖天子去遺爲大師世尊迎讓席布金擒繡圖神迹厭代乘雲此光宅

淨信變贊

道之元尊洞照前劫身也淨信終成後業後業伊何暢我元風元風伊何俾我韋公頃發皇揆鎭于蜀國竭心爲政盈耳頌德哥矣夫人纘茲羣眞亟還副相歎夭如賓府署因脩庭除畋製既丹既臒或轉或黝公則斯念余其載覩慕齊舍堂追魯壞壁金海珠樹清都碧虛魂歸自此像設如初禽鳥不入文翁是務神靈所扶文考是賦粤幽贊者

老焉釋焉其信受者式護式傳歸以懸兮未以益現即前兮過爲昔玉江流兮錦城闢歲永永兮緜奕奕

雙白鷹贊 并序

開元乙卯歲東夷君長自肅愼扶餘而貢白鷹一雙其一重三斤有四兩其一重三斤有二兩皆皓如練色斑若綵章積雪全映飛花碎點所謂金氣之英瑤光之精高髻偉臆長距秀頸奮發而銳堅剛則厲摩天絶海電擊飈逝觀其行時令順秋殺指揮應捷顧盼餘雄當落鵰之賞蔑仇鷂之龢實稀代之尤也皇上祗膺聖圖欽若王道方寶賢

重穀尊儒養艾後宮撤綺繡前殿焚珠玉與王侯卿士朝夕論思異無所貴輕衛公之好鶴奇無所珍同漢皇之却馬畋豈務於馳騁獵以存乎蒐狩未嘗合圍掩羣截羽灑血乃强不攫而猛不噬矣然以萬方入貢懷其來也三年重譯嘉其至也故仁爲之心有仁則勇威爲之力有威則重況此鳥猛過於衆重倍於凡禮於君則勸忠祭於祖則立敬壯其體則用武綷其翼則成文彼寵而服之鷂也能果榮而戴之蟬也能潔矧乎職命司寇師維尚父聞箴刺姦擇善爲吏蓋選士之是式匪從禽之足云此所以備於

圖而儆在位也微臣奉制敢稱贊曰

鷹之大者精明竦峻勁而橫絕雄則遠振錦文素綵珠聯玉潤往乃奮威將軍所徇鷹之次者勇銳光芒截海而至秉風載揚絡以紅聯文其綵章下韝必中惟吏之良

從叔任偃師主簿以馬鞭等奉别贊五首

馬鞭

將馭黠馬利之銜策彼其有人敢奉行役

綵牋五十張

曷用綵牋爛其華篇文字當代此實歸焉

銀卷荷杯一

卷舒荷心登用則可清白相照其源自我

布衫段一

紵之以績藍因之染綠兮衣兮俯拾斯漸

吳絹袴段一

吳越之縞裁縫之袴懷風納凉君子尚素

皇誕日畫像銘

蓋聞上聖膺期流虹演慶大仙昭事滿月開祥故能因時叶符感通福應伏惟太上皇提衡御極握鏡臨人萬寓宅

心百蠻翹首緬懷姑射乃傳政於繼名寂想耆闍用崇因而詮妙既而炎曦戒律序屬長嬴大電繞樞辰推載誕顧猗蘭之不遠攀寶樹以先低則有敬範真容虔資願力洎功德成就莊嚴圓滿近披金縷澈珠頂以凝華傍映水精寫瓊毫而洞色有緣起念無疆薦祉格于上下普逮飛沈咸啟方便之門轉躋仁壽之域敢爲銘曰

惟皇誕睿承於宥密惟佛生天同於夢日爰規法相是獻福田脣含妙果步起芳蓮仙宮所出曠劫方傳

大唐故悼王石塔銘

唐開元五年歲在丁巳四月庚午朔二十一日庚寅故悼王薨於上陽之中禁年曰二歲而未及周嗚呼哀哉王即開元神武皇帝第九之愛子也以某月二十七日景申葬於萬安山之東南嶺壙唯五尺棺不三寸壘石塔一丈於其上不雕不礱從省薄也其銘曰

南有萬安兮北有洛城城可望兮天之京嗚呼悼王寧不戀兮嗚呼悼王寧不見兮倚素塔兮陵翠微空不礙兮雲則飛嗚呼悼王兮其何歸

太清觀鐘銘

大矣哉鐘之爲用軒轅氏和音樂之夏后氏陳義聽之此皇王所寶也太微君上真撫之紫虛君元方撫之此仙聖所珍也國家誕發元系丕承景業與時偕行惟道則佑以太清觀金庭晃朗玉京崇絶七映嚴飾四明洞開夏雲敷椎雷鼓嘗有之矣然而陶鑄三品大造融於得一範圍四名大空合於吹萬其鳬氏鴻鐘緻工以思專神以響會鑪用乃息器或云騶攫蹲獸而俯捧儼旋蟲而上扶號遠則傳聲希以節廣於巳日普集諸天契九仙於福堂起六幽於苦海重以珍珠爲關琉璃作地皓魄初滿清霜始飛近召香童遥徵羽使時環而載擊載考律應而不舒不疾西昇路接閶闔之清風北斗城連含未央之夕漏非與其至妙孰臻於此乎在昔圖旂常勒彝鼎者所以建功樹善紀德昭事未有萬人斯和傾耳歸真四魔是革調心服道徽於千界揚我巨唐之聲懸於億劫齊我巨唐之算安可不篆銘於銑者哉其詞曰

碧落朱宮兮鬱其崇金振玉叩兮殷而鴻九牧是獻兮百神工成之不日兮鏗乘風聲無已兮福無窮

素木盤盂銘

先天歲夏五月頲蒙恩旨傳還洛京時韋祭酒丈人任膺居守嘗撰素木盤盂分諸好事頲既至丈人垂眷猶昔銜衣撫孤得拜清顔訴窮款於此矣他日復往又以木器分之亦須斯惠豈散則當棄木有先容而見知豈朴則能堅器有晚成而獲賜覯以爲誡仍邀作銘退而力鄙懼不如命

山有木兮全真而生君子器之審用而成渾則不矯受則不盈辯以文直牢因素真抱朴委性誠奢遠名慮終謀始能合道精

蘇頲八

為人作連珠二首

夫情有理會不可以理遣行有義得不可以義斂定其情者則理無滯寶其行者則義有全故韓馮之妻死哀吟於松上石崇之妓生効命於樓前

夫恩至深而必報言至信而罔遺繫於我者深不可奪牽於彼者信不可欺故操刀而割豈為他人所污書扇而殞竟還夫氏之尸

唐長安西明寺塔碑

頲嘗誦先王之訓探衆聖之旨蓋本三極而宗五常也汎以觀則吹萬循而照則歸一知夫棄理悟寂與能制事者覺為之路以詣精微定得其門而宏汲引邱鐸不言乎始扃輪不議乎末其真如之蘊邪智有無涯閒之以息物無有祕應之以形矣物也者不可使形止有也者不可因無息然後三極冥符適時之義遠五常昭合濟俗之功大其象法之韙也赫矣帝唐發於天光鴻勳鋪億載盛業冠三代欽明濬哲以至高宗天皇紹元命而導要道也時孝敬皇帝儲副承祧晦明示疾一物三善稟人君之量喜而又懼聞王子之言以大威力作宏誓願憑有為之基獲無妄之吉粵明慶元年仲秋癸酉詔於京兆延康里置西明寺以報之先是三藏法師元奘惟應真乎適成果者首命視延袤財廣輪往以繩度還而墨順次命少監吳興沈謙之傾水衡之藏徹阿宗之府制而縮版參以懸槷鉤北阜之島伐南山之柀初歷落以星峙忽穹崇以雲曼攢栱岌嶫騫甍宛轉揆陰陽之中居子午之直叢倚觀閣層立殿堂虬鳳夭矯而相承鬼神睢盱而欲起罔不珠綴窗篠旋題

照燭琉璃洞澈菡萏紛敷白日為之隱藏丹霓為之舒卷者凡十有二所每動微風滴細霤窅然其若來和鏘然其有去音悉豐麗博敞崢嶸曤朗奕奕焉耽耽焉中國之莊嚴未有大荒之神異所絕於是召以正工以考安瑞表湛真容繡色電爍金光火合移忉利之宮鎮菩提之座狀微笑而莞爾意屢言於善哉者不可勝計遂賜田園百頃淨人百房車五十兩絹布二千疋徵海內大德高僧有毗羅靜念滿顒廣說鵬者辯了鶖子知會凡五十人廣京師行業童子有空淨聞道善思喜法須迦分施撰擇不染者凡

一百五十人導天衢指天寺上御安福觀以遣之有則有容昂昂禺禺騈象馬錯人龍幡幢之陰周四十里伎樂之響震三千界使其將法印發妙梯上至乎穆清下遺乎紛濁散而無我見桃李之成蹊聚則有朋知稻麻之爲衆若普聞名稱時立威儀行則上首舉爲左臂者上座道宣寺主神察都維那智衍子立傳學元則棲禪靜定持律道成懷素等人法師舍衛是求須彌不動以等空知行如海法如陶器必盡而寫瓶共縛令大律師崇業約身利物維忍辱之行全信役仁守毗尼之律明猶染墨鑿比持繩摧伏

魔障弼成學徒上座大德神岳法師開方便品證圓明實貫穿百氏分別四諦芸扃諸彥不敢近論筆墨蓬岳羣仙自應遥寄書帙相與禁六賊制六衰紅粟腐積黄金巨萬行天厨之寶輦泛海岸之雕艫日靜棲槌夜鳴鐘柝罔不受薰修飛破煩惱結禪以思默聽以和發商調柔之意書祕密之偈業公愀而嘆曰此身有待諸行無常欽不居之歲月無不滅之泡影樂化成而記壁者請因寺而言之是則有隋尚書令越國公楊素洎我濮王泰宅之舊區豐不當必奢儉不師且奪終異謀始之則滿非守成之具從梁邸第寧復賓遊封薛池臺果成童牧執若變爲嚴淨歸入檀那匪化塵之可思匪劫爐之能毀轉以清渠灑道緣樹分行水流舊空花落雨新殿邦而住世者不亦大哉宜宣詠歌以備刊勒矣我開元神武皇帝御十方之四載格上下秩神祇萬人敬百蠻服伊護法者必聖王乎演法者其開士乎敢作頌曰

吴作京兮秦之理珠柱寶刹兮從中起巘相望兮非相似輪乎奐兮不可擬惟聖皇之經始兮惟調御之依止封迦葉之上人兮延德光之太子香爲土兮金爲界樹低枝兮

蓮出水兮接足以騈闐兮盡洗心以歡喜永巍巍兮什梵宮揚大法兮尊大雄

陝州龍興寺碑

有唐神龍元年龍集丁巳應天神龍皇帝出乎震御乎乾也粤若我高祖撥亂反正受天明命太宗震遠懷荒立人紀綱高宗見天之則愛人之力故我祖宗之耿光天人之交際矣功侔於天靡弗覆矣道濟於人靡弗育矣上祇乎闕人心醇釀之化積乎中和樂之聲被乎外則聖母以權居位七廟不可乏主以我明辟萬方由其徯予乃考順應

之符旌緝熙之頌有若周文爲太子益三朝之恭有若漢文爲天王遵五讓之實遂稽盛典張宏綱纂舊物由舊章穆穆皇皇禺禺昂昂俾爾熾而昌俾爾壽而臧其斯之謂也時公卿大夫禮官博士稽首颺言曰陛下誕彌厥月初朔龍也接統伊始元又龍也潛者德之隱飛者德之興觀乎聖人之變合於聖人之契古之白麟赤鴈威鳳神雀或當道而虵分或中流而魚躍惟萬物之幽贊曾六年之不若陛下宜以大寶加明號其龍之興乎天子方睟容遷慮畢聽深視荅神祇之協謀討經籍之遺美於戲軒轅氏升

元扈就肴虛者莫如佛之寶也推大聖之蘊超衆妙之機則道方於權智成乎眞實修心觀心惟凡證聖即色非色惟覺悟迷小者得其小大者得其大藥草之喻是也有者見其有無者見其無露泡之喻是也使般若之門隨方而啟仁壽之域舉代咸登用於國家六度齊行於人倫五常等豈與夫太后好道而黜於儒曾孫好刑而雜於霸朕當究登庸之休瑞詢往世之宗旨衆生未度而度之百姓有罪而罪己宏風而共貫興化而致理以助天之子人乎因制天下州盡置大唐龍興寺陝州者以宏福寺爲之寺則

唐武德中所創昔王業始基宜於百億故俟福之宏暨帝圖中缺躍於九四故見龍之興此又前聖之兆後聖之徵也徒觀其阿山峪險當砥柱之湍瀨城雉紆餘瞰崤陵之風雨蓋朝宗之次行在之宮三輔齊劇鄭其左二京分政出其中斯何壯哉郡國之雄也先是香塡之金布之神祚之福護之千櫨疊映萬楹叢舉含眞珠之赤光帶琉璃之紺色般般遠矚奕奕增新紅電生於樹杪星漢拂於樓閒謂須彌耶現空而隱半謂兜率耶住世以臨下如有待者塔廟之靈乎上自清洛而西顧經翠巖而北指七聖不迷

百神咸扶旌迴守塞輦過閑田吟邵伯之甘棠追漢仙之結草匆翦匆伐將有聲而在風曰希曰夷豈無迹而觀妙孰若此寺崇大法之本協中興之符致於閑安得所饒益爰發中旨出五采繡及金銀以寵之後庭則雜於四時其布惟五內藏則錯於三品其攻用六飾紅玻條紫磨璀繡色涵鏡光分身應矣金相覩矣雨諸天花隨慶雲而歷亂作諸天樂混清吹以參差善哉彌勒降梯育王讓座弗之比也當月宇披露門注明毫睎淨目者駕肩而湊接足而禮猶稻麻之與竹葦壘黑之與針鋒稱三自歸獲四無畏

大德君瑶君愕二禪師上座慈郁維那道休二法師神入於定力思用於塵勞汨其慮也寺主靈觀上人樂說多聞辯才强學焉可淪以愛染撓其情也亦有盧阜之寄儻冥於影迹剡山之期或褫於襟帶每至斷三苦絶三流止六衰禁六賊修善明之願則罔不偕唱須達之祈則罔不攝受龍王之泉則罔不捨自非淬慈劍破魔邪麾勝幡舉僧正孰能臻於此矣前刺史東平畢使君名構字其忠審士也清心勁節祗服文藝故其臨事天下謂之直臣今刺史河南元使君名澹字行沖精粹士也正辭雅道研機禮樂

故其著書天下謂之良史朝請大夫行陜令清河崔君名昱字盛緒長仁合義睦而奉姊郭奕之儔也友以爲兄魯恭之臣也故其虛心應物理家移政則太守樹風以養之宰君承流而廣之始乎精悉終乎惠愛務煢嫠而歸厚惴姦慝而寡悔寂則旁通誠則圓對斯並倜儻卓犖殊尤絶倫者盡務之哉郡有張士龍王忠誠侯元嗣郭琬袁休王方等修業諦聽感緣信受應乎千里聞於十室皆以爲周錫王命而藏大鼎漢振天聲而樹隆碣況探密記指元符轉聖輪道皇極使雕篆之辭缺則莊嚴之事眇云何以觀人世殷我邦乎遂載諸厥鐘宣此偈曰

賢劫聖惟法王吾君子與巨唐應符契而後翔龍圖永象教昌清燬宅接通莊列璇題崇寶坊翠華轉河之傍青蓮降陜之鄉河之水幕榮光陜之路蔽甘棠東洛邑西咸陽望巡幸驩且康歸調御福穰穰

唐河南龍門天竺寺碑

形器分有宰匠名言立有導師上聖卓然大仙之旨也定融於惠惠無不明明證於覺覺無不定虛其照然觀我動以權而應物智周斯大功利斯遠繼善者循乎業欲仁者

適乎變業乃至於無相變復存於有作使因城之廣刹土之嚴其來尚矣天竺寺者天竺王子避位出家三藏法師寶思惟之立也夫所宗謂道道崇可讓位況生於佛國所慕惟法法住可濟時況行於人代其吳季子安世高之事魯仲尼康僧會之徒歟不然何以諦俗歸眞秉彝宏教之極也故誓於東震發自南離藏戒珠却商寶陵海漲而絶雲島矣屬舳艫傾其五兩餘皇折其三翼法師于呀呷渺瀰之際覩觀世音像一軀隨而載之凡七夕觀音則聖極於旣墮迦葉以神形於旣沒海可以化爲之迹變入諸身

若是乎海本如故。則荊陷莫致瓜步浮盃遂往孰喻乘桴於中道捨筏於彼岸耶至則冕旒贊嘆京師翕習意吉之友而仍得自摩睠之更生與之紐解徵而張絶緒也始憩西明寺譯金光明楞伽文殊師利呪藏廣博嚴淨陀羅尼浴像功德大寶積等經七部顧而言曰機輪未兆礙之殊域志成已信乘之坦塗今微言載剔密藏咸啟吾其往矣況求法不二解空第一竟超西闉之羣必擇東林之衆常謂洛京關塞山斷川流枕城池於正陽當日月於亭午脉中瀉逶迤左薄黃道映以爲界翠屏臨而見空天下地

勢之寄也故寶塔曾盤鏡龕延袤御梯憑下敷座因高具次八四方成萬億皆默而許之感遂通者法師乃亂流東濟止彼香山又於山北見龍泉二所洞澈深淼則鋪丹孕碧噀珠連而上跳迴复經復則小雨微風點瓊析而傍散積礫搖動光輝自然琉璃混成毛髮可數法師樂之爰創方丈鄰于咫尺堅持願力善誘檀心皆撤無之歡豫盡布金之須達更于其側造浮圖精舍焉飛觀遙峙仙堂崛起遠而趨之虛空縹緲於其間近而察之岑崟青熒於表裏羌難得而名也景雲歲辛亥月建巳日辛卯制以法師所造寺賜名曰天竺維皇建極與天比崇教設而風靡化行而日用法師不忘本而遂初乎殿中侍御史趙國李畬字玉田育粹含采妙機強學佑其垂成憲以從事法師即於山之東偏建丈六石龕匪泐而攻載追而琢四衆圍繞萬人唱和疑隴埏之朝隮狀羅浮之暗徙則圓焰石乳凝陰水精香封韞玉花灑交瓔諒殊特也若乃立三會開八關撞鴻鐘伐靈鼓引清梵稱神呪向之雙泉氛氳五色雲止烟絶星流火變函福應而神滋焉每熙春載陽庶物和暢此都人士則塡城溢陌自北而南遺光相涉羣聽相接震

聞乎數十里外無不舉袂陰峯揚橈沸水潔誠而往修禮而去爾其倚紅樹憑丹檻清冷窈窕聲聞下土披光若滅人得至天其崇信也如彼其安閑也如此禪期樂淨道詎越於身心觀豈惡囂事已冥於世界寺之梵衆得無量無轉不退輪永於斯也沙門圓實密行精苦辯才酬對以尸臣之命功藏於宮大夫之靈德謀乎廟矧夫清涼有地常所住持忉利爲天宛其相似文殊以之演說者城因而迴向者復何如哉雕而頌之可也俾宣偈曰

洛之表兮伊之東山有香兮泉導蒙攢櫨疊栱兮飛在空

錯石雕珉兮生梵宮乘谿險兮開素湫望參差兮圖綵虹維妙力兮歸大雄天竺之子心定惠轉輪聖王道光濟山之曲泉之涯兮特勝緣與宏誓永安居而悟寂混羣物而同契

章懷太子良娣張氏神道碑

惟蘭有香惟玉有璋可吉其夢可勞其弄故稟離成女祥歸太子之家自震爲男業盛天人之邸因以貴者德其全與我唐章懷太子有良娣曰南陽張氏之子也邠王守禮之母也初章懷封於雍良娣選以入後章懷謫於巴良娣

隨而遷邠王錫元祉建黃扉良娣坐華茵驅香轂雖逶迤失於偕老而契濶存乎與成始十四奉吾夫逮笄年而轉茂終六十四違吾子當卦數而同極非婉娩淑慎之則含章尚柔之令孰臻於此矣若乃畫堂清兮羅幕薰匱照曜兮結氛氳杲杲之日英英之雲蓋良娣之才之美是效是則潔素罔捐於箴煒彤益昭於管娉顏不競徽範自持處獨藹如顧傳芬若施於積善覩從梁駟馬之藩貽厥累仁傳相漢七貂之緒隋上儀同甘泉府別將嚴之曾孫侍御史睦州刺史詳之孫朝議郎行桂州都督府始安縣令明之女也曾構鬱起昌瀾遠激去遷南國儼西鄂之豐碑來應東朝署西京之戚里不然何謂釐爾女士從以孫子而允爲褘袂之良乎及母儀可宗臣軌伊勵師以儉約戒於盈蕩洛濱無祓除之事溼上無粲美之物衣錦褧裳寧吾所好擊鍾鼎食唯爾之兢俾吾王忠肅恭懿既明且哲志於道者本於教也粵景龍二載孟夏之月遘疾棄養於京延康第之寢洎景雲光華春兩自葉睦於我則先受九族慈於王則每深十起永其錫類衆悅以人禮物朝遣使臣廷命金紫光祿大夫行鴻臚卿趙承恩銀青光祿大夫尚

書左丞元暕持節冊贈曰章懷皇太子良娣祔於陵邑禮也嗚呼山疑鶴駕地即烏號太子賓帝之餘高宗在天之所衣冠道德密近屬於陪乘光表闕塋殊遠嫌於好內又典地司空邠王守禮幼承法度長被暉光九仞之堂咸曾氏而逾戚萬家之域小韓王之不綱所以傍彤翠炎伏奏丹墀天子孝理之風已周於品物孝思之德況及於兄弟乃勅禮部尚書蘇頲採詢爲言由是稽舊聞討前訓位不之易祿不之重而莫顧者鄭滕之足稱也信不負心義不虛事而竟死者越嬪之可徵也或彰君之隱過或徇已之

微亘曷如有始有卒知柔知剛艱虞則持操服勤富貴則竭誠循禮夫詮一行者尚紀圖書具三從者豈遺刊刻其銘曰

天祚有唐於昭烈光兮土分五色作我藩國兮雷震百里維皇元子元子伊何匪淑不娣厥娣伊何終溫且惠桂宮甲觀之聲迹竹苑平臺之往昔車已折兮我未亡鼎其新兮子爲玉子旣王兮我爲太殷聖造兮沐嘉會歲不與兮時迅奔華榱壞兮託寢園閶闔崇於上京松柏被於長原子哀哀兮纂碑於是親永永兮歿代如存

司農卿劉公神道碑

君子之質則有文也君子之備則有武也蘊其材而正直是與行其道而剛柔迭用經德所以不回稱詩爲之立禮碩大之教聞於四海人爵之美奮於百代受天之祜不其然歟公諱某字某彭城人也皇矣漢祖出自唐堯始則豢龍爲事終而斷蛇著符非卯金而勿玉書之甲令有盤石而命第布在方冊於昭慶靈誕發休緒有隋之接統也我曾祖諱某仕至晉州刺史左衛大將軍普安郡公我大父諱某仕至蔚州刺史襲普安郡公皇運之纂圖也我先君諱某仕至江王友上柱國襲普安公追贈陳州刺史者制連五之教以乂其邦攬韜鈐之英以和其衆從師友之訓以崇其術復公侯之業以載其名匪我先人保之孰能後嗣達者公即陳州府君之元子也純潔浩素直專靜密外象威嚴內含光耀弗誦於非聖弗言於非法雖迹繫蕃室而心遊坦塗始有遠大之譽矣弱冠修文明經高第解褐趙王文學金門之賓就以强學瑇席之士來而好問遷荊州司戶參軍轉汾州孝義益州晉元源一作之二令養能於掾吏大機未發從政於宰君中孚是用三人爲師之地更

成乎魏美四子講德之鄉益變乎夷俗以殊績遷左衛長史佐其戎昭欽若軍令屬永淳之歲元元虧稔命公泛舟之役窮於恒岱委公開倉之利濟於幽燕是寧邦本繫賴家給還擢拜朝散大夫遷原州都督府司馬仍統郡牧事西至崆峒之隅北經都盧之峽其人好武賡歌作咏彼乘有駜雅頌成章豫博之連謀也雖七國之勝兵鋒憚於甚鋋而九州之雄地勢當其懸隔拜公爲齊州長史以鎮之難平轉沂鄜二州諸軍事二州刺史令以條察風以化遷顒冠者載穆其容羸鋤者罔矜其色連課第一遷將作監

尋加銀青光祿大夫司僕卿惟匠有卿考百工之最惟僕有正稱六官之長蓋任能之遷矣大聖天后崇清廟而尊祖建明堂而配帝作城洫而量土圭圖山川而鑄金鼎縮板以載之置筵以度之三旬以成之百物以備之獨任於公不僭厥旨非博而稽其禮省而精其事則曷能臻於此乎戎羯之縱暴也易之梯衝傾亡其樓堞魏之桑梓尤固於藩籬令公馳傳檢校魏州刺史以威之寇平召之猶領本職復加將作大匠長安東幸洛陽拜公爲右衛將軍司農卿轉右金吾大將軍副京師留守出綜金革比上台之

禮者四入司帑藏分洪範之政者一轉嗚呼疑以盛其義通儆以清其緒由是採鄭侯之典因營宮室奏齊人之言即迴輿駕至則兼領右羽林軍節慜之舉兵也讒臣構東朝之隙上將膺北門之重難無苟免謀無苟合君則有命若將援於鼓旗士咸有約不可犯其介胄已而特授鎮軍大將軍封舒國公食邑三千戶實封三百戶賜以金帶衣物重拜司農卿賞厥誠也公以休咎由人動者悔之始盛衰自我息者機之先故在物害盈謙而受福及引年辭事老而得禮於是乞骸骨抗章疏者至於再三朝廷嘉而遂之矣門列行馬室縣安車遠寓於汜右近持於越賓閑心用晦物有自親啟足歸全神無所禱享年七十有七以景龍三年太歲癸酉十二月十五日薨於長安光德里之私第天子輟朝以咨悼都人罷肆以傷惻齊之喪嬰鄭之亡產無以過也乃追贈持節都督兗州諸軍事兗州刺史降使弔祭賜錦衾襚服官給喪事京官六品一人監護太常考行謚曰貞夫忠者期於盡命孝者貴於立身義者厚於利物信者多於庇人猶五材行而不可闕五味足而不可廢則安夷險保明哲太社於是乎錫其風太常於是乎旌

其事練識而言罔毁譽避榮而交非諂黷以溫良恭儉之德知進退存亡之機然後指青門之路美賢於疏廣登洪波之臺長立於周舍於公得之矣粤某年月日葬於某所禮也美哉漢宮宏敞承明在其北秦嶺連屬太白拒其南思上都之冠蓋望先塋之碑表此又臣子之不忘也其孤衛尉少卿曰茂道羣紀爲儔荀何是則二世之業代仍其位三年之制喪過乎哀以爲有初有終疇庸之道斯遠匪雕匪刻補代之圖蓋寡荒惟授施菲也披文乃作銘曰

炎漢之靈兮纂堯之德粤若介弟受封南國爲侯爲玉休

有其光四牡奕奕赤茀金舄降爾遐福兮邦之仁人昭爾懿行兮朝之藎臣我有忠烈兮以爲之寶我有榮華兮何適非道躬清明兮翔廖廓佩金紫兮富圭爵日冉冉兮丞迴薄歲崢嶸兮其搖落吾將追於祖疏兮噫何爲而葬霍龍山趾兮鳳城端青靄深兮白露溥混羣物以共盡兮揭之豐碑之是刊

右僕射太子少師唐璿神道碑

欽若於天者謂之代工覆冒於人者謂之成務則調元氣法三象鼓洪爐宜萬物其代工成務之本也簡大僚所以

服其事明先正所以詔其功卜熊羆所以占其兆從龍虎所以合其應匪徒然而已哉有唐元老宋公侯矣公諱璿字休璟晉昌酒泉人也昔在夏商大夫陳其氏姓洎遷汾晉季子聽其聲樂豈軒之後唐之遺乎旣仕楚而聞魏亦家秦而滅項涼武昭王攬中州之傑居右地之盟七代祖晉昌宣王和佐厥威霸守其夷險故累爲郡之首族粵宣王逮我曾祖驃騎大將軍開府儀同三司贈兗（一作襄）州刺史諱某世位大將軍二千石大父洛陽令朔方郡贊特贈秦州都督諱某烈考咸陽令贈岐州刺史諱某操斧鉞班珪瑞者耀洪烈於四世垂餘風於百里於穆不已莫之與京公初髫而孤入則孝出則悌承於母兄之旨及冠而立學以聚問以辨從於師黨之言焉張嘉運先授於易森然可見者萬象賈公彥次授於禮坦然可觀者百度射策高第初補吳王典籤歷絳州巴西尉同州馮翊主簿弗之好也嘗欲屠郅支刺樓蘭執渾邪逐呼韓始自謀於將帥終見器於公輔遂爲踈勒道行軍從事策勳至上柱國授營州都督府戶曹參軍尋以朝散大夫檢校朔州刺史蓋養能而成績矣轉安西副都護檢校庭州刺史長壽中武威

軍大總管王孝傑之復四鎭實賴其謀表公爲西州刺史涉龜沙薄烏壘矛精絕慰渠犂此之謂也公至則扶厥傷止其擅因所利補其闕故西州之士刻石而建碑焉無何遷靈州都督新昌軍防禦營田等使入蕭關殺都尉絕梓嶺討符離此之謂也公至則城彼方要其險狎諸野壘其實故北地之大者有備而無討矣就加銀青光祿大夫入拜左豹韜將軍遷司衞卿未幾攝右肅政大夫檢校涼州都尉假節隴右諸軍事參警夜之肅嚴不時之禁事典之常者惟公是遷受南憲之寵總西方之役邦家之急者緊

公是佐其年。麴莽布支率種落數萬寇於洪源也。公訓鉦鐲完甲兵以禦之。虜見積尸之凶。我懸斬級之賞。遁則忘革在而蒙棘他他籍籍不可勝云。朝實休之。除右武衞右金吾二大將軍。俾仍舊鎮。雖貴而不留中也。先后稽六官之本。思五法之要。自我聰明。惟天照鑒。乃拜公文昌夏官尚書同鳳閣鸞臺平章事。隱心而行。正色不撓。功多微管議切安劉。中宗之踐副君。旁求中庶。特轉公太子右庶子加金紫光祿大夫。知政如故。召綺里而稱叔孫也。屬駕言北埀。薄伐東鄙。復公爲夏官尚書兼幽營二州都督安東

都護。按河北之州軍。自邯鄲巡遼碣。貪夫廉而忌法。戰士逸而待寇。且有倫要。而無怨讟。神功初。徵拜輔國大將軍同中書門下三品。遷特進尚書右僕射。食實封三百戶。已而居守秦雍。今之揆路。古曰台司。百寮師師。萬事理也。分郡闕而典之。鎮京師以留之。豈富人之始封。亦酇侯之大任。位益高而勇退。年愈邁而思止。抗聞旒扆。密奏封章。久之。聽致仕。進封宋國公。朝朔望。天子方崇文太學。講武宣揚。延首鴻儒。傾心碩老。復以公爲太子少師。監修國史。乞言而書法也。景雲初。匈奴請公主。盟使臣爲約。未堅。致辭或紿。因命公爲特進檢校御史大夫朔方軍大總管以禦之。仗宸威。肅戎令。人莫聞於吠犬。騎寧憚於射鵰。舉則全師。還而罷事。將簡棄軒冕。神明芝朮。然邦有大禮。樂大政刑。率由典謨。罔不咨度。享年八十有六。景命不造。延和元年七月戊子。薨於長安懷真里第。嗚呼哀哉。皇上聞哀撤懸。出次揮涕。追柳莊而亟命。思鄭產而安歸。制贈使持節都督荊州諸軍事荊州刺史。賵物四百段。米粟四百石。喪事官給。仍差官四品一人監護。有加等也。太常考行。謚曰忠。書不云殷之得傳用。訓朕志而承其道。雅不云周之命

程。是用戒我師。而就其緒。於戲。惟公浚明前典。允迪古訓總而成之。入則獻規。出不言政。石建孔光之比。決勝千里通知四夷。子房充國之亞。爲將軍尊重。於位而謝賓客。公之不敢專。爲丞相開陳其端。以歸人主。公之不敢伐。如是則鏤彝器。圖旂常。載史官。列盟府矣。夫翠鵠犀象。非不鷙也。有其用則不全。麟鳳龜龍。非不靈也。無其時則不至。若乃時已偕用。不竭身已。康名不滅者。既明而且哲也。公上惟祖禰。傍至功緦。頃於槐里之間。董原之右。卜其兆圖。其域各以族而爲之度。焉臨薨戒諸子曰。儉則自完。孝不忘

本吾之志矣嗣子陳州刺史先畬左千牛中郎將先擇等克奉遺命能循懿業以年月日葬於舊塋亡夫人太原王氏從祔禮也昔禽息進里奚於秦而穆公之政厚虞邱進叔敖於楚而莊王之力霸故有代祀而代祿焉則我師臣計功允子宏風小彼秦楚之事大哉韋平之烈謀可久者敢作銘曰

稽古陶唐惟帝之初遷虞事夏俾侯而居曾盤峻峙令德之祉亦曰緜系誕生君子君子伊何邦之宰臣宰臣伊何秉我洪鈞登於廟堂王則是保服於戎狄公常致討事惟

一心恭乃三命崇讓頤老歸閑體正天也不慭人之云亡大夫掌域羣公會喪咸陽北原渭水南瀍其如邢山永此防墓

高安長公主神道碑

惟開元二年龍集攝提格夏五月哉生明高安長公主薨於長安永平里第享年六十有六嗚呼哀哉景申上發哀於暉政門設次舉聲輟朝加等遣大鴻臚彭城侯劉知柔持節齎書赴弔京兆尹攝大鴻臚鄧國公張暐司農少卿李彥有司帥屬護喪文武五品已上會哭書不云敦族至於九以昭於百姓禮不云敘親居其一以統於萬人此所以追有虞而化天下感配陳而慟宸極復以為素旂誄行彤管匪風司常罕留執史多柔乃制銀青光祿大夫行紫微侍郎兼知制誥上柱國許國公蘇頲為銘刻石臣頲不敏颺言拜命云長公主諱某字某隴西狄道人高祖神堯皇帝之曾孫太宗文武聖皇帝之孫高宗天皇大帝之第二女中宗孝和皇帝之姊也太上皇之姊開元神武皇帝之姑也昔軒后修德高陽任而豫之虞臣邁德伯陽沖而用之故先王會昌而王者興前聖受命而聖人作自風偃

三代刑清百年揚耿光於祖宗紹期運於神武上以比崇於黃軒至其道次以宗極於元老施其教慶漸緜瓞恩周行葦重熙而累盛皇哉而唐哉公主承姊月之華分女星之耀閑和美度婉娩令德有循其禮無擇於言鑒圖取則聞詩服義故可以賦絲緡而開湯沐者也於是曳紅綬賜青圭香滿玉鑪絲搖金纓允所謂帝乙歸妹以祉元吉魯侯主婚是稱同姓始封宣城公主下嫁乎王氏駙馬都尉故潁州刺史贈右監門將軍太原王府君諱勗字遂古右監門將軍平舒公之孫歙州司馬之子自周儲洛濱之契

秦將頻陽之業門昌帝緒家累天姻徵平叔之才貌得孟孫之閥閱亦既觀止展也令儀成其肅雍率由儉彩至盥漱櫛縰笄總衣紳箴管刀礪線纊鞶袠若此者敬而持之動必於是則其餘可重也天授中聖后從權革命駙馬非罪嬰酷公主復歸於後庭凡九十甲子口不入辛味耳不聆曼音體逾尚柔言靡啟怨運觀心之智祭摩頂之神豈寂以幽通將虛而信受有菩薩現前者數四后每奇之中宗禹物不改漢儀初復乃命宗正卿李珍冊拜宣城長公主食實封一千戶并置府僚比侯王之封齊令丞之秩太

皇御極又增五百戶改封於高安且重永康之冊允符長廣之拜今上握圖又通前加至二千戶尚於德先於親也公主頃歲奉嘗覲高宗畫像雖光靈在天而見似目矍感咽於地遂成心疾至使名醫莘止御藥相望孝焉而終仁則何輔嗚呼哀哉富貴乃驕奢之資不期而至吉凶乃盛衰之象不召而成故泰忘約吝生動寵怙權邪醜正知得而不知喪知存而不知亡嘗歷觀之熟矣由是黃金象牙明珠翠羽之飾積於外雕文刻鏤衣紈履絲之巧充於內然後堅車良馬槳酒葷肉吹笙竽學歌舞於其間者殊不知以相強而結禍因自恣而招危魯元所以好過度寶太所以縱踰禮鄂邑所以懟抵罪湖陽所以匿犯法館陶所以求不獲昭平所以免河上埒開邙阜允子孰聞田在漢京權臣所奪吁可長歎息者矣我長公主則不然避榮守靜退藏於密端操正色進寡其辭爲皇女焉爲皇姊焉爲皇姑焉非不貴也能戒盈忌滿智崇禮卑儉德之恭讓德之益主無依遂不專也勤無告勞不置也宜於秋膚以助宗人率彼春蠶以從王后則未嘗忽諸猶深悟色空大依禪惠觀我生之進退究人事之終始蓋泡夢之爲喻也乃

散以檀那離於染著景雲歲請罷賦邑蠲屬官遂沈冥從省曠書上而制違之嗚呼身歿意餘道之微者古有女儀嬪則焉或孟母之勤學敬姜之知禮仲妻之辭相惠婦之光夫然出於素族書之緹史未有居高益下託體至尊如長主之儔矣故能九師讓能三子聞教自我之出與時偕行知微知彰不諂不驕長曰曄銀青光祿大夫太僕少卿仲曰暉朝請大夫衛尉少卿季曰暕尚舍奉御並欲報罔極藥貌棘心哀以送之龜從筮吉粵某年八月朔十七日葬於咸陽之北原禮也落月過半秋陽浸微清節凝兮朔

風斷丹旐列兮秋雲飛望槐里而西馳去萩園而北顧視牽牛兮像設過飲龍兮徑度閶闔窈窱遠嬴女之樓臺松柏陰烟近漢皇之陵墓其詞曰

赫赫上帝臨於巨唐卜年萬倍誕睿輿王何彼穠矣休其有光亦既從夫車服不繫亦云主婦蘋蘩以祭在貴能約終溫且惠樂只君子曾不永年未亡之人歸於九天心以理遣身以義全光於累聖受於明命伯姊延暉皇姑襲慶鑑以損益辭其滿盛我有空言宗於釋門不生不滅茲道存存兌之降靈西反其魂咏清淺兮天之際憶瀟湘兮日已逝登寒山兮見超忽生秋草兮坐蕪沒金爲字兮琬爲碑永貞芳兮實在斯

欽定全唐文卷二百五十八

蘇頲九

唐紫微侍郎贈黃門監李乂神道碑

世稱李公德爲範言爲師行爲則事爲程於戲彼之四者吾以一貫及值緝熙之運懷廣大之業天下謂之登相國踐台司竟而此位不躋亦公之譽也若季孫何訪不對者宣尼季子可法以書者文仲夫如是故聞其風志其道學未量已公諱乂字尚真趙房子人也柏人侯曇裔孫侍書勁十一世孫自咎繇虞臣老聃周史純嘏之烈清華其冠曾祖彥博振威將軍光州固始令祖惠明弋陽西曹椽熊州司倉書佐父大智閬州新政令公貴達追贈濟州刺史以昭孝焉北臨代有恒岳東注彭有泜水豈恒之寶泜之精矣何奇士之不乏而我公誕生歟公幼而閔凶弱不好弄十一從學極奧研幾十二屬詞含商咀徵中書令薛元超謂人曰此子必負海内盛名十九郡舉茂才策第考功郎劉思立一見又如之調補潞州壺關婺州武義尉羈雲逸而在泥蟠也秩滿詣選吏部侍郎蘇味道偉藏器而嗟韞櫝也特授藍田尉又策高第累遷乾封萬年尉雍州長

史薛季昶視事咨謀推誠悅服主晝諾而班詔書也擢爲監察御史歷殿中侍御平而不煩疎而不漏與御史令黃門監漁陽公承旨鞫僞發姦除惡刑以矯末禮以教中有若決疣潰癰焚符破璽景龍中葉靜能諂諛媚姤權勢傾人自謂金鼎可期羽衣而立公劾奏其僞中宗原而宥之不肖者懼不仁者遠無何加朝散大夫遷尚書司勳左司二員外右司郎中中書舍人立義起草司言揮翰藎閑練而芳蔚也遂長兼昭文館學士雲龍待問天馬成歌羣士躍鱗緊公稱旨太子上即位檢校吏部郎中正關鍵端也

持刀尺審也建是無撓翕然有聲二歲遷黃門侍郎加銀青光祿大夫進爵中山郡開國公食邑二千戶四歲轉紫微侍郎掌制數月兼刑部尚書明年正除檢校尚書校郡國考績凡二歲古之邁迹垂憲選賢與能多矣抑揚者或齟齬爲心塞黙者或籧篨爲貌介無不執執則嫌於偏柔無不通通無惡於善士君子患也公列近臣居常伯則不然秉彝德徹乘理錯綜平枉梧按（疑）倫省忠而公信而順謀始而作慮先而動明可照肝膽精可析毫芒議必當而刑不放也故邦釋令典公數大猷粗舉凡矣聖人迪謨訓書簡冊惟文乎公掌絲綍握鉛槧典可常而史不隱也聖人鞠師旅繕甲兵惟武乎公賦其車蒐以器居有禮而用有神也聖人訊法約疇事省惟清乎公削煩苛節更算著諸令而便於宜也聖人核臧否甄黜陟惟明乎公差九牧區五等措諸枉而舉於直也夫文武以序清明以成斯事體大與時偕行行之我公則無遺矣嗚呼我公何不壽矣明靈罔恤闇忽而殂享年六十開元丙辰歲仲春癸酉薨於京師宣陽里第旒冕震悼衣冠痛惜秦里奚鄭子産烏足擬哉制贈公黃門監絹布三百疋米粟三百石以賻之

太常考行曰貞宜矣公每誡其子師於薄葬有子寧等五人並喪過乎感奉遵先旨不敢黷廢羣賢業儒竟遷魯國杜預知禮自表邢山故寧等以其夏丙申卜葬長安細柳原東北望帝京二十有五里償其志也柩既引戶部尚書東平畢構少府監吳郡陸餘慶散騎常侍扶風馬懷素黃門侍郎清河崔泰之洎紫微侍郎武功蘇頲祖於延年門外舉觴言曰不還故鄉達也別於此路窮也孰云中山寧厥后土非此公之爲慟吾誰慟乎服馬悲鳴而不前行人涕泣而相向僉以頲者公稱知我我謂之甥固嘗揮斤見

期必使刊石爲事蹟則不佞曷于是重相泣謂曰我輩見中山弗冥冥隤行弗察察從政弗執利邀寵弗今毗耀榮無躁求無苟得結友朋義也誨子弟仁也薦賢畏其知聞善若已出急於病讓於夷輕於財重於施廼中山之度矣所著文集成六十卷五言之妙一變乎時流便清婉經綸密緻猶樂簫韶工黼黻也至於心凝風味神嬉景華奕碁不孤絃酌相伴樂然有地貴豈在人奈何則亡不可復見因更爲長慟俾愚敘之黄門監漁陽公盧公居世有閎散之任與公有范張之密强學偉詞蓋撰其實也遂作頌云

龍德周史龜文漢相鼎角遞襲簪纓相望常山之英泫水之精代稱不乏人惟特生其一　鯉趨成訓敦詩閱史鴻漸于磐陟遐自邇暫勞州郡俄拾青紫王佐之才一日千里其二　高遊省門近侍軒墀守位以正行已無私無私伊何惟忠是効以正伊何臨事不撓其三　八座爰踐三階未陟如何不臧景命云極中夜嬰癘崇朝孔亟縱壑摧鱗靡霄墜翼其四　如水之淸如玉之貞如衡之平如鏡之明應享年以介壽何短晷之先傾晉喪名臣兮羊公見哀於武帝鄭有遺愛兮尼父掩泣於僑鄉其五　歸無途兮往不返歲將晏兮逝水遠南山南河往不返可奈何日運星迴天長地久旌芳宣懿無非舊友其六

贈禮部尚書褚公神道碑

昔軒轅至孔某師止十一名之聖者今天下尊皇帝學踰三五教之神者既學且師考今猶昔蹈道從事伊褚公焉公諱無量字宏度其先邑河南之陽翟十一代祖盛後漢海鹽長子孫因居遂爲吴郡海鹽人也五代祖陽齊民部尚書駙馬都尉嗣錢唐侯高祖遂民梁鄱陽王國常侍曾祖仁宏陳始興王法曹參軍暨陽令祖範隋豫章郡丞父

義宗皇贈使持節和州刺史自微子封宋以迄于恭恭裔食褚因而得姓廼侯廼戚或史或儒學不可量已豈岳鎮天峻是先人之郡國將湖清世平當天子之門館靈其效矣公實休哉上哲鍾懿元和育粹忠乎孝乎盡至於至寛得衆易有親晦而明微而闡其立行也絲白不染不成黼黻砥礪不礪不就純鈞寢思益居待問功可倍諭可博其立言也始吴興沈子山吴郡曹福授以經次吴郡張嘉會授之史演至賾平牴牾研至精起癈疾貫心則中達革其飾師乃厭服爾爲宗匠逮攝齊膠序揚袂河洛罔不企獨

立以先赴聆遠音而響從猶彫材之有楩柟綷翼之有鵷鳳下制嘉辟用超倫等即拜成均直講轉右鷹揚倉曹參軍直講如故稍遷成均助教累至國子博士朝散大夫國子司業崇文館學士常二仲齊祀會一時髦彥主賓難折羣疑應不敢夸官闕單不能曜旗鼓太夫人在東也庭闈是思鍾釜不逮遂罷而就養我聖皇居震也司過惟史聽聰則書復徵以侍讀及回金輅問辟雍搖柄前席有丞有祝聲羣奔以坻積辯連屬而河瀉是日中賜章綬并時服雜綵就拜銀青光祿大夫以昭其業上正位遷刻王傅國

子祭酒轉左散騎常侍特封舒國公實食二百公雖傳天人司國子然而載啟載沃百氏之言滿中禁日尊日事五更之禮存上庠故珥貂寵而刑馬誓也尋與中令范陽張說侍郎武功蘇頲黃門郎趙郡李乂等開講序于掖垣悉上其昌言嘉謨可體要經遠者京都之政起自軒墀齊魯之風成於寓縣公以遭盛明而華皓不息乃作帝師懷喜懼而斑斕未旋孰爲人子灑零獻懇于再于三重論思而久駐修切至而方遣臨軒贈詩盈篚將意華晨省而偉晝遊焉居無何太夫人即世公禮不當毀號而殆滅遂于塋兆之側伏苫塊時松楸鹿常犯之公祝乃止應物也通神也有如是乎喪既除驛徵至仍舊左常侍兼侍讀登朝則老臣布武自屏不趨侍講則宦者平肩必輿而進皆别旨之非常也上復以舊章散落羣籍湮墜張購令据逸文補其缺刪其謬勑公於都乾元殿京麗正殿總而成之上帝之璽先王之府委墳素流筆墨可滌元覽而照清光耶日者皇太子志于學齒于胄演經則太師憑几納誨則元良降席論夫錯中刑外一物三善者禮如前學開元庚申歲正月哉生魄景命不造遘疾薨於長安崇仁里之賜第春

秋七十有五上輟朝不視旅次而哭遣中使潯溲以恤故盼近臣歔欷以追往乃贈禮部尚書賻物四百段米粟四百石小宗伯陳祭儀亞京尹護喪事歸則本州刺史師屬厚加焉僉謂公進以秉德動而率禮自石渠延首金華造膝時屬升賢良杜讒佞雖明慮天斷匪獨開陳亦讜辭日聞寧虛聽受若藏器者諗無藝出袠者思有惠使輕革也之說傚嬰也之譏又安能是果良圖中比則隱之微章之表所撰儲君翼善二十篇帝王要覽二十二卷帝王紀錄二卷心鏡三十篇刪正論語孝經疏各一部每條上則留

中錫之孔殷盈不可數大抵以義約以文見俾興亡有兆消長無傾規乎諷乎類乎指乎行之則是聞足自戒不然何以皇賚之聖叶之至於斯也化益淳儒益信則郊廟有典賓軍有容發揮牲玉斟酌犧象必咨焉度焉此又衆之難公之易薨後羣學士於書殿中得講史記至言十二卷即日聞之上悼甚重賜其家絹五百疋試爲我著常奏新篇從取其書竟賚遺草悲夫粤某年仲冬甲子歸祔于錢塘臨平山之舊城容軒止塗喪服會葬者數百顧而歎曰公何學也何師也則我副君惟君是登皇極天子之子是

作孟侯皆受于公矣董則五朝典學無同道之用桓則三世各師有殊特之美曾不可援以事舉諸凡卓哉使後之人泛微波攀絕迹者我公也太常易名曰文宜也長子河南澠池主簿庭詢次左拾遺庭誨次京兆渭南縣尉庭賓三子之戚二連所善居家嗣徽繼世承烈則仲弓之有元及季伯起之傳秉及賜故遠邇嘉之吳江漫兮將海合吳岫重兮與天沓公是屬兮公是安仁則返兮儉乃完異樹行兮生也志他石篆兮子也刊噫不憖歟寄之銘曰昭昭府君生代叶期儒有斯文帝王者師探幽典墳贊道

雍熙其德彌芬其馨益祗訓由老成榮以恩屢資孝是悅資忠是務禹嘗獻蓄光不言樹專褚之學啟舒之賦六經芳兮七命章戴頻頻兮服煌煌無還齡兮有去光未飾杖兮欻擁梁宸極悽兮門人慕悲風起兮轅馬顧背西時兮即東路路阻修兮日悠悠旌旐思兮空山秋吾見業可久而名不朽者猗那褚侯猗那褚侯

涼國長公主神道碑

乾坤既分象象攸配變則成女終於歸妹惟長公主乎公主諱𡡉字花粧我興家邦天錫宗祉昌運及五聖真享鴻

名聖期至六神武膺駿命道（闕六字）焉絪縕構極倬彼雲漢的瀝乘春華如桃李順顏承志約禮知節得藕館從蠶之儀採公宮習史之藝載瞻湯沐爰賦井田其創也與多於仙源其從也稱長於涼國故丞相虞公太原溫彥博曾孫曦台摻門閥風流儒雅僉諧是圖歷選伊尚君子至止碩人其頎協時之吉備典之實雜珮明璫裴衣錦裳熒熒煌煌有秀有芳居迴暎以虹倚動羣超而翠翔媛成肅雍侯守祿位貴則能降降而不驕勞而在勤勤則不匱未嘗有也皇嘉之而謂曰台和以樂變乎風揮五絃之盡美觀萬

物之從令欲同聽乃親故特傳於汝公主清揚神潔妙指心開猶白雪之詞冥通則應類青谿之曲多領悟皆賞初榮賜以得後誠盈而散恩過魯元王豈上邑寵逾竇太常豈臨山每絶館陶之祈自無昭平之贖粹温而敏静好而詳以北渚之愁若何西方之聖如是大修圓果深入至空竟而瑶草淪霜桂枝辭月開元十二載八月辛巳遇疾薨於京邸永嘉里第享年三十八嗚呼哀哉上徹懸久悼臨次增潸京尹護喪羣司蔵事其年仲冬壬午陪葬於橋陵生資敬愛歿效充奉蕭史樓中鳳音何望軒轅臺下龍得仍攀子西華等扶杖而立茹荼以泣潺湲赴窮惘默觀者羽葆容裔翰林酸嘶又昭乎遺風詎著縑簡垂厥後代諒憑刊刻豐碑詔立睿札親紆捧戴則奔馳四靈光華則迴薄七耀明山可轉況連於鋭崟元圃惟積重錯於琅玕俾銅纓之湮沈由寶書而飛動禮臣不佞敢作銘曰

天其有章銀漢玉潢我則有祥霄明燭光柔祇不忒芳問允塞何彼穠矣其儀是則鳳凰于飛公子同歸琴瑟在御德音莫違何洨寥之素秋兮獨杳杳之元夜何闇忽之誰忍兮痛明靈之不借清霜晶月楚挽將發流吹結雲秦聲不聞惟聖皇兮固金石噫長主兮森松柏榮以悼之兮長不斁

御史大夫贈右丞相程行謀神道碑

御史大夫維弼之副尚書丞相粤官之長若庭堅是勅山甫爲式凝績之懋追榮未極可也聖皇執象增天報功元老協斯捧日疇貴將詔頌其美稱用命伯嬰與之佐佑存趙立孤可也廣平之傑出者公名則字行謀世以字行始終不易源彼二烈泉乎百代門閭當華嶽之峯碑闕倚桃林之塞遷自吾祖定成我居作鄭人矣曾祖諱慶隋長子令祖諱德淹隋太康令考諱藥玉皇秋浦令子男樹磐大崇於官閥令長傳業夙振於台揆況一變從道三稱靡風乎公神靈特應金火殊發含照灼而更幽蓄堅剛而轉鋭常謂處山者猛不採藜藿成蹊者芳不言桃李静安獨行汎覽羣書以管晏之謀迪訓貽典用申韓之法徵奇撮要高深廣大盡在是矣志大好學首中甲科初補潞城尉轉趙之平棘換虞鄉主簿任非待賢居是適用嬰酷而罷居喪幾滅率由於至性每不勝哀禮闋入爲鄠尉時吳郡顧琮秉銓調鍊致公密啟授萬年尉尋遷左肅政臺監察御

史裏行歷殿中左右肅政丞侍御史迴復雙拜周旋五人悉心果乎履尾奚懼豶豕旣制拉二豎於威弧之張神羊旣立挫三思於止戈之武固亦霜驅隼勁露落鵰擊豈避憸言俄招毀議出爲幽州司馬都督薛訥以元帥綜戎仗權公爲在端察設文備甲兵繕倉廩續絶漠以奔嚴城洞啓遷定州長史未詣職入除金部郎中景龍六年鳴牝肆孽分宰京邑先屠戚黨吏部人相狃獄市皆紛徵拜公長安令丕弊不辜大安所屬無何除將作少匠少府少監飾懋蘇（疑）愛費閉奢曾不無益而成有叅登加七命食千戶

俾侯於廣平國轉刑部侍郎兼檢校宋王府長史司寇持平以議罪君王好直而請由是用刑不頗爲善最樂也明年王正月我后時邁翠華順動蒼駕巡遊幸朔方而經周漢陟河東而觀舜禹命公爲蒲州刺史本道按察偉儲峙之饒悅股肱之壯期至人於道路宴君子於雲天然後搏擊守宰澄清中理上因聽政顧侍臣曰江淮之閒風氣果銳吏諸尤者朕已得之又遷揚州大都督府長史公刈作姦鉏撓法萬商利於舟檝三吳貞於鼓鑄皇念勤矣徵拜鴻臚卿卽殿中監國開賓館威懷柔服之序王列御府備

物致用之般則九卿不如六尚書也公力主財巨細錙銖定豐省翹天地之藏來自西極溢水衡之貫獻于北宮擢拜御史大夫朝之紀也夫端以憲職流爲法家含宏則弊于偭偃竦踊則嫌於激訐狂徒失得且觀興替公之度葢不然森貌寡詞彼憚嚴而惴懼察幽藏密我易躁而安動庶物和矣羣司晏如加戶益榮金紫宣命賚予虛佇丹青尹政嗚呼方恒位事歘謝期頤享年八十有三以開元十四載春之孟庚寅統日薨于洛陽之審政里第宸極悼焉行必馳組請不釋服曷云多矣一尚德二尚厚三尚齒四

尚舊以革而問遺中使者鴻寶金（闕）相望自闕遠凶則撫贈左丞相袞裳布帛盡萃其家喪禮葬數邁超夷等伊我公蹈規懸解臨事黜識至神爲心至公陳力薄驕奢之行卑乃崇高重明哲之謀尊而壽考匪有倫有要知至知終何以符契于君臣寵靈於存沒古未之劾也以貞爲謚然與其年暮春壬寅十朋啓塋雙表昭域歸厝于鄭之少華原禮也一子鎮之幼爲尚舍直長稟義方之誨成幹裕之能以杖扶後起柴毀孤立凡厥所嗟上之不隕直清而美者則侍御史彭城劉彥回同郡宋諭並爲勞人祇服盡承

報國聞薦府庭朝夕棟宇遇甚恩結悲盈涕濡相與開陳詔命甄用詞藻爰備刊勒宜存妙好顧秩重黎之司曰其正于禮者其不佞乎粗言銘曰

程伯休父膺厥命兮我公之貞保氏姓兮我公之德宣歌詠兮至於天宮翊明聖兮登以碩老資忠敬兮壽必待終名轉盛兮卜而獲兆典實令兮嗚呼太史秉直少華南映望陪我京還即于鄭

刑部尚書韋抗神道碑

天下膏腴之土莫若雍州雍州紱冕之多莫若韋氏粤自

殷伯傳于漢相昌世濟美慶不乏賢高矣乎猶泰塞出華岳西連于嶓冢大矣乎猶濁河納清渭東至於溟渤言之者可備矣故周隋創歷俊乂當朝惟我二君迭爲二祖逍公其首即也其仲處有山林之節糠粃俗塵出爲廊廟之器丹青世道即之子太僕少卿陵州刺史武陽公諱津是生銀青光祿大夫太子詹事贈秦州都督謚曰貞諱瑎是生司農丞贈金州刺史諱暢皆素風清範百代一時公諱抗字抗金州府君第二子也八歲精易十五讀春秋深入爻彖試論臣主及貴疑便成誦具解理微義中初以明經射策補魏州參軍立於稠人端若一鶚復常調就太子典膳丞換岐州司倉雍州司戶右輔要劇上京浩穰九年致豐兩訟舉直外左臺殿中侍御史轉尚書主客吏部二員外吏部郎中侍中執憲者譙郡桓彥範廣平宋璟太選持衡者京兆韋嗣立河內司馬鍾並遠識高量領賢進善齊白簡共青縑者范陽盧懷慎子從愿趙國李乂吳郡陸象先隴西李朝隱武功蘇頲爲四公特賞推數子之器公益文墨自持準繩不雜拜洛陽令役人好惠務約刑清刻石而傳嗚桴自止遷御史中丞兼禮部尚書法明象魏禮達

邦家外守其則內修其度遷兵部尚書戎政孔嚴夏司多係作姦犯科者莫忌接利乘便者皆是公凡易四年濯然一變發其狙詐成我鷹揚別加銀青光祿大夫除太子左庶子閑以珍攡德以調護而巴蜀方隅西南斗絕戎常犯軼蠻或離叛討則勝不補亡厥造端之口綏則靜而作乂翹致理之心命公爲益州大都督長史持節巡按公至革乎弊順乎美暑往寒來人不知用風雨時順物果遂宜入拜黃門侍郎東密黃扉右嚴青闥半股肱之委總修飾之裕上聞燕顧近臣言韋抗朕素知之何適不允大鴻臚令

典賓客之事古稱行人之職俾令即序期以不濫抗宜兼
授登叶睿圖遷御史大夫持節朔方軍大總管擇副宰御
元帥廷諍已決廟謀先偃挫貪人於敗類追桀虜於奔亡
公之績也會涼州都督楊敬述羽林將軍郭知運失律搖
憲喪師倚權公確乎不拔條奏其罪公之正也以郡縣吏
坐贓發覺貶安州都督尋與之蒲雷澤之庶河濱之阜聲
淪燠休頌被和樂未幾拜爲大理檢校刑部尚書欽若刑
柄繫於人命士師之望平寃之成安以手足所措愼以毫
釐之失緊賴公多喜斯得不寃而待算則摧其巧粉飾則

杜其萌上將登封岱山留睠洛邑延企遲居徘徊往俞因
謂公曰朕思久之罔出卿者涵仗公作鎭還贈武陽伯兼
吏部銓斥浮動甄貞實妍媸露求當之途勢利塞容非之
鏡復盧從愿暨頲受恩聯召崇朝交臂至信相歟他日攜
手微疾應問豈期搖落素秋窅冥元夜開元十四年八月
某日薨於洛之永義里第享年六十嗚呼人之望公以宗
伯踐公陟台階佐王道始則夷路翹首終而亨衢鐵翮吁
嗟全德孤我具膽而勝氣標準色莊辭定舉不忤物行不
由徑獨而不黨三者無惑聞義於卜商起予立誠於鮑叔
知我撫遺恤孤常所空匱以奮藻揮毫轉爲速遠故大課
典舊必咨於公是亦施政何遽薨也旒扆深撫床之痛纓
綏惜和鼎之實益如鄭國僑虞之奇楚子文魯公儀不其
偉矣詔贈太子太傅護葬及窆備物加等太常考行曰貞
粵以某年某月日卜葬於京城東南少陵原禮也笳鐸晨
送烟霜曉發葬者藏也儉則自完素車出祖縞衣來至吉
先兆於蓍蔡哀更傷於松柏光昭之事克恭懿之道存此
曷爲然其不揖者三子長京兆士曹參軍曰載次昭文生
曰翹幼某公侯必復美秀而文可以崇京兆之阡屬扶陽

之館公之季左司郎中萬年令澤州長史曰某松柏之材
也公最友于毒天倫之孔艱思我兄之不及疇云撰勒其
寄雕刊以頲爰在弱齡獲知君子牙琴不賞慟哭茲晨樂
弩仍懸沈羸歲晚悲悽固託撫疾何戚愧不得絕妙好辭
披文而相質爾銘曰

國大司寇家大彭氏亡世疇貴府君鍾美衣冠禮樂盡在
是矣講信修睦自求諸己爵之以官其直如矢秉之以憲
其清若水遽登金華終列瑶戺威震蠻貊信夫邊鄙曰刑
曰政載敭載理公輔未升官人作紀柰何遠韻忽頓高軌

跡滿清時事昭緹史微言遂絕令問不已巖緣南望樓丹北峙或向城闉或臨松梓盛烈孤邁羣悲四起

揚州大都督長史王公神道碑

生甫及申思皇多士必訏謨以亮采惟肸蠁幽贊者不曰才乎若蘊其才居其業奉丹霄之下濟辭白日之中辰者不曰命乎霸城王府君諱易從字某爰事英主皇皇我神武金期寶臣籍我公輔及揮綸翰秉刀尺宜其尹天下登宰衡雖克揚其休而不踐厥位何也府君之始魏安僖王弟信陵君之續秦滅魏謂之王家者遂命氏焉其後世居

霸城族著京兆故得魏藩公子錫允稱宗是猶齊國大夫因呂保姓況神皋之表裏形勢俊城之相承紱冕固以倜儻卓犖爲龍爲光五代祖羆西魏尚書令贈太尉相州刺史扶風公紀于周史高祖明遠隋雍州大中正宏化郡守司金上士銀青光祿大夫書大旂勒大鼎猗那成績繁衍重世曾祖壽隋州都七職主簿隋氏淪胥煬皇板蕩竟全孤竹之操不敗幽蘭之芳祖喜皇朝晉州司倉參軍同州河西縣丞父夔趙州房子冀州棗強二縣主簿文秀儒雅韜光鏟跡雄雌之歎則聞鸞鳳之栖未遠公八歲工詞賦十五讀典墳十八歷涉代史十九初遊太學二十升甲科三傾五城一日千里階選部冊天門出九流之先當萬夫之特授亳州城父尉且未光也無何棗強府君不祿毀將形骨扶杖於家者三載哀不絕聲倚廬於墓者六祀古曾子死事之終今老萊生事之極思奉檄以盡養顧鞶裾而足恥庭闈何適有南山之隱路鬻塾不倦有北海之儒門教子弟學成志立蓋云十數而府君雲臥林栖傲然肥遁迫於從父之命就以賢人之辟授華州華陰縣尉復冊甲科轉京兆府美原縣尉換華原丞廉問之舉屈爲之伍殊

尤之薦用冠于首擢拜左臺監察御史王憲斯執國刑不紛一歲遭內艱如在先考之戚禫闋制復舊倅臣左補闕何輝圖怙勢作奸頗盈罪惡府君直言正色莫避權寵簡墨條奏當朝允之遷殿中侍御史無何拜尚書戶部員外郎轉祠部主爵考功三郎中邦有教謂之安國有祀謂之事則人祇之政罔弗格邦有等謂之爵國有功謂之課則賞罰之旨罔弗齊自非貞迺應物敏於成務疇能振景拔萃川渟岳立主上旒冕而思一以寰宇腹心特重其掖垣故近密委於侍臣緝諧連乎小相拜給事中轉中書舍人

剸犀兕者其議可以斷割賦鷦鷯者其言可以遠大況天詞往復形於中旨人望虛佇期以上台姑試之劇備觀周美遷兵部侍郎回翔要津拂拭夷路消長容其正忠邪順其直戎昭者有畢力之師彝序者無曠貿之人以東南封圻淮海殷雜雖陸攝水標塡于委輸而風果氣銳懲以剽輕巨鎮何有緊公則賴乃出爲揚州大都督府長史陽秋停風雨若不競不絿有倫有要化之爲最理念于茲嗚呼景命不融流年孰返以年月日遘疾終于府之官舍享年六十府庭颭戀閭巷聚哭攀舟轍以咨嗟越江關之重復

名流常化雅俗追嗟嗚呼以爲當代所歸禮謝於陳在豈謂逢時共許愛深於產卒夫靈龜明鏡可以決疑駟馬拱璧不如進道牽於彼則疑已釋存乎我則道已用府君是以眞毛髮之微徵膏肓之疾加以博聞好古精義入神有夫子之文章得吾家之書籍或寫或繕海富山藏嘗工篆體閑以琴德不耀穎而好事者珍每成聲而知音者賞身歿之日所纂集二十卷自彈琴凡數張俾後代美其華旨其實垂芳塵之菴藹採嘉頌之洋溢其高致歟粵開元十五年龍集於卯仲春日晨卜葬於京兆咸陽洪瀆原禮也周之菫原漢之槐里丹碑已刻青櫝成行子八人長曰有次曰實並行齊曾閔聲軼元季徵昔有八子之名居喪有二連之善府君之仲著作佐郎敬從者季太廟丞擇從者敬也瑚璉之器擇也金玉其相稱之眞披文之實記吾人早遊學庠曾比義於青襟晚哭寢門匪致能於黃絹辭所不獲強爲之銘曰

高惟雍兮大曰京遷王氏兮著霸城或公或侯散佩垂纓子子孫孫府君挺生（其一）德有必綜才無不括勝情風翔偉量河濶帝曰俾乂求賢如渴公其哀然藏器以達（其二）三才

清憲清憲攸歎四趣明光明光孔彰並躋雙掖雙掖忠益皆掌二柄二柄方正（其三）爰迴藻司迺蒞揚都政既成矣公嘗邁乎輔我皇極奮于天衢奈何不臧違世而殂（其四）世閱人之不息兮人違世之遂即獨四塞之山川兮盡千年之封域噫古之不朽詩載是加撰懿圖芬兮清深廣直（其五）

睿宗大聖眞皇帝哀冊文

維開元四年太歲景辰六月乙巳朔二十日甲子大行睿宗大聖眞皇帝崩於百福殿徙殯於太極殿之西階粵十月朔某日將遷座於橋陵禮也素帟褰周青壼警節儼無

聲以虛衛陳有象而成列哀子開元神武皇帝諱追攀引紼眇擗司常悽庶物其涕迸感衆靈而影翔潤茲鴻業欽若要道爰制近臣敢揚大寶其詞曰

高祖興唐垂其耿光睿宗誕慶紹我明命明命伊何重熙累盛耿光伊何翊善傳聖在昔分瑞爰初剖符宅殷令典居相宏圖宣哲觀藝祗膚服儒踐其成式納以嘉謩否歷終泰傾維更紐子從代王子事周毋退象藏密沖襟釋負不爲震驚自得謙受擁乃政復亨而運開固推皇弟仍陟元台鳴牝搆孽紛虹肆災颷馳神武電掃姦回三讓天下

再登宸極順夫吡心忘我帝力艱譯修貢親賢任職樂英巳歎禮縟重飾宗廟率祀郊邱肇禋養而迎夏芟以祈春靜默沿道和平返淳智周翔泳功濟陶鈞知子惟明從吾所尚陋伊祁之莫緒追嚳鈌而將喪帝允執乎厥中皇遂崇於太上始受圖而觀察終脫屣以清曠齋必閑館朝而別宮問安順色資孝宏風理極兼受言承至公豈綴衣而憑几忽成鼎而號弓嗚呼哀哉夢年罕驗顧命是屬付神器其得所委靈心其何欲增摧絶以孺慕竟厭時以去俗萬邦赴而同軌六遂陳而帥屬外羣悲於縞素中不瘞於珠玉蜃輅迎轉龍幰戒徂寒生紫殿曉發清都笳挽遲遲而徙靡旆旌戀戀以威紆除櫟陽之御路指橋岳之幽途禮旣獻而三徹神方寧而九虞遠奉遊冠近嚴歸蹕因高而渭川盡見憑下而秦京稍出積耘草以橫霜攢悲松以翳日嗚呼哀哉粵羲軒之建子姒兮令問傳其不已猗簡冊之尊聖眞兮鴻名冠而方始然後景雲靄華露滋揚至德殷永思此天子之孝也臣何足以知之嗚呼哀哉

和思皇后哀冊文

維景雲元年歲次庚戌十月戊寅朔二十日丁酉和思皇

后魂歸於仙靈宮之寢殿粵十一月戊申朔二日己酉招祔于定陵禮也皇帝翼翼而承洪緒親親而居寶位痛終鮮於棣華哀不從于竹渙祔自姬冊招因漢圖神旣來兮雲之際神將往兮山之隅象物中嚴容車外設開奇香兮靄如在委徽爐兮空若滅當四海之遏音延六宮而告訣有司忝直清之寄奉旨宣方大之烈其詞曰

乾道元亨川維永貞德由覆合功佇載成帝典攸正人倫則厚以光虞嬪思媚京婦貴冑昌演華宗慶膺書藏乃命符得而興展我之媛惟皇之出主家選容師氏練吉觴賀

紫掩輧歸朱邸儉而中規榮必循禮闕二字觀止婉兮孌兮
陳詩佩玉執事栽袿姜后通言衞臣知行是修密靜能服
莊敬芬若蘭吐華若李穠光揺采翟欻同飛龍房樂懸而
莫御國風咏而猶賡豈娥靈之有憑而化羽之無像嗚呼
哀哉至業隆於祀夏尊名冠于外唐披麗人之金屋見仙
鳥之瑶籃才窈窕兮時已逝事蹉跎兮夜不暘潛太虛以
滅景長自依乎清光萬邦攀於晏駕七月會于同軌往寓
集青之臺兮招灑丹之水上仙厭俗以求故内則在陰而
追美無不之兮有來長作合於神理對橋山之壟曷垂渭

溪之造舟羣動觀而兩泗柔明進而燭幽嗚呼哀哉聽鳴
雞以徒奏悲服馬以空發簫鼓還兮遺䏈風松楸翳兮吐
微月歸杳陵其永閟絶柘館而靡尋資謂德之良史圖配
和之徽音嗚呼哀哉

惠文太子哀册文

維開元十四年歲次景寅四月己酉朔十九日丁卯太子
太傅岐王薨于洛邸謚惠文太子殯于正寢之西階仲夏
景申將祔於橋陵禮也曉風北淸魄月西照列鐸挽以嚴
鼓出軒除而滅燎皇帝慼深天倫寵異天人追遣奠於將
遠慟哀懷其若新震以貞位文以光謚爰詔司存迺甄遺
懿其詞曰

重元之門唐系居尊五色之土岐封效古瑶圖正位兄一
弟二寶葉承庇帝三王四常急難兮特詢以事竟扶翼兮
能竭其志其志伊何程才則多武之以靖文之以和勇超
東牟思奪東阿是曰且爾曷云其他覃訏守成忠肅鍾美
克順克比爲臣爲子河書聚學沛易窮理毫使露濡賦令
雲起出咨岳政入愼邦紀魯衞則侔武桓斯擬傳於元嗣
欽若端士往錫朱旂來朝紫微家人輯穆藩后增暉廿旨

不同而不膳珍華不共而不衣楚謀或隱梁籍寧違屬巡
岱以封還侍外天而慶歸猗那兮揚名於後懿鑠兮修業
可久富貴兮于何不有闇忽兮冒莫之壽嗚呼哀哉宵欲
分漏華傳於奏天初辨時憲切乎思駿馬連蹄而交使近
臣駢命而挾醫望君王兮何遲遲俯櫺檻兮猶若期至不
至兮欻長辭悲莫悲兮唯此悲外皆罷慨兮内獨漣洏豈
吾季之在哉崇后儲以謚之孝依橋岳仁本京師莊泊文
兮疇能忍茲靈輴稍發淸道徐按整承華之鹵簿昭德陽
之宮觀樹陰陰於國門橋耿耿於天漢盈舊懸以迴復蓄

新哀以聚散煢然嗣王若不勝喪慘天地之何心怨關山之已長夫儉爲之德謙固其則存没是膺惠文是徵存也高臺深池之不競歿也備物重器之不矜嗚呼哀哉典册之有憑惠文之有稱故奉先皇之松柏成太子之園陵嗚呼哀哉

唐中宗孝和皇帝謚議册文

維景雲元年歲次庚戌十月戊寅朔十三日庚寅攝太尉銀青光祿大夫守戸部尚書上柱國宣城郡開國公臣姚珽等上議曰臣聞聖人極天下之賾以象其物宜成天下之文以察其時變加於百姓之謂德刑於四方之謂風德

也者動於神明風也者由於教化原始見則名合道先知終存義迹因行表其來尚矣伏惟大行應天神龍皇帝纘武之命允文之基肇承於宥密以至乎緝熙若乃含青雲之符耀赤光之瑞履順而一夷險安貞而再潛躍由是恭于三朝服兹四罪徯予之始祀夏而無改舊物若帝之初遷周而有膺新命虔匹夫蒸蒸之思愛於文武豫大帝庚庚之占友於王季既而三年諒陰九族敦敘免喪問道穆乎天子之容退朝藏密怡若家人之禮功收其成不以微刑濟其寬不以大讓詞所不忤讒說所不入約躬而厚物盡下以推人翺翔乎儒雅之林經啟於文章之囿不傷麛卵不夭夭木體仁也行於蠻貊暨於陪臺施惠也酌中衢之樽不竭也陳太廟之器不盈也故能百寶用四靈臻嘉禾神芝日獻于府柔遠格懷荒至名駒鉅象歲塡於牧方採原陵之露華感而通夢遂揚昊壇之煙燎嚴以配尊然後心游絶冥神寄愷樂在雲臺之上希夷於眞諦之門追汾水之陽縹緲乎列仙之館豈圖變生氛沴凶遘霄極歘憑玉以大漸顧遺弓而上遷所以函夏攀援人神哀戚龍

攢既啟烏耘逾慕禮徹三獻北有因山之名法崇二言南有至郊之議謹按謚法慈惠愛親博施備物皆曰孝安人緝衆推賢讓能皆曰和夫孝以愛親和以安人是則憲先王之典謨垂後裔之光烈者蓋天之所稱矣請上尊謚曰孝和皇帝廟曰中宗謹議

王璿

璿字希琢長壽元年自營繕大匠遷夏官尚書同鳳閣鸞臺平章事九月流嶺南長安中召爲殿中監檢校奉宸令賜紫封開國子

石龕阿彌陁像銘 并序

大周撫歷歲在癸卯皇帝以至聖之明宏正直之道稽一乘之貝牒崇七寶之花臺堯曦將佛日齊懸閶闔與招提相拒大哉神聖無得而稱金紫光祿大夫行殿中監兼檢校奉宸令琅琊縣開國子王璿安住寶心體解塵跡思法橋之永固願聖壽之無疆爰於七寶臺內敬造石龕阿彌陁像一鋪相好圓明威儀具足金蓮擁座寶樹低陰同日月之光輝若山河之靜默所願上資皇祚傍濟蒼生長齊北極之字闕一永奉南薰之化

賈膺福

膺福曹州冤句人懷州刺史敦寔子武后朝官太子中舍人先天中歷左散騎常侍宏文館學士

大雲寺碑

蓋聞在天成象懸啟運以著明在地成形奠山字闕一以播氣百億日月未窮破暗之功三千世界豈究無邊之境況乎言議所及通變之間哉然而往古來今前賢後聖研幾宗於無往契化本於宮端不測稱神彌綸止於天下運成曰道爲大存乎域中名與無名未染常樂色及非色俱淨皆空生生不停念念成環極數觀變求而不得眞爲妙覺於字闕三則我釋尊之教爲盡之矣察夫大雄利見應運挺生欲度王宮發祥天廟首出聖仙之表獨攬調御之尊壽豈難思妙色無盡四天封網有類浮雲萬梵光明猶如聚墨降魔佛樹高轉淨輪不有不無因無住而生法非相見相假相緣以會眞廣度濟之門宏汲引之路世七品字闕八爲助道之因隨迎莫辨其去來循環不知其終始移山納芥變海成酥無非誘掖之權皆由慈善之力廣大同於法界究竟等於幻空所作旣辦能事斯畢於字闕十銀疊珠函大作依止貫花羅葉宣暢元宗四無量心普覺羣有六波羅密廣鑿菩提德盛者流光功宏者施博正法逝其已遠象設由是鬱興泡影揚光教被龍鬼持珠獻色跡遍天人字闕八金莖字闕二掩映相望玉剎淩虛參差接影豈惟淨居

天界爭開紫紺之園娑倡神宮共起琉璃之塔而已河內大雲寺者本隋文皇帝所置長壽寺也三河奧區一方都會（闕八字）平野周畇斜鄉夏甸鎮以大行之險繞以洪河之流極眺闉闍百雉霞起曠瞻井邑萬室雲平俗垕人淳旣富而教乃吉祥之福地信招提之淨域經營之始麗及當時大業淪（闕十三字）封豕長蛇薦食上國洪水方割劫火洞然乃眷福海翦焉傾覆有唐立極宏闡勝因揆日占星增飾崇麗自隆周鼎革品彙光亨天瑞地符風揚月至在璿機而齊七政御金輪以正萬邦（闕六字）千聖菩薩成道已居億

劫之前如來應身俯授一生之記大雲發其遐慶寶雨兆其殊禎赤伏祚劉得自書生之獻黃星表魏聞諸瞽史之讖猶播美於緹緗且騰徽於史冊（闕十一字）中興是改千秋之邑梵王勝殿爰崇善法之堂矧乎冠絕天人度越今昔焉可拱嘿靈貺抑而不揚乃下明制順天休命肅昭鴻烈用定厥祥易長壽之前名旌大雲之佳（闕十字）麗琱楹鏤檻迴出氛埃松疎桂深隔閡寒暑千花綺帳金絡浮空四柱珍臺珠纓獨化龍池潄玉韻寫七言樂樹吟風聲諧九奏因地精舍未或能儔尸利空林孰云斯擬（闕十一字）者累世衣冠

高尚不仕行符曾閔義烈金石往屬漢東失御巨猾憑陵盜跖暴於泰山蚩尤盛於中冀人怨神怒甫鍾遷鼎之期父出子孤奄洎（闕二字）之酷溫序之管魂莫返千方之（闕一字）感罔寧（闕六字）聖道痡三途之長遠識四苦之輪迴於是擯落俗塵歸依妙覺仰祈宏誓之佑少酬顧復之恩於此伽藍聿興寶閣審曲面勢置臬持繩徵玉西崑求金南海刊木少室（闕一字）山林中徙石太行（闕四字）弄姿驚嶺角壯天宮於時貞觀之十八載也島夷拒險不率王略龍韜授律肅將天威太白出高行師利於中國王良策馬車騎滿於遼

陽勤兵待邊深涉匈奴之地飭軍成禮親勞細柳之營（闕五字）垂劍客聲高六郡選盡百金將犂穢狛之庭途出懷覃之境覩斯福會以挐檀那各分輕出之資共徹裹糧之費人以心競物以願盈寶貨泉流淨財山積寺有神昉法師者禪支夙茂智鑑（闕二字）勤求善巧之方志窮輪奐之美不遠千里百舍忘疲乃於維揚之郊得茲長樂之制規摹允備績用丕成高閣洞開層軒傑竦瓊階切漢徑直天門珠柱橫空光侵星殿落去日於綺綴納行月於庭除（闕四字）而孤騫雲爵踶蹵而遐翻列仙承宇整霓裳而欲飛天女窺

腮開玉顏而競笑提洹下集即此安居迦葉飛來茲焉戾止加以圖眞寫妙刻玉琱檀相好圓明威神自在總持之象並繞旃檀功德之稱聲聞薝蔔方諸妙喜一切莊嚴辟彼淨名入未曾有至矣哉一都之壯觀也上座元爽寺主什行都維那慶宗及寺內名德等慧炬外揚明珠內護深入法性妙達眞詮闕一字求無相之因丕闕一字宏通之業戒定交養空慧兩修咸以爲悠悠俗諦皆苦皆空擾擾浮生無人無我致喜園勝殿終傾四大之風巨海須彌畢燼三災之火非夫願力堅固法惟圓常孰能迴拔愛慾之流超

升波若之舟是以虔誠偈頌闕十字篆刻緬維畫石之旨尚想刊柱之蹤爾乃攻玉他山式建隆碣俾夫披文相質恒傳法鼓之音輪兩風灰永值金剛之際前刺史臨川郡王諱嗣宗今刺史河內郡王諱懿宗好賢樂善明德茂親資孝爲忠自家形國北門之寄朝選尤難右戚之英帝念斯屬迭紆綠車之重累膺朱紱之榮西河吏人歌馮君之繼踵潁川士女喜寇公之重逢威震百城名馳九牧政優魯衛道裕閒平列郡以爲表儀京師弁蒙其福長史河東薛儉司馬宏農楊履言貴公子孫聲名籍甚七業貂珥金張謝其寵光十代公卿荀汲推其閥閱敏以仁廉長於理劇荆河稱仲舉之賢沇沂頌休徵之美我有懿德闕二字伍之州縣寮寀等如珪如璋公才公望滄溟未運散逸翰於池籠刀筆薄遊屈雄才於掾吏並薰修在念喜捨裝懷恭惟付囑之慈久積住持之想承行聖教守護大乘弟子先君敦實早膺朝寄調露之際出牧茲邦昔因定省屢入官舍近從休告言踐舊遊盛德不渝尚覩坐棠之化窮心靡遠徒深風樹之哀眷山川以疚懷盼邑里而增欷吾昆伯仲材標幹蠱恭承綸渙宏道作宰下車爰始耆幼相歡鳴絃在辰謳歌屬路曾未朞月風化大行固惟先德在人抑亦

析薪克荷凡我門生故吏邦彥時英見託爲文闕一字當勝事雖則不敏其可已乎乃爲銘曰

太極播氣流炭甄形四緣七識萬品千名有爲有漏隨滅隨生危同水沫幻等乾成其一天中之天最尊最勝寄跡宏道隨緣示聖寶聚凝姿慈山表稱天龍歸仰人祇協應其二拂衣祇樹安住三天闕四字花疊斯然正眞寂滅象教照宣莊嚴剎土宏被大千其三瞻彼淇澳時惟勝壤營室分躔中樞括象惟皇廼睠淨居攸敞福宇隆崇祥符肸蠁其四隆周

建極烈。惟無競化。緝萬靈。德參羣聖。慈日升東。闕三字慶爰錫嘉名。光昭寶命。其五偉哉妙域。赫矣奇工。比崇天廟。掩麗龍宮。珍臺戒迥。玉宇臨空。綱綴交露。鐸韻和風。其六肅肅應真。詵詵開士。捐生爲法。濟物成已。大地登果。彌天擅美。勝境永傳。妙因靡已。其七懿茲邦牧。維周之藩。持寬濟猛。以簡臨煩。仁風依扇。膏澤隨軒。凝懷至覺。寂想祇園。其八郡邑英僚。宏才廣度。州閭俊逸。居貞履素。願力成就。借修堅固。咸罄身心。永代宏護。其九勒名貞石。宣功讚揚。道契方廣。業茂圓常。資陵爲谷。變海成桑。金剛際斷。盛烈無忘。其十

李審幾

審幾。隴西人。垂拱元年官懷州河內縣主簿。

大唐洛州濟源縣宗姓奉爲高宗天皇大帝於奉仙觀敬造太上老君石像碑并序

原夫巢燧上皇之代。邈矣難詳。胥庭太古之日。悠哉莫紀。研精甄曜。空聞糟粕之言。覃思運樞。詎見權輿之跡。洎乎軒譽唐虞。聖主也。德未寢於闕一字戈。禹湯文武。明君也。功尚勞於任戰。爰及秦皇虐政。漢高霸術。區區曹馬之事業。蕪穢緗圖。瑣瑣齊梁之聲教。膏肓翠牒。我大唐鑿乾開運。出震乘時。月照瑤光。搆顓頊之昌緒。雲浮玉葉。啟咎繇之慶冑。高祖受元符而革命。仰廸天心。憲紫極以疑旒。俯從人欲。濡足在念。濟四海於橫流。授手寘懷。闕一字萬邦於炎岳。息麟鬬而開日月。兩曜貞明。靜龍戰而叶陰陽。二儀交泰。文武聖皇帝功彌締搆。道冠財成。夙光玉理之符。載挺珠衡之表。初開鳳節。已賦小言之詩。既襲龜謀。即用大橫之繇。修文德而有苗格。詎待七旬。運武畧而獫狁平。匪勞六月。大帝含樞降祉。曜魄垂精。景命列於河圖。鴻名昭於洛字。湛鶉居之化。不肅而成。凝鷇飲之風。不嚴而理。憲五

材而躋聖。四時將玉燭同和。齊七政以窮神。六氣與金渾共順。若迺重十家之產。仍罷露臺。輕千里之足。匪登雲廄。茅茨可以庇風雨。無從瑤室之奢。陶碗可以合炎涼。有戒玉杯之侈。禁難得之貨。詎惜雉頭。絕遠方之物。豈甘龍眼。此聖人之淳德也。設謗木。待逆耳之謀。懸諫鼓。佇沃心之誥。元纁是用。聘耿潔於邱園。珪組斯班。賁英奇於仄陋。聞一言之善。管庫無遺。見一行之高。輿臺必採。此聖人之任賢也。麟膠鳳卵之野。梯羣巘以混車書。摐江穟穴之鄉。航紫溟而奉正朔。蚩尤之棄楓木。更若近郊。番禺之流蒟醬

還猶内府韋韝毳幕月支日逐之長削衽於槀街彤題鑿
齒鏤膚攢髮之酋稽顙於魏闕此聖人之懷遠也功格圓
溙甘露凝而景星出德通方瀏蓂莢植而芝草生魚尾之
禽既騫翥於阿閣狼題之獸亦騰躍於平原金鼎不爨而
自盈銀甕不汲而恒滿此聖人之休徵也江茅鄗黍表望
幸之期紫鱗青鶵昭告成之應採無懷之逸軌始叙宏儀
撫有熊之懿躅爰修大禮壇浮青氣映芝谷以氤氳封聚
白雲帶松山而爛漫周王射牛之祭未足孰殳漢帝訖麟
之祠詎堪扶轂此聖人之外中也豈言八駿之御未譏瑤

池五龍之紀驟移璿律嶮山鶩景痛堯日之先沈夜壑飛
湍惜舜河之奄竭仰惟（闕二字）先顧聞（闕二字）之徽音皇帝嗣
守隆基光武丁之睿道補天維而鍊采石彈壓媧皇踰地
角而獻碧砮牢籠姬后洛州濟源縣宗姓前河陽令李儒
意雲騎尉李公協騎都尉李德異等二百五十人去隴西
而違故里冠冕之風尚傳就河朔而客他鄉箕裘之業無
替譬夫長江巨海不乏虬龍沃野廣都自多鸞鷗爰以霑
濡渥澤家無雜賦之勞沐浴湛恩門有蠲修之泰耕田鑿
井荷亭毒之平分鼓腹含哺憙優游而自逸想攀髯於湖

邑戀德徒勤睠飛羽於泮林懷音何極粵惟元元皇帝遠
垂聖緒迴膺仙籙惟怳惟忽師友羲農之際不皦不昧卷
舒虞夏之辰乘日月而駕風雷攝鬼神而包天地推之於
妙非常名之可名引之以眞即上德之不德魯司寇之作
者北面（闕一字）入室之徒尹大夫之眞人西遊應出關之侶
隆周季業已求洛於五千皇唐本枝方延休於七百奉爲
高宗天皇大帝於奉仙觀敬造老君石像一座并夾侍二
眞人鏤琬鐫金寫黃中之瑞色塗丹繪粉摹皓首之珍容
日角晨開羲和恧扶桑之景月弦夜滿望舒韜仙桂之暉

精誠感造化之功銳思得沖元之力山連王屋即是清虛
之天邑帶福庭更似瀨鄉之地仙官侍衛紫煙開而鶴駕
輕神媛歸依碧落淨而龍軿遠所冀蓬萊變海元元之介
福長存竹箭移川大帝之神功不朽惟金昭而玉粹俾天
長而地久乃爲銘曰

粵若皇唐誕天明命瑤光襲祉（闕一字）雲垂慶納麓弗迷陟
元惟聖續綱更紐折柱還正（其一）高祖光宅聖文纂圖九瀛
懷惠萬國來蘇捐金抵玉破璽焚符粃糠粟陸草芥尊盧（其二）
惟皇題象握契循機舍樞流氣曜魄分暉時凝卷領化

軼垂衣乾坤交泰書軌同歸其三道冠登三功包得一斥彼峻宇安此卑室獄靜棘字闕一刑寬艾韠有憗斯補無文咸秩其四元穹效祉黃牝輸禎月開蓂莢雲覆芝英龜龍呈象麟鳳飛聲燕字闕一鏤績梁岑告成其五能事云備神功不宰奄陟九仙俄悲四海文物終謝英威如在至德方凝孝思無斁其六少卿遠裔元禮來昆俱迷帝力共沐皇恩號弓瀝膽捧劍銷魂敬惟仙系邀福元門其七奇表既開眞儀式像五字見足千文曜掌日角晨融月弦夜朗害馬已去猶龍可仰其八歸山曾鎮沈水清瀾險疑巫谷流似渦湍既銘功而握槧亦頌德以濡翰期翠石之永固庶鴻名之不刊其九

甘子布

子布博學有才年十七爲左衞長史登封時卒。

光賦

原夫陽之化陰之融功斯元理斯妙故沈凝者顯象清貞者流曜惟茲光之熠爚闢重昏以臨照夫其明滅靡定虛無罕測道叶神氣功侔夜力寄方圓以分影逐元黃以變色鑑無隱而不彰狀雖空而可識類至人之虛己同日月於元德若夫丹烏啟旭彤曜麗空藻晨霞而飛綺曛晚靄而生紅發菱花於元鏡轉蕙葉於清風故其稱物咸燭呈形被景逗幽隙而露纖埃漏疎林而分細影從盈空而不積雖駿奔其如靜至如銀河披曉金飇送涼孤圓上魄飛鏡流明汎露文而委淨浮冰浪以搖輕雖視之若溢而攬之不盈亦有梟燈啖吐蘭釭彩發煙奪銀燭輝淩練月破錦幬之宵晦假瓆璧之餘晰況復玉關秋燧紫塞涼烽開暗空於千里徹夜宮之九重代羽書而揭警豈飛驛而齊蹤且夫遇蒙則撤因通則揚乘物無朕適變無方大則彌於橐籥小則細於毫芒寧雨露之不潤匪寒暑之能傷歷衆妙而校德固莫善於斯光想貴和於聃叟咸稱葆於蒙莊悟燭無之見獲誠投暗之不臧鏡茲道之用舍乃君子之行藏

顏惟貞

惟貞字叔堅曲阜人天授元年判入高第授衢州參軍歷溫州永昌長安三尉遷太子文學拜薛王友

朝議郎行雍州長安縣丞上柱國蕭府君墓誌銘

并序

君諱思亮字孔明蘭陵人也公侯緒慶鍾鼎華宗遠則文

終翼漢功侔於二八。近則武皇祚梁。業光於三五。英賢繼踵。簪紱駢輝。詳乎史諜。可畧言矣。曾祖翹。梁貞毅將軍郢州刺史新興侯。祖季符。皇朝尚食奉御員外散騎常侍。贈光祿卿洪鄂等八州諸軍事洪州刺史武昌縣開國公。並才兼文武。秩榮中外。郢中歌雪。畫隼翻旟。騎省連雲。豐貂曜冕。象河洛嶽。禮備於飾終。列爵疏封。寵隆於利建。父溫恭。修文館學士渝州司功參軍事。譽光黌序。位屈巴賓。未騁高衢。先摧逸足。君資靈上善。稟性中和。言爲士則。行成物範。張華雅思。掞奇藻於鷦鷯。終軍洽聞。標敏識於鼮鼠。

好學不倦。綜涉羣言。手自繕寫。盈於簡素。解褐補益州金堂縣尉。歷雍州同官縣尉武功主簿乾封縣尉長安主簿。歲滿爲丞。再歷畿甸。三遷京邑。職事塡委。剖之如決流。爭訟紛拏。鑒之若懸鏡。嗟乎。道長運促。時亨命屯。未施搆厦之材。俄軫奠楹之夢。以景雲二年歲次丁亥正月二十日。終於京崇化里第。春秋六十有七。嗚呼哀哉。即以其年二月景子朔十五日庚寅。遷窆於神和原。禮也。夫人譙郡熊氏。故左金吾將軍元逸之女。柔婉成性。言容具美。以景龍二年九月十三日。寢疾而終。嗚呼哀哉。龍門之桐。始半生而半死。襄城之劒。竟先沈而後沈。同穴有歸。雙魂是祔。嗣子逖。孔門之鯉。幼即能詩。楊氏之烏。童而擬易。未極庭幃之養。遽纏屺岵之悲。擗厚地而崩心。訴高穹而泣血。期我以先執。託我以斯文。僕也不才。義深寮舊。追感平昔。承瞼無從。敬述芳猷。誌於幽隧。銘曰。

元鳥降祥。克生於商。枝分葉散。源濬流長。載誕明哲。如珪如璋。夷險共貌。寵辱齊忘。文含綺繢。學富縑緗。揭來卑位。其道彌光。孰云與善。奄歎殲良。馬鬛開隧。龜謀允臧。松門萬里兮歛雙魂。於此地。春蘭秋菊兮歷萬世而逾芳。

路敬淳

敬淳。貝州臨清人。貞觀末官中州刺史。垂拱四年官宏文館學士。

大唐懷州河內縣木澗魏夫人祠碑銘并序

葢聞元圃青宫。仙客於焉來往。丹邱紫府。羽人之所棲集。徵祕籙於淮王。時逢八老。採神奇於魏帝。取覿雙童。子喬控翮。翱翔赤霄之上。琴高擾鱗。游泳湶波之下。斯並心符寂蔑。神契窈冥。匪塵俗之能羈。簪纓之所屈者矣。茲有皎容雅質。貞規淑態。韞眞氣於閨房。挺仙才於闈閾。嫦娥採

蘂奔月朏以含精靈媛投壺睍電光而吐耀漢皐游女持
珠對南國之賓洛浦神妃鳴玉俟東藩之后莫不名芬紫
翠道標黃白列真非一往往致焉魏夫人者即是晉劇陽
侯任城魏陽元之女也本傳曰夫人年二十四適南闕一字
劉幼彥幼彥為修武令善為德政仁風惠著時夫人隨在
修武之館焉雖魏同舍縣內常齋於別寢季冬之月夜半
聞空中有鐘鼓笳簫之聲羽旂光耀降夫人之靜室鑾輦
被服非人所聞見有四真人告夫人曰大帝勅我來教子
以神真之道注子於玉札應為紫虛元君上真司命名山

之號封南岳夫人後為洛陽山成真人因為立祠土俗號
阿夫神原夫鎬京疏社公高克勤於小物參墟命族畢萬
連休於大名丞相之匡翌漢庭比蹤蕭酇司空之弼諧晉
室方譽裴山積德攸鍾餘慶斯在況復彤雲授彩衍豐谷
之靈茁白水開源導舂陵之茂族乘龍合好鳴鳳於飛結
大義於絲蘿諧佳音於琴瑟劉氏絃歌作吏銅墨臨人惟
彼外持爰資內輔服勤纂組良毗製錦之工肅事蘋蘩且
佐烹鮮之術猶以為六法四行豈離夢幻之場九轉三仙
方出塵勞之境朱庭翠閤事甚樊籠元鬢紅顏理同泡沫

於是撥煩疏驥練志凝魂潔成道室之階列竟師門之宇
悠悠永夕紫烟昇而庭院虛凜凜窮陰元霜冽而池館靜
乃有仙鐘簇韻如發漢鯨法鼓揚音似棲吳鶴簫聲寥亮
仍符弄玉之臺笳奏淒清有異文姬之殿綠軺朱節真衛
相趨霞佩雲裾仙儀在列昔安公之冶叶冥契於昇龍木
羽之鄉應祥期於御馬眷茲元感異代同符故能迴鶩三
清高超八會持法印而含元氣合真符而昇太極金記五
千職隸九元之史玉言十萬名彰八素之書足使上元夫
人恧其嘉號元妙玉女媿其芳聲豈與夫障日巫山薦枕

席而通寢順風江澳懷環珮而申贈復有躍魚酬惠愛鳥
遺災清溪白岸之姑阮氏絃生之儷若斯而已矣夫以王
母既集西漢列其宵筵帝子斯臻北渚歌其夕漲是用恢
勝宇創祠壇想希夷其若存庶恍忽其無昧建立之始年
代莫詳爾其周晉名區覃懷奧壤蘇子攢茅之域寇君剖
竹之郊孟津南注控河流於馬頰太行北指啟山路於羊
腸川原相屬風烟交會鬱彼仙觀揭焉中立綵之以丹青
陳之以藻繪效靈妃之啟齒圖殷女之練色行亭三襲俯
瞰川湄茅欄四注卻連山阜巨石崔嵬像蓮峯而特秀奔

泉澌洒瀉松澗以飛湍微露觸而流津清飈激而成韻瓊桃仙棗散綠垂紅珠實金條含緗佩紫八林芳桂淩冬霰以揚葩五株仙杏負春晞而布葉莫不夾戶羅生垂簷接蔭可以返魂駐寄忘憂愈疾至若吉日良辰高人勝士黃冠紫綬忘貴賤而同歸白屋朱門混榮枯而畢萃敬而不驕誠稟訓於懷柔感而遂通諒虔心於正直於是採蔬東海折菓西山傾玉酒而泛流霞酌金漿而挹甘露神交妙有想白鳳之來儀道契虛無佇黃雀之為使丹梯可躡必超上漢之闕一字練馭斯闕二字越無生之浪誠洞眞之苑囿

靈寶之區域者焉秋官尚書檢校懷州刺史南陽鄧府君道光天爵慶登地靈蹠泰階而高視實權天而騁力題劍昇朝秉刑之寄攸重佩金增秩仰福之任逾隆長史隴西李知人司馬南陽鄧楷河內縣令鉅鹿耿仁惠或展驥亨衢化康邦國或割雞遊刃功茂邑民思靜力於迴天厭勞生於寂地識明元牝跡寄道樞半刺毗藩則晨趨飛其鶴蓋一同作宰則元會降其鳬舄每慮陽軼再旬具虔馨於斯谷陰衢潔朔薦行潦於茲酈縣令仁惠稟氣孝恭祭則神饗天然感物祈必靈歆所請甘霖未迴車而降澤但求膏液迎舉意以零滋彌媿神之厚恩故勒銘而旌德而碧落清聰顯在百城之次椒庭桂門近臨千室之中瞻石梁而靡濶仰瑤臺而何遠夫降仙成宅西岳紀桓譚之賦尋眞起詠南溪聞郭璞之詩是以輕率下民仰追前列寄諸貞炎題其頌云

畢筮初占係復其始甯門有相甥膺廟美珠胎孕寶玉仙昭祉實唯靈媛作嬪君子取譬鸞鳳言邊魴鯉早明八素夙晤三元呪神爭術滄蓬募仙紫書題詔白簡開編蹔遊芝圃倏見華田輕飛起月高訓垂煙戒遵靈壇載規神宇

却倚巖壁前臨澗浦偃蹇雲棟清泠風戶怪石奇木鳴蟲嘯羽居茲他壁坐同天柱犢妃去魏弄女辭秦陽臺之下暮雨稱神洛川之側朝霞韞眞窈冥高路寥廓上賓思一闕字道業用述微塵

蘇詵

詵字廷言雍州武功人宰相瓌子舉賢良方正高第補汾陰尉遷祕書詳正學士累轉給事中出為徐州刺史卒贈禮部侍郎

開大庾嶺銘

石崴嵬兮山崖崖嶔崟岑嶨兮相蔽虧槎崪屼兮莽芊芊
噫茲路兮不記年大聖作兮萬物覩惠吾人兮道復古役
斯來兮力其成石既攻兮山可平懷荒服兮走上京通萬
商兮重九譯車屯軌兮馬齊跡招孔翠兮來酋革伊使臣
之光兮將永永而無斁

孫嘉之

嘉之河朔人天冊中進士擢第久視初又中拔萃科解褐
蜀州新津縣主簿開元二十七年卒

對書史百家策

問卦分江使圖演天文文籍於是濫觴書契以之抽緒皇
墳帝典述紀言以聯鑣五傳六經佇禮樂而齊騖斯並懸
諸日月煥乎文章至如諸子相騰小說奔競有慚屑玉之
化無異雜鉛之齊請用於火恐招博奕之譏將扇其風復
爽芟夷之義二塗交戰一爲解環百兩之篇孰闕其善七
分之術孰著其能誰求天下之書誰決冢中之籙識二簡
者何子觀四轍者何人京兆耆舊之篇起於何代陳留神
仙之傳創自何人誰先孝子之圖誰首逸人之記倘無談
於雕棘將有薦於拔茅

對自龍馬出河爰分八卦靈龜薦洛乃見九疇文字以興
典謨斯起即有姬公秀出制禮樂以匡周宣父挺生刪詩
書而反魯莫不憲章文武祖述唐虞開兆庶之心靈啟羣
生之耳目洎乎尼山落構梁木興歌大義云亡諸子爰起
於是墨承清廟儒繫司徒文子開教於五神范蠡遲能於
千樹孫武絢其韜略蒙叟混其鵬蜩葛洪述內外之篇劉
安論黃白之祕楊託思於全性鄒銳想於談天商君既擅
於刑書尹文亦諒於名實呂韋博識載摛懸市之文鬼谷
多才爰叙飛箝之作自茲以後其流甚繁雖云有異於微

言（闕一字）亦可觀於小道或激揚仁義或囊括政刑或富國
成家或懲惡勸善進既資於助國退亦取於理身實翰墨
之泉源信文章之隆藪故馬遷修史列之九流班固敘書
著之七略今欲議其刪削語以芟夷便是絕學者之多聞
爽國家之廣略學雖不敏未敢從命謹對

張洌

洌武后朝官侍御史歷倉部郎中

對嗣足不良判

景食一縣嗣子足不良請立其弟禮司不許云古有其道

藉慶食邑象賢繼踵承家之道將不愧於前修嚋嗣之宜庶遥符於古義春言長嫡疾乃天然既類郤克之刖將同孟縶之廢且仲子立衍循魯禮而知歸韋家封成鏡班書而有序瞻惟乙請未爽通規在律雖違行權則可請停司禁無拒乙辭

康廷芝

廷芝武后朝官河陰令遷戶部員外郎

對求鄰壁光判

郗珍性好讀書家貧鄰家富乃穿鄰壁取燭光鄰告爲盜

郗珍荷衣横帶緝柳編蒲有賤羸金將希片玉南都自富北郭實貧殊謝梁鴻不求因熱乃如蘇季願借餘光已接武於匡衡方齊蹤於甯越室仞非邈未窺夫子之牆紡績可兼輒鑿鄰人之壁情非竊伏事涉穿窬抑有前聞宜徵故實請從按記不合論辜

對京令問喘牛判

京縣宰冬日退朝逢相害者至死初不屑懷委而不問俄見行牛喘停車尋詰久而方去所司以爲不理所職妄干他事

皇都赤縣帝宅仙居萬國攸歸四方是則縣令幸陶昌化謬宰神京過北陸之寒初屬南宮之朝退珂迴九陌騶歷三條俄逢蔓芥之兇復屬闌單之變材非玉鉉顧牛喘而多懷任綰銅章覩人亡而不問既昧爲邦之術徒興體國之心是曰曠官足成侵職所司糾劾有合通途

對縣令有惠化判

晉陵縣人王茂於訪察使所稱縣令任志有惠化終日清談職務修理每行笞罰惟以蒲鞭擧請升進使司以爲寬疎不依令式欲科縣令不伏

任志慶偶千齡榮登萬室彈弦作宰動宓賤之芳聲製錦

無傷追尹何之美政淡辰行化方類子平終日清談更同夷甫有恥且格寧收檟楚之威以德代刑但示蒲鞭之罰王茂幸編名數預奉弦歌欣承赤子之恩喜沐慈君之惠屬以皇明遠散天使遐巡思甄三異之能式舉一同之善訪察使官膺珥筆任總方書飲驄馬於江城集霜烏於海樹埋輪糾忒豈謝張綱攬轡澄清何慙孟博眷言褒貶當適古今儻昧激揚遂乖彰癉徵劉寬之故事仁迹斯存覽任志之清猷嘉聲可挹既稱良吏雅合名聞忽見吹毛便虧直指銅章有術久垂桃李之陰鐵柱無謀且寢梧桐之

問

對縣令辭疾判

鄭冑授山陰令赴任行至浙江遇風濤鼓怒弭棹而迴乃辭疾解職人告詐病

鄭冑家承曳履職綰鳴弦將登會玉之山欲屆沈錢之浦方冀騁牛刀於劍冶舞鸞磬於鍾巖不孤王阜之能方繼子游之躅泊乎行窮楚塞路入吳江遥山將遠樹不分極岸與長天共合歸濤活活全疑白鷺之飛去舸遥遥直似青鳬之逝覩兹艱險慮有漂沈方懷魚腹之憂豈顧龜腸之艷情來歛轡既有慕於王陽興盡迴舟亦何思於戴逵行背浙流之右坐歸漳水之濱從此挂冠頗諧高節因兹弭棹未犯彛章輙被告訐殊驚物聽任其罷退良謂合宜

對競渡賭錢判

揚州申江都縣人以五月五日於江津競渡并設管絃時有縣人王文身居父服來預管絃并將錢物賭競渡因爭先後遂折舟人臂

月觀遥臨旁分震澤雷陂迴瞰近屆邗溝郊連五達之莊地近一都之會人多輕剽俗尚驕奢序屬良辰躔係令節

江干可望俱遊白馬之濤邑屋相趨并載飛龍之舳泛長波而急槳有類乘毛涌修浪而鳴舷更同浮葉簫吟柳吹疑傳塞北之聲棹引蓮歌即唱江南之曲王文閭閻賤品蓬蓽庸流名教非閑喪儀多闕三年巨痛無聞毀瘠之哀五月佳遊且預歌絃之樂重以情存勝負志在雄豪爭馳赤馬之津競賭青蚨之貫先後由其不等忿爭於是遂興無思李老之言俄折羊公之臂然則居喪聽樂已紊科條在服傷人一何凶險論情撫事深穢皇猷定罪明刑理資丹筆

周矩

矩武后朝官侍御史

諫制獄酷刑疏

頃者小人告訐習以爲常内外諸司人懷苟免姑息臺吏承接强梁非故欲其然規避誣搆耳又推劾之吏皆以深劾爲功鑿空爭能相矜以虐泥耳籠頭枷研楔轂摺脅籤爪懸髮薰鼻臥鄰矢溺曽不聊生號爲制獄將或累日節食連宵緩問晝夜摇撼使不得眠號曰宿囚此等既非木石且救目前苟求賒死臣竊聽輿議皆稱天下太平何苦

要反豈被告者盡是英雄以求帝王耶只是不堪楚毒自誣耳何以覈之陛下試取所告狀酌其虛實者付令推之微訊動以探其情所推者必上下其手希聖旨也願陛下察之今滿朝側息不安皆以爲陛下朝與之密夕與之讐不可保也聞有追攝與妻子即爲死決故爲國者以仁爲宗以刑爲助周用仁而昌秦用刑而亡此之謂也願陛下緩刑用仁天下幸甚

鄭思齊

思齊武后朝官刑部員外郎

駁司刑劉志素定邱神鼎罪判

凡斷刑名須得指實朦朧作狀斟酌結刑司刑比申過爲非理欲令集議須審議由狀未指歸遣議何事仰尋所推之案取堪憑據之由

楊齊哲

齊哲長安四年官洛陽縣尉

諫幸西京疏

臣聞古先哲后咸以爲獨智不可以任己專欲不可以違衆所以樹板徵謗懸鼓納諫思聞過而從善全直言而沃

心用能綱紀天下統成大業經曰無爲而治者其舜也與夫何爲哉安人之道貴於省事陛下以大足元年冬廼睠咸京長安三年冬還洛邑四年又將西幸聖躬得無窮於車轝乎士卒得無弊於暴露乎扈從僚屬俶裝而不濟隨駕商旅栖泊而匪寧東周之人咸懷嗟怨昔者周穆王欲周行天下使皆有車轍馬跡祭公謀父作祈招之詩以止王心陛下玉琯四周金輿三駕車轍馬跡雖未出於兩都巡狩省方事不師於五載雷動天轉海運山移儼彼六龍歲適千里此亦近於形人之力矣安人之道臣用有疑此

邦父老抗表留駕陛下告以吐蕃和親爲詞臣愚以爲未得也況吐蕃最醜西隅咫尺自京到洛曾不崇朝陛下乃欲務其艱遠惠然從之夫千鈞之弩尚不爲鼷鼠發機況萬乘之君輕爲邊戎枉駕夫人至賤而不可簡至愚而不可欺經曰可畏非人是人不可欺也今陛下此言是欺下也使國史何以書之臣朽才淺學竊爲陛下籌之陛下今幸長安也乃是背逸就勞破益爲損何者神都帑藏儲粟積年充實淮海漕運日夕流衍地當六合之中人悅四方之會陛下居之國無横費長安府庫及倉庶事空缺皆藉

洛京轉輸價值非率戶徵科其物盡官庫酬給公私靡耗益亦滋多陛下居之是國有横費人疲重徭由此言之陛下之居長安也山東之財力日匱在洛邑也關西百姓賦役靡加背逸就勞破益爲損殷鑒不遠惟念之文王敬授民時所重惟穀今陛下鑾輅以明年正月即塗歲首是就耕之初駕行非務農之意無乃不可乎

張元琮

元琮武后時人。

衛州共城縣百門陂碑序

昔者結而爲山嶽融而爲江海炎上作苦實表陽九之德潤下作鹹克明陰八之數上泄雨露純陽流沛之道也下疏川瀆凝陰潤物之理也是以雨露爲長物之本川瀆爲潤物之宗故稱之以靈長亦賴之以通濟則知水之爲德其大矣哉百門陂案水經出自汲郡共山下泉流百道故謂百門會同於淇合流於海魚鹽產利不可談悉爾乃（闕一字）温夏漁飛濡潄沫負羣巖以作固涵細溜而成廣酌而不竭挹之彌沖帶蘇門以霧杳望太行而煙接借如楚國雲夢廬峯太湖樊邱之隈小溪抱寒而永注東海之外大

壑瀍流而靡極亦有峴嶺四水陽山二泉敘浦見美於郢歌蓬池久通於汴邑斯並昭著方冊備經縣世分派雖衆爲利不宏豈與夫導源迅激積潤潛涌比魏代之龍號同漢官之鴈名或以熨斗標竒或以元武爲稱仙公臥隱聞諸抱朴之篇叔度凝濤出在林宗之論洎夫洗累蕩穢揚清激濁所以顯乎義也浴及羣生澤流萬祀所以昭乎仁也弱而難勝即其勇也變盈流謙即其智也以此四德以利萬人悠悠既湊滔滔不息加以背險絶面形勝奔流暴灑層波疊躍或波日以收瀲忽因風以作濤其利也則商

權眣滄吐納疆埸蓄為屯雲泄為行雨沐時稼以俱就喜年穀之屢登其清也則湛若狐澌淨猶蟾魄可以洽洗耳之樂興濯纓之歌皎鏡不限於冬春洞澈無隔於深淺其險也則仰眄崇岫俯臨遐潭潤壑窈窕而助闕一字葛蘿闕一字沈以增峻其神也則不行而至不疾而速惟慌惟忽若有若無禎應克著休祥間發無幽不顯有感必通祠堂滿陰靈石周險每至元律既謝韶陽肇開紫鶯嬌春紅萼笑日申祈者倏來忽往奠祭者煙交霧集綺羅縟野遠增芳歲之色泉瀨吟吹閽合雲韶之音樂哉盛哉抑亦曠古之

異迹也縣令曹府君諱懷節仅字峻邈德聲昭宣軒軒霞容湛湛海量夙明撫字之要載縮弦歌之秩虞君蒞俗已叙三科滕令移風時兼六縣可謂愷悌君子人之父母者也丞齊顗德量沖遠器業通明抱信以居忠養眞以凝粹光八顧之清範韜七州之敏學主簿程殉剛毅有斷撝謙自牧尉王表霜雪其操芝蘭其芳尉翟南金不受私謁閑於公政頃以西郊失候南畝思澤未浹滂沲之潤尚勞雲漢之謠曹君恤人疾苦傷時稼穡躬率僚伍親祠廟壇叩頭流涕拜手啟祝曰懷節濫司銅墨時屬炎陽思與幽冥實佇靈祐若商羊起舞報以牲牢如川鷁不飛覆其勢[illegible]於是樽俎具遝弦歌三請下湘君於鱗屋水馬吹泉期太一於蛟館雲魚噴浪俄而景晛昭發飛甘驟零實符三闕一字之請頗叶一旬之驗或時獨雲鬱起密雨晦飛又以啟晴應時獲霽豈不以至誠允切神道遙徵故得歲阜人和風行草偃休詠盈於道路美聲逸於都鄙雖復江陵滅焰緱氏祈日何以加也其廟有二古碑篆隸磨滅不可復覩鄉望前泗州徐城縣尉樂處機獲嘉公賈粗光古錄事隗允張明張福等或舄弈簪纓或優游耕鑿擊壤食太平之

粟長歌悅文明之代僉以為百門之秘千載無易增修舊烈不亦可乎猶恐歲光忽變靈跡無紀式刊翠炎將表鴻休

辛怡諫

怡諫隴西人官殿中侍御史內供奉

衛州共城縣百門陂碑銘

陰闕一字潤下德稱靈長既成物而宏濟闕一字發源乎濫觴涵仁不測垂利無疆廣矣浩浩濞焉湯湯鄘衛之野共山之下爰出靈泉洗霧游煙禎應昭顯祠堂藹然神樂泠吹

珍羞迴筵分派適廣飛湍靡極吐納隄防周流稼穡序悲炎允時乖播植幾勞雲漢之篇徒望湘濱之翼曹君爲政樂不可支敬羞蘋藻式薦靈祇景貺潛發浮甘遠洎允符東晳之請豈謝闕一字現之異糵賓在月穀兩盈旬酌彼行潦薦於神明稽首請止獲霽於辰天長地久歲不留刊石紀銘表禎休闕四字凌千秋

劉志素

志素武后時官司刑司直

按邱神鼎奏

按邱神鼎身居文職黑褉子即是武夫之衣若不夙懷叛心擬投豫州無故不合輙造又燒却反狀分明請付法者

駮徐有功論邱神鼎罪議

邱鼎反逆夙蘊包藏非祇一塗豈唯今日虺貞判河作逆之歲於時秩滿神泉准其家在西京旋即合歸本舍爲與虺貞相應紆道水下嘉州更至荆襄路過淹留遂經一歲當聞荆州河起逆星夜即向唐州荆河界首於懸泉館遂共男畯俱作黑褐褉子擬充戰服即明事相應接及聞貞敗星夜走來神都即將褉子布施天宮寺明知元來所造緣反合絞況又聖澤哀矜重令來中丞推覆追奴問鼎勘案逾明論其本愆辜當萬死徐丞內縱姦慝外詐平反奉勑令推反人得實寧敢隱默者

再駮徐有功論邱神鼎罪議

邱鼎謀反與虺族同謀包藏日深又共逆黨連結有功舞文巧法黨逆不忠批退欲縱反人每有唯希僥倖不尋案狀孟浪即批即不據科條法外豈得依允請據志素所批之狀與有功意故縱逆人之平即請申秋官及臺集衆官議

魏歸仁

歸仁武后時人

宴居賦并序

張校書作虛室賦以示予文旨清峻元義深遠予味之有感聊爲宴居賦以和之其詞曰

氣序忽諸日月其除夏盡炎歇秋至涼初地僻而人物自少庭閑乃室宇成虛寂爾無悟蕭然宴居覽聖賢於上古窺得失於前書或智之不足或愚而有餘諒千變而萬化尤難得而備疏若夫名因行立身由才致官要則謗議斯

起釁高必譏毀自至所以君子逃名達人避位養性以安其體摛文以見其志且貴不如賤善亦同惡貴則但益憂勞善乃未離貪著徒憐顛覆之禍虛纏愛欲之縛前事既忘後車焉託倘來未足有懟或去可以無怍固當絕於可否齊其適莫聞寵詎驚其心居陋寧改其樂蓋老氏稱德所貴先慈孔門之道一以貫之於常則有允出厥茲屈伸委運行用隨時旣無去無取亦何慮何思

邱愔

愔武后時人。

陳李昭德罪狀疏

臣聞百王之失皆由權歸於下宰臣持政常以勢盛爲殃魏冉誅庶族以安秦非不忠也弱諸侯以强國亦有功也然以出入自專擊斷無忌威震人主不聞有王張祿一進深言卒用憂死向使昭王不即覺悟魏冉果以專權則秦之霸業或不傳其子孫陛下創業興王撥亂英主總權收柄司契握圖天授已前萬機獨斷發命皆中舉事無遺公卿百寮具職而已自長壽已來厭怠細政委任昭德使掌機權然其幹濟小才不堪軍國大用直以性好凌轢氣負剛強盲聾下人芻狗同列刻薄慶賞矯枉憲章國家所賴者微所妨者大天下杜口莫敢一言聲威翕赫日已熾盛臣近於南臺見勅曰諸處奏事陛下已依昭德請不依陛下便不依如此改張不可勝數昭德參奉機密獻可替否事有便利不預諮謀要待畫旨將行方始別生駁異揚露專擅顯示於人歸美引愆義不如此州縣列位臺寺庶官入謁出辭望塵懾氣一切奏讞與奪事宜皆承旨意附會上言今有秩之吏多爲昭德之人陛下勿謂昭德小心是我手臂臣觀其膽乃大於身鼻息所衝上拂雲漢近者新

陷來張兩族兼挫侯王二仇鋒銳更不可當方寸良難窺測書曰知人亦未易人亦未易知漢光武將寵龐萌可以託孤卒爲戎首魏明帝期司馬懿以安國竟肆姦回夫小家治生有千百之資將以託人尚憂失授況兼天下之重而可輕忽委任者乎今昭德作福專威橫絕朝野愛憎與奪傍若無人陛下恩遇至深蔽過甚厚臣聞蟻穴壞堤鍼芒寫氣涓涓不絕必成江河履霜堅冰須防其漸權重一去收之極難臣又聞輕議近臣犯顏深諫明君聖主亦有不容臣熟知今日言之於前明日伏誅於後但使國安身

死臣實不悔陛下深覽臣言爲萬姓自愛

李承嗣

承嗣隴西人

造像記

維大周長安三年九月十五日隴西李承嗣爲尊親造阿彌陁像一鋪鐫鏤莊嚴即日成就威嚴相好爍然圓滿所願資益慈顏永超塵網銘曰

有善男子投心正覺是仰是瞻爰雕爰斲金容寶相雲蔚霞駭一契三明長銷五濁

李師旦

師旦新豐人官會稽尉

對京令問喘牛判

京縣宰冬日退朝逢相害者至死初不屑懷委而不問俄見行牛喘停車尋詰久而方去所司以爲不理所職妄干他事

二京分邑壘綬居官三揖通班黃圖作宰自可遠聞善政廣樹嘉猷江陵叩頭止風有驗洛陽强項據地無從可得道之良規人餘惡少翳桑墻下不見童子懷仁垂楊路傍唯聞暴客相殺一朝之忿爰揮白刃百年之命遽掩黃泉縣宰既不開口死者固難瞑目人雖進路事屬退朝忽此逢牛翻能駐馬羣非向楚詎是因風氣似還吳猶疑見月但以時流冬景寒結層冰自有慘切之容元無温燠之候六畜行覩致喘四時坐見失宜此乃丞相及言何煩邑宰垂詰操刀之術罕明代斷之嗟難免憂喘不憂殺正是越司問牛不問人豈非離局以爲妄干他事實亦雅叶本條

康璀

璀武后時擢書判拔萃科

對嗣足不良判

景食一縣嗣子足不良請立其弟禮司不許云古有其道

大夫稱家榮高食采冢子當室業茂本枝盈大足徵期克昌於魏國六三能履或取笑於齊堂弱足者居奉身而退遵康叔之命以崇次及察韓黯之衷雅符高讓則先茅舊土今也載傳孤竹遺風此焉無替法聽棄疾禮貴象賢立弟捨兄理復何惑

吳師道

師道垂拱元年進士開元時官司勛倉部員外郎戶部郎中

對賢良方正策第一道

問欲使吏潔冰霜俗忘貪鄙家給人足禮備樂和庠序交興農桑競勸善師期於不陣上將先於伐謀未待干戈遽清金庭之祲無勞轉運長銷玉塞之塵利國安邊佇聞良算明言政要朕將親覽

對臣聞棲培塿者不覩嵩泰之干雲遊濘濴者詎識滄溟之沃日臣蒿萊弱質衡泌鯫生未識廣廈之居安知太牢

之味不量蕞爾輕縱褒然謬達天聰兢惶聖問粵惟皇家出震累葉重輝天人歸七百之期宗祊聯億兆之慶太宗以明一察道括珠囊而總萬方高宗以通三御宸轉金鏡而清九服用能肅清天步夷坦帝途垂莫大之鴻基託非常之元聖伏惟皇太后陛下道超鍊石化軼捫天被子育之深仁宏母儀之博愛星階已正尚雖休而勿休宸極既安猶損之而又損方欲還淳返朴振三古之穨風緝政蒼生降四海之昌運拔幽滯舉賢良黜讒邪進忠讜故得鴻稽接軫和宇宙之陰陽龍武分曹節風雨之春夏禮樂備舉學校如林俗知廉讓之風人悅農桑之勸猶復旁求輿議虛佇芻蕘既屬對敭敢陳膚瞽誠願察洗憤布衣之士任以台衡擢委金讓玉之夫居其令守則俗忘貪鄙吏潔冰霜矣旌好學之流賞力田之伍則家罕貧惰位列文儒矣降通親之使喻彼梟心發和戎之官收其雞肋則四夷左衽顛倒來王三邊元惡謳謠仰化矣自然籠羲駕昊六五帝而四三皇遠肅邇安飛英聲而騰茂實謹對

第二道

問朕聞運海搏扶必藉垂天之羽乘流擊汰必佇飛雲之

檝是知席蘿黃屋握鏡紫微誠資獻替之功必待弼諧之助所以軒轅撫運遂感大風之祥伊帝乘時遽致秋雲之兆朕雖慙古烈而情切上皇未校滋泉之占猶虛傅野之夢欲使歲星入仕風伯來朝河嶽薦蕭張之名山降甫申之佐垂衣佇化端拱仰成多士溢於周朝得人過於漢日行何政道可以至斯思聞進善之言以副求賢之旨

對臣聞立極膺乾之君當宁御坤之主欲臻至道將隆景化莫不旁求俊彥廣命英奇凝庶績以安人綏萬邦而撫俗是故軒邱膺籙委四監以垂衣丹陵握圖舉八元而光

宅於是齊桓擬之於飛翼殷武興之以羹梅克贊人謀實宣神化陛下功包邃古道逸上皇授受惟明謀謨克序弼輔之任惣風力於前驅燮理之司列伊周於後乘振鷺翔鷺之客畢湊天階乘箕降昴之英咸趨日路猶且虛心卜兆託想旁求冀山谷之無遺庶賢良之畢萃俯訪愚魯敢述明數誠願發德音下明詔咨列嶽訪羣公舉爾所知不遺於側陋知人不易無輕於慎擇下僚必錄上賞頻霑則葉縣遊龍自九天而下降燕郊駿馬赴千金而遙集漢未爲得周豈能多盡善盡美於斯爲盛謹對

第三道

問朕聞明王闡化感人心之靈聖后宣風移動植之性遂使翔龍薦檢鳴鳳司晨獸解觸邪草能指佞仰惟前烈何德而臻此乎朕遜聽遂初載欽神化每欲反斯樊薄景彼上皇欲使瑞萐司庖僊蓂候月遊四靈於翠苑集五老於榮河致此休徵良由政感佇聞啟沃以副虛襟

對臣聞化浹乾樞景緯呈其靈貺澤周坤絡卉木效其禎祥是以若霧非煙必應文明之后九莖三秀允符光宅之君陛下應期納籙撫運登皇孝道格於元穹仁心光於紫極自臨萬域輯御羣方靈瑞屢臻休徵薦至五踣仁獸樂君囿而來遊六象威禽拂帝梧而萃止豈直銀黃玉紫雉白烏丹翻鄗上之二稃拔江間之三脊固亦巡河受檢拜洛披圖降五老於星躔歸四神於雲路盛矣美矣巍乎煥乎躪三五以騰徽呑八九而高視尚且崇謙讓之道守沖撝之德抑斯天瑞訪此人謀陛下雖不宰其成功微臣亦不知其所謂謹對

第四道

問朕聞三微遞代哲后所以承天五運因循明王由之革

命或金水而鱗次應火木以環周或寅子變正天人之統斯辨驪騵改色昏旦之用有殊茲乃渙汗圖書昭彰歷數受位出震以迄於今莫不母子相承終始交際然而都君土德翻乃尚青天乙水行寧宜用白深明要旨其義何從若以秦氏霸基便有符於紫色則魏人鼎足豈復應於黃星緬鏡前修又以矛盾張蒼之議既頗反於公孫賈傅之談復遠乖於劉向子大夫學包羣玉文擅鏘金既聽南史之篇方佇東堂之問詳數事實靡得浮詞商摧前儒誰爲折衷

對臣聞方圓既闢帝王斯建四遊將六氣交馳五德與三微遞變自攝提著紀出震登皇循木火而相承用驪騵而繼作雖復武功文德揖讓干戈御旒扆以高居握圖籙而深視莫不垂天人之統順寅子之正始終之際何莫由斯曁乎運偶都君時云土德道鍾天乙數叶水行子勝母而尚青母生金而尚白略言其美斯窮奧旨至若秦居閏位紫實非正之符魏得中區黃標應星之紀未有矛盾允愜隨時漢祖承天人多異議張蒼言水而黑畤方興公孫據土而黃龍復應代二劉之父子推五運之相沿較彼前談斯爲折衷臣學非博古識昧知新輒陳管穴之窺猥奉天人之問慚惶靡地悚越兼深謹對

第五道

問朕以紫極暇景青史散懷眇尋開闢之源遐覽帝王之道或記載遐邈無其處而有其名或墳籍喪亡有其號而無其事將求故實以佇多聞至如化被柱州創基刑馬兩代之事誰遠五德之運何承石樓之都見匪均霜之地窮桑之壤元非測景之區時將域彼偏方惟一隅而獨王軒茲中土棄九洛而不營大夏之時化臻禁甲隆周之日道致韜戈而七十一征翻在風皇之運五十二戰更屬雲官之期斯則偃伯之人無聞於太古推鋒之弊反息於中葉澆淳之道名實何乖欲令歷選前聖遠稽上德採文質之令猷求損益之折衷何君可以爲師範何代可以取規繩遲爾昌言以沃虛想

對臣聞一剖爲三始鴻濛於太易九變於七漸茫昧於無爲既分清濁之儀乃列君臣之位則有天皇首出瞰柱州而宅土地皇革命俯刑馬以開都年匪異於萬八千號稍殊於七十二既云木德亦曰火行開於天地之初錄自帝皇之紀至若石樓遠界窮桑延壤非萬邦之土中爲二代之天邑斯乃時猶鷇飲道上鶉居誰知風雨之均能建皇王之宅亦分長於九域豈獨王於偏方乃觀象垂衣化穆羲軒之代翦商伐扈人澆周夏之年而皇德方隆未弭戰爭之患王道纔著復存韜偃之日是則懷柔伐叛取亂侮亡雖鍾大道之行終佇勝殘之戰是政劣於太古非事優於中代陛下選芳列辟垂範千年王化既平能事斯畢亦何必損益今辰之政師謨往聖之規撫和琴而促柱御夷途而止轍因循勿失臣謂其宜謹對

司馬鍠

鍠洛州温人神龍中官黃門侍郎卒

對紫芝白兔判

懷州申衛士楊建德被差鎮勅到之後母亡遂廬墓側哀毀乃有紫芝生白兔來馴州司請加旌表廉察以爲避鎮科罪

横戈出塞雖五校之嚴規主奠臨喪亦十倫之重制建德身參戎旅名列材官負羽鞶鞬將馳邊戍枯魚銜索旋迫私庭瞻大樹於轅門痛風枝之不靜聽嘶驂於戎幕感隙駟之難留燕雀之心已纏於罔極熊羆之旐未違於載馳詳甲乙之科無虧典禁推忠孝之道何爽公私既而匍匐墳埏充窮隴隧霜露之思義貫天經精感之微遂彰靈應白兔呈貺背三窟而來馴紫芝符祥對九莖而擢秀州司請加褒異錫類之儀載光使局作此科緬昧禮之情何甚聖朝孝理史官自合發揮建德至誠門閭固宜旌表

郝連梵

連梵武后朝對策擢第

對刑獄用捨策

問元默垂拱理歸上德法令滋彰事鍾澆季是以唐虞畫象四罪而咸服姬夏訓刑三千而愈擾故知勝殘去殺必在於宏仁反樸還淳不務於多辟方將削兹三尺專循五禮幸陳用捨之宜以適當時之要

對法星垂象列九霄而照燭習坎分爻疏六位而輝煥故有皇王愼罰正俗以經時聖哲詳刑開物而成務莫不克清函夏載穆黎元制天討之威嚴宏秋官之典憲舜遊嬀汭乃去四兇湯出鑣宫諒除三面然則質文異代興廢殊途微禹會昌仁流於下泣獨夫受戮禍招於剖心自運往道消淳離朴散王風不競菀柳之刺斯聞后德方衰杞槐之制斯闕望夷招敗酷甚凝脂函谷生災冤多精氣雖復蕭何改創爰始九章温舒上言仍譏一失網漏吞舟之罪士苟持寬律加盈閣之繁吏還舞智邈乎遺法允屬升平大唐執紀先天凝圖王氣化軼胥庭之上功超步驟之前掃氛祲於乾樞靜囂塵於地軸紫微君聖時乘光於得一黔首安生日用陶其吹萬皇帝上元統歷下武嗣徽道叶順風契黃神之罔象精通就日符赤運之文明於是職列英奇朝班俊乂載升降之節既著禮容臨甲乙之科方在

政辟道無為以端拱思有罪而責躬念向隅之獨嚬乃納隍而軫慮曲詢管庫取蒭蕘誠宜妙簡平反旁求庶獄渭橋驚馬必歸張季之言禁圍射兔勿爽高柔之旨於公陰德委以廷尉之司盛吉深仁授以憲曹之任剖符寄劉寬之輩蒲鞭之教可追分陝趨召奭之儔棠陰之聽斯在加以五詞咸備兩造兼持運靜躁於韋弦聽遲速於寬猛獬豸雖觸咎繇行其惠化蒼鷹輟號郅都息於煩苛自然圄犴空虛靡怨黃沙之罪鉗鈦安用無施白粲之刑則逑邁成康道逾文景不仁自遠無得而稱謹對

張不耀

不耀文成子武后時上表請代父死

請代父死表

臣某言臣聞哀哀父母生我劬勞欲報之德昊天罔極臣父文成充使不了特寘嚴刑罪小責深不勝冤苦銜冤驚歎長幼咸嗟皇天后土實所鑒照臣聞有理不伸枉塡溝壑臣子情切骨肉恩深請以微軀代父當死乞寬父之殘命長愚臣之孝心伏乞天命俯垂矜察不耀萬死猶荷再生臣父朝無近親孤宦獨立苗踈難植根淺易危無風而自倒不寒而自戰李全交挾邪作蠱舞法弄權虐甚周興酷殊來俊枉陷良善以立己功惡貫已盈貪殘事賍不慙顏厚猶事糾繩不懼皇天仍居憲府罪輕責重其枉實深但恨明時虛編咎悔伏願陛下採輿人之誦聽左右之言乞不濫無辜庶冤魂重返即臣雖死之日猶生之年不任酷裂之至冒死投匭以聞

欽定全唐文卷二百六十一

李邕一

邕字泰和祕書郎善子長安初拜左拾遺唐隆元年拜殿中侍御史改員外郎郎中屢貶幾中法死以軍功累轉括淄滑三州刺史天寶初爲汲郡北海太守旋爲吉溫羅織勅使就郡決殺之時年七十餘後因恩例得贈祕書監

石賦

代有遠遊子植杖大野周目層巖覩巨石而嘆曰兹盤礴也可用武而轉乎兹峭峙也可騰趠而登乎觀其淩雲插

峯隱霄橫嶂峻削標表汗漫儀狀劃鎮地以周博崛戴天而雄壯黕元雲之暮起翹丹霞之朝上若使矗布長城凝聯高壁遏西戎而分塞截東胡而度磧張九州之地險壓四夷之天隔固可以眇絕驕子遐阻勍敵歸華夏之甲士却邊荒之羽檄別有列在王庭地當文砌疑貞琬之粉澤豔重錦之光麗承聽政之梁柱納進賢之階陛匪徒夾植桃李因芳茝蕙降神女之徜徉拂仙衣之容曳若乃苔蘚剝落雨露淋漓冰碧藻曜繪畫紛披不遜代之所貴不欲人之見知罔懷金而則異曷剖玉而方奇至若危堞孤援懸門禦衝出陣摧鶴乘城起龍礮與矢而飛雨磁當途而列墉金鼓爲之沮氣戈矛爲之輟鋒借如奕秋沈思蜀相興圖秉節制以全勝縱劫殺以論都鄙宋緘之謬識嘉禹鑿之神模落五星而多慚坐千人而不孤惟磨礱之所取任圓方之自殊支空留於織室徧尚想於兵符鳥何恨而塡海山何言而望夫徒以貞者不黷堅者可久卧如羊於山野蹲似武於林藪知作鼓之希聲信爲人之無偶梁架海以東注鎮臨江而南守庶投水而克成將補天而何有豈獨砥礪利器盤踞眞王鏃來肅愼門通越裳屹特立以

興主駕能言以發祥邇開蓮兮表華遠倚劍兮疏梁保兹城而永固結彼交而不忘何止藏書入室勒篆雕經翁湘川之飛燕伏昆池之駭鯨胥久服而顏駐碑一覩而涕零豈如扣角匡坐且悲歌於白水尋山小住止危途於翠屏而已哉

鶻賦

伊鷙鳥之雄毅有俊體之超特意凝緩而無營體閑整而自得陰沈其情慘淡其色固未足以異於衆禽也夫一指一呼一擊一搏爲主之用騁人之樂凜然神動翕然氣作

殞三窟之狡兔斃五里之仙鶴勝霄漢而風捲透原野而星落萬乘爲之顧眄六軍爲之揮霍歡聲動於天地逸氣靄於林薄至若逐烏舛類射隼殊名獲不相讓遊不同征何至德而能制每協義而不爭偶坐推食雙飛和鳴殺敵齊力登樓比形夫其嚴冬沍寒烈風迅激或上棘林或依危壁身既稟於喬木骨將斷於貞石營全鳩以自暖罔害命以抬益信終夜而懷仁仍詰旦而見釋矧乃戀主不去徇食猶止豈貪利而永言將效誠而必死甘閉於籠分從於使寧竭力之利人曷戢翼以存己則知負力干勢爭啄

奪肉始飛聲而遠引或側翅而橫飛遇之者夭當之者覆壯士感之驚歎行子羨之迴矚故能連擊縱便臨事莫違一趨雲以高舉一隨物以低飛驅逐妙於人智促節合於兵機禽雖小而不陋獸雖捷而無依或則九霄擊下萬里接來風行電轉月上雲歸乍差池而不中終棄置而不迴彼俊異之英決豈凝滯於嫌猜觀夫愛子防嚴惜巢忌物吻戛戛而雄厲翅翩翩而勁逸背距者先中而命處縣蠻者異狀而同疾苟精別而棲條同賞心而無失

春賦

肇木德以周仁啟春生而賦質二儀泰而廣運三正合而元吉和氣靄兮充寓光風瀏兮被物豈因時而則舒亦樂道而奚恤我聖君大撫萬國肆覲羣后受天之禧嘉歲之首文物粲於南宮兵戈森於北斗攬百辟以同心貢千春之遐壽於是明詔有司攄求時令邁惟一之德究吹萬之性勸土木之庶功阜稼穡之勤政畋漁止殺狴牢復命至若固陰往閉蟄戶未開虵盤地蓄燕伏巖猜穴蟻斂翼冰魚鼓鰓蠢蠢宛委戢戢低徊遲擊蒙兮久矣耿獻歲兮悠哉謂將死而沒代俄作解而驚雷廓視聽於元壤脫飛鶩

於焚萊瞰青陽以書物事白日而登臺觀乎旬時甫田宿昔曾薄驚洪濤之神用偉元化之工作卷山河之變衰置天地之和樂律何谷而不暄光何容而不灼植也知歸動焉咸若爾乃楊迴曲洛李雜芳園條煙濃而曳地花錦縟而當軒玉顏景照羅袂風翻惋良人之譬信省賤妾而銜恩蝶栩栩兮夢感鳥嚶嚶兮思存戛瑤柱以絙瑟引金罍而浮樽俯侯軒而下泣眙韶物而何言借如老軍追虜遠使窮河宵驅烏逝野次星羅冰皚皚而雪下風颯颯而霜過遲日一煦挾纊嘗多遣疇歲之寒栗襲初節之妍和千

巖爲之動色萬壑爲之流波將迴轡而秦望請舉手而幽
歌則有第高公族鼎貴侯家丹樓纏於御道畫閣聳於朝
霞明珠買妾黃金擲龜列行遊衍直視驕奢誇浮雲之寶
騎頓流水之香車漫平郊而藉草總上苑而觀花飛鞭蹴
鞠旋舞琵琶靡戚里之途遠駐長安之日斜豈知夫東門
在野北渭需沙散歸閒之郤父隱養正之姜牙趣下里之
潦倒諠樂士之繁華苟炙背而垂鈞但開田而種瓜

日賦

惟元氣之播儀式景曜之騰烈倚崇蓋而西轉駿流光之

東嘶豈盈縮兮彌歲亦畏愛兮異節暾淑色而布龢赫炎
氛而生熱所謂純精至高至明燭龍照灼以首事踆烏奮
迅而演成開天地之司目爲帝王之我兄文思以之寅餞
神武以之揭行是以節朝有政逺昃未餐揚暉而四方動
色霽景而萬物聳觀谿雲霧之凝暗解雪霜之沍寒願揮
戈兮再晝俟傾藿兮長安至若瑞氣浮烟休徵抱戴乍出
海而融朗忽飛天而光大千里發乎主明五色見於時泰
將閉谷兮永言豈覆盆兮貽悔則有懷人惆悵酌醴獻酬
冥一醉兮千日渴一日兮三秋昔定鼎兮卜洛彼昇天兮

上遊處立觀於溟渤遂測景於嵩邱借如夸父棄策奔走
何益夫子重陰道業所欽歎遲遲之春日阻悠悠之宿心
惜落照於崇木重遙思於竹林粵若飛箭易及長繩難駐
知息影之未寧喜傾蓋之相遇始曝書兮多暇復炙背兮
成趣見蘭蕙之有暉想桃李之可樹別有誓以期皦至以
憂長既中時而必虧亦後甲而見陽與聖人兮齊朗宜君
子兮借光卜在地而占吉說通夢而尋昌匪直燭之滅私
行之惟則若御車之有輪豈摶空之無翼固斡運兮誰使
諒周行而不息重光起於一人合璧旋於八極觀乎翠萍

生賓赤羽從軍儻一編之欲授曷三餘之敢闕夕沒銜於
黛巘朝隮夾於火雲何白駒之激急致華髮之繽紛若乃
江湖積氣霧雨經時莓苔連於枕石泥濘汩於川坻仰蒼
蒼而不見俟杲杲而常欺將遣慰兮安適每沈冥兮自悲
借如謫居海上喟息天閽有哀猿兮斷續無飛鳥兮往還
事填膺於瘴癘情滿目於雲山未回光於東闕猶屈指於
南蠻乃舉手而歌曰披雲覩日兮目則明就日瞻雲兮心
若驚日爾一日兮何適時哉幾時兮此生

鬭鴨賦

東吳王孫嘯傲閶門魚橫玉劒蟻沸金樽賓僚霧進遊俠星奔桂舟兮錦纜碧澗兮花源爾乃輟輕棹登水閣絲管遞進獻酬交錯雲欲起而中醑塵將飛而遂落既而酣歌徙坐取物爲娛徵羽毛之好鳥得渤澥之仙凫出籠而振少步而趨唼喋爭食𧞤褷帶雛隨緣波而澹淡向紅藻而敖愉凫之爲物也說類殊種遷延遲重其聚則同而不和其鬭則仁而有勇參差聱耴颯沓繽紛其浮蔽水其旋如雲共沿波而弄吭各求匹而爲羣繞菰蒲而相逐隔洲渚而相聞於是乎會合紛泊崩奔鼓作集如異國之同盟散

若諸侯之背約迭爲擒縱更爲觸搏或離披以折衝或奮振以前却始勠力兮決勝終追飛兮襲弱聳謂鷲鴻迴疑返鶻逼仄兮掣曳聯翩兮踴躍忽驚迸以差池倏浮沈而閃爍號㖃兮沸亂傾耳爲之無聞超騰兮往來澄潭爲之濆瀁排錦石蹴瓊沙披羽翰簸煙霞避參差之荇菜隨菡萏之荷花駐江妃之往棹留海客之歸槎爾乃擁津塞浦旁觀如堵空里鄽訇厲天蛙黽兮失穴龜魚兮透泉專場之雞沮氣傾市之鶴慚妍其爲狀也不一其爲態也且千豈筆精之所擬非意匠之能傳良戒之於在鬬俾聞義而忘筌

賀章仇兼瓊克捷表

臣邕等言伏見中書門下章仇兼瓊奏稱吐蕃數萬圍逼於城皆遵奉九重決勝萬里臣聞雷之震者可以破山風之威者可以蕩海伏惟陛下允荅天地丕應鬼神吸之而百川却流吹之而萬物倒植是以甕勞貔武一掃戎羌高屋用於建瓴銛戈申於破竹豈云懷縣獨有獲嘉何止絳城復稱聞喜光風動處草樹爲之欣榮晴天轉時日月爲之融朗況臣等分官寄切報國身輕蹈舞徘徊恐門庭之

地窄詠歌踴躍賀邦家之慶深無任欣悅豁快之至謹詣朝堂奉表陳賀以聞

賀加天寶尊號表

臣邕言伏奉今月日恩制萬方士庶九土軍戎昭洗宸波光被聖澤臣誠歡誠喜載欣載躍頓首頓首死罪死罪臣聞沐雨露者草樹自樂荷陶鈞者動植皆春故知則而象之守而行之所謂則天之明立人之極有慶斯大無得而名者也伏惟陛下尊崇聖祖肅恭道教子物天德序位代工惣三五之妙勳統億兆之全業戈甲謐息華戎底平故

得眞容慶應潛通帝夢寶符靈貺允叶神心加號所以發祥郊天所以昭報大禮盛事光赫旬時作解周仁廓開宇宙天京褒稱雲紀變名風物光華再馳暉於日月河山保界重賦質於乾坤同一氣之建初與四時而浸遠天長地久呼萬歲於太平國泰朝歡舞九韶於聖主臣忝私守郡常荷戴天空馳就日之誠未盡歌雲之慶無任欣躍踈抃之至

賀新殿鐘鳴表

臣邕等言伏見昨宣示於新殿爲萬姓祈禱神鐘自鳴是

知聖作昇聞天意下降道開皇極潤及生人臣等中賀臣聞光覆動植者莫如天臨照幽遐者莫如日自非齊聖妙用曷以則而象之元化至德曷以感而通之伏惟陛下道心沖叶神教昭宣以四海爲家萬人爲子常恐水旱遞有干戈蹔勞所以供祀百神用祈五福德澤被物聖靈動天睿情注於一時景鐘鳴於別殿夫衆者萬有也廣者四維也今陛下惣萬有一四維潛運方寸之間充塞宇宙之外則何聖不鑒何神不昭豈惟一鐘乎況南面之位屈陛下之至尊西方之金啟陛下之本命非無情之應是有由而來自然羣龍扶持九天欣戴保億兆之元后登千萬之永年時覲雍熙代階仁壽此天所以告鐘所以鳴臣等幸朝上京欣遭大慶一舞一蹈未極臣子之心再詠再歌徒知天地之德無任抃躍之至

賀感夢聖祖表

臣邕言伏奉今月日制書至德感神通夢聖祖告以莫大之福示以無疆之期上賀國歡下歎人願以抃以躍且舞且歌臣某中賀臣聞百川所歸者謂之大海萬有所仰者謂之聖人今四海獲安聖人致壽臣子之願允塞乾坤之

應克諧粤自書籍以來感慶之深福祐之盛未有如斯者也伏惟陛下道用御天德心子物事無事以集休明至明以元悟人天乃接福貺爰臻故得眞仙見靈異相昭應言皆合天心證非外將恢宏聖慮照自宸衷啟之大年授以元祐麻姑觀海歷歲彌長王母記桃與時無準則幽明所載宗廟所鍾兆庶子孫百靈齊集知億年之永託沐萬代之延休草樹自榮魚龍咸若五風異色四氣同和鼓天地之大鑪鑄邦家之鴻業八極猶小不足受其禎符萬物每輕不足答其成造況卹獄有死符以再生寵賢達人宴以

旬日耆艾衢陌工賈旗亭高興太平之時歡言上古之化撫家族以自慰詣州邑以相誇官不驕人人不畏吏識天之覆熙然如春惟聖之慈陶然如醉無任抃躍慶喜之極謹附表陳賀以聞臣邕誠歡誠喜頓首頓首

辭官歸滑州表

臣邕言臣素無藝能積負訕謗衆多之口自可銷金怨讎之心每堪殞首伏惟陛下至明大聖察之纖微盛德在人洗之瑕穢山川納者不擇薰蕕天地覆之是霑雨露且人荷惠渥大抵官榮今臣蒙國恩私及軀命事出涯分之外

恩加父母之深已逝之魂復歸朽質既乏安地尚忝高班雖欲殺身未能報主彌慙持祿有以保名但秋燕將辭必徘徊於大廈老馬雖去終顧步於華軒況臣今茲六十有七光陰荏苒行止敧危就木之時不知幾日懸車之歲僅有三年即以今日歸州不任違遠滯戀之極謹奉表以聞

爲濠州刺史王弼謝上表

臣某言伏奉某月日制除臣濠州刺史聖澤天臨寵章霞煥身微草芥施重邱山臣某中謝臣某奉詔字人星言即路三省不及二過有懷棄短之恩竭力難負悔非之感瀝血未申以某月日到州上訖臣履冰誓心飲水銘骨勵精爲政刻意求仁實望昭發宿誠宣揚大化上酬天地之德下盡臣子之忠萬死足矣

淄州刺史謝上表

臣某言伏奉某月日恩制除臣淄州刺史以今月日便道至任自遠江左近守河南收弊死灰建置生路別荷成造兼冀昇遷三慶集身百齡踰外中謝臣聞天地大德含育及於昆蟲雨露深仁霑霈及於蕭艾不限微品有愧洪鑪職臣之謂歟伏惟陛下道總三才在璿齊政運超四孟與

物爲春元造加於萬方聖慈周於一物子人開化議事立權張皇連城勸勉羣岳身同京職承祿賜之恩榮子預選曹廣門閭之惠澤是以龔黃蓄銳卓魯專精竭盡公忠宏宣績用但駑駘之力不足以騁長衢朽木之資不足以施長桷徒遷厚祿無益聖朝撫事捫躬慙魂踢影伏以東臨巨壑借渤澥之水寬西望京師就長安之日近

謝入朝表

臣邕言伏奉七月十五日恩勅許臣會計京師者止水一盃忽聞朝海枯查八月更得浮天臣某中謝臣以幽遐必

察者日月之照明憔悴皆霑者雨露之恩廣伏惟陛下天德陰騭神功獨斷咸造吹萬容至於工養報通三大及於小豈臣微物得預洪鑪在昔全生已承曲記斯今上計再荷特恩戴盆之心仰天有望出籠之鳥飛空可期方將蹈舞闕庭懇戴咫尺葉公宿願一覩真龍岐下遺甿忻逢聖主無任喜躍懇荷之至

謝元宗書上考表

臣某言伏奉今月日聖恩鑑以薄能光賜上考御詞激物睿獎動時戴天不勝跼地無所臣某中謝臣聞荷再造者

遍於有情勸庶工者盡於有位莫不宣其力竭乃誠欣赴前儔恥居後殿者蓋以萬數則區區揚化肹肹納忠自比彭蠡之魚更是海濱之鴈伏惟陛下大和布氣巨壑流津宇宙開明既昭纖草山河鮮潤每納昆蟲豈臣凋枯復霑雨露天漢之上遥記嚴平宣室之中興言賈誼摧羽插翼忽飛翥於雲霄暴鰓揵鰭重游泳於溟渤豈有循吏得預詞林鼷鼠軒墀鶢鶋鐘鼓徒驚獎飾益用慙惶況乎政術空虛褒述累積文高日月辰象法之不逮德厚嵩華羣岳朝之莫階雖郭隗濫觴明主有所蓄意然郤信敦本微臣不敢負人慶抃則深憂懼亦切無所報國空以誓心不任感荷欣惕之至

謝勑書及綵綾表

臣邕言内使左立眞至伏奉去年五月二十日御札慰問並賜綵綾章服跪捧天書勢在龍武仰瞻禮物色映虹霓慙戴汗流戰懼心慄臣某中謝臣聞食曰人天實生生之厚道稱物毋得存存之多伏惟陛下載以坤輿覆以乾宇排衆口之謗開獨見之明生臣存臣至於數四寵及問及彌於再三豈魯陽宵人杲日迴照荆樹散木慶雲結陰臣

是以坐有所思行莫所得求西山之藥願補聖躬論東戸之人以分帝念識愚不足以廣聽事蹟不足以動忠夫何望焉非所隱也豈謂塵壤見納推言不遺獎以及誠許以佳士澤深巨海德重崇邱曷云家奉賜書光華九族物延恩舊褒寵百齡淥水之龜且能迴首黄華之鳥將以誓心惟報主之未由恐殺身之無益不任載荷欣躍之極謹因内使左立眞附表云云

第二表

臣某言伏奉去年月日御札特賜臣章服綵綾等八體神

鑾迴龍鳳之殊姿五色暈開動雲霞之仙氣臣誠懽誠喜頓首頓首臣聞礎之潤也是足興雲戈之鋒也或能照水雖言微物有以上通常未察焉今可明矣伏惟陛下一武一文廓彌綸之道乃神乃聖疏造化之元盛業極天鴻休紹古子育庶物臣伏百蠻溟渤不波沙朔無障太平之律大聖之功不得已而用之猶且增高彌亘廣大衆流錄賢傾寓內之心捨過求天下之儁所以喁喁者將百身以效節區區者願一報以瀝肝況臣抜自九原出於萬死再收駭骨更造衣冠舌在不足以歌堯命存未能以報國豈謂

上仁德廣澤利無益之臣博愛理深慈育不才之子天門下詔橫筆陣於長山御府賜衣列錦川於淄水臣道子道何顏受之今恩昔恩曷云報者戴天知重望日懷慙無任悚惕震惶感戴抃躍之極謹昧死瀝表陳謝以聞

謝賜遊曲江宴表

臣邕等言臣聞昔時人君之德也大撫萬國必親諸侯是以通下情序賓禮伏惟陛下因遇上巳收接下臣順發生之時宏在鎬之宴仙廚和鼎浹洽於廣筵舜琴歌風均調於曲水士女車騎充溢山川林薄光華纚連城闕臣等撫躬何幸報德無階空慙尸素之名豈適輪轅之用不任戴荷抃躍之至謹詣朝堂奉表以聞

謝恩慰諭表

臣某言伏奉今年某月日恩旨恕臣重責護臣小才月日之明早曜絲髮雷雨之施振起昆蟲臣某中謝臣二十餘年數從遠謫流離辛苦契濶死生因陛下興聖謀行天討救萬人之命解四海之懸臣所以脫於往危保於今泰者為此頃歲昌宗執柄三思弄權臣與宋璟同論桓敬俱奏貶臣為富一作常州司戶實荷陛下誅韋氏之後收正人之

餘特拜臣左臺侍御史此陛下活臣之命貸臣之榮一也頃歲譙王重福謀立東都臣當畱臺與洛州司戶一作馬崔日知挫其逆形收其餘孽東都底定職臣之功自文林郎拜朝散大夫除戶部員外郎岑曦崔湜之輩以臣再用往還并忌崔隱甫倪若水等恐為陛下之助與臣同制各貶官仍聯翩左遷為崖州舍城縣丞及陛下正位紫宸臣又自嶺南九品遠惡官除朝散大夫戶部郎中又荷陛下活臣之命貸臣之榮二也頃歲陛下東封將還臣路左謁見猥承聖顧廣錄舊文朝議恐陛下用臣薜自勤與外生厘

狄履温羅織臣至死仍承陛下免其罪授臣官又荷陛下活臣之命貸臣之榮三也臣出入嶺南自經一紀自澧州司馬加朝散大夫兼此州牧解青綬垂彤襜去瘴毒之鄉遂江山之性又荷陛下活臣之命貸臣之榮四也且臣遠覽前書頗聞故事一飡之惠尚可殺身況臣蒙聖主千年之恩救愚臣萬死之急至若訓誨委積率諭再三蚊力負山不勝其重螢火向日徒失其晶必當閉戸絕交澄心去欲下以安所部上以報所天豈徒殞軀喪元焚妻夷族而已無任生死肉骨恐懼感戴之至

進喜雪詩表

臣邕言一昨瑞雪愆期農人阻望陛下以億兆勤處倉廩貽憂禋祀元冥祈禱黑帝固能至誠應物聖德動天朔雪下於龍山海神朝於鳳闕是以途歌邑舞野慶朝歡荷一人之渥恩爲四海之膏澤臣仰思揚化伏念輔時雖力減鴻毛而情殷鶴立無任喜躍慶賀之至謹昧死詣金闕門陳表貢詩一章臣邕誠惶誠恐

進文馬表

臣某言臣聞禽獸殊祥卉木奇狀自古感者必有應焉伏惟陛下德合天地道通神明天物所以來神物所以見且麟者仁獸主仁者則呈馬者文身君文者卽降曾是上叶尊號下報太平也觀夫豹蔚騰文龍章助聖書籍所未載耳目所未聞卽知非常之君必有非常之物臣不勝抃躍欣慶之至謹遣某官馳表奉進以聞臣某誠惶誠恐

諫鄭普思以方技得幸疏

蓋人有感一餐之惠殞七尺之身況臣爲陛下官受陛下祿而目有所見口不言之是負恩矣自陛下親政日近復在九重所以未聞在外羣下竊議道路籍籍皆云普思多

行詭惑妄說妖祥惟陛下不知尚見驅使此道若行必撓亂朝政臣至愚至賤不敢以胸臆對揚天威請以古事爲明證孔子云詩三百一言以蔽之曰思無邪陛下今若以普思有奇術可致長生久視之道則爽鳩氏久應得之永有天下非陛下今日可得而求若以普思可致仙方則秦皇漢武久應得之永有天下亦非陛下今日可得而求若以普思可致佛法則漢明梁武久應得之永有天下亦非陛下今日可得而求若以普思可致鬼道則墨翟干寶各獻於至尊矣而二主得之永有天下亦非陛下今日可得

而求此皆事涉虛妄歷代無效臣愚不顧陛下復行之於明時惟堯舜二帝自古稱聖臣觀所得故在人事敦睦九族平章百姓不聞以鬼神之道理天下伏願陛下察之則天下幸甚

謝恩命遣高將軍出餞狀

右高力士奉宣口勑以臣臨政特令賜宴恭承恩渥伏念庸微天地周仁木石知感不勝惶悚戴荷之極臣死罪死罪臣歷觀自古君臣凡所際會或因緣黨進或收接功成故未謁而知不言而信豈有地孤援寡毀衆謗深察蒙蔽

之中致昭曠之外逢陛下特達之遇當陛下明聖之朝事出常均恩重今昔臣誓將瀝血足可竭誠徒欲殺身豈能報德至如勵精勤政舉直徇公副陛下憂人之心行陛下宏道之化豈敢失墜以負神明但函關路懸長安日遠不任戀主慺慺之至

又駮韋巨源謚議

夫古之謚在乎勸沮將杜小人之叢翼長君子之風故爲善者雖存不貴仕而沒有餘名此賢達所以砥節也爲惡者雖生有所幸死懷所懲此回邪所以易心也嗚呼巨源

嘗未斯察而乃聞義不從與惡相濟蓄用上之志協羣兇之謀苟容聖朝貪昧厚祿自以宰臣之貴不崇朝而賈害者固鬼得而誅之也彼則匹夫之微未受命而行刑者固人得而誅之也幽明之憤斷焉可知天地之心自此而見矣頃者皇運中興功臣翼政時序未幾邪逆執權姦慝者拜爵於私門忠正者降黜於藩郡巨源此際用事方殷且於阿韋何親而結爲昆季於國家何力而累忝大官此則闇通中人附會武氏託城社之固亂皇家之基其罪一也又國之大事在祀與戎酌於禮經陳於郊祭將以對越天

地光揚祖宗既告成功以觀海內惟昔亞獻不聞婦人阿韋蓄無君之忱懷自達之意潛圖帝位議啄皇孫昇壇擬儀拜賜明命將預家事無守國章巨源創跡於前悖逆演成於後時有禮部侍郎徐堅太常博士唐紹蔣欽緒彭景直並言之莫從其罪二也又上天不弔先帝遇毒悔禍無徵阿韋將篡晝計未果逆心尚搖周章夷猶倉卒迷謬於是太平公主矯爲陳諫上官昭容紿草遺詔故得今上輔政阿韋參謀將大業垂成而休命中輟者職由巨源躡韋溫之足楚客附巨源之耳梟聲遠發狼顧相驚以阿韋臨

朝以韋溫當國其罪三也又人爲邦本財實聚人奪其財則人心自離無其人則國本何恃巨源屢踐台輔專行勾徵廢越條章崇尚侵刻樹怨天下剝害生靈兆庶流離户口減耗況以三思食邑往在貝州時屬久陰災逢多雨租庸捐免申令昭明匪今獨然自古不易三思慮其封物巨源啟此異端以爲稼穡湮沈雖無菽粟蠶桑織紝可輸庸調致使河朔黎人海隅士女去其鄉井鬻其子孫飢寒切身朝夕奔命其罪四也但巨源長於華宗仕於累代作萬國之相處具瞻之地蔽日月之層輝負邱山之重責今乃妄加褒述安能分謗者哉

欽定全唐文卷二百六十二

李邕二

端州石室記

日者託宿祕篆寄傲神府撰奇討異注靈通感冥搜海堧遐矚坤極敞金闕疏玉堂河漢未際其源今昔罕聆其語曷若宛此山郭介在江濆薄人寰騰物外妙有特起靈表頹洞綺田砥平錦嶂壁立肇衍洞穴延袤中堂驚怪形以萬殊砑地勢以千變伏虎奔象浮梁抗柱激濤海而洪波沸渭欲杳寮而羣峯嵯峩飛動逼人屹聳驚視窈微微而三分地道風蕭蕭而一變天時寶乳鍊於玉顏石牀列於仙座隔閡塵境延集福庭寂兮寥兮恍兮惚兮使營魄九昇嗜慾雙遣形若希羽翼志若摩雲天秦漢之間莫知代祀羲皇之上自成遐邈當是時也慕名者執雌而退徇物者守心而安求道者息慮而凝懷書者陋古而默有若邦伯畢公守恭廣孝聞家至忠觀國政門尤跡談者不容於口義心厚行遊者每藉於名故能吏修其方人樂其業流宂歸止介特乂安於是命友僚縱琴酌一歌一詠以遨以遊莫不解榻於斯張樂於斯騰駕五龍遣去駟馬豈惟避

暑窟室締賞林巒擊石如鐘酌泉如醴固亦轉丹竈掇紫芝迹參寥之遠心推習隱之幽致者也

崧臺石室記

高要郡北五里有石室詭怪萬狀崆峒其中發揮靈蹤盤薄厚地皆神仙之窟宅爲區宇之勝槩有巨石皆似蹲獸之類疊花仰空的皪瓊脂色如截肪傍引穴竅疑爲洞門横聳石牀出次仙座東廂峭壁下有涵泉泒澄鏡色味輕瓊漿東西倚山之陽二十餘里西通武林東抵岭峠峽

越州華嚴寺鐘銘并序

有同乎源播厥派者夥哉沿之椎輪則終列大輅革以穴處則崇構厦屋譯梵言於華學象揵椎於景鐘從來久矣觀其聆妙音獎宏誓艾苦趣警禪門劒輪疑在空法界斯集鏞之時義大矣哉郡司寇北平楊公沙門師萌抵淨根保耳界妙有忠爲迦維之業堅樸象正之鈞嘗慨靈越樂郊勾吳通邑雖經行大壯塔廟藝釋訓乃首唱羣吏傳聞庶氓合德悉心聚糧殫幣鑠文馬以庀製驤羣龍以範鍾撰祥時歷令日傾郢鄙畢緇黃舉帆雲屯擊轂雷動百身勇施累讚願言者計以萬億然後陶人事爐火正疏治風伯鼓橐樂工楊嬉疑煥乎咒陳蔚焉邱峙手舞者翳景稱慶者振林遲明蕆功亭午卒業於是曾臺大起雕簴懸列鯨魚叱怒以震擊蒲牢跧曲以駭噭隱天綱營地理剎那昭應一念信心有無識生幽執鬼物莫不休復淨域貞觀眞諦矣有若大者不椒小者不窕則州鳩之聽曷以臻其閒歟其詞曰

大雄立號兮考彼華鐘震發三界兮以覺其聾俾我羣動兮不惟厥凶君子是象兮載鑠載鎔彌億斯年兮罔有天鏞

滑州大廳銘

大厦中構山屹飛翿黃河畎澮大行培塿整庶宣風緝戎備寇鎮寧一方光輔元后

大照禪師塔銘

奐上人至傳諸大德意令弟子撰和上碑但重元門深闕四海大君者我開元聖文神武皇帝之謂也入佛之智赫爲萬法宗主者我禪門七葉大照和尚之謂也是以從無因得不出三界於淸泰運敎昭宣圓常洽著菩薩之本心寄住依國王之信力四生於涅槃者不其廣歟和上諱普

寂俗馮氏長樂信都人也其先畢公高之後畢萬入晉受邑於魏支子食采馮城因而得姓洎亭爲韓上黨守在趙爲華陵君異漢征西將軍思義晉驃騎將軍家於河南今爲河東人也祖居士諱道相經德營道晦用藏密考居士諱會均良背園廬飛遁鄉邑和上生而茂異長而開明神清體閑氣和志遠栝樹雖小其根已深河源則微其流可大欣願去結永言依僧嘗以德業書紳藝術從學負笈梁許摳衣班馬博總經籍殫極天人以爲洪範九疇周易十翼雖奥旨元邈然大畧迴疑不若別求法緣幽尋釋教時

大梁璧上人以義解方闡敷演雲會遂聽法華經唯識起信等論巨石投水其入甚多修坂走丸所適彌遠重依東都端和上受具轉奉南泉景和上習律超契心地忽見光明隨止作行得親近處於是貞觀嵩阜隱居半巖布褐一衣麻麥一食中夕歎曰文字是縛有無是邊盍不以正戒爲牆智常爲座發廣大願修具足慈他方七寶之山路遠難到自境四念之地身樂且安猶曰密印者謂之師先覺者謂之達吾當求矣此其時哉將尋少林法如禪師未臻止居已承往化追攀不及感絶無時芥子相投遇之莫遂

甘露一注受之何階翌日遠詣玉泉大通和上膜拜披露涕祈咨稟良馬易進良田易平加之思修重之勤至寶鏡磨拂萬象乃呈玉水清澄百丈皆見衡山之石更悟前身新豐之家自然本處如此者五歲約令看思益次楞伽因而告曰此兩部經禪學所宗要者且道尚祕密不應眩曜和上旁求僻陋宛在園林夾江之間蒹竹之下鮀蠆每作虺蜮交馳頃差他人必辭痼疾和上願充僧使便得經行心無所存背無所倚都忘禪睡了悟佛知兩馬一車進念同轍一鳥二翼定慧皆空如此者復二年大通和上深賞

重之人未之蘭若今將自之大通止曰嵩山亦好至於再諾而居焉長安年度編岳寺神龍歲請不哭泣而不言緇素墜心棟梁落構以爲四害騰口誰者能緘五欲亂繩誰者能截乃合謀悉意聞香求花如鳥隨風如輪隨跡咸請和上一開法緣使四園可遊八池可浴則僧非聚食人異散心願聞樂器之音用滋毛孔之潤和上曰夫淨燈可以照勝宅助風可以持寶城今何爲乎且千車之聲不入於耳萬人之請誰聽其言神龍中孝和皇帝詔曰大通禪師降迹閻浮情存汲引戒珠圓澈流洞鑒於心臺定水方澄

結清虛於意府原其行也旣無人而無我測其理也亦非斷而非常然而示彼同凡奄隨運往形雖已謝教乃恒傳其弟子僧普寂夙參梵侶早造法筵得彼髻珠獲茲心寶但釋迦流通之分終寄於阿難禪師開示之門爰資於普寂宜令統領徒衆宣揚教迹俾夫聾俗咸悟法音考功員外郎武平一奉宣聖旨慰喻敦勸和上猶逡巡辭避不獲已仍曰廣大者莫極於虛空我性相能遍元妙者莫深於開示我定慧能傳未或不從應身而建四生法主未或不登正覺而啟一佛度門曷敢當仁以膺求我且正見了見

轉次旣殊浣家鍛家習性亦別草席遇水而緊草繩遇水而舒地水火風青赤白黑八萬煩惱八萬解脫翳憍慢之山金椎難碎貪恚之毒龍珠不消諸生當誦戒經以傳正受開元十三年恩詔屈於敬愛寺宴坐逮十五年皇上將幸於京師也優詔曰愼言義福宜從駕和上留都興唐寺安置由是法雲遍雨在其根莖妙音盡聞惟所圍繞其始也攝心一處息慮萬緣或刹那便通或歲月漸證總明佛體曾是聞傳直指法身自然獲念滴水滿器履霜堅冰故能開方便門示直實相入深固藏了清淨因耳目無根聲

色亡境三空圓啟二深洞明是故聞者斯來得者斯止自南自北若天若人或宿將重臣或賢王愛主或地連金屋或家蓄銅山皆轂擊肩摩陸聚水咽花蓋拂日玉帛盈庭和上洗然若虛曠然若谷不見施者不知受焉遂龍象之所崇惟塔廟之所供但驕猿自息醉象皆調聞是名者不生四趣蒙其潤者便過四禪則有學富蓬山經通貝葉百家奧旨三藏眞言目如曜星舌如飛電莫不杜口折角失容革心二十七年秋七月誨門人曰吾受託先師傳茲密印遠自達摩菩薩導於可可進於璨璨鍾於信信傳於忍

忍授於大通大通貽於吾今七葉矣尸波羅密是汝之師奢摩他門是汝依處當眞說實行自證潛通不染爲解脫之因無取爲涅槃之會諸生殊不知其故嗚呼八月二十四日有彌留怡然坐滅於都興唐寺享壽八十九僧夏五十二聞哀行哭臨堂撫膺雲霧冒山江河奔海沸渭坌入陰沈彌望者至於百萬皆曰天地德不踰晝水神明之祐未際入流今之我聞異於汝說沐浴智慧之海超騰生死之河恩崇化先痛深物表情可理割義可事詮者嘗以前聖後賢示跡開教降生所以傳法歸盡所以同凡久留則

厭聞恐其慢易終去則追遠欲其懷思忘其身而神遷益高問其法而事稀彌重始終權實之化不斷不絕究竟誘進之益無去無來河南尹裴公名寬飛表上聞皇情震悼詔曰大士遺榮豈貴於名稱前王表德必在於褒崇都同德興唐寺故大德僧普寂資於粹靈是為法器心源久寂戒行彌高既來理而悟空每導凡以宗聖慈悲所應汲引蓋多方冀永年式宏像教遽從遷化用謝浮生言念於此良深憫惜宜稽其淨行錫以嘉名示夫將來使高山仰止可號大照禪師歸本居葬日量借威儀手力和上將變易

之歲累告門人曰吾久居山水緣亦在焉及泥日天竺興唐緇侶皆請卜而居之表而祈之唯岳寺一方地震雪下少室羣巒樹折霜封洎九月八日恩私果令歸葬二十一日金棺發軔鹵簿啟行或兩都傾城或四方布路持花者林指執紼者景移三條之中泣淚如雨重城之外號叩若雷綵雲二時自都達岳白露數里彌川遍空二十四日窆於岳寺之舊居禮也門人等修羅死慈島人死義血現於體繩繫於牀僉某拾衣一心起塔塵多折軸箭重迴舟銜石而海水可填結竹而佛恩難報二十八載十一月十五日恩旨許焉仍委寺主慧遠上座崇泰都維那曇慶等載令構緝二十九年十一月十九日恩旨還藏海寺於和上河東舊宅廓為寺焉建塔追崇福也且爰自六葉式崇一門未誦戒經或傳法要大通以凡例起謗將棄我聞深解依宗遽求聖道所以始於累土漸於層臺攝之孔多學者彌廣故所付諸法不指一人卜夏西河有疑夫子鄭元北海自襲馬融至於密意除知慧心入境如因日照方見日輪終以佛光乃明佛道豈伊邕也而敢議之大弟子惠空勝緣等相與追過去示方來一以抒宿心存妙用一以奉

慈訓宏教門騰淨行於松阡刻師資於石字其詞曰

三界渺茫四生沈痾塵境延歒蔭欲攻內明鏡虛受大慈圓對法鼓震驚魔軍消潰其一千佛轉覺七葉相承護持俗諦應現真僧長河皎月靜室明燈梵經滋廣禪林蔚興其二童稚初心儒釋兼致梁陳咨稟伊洛勤匱雖臻閫域猶執文字古城元遠空門深邃其三逝將分赴曾是幽求玉泉谷口甘露山頭慧日一照浮雲四收給園都邑鷲嶺嵩邱其四大通往生後覺來問妙法終啟苦言未順願發他心稍宏本分固讓固請不矜不訓其五德音光被皇華洊臻曲荷天

弈昭宣法輪總總緇素幢幢搢紳以智慧水洗煩惱塵（其六）慈攝雲奔檀施山積無相無願不受不斥龍象興補塔廟光益香花户庭護念泉石（其七）同人將滅依宗闡教草繫爾師宴居爾照聞哀行哭惟艾及少命烏無翼慈舟失棹（其八）渥恩痛悼追諡哀榮塔遂嵩岳儀從洛城靈輿顧步天樂淒清追攀霧委感動雷驚（其九）入室來思登壇永慕密教不紀後生何趣禮石塔兮若割仰金字兮如法杖億劫兮昭陽與四法兮安住（其十）天寶元年二月十五日建

晴熱帖

三數日晴頓熱若為自適也僕少理欲使小兒入京當從澧州去有書不示之諸公歎賽無九百之事當不復爽也故使馳問不具李邕白十二日差無多事檢校來一言集耳通長孫五郎

藤偈

得彼柔性契兹佛乘豈無眾木我喻垂藤

國清寺碑并序

覩夫密教將闢必有其地靈岳將應必降其人是以兆發眞僧功成宏願以一如正受之力致三朝大事之因故得帝王宅心王公攝念國祥備至家寶薦臻玉宇懸空金谷飛月婆若之海塵不能淄安明之山風不能振莫與京者其在兹乎國清寺者隋開皇十八年智者大師之所建也大師强植之根已於千萬佛所本性之照豈於一百年間是以相眉雪光慈目水淨入不住地得無上緣五部律儀具分金界三昧定力更立寶山始入天台居於佛隴則知冥符事現元感名徵搆室者不立於空託迹者必興於物是寺本題天台先是大師嘗夢定光禪師教曰寺若成國必清大業元年僧智璪啟其禪以爲號煬帝從而改焉至

義寧之初寺宇方就事屬皇運言符聖僧粤若右赤城左滄海艮背曾阜襟開平原寶勢雄侈於古今奇表嚴淨於江漢建置崇麗處矩恢殊廣殿礎於重巖周廊廡於絶巘峯臺納景於下視鴈塔排雲於中休八部來思不孤其德三身在此有睟其容亦猶妙勝之鄉乾竺之里若即見佛豈與登仙曷云菩提樹間必能七日成道忉利天上可以三月安居而已哉借天仙往還神秀表裏靜漠漠而山遠密微微而谷深自然羅浮遷移既因風雨育王製造載役鬼神落落然列星陳於九天昭昭然飛霞夾於二曜松間

谿達祥雲飛和雅之音橋路透迤德水照澄清之色佇立者神奪散心者目明所以信士永言至人馳想不遠萬里有以一臨離垢道場遇之即是去結法意願之便成淨水寶珠見者無染高山甘露受者有知起念事功頓超十劫之地坐入位證遥比千眼之天別有放生溪源通流朝信鱗介千族壓海而隨波網罟萬艘因利而興籔崑崙之水天地罕經通之極恒沙之命溪壑無醉飽之期大師憫其殺因示其宿世父母妻子俱是輪迴山石地方盡歸報復百味歡喜之藥願樂法王五指慈悲之根降伏師子由是

漁父易節鮮食向風釋綸解徽停罠去笱暢撥剌以掉尾恣喻喁而鼓腮乘佛之威入佛之境不恐不懼且安且懷矧過去之罔窮固未來之靡盡福德輕重等須彌之斤兩濟度廣大同法界之範圍所以欽若九重熤燿萬國光贊者五主襟絶者數朝儀鳳二年三月十日制曰台州國清寺迴超塵俗年代或異妙相眞容累呈感應之跡或淨居仙宇函有徵祥之效大啟良緣實寄茲所宜令寺內各造七級浮圖一所度僧七七人自今有闕隨即簡補故其智印接武草繫傳薪千葉蓮華了無異色五綵繒蓋休有圓

光莫不清涼之泉沃茲劫燒定慧之力剿彼魔幢羅漢之身時可去矣如來之室歲豈留乎昔有顗禪師者即大師之復次也戒珠圓明德芽俊茂以精進大力運自在他心每指堂東因如廁奄忽泉涌須臾石開雖炎赫曠時而清冷彌載又堵波歲久根據勢危首亞西南趾留東北一遇瀑雨稍浸廣庭護法陰騭而扶持信力潛運而平正宜其女子不宿葷血不臻鎭之以法似守之以山神永懷水月高謝風塵此又奇也於時明牧敬公名咸忠賢相門德禮邦鎭宣慈被物遺直在人邑宰李公名安之不忮不求有

爲有守惠愛恤下貞固幹時大德行續上座神軌寺主道翹都維那首那法師法忍等三歸法空一處心淨景式諸子大濟羣生皆賞歎幽奇明徵相事雖褎回縱目而髣髴畫屏豈曲盡於筆端固懸天深造以爲孫公之賦未究三仙郭璞之經罕知十地是存刻石以廣披文其詞曰

兆出名山功加賢位倏甫和令茲焉感致佛隴通明國清發瑞徵名立牓應運題寺法寺神麗像殿崇嚴九成臺閣百丈松杉瞰瀛列座倚巘飛簷風庭肅爽霧谷沈潛想像梵宮超遥仙宇目有書傳耳無浪語不知從來相去幾許

施物及僧唯吾與汝外物莫際密教自傳心淨色淨有邊無邊持劒豈失喻筏能捐若遇諸佛已超四禪聞者斯來見者斯悅果果法似因因地岊心境始開知印皆發求仁得仁即說非說沙彌救蟻菩薩放生溪流晝夜潮水虛盈鱗介萬族濕化千名福河不絕佛土常寧郡邑才良紀綱禪律恭惟令始雅尚休畢保綏地靈光照佛日將播美於永代媿當仁於雄筆

葉有道碑 并序

昔者誕發老君道純天地生德夫子身負日月且時宰不宗主人勿用矧乎埋照汲谷潛盤窮山幽姿蜺於塵容素尚允於仙類豈辟命行矣爵服縶之而已哉公諱國重字雅鎮南陽葉縣人也自少典錫羨高辛纂緒陶唐重熙后稷邁種文王之允乃食於沈尹戌之子載封於葉受氏享國大哉邈乎遠祖乾昱克壯其猷永乎於德墐户習隱塞兌億坤碩膺長林通理博藝雖安車累至而堅卧固辭故慶祚克開眉壽維永矣厥考道興性守公庭道敷邦國居鬼從地卒神從天受籙以恒之飛符以比之扼魍魎之邪劉臺台之祟有足奇也至於揮札落井引弓貫革特起五

部廣推大餘侯誰嗣哉先生靈承道宗異聞訓誘弱喪文貌幼尚純篤仙骨有象童心不萌專精五龍遍遊羣岳聽以知遠明以察微達死生之占體物氣之變嘗以靜貞動耗息影歸止雲卧牝壑林巢仙居人絕不鄰道阻且右獨往幽勝永歌隱淪放閒保和習虛致靜掊五石之髓擷三芝之英時哉不留歲聿其逝緇髮純漆韶顏渥丹事適元同神與道媾惟寂惟寞不飲不食數十載於茲乃昇聞帝庭駿發皇眷簡才受命降尊加禮將之以文馬速之以暢轂先生盱眙長揖揮手高謝曰自昔帝舜登庸德輝允鑠光武繼統吏道孔嘉且薛方逢萌備外臣之禮虞仲夷逸終處子之業豈垢俗疵物偏貢介性將採道慕類坐致奇齡使者蓄無言之疑申遂行之旨乃周覽廬室躬省倉廩考疇人之疆畝訊家童之作業皆儉以遵約安能維始味不甘口色無養目信以爲著誠去僞敢守難奪順風可即強起曷至焉遂虛覲復命慚歎聞列朝廷企其高渴其道聆嘉聲而屬想者豈勝言哉有司以天元書缺星度官弛亡五德之運謬四時之分判鬼越祥不知所咒子亥毋癸烏識其原皆乘遽遠尋請益傳換可謂繩誠列而曲直徵

衡誠懸而輕重立粤惟博物君子豈伊小說鮿生乎嗚呼天不持久人將復歸頹年迫於期頤遠志屈於摧落卜兆幽谷托墳清林逸人不追國士靡憲泉石沮色鄉縣失聲豈無他人惟子之故允子慧明贈銀青光祿大夫歙州刺史公罔替厥繇代增其業啟祕籙之高妙揚元津之洪波道徵若聲心應若氣吹律媛谷運歷知天屢下辟書終不應命孫子景龍觀道士鴻臚卿越國公法善幼得父書早傳成法夤念有訓邁迹自身讀天下之書備方外之術火滌淫祀劒誅羣祅恩開五君名動四國其入也排金瑣謁

紫庭爲帝傲吏其出也法玉京坐元寺作人宗師故能大匠道門冢卿朝右禮食軒座寓直禁盧矣嘗以理氣自强登老益壯雖莫景急節而純孝孔哀是獻封章願拜墳墓有軫帝念載形王言神札以飛傳瑞乃發羣公帳餞列蕃郊迎朝章有輝鄉人皆慶枉以末技揚於孝心惟先志以追遠立豐碑以紀德夫何閒然其詞曰

宗門素履家代隱仙道一相孕薪火相傳黄公術在赤水珠聯道開幽鍵性與眞筌一門累祖四世百年抗迹巖谷消聲天地卓爾退舉藹然高致爵以臭焚珠以明墜人則有心徵亦不至保身匪踰全樸爲利孝孫增業明辟順風志嘗無忝事或不同徵賢朝滿舉逸山空曷由高枕克謝代工測微達變盡規納忠皇眷雖渥孝思亦深章服粲粲傳駟騣騣載違廷闕是展墳林紀石追遠昭銘率心孝終事立榮歿寵今退超古始永憲江南

秦望山法華寺碑并序

昔者法王道開掘山相現曾是大事職非小緣順喻孔多證入彌遠故以三界爲宅五濁爲火四生爲子六度爲門一乘爲大車十方爲長者轉置熱惱之衆延集清涼之都

念玆在玆廣矣大矣法華者晉義熙十二年釋曇翼法師之所建也師初依盧山遠公後詣關中羅什深入禪慧尤邃佛乘雖禮數摳衣而名稱分坐與沙門曇學俱遊會稽覩秦望西北山其峯五蓮其溪雙帶氣象靈勝林巒虛閑比興者闇營卜蘭若羞涅槃食納如來衣專積法華永言實意感普賢菩薩爲下俚優婆提獮子於竹篋寄釋種於蓮室師以縮屋未可杭展乃明移出樹間延入舍下及杲日初上相光忽臨乘六牙衛八部勝幡虹引妙樂天迎瑞相騰雲遥裔上漢師想望太息沈吟永懷葉公好龍已遇

眞物羅漢測佛未了聖心於是苦行自身炯戒通夢宛如
昔見彌恨前非象勸持經嘗難其語夾夾聽法不易其人
矧乃攝以蜂王吼以師子禮謁者掎其裳袂讚歎者合其
風雷時太守孟顗以狀奏聞以爲寺則知妙法者眞如之
正體蓮華者淨道之假名是故崇厥經署於牓入無量義
成不住因至若高僧慧基邑人陳載皆踵武扳跡傳燈襲
明或五柱範堂或七寶規殿立普賢座追連弗藍龍王讓
池鴈子疏塔迦羅衞國連至雲山淨明德宮更開日月固
足以發慧印啟元門入位畢臻出家偕應則有持證等觀

永藏仝流或慧舉十徵或昭明再造或簡文瑞像或武帝
香鑪寶鈴吟風珠幡交露僧緐墨意畫長豪之妙光宮女
綖功織大身之變相次有陳隨國施州邑吏檀百寶盈於
九隅羣經備於三藏所以神鍾警夜保賢聖之天居祥鳥
肅賓迓軒蓋之雲集忍辱靈草据萋萋於小莖偃曇異花
寧灼灼於喬榦故得人天迴首江海因聲芭蕉過雷倏焉
滋茂葵藿隨日至矣勤誠登山而野曠心空浴水而垢除
意淨施及先律師道岸今弟子釋儼並身林久伐禪剌都
遣性通七事戒總八關金杖五分優劣既等繒綵四道功
德豈殊甘露有加香油不墜頃者豪州刺史前此邦別乘
太原王公名[犭郷]法海廣大慧炬融明德立於衷義聞於物
郅惲致主之節有耿投竿葛亮報國之誠不忘草奏夫人
武氏佩服眞空干櫓正覺及男緬緒等惟肖二尊克愼三
業若行若坐依佛依僧去煩惱之外糠得慈悲之內實起
普賢臺一級寫法華經千部廣化人吏大啟津途即普賢
臺立法華社每年二月重會一時且地效其靈山呈其秀
有上座正覺寺主道解都維那神慧僧表道賓律師行深
慧燈集衆材爲林衆器成樂一體和合互用住持相與王

公曰夫名者事之華碑者物之表其或表不立則瞻仰失
容名不興則讚述無地願言刻石是用齊山朝散大夫前
侍御史今都府户曹袁公名楚客其皎如日其心如丹負
兼濟之雄才託演成之雅意顧慙作者徒使懵然其辭曰
會計南山秦望北寺高僧往還聖跡標奇耆闍比峯法華
取義羣公護持歷國檀施陸賨大來海珍總萃幡影連珠
像光發瑞臺壓龍首殿開鳥翅象駕菩薩鳥迎車騎異香
馝馞神鍾髣髴松巘蕭踈竹澗葱翠綱紀有條禪律不墜
掾曹正直別乘仁智作爲碑板讚述名字

兗州曲阜縣孔子廟碑并序

嘗觀元化陰藏上帝元造雖道遠不際而運行有符揚搉大抵宣考神用建人統之可復補天秩之將頹其揆一也昔者蚩尤恬賊厥弟驕兵巨力朋徒合緒連禍則黃帝興聖首出羣龍推下濟以君人微勤畧以戡亂逮至橫流方割包山其咨轉死爲魚鱻食不粒則堯禹並跡扶振隱憂導百川康四國粵若殷禮缺周德微宋公用鄫楚子問鼎則夫子卓立燦然成章闢邦家之正門播今昔之彝憲此天所以不言而成化聖所以有開而必先其若是也故夫

子之道消息乎兩儀夫子之德經營乎三代豈徒小說蓋有異聞夫亭之者莫如天藉之者莫如地教之者莫如夫子且沐其亭而不識其道則不如勿生荷其藉而不由其德則不如勿運故曰消息乎兩儀者也夫博之者莫如文約之者莫如禮行之者莫如夫子且會其文而不揚其業則不如勿傳經其禮而不啟其致則不如勿學上代有以焯序中代有以宗師後代有以丕訓故曰經營乎三代者也噫唐虞之美不必至是讚而大者進聖君也夏桀之惡不必至是擠而毀者激庸主也伊尹之忠不必至是演而敷者勉誠節也趙盾之逆不必至是抑而書者誅賊臣也至若論慈廣孝輔仁寵義職此之由於是君臣之位序父子之道明朋友之事興夫婦之倫得雖朗日開覺膏雨潤驥和風清扇安足喻哉借如九皇繼統而政醇七聖同年而道合雖事業廣運而理濟一時未有薄遊大夫僻居下國德敷既往言滿方來廟食列邦不假手於後續君長萬葉必歸心於素王若此之盛是以騰跨百辟孤絕一人曷成名可稱取與爲大者已我國家儒教浹宇文思戾天俾吏曹以追尊建禮官而崇祀侯褒聖於人爵尸奠享於國

庠是用大起學流錫類孝行敦悅施於萬國光覆彌於允宗三十五代孫嗣褒聖侯璲之字藏暉洎族賢元亨等或專門碩儒罔墜於緒或餘波明哲克揚厥聲乃相與合而謀曰夫墟墓之地禮曰自哀聽頌之樹詩云勿翦一則遇事遺愛一則感物允懷矧乎大聖烈風吾祖鴻美故國封井舊居川岳歟宜其悚神馳魄膝行膜拜陳齋祭奠嚴祠樹繚垣以設防刊豐石以爲表兗州牧京兆韋君元珪字闕二王國同覯人才懿德明啟風績休有名教長史河南源晉賓字光國賢操孤與清節相遠納人以禮成俗於師

司馬天水狄光昭字子亮相門克開雅道踵武聞義必立從事可行錄事參軍東海徐仲連功曹成陽益寡疑倉曹太原王道淳宏農楊萬石户曹博陵崔少連宏農楊復元兵曹太原王光超范陽張博望法曹安定皇甫恮東海于光彥士曹榮陽鄭璋參軍事博陵崔調扶風竇光訓河東裴璿隴西李紹烈字闕四儀傅字闕一南陽樊利貞曲阜縣令鴈門田思昭丞河間劉思廉主簿吳興施文尉清河晏宏楷等官序通德儒林秀士升堂覩奧遊聖欽風僉同演成乃共經始其辭曰

元天陰騭大明虛鏡神不利淫物將與正凡曰投艱在此逢聖吞沙薦虐軒黃底定襄陵兆災夏禹文命周道失序夫子應聘刪詩述史盛禮張樂雅頌穆清訓詞昭灼片言一字勸善懲惡誘進後人啟明先覺六順勃興四維偕作元功濟古至道納來首出列聖席卷羣才大名震耀廣學天開蒸嘗亟寓誦習窮埃帝念居室以光壽宮建侯於嗣環封厥中孫謀不泯祖德斯崇乃刊聖烈克廣休風

欽定全唐文卷二百六十三

李邕三

楚州淮陰縣婆羅樹碑

觀厥好德存樹愛人及烏有情不忘雖小可作夫施及者也則有宗廟加敬墟墓增悲觀物可懷比事斯廣此觸類者也矧乃通感靈變元符聖迹根柢淨土碩茂佛時燭金山之秘影聯玉毫之殊相至若泥日法會荼毗應身妙有雙樹之間光覆僧祇之衆安可混曜散木比列清林議上茅之挺生喻堅固之神造者也婆羅樹者非中夏物土所

宜有者已婆娑十畝映蔚千人密幄足以綴飛飈高蓋足以却流景惡禽翔而不集好鳥止而不巢有以多矣然深識者雖徘徊仰止而莫知冥植博物者雖沉吟稱引而莫辨嘉名華葉自奇榮枯嘗異隨所方面頗徵靈應東瘁則青郊苦而歲不稔西茂則白藏泰而秋有成惟南匪他自北常爾或季春肇發或仲夏萌生早先豐隨晚暮儉若且槁莖後吐芬條前秀差池旬日奄忽齊同無今昔可殊非物理所測古老多怪時俗每驚巫者占於鬼謀議者惑於神樹證聖載有三藏義淨還自西域遠兹中休信宿因依

齊戒瞻嘆演夫本處徵之舊聞原其始也榮灼道成之際究其來也摧藏薪盡之餘或森列四方或合并二體常青不壞應現分榮變白有終示滅同盡昔與釋迦藴首今爲羣生立緣夫佛病從人大慈感故樹萎因物深悲理然化能分身半枯卽是心有合相後茂還齊宜其表正聖神靈覬品彙以變見一攝而稱讚十方者也淮陰縣者江海通津淮楚巨防彌越走蜀會閩驛吳七發枚乘之邱三傑楚王之窟勝引飛欒商旅接艫每至同雲冒山終風振壑宦子惕息稿工疚懷魚貫迤其萬艘霧集岔於層渚莫不膜

拜圍繞焚香護持復悔多尤迴祈景福於是風水相借物色同和挂帆啟行方舳駿邁浮山掘起而疏巘慶雲亂飛而比峯雖電影施鞭夸父杖策罔可喻其神速曷云狀其豁快者哉州牧宗子名仲康廣孝惟家大忠形國播清政以主郡儀古式以在人知微知彰有禮有樂別駕扶風竇公名誠盈盛門貴仕懿德令名利用以厚生明畧以營道上交不諂下交不黷司馬宗子名景虛受賢交幹用柔克退遂中律先後自公且觀麟定之詩未宏驥子之任邑宰清和張公名松質藐自稚節忽乎博聞始於能賦而彰中於成器而立牧人通急徇物合權威肅攝於神明慈惠安其父母豈伊政理自有才名莫不淨慮一乘追攀八樹歎徙植而多感惟化生而永懷大啟上緣率心檀施碩德道暉寺主道元上座道絢都維那曇一等皆妙覺圓常什門上首痛金棺而既往駭堅林而在茲鄉望司徒元簡戴元景王元珪張仁藝王懷儼劉元隱沈信詳等夙悟大師深入眞際勤行進力護供莊嚴楊州東大雲寺法師希元廣派法流固柢德本戒行有以鎭浮俗利言有以誨蒙求旣憑藉於衆心亦謀明於獨得是標靈跡乃建豐碑其詞曰

政化之理兮甘棠猶存寶乘之妙兮婆羅是敦欽厥道成兮八相克尊感乎示跡兮一歸可門與佛合緣兮榮落同時歎爾化生兮感變誰思休徵咎徵兮伺察不欺流俗莫識兮緜曠驚疑上人西還兮覯止增悲發皇靈應兮堅固在茲方國傳聞兮想象悽其迴首正信兮頂禮護持優曇千年兮曷足議之

鄭州大雲寺碑

恭惟黃屋者異唐堯之大雅精舍者曷釋迦之廣乘將以示崇高宏誘進俾夫壯麗加於四海瞻仰攝於羣情酌言

永圖即理一貫矣大雲寺者鄭國慈緣之所建也觀其肇允枚卜爰適底居所感彌多光靈滋茂固以星晷上憲人統下稽執天物之大中合元宮之妙相豈止宅豐壤盤石州厦屋雲陰沙門玉立而已於是象設巨麗法供魁殊尊容乃神靈眷所伏則有寶座蓮動現身金光不同於凡復歸於靜至使彌留咸華遠人孔殷香饌比肩花蓋擊轂一心不起則從願應如二見無物則隨施逾疾故能飛名勝出福履嘉祥昭升累朝發宏歷聖粵我高祖神堯皇帝俟時登庸從觀輿感再駕尚軔五轉欲承鳳難（疑）裔雲龍睇

霄極馳睿想於幽贊禱法力於大雄創建漆象一軀植淨根也洎我高宗天皇大帝纘祖匡業繼明德輝萬流澄瀛八風叶律齊致功於化造將有事於岱宗道由是邦言念玆者寺中留綉像一幀實也丁厥則天皇太后奉遺託孤與權攺物母儀霸迹闡政神器追惟乾蔭永動皇情明啟度門宣遊覺路乃降綉像一鋪廣也借如崇建塔宇附麗朝闕憑縣官之力散王府之財中使相望匠人經始則有之矣未或介在草澤僻居里閭發皇明於日中落寵錫於天上有如此之盛者也日者通莊載堙繚垣式遏門途弗敞面勢匪宏浮雲在天蝦蟆蝕月具瞻者渴高明之歎歸止者憤翳鬱之心寺主俗姓李氏名婆譫隴西姑臧人也發趣如因彌入禪寂雖獨得斷相而同人有爲乃陳詣府庭移牒省闥引仍舊之直矯易恒之枉申報曠祀奔走宣勞終於訟貞成我道勝是以頹牆堙塹焚萊平場廣途褰開曾構踊出嶷若當陽谿若捷徑洛師之道盪胷泠然決渠滎波之水所謂形便得裝嚴具行李榮觀郡邑景矣長史河東柳沖府君道融至和性與元德從心絲譜遊刃翰林推轂演成誓言同事是刋厥懿豈伐於功其詞曰

鄭之法宇兮在城一隅大雄應感兮休徵有殊累聖克念兮象設三鋪佛身圓對兮神光發圖乃奉靈勝兮至自彼都面勢推隔兮頹垣朽株南望不及兮鬱然坐拘觀者佇眙兮願履夷途碩德感發兮執心匪渝豈用歷紀兮玆事乃敷刻石傳懿兮表此亨衢

嶽麓寺碑

夫天之道也東仁而首西義而成故清泰所居指於成事者已地之德也川浮而動岳鎮而安故耆闍以居取於安定者已玆寺大抵厥旨元同是以迴向度門纏於郭右仰

止淨域列乎巖巔寶堂岌業於太虛道樹森梢於曾堵無風而林壑肅穆不月而相事澄明化城而眞梵天猶俗名稱殆絕地位嘗高者不其盛歟麓山寺者晉太始四年之所立也有若法崇禪師者振錫江左除結澗陰嘗與炎漢太宗長沙清廟棟宇接近雲霧晦冥赤豹文貍棟蘿薜帶山祇見於法眼寶后依於佛光至請舊居特爲新寺禪師泊翼日宏聚謀介衆表之明詔行矣水臬有制邱墟盡平太康二載有若法導禪師者莫知何許人也默受智印深入證源不壞外緣而見心本無作眞性而注福河大起前

功重啟靈應神僧銀色化身丈餘指定全摸標建方面法物增備檀供益崇廣以淩雲之臺疏以布金之地有若法愍禪師者江夏人也空慧雙銓寂用同轡慈目相視淨心相續綜覈萬法安住一歸注大道經究上乘理永託茲嶺克終厥生逮宋元徽中尚書令湘州刺史王公諱僧虔右軍之孫也信尚敬田作爲塔廟追存實相加名寶山效乎弓冶筆精陶甄意匠留書藏石緘妙俟時候法宇之傾低斯珍價以興葺遠慮將久遺事未彰梁天監三年刺史夏侯公諱祥了義重元別搆正殿紹泰二年刺史王公諱琳

律師法賢或在家出家或聞見眼見建涅槃像開甘露門長沙內史蕭沆振起法鼓宏演梵言繼揵槌於景鍾納貝葉於層閣陳司空吳明徹隋侍中鎮南晉安王樂陽王並佛性森然國楨秀者壯迴廊以雲搆蔚聯居以天覆開元九年天台大禪師守護法身澄清悲海嚴幢標聳智火融明龔如來堂坐法華定四行樂而不取三賢登而更遷有若曇捷法師者伐林及樹染法與衣不墜一滴之油有密大根之雨總管大將軍齊郡公權公諱武福德莊嚴喜慧方便疏寫四部鎮重百城有若智謙法師者願廣於天心

細於氣誦習山頂創立花臺有若摩訶衍禪師者五力圓常四無清淨以因因而入果果以滅滅而會如如有若首楞法師者文史早通道釋後得遠涉吳會幽尋天台法界圖於剡中眞訣論於湘上具究竟戒敷解說筵一法開無量之門一音警無邊之衆方等有以復悔雙林有以追遠並建場所互爲住持惟（闕二字）禪師者迹其至憑其高起乎雲門絕彼塵網深以爲性有習道有因止於心返於照習也者坐乎樹居乎山因也者固習而無因則不住因而無習則不證是以區和正覺阿若冥搜想息而精進甲堅愛

除而煩惱殺散百川到海同味相鹹千葉在蓮比色於淨起定不離於平等發慧但及於慈悲故能聞者順其風觀者操其道牧伯萃止皇華洊臻啟焚香之上緣託神佛之嘉願上座惠杲寺主惠亶都維那典哲等皆靜慮演成妙輪轉次因差別而非法隨品類而得根去二見而入流率一心而辦事咸以形勝之會如彼修行之迹如此而豐碑未勒盛業不書安可默而已哉將何以發揮頌聲披揚宿志者也司馬西河竇公名彥澄碩德高闡紹賢遠識器守岳厚撫操冰清屬以師長闕官攝行隨手以家而形於孝友以己而廣於詩書以重而雅俗自興以明而至道丕若且猶歸心淨土模範佛乘摧憍慢之外幢興開示之眞語建謀羣吏乃命下寮顧峻山之易瘞歎龍宮之難紀其詞曰

天地有象聖賢建極宴坐中巖成道西域後代襲武前良作則安樂是依靈鷲是式一想冥契二歸願塞（其一）金方置廟衡麓開場龍象擁錫人天護香思神賜土靈化度堂重鎮牧伯上游侯玉光照法侶大啟禪房（其二）幽谷左谿崇山右峙瞰郭萬家帶江千里玉水布飛石林雲起雷激庭際月窺窗裏花臺隨足天樂盈耳（其三）人與地靈心將法滅既往在此比明齊哲佛日環照牛車結轍連率順風駟驪欽烈訪道追勝形馳目絕（其四）碑板莫建軌物未宏和合是請佐貳是膺政敷大郡信發廣乘願言有述以訪無能惟石可久與山不崩（其五）

靈巖寺碑（并序）

靈昌郡太守邕以法有因福（闕二字）得眞僧戾止神人告祥宜或眞空以悟聖或密（闕一字）以接凡（闕一字）謂之靈巖允矣眞晉宋之際有法定禪師者景城郡人也嘗行蘭若若是者歷年禪師（闕一字）勞一人逝將辭去忽有二居士建立僧坊宏宣佛法識者以爲山神耳因夫山者土之至厚谷者墟之至深水者因定而淸林貝葉之經衡廓蓮花之獨人存法立事著名揚空矧乎辟支佛牙灰骨起塔海龍王意賀金仍舊昔者州將厚具邑吏孔威廣（闕一字）支保多借器物而送之仍施絹五十匹（闕一字）若武（闕一字）阿閣儀鳳堵波光堂大悲之脩舍利之（闕二字）身之造禪祖之崇山（闕二字）增（闕四字）也雲霞炳煥於丹霄卽而察之日月照明（闕三字）二（闕二字）客植之不生汎於草閒穢於壠上職由律住持入慧之

境闕一字繁文字闕一字筆杪於連章闕一字廣門遺刻上座僧元景都維那僧闕一字祥闕一字主安禪或上首闕一字空或出等永言悟入大敵津梁咸高梯有闕一字勝公自照仍依俗諦天長其詞曰

倬彼上人巍乎曾嶺冥立福地神宮歲時建置今古齊同磴道邐迤霞閣聆朧其二岳寺台之國闕一字岱之北阜蒲之要陘是人依法闕一字事聯聲哉傳覺以極斯萬其五

大唐泗州臨淮縣普光王寺碑

噫代人以塔廟者卽有象也儀像者非有相也邕嘗論之

未始諒矣其或執之於我安住爲十劫之場釋之於空循捨得一如之智皆所以須其願酌其心必於無作之時數宏正法之故俾或禮或見能超因因之緣若我若人盡登果果之業則曷爲不應曷道不行豈空寂之門獨階證入事相之地遂阻圓明者哉普光王寺者僧伽和尚之所經始焉和尚之姓何何國人得眼入地龍朔初忽乎西來飄然東化獨步三界遍遊十方鳥飛於空月見於水泥犍鐵鎖降伏貢高長者錦書散除文字深以慾爲苦器道實法鉤消一無於太常越諸有於眞際豈徒福河灌頂慈雲覆身舉手而安喻四因動足而興復三見或以沉香作炭有枉言者則誘而進之沙末求珠不知其量也則呵而責之香象之行雖極水底神龜之出亦兼陸道因如法如自得定力有作無作冀是福田嘗縱觀臨淮發念置寺以慈悲眼目信義方寸興廣濟心儀普照佛光相纔現瞻仰已多遠近簪裾往來舟楫一歸聖像再謁眞僧作禮祈祥焚香拔苦觸塵者庇如來之影牽毛者荷師子之威信施駢羅建置周布繚垣雲矗正殿霞開層樓敞其三門飛閣通其兩鋪舍利之塔七寶齊山淨土之堂三光奪景於製造也

未綴於手猗德名也已聞於天中宗孝和皇帝遠降綸誥特加禮數延入別殿近盍重元德水五瓶霑濡紫極甘露一斗福潤蒼生乃請寺名仍依佛號中宗皇帝以照言犯諱光字從權親覩御書寵題寶額垂露落於天上飛翰傳於國中其來也廣內慶齊其至也連城歡逐扇憑筆貴獨屬右軍寺爲額高更因天子每名晨大衆瞻禮嬉遊上昇門臺直視川墅巒阜巇嶙而屏合淮水逶迤而帶長邑屋助其雄商旅增其大茲爲勝也曷以加焉和尚口雖勿稱緣乃有以知變易之道迴軒少留衆生可悲菩薩亦病示

滅同盡唯識永在嗚呼以景龍四年三月二日端坐棄代於京薦福寺跡也孝和皇帝申弟子之禮悼大師之情敬漆色身謹將法供仍造福度門人七僧賜絹三百匹勅有司造靈輿給傳遞百官四部哀送國門以五日還至本處當是時也佛像流汗風雨變容鳥悲於林獸號於野矧伊慈子降及路人乎過去僧惠嚴等主僧道堅弟子木義等並持床有義失劍無追施法立齋知時明物罔墜舊業克嗣前修攀絛儀形建崇塔院植婆羅樹表蓮花臺宛然坐而不言歘爾感而皆應懺則殃滅求則福生雖日月已綿而靈變如在歸依有衆檀施孔多鯨鍾萬斤震覺六種講筵七架開導四生清淨之身更疏俗室涅盤之飯別構食堂可謂能事畢矣喜願并矣宜八部之宅以致諸天迴首自然樹懸密語印文地現五風轉柔潤之音千燈焰光明之色構之者罪花彫落信之者樵種萌生雷嚮發其六牙珠彩澄其二水州牧杜公惟孝其直如箭其潔如水地壓淮上城遷泗中民勤於勞物集其利長史宗公司馬盧公或清節自公文雅形國或禮容虛已堅操動時臨淮宰薛欽行等或主諾條流庭無置對或子人簡德邑有歡康並堅位大車正信超士興二道之教發一師之因相與累贊經身長懸覺道樹不朽之德宏未來之功是刻豐碑以光盛美其詞曰

惟普照之大身兮杖菩薩之右臂粤靈瑞之可聞兮固昭成之難值期一會之來思鳩萬輩之善施宏住持之信受廣事相之該備豁川陸之雲龍雄城邑之頳雉辟天師於九重補人王於十刹嘉寺牓之立名寵聖札之題字追已滅之化身了見在之文義貯儀形於空塔存詞謁於金地咎無懺而不除福何求而不致副眞僧之貞實接羣公之雅器播永日於山河刻巨石於淮泗

嵩岳寺碑

凡人以塔廟者敬田也執於有爲禪寂者慧門也得於無物今之作者居然異乎至若智常不生妙用不動心滅法滅性空色空喻是化城竟非住處所以平等之觀一洗於有無自在之心大通於權實導師假其方便法雨任其根莖流水盡納於海壖聚沙俱成於佛道大矣廣矣不可得而談也嵩岳寺者後魏孝明帝之離宮也正光元年牓閑居寺廣大佛刹殫極國財濟濟僧徒彌七百衆落落堂宇

欽定全唐文 卷二百六十三 李邕 十三

踰一千間藩戚近臣逝將依止碩德圓戒作爲宗師及後周不祥正法無緒宣皇悔禍道叶中興明詔兩京光復二所議以此寺爲觀古塔爲坛八部扶持一時靈變物將未可事故獲全隋開皇五年隸僧三百人仁壽一載改題嵩岳寺又度僧一百五十人逮豺狼恣睢龍象凋落天宮墜構劫火潛燒唯寺主明藏等八人莫敢爲尸不暇匡補且王充西拒蟻聚洛師文武東遷鳳翔巖邑夙承羽檄先應義旗輓粟供軍悉心事主及傳奕進計以元嵩爲師凡曰僧坊盡爲除削獨茲寶地尤見褒崇實典殊科明勅洊及

不依廢省有錄勳庸特賜田碾四所代有都維那惠果等勤宣法要大壯經行追思前人髣髴舊貫十五層塔者後魏之所立也發地四鋪而聳陵空八相而圓方丈十二戶牖數百加之六代禪祖同示法牙重寶妙莊就成偉麗豈徒帝力固以化開其東七佛殿者亦曩時之鳳陽殿也其西定光佛堂者瑞像之戾止昔有石像故現應身浮於河達於洛離京轂也萬輦延請天柱不迴惟此寺也一僧香花日輪俄轉其南古塔者隋仁壽二年置舍利於羣岳以撫天下茲爲極焉其始也亭亭孤興規制一絶今茲也巖

巖對出形影雙美後有無量壽殿者諸師禮懺誦念之場也則天太后護送鎮國金銅像置焉今知福利所資演成其廣珠幡寶帳當陽之鋪有三金絡花鬘備物之儀不一皆光滿秋月色陵渥丹窮海縣之國工得天人之神妙逍遙樓者魏主之所構也引流插竹上激登樓菱鏡漾於玉池金虬飛於布水食堂前古鐵鐘者重千斤函二十石正光年中寺僧之所造也昔兵戎孔殷寇攘偕作私邑竊而爲寶公府論而作仇後有都維那惠登發夕通夢遲明獨往以一己之力抗分衆之徒轉戰而行踰晷而至雖神靈

役鬼風雨移山莫之捷也西方禪院者魏八極殿之餘趾也時有遠禪師坐必居山行不出俗四國是仰百福攸歸明準帝庸光啟象設南有輔山者古之靈臺也中宗孝和皇帝詔於其頂追爲大通秀禪師造十三級浮圖及有提靈廟極地之峻因山之雄華夷聞傳時序瞻仰每至獻春仲月諱日齋辰鴈陣長空雲臨層嶺委鬱貞柏掩映天榆迢進寶階騰乘星閣作禮者便登師子圍遶者更攝蜂王其所由焉所以然矣若不以達摩菩薩傳法於可可付於璨璨受於信信恣於忍忍遺於秀秀鍾於今和上寂皆宴

坐林間福潤寓內其枕倚也陰陽所啟居四岳之宗其津梁也密意所傳稱十方之首莫不佛前受記法中出家湛然觀心了然見性學無學自有證明因非因本來清淨開頓漸者欲依其根設戒律者將攝乎亂然後微妙之義深入一如廣大之功遍滿三界則知和雅所訓皆荷法乘慈悲所加盡爲佛子是以無言之教響之若山不舍之檀列之如市則有和上姪寺主堅意者憑信之力統僧之綱崇現前之因鳩最後之施相與上座崇泰都維那曇慶等至矣廣矣經之營之身田砥平福河流注今昔紛攖雜事務

多是以功累四朝法崇七代感化可以函靈應緣起所以廣元河故得尊容赫曦光聯日月廈屋宏敞勢壓山川迴向有足度四生鎮重有足安萬國豈伊一邱一壑之異一水一石之奇禪林玲瓏曾深隱見祥河皎潔丹艧澄明而已哉咸以爲表於代者業以成形藏於密者法亦無相非文曷以陳大畧非石曷以示將來乃命道奐禪師千里求蹤一言書事專精每極臨紙屢空媿迷津之未悟期法主之可通其詞曰

西域傳耆闍山世尊成道於其間南部洲嵩岳寺達摩傳法於茲地天之柱帝之宮赫奕奕兮飛九空禪之門覺之徑密微微兮通衆聖鎮四國定有力開十方慧有光立豐碑之隱隱表大福之穰穰

大相國寺碑

夫聖不徒作作必有因化不徒開開必有攝故大事所會一法所傳若天若人或賢或達雖萬牙出地而三獸渡河使不聞者聞未悟者悟豈虛也哉此寺伽藍古廢建國有濮州之像自安業而來及逝將復歸堅守常住人至萬且千飛聲若雷用壯敞國坐如清泰安如須彌有若部人郭

賓者生心起謗雙目失明有若部人陳振者輿言詆徒喉腫及舌皆追悔自昔痊平在今或沒身爲奴或鑄鐘依佛延和初載奉詔改爲大相國寺復置額焉先天中內府降財御書題額睿宗通夢靈應肇發臨遣碩得僧眞諦載馳載驅乃慰乃止昭宣渥命寵錫神幡吏人候迎法侶圍繞谿壑里羅郊原者不可勝計夫以金仙聖容之表先主感之伐邸嘉名之舊先主標之筆精池水之妙先主躬之故能鍾乾坤激日月景光遐燭德寓宏覆曷云比也我開元神武皇帝受天元禧祚國傳寶睦九族叶萬邦功濟而業

成道光而孝理惠康父子義結華戎震瀛之濱大輿之上禺禺而戴欣欣而懷逮識路於茲寓目於茲者莫不瞻大明欽聖札仰天性而泣遺澤荷慈民而歎堅林形力者罔告勞檀施者罔辭費莊嚴不獨於示相功德何止於無爲碁布黃金圖擬碧絡雲廓八景雨散四花國土威神塔廟崇麗此其極也雖五香紫府大息芳馨千燈赤城永懷照灼人間天上物外異鄉固可得而言也上座知隱寺主元深都維那上智儼皆妙覺圓常對境亡境彌入後地因如得如合之不離混以相濟咸以爲他方所至廣法界惟三

虛空所至宏度門惟一況乎實相感通之應聖跡飛動之神安可默頌聲闕題紀者巳乃作頌曰

佛法住持正教宏益眞容見寺先帝書額藩邸鴻名建國前跡我皇孝理我人光澤日月明明家邦赫赫觀妙追遠懷恩惟昔八部莊嚴四天感激以式永代是紀豐石

欽定全唐文卷二百六十四

李邕 四

海州大雲寺禪院碑

天也地也攝生之謂元造日也月也容光之謂神功然亭育之仁可斡終滅照明之力未焯昏霾故熱惱積薪劫燒難鑠驚波巨海沃焦自淵獨有導師空王禪那宴寂一念首安住之域加行證無爲之階密教內修莊嚴外度雙引相應並照兩忘然後生無生淨名不去照無照了義能覺爇菩提之炬則枳棘滌除楫般若之舩則橫流旣濟湛四

禪於中道超三有以上征精舍攸驂度門斯盛其此之謂矣粵有寺之艮背山之前臨有碓師禪房者武德八年邦守蕭公諱顗護法之所建也周目環郭澄心際海亦旣一味實無衆生夫憑其高宅其勝曾近俗諦或乘法流且水出於氷凡作於聖雖曰醜地猶是道場刹乃妙有孤標實相靈變入我室觀我形者哉施及貞觀歲有等觀禪師繼前心承後問分之則別位二事合之則同列大空坐於斯竟於斯於戲四益風驅百爲火滅棟宇崩落象設傾低先天中有惠藏禪師聞之斯行居而不住妙齡強植勁節老

成被甲律儀下帷經藏方丈之室時歷十年簞瓢之飡日常一食信爲法本悟實如宗簡珠圓明經蓮淸淨剃髮結落亡境受除生起了於心緣覺被於物是以興補舊塔建置尊容彌陀當其陽菩薩侍其側四大海水慧眼啟明五須彌山毫相崇絕有若稽義摭實沿名討因都極樂之大郊壽無量之景命備如昔者稱讚觀厥音聲克濟斯艱迺復於遠則有階地超越自在神通發宏願心得大勢用皆所以濡火宅軔劒輪投地者結業坐開入影者苦趣以息粤若殫財竭力刻桷雕題積四三年模造化意寶殿蔚以

雲構金山煥其日臨豈徒然哉夫壯麗者將以重威神儀形者將以攝歸止或離性解脫或見作隨緣藥草寓其根莖雲雷感其方類即說非說若通不通惟三獸之渡河庶一子之來學禪師以爲默則絕教言則牽文苟心事於化人豈迹留於捨法會議斵石僉允圖功邕來守是邦偶聞茲事依僧依佛何日忘之在家出家惟其常矣頃者下檄湖海申明捕殺鱗羽咸若災疫以寧救蟻雖尚於沙彌涸魚每憂於釋種祁寒則怨童子何知率三省於短懷寄一塵於寶地別駕宏農楊公守堅字越石本枝鼎貴冑允岳靈直道守公智印觀法司馬瑯琊王公元昺字固禮高闡襲吉皇士令名貴位升聞妙意融朗盛矣美矣左之右之時有新羅通禪師五力上乘一門深入利行攝俗德水浮天讚而演成恭而有述其詞曰

覆燾之奨始生終滅昭回之明內昏外徹陰入不斷心起難折靈海慾深洪鑪火熱倬彼大師超然正覺亡境息想示法流渥絕生死岸破煩惱彀度門光啟住地元邈傳燈三葉分座一義象設儀形莊嚴地位有爲不染無相能離苟曰法乘莫非種智古者豐石抗之高山紀事標柱銘勳列班廣茲妙有運彼元關則百伊昔粤吾無閒

東林寺碑 并序

古者將有聖賢必應山岳尼丘啟於夫子鷲嶺保於釋迦衡阜之託恩天台之棲顗豈徒然也故知土不厚則巨材不生地不靈則異人不降陰騭潛運元符肇開宿根果於福庭大事萌於淨土其來尚矣東林寺者晉太元九年慧遠法師之所建也世居鴈門樓煩俗姓賈氏童妙神悟壯立精博初涉華學不讀非聖之書中留范經尤邃是田之說嘗就恒岳覩止道安火遇於薪玉成於器雖根種諸佛

而果得一時師子吼言載聞順喻維摩詰答更了空門安住四依修捨二法和尚歎曰吾道行者惟此人焉屬朱序尋戈緇徒逃海道由茲鎮冥契宿誠謂其徒曰是處崇勝有足底居居地若無流池曷云法宇大雄神廟特異蓮峯結跏一心開示五力以杖刺地應時涌泉既荷殊祥因立精舍堅卧禁戒宏演妙乘浮囊毒流木鐸正教首唱南部轉覺後人以智慧乃斷煩惱鎖由是眞僧益廣妙供日崇監其本圖宏其别業乃進自香谷集板安棲即曇現之門生鄰慧永之阿若相與揆平圃踰層岩在山之陽居水之

右經其始而未究其末有其所而未虞其勞當是時也桓元司人柄斡國鈞以福莊嚴因僑檀施書日力之費盡土木之功繚垣雲連厦屋天聳如來之室宛化出於林間帝釋之幢忽飛來於空外至若奧宇冬燠高臺夏清玉水文階而碧池瑶林藻庭而朱實琉璃之地月照灼而徘徊旃檀之龕吹芬芳而馝馞相事畢集微妙絶時羅什致其澡瓶巧窮雙口姚泓奉其雕像工極五年殷堪摳衣而每談廬循避席而累贊道宏三界何止八部宅心聲聞十方足使諸天迴首覩其育王贖罪文殊降形蹈海不沈驗於陶侃迫火不爇夢於僧珍願苟存誠祈必通感既多雨以出日乍積陽以作霖則有形圖西來舍利東化或塔涌於地或光屬於天謝客欣味而成文劉斐詆訶而覃思所以山亞五岳江比四瀆地憑法而自高物因詞而益重洎梁有崇禪師者傳燈習明安心樂行指拳猶昔薪盡如生次有果睢二法師僧實所欽克和止觀法物爲大用繼住持上座曇傑寺主道廉都維那道貞等皆沐浴福河棲止淨業諸結已盡白黑雙遣衆生可度名色兩忘纂盛名於舊人啟新意於今作重建雅頌遠託鄙夫代斵有慚豈云傷手

握筆餘勇曷議齊賢但相如好仁慕藺名而激節伯喈聞義讀曹碑而敘能儻青包於藍冰寒於水非曰能也固請學焉其詞曰

靈山兆發眞僧感通刺泉有力呵神致功法儀外演禪心內融性除遍執門開大空其一 瞻禮雲集底居峯薄越嶺圖勝降平規博信臣檀施護供興作大起重階廣言阿閣其二 嚴幢湧出寶塔飛來尊容月滿法宇天開化城改築道樹移栽松清梵樂石散花臺其三 金容海游法影山薦毒龍業消魚子心變萬里西傳一時東現華戎異聞穹厚驚眄其四

遠實法主謝惟文伯光頌累彰德名增勒助起江山聲流金石一言可追千載相激其五了性了義或古或今止持紹律定慧通心覩物情致懷緣道深敢憑淨業永紀禪林其六

五臺山清涼寺碑

上尊王之分護大千也甘露以灑之慈雲以覆之香風以熏之惠日以暖之忽恍乎無相之體通洞乎有形之類演正法降毒龍在清涼之山苑經行之地其山也左溟渤右孟津恒岳揭其前陰山屋其後五峯對聳四望崇崇蓄陰陽之神秀含造化之奇特每至丹霄出日俯拍雲霞清漢

無波下看星月可以侔鷲嶺可以闢蓮宮在炎漢時卜中箭領用肇造我清涼寺在北齊時以八州租稅食我緇徒爲歷代帝王莫不崇飾洎我唐開元天寶聖文神武應道皇帝丕宏妙教大闡元宗渥澤浸而恒河流景福烝而鐵山固仍復舊號祇以修先是長安年中勅國師德感供以幡花文殊應見於代具大神變發大光明儼兮似或存倏兮無處所凡厥稽首咸懷欣懌傍顧此身盡在光影其畢業咎乃罔不休示立諸相而無所立廣度羣生而無所度非大聖至神覆護其孰能如此者歟夫其清涼之爲狀也壯矣麗矣高矣博矣靡可得而詳矣赫奕奕而燭地峯巍巍而翊天寒暑隔閡於簷楣雷風擊薄於軒牖星樓月殿憑林跨谷香窟花堂枕峯卧嶺尊顏有睟像設無聲觀之者發惠而興敬居之者應如而合道天花覆地積雪交輝梵響乘虛遠山相答珍木靈草仰施而紛榮神鐘異香降祥而聞聽凄風烈烈誰辨冬春奔溜潺潺不知晨暮經所謂吉祥之宅豈虛也哉開元二十有八載帝之元女曰永穆公主銀漢炳靈瓊娥耀質發我上願歸乎大雄爰捨金錢聿崇妙力奉爲皇帝恭造淨土諸像欽鑄銅鐘一駢之

以七寶合之以三金影搖安樂之界聲震閻浮之國是以滌除煩惱足以開鑿聾盲二沙門清白懷忠置陳於禪林之院樹法幢以供之聲梵樂以安之惟時孟秋月望慶雲出山西北圓光五百餘丈有萬菩薩同見其間前後感應不可遽數意者其福我聖君乎天寶七載貴妃兄銀青光祿大夫宏農縣開國男上柱國鴻臚卿楊銛奉爲聖主寫一切經五千四十八卷般若四教天台疏論二千卷俾鎮寺焉海墨樹筆竹紙花書密藏妙論千章萬品置之以寶案盛之以玉箱上徼祐於君親下澤潤於黔庶善夫上座

曇財寺主神慶都維那智詵入妙覺海登大空山大德忠翰智空曇開如岸玉寶先覺蓮花不染高僧清超淨法雲光庭觀谷蔭禪枝巖棲戒葉並鸞鳳比德龍象叶心豈即舊而增修亦惟新而超構備致靈應昭彰邑郡以爲智德斯遺靡籌稱謂句偈不忘式圖刊勒敢承前矩强述斯文

銘曰

天作五山兮實曰五臺山上出泉兮有龍爲災大聖煦嫗兮戢毒徘徊西南其刹赫赫枚枚翠微之上兮崒崔嵬金容月滿兮寶座蓮開祈我聖皇兮其至矣哉以感以通

兮爲祉爲福前際後際兮無去無來

大唐贈歙州刺史葉公神道碑

公諱慧明字德昭南陽郡人也其先系自軒后彌於周文聃季食沈子高封葉因爲氏矣逮問政偶孔好龍得眞代有聞也昔者惟帝興運乃聖炳靈風雲相從卜夢通感間氣駿發良弼大來有開必先憑物爲象固自然矣則我使君降仙府乘道流追蹤隱淪叶契幽叟結廬澗沚考槃巖椒同人利貞遁代勿用雅好酒德尤邃老經詁言解頤精義絶倒誘進不倦虛納盡歡好事集門長者闐里每至升月帷戶和風林薄植杖嘯谷席皮琴山泰然樂生澹乎忘老方且惟性壽遐神仙徇赤松之游蹤黄老之術外身先物歸根致柔緣以大均持以大定色理不濫寵辱不驚繩繩焉熙熙焉孔德之容罔可測已故師長旌禮邦族與化智者謂智仁者謂仁雖褐塞桑樞紵衣韋帶必避塗加敬懷風惕息焉是用克聞於家大育厥允則我越公襲上德延慶靈生而知之學而習之有專門之資得丕承之業纔齓丱道既冠同元訊遠嶽之福庭覿幽尋之方士陳咒雷駭吐刃電光沈海莫濡蹈冶匪爇呵萬鬼攝百神啓陰官

之符變冥司之籙追究往事坐知來茲膏肓無所遁其形霧露不能滋其疾奇跡多緒嘉聲日聞是以大君孔休辟命薦至入自卧內問以咎徵造膝必誠偶事皆中時更四紀代且五朝順風以請天師歆祗以近皇極緇素莫能出右公卿是惟虛左國家有事天地將旅海嶽公嘗致禮加璧能事潔羞傳駟載途郡邑迎謁者歲四三焉自頃賊臣裔禍小人吹蠱敢爲戎首與此厲階天步未亨人事將殆公乃極陳幽贊大啓聖猷枚卜撰辰並走羣望作爲邦翰先後主憂殄勦元凶翊扶皇統是嘉厥異式揚爾忠爵賞

茂於身寵贈光乎考匪此父也曷訓其子匪此子也曷揚其親松楸已行碑板未立永念終古追存孝思驟請闕廷第如江介遠訪才子枉逮鄙夫趙括論兵多闕舊學班固述史實賴家書顧惟成章伏愧貞石其詞曰

眞隱夷軌默仙解形倬哉獨立企古遐征殆庶元德升覩丹經服鄉不涅光和無營築卜岑濬上藥侍琴徐嘯風谷緩步月林白雲怡意清泉洗心曷勝不往曷奇不臨迹因神遠情隨地深舉代方籍皇家未載肇有懿子載揚令德左蒞致物越人辨色司察鬼謀役使神力寵被五君聲聞

八極日嘗薄蝕國有多難凶慝肩揚忠烈憤惋亦既先覺克圖幽贊皇哉神武赫然天斷薄言即戎於以戡亂帝念酬庸典開列土豈曜厥身實贈於父朱藩乃錫紫綬是輿存致沒榮忠伸孝舉烈烈松柏緒風興悲表墓有闕紀德無詞哀哀嚴蔭欒欒孝思孰傳終古是建豐碑贈慧明銀青光祿大夫歙州刺史子道士法善授鴻臚卿封越國公

開元五年太歲丁巳鶉尾七月庚則七日甲辰建

贈安州都督王仁忠神道碑

觀厥君子大司莫盛於禮樂時事大實莫極於寵榮非夫周於賕厚於行外無鬼怨內無人非將何以享而福之秉而有之寅亮邦家武衛帝室者也府君諱仁忠字揖太原祁人也其先系於有周氏於子晉文武不墜子孫其昌掌兵霸秦爲相寧漢累葉交映兩朝相輝梁之狐鳴司徒匡復於將亂周之龍躍開府扶翼於已興曾祖景孝府君隋屯田侍郎祖詮府君皇朝明威將軍歙縣開國男汾州刺史考文濟府君侍郎御史吏部員外朝散大夫東臺舍人並典學懿文夷道全德高舉時秀丕承國工府君至和有純上德膺茂軌度恬簡品鑒朗拔篤誠博達英邁奇偉詩

書異等容貌出徒飄然清風藹然顥氣安步名教詠歌典墳虛心以遊不思而得至於緝熙遠畧繩準嘉言寶匣干將玉臺明鏡未云比也解褐濮州司法參軍要囚有倫亂獄不作泣下丹筆情深赭衣俄轉湖州司兵參軍郵亭利權豪富僦市脂膏不踐玉帛何階頃開元皇帝之潛春闈也以府君后之季父時之正人吳札識音周瑜能聽遷太常主簿尋以地近姻戚望出衣冠仍加朝散大夫試本寺丞屬國家有事上元張皇大禮沿革舊典節制新儀超上柱國而即眞焉及皇上御極元妃昇后遷太子僕六馬肅

若具僚仰止朱祓皇皇鳴珮闕二字載遷鴻臚少卿四極梯航萬酋匍匐且和戎狄未繫單于轉太常少卿九樂備陳三禮大舉觀諸侯之會知天子之尊除左千牛衛將軍晝巡蓋常夜拜是功上謂府君曰昔太上皇嘗居此職特相委任是屬親賢府君兢懼滿盈誠懇辭避鴻私屢抑嘉願莫從霧露不宣腠理成疹詔使旁午御醫崩奔嗚呼杲日或虧良歲多謝命莫能續天將謂何春秋六十有一以開元十年三月癸酉朔捐館宇於京兆興寧里之私第皇帝震悼椒宮感惻制贈安州都督賜物二百段米粟二百石

喪葬官供加元纁束帛勅萬年縣令韋令監護即以其年八月壬寅朔安厝左翊太原舊塋禮也長子右衛長史嶷次子尚衣奉御嵩司農主簿崑京兆府參軍崇岩岃粤崟等並昭奬光訓憲矩令猷文翰發於國華禮則隱於人紀追惟廣孝永言孔亟椎心陵谷泣血松楸是用合謀有成作爲不朽直書盛德曲訪小才錫類每深注情彌極文章莫及覽對何言其詞曰

千年流慶百代象賢山邱藏澤海水成田文武震耀冠蓋蟬聯業揚史竹名雄鼎鉉其一施及時英駿發后族體大志宏氣和德傲秀舉清流高標雅俗地位雙昇才名兩復其二太常禮樂儲宮調護屬國風偃司戎山固先帝昔官聖恩今喻匪親曷保惟貞是附其三三旌未涉六疾爰臻擁福何崇轉禍無神喪葬公備哀榮禮陳寵加黃壤贈及朱輪其四松柏舊塋元纁今飾詔使頻繁椒宮慘惻河山動容風雲變色茲焉永懷古之遺直其五光有允子克荷良弓臣孝家節文章代工椎心匍匐泣血無窮託碑板以題述庶哀敬而永終其六

長安縣尉贈隴州刺史王府君神道碑

邕聞才不必用慶有必鍾盡滯或牽於時首正終會於古故志氣也不謀於食而謀於道生祿也不在其身即在其子始終備致後起追襃謀翼孔彰前循邁種互體相發他日同時哀榮大來幽明通感長河一曲所以端其濬源高山四成所以極其層阜粤未可測已府君諱行果字某太原晉陽人也其先柢於礜稷幹於季文枝於翦離條於吉駿代闢絶史朝弗曠官自古及今令名不去六代祖叡後魏尚書令封中山王贈太宰謚曰宣五代祖襲吏部尚書嗣中山王謚曰惠高祖忻散騎常侍北肆州刺史謚曰穆

曾祖子景徐州別駕北豫州司馬祖元季府君屬隋政分崩賢人伏匿誓言避地執心葆光迨以族弟本州遠慮物義辟大中正開府儀同三司考有方府君皇朝岷州刺史皆寵義從禮尊仁依信增業以行道兼濟以守官府君間氣茂靈上德純粹風度簡曠神情秀拔衣冠禮樂超等出徒博達聰明舉衆敵國無成足乎多藝不器非其一名讀聖人之書閱上將之略每及忠公大節孝友至情大息戶庭垂涕枕席憮然有開物致君之意立德顯親之心皇士目之通才許之好仁從田蘇之遊求巳慕蘭生之義至於

手畫耳聽口誦目數覆碑背局答難賦詩公每屑焉人所服者弱冠以方聞授潤州司兵參軍事自頃上官養求同寀侵欲或專咨儉嗇或懷其安荒一覲禮容載數先訓不俟憲矩若對神明信所謂正剌邪德形物至於此也未幾宅岷州府君憂七日絕漿三年廬墓泣變青柏祥臻素烏野老明徵邦牧表異府君泣面而視瀝肝而言曰所不死者恐貽慈母痛悼豈願居單外買聲名叩頭止之外除宋州司戶參軍日者甫無水虎土有凶年奸吏舞文詭隨單賦誅求公聚作爲賙給者習爲常焉府君位其農郊什其

居室正之以法糾之以詞勿言寬征足革舊染議者以爲平宰社肉武習宮人一荒知秋百爲有典矣總章歲騶麗負海欺天國家汎舟討罰銜急宣之明命濟懸軍之見糧董其轉輸舉於幹職是役也緊公遷長安尉無何丁太夫人艱禮異於經毀甚於昔且二尊孝等偏罰事殊往顧慈親今極眞性臨穴號叫仰天殞絕嗚呼孝歟春秋三十有七夫經德而天代人所悲執喪而滅錫類所痛有一於此則可以束名教感人倫況兼而極乎夫人中山甄氏父雍州豐崇府左別將黃陂縣開國男食邑三百戶行府君之

息女嬪有令言母有彝則從夫德貴訓子業崇力遷於山祔同於穴粵以景龍三年歲次巳酉十一月庚寅朔十三日壬寅合葬於洛陽清風鄉之原禮也長子晙慷慨英達激揚忠孝誦習文忠昭宣幹略元宰經國上將眂師申通明之偉才竭寅亮之誠節其志如石其心如丹五間三連少籍多得空始(一作細疑)無所遲其計合散無所用其鋒李牧十年武侯七縱盡兵聲於河外揚主威於海濱三士列其多備九原備其光寵開元十一年九月八日制曰存樹其名沒而不朽緬懷褒飾宏是典章兵部尚書同中書門下

三品上柱國行果粹靈誕和敏德成器高節夙著盛名有歸雅志未伸促齡永謝象賢之美不展於亨衢而積善之徵克崇於後嗣歲紀方邈徽猷自遠宜申寵贈可使持節隴州諸軍事隴州刺史勳如故次子瓛故汾州永壽宰神和體正經明行修有角無齒惟天之道與才不壽匪身之辜兄也孔懷緬然增感願述先德克贊豐碑高爍有以壯孝心樵蘇有以敬賢墓其詞曰

德不孤慶有續迹時晦賢必復名實朩尊匪祿博技藝窮簡竹耳覽聞心以蓄手未止目猶逐碑可背奕能覆坐嘯

委行道勗孝深至滅太蹙獎教義揚雅俗位嘗卑齡雖促推仁信致戩穀鍾令子發華族振武威廣文囿經廟堂掃邊服昭皇考贈丹轂臣義著子道足哀且榮幽既燭考罔已性相屬碑乃建神所福

唐贈太子少保劉知柔神道碑

邕聞古之常銓今之大寶或籍地因勢或經德自身或禮樂國工或詞學時秀或貴盛終吉或等祀老成或廣孝聞家或納忠刑國有一於是則百斯慶書於牘大其聞矧乃總集高曾備致昆弟悉數以周稱同原而合流息女擇於賢夫允子訓於良冶首止光寵出入震耀若此表裏者矣

府君姓劉氏諱知柔字某彭城人也其先府君母弟銀青光祿大夫左常侍崇文館學士修國史子元按史諜推之楚孝王囂之後粵若伯豫談經景瑜志學令言籟邁王喬名理迴仁之撫接内使之節義是以嗣前人食舊德鼓簧史傳柱石邦家其來遠矣高祖魏驃騎大將軍北州刺史禕府君謚曰懿曾祖齊散騎常侍文林館學士岷府君祖朝散大夫陳留縣長元邃府君考宋州司馬贈徐州刺史藏器府君莫不都長忠方簡質貞亮業行優絕政理殊尤

府君稚節一成立年博達典學爲海懿文爲林鎮重爲山幽靜爲谷清淡事約言遺理深謙常後身儉不逼下至若儀形碩偉風神散逸立若尸祭坐若肅賓認金不爭闕馬引罪公庭絕於私議虛室造於元門遠遺之觀物則名顏子之問一知十無以過也嘗以爲權畧多疊皦察不祥和令乃私靜勝而言立莫神怨行莫人誅固能陳無兵火無藝變奪物性延集福根然後至精啟純全德居厚崇化務俗樹德垂聲可也識者以爲張華茂才荀彧遠畧雖曰王佐則無夭年今府君二者兼之一言得矣觀藝知巧覘葉

知秋吉祿大來壽考休佑吾無間然矣逮計考甲科薄遊
異迹宅憂殆滅有命從師辭爵廬墳受錫表闕黨錮光復
佐職艱貞歷荆府司馬史氏詳矣自皇運啟聖清途授德
典國冑司人曹拜司業兼侍讀漸也府君雅仗忠公固拒
權寵恥或趨貴哲不易方出荆府長史復户部從同宋二
州揚益二府一淮南廉察再山東巡撫加銀青光祿大夫
進爵彭城侯大府有四公居其三要轄有三公提其兩冢
卿有九公自屬國二年尚書有六公以司空十載分爵有
五公當侯伯之榮居守有一公兼宗祐之寄巡使有十公

兼東土之俗疑輔有三公首儲宫之傅至於仁以養之義
以行之慎憲以恤人闢土以祈穀制曰黄霸之奉法循理
錫以高車郭賀之惠化仁明加其冕服至於發貯賑施書
板賦財巳擊單于且平水土制曰出膺賢守則郡國循良
入侯名臣則衣冠準的俾遷榮於北斗宜作範於南宫夫
如是有足以論道經邦助天開化增河海之渥澤近日月
之景光府君止足發衷辭滿得地終讓八座還忌三旌聖
上録德序功養老懷舊就成頤攝留連間曠制曰乃建儲
貳聿求賓客允兹懋官惟爾崇德府君固乞骸骨退守田
園恩命如第尚給全祿嗚呼日有昃歲有除澤藏山風振
海矧伊人也矧伊人也春秋七十有五以開元十一年六
月十五日遇疾薨於東都康俗里之私第皇情震悼追褒
薦及制曰簪纓舊德楨幹通才清以立身儉而率下出入
三署綢繆兩宫曾不憖遺奄然喪逝言念遺老惻悼於懷
宜寵贈章式旌泉壤可贈太子少保物二百段米粟各二
百石葬日官供幔幕手力等太常考行謚曰文以某年月
日葬於河南府緱氏縣景文山原禮也府君昔在平日深
戒厚葬祖載服用子壻黄門侍郎宗子髙所營奉祠子某

官某等追惟先志臨穴長號謹以焚之殆無遺者尚曰史
冊者揚乎名碑版者紀於迹今願抒哀敬刦樵蘇發頌聲
彰末嗣邕曰唯唯敢不十一千百焉其詞曰
漢起沛楚封徐代則九慶實餘惟英秀粤卓犖惣文史張
禮樂諫而尊道而勝集百祿延周稱貴自取榮可榮弟紫
綬壻黄門始孝思後忠烈歷中外備名節歲彌長聲更揚
隱屬國老文昌懷遠圖忌太盛謝人爵委天命月有虧日
有昃皇恩動物情惻猗孝子奉惟訓服用薄哀榮順布史
簡繼碑石名教開幽名激

欽定全唐文卷二百六十五

李邕五

中大夫上柱國鄂州刺史盧府君神道碑

嘗以清白者賢操之行理迹者公人之業矧乃周仁以子物濟義以闕二字酌闕三字畢闕六字所以闕九字車未下而威先館未即而恩洽衢陌歌頌風俗异聞闕二字披闕一字歷闕二德闕五字其在闕一字也闕十四字姓之後唐堯理水伯夷封於呂城周武興闕一字太公闕一字於齊國闕二十八字子左庶子祖諱寶素隋晉州別駕考諱安壽縣州長史莫不闕二字禮闕五

言闕十八字友至性遠與古人貞拔休風高視當代學觀古闕一字樂聽雅聲闕三字以闕三字兄闕一字以闕一字欲闕十五字同於席解褐冀州信都主簿改絳州太平丞階以昇進闕二字不闕四字清闕三字忠公闕十六字無闕一字科賦有條尋宅憂孔艱殆滅至性廬墓沫血闕二字茹荼服除轉闕一字州闕五字恩闕十五字恩除洛州新安宰以犯諱更榮陽宰下以闕二字民以孝散闕一字以闕四字以闕二十一字不捨過而獄無其辜匪貸恩而人有其愛莅政闕一字矜闕二十九字璽書是降皇帝問洛州榮陽縣令盧正道闕二十七字祿秩以褒美政勉勗終始無替嘉聲賜卿絹二十四闕二字蒲州闕一字馬闕二十四字錦州員外司馬朝廷以罰不及嗣罪不在闕一字收之以闕二十七字江東按察判官偕薦德樹賢黜邪闕一字惡汙吏阻格闕一字人闕二字尋遷闕一字州闕十八字飲水賦詩意誠而公義直而亮庭無宿諾事不闕一字於闕二字無闕一字言闕一字不闕一字於闕二十二字通闕一字昔金爲闕三字從遊日月有來藥物無效神闕二字及闕十字以開元十四年闕十字修里之私第時宰咸闕一字朝闕一字嗟歎將智逝矣乞言闕一字乎以開元十三年二月闕一字六日闕一字厝闕二字安山闕一字先塋之闕一字禮也夫人榮陽郡闕一

君闕一字氏廣州闕一字史元度府君之息女嚴慈訓子闕二事姑才德昭宣闕七字姓宜闕一字室闕三字翼後時闕三字祐仲子寬朝散大夫闕一字陵令叔子澈太原府士曹並夔闕四字長齡促闕三字堅前桃林宰季子曉闕五字州司馬闕一字子闕一字太子宮門郎皆在邦聞人惟家有子文史足以達闕一字氣闕一字迹闕一字以闕三字將以先公闕一字休畢闕十字銘泣柏淚枯號天氣絕敬申遺恨遠託故人闕二字莫追闕二字不闕一字其詞曰

地籍慶靈兮誕生岐俊博總技藝兮含宏忠信錦闕一字詞

闕一字兮雲飛筆陣闕四字兮闕三字進宰縣闕八字志㮚光兮懸車解印㓻日歲幹兮舉燭風迅蒼生有闕一字兮皇天不憖蕭蕭闕一字門兮闕十二字近

逸人竇居士神道碑

觀夫道義重者則土芥寵祿闕一字氣廣者則湫阨山林是以混然闕一字人闕一字在於蕉闕二字然闕一字事不入於市朝其服也鄉其行也獨介如闕一字石闕三字蘭所以名與風翔業與時並闕一字稱君子詩曰碩人其在茲也居士諱天生字自然扶風人也其先出自夏后少康之允闕一字晉大夫

闕六字漢丞相演班固之書豈徒保闕一字河而累葉胙土掃北朔而千載銘山因闕一字秦闕一字今爲京兆人矣曾祖居士諱闕一字祖居士諱希求考居士諱闕三字幽抱虛壑閑卧深林黃卷晨開素琴夕引臨洛而下視天鏡仰山而高詠雲莊雖迹在人間而志逸區外居士㓜而神秀長而恬和習志闕三字人育沈冥於後闕一字高尚芝桂闕一字易衣冠其凝神也氣細於虛其闕一字節也冰寒於水則知瓊林玉樹迥出塵容闕二字蓬瀛遥登仙子是以好闕三字名流重真背郊廛變輿馬或靈藥一器或闕一字酒一壺接道闕一字於野庭申秘闕一字於闕一字座曷云招隱聊且懷人至若賦詩闕一字言比物闕一字意眇默闕三字遥昇天莫知曾深但仰元妙時有流俗親懿勸誘浮榮論葉縣於漢仙比漆闕一字於宋傲南郭槁木東方耀星出處有以闕一字名言論有以軌闕三字蕪沒三徑淪滑百齡而以飛遁居貞辭闕一字翫代與夫五辟未就六闕一字不行披霄褐以闕二字冠雲冕以闕二字非所取也居士乃軒辭解謝闕四字太息而言曰僕聞子面吾面肇允不同以馬視馬亦既有異矧爾攺父之道則死孝曷申爲身之謀則生慮曷保闕一字堯舜在上巢由在下闕三

字國則如此以家又如彼自可永闕一字元覽悠悠素襟沒緡清流隱几磐石豈不泰歟議者以爲風神照人文史滿腹闕一字聲大谷絕迹幽巖闕四字有膏者不煎有爪者不搏才不同也闕一字何爲乎居士賡辭曰且駢指者疾多言者窮意者闕一字欲闕一字無爲闕二字道身貴實貝所以食闕三寵珍羞所以却吾粒豈徒弄沆瀣踐莓苔買山以游沽名而隱者也闕一字後闕一字薄當軸曾闕一字閉關微赤松不追匪黃庭不誦聊以卒歲式用闕三字呼鶴矯神遷蟬蛻形解雖人事似促而仙路實遐以長安二年正月十三日闕二字

化於闕二字時春秋六十夫人沛郡太夫人朱氏性與闕五字親始則輔德從夫終則擇鄰翼子光啟釋教休有禮防傳繫肘之方得觀碁之樂享年八十有六以開元十闕一字年三月七日示滅於京闕三字以其年十月十六日合葬於五齋原禮也長子處賓才與命違壽惟神闕一字丹穴之色闕一字變鳳毛青田之姿闕五字悲人代高步仙遊闕三字賓早慕齋神久承元覽無玉帛之樂事闕一字詩禮之雅闕一字人求我知我棄人欲貂蟬莫燿荊菊是馨季子正議大夫行內侍上柱國元禮多闕三字全節冠時以孝則忠曰慈故勇西

南護塞設五闕一字以闕一字謀東北闕一字戎縱一鼓而包敵由是昭宣豹畧作爲虎臣歸西戎之數闕四字之闕三字尅以少謀勝取多毆脫連頭而受誅穹廬屈膝而請命燕山之石揚先祖之刻銘屬國之官笑闕一字來之繫頸闕三字迫公事違阻闕一字心不闕三字松楸身廬塋墓猶且匍匐泣血擗踴推心闕一字天地以昭親表山河而刻石其詞曰

一門養素兮四葉探元遺土軒葢兮含景靈仙凝神闕一字谷兮洗耳寒泉笙歌蕭闕一字兮闕一字鶴翩翩揮手闕二字兮長歌紫闕四字日兮遼柱闕三字勿求之兮吾將懵焉有美厥後兮是稱其賢闕一字名四主兮宣力三邊孝家忠國兮揚親闕一字天闕二字行闕一字兮性闕三字倬彼石表兮永矣松阡

桂府長史程府君神道碑

觀厥品目異等業尚獻臣天與才名神福壽考而中留官序小往代艱位不極乎多能績未宣其利用戢駿翮韜良工悲聲起於絕絃泣涕形於抱玉自傷楚老豈獨公明而已哉公諱某字某廣平新安人也其先出自顓頊重黎之後周之休父入爲司馬漢之不識擢居衛尉至若昱輔魏主嬰立趙孤奉日以納忠殺身以明節精誠發於寤寐義

烈冠於人倫宜其貽謀克家寵光形國業與時並名與功諧者也五代祖嚮府君陳襲重安侯隋蕭縣宰四代祖育府君隋車騎將軍曾祖皆府君隋涿郡主簿大父宏府君皇朝安陽令考大辨府君泗水六合二縣宰撰東征記兩卷藏之秘省莫不託宿元德從事老成典學積於蓬山能賦秀於詞苑府君令始家則光有國庠博通全經悉數賢行孝曰曾子文似相如下筆不休遺言無擇陳平長者把臂每多田蘇好仁引繩相重解褐徐城尉始足下也旋應五臣昇第遷宋城轉櫟城簿王畿政重帝告事先握札雲

飛聽訟風靡載擢來庭長安二赤縣尉搏銜御黠夙駕承天驚暗若神應對猶響籍聽擢左臺監察御史仁克寬文無害恥爲辞刻雅欲優閑朝廷許之轉詹事府司直歷城門郎長社武進朝邑曲沃好畤雲陽宰六縣皆代工開化順時布和愼簡里胥周省條簿其清水鑑其坦砥平從心術以外形隨手妙以旁發人樂新政俗勸古風載遷魏州司馬靜守憲矩審喻寀寮官師有章人吏不黷屬后族黜免允嗣姻連奏引諫書醜詆宰輔選其頗闕一字正其奸贓志士寒心朋家質首左遷府君饒州焉嫡子昕崖州舍城

尉俄轉府君桂府洎島夷干誅天師問罪憑險縱毒送死阻兵昕乃不俟檄徵自促銳陣挺身而當矢石抆面而覆寇讎馬旋泥中人走岩下憤氣雖作救兵莫臨劒交於胷戈達於腋其命則殞其目不瞑嗚呼爭首謂忠供用謂勇倉卒歸盡零落無成有感路人愍悼慈父沉悲生疾積痛傷年猿甚斷腸烏可銜木人非命也天何問焉以開元十六年十月五日奄徂化於官舍以某年月日反葬於某原舊塋禮也夫人廣宗潘氏封某縣君即銀州刺史寶勣之息女柔茲孔嘉貞淑丕訓是佐君子宜偕永年桃李早零松柏同衲子晧曜曦等並才彥惟有名教克開優游翰墨之場造次仁義之域宅憂殆滅追孝有望匍匐昭覲哀迷紀石邕以披顏友道列坐詞人談笑未終存殁相訣情也有慟涕之無從雖不工於文將達於意其詞曰

曾源積兮流彌長高閈慶兮齡亦壽命不泰兮時未將何寵祿之中否徒政理之孔臧坐疎屬之嬰累重愛子之飛章遺一門兮二謫備周歲兮兩喪寄永懷兮身後唯沒代兮名揚

唐故雲麾將軍右武衞大將軍贈秦州都督彭國公謚曰昭公李府君神道碑幷序

觀夫地高公族才秀國華德名昭宣沖用微婉動必簡久言必典彝人之儀形闕一字以爲闕三十六字守中轄重養福亢宗以長其代邁德以閱其門者其惟我彭國公歟公諱思訓字建隴西狄道人也闕三十二字至信徒於秦克復其任子仲翔討叛羌於狄道子伯考因家焉洎孫漢前將軍廣子侍中闕一字十四代孫暠闕十一字曾祖闕十五字卿諱叔良都原州長史華陽縣開國公贈寧州刺史諱孝斌或集事雲雷擁旄爲將或闕一字光日月闕九字禮以闕三字以闕十六字然寡欲超

然遠尋好山海圖慕神仙事且東以名教阻於從游乃博
覽羣書精慮闕一字藝百闕一字偕妙一闕二字知闕二十九字聳義
直道首公非忠益之論不關於言非侯度之謩不介其意
夫如此可以近大化漸家闕一字功烈闕三十字羣子贊禹甘生
相秦莫可得而聞已十有四補崇文生舉經明行修科甲
明年吏闕一字以文翰擢闕三十一字未幾加朝散大夫滿歲除
常州司倉參軍事出納之恡職司其憂蓋小小者於時也
鼎湖龍昇闕三十四字興二闕一字之歎近關而出罔知所從臨
河而還復將安處僶俛轉揚州江都宰公曰五行四時十

二月闕二字爲闕一字五音六律闕八字之多闕十二字義闕一字其闕一
字情敷祐話言所以廣德化扇揚和氣所以暢仁心及履
霜堅冰終風折木公歎曰天闕三十一字以闕一字家闕一字詬侯
時變名求活所恨南陽宗子未舉勤王西京宰臣不聞復
辟者曠十有六載及闕二十八字位莫非其人徵拜太常寺丞
漸也未月遷太府員外少卿五旬擢宗正卿眞彤伯加隴
西郡開國公食邑二千戶闕三十四字吠傷嗣害國誘關通之
邪甘言卑詞售讒巧之譖助逆封已害正亂朝公密奏封
章累闕一字啟沃闕二十四字動率闕一字迴闕一字納闕一字孽之諛

開臣禍之兆放逐勳舊慰薦冠餙后族握兵黨與屯衞佗
佗賈勇凶凶作威持戟闕一字其闕二十五字或闕七字之闕一字或
外廷揣摩飛白鳥之難然以楚兵致討嘗懼季良淮南荐
凶獨防汲黯出公爲岐州刺史累闕三十字以闕三字舊也家富
勢足目指氣使驅掠以爲浮費劒戟以爲盜夸公乃急於
長旄緩於闕二字峻闕三十二字國朝以時泰崇文事危尚武取
申忠義具屈才能以左屯衞將軍徵家口並給傳乘議者
以爲式是闕三十一字義闕三字嶠則文雅洽通故散騎平遷侍
中兼掌昔也所重今之所難公得之矣復換散騎常侍闕四

字應闕二十五字之一闕一字以圖書闕一字此之再任以心膂昇
故一從一橫一文一武丈夫也君子哉尋拜右羽林衞大
將軍以闕三十五字渝考中上又更右武衞大將軍且師丹康
貞則拜斯職宋昌心腹三登厥官或以闕十六字於闕二十字門也
因假開喻是究竟談以實明宗非差別行其道流也黙論
參元深闕一字見聖始作闕一字於不闕四字於闕十一字地之紀導
闕二字之闕四字之闕六字翼皇道決策謀府經德智囊而日月
有除霧露成疾莫可救藥誰能度思嗚呼春秋六十六以
開元闕一字年八月闕九字第闕十四字州郡督賵布絹四百端匹

米粟四百石葬日官給謚曰昭公宜家魏國夫人竇氏德心守彝禮容宏矩闕十三字鳴呼闕十四字不闕一字悲夫以八年六月廿八日合祔陪於橋陵園禮也姪吏部尚書兼中書令集賢院學士修國史闕二字公闕十一字一闕十八字布和宏恕以歸厚刑器有典軌物有倫嘗追如父之恩是切加人之感相與公之長子朝議大夫魏州別駕闕二十八字賢院昭道等並才名用譽業尚居多至性純深終天孔亟嘗恐竹簡紀事未極聲華石闕四字揚風烈闕十二字之闕二字名闕一字之闕四字麟定時秀人才國工詩書樂地典禮良弓率心載德濟義

輸忠湖海雅度闕二字清風乃闕一字槐集闕四字伊昔闕五字窮闕十五字通赫赫復闕一字振振秩宗三思嗇禍諸韋薦兇憂纏家國氣薄華嵩闕七字同闕七字衡闕七字雄闕十七字子惟孝靈龜是從桐柏烈烈碑闕崇崇盛業何許佳城此中

左羽林大將軍臧公神道碑

夫兵者天之威將者人之命非武功不足以遏虐非智勳不足以視師故四朝簡木三邊受略百姓拉之如朽五變轉之若丸橫大漠而左迴出高闕而右去狄虜懷柔以納質匈奴辟易以破膽數騎深偵解鞍卻敵入陣周迴搖扇坐謀剡乃大誰羽林離衛宸極蓄志堅石誓心渥丹捧日廓於九霄戴天旋於四孟千年聖主幸而逢之一代勳臣鮮哉稀矣公諱懷亮字時明東莞莒人也其先派於后稷演於周公洎魯孝公子臧因而為氏昔僖伯諫隱觀魚哀伯諫桓納鼎魯多君子視履考祥是以知其有後矣降自璋漢城陽王太傅暉蜀郡太守混晉東海內史曾祖滿府君隋銀青光祿大夫海州總管東海公祖寵府君皇朝請大夫靈州長史襲東海公考德府君皇朝散大夫原州司馬贈銀州刺史上柱國莫不納忠誦光訓彝則大乃嗣種

德在人子孫並於昌時龜組疊於榮門公濬發卓犖雄舉倜儻風雨之氣凜凜出徒金玉之聲鏘鏘激物問家以廣孝形國以盡忠朋執義之昆弟友之雖文忠老成而壯武特立自左衛勳應穿葉附枝舉登科授左玉鈐翊府長上始足下也尋以天驕送死勝府纏兵占募出奇衝突包敵遷鴻州長道府左果毅仍長上恩獎充平狄軍都虞候總管轉左衛陝州華望府左果毅長上屬雜虜侵闕一字別將犄角橫戈掉戰匹馬飛行拜遊擊將軍本府折衝都尉仍長上公自任邊事每讀兵書山川之形不勞聚米戰陣之

勢有以成圖驟施交𧦅博聞求已習明以至用宏畧以壯猷故兵部尚書同中書門下三品平章事韓國公張府君年位不侔志業相許引之入幕辟以論兵抗禮肅庭握手密坐嘗謂人曰此子才經文武氣蓋華夷逸翮將摶巨鱗必縱雖趙有李牧漢有衛青練彼朔方勦於獯虜無以居其右也由是聲聞於天威震於朔凡欲追訃皆籍率先洎單于紹親閒道畧地絕沙漠（闕一字）冰河公乃連馬拽柴多旗具火詐示遠擊爲出分軍虜以表裏驚疑沮衄奔散轉懷州南陽府折衝都尉仍長上朝議以元功未塞後命載加遷寧遠將軍左領軍衛懷州景福府折衝仍長上充大武軍遊奕副使除定遠將軍大衛雍州通樂府折衝仍長上充大武軍國慶加明威將軍本衛左郎仍充東受降城副使公以虜騎應來備預宜速出敵不意惟我有謀乃毒以井泉焚以草莽中休罔以秣馬夕炊罔以汲人虜歎曰可北而不可以南可望而不可以至公之謀也累加宣威將軍使仍舊載遷忠武將軍左郎將兼安北副都護匈奴以地闕援孤士寡糧絕蟻附城下雨射城中公乃偃旗靡匿金鼓懸門不發衿甲不陳匈奴且夕卻軍遲明出塞以

功遷單于都護借紫金魚袋公以北鄙禦寇中道扼喉生門以攜之死地以誘之覘其西也將驚其前察其東也將襲其後匈奴進退岐路迴旋二年議者以爲約之不以長繩固之不以陷穽非公用智全勝按甲養兵安能預於此恩制加銀青光祿大夫單于副大都護兼朔方軍副大總管上蔡縣開國男公理兵戒嚴撫下勤至感恩挾纊懾威蹈火匈奴不南牧職公之故也拜靈州都督兼豐安軍經畧大使兼朔方軍大總管上蔡縣開國子匈奴利於馬牛指於靈夏嘗以三城分守上將專征議雖畫於河南身竟

潛於漠北轉鄯州都督兼河源軍經畧使營田大使上蔡縣開國伯公曰且耕且戰足食足兵古制也於是闢屯積穀高壘止戈轉輸勸勞校卒加勸公之經也恩加雲麾將軍左武威衛將軍兼洮州都督莫門軍經畧營田大使隴西節度副大使上蔡縣開國侯吐蕃恃衆無名嚮禍有素遠掠邇牧橫掉我軍公乃下以單師張以厚陣惑之以聚散分之以從橫左右夾攻首尾盡殪日公當西守虜蕃南侵獲其迹人審其陰計咸以投艱在將解控惟在（疑）復以本官兼勝州都督東受降城大使營田大使兼朔方軍大

總管上蔡縣開國公會六州九胡洊凶階亂倉卒起於懷袖雜沓混於賓主虜接塞聯馬肥弓勁其駭人也公分於二蕃制於散地持必攻之郡計必死之凶上奇兵以四征保危堞以內備雖諸軍合勢而殊效特高恩拜右武衛大將軍賜物三百段餘如故自頃牧胡殘孽留歷傍山或求食啟攘或逃死嘯聚猖狂三窟澶漫數州關隴震驚道路危阻復拜公朔川軍副大使節度河東道諸軍州兵馬圖是寇也公以殼騎雙絕誠難必擒夷險五岳非便不克乃傍山釋馬依林去弓接之以銛戈扼之以武旅襲其所短運其所長凶逆鞠窮旬月底定以功最拜羽林衛大將軍復以本官兼安東大都護府都督攝御史中丞平盧軍節度使支度營田海運大使往者奚霫諸蕃之詭信也西屬匈奴南寇幽薊乘間每鈔無虞亟和公以兵數實多藉用尤費輕舉則外患不解大舉則內攻更深是以傳陰符移間諜飛言以誤其使重賞以賫其鄰既伐碩交且斷右臂所謂以武闢武以夷攻夷雖貫詭計然見錯策得無以尚也朝廷多之拜冠軍大將軍復本任東莞郡開國公及神武告天有成登岳展禮白羽日野朱旗霞山臨之以天儀列之以地陣公以駿奔走驅熊羆智勞促來風疾孔亟詔使累降御醫洊臻舊疴有痊後命遄拜復起前任無何以本官致仕聖上以公節不可奪故信臣禁兵畧不可誅故臨遣武事入爲心膂出作爪牙非夫至公如貔如武焉可遠符夜拜雅杖邊秋萬里爲城四鎮爲岳澄北海之濤水掃西沙之風昏者哉及乎暮律田園莊座枕蓆壯心不已餘興未弁宿昔霸陵意將軍之夜獵屏營細柳冀天子之幸臨去鶩悲鳴疲驂跼顧賓御太息覽對永懷嗚呼日也者飄入於泉山也者藏歸於澤人謂之遊神謂之遷其可若何以開元十七年八月二十二日薨於京師平康里之私第春秋六十有八主上感悼邊人掩泣羊祜罷市耿恭勢面見於此矣明年秋七月日葬於白鹿原禮也長子敬廉定遠將軍前檢校左監門衛中郎將上柱國次子希莊中大夫前安北都護上柱國三子敬之前左金吾衛中候賜緋魚袋上柱國四子奉忠前左司禦率府長史賜緋魚袋上柱國五子敬沘前殿中省進馬上柱國並淳孝濟義昭武懿文檢崇讓以後身率周仁以集事光備慈訓追遠先塋雖史簡可傳而碑板尚闕顧予以舊執詢予以小才

博殿而札翰未宣體大而襃揚不際將竭虛薄曾深其詞云爾

惟至聖兮內外無憂任英武兮出入孔休總戎幕兮四紀闕一字羽林兮六周樹元勳兮特立隱敵國兮鮮儔救河曲兮走朔方解遼海兮振漁陽一生一死兮鞍甲臥沙闕一字雪兮疆埸橫匹馬兮飛將起萬里兮邊防忠則極兮志亦苦年且高兮疾不愈事枕席兮志家瞻日月兮戀主情遝遲兮怛化魂恍惚兮破虜志何深兮命何促時不與兮才不贖碑一代兮人英征九原兮鬼籙嘉忠孝兮題紀貽永載兮陵谷

唐東京福唐觀鄧天師碣

嘗以天者常生於人之前人者常化於天之後常生常化其惟天與人乎有物有馮者其惟天仙乎不生不化者其惟大聖乎無為無事者其惟尊師乎師諱思瓘家於臨川隱於麻姑山其先出自有殷春秋後子孫因國為南陽望族後漢有太傅禹蜀有車騎將軍揚武侯芝晉有武威太守世龍以至曾祖和祖甫考嗣偕秉哲衣德參寥洞元代有人矣且源派分流達於江海之內父子傳氣合於天地之初尊師幼入廬山中移恒嶽吸沆瀣漱清泠精魄冥於太虛耳目靜於窮谷身枯木心死灰固不如也開元二十三載皇上下明詔求方士聞本郡別乘李行禕以尊師應辟焉帝請問所習雅重其言常齋太一宮集元元教應失諸野思得其人臨遣尊師俾巡江南六十郡冥搜元覽欲以張皇大道開覺下人明年春二月甲子復命稱旨意勅度為道士名曰紫陽仍賜紫羅法衣一副絹一百匹配東京福唐觀兼本郡龍興觀以寵之議者以尊師心奉於道身事於君名師於鄉德揚於國莫之比也五月三日又賜絹一百匹紫羅法衣一副所謂高其行而累於賜貴其言而尊於服我聖人之用心也九月七日扈從西京勅安置同德興唐觀君子曰尊師與聖同德而興我唐乃居此觀韙也二十五年冬恩勅許歸覲省出中使二人監侍渥承於主榮及其親兼遂者鮮矣二十六年春特勅詣中岳王屋函谷宗聖及諸名山修功德其所至也神兵降於壇上慶雲集於山下元鶴徘徊於霄漢丹芝鬱馥於原野上聞而嘉之又賜紫羅法衣兩副將以服一生之體潔帛五束將以當五方之鎮綵綾六段將以成純陽四九之數錢十

二萬千將以合日月十二時之會僉曰天物備矣道心行矣二月甲子一日兩詔偕召七人初爲中禁潔齋後以真源謁廟重聞天聖獨以道高二十七年冬十月朔七日駕幸温泉宫恩令太元觀安置子夜過半仙裝聿來顧謂門人竹務猷曰虎駕雲車門外十乘青童執節庭中二人吾當從之此迓我也遺言曰吾事親未終於孝愛弟未終於仁請本郡御書仙靈觀額及麻姑山置廟兹事莫遂奄至形解聖上儻問於我君將此辭以聞言畢異香四來奄忽而化篋藏手詔三十紙壁挂道經五千言前後所賜法衣

七副而金紫者雜綵七百二十八段錢二十六萬七千尊師盡以幡像香油之供費其餘無幾或賙老病貧窶焉帝聞之流涕賜絹二百匹充其殁養之字闕一用錫尊師孝也度弟思明麻姑廟道士用成尊師仁也御書仙靈觀額立麻姑山廟用昭尊師願也出中使二人監祭造車轝送還本鄉二十八年二月二十日殯於舊居麻姑山項甲子改葬棺中惟見牙簡香鑪而已尊師應於盛明昇於上清時春秋三十有七甲子永惟大聖元元皇帝教曰成而不居死而不亡者斯之謂歟

羽林大將軍臧公墓誌銘

夫纏兵者寓内所苦用武者朔漢所懸粤若董戎三軍司帥萬里未易爲也是以累戰必勝所謂興國每守必固所謂扞邊英雄歟忠公歟不然曷以分命山河書勲竹帛者也公諱懷亮字時明莒人也其先周公之祚允自傳伯哀伯正詞魯史太傅太守理迹漢朝克揚厥休不泯於代所從來遠矣公即隋銀青光禄大夫海州總管上柱國東海公滿府君之曾孫皇朝請大夫靈州長史上柱國襲東海公寵府君之孫皇朝散大夫原州司馬贈銀州刺史上柱

國德府君之子少而習書長而事武特稟閒氣雅仗大名暗合孫吴自比管樂移家共用乃出孝首公用仁足以子人崇義足以開物弱冠應穿葉附枝舉擢第授長上再遷果毅都尉三除郎將加銀青光禄大夫莅歷單于安北靈勝洮鄯安東七州都督護擁旄豐安河源莫門朔方朔川平盧六軍經畧節度營田大使三入羽林大將軍加冠軍大將軍上蔡縣開國公至若設奇兵勦敵智出人境事揚天聲經之三邊倏忽四紀舉無遺策動有成功雖李牧十年武侯五月罔足以議及乎屯禁旅直嚴更遏周牆之

禍萌增鐵障之安國又何加焉自頃卧疾時扶力強飯嘗以匈奴未滅家國所讎長吟朔風太息秋序嗚呼陵谷者地之險有時而遷日月者天之光有時而異況於人乎風瘵彌留以開元十七年八月二十二日薨於平康里之私第時春秋六十有八親友揮淚朝廷歎息逝川歸海長城復隍悲夫以明年七月卜地於白鹿原禮也嗣子定遠將軍前左驍尉翊府左郎將兼檢校左監門衛中郎將上柱國敬廉次子中大夫前安北都護上柱國希莊三子前左金吾衛中候賜緋魚袋上柱國敬之四子前左司禦率府

長史賜紫金魚袋內供奉上柱國奉忠五子前殿中省進馬上柱國敬泚等並棘風茹荼蘿露泣柏號天自毒負土空寃用紀石銘將符竹簡自承訪舊遠託馳誠事梗槩於豐碑情辛勤於絕筆其詞曰

周公錫允魯國因名矢魚興諫納鼎飛聲家傳禮樂代有賢英才子間出武功特興提兵北壘救敗西鄙保界七州彌曠四紀無堅不陷無強不刼三邊風清萬里雲廓謀慮縱橫威名昭灼物莫能又運何以長邊也不幸人之云亡風沙未息松柏已行哀哀孝思冥冥泉壤高山或遷其詞爰仰庶石銘之可託式萬里之無爽

雲麾將軍碑

嘗以張子纘承珥貂裘者七葉楊公丕搆秉朱輪者十人下闕惟一闕四字郡守闕四字營下闕都督全德安仁畢下闕察其考闕一字謹行府下闕詩書益智筴三年之爲下闕殊歎闕三字二九闕一字遼什伍下闕隨闕一字以包教議者以爲良將下闕節公以名數見召義勇備下闕者惟一誠能沮彼勝下闕兵不以穿四闕一字陣甚下闕而排厚無下闕宸翰賜下闕之私第邊鎮奪闕一字士下闕俸散於戰人玉帛均於門下闕廡國家方築壇拜將下闕

西河郡司馬府君之息女賢和淑慎靜恭貞白移下闕也允子朝議大夫使持節景城下闕大心正懿文壯武廣孝移忠惟下闕山不舉燧利倍往昔功省今茲下闕恐桑田或變陵谷仍遷是題豐石之碑式表先公之墓其詞曰

卓彼茂俗赫乎高門經文緯武翼子謀孫其一施及我公克廣爾祖敦下闕筆遼水渺彌隴山岧下闕悲纏九族戀切三下闕

欽定全唐文卷二百六十六

孫處元

處元潤州人長安中徵爲左拾遺神龍初功臣桓彥範等用事處元遺彥範書言時事得失不納乃去官還鄉里

重修順祐王廟碑

夫視之不見聽之不聞理邃杳冥事歸寥廓神之體也陰陽授質天地表形妙萬物而見情滋百實而見性神之用也有用有體然後鏡窮達而通吉凶惟深惟幾然後繫幽明而極變化潤州城内荆王神廟者漢高帝之從父兄也

帝唐之裔豐谷之靈鍾三才而秀出應五運而挺生夫其文足化成武堪靜難慷慨奮發伺風俟時兆示玉雞災成金（闕一字）泣三靈之罷睠悲九服之無依波震塵飛亂海嶽而騰氣龍興虎嘯乘風雲而扇威於是九四猶疑三千未附代謀於應響之地垂命於容髮之閒王洞曉龍韜宏開鳥翼星流電激鶚視鷹揚一麾而獲馬欣三捷而强彭越圍壽春舉周殷之衆會垓下收項籍之功取臨江若拾遺分舊楚猶摧朽深謀出於不代異績崇於一時周邵未之方桓文安足比致君堯舜拯俗阽危大啓荆宇爰藩漢室富陵之釁蟬蛻道窮變通古今之迹是非茫昧之理遺靈宅此歷代攸欽自昔二千石臨郡未嘗不先致饗而後莅職前刺史東平畢構親爲祭文今刺史京兆韋銑手薦醽醁司馬上谷成敬荷高明下濟稟乎剛克之威俊乂稱賢當彼在官之譽抑揚治道含吐藝文溫恭儉遜總其樞正直廉清充其用聿從烏府來佐鳳江萬里表最三台虛佇而尚澄襟靜室攬轡中逵藏往知來誠爲易道窮高極遠不昧周經言鍾化牝之符克信懷珠之術慨祠堂之禠落悲厥迹之堙訛迺命衆工精求班匠旋加刻削廣事雕鎪

同有子之追寫仲尼等左徹之共朝軒帝精誠通於至理髣髴見於仙祇烟雲氣色似獲嚴凝之助日月照臨如增降鑒之象延羣峯於戶牖遶浚壑於階墀衆聖盡臻百靈咸曁豈止一虵爲異雙鯉見祥袁貞託夢於太元鄧艾通幽於司馬不俟四天之位寧尸八部之榮威儀悉整簫管皆徹由是人無天札歲靡災異風雨調順穀稼熟成一邦之氓僉荷其慶長吏顏元孫舊德名家鴻才碩學性等玉壺之潔心同金奏之諧端右一州羽儀當代錄事參軍魏晰司功參軍裴侑李眺等策名來仕清德莅官不虧基創

之餘彌篤敬恭之操盡申明薦咸勗至誠未窮倏忽之遊終保清澂之氣安歌兮緩節絙瑟兮鳴箎始沐藻而祈恩便奠椒而降祉清光滿室瑞氣盈庭粤以大唐先天二年太歲癸丑三月戊寅甫功畢夫寂然不動感而遂通極乎幽贊之情招乎福謙之佑無方無體至變至精顯道而列晬容興物而崇清廟事通元妙光麗自然屏翰千載舟航萬古式揚粹烈爰作銘云

帝王興起必有藩捍非獨也周亦聞於漢於穆懿戚挺茲楨幹拯溺救焚夷凶靜難功成不處德盛無鄰威同夏日

德侔陽春德盛伊何輔主惠民功成伊何沒代留神神道設教聖人所服得一永符樂天招福不行而至不疾而速利用靡窮聰明難濟欲達吾信詞陳史祝

黃元之

元之睿宗時人

潤州江寧縣瓦棺寺維摩詰畫像碑

夫魁北藏樞秉三奇於紫掖崑西運軸森萬族於黃輿方領圓冠棹九流而宗學海霓裳羽服乘六甲而下仙巖雖辰像微茫不能味甘陳之識陬維窅邈不能探章亥之功

仁義與禮樂可遵未出死生之境昏默與清虛可尚纔居天地之先且造化以六合爲功聖人以二門分教豈夫百千萬劫量其遠近三十七品語其功業者哉況性相之微不可以名言得虛有之妙不可以智力知三千之淨土無邊八萬之法門虛受能住不思義解脫者也維摩詰者華言淨名居士也沒於妙喜之國生於毗邪之域大仙那提之子常修梵行世號白衣居士焉故總妙圓明現身方丈無起無住不去不來空色空而取眞空滅生滅而求寂滅或歸之於無物或得之於默然邪正於是路殊語言由其

道斷居士之眞宗也若乃家室不離而教傳緇服天子迴向而身爲白衣讓金粟之尊未卽如來之位晦玉毫之相空留長者之名亦猶百谷之王以下莫能大六虛之相居高而自卑居士之洪謙也若乃移外方之諸佛一室規乎四天對樂世之衆生一劫成乎七日毛孔之內鼓大海之波濤芥子之中巒須彌之巘崿擲世界於恒沙之外不覺不知攝高堂於大會之前同瞻同仰嵐風動地口吸莫以爲難猛火燃天腹貯但聞其一居士之神通也若乃羣邪作梗諸惡延災衆生茹焚溺之悲含識迫傷夷之患由是

騁自在之力縱無礙之威破煩惱而擊慳貪斬毒蛇而擒醉象幢幢暫建面縛四魔智劒纔揮心降六賊故使波旬振讋不能變帝釋之容外道摧殘不能竊眞如之業居士之威力也若乃非相成光乎是相故見於威儀無言假道於有言方形於問答宏乞食之理須菩提但覺茫然聞宴坐之談舍利佛不能加報摩訶迦葉息言於二乘大目揵連吞聲於四衆亦由明鏡內鑒照之而不疲洪鐘外發扣之而必應是以五百弟子同稱我不堪任二千門人盡得無生法忍居士之靈辯也若乃智總大雄心行菩薩雖人

我無相以拯救爲懷憂本無憂憂凡俗之憂病本無病病衆生之病富室貧里等資其福田酒肆婬房廣談其善誘則知去重昏之小翳朗惠日而無私闕一字中根之大莖霑法雨而同潤居士之慈悲也若乃前際後際無昧於因緣成時化時不違於本願光嚴悟矣行念其道場新學豁然坐知其宿命晨持乳鉢未息麤言中設飯盂普均香氣有疾菩薩憂惱於是併除犯律比丘疑悔由其傾蓋居士之利益也若乃恭承父訓事方便以崇嚴瞻望母儀奉智度而資受結齊肩於法喜坐詠宜家期上足於塵勞行同入室因風起對共賞慈悲他日趨庭獨推誠實知識慕善道品所有居先伴侶求眞度法由其見託居士之宗黨也若乃上棟下宇空寂爲輪奐之資淨服名衣慙愧入裁縫之用開八正之路則衆馬交馳坐四禪之牀則身心不動智惠之果秋垂無漏之林淨妙之花春發總持之苑禪悅爲味詎假珍羞解脫充漿寧思玉液奏法音之樂則絲竹藏聲燒異品之香則旃檀罷郁居士之遊處也於是隨意所轉覺路遐通應緣而攝梁津赴濟恢勇猛之志則火闕一字生蓮廣闕一字虛之因則水中現月法本希有若都優曇之

花道之將行大備貝多之葉舉閻浮之國土禮敬忘疲想毗耶之人天聲塵不朽居士之遺跡也得其道者則三乘弟子差稱多聞行其法者則七種學人莫不愛樂是致四天讚仰而無暇十地攀接而無階王者資而九有清羣生聞而六念作雖驪龍改地共尊金粟之儀水土遷行長奉寶臺之供我國家神明造物聖政調時滌瑕穢而玉鏡清劃澆訛而撝大朴牢籠七十七代鬱映萬八千年率土之濱罔有弗韙普天之下共惟帝臣京坻積而銅爵鳴鐘鼓和而玉羊現將益四生之福爰開十善之因精舍廣祇陁

之圜列郡揚淨名之教萬姓資其分別八方暢其休明天
地平成於是乎汲引在江寧縣瓦棺寺變相者晉虎頭將
軍顧愷之所畫也爾其上纏珠斗下控金陵六代爲天子
之都三分入王孫之國禮讓流行之地英靈誕秀之鄉鷲
巖分虎踞之山鴈塔枕龍盤之水總幽閒與形勝則瓦棺
之寺焉昔有晉莊嚴淨域時梵侶以規模雖廣雕飾未周
永念粹華每疚懷於須達共成圓滿而假力於檀那凡厥
施財莫匪鳴刹顧君乃連扣資數百笇逾千萬大衆眙愕
不知其然君習氣精微洗心閑雅雖纓弁混俗而績素通

神乃白緇徒令其粉壁於是登月殿掩雲扉考東漢之圖
採西域之變妙思運則冥會能事畢則功成神光謝而晝
夜明聖容開而道俗覩振動世界謂彌勒菩薩下兜率之
天照耀虛空若多寶如來踊耆闍之地由是士女駢比擁
路爭趨車馬軒轟傾都盛集玉貝交獻須臾而寶藏忽盈
青鳧亂飛俄爾而銅山崛起納繒帛者繼踵施衣布者架
肩當鳴刹而雖則可驚不崇朝而過其本數非夫精義入
神者孰能與於此乎雖江山寂寥居處緬邈年移代改留
侯歎過隙之駒郭是人非丁令化遼城之鶴由是觀其道
場妙矣謂應供而來儀牀枕儼然疑有懷於問疾目若將
視眉如忽嚬口無言而似言鬢不動而疑動豈丹青之所
歎詠相好之有靈哉頂禮者肅如在之心瞻仰者發歸依
之念信受演說之旨大布於人天住持負荷之規實存於
牧宰刺史楊令琛懷軌物之量韞不伐之本五服當列土
之榮千里負專城之寄移風易俗頻垂董相之帷揖道歸
眞再擁文侯之篲長史薛宏以仁賢雅望迂德於仲擧之
輿司馬成景賀以卿相高才屈跡於士元之驥俱遊六藝
貯籯金而常滿共逢三朋攬衣珠而永悟縣令陸彥恭風

神俊邁境宇恬虛雖馴雉已彰實割雞焉用風亭月牖還
開見寶之詞石冷泉淸頗愜分襟之賞修菩薩之行則仰
之彌高現宰官之身則威而不猛相門出相茲焉在茲佇
聞摶擊鵬衢栖遲鳳沼豈徒播茲風化奏彼絃歌而已哉
丞鄭孝義逸氣飛騰英懷倜儻擢命世之標幹揮舍人之
符彩我之自出鳳樓鳴五色之雛家之積善牛渚降九派
之族宏才博學再闚康成之門愛客好賢重覩當時之驛
朋友推其令譽人吏偃其高風歷州縣而暫勞獻鹽梅而
詎遠主簿于植才藝早著水鏡長懸將騁驥於高門先漸

鴻於下位尉史惟清以雍容儒雅門專秉直之風以磊落才雄巖引乘箕之宿則知龍駒千里非黃綬之所羈鶴鳴九皋惟青天之是矚家裘不墜望台鉉而相輝堂構克隆見公侯而必復寺主曇影及徒衆并諸寺大德等並法身挺秀覺意圓明屈拔提之尊號懷盛明之忍辱四十二之賢聖接踵比肩一十八之闕一字虛心持目想勇猛精進將億耳而齊驅博達多聞與阿難而並騖言論辨了有類鵬耆體性利根更嘉鶖掘故能經行不倦拯濟忘疲楷模四流笙簧二諦邑人左補闕馮宗右拾遺孫處元等並資忠

履孝抱義懷仁凝大江之精靈鬱高山之景行莫不衡門育德華省馳聲或長揖九徵或光膺八命所以東南蓄寶江左有人焉既而道俗披誠賓僚託款濫見推於相質遠不讓於當仁弟子謬忝詞場頻擢桂林之秀言瞻法宇早從祇樹之遊觀泡影之皆虛悟聲色之非實雖心爲形役而志與道俱思惟必在於佛乘夢想無忘於梵行觀居士之跡不可思議閱居士之言得未曾有恨不親承聖旨捧袂於不二之門躬奉尊顏跪履於大千之界託菩薩之下位共拂天花接比丘之末行同窺聖果昔讚舞鸞之化每有願於揄揚今從問鵬之遊豈得默而無述爾時欲重宣此義是以敢作銘云其詞曰

元氣浩浩大匠存存鎚鞴精粹折託乾坤四生有劫六趣無門愛流夕漲塵飛晝昏其一巍哉世雄應期來現妙矣居士隨緣利見大庇生靈遂荒臺殿劫塵遐邈恒沙法遍其二空牀寂寂虛室閑閑文殊奄至波旬遽還拔毛沃海剖芥藏山地分珠柱天潤玉顏其三智惠無邊威靈具足廣延寶座高蹈金粟振動人天津梁道俗火宅垂蔭幽徒炳燭其四於赫有晉像教斯傳纘事闕一字矣靈儀在焉神光夕照瑞

相朝圓赩如電掣皎若星懸其五我皇垂拱誕膺寶位控引四流陶鈞萬類法闡妙有靈通夢寐政事以和物無不利其六天陰南斗地擁東吳江山作固臺壘稱都俗富英俊人多給孤莊嚴結構炳煥規模其七瞻彼邦邑媚茲寮寀化偃一同聲馳四海冰王常瑩松筠不改迺睠道場肅焉如在其八薄遊淨域永念毗耶香如致飯衣似持花嚬容示疾啟齒降邪室懷方丈會想無遮其九杳杳三界茫茫九有瞻仰睟容思惟受手式刊貞石僉圖不朽盛烈鴻名天長地久其十

李乂

乂字尚眞趙州房子人第進士舉茂才異等累調萬年尉景龍中累遷中書舍人修文館學士景雲初封中山郡公開元中爲紫微侍郎拜刑部尚書卒年六十八贈黃門監謚曰貞

諫遣使江南以官物充直贖生疏

江南水鄉採捕爲業魚鱉之利黎元所資土地使然有自來矣伏以聖慈含育恩周動植布天下之大德及鱗介之微品雖雲雨之私有霑於末類而生成之惠未洽於平人

何則江湖之饒生育無限府庫之用供支易殫費之若少則所濟何成用之儻多則常支有闕在於拯物豈若憂人且鬻生之徒惟利斯視錢刀日至綱罟年滋施之一朝營之百倍未若回救贖之錢物減囷貧之徭賦活國愛人其福勝彼

對成都令勸學判

得成都令江延調縣中子弟二十已上除其吏徭各率環刀一密布十令詣太學府司科擅賦斂錄事批放仍舉科諸生謀殺之罪

郎官上應列星惟帝稱難邑宰下宣風化得人斯委江延材膺訓俗功寄臨人拜職周京銅章之秩六百隨班蜀國劒門之路五千冀行鄒魯之風思變彭岷之俗上琴臺而馴翟依石鏡而翔鸞將宏富教之宜用廣文儒之業爰調子弟是蠲徭賦環刀密布聚糧求任土之資裂裳負笈函席就橫經之道惜乎英靈莫嗣曾靡尚於摳衣剛悍猶傳遂有歌於剸刃不漸文翁之化有逾原壤之徑擅賦之條在江延之何負謀殺之狀顧諸生而已彰上藩之斷頗乖錄事之批爲得

節愍太子哀冊文

維景雲元年十月朔日節愍太子梓宮啟自鄠杜粵某日將陪窆於定陵禮也昬衞初列鳳仙將遠閱少海而不留赴窮泉而莫返皇帝懷副君之大義降猶子之深慈飾忠烈於逝者備哀榮以送之漢幄虛侍周牆肅事思臺空築幽埏永閟金相兮玉裕揆行兮旌能峻節兮無泯芳聲兮有恒其詞曰

素雲流祉白水貞祥祀及百代威加萬方勃焉家國赫矣皇王帝子攸降乾男以將邁德誕靈懷文抱質漢臺占兩

秦宮近日敏對不羣能言罕匹藝該百變詞含六律朝霞自舉夜月嘗遊醴薦推穆書成重鄭典戎仙衞作牧神州是謂元子光膺孟侯少陽正位太學知道春誦夏絃尊師敬老榮承玉匕寵殷瑜珮三善不忘四章旋逮過闕則下入廟斯趨曰仁與孝終始不渝聖敬日躋溫文歲廣望高周鄗才優魏兩周事有倫出言無黨政成中外聲溢天壤邪臣作蠱匹夫知惋不顧身尤將夷國難忠義斯伏謀猷是斷獲戾宮朝歸魂霄漢白駒過隙蒼蠅止藩水逝西汜霜彫北園鶴闕誰馭鳩里徒冤瞑目於此傷心詎論嗚呼

哀哉去日淪暉前星墜彩形神盡謝德音如在物是人非年移運改聖朝延鑒徽章有待有待伊何慶逢開闢延鑒伊何恩隆典冊卽鳴鳳之岡嶺啟占烏之隧宅人辭中壘之桑鳥思平陵之柏地如伊水山連紀帀嗟委化於仙期欲問安於神理五營成列萬國咸酸挽鐸朝喝旌麾曉寒指牽牛以南渡乘飲龍而北儛顧青舍兮非春掩元扉兮大暮昔之來矣銀牓銅樓今之往兮曠野荒邱冉冉兮辰促蒼蒼兮道悠惟聲華與純懿比金石而恒留嗚呼哀哉

韋均

均長安中官雍州富平縣丞

造像記

原夫六塵不染五蘊皆空將導羣迷爰登正覺大雄見世旣開方便之門眞諦乘時更顯因緣之路是以耆山廣演火宅斯分給園宏誓樊籠自釋聖人之德不可思議弟子通直郎行雍州富平縣丞韋均比爲慈親不豫敬發菩提之心今者所苦已瘳須表證明之力遐徵琬玉近備雕鐫謹造像一鋪敬爲銘曰

大哉至聖妙矣能仁濟世無德歸功有因潛開覺路暗引

迷津顧迴光於孝道永錫壽於慈親

李孝倫

孝倫武后時守記室參軍事

敬善寺石像銘

若夫銀枝毓祉締靈影於金園劒雨銷氛飛惠液於沙界自鶴林祕彩鷄山蘊迹甄睿像於貞金刊瑞容於芳琬風猷不墜繄此賴焉紀國太妃韋氏京兆人也茗姿含綺霏華椒掖蘭儀湛秀緝美蘋隈而思惕紅沙浪眞輝於五劒神棲縞霧延妙業於三珠爰擇勝畿聿修靈像質融虬彩

影襲鸞騫月逗仙河分紫眉而汰色星流天苑翊紺瞳而飛照懇誠已罄茂績其凝化鳥旌越海之功藏龜彰拔塵之果昭昭峻業難可名言者哉加闕一字凝石疏基均霜表地川潔桐園之蕣風送杏巖之香雖淨鏡開金慮睽闕一字於桑海宏規鐫石諒終期於芥城其銘曰

二靈已散一體未融動植滋夥物象相蒙情氛委岳識浪隨風終淪闕一字住孰亮三空大雄降迹元津斯演瑞浦澄流祥山闢巘雪童戰勝檀林翼善了義西宣妙輪東轉葉潤攸在震區有庇望影咸圖尋光必萃粤惟德範夙探微

祕詣道雖志瞻容乃喟珠瓔褫玩銀藏傾財林中寫塔雲外崇臺臨豪月滿映臉蓮開香烟起霧梵響驚埃南控鸞川北馳春路萬室迴矚四依輟步撫因共植披文同悟比日長懸隨山永固

嚴善思

善思名譔同州朝邑人以字行消聲幽藪科擢第武后時爲監察御史稍遷太史令景龍中累遷禮部侍郎善思精天文卜相之術睿宗在藩善思言必登帝位既踐阼拜右散騎常侍唐隆元年鄭愔謀冊譙王重福爲帝僞制除善思禮部尚書事覺配流靜州赦還開元十七年卒年八十五

論則天不宜合葬乾陵表

臣謹按天元房錄葬法云尊者先葬卑者不合於後開入臣聞葬則天太后卑於天皇大帝今欲開乾陵合葬即是以卑動尊事既不經恐不安穩臣又聞乾陵元闕其門以石閉塞其石縫隙鑄鐵以固其中今若開陵必須鐫鑿以神明之道體尚幽元今乃動衆加功誠恐多所驚黷又若別開門道以入元宮即往者葬時神位先定今更改作爲

害益深又以修築乾陵之後國頻有難遂至則天太后權總萬機二十餘年其難始定今乃更加營作伏恐還有難生但合葬非古著在禮經緣情爲用固無定準況今事有不安豈可復循斯制伏見漢時諸陵皇后多不合葬魏晉已降始有合者然以兩漢積年向餘四百魏晉之後祚皆不長雖受命應期有因天假然以循機享德亦在天時但陵墓所安必須勝地後之允嗣用託靈根或有不安後嗣固難長享伏望依漢朝之故事改魏晉之頹綱於乾陵之傍更擇吉地取生墓之法別起一陵既得從葬之儀又成

固本之業臣伏以合葬者人緣私情不合者前循故事若以神道有知幽途自得通會若以死者無知合之復有何益然以山川精氣上爲星象若葬得其所則神安後昌若葬失其儀則神危後損所以先哲垂範具之葬經欲使生人之道必安死者之神永泰伏望少迴天眷俯鑒臣言行古昔之明規制私情之愛欲使社稷長享天下乂安凡在懷生孰不慶幸

公除後請習樂表

臣伏見太常奏公除後請習樂以供郊廟享祀奉勅不允

臣與衆官詳審以爲樂音氣化所以感天地動鬼神調五行均四序故哲王垂制被之樂章六變而神祇降饗九成而祖考來格今陛下以服未一周久停六律稽象德於太廟寢祈福於近郊何以昭永歷於上元助成功於先聖考之典禮恐或未安臣以漢魏喪禮以日易月者蓋爲三年不爲禮禮必壞三年不爲樂樂必崩是也以樂因陽來禮由陰作樂崩則陽伏禮廢則陰愆風雨或違粢盛遂闕豐潔之祠有謬兆庶於是不安所以變諒闇之舊儀遵適時之新禮斯實存至公於天下割巨痛於私情祈社稷之永安庶宗廟之長享孝道之大何以加之使漢魏之禮未然則當自我作古況其得禮之變詎可越而不從伏請依太常所請許其教習

欽定全唐文卷二百六十七

崔琬

琬中宗朝官監察御史

劾宗楚客等疏

臣聞四牡項領良御不乘二心事君明罰無赦謹按兵部尚書同中書門下三品宗楚客侍中紀處訥等立性險詖志越溪壑幸以遭逢聖主累忝殊榮承愷悌之恩居弼諧之地不能刻意砥礪憂國如家微效涓塵以裨川嶽遂乃專作威福敢樹朋黨有無君之心闕大臣之節潛通獫狁

納賄不貲公引頑凶受賂無限醜問充斥穢行昭彰且境外之交情狀難測今娑葛反叛邊鄙不寧由此賊臣取怨中國論之者懼禍以結舌語之者避罪以鉗口但晉卿昔居榮職素闕忠誠屢抵嚴刑皆由黷貨今又叨忝頻沐殊恩厚祿重權當朝莫比曾無悛改苟徇贓私此而可容孰不可恕臣謬參直指義在觸邪請除巨蠹用答天造楚客處納晉卿等驕恣跋扈人神同疾不加天誅詎清王度並請收禁差三司推鞫

嚴識元

識元武后朝官魏州刺史後爲兵部郎中

對本正爲主判

婦人聞人死無親族兄乃爲主本正亦爲主鄉人弔者兄拜爭爲主　闕

洪波振海終不到於蓬瀛流電促人詎有固於金石無不魂遊北斗水閱東川咸促半夜之山共盡明朝之露聞人不幸一去無歸洛川之風雪共銷陽臺之雲雨俱霽泉門永閉但聞松柏之聲繐帳空懸無復綺羅之色惜乎丈夫獨立親屬蔑如秋蘭匪植於庭砌春華詎榮於棣萼眷言

爲主寂寞無人切哀痛於仁兄慟悲涼於本正爭承卽禮競執喪儀未終白鶴之榮詎盡青蠅之哭縣司直申情理非究禮經徒開弄法之門未杜簿書之路竊尋州斷實允公途以鄰主喪雅叶春卿之禮捨兄於罰殊乖秋典之文

潭州都督楊志本碑

惟天子主萬邦家六合內有百揆四岳外有州牧侯長所以奉若天道綏厥兆人潤飾宏業光發徽頌昔漢宣帝憫嘆息之聲晉武皇緝垂拱之化以爲統世御俗政平訟理與我共此者其惟良二千石乎於戲楊公德邁其職振文

翁黃霸之風粹迪郭賀賈琮之道精底慎財賦而行其禮典肅恭明神而敬事耆耋旌別淑慝俾克畏慕可謂其庶平博施於人而能濟衆者公諱志本字文範宏農華陰人也其先出自周姬有伯僑者享封於晉食邑於楊命氏立宗權輿自此矣夫浤源濬泉則派流括地盤基窮麓則峯岑入天是以德富者其胄露繁英多者其族雲蔓故朱輪渥彩通侯震於十人白環深慶太尉傳於四葉天才雄逸自得曹植相推地望增華恥與王珣爲比曾祖晉陳內使舍人臨海王府長史開蓬蔣遂交愛等九州刺史武康節

公隋贈上開府儀同三司青冀等五州刺史有集行於代有詩入文會集精詞偉賦詭豔瑰音偶郛陽之曳門代徐邈之居省剖珪符於比景異俗知歸聞鼓吹於中霄累朝加贈大父林甫陳貞威將軍廣州都督隋上開府儀同三司渠芳等五州刺史上郡北平等五郡太守皇朝營州總管絳州刺史上柱國宜春郡公邑五千戶自吳飛楚聲軼湛盧從趙入秦價先和氏江南舊國委崇章於大樹關右新君延茂秩於開府旣而隋綱就弛唐讖行徵公坐聽蚍分暗期龍躍同荀彧之去紹來議深根等馬援之辭囂歸

陳聚米高祖神堯皇帝深多決勝實念疇庸冊命且隆法三光而析壤循良是屬寄千里以專城烈考琮皇朝秦王府庫直太宗文武聖皇帝贈感舊賦一道詩三篇歷茂梓二州長史沔綏二州刺史上柱國叶贊經綸預參康濟耿純自結早申獻帛之誠吳質舊遊時蒙枉騎之眷幡旗長戟門巷紛紛芝蘭玉樹階庭韡韡公吸太和之英液稟高明之淑氣松骨始萌早抱淩霜之操瑤精在璞更爍成虹之彩岐嶷自深惟友惟孝蒸蒸然純至日茂豈待乎浸潤之功而後滋也年甫六稔卽丁內艱號不輟聲泣下成血

絕漿絕粒毀劇成人大連少連曷云克邁自是名韻激躲藝實汪洋希風者刮聽而彌仰挹道者洗矚而欣契杜安登學貴戚咸遺其書王粲在門中郎遽倒其屣格不期峻而且高標削成量不期深自有天琛水怪施之於夏屋則可以灑桷編櫨排之於大川則可以衝濤截波矣年三十以右親衞調補石州司法參軍鵬圖未騁鴻漸初升惟敬五行以成三德習于公之待封憲陳氏之特寬樓煩之南咸知審克離石之境自以無冤轉桂州都督府法曹參軍清棘犴察梧囚明愼用法而不留獄都督周道務以公冰

襟同潔石性渾堅庇惡木而深恥飲貪泉而不易奏充嶺南市闇闕一字珠玉使侊侊五嶠皇皇百越路窮南服境淑西層握水衡之錢權御府之產歷剖蚌泣鮫之巨漲窺結綠珊瑚之怪穴自異時魁傑之士以事而臨其地罕有聲背於驥節全其貞將軍北旋猶見猜於薏苡大夫南使亦受遺於金裝而公散國財市蠻寶混之不濁涅而不緇易生人之所難凜然有伯夷之風矣以外憂去職百里而趨三年無改長輿哀苦國主念以增憂次翁服竟郡守逼而方釋服闋授始州司法參軍公九章惟精故三政居里小

大必察洽於人心紫蒙軍大使駙馬周道務奏充營田判官考菑畬相墳衍申李悝盡力之教行商鞅急耕之賞候采落花動深曳棘故軍賴滋殖人無阻饑轉揚州高郵縣令加朝散大夫遷雍州吳原令道德齊禮風移俗易野翟依馴災蝗折去鑠庫兵以爲器彈鳴琴以坐堂淮海之邦衆斯悅矣奏雍州司士闕邑人斯附矣遷邛州司馬兼平戎軍靈關道支度運糧使七羌九兵時間暴梗徵師練卒式張威防密徑通蜀窮關抵駹歷嚴道之邛峽緣漢嘉之折坂滑壞沮塗且疑泉覆淫澍不開莫殊天漏公審量中

算廣蓄邊儲率擔夫竦餽卒儕隳隧腹陘危魚頡鳥頏輻轤不絕軍戎以濟豈慚流馬之功才幹方申猶兼展驥之任轉始州長史限以劍閣阻以石門張載勒銘之所范雎通棧之地邑戶遷逃鄽里疎寂版籍徒紀征賦缺如公綏之斯懷集之斯至墳無輟亭之鬼家有戀本之夫邦國不空既賴王祥之績吾無憂矣實惟蔣濟之能制公檢校棣州刺史俄而東胡叛換北狄猖狂鴟鈔虎飛海蹙雲沸殘破城邑殺略吏人激傷血於燕冀鋪割齒於恒碣兩河之土崩矣百姓之心搖矣則天皇后有命分麾寘懷撲燎班

告羣后時惟念哉公拜書雨泣杖節雷皷申畫郊圻慎固封守威以震敵惠以保甿故得境內無柝聲野外無塵影猶祭彤之有勇虜不敢窺若李廣之能飛寇恒警避賊平授使持節蘄州刺史蘄州蕪迥楚風輕亟磯連黃石之山江帶青林之浦公敷國典灑朝恩斟化源撰猷懿鎮動以德闔郡知方息競以義衆事攸敘貪殘盡去自使乳虎浮江災疫不生卽有牽牛入界尋除都督潭衡等七州諸軍事潭州刺史建麾涉境先求異行停輿決訟應變如神興廢唯降其一書得失每詢於三老且青陽舊城白鷺通浦

控引江嶺括集山谿交貿所萃冠蓋斯雜示之以無欲監子悅化以歸農激之以至淳浮客感擕而請賦故年景未及於周歲風化穆著於衡湘矣公以老浸生危官疲神耗深惟退身之誠頻奏乞骸之表制曰潭州都督楊志本歷官歲久懸車禮及宜遂請老之誠以就歸閑之美可聽致仕於是高謝方鎮卷懷條察做圖輕舸特去江潭言念安車展游田里而災禽集舍息馬歸山長沙捐壽昊天不弔維長安四年秋八月十七日薨於州館享年七十有七號黎沸境慟庶蕘庭莫不若喪慈親願行衰絰雖倉慈既歿

激深慕於圖形郭伋云亡注懷思於配社亦茂茲尚矣惟公姿範端凝精符朗秀器含經濟而緯以斯文才抱圓通而幹以洵直宏虛受以廣納資用晦以沖謙遊其域則童幼警其卑野賤忘其窶泳其波則驕伐以酌損剛戾以克柔瑰節霜明偉尚煙竦橫德輝以爍邦族鏘嘉聞而滿區縣學成淵海隔風雨而恒觀辨若奔濤鑄鍵機而不發常慕汲黯寧爲管仲維迹在公匪懷私已率誠任道深祈利物位愈高而魂益厲績既凝而心更勤食不貳味居不重席俸祿必散於孤親車馬共敝於同友實漢元以來未有

可若斯人也夫人昌寧郡君河南長孫氏周尚書左僕射鄶國公儉之孫也體備柔閑道鍾清懿言而可式動必由禮纖累不挂於心浮僞豈迴其盻蕭侍巾櫛勉執紘綖邈邈承姑獲茝蘭而必獻拳拳訓子見俎豆而斯寧義渥旁周仁光下逮允釐中事載穆其序端儀麗軌抑不可選歟悲夫朝露未晞雲無處所同辟司徒之室初得賜封在季武子之階終聞許合以大足元年卒於蘄州官舍春秋六十九粵神龍元年八月二十五日合祔於咸陽舊塋禮也田疏畢陌樹鬱平陵立石前傾依然哭鳥之象野墳旁野

別爲埋鹿之標有子前永州司功景前左勳衛鉉等鳳毛齊豔麟角早成孝思既深觀行無缺勤兼叔度遙迎蜀漢之喪潔比濬沖不受源州之賵封樹畢矣晨昏已矣永言報之誠罔極矣將憲乎銘鼎景鍾之迹茲所以昭德紀功之義迺虔集洪懿俾勒於翠石敢旌不朽焉其詞曰

虯文爍電龍友先風三軍可指千里易窮疇克光配洪惟我公侯宗磊落襄系豐融世有象賢門傳清白牧守連起采章重赫義叶奉圖寵深同席德邁不匱慶流斯積昭哉嗣服穆穆厥聲恪慎克孝資忠以貞回涯江滙朗節霜横

儒林直秀吏道旁精爰視決曹志清叢棘人有哀淚形無慍色肅傳皇皇飲冰翼翼屢酌貪水寧惟譜薏典農燕塞轉食邛郵稔應銅雀邛來木牛自此康海旋移蔣州人安偉化虜懾雄謀昔離靳服去思猶詠今鎮湘潭來歌轉盛府吏歸殖江神斷娉辭懇令行恩愈謝病如何迅息不享期頤鷹隨牽旐虎送還輀短矣清室孤魂久嫠旣詢郯母雙棺合祔滯昧眞宅穹崇邱冢客土新封行楸舊拱惟哲嗣兮精孝泣昊天兮思垂仰構代兮昆吾琢貞石兮岑崃

徐嶠

嶠新唐書作嶠之字維嶽贈吏部侍郎師道子歷趙湖洛潤三州刺史入爲中書舍人大理寺卿贈左散騎常侍

金仙長公主神道碑銘 并序

臣聞昌容駐齡入遊恒岳觀香飛解受道緱山皆名列仙下闕咎繇之懋功承元元之上德故眞氣全於乙妹道闕一字播於下闕高宗天皇大帝之孫睿宗大聖眞皇帝之女我開元下闕彤闈夙承訓於姒則生知女範少協成人兌悅其儀居無下闕先帝之龍潛藩邸公主以王女受封蓋齠齔之時下闕先帝尚其誠心不奪雅志以丙午之歲度爲女道士闕一字衣下闕姜鳳凰樓中聞學簫之秦女屬先帝席圖御極翼下闕邇鄰鳳城銅闕巍峩豈惟南裔之域銀題赫奕何間西州之宮下闕氣將巽風不散故得佩王母之秘籙呼玉女之闕一字辰旣下闕邑一千四百户雖湯沐增賦貴盛當時而珠玉滿堂賤之莫闕一字獨下闕彰寶歷而應天極麗窮神以宴以處豈不謂高其節行寵其下闕委氣大塊休躬天鈞齊彭殤於不夭泯貴賤以同塵冥下闕至如元母七寶之粉王母四童之藥咸摽上訣不闕一字停下闕形於東都開元觀春秋卌有四主上以天倫之闕二字傷下闕葬踰於吳國闕一字筮年尚遠權窆伊洛今龜言旣闕一字陪葬下闕喜縣開國男裴允初備監護之儀銀青光祿大夫將作大匠上柱國下闕紫氣迎於函谷白鶴送於緱山瓊鳳哀鳴咽薤歌而欲絕黛雲下闕留跡徒聞闕一字斗而飛去幾刧仙羅之拂石乃爲銘曰

戮首虞妹娥皇帝子傳載封陳詩歌穠李葳蕤九闕一字崑耀百里比下闕水豈學平陽二章育性閑婉韞暉元默匪傲榮貴常棲道德闕一字縣下闕降月元女排煙羣遊瓊圃序業金編四章二京樂土雙闕一字藥下闕大數萬物同盡奄示長息脩然解攜園碁柯爛椿菌年齊六章慟切旒下闕伊洛之閒歲叶

先遠陪葬橋山東辭鼎邑西度函關巽風(下闕)靈妃時過仙侶(九章)泉燈一閈兮無光壽陵萬古兮相望金鼎玉(闕一字)兮(下闕)

洺州帖

春首餘寒惟闍梨動止安隱弟子虛乏謬承榮寄蒙恩奬擢授洺州一歲三遷自南徂北旣近都邑忝竊彌深戰懼之時慙惶失據便即祇命末由頂謁瞻望山門但增悽斷願珍重怱怱不宣弟子徐嶠和南

岑羲

羲字伯華侍中文本孫第進士累遷太常博士神龍初拜中書舍人坐爲敬暉草疏請削諸武之爲王者左轉祕書少監進吏部侍郎右散騎常侍同中書門下三品睿宗立出爲陝州刺史復歷刑户二尚書遷侍中先天元年坐預太平公主謀逆誅

爲敬暉等論武氏宜削去王爵表

臣暉等言臣聞神器者天下之至公必歸於有德皇極者域中之大寶必順乎天命歷考前古詳觀帝業皆不並興莫不更王故三皇氏沒而五帝氏興夏殷氏衰而周漢氏作何則帝王之歷數必應乎五行水盛則火衰木衰則金盛天地之運也必合乎四時春往則夏來暑退則寒集則知五行之數帝王不可違違之則宗社不安生人不理四時之序天地不能變變之則霜露不均水旱交錯自有隋失御海內崩離天歷之重歸於唐室萬方樂業荷撥亂之功三聖重光布生成之德可謂有功於四海有德於蒸人自宏道過密生靈降禍百姓哀號如喪考妣則天皇帝臨御帝圖明目達聰躬親庶績則有讒邪凶孽誣惑叡德構害宗枝誅夷殆盡英藩賢戚百不存一餘類在者投竄荒裔冤酷人神感傷天地忠臣義士實所痛心自天授之際僭稱改革武家子姪咸樹封建十餘年間實亦榮極時唐室藩屛豈得並封故知事有升降時使然也今則天皇帝厭倦萬務神器大寶重歸陛下百姓謳歌欣復唐業上至卿士下及蒼生黃髮之倫童兒之輩莫不歡欣舞抃如見父母豈不以唐家恩德感幽祇之心陛下仁明順天下之望今皇業重搆聖祚中興神祇之道有助於先德矣黎人之誠無負於陛下矣臣又聞之業不兩盛事不兩大故天無二日土無二王前聖之格言先哲之明誡自皇明反正

天命惟新武家諸王封建依舊生者既加茅土死者仍追賦邑萬姓失望卿士寒心何則開闢以來罕有斯理帝王之道實無此法陛下縱欲開恩以行私惠豈可違五行之歷數乎乖四時之寒暑乎又海内衆情朝廷竊議爲武氏諸王身計亦適將有損何則處之未得其所居之實恐不安陛下雖欲寵之翻乃陷之不遵古典故也且唐歷有歸周命已去爵重則難保祿薄則易全又則天皇帝親政之時武氏諸王亦分外職今並居京輦不降舊封天下之心竊將不可陛下縱欲敦崇外戚曲流恩貸奈宗廟社稷之

計何奈卿士黎人之議何伏願陛下爲社稷之遠圖割私情之小愛内崇經邦之要外順遐邇之心豈不固宗廟之本允人靈之願則陛下巍巍之業貫三光而洞九泉親親之義上有倫而下有序臣等特承榮寵思竭丹衷既爲唐臣實爲唐計伏乞聖慈俯垂矜納

盧俌

俌中宗朝爲右補闕遷祕書少監開元時爲修圖書副使

論突厥疏

臣聞有虞咸熙苗人逆命殷宗大化鬼方不賓則戎狄交侵其來遠矣漢高帝納婁敬之議與匈奴和親妻以宗女賂以巨萬冒頓益驕邊寇不止則遠荒之地凶悍之俗難以德綏可以威制而降自三代無聞上策今匈奴不臣擾我亭障皇赫斯怒將整元戎臣聞方叔帥師功歌周雅去病耀武勳勒燕山則萬里折衝在於擇將春秋謀元帥取其說禮樂敦詩書晉臣杜預射不穿札而建平吴之勳是知中權制謀不在一夫之勇其蕃將沙吒忠義等身雖驍悍志無遠圖此乃騎將之材本不可當大任且師出以律將軍死綏秦尅長平趙括受戮胡去馬邑王恢坐誅則棄

軍有刑古之常典近者鳴沙之役主將先逃輕挫國威須正邦憲又其中軍既敗陣亂矢窮義勇之士猶能死戰功合紀錄以勸戎行賞罰既明將士盡節此擒敵之術也臣聞以蠻夷攻蠻夷中國之長算故陳湯統西域而郅支滅常惠用烏孫而匈奴敗請購辯勇之士班傅之儔旁結諸蕃與圖攻取此又犄角之勢也臣聞昔置新秦以實塞下宜因古法募人徙邊選其勝兵免其行役次廬伍明教令則狃習戎事究識夷情其所虜獲因而賞之近戰則守家遠戰則利貨趨赴鋒鏑不勞訓誓朝賦楊柳夕歌杕杜三

年之後可以久安臣聞漢拜郅都匈奴避境趙命李牧林胡遠竄則朔方之安危邊域之勝負地方千里制在一賢其邊州刺史不可不慎擇得其人而任之蒐乘訓兵屯田積粟謹設烽燧精飾戈矛來則懲而禦之去則備而守之此又古之善經也去歲亢陽天下不稔利在休境不可窮兵使內郡黔黎各安其業擇其宰牧輕其賦徭事無過舉爵不以私愛人之財節其浮役惜人之力不廣臺榭察地利天時以趨耕穫命秋獮冬狩以教戰陣則數年之後有勇知方豁藏山積金革犀利然後整六軍絕大漠雷擊萬

里風掃二庭斬蹛林之酋懸藁街之邸使百蠻震怖五兵載戢則上合天時下順人事理內以及外綏近以來遠以惠中國以靜四方臣少慕文儒不習軍旅奇正之術多愧前良獻替是司輕陳瞽議

置都督不便議

牧伯之命非不古也洎漢襲秦罷侯置守方制萬里以綏兆人令出王庭威行郡國南海興利東海詳刑人以阜安其流多矣至漢武帝初置刺史秩六百石掌察墨綬以下其黃綬以上則不察焉所以全長吏之威行不擾之政也至漢成帝改置州牧秩二千石遂以秩高自守而功業不著於是罷州牧又置刺史及東漢之時復置州牧王綱不振浸以陵夷則事之汙隆詳乎典策今天下諸州分隸都督專生殺之柄典刑賞之科若委非其人授受有失權柄既重疵釁或生又非強幹弱枝經邦軌物者也其新置都督事恐不便今巡察御史秩卑任重御史之流也委以時巡奸宄自禁伏請慎考古道率繇舊章法乾元之簡易守前王之令典俾夫化洽昇平務依貞觀制度矣

對築牆判

洛陽縣申界內坊牆因雨頹倒比令修築坊人訴稱皆合當面自築不伏率坊內眾人共修

帝王是宅河洛之陽雲闕巖巖列綺城之萬雉環途隱隱分體國之九經重閈交關樓臺相距屬陰風迴扇累日沈輝灑洪雨於四溟布族雲於千里煙凝萬井萍汎中衢半露宮牆坐見室家之好全頹環堵行瞻湫隘之居且揆務黃圖參榮赤縣理雖謹察故典遵牧黎人必使溝洫廣開垣牆甚厚因茲法令正叶隨時坊人以東里北郭則邑居各異黔婁猗頓乃家產不侔奚事薄言佇遵恒式既資眾

力須順人心垣高不可及肩板築何妨當面

徐彥伯

彥伯名洪以字顯兗州瑕邱人對策高第累擢職方員外郎奉迎中宗房州既踐位進太常少卿修武后實錄封高平縣子歷衛州蒲州刺史擢修文館學士工部侍郎轉太子賓客開元二年卒

南郊賦

維帝唐八十有五載鴻撖鑠於縣寓騰陽精握機矩還攝提以產氣配神明而作主倬四后之在天伊萬物之胥覩

左日鏊右星圍吹烈火於炎邱覩堅冰於委羽莫不匍匐我聲教駿奔我珪組納大荒之管鑰伏堪輿之扃戶茲可以孩黔黧扶盤古芭混茫而首出亦奚云於三五哉於穆我皇纂戎而昌青氣搖社白雲入房與天地合契與日月齊光杖太一敺羣剛共工戮兮河嶽正旬始滅（一作三兮苗格）星辰張輯稽古之禮物懸象魏之舊章雖配天復禹繼嗣興湯者不其悉歟掌允神聖浸發祥命芬德馨香崇庸祇敬吟蓼蕭以游渥合臬彙而蘊匠關石龢鈞飛沈翔泳擇明居之全法撰蒼渠之闕令則太階平而玉衡正也庶績洪凝賡歌浩作陰騭於下有孚煥若恢負勝之圖貢昭功之籥是以元龜遊乎湍瀨丹鳥吟於觀閣芝房菌蠢而玉英景雲璀璨而金萼雙觡共抵之獸躑躅苑山一稃二米之穎紛拏畎畝邦誦中和吒歌小歲歲合作噩日交長至遘朔旦之明期擇純陽之正地欲陳大旅展時事告紫宙之成功定皇天之寶位蜃鶩司典鳲鳩蔵職崇泰壇考星翼畫八卦以通道錯五行而辨域對越精祇森羅正直木巽火而般薦豫乘雷以罔極載師清野土訓掃塵繚垣虹合參途電聯籠組帷以艾帟覆皇邸以慶煙宮伯糾其禁

内饔烹其鼐周廬攢構以戢胥列蘽抗茥而翩綿繩繩都人濟濟多士九牧之守百蠻之子莫不挈鴈提羔攢驂噎軌紛鴻溶以騰逗叛適皇而佁儗或駢肩而側足候吾君之戾止若葵藿之傾離光同江河之赴溟水也然後啟端門警仙蹕雙鳳矯首六龍齊膝青旆胥雲紅旌彗日鏘玉鑾之鳴轙按金雞之廣術傳畫角以啾嘈曳朱旗以駢坒呵風伯令戒道制元冥使司律此靈祇所以保綏皇天所以宥密於是闢龍炎幸蜺幬鶉烏司褻熊羆奉收皇帝乃彰晝襳襲大裘端玉珽肅珠旒翼翼穆穆遂臻於圜邱躬

孝享擁神休設天宗之六席援長發之二球盥以明水薦以香萁陳蒼璧而咸事藉白茅而闡幽絜騂犧之泔淡酌元瓚之觩[illegible]盛哉坤極順天樞見邸乳祥開會沙業薦赫禮數於形壺布徽音於紫縣率先於金簿之蠶謹覆以瑤筐之薦皇后介禮恭茲亞奠凝億兆之歡心注穹蒼之景貺紫微開兮天香滿神之來兮軒星纂候黃鍾兮雪飛調大呂兮風燮夏雲和之寶瑟吟孤竹之清管石鱗夭矯團翠煙而上征蘂鳳留霍迓鴻蘁之無算瑞氣蜿蜒於藪甸祥光熠爚於旌罕三觶終獻萬祇呈釀昇羽節導靈羣凝肆夏以青晷颺登歌而咽雲徽鸞鷺之颯沓致戩穀之絪緼禮畢功成天旋日轉宸儀允穆后庸胥展引大火之流旂迴夷庚之翠輦倪三巒之崇構御六氣之遙辦覽太元之神策張集靈之瑞典草木亨兮雷雨霶霈湛恩灑兮雲霄靈霽壽觴霞舉兮絲竹龢筐篚岳立兮駢羞峩天子方合符於大庭之國錯事以梁父之阿岱崩凝兮青嶂汶泓澄兮紫波屯千轂以霆轉整萬轡而星羅則述易象者獻風行之繇談比興者奏時邁之歌蕩蕩乎巍巍乎無得而名言矣遂作頌曰

煌煌靈臺告成功兮我君孝享亞坤宮兮純嘏布護延皇穹兮惟策代表靄升中兮享壽千億傳無窮兮

汾水新船賦以虛舟濟物利涉大川爲韻

賢者徹侯求人之莫兮帝之憂以爲冀方輪轉病於行軌乃乘素秋鏡清流假道於河伯息肩於吳牛因去彼以取此遂舍車而造舟革故鼎新裁規創制通子房之妙畧運宏羊之潛計測淺深之量將載沉而載浮陳去就之宜則旣濟而未濟懿夫席帆錦纜蘭橈桂檝不日而成嘉謨允叶蒲且罔設寧勞漁子之家財用無虧不奪農人之業水之積也厚船之動也捷迴翔並騖識波上之雙鳧倏忽孤飛見天邊之一葉伊負重以致遠非卭否而人涉及夫安卑委順外靜中虛混泥沙而閉矣象智者之居諸逐便乘流排難觸物泛波濤之不屈狀勇者之拂鬱船之時義吉無不利向之爲材也標挺特之林今之爲器也作殊常之器若往若來無顛無躓奢淫自戒厭殷帝之酒池遊戲無虞恥丹朱之陸地鷁首翩然魚鱗比川映汾陰之寶鼎參漢武之樓船當秋風之櫂唱候明月以扣舷載廩儲而奉國達方物以朝天可以通河渭可以泝涇瀍斯漸勞而永

逸將冠古而爭先且知君子攸作務於遠大美利亟行莫不繫賴厥聲載路賡歌濟巨川之功史不絕書考課獲疇庸之最別有荷爲衣兮蕙爲帶鼓輕枻兮張翠蓋杳渺煙波之末夷猶區域之外願一涉於龍門接神仙之嘉會

登長城賦

班孟堅輟編史閣掌記戎幕坐燕草之陽覽秦城之作喟然而嘆曰傅翼下韝視人則媮鯨吞我實鼎蠶食我諸侯鞭撻我上國動搖我中州所以二世而隕職此之由乎當其席卷之初攻必勝戰則克因利乘便追亡逐北自以爲

功勤三王威懾萬國重鈇鑕于戈於仁義輕詩書禮樂於殘賊然後馳海若以爲梁斷陽紆以爲藪犀象有形而採掇珠玉無脛而奔走朝則貪竪比肩野則庶人鉗口負關河千里之壯言帝王一家之有神告籙圖亡秦者胡實慴蕭牆之變濫行高闕之誅鑿臨洮之西徼穿負海之東隅猛將虎視馬存網紀謫戍勃興鈎繩亂起連連塢壁岌岌亭壘飛芻而輓粟者十有二年塹山而堙谷者三千餘里黔首之死亡無日白骨之悲哀不已猶欲張伯翳之絕允馳撐犂之驕子曾不知失全者易傾逆用者無成陳涉以閭左奔亡之師項梁以全吳趫悍之兵蓼驂徵其敗德斬蛇驗其鴻名板築未艾君臣顛沛六郡沙漠五原旌旆運歷金火地分中外因虐主之淫慎成後王之要害則知作之者勞而居之者泰歲次單閼我行窮髮眇默雞田幽陰馬窟土色紫而關迥川氣黃而塞沒調噪鼓於海風咽愁笳於隴月試危坐以側聽孰不消魂而斷骨哉況復日入青波堅冰峩峩危蓬隕葉森木靜柯羣峯雪滿聯峴霜多龍北卧而銜燭鴈南飛以渡河載馳載驟彼亭之候唯見元洲無春陰壑罷晝鷙隼爭擊哀狖直透饑鹿夜呴乳虎

晨嚴蟄熊舐掌寒黿縮㲉悲壯圖之夭遏憫勞生之艱邅昔者韓信猜叛李陵拘執望極燕臺山横馬邑戰雲愁聚衝飈晦急莫不陵地脈以扣心望天衢以隕泣亦有王昭直送蔡炎未還路盡南國亭臨北蠻貯漢月於衣袖裛胡霜於鬢鬟雖寵盈氈幄而魂斷蕭關至若趙王遷逐馬融幽放去家離土踰沙歷障夢蠛蠓之户側坐蠮螉之塞上桃李夕兮有所思綺羅春兮遥相望登毀垣以擗摽坐頹隅以惆悵是以衛青開幕張遼闢土校尉嫖姚將軍捕虜薙垣鋪障鉏亭伐鼓斬元於鐵防之門流血於金河之浦

張虎牙以泄憤紇螭鬚以蓄怒及夫中郎殉節博望踰邊取劍仆地尋河際天幽海上而萬里竄胡中而幾年銀車洊出玉節仍旋南向國以樂只北違沙以莞然嗚呼長城之設載逾九百古往今來觴然陳迹窮海戰士孤亭戍客登峻壖陟穹石嗟故里而不見感殊方以隕魄者亦何可勝道哉嗟我羈淪南庭苦辛長懷壯士永慕忠臣經百戰之戎俗對三邊之鬼隣徐樂則燕北書生開偉詞而諭漢賈誼則洛陽才子飛雄論以過秦歲崢嶸而將暮實慷慨於窮塵

中宗孝和皇帝哀冊文

維景龍四年歲次庚戌六月辛巳朔二日壬午大行應天神龍皇帝崩於神龍殿旋殯於太極殿之西階粤景雲元年十一月二日乙酉將遷座於定陵禮也晝攢毀帟雕輼肅軔縞紼霜迴丹旐雪引御穸臺之眇默背天閶之崇峻皇帝瞻在原之墜響感聯蕚之凋陰禮奠收兮泣遺迹同氣訣兮悲聖心爰命下臣式揚鴻懿咨睿烈於金牒刻明猷於玉字其詞曰

少典之子重元之孫珠聯寶系海浸昌源鳳鳥鳴國蛟龍守門於鑠皇朕赫應成命青霄南浮彤雲北映掃刷中寓光亨累聖欽若應天纘戎前慶身佩星斗掌提曦鏡克明克睿允武允文就之如日望之如雲聲中律呂辭合典墳道懋登庸榮膺繼體位擁青陸業移朱邸春誦夏絃冬詩秋禮復子明辟固天攸啓鵬轝提象鸞飛鑾乾蘿圖已御芝璽仍傳拱默當宁賡歌撫絃堯親更睦嬀德逾纏萬寶阜成四門光闢宵衣若厲道風猶尼野接翹車殿橫儒席留連鎬讌婉孌辭客潤洽泉草一作魚恩周卉毳鞮譯騖輪要荒走幣削觚反樸寬刑薄稅俗富京坻人忘疵癘帝圖

廣運天意難諶旖旎祥籙張皇瑞符仙芝抱砌神蓂搖廚龜負綈檢麟銜斗樞孝思罔極崇庸克賽親幸國陽式陳昭配翠輦容與蜺幬晻曖蒼璧森羅明祇肅對元經備典洪範盈疇將竦華蓋遙封岱邸厭紫宙之阨僻追白雲之豫遊時若慕於喪妣道空存於委裘嗚呼哀哉惟幾在辰穆卜違吉仍几虛座綴衣空室景沴攝提悲纏翼日羣臣奉於末命天下悲乎晏出嗚呼哀哉宗伯莅典同軌赴辰龜謀入兆犀韓移輴唱苦挽於香掖咽酸笳於曙旻彤堦皛皛兮露驚月玉座微微兮花掩塵嗚呼哀哉列綺城之

哀伏引滋橋之渡懮朔飈急兮御道寒愁日晦兮雲郊晩駐石馬之新塗下金天之舊坂見疎杏之原長覺深松之路遠嗚呼哀哉伊昔睿喆光謀壽宮猗那我后復幸方中委冠劍於泉𡨋保明靈於昊穹山有移兮海有變道無闕兮聲無窮嗚呼哀哉

樞機論

書曰唯口起羞惟甲冑起戎又云齊乃位度乃口易曰慎言語節飲食又云出其言善千里應之出其言不善千里違之禮亦云可言也不可行也君子不言也可行也不可

言也君子不行也嗚呼先聖知言之爲大也知言之爲急也精微以勸之典謨以告之禮經以防之守名教者何可不修其詁訓而服其糟粕乎故曰言語者君子之樞機動則物應物應則得失之兆見也得之者江海比鄰失之者肝膽楚越然後知否泰榮辱繫於言乎夫言者德之柄也行之主也志之端也身之文也既可以濟身亦可以覆身故中庸鏤其心右階銘其背南容三復於白圭箕子九疇於洪範良有以也是以掎摭瑕玷詳黜躁競審無恒以階亂將不密以致危利生於口森然覆邦之說道不由衷變彼如簧之刺可不懼之哉其有識暗邪正慮微形朕破金湯之籥封禍亂之根用詁譎爲雄辯以號諛爲令德至若梧宮問答荆齊所以奔命韓魏加肘智伯所以危殘蔡侯繩息嬀也亟招甲兵之罰鄭曼圖宋卿也而受鼎鑊之誅史遷輕議終下蠶室張紘詭說更齒龍泉凡此過言其流匪一或殲猶糞土或動成刀劍或苟且其心或脂膏其吻挾邪作蠱守之而不懈往輒破的去之而彌遠亦何異韓盧聚音尨也羣吠得死爲幸何修名之立乎雖復伯玉沮顏追謝於元凱蔣濟遺恨失轡於王陵犀首沒齒於季章

曹瞞齰舌於劉圭當何及哉孔子曰予欲無言又云終身爲善一言敗之惜乎老子亦云多言數窮又云聰明深察而近於死者議人者也何聖人之深思偉慮杜漸防萌之至乎夫不可言而言者曰狂可言而不言者曰隱鉗舌拱默曷通彼此之懷括囊而處孰啟謨明之訓則上言者下聽也下言者上用也睿喆之言猶天地也人覆燾而生焉大雅之言猶鐘鼓也人考擊而樂焉作以龜鏡周公之言也出爲金石曾子之言也存其家邦國僑之言也立而不朽臧孫之言也是爲德音諧我宗極滿於天下貽厥後昆

殷宗甘之於酒醴孫卿諭之以琴瑟闕里重於四時郢郡輕其千乘豈不韙哉豈不休哉但想採大猷克念丕訓審思而應精慮而動謀其心以後發定其交以後談不蹇趨於非黨不屏營於詭遇非先王之至德不敢行非先王之法言不敢道翦其纍纍之緒撲其炎炎之勢自然介爾景福錫茲純嘏則悔吝何由而生怨惡何由而至哉孔子曰終日行不遺己患終日言不遺己憂如此乃可以言也戒之哉戒之哉

同韋子遊神泉詩序

美原北澗有神泉生焉裕明子明臺子尋故人韋知因遊之烏戲泉潭虛融派流徑復信造化之極神明之儁也裕明子乃盥焉明臺子乃漱焉相視而笑曰異哉豈太平殊感而循化有助邪則韋子蓋文章之雄也昔投雅興諒無言而不酬云

辟閭仁諝

仁諝聖歷中官司禮博士

明堂告朔議

臣等謹按經史正文無天子每月告朔之事唯禮記玉藻云天子聽朔於南門之外周禮天官太宰正月之吉布政於邦國都鄙干寶注云周正建子之月吉朔日也此即玉藻之聽朔矣今每歲首元日於通天宮受朝讀時令布政事則京官九品以上諸州朝集使等咸列於庭此則聽朔之禮畢而合於周禮玉藻之文矣而鄭元注云玉藻聽朔以秦制月令有五帝五官之事遂云凡聽朔必特牲告其時帝及其神配以文王武王此鄭注之誤也故漢魏至今莫之適用按月令云其帝太昊其神勾芒者謂宣布時令告示下人其令詞云其帝其神耳所以爲敬授之文欲使

人奉其時而務其業每月有令故謂之月令非謂天子每月朔日以祖配帝而祭告之其每月告朔者諸侯之禮也故春秋左氏傳曰公既視朔遂登觀臺又鄭注論語云禮人君每月告朔於廟有祭謂之朝享曾自文公始不視朔是諸侯之禮明矣今王者行之非所聞也按鄭所謂告其帝者即太昊等五人帝其神者即重黎等五行官雖並功施於人列在祀典無天子每月拜祭告朔之文臣等謹檢禮論及三禮義宗江都集禮貞觀禮顯慶禮及祠令並無天子每月告朔之事若以爲代無明堂故無其告朔之禮

則江都集禮貞觀禮顯慶禮及祠令著祀五方上帝於明堂卽孝經宗祀文王於明堂也此則無明堂而著其享祭何爲告朔獨闕其文若以君有明堂卽合告朔則周秦有明堂而經典正文並無天子每月告朔之事臣等詳求今古博考載籍既無其禮不可習非望請停每月一日告朔之祭以正國經竊以天子之尊而用諸侯之禮非所謂頒告朔令諸侯使奉而行之之義也謹議

欽定全唐文卷二百六十八

武平一

平一名甄以字行頴川郡王載德子武后時隱嵩山修浮圖法屢召不應中宗復位平一方居母喪迫召爲起居舍人丐終制不許景龍二年兼修文館直學士遷考功員外郎元宗立貶蘇州參軍徙金壇令平一見寵中宗時雖宴豫嘗因詩頌規誡既被謫而名不衰開元末卒

東門頌并序

東門者前刺史平陽崔公庭玉今長史京兆韋公駁先司馬北平陽公洽郡縣寮佐所刱搆也聞乎信所以守物義所以建利因時制事事無其態以欲從人人安其業夫如是則有訓有典可象可愛昔惠渠既通時歌樊陵之美學堂爰設俗賴文翁之化徵名校實我固有焉使君名璵字庭玉生稟殊操體合中和性達心敏長材不器故經之以恭儉溫良緯之以貞直忠肅政事文學弱冠有聲解褐授署州參軍秩終恥屑就卑位從刺史辟或出入燕魏周遊關河用晦遏光垂二十載博陵公崔元暐之居冢司也聞而命焉授幽州戶曹參軍都督右僕射唐公大將軍薛公

並引置幕府俾司軍事屬北胡憑踐東夷寇虐邊飛羽檄
堂施樽俎公戮力悉心剖綜條暢以清幹著稱爲巡察使
御史張希元所薦奏遷荆州户曹參軍湘郢凋弊創夷荒
阻公疏科籍辨井田黎人時雍頌聲載路前長史尚書左
丞元暕後長史吏部尚書崔日用咸加殊禮再以清白陞
進召至闕下兵部尚書代國公郭元振刑部尚書耿國公
趙昭以公有宏算遠圖可以折衝禦侮俱奏參戎旅兼攝
監察御史軍還即眞自殿中三命至侍御史舉直錯枉繩
苛糾慝不爲利回不爲義疚除兵部員外郎遷郎中加朝

散大夫夏官之任司馬之法公能革之公能折之詰禁制
軍於是乎在故爲國相梁公深所嗟賞焉天子方急鉛銅
之貲息役簡賦勑萑蒲之聚通商惠工以弊兼此郡故命
公爲守也原隰既平天監在下厥繇克紹帝曰休哉南至
衡山勅公總察對揚嘉命疇敢不祗迺紆璽夷以煩掃地
更作沉潛剛克强固柔順言稽典謨動踐規範懼國賦不
給故公爲之薄斂於是乎户忘流逬懼年穀不登故公爲
之發倉於是乎郡無餒絶懼人之乏困故公爲之已責於
是乎境實保寧懼天災流行故公爲之禮神於是乎時無

淫孽旪之惇獨恤之慈也士之賢行旌之禮也邦之庠塾
廣之學也里之喪祭遵之訓也人之稼穡勸之時也吏之
敎擾致之辟也訟之疑怨申之理也俗之奢僭約之儉也
獄之小大必以情也物之洪纖罔不綜也然後命錄事參
軍宋重茂宣城令長孫晶務三時保四封濬溝洫修城郭
以尉杜晅副焉茂也業尚夷素識貲端愨司舉多則臨人
以莊晶也正實自躬化能周物忠信之長慈惠之師晅也
淳裕敦質貞才粹理兼主簿劉元察尉崔愔等咸欽率訓
矩經之營之慮事以度功縮板以載作呈土物計徒庸揣

高卑司啟閉審曲面勢上棟下宇築之登登約之閣閣庶
高門有閌修衢如砥故鞠躬以從禮擊柝以防暴豈曾國
之不時寧吳閶之能擬闍茂歲太衡日公將伏奏洛師郡
人前華容令吳元暉無錫尉奚山松等數百人比肩接踵
或泣或歌同揚言曰公之鎭也化盈轝壤事謀先達止盜
賊張敞之牧冀州舉閉繼賈逵之牧豫州勸種殖李恂之
牧兗州棄記書趙炎之牧青州躬節儉胡質之牧荆州問
疾苦郭細侯之牧并州兩隨車百里嵩之牧徐州公兼茲
懿業棄我而歸載馳載驅靡瞻靡依甘棠勿翦高門巍巍

刻頌於石紀公之徽頌曰

毗旣庶吏勿率帝曰俞公是恤君子慰小人慄賢才陞凶悍黜徽績亮謨猷秩禁令施恩化溢建城市平街術役以時揆以日材式慮功難逸牆靡茨門距華引還旆戒徂驛嘻我公恍而失思厥聲之允嗣庶耿光之可述

請抑損外戚權寵并乞佐外郡表

臣平一言臣緣修起居注太史監每季有牒臣伏見從去歲巳來屢有災異熒惑入羽林太白再經天太陽虧月犯大角臣伏按舊史文志咸非休吉之感或爲咎徵之兆臣

聞災不妄生變不虛設象見於上人應於下其理昭彰有如影響陛下嗣膺鴻業夤畏上元故皇天不言以災眚譴誡詩曰敬天之怒不敢驅馳又曰惟此文王小心翼翼昭事上帝聿懷多福臣伏見陛下孝愛因心敦崇戚族澤濡后氏恩洽外家位以慈周榮因惠假臣當宗親階越三等家有數侯旣忝國姻復叨枝屬朱輪華轂金榜瑤簪過東漢之梁鄧邁西京之許史光耀焜煌古今所絕誠陛下睦於親寵降於慈貸誠未息譏誚深近囂黷恩彌崇而議彌積位逾厚而釁逾擁臣又聞月滿必虧日盈則蝕春秋有交謝之理星律有輪環之次時不再來榮難久藉昔永淳之後藩維攜孽王室多難先聖考運從權時居實歷臣諸房等地惟宗子爵列扞城竊祿疏封屢迴星紀今皇明復辟聖政惟新自合恭守園廬遙承雨露庇影椒房之末階親槐里之餘今乃再假寵靈驟貽弊渥姻從日茂爵封如初但見昇崇無聞損降高班厚位遂超涯極以此或陰氣僭陽乾文告變且項年已來河洛汎溢東都西京俱有水潦蓋以陰氣太盛所致昔王家驕貴梅福上書竇氏專權丁鴻進諫臣伏思古來后妃之始自呂霍上官閻董之氏

皆以恩寵過深驕盈僭溢一朝傾覆竟無噍類易曰不遠而復又曰鼎折足覆公餗伏願思抑損之宜運長遠之策或令安車就第使剖符臨州遠之以機權錫之以閑逸上恭乾乾之惕下全親親之道則肅彰國圖殷鑒後葉臣釁招酷罰待斃苫壙聖心不棄窮穢備官史冊哀緒莫申餘陰無幾精魂屢竭昭恤末流如將有補明時不矜荒殆伏乞假名外郡遂禮私庭冀存識爽少訓覬冒臣瞻光視漏豈復支久旣因災眚誠兼宗國俯揆殘骸退深荒越

請追贈杜審言官表

審言舉鬱中朝文高前列是以升榮粉署擢秀蘭臺往以微瑕久從遠謫陛下膺圖玉扆下制金門收賈誼於長沙返蔡邕於左校審言獲登文館預奉屬車未獻長卿之辭遽啟元瑜之悼臣等積薪增愧焚芝盈感伏乞恩加朱紱寵及幽泉假飾終之儀舉哀榮之典庶敝帷莫棄墜履無遺

諫大饗用倡優媟狎書

樂天之和禮地之序禮配地樂應天故音動於心聲形於物因心哀樂感物應變樂正則風化正樂邪則政教邪先

王所以達廢興也伏見胡樂施於音律本備四夷之數比來日益流宕異曲新聲哀思淫溺始自王公稍及閭巷妖伎胡人街童市子或言妃主情貌或列王公名質詠歌蹈舞號曰合生昔齊衰有行伴侶陳滅有玉樹後庭花趨數驁僻皆亡國之音夫禮慊而不進即銷樂流而不反則放臣願屏流僻崇肅雍凡胡樂備四夷外一皆罷遣況兩儀承慶殿者陛下受朝聽政之所比大饗羣臣不容以倡優媟狎虧汙邦典若聽政之暇苟玩耳目自當奏之後庭可也

處親權猜間對

病之在四體者跡分而易逐居心腹者候遽而難治刑政乖舛四支疾也親權猜間心腹疾也書曰克明峻德以親九族九族既睦平章百姓詩曰協比其鄰婚姻孔云是知親族以輯睦爲義也自頃權貴猜防外和内離怨結姻婭疑生骨肉邀榮之徒跪獻忠款膏脣之伍苟輸讒計脅肩邸第之中噤頤媼宦之側故過從絶猜嫌構親愛乖黨與生積霜成冰禍不可既願悉召近親貴人會宴内殿告以輯睦申以恩勤斥姦人塞讒路若猶未已則捨近圖遠以

抑慈示嚴惟陛下之命

徐氏法書記

易稱河出圖洛出書聖人則之故伏羲氏觀象於天觀法於地近取諸身遠取諸物始作八卦軒轅氏之王也使蒼頡象鳥獸之迹以爲文字故銘於鍾鼎列於竹帛至周宣王太史史籀者作大篆十五篇秦始皇之并天下也丞相李斯一文字之制作蒼頡篇其後車府令趙高作爰歷篇太史令胡毋敬作博學篇頗有省改謂小篆也周曰六書秦稱八體或云隸書者始皇使下邽人程邈所作漢因行

之扶風曹喜善篆隸時人師之光和後左中郎陳留蔡邕於篆隸博究其妙靈帝好書術雜藝置鴻都以招納之則有師宜官梁鵠之徒預焉遇漢末鵠奔劉表魏武破荊獲鵠雅好其書恒懸帳下以玩之鵠弟子毛宏教於祕書今八分楷法是也安平崔瑗父子作草勢宏農張芝轉加其巧即王逸少所言臨池學書池水盡黑韋仲將所謂草聖芝弟黃門郎昶亞焉魏太和中韋誕自武都太守以善書至侍郎宮觀寶器皆誕之跡嘗登淩雲臺題榜下而白首太尉鍾繇一時之妙冠於前垂於後繇子會晉太保衛瓘

父子吳人皇象晉征西司馬索靖中書郎李充母衛夫人並得鍾張之楷擅價當時中興後王丞相茂宏父子庾征西稚恭兄弟咸著盛名於江西其窮神極變龍翔天逸今古獨立者見乎晉會稽内史右將軍瑯琊王羲之羲之子獻之亦傳其妙而不之逮也先賢所評子敬之比逸少猶士季之比元常言去之遠矣故二王之跡歷代寶之宋文齊高洎梁武父子湘東邵陵咸以爲師楷梁大同中武帝敕周興嗣撰千字文使殷鐵石模次羲之之跡以賜八王右軍之書咸歸梁室屬侯景亂兵火之後多從湮闕而西臺諸宮尚積餘寶元帝之死一皆自焚可爲悲也歷周至隋初并天下大業之始後主頗求其書往往有獻者及隋之季王師入秦又於洛陽擒二僞主兩京祕閣之寶揚都扈從之書皆爲吾有太宗於右軍之書特留睿賞貞觀初下詔購求殆盡遺逸萬機之暇備加執玩蘭亭樂毅尤聞寶重常令搨書人湯普徹等搨蘭亭賜梁公房元齡已下八人普徹竊搨以出故在外傳之及太宗晏駕本入元宮至高宗又勑馮承素諸葛眞搨樂毅論及雜帖數本賜長孫無忌等六人在外方有洎大聖天后御極也尤爲寶嗇

平一齠齔之歲見育宮中切覯先后閱書法數軸將搨以賜藩邸時見宮人出六十餘函於億歲殿曝之多裝以鏤牙軸紫羅褾云是太宗時裝中有故青綾褾瑇瑁軸者云梁朝舊跡標首各題篇目行字等數草書多於其側帖眞字楷書每函可二十餘卷别有一小函可十有餘卷所記憶者是扇書樂毅告誓黃庭當時私訪所主女學問其函盡出以否答曰尚有未知幾許至中宗神龍中貴戚寵甚宮禁不嚴御府之珍多歸私宅先盡金璧次及法書嬪主之家因此而出或有報安樂公主者主於内出二十餘函

駙馬武延秀久踐虜庭無功於此徒聞二王之跡強學寶重乃呼薛稷鄭愔及平一評善惡諸人隨事答爲上者登時去牙軸紫褾只以漆軸黃麻紙標題云特健藥云是虜語其書合作者時有太宗御筆於後題之歎其雄逸太平公主聞之遽於內取數函及樂毅等小函以歸延秀之死側聞睿宗命薛稷擇而進之薛竊留佳者十餘軸薛之敗也爲簿錄官所盜平一任郴州日與太平子薛崇裔堂兄子崇允連官說太平之敗崇裔懷樂毅等七軸請崇允託其叔駙馬瓘貽岐王以求免戾此書因歸邸第崇裔弟崇

簡娶梁宣王女主家王室之書亦爲其所有後獲罪謫五溪書歸御府而朝士王公亦往往覩之夫龜文以來鳥跡之後六書八體時咸寶之而代易百王年移千葉舊文殘闕遺篇湮散非窮微極精博雅好古孰能辨以問之學以聚之豫州刺史東海徐公嶠之懷才蘊藝依仁踐禮自許筆精人稱草聖九邱七略五車百氏未遇仲尼之賢猶繁茂先之室至於魏陵逸策魯室前書字辨陽循疑招東晳師宜削去之版逸少爲題之扇莫不煙霏露凝鳥歧魚躍塡絲篋溢雕廚貽之後昆永爲家寶季子浩並有義獻之妙待詔金門家多法書見託斯文題其篇目行字列之如後詹事張庭珪之家抑其次也

鄭國忠

國忠武后朝官萬年縣令以數進祥瑞遷尚方監

謝尚方監表

臣某言伏奉制書以臣爲尚方監忽承鴻霈遽辱崇章澤甚漏泉懼深阽谷臣材乖遠大識謝淹通曾微汗馬之勞非有成麟之業欣逢叡歷謬踐清階自邇陟遠從幽至顯題輿外郡多慙展驥之能綰墨中京久乏棲鸞之譽雖韋

弦自勗而寬猛猶昧空慙尸素罕聞政績幸以聖德動天而神山發地踴奇峯而槩日拔秀崿以干雲虔惟造化之靈以告休明之慶帝之力也臣何預焉乾弊曲臨聖恩橫被俄輟一同之務坐遷二府之班秩亞括河榮兼稅滓顧兹疎謏何以克堪伏願七景停輝五潢收潤矜容薄淺更採英髦則上不汨於朝彝下無招於官謗無任控款之至

許景先

景先常州義興人徙居洛陽舉進士神龍初擢拜左拾遺外補滑州司士參軍連舉手筆俊拔茂才異等累除殿中

侍御史知制誥出歷虢州岐州刺史入拜吏部侍郎

奏停賜射疏

近臣以三九之辰頻賜宴射已著格令猶降綸言但古制雖存禮章多闕官員累倍帑藏未充水旱相仍繼之師旅旣不足以觀德又未足以威邊耗國損人且爲不急夫古之天子以射選諸侯以射飾禮樂以射觀容志故有騶虞貍首之奏采蘩采蘋之樂天子則以備官爲節諸侯則以時會爲節卿大夫以循法爲節士以不失職爲節皆審志固行德美事成陰陽克和暴亂不作故諸侯貢士亦試於

射宮容體有虧則絀其地是以諸侯君臣皆盡志於射射之禮也大矣哉今則不然眾官旣多鳴鏑亂下以苟獲爲利以偶中爲能素無五善之容頗失三侯之禮宂官厚秩禁衞崇班動盈累千其算無數近河南河北水澇處多林胡小蕃見寇郊壘軍書日至河朔騷然命將除兇未圖克捷興師十萬日費千金去歲豫亳兩州微遭旱損庸賦不辦以致流亡聖人憂勤降使招恤雖經歲月猶未能安人之困窮以至於此今一箭偶中是費一丁庸調用之旣無惻隱獲之固無恥慙考古循今則爲未可且禁衞武官隨番許射能中的者必有賞焉此則訓武習戎時習不闕待寇寧歲稔率由舊章則愛禮養人幸甚幸甚

唐朝議大夫行聞喜縣令上柱國臨淄縣開國男

于君請移置唐興寺碑

先萬物者始道德爲宗窮言象者以乾坤爲大豈若道洽沙界盤古無以化其跡功包鐵圍隸首不能紀其要前後際斷眾妙入於眞乘色相皆空定慧生於正覺言之不極其波若之蘊乎聞喜唐興寺者我國家草昧之所置也時櫜弓矢締構龍宮懸玉鏡於方丈運寶圖於羅衞將袪八

難式護四禪乃於西山建斯精舍布金幽徑樹福玹衢經始險蹊人跡罕到雖三空屢說給園之眾不俱八解常流方廣之途尚阻畎俗常迷於夢幻聚落不聞闕三字遂使十地空有四生無拯爰初搆址數十百年舊令因循不改其制長者居士旣渴日於寶坊清信比邱徒絜缾於諦議時縣令朝議大夫東海于公名光庭即銀青光祿大夫瀛州刺史東海郡公士俊之孫金紫光祿大夫中書侍郎同中書門下三品東海憲公之第五子也承五鼎之葉冑稟三辰之粹精陰德未沬允宗有後在躬而禮義克舉餘力而

文章見稱好學多能以爲入官之具清愼寡欲彌見在公之心由也四科參乎一貫理必合於投刃事無遺於下鞲故能變蟋蟀之風展蒲盧之化始鄉退而修里我有昌言終里退而修家人無遺善此其操刀有裕彈琴自閑亦既厎於王程將又崇於佛事爲蒲之所不及理鄴之所未行加以識洞眞扃智融覺鍵伏忍於三昧懸解於六通身若明珠淨無瑕穢心猶平地能生眾善且循調御時見宰官精三異之妙術敷六度之津要由是懸請天府將徙梵宮雙樹移堅固之林八座攺者闍之岫金山赫赫與紫殿而飛來紺宇眈眈化青樓而涌出城池故絳井邑新田士女溢於康莊象馬闐於里閈一一香蓋懸寶纓之幢種種天花散金燈之地得未曾有聞所未聞方將洗貪欲之腸豎開盲聾之耳目納須彌於小芥詎是難思置海水於虛空未爲希有僉以法雲西蓄佛日有歸家之昧今智炬東摧迷途昭群復之象豈非如來滅後將有住持時夏縣威神寺法師俗姓張法名忽律其先衣冠出南陽精持律儀薰修戒行德超於四果理貫於三伊大道未行同孔子之歷聘眾生有病等醫王之授手遂乘杯涑溢振錫兆亭拔韓

俗於愛河誘焚如於火宅示方便品導波若流亡羊於九部之津去馬於三乘之際莫不爭持寶蓋競解（闕三字）耨池之棟宇爲苦海之舟航起予者商緊我明宰時縣丞清河張佑仁主簿宏農楊浩尉太原王臨尉太原王銑等並瑚璉名器鸞皇勁翮才無滯用政有異聲鄉三老進而言曰今敦禮勸農嘉惠也樹法拯人深慈也我宰君善化前古罕儔豈使浚儀豐碑空銘景行龍宫後偈獨閟徽言載勒堅金永傳沙界銘曰

佛言能淨一剎土　是謂世間良福田　今我莊嚴招提宇　度脫功德海無邊　猶如法雲覆群品　亦如佛日在中天　皆是宰官惠明德　群甿安樂離苦緣　樹碑紀功永不朽　銖衣拂石億萬年

權若訥

若訥中宗朝官右補闕

請復天后所造諸字疏

臣聞詩人闡教深懷罔極之思孔氏立言式崇無改之道伏惟應天皇帝陛下孝德純至超越禮經聖感潛通光昭瑞應置聖善報慈之閣義貫於終天存合宫永昌之號敬

深於如在伏見天地日月君臣國人授載初慶殿等字皆先朝創制久已施行陛下纂承丕緒嗣守洪業父子相傳國家仍舊此並則天能事生人積習何所要切登時削除當爲賊臣敬暉等秉政包藏逆節前規務從變易所以多有改張今削之無益於淳化存之有光於孝理又神龍元年三月五日制書一事已上並依貞觀故事者但則天遺訓誡曰母儀太宗舊章是稱祖德其於沿襲應從近遠無容近捨母儀遠尊祖德昔永徽之時不聞依武德舊章今陛下膺期乃欲追尊昔依貞觀故事如其遠依貞觀實恐

未益先朝以臣愚識請更詳審則望繼明纂聖之業無替始終奉先成志之道增耀竹帛

靳恒

恒字子濟開元初由拾遺爲御史出佐益州攝御史中丞歷襄州陝州刺史

請勤政事疏

臣聞昔漢制反支日亦通奏事又光武在軍躬自覽疏明帝撫運夜必讀書豈以四序炎寒有妨正理況陛下紹登大位初啟中興六合之內莫不延首傾聽威恩未著忠信未孚勤勞者未達沉滯者未舉逋逃者未還浮偽者未息兼之郡國凋弊倉廩空虛訟獄猶繁澆淳尚雜外逼凶寇調發未寧內切饑寒衣食不足人思陛下企望太平久矣陛下固宜兢兢業業居安慮危絕嗜慾之源崇清淨之化宵衣旰食以答蒼生之望簡賢任能以救蒼生之弊使天下翕然變風變俗奈何以其微熱遂闕一日萬機之事六合之內不可家到戶說必謂陛下安其宮室重以宴閒忽於黎庶怠於聽政復何以達堯心於天下復何以垂令範於後代臣愚竊爲陛下有所歎惜

宋務光

務光字子昂一名烈汾州西河人第進士調洛陽尉遷右衛騎曹參軍以監察御史巡察河南道考最進殿中侍御史遷右臺卒年四十二

諫開拓聖善寺表

臣聞有國有家者以恤人爲務節用爲先故唐堯至化采椽不斲漢文深仁露臺罷構西方之聖道貴融心使下人不寧匹夫竊歎豈菩薩無相布施如來慈悲本旨哉陛下孝思罔極崇建明因土木之功莊嚴斯畢僧房精舍宴坐

有餘禪寺道場經行已足若開拓奪人便利貧者有擠壑之憂富者無安堵之所幸非急切何至於斯况陽和發生播植伊始興役丁匠廢棄農功一夫不耕必有饑者三時之務安可奪焉臣聞失鬼神之心可因巫祝而謝失君長之心可因左右而謝失父母之心可因親戚而謝惟失百姓之心不可解也陛下以萬方爲念何用傷一物之心臣雖至愚猶有所惑方今西戎尚梗北虜未羈戰士老於邊亭役車屯於塞下甿户流散府藏空虛卒然烽堠興一面之虞水旱虐數州之地乘其不意何以禦之伏惟陛下體

唐堯父母之用心思菩薩如來之本意傷邊卒艱勤之弊察下人勞怨之聲董逋逃休役力實倉庫急農桑杜邪枉之門止侈尚之路諸不急務一切總停應須拓寺諸俟農隙如此則國用克足黎元幸甚

洛水漲應詔上直言疏

臣聞自昔后王樂聞過罔不興拒忠諫罔不亂何者樂聞過則下情通下情通則政無闕此其所以興也拒忠諫則羣議壅羣議壅則主孤立此其所以亂也伏見明勅令文武九品已上直言極諫大哉德音其堯舜之用心禹湯之責已也臣謬參朝列浸沐聖恩敢不竭愚以副聖旨狂言抵禁幸陛下寬而宥之臣嘗讀書觀天人相與之際考休咎冥符之兆有感必通其間甚密是以政失於此變生於彼亦猶影之像形響之赴聲動而輒隨各以類應故易曰天垂象見吉凶聖人象之竊見自夏已來水氣悖戾天下郡國多罹其災去月二十七日洛水暴漲漂損百姓謹按五行傳曰簡宗廟廢祭祀則水不潤下夫王者即位必郊祀天地嚴配祖宗是故鬼神歆饗多獲福助自陛下光臨寶極綿歷炎涼郊廟遲留不得殷薦山川寂寞未議懷柔

暴水之災殆因此發臣又按水者陰類臣妾之道陰氣盛滿則水泉迸溢加之虹蜺紛錯暑雨滯淫雖丁厥時而汩恆度亦陰勝之沴也臣恐後庭近習或有離中饋之職干外朝之政伏願深思天變杜絶其萌又自春及夏牛多病死疫氣浸淫於今未息謹按五行傳曰思之不睿時則有牛禍意者萬機之事陛下或未躬親乎昔太戊有異木生於朝伊陟戒以修德厥妖用殄高宗有飛雉雊於鼎祖已陳以政事殷道再興此皆視履考祥轉禍爲福之明鑑也晁錯曰五帝其臣不及則自親之今朝廷恠異雖則多矣

然皆仰知陛下天光伏願勤思德容少凝大化以萬方爲念不以聲色爲娛以百姓爲憂不以犬馬爲樂暫勞宵旰用緝明良豈不休哉天下幸甚臣聞三王之朝不能免淫亢太平之時不能無小孽備禦之道存乎其人若細微之災恬而不怪及禍變成象駭而圖之猶水決而繕防疾困而求藥雖復僶俛亦何救哉夫災變應天實繫人事故日蝕修德月蝕修刑若乃雨暘或愆則貌言爲咎雩禜之法在於禮典今暫逢霖雨即閉坊門棄先聖之明訓遵後來之淺術時偶中之安足神邪蓋當屛翳收津豐隆戢響之

日也豈有一坊一市遂能感召星靈暫閉暫開便欲發揮神道必不然矣何其謬哉至今巷議街言共呼坊門爲宰相謂能節宣風雨燮理陰陽夫如是則赫赫師尹便爲虛設悠悠蒼生復何所望自數年已來公私俱竭戶口減耗家無接薪之儲國無候荒之蓄陛下不出都邑近觀朝市則以爲率土之既康且富及至踐閭陌視鄉亭百姓衣牛馬之衣食犬彘之食十室而九空丁壯盡於邊塞孤孀轉於溝壑猛吏淫威奮其毒暴徵急政破其資馬困斯跌人窮乃詐或起爲姦盜或競爲流亡從而刑之良可悲也臣觀今之甿俗率多輕佻人貧而奢不息法設而僞不止長吏貪冒選舉私謁樂多繁淫器尚浮巧稼穡之人少商旅之人多誠願坦然更化以身先之端本澄源滌瑕蕩穢接凋殘之後宜緩其力役當久弊之極宜法訓敦龎良牧樹風賢宰垂化十年之外生聚方足三代之美庶幾可及臣聞太子者君之貳國之本易有其卦天有其星今古相循率由茲道陛下自登皇極未建元良非所以守器承祧養德贊業離明不可輟曜震位不可久虛伏願早擇賢能以光儲副上安社稷下慰黎元且姻戚之間謗議所集假令

漢帝無私於廣國元規切讓於中書天下之人安可戶說稽疑成患馮寵生災所謂愛之適足以害之也至如武三思等誠能輟其機務授以清閑厚祿以富其身蕃錫以奬其意家國俱泰豈不優乎夫爵賞者君之重柄傳曰惟名與器不可假人自頃官賞頗亦乖謬大勳未滿於人聽高秩已越於朝倫貪天之功以爲己力祕書監鄭普思國子祭酒葉靜能等或挾小道以登朱紫或因淺術以取銀黃既虧國經實悖天道書曰制理於未亂保邦於未危此誠理亂安危之時也伏願欽祖宗之丕烈惕王業之艱難遠

佞人親有德乳保之愛妃主之家以時接見無令媟瀆凡此數者當今急務唯陛下留神採納永保康寧

請減滑州封户疏

臣聞分珪裂土各有方位通邑大都不以封錫前猷未遠古義亦深自頃命侯稍殊舊式莫居磽埆專擇雄奥徐州貢土方色已乖寢邱辭封讓德不嗣其滑州者國之近甸密邇帝畿地出紋縑人多趨射所以列縣爲七分封爲五王賦少於侯租入家倍於輸國求諸旣往實所未聞每科封下有甚征役因而失業莫反其居此州土風逃者舊少

頃日波散良緣封多百姓嗷嗷不堪其弊伏願稍均封户散配餘州下息疲甿上遵古制則公侯不失於采地流泛得還於故鄉諸州封户亦望准此又徵封使者往來相繼旣勞傳驛甚擾公私諸附租庸每年送納望停封使以靜下人仍編入新格庶爲永制又聞五等崇勞百王盛典自非邢茅懿戚寇鄧鴻勲無以誓彼山河疇其爵土近者封建頗緣恩澤功無横草人已分茅遂使沃壤名藩多入侯國邑收家税平於天府經費不足蓋亦有由竊見武德之初建侯故事於時天寶新定王基創開佐命如雲謀臣如雨然而封者不過十數人今禮樂承平邦家繼代有象賢舊德之裔無野戰攻城之勤至於命封不合全廣論功少於前葉食邑多於往時旣減邊儲實虧國用伏惟酌隆姬之前訓咨武德之舊章地非宗盟勳殊社稷不宜加以實邑自可寵以虛名如是庶績其凝彝倫攸敘臣忝當廉問備採風謡灼見不安豈敢自默知必被封家所疾顧嘗以報國爲心乞擇愚言訪諸朝宰分毫有益夕死無恨

欽定全唐文卷二百六十九

王覿

覿中宗朝官監察御史

諫李多祚參乘疏

臣覿言竊惟祔廟之禮在於尊祖奉先肅事之儀豈厭惟親與德伏見恩勑令安國相王與李多祚參乘且多祚夷人有功於國適可加之寵爵豈宜逼奉至尊將帝弟以連衡與吾君而共輦誠恐萬方之人不允所望昔文帝引趙談參乘袁盎伏車前曰天聞天子所共乘輿者皆天下豪

英今漢雖乏人陛下獨奈何與刀鋸之餘共載於是斥而下之多祚雖無趙談之累亦非卿相之重不自循省無聞固讓豈國乏良輔更無其人史官所書將示於後何袁盎之強諫獨微臣之不及惟陛下詳擇焉

十八學士圖記

夫立身之功莫大於行道行道之功莫大於逢時行道則孝悌才學有聞逢時則仁信機謀及物有其時無其林斯固自犬彘也有其林無其時得不憤心涕血歟則知無代無林計用與不用耳高祖起於沛光武起於南陽而籌畫功勳獨出豐宛之士蕭丞相從漢高入關封府藏而收圖籍房太尉從太宗征討捨珠玉而採人林二君子之林豈偶然也十八學士皆煬帝之臣曷闇於隋而明於唐是有其材而無其時矣如晦元齡止於一尉或非好去任或挂網徙邊褚亮虞南不離下位或嫉才見謫或七品十年曁我國家則有道兼文武器重珪璋者慷慨大節臨機能斷者仁孝忠直預識存亡者潔行檢身而有英畧者好學敏達詳明吏道者出入軍旅涉歷危難者不憚兵威樹立忠誼者博聞貞倫文翰兼絕者風韻閑雅善於吟咏者精練

詁訓長於講論者夫如是則立身行道之事盡在於斯矣得不冥心契志以自勗勵哉覿每覩十八學士圖空瞻贊像而已輒各採本傳列其嘉績庶幾閱像者思其人披文者思其人非惟臨鑒耳目抑可以垂誡於君臣父子之間也

張廷珪

廷珪河南濟源人第進士補白水尉舉制科異等神龍初為中書舍人再遷禮部侍郎開元初累遷少府監封范陽縣男以太子詹事致仕二十二年卒年七十餘贈工部尚

書謚曰貞穆

彈棊賦

其爲局也不徵荆山之璞不用藍田之質兀若元龜之起爛若繁星之出約勝負仗明信俱分類而抗行咸背深而列陣唯智是從唯貪是愼敗不同奔鬬不齊進曉之者敵衆多以寡少慣之者起徑寸猶萬仞徒觀其彈射萬變精妙入神口與心計行隨意新作氣者直摶乎九天之上猶擅欒而旁擊受敵者横墜乎九地之下甘棄置而歸仁行必假道居必擇鄰衝危以陷其兩虎陪險更生乎一秦至

若狂生俠少使氣爲主顧懷將愶動越規矩競緣局而斜衝爭隔矢而曲取既向角而散亂復當中而攢聚苟萬一之偶中何輕狡之云數曷若恬和之士神清意遠豈棊布而與來亦手運而情遣先和容而取勝兼中敵而爲善務專一於道求寧苟貪於席卷或聊假以喻大或有迷而知返夫局勢將畢觀者逾樂兩敵相持三顧而作劃去者箭飛分索者星落眄四隅之豁然若萬里之清廓

請河北遭旱澇州準式折免表

臣廷珪言伏見景龍二年三月十一日勑河南北桑蠶倍多風土異宜租庸須別自今以後河南河北蠶熟依限即輸庸調秋苗若損唯令折租乃爲常式者臣聞皇天無私覆后土無私載日月無私鑒陰陽無私毓是以明王聖帝則而像之慶浹萬邦政敷一德故書曰無偏無黨王道蕩蕩無反無側王道正直伏惟聖朝御歷皇極在人正朔所覃率土奉若百年於茲矣頃於災歲重賦饑人頻革彝典特開變例雖施蠻貊之邦臣愚猶知不可況此兩道枕倚大河南接神州北通天邑郡縣雄劇人物昌阜既類股肱之地允宜得其欣心豈可殊其土風異其徭賦不恤災患

而殫其財力者即以桑蠶別加徵稅至如隴右百姓羊馬是資山南諸州椒漆爲利其或銅錫鉛錯貨自巖通蜃蛤魚鹽財自海殖土物惟性錯貢方隅咸有澇年並無他稅旱歲各準常規豈獨斯人外之王度且天災所降年穀莫登在於貧弱或至殍殣生理既甚艱恃人心固未易安就其憂危載空杼軸窮斯濫矣將無不至臣效官頻服實在河南每見部人衆稱冤苦伏思景龍之際時多賊臣有若宗楚客紀處訥武延秀韋溫等蔽虧日月專擅威權各食實封遍河南河北屬當水旱屢致蠲除因而遂矯制命固

非先朝之本意也伏願陛下廣天成之德均子育之愛式崇大體追復舊章許河南河北有水旱處依貞觀永徽故事一準令式折免則在蒼生不勝幸甚謹因所部司法參軍鄭元亮奏滂損謹附表以聞

請寬宥與張易之往還人表

臣聞國之威柄在於賞罰賞中則人知勸罰中則人知沮二者苟得則四海獲安二者乖宜則萬人無措況陛下始復初業甫登寶位率土顒然欽佇聖化凡欲興事亦何容易外有竊議臣請盡言至如張易之兄弟窮罪極逆蒼生

苦之良有歲月憑託城社無所告訴陛下仁聖明斷憂在黎元一朝誅夷孰不慶抃在於親故並合從坐然量宜制法理或未宏何者然也臣歷觀自古以來革故即新之際莫不先行誅戮以服衆心此皆素無人望理藉如此今陛下先朝子孫唐德未改乃天地之眷人祇之望非陛下而誰誠宜布恩施德以答之崇仁尚寬以理之豈更誅夷以虧至德況易之兄弟榮盛多時趨附之徒天下大半欲盡殺之則罪不加衆欲少殺之則法難畫一在都城者乍可有數遍四方者未知幾人反側者多不可不察安之之理必在於寬自非至親及於謀首請一原宥令其自新仁風大行在斯一舉臣無任云云

諫停市犬馬表

臣廷珪言伏見發使及典傔等大齎繒錦將於石國和市犬馬臣聞書曰犬馬非其土性弗畜珍禽奇獸不育於國者故明王欲極於德忠臣願畢於議皆護於細行保於大猷冀無間然能致盡善也今以陛下之明何失不見以陛下之斷何欲不懲復禹順於走丸法堯易於迴掌誠可卻走馬訓旅獒聖心通於兆人德言應於千里一感則法星

退舍一解則允陽出雲豈宜勞遠人玩異物有從禽之漸無恤下之先使明詔退臨聖意昭布上非治國之要下非即戎之功將恐新麥未獲舊穀已空饑饉荐臻邊荒速寇昭告則然上帝赫矣大君無以解其倒懸續於請命邇不自給遠不能輸戶口流離公私懷懼此臣之所以憂陛下順天之心從人之願省無益之用救必然之急先社稷後犬馬此天下之幸國家之福豈獨微臣哉無任竭忠竭誠之至謹錄奏聞伏聽勑旨

諫白司馬坂營大像表

臣廷珪言夫佛者以覺知爲義因心而成不可以諸相見也故經云若以色見我以音聲求我是人行邪道不能見如來此明眞如之果不外求也陛下信心歸依發宏誓願壯其塔廟廣其尊容已遍於天下久矣蓋有住於相而行布施非最上第一希有之法何以言之經云若人滿三千大千世界七寶以用布施及恒河沙等身命布施其福甚多若人於此經中受持及四句偈等爲人演說其福勝彼如佛所言則陛下傾四海之財殫萬人之力窮山之木以爲塔極冶之金以爲像雖勞則甚矣費則多矣而所獲福

緣不愈於一禪房之匹夫沙門之末學受持精進端坐思理亦明矣臣竊爲陛下小之今陛下廣樹薰修又置精舍則經云菩薩所作福德不應貪着蓋有爲之法不足高也況此營建事殷土木或開發盤礴峻築基阯或塡塞川澗通轉採斫碾壓蟲蟻動盈巨億豈佛標坐夏之義愍蠢動而不忍害其生哉今陛下何以爲之又役鬼不可唯人是營通計工匠率多貧寠朝驅暮役勞筋苦骨簞食瓢飲晨炊星飯饑渴所致疾疹交集豈佛標徒行之義愍畜獸而不忍殘其力哉今陛下何以爲之又營築之資僧尼是税雖乞丐所致而貧闕猶多郡縣徵斂星火逼迫或謀計靡所或鬻賣以充怨聲載路和氣未洽豈佛標隨喜之義愍愚民而不忍奪其產哉今陛下何以爲之且邊朔未寧軍裝日給天下虛竭海內勞弊伏惟陛下愼之重之思菩薩之行爲利益一切衆生應如是布施則經所謂不住色聲香味觸法布施故其福德若東南西北四維上下虛空不可思量矣何必勤勤於住相凋蒼生之業崇不急之務乎臣以時政論之則宜安邊境蓄府庫養人力臣以釋教論之則宜救苦厄滅諸相崇無爲伏願陛下察臣之愚行佛

之意務以理爲上不以人廢言幸甚幸甚謹言

諫白司馬坂營大像第二表

臣某言臣奉勅河北道宣勞今發都下從白司馬坂所過見轉運材木顧役人夫臣勘問檢校官左藏署監事馮道得狀奉今月八日勅於坂所修營臣竊以天后朝僧懷義營勑大像并造天堂安置令王宏義李昭德等分道採斫大木虐用威勢鞭捶官寮鑿山塡溪以夕繼晝傷殺丁匠不可勝言費散錢數動以億計其時百姓愁苦四海騷然皇天孔明實兹降鑒凡所營構並爲災火所焚懷義之徒

相次伏法而死自此之後停寢十年近者狡豎張易之昌宗昌儀等將欲潛圖大逆爲國結怨下人兼售私木以規官利遂又與僧萬壽等設計移此坂營建今暨逆豎夷滅皇運中興陛下先發德音頻下明制除不急之務罷土木之功所以少監楊務廉遠徙昇黜須示天下凡在中外不勝抃躍若此像閣重復修營則與制書義殊乖越尚令二逆遺惡未除臣雖至愚固知不可且窮土木之作竭倉庫之資將非崇樹勝緣求諸福德者也今則與起營造採木作坂蠕動含生因緣致死每遇一日之內算數尚不可知

比及累歲而成譬喻豈復可及廣殺而求福德所獲焉補所亡慈悲之理深未宏暢方今仲春作候當務農業臣今在路經過全未見人耕種訪聞咸稱乏絕苟求朝夕米糧此則百姓切急誠若倒懸矣陛下受天明命作民父母可不先解倒懸之切而方罄財竭力修營不急之務乎特乞即日停造大像等仍量抽其錢賑濟窮乏如天恩允臣等所請天下蒼生幸甚謹遞表奏聞伏聽勅旨

論別宅婦女入宮表

臣廷珪言昨奉進止別宅婦女皆遣入宮勅至黃門臣已執奏停寢數日宰相重宣陛下以人廢言未蒙允納密旨增峻制獄益嚴事相牽聯重有追掩竊聞輿議足以傷心或母子生離或男女永隔冤酷之至有甚於死方春德澤萬物昭蘇豈獨斯人不霑雨露一傷和氣恐沮聖恩況所進宮人皆非婉麗陛下容易將入下人迫脅而行不作無益害有益臣必知其然矣又陛下至明之君當比德於上皇豈校迹於中古況春秋鼎盛慶祚無窮樹德將逮於千年臣尚謂少行事儻乖於一物臣竊有疑且臣位在黃門年高白首常恐寵祿過厚顛墜微躬何所覬覦輒有干議

伏以遭逢昌運沐浴湛恩如不披心竭誠無乃希旨苟免六合雖廣取容何地不勝愚懇之至謹重昧死奏聞伏望曲流天鑒少垂矜采

論別宅婦女入宮第二表

臣廷珪言檢貞觀永徽故事婦人犯私並無入宮之例準天授二年有勅京師神都婦女犯姦先決杖六十配入掖庭至太極修格已從除削唯決杖六十仍依法科罪今不依貞觀永徽典故又捨太極憲章而依天授之法臣愚竊謂未便且法令者與天下共之者也君不可失之於上臣

不可違之於下如或失之於上則無以御下矣如或違之於下則無以事上矣所以古之聖人垂範作式縣諸象魏銘於景鍾昭示萬方期於畫一由是法有定禁時無濫刑化致雝和俗登仁壽鸞鳳巢閣麒麟在郊膏露浮甘卿雲布彩方今聖道包於天地仁恩洽於品物明無不燭聰無不聽時康俗泰遠肅邇安豈可昇平之朝而行末令之罰臣之愚鄙伏深疑懼無任懇迫之極謹昧死重連正勅奏聞特乞天恩曲垂矜鑒得令別宅婦女各準法處分率土蒼生幸甚如允臣所請仍望便停令勅內宣降進止

論置監牧登萊和市牛羊奴婢疏

臣廷珪言竊見國家於河南北和市牛羊及荆益等州市奴婢擬於登萊州置監牧此必有人謂頃歲以來軍裝所資國用不足或將見陶朱公公孫宏卜式之事而爲陛下陳其策耳臣愚以齷齪小算有損無益不足爲盛明天子行法於代也何以明之彼三人者實爲匹夫藉空虛之地罄勤勞之力畜牧積歲增致千金苟以一家言之其計得也今聖朝疆域四海臣妾萬方天覆地載莫非所有而欲必取於人從牧於國何示人之不廣而近樹私也況和市

遞送所在騷然公私煩費不可勝計臣聞諸古人曰百姓足君孰與不足百姓不足君孰與足蓋君之與人上下同體無所間也今河南牛疾甚處十不一存農傷豈徒百姓而已又今牧童取其牛在特者下俚九要一則利其孳產二則不廢營農家家保之豈願輒賣今雖和市甚於抑奪百姓之望是牛再疫而農重傷此則有損無利一也頃者諸州雖定估價既緣併市則雖平準如其簡擇事須賄求侵刻之端從此而出牛羊踊貴必倍於常百姓私陪則破家業雖官得一牛一羊而百姓已失兩牛兩羊價矣此則

有損無利二也登萊之境是稱海隅因之水氣加以風迴秋則早寒春則晚煦深山大澤咸生蛟蛇若置羣牧必多死損此則有損無利三也高原之田百姓耕植下濕之地不堪放牧若奪百姓高處兩州皆失丁田至於牛羊復相踐暴久長如此闔境不安非直百姓被侵蓋失國家租賦則有損無利四也且又荆益等州和市奴婢多是國家戶口姦豪掠來一入於官永無雪理況南北既遠風土非宜乍到登萊必生疾疫此則有損無利五也且方今東泊滄海西泊流沙亭障多虞甲冑未息戎機調發歲時相繼由

是丁兵逃散戶口流亡畧舉大凡十有數四陛下天憐黔首光啟元猷將命使臣分道巡撫簡而靜鎮難必乂安矧乃征伐外繁徵求內廣欲使萬方兆庶安堵復業亦猶翦鳥之翼而望其騰騫脫魚之鱗而願其遊泳臣又聞之君所恃者人人所生者食食所資者耕耕所恃者牛廢耕則去食去食則無人人無以生君將何恃然則牛者君國字人之本豈可無故一旦取之哉臣又度羊之爲須非軍國切要假令畜牧能遂繁滋三數歲閒億萬可致陛下豈可鬻之於外蕃射其利爲用乎又可鬻之於中土割其命爲

資乎牛之爲損則如彼羊之無益則如此臣雖愚戇知其必不可也伏願陛下特加審慎詳圖損益諸有所和市及新置監牧等儻迴聖慮卽日停絕天下蒼生豈勝幸甚昧死上奏以聞

因旱上直言疏

臣聞古有多難興王殷憂啟聖者皆以事危則志遠情迫則思深故能自下登高轉禍爲福者也伏見景龍之末中宗遇禍先天之際兇黨搆謀社稷有危於倒懸國朝殆均於絕紐陛下神武超代精誠動天再掃氛沴六合清朗而後上順皇旨俯念黔黎高運璿衡光膺寶籙以日月所燭之地書軌未通之鄉無不霑濡渥恩被服元化十堯九舜未足稱也明明上帝照臨下土宜錫介祉以答鴻休然頃歲以來陰陽愆候九穀失稔萬姓阻饑關輔之閒更爲九劇至有樵蘇莫爨糠覈靡資不暇聊生方憂轉死偶會昌運遘茲艱否臣竊思之皇天之意將恐陛下春秋鼎盛神聖在躬不崇朝而建大功自藩邸而陟元后或簡下濟之道獨滿雄圖之志輕虞舜而不法思漢武以自高是故昭見咎徵載加善誘欲大君日愼一日雖休勿休永保太和

以固邦本也斯則皇天之於陛下睠顧深矣陛下焉可不奉若休旨而寅畏哉臣愚誠願陛下約心削志澄思勵精考羲農之書敦朴素之道登庸端士放黜佞人屛退後宮減徹外廄場無蹴鞠之翫野絕從禽之賞休石田之遠境罷金甲之懸軍惠恤惸嫠蠲薄傜賦去奇技淫巧捐和璧隨珠不見可欲使心不亂自然波清四海塵銷九域農夫樂其業餘糧棲於畝則和氣上通於天雖五星連珠兩曜合璧未足多也珍祥下降於地雖鳳凰巢閣麒麟在郊未足奇也或謂天之鑒戒不足畏者則將上帝憑怒風雨迷

錯荒饉日甚無以濟下矣或謂人之窮乏不足恤者則將齊甿沮志億兆攜離愁苦怨極無以奉上矣斯蓋安危所繫禍福之源奈何朝廷曾不是察況今陛下受命伊始敷政惟新卿士百僚華夷萬族莫不清耳以聽刮目以視延頸企踵冀有所聞見禺禺如也何可怠棄典則坐孤其望哉

韋虛心

虛心字無逸右庶子維子舉孝廉景龍中官御史中丞歷荆潞揚三州大都督府長史入爲工部尚書東京留守累

封南皮郡子卒贈揚州大都督謚曰正

北岳府君碑

嘗試論之曰融爲瀆結爲阜則詞人之體物詳之矣智樂水仁樂山則聖人之微言列之矣或乃參里愚谷因居以制號紫蓋白雉像形而定極分石帆而爲破石對射的而云射堂武關之啟地門下都之建天柱莫不萬彙斯毓五精是應必踐魑魅之塗式作隱淪之宅傳諸簡牒備乎聞見竊比岳宗自均魁父北岳恒山者北方之巨鎮也爾其崗巒紛糺根底盤薄或壁立或砥平傍匿千嶺下括衆壑

珍禽奇獸益虞之目駭不能名芳草甘木桑宏之心計莫之數瓊膏石髓慶忌林兵時時間出往往迭見舒丹氣籠翠微鬱蔚朝隮披重壤以雲亭騷屑暮起吸萬籟以風怒漢宗聽宋昌之策以諱遷常趙主從姑布之談以賢臨代林麓之富何有何無但觀夫崒容峭峙地勢坱軋迤太行而綿碣石負寒谷而面冰川限華夷之表裏壯宇宙之臨害培塿九折胚胎四明一竹望州載礫瞻魯崇巖似畫匪阽危以增虩清廟如在不加敬而自祗夫其重扃固護交軒密勿三間四表神漠漠以扶傾東序西廂心⿰犭思⿰犭思而發

悸朱鳥拂棟玉女窺牕藻繢丹青侔赤城之霞起圖寫精異疑絳河之仙集恍恍忽忽若陰若陽吁可畏乎其駭也以先天二年有瀛州青苑縣人魏名確爰因行李至岳廟之前乃見二人一者白衣一者紫服侍從甚肅進止不凡自云我是岳廟大使發兵馬六十萬衆爲國討賊五岳大神九月三日俱來此山大爲歡會名確還延未去諸神遂乃作怒牽至廟中用申責罰視史楊仙童親見其事乃馳告官司州將駭之隨以聞奏勅遣上官及內謁者齎神衣禮物以赴會期凡厥寮案共陪享祭惟神妙畧遐舉猛銳

長驅不勞載鶡之師已決陣蛇之效國家德邁堯封道兼虞覲盛唐入詠竭南服以登瀛訓夏從游窮西荒以銘弇髽首貫胸之族俗有望雲文鉞碧砮之賫府無虛月瘞峯沈渚不爽於告成五載四朝自遵乎升道書云十有一月北巡狩至於北岳豈不以崇望秩之儀備矣得諸侯之度宏矣以爲不嚴而理本乎禮樂既富而教寄以循良晤闕一字棠之匡坐借長孺之高卧刺史高豫化以亂繩導規長者操其宣布託諷虛儀一澄睇於露冕幾揚仁於風扇長史嚴德珪司馬董闕一字漢編博達西蜀明其犯斗晉政記

言南史推其直筆恒陽縣令劉元宗系肇御龍位光馴雉蒲城務簡歎淹中以勿欺丞王晏洛汭浮仙淮流襲慶楚物雌黃今得林宗之拜主簿姚繪之尉閻宏搏扶逸翮未遷振鷺之行縱壑巨鱗且任烹鮮之輔岳令司徒乾造和光偶俗內剛外柔不附膏腴自安下仕鄉望等並海岳精靈燕趙奇傑賓從奕奕選徒於擁篲之賢氣調凜凜結友於負荆之將平原旅食是日處囊太子新交乘風聽筑地極殷阜袨服如雲俗尚儒術青衿成市侶琴尊以卒歲優哉遊哉狎泉石之娛老無營無欲手舞足蹈異口同音詢墨客於千里標黃爾於億載故能屈蔡中郎之詞彩以紀豐碑訪王右軍之神蹤以鐫金石其詞曰

土之聚兮成山山巃嵸兮石斕斑屹常岳兮作鎮披重壤兮聳千仞將覲日以齊宗兼極天而比峻跨荆巫迤蓬壺挾慕容之舊都帶簡子之藏符列眞宇兮隱淪宅巖花開兮樹果坼既闕一字天地險又作華夷隔嚴祠沕穆神儀儼雅迫而察之駭人也雕楹翕赩兮赮駮緣霤清泠兮露灑獯虜咆哮闕一字荐北郊岳靈赫怒兮殄落傾巢銘十角於

燕嶺獲隻輪於晉嵴皇道貞明兮太階平梯山騄水兮奄禪瀛順出豫兮勒功成一巡肆覲兮考幽明寄剖竹兮仁風淸名題輿兮康哥行郎出宰兮百里榮桓不樂兮六安輕州縣勞職兮人之英恒碣降神兮岳之精詢謀僉同兮表至誠披文相質兮蹟堅貞懸一字兮莫與京俾千祀兮昭令名髣髴風塵兮垂頌聲

席晉

晉禮部尚書豫弟亦以文名世

對樂懸畫蚡蝑判

得樂懸上畫蚡蝑所司以細碎失禮不伏

樂備鐘鼓功存雕刻必資萬物之飾以助成器之雄況猛簨虡趪趪負筍嶷嶷懸以千石扣乎萬鈞繢而爲形畢存旁行之彙微而俾著何隔羽鳴之族所司昧禮未曰博通且考工之記實存其目梓人之職亦著恒規畫伯益之能名

咸一變而可變事既有據刑欲何施

對移鄉判

丁適他邑伍謂其叛追之遠出旌節以徇伍訴諸邑吏將內之圜土曰來有授也

天下一家王土萬里吳蔡齊秦之客憧憧往來東西南北之人靡靡行邁食矣遊子將道他邦喬木坐違飄蓬自遠同仲尼之去魯方事問津異伯鸞之適越詎能登岳若使符繻不給行者乃逋逃之流今則旌節有憑伍人何逐捕之有空效重卯之徇楚則失之便爲圜土之囚齊亦未得誠宜俾其專達豈可徵於有授事同違於周典理難投於呂刑

呂元泰

元泰武后朝清源尉入爲殿中侍御史內供奉

陳時政疏

臣聞國家者至公之神器神器一正則難傾神器一傾則難正遠自虞夏及乎周秦金水相生成敗相繼者豈惡於成而欲於敗蓋迷於事而失於機者也夫機者事之微也當今中興之初政教之始幾微之際可不愼哉昔夏之興

也卑宮菲食四海會同其衰也峻宇雕牆五子咸怨殷之興也佑賢輔德輯寧邦家其亡也崇信姦回放黜師保周自文武及乎成康風化大行夷夏有截暨乎幽厲王室遂卑強弱相吞寓縣交戰秦皇以降罷侯置守焚書坑儒頭會箕斂嚴刑峻法驪山之徒未息閭左之兵已起夫夏桀殷紂非不欲傳子孫也周幽秦皇非不欲保社稷也而軍敗牧野鳥竄南巢國殘於犬戎地奪於項籍者豈不以侮慢自賢反道敗德開邪僻之路鉗忠直之口左右侍奉惜祿位而不悟焉伏惟應天皇帝陛下再造區宇重光日月

應五行之景運嗣累聖之洪基九服歸心三靈叶贊迴羲舒之燿無幽不燭灑雲雨之澤無生不潤然萬方百姓禺禺然莫不傾耳以聽拭目以視思聞太平之風願見先朝之化如農夫之望歲同善人之渴日自頃營建寺塔廣度僧尼朝夕依歸襯施不絕陛下好善之德以被蒼生然濟時之道恐非急務何則頃者林胡叛換獯虜侵擾帑藏虛竭戶口流亡豈人有厭於枌榆乃事良由於賦斂下人失業不可謂太平也邊兵未解不可謂無事也水旱爲災不可謂年登也倉廩未實不可謂國富也而乃驅役饑凍雕

鐫木石營構不急勞費日深恐陛下中興之務又異如來慈悲之法臣比見都邑坊市相率爲渾脫隊駿馬胡服名爲蘇莫遮旗鼓相當軍陣之勢也騰逐喧噪戰爭之象也錦繡誇競害女工也徵斂貧弱傷政體也胡服相歡非雅樂也渾脫爲號非美名也安可以禮義之朝法胡虜之俗以軍陣之勢列庭闕之下竊見諸王亦有此好衣馬既盛奢麗相高今藩邸初開庶官必具何不董之賢傅教之義方明君臣之禮磐石之固豈不偉哉方乃驅率下人相尚胡戲自家刑國豈若是焉詩云京邑翼翼四方是則非先王之禮樂而示則於四方者斯實愚臣之所未喻也臣謹按洪範八政曰謀時寒若君能謀事則時寒順之何必裸露形體澆灌衢路鼓舞跳躍而索寒焉又禮記曰立秋之月行夏令則寒暑不節夫陰陽不調政教之失也休咎之應君政之感也理均影響可不戒哉夫樂者動天地感鬼神移風易俗布德施化重戎狄之化不足以移風也非宮商之度不足以易俗也無八佾之制不足以布德也非六代之樂不足以施化也四者無一何以教人臣本凡愚不識忌諱而生草澤頗曉物情知而不言非忠也言而不實

罔上也忠於國者以臣爲讜言佞於朝者以臣爲誹謗伏惟陛下少留意焉臣聞君舉必書有國彝訓書而不法後嗣何觀臣又聞建國君人尊師重道禮由天作樂以地制禮樂備風化行焉伏願陛下敦風化之本重黎庶之貴與念或躍思締構之艱難矜孤恤窮思時政之可否安人和衆覽先朝之事業非軍國之衆則息而罷之有佞諛之言則察而退之有忠直之諫則誘而進之豈惟天下幸甚實亦社稷之大計也臣奉陛下搜賢之制忝所知直言之舉雖乘鳫雙鳧不爲損益而主聖臣直敢不庶幾安能和光

同塵懷忠蓄憤上失陛下求賢之望下虧愚臣事主之節亦何以視息於人間飲啄於聖代伏惟陛下少加詳擇

諫廣修佛寺疏

臣聞天地不私於動植所以稱其大日月不偏於燭耀所以稱其明陛下六合爲家萬代作主布慈悲於沙界樹功業於元劫蜺旌寶蓋接影都畿鳳刹龍宮相望都邑雖寶塔踴出眞容再見不足以論其相好不足以並此莊嚴爲萬國之福田作羣生之因果然釋氏眞教平等爲宗本之以慈悲加之以布施臣頃因行役涉歷塞垣人之艱危盡

知之矣緣邊鎭守數十萬衆或野戍孤烽迥臨沙漠或裹糧帶甲遠伺煙塵歲月既深衣服久弊形容枯槁無扞禦之用朝夕殷憂有饑寒之色及邊荒小醜微有風塵暫交矢石已聞喪敗豈沉謀祕略有謝於種虜乃天恩佛法未覆於士卒之所致也乃今胡馬窺於塞下羽檄傳於上京調發師旅憂勞聖慮府藏虛竭百姓疲勞臣每思之痛心疾首伏惟陛下以平施之德成育養之恩迴營造之資充疆埸之費則如來布施之法也賜之穀帛惠及饑凍則如來慈悲之化也絲綸既行中外胥悅則如來平等之教也功德既樹賞罰斯明將士知恩則三軍賈勇犬羊懾息萬里無塵自然烽燧罷燃干戈不用天下士女並修耕織徭戍減少府藏充盈則陛下之深恩社稷之大計如來之教不偏於京雒大乘之法遂徧於長沙今廣費錢力空修棟宇中下士女直覩莊嚴邊疆戍卒不免饑弊同沐太平之化而勞逸以殊俱承雨露之恩而榮枯遂隔恐非如來平等之意又異陛下亭育之恩臣謹按金剛般若經云若以色見我以音聲求我是人行邪道不能見如來是知大乘之宗聲色不見豈釋迦之意雕琢爲功今之作者臣所未喻臣又聞黃帝堯舜文王盛德充於宇宙餘芳流於絲竹

者乃盡善盡美茅茨土階叶和萬邦親睦九族之致也蓋非勞搆之功佛法之助晉魏越兢梁宋澆漓釋教行於中國伽藍徧於天下然喪亂不絕邦國未安者豈佛教之使然乎蓋好尚非所聚斂過度人不堪命之所致也漢文惜露臺之產化比成康秦皇起阿房之宮禍成傾覆伏願陛下祖述堯舜憲章文武覽帝王之成敗驗黎庶之安危則天下幸甚自神功之後百姓荐饑臣之所見此之爲甚重以林胡叛換六軍齊沒匈奴侵擾趙定爲墟勁卒壯夫死

於鋒刃少妻弱子遭於驅掠衰老童幼街號巷哭者悲感行路伏惟陛下爲之父母可不念之昔者匹婦稱孝匹夫稱賢哀怨所及尚致霜旱況忠臣孝子傷心泣血者動以萬計感於陰陽成其水旱不足怪也方修寺造塔塑畫尊容峻宇雕牆丹楹刻桷驅役貧賤斂賦鰥寡以求其福臣用爲疑臣又聞匈奴之俗以騎射爲業以攻擊爲務教卒練兵以日繫月國之所好經行設齋持戒忍辱捧鉢振錫剔髮染衣至於練習弓矢者十室之中未聞其一以此衆戰臣竊惑焉伏願陛下以邊疆爲慮以百姓爲心防之於

未萌理之於未亂休力役罷修造恤窮乏勸耕桑愛養戰士慎擇邊將妙選牧宰招攜亡散則成康文景之風可翹足而致彼氊裘獯醜之虜何足爲憂臣聞主聖臣直有犯無隱誠則愚賤不敢庶幾惟陛下萬機之暇少垂聽覽

裴子餘

子餘寧州刺史守眞子舉明經累補鄠縣尉景龍中爲左臺監察御史開元初累遷冀州刺史又爲岐王府長史加銀青光祿大夫十四年卒謚曰孝

廢隱太子等四廟議

議曰謹按前件四廟等並前皇嫡嗣殞身昭代聖上哀骨肉之深錫蒸嘗之厚憲章往昔垂法將來今欲使陵廟有憑神靈是享故禮曰禮從宜又曰夫孝者善繼人之志善述人之事禮從宜者明可置也善繼志者不可改也我太宗文武聖皇帝功成理定制禮作樂太上皇能事斯畢宵然高視皆以禮順於情情通則類應樂感於物物感則德和所以深悼友于敬申孝享範圍軌躅潤色鴻名昔嫄廟列周戾園居漢並位非七代置在一時斯並前史宏規後賢令範固知父子之愛兄弟之恩情有所殷方從大教又

按春秋狐突適下國遇太子使登僕曰予將以晉畀秦秦將祀予此則太子之言無後明矣對曰神不歆非類人不祀非族君祀無乃殄乎此則晉有其祀立廟必矣雖史有詳略而微旨見存又定公元年立煬宮經傳更無異說鄭元注云煬公伯禽之子季氏禱而立其宮也竊以宮廟國號建立不殊季氏陪臣煬公遠祖因禱立廟尚不爲嫌豈與夫睿聖深恩闡揚至化篤惟親之祀垂可久之法考之漢儲晉嫡則如彼言乎周廟魯宮則如此豈可使晉求秦祀戾匪漢思所枉者深所直者鮮黷神慢禮理必不然昔

癸德滅秦自以功高百代天下郡國皆立高廟二祧不遷九祖並享三分國用四海共違徒議廢興竟無得失既而疾因夢譴嗣闕承祧雖天道有因亦人事何補既非比例不假摧揚但樂有差等禮亦異數恭聞正議虔訪有司金石取象於軒懸牢禮不虧於乾豆談樂廢廟絕恩棄德神之無形亦可欺也又按周禮官有其職修其事若廢官去職何以敬神失敬與誠何以降福且尊以儲后位絕諸侯謚號既崇官吏有典去羊存朔非理所安徇利忘禮何以爲國謹議

嗣濮王犯贓請免死議

議曰死者不可復生刑者不可復續故聖人但訊於羣臣仰採爰書俯窺刑鼎應議之科有八議親之意特深犯死之條有二犯贓之刑非重廣骨肉之禮則德盛而教尊崇錐刀之禁則化衰而情漢謹按國子司南之嗣爵重阜陵當膠東之榮位齊列無聞樂善有隳昭害疑但以刑故宥過議人不捨武帝忍受於漢親抵罪可矜高祖約法於秦暴則知原情輕重與事淺深哀死者之銜冤不以親而廢法憫生靈之無識不以法而陷人盜爲因官犯罪專殺以盜之比正盜而爲輕因殺而非重進雖傷於貪穢退非負於幽冤豈惟乾坤感氣雨露所偏然而睦彼親親須明惻隱謹議

張景源

景源神龍中官補闕

請改中興寺爲龍興疏

陛下以仁孝理國以名教齊人徽號之聞宜超夐古理有未便冒觸天慈伏見天下諸州各置一大唐中興寺觀者故以式標昌運光贊洪名聖圖遠著無得而稱焉竊有未

安廣進芻言至如永昌登封創之爲縣名者是先聖受圖勒石之所陛下思而奉之不令改易今聖善報慈題之爲寺閣者陛下申恩竭力之致故崇而仰之獨昭其號伏惟應天皇帝陛下深仁至孝之德古先帝代未之前聞也況唐運自隆周親撫政母成子業周贊唐興雖有紹三朝而化牟一統既承顧復非謂中興夫言中興者中有阻間不承統歷既奉成周之業實揚先聖之資君親臨之厚莫重焉中興立號未益前規以臣愚見所置大唐中興寺觀及圖史并出制誥咸請除中興字直以唐龍興爲名庶望前

後君親俱承正統周唐寶歷共恊神聰

劉穆之

穆之神龍時中書舍人內供奉

對恩賜綾錦出關判

安息國莫賀遠來入朝頻蒙賜綾錦等還將自隨關司以物皆違樣不放過

莫賀就日輸琛占風削衽既踰葱嶺便集藁街頻承湛露之恩幾荷油雲之施至若綾開翥鶴映灘浦以成文錦縟翙鸞艷江波而濯色近九重之厚錫充萬里之輕齎關司

寄重咽喉任光襟帶物皆違樣既生非馬之疑事乃出蕃須既鳴雞之失既緣恩賜有異常途勘責不虛固難留滯

洛州滎陽縣頭陀逸僧識法師上頌聖主中興得賢令盧公清德文 并序

粵允矣於昭聖唐天子中興拓跡開統迺建皇極握乾符驅駕百靈總齊萬類貴與天乎比壽富與地乎侔資日月迴薄以淑清告象陰陽變通以樂和乘氣龍不隱德鳳不潛靈懷生之徒根著之物咸遂其性固能使河海靜黙宇宙文明舊物維新昌圖啟旦大定禮樂戢藏干戈人學而還淳刑措而不用覆燾之恩溥生育之理足於是邑老田父擊壤而歌張掖而儛顧而爲頌曰康哉堂哉迺聖迺神代有非常之主必有非常之臣非常者所謂殊尤傑出與時偕運則我賢令盧公其人焉古曰聖主得賢臣今見之矣百里令長親人之要者也煩劇所鍾賢良是責故有四科堂室孔甫稱乎冉求三國股肱趙武知乎邢伯應星雷而鎮風雨類父母而若神明鄭產之開喻獲禽魯恭之垂仁及獸循聲流於簡牘良政在於歌謠斯焉取斯之子之遠若乃張英風於上國宣懿範於中都允升大猷厥有成

績休光終不圍盛德莫與京觀其化焉則盧公之心可知矣公名正道字貞直范陽人昔元年景辰上帝甄其九萬正月甲子太公課其八百漢祖以同日相愛利建藩維魏祖以餘風可嘉聿推楨幹或清虛而循禮典早識張華或文思而發詩書深知越石曾祖昌衡隋金州刺史儀同三司太子左庶子風神澹雅經史該博宣六察而馳熊軾翊三善而列鳳條德爲人表行爲士則祖寶素隋晉州别駕有禮有法於紀於綱得管輅之清談發王祥之雅詠考安壽皇朝朝散大夫襄州司馬綿州長史蘭芬桂紫月鑒霜

明珠阜則洸幘擅奇玉壘則題輿緝化公五行秀氣五色淳光忠肅恭懿以立身孝敬温良以行已涵珠孕璧懸鬭澤之高名舞柏吟松動嵇康之逸韻文史足用方朔之言有徵器宇難量叔則之才可覿解褐調爲冀州信都縣主簿轉絳州太平縣丞長河之間彼汾之曲朱鈎理劇黃綬安卑鴻漸於磐鶯遷於木勅授陝州司士參軍又改汴州浚儀縣令佐襘帷於陜服式允清嚴綰銅墨於梁城克敷恩信我皇紹膺丕業嗣守珍期明一之徽號聿崇凡百之榮階式敍神龍元年制加朝散大夫隨班例也居無何制

爲洛州新安縣令又改滎陽縣令爾其索亭舊邑滎澤奥區郊連北制地按東里上躔鶉火旁控龍泉神州則帶河泝洛洪漕則通江達海五方雲湊公驟私奔百族星稠邀時射利盤根錯節允屬於升卿先教後刑必推於季子公下皂舄用牛刀承天理人以居其職尊五屏四以制其範開道途焉設隄防焉陳之以禮樂導之以德義宣柔嘉恤孤寡去末返本利用厚生至爲濟濟庠塾莘莘冠履王渙之勸率佐吏范甯之惠養生徒人識廉讓之儀家行俎豆之禮其崇學有如此者龍鱗促務馬骨攘灾就穡占於五星納稼詳於十月子奇之鑄器童恢之易牛其勸農有如此者持寬濟猛以禮代刑兩造盡其根源五聽窮其詞色穿窬自息請託不行歸遇臘之囚原復讐之罪桴鼓罕施於道路桎梏無用於狴牢其政令有如此者貌年巡戶定賦徵徭情僞必探高卑咸若心同懸鏡自辨妍蚩手類持衡不差輕重其平直有如此者果行育德循巳正身徐邈之有常石奮之無潤冰壺載潔塵甑自空其清白有如此者入其境則田疇自墾草萊盡闢此恭敬以信故其人盡力也入其邑則牆屋甚完樹木甚茂此忠信以寬故其人

不偷也至其庭府吏甚清明諸下用命此明察以斷故其政不擾也可謂季路爲宰復在於斯任人以逸從諫如流耳目平而心氣和四肢全而百工理父事三人以教孝兄事五人以教悌可謂子賤爲宰復在於斯固以得良吏之要津行古人之至道頃者年穀不登時雨未降聖皇減太官之膳出幽圄之囚是歌雲漢之詩式備山川之禱恐一物之失所慮百姓之阻饑徙有之無遂起汎舟之役賑貧救乏爰行發廩之施公上祇元澤下罄丹誠家到戶至哀多益寡優之柔之撫之育之里詠途歌人安俗泰雖雲行

載沐旋符以夜之期而風教特隆寔荷如春之德導揚庶美字育羣甿惠化所以周洽風流所以籍甚豈直王譚在職時叟號其無雙張既臨官京輔稱其第一而已河南道巡察使衛州司馬路敬潛以政術尤異奏聞使乎使乎得其人矣是知韓稜之飛章已奏徵入有期焦貢之行雨載馳願留難遂丞馬據主簿解伯宗尉高賁司馬昭道等並于將重寶新甫貞柯道可濟時位不充量溟海卽鯤鵬所化枳棘非鸞鳳所棲翊贊多方聲華有裕望逸驥而將遠撫留犢以增傷孤我德而無鄰勞我思而無極爰有等慈寺頭陀逸僧識法師俗姓桑氏漢丞相之後秀也天稟聰偉生而俊奇發願爲國敬造阿彌陀石碑像并頌聖德及鑄神鍾鄉人前巴州曾（闕一字）縣尉劉虔獎錄事王虔福常守一佐史里正等或簪纓著族夙勞州郡之班或仁義在躬暫屈鄉閭之任耕田鑿井遭聖主之休明孝道忠規受君子之名教以爲叫丹闕而一借未達由衷樹翠碣而長懸方存相質惠我無疆之澤徵烈允光思君不樂之情德音何已般溝作頌文在玆乎其詞曰

大地山河中天朝市玉帛萬國子男百里惟索之亭惟京之水膴膴原隰森森杞梓（其一）粵玆撫字須彼仁賢俗之化者君之宰焉操我利器亨我小鮮閭歌下邑舞洽重泉（其二）其政不嚴其儀不忒秩秩詩禮光光道德爰務耕桑罕施徽纆無偏無黨有典有則（其三）琴鳴宓賤花發潘仁俸惟計日甑乃生塵視人如子臨事若神秋鷹坐化瑞雉行馴（其四）自冬徂春密雲不雨曲降絲綸載傾藏廩沐蘭真桂救病濟羸旋感月離方期歲取（其五）祝良何德汲黯何功達望千載寧踰一同既流膏雨克播循風聲聞於外化協於中（其六）鳳使載揚驥途攸展芳菊無絕甘棠勿翦式紀清芬爰憑翠篆歌詠不足聊稱其善（其七）

蔣欽緒

欽緒萊州膠水人第進士累遷太常博士歷吏部員外郎出爲華州刺史開元十三年由御史中丞徙吏部侍郎歷汴魏二州刺史

朝集使等上尊號表

朝集使魏州刺史臣欽緒等二百四十六人言臣聞三統稱皇五德號帝道實爲大義不可名且以明覆載之尊協神人之望稽衆允迪萬邦咸休伏惟陛下道合乾坤明並

日月數廣運之德懋昭格之功充塞六合光被二儀陛下之聖理也禮展園廟孝感禎祥陛下之神應也經天緯地制禮作樂陛下之文德也柔遠能邇戡難定亂陛下之武成也殫百王之能事創千古之終禮幽明感慶華裔帥信伯益所謂乃聖乃神乃武乃文者也今大號雖稱神武未備聖文臣等忝官州郡幸因朝集不勝至願望上尊號開元聖文神武皇帝謹於朝堂昧死上表

代宰相請封禪表

侍中臣乾曜中書令臣說等言臣聞自古受天命居大寶

者必登嵩高之嶽行封禪之事所以展誠敬報神祇三五迄今未之闕也是以高宗因文武之業盛岱亭之禮方冊所記虞夏同風聖移三朝年經五紀封崇之典缺而未備山川望幸屬在今日陛下靖多難遵先朝天所啟也承天統臨萬邦天所命也焉得不陟東嶽禪云亭報上元之靈恩紹高宗之鴻烈則天地之意宗廟之心將何以克厭哉且陛下即位以來十有四載創九廟禮二郊大舜之孝敬也敘九族友兄弟文王之慈惠也卑宮室菲飲食夏禹之恭儉也道稽古德日新帝堯之文思也憐黔首惠蒼生成湯之深仁也化元漠風大和軒皇之至理也至如日月星辰山河草木羽毛鱗介窮祥極瑞蓋以薦至而爲常衆多而不錄正以天成地平人和歲稔可以報於神明矣鴻生碩儒上章奏而請封禪者前後千百聖情撝挹天鑒未迴臣等仰考聖情傍採衆望封巒展禮時不可抑陛下縱不欲以成功告天豈不以天休報德臣等昧死上請以聞

再請封禪表

臣乾曜說等言臣等考天人之際稽億兆之性以爲理定功成登封告禪鴻名盛則屬在聖明陛下讓德沖深未允

羣情神祇缺望臣等懼焉且今四海和平百蠻率職莫不含道德之甘實嗅仁義之馨香是以上帝聿懷名山望幸珍符薦委年穀屢登開闢已來未之有也臣聞自古受命而封禪者七十二君安有殊風絕業以方今也然猶躡梁甫登太山飛英聲騰茂實而陛下功德之美符瑞之富固以孕虞夏含殷周有何退讓逡巡於大禮哉夫昭報天地至敬也嚴配祖宗大孝也厚德蒼生博惠也發策紀號丕業也陛下安可以闕哉天地之符彰矣祖宗之靈著矣蒼生之望勤矣禮樂之文備矣陛下安可以辭哉故臣等願

因神祇之叶贊順華夏之懇誠早稽舊章特降明詔庶及仲春農桑之隙以展巡狩肆覲之儀則天下幸甚

駮祝欽明請南郊皇后充亞獻議

周禮凡言祭祀享三者皆祭之互名本無定義何以明之按周禮典瑞職云兩珪有邸以祀地則祭地亦稱祀也又司几筵云設祀先王之胙席則祭宗廟亦稱祀也又內宗職云掌宗廟之祭祀此又非獨天稱祀地稱祭也又按禮記云惟聖人爲能享帝此卽祀天帝亦言享也又按孝經云春秋祭祀以時思之此卽宗廟亦言祭祀也經典此文

不可備數據此則欽明所執天曰祀地曰祭廟曰享未得爲定明矣又周禮凡言大祭祀者祭天地宗廟之總名非獨天地爲大祭祀也何以明之按鬱人職云大祭祀與量人受舉斝之卒爵尸與斝皆宗廟之事則宗廟亦稱大祭祀又欽明狀引九嬪職大祭祀后祼獻則贊瑤爵據天無祼亦無瑤爵此乃宗廟稱大祭祀之明文欽明所執大祭祀卽爲祭天地未得爲定明矣又周禮大宗伯職云凡大祭祀王后有故不預則攝而薦豆籩徹欽明惟執此文以爲王后有祭天地之禮欽緒等據此乃是王后薦宗廟之禮非祭天地之事何以明之按此文凡祀大神祭大祇享大鬼臨事而卜日宿視滌濯涖玉鬯省牲鑊奉玉齍制大號理其大禮制相天王之大禮若王不與祭祀則攝位此已上一凡直是王兼祭天地宗廟之事故通言大神大祇大鬼之祭也已下文云凡大祭祀王后不與則攝而薦豆籩徹此一凡直是王后祭宗廟之事故惟言大祭祀也若云王后合助祭天地不應重起凡大祭祀之文也爲嫌王后有祭天地之疑故重起後凡以別之耳王后祭宗廟自是大祭祀何故取上凡相天王之禮以混下凡王后祭宗

廟之文此是本經科段明白又按周禮外宗掌宗廟之祭祀佐王后薦玉豆凡王后之獻亦如之王后有故不預則贊宗伯按此王后有故不預則宗伯攝而薦豆籩外宗贊之內宗外宗所掌皆佐王后宗廟之薦本無佐祭天地之禮但天地尚質宗廟尚文玉豆宗廟之器初非祭天所設請問欽明若王后助祭天地在周禮使何人贊佐若宗廟攝后薦豆祭天又命何人贊佐並請明徵禮文卽知攝薦是宗廟之禮明矣按周禮司服云王祀昊天上帝則服大裘而冕享先王則衮冕內司服掌王后祭服無王后祭天

之服按三禮義宗明王后六服謂褘衣揄翟闕翟鞠衣展衣褖衣也褘衣從王祭先王則服之揄翟從王祭先公則服之闕翟饗諸侯則服之鞠衣以采桑則服之展衣以禮見王及見賓客則服之褖衣燕居則服之王后無助祭於天地之服但自先王以下又三禮義宗明王夫人之服云后不助祭天地五嶽故無助祭天地四望之服按此則王后無祭天之服明矣又三禮義宗明王后五輅謂重翟厭翟安車翟車輦車也重翟者后從王祭先王先公所乘也厭翟者后從王享諸侯所乘也安車者后宮中朝夕見於

王所乘也翟車者后采桑所乘也輦車者后遊宴所乘也按此則王后無祭天之車明矣又禮記郊特牲義贊云祭天地無祼鄭元注云惟人道宗廟有祼天地大神至尊不祼圜丘之祭與宗廟祫同朝踐王酌泛齊以獻是一獻按此后無祭天之事大宗伯次酌醴齊以獻是二獻按此則祭圜丘大宗伯次王爲獻非攝王后之事欽明等所執王后有故不預則宗伯攝薦豆籩更明攝王后宗廟之薦非攝天地之祀明矣欽明建議只及引禮記祭統曰夫祭也者必夫婦親之按此是王與后祭宗廟之禮非關祀天地

之義按漢魏晉宋後魏齊梁周陳隋等歷代典籍與王令主郊天祀地代有其禮史不闕書並不見往代王后助祭之事又高祖神堯皇帝太宗文武聖皇帝南郊祀天無皇后助祭處高宗天皇大帝永徽二年十二月辛酉親有事於南郊又總章元年十二月丁卯親祀南郊亦並無皇后助祭處按大唐禮亦無皇后助祭南郊之禮欽緒等幸忝禮官親承聖問竭盡聞見不敢依隨伏以主上稽古志遵舊典所議助祭實無正文若以王者制禮自我作古明主立斷非臣下敢言謹議

欽定全唐文卷二百七十一

唐紹

紹尚書臨孫神龍時歷官侍御史員外郎睿宗即位累轉給事中兼太常少卿先天二年元宗講武驪山紹以典儀失軍容誅

請停四季節日起居諸陵奏

臣伏以既安宅兆禮不祭墓止謂送形而往山陵爲幽靜之宮迎精而返宗廟爲享薦之室但以春秋仲月命使巡陵鹵簿衣冠禮容必備自天授以後時有起居因循至今

乃爲常事起者以起動爲稱居者以居止爲名詳起居之義非陵寢之法生事以禮必勤於定省死葬以禮當闕於安厝豈可以事居之道行之於送往之時敢辭命使勞繁但恐不安靈域又降誕之日穿針之辰皆以續命爲名時人多有進奉今聖靈日遠仙駕難追進止起居恐乖先典況京畿傳驛機速極繁加以諸陵往來其馬便多死損望停四季及忌日降誕幷節日起居陵使但准式二時巡陵庶得義合禮經陵寢安謐

論婦人葬禮用鼓吹疏

竊聞鼓吹之作本爲軍容昔黃帝涿鹿有功以爲警衞故掆鼓曲有靈夔吼鵰鶚爭石墜崖壯士怒之類自昔功臣備禮適得用之丈夫有四方之功所以恩加寵錫假如郊祀天地誠是重儀惟有宮懸本無案架故知軍樂所備尚不給於神祇鉦鼓之音豈得接於閨閫准式公主王妃已下葬禮準有團扇方扇綵帷錦幛之色加至鼓吹歷代未聞又準令五品官婚葬先無鼓吹惟京官五品得借四品鼓吹爲儀今特給五品已上母妻五品官則不當給限便是班秩本因夫子儀飾乃復過之事非倫次難爲定制參

詳義理不可常行請停前勅各依常典

禁奢侈疏

臣聞王公已下送終明器等物具標格令品秩高下各有節文孔子曰明器者備物而不可用以芻靈者善爲俑者不仁傳曰俑者謂有面目機發似於生人也以此而葬殆將於殉故曰不仁比者王公百官競爲厚葬偶人像馬雕飾如生徒以眩耀路人本不因心致禮更相扇慕破產傾資風俗流行遂下兼士庶若無禁制奢侈日增望請王公已下送葬明器皆依令式並陳於墓所不得衢路將行又

士庶親迎之儀備諸六禮所以承宗廟事舅姑當須昏以爲期詰朝謁見往者下里庸鄙時有障車邀其酒食以爲戲樂近日此風轉盛上及王公乃廣奏音樂多集徒侶遮擁道路留滯淹時邀致財物動踰萬計遂使障車禮貺過於聘財歌舞喧譁殊非助感既虧名教實蠹風猷違紊禮經須加節制望請婚姻家障車者並須禁斷其有犯者官廕家請準犯名教例附簿無廕人決杖六十仍各科本罪

請量減武氏韋氏諸陵守戶疏

謹按昊陵順陵恩勅特令依舊因循前例守戶與昭陵數同又先代帝王陵戶準式二十人今雖外氏恩隆亦須附

近常典請准式量減取足防閑庶無逼上之嫌不失尊崇之道又親王守墓舊例唯得十人梁魯近加追贈不可越於本爵準令贈官用蔭各減正官一等故知贈之與正義有抑揚禮不可踰理須裁制請同親王墓戶各置十人爲限又太廟宿衛準配正兵縱令壖內掃除還以其兵應役褒德別加廟戶兼配軍人既益煩勞又虧常典縱使恩加極禮須準太廟汙隆別置百人亦請停廢

請以正冬至日祀圜丘議

臣聞禮以冬至祀圜丘於南郊夏至祭方澤於北郊者以其日行躔次極於南北之際也日北極當晷度循半日南極當晷度環周是日一陽爻生爲天地交際之始故易曰復其見天地之心乎即冬至卦象也一歲之內吉莫大焉甲子但爲六旬之首一年之內隔月常遇既非大會晷運未周惟總六甲之辰助四時而成歲今欲避環周以取甲子是背大吉而就小吉也

盧粲

粲幽州范陽人舉進士景龍二年累遷給事中以忤安樂公主出爲陳州刺史累轉祕書少監開元初卒

駁奏安樂公主請爲武崇訓造陵疏

伏尋陵之稱謂本屬皇王及儲君等自皇家以來諸王及公主墓無稱陵者唯永泰公主承恩特葬事越常塗不合引以爲名春秋左氏傳云衛孫桓子與齊戰衛新築大夫仲叔于奚救孫桓子桓子以免衛人賞之以邑于奚辭請曲縣繁纓以朝許之仲尼聞之曰惜也不如多與之邑唯名與器不可以假人若以假人與之政也政亡則國家從之聖人知微知章不可不慎魯王哀榮之典誠別承恩然

國之名器。豈可妄假。又塋兆之稱。不應假永泰公主爲名。請比貞觀以來諸王舊例。足得豐厚。

復奏駙馬墓無稱陵之典疏

臣聞陵之稱謂。施於尊極。不屬王公已下。且魯王若欲論親等第。則不親於雍王。雍王之墓。尚不稱陵。魯王則不可因尚公主而加號。且君之舉事。則載於方冊。或稽之往典。或考自前朝。臣歷檢貞觀以來。駙馬墓無得稱陵者。且君人之禮。服絕於傍期。葢爲不獨親其親。不獨子其子。陛下以膝下之恩愛。施及其夫。贈賵之儀。哀榮足備。豈得使上

下無辨。君臣一貫者哉。又安樂公主承兩儀之澤。履福祿之基。指南山以錫年。仰北辰而永庇。魯王之葬。車服有章。加等之儀。備有常數。塋兆之稱。不應假永泰公主爲名。非所謂垂法將來。作則羣辟者也。

駁奏皇太子服用疏

皇太子處繼明之重。當主鬯之尊。歲時服用。自可百司供擬。又據周官諸應用財器。歲終則會。唯王及太子。應用物並不會。此則儲君之費。咸與王同。今與列國諸侯。齊衡入封。豈所謂憲章在昔。垂法將來者也。必謂青宮初啟。服用所資。自當廣支庫物。不可長存藩封。

李景伯

景伯。邢州栢仁人。景龍中爲諫議大夫。景雲中進太子右庶子。遷右散騎常侍。以病致仕。開元中卒。

上東宮啟

臣聞書曰。惟上帝不常。作善降之百祥。作不善降之百殃。禍福之來。惟人所召。應符影響。可不懼哉。伏惟殿下稟粹重離。摛英若木。道光儲貳。譽表元良。掃凶祲而邦家以寧。贊寶歷而皇祚方永。凡在羣品。莫不仰賴。語成功則已大

矣。論盛業則已崇矣。惟當養德青宮。問安紫極。去惡除本。爲善務滋。納忠讜於正人。杜浮媚於邪逕。遊心經史。引接文儒。覽古今之得失。爲行事之龜鏡。日新其美。豈不盛歟。近承諂曲之徒。私進女色。莫非倡蕩穢跡。可知將入宮闈。以爲娛樂。傷教敗禮。豈復是過。及其出入。矜誇恩幸。坊曲之間。能無漏泄。至如榮忝簪笏。跡預朝廷。稍涉奸私。尚爲深累。況一國之儲副。萬方所瞻奉。焉可不自戒。且政之興衰。皆由化下。自上所及。若草隨風。理在必然。不可不慎。竊惟後宮命婦員品稍多。兼選良人。固爲淑麗。止足之賞疑

詎假旁求此非殿下之本心直被小人之所誤臣實庸鄙智識無聞濫齒榮班謬參宮相職在規諫冀申裨補若其嘿而自守何以上荅聖恩非直尸素之罪人亦當神祇之所譴敢罄愚直以効涓塵伏願悔已往之失知昨非之弊念色荒之誡徵縱敗之言勿近小人無聽邪說常恐有失兢懼爲心則睿德被於羣方頌聲振於毗俗天垂福祐永保無疆儻蒙採納幸甚幸甚謹昧死奉啟以聞輕觸威嚴伏待斧鉞謹啟

韓思復

思復字紹出京兆長安人少襲祖倫爵長山縣男舉秀才高第景龍中累轉中書舍人開元中遷太子賓客進爵伯卒年七十四謚曰文

諫捕蝗疏

臣伏聞近日河南河北蝗蟲頃日爲害更益繁熾經歷之處苗稼都損今漸翾飛向西薦食至洛使命來往不敢昌言山東數州甚爲惶懼且天災流行埋瘞難盡臣望陛下悔過責躬發使宣慰損不急之務召至公之人上下同心君臣一德持此誠實以荅休咎前後驅蝗使等伏望總停書云皇天無親惟德是輔人心無常惟惠是懷不可不收攬人心也

駮嚴善思絞刑奏議

議獄緩死列聖明規刑疑從輕有國常典嚴善思往在先朝屬韋氏擅內恃寵宮掖謀危宗社善思此時遂能先覺因詣相府有所發明進論聖躬必登宸極雖交遊重福蓋謀陷韋氏及其謁見猶不奏聞將此行藏即從極法且勅追善思書至便發向懷逆節寧即奔命一面疎網誠合順生三驅取禽來而可宥惟刑是恤事合昭詳請付刑部集

羣官議定奏裁以符慎獄

又駮嚴善思絞刑奏議

臣聞刑人於市爵人於朝必僉謀攸同始行之無惑謹按諸司所議嚴善思十纔一入抵罪惟輕夫帝閽九重途遠千里故借天下之耳以聽聽無不聰借天下之目以視視無不浹今羣言上奏採擇宜審若棄多就少臣實懼焉輿誦一乖下情不達雖欲從衆其可及乎凡百京司逢時之泰列官分職有賢有親親則列藩諸王陛下愛子賢則胙茅開國陛下名臣見無禮於君寧肯雷同不異今措詞多

出法合從輕

彭景直

景直瀛州河間人中宗朝爲太常博士歷禮部郎中

請停諸陵每日奠祭疏

謹按三禮正文無諸陵日祭之事惟著宗廟月祭之禮故祭法云天下有王分地建國置都立邑設廟祧壇墠而祭之乃爲親疎多少之數是故王立七廟一壇一墠曰考廟曰王考廟曰皇考廟曰顯考廟曰祖考廟皆月祭之遠廟爲祧有二祧享嘗乃止去祧爲壇去壇爲墠壇墠有禱焉

祭之無禱乃止則此禮典明文義可求矣又按禮論譙周祭志云天子之廟始祖及高祖曾祖祖考皆每月朔加薦以象平生朔食也謂之月祭二祧之廟無月祭此譙周所著與古禮義相附近亦無日祭之文今諸陵月祭有朔望幷諸節日科則古禮殷事之義矣諸節日猶古薦新之義矣故鄭元注禮記云殷事月朔月半薦新之奠也又注儀禮云月朔月半猶平常之朝夕也大祥之後即四時焉此則古者祭皆在廟近代以來始分月朔月半及諸節日祭於陵寢在廟惟四時正享及臘爲五享前所奏定並依古禮正文不旁求外傳故祭義云祭不欲數數則煩煩則不敬考據經史無日祭惟漢七廟議京師自高祖下至宣帝與太上皇悼皇考各自於陵旁立廟又園中各有寢便殿日祭於寢月祭於廟時祭於便殿至元帝時貢禹以爲太煩奏請罷郡國廟丞相韋元成等議七廟之外寢園皆無復修奏可議者亦以不欲祭數數則黷宜復古禮四時祭於廟丞相匡衡亦奏七廟迭毀之義帝從之又數改劉歆以爲禮去事有殺引春秋外傳云日祭月祀時享歲貢祖禰則日祭高曾則月祀二祧則時享壇墠則歲貢至後漢

陵寢致祭無明文以言魏氏三祖及晉皆不祭於墓故晉書云魏文帝黃初元年自作終制立壽陵無封樹無寢殿夫葬者藏也欲人之不明見禮不墓祭欲存亡不黷也明帝尊奉之晉宣帝預於首陽山爲土藏不墳不樹斂以時服不設明器景文皆奉成命無所加焉景帝後依宣帝故事自魏三祖以下不於陵寢致祭並附於古禮至於江左亦不崇園寢及宋齊梁陳其祭並無聞今參詳以爲三禮者不刊之書懸諸日月外傳所記不與經合不合依憑國家率由舊章討論典禮謨事作範垂裕將來擇善而行依

經爲允其諸陵日祭請准禮停

袁從之

從之景龍中官左臺侍御史

請收長寧公主奴僕奏

陛下今若曲受主言而縱奴掠良人何以理天下臣知放則免罪於私門劾則得罪於公主終不忍全身遠害屈法偷生惟陛下垂照察

寇泚

泚中宗朝官長安尉張仁愿在朔方奏判軍事開元十三

年由兵部侍郎出守宋州

對不以騶虞爲節判

大射之禮有司不以騶虞爲節

禮經之設實和天地凡在有司理資虔恪況大射斯御大侯既張誦貍首以成章歌騶虞而應節匪文匪武載光於禮容爰豫爰謀式備於彝典崇折俎之儀助發生之氣豈得詔弓之旨致闕公宮彼茁之規猶虧相圃位已乖於司射法須加於秩宗請寘鵜鴂之科以懲樹皮之失

對開渠判

岐州刺史馬回奏開渠與人相假貸歲課不時入執事以爲勞無成將議裁貶

蒲密之化鄭白之饒溝洫可以立人秦漢斯焉定霸豳風載陳於王業瓠口深著於甿謠故典農中郎明濟河於興廢搜粟都尉定邦國於錙銖眷彼循良義存俯企馬回中和踐化右翊班條以爲鄰下墱流功成於舄鹵南陽疏畝富埒於京坻雖開鑿方勤而清閒每就假多貺於邵父終有協於倪公儻秋蟀春鶊人樂疲於力役杏花菖葉農靡闕於耕桑輸稅若或先時菽粟何妨殷積詳刑議獄詎曰

攸宜

欽定全唐文卷二百七十二

元行沖

行沖名澹以字顯河南人舉進士累官太常少卿開元中爲國子祭酒拜太子賓客宏文館學士封常山郡公致仕十七年卒年七十七贈禮部尚書謚曰獻

父在爲母及舅姨嫂叔服議

夫天地之性惟人最靈者蓋以智周萬物惟睿作聖明貴賤辨尊卑遠嫌疑分情禮也是以古之聖人徵性識本緣情制服則有申有厭天父天夫故斬衰三年情禮俱盡者

因心立極也生則齊體死則同穴比陰陽而配合同兩儀之化成而妻喪杖周情禮俱殺者蓋遠嫌疑尊乾道也父爲嫡子三年斬衰而不去職者蓋尊祖重嫡崇禮殺情也資於事父以事君孝莫大於嚴父故父在爲母罷職齊周而心喪三年謂之尊厭者則情申而禮殺也斯制也異於飛走别於華夷羲農堯舜莫之異也文武周孔所同遵也今若捨尊厭之重虧嚴父之義畧純素之嫌貽非聖之責則事不師古有傷名教矣姨兼從母之名又即母之女黨加於舅服有理存焉嫂叔不服遠嫌疑也若引同爨之緦以忘推遠之跡既乖前聖亦謂難從謹詳三者之疑並請依古爲當謹議

先師宰予字子我贊

臨淄辯闕一字學以致祿徵彼不勤見嗤朽木激之忠孝貽毁新穀政事登科而不庇旋

釋疑

客問主人曰小戴之學行之已久康成銓注見列學官傳聞魏公乃有刊易又承制旨造疏將頒未悉二經孰爲優劣主人荅曰小戴之禮行於漢末馬融注之時所未覩盧

植分合二十九篇而爲說解代不傳習鄭絪子幹師於季長屬黨錮獄起師門道喪康成於竄伏之中理紛挐之典志存探究靡所咨謀而猶緝述忘疲聞義能徙具於鄭志向有百科章句之徒曾不窺覽猶遵覆轍頗類刻舟王肅因之重茲開釋或多改駮仍按本篇又鄭學之徒有孫炎者雖扶元義乃易前編自後條例支分箴石間起馬伷增革向踰百篇葉遵刪修僅全十二魏公病羣言之錯雜紬衆說之精深經文不同未敢刊正注理睽誤寧不芟礱成畢上聞太宗嘉賞賚縑千匹錄賜儲藩將期頒宣未有疏

義聖皇纂業躭古崇儒高曾規矩宜所修襲乃俯晉愚甄分舊義其有注遺往說理變新文務加搜窮積稔方畢具錄呈進勅付羣儒庶能斟詳以課疎密豈悟章句之士堅持昔言特嫌知新欲仍舊貫沉疑多月擯壓不申優劣短長定於通識手成口荅安敢銓量客曰當局稱迷傍觀見審累朝銓定故是周詳何所爲疑不爲申列荅曰是何言歟談豈容易昔孔安國注壁中書會巫蠱事經籍道息族兄臧與之書曰相如常忿俗儒淫詞冒義欲撥亂反正而未能果然雅達通博不代而生浮學守株比肩皆是衆非

難正自古而然誠恐此道未申而以獨智爲議也則知變易章句其難一矣漢有孔季産者專於古學有孔扶者隨俗浮沈扶謂産云今朝廷皆爲章句內學而君獨修古義修古義則非章句內學非章句內學則危身之道也獨善不容於代必將貽患禍乎則知變易章句其難二矣劉歆以通書屬文待詔官署見左氏傳而大好之後蒙親近欲建斯業哀帝欣納令其討論各遷延推辭不肯置對劉歆移書責讓其言甚切諸博士等皆忿恨之名儒龔勝時爲光祿見歆此議乃乞骸骨司空師丹因大發怒奏歆改亂前志非毀先朝所立帝曰此廣道術何爲毀耶由是犯忤大臣懼誅求出爲河南太守宗室不典三河又徙五原太守以君實之著名好學公仲之深博守道猶迫同門朋黨之議卒令子駿貿謗於時則知變易章句其難三矣子雍規元數十百件守鄭學者時有中郎馬昭上書以爲肅繆詔王學之輩占荅以聞又遣博士張融案經論詰融登召集分別推處理之是非具呈證論王肅酬對疲於歲時則知變易章句其難四矣卜商疑聖納誚於曾輿木賜近賢貽嗤於武叔自此之後唯推鄭公王粲稱伊洛已東淮漢

之北一人而已莫不宗焉咸云先儒多闕鄭氏道備粲竊嗟怪因求其學得尚書注退而思之以盡其意意皆盡矣所疑之者猶未喻焉凡有兩卷列於其集又王肅改鄭六十八條張融覈之將定臧否融稱元注泉深廣博兩漢四百餘年未有偉於元者然二郊之祭殊天之祀此元誤也其如皇天祖所自出之帝亦元處之失也及服虔釋傳未免差違後代言之思宏聖意非謂揚己之善掩人之名也何者君子用心願聞其過故仲尼曰過也人皆見之更也人皆仰之是也而專門之徒恕己及物或攻先師之誤如

聞父母之名將謂亡者之德言而見壓於重壤也故王邵史論曰魏晉浮華古道夷替洎王肅杜預更開門戶歷載三百士大夫恥爲章句唯草野生以專經自許不能究覽異義擇從其善徒欲父康成兄子慎寧道孔聖誤諱聞鄭服非然於鄭服甚憒憒鄭服之外皆讎也則知變易章句其難五也伏以安國尚書劉歆左傳悉遭擯於曩葉見重於來今故知二人之鑒高於漢廷遠矣孔季產云物極則變比及百年外當有明直君子恨不與吾同代者於戲道之行廢必有其時者歟僕非專經罕習章句高名不著易受輕誣頃者修撰殆淹年月賴諸賢輩能左右之免致愆尤仍叨賞賚內省昏朽其榮已多何遽持一已之區區抗羣情之噂喈捨勿矜之美成自我之私觸近名之誡興犯衆之禍一舉四失中材不爲是用韜聲甘此沈默也

辛替否

替否字協時京兆萬年人景龍中爲左拾遺睿宗朝遷右臺殿中侍御史開元中累轉潁王府長史天寶初卒年八十餘

陳時政疏

臣聞聖人廣視聽於四方納謳謠於九有者蓋欲以上通下達遠聞邇信元首惟聖股肱惟明若此則國可長久時無災害者也臣聞君上牧養黎庶莫不慎器與名畏怨重禍不激詭以求進不貨賄以要榮公侯伯子男五等各以功爲先後卿大夫士九品各以德爲次等劉毅無賣官之誚仲經無免爵之謡則格於皇天光於后土何風雨不順陰陽不和之有哉臣聞古之建官員不必備九卿已下皆有其位而闕其選賞一人謀乎三事職一人訪乎羣司貿寵者畏權勢之在躬求榮者避權門而不入故稱賞不僭官不濫士皆完行家有廉節朝廷有餘俸百姓有餘食下忠於上上禮於下委裘而無倉卒之危垂拱而無顛沛之患夫事有傷耳目動心慮作不師古以行於今者蓋有之矣伏惟陛下百倍行賞十倍增官金銀不供其印束帛無充於錫何愧於無用之臣何慙於無力之士至於公府補授罕存推擇遂使富商豪賈盡居纓冕之流鬻伎行巫咸陟膏腴之地一旦羊頭入興狗尾生謡將恐巍巍盛唐取議於後臣聞於古人曰福生有基禍生有胎伏惟公主陛下之愛女選賢良以嫁之設官職以輔之傾府庫以賜之

壯第觀以居之廣池籞以嬉之可謂之至重也可謂之至憐也然而用不合於古義行不根於人心將恐變愛成憎轉福爲禍何者竭人之力人怨也費人之財人怨也奪人之家人怨也愛一女子而取三怨於天下使邊疆之士不盡力朝廷之士不盡忠人之散矣獨恃所愛何所恃乎向者魯王賞同諸壻禮等朝臣則亦有今日之福無曩時之禍人徒見其禍不知其禍之所來所以禍者寵愛過於臣子也去年七月五日巳見其徵矣今猶事無改更理尚因循棄一宅而造一宅忘前禍而忽後禍臣竊謂陛下惜之

矣非愛之也何利於公主臣聞君以人爲本本固則邦寧邦寧則陛下之夫婦母子長相保也伏惟外謀宰臣爲久安久寧以存之不使奸臣賊子以伺之臣聞微不可不防遠不可不慮當今疆埸驚駭倉廩空虛揭竿守禦之士賞不及肝腦塗地之卒輸不充野多食草人不識穀而方大起寺舍廣營第宅伐木空山不足充梁棟運土塞路不足充牆壁誇古耀今踰章越制百寮鉗口四海傷心臣聞釋教者以清淨爲基慈悲爲主故常體道以濟物不爲利欲以損人故常去己以全眞不爲榮身以害教三時之月掘山穿地損命也殫府虛帑損人也廣殿長廊榮身也損命則不慈悲損人則不濟物榮身則不清淨豈大聖大神之心乎臣以爲非眞教非佛意違時行違人欲自像王西下佛教東傳青螺不入於周前白馬方行於漢末風流雨散千帝百王飾彌盛而國彌空役彌重而禍彌大覆車繼軌曾不改途晉臣以佞佛取譏梁主以捨身構隙若以造寺必爲其理體養人不足以經邦則殷周已往皆暗亂漢魏已降皆聖明殷周已往爲不長漢魏已降爲不短臣聞夏爲天子二十餘代而殷受之殷爲天子二十餘代而周受

之周爲天子三十餘代而秦漢受之自漢已後歷代可知也何者有道之長無道之短豈因其窮金玉修塔廟方建長久之祚乎臣聞於經曰若菩薩心住於法而行布施如人入暗則無所見又曰一切有爲法如夢幻泡影如露亦如電臣以爲減琱琢之費以賑貧人是有如來之德息穿掘之苦以全昆蟲是有如來之仁罷營構之直以給邊陲是有湯武之功迴不急之祿以購廉清是有唐虞之理陛下緩其所急急其所緩親未來而踈見在失眞實而冀虛無徇俗人之所爲而輕天子之功業臣竊痛之矣當今出

財依勢者盡度爲沙門避役姦訛者盡度爲沙門其所未度惟貧窮與善人耳將何以作範乎將何以租賦乎將何以力役乎臣以爲出家者捨塵俗離朋黨無私愛今殖貨營生非舍塵俗援親樹知非離朋黨畜妻養孥非無私愛是致人以毀道非廣道以救人伏見今日之宮觀臺榭唯京師之與洛陽不曾修飾猶恐奢麗陛下尚欲塡池塹捐苑囿以賑貧人無產業者今之天下之寺蓋無其數一寺當陛下一宮壯麗甚之矣用度過之矣是十分天下之財而佛有其七八陛下何有之矣百姓何食之矣雖以陰陽

爲炭萬物爲銅役不食之人使不衣之士猶尚不給況資於天生地養風動雨潤而後得之乎臣聞國無九年之儲國非其國伏惟計會倉廩量度府庫百寮供給百事用度臣恐卒歲不充況於九年之積乎一旦風塵再擾霜雹薦臻沙門不可執干戈寺塔不足攘饑饉臣竊惜之矣

諫造金仙玉眞兩觀疏

臣嘗以爲古之用度不時爵賞不當破家亡國者口說不如身逢耳聞不如眼見臣請以有唐以來理國之得失陛下之所眼見者以言之惟陛下審之聽之擇善而從之則萬歲之業自可致矣何憂乎黎庶之不康福祚之不永伏以太宗文武聖皇帝陛下之祖撥亂反正開階立極得至理之體設簡要之方省其官清其吏舉天下職司無一虛授用天下財帛無一枉費賞必俟功官必得雋所爲無不成所征無不剋不多造寺觀而福德自至不多度僧尼而殃咎自滅道合乎天地德通乎神明故天地憐之神明祐之陰陽不愆風雨合度四人樂其業五穀遂其成腐粟爛帛塡街委巷千里萬里貢賦於郊九夷百蠻歸款於闕自有帝王已來未有若斯之神聖者也故得享國久長多歷

年所陛下何不取而則之中宗孝和皇帝陛下之兄居先人之業忽先人之化不取賢良之言徒恣子女之意官爵非擇虛食祿者數千人封建無功妄食土者百餘戶造寺不止枉費財者數百億度人不休免租庸者數十萬是使國家所出加數倍所入減數倍倉不停卒歲之儲庫不貯一時之帛所惡者逐逐多忠良所愛者賞賞多讒慝朋佞喋喋交相傾動容身不爲於朝廷保位皆由於黨附奪百姓之食以養殘兇剝萬人之衣以塗土木於是人怨神怒衆叛親離水旱不調疾疫屢起遠近殊論公私罄然五六

年閒至於禍變享國不永受終於兇婦人寺舍不能保其身僧尼不能護妻子取譏萬代見笑四夷此陛下之所眼見也何不除而改之依太宗之理國則百官以理百姓無憂故泰山之安立可致矣依中宗之理國則萬人以怨百事不寧故累卵之危立可待矣頃自夏已來霪雨不解穀荒於隴麥爛於場入秋已來亢旱成災苗而不實霜損蟲暴草菜枯黃下人咨嗟未知賙賑而營寺造觀日繼於時檢校試宮充臺溢署伏惟陛下愛兩女爲造兩觀燒瓦運木載土塡坑道路流言皆云計用錢百餘萬貫惟陛下聖

人也無所不知陛下明君也無所不見既知且見知倉有幾年之儲庫有幾年之帛知百姓之閒可存活乎三邊之上可轉輸乎當今發一卒以禦邊陲追一兵以衛社稷多無衣食皆帶飢寒賞賜之閒迥無所出軍旅驟敗莫不由斯而乃以百萬貫錢造無用之觀以賈六合之怨乎以違萬人之心乎伏惟陛下族阿韋之家而不改阿韋之亂政忍棄太宗之理本不忍棄中宗之亂階忍棄太宗久長之謀不忍棄中宗短促之計陛下又何以繼祖宗親萬國昔陛下與皇太子在阿韋之時危亡是懼常切齒於羣兇今

貴爲天子富有四海而不改羣兇之事臣恐復有切齒於陛下者也陛下又何以非羣兇而誅之臣往見明勑自今以後一依貞觀故事且貞觀之時豈有今日之造寺營觀加僧尼道士益無用之官行不急之務而亂政者也臣以爲棄其言而不行其信慕其善而不遷其惡陛下又何以刑于四海往者和帝之憐悖逆也爲姦人之所誤宗晉卿勸爲第宅趙履溫勸爲園亭損數百家之居侵數百家之地工徒斲而未息義兵紛以交馳卒使亭不得遊宅不得坐信邪佞之說成骨肉之刑此陛下之所眼見也今茲造

觀臣必知非陛下公主之本意得無有趙履溫之徒將勸爲之冀誤其骨肉不可不明察也臣聞出家修道者不干預於人事專清其身心以虛泊爲高以無爲爲妙依兩卷老子視一軀天尊無欲無營不損不害何必璇臺玉榭寶像珍龕使人困窮然後爲道哉且舊觀足可歸依無造無營以取窮竭若此行之三年國不富人不安朝廷不淸陛下不樂則臣請殺身於朝以令天下言事者伏惟陛下行非常之惠權停兩觀以俟豐年以兩觀之財爲公主施貧窮塡府庫則公主之福德無窮矣不然臣恐下人怨望不

滅於前朝矣前朝之時賢愚知其必敗人雖有口而不敢言言未發聲禍將及矣韋月將受誅於丹徼燕欽融見殺於紫庭此人皆不惜其身而納忠於主身既死矣主亦危矣故先朝誅之陛下賞之是陛下知直言之士有裨於國臣今直言亦先朝直言之人也惟陛下察之

徐堅

堅字元固湖州長城人神龍初累遷給事中封慈源縣子以禮部侍郎爲修文館學士睿宗朝進東海郡公遷祕書監左散騎常侍元宗改麗正書院爲集賢院以堅充學士

副張說知院事加光祿大夫十七年卒年七十餘贈太子少保謚曰文

論刑獄表

臣聞上天之道先春而後秋聖人制法外刑而內禮故知三辟之設王者不得已而用之今帝命惟新六合光宅遠無異望邇無異言亦宜安彼反側示以寬典臣竊見神都諸部勘當所尋有勅停勘迄至於今猶尚追攝豈非勘當使等志希僥倖執斯刻薄以爲已能哉長姦濫之源傷醇和之化伏願即停之臣又聞書有五聽慮失情實也今著三覆恐致虛枉也比見有勅勘當反逆令使者得實便決然人命至重死不可生儻萬分之中有一不實欲訴無路懷枉誰明飲恨吞聲赤族從戮豈不痛哉此不足以肅姦逆而明典刑適所以長威福而生疑懼臣望絶此處分依法覆奏則死者甘伏知泣辜之恩生人歡悅見詳刑之意又法官之任人命所懸若不簡擇恐招枉濫諸官僚之內有用法寬平爲衆所稱者願親而進之處事深酷不允人望者願疎而退之囹圄無冤億兆幸甚臣又聞罰不及嗣虞帝之明規罪不至孥漢君之茂德故郤芮作亂而郤缺

登朝嵇康被刑而嵇紹入用終能立功白狄効死湯陰千載美談斯爲稱首父子猶其若此餘親尚何疑哉竊見逆人之親選曹廣責至於無親無服亦數十條士子之中十將三四今聖人在上實命惟新有道賤貧實爲深恥遂令此等長從遐棄懷才抱器將何望哉是以聖意哀矜頻降恩制令同常例各使坦懷姚璹之徒皆逢委任而在下僚列不識天心苟求微疵不宏大體又准勅逆人同堂親不得任京官及兩畿三輔官準法刑戮緦麻親不得充近侍宿衞臣望申勅有司勅令逆人外不得輒爲勘責收其賢

能示之曠蕩斯巍巍之德作範百王穆穆之風垂裕千祀

請祔中宗表

臣謹按禮稽命徵虞夏五廟殷六廟周七廟諸侯五廟而魯用天子之禮並后稷姜嫄爲七廟故知五帝殊時不相沿樂三王異世不相襲禮伏以中宗孝和皇帝受命中興化民以德雖別廟薦享而聖心未安將革前規移入太廟臣參詳自古廟制夏殷周漢各自立廟不同一處漢光武以中興崇儉故七室共堂而歷代遵行以爲折衷今太廟七室皆有神主孝和皇帝既須入廟先有夾室見空望奉移向此室內既同太廟八室祭享是同在於情理實爲允

愜

請停募關西戶口疏

伏惟皇帝陛下二儀合德百姓爲心一物不安納隍興想竊見關西戶口負募赴都聖旨含宏不言差遣是以樂住之色數萬餘家受使之人苟徼勞効務選高戶抑此陪郭然高戶之位田業已成安土重遷人之恒性使者强送僶俛進途一人怨嗟或傷和氣數千餘戶深宜察之臣望令檢勘先投牒樂住者並令赴都其差定陪郭者各任還貫若神都須人雍同等州先有工商戶在洛者甚衆令檢括兼簡樂住之人微有資財情願在洛城者並酬其宅鋪之地令漸修立則洛城不少於邑戶黎庶得安於本業此管子所謂順於人心施宏均養之人則臣希冀痊平有朝覲之望容居散秩免負乘之僁無任悃迫之至

先祭後燔議

臣等謹按顯慶年修禮官長孫無忌等奏改燔柴在祭前狀稱祭祀之禮必先降神周人尚臭祭天則燔柴者臣等按禮迎神之義樂六變則天神降八變則地祇出九變則鬼神可得而禮矣則降神以樂周禮正文非謂燔柴以降

神也按尚臭之義不爲燔之先後假如周人尚臭祭天則燔柴容或燔臭先以迎神然則殷人尚聲祭天亦燔柴何聲可燔先迎神乎又按顯慶中無忌等奏稱晉氏之前獨遵古禮周魏以降妄爲損益者今按郭璞晉南郊賦及注爾雅祭後方燔又按宋忠所論亦祭後方燔又檢南齊北齊及梁郊祀亦飲福酒後方燔又檢後周及隋郊祀亦先祭後燔據此即周遵後燔晉不先燎無忌之事義乃相乖又按周禮大宗伯職以玉作六器以禮天地四方注云禮

爲始告神時薦於神座也下文云以蒼璧禮天以黃琮禮地皆有牲幣各如其器之色又禮器云有以少爲貴者祭天特牲是知蒼璧之與蒼犢俱各奠之神座理節不惑又云四圭有邸以祀天旅上帝即明祀昊天上帝之時以旅五方天帝明矣其青圭赤璋白琥元璜自是立春立夏立秋立冬之日各於其方迎氣所用自分別矣今按顯慶所改新禮以蒼璧與蒼牲蒼幣俱用先燔蒼璧既已燔矣所以遂加四圭有邸奠之神座蒼牲既已燔矣所以更加騂牲充其實俎混昊天於五帝同用四圭失特牲之明文加

爲二犢深乖禮意事乃無憑

荅王方慶問服制書

儀禮喪服經繼父同居齊縗周謂子無大功之親與之適人所適亦無大功之親而所適者以貨財爲之築宮廟歲時使之祀焉者也鄭元曰大功之親同財者也築宮廟於家門之外者神不歆非族也以恩服耳未嘗同居則不服也小戴禮記繼父服並有明文斯禮經之正說也至於馬融王肅賀循等並稱大儒達禮更無異文唯傳元著書以爲父無可繼之理不當制服此禮焚書之後俗儒妄造也袁準作論亦以爲此則自制父也亂名之大者竊以父猶天也愛敬斯極豈宜覥貌繼以他人哉然而藐爾窮孤不能自立旣隨其母託命他宗本族無鞠養之人因託得存其繼嗣在其生也實賴其長育及其死也頓同之行路重其生而輕其死篤其始而薄其終稱情立文豈應如是故袁傳之駮不可爲同居者施焉昔朋友之死同爨之喪並制緦麻詳諸經典比之於此蓋亦何嫌繼父之服宜依正禮今女子母攜重適人寄養他門所適慈流情均膝下長而出嫁始不同居此則筭總之儀無不畢備與築宮立廟

實無異焉蓋有繼父之道也戴德喪服記曰女子子適人者爲繼父服齊縗三月不分別同居異居梁氏集說亦云女子子適人者服繼父與不同居者服同今爲服齊縗三月竊爲折衷

唐故右驍衛大將軍上柱國金河郡開國公裴公

墓誌銘

公諱索字邏天山莎勒人也昔周宣擇南仲晉武選吳彥其斯二將赫怒干戈啟陣雲旗暈天金鉞眩日靜當時之患治紛紛之亂者孰能預於此而爲麟次者乎公受乾靈

之英姿稟坤祇之正氣峻兮若太岳之壯勢淡兮若大江之澄靜雄材傑出俊德挺生誠千仞不足議其高實萬頃不足疇其量風神穎悟器識宏深其少也計深慮遠急國家之難而樂盡人臣之力乃率賓邊土辭弃鄉閭圖東南而歸聖朝明君親與話言懿其忠信授冠軍大將軍行左豹韜衛中郎將爰從自爾參委諸軍建非常之功懷赤心而冒白刃深踐戎馬之地遠託燭龍之鄉俄敘七擒闢乎四鎮浩蕩天地之間心無怵惕之驚者其惟公乎夫人生於代貴能立功若斯忠勤罕能崇字闕一上嘉其功授右驍

衛大將軍上柱國金河郡開國公食邑五千戶其長也敦信明義元覽知微位列於九有恩霑於四人浩浩焉汪汪焉奥乎不可測也其衰也志惟慈愍恤下愛賢聲名遠彰朝野籍甚羣公側席者多矣既漸垂顏鶴髮耳順從心尚夜寐夙興情不懈怠聖主明鑒知久勤勞未及懸車之請遂許致仕乃辭朝廷退歸私里想百行之善敘三樂之歡獵祕教於情田訪眞流於智海專精念道捨弃俗營執德居尊恬淡清雅主上懷貴者之道追想舊臣念曩昔之功錫今者之慶制曰顏年雖晚壯志不渝宜復舊資更承新命乃再昇禁衛重握權衡凡厥公卿孰不遵仰善政之謀斯著治化之道無虧行年九十有八以開元中薨於私第聞之遐邇無不懷崩心之感朝廷慘怛聽政不怡羣寮痛惜食不甘味識與不識並懷惋嗟地中喪三品之賢天上滅七星之曜嗟乎赤將積効無徵陳兵按屯之法自此長淪斬將搴旗之謀於茲永絕人誰不沒貴有餘聲敬寫譽傳芳沈礎幽室歷想高德乃爲銘曰

聖代高士明時將軍英姿雄勇夙著功勳聲名遠振獨秀邁羣天崖地角無處不聞千秋萬歲名列典墳再昇榮級

德契明君敬敘煩文顯揚雅調小道徒陳大夜何曉

韋見素

見素字會微彭城郡公贈幽州都督湊子第進士襲父爵擢累諫議大夫天寶十三載拜武部尚書同中書門下平章事集賢院學士從元宗入蜀兼左相封豳國公肅宗立除右僕射罷知政事授太子太師加開府儀同三司寶應元年卒年七十六贈司空謚曰忠貞

王去榮不宜赦罪議

法者天地大典帝王猶不敢擅殺而小人得擅殺是臣下

之權過於人主也去榮既殺人不死則軍中凡有伎能者亦自謂無憂所在暴橫爲郡縣者不亦難乎陛下爲天下主愛無親踈得一去榮而失萬姓何利之有於律殺本縣令列於十惡而陛下寬之王法不行人倫道屈臣等奉詔不知所從夫國以法理軍以法勝有恩無威慈母不能使其子陛下厚養戰士而每歲少利豈非無法邪今陝郡雖要不急於法也有法則海内無憂不克況陝郡乎無法則陝郡亦不可治得之何益而去榮末技陝郡不以之存亡王法有無家國乃爲之輕重此臣等所以區區願陛下守貞觀之法

欽定全唐文卷二百七十三

崔沔

沔京兆長安人應制舉對策爲天下第一累遷祠部員外郎睿宗朝轉著作郎開元中歷祕書監太子賓客二十七年卒年六十七贈禮部尚書謚曰孝

落星石賦

元氣初變有形既闢稟清明之表者騰爲星辰受重濁之資者降爲土石肇經綸於邃古葢常久而不易詭哉靈物爰始混成參夫元象麗於太濤彼在天也何譴奄淪落於邊城其在地也何幸復推遷於上京爾其蘭臺廣廡芸閣修除飛軒廓落邃宇崇虛芳草旖施珍木扶踈邇九重之宮闕藏萬古之圖書地禁務簡政和禮舒貞而不黷其清有餘意棲閑之得所形變化其焉如徒觀其隱淪晶昭疑蓄縮光芒體硉矹以難動氣埋冥而不揚擬於規矩既不合於圓方徵其彩飾又無復於元黃匪處匪出不識於行藏匪榮匪悴不達於炎涼夫其靜也何必徐生百祥夫其重也何必能鎮百殃庶永終而知弊葢抱璞而襲常彼無用也亦至人之所謂允臧

爲安國相王讓東宮第三表

臣某言前累表自陳披瀝肝膽懇誠所守期在不移而天聽邈然未垂矜納屏營跼蹐罔措心顏臣竊觀帝王支庶進以寵私雖假恩靈必詒一作招禍咎親如梁孝尚非正議所容才同季札猶爲長亂之本況臣朽懦將何忝竊且承先建極當可推恩作範惟親宜崇以正伏願陛下雄略潛明皇威誕發爝逐狐鼠梟翦鯨鯢上慰祖宗之心下保元元之命大位既定丕業重光再造四海之基方流萬代之福至於守器允屬元良非聖賢無以厭天下之心非典禮

無以爲後嗣之法臣地非冢嫡才實昏庸一旦干冒大倫亂越皇統近爲身患遠成國恥將何以措身闕庭將何以歸骨山陵是用專固不迴繼之以死特希慈造俯垂聖諒臣某中謝臣跡非飾讓言實由衷區區之心敢不披罄素所蓄積塵黷上聞嗟臣不天夙遭險釁哀惸孤藐百罹是攻嗣聖之後天步艱難逼迫崎嶇措身無地既冒儲貳又塵尊極正名罰罪合當萬死忝曰臣子豈所宴安殞首滅身無以塞責臣某中謝臣當此際之心豈貪生而憂死誠以身居不容之地命盡危疑之辰上適可以增國釁下未足以明臣節是用冒罪假息忍死苟全尚祈宗廟之靈庶覩反正之運使臣得退保先朝所命歸死藩邸之下則雖灰滅良無遺恨惓惓所守神明知之既而天啟聖期興運伊始明兩出震九二在田臣克遂誠祈獲返舊國私願雖果而皇猷未泰每以釁萌城社將傾宗稷常慮奄忽禍出非常夙夜憂惶罔知攸濟幸屬陛下光啟休烈克復中興長信高居供養有地明堂正位忻戴知安抃舞謳歌稱慶未已不意陛下復將置之非據迫以奪宗前憂未忘後懼仍及臣之膚剝胡寧斯甚今天地交泰朝野歡娛獨在微

臣殷憂昭代念及同氣願垂憐察

爲崔日知謝洛州長史表

臣某言伏奉某月日制書除臣洛州長史勳封如故伏荷殊私祇承重任屏營夕惕無以自寧臣某中謝臣實凡材素無遠量書生問道未探經術之精俗吏隨班僅見章程之末官資命達榮與時來謬齒周行誤升官秩挈瓶之智守職何功盈缶之誠蹈常斯在冀免罪戾以紓微生仍賜寵章胡寧始望服忝三命階踰九列子孫蒙澤宗黨被恩榮遇既深隕越何答豈雨露之潤沐浴無涯而日月之明

昭晰不已。更承中旨作尹下都。王城巖門。洛師殷雜。寔四海之朝市。據三河之樞要。鎮俗移風。方資舊德。剸繁理劇。必藉良能。臣亦何人。濫膺斯授。如觀渤澥。未測淺深。若負蓬萊。無任施重。云云。

代河南裴尹謝墨勅賜衣物表

臣某言。今月日。進蠶器官某郎行河南尹鞏縣主簿蔣清還。伏奉墨勅。仍賜臣衣一副。瑞錦一端。恩垂北闕。榮照東園。捧戴殊私。載兢載惕。臣某中謝。伏惟開元天寶聖文神武應道皇帝陛下兼上聖之姿。運大明之照。雨露萬國。陶甄百靈。履無爲而撫域中。躬自然而化天下。猶復勤勞睿念。祇奉宗祧。以億兆爲心。慈儉爲寶。臣曲延休盼。叨據天官。上報無階。致身惟谷。任土修貢。臣子率由之禮。自天降祐。君父非常之恩。宸翰昭回。聖慈稠疊。寧期水土之淺。上簡乾坤之心。天下幸甚。復淳風於大古。小儉德於前王。特垂懸象之明。俯賜名臣之服。恩銘骨髓。澤被宗門。不勝慶幸。且重錦之賜。取貴春秋。解衣之賞。見高漢代。服以宮中之製。耀其機上之文。潢潦獻微。邱山報重。又臣所進新米。特奉手詔。更聞豐歲。知萬國之至和。式潔秋嘗。明一人之

孝理。無任手足蹈舞之至。

加籩豆增服紀議

伏準今月十八日恩赦節文。宗廟致享。務在豐潔。禮經沿革。必本人情。籩豆之薦。或未能備物。服制之紀。或有所未通者。謹案太常奏狀。陸海所產。鮮美之味。隨所有者皆充祭用。今既須豐。理應加數。宗廟之奠。每座籩豆各加十二者。臣竊聞識禮樂之情者能作。達禮樂之文者能述。述作之義。聖賢所重。禮樂之本。古今所崇。變而通之。所以久也。所謂變者。變其文也。所謂通者。通其情也。祭祀之興。肇於太古。人所飲食。必先嚴獻。未有火化。茹毛飲血。則有毛血之薦。未有麴蘖。汙罇抔飲。則有元酒之奠。施及後王。禮物漸備。作爲酒醴。伏其犧牲。以致馨香。以極豐潔。故有三牲八簋之盛。五齊九獻之殷。然以神道至元。可存而不可測也。祭禮主敬。可備而不敢廢也。是以血腥爛熟。元罇犧象。靡不畢登於明薦矣。然而薦貴於新。味不尚褻。雖則備物。猶存節制。故禮云。天之所生。地之所長。苟可薦者。莫不咸在。備物之情也。又曰。三牲之俎。八簋之實。美物備矣。昆蟲之異。草木之實。陰陽之物備矣。此節制之文也。鉶俎籩豆。

簠簋罇罍之實皆周人之時饌也其用通於燕饗賓客而周公制禮咸與毛血元酒同薦於先晉中郎盧諶近古之知禮者也著家祭禮觀其所薦皆晉時常食不復純用禮之舊文然則當時飲食不可闕於祠祭明矣是變禮文而通其情也我國家由禮立訓因時制範考圖史於前典稽周漢之舊儀清廟時享禮饌畢陳用周制也而古式存焉園寢上食時膳具設遵漢法也而珍味極焉職貢來祭致遠物也有新必薦順時令也苑囿之內躬稼所收蒐狩之時親發所中莫不割鮮擇美薦而後食盡誠敬也若此至

矣復何加焉但當申勅有司祭如神在無或簡怠曷增虔誠其進貢珍羞或時物鮮美考諸祀典有所漏略皆詳擇名目編諸甲令因宜而薦以類相從則新鮮肥濃盡在是矣不必加於籩豆之數也至於祭器隨物所宜故大羹古食也盛於甄甑古器也和羹時饌也盛於鉶鉶時器也亦有古饌而盛於時器故毛血盛於盤元酒盛於罇未有薦時饌而追用古器者由古質而今文便於事也雖加籩豆十二未足以盡天下美物而措諸清廟有兼倍之名近於侈矣昔魯人丹桓公之楹又刻其桷春秋書以非禮御孫

諫曰儉德之恭也侈惡之大也先君有恭德而君納諸惡無乃不可乎是不以越禮而崇侈於宗廟也又據漢書藝文志墨家之流出於清廟是以貴儉由此觀之清廟之不尚於奢舊矣太常所請恐未可行又按太常奏狀今酌獻酒爵制度全小僅未一合執持甚難不可全依古制猶望稍須廣大者竊據禮文有以小爲貴者獻以爵貴其小也小不及制敬而非禮是有司之失其傳也固可隨失釐正無待其議而後革然禮失於敬猶奢而寧儉非大過也未知今制何所依準請兼詳令式據文而行又案太常奏狀

外祖父母服請加至大功九月姨舅加至小功五月堂姨舅舅母服請加至袒免者竊聞大道既隱天下爲家聖人因之然後制禮禮教之設本爲正家家道正而天下定矣正家之道不可以貳總一定義理歸本宗父以尊崇母以厭降豈忘愛敬宜存倫序是以內有齊斬外服皆緦尊名所加不過一等此先王不易之道也前聖所志後賢所傳其來久矣昔辛有適伊川見被髮而祭於野者曰不及百年此其戎乎其禮先亡矣貞觀修禮時改舊章漸廣渭陽之恩不遵洙泗之典及宏道之後唐隆之閒國命再移於

外族矣禮亡徵兆儻或斯見天人之際可不誡哉開元初補闕盧履冰嘗進狀論喪服輕重勅令僉議於時羣議紛拏各安積習太常禮部奏依舊定陛下運稽古之思發獨斷之明至開元八年特降别勅一依古禮事符故實人知向方式固宗盟社稷之福更圖異議竊所未詳願守八年明旨以爲萬代成法

禁私鑄議

夫國之有錢時所通用若許私鑄人必競爲各徇所求小如有利漸忘本業大計斯貧是以賈生之陳七福規于更

漢令太公之創九府將以殷貧人況依法則不成違法則有利謹按漢書文帝雖除盜鑄錢令而不得雜以鉛鐵爲他巧者然則雖許私鑄不容奸錢錢不容奸則鑄者無利鑄者無利則私鑄自息斯則除之與不除爲法正等能謹於法而節其用則令行而詐不起事變而奸不生斯所以稱賢君也今若聽其私鑄嚴斷惡錢官必得人人皆知禁誡則漢政可侔猶恐未若皇唐之舊也今若稅銅折役則官冶可成計估度庸則私錢無利易而可久簡而難誣謹守舊章無越制度且錢之爲物貴以通貨利不在多何待私鑄然後足用也

請勿廢仙州議

仙州四面去餘州界雖近若據州而言則元遠土地饒沃戶口稀疎逃亡所歸頗成淵藪舊多劫盜兼有宿寇所以往年患之置州鎮壓今興役幾年主司粗定累年成規一朝廢省前功盡棄後弊方深今廢州則生患置州則稱煩所以武德已來迭爲廢置足明利害不專一途至於田疇勞損即與許蔡何殊寧爲卑位獨當廢省若以州管皆新戶驛長難供唐許州路併戶少均出旁州非無成例州以

鎮俗官以利人所在皆然嘗憚其廢然自創置未盈十年州將員寮屢卒於位天道性命聖人罕言而共理分憂朝寄尤切視死亡而不恤何以得其歡心計不自安政必苟且下承斯弊爲傷必多變而通之則可永久州東新置舞陽縣則漢樊噲之舊國噲豐沛故人又高祖之婭惟勲惟舊且親且賢亦既受封亦稱吉土保全良吏庶在茲邦又南接白羊川口村聚幽僻妖訛猶肖此爲根柢自置縣來十減七八今若移州鎮之亦可杜絶其仙州望且未廢至今年十月移向舞陽置仍爲緊州刺史司馬銓頗閒守法

公勤望稍加慰勞使其説以成務庶其益於公家

應封神岳舉對賢良方正策第一道

問隆周御歷多士如林揚己露才干時求進寧知媒衒之醜不顧廉恥之規風馳景軼雲集霧委攘袂於選曹盱衡於會府吏員仍舊人物實繁優游窘於退飛聲最疲於黜額量能受職無闕以供料官列位擇才斯衆欲令九流式敍一藝不遺佇聞芳話宏茲盛烈且夫署行議年殷姬取人之道門調戶選魏晉持衡之術因宜適變何者爲先

對昔者賢良方正之士應務之際沔雖固陋嘗亟聞之莫

不修詞立誠難進易退言不苟合道不苟容捨之則藏義然後取安肎負媒衒之醜棄廉恥之規若此之類其可多乎至夫揚己露才干時求進盱衡攘袂以徇速者斯皆小子趨附之徒豈足以廁我周行寘於多士屏而勿用夫何疑哉主上欽若庶官明敭沈隱是使羣英露委多士景軼而秉鈞當軸之儁察言觀行之風不能審樞機定名實懲魯儒之虛服辨齊竽之濫吹至令累最爲僞名交戰謬功與實効相參而謂滯才由乎少官無位供乎有德嗟乎事有大謬一至於此明主昧旦丕顯每歎才難而羣工揚於

王庭反憂多士君臣之同德其若是乎天子有司談何容易今懿綱遐布淳風殷流家識廉隅人知禮節苟能上尊王制下絶吏姦閉請託之源塞虛詐之路使得懷才見用以道周旋無令椒蘭信芳獨屈樵夫之手騏驥雖駿不貴晷者之門則虛位待人猶持固讓懷寶深藏何患不達九流式敍庶莫遠焉一藝罔遺諒其所也沔又聞人能宏道非道宏人有濟治之臣無不弊之法往古雖載其陳迹行用實在乎主司觀夫署行議年殷姬令典門調戶選魏晉良圖無非致遠之規咸有理亂之兆所以允釐百揆銓綜

百官及讒虐官朝則君子在野貪佞竊柄則以貨售才典故雖存而官政以紊然則隨時通變觀象因宜近取諸身一言斯蔽遠求於古兩無適從所以輕進狂言猶冀或逢善聽謹對

第二道

問屠釣關析之流鳴雞吠犬之伍集於都邑蓋八萬計然（一作象）則人無求備物各異宜十哲殊科八能異術咸資對策則絳灌之器或沈必俟公求則許郭之才難遇選賢取士應有良規

對傳曰文以足言言以足志言或可察志隱於漠是知文者言之藻繪志之筌蹄有貞實者或忘藻繪得魚兎者必棄筌蹄則存言捨文合於淳古以言考德必洞精微故書云明試以言蓋用此道也今之對策其試言之流歟昔姬氏既衰先王道喪秦政虐戾亂彼天綱廢古燒書以愚黔首窮兵騁詐時無文焉故絳灌之徒韓彭之佐雄姿雖茂而道法不足向使伊人薄見方策早聞師範當亦略通大體抑揚宏議豈止決勝於境外而不能專議於君前乎故抱朴子曰古之試良將者亦問以策即其義矣國家樹萬

世之基遷九流之弊墳索奧業洋溢於時縉紳先生蘊藉無缺安有倜儻之傑瑰瑋之才承明主之渥恩逢生人之大慶而不能抽其祕思效其長策歟然則謀而不行信而不用者抑可知也今之考言取士者必以綺飾爲工視學論文者闇於心而必外曉政達幽者失其數而咸退譬千金之璧以微瑕而毁之百丈之林覩小節而棄之亦良可悲矣誠理達而義舉者勿以文害言詞婉而論深者勿以言害意則可以包括羣品網羅衆途察微知彰以文用武矣昔許子將郭林宗徒以布衣之交俯仰之際而能拔奇旌異因言揣心況乎擅英博之姿受明試之寄享厚祿居尊官而不能撫踠足於吳阪指潛璧於荊山至使有公輔之才而無許郭之鑒者斯則卿士之罪也小子何足以知之至如懷一異能負一偏技鳴梭抗履之彙聲律鼎飪之傳事雖易於縑緗功不資於翰墨則方以類聚各有司存謹對

第三道

問至於衢室總期（一作章）重屋陽館姬氏明堂之制炎靈汶上之規三雍五室之名清廟容臺之目蔡邕之論袁準之

談庶幾繁省之儀前賢是非之說咸宜詳釋以判羣疑

對我皇帝慈理廣運文思稽古紹興絶典重光大壯合宮雲構明庭天聳列辟軌儀羣工制度可以即事而見觀象而察今猶遠訪先典曲垂下問者豈不欲揣其敏思徵其博物臣實菲薄何足當之昔哀公問儒而仲尼請更僕況此大體其可率爾言乎雖敢略談之然未臻其極也若夫堯之衢室舜之總期（一作章）夏之重屋殷之陽館皆所以取象天地昭配陰陽致孝於先布政於下歷運雖改此道不移八窗四達上圓下方度堂以筵度室以几周之制也崑

崙茅屋周流璧水漢之圖也明堂辟雍靈臺三雍也太廟青陽總章明堂元堂五室也取其宗祀祖考則曰宗廟取其修飾禮物則曰容臺蔡邕之論所以合異說袁準之談所以别重事歷代繁省其儀不一先賢是非其書甚衆非斯須之述所能盡非造次之言所能精自我皇創制之前今臣定議之外教明禮備得繁省之中者其姬宗乎詞寡理舉處是非之要者其蔡氏乎謹對

對重試一道

問不其才難於今所歎知人未易自古病諸以貌取言此

其不可觀聲考度又或非宜故皇帝清問有司藻覈公孫異之於天子晁錯褒然爲孝廉賢才訓迪其道宏矣多歷年所茲率典常國家謁報上元展禮中岳降非常之制求希代之寶將以潤色雲封增輝柴燎龍門既陟方縱鱗於巨壑鴻干斯漸忽垂翅於風路良由夢石之朩猶參杞梓之行冠玉之姿尚忝琳琅之序更令憲府重摭詞林承鳳紼之明威俟龍泉之斷割其何以搴秀長楚審詞衆好辨是與非懲忿窒欲聊耳陳事冀獲嘉謀至若柳莊黜殯用事之差也石建闕馬爲字之失也尋其後句末韻或犯於

前聲覽以終篇荅難不倫於次序一簡之內貧富不侔三道之中妍媸頓别取瑕則頗慙於卞氏擢用則致嫌於葛龔贈孟孫之言膏肓莫愈學嗣宗之默長短何分進退之禮奚宜用捨之方安在又旁求流議紛披風謠威勢壓於權衡贖貨通於主守不同吾黨無嫌小子之詞翻乃倩人云竭老夫之思始令行而詐起終策出而奸生何方可以靜流競之來何法可以杜訛謬之入佇裨不逮無悋話言

對夫鉛刀均鋒劒之恥也蹇驢齊足驥之恥也朗璞蒙垢玉人之過也鳴絲絕絃伶官之罪也借如承明旨獻嘉猷

而愚智糾紛臧否錯揉斯亦士君子之所恨豈獨爲政之憂哉沔實陋朩良不足算憑藉休慶謬偕旌拔狂言雖立鄙道未孚蘊雜薰蕕沈蔽玉石重參羣彥之末再承議賢之問進思自勵其何補歟退欲鳴謙豈獲無咎審詞衆好儻或擇善而行辨是與非請思即事而對策曰柳莊黜殯用事之差也石建闕馬爲字之失也竊謂議人者貴知其心論道者務存其意心懼未信則援古以自明道隱未光即託文而後顯故事以明心爲本字以顯道爲公事有小差而心術著矣字有小失而道數存焉斯則夜光之瑕明

月之類固不可得而棄也事與類相反字與義相違謬乖而心不可宏象毀而道不可見一至於此亦無取云策曰尋其後句末韻或犯於前聲覽以終篇荅難不倫於次序竊謂明試以言古之道也徵言以策今之制也言有聲韻益其浮飾策之次序固非典要切問存於荅難次敘豈效謀謨精義盡於對揚聲韻何尋獻替稽之於古揣之於情末韻或犯於前聲其來久矣荅難不倫於次序爲病良深策曰一簡之內貧富不侔三道之中妍媸頓別取瑕則頗慙於卞氏擢用則致嫌於葛龔竊謂萬有一失聖人不免

捨過舉能先師是訓道不可以純備才不可以周給斷可知矣是以國家稽通塞之迹列甲乙之科亦不可廢善以取瑕疑於擢用矣策曰贈孟孫之言膏肓莫愈學嗣宗之默長短何分進退之禮奚宜用捨之方安在仲尼有言不在其位不謀其政進退之禮用捨之宜允非小人之所及也然則覽古昔之遺事敢不薦其聞乎竊謂日中必熭操刀必割懲奸以察何俟贈言致身於朝不可以默固當參刑禮以定枉直體明智以辨情僞見利不虧其分見死不更其守屬聰明不諱之時居執憲繩違之任何至持疑於果斷逡巡於正色哉策曰旁求流議紛披風謠威勢壓於權衡贖貨通於主守不同吾黨無嫌小子之詞翻乃倩人云竭老夫之思始令行而詐起終策出而姦生甚矣誠哉不期所以然也今所慮怙威贖貨者其類猶存假手借詞者其人不遠但能察其言象揆而度之精覈問試優而柔之則竊寶之名自分濫吹之竽自遁矣其道甚著人焉廋哉策曰何方可以静流競之來何法可以杜訛謬之入竊謂任良在主宏道在人以執事之明遵大君之惠敷明智以考往迹揚清機以鑒羣情則知訛謬不興流競永息俯慙謏議良非話言謹對

朝議大夫光祿少卿虢縣開國子吳興姚府君神道碑

原夫道之所運坦乎大方情之所鍾慟非恒數積善餘慶則吳有延陵喪子於嬴博（闕）壽則魯有（下闕）哀詞載感行路況乎華歲陽止摧蘭秀於謝庭望月融明落珠暉於隨掌元成象（闕）上（闕）茂宏（闕）其（下闕）海眉搆蕃於夏業克生俊彥必復公侯圖勳烈而載旂常席寵（闕）而紆珪組（闕）諸（下闕）嗣祖善意皇朝銀青光祿大夫硤州刺史雋（闕）二州都督長

沙縣開國男贈闕下翼子於三台歿爲貴人榮親於八座父崇紫微令兼兵部尚書梁國公開府儀同三司乂闕下也稟五常之精粹含六氣之淳和幼而韶明長而英達學禮而立行中準闕學詩以言文闕黼藻闕下警衛升雲陛以周旋惟彼儲闈聿求端士出納初命尤藉正人乃除君太子通事舍人敷奏詳闕詞令闕下國所資尤重符節大夫元服天子信臣妙年兼之可謂殊寵遷都水使者考闕之宜闕下勝塹迂令望言佐近藩出爲延州司馬雖屈我直闕蹭蹬棲闕而安乎卑位從闕黜闕遷齊州闕下晉城寶刹將有范金

軍國所儲於是爲大乃除君隴州長史未到官入轉爲闕下以清白升進朝廷休之封號縣開國子食邑四百戶奄宅方國傳之子孫策名清時闕下穰鄧之境乃拜鄧州刺史兼檢校商州運漕武關之外方城所臨闕下就役將何克堪況奠川滌源疏山通道盡賦不足以供郵傳闕下使人勞而無怨義然後取均不患貧咸用康寧莫敢闕窳栞濬畢闕不闕之功歟闕下恂會稽之辭劉寵不是過也上以形於遠方尤杖能吏竟抑而不許海濱廣厚瀉鹵闕下命坐爲泉藪亂繩易擾棼絲不綱君褰帷到官乘傳按部威令預振仁風

先翔闔境肅然良闕下豪傑知禁專任誠恕而人不忍欺大削煩苛而物皆遂性朝廷嘉之徵拜光祿少卿海州人闕下厥政貳金鼎之重司玉食之珍課行職修名劭身泰於時令公光輔興運丕承睿闕下兒無驕盈之色九班留滯四載不遷方於朝賢校闕族未有若斯之比者也允所謂謙謙君子無競惟時溫溫恭人闕下祐粤以開元四年歲次景辰八月廿六日遘疾終於東都慈惠里第春秋卌上初聞闕有疾頻遣使問闕下藥奉御李宗乘驛就療嗟乎異方靈草不植中原近古名香無聞今日營魂莫返賦命何言主上

聞之闕下天促而禮備哀榮以其年十一月癸酉朔十八日庚寅葬於東都萬安山之南原禮也平生闕衛闕下存惟君至性過人少而純闕宦於外遊必有方恒營闕服玩動闕下實因心闕邀浮名尤慎内行題飾後進賞接名流纖能不闕下疾衆賢闕歎庶士憂惶咸則由衷有逾恒禮亭闕爵闕之人闕下公以是子闕爲家之寶存不伸其用歿必揚其名不闕遺烈沔忝闕儒闕然闕下

邁德流允錫瑞離疆祚分虞后績著闕王施於緜載闕誕生忠良其一闕下門子沖年解巾侍從丹禁優遊縉紳闕總方

岳惠我烝民闕爲名臣其三竭誠下闕其四闕宸扆感徹台庭郊原寂寂埏隧冥冥夜臺不曉泉戶長扃式闕百行流範千齡其五

欽定全唐文卷二百七十四

劉子元

子元本名知幾以避元宗嫌名改舉進士長安中擢拜鳳閣舍人景龍初封居巢縣子景雲中遷太子左庶子兼崇文館學士加銀青光祿大夫開元初遷左散騎常侍坐子貺累貶安州別駕卒年六十一贈工部尚書諡曰文

思慎賦并序

賦形天地受氣陰陽生樂死哀進榮退辱此人倫之大分也然歷觀自古以迄於今其有才位見稱功名取貴非命者衆克全者寡大則覆宗絕祀堙沒無遺小則繫獄下室僅而獲免速者敗不旋踵寬者憂在子孫至若保令名以沒齒傳貽厥於後允求之歷代得十一於千百某嘗迹其行事略而論之至如望夷篡奪鴻溝戰爭包燕蓋之異志踐恭顯之邪迹或干紀亂常或竊命僥倖此而獲罪固其宜也爭二城而相殺期五鼎以就烹獻魚炙以交鈹舞雞鳴而伏鑕或幸災樂禍或甘死徇生求而得之又何怨也降茲以外有異於是莫不重七尺於泰山恡一毛於尺璧徒惡其死而不知救死之有方但惜其生而未識衞生之

有術何者地居流俗之境身當名利之路皆物之相物我之自我當仁不讓思倍萬以孤標唯利是視願半千而秀出行高於人衆必非之官大於國主必惡之而名譽娛其耳光榮炫其目口甘腴豢嗤鈎吻之腐腸身安棟宇誠垂堂之折足自謂長無六疾永固百齡翛然可與金石齊堅松喬比壽者矣殊不知關張以傲誕爲將桑霍以滿盈居職晁錯削國以獻忠伯宗匡朝而好直處父則純剛立性張温則太明爲識見之者爲之寒心聞之者爲之變色亦猶臥於積薪之上而不知火之將然巢於折苕之末而不

悟風之已至既而惡稔釁盈道窮數極黄沙在爇懷上蔡而無追白刃臨頸揮廣陵而長歎猶以爲禍出不虞災非素漸以玆自卜奚其謬歟假有舉一反三麤分菽麥知豐屋之不誡悟覆車之足尤而皆宴安鴆毒遲疑猶豫交戰未勝而禍機先發不杜之於欲萌方悔之於既兆用使茂先將戮顧諍子而多慙安仁已收負慈親而永訣嗚呼自古所以多殺身亡族者職由於此也因斯而言則知禍福無門惟人自召自貽伊戚匪降於天而謂之不幸未之聞也昔夫子有云仁遠乎哉我欲仁斯仁至矣竊以仁爲百行之首大聖其猶病諸然必以中才之人企勉而行猶或可及況其慎者蓋不過慎言語節飲食知止足避嫌疑若斯而已矣非有朝聞夕死去食存信之難也違之則爲凶人蹈之則成吉士其爲宏益多矣而世人罕能修身厲已自求多福方更越禮過度坐致覆亡此宣尼所以譏鮑莊子之智不如葵而孫叔敖譬以螳螂伺蟬不知黄雀在後余早遊墳素晚仕流俗觀古今之人物極矣見吉凶之成敗衆矣夫貴不如賤動不如靜嘗聞其語而未信其事及身更之方覺斯言之徵矣加以守愚養拙怯進勇退每思

才輕任重之誡智小謀大之憂覩止足於居常絶覬覦於不次是以度身而衣量腹而食進受代耕之禄退居負郭之田庶幾全父母之髮膚保先人之邱墓一生之願於是足矣但才非上智習以性成猶恐覩芳餌而貪生處鮑肆而神化茍或靜退之心日弛則馳競之慾日增顛沛以之嗟何及矣常思列銘几杖取配韋弦刻心骨而不忘傳諷誦而無斁蓋語曰明鏡可以覽形往古可以知今是用尋往哲之遺事驗古人之得失寄彼形言存諸炯誡列之座右題其賦云

吾嘗終日不食三省吾身覺昨非而今是庶舍舊而謀新原夫天地之大德曰生聖人之大寶曰位生也者賢愚定其美惡位也者朝市總其名利七情由其不等百行以之咸異儻無心以自謀良局途其必躓何者得不思失雄獨忘雌耽人爵以健羨窮代路之險巇是則平衡而登九折直轡而踐三危干戈生於肘腋胡越起於藩籬假使履獸尾而不噬探龍頷以獲竒省僥倖以適願非仁者之所爲也借如幽室鑿坏窮居負郭二頃樵採一廛耕穫困沈名於抱關志充詘於懸箔俄拔跡於羊豕倏摶飛於燕雀金紫照其陸離銀黃煥其沃若彼滿盈之難守伊榮茂之易落朝結駟而乘軒暮齒劒而膏鑊方思上蔡之犬追念華亭之鶴奚一身而足怪殛九族其惟索爾其寂寞無事殷憂不平恥當年而功不立疾没世而名不成懷書訪道學古言兵擅雲間之美譽馳日下之休聲夫鐸穴由於足響膏爍起於多明趙國從而蘇裂齊城下而酈烹吹律誅於西漢獻寶刖於南荆逐懷沙於楚塞因說難於秦庭李仕登朝而就戮嵇道超代而逢刑苟才智之爲患雖語默而同傾若乃猛將出師謀臣獻策鱗翼攀附風雲感激開黃

閤與朱門樹高幡及長戟恃龍蛇之舊恩望烏兔之盡獲思擅寵於邦家誓傳名於竹帛蜀既平而艾檻吳已霸而胥溺黜淮陰以斃韓遷杜郵而死白彼功成而不退俄寵謝而招隙何追憶於布衣翻興思於下澤各入門而自媚徒弔閤其何益亦有爵非才舉榮因寵遷吮癰求愛舐痔逢憐朝承恩而袖斷夜託夢而衣穿嗤弦直之死道喜邪徑之敗田氣噓霜而吸露力轉日而迴天自謂方江湖而共永比嵩岱而齊堅一朝失據萬古淒然至於申侯逼迫而辭楚盧綰披猖以去燕彼丁傅之崇貴將梅茹之威權疇一姓其或在覆五宗而不全次有跡鄙衡門情娛俠窟出入田竇往來平勃歌無魚以自媒獻文蛇而請謁疑臥薪之可久謂巢葦之恒安烈火照其潛燎衝風歘其上摶曹門傾而夭鄧賈室壞而夷潘班坐刑於黨竇殷取戮於臣桓顧噬臍而不及知觸藩之爲難夫化赤漸乎鄰丹爲黔資於邇墨生於麻者既革其操染於藍者亦變其色交非鮑叔遊異田蘇忘臭肆之不惡持甘醴以爲娛餘推誠而狎耳蕭結契而連朱始刎頸以交約終反噬而相屠王綢繆於魏諷石嫌疑於州吁孫秀與趙倫齊貫石顯將牢

梁並驅汙無禮以自及蹈不義而同誅別有直若史魚正如伯厚飾智驚物露才不偶持瑾瑜而指瑕鑒冰鏡而求垢彼獨潔之爲雅固羣醉之所醜況乃誹謗朝廷擯斥朋友方搢紳以豚犢延冠蓋以雞狗符結怨於晉台彭肆言於蜀后稱悲號於座上庾嘲謔於行後揆榮辱之在身猶樞機之發口儻一言其靡慎奚四大之能守然則禮無微而不警怨無小而不儆察開張之同敗審韋弦之所由豈直君子不可罔而小人獨可佌偶儻英跱昂藏遠邁覩厮隸其如萍觀輿臺其若芥本無猜於螻蟻寧有忌於蜂蠆

安知鷙炙輟授七尺由其喪亡羊羹匪均三軍以之覆敗苟有怨其必復諒無所而不誡於是考茲出處稽彼行藏咸知進而不知退知存而不知亡感多言之必敗迷暴貴之不祥彼有足而罕衛行立身而靡防猶乘車之去軌若涉海之無航既百慮而一致故異術而同喪唯夫明達高人賢良智士知滿損而謙益驗弱生而強死無爲福先無爲禍始節其飲食謹其容止聚而能散爲而不恃潔其心而穢其跡濁其表而易其裏範閨室而整冠循覆車而易軌以道德爲介胄忠貞爲劍履愛髮膚而不傷保家室以不恥若乃詢木鴈於園吏訪光塵於柱史萬石守慎以全榮二疏既滿而辭仕袁不及於愔愛柳忘情於愠喜漢先主之立誡莫尚中庸衛大夫之所羞獨爲君子余雖不佞嘗從事於斯矣重曰夫含靈稟質異品殊倫生何如而弗貴命何如而弗珍鴈含枚以避繳狐聽冰而涉津葵傾心以衛足櫟不材而謝斤彼草樹之無識惟禽獸之不仁猶稱能以遠害尚假智以全眞矧百行之君子廼三才之令人何自輕於養性何自忽於周身儻狂歌之可採伊輿誦之可詢敢刊銘以勸座遂援翰而書紳

韋弦賦 以君子佩之用規性情爲韻

趙魏君子跡著明文有韋弦之淑慎在躁靜以區分於以誡德在我於以表正事君稟剛以宣其志守柔以播其勳動靜有恒得樞機於要道佩服無斁合規矩於典墳昔董安于事趙簡子虛心固節收目反視由一國之具瞻在四德之爲美誠孜孜於不怠諒勤勤於所履覩其弦之勁姿可以勵其攸止式標其道於焉克己所謂惕禍以垂休故以善終而令始且其天道何常順之無悔察是非之倚伏節行藏於進退守而取則在剛柔以爲箴動必可觀比玉

劍之爲佩鄴令乃曰躁用乖於正性故安卑以從時靜既
恭於五德故不暴以爲師命韋帶之閒緩體君子之舒遲
惟器可象惟賢則之佩蘭則殊於楚客象環有慕於宣尼
信建物之表意實善人之所資故知欲不可縱儉以足用
德或可移中以成規識君子之容止見淑人之表儀周旋
之中寧假於宮徵內外相制亦合乎壎篪大哉景行剛柔
異性緩之於韋用和急之於弦表正既守道而恒佩因履
端而不虧懿夫式彰茂德分意表情禮節既備敬愼孔明
參衣冠而振序列簪紱以齊榮猗二子之垂誡與千古之

揚名

京兆試愼所好賦 以重譯獻珍信非寶也爲韻

君子嚴其牆仞戒以心胸知躭味之易入俾回邪而不容
其愼德也白圭是聞其三復其好賢也緇衣必篤其九重
自然契已坦蕩清心肅雍玩喪志而何有欲敗度兮何從
昔如王者三朝遠人重譯執贄山委獻琛雲積豈不知納
寶庫爲子孫之藏映玉墀嘉戎夷之績蓋以難得之貨有
損不貪之寶無斁獲狼而荒服不臻却馬而漢皇受益嗤
虞公受玉之敗美晉帝焚裘之迹匪騁欲而適願將去奢
而無怨滿堂足戒黃金寧愼其四知連城不求白璧何勞
於三獻所愛者禮所懷者仁君由之而乂國士用之以防
身衣服有常非敢玩於千襲飲食不溽寧專美於八珍其
愛才也必擇能而得儁其慕友也亦貴忠而履信將辭直
而不違知言甘而有吝是窒其欲無忽於微五色足躭審
之則朱紫不奪八音可樂慢之則鄭雅同歸思禁邪而制
放慮兮是而昨非上則宣風下同偃草將還淳而復樸在
躭德而味道蒐田失度則念虞人之箴慈儉或虧必思老
氏之寶至矣哉好之者儒以多聞爲潤屋立義爲分社孝

旣慕於參乎學願從於回也孜孜屑屑束修問寡如此人
所以銘座而弗忘書紳而不舍

應制表陳四事

皇業權輿天地開闢嗣君即位黎元更始時則藉非常之
慶以申再造之恩今六合清晏而赦令不息近則一年再
降遠則再歲無遺至於違法悖禮之徒無賴不仁之輩編
戶則寇攘爲業當官則贓賄是求而元日之朝指期天澤
重陽之節佇降皇恩如其忖度咸樂釋免或有名垂結正
罪將斷決竊行貨賄方便規求故致稽延畢霑寬宥用使

俗多頑悖時罕廉隅爲善者不預恩光作惡者獨承徼倖若乃方正直言之士守善嫉惡之夫每欲攬轡埋輪效鷹鸇而報國褰帷露冕去蟊賊以安人而遇赦無以效其功閱恩無所施其巧古語曰小人之幸君子之不幸斯之謂也望陛下而今而後頗節於赦使黎民知禁姦宄肅清海內具僚九品以上每歲逢赦必賜階勳至於朝野宴集公私聚會緋服衆於青衣象板多於木笏皆榮非德舉位罕才升不知何者爲妍蚩何者爲美惡臣望自今以後稍息私恩使有善者逾効忠勤無才者咸知勉勵

昔有唐御歷列職命官國多刓印之譏人有積薪之歎自陛下臨朝頓革此風然矯枉過正以爲甚矣至如六品以下職事清官遂乃方之土芥比之砂礫其有行無聞於十室即厠朝流識不反於三隅俄登仕伍斯固比肩咸是舉目皆然罕聞翹楚之歌惟見伐檀之刺今尸祿謬官其流非一若遂不加沙汰誠恐有累皇風

臣聞漢宣帝云與我共理天下其惟良二千石乎二千石者今之刺史也移風易俗其寄不輕求瘼字人僉屬斯在然則歷觀兩漢已降迄乎魏晉之年方伯岳牧臨州按部或十年不易或一紀仍留莫不盡其化下之方責以理人之術旣而日就月將風加草靡故能化行千里恩漸百城今之牧伯有異於是倏來忽往蓬轉萍流近則日月仍遷遠則踰年必徙待廳事爲逆旅以下車爲傳舍或云來歲入朝必應改職或道今玆會計必是移藩旣懷苟且之謀何暇循良之績用使百城千邑無聞廉杜之歌萬國九州罕見趙張之政臣願自今以後刺史非三歲以上不可遷官仍以明察功過精甄賞罰冀宏共理之風以贊垂衣之化

衣冠乘馬議

伏以古者爰自大夫以上皆乘車而以馬爲騑服魏晉以降迄於隋代朝士又駕牛車歷代經史具有其事不可一二而言也至如李廣北征解鞍憩息馬援南伐據鞍顧眄斯則鞍馬之說行於軍旅戎服所乘貴於便習者也按江左官至尚書郎而輒輕乘馬則爲御史所彈又顏延之罷官後好騎馬出入閭里當代稱其放誕此則專車憑軾可擐朝衣單馬御鞍宜從褻服求之近古灼然之明驗也自皇家撫運沿革隨時至如陵廟巡謁王公冊命則盛服冠

屨乘彼路車其士庶有衣冠親迎者亦時以服箱充馭在於他事無復乘車貴賤所行通用鞍馬而已臣伏見比者鑾輿出幸法駕首途左右侍臣皆以朝服乘馬夫冠履而出止可配車而行今乘車既停而冠履不易可謂唯知其一而未知其二也何者褒衣博帶革履高冠本非馬上所施自是車中之服必也韈而升鐙跣以乘鞍非惟不師古道亦自取驚今俗求諸折中進退無準且長裾廣袖翼如襜如鳴佩紆組鏘鏘奕奕馳驟於風塵之內出入於旌棨之間儻馬有驚逸人從顛墜遂使屬車之右遺履不收清

道之傍絓驂相續固以受嗤行路有損威儀今議者皆云秘閣有梁武帝南郊圖多有衣冠乘馬者此則近代故事不得謂無其文臣案此圖是後人所爲非當時所撰且觀民間有古今圖畫者多矣如張僧繇畫羣公祖二疏而兵士有著芒屩者閻立本畫昭君入匈奴而婦人有著帷帽者夫芒屩出於水鄉非京華所有帷帽創於隋代非漢宮所作議者豈可徵此二畫以爲故實者乎由斯而言則梁氏南郊之圖義同於此又傳稱政宜因俗禮貴緣情殷輅周冕規模不一秦冠漢佩用捨無恆況我國家道軼百王功高萬古事有不便理資變通其乘馬衣冠竊謂宜從省廢臣懷此異議其來自久日不暇給未及搉揚今屬殿下親從齒胄將臨國學凡有衣冠乘馬皆憚此行所以輙進狂言用申鄙見

孝經老子注易傳議

謹按今俗所傳孝經題曰鄭氏注爰在近古皆云鄭注卽康成而魏晉之朝無有此說至江左晉穆帝永和十一年及孝武帝太元元年再聚羣臣共論經義有荀茂祖者撰集孝經諸說始以鄭氏爲宗自齊梁以來多有異論陸澄

以爲非元所注請不藏於秘省王儉不依其請遂得見傳於時魏齊則立於學官著在律令蓋由膚俗無識故致斯訛舛然則孝經非元所注其驗十有二條據鄭君自序云遭黨錮之事逃難注禮黨錮事解注古文尚書毛詩論語爲袁譚所逼來至元城乃注周易都無注孝經之文其驗一也鄭君卒後其弟子追論師注所述及應對時人謂之鄭志其言鄭所注者唯有毛詩三禮尚書周易都不言孝經其驗二也又鄭志目錄記鄭之所注五經之外有中候書傳七政論乾象歷六藝論毛詩譜荅臨碩難禮駮許慎

異義發墨守鍼膏肓及荅甄子然等書寸紙片言莫不悉載若有孝經之注無容匿而不言其驗三也鄭之弟子分授門徒各述師言更相問荅編錄其語謂之鄭記唯載詩書禮易論語其言不及孝經其驗四也趙商作鄭先生碑銘具稱諸所注箋駮論亦不言注孝經晉中經簿周易尚書尚書中候尚書大傳毛詩周禮儀禮禮記論語凡九書皆云鄭氏注名元至於孝經則稱鄭氏解無名元二字其驗五也春秋緯演孔圖云康成注三禮詩易尚書論語其春秋孝經則有評論宋均詩緯序云我先師北海鄭司農

則均是元之傳業弟子也師所注述無容不知而云春秋孝經唯有評論非元之所注於此特明其驗六也又宋均孝經緯注引鄭六藝論敘孝經云元又爲之注司農論如是而均無聞焉有義無辭令予昏惑舉鄭之語而云無聞其驗七也宋均春秋緯注云元爲春秋孝經畧說則非注之謂所言元又爲之注者汎辭耳非事實其序春秋亦云元又爲之注也寧可復責以實注春秋乎其驗八也後漢史書存於代者有謝承薛瑩司馬彪袁山松等其爲鄭元傳者載其所注皆無孝經其驗九也王肅孝經傳首有司馬宣王之奏云奉詔令諸儒注述孝經以肅說爲長若先有鄭注亦應言及而都不言鄭其驗十也王肅著書發揚鄭短凡有小失皆在聖證若孝經此注亦出鄭氏被肅攻擊最應煩多而肅無言其驗十一也魏晉朝賢論辨時事鄭氏諸注無不撮引未有一言引孝經之注其驗十二也凡此證驗易爲討覈而代之學者不覺其非乘彼謬說競相推舉諸解不立學官此注獨行於代觀夫言語鄙陋義理乖疎固不可以示彼後來傳諸不朽至古文孝經孔傳本出孔氏壁中語其詳正無俟商攉而曠代亡逸不復流

行至隋開皇十四年校書學士王孝逸於京市陳人處買得一本送與著作郎王劭劭以示河間劉炫仍令校定而此書更無兼本難可憑依炫輒以所見率意刊改因著古文孝經稽疑一篇劭以爲此書經文盡正傳義甚美而歷代未嘗置於學官良可惜也然則孔鄭二家雲泥致隔今綸旨發問校其短長愚謂行孔廢鄭於義爲允又今俗所行老子是河上公注其序云河上公者漢文帝時人結草庵於河曲仍以爲號以所注老子授文帝因沖空上天此乃不經之鄙言流俗之虛語按漢書藝文志注老子者有

三家河上所釋無聞焉爾豈非注者欲神其事故假造其說耶其言鄙陋其理乖訛雖使纔別朱紫粗分菽麥亦皆嗤其過謬而況有識者乎豈如王弼英才雋識探賾索隱考其所注義旨爲優必黜河上公昇王輔嗣在於學者實得其宜又按漢書藝文志易有十二家而無子夏作傳者至梁阮氏七錄始有子夏易六卷或云韓嬰作或云丁寬作然據漢書藝文志韓易有十二篇丁易有八篇求其符會則事殊隳刺者矣夫以東魯伏膺文學與子游齊列西河告老名行將夫子連蹤而歲越千齡時經百代其所著

述沈翳不行豈非後來假憑先哲亦猶石崇謬稱阮籍鄭璞濫名周寶必欲行用深以爲疑臣竊以鄭氏孝經河上公老子二書舛訛不足流行孔王兩家實堪師授每懷此意其願莫從伏見前勑令所司詳定四書得失具狀聞奏臣尋草議請行王孔二書牒禮部詑如將爲允請即頒行謹議

重論孝經老子注議

臣才雖下劣而學實優長竊自不遜以爲近古已來未之有也當以鄭氏孝經河上公老子二書訛舛不足流行孔王兩家實堪師授每懷此意其願莫從伏見去月十日勑令所司詳定四書得失具狀聞奏臣草議請行孔王二書牒禮部詑但今庸儒淺識聞見不周可與共成難與慮始蓋孔父有言曰行夏之時乘殷之輅服周之冕此則今古循環愚智往復豈前者必是而後者獨非乎是以老篇莊子興於晉代公羊穀梁寢於魏日春秋左氏因元凱而方著尚書孔傳至光伯而始行斯皆尚好不同晚乃覺悟承習既久近輒弛張伏惟開元皇帝陛下嘗以九重餘隙窮覽文藝百氏詳觀游心經典爰降綸綍俯逮芻蕘臣輒以

愚識上符睿旨伏望明恩曲垂炤察如將爲允請即班行不可使隨流腐儒參論其義

上蕭至忠論史書

僕幼聞詩禮長涉藝文至於史氏之言尤所耽悅尋夫左史右史是曰春秋尚書素王素臣斯稱微婉志晦兩京三國班謝陳習闡其謩六朝江左王陸干孫紀其歷劉石僭號方策委於和張宋齊膺籙惇史歸於蕭沈亦有汲冢古篆禹穴殘編孟堅所亡葛洪傳其雜記休文所缺謝綽裁其拾遺凡此諸家其流蓋廣莫不賾彼泉藪尋其枝葉原

始要終備知之矣若乃劉峻作傳自述長於論才范氏爲書盛言務其贊體斯又當仁不讓庶幾前哲者焉然自策名士伍待罪朝列三爲史臣再入東觀終不能勒成國典貽彼後來者何哉靜言思之其不可有五故也何者古之國史皆出自一家如魯漢之邱明子長晉齊之董狐南史咸能立言不朽藏之名山未聞藉以衆功方云絕筆惟後漢東觀大集羣儒著述無主條章靡立由是伯度譏其不實公理以爲可焚張蔡二子糾之於當代傅范兩家嗤之於後葉今者史司取士有倍東京人自以爲荀袁家自稱

爲政駿每欲書一事載一言皆閣筆相視含毫不斷故首白可期而汗青無日其不可一也前漢郡國計書先上太史副上丞相後漢公卿所撰始集公府乃上蘭臺由是史官所修載書爲博爰自近古此道不行史臣編錄唯自詢採而左右二史闕注起居衣冠百家罕通行狀求風俗於州郡視聽不該訪沿革於臺閣簿籍難見雖使尼父再出猶且成其管窺況僕限以中才安能遂其博物其不可二也昔董狐之書法也以示於朝南史之書弒也執簡以往而近代史局皆通籍禁門幽居九重欲人不見尋其義者蓋由杜彼顏面防諸請謁故也然今館中作者多士如林皆願長喙無聞齰舌儻有五始初成一字加貶言未絕口而朝野具知筆未栖毫而搢紳咸誦夫孫盛實錄取嫉權門王韶直書見讎貴族人之情也能無畏乎其不可三也古者刊定一史纂成一家體統各殊指歸咸別夫尚書之教也以疏通知遠爲主春秋之義也以懲惡勸善爲先史記則退處士而進姦雄漢書則抑忠臣而飾主闕斯並曩賢得失之列良史是非之準作者言之詳矣頃史官注記多取禀監修楊令公則云必須直詞宗尚書則云宜多隱

惡十羊九牧其命難行一國三公適從安在其不可四也竊以史置監修雖古無式尋其名號可得而言夫言監者蓋總領之義耳如創紀編年則年有斷限草傳敘事則事有豐約或可畧而不畧或應書而不書此刊削之務也屬詞比事勞逸宜均揮鉛奮槧勤惰須等某帙某篇付之此職某紀某傳歸之彼官此銓配之理也斯並宜明立科條審定區域儻人思自勉則書可立成今監之者既不指授修之者又無遵奉用使爭學苟且務相推避坐變炎涼徒延歲月其不可五也凡此不可其流實多一言以蔽三隅

自反而時談物議烏得笑僕編次無聞者哉比者伏見明公每汲汲於勸誘勸勤於課責或云墳籍事重努力用心或云歲序已淹何時輟手竊以綱維不正而督課徒勤雖威以刺骨之刑勗以懸金之賞終不可得也語曰陳力就列不能則止僕所以比者布心知己歷抵羣公屢辭載筆之官願罷記言之職者正爲此耳抑又有所未諭聊復一二言之比奉高命令隸名修史而其職非一如張尚書崔岑二吏部鄭太常等既迫以吏道不可拘之史任以僕曹務多閑勒令專知下筆夫以惟寂惟寞乃使記事記言苟

如其例則柳常侍劉祕監徐禮部等並門可張羅府無堆案何事置之度外而使各無羈束乎必謂諸賢載削非其所長以僕鎗鎗鉸鉸故推爲首最就如斯理亦有其說何者僕少小從仕早躡通班當皇上初臨萬邦未親庶務而以守玆介直不附姧回遂使官若土牛棄同芻狗逮鑾輿西幸百寮畢從自惟官曹務簡求以留後居臺常謂朝廷不知國家於我已矣豈謂一旦忽承恩旨州司臨門使者結轍既而驅駟馬入函關排千門謁天子引賈生於宣室雖歎其才召季布於河東反增其媿明公既位居端揆望重台衡飛沈屬其顧盻榮辱由其俛仰曾不上祈宸極申之以寵光僉議搢紳縻我以好爵其相見也直云史筆闕書爲日已久石渠掃第思子爲勞今之仰追唯此而已抑明公足下獨不聞劉炫蜀王之說乎昔劉炫仕隋爲蜀王侍讀尚書牛宏嘗問之曰君王遇子其禮如何曰相期高於周孔見待下於奴僕宏不悟其言請聞其義炫曰吾王每有所疑必先見訪是相期高於周孔酒食左右皆餍而我餘瀝不霑是見待下於奴僕也僕亦竊不自揆輒敢方於鄙宗何者求史才則千里降追語宦途則十年不進意

者得非相期高於班馬見待下於兵卒乎又人之品藻貴識其性明公視僕於名利何如哉當其坐嘯洛城非隱非吏惟以守愚自得寧以充詘攖心但今者黽勉從事攣拘就役朝廷厚用其才竟不薄加其禮求諸隗始其義安施儻使士有澹雅若嚴君平清廉如段干木與僕易地而處亦將彈鋏告勞積薪爲恨況僕未能免俗能不蔕芥於心者乎當今朝號得人國稱多士蓬山之下良直差肩芸閣之中英奇接武僕既功虧刻鵠筆未絕麟徒殫太官之膳虛索長安之米乞以本職還其舊居多謝簡書請避賢路

惟明公足下哀而許之

荅鄭惟忠史才論

史才須有三長世無其人故史才少也三長謂才也學也識也夫有學而無才亦猶有良田百頃黃金滿籯而使愚者營生終不能致於貨殖者矣如有才而無學亦猶思兼匠石巧若公輸而家無楩柟斧斤終不果成其宮室者矣猶須好是正直善惡必書使驕主賊臣所以知懼此則爲虎傅翼善無可加所向無敵者矣脫苟非其才不可叨居史任自敻古以來能應斯目者罕見其人

史通序錄

長安二年余以著作佐郎兼修國史尋遷左史於門下撰起居注會轉中書舍人暫停史任俄兼領其職今上即位除著作郎太子中允率更令其修史皆如故又屬大駕還京以留後在都無幾驛徵入京專知史事仍遷祕書少監自惟歷事二主從官兩京遍居司籍之曹久處載言之職昔馬融三入東觀漢代稱榮張華再典史官晉朝稱美嗟予小子兼而有之是用職思其憂不遑啟處嘗以載削餘暇商榷史篇下筆不休遂盈筐篋於是區分類聚編而次之昔漢世諸儒集論經傳定之於白虎閣因名曰白虎通予既在史館而成此書故便以史通爲目且漢求司馬遷後封爲史通子是知史之稱通其來自久博采衆議爰定茲名凡爲廿卷列之如左合若干言於時歲次庚戌景龍四年仲春之月也

自敘

予幼奉庭訓早遊文學年在紈綺便受古文尚書每苦其辭艱瑣難爲諷讀雖屢逢捶撻而其業不成嘗聞家君爲諸兄講春秋左氏傳每廢書而聽逮講畢即爲諸兄說之因竊歎曰若使書皆如此吾不復怠矣先君奇其意於是

始授以左氏期年而講誦都畢於時年甫十有二矣所講雖未能深解而大義畧舉父兄欲令博觀義疏精此一經辭以獲麟已後未見其事乞且觀餘部以廣異聞次又讀史漢三國志既欲知古今沿革歷數相承於是觸類而觀不假師訓自漢中興以降迄乎皇家實錄年十有七而窺覽畧周其所讀書多因假賃雖部帙殘缺篇第有遺至於敘事之紀綱立言之梗概亦粗知之矣但於時將求仕進兼習揣摩至於專心諸史我則未暇洎年登弱冠射策登

翺於是思有餘閑獲遂本願旅遊京洛頗積歲年公私借書恣情披閱至如一代之史分爲數家其間雜記小書又競爲異說莫不鑽研穿鑿盡其利害加以自小觀書喜談名理其所悟者皆得諸衿腑非由染習故始在總角讀班謝兩漢便怪前書不應有古今人表後書宜爲更始立紀當時聞者共責以童子何知而敢輕議前哲於是赧然自失無辭以對其後見張衡范曄集果以二史爲非其有暗合於古人者蓋不可勝紀始知流俗之士難與之言凡有異同蓄諸方寸及年已過立言悟日多常恨時無同好可

與言者維東海徐堅晚與之遇相得甚歡雖古者伯牙之識鍾期管仲之知鮑叔不是過也復有永城朱敬則沛國劉允濟吳興薛謙光河南元行沖陳留吳兢壽春裴懷古亦以言議見許道術相知所有揚搉得盡懷抱每云德不孤必有鄰四海之內知我者不過數子而已矣昔仲尼以睿聖明哲天縱多能覩史籍之繁文懼覽之者不一刪詩爲三百篇約史記以修春秋讚易道以黜八索述職方以除九邱討論墳典斷自唐虞以迄於周其文不刊爲後王法自茲厥後史籍逾多苟非命世大才孰能刊正其失嗟予小子敢當此任其於史傳也嘗欲自班馬以降迄於姚李令狐顏孔諸書莫不因其舊義普加釐革但以無夫子之名而輒行夫子之事將恐致驚愚俗取咎時人徒有其勞而莫之見賞所以每握管歎息遲回者久之非欲之而不能實能之而不敢也既朝廷有知意者遂以載筆見推由是三爲史臣再入東觀每惟皇家受命多歷年所史官所編粗爲紀錄至於紀傳及志則皆未有其書長安中年會奉詔預修唐史及今上即位又勅撰則天大聖皇后實錄凡所著述常欲行其舊議而當時同作諸士及監修貴

臣每與其鑿枘相違齟齬難入故其所載削皆與俗浮沈雖自謂依違苟從然猶大爲史官所嫉嗟乎雖任當其職而吾道不行見用於時而美志不遂鬱快孤憤無以寄懷必寢而不言嘿而無述又恐沒世之後誰知予者故退而私撰史通以見其志昔漢世劉安著書號曰淮南子其書牢籠天地博及古今上自太公下至商鞅其錯綜經緯自謂兼於數家無遺力矣然自淮南以後作者無絕必商搉而言則其流又衆蓋仲尼既沒微言不行史公著書是非多謬由是百家諸子詭說異辭務爲小辨破彼大道故揚

雄法言生焉儒者之書博而寡要得其糟粕失其菁華而流俗鄙夫貴遠賤近傳茲牴牾自相欺惑故王充論衡生焉民者冥也冥然罔覺率彼愚蒙牆面而視或訛音鄙句莫究本源或守株膠柱動多拘忌故應劭風俗通生焉五常異稟百行殊軌能有兼偏知有長短苟隨才而任使則片善不遺必求備而後用則舉世莫可故劉劭人物志生焉夫開國承家立身立事一文一武或出或處雖賢愚壤隔善惡區分苟時無品藻則理難銓綜故陸景典語生焉詞人屬文其體非一譬甘辛殊味丹素異彩後來祖述識

昧圓通家有詆訶人相掎摭故劉勰文心生焉若史通之爲書也蓋傷當時載筆之士其義不純思欲辨其指歸殫其體統夫其書雖以史爲主而餘波所及上窮王道下掞人倫總括萬殊包吞千有自法言以降迄於文心而往固以納諸胸中曾不蔕芥者矣夫其爲義也有與奪焉有褒貶焉有鑒誡焉有諷刺焉其爲貫穿者深矣其爲網羅者密矣其所商略者遠矣其所發明者多矣蓋談經者惡聞服杜之嗤論史者憎言班馬之失而此書多譏往哲喜述前非獲罪於時固其宜矣猶冀知音君子時有觀焉尼父有云罪我者春秋知我者春秋抑斯之謂也昔梁徵士劉孝標作敘傳其自比於馮敬通者有三而予輒不自揆亦竊比於揚子雲者有四焉何者揚雄嘗好雕蟲小伎老而悔其少作予幼喜詩賦而壯都不爲恥以文士得名期以述者自命其似一也揚雄草元累年不就當時聞者莫不哂其徒勞余撰史通亦屢移寒暑悠悠塵俗共以爲愚其似二也揚雄撰法言時人競尤其妄故作解嘲以訓之余著史通見者亦互言其短故作釋蒙以拒之其似三也揚雄少爲范踆劉歆所重及聞其撰太元經則嘲以恐蓋醬

瓿然劉范之重雄者蓋貴其文彩若長楊羽獵之流耳如太元深奧難以探賾既絕窺踰故加譏誚余初好文筆頗獲譽於當時晚談史傳遂減價於知己其似四也夫才唯下劣而跡類先賢是用銘之於心持以自慰抑猶有遺恨懼不似揚雄者有一焉何者雄之元經始成雖爲當時所賤而桓譚以爲數百年外其書必傳其後張衡陸績果以爲絕倫參聖夫以史通方諸太元今之君山即徐朱等數君是也後來張陸則未之知耳嗟乎儻使平子不出公紀不生將恐此書與糞土同捐煙燼俱滅後之識者無得而

觀此予所以撫卷漣洏涙盡而繼之以血也

昭成皇太后哀冊文

維開元四年歲次景辰秋八月甲辰朔十七日庚申昭成皇太后梓宮啟自靖陵將遷祔於橋陵皇帝乃使某官姓名設祖於行宮禮也丹旐既舒元宮載闢俶龍輴而命駕指鮒隅而卜宅哀子嗣皇帝諱瞻蓼莪而罔極感芣苢而增傷嗟鏡奩之不御痛珠匣之沈光緬考前烈旁稽舊史顧西陵以永懷託東觀而書美其詞曰

觀津鍾祉平陵誕靈作嬪西漢爲母東京地專戚里門承

后族重觀玉衣再開金屋爰初笄總實負才賢學殫詩禮工極紘綖方松等勁比菊齊妍慶膺懷月祥兆捫天膠東胙土濟南開國邦媛思才河魴佇德柔閑植性婉順成則六行畢彰四訓無忒粵自朱邸來昇紫微政成闈闥化穆閨闈孕毓三毋牢籠二妃桃夭闡譽葛藟增徽五福多爽百齡過隙地裂方祇天傾圓魄歸神蒿里滅彩椒掖德音若存儀形遽隔嗚呼哀哉痛鍾宸扆禮極哀榮謚踰光烈儀比功成尋周闕之先夢奉堯門之舊名撫遺鏡而增咽攬賜衣而疚情嗚呼哀哉龜兆協謀龍輴戒轍指黃山以徐轉背青門而永訣挽鐸鏘其競喧旒旐儼其齊列萬國慘而潛怛六宮悲而慟絶嗚呼哀哉遂入松徑闔歸穀林見寒山之月苦聞拱樹之風吟玉座空兮壽宮寂金缸閉兮泉戸深想清徽之不昧寄彤管以流音嗚呼哀哉

盧懷愼

懷愼滑州靈昌人舉進士景龍中累遷黃門侍郎賜爵漁陽伯先天二年同中書門下三品開元中遷黃門監兼吏部尚書卒贈荊州大都督謚曰文成

諫十日一朝西宮表

臣懷愼言臣聞書曰亶聰明作元后元后作人父母伏惟陛下敬順昊天爲人父母人之所行莫大於孝乎故曰夫孝者天之經地之義人之本也是陛下躬率此道爲天下

先每十日朝西宮式展親親之義故得萬國之歡心者實惟陛下孝理天下也臣竊不揆頗聞於師王者必深居而高視用以表其嚴重也其將動未嘗不清道而後發升車而後引出有警入有蹕用備其周衛也今陛下再立乾坤重安社稷克定中興之業務宏大孝之端率禮因心臣何敢預然陛下臣之君父也夫爲臣子者得不欲盡忠孝之事乎忠孝之事臣安敢讓也固知言出必死亦無所辭臣死罪死罪臣聞昔者漢祖受命五日一朝太公於櫟陽宮今日陛下豈不欲爲此乎臣度其事業與此有異夫漢祖起布衣登皇極子有天下尊歸於父母故行於此耳今陛下守文繼統嗣武開基奉三聖之休烈當千齡之寶命順天立極葢曰其常不知何爲更用此道遠自三五洎乎夏殷聖帝明王臣所覽見未有用此者陛下安所取則哉臣聞事不師古匪說攸聞禮煩則黷抑有其義況應天去提象纔至二里餘騎不得成列車不得方軌於玆屢出假愚人萬有犯屬車之塵者陛下雖罪之何及縱使萬全亦非重愼之道也且唐之寶命繼在陛下雖欲自忽其若社稷何其若宗廟何頃三衞仗中路相失當時驚動聖聽臣等

空知待死臣死罪死罪望陛下從今已後遵其內朝一則有暢於溫凊二則無煩於出入敬愼之道誰曰不然必以長至在辰元正布歷應天納祜行慶有期則願陛下備法駕周羽儀然後出朝亦天下大禮也居常之日竊惟陛下恩之臣本書生叨榮執簡輒薦芻蕘之議願申犬馬之誠特乞天恩察其愚懇無任悾款之至謹詣閤奉表以聞

遺表

臣素無才識叨沐恩榮待罪樞密頗積年序報國之心空知自竭推賢之志終未克申孤負明恩夙夜惶懼臣染疾

已久形神欲離雖鳧鴈之飛未爲乏少而犬馬之志終祈上聞其鳴也哀乞垂聖察宋璟立性公直執心貞固文學足以經務識畧期於佐時動惟直道行不苟合聞諸朝野之說實爲社稷之臣李傑勤苦絶倫貞介獨立公家之事知無不爲幹時之才衆議推許李朝隱操履堅貞才識通贍守文奉法頗懷鐵石之心事上竭誠實盡人臣之節盧從愿清貞謹愼理識周密始終若一朝野共知簡要之才不可多得並明時重器聖代良臣比經任使微有愆失所坐者小所棄者大所累者輕所貶者遠日月雖近譴責傷

深望垂矜錄漸加進用臣竊聞黃帝所以垂衣裳而天下理者任風力也帝堯所以光宅天下者任稷卨也且朝廷者天下之本賢良者風化之源得人則庶績其凝失士則彝倫攸斁臣每見陛下憂勞庶政勤求理道愼舉羣司必期稱職使鵷鷺成列草澤無遺故得歲稔時和政平訟理此陛下用賢之明効也臣非木石早識天心瞑目不遥厚恩未報黜殯之義敢不庶幾城郢之言思布愚懇

請毀河橋奏

頃者吐蕃以河爲界神龍年中降公主吐蕃遂過河築城置獨山九曲兩軍去積石三百里又於河上造橋吐蕃今旣叛我此橋卽應毀拆橋旣見毀城自然拔臣等望與郭知運蓋恩貴等計議尅期翦撲

請按王仙童奏

仙童倚恃王親欺奪百姓事狀明白人人共知御史推尋實知枉濫御史若不堪信他人何必可依如更動搖恐招物議望準前狀

駁詔贈崔湜父官奏

臣等謹重商量不敢奉詔崔湜位忝大臣身犯惡逆汙宮

滅族國有常刑其父挹特承恩渙免其誅戮蒙玆大造得盡餘年若更追榮恐招物議唯刑與賞天下共之發號施令國之所重舉而不法後代何觀望不贈官但厚給葬事

陳時政得失疏

臣聞孔子曰爲邦百年可以勝殘去殺又曰苟有用我者期月而已三年有成尚書云三載考績校其功也昔子產相鄭更法令布刑書一年而人歌之曰取我田疇而伍之取我衣冠而褚之孰殺子產吾其與之三年而人又歌之曰我有子弟子產敎之我有田疇子產殖之子產而死誰

其嗣之終有遺愛流芳史策子產賢者也其為政尚累年而化成況其常才乎臣竊見比來州牧上佐及兩畿縣令下車布政罕終四考在任多者一二年少者三五月遽即遷除不論課最或有歷時未改便傾耳而聽企踵而望爭求冒進不顧廉恥亦何暇為陛下宣風布化求瘼恤人哉禮義未能興行風俗未能齊一戶口所以流散倉庫所以虛空百姓凋弊日更滋甚職為此也何則人知吏之不久則不從其教吏知遷之不遙又不盡其力偷安爵祿但養資望陛下雖勤勞之懷宵衣旰食然僥倖路啟上下相蒙

共為苟且而已寧盡至公乎此國之病也此賈誼所謂蹠盭之病乃小小者耳此弊久而不革臣恐為膏肓雖和緩不能療豈蹠盭而已哉漢宣帝總覈名實興理至化黃霸良二千石也就增秩賜金以旌其能而不遷於潁川前代之美政也又古之為吏者長子孫倉氏庾氏即其後也書云事不師古以克永代匪說攸聞臣望請諸州都督刺史上佐及兩畿縣令等在任未經四考以上不許遷除察其課効尤異者或錫以車裘或就加祿秩或降使臨問并璽書慰勉若公卿有闕則擢以勸能其政績無聞及犯貪暴者免歸田里以明聖朝賞罰之信則萬方之人一變於道矣致此之美革彼之弊易於反掌陛下何惜而不行哉

第二疏

臣聞尚書云唐虞稽古建官惟百夏商官倍亦克用乂此省官之義也又云官不必備惟其人又云無曠庶官天工人其代之此為官擇人之義也臣竊見京諸司員外官所在委積多者數逾十倍近古以來未之有也官不必備此則有餘人代天工多不釐務廣有除拜無所裨益俸祿之費歲巨億萬空竭府藏而已豈致理之基哉方今倉庫空虛百姓凋弊河渭漕輓西給京師公私損耗不可勝紀況

邊隅未靜兵革尤興節用愛人正在今日增官廣費豈曰其時儻水旱成災租稅減入水衡無貫朽之蓄京庾闕流衍之儲或疆埸外守兵車遠出或收藏無歲賑救在辰此軍國之急務也陛下將何以濟之乎書云無輕人事惟艱無安厥位惟危又云不見是圖此皆慎微之深旨也臣竊見員外官中或簪裾雅望或臺閣舊人或明習憲章或諳閑政要皆一時之良幹也多不司案牘空尸祿俸滯其才而不申其用尊其位而不盡其力周稱多士漢曰得人豈

其然歟必有異於此矣臣望請諸司員外官有才能器識衆共聞知堪爲州牧縣宰及上佐者並請遷擢使宣力四方申其智効有老病及不堪理務者咸從廢省使賢不肖較然殊貫此濟時之切務也安可謂行之艱哉

第三疏

臣聞天吏逸德烈於猛火貪人敗類取興大風則知冒於寵賂侮於鰥寡爲政之蠹莫先於茲臣竊見內外官人有不率憲章公犯贓污侵牟萬姓剝割蒸人鞫按非虛刑憲已及者或俄復舊資雖負殘削之名還膺牧宰之任或江

淮嶺磧微示懲貶而徇財黷貨罕能悛革委以共理俟河之淸臣聞明主之於萬姓也必暢以平分而無偏施若犯罪之吏作牧遐方便是屈法惠姦恤近遺遠矣凡左降之人鮮能省過必懷自弃長惡滋深則小州遠郡蠻陬夷落何負於聖化獨受其弊政乎昔孟嘗廉明方臨合浦隱之清潔乃莅番禺郅都之鎮靜朔方耿恭之輯寧疏勒地則遐僻必擇賢良務以寧濟爲懷豈以遐荒見隔況邊徼之地夷夏雜處負險恃遠易擾難安彌藉循良以寄綏撫若委失其任官非其才淩虐黎庶侵剝蕃部小則坐致流亡大則起爲盜賊由此言之不可用凡材而況於猾吏乎其內外官人有犯贓賄推勘得實者臣望請削迹簪裾十數年間不許齒錄書云旌別淑慝黜陟幽明即其義也若不循此道去邪有疑善政能官甄奬或未之徧擔贓負賄僥倖或即蒙升則賞罰無章沮勸安寄浮競之風轉扇廉恥之行漸隳其源不塞爲蠹斯甚

夏州加兵議

兵雖不厭多多則費廣降人既納甲仗固亦無虞雖欲縱之其將何往況夏州舊有馬二千匹兵一千三百人苟能

用之足堪鎮遏待一二年後更量宜處分

薛稷

稷字嗣通蒲州汾陰人第進士累遷禮部郎中中書舍人景龍末爲諫議大夫昭文館學士睿宗立以翊贊功遷太常少卿封晉國公累拜中書侍郎兼黃門侍郎與崔日用數爭事帝前罷爲左散騎常侍歷工禮部尚書除太子少保竇懷貞搆逆稷以知其謀賜死萬年獄年六十五

臨難不顧徇節寧邦科策第一道

問若濟巨川必憑舟楫之勢將興大廈實佇棟櫨之材聖

皇提象膺符順天革命變澆風於易簡濟薄俗於醇醲未明求衣昃旰忘食無遺庖鼎不棄芻蕘聞逆耳之言忻然啟齒聽犯鱗之說假以温顏緬懷六聖之規勞求五臣之俊至如臨難不顧知無不爲獻替帷幄匡過補闕爰洎銜命之流並應搜揚之旨子大夫博古强學見賢思齊一善或同千載相遇肇自魏漢以及梁陳若斯之人者布在方策宜具載年代各敘徽猷無憚米鹽用旌多識

對曰后克艱厥后臣克艱厥臣是羣龍無首虛己明庭之上鼷鼠全身深穴神邱之下故有勞於一饋不輟子高之

耕待以二旌無過屠羊之肆懔乎秋駕既識爲君之難踽此春冰未見爲臣之易然而夢弼降佐風起雲從自天祐之俊乂將至當今制賢以祿制爵以庸設言不違式化厥訓霸王騏驥翼天駟而齊衡社稷元龜升帝寶而負兆猶是幽芳在採雲逸來羈垂倒景之懸光燭重泉之沈隱故遠臣得離山草比獻野芹瞻望天臺數跡對曰帝德廣運六臣參其業天道大明五帝陳其序猶黼黻之章五色鼎鼐之飪五味五靈之効禎祥五音之和雅樂若乃同義夔力古人中求則紀信誑項以免君王經刎頸以紓國九卿居府王修從赴難之義二國合圍路中無返言之失漢帝之憚汲黯陳主之畏柳莊社稷之臣於是乎在恪居爾位勤不告勞則蕭公堂堂吳漢糾糾馮豹伏於閣下黃公宿於臺上憂國奉公可以不謂忠乎書誠面從詩詠司直犯顏無隱求福不回周昌之比漢高同乎桀紂劉毅之方晉武類彼桓靈申屠剛之軔車鍾離意之排閤史魚是慕直在其中聖人謨議君子謀道張良之翼漢王郭嘉之協魏主宋武之得穆之齊高之得褚彥定策決勝謀夫孔多蓬矢桑弧有志四海飛旌插羽道好二同膠柱豈調絃之術

飲冰實將命之難陸賈南行責蠻夷之失禮陳湯西討誅單于之暴慢終令趙佗貢職郅支傳首竹帛所載斯其庶乎謹對

第二道

問自周星攢耀漢日通輝象教聿興苾蒭鬱起眷茲和衆因果爲先伊此法門棟梁攸屬我皇光膺天授託降閻浮宏八解之要津啟四禪之幽鍵濟含生於彼岸證圓果於中天紺宇巍巍緇徒翼翼莫不譽高澄什聲重安遠振三幡於辨囿悟兩諦於談筵飛錫烟蒸秉杯霧委蘭艾因而

或揉玉石由是難甄迹雖選於元關名乃編於白屋若欲令沙汰促以金科將恐乖智海之宏規匪提河之遺範然則經行之所在釋氏而含容朱紫分區談王化而期切弛張之術去就何從

對曰竊惟善本無生茲緣常寂捨身捨智涅槃之行可觀不動不定般若之名已立尊容聖質剖碧玉而恒傳寶相靈模鏤紫金而尚在運二儀而迴掌巍乎寶力極萬物之濡足皇矣能仁是以付受有歸鬱興尊記知來之鑒遠明於萬劫祚聖之符大啟於九部始則江漢廣被終以關河

積學由是名僧輩出賢衆肩降道行息於疑顧澄什而服侶戒梵禪結視安遠而俯孩雖蔥嶺茄藍涉流沙而西極白木聚落浮漲海而東馳聖教之興爲期爲感但敬重堅固有悲忍之大權循習護持有煩惱之深淺物情以之勸切俗慕由是懇到苟求利養或滋貪濁濫名竊服行僞學非魚目叨珍遂入摩尼之寶烏鵲借類便假伽藍之翼謂宜宥而多罰限其自新卷迹緇林之遊反服白衣之役則愍愚受習寬令四飛辨是決嫌浮食一變九色揚翰不謬於楚雞六管流聲豈混於齊士庶人無量在釋典而雖宏出家有限憑國經而必恪維摩之入諸心藏尚爲居士之身菩薩之惠其神通由持在家之誡未虧平等何妨愼擇

謹對

第三道

問神農曰金城千里湯池百步而無粟者弗能守也然則師出以律咸資於糗糧兵雖尚奇必藉於流衍皇周八紘有截四海無虞折衝樽俎之間旅軍衽席之上而吐蕃小醜時擾於沙場默啜遺兇偷生於玉塞由是任以精卒寄以邊陲車徒置騎實賴防禦飛芻輓粟轉饋之弊尤深覊

理屯田播植之功難就欲使人無憂於半菽歲有積於如坻强國富甿佇聆良策

對曰持人之術地著爲本應敵之道糗糧爲先故李悝盡地力而創謀本能强魏衛鞅開阡陌而急戰終以霸秦當今三壤旣平九稅有職倉庾陳積秷秸充牣山川効祉而咸敘陰陽感化而致和狡戎黠羌不討之日久矣天有星象以分其區地有山河以致其險素野遐曠元國寒涼塞下三春未辨重重之樹河邊九月已落青青之草我后惻隱巖廊之下垂拱衽席之上聖智備天地神武動山岳悠

然遠覽白露涼秋建日月朱鳥之旗樹風雨蒼牛之旄將帥良猛謀慮深長猶重息人未修伐鬼而犬羊無檢時驚邊柝定遠侯之功略還出玉門戊校尉之七營更連金郡麻奴小醜敢懷淩斥之心榆鬼殘妖仍延晷刻之命結山豪而嘯聚驅轂馬而陸梁百萬之師粮糧易盡空虛之地轉餉難集良可追蹤墾草取彼大田修充國之舊圖採威明之遠算將軍素勵爰興斷河之術都尉垂强畢盡通溝之利畢農夫而休戰士息轉輸而用耕牛智効其謀勇奮其力貧虜金之如粟藉邊馬之如羊賞士犒師選騎館穀

或休垣罷障城滅途殫然後坐鳳凰之臺驗麒麟之頁王旅凱入豈不休哉清問徒誅危言每竭短才杼軸景夕貽憂謹對

朱隱士圖讚

隱士朱君記靈池縣圖經云朱桃椎者隱士也以武德元年於蜀縣白女毛村居焉草服素冠晦名匿位織履自給口無二價後居棣平山白馬溪大磐石山石色如冰素平易如砥可坐十人石側有一樹垂陰布護於其上當暑熾之月茲焉如秋桃椎休偃於是焉有好古之士多於茲遊朱公或鄒輪以爲貢前長史李厚德後長史高士廉或招以弓旌或遺以尺牘並笑傲不荅太子少保河東薛稷爲之圖讚云

先生知足離居盤桓口無二價日惟一餐築土爲室卷葉爲冠斲輪之妙齊扁同歡

唐杳冥君銘

悠悠洛邑眇眇伊堰屢移寒暑頻經歲年丹壑幾變陵谷俄遷不覩碑碣空悼風煙其一時代攸徙寧窮姓氏匪辯闕二字誰分朱紫翠墳全勢元扃亦毀久歇火風爰歸地水其二

靈跡難訪莫知其朕彷彿穸臺依稀泉帳草積邱壠松高巖嶂乃眷幽途彌增悲愴其三於彼兆域是生荊棘松劍猶存榆錢可識覽物流連闕愴太息欲致禮於靈魂聊寄言於翰墨其四

唐故洛州洛陽縣令鄭府君碑

觀夫道周通變青史徵其德庸業濟彝倫丹圖敘其景象所以昭晉長世葳蕤大流而樹聲之闕一字爰存相質之端蓋闕使夫觀巨仲之行者勵思齊之高懷隨會之功者識輿歸之地著爲不朽文在茲乎公諱做字仲高滎陽開封

人灃鎬爲都虢鄶獻邑作邦作對策國謀朝之謂才乃公乃侯服冕乘軒之謂貴門高階峻慶積祚流太尉畢躬置屏風而入坐尚書納諫曳革履而升朝思元之憂國恤人平卿之刺邪矯枉百世之盛莫之與京高祖先護後魏雍州刺史尚書左僕射驃騎大將軍儀同三司襄城公行高言象之表道合運期之數曾祖偉後魏龍驤將軍北徐州刺史中軍將軍侍中滎陽守襄城公祖大仕隋上開府儀同三司驃騎將軍渠州刺史襄城公並文藝武節光國贊時方龍舟於巨川得騏驥於大路父仁基隋通事舍人研

深機以開務邁宏操以範俗公降巖廟之宏器蹈珠玉之朗節化其羽翼既收四見之奇伐其條枝匪辭一覲之遠貞觀七年制策高第授越州都督府參軍事探其洞穴史臣識微禹之功步彼高衢天子得遺風之乘入除左領軍衛兵曹又遷潞州司功參軍事六軍七校戎政孔殷十命三牒闕五字府邑之靈氣流滎波之純液直躬正色清嚴凜乎秋霜抱質懷文英穎彬於夏采挹損以宏已寵辱若驚靖恭以臨人敬慎如祭闕四字宗望推重召爲通事舍人留疾不拜轉瀛州清苑令公以爲立長以爲官也非立官以爲長也於是明察以斷忠信以寬奸利息機則俗化醇厚浮末不斷則人用豐殷正以立身清逾十仞言必顧義寶過盈尺故人有神明之敬有父母之親欣詠終朝石碑在頌又爲岐州雍縣令政如清苑亦有德碑又除益州新繁令加朝散大夫入爲司禋員外郎增秩小黃歸大夫之顯祿拔奇禮學綜郎官之明祀轉駕部郎中檢校洛陽令俾乂多人掌繇輦政京大師衆禁疏網濶情有萬源道難一貫公綜理殷劇馭煩以簡高義侔於昇雲明道著於夏日旌發伏隱察銖兩之奸導揚滯美盡銜筴之利化其善教

戎人楚言懷其令聲蟹筐蠶績加以勵精聽斷之術側席俊秀之才稜威於七貴五侯滅私於四隱六戚令人除雪既察孝廉行馬療寒即收門士權豪由其斂手雞犬所以罕音王渙已來政風曠絕稱職之美復存於公朝以爲能出除洛陽縣令無何丁太夫人憂服勤過禮執喪惟病罔極之心應於木石天降大慼光覆不追春秋六十九儀鳳三年十一月十七日終於萬年縣之來庭里第嗚呼哀哉粵以大周久視元年龍集庚子六月戊寅朔七日甲申遷窆於洛陽北邙山之平樂原禮也惟公履仁居德韞風懷

雅宏達不器包容無方牆隩之深則幽室十扉洞房百牖言行之重則商湯之駟夏后之璜故能參神明以長人順日月以曜物剛直以斷金之精也温潤以潔玉之符也方弼承帝則運平天機致君唐虞之上書美荊越之竹豈徒校才班伯願試定襄之煩比義野王求領長安之劇而信順闕十三字而逾毀陽烏假道過峻岐而不息崩孺慕於霜露歸精靈於茲辰昔鄭相云亡拾玦悲於東里羊公既歿罷市慟於南州瞻古揆今不之遠也飾終以薄遺令在言時服編書與楸衣而共下含珠連玉同瓦器而不藏長子朝

議大夫行果州司功參軍謂第二子越州都督府士曹參軍諲第三子符寶郎諶第四子太子典設郎諤第五子宋州司功參軍訢等罄節厲行彥士高其式模積學儲寶詞人貴其淵洽州里化其邕穆神明通其孝悌思所以揚德來裔垂文永年託之不刊以申罔極我聞有命敢作銘云

遷周從虢爲公作伯漢台晉衮邦基政本繼期生哲時惟我君猶彼靈鳳翰飛紫氛行高德廣如山如雲曾不助順憖留斯文北山伐石西邙負土撤殯毀宗遷車奠祖羣子克孝墳塋終古蓼莪長號誰謂荼苦

欽定全唐文卷二百七十六

李咸

咸中宗朝學士

田獲三狐賦 以田獲三狐吉無不利爲韻

客有都尉崔公嘗以投筆筮仕遇解九二爻應無何而立功異域迨遂之來相與遊田而獲三狐公以爲應往者之兆遂爲田獲三狐賦余因應云

放心而適者其在乎遊田徒御自肅鑣銜相牽指東郊以按轡乘北風以鳴鞭風威初厲鷹隼斯擊英寮訟閒農人

務隙分曹命侶榮隨所歷未濟之狐欻起荒陌多疑膽損虛驚心惕趫材競逐良弓可射算分銖於遠近乃含拔而則獲於是長舒遠引自北徂南遇豐草而必陟逢虎穴而爭探車輕輪高羣足趁趯將使蹂躪其十二三爾乃出林莽踐平蕪歷歷爾見綏綏有狐莫赤其色又腯其膚各挾爾之矢先張爾之弧雖羅空三面而人合四隅終見加其一目遽生擒於僕夫更有七擒七縱乍奔乍逸忽投足於舊邱且守之而勿失俄而獵火燄熾蘊崇煙鬱知隱伏之無所動險中之瞰出搏噬交亂竿杖揘摵罔解狐之終凶

符六二之貞吉得理中之道偕枉直之實且夫平原廣衍何有何無獨兹狐之見獲應君子之筮蓍君子云誰其惟崔公筮蓍伊何當入其仕乎固欲知蔡澤之躍馬而問詹尹以泛龜公侯干城則四方壯士文章經國則一代英儒我章斯銀我綬斯朱安比夫求魚靡餌即鹿無虞哉已而日低嵐岫煙生寒椰皀弓釋掤割鮮縱酒是田也盍以集彼戎事從其羣醜第吾人之讙謡別郢中之能不豈徒焚林竭澤乾池滌藪況夫天誠其馳騁御難其枯朽雖佚佚儦儦或羣或友皆棄之而不受嘻兹狐之無知何雖獸而似智當其七雄分勢遇楚相以申威九尾來儀感魏君而呈瑞又若腋入珍裘肉登俎味在物斯賤與人爲利利之者以此載詠歌而無愧

袁守一

守一中宗朝官萬年縣尉除監察御史遷右臺侍御史坐黨宗楚客配流端州

彈魏元忠表

臣聞去疾宜遠史策攸存惡逆不誅禍難未已故潘崇進說宮甲遂興霍禹陰謀芒刺可驗謹案魏元忠擢自布衣越昇台衮十旬遠至一歲九遷日月借其光彩風雲資其鳴躍享營邱之大名食雎陽之茅土當須竭誠畢命徇義酬恩而乃搆惑儲宮躬爲謀主位高勢重狼顧豺聲親典五兵又司百揆儲宮向闕先召賊臣北軍斬關未聞死難至於陷重俊令犯逆誘臣下使謀君戎馬滿於宮中戰場在於闕下宸座驚逼兆庶憂懼一日之閒中外隔絕禍交之首實階元忠宜肅朝章以明典法用塞人祇之怨稍清郊廟之恥罪狀既實自孽難逃義士忠臣誰不憤激重俊是陛下之子猶加昭憲元忠非勳非戚焉得獨漏嚴刑縱

陛下惡死好生其如國典何元忠等請汙宮以謝罪赤族以申刑伏望付法據狀科斷

陸大同

大同中宗朝官雍州司田

報長吏令巡縣勸田疇判

南郊有事北陸已寒丁不在田人皆入室此時勸課切恐煩勞

史嶷

嶷溧陽人

晉山陰侯史府君神道碑

若夫天定位地成形三光播造化之基九土運陰陽之氣出乎震見乎離建官凝體國之理多士鬱經邦之化則有祥開白虎感騶帝而挺生跡煥蒼龍應馳王而傑出聖人神道而設教賢哲思皇以熙績總天下之順是資舟楫之用康天下之務多仗股肱之力故能經綸大造裁成於品彙之先左右中州制宰於神明之表求之振古何代無其人哉公諱憲字景法其先京兆杜陵人十三世祖崇後漢建武中封溧陽侯子孫因家焉今爲縣人也自大電含樞

三百年之盛德流虹貫日七十載之宏圖憑天寵以宏業被龍光而錫允衆仲稱官有世功太史則周之天官延陵曰周多君子大夫則衛之司直竟寧之疇嗣也伏青蒲而諫之建武之懋功也奄丹陽而國之陸海擒其穎烈三江派其遥緒東南之美復在於斯高祖光字伯朗晉中書侍郎遷侍中魏稱通事周美有常莫非其人藻蔚於皇漁皆稱其職騈蕃於帝猷曾祖雅字叔安晉散騎常侍尚德懷道而當朝居官體誠而奉上祖輝字季明晉積石將軍乘師誓衆仗鉞捍城比蒲類之爲盟同貳師之列號父傳字伯倫晉豫章太守國以諍臣爲基人以良吏爲本以興其理多資馭俗之能在位惟良是曰眞宮之選天遺以文月懸其字故賢哉令聞是稱百代之宗卓彼英姿獨冠千人之表枝條磊砢而多節涯涘深沈而莫際金堅玉潤岳鎮泉渟吉甫降神感頌國楨之美茂先爲賦即推王佐之才藏器於身俟時而動靜其節高其事在幽而聞自然公輔之資用晦而明終負朝廷之譽屬江東草昧晉主休明人未安業帝明俾乂皇華昭贊待以殊榮固辭以疾再不應命制書責讓起爲尚書左民郎荀慈明之好學初不就徵

謝安石之貞德卒從嘉召聯榮錦帳肅事丹墀逶迤建禮之門贊奏明光之府斯言復靚時聞彦輔之談故事將遺屢發文章之對轉建安太守廣熙故郡羅平舊俗上當牛女之野下帶龍川之垌百越南垂旁通於比景雙吴左聯近接於居風地實貿遷人惟標準秦漢以還號爲難肅公下車風行宏道信理文翁之臨蜀郡政教多奇子翼之莅潁川恩威大舉用能決訟斷辭興利除害勤勤治民舉善黜惡庶績其乂緝熙以安烈虎稱歌既表仁和之盛遊麟入瑞爰旌禮訓之隆朝廷嘉之累增賞異封山陰縣侯錫

以山川加之紱冕丹書白馬以爲利建之儀玉佩金章用表誠封之命方當入調鼎鉉光踐台階雖忻鄭鹿之祥忽起虞鴻之疾春秋七十有二薨於會稽郡追贈江州刺史生也有涯多屈宰衡之望殁而不朽用伸追贈之章昔以晉永和八年歸葬於舊原土山之乾坏山左轉洮水長流齊太公之五代不忘周壤孔宣尼之四友我則殷人燕之往觀從若斧者吳所習禮不至泉焉茫茫古阡寂寂幽隴時更晉宋代歷陳隋隨武子之謀身九原可作藺相如之立事千載猶生其盛烈也如彼其遺風也如此從孫中散

大夫太子洗馬宏文館學士江州刺史元道文林郎叔豪參訓質疑遵儀克選忠臨畏道業擅長衢嗣孫義謙寶俊君逸等價重南金美踰東箭敦行不怠在家必聞未能州縣之勞深體邱園之逸以爲家聲世業若被於管絃相質披文未宣於金石疇資故實爰命小人雖仁不讓師而意非稱物潘黄門之藻思敬述源流謝康樂之才華恭陳祖德後賢校理猶知幼婦之辭深谷爲陵尚識當陽之字銘曰

伊昔有熊道德資始名烈五帝澤流千禩文拾伯邑武興太史官有世功春秋所祀衛尉疇嗣孝成以康將軍樹績光武其昌事列盟府功書太常源分陸海派別三江懿彼侍中飛纓殿内爲王之伯熙帝之載左貂右蟬切問近對八舍攸履七車不昧散騎帝友朝夕進規奉興肅事贊道攸宜有濟之論兼濬之儀獻替之美復在於斯桓桓積石允文允武外擅爪牙内爲心膂氣逸南仲才高邵虎作師之貞爰誓其旅豫章太守人之領袖如玉之貞如松之茂共理天下是資時秀良二千石抑非虛授惟君挺生才術縱横黄裳元吉白賁永貞荆岩植潤漢水騰明是謂家寶

膺茲國楨英英學藝爲郎滿歲紫帳趨榮青縑沐惠王譚練習鄭泰才訏持實有章大猷無替悠悠廣熙南海之湄言典斯郡遠子將之變其風俗鎮以宣慈人斯攸賴吏不忍欺列郡之政茲焉爲盛開國承家大君有命山川光錫圭組輝映是曰懋功往哉惟敬重此台望期諸棟隆初忻鄭鹿奄嘆虞鴻麟傷孔子馬思滕公死而可作善始令終言式其墓坏山之路如斧載形廣輪爲廣委鬱松檟蒼茫草露萬古同心千春罷曙猗歟雲允世豈乏賢不忘其本願述其先陸家茂德潘氏流泉家聲懿範日月俱懸

朱温

温中宗朝擢書判拔萃科。

對博士教授判

任太學博士或告教授失所云不知輕清在何時敍

宗伯建官成均務學本乎風化爰立庠序人惟教首義在通經所授復據禮文有誤深非儒者講信之道自闕師資齒胄之儀曾非挑撻四時訓誘事乃蔑如三月違仁豈無尤矣且如迷復未曉輕清儻舞樂或乖問夔則可如論詩

不足在鼎何觀既投刃而非虛宜稱能而見罰

對樂懸畫蚡蝑判

得樂懸上畫蚡蝑所司以細碎失禮不伏

昔者先王制禮作樂也象物昭著厥儀孔殷大夏雲門既修之於千帝金鍾玉磬亦畫之於五采用能文物以紀聲名有差習之以和人悅衆播之以移風易俗當今命夔奏樂使鳳振羽豈蟹蟲之虛責何蚡蝑之矯言應爲細碎微軀別有所飾輕清雅樂此非其任所司是舉深得其宜請革前非仍科後罪

范貞胐

貞胐中宗朝擢書判拔萃科

對樂懸畫蚡蝑判

得樂懸上畫蚡蝑所司以細碎失禮不伏

體國經野在乎六職審材辨器謂之百工須任宜以播聲當舉類以爲用故嬴者羽者爰標大獸之名連行仄行實曰小蟲之屬施大於筍簴發爾標形篆小於宗彝寂然爲象有此成則斯無替之何彼所司用荒厥職以爲細碎不亦宜乎

迦葉志忠

志忠景龍朝官右驍騎將軍兼太史事

進桑條歌表

昔高祖未受命時天下歌桃李子太宗未受命時天下歌秦王破陣樂高宗未受命時天下歌側堂堂天后未受命時天下歌武媚娘伏惟應天皇帝未受命時天下歌英王石州順天皇后未受命時天下歌桑條韋闕五行六合之內齊首蹀足應四時八節之會歌舞同歡豈與夫簫韶九成百獸率舞同年而語哉伏惟皇后降帝女之精合爲國

母主蠶桑以安天下后妃之德於斯爲盛謹進桑條歌十二篇伏請宣布中外進入樂府皇后先蠶之時以享宗廟

李思齊

思齊刑部尚書德懋子官左衛將軍

對致仕判

渤海縣高邁高秀歷官清途位望崇重及懸車之歲挂冠辭歸於邑邑宰白雄令吏置酒肉於其家吏於道傍停肉爲鵄鳶所食還以此報雄不之信命官屬科之

高邁高秀俱承茂族難兄難弟各登清官故能望高陸賈價重韋珠棠棣春風芳菲而襲桑榆日暮光景同歸挂冠晃於東門方休白首秦絃歌於北里直散黃金邑宰率由舊章禮宏於羔鴈縣吏恭承嘉命事失於鵄鳶伏念刑書眷言惇史大夫學吏獄雖成於鼠偷京兆能官罪不加於烏攫

高邁

邁中宗初年人

濟河焚舟賦

昔孟明之載戰載北也空山肉塡平地血流匹馬隻輪蕩然不收社稷包羞朝廷隱憂用兵至此不死何求誠以秦瑕之恩未報拜賜之言虛設砥名勵節易地改轍冀桑榆之未晚得雌雄之一決乃復總元戎申薄伐駟馬雲屯長劍電掣哮闞兮前貔後虎威稜兮左霜右雪火千旗而四面風生雷萬鼓而一道地裂小長平之瓦散淩不周之柱折朝出乎咸秦夕濟乎孟津其氣益振其屈欲伸於是指河中之舟示軍中之人曰吾與君子誓雪前恥雪則出黃泉之下勝則入青雲之裏吹噓而霜露變叱咤而風塵弭

雖無此舟誰無此舟爾否則骸骨爲異鄉之土魂魄爲鄰國之鬼雖有此舟誰有此舟矣乃命焚之夫其火與木相守水與火相煎烘大川燉長湍龍吼乎沸潭魚喁乎湯泉舳艫化而爲炭檝櫂颺而爲煙水聲與軍聲合旁括乎地火氣與兵氣鬬上衝於天是以天爲我赫怒焉地爲我震業焉林木爲我枯死焉山陵爲我崩騫焉千里而高鳥不過四遐而猛獸莫前況於人乎況於國乎於是晉君臣聞之心攢百箭背負芒刺形神無主手足若墜曰秦師德之修誠之至天將啟吾將避閉城郭而不出潛鋒鋩以自備

以五廟苟存爲幸以萬人苟免爲智敢恬其山河而虞其土地於是晉實爲主反爲客秦實爲客反爲主不戰而勝不攻而取掠地於大河之北封尸於崤陵之下旣而鬼雪前恥人解厚顏四顧野濤橫行而旋譟聲破晉山喜氣塞秦關曹沫復魯之勳自居其下范蠡平吳之力莫厠其閒此役也見孟明之臨事暫否終泰圖之大也見子桑之舉人遺麤得精鑒之明也見秦伯之用賢責功舍過道之在也臣事君不必自致藉主司之公君使臣不必自得藉主司之忠由是觀秦伯之有子桑猶耳目之在躬以其視視

一國之明以其聽聽一國之聰自可以翊天子還淳風代與三五比崇身與二八爭功威强晉霸西戎不亦宜乎明明我后渴賢固久懸無私之鏡以照六合持無私之衡以秤九有掇奇拾異葑菲盡取若有一人兮近文章含堅貞悔已往之無成謀大來於此行出蜀郡題橋以見志入函關棄繻以示譏寧作焚舟而死不爲棄甲而生投軍於子桑自比於孟明君謂之何如哉言之不可以已也頌之曰析薪如之何匪斧不克事君如之何匪媒不得是知焚舟之役非孟明之力乃子桑之力也

度賦

昔在太始原於物初天地草昧建皇王以爲宰淳樸自理非賢臣而勿居歷雲官與鳥職接洪範而周書無不較權衡之輕重考度量之盈虛因物以極神託數以明象積分而成寸引尺而爲丈列陰耦而陽奇法天三而地兩準之億萬其如指掌時止則止時行則行隨物而應施不失平其至妙也多少不能以藏數其至微也長短不能以隱情易而無欺簡而無惑節之以禮其儀不忒聖人進退以觀象君子方圓而取則成百王之規矩爲萬代之繩墨欽若伯禹聖哉爲王道濟天下爰敷大章投足旣廣行地無疆

彼里之難測用度之可量四時以日月爲明萬國以君王作大同衡律而一軌量海内平而天下泰居日中而成市觀異方而畢會在商賈之所資惟尺度而爲最夫道以神契物以言筌義無不盡理無不全度之爲物也資道以爲用度之爲道也託物而無偏述斯往矣吾不知所以然

鯤化爲鵬賦

北溟有魚其名曰鯤橫海底隘龍門眼睔睔而明月不沒口呀呀而修航欲吞一朝乘陰陽之運遇造化之主脫我

鬐鬣生我翅羽背山橫而壓海嵯峩足山立而偃波揭竪張皇聞見卓犖今古過魯門者累百曾莫敢覩來條支者成羣又何足數既負此特達壯心亦有取也若乃張垂天激洪漣海若簸其後陽侯騰其前洶如也皓（一作皎）如也蛟螭為之悚（一作怛）怖洲島為之崩騫如此上未上之間邈矣三千接海運摶風便飛廉倏而走羊角忽而轉勃如也蓬如也雲溟為之光掩山澤為之色變如此高未高之間騰夫九萬足踏元氣背摩太清指天池以遥集按高衢而迅征時與運幷道與時行遺天關之類放逍遥之情如此自

一日亘千歲陰數與陽數際乃下夫南溟之裔嗚呼誰無借便之事九萬三千故非常情之所希冀誰無迴翔之圖一舉六月故非常情之所覬覦由此言之則鳳凰上擊誠未得其錙銖鴻鵠一舉適可動其盧胡況鷦鷯（一作鷃鶴）之輩尺鷃之徒易安易給其足其居須臾之間騰躑無數齷齪之內翩翻有餘伊小大之相絶亮在人而亦爾凌雲詞賦滿腹經史婆娑獨得骯髒自是不大遇不大起謂斯言之無徵試假借乎風水看一動一息凡歷天機（一作天幾）千萬里

長明燈頌（并序）

離婁之目處闇室或不能覩燈處之皎如也澄公之掌在元夜或不能照燈在之了如也故大雄氏以方便力救黑暗界藉其光誘其人佛所以有然燈名法所以有傳燈義大抵長明燈是其藴乎夫日主晝太陽之精中則昃昃則沒我長明燈不沒月主夜太陰之精滿則虧虧則盡我長明燈不盡日月尚爾況小光小明哉要自積苦為海舉足見溺積邪為山舉足見礙竟不能彷彿之或彷彿之不克成就之言之可為長嘆我邑中有俊傑主此然燈精進或就於寶融寺藏經院且夫蘭炷爇火吾見其盛未見其微

也鐵盆盛膏吾見其增未見其滅也一籠而四時長花滿室而終歲不夜人見之者一作禮眼蒙利再作禮心蒙爽心眼自相照了內外由是洞徹然則終日見燈未嘗見燈終日不見燈未嘗不見燈夫達觀者乃如是也意者不獨於此直上照一天二天乃至三十三天無門不闢恒沙善人由茲而入直下照一地二地乃至一十八地有獄皆開多劫罪人由茲而出若然者四維上下虛空可思量不可思量邪我長明燈實相功德亦復如是邁三數年內願銘頌之間迫賤事未構斯文一朝染目疾朦朧而不自審從

何得也遂夢神人語邁曰子於長明燈其有負乎邁應聲而寤寤而起起而作頌明日目愈頌曰

見外燈長明見内燈長明萬惡自光中滅萬善自光中生不見一燈百千萬億燈乃至於無窮不見一人百千萬億人歸之於大同空則是色色即是空弟子作頌允執厥中

欽定全唐文卷二百七十七

賈曾

曾河南洛陽人景雲中爲吏部員外郎開元初拜中書舍人知制誥坐事貶洋州刺史徙慶州鄭州入拜光祿少卿遷禮部侍郎十五年卒

水鏡賦

原夫水能利物鏡以含虛泛鷁攸往盤龍是居蘊靈長而遠蓄懸洞鑒而藏諸其止水也體靜而舒惠風拂而逾益明月來而不如清則澈底蒙紛濯洗朗亦難雜逢昏可合

則有分流學海挂影仙臺映冰壺而洞澈連錦帳以徘徊是用益澄流品取鑒羣林涸鮒思躍飛雞自猜挹餘波而得潤雖屢照而常開惟茲道也可允乎惟茲務也可長守所以息僥倖之心杜讒慝之口將座銘之不若雖撲滿而何有士或湮淪時多苦辛願濯纓而未暇思照膽而無因空匪材而濫挹願將此以書紳

命皇太子即位制

朕聞宇宙者至公之器不獲已而臨之帝王者因時之運非有待而居之蓋在於拯俗濟人功成名遂而已朕以寡

眛虔奉鴻休本殊王季之賢早達延陵之節昔在聖歷已讓皇嗣之尊爰洎神龍終辭太弟之授豈惟衣冠所睹抑亦兆庶咸知頃屬國步未夷時艱主幼大業有綴旒之懼寶位深墜地之憂議迫公卿遂登皇極日慎一日以至於今一紀之勞勤亦至矣萬方之俗化漸行矣將成宿願脫屣寰區昔堯之禪舜惟能是與禹以命啟匪私其親神器之重允歸公授皇太子隆基有大功於天地定阽危於社稷溫文既習聖敬克躋委之監撫已移歲年時政益明庶工惟序朕之知子庶不負時歷數在躬宜陟元后可令即

皇帝位有司擇日冊授朕方比迹洪古希風太皇神與化遊思與道合無爲無事豈不美歟王公百寮宜識朕意

論郊祭合設皇地祇表

微臣詳據典禮謂宜天地合祭謹按禮記祭法曰有虞氏禘黃帝而郊嚳夏后氏禘黃帝而郊鯀傳曰大祭曰禘然則郊之與廟俱有禘祭禘廟則祖宗之主俱合於太祖之廟禘郊則地祇羣望俱合於圜丘以始祖配享皆有事而大祭異於常祀之義禮大傳曰不王不禘故知王者受命必行禘禮虞書曰正月元日舜格于文祖肆類于上帝禋

于六宗望于山川偏于羣神此則受命而行禘禮者也言格于文祖則餘廟之享可知矣言類于上帝則地祇之合可知矣且山川之祀皆屬於地羣望尚徧況地祇乎周官以六律六呂五聲八音六舞大合樂以致神祇以和邦國以諧萬人又云凡六樂者六變而致象物及天神此則禘郊合天神地祇人鬼祭之樂也三輔故事漢祭圜丘儀云上帝位兆正南面后土位兆亦南面而少東又東觀漢記云光武即位爲壇於鄗之陽祭告天地採用元始故事二年正月於洛陽城南依鄗爲圜壇天地位其上皆南向西

上按兩漢時自有后土及北郊祀而此已於圜丘設地位明是禘祭之儀又春秋說云王者一歲七祭天地合食於四孟別於分至此復天地自常有同祭之義王肅曰孔子言兆圜丘於南郊南郊即圜丘圜丘即南郊也又云祭天而地配此亦郊祀合祭之明說惟鄭康成不論禘當合祭而分昊天上帝爲二神專憑緯文事匪經見又其注大傳不王不禘義則云正歲之首祭感帝之精以其祖配注周官大司樂圜丘義則引大傳五禘以爲冬至之祭遞相矛盾未足可依伏惟陛下膺籙居尊繼天在歷自臨宸極未

親郊祭今之南郊正當禘禮固宜合祀天地咸秩百神荅受命之符彰致敬之道豈可不崇盛禮同彼常郊使地祇無位未從禘享今請備設皇地祇并從祀等座則禮得稽古義合緣情然郊丘之祀國之大事或失其情精禋將闕臣術不通經識慚博古徒以昔謬禮職今忝諫曹正議是司敢陳忠讜倘事有可採惟斷之聖慮

上東宮啟

臣聞作樂崇德以感人神韶夏有容咸英有節婦人媟黷無預其閒昔魯用孔子幾致於霸齊人懼之饋以女樂魯

君既受孔子遂行戎有由余兵强國富秦人反閒饋之美女戎王耽悅由余乃奔斯則大聖名賢疾之已久良以婦人爲樂必務冶容娃姣動心蠱惑喪志上行下效淫俗將成敗國亂人實由茲起伏惟殿下神武命代文思登庸宇內禺禺瞻仰德化而渴賢之美未被於旪謠好妓之聲或聞於人聽豈所以追啟誦之徽烈襲堯舜之英風者哉至若監撫餘閒宴私多豫後庭妓樂古或有之非以風人爲弊猶隱至於所司教習彰示羣寮慢妓淫聲實虧睿化伏願下明令發德音屏倡優敦雅頌率更女樂並令禁斷諸使採召一切皆停則朝野內外皆知殿下放鄭遠佞輝光日新凡在含生孰不欣戴謹啟

餞張尚書赴朔方序

王者大司馬制軍詰禁封國正朔惠綏蠻貊刑齊猾夏其儀尚矣天子道穆三象功清六合截海來威窮荒揆教將以靜流服度藩畿削除淩暴昭蘇寡弱乃命元宰兵部尚書燕公專節朔方授律羣帥涉河之外距關之西公皆統之重分閫也公智以開物精以造微文爲一變之英武有萬人之敵歷登庶尹王猷載寧三宅台衡帝采惟亮雖坐

堂足以制勝而勤國忘其定居閹茂次年仲夏貞閏拜手東洛馳軺北闕備官而行成旅以從是日也景風司至星火殷宵伯趙鳴而戒陰爽鳩習而揚武賦可以昇高望遠詩可以出宿餞行有詔具寮爰開祖宴且申後命寵以蕃錫天章賦別御札題箋副衣表挾纊之誠兼聞喻投醪之旨筐篚以將其貺筆硯以表其文前載未書今冊斯覩侍中安陽公以仁體國中書令河東公以德熙朝燮贊功成訏謨景暇慕采薇之興張伐木之朋詢彼旬師卜茲郊候鼎門右轉歧路旁分當關塞之斷山接華林之高樹幕人

宿設重帟雲平大官饔舉百羞霞錯四夏六允之變朱干玉羽之容雷殷川原電煐林薄朝傾多士巷無居人接蓋陰衢揚袂風野羽觴遞進列座酣而不譁清鐃開發將士激而逾厲視日知其吉氣吹律驗其商聲則已景列穹都風騰沙漠西域輕郅支之使東胡息冒頓之虞顧夫南仲于征吉甫薄伐不其遠也若木還照前茅啟行聽闐闐之去鼓目悠悠之轉旆歌事者每懷靡及念離者跂予望之成志在心發言同唱天子有念式敘清風請編出車之什以繼蒸人之雅

張敬忠

敬忠中宗朝監察御史張仁愿在朔方奏判軍事遷吏部司勳郎中開元中爲左散騎常侍益州大都督府長史劍南道節度大使攝御史中丞本道採訪經畧大使

准勅勘復蜀州青城山常道觀奏

右内品官毛懷景道士王仙卿等使伏奉閏十二月十一日墨勅蜀州青城先有常道觀其觀所置元在青城山中聞有飛赴寺僧奪以爲寺州既在卿節度檢校勿令相侵觀還道家寺依山外舊所使道佛兩所各有區分者臣差判官宣義郎彭州司倉參軍楊璹往青城山准勅處置其飛赴寺佛事及僧徒等以今月九日並移於山外舊所安置訖又得常道觀三綱甘道榮等狀稱奉勅移飛赴寺依山外舊所觀還道家今蒙使司對州縣官及僧等准勅勘還觀訖更無相侵者其山中先緣寺界所有竹木等寺既出居山外觀今置在山中務使區分不令侵競臣已牒所管州縣亦許觀家收領訖謹附采藥使内品官毛懷景奏狀以聞謹奏

新津縣佛殿成老君聖像狀

自然木文眞容隱起神迹殊妙洗削愈明非圖畫所能成非雕刻所能及伏以太上老君先天大聖變化不常潛現難測瑞花旁繞知芳輝之不歇華蓋上浮明魄寶之常貴現於殿柱杳疑作史之年照彼佛祠緬若化胡之日雖鳳巢軒閣麟伏周庭豈若仙祖降靈聖孫膺運伏望冊歡九廟昭配兩儀編付史官布告天下

倪若水

若水字子泉恒州藁城人第進士累遷右臺監察御史開元中拜戸部侍郎再爲尚書右丞卒

諫江南採捕諸鳥表

臣若水言臣伏以方今九扈時忙三農作苦田夫擁耒蠶婦持桑而以此時採捕奇禽異鳥供園池之翫遠自江嶺達於京師水備舟船陸倦擔負飼之以魚肉間之以稻粱道路觀者豈不以陛下賤人貴鳥也陛下方當以鳳凰爲凡鳥麒麟爲凡獸即鵁鶄鸂鶒曷足貴也陛下昔龍潛藩邸備歷艱虞今氛祲廓清高居九五玉帛子女充於後庭職貢珍奇盈於內府過此之外復何求哉臣承國厚恩超居重任草芥殘命常欲殺身以効忠葵藿微心常願墮肝

以報主瞻望庭闕敢布腹心直言忤旨甘從鼎鑊

劾奏祝欽明郭山惲疏

欽明等本自腐儒素無操行崇班列爵實爲叨忝而涓塵莫効諂佞爲心遂使曲臺之禮圜丘之制百王故事一朝墜失所謂亂常改作希旨病君人之不才遂至於此今聖朝馭歷良臣入用惟兹小人猶在朝列臣請並依黜削以肅周行

柳澤

澤蒲州解人景雲中拜監察御史開元中累遷太子右庶子出爲鄭州刺史卒贈兵部侍郎

諫復斜封疏

臣聞藥不毒不可以蠲疾詞不切不可以補過是以習甘旨者非攝養之方邇諛佞者積危殆之本臣實愚樸志懷剛勵或聞政之不當事之不直常慷慨關心夢寐懷憤每願殉身以諫伏死而爭但利於社稷有便於君上雖蒙禍被難殺身不悔也伏惟皇帝陛下聰明齊聖孝悌通神樂善好諫除繁去惑不邇聲色不殖貨利仁明睿哲有過於堯舜然而刑政德教或乖於典則若不革弊易轍塞源拔

本愚竊料未臻於太平竊見神龍以來羣邪作孽法網不振綱維大紊實由內寵專命外嬖擅權因貴憑寵賣官鬻爵朱紫之榮出於僕妾之口賞罰之命乖於章程之典妃主之門有同商賈舉選之署實均闤闠屠販之子悉由邪而忝官黜斥之人咸因姦而冒進天下爲亂社稷幾危賴陛下聰明神武拯其將墜此陛下耳目之所親擊固可永爲炯誡者也臣聞作法於理猶恐其亂作法於亂誰能救之祇如斜封授官皆是僕妾汲引迷謬先帝昧自前朝豈是孝和情之所憐心之所愛陛下初即位時納姚元之宋

璟之詐所以咸令黜之頃日以來又令敘之將謂爲斜封之人不忍棄也以爲先帝之意不可違也若斜封之人不忍棄也是韋月將燕欽融之流亦不可褒贈也李多祚鄭克義之徒亦不可清雪也陛下何不能忍於此而獨能忍於彼使善惡不定反覆相攻使君子道銷小人道長爲邪者獲利爲正者銜冤柰何導人以爲非勸人以爲僻將何以懲風俗將何以止姦邪今海内咸稱太平公主令胡僧慧範曲引此輩將有誤於陛下矣謗議盈耳咨嗟滿衢故語曰姚宋爲相邪不如正太平用事正不如邪書曰無偏無陂遵王之義無反無側王道正直臣恐因循流近致遠

積小爲大累微起高勿謂何傷其禍將長勿謂何害其禍將大又賞罰之典紀綱不謬天秩有禮君爵有功不可因怒以妄罰不可因喜以妄賞伏見尚醫奉御彭君慶以邪巫小道超授三品柰何輕用名器加非其才昔公主爲子求郎明帝不許今聖朝私愛賞及憸人董狐不亡豈有所隱臣聞賞一人而千萬人悅者賞之罰一人而千萬人勸者罰之臣雖未覩聖朝之妄罰已覩聖朝之妄賞矣書曰官不及私昵惟其能爵罔及惡德惟其賢臣恐近習之人爲其先容有謬於陛下也惟陛下熟思而察之雖往者不可諫而來者猶可追願杜請謁之路塞恩倖之門鑒誠前非無累後悔申畫一之法明不二之刑不詢之謀勿庸無稽之言勿聽則天下之化人無閒焉日新之德天鑒不遠

上睿宗書

頃者韋氏險詖姦臣同惡賞罰紊弛綱紀紛綸政以賄成官因寵進言正者獲戾行殊者見疑海内寒心實將莫救賴神祇祐德宗廟降靈天討有罪人用丕保陛下睿謀神聖勇智聰明安宗廟於已危拯黎庶於將溺今龐眉鮐背

歡欣踴躍望聖朝之撫輯聽聖朝之德音今陛下鑒煩省繇法明德舉萬邦愷樂室家胥慶臣又聞危者安其位也亡者保其存也亂者有其理也伏惟陛下安不忘危理不忘亂存不忘亡則克享天心國家長保矣詩曰罔不有初鮮克有終伏惟陛下慎厥終惟其初非禮勿視非禮勿聽非禮勿言非禮勿動書曰爾惟德罔小萬邦惟慶爾惟不德罔大墜厥宗甚可畏也甚可懼也伏惟陛下慎之哉夫驕奢起於親貴綱紀亂於寵倖願陛下禁之於親貴則天下風隨矣制之於寵倖則天下法明矣詩云刑于寡妻至

于兄弟以御于家邦若親貴爲之而不禁寵倖撓之而見從是政之不行令之不一則姦詐斯起暴亂生焉雖嚴刑峻政朝施暮戮而法不行矣縱陛下親之愛之莫若安之福之寵祿之過罪之漸也非安之也驕奢之淫危之本也非福之也前事之不忘後事之師也伏惟陛下精求俊哲朝夕納誨縱有逆於耳謬於心者無速之以罰姑籌之以道省於厥躬雖木樸妄忤願恕之以直用開諫諍之路也或有順於耳便於身者無急之於賞當求諸非道稽之典訓其不叶於德必寘之以法用杜側媚之行也有進淫巧

於陛下者遽黜之則淫巧息矣有進忠讜於陛下者遽賞之則忠讜進矣臣又聞生於富者驕生於貴者傲石碏曰臣聞愛子教之以義方弗納於邪驕奢淫逸所自邪也書曰罔淫于逸罔遊于樂穆王有命曰實賴前後左右有位之士繩愆糾謬格其非心今儲宮肇建王府初啟至於僚友必惟妙擇若因親舊率情奏請恐非其人懼累於德今驕奢之後流波未變慢遊之樂餘風或存夫小人弄臣易合於意奇伎淫巧多適於心臣恐狎於非德滋爲奢怠書曰慎簡乃僚無以巧言令色便僻側媚其惟吉士僕臣正

厥后克正僕臣諛厥后自聖伏願採温良博聞之士恭儉忠鯁之人任用以爲東宮及諸王府官仍請東宮量署拾遺補闕之職令朝夕講論出入侍從受以訓詁交修不逮臣又聞馳騁田獵令人發狂名教之中自有樂地承前貴戚鮮克由禮或打毬擊鼓比周伎藝或飛鷹奔犬盤遊藪澤此甚爲不道非進德修業之本也書曰內作色荒外作禽荒又曰無若丹朱傲惟慢遊是好朋淫于家用殄厥代伏惟陛下誕降謨訓敦勸學業示之以好惡陳之以成敗以義制事以禮制心圖之於未萌慮之於未有則福遐祿

厚與國並休矣臣又聞富不與驕期而驕自至驕不與罪期而罪自至罪不與死期而死自至信矣斯語明哉至誠頃者韋庶人安樂公主武延秀等可謂貴矣可謂寵矣權侔人主威震天下然怙侈滅德神怒人棄豈不謂愛之太極富之太多不節之以禮不防之以法終轉吉爲凶變福爲禍諺曰千人所指無病自死不其然歟書曰殷鑒不遠在彼夏王今陛下何勸豈非皇祖謨訓之則也今陛下何懲豈非孝和寵任之甚也禮曰愛而知其惡憎而知其善可不慎哉夫寵愛之心人則不免去其太甚閑之禮節適

則可矣今諸王公主駙馬亦陛下之所親愛也矯枉之道在於厥初鑒戒之義其則不遠使觀過務善居寵思危庶夙夜惟寅聿修厥德經曰在上不驕高而不危所以長守貴也制節謹度滿而不溢所以長守富也富貴不離其身然後能保其社稷書曰制官刑警于有位敢有恒舞于宮酣歌于室時謂巫風敢有徇于貨色恒于遊畋時謂淫風敢有侮聖言逆忠直遠耆德比頑童時謂亂風惟茲三風十愆卿士有一于身家必喪邦君有一于身國必亡甚可畏也甚可懼也伏惟陛下必察而明之必信而勸之有奢

僭驕怠者削其祿封有樸素修業者錫以車服以勗其心使其奉命無使久而忽之無使遠而墜之臣聞知之非艱行之惟艱又曰常厥德保厥位厥德匪常九有以亡伏惟陛下慎之哉前車之覆實惟明鑑先王之誡可以終吉若陛下奉伊尹之訓崇傳說之命不作無益不啟私門刑不差賞不濫則惟德是輔惟人之懷天祿永終景福是集儻陛下忽精一之德開恩倖之門爵賞有差刑罰無當則忠臣正士亦不復談矣

諫進用奇器書

不見所欲使心不亂是知見可欲而心必亂矣竊見慶立雕製詭物造作奇器用浮巧為珍玩以瑰怪為異寶乃治國之巨蠹明王所以嚴罰者也昔露臺靡費明君不忍象箸非大忠臣憤歎王制曰作異服奇器以疑眾者殺月令曰無作淫巧以蕩上心巧謂奇技怪好也蕩謂惑亂情欲也今慶立欲求媚聖意搖蕩上心陛下信而使之乎是宣淫於天下慶立矯而為之乎是禁典之所無赦陛下新即位固宜昭宣菲薄廣示節儉豈可以怪好示四方哉

欽定全唐文卷二百七十八

裴寬

寬絳州聞喜人以文詞進景雲中舉拔萃科累官御史中丞兵部侍郎元宗朝爲禮部尚書天寶十四載卒年七十五贈太子太傅

藏冰不固判

所司藏冰不固訴云採冰戸家不依尺樣

正德厚生九功惟序備物致用十翼斯崇均諸五行廢一不可況氣移西候日躔北陸深山窮谷涸陰沍寒狐絶聽而無疑鴈爰飛而向暖風驚千里草木落而云黄冰結三河波瀾凝而不動眷言主者則有司存理宜採彼豳詩循兹魯策獻羔無闕賓祭有宜何得慢令致期以速官謗氣已昭於發洩罪將犯於刑書雖嫁禍於戸家固難免於科罪

崔莅

莅中宗朝官左臺侍御史睿宗景雲二年爲吏部員外郎

彈百僚班秩不肅奏

臣聞叔孫通覲漢朝儀多闕尊卑失序所以分别上下中明禮儀於是羣臣知天子之至尊高祖知皇帝之爲貴此皆由班秩不忒威儀容止不差是故作孚萬邦用刑四海者也臣竊見在朝百僚多不整肅公門之内詎合論私班列之中尤須致敬或縱觀勅旨或旁閲制詞或交首亂言或遠班問事或私申慶弔或公誦詩篇或笑語諠譁或行立怠惰承寬既久積習如常不增祇懼之容實紊矜莊之典臣謬膺推擇叨掌糾彈見無禮於朝廷誠是臣之深恥況西戎獻款北狄來賓恐覩中國之失儀招外蕃之所誚更若知而故犯不革前非望即停其入内量行貶削

諫爲金仙玉眞二公主造觀疏

伏承陛下緣兩公主造觀可爲尊德敬道矣割慈忍愛上爲七聖崇福下爲萬邦作因豈不願神力潛資靈功密祐社稷永固宗廟長存者乎臣謂功奪其成凶與其敗寧邦致亂修福招殃何則季夏事殷時多禁忌斬木發土移石開山非直苦人必是傷物欲益反損求安乃危臣知其否未見其可然則救犯不暇何福助之有焉且季夏者土德正王之月炎陽方暑之月草木茂盛之月昆蟲繁育之月天地鬱蒸之月黍稷鋤耨之月夫土德正王之月不可發

洩地氣恐犯時禁則必有天殃有天殃則人心不附禍亂作矣炎陽方暑之月不可興動版築恐致霖潦必無成功無成功則人力不存怨望結矣草木茂盛之月不可以斬伐山林恐非堅實則速蠹敗速蠹敗則人勞不衷獎勸阻矣昆蟲繁育之月不可以穿鑿原隰恐乖惻隱乖惻隱則必生災變生災變則人業不安逃亡衆矣天地鬱蒸之月不可以徭役丁夫恐爲痁癘則必多夭枉多夭枉則人情不樂風俗離矣黍稷鋤耨之月不可以妨奪農桑恐傷禾稼則必闕歲計闕歲計則食用不足盜賊聚矣行此六者

謂之六殃書曰德惟善政政在養人傳曰新作南門書不時也又曰凡土功龍見而興務成事也火見而致用水昏正而栽日至而畢此言功作從時者所以順於天地也詩曰定之方中作爲楚宮此言宮室合時也禮曰季夏之月樹木方盛無有斬伐無搖養氣不可以興土功妨農事則有天殃違此四者謂之四犯陛下營兩觀而降六殃損萬人而招四犯欲將致理不亦難乎臣望順時從人休功罷役候定中以建事占水正而修栽所冀天地鬼神降福臣聞漢明帝永平三年夏大旱是時大起宮室尚書僕射鍾離意免冠上疏曰昔成湯遭旱以六事自責政不節耶使人疾耶宮室營耶女謁盛耶苞苴行耶讒夫昌耶竊見此宮大作人失農時此所謂宮室營也自古非苦宮室小狹直患人不安寧須應天心請罷勞役帝善而從之諸作減省即日澍雨今者雖非宮室起功終是觀寺興造伏望俯從臣請待冬初庶得伐木各宜役功無犯矣必以天文徵應神理須然用厭機祥事資興建與其積怨傷國孰若施恩養人往者宋景一言熒惑猶能退舍但陛下從諫凶咎定不爲災

甯原悌

原悌睿宗朝官太子洗馬先天元年由諫議大夫爲嶺南道宣勞使

論時政疏五篇

臣聞俗正時康則因循而易守人訛道替則馳騖而難安或垂衣而有餘或日昃而不足雖唐虞之盛烈文武之鴻徽未有不委任股肱留情陟用故善人者天地之綱紀帝王之羽翼靡革於仇讎莫限於芻隸不可失也自天授以來二十餘載周興來俊臣等譖害忠良壅蔽正直先皇舊

臣夷滅殆盡唯有狄仁傑魏元忠尚存仁傑等處先帝之朝猶爲小吏及周室之際實謂忠臣或樹績當時徇身王室近者變故頻及衣冠掃地忠臣名士纔餘數人爲陛下之棟梁作聖朝之耳目今者元惡已誅佞臣咸黜而人訛俗壞爲日已久理宜開張聖德杜絶猜嫌用是求人宣力王室使醜正惡直之士不有容其閒隙讒邪佞媚之徒無所施其巧辯然後可以議黎元安邦國則僥倖源塞聖王道興若使浸潤旁通危人路啟顔俊忠而獲罪茂先直以招怨雖有渭濱之賢傅巖之秀途遭卒遇難以爲用也則

危亡之期或未可保拯救之道將安所施

求才之難每留連於大聖知人不易亦惆悵於先哲今天下諸州良牧蓋寡何者古難其選今侮其職也然而代所重於京都時見輕於州縣者何也古者牧守政成擢登三事郎官特秀先宰一同潁川則黄霸爲公會稽則五倫入輔事不師古何能垂濟誠願尚書曠職則於方伯求林郎位闕官必以循良擢用事懸象魏道著彝章茲令克行仁風大闡考績三載誠爲故實

隆周之君垂仁義以昜後亡秦之主訓刑罰以流嗣或八百延慶或二代亡家餘烈可知前史明鑒伏以太子初建養德春宮諸王在藩飭躬朱邸並請遠去邪佞親近正人知好佞之危身識尊儒之廣德動遵師傅之訓察納風雅之言誠使宮府官僚賓客侍讀日資其道德月奏其藝能冀仁義於邦家樹邕穆於天下臣又以悖逆庶人先朝之愛女也肆讒慝於朝政崇甲館之華麗極宇内之驕奢新都宜城先朝之庶孽也（新都宜城二公主邑名）賜不踰於己分言不預於外謀抑以全身疎以遠害故寵者則驕矜而遇害疎者則抑損而獲全誠使悖逆新都易地而處則存亡去就

可立而待也故長安非賢燕后爲愛古今明驗斷可知矣誠願公主駙馬不得假以權要所犯必有懲所習必有藝則九族既睦萬邦以寧

臣觀老尚虛無釋尚寂滅義極幽元之旨思遊通方之外故入道流者則虛室生白淨慮元門該釋教者則春池得寶澄心淨域然後法貫羣有道垂兼濟過此以往莫非邪惑其有鬻販先覺詭飾浮言以複殿爲經坊用層臺爲道法皆無功於元慮誠有害於生人梁武靡報於前先朝殷鑒於後咸耳目所接黎元憤怨伏以公主入道京城置觀

雖昭報之誠有切於天旨而社稷之計莫踰於安人若使廣事修營假飾圖像盡宇內之功巧傾萬國之資儲爲福則靡效於先朝樹怨則取謗於天下自隋室以降寺觀尤多禪定東明之域足受緇黃之衆更爲建立罕見其宜後失請收前弊未遠又先朝所狎僧衆或有猶居聖側無益於政理有紊於朝章並請屛退無令親近

夷狄有釁廟堂之憂也近疊多虞大夫之恥也今聞黠虜擅命堅昆娑葛養精蓄銳以南侵爲多事而人戶全虛府庫半減倘或後歲之始來秋之末良弓漸勁塞草將衰朔

代交鋒靈夏受敵中國將何卒應哉伏願共天下以禦匈奴率王公以憂邊事輕租薄斂和下土之心簡賢任能結衆人之愛去奢崇儉實府庫之積推仁重信納將士之謀去私恩布公道故知兩夷有隙上國之資也高壁藏威待兵觀釁因二虜之相持擅漁夫之厚利計有可舉時不可失斯五者並政之要也伏願陛下舉宏綱省衆務高拱嵓廊責成賢哲徘徊於大道之域從容於無爲之場故立綱垂制後嗣流範至仁也安上全下先業不墜至孝也感而必通姦不暇伏至明也神化風行萬方草靡至德也必使休徵累及聖政日隆遐邇宅心戎夷慕義神功光乎區宇鴻業格乎天地三代之興皆由此也

上太子啟

臣聞事有可言者直臣所以抗議忠而見棄者志士所以太息至於竭誠事君信而獲罪懷祿輔國諂於取容二者難明取舍或異臣竊爲朝廷憂之伏惟殿下孝敬純深仁明善斷有大功於天下繼元良於社稷萬姓所以拭目百寮所以清耳皆欲王化之興隆風俗之革易也頃年以來天綱少紊小人趨競內難屢起方當振綱張弦之秋委才

任士之日若推心得人則萬目直舉如託寄非所則百度斯廢故王者先擇良臣復能任使均明同日月無私並天地功高化洽地平天成又以爲官擇人者理爲人擇官者亂理亂之繇官人之職也自二月以來勅令授官吏部注擬塡塞府寺滿盈臺省其優勞當作別勅放選或虛名邀功或作才僥倖日以增益布列州縣殫竭府庫侵削黎元臣誠以爲漸不可長也昔晉政多門官以賄進劉毅憂其危傳咸恐其亂武帝終而不悟卒有敗官之尤十數年間億兆塗炭是知古者省吏以崇化不聞多官以致理臣以

爲懲其弊者歸乎任人者也故忠臣難進而易退無黨而孤立守死善道執心不移迺姦人之所嫉爲國家之所利近者姚元之宋璟居獻替之職處銓衡之地用節員位頗立繩紀不爲權門黷貨所拘而以平心汲引爲務於時草澤之賢翹足待用天下凜然復有昇平之望也臣觀二相爲人勵己忠肅直身鯁亮雖有微疵又受黜責且守正之士志節之人棄瑕錄用今其時也昔叔向下獄祁奚訟之猶將宥其十代以勸能者況其身不免乎往者易之三思傾動朝政所賴柬之元忠戮力王室社稷殆危忠臣處朝

而獲安神器將移賢者竭誠而必復豈非忠臣良士力哉璟等行事無忝今古夫安必思危理則憂亂明王之誡也忠臣處朝姦邪屏退興邦之道也易曰雷雨作解君子以赦過宥罪殿下誠能捨其無咎收彼衆望因主上之餘閒議朝政之臧否使並悔過令復舊職則舉善之美垂於無窮濫官之弊澄清匪日矣

劉秀

秀中宗朝官修文館學士

涼州衞大雲寺古刹功德碑

夫無爲者靜而常樂應物者成而不有是知冥權弗恃灦淪大悲可主方便於三界之中汲引四生宏宣八政非八萬四千無以開其妙門之路三十七品宏其淨土之衢者也大雲寺者晉涼州牧張天錫昇平之年所置也本名宏藏寺後改爲大雲因則天大聖皇妃臨朝之日創諸州各置大雲隨改號爲天賜菴其地接四郡境控三邊衝要俯蒼松而環城珍白蘭而作鎭揆日影占星表三時說法已布金沙四柱成臺遠分瓔珞當陽有花樓重閣院有三門迴廊依寶林而秀出千瑤光而直上洎人天之福地爲善

信所皈依也時有明牧右武將軍右御史中丞內供奉持節西河諸軍節度大使赤水軍大使九姓大使監秦涼州倉庫使檢校涼州都督河內司馬名逸實晉南陽王模十三代系也英瑋明允特達聰亮負經濟之偉才屬會昌之鴻運學綜羣玉文擅擲金撫俗安邊式昭神武加以宿植善因深究元理按部餘暇虔誠淨土重興般若之臺廣塑眞如之像赤水軍副使右衞將軍陳宗北左金吾衞翊府中郎將安忠敬軍長史萬徹軍司馬王休祥神鳥縣令胡宗輔並門承詩禮世襲箕裘席工文墨兼悟兵機深達般

若樂修檀行乃緇悳司馬等僉議裝嚴於北面化十善十惡四面行廊則兵爲喜捨樹檀那之副明曠封之因於堂中面畫淨土變面西化地獄畫高僧變並刊傳贊院山門內各畫神王二東西兩門各畫金剛其後地獄變中觀音菩薩二地藏一齊空放光久而不滅花樓院有七層木浮圖即張氏建寺之日造高一百八十尺層列周圍二十八間面列四戶八窗一一相似屋巍巍以崇立殿赫赫以宏敞擬璚臺之懸居狀層城之始搆年代縣遠其下層微有凋落欲加繕補人力未就俄而東西三間忽然摧倒因掘舊基得古錢一甕以助工後司馬公復與軍州共爲營搆總刱四面更敞重簷於南禪院迴廊畫付法藏羅漢聖僧變摩騰法東來變七女變北禪院畫三界圖九相觀音福比丘翻譯經典有造經房一所梓匠呈林河宗獻寶資銑以三品訪丹於九區抵鵲無遺傷蛇咸錄郢人運成風之巧晉臣洒翰墨之輝雲聯梵殿煙凝珍館目屬寶坊儼焉相對雕甍鏤角金鳳盤龍刊名模金分身留影地土聿廣樓閣相連變現無方感通隨念至若須彌地主虛宮梵王是名菩薩月光童子如請說經猶言護法內控六賊外伏

四魔皈依祖師同申戒律心悟一乘行聞正果道存八方宏施濟度爲現在楷梯乃將來龜鏡寺主雪獻法師俗姓安氏姑藏人驃騎大將軍安公子孫高蓋駟馬平生不屑宴坐經行深心自悟元該四攝言絕二邊營事伽藍備盡精力所有營搆悉稟規模上座證靜法師俗姓王氏太原人高邁非常晚近無等操尚遠情利益維那元證法師崇隸前上座守廉等並志誠明瞻風神疎朗共圖經始大願成就加以崇草園林列蒔花果琪樹爭妍璚臺森列價重香山名高元圃法城之侶朝夕來遊行李之徒瞻仰不輟誠西域之慈航而五涼之勝事也況乎義冠人天福禔中外萬禩無疆千秋莫朽爰記其事兼讚以偈

遡聽人代博求古今至宮不宰法乳無音罕通惠樹直敞稠林何以出音惟聞覺地出俗云何證在煩惱修持奚故達在生老利物非遠古今未早無去無來曰法曰道雖在譬喻言說皆空雖在圖像無有是同跡權混實理契感通智周惟理匪我求蒙教法兆基伽藍土地梵宇宮殿經臺樓閣寶鎮垂蘇璇題流鐸光陰煜爍烟霞忽霍三休槩日千尋倒影花散梅梁蓮披藻井鵷鶵不及元態自逞超士

伏歷王人摩頂旣安靈館式紹禪關頓漸成學廣施積善道彌有路義總無餘一超色相求敦居諸

劉待價

待價景雲時人

朝議郎行兗州都督府方與縣令上護軍獨孤府君碑銘并序

聞夫乾蓋上闢星緯分其纏舍坤輿下蟠河岳裂其封域是以觀象體物建百里之庶邦敦俗牧人置千石之多士則有威齊風雨稱明鏡於當時德洽絃歌號元龜於後葉

其有繼美宣化教肅刑清作根本於巖廊爲喉命於黔庶休明一代映徹九泉歷選徽塵歸獨孤府君矣公諱仁政字仁政河南洛陽人也本姓劉氏導擾龍之巨源長河不竭疏斷蛇之曾岫連岳無窮屬逐鹿於中原乃避時於北漠因山易姓以氣雄邊及魏室之鬱興服衮論道還周邦而扈從衣錦還鄉吐奕葉而增昌朝盈紫緌聳本枝而逾懋郡接朱轓茵藹紛綸可畧而述高祖永業齊中書舍人南道行臺右丞洛州刺史遷左丞加散騎常侍儀同三司特進行臺左僕射封夏州啟寧縣開國公武安郡開國公廣州德廣郡開國公西平郡開國公瀛州章武郡開國公彭城郡開國公各食邑二千戶賜鼓吹一部絹布各二千匹錢卌萬俘口三百餘人馬五十匹轉七兵尚書兼吏部尚書入周拜司徒公行臺尚書令冊臨川王大司寇少右弼謚曰貞佩金章於黃閣綰盭綬於玳筵內助理於萬機外佐平於百揆奇籌獨運戶邑光於六封雅樂相喧鼓吹標於四錫曾祖子佳周柱國直閣將軍武安郡開國公華州刺史儀同三司隨大將軍淮州刺史應國公拜壇虎將祠黃石以傳書刺郡神君褰赤帷而察俗賞茅土於奧壤

以荅元功進儀服於太階還尊懋德祖義恭隋京兆郡富平縣令唐秦王府倉曹參軍事荆王府長史右衛郎將左衛中郎將左監門率温汾歸婺四州諸軍事婺州刺史上柱國高平縣開國侯雍容朱邸陪文雅之良遊巡警紫微膺爪牙之重任百城宣化得賈父之能名五等開封獲通侯之美稱父士贇唐宏文生文德皇后挽郎虞庠之胄必擇士林楚挽之郎實資門蔭選授霍王府戶曹參軍事密王府兵曹參軍事原州都督府戶曹參軍事轉汴州尉氏縣令遷坊州鄜城縣令上騎都尉行丹州司馬襲爵高平

縣開國侯幕府端簪聞爲善之最樂列曹從務佐激濁以增濤叔孝擒姦智窮於耳粟伯騫薦士語重於笥金孫氏襲侯尚食漢閒之地謝庭蘊玉還光席上之珍惟公騰秀二儀降精五緯髫年對日綺歲參元成千里之權竒望雲驤首刷五色之毛羽抱義賓王起家皇朝左勳衛左金吾引駕出警入蹕統式道之朱麾夜徼朝巡司禦戎之金革解褐思州司倉參軍事像水之平法絃之直游刄盈庭之訟發蒙列局之疑掌十二之人天致菽粟之流衍改授宣州溧陽縣丞南服水鄉北斗星分吳越錯雜士吏剽輕公

贊銅章以化人持水鏡而照物季俗爲之懲革淳風由是興行轉朝議郎上護軍行兗州都督府方與縣令法三異之化振百里之雷敦禮義以教人薄聚斂以富俗女修織袵不下三齊男務耕耘還登九穀椎埋止息桴鼓於是稀鳴囹圄空虛簡牘以之無事既而焦延罷職上書願留劉寵去官攀轅而送方同胡紹專城之任克邇遽等宣尼倚戶之吟斯作以景龍二年三月廿九日遘疾卒於河內郡之私第春秋七十有七士喪衣冠道亡儒墨德音何在恨九言之不追魂氣何之痛百身之莫贖惟公抱素懷璞蹈孝履忠蘊智成囊含明作鏡敞生白之虛室泛登仙之桂舟酌其流而惑淺深庇其宇而忘寒暑儒林罩月武庫驚雷六義分落錦之篇八體下崩雲之陣阮公琴酒情盤修竹之閒尸子登臨神王長松之下清門赴弔無雜號之賓儉室奉終靡一金之產可謂至德君子人之楨幹者也以景雲二年歲次辛亥二月景子朔廿七日壬寅遷窆於洛州河陽西北韓城鄉龍臺里之平原禮也馬啟滕城烏飛楊墓晚風含怨託松柏以揚聲斜日緘愁向煙雲而沮色嗣子宗業隆堂構孝極天經攀翠柏以長悲奉元醪而永

慕想元成之祖德遂述家風鑒陳實之貞碑爰題翠玉庶陵移谷變竹帛匪堅而懿德嘉聲乾坤等固其詞曰

擾龍流派斷蛇分族遇亂中原避時北服因山易姓待時干祿其一北魏稱帝佐命爲臣爰從鳳蹕式返雞津祚茅食采華轂朱輪其二踵德誕美韶姿令器渾金璞玉霜鶴雲驥論起談天詞成擲地其三振翼鳳穴統武兵欄捧戟侍帝綰綬除官霜凝吏道花飛筆端其四一同莅俗五美興化剽劫懲姦嗤眩息詐女修纂績男務耕稼其五攝官稱謝攀轅告歸佇遷喬木奄落斜暉昊天不憖與吾何違其六相彼青烏

啟茲元室縞駟發軔丹旐揚日九原不返千秋永畢其七賵人悲而結帽弔鶴思而氤氳蕤灑泣珠之露松纏慘玉之雲奚勒銘於元石以作固於清芬其八

欽定全唐文卷二百七十九

靳翰

翰官朝議郎行右拾遺

大唐故朝散大夫護軍行黃州司馬陸府君墓誌銘

君諱元感字達禮吳郡吳人也昔者舜嗣堯歷協帝初以闢門田育姜姓賓王終而有國其後俾侯於陸開錫氏之源作相於吳纂承家之祕元德之緒莫京於代曾祖慶梁官至晝令入陳三辟通直散騎侍郎皆不就祖士季陳桂

陽王府左常侍隋越王府記室皇朝太學博士宏文館學士父謀道皇朝周王府文學詳正學士並茂稱奕代餘慶資身擢慧葉而增芬飛靈波而益濬去官辭辟語默稱賢函席曳裾文儒繼美君生而敏慧長而溫良識清朗而惟深體矜重而不野宗族愛而加敬鄉黨狎而愈恭始以資宿衛解褐韓王府參軍事以丁憂去職服闋值國討狄軍出定襄戎幕擇材君爲從事文武吉甫斯人之謂歟尋爲婺州龍邱丞贊貳有能風俗時變遷睦州建德和州歷陽二縣令育人去殺訓物齊禮子游絃歌武城歎其焉用仲

康烏獸中牟稱其胥及尋加朝散大夫除黃州司馬到官未幾以神龍三年七月二十日遘疾而卒春秋七十有五天不與善神無福謙不其悲哉粵景雲二年三月初一日葬於崑山禮也初文學府君以善班固漢書勅授舒王侍讀君少傳其學老而無倦此易所謂幹父之蠱詩所謂聿修厥德者也嗣子南金等哀號罔極孝思率至卜兆是營封樹特永憂陵谷之變託詞頌休銘曰

簫韶儀鳳觀國賓王我祚光兮東有齊土南入吳鄉我族昌兮自君嗣業履素含章我譽臧兮內遊藩邸外掃戎場

我才揚兮爲丞與令化洽三方我人康兮天子命我我朱孔陽佐乎黃兮美志未極盛圖云亡訴穹蒼兮碩德休問地久天長永無疆兮

鄭萬鈞

萬鈞尚睿宗第四女永昌公主拜駙馬都尉秘書少監

代國長公主碑

上闕三字天闕一字我闕一字唐闕二字聖爲闕一字天下闕二字睿宗有闕十字我闕四字二后闕一字地中闕三字誕闕二字一爲王二爲主公主諱華字花婉世祖神堯皇帝之元孫睿宗大聖真皇帝之第四女今上之仲妹也母曰肅明皇后劉氏肇開湯沐冊號永昌後廼相攸降歸於鄭時年一十有七闕一字猶闕三字旣嫁闕一字象歸妹闕一字作嬪之養築以外館錫之美邑食封一千四百戶置邑官焉開元初加崇代國長公主植性而智因心則靈道亮於懷色溫於貌美髮可鑑素闕三字惠聲闕二字仁澤瀦揚言有餘味情無近屬服慈友敦孝敬昔在諒闇殆將毀滅聰明銳澈韻清慮遠耳目所經無不諷誦簡謐恬晬融融如也每樗蒲簺闕一字碁闕一字於盡得妙微至於箜篌笛琴搊琵琶七弦阮咸箏隔簾闕一字之

隨手便合有若天與寔同生知冰碧在躬學無不通聰捷若神聲皆絕倫騁蕙心以闕一字巧闕一字變闕一字而添闕一字內範一部尤皆精鍊書恒不寐留情翰墨書薦福寺經柱三百餘言拂石雲散垂鈎露凝兔轉仙毫初從夜月麝霏烟墨盡落天花初則天太后御明堂宴聖上年六歲爲楚王舞長命闕三字年十二爲皇孫作安公子岐王年五歲爲衛王弄蘭陵王兼爲行主詞曰衛王入場咒願神聖神皇萬歲孫子成行公主年四歲與壽昌公主對舞西涼殿上羣臣咸呼萬歲蒙自奉朱顏卅餘載洎乎暑月衣服如賓

謙婉之情不以天闕一字見棄闕二字何幸恩遇彌深男二女四教之以德長子左贊善大夫聰聰爲吾耳次子右贊善大夫明明爲吾目明使海内見聰使天下聞於國忠於家孝合則雙美闕一字爲闕二字傳云以德命爲義也聰爲駙馬都尉恨未親迎長女闕一字范陽盧氏有肅邕之譽二女瑗博陵崔氏資明豔之容三女璜范陽盧氏多慈孝之美四女闕一字太原王氏闕一字純粹之行嘉之曰玉以比德四合天則洵瑿瑤彩式昭供事懋乃衷潔作吾女儀逮乎晚年歸心聖域六齋蔬食二時靜念闕一字誦金剛經兩部闕一字

華嚴八闕一字卷寶積一百廿大般若六百法華藥師大集等經領晤了然色空不著撤聲樂投珠屬十有餘年矣又於僧義福跪受禪觀又於金剛三藏受陁羅尼灌頂是相非相以心照心逍遥眞宗寂歷虚景去年忽謂蒙曰昨夜夢念珠闕一字斷急手自拾一個不得是不祥他日又夢入法堂見一空座有人指之此四公主座恐明年闕二字乃後數月傾其儀刑稍稍顛頓以開元廿二年六月廿闕一字日慹然不食安寢不起神氣晏如有同入定聖上愛切同生倍闕二字念内闕三字中人饋藥朝覿夕察有加無瘳蒙泣而諭之久作兜率天業正念莫散勿顧男女荅蒙自解在也未去莫不闕一字又向尼梵海云生則有死不如不闕三字失闕一字奴每讀經徹卷闕一字發願願生第四天闕一字和先許奴不闕一字罪翌日勅使來問口自附奏在上千萬珍重深憶在上爲人時孝順闕一字業精神錯亂言語不得合掌奉辭至其日闕一字衆忽云有勅使闕一字索香水頹浴於正寢而寐齋時炯然開目告别諸王公主及諸親等相府闕一字大内闕一字及一切總放不情願者於諸莊安置先是司農小兒亦准此家生者不在此限品官給使放歸上臺封分

一半施寺觀家餘平分與女請陪葬橋陵不得厚葬莫著金銀銅器執蒙手曰恩愛斷也有不是處莫怪更枉辛苦屋裏人去去年少在莫更請出家蒙送奉一杯水别飲畢長逝詞釆清明宛若眞訣以其月廿九日薨於河南修業里第享年卌八初公主禮導善寺尼慈和者因説彌勒宫事云阿婆未成更十年不知計至薨日今正十年嗚呼報應之兆有期闕一字眼之言何驗下生輪王之室還上天宫嬉遊正遍之門是登圓闕一字皇帝輟朝三日使尚宫弔祭賜衣五十副所緣喪葬官供闕一字作闕四字監護永穆公主

及駙馬王繇同安王洵送往并爲寫一切經以其年十二月三日陪葬橋陵孝也天常與善兹言妄作曷殞濃華遽凋繁萼闕二字霄傾嚴霜夏落闕一字縈紆其如慕悲展轉其奚闕一字嗚呼月辭天闕兮星沒皇宮翟服襲衣不可逢花飄粉田兮葉萎沁水油軒晝闕一字長已矣嗟乎蒙闕二字膺闕一字門流滯容儀既闕一字錦茵期憑夏屋闕一字封闕二字儼設楚挽齊引驪駒啟行丹旐旆空素衣皓野撫靈軒而增慘仰空山而泣血夫敘德必近闕一字親議賢闕一字崇乎直既親且直蒙何愧諸敢述流芳悲題翠玉其詞曰

於爍有唐系乎天光承天者帝嗣帝稱皇猗挪昭闕一字作皇之對厥生貴主爲天之妹天妹伊何窈窕如玉浹洽恩被綢繆禮縟道賁娥英德光宵燭其行成軌其言可服烝烝孝敬抑抑威儀九族敦敘百禮罔虧學非從傳書乃臨池歸眞捨逸了靜絕爲曰仁者壽天何不諒指座先徵遺珠見相般勤自勉誣諉無忘闕一字匪憖留罔然遠颺帝心悼惻傾家殞喪大匠監供闕一字王送葬蒙也何罪忍奪天人借如可贖願百其身穠李萎曉蕣華祕春金剛罷熖玉座生塵馬鬣成封龍輀即路晝翣扶轂丹旐指墓闕一字薤挽於霜飈闕一字笳簫於隴霧霜飈隴霧相披紛薤挽笳簫咽不聞珠襦玉匣盡元夜軒后陵邊皇女墳

楊虛受

虛受元宗朝官諫議大夫充宣勞使

請禁惡錢疏

伏見市井用錢不勝濫惡有加鐵錫即非公鑄虧損正道惑亂平民銅錫亂雜僞錢豐多正刑漸失於科條明罰未加于守長帝京三市人雜五方淫巧競馳侈僞成俗至於商賈積滯富豪藏鏹兼并之人歲增儲蓄貧素之士日有

空虛公錢未益於時須禁法不當於世要其惡錢臣望官爲博取納鑄錢州京城並以好錢爲用

源乾曜

乾曜相州臨漳人舉進士景雲中累遷諫議大夫出爲梁州都督開元四年拜黃門侍郎同紫微黃門平章事八年加銀青光祿大夫遷侍中十七年遷太子少傅封安陽郡公十九年卒贈幽州大都督

請舉行射禮疏

夫聖王之敎天下也必制禮以正人情人情正則孝於家

忠於國此道不替所以理也故君子三年不爲禮禮必壞三年不爲樂樂必崩是以古之擇士先觀射禮以明和容之義非取一時之樂夫射者別正邪觀德行中祭祀辟寇戎古先哲王莫不遞襲臣竊見數年以來射禮便廢或緣所司惜費遂令大射有虧臣愚以爲所費者財所全者禮故孔子云爾愛其羊我愛其禮今乾坤再闢日月貞明臣望大射之儀春秋不廢聖人之敎今古常行則天下幸甚

請出二子爲外官疏

臣竊見勢要之家併求京職俊乂之士多任外官王道均

平不合如此臣三男俱是京任望出二人與外官以叶均平之道

先師閔損字子騫讚

惟顏亞聖惟閔比德讓宰善辭安親順色闕一字靜無閒中正是則非經即禮至孝之極

潘好禮

好禮貝州宋城人舉明經累擢侍御史開元中轉邠王府長史遷豫州刺史累徙溫州別駕卒

諫立武惠妃爲皇后疏

臣嘗聞禮記曰父母之讎不共戴天公羊傳曰子不復父讎不子也昔齊襄公復九世之讎丁蘭報木母之恩春秋美其義漢史稱其孝陛下旣不以齊襄爲法丁蘭爲戒豈得欲以武氏爲國母當何以見天下之人乎不亦取笑於天下乎非止虧損禮經實恐汚辱名敎又惠妃再從叔三思從父延秀等並干亂朝綱遞窺神器豺狼同穴梟獍同林至如惡木垂陰志士不息盜泉飛液正夫莫飲良有旨哉且匹夫匹婦欲結夫妻者尚相揀擇況陛下是累聖之貴天子之尊乎伏願陛下詳察古今鑒戒成敗愼擇華族

之女必在禮義之家稱神祇之心允億兆之望爲國大計其在於茲且惠妃本是左右執巾櫛者也不當參立之數春秋書宋人夏父之會無以妾爲夫人齊桓公誓命於葵邱亦曰無以妾爲妻此則夫子恐開窺競之端深明嫡庶之別又漢成帝欲立趙氏爲皇后劉輔極言漢桓帝欲立薄氏於中宮李雲切諫又見人閒盛言尚書左丞相張說自被停知政事之後每諂附惠妃誘蕩上心欲取立后之功更圖入相之計伏願杜之於將漸不可悔之於已成且太子本非惠妃所生惠妃復自有子若惠妃一登宸極則

儲位實恐不安皇太子既守器承祧爲萬國之主本何可輕易輒有搖動古人所以見其漸者良以是也昔高祖以戚夫人之故將易太子之位時有商山四皓雖不食漢庭之祿尚能輔翼太子況臣愚昧職參憲府慷慨關心感激懷憤陛下留神省察

徐有功論

客有問於主人曰地官徐員外何如也答曰守道君子也客曰徐公明識誠難爲儔也何不稍圓通以協隨時之義而取富貴乎何爲固守方正乖相時之道幾致死亡者數矣此豈大雅君子全身之義哉答曰夫隨時相宜而取富貴凡情所曉徐公豈不達之若徐公者仁人也夫仁者濟物也此道大矣非常人所知故孔子曰有殺身以成仁無求生以害仁徐公之不愛死亡固守誠節用此道也豈以貴賤生死而易其操履哉問曰仁則信矣忠則如何答曰豈有仁者不忠乎當今帝德文明憂勞庶政思致刑措以隆中興徐公獻可替否盡忠盡節誠欲戴明主於堯舜之上置蒼生於大道之中事跡顯然有識同悉子何疑而問哉客曰鄙人固鄙不閑大體忠則信矣孝則如何答曰豈

有忠臣而非孝子也孝經曰君子之事親孝故忠可移於君立身行道揚名於後代以顯父母今徐公之名聞於四海有志之士莫不增氣豈直揚名亦永錫爾類矣禮曰大孝揚名徐公之謂也問曰徐公之道既高矣何爲暫處霜臺即奏天官得失榜諸門以示天下規規然是釣名耳其故何哉主人胡盧而笑久而應之曰子徒見培塿未覩泰山乎夫天官者奔競既久濫進宏多選司權輕且未能止此弊之甚也徐公既處霜臺以澄清爲己任切於救弊急於爲善此徐公之情也以爲釣名可謂不知言矣客有慚色問曰此人當今可誰與比答曰宇宙至廣人物至多匿跡韜光者固有之矣僕寧敢厚誣天下之士乎若所聞見一人而已當於古人中求之問曰何如張釋之答曰釋之爲廷尉天下無冤人此畧同耳然而釋之所以者甚易徐公所行者甚難難易之間優劣可知矣問曰張公徐公皆是國士至於斷獄俱守正途事跡既同有何難易答曰張公逢漢文之時天下無事至如盜高廟玉環及渭橋驚馬守法而已豈不易哉徐公逢革命之秋屬維新之命唐朝遺老或有包藏禍心遂使陶公之璧有所疑矣至如周興

來俊臣者更是堯舜之四凶也掩義隱賊毀信廢忠崇飾惡言以誣盛德遂使忠臣側目恐死亡無日矣徐公守死善道深相明白幾陷囹圄數挂網羅此吾子所聞豈不難矣易曰知進退存亡而不失其正者徐公得之矣客曰若使此人爲司刑卿方得展其才用答曰吾子徒見徐公用法平允即謂可置司刑僕觀其人固奇士也方寸之地何所不容者其用之何事不可豈直司刑而已哉客曰今日聞吾子議知徐公之令德未可盡言乎固知君子之道非小人所測也

蕭嵩

嵩左僕射宋國公瑀曾孫景雲初擢殿中侍御史開元十五年爲兵部尚書河西節度使封蘭陵縣子以破吐蕃功加同中書門下三品十七年兼中書令加金紫光祿大夫進封徐國公二十四年拜太子太師天寶八載薨年八十餘贈開府儀同三司

請宣示祥瑞表

伏見所司奏今年祥瑞祥風起日抱戴嘉禾秀芝草生甘露降醴泉湧木連理瓜同蔕竹再生李成實馴鵲元鶴慈烏鶺鴒寶鼎魚銘錢刀瓻字等二十有一事臣聞惟德感神惟祥祚聖有欲之而莫致或不召而自彰蓋所謂天之輔仁福之先見者也伏惟開元神武皇帝陛下徇齊敦敏欽明光宅三靈以泰百度惟貞故感應日聞珍符歲積蓋祥風者昭乎號令抱戴者表以納忠嘉禾主於同文芝草明於敬老甘露灑神靈之液醴泉發德澤之滋草木秀其地靈羽毛呈其天瑞其餘山川異氣器用殊姿舉而必然不可勝紀斯並元天幽贊黃靈合德非大聖不能降其祥非太平不能當其應請宣付史官傳於後代

請封嵩華二岳表

臣聞封巒之運王者告成當休明而闕典乃臣子之深過伏惟開元神武皇帝陛下受命繼天應期光宅垂慶雲而覆露暢和氣以生成物荷深仁時惟天道文明之化洽矣穆清之風被矣淳源既泳福應咸臻盈於天壤昭於方策蓋非愚下所能頌美且天之在上日監在茲嘉大聖之神功降元符以表德恭伸昭報祇事升中古昔大猷孰先茲道臣等覩休徵以上請陛下崇謙讓以固辭事恐勞人抑其勤願德音所逮自古未聞昔虞巡四嶽周在一歲書稱

其美不以爲煩寧彼華嵩皆列近甸復茲豐稔又倍他年歲熟則餘糧地近則易給況費務蓋寡咸有司存儲峙無多豈煩黎庶吏當首路以望屬車陛下往封泰山不祕玉牒嚴禋上帝本爲蒼生今其如何而闕斯禮伏願發揮盛事差擇元辰先撿玉於嵩山次泥金於華嶽天休既荅人望見從上下交歡生靈幸甚臣等昧死敢此竭誠理在至公祈於俯遂無任悃款之至謹詣朝堂陳情以聞

謝移家廟疏

臣嵩言昨日大將軍高力士奉口宣俯令存問以臣私廟

逼近曲江人物喧雜非安神之所許臣移轉更就幽閑又憐臣田園知無手力擬令將作與臣營造伏蒙殊渥感對交深臣叨沐朝榮獲崇私廟禮尊祖考粗奉烝嘗而地接勝游城連禁御伏以神道靜謐久議移遷豈謂理會事宜天從人願聖情下逮元獎曲成遂使澤及幽明慶沾存歿邛山易負恩惠難勝今日已令下手移拆訖所令官作豈敢當之臣爲衰老自拙將攝十數日來加風氣發動猶尚虛憊未堪拜伏不獲詣闕奉謝

裴漼

漼絳州聞喜人初以養不仕後應大禮舉累官兵部侍郎開元中擢吏部尚書改太子賓客二十四年卒年七十餘贈禮部尚書諡曰懿

請封東岳表

臣聞道協乾坤聖人之元德功存禮樂王者之能事故旁徵前載博考鴻名躬歷數之期遇天人之應莫不發號施令外中合符澤浸黎元以茂聲實者矣伏維開元神武皇帝陛下握符提象出震乘圖英威邁於百王至德加於四海梯航接武畢盡戎夷之獻耕鑿終歡不知堯舜之力惡除氛沴增日月之光輝慶襲休榮雜烟雲之氣色靈物紹

至休祥沓委江茅將鄗黍均芳雙觡與一莖齊烈固可以稽典訓設壇場悉符瑞之美荅神祇之貺謙而不發雖在於聖心理則難辭孰違於天意臣幸遭昌運謬齒周行咸申就日之誠願覩封巒之慶無任勤懇之至謹於朝堂奉表陳情以聞

諫春旱造寺觀疏

臣某言臣謹案禮記春夏月令曰無聚大衆無起大役不可興土功恐妨農事若號令乖度役使不時則人加疾疫

之危國有水旱之變此五行之必應也今自春及夏時雨愆期下人憂心莫知所出陛下雖降哀矜之詔兩都仍有寺觀之作時旱之應實此之由近日已來雨雖不多僅得下種若不勸以農桑恐棄本者多故書云雖有鎡基不如逢時言在乎時不可失也且春令告期東作方始正是丁壯就功之日而土木方興臣恐所妨尤多所益尤少耕夫蠶妾饑寒之源故春秋莊公三十一年冬不雨五行傳以爲是歲三築臺僖公二十一年夏大旱五行傳以爲時作南門勞人興役陛下每以萬方爲念睿旨殷勤安國濟人

防微慮遠伏願陛下下明制發德音順天時副人望兩京公私營造及諸和市木石等並請且停則蒼生幸甚若農業失時戶口流散縱寺觀營構豈救黎元饑寒之弊哉

先師卜商字子夏贊

孔門好學文章粲然言詩屬傳師聖齊賢德不踰法人何怨天見疑夫子離羣久焉

少林寺碑

原夫星垂梵界聖緣開萬化之先日照王宮神跡蘊三靈之始包至虛以見世象教久傳於曠劫籠羣有以示凡法身初應於中古見神通之力廣拔苦因開智惠之門深明樂界鶴林變色觀其戀慕之心鴈塔開扉通其瞻仰之路少林寺者後魏孝文之所立也東京近甸太室西偏正氣居六合之中清都控九州之會緱山北峙亘宛洛之天門潁水南流連荆河之雲澤信帝畿之靈境陽城之福地沙門跋陀者天竺人也空心元粹惠性淹遠傳不二法門有甚深道業緬自西域來遊國都孝文屈黃屋之尊申緇林之敬太和中詔有司於此寺處之淨供法衣取給公府法師廼於寺西臺造舍利塔塔後造翻經堂香水成塗金繩

爲約苦心精力俾夜作晝多寶金身之地不日就工如來金口之說連雲可庇西緣長澗夾松柏之蕭森北拒深崖覆筠篁之冥密烟花濃靄暝下天香泉籟清音曉傳空樂跋陀息心茲地樂靜安居感而遂通境來斯謐寤寐之際若有神人致石磬一長四尺規制自然聲律咸具得之河曲空聞漢使之談浮於泗濱徒入夏王之貢管絃風夜合清響於中天鐘梵霜晨諧妙音於上劫時有三藏法師勒那翻譯經論遊集剎土稠禪師探求正法住持塔廟虬箭不居光塵易遠虹梁所指象設猶存周武帝建德中納元

嵩之說斷佛老之教率土伽藍咸從廢毀明皇帝繼明正位追崇景福大象中初復佛像及天尊像廼於兩京各立一寺因孝思所置以陟岵爲名其洛中陟岵即此寺也隋高祖受禪正朔既改徽號已殊惟此寺名特令仍舊開皇中有詔二教初興四方普洽山林學徒皈依者衆其柏谷屯地一百頃宜賜少林寺大業之末九服分崩羣盜攻剽無限眞俗此寺爲山賊所劫僧徒拒之賊遂縱火焚塔院院中衆宇倏焉同滅瞻言靈塔巍然獨存天龍保持山祇福護神力所及昔未曾有寺西北五十里有柏谷墅羣峯

合沓深谷逶迤複磴緣雲俯窺龍界高頂拂日傍臨鳥道居晉成塢在齊爲郡王充僭號署曰轘州乘其地險以立烽戍擁兵洛邑將圖梵宮皇唐應五運之休期受千齡之景命掃長蛇薦食之患拯生人塗炭之災太宗文皇帝龍躍太原軍次廣武大開幕府躬踐戎行僧志操惠瑒曇宗等審靈睠之所往辨謳歌之有屬率衆以拒僞師抗表以明大順執充姪仁則以歸本朝太宗嘉其義烈頻降璽書宣慰既奉優教兼承寵錫賜地卌頃水碾一具即柏谷莊是也迨海寓既平憲章云始僞主寺觀盡令廢除僧善護洞曉二門遠該三行詣闕進表特蒙置立武德中寺有白雀見貞觀中明禪師造重塔之辰白雀復示見瑤圖肇啟初欲呈祥寶殿纔興遽聞相賀高宗天皇大帝光紹鴻業欽明至理嘗因豫遊每延聖教咸亨中乘輿戾止御飛白書題金字波若碑留旛像及施物永淳中御札又飛白書一飛字題寺壁雲開顧鶴電轉游龍神草競秀於板塗雲泉迴飛於錦石雕甍增耀若綴春葩金壁分輝似懸秋露天皇升遐則天大聖皇后爲先聖造功德垂拱中有冬竹抽筍塔院後復有籐生證聖中中使送錢於籐生處修理

陛階寺上方普光堂功德隨日修造自爾飛鳥莫敢翔集此寺跋陁疏置業造神微皇家尊崇事光幽祕珍符薦臻既疊映於雞峯寶象珠幡亦交馳於龍壑皇上睿圖廣運於動植靈應亟發於庭除累聖屬心每頒渥澤王言宸翰神用多能藉明臺之化清繹天池之墨妙以此寺有先聖締搆之跡御書碑額七字十一年冬爰降恩旨付一行師賜少林寺鐫勒梵天宮殿懸日月之光華佛地園林動烟雲之氣色漢元魏武徒銜奇於篆素鍾繇蔡邕虛致美於緗簡日者明勅令天下寺觀田莊一切括責皇上以此寺

地及礪先聖光賜多歷年所襟帶名山延袤靈跡羣仙是宅邁羅閱之金峯上德居之掩育王之石室特還寺衆不入官收曾是國土崇絶天人歸仰固以名冠諸境禮殊恒刹矣高僧跋陁明三藏心禪諸門弟子惠光道房稠禪師等精勤梵行克傳勝業惠光弟子僧達曇隱法上法師等十大德亦號十英復有達摩禪師深入惠門津梁是寄弟子惠可禪師等元悟法寶嘗託玆山周大象中寺初復選沙門中德業灼然者置菩薩僧一百廿人惠遠法師洪遵律師即其數也皇唐貞觀之後有明遵慈雲元素智勤律

師虛求一義洞眞諦之源復有大師諱法如爲定門之首傳燈妙理弟子惠超妙思奇拔遠契元蹤文翰煥然宗途易曉景龍中勅中岳少林寺置大德十人數內有缺寺中抽補人不外假座無虛揔澄什聯華林遠接武星霜殆周於二紀蘭菊每芳於十步上座寺主都維那等牢籠法藏遊息禪林德鑒神珠戒成甘露海內靈岳莫如嵩山山中道場玆爲勝槩二室迴合八谷潺湲地匝貝花門連石柱妙樓香閣俯映喬林金刹寶鈴下搖清漢法界之幽贊如彼皇家之福應如此天長地久不傳忉利之宮劫盡塵微孰記鐵圍之會精求貞石博訪良工將因墨客之詞式頌金仙之德聿宣了義遠喻眞空其詞曰

恒沙國土微塵品類妄見飛奔正心蘊櫃昏途莫曉淨根將墜樂於葢纏若安夢寐烝哉大聖降跡閻浮潛迴寶軸廣運慈舟實無滅度示有降柔紺宮西闢白馬東流迷因慢生悟爲信起玉刹斯建寶山載峙花臺竹林清泉妙水靜惟眞相湛然攸止巖巖嵩嶺河洛巨鎭下屬九溪上干千仞天磴重阻仙都清奐式創招提是資誘進婉彼上德載誕耆闍傳業西土演教中華孝文申敬恩賜仍加經營

宴室迴出雲霞中岳北阯嵩山西麓斜界玉池洞開柏谷紆餘崗澗連延水木鬱起旃檀云誰卜築吾師苦行清修道場勵精像宇專力經堂金界繩直椒塗水香散花有地棲禪得方解空應眞默識開士乘盃遊集振錫戾止翻譯幽偈發揮妙理仙磬感靈神雀降祉運交土木代歷周隋劫火遞起魔風競吹法身咸翳淨國同隳或聞興復詎振聿扶神聖屢降恩旨兼敷錫命高宗時豫先后卜征巫迴奔離神堯應期撥亂反正皇矣覺力大宏福慶式遏醜徒雕輦屢倚虹旌巖題玉札地振金聲珍符薦至在物斯呈

我皇龍興有典咸秩懿玆上界式諸神筆雲揺大圜鑾迴少室草垂仙露林昇佛日護持八正每候能仁跋陁降德禂公有鄰厥後眞侶更傳了因辨才高行無替清塵俾焉梵衆代有明哲今我諸公蘊彼禪悅芳越蘅杜淨踰冰雪遠締津梁無非苦節頡上靈岳山閒寶殿秀出梵天孤標神縣芥城可竭桑田有變貞石永刊靈花常遍

欽定全唐文卷二百八十

蕭至忠

至忠沂州丞人神龍初以附武三思自吏部員外擢御史中丞遷吏部侍郎中書侍郎兼中書令轉黃門侍郎同中書門下平章事拜侍中景雲初坐韋后黨出爲晉州刺史召拜刑部尚書轉吏部先天二年復爲中書令封酇國公以太平公主黨伏誅

陳時政疏

臣聞王者列職分司爲人求理求理之道必在用賢得其人則公務克修非其才則厥官如曠官曠則事廢事廢則人殘漸至陵遲率由於此頃者選曹授職政事官人或異才昇多非德進皆因依貴要互爲粉飾苟得是務曾無遠圖上下相蒙誰肯言及臣聞官爵者公器也恩倖者私惠也只可金帛富之粱肉食之以存私澤也若以公器而爲私用則公議不行而勞人解體以小私而妨至公則私謁門開而正言路塞儉人遞進君子道消日削月朘卒見凋弊者爲官非其人也昔漢館陶公主爲子求郎明帝謂曰郎官上應列宿出宰百里苟非其人則人受其殃賜錢十

萬而已此即至公之道不虧恩私之情無替良史直筆將爲美談於今稱之不輟於口者也臣又聞唐虞之時建官惟百秦漢之後命爵逾多故官衆則事繁人撓則僞起當今列位已廣冗員倍多希求未厭日月增數陛下降不訾之澤近戚有無涯之請賣官利已鬻法徇私臺寺之内朱紫盈滿官秩益輕朝綱日壞憸利之輩冒進而莫識廉隅方雅之流知難而斂分邱壟則才者莫用用者不才二者相形十有其五故人不効力而官爲匪人欲求其理寔亦難遂臣竊見宰臣貴戚及近侍要官子弟親眷多居美爵

忽事則不存職務恃勢則公違憲章徒忝官曹無益時政陛下若因循往轍不革前非爲弊已成返改難及惟陛下詳參之詩云東人之子職勞不來西人之子粲粲衣服私人之子百寮是試或以其酒不以其漿鞙鞙佩璲不以其長此言王政不平衆官廢職私人之子列試於榮班苟非其才徒長其佩飾無德而祿有類素餐而詩人之言多存諷刺因國風之有暢冀王道之不偏前人之所譏後王之所戒願陛下想居安慮危之義行改絃易張之道貴惜爵賞審量材識官無虚授人必爲官進大德於樞近退小人於閒僻法令惟一威恩以信私不害公情無撓法則天下幸甚臣伏見貞觀永徽故事宰相子弟多居外職此蓋爲勢要親戚罕有才藝遞相囑託虛踐官榮伏願陛下遠稽古典近遵先聖特降明勅令宰相已下及諸司長官各通内外緦麻以上見任京官九品已上精加揀擇每家量勒一人在兩京餘並改授外官庶望分職四方共寧百姓表裏相統遐邇乂安非直抑强宗分大族亦以退不肖進賢才雖言之稍難而行之甚易其外官有行能久著淪滯未申者望令巡使察名以聞即加進用冀四海之内無復

遺才八埏之中同歌聖德

崔湜

湜字澄瀾閒州刺史仁師子第進士神龍初累擢考功員外郎桓彥範當國引湜使伺武三思姦謀湜反以彥範計告三思驟遷中書舍人景龍二年拜中書侍郎同中書門下平章事爲李尚隱所劾貶襄州刺史韋氏稱制復爲中書侍郎同中書門下三品先天元年拜中書令元宗將誅蕭至忠召湜對問失旨徙海外宮人元氏稱嘗與湜密謀進酖乃追湜賜死年四十三

野燎賦并序

先天二年十月僕客於郢山之胡氏胡氏之子體道之疑
命與僕有忘年之厚焉常以暇日登高縱觀見火燎於野
壯而偉之因謂僕曰吾讀文多矣未嘗見有賦於是者試
爲吾賦之僕時負譴觸物多興援毫斐然豈近聲律其詞
曰
郢國東走楚藩南極江關蒼茫千里一色在季月之窮會
方短辰之驟匿霜皚皚而夜途霰淅淅而朝逼百草同死
萬木皆枯瞻彼灌莽鞠爲榛蕪葉煩拏而積蔓根擁腫而

盤株既壤壑以擢阜亦纍膝而冒塗及乎農聚告畢澤虞
縱燎遠靡不焚近無不燒灼地而山川卷色炎天而日月
積照固玉石以俱銷何芝蘭之不燋豈害物以利獲將順
時而通教沃我公田之饒遂及我私之菼盧城之曲客遊
者聞之訊之其足觀也乃命我賓僕東吾征馬登於高岡
一瞰平野是時牧童樵豎匍匐交馳提爝秉炬斯焉取斯
爾其薙棘崇蘊縮茅始吹殘芳未爇短炬猶羸或蠢蠕蓊
勃或宛延冶迤晶翳翳而莫振力緜緜而可羈不利進而
求退每違高而趨卑狀君子之攝勇同哲人之守雌及乎

旭日照爛晴風蕭索慿燥鼓威倏忽而作光赩赩而傍轟
氣曈曈而上薄翻紫燄於半天迸紅星而四落瞱爾電烈
雄然雷奔泉汨颷颺沙騰霧昏其始也杳然若六氣含象
開混元其少進也赫焉若十日揚光登天門迫而察之既
似乎驚鑣失轂駭平原遠而望也又似乎列羽攢旗馳塞
垣於是走熾狂迸衝烟怒擊咆林吼叢飲谷歕壑或霍濩
以燐亂乍轟嗃而揊拍飈如萬壑之崖崩拉若千巖之石
圻經雪竄而歊霧突冰凌而沸沍棲禽失竄以驚嘷伏獸
迷奔而墜蹶應接不暇吁其可畏能使烈士賈勇懦夫增

氣開耳目之涸濁蕩胸襟之滯鬱登農山之嶺既瑣瑣焉
觀廣陵之濤亦復何謂及乎炎盛亢極途窮勢摧赫赫埽
地滅成煙熛何倏興而忽歇何有往而不來無介推之生
氣見韓安之死灰僕乃愀然歎息而謂胡公曰夫物忌太
甚火亦如之得茲在茲失茲在茲徒觀其進德弁命策名
逢時三階式踐六柄初持方望會於朝論亦謀明乎帝思
居則擊鐘陳鼎出則長戟幡旗咄嗟而嚴霜夏落顧盼而
腐草冬滋道路多望塵而拜朝廷以轉日相期及乎過進
受傷滿盈致缺或身辱名替或氣蹶心折或朝失卿相之

樵或暮爲匹夫之列客稍引而多去友雖求而已絶高門
騁羅雀之叢曲池淪涸魚之轍伊鹺鹺而不禁固炎炎而
就滅聊假興於斯文庶投鑒於來哲

御史臺精舍碑銘

易曰吉凶悔吝生乎動也傳曰禍福無門惟人所取則蹈
網罟嬰徽纆聯桁楊貫桎梏可怨天尤人哉左臺精舍者
諸御史導羣愚之所作也蓋先王用刑所以彰善癉惡聖
人明罰是以小懲大誡故崇崇清憲以糾以繩而檮杌頑
嚚罔知攸畏冒於貨賄貪於飲食荓蜂不歌猘犬自噬棼

棼泯泯而陷於茲者歲以千計羣公等目而感之乃言曰
天孽可逃自咎難逭夫能度壹切苦厄者其惟世尊乎所
以僉捨衆貲議立斯宇欲令見者勇發道慧勤探妙根悟
有漏之緣證波羅之果纓珞爲施菩薩之導引衆生塔廟
有成天人之護持正法不有善者人焉賴哉長安初湜始
自左補闕拜殿中侍御史至止之日其構適就遊於斯詠
於斯稽首於斯咨夫衆寶嚴身非如來之意方丈爲室蓋
維摩之心故立像不務於珍華度堂罔圖其豐壯至若丹
臒並棄剞劂都捐則歸依之心或未多也君子之作其得
中焉觀其椽之稾之是尋是尺掎徂徠之松攻荆藍之石
疊櫨駢栱規欑桀亙錯盤螭以頓捝鏤蹲虁以銜鋪綠窗
默烟丹柱縞日香泉數曲環繞琉璃之地靈草百品蘂蒔
黃金之階信可滌慮洗心逃殃寘福爲利甚博獲報無量
羣公以予忝文儒之林固以碑表相託辭不獲已而作銘
曰

惟佛之國黃金界道吁嗟下人誓不相好胡不歸命以自
保惟佛之土白銀爲臺吁嗟下人爲惡不迴胡不稽首以
逭災彼君子兮福所履兮是度揆兮不日成兮若神營兮

利羣生兮

故吏部侍郎元公碑

良玉吐曜非媚荆人之鄙幽蘭懷芳豈珍楚客之奏若夫
克抱厥德不揭其明四海順風以宏道萬乘渴日而致用
見於元公矣公諱希聲字某河南洛陽人也蓋顓頊之裔
十三代祖魏昭成帝勲格皇天惠孚庶物駿啓靈命大昌
於後故我曾大父隋尚書左丞宏尊賢愛人開物成務我
大父隋南郡司法義恭禮樂是蹈詩書是好我皇考黃州
刺史孝節政以禮成名以德舉奕代集禮以洎於公公含

眞蘊靈幼有成量承顏善對實譚實訏母氏鞠育備於典訓三歲便善草隸書客有聞而謬之者公援毫立就動有楷則故當時目曰神童焉七歲屬文邈有高致十四通五經大旨百家之言先儒未諭一覽冰釋四方儒墨之士由是嚮風矣雅尚沖漠脫落人事鼎鐘黼黻罔汩其志妙於鼓琴尤工幽居綠水之操常抵傲縱恣不求聞達兄通理以其聲華太高諭其從事不得已舉進士授相州內黃主簿臨下以簡人用宜之黃州府君薨浹旬不怠朞而不懈至性之酷異類同傷於是昆弟胥命纍棘互勉負畚荷鍤

躬自成墳故族稱元氏之孝服闋調補校書郎轉右金吾兵曹萬年主簿公之始至萬年也河洛肇基於天邑崤函分守於懿親鄖國公武攸望地在維翰寄深鎮撫以公文吏之美僉爲判官凡有牋疏皆自公出朝廷嘉焉徵拜司禮博士則天大聖皇后萬幾之餘屬想經籍思欲撮羣書之要成一家之美廣集文儒以筆以削目爲三教珠英蓋一千二百卷公首膺嘉命議者榮之書成克厭帝旨遷太子文學主客考功二員外賞勤也皇帝纘膺大業擢中書舍人是時天地初復中外多務章奏交馳文誥疊委公操斧則伐懸衡不欺至於獻納多所施用然而不樂處煩屢乞外補上優而不許轉太常少卿無何吏部缺公雖虬蟠不奮欲固其節而鶴鳴有聞終迫其用乃拜吏部侍郎實能考才施以詮所立振幽滯以器所用簡而能通清而不介輪桷畢舉衆論休之天錫不永清羸遘疾春秋四十有六景龍元年某月終於某天子悼焉賻以粟帛含襚之事即以景龍三年某月歸葬於某禮也懿交暱友平生詞賦之客聚泣而評曰公事寡嫂撫孤姪以義聞居閨門接昆弟以禮著黃州之酷昭其行也鄖國之徵表其才也太常

之舉見其高也吏部之僉彰其用也況乎體道之要心無疵瑕包身之防口絕臧否非夫全德具美自天離祉曷能臻此君子患道之不立不患壽之不永公道行矣奚其多傷而已哉有文集三十卷行於世嗣子寄童齔之孑嬰兒之慕夫人李氏故亳州刺史某之女今主客郎中禺之從父妹也華首喪天帷堂哭晝藐視孤疚哀感草木託詞於我故人庶以紀百代之盛余與公一遇相得二紀同遊聯光粉闈接袂華禁容範之好宛猶在目宴謔之言未忘於耳追慨疇曩援毫涕集公執交兵部侍郎南陽張說吏部

侍郎范陽盧藏用當代英秀文華冠時而盧兼有臨池之妙故張述銘盧篆石天下稱是碑有二美焉

嚴挺之

挺之名浚以字行華州華陰人舉進士并擢制科開元中累官至尚書左丞出爲洛州刺史徙絳州元宗欲大用爲李林甫所擠言其老病乃授員外詹事令詣東京就醫鬱鬱成疾自爲墓志與浮屠惠義善卒葬其塔左

諫安福門酺宴疏

臣浚言微臣竊惟陛下應天順人發號施令躬親大禮昭

布鴻澤孜孜庶政業業萬幾蓋以天下心爲心深戒安危之理此誠堯舜禹湯之德教也奈何親御城門以觀大酺累日兼夜臣愚竊所未諭夫酺者因人所利合醵爲歡無相奪倫不致糜弊且臣卜其晝史冊攸傳君舉必書帝王重愼今乃暴衣冠於上路羅伎樂於中宵雜鄭衛之音縱倡優之樂陛下還淳復古宵衣旰食不矜細行恐非聖德所宜臣以爲一不可也誰何警夜伐鼓通晨以備非常古之善教今陛下不深惟戒愼輕違動息重門弛禁巨猾多徒儻有躍馬奔車厲聲駭叫一塵聽覽有軫宸衷臣以爲二不可也且一人向隅滿堂不樂一物失所納隍增慮陛下以北宮多暇西墉暫陟青春日長已積塵埃之弊紫微漏永重窮歌舞之樂儻令有司跛倚下人饑倦以陛下近猶不恤而況於遠乎聖情攸聞豈不凜然祗畏臣以爲三不可也且元正首祚大禮頻光百姓喁喁咸謂業盛配天功垂曠代今陛下恩似薄於衆望酺即過於往年王公貴人各承微旨州縣坊曲競爲課稅吁嗟道路貨易家產損萬人之力勞百戲之資適欲同其歡而乃遺其患復令兼夜人何以堪臣以爲四不可也書曰罔咈百姓以從己之

欲況自去夏淫霖經冬亢旱農之收成市有騰貴損其實崇其虛馳不急之務擾方春之業前代聖主明王忽於微細而成過患者多矣陛下豈可效之哉伏望晝盡歡娛暮令休息要令兼夜恐無益於聖朝惟陛下裁擇

大智禪師碑銘 并序

夫聖人以仁德育物者則醴泉潛應而湧嘉禾不播而植神功以不宰寧運者則元宗會境而立正法由因而備然則有靈允荅爰九疇而式敘無爲克成超萬象而宏濟暨今上文明大開淨業溥福利眞慈之澤闢權智衆善之門

精求覺藏沒引僧寶往必與親念則隨應張皇通達之路騰演元亨之衢者其惟我大智禪師乎禪師諱義福上黨銅鞮人也俗姓姜氏系本於齊官因於潞載鴻休於邦牒踐貞軌於家範曾祖鴈門令大父烈考並棲尚衡門禪師始能言已見聰哲稍有識便離貪取先慈矜異遺訓出家年甫十五遊於衞觀藝於鄴雖在白衣已奉持沙門清淨律行始為鄴衞之松柏矣乃遠迹尋詣探極冥搜至汝南中流山靈泉寺讀法華維摩等經勤力不倦時月遍誦畧無所遺後於夜分端唱經偈忽聞庭際若風雨聲視之乃

空中落舍利數百粒又於都福先寺師事朏法師廣習大乘經論區析理義多所通括以為未臻元極深求典奧時嵩嶽大師法如演不思議要用特生信重夕惕不遑既至而如公遷謝悵然悲憤追踐經行者久之載初歲遂落髮具戒律行貞苦自爾分衞一食而已聞荆州玉泉道場大通禪師以禪惠兼化加刻意誓行苦身勵節將投勝緣則席不暇暖願依慈救故遊不滯方既謁大師率呈操業一面盡敬以為真吾師也大師乃應根會識垢散惱除既而攝念慮棲榛林練五門入七淨毀譽不關於視聽榮辱豈繫於人我或處雪霜衣食罄匱未嘗見於顏色有厭苦之容積年鑽求確然大悟造微而内外無寄適用而威儀不捨大師乃授以空藏印以總持周旋十年不失一念雖大法未備其超步之迹固以遠矣後大師應召至東都天宮寺現疾因廣明有身之患惟禪師親在左右密有傳付人莫能知後聖僧萬迴遇見禪師謂衆人曰宏通正法必此人也神龍歲自嵩山嶽寺為羣公所請邀至京師遊於終南化感寺棲置法堂濱際林水外示離俗内得安神宴居寥廓廿年所時有息心貞信之士抗迹隱淪之輩雖負才

藉貴鴻名碩德皆割棄愛欲洗心清淨齋莊肅敬供施無方或請發菩提或參扣禪契有好慕而求進修者有厭苦而求利益者莫不懇誓專一披露塵惱禪師由是開演先師之業懋宣至聖之教語則無像應不以情規濟方圓各以其器陶津緣性必詣其實廣燎明哲之燈洞鑒昏沈之路心無所伏故物無不伏功不自已乃功無不成迷識者以悟日新愛形者由化能革不遠千里曾未旬時騰湊道場延袤山谷所謂旃檀移植異類同薰摩尼迴曜衆珍自積其若是乎如來以四諦法濟三乘衆生以八正道示一

切迷惑其或繼之者善成之者性非夫行可與眞靜齊致道可與法身同體者固難議於斯開元十年長安道俗請禪師住京城慈恩寺十三年皇帝東巡河洛特令赴都居福先寺十五年放還京師廿一年恩旨復令入都至南龍興寺曰此人境之靜也遂留憩焉沙門四輩靡然向風者日有千數其因環里市絶葷茹而歸向者不可勝計廿三年秋八月始現衰疾閉關晦養不接人事誡諸門徒曰吾聞道在心不在事法由已非由人當自勤力以濟神用衆以爲付屬之萌也明年夏五月加疾減膳廿四日申酉之

閒有白虹十餘道通亘輝映久而不滅廿五日際晚攝念開顏謂近侍數人云本師釋迦示現受生七十有九乃般涅槃吾今得佛之同年更何所住又云臥去坐去亦何差別便右脅枕手疊足而臥此則知身非實處疾不亂奄忽棄世無覺知者皇帝降中使特加慰賵尋策謚號曰大智禪師即大智本行皆悉成就以禪師能備此本行也禪師法輪始自天竺達摩大教東派三百餘年獨稱東山學門也自可璨信忍至大通遞相印屬大通之傳付者河東普寂與禪師二人即東山繼德七代於茲矣禪師性篤仁厚

天姿通簡取舍自在深淨無邊苦已任眞曠心濟物居道訓俗不忘於忠孝虛往實歸尤見其因默有無不足定其體名數安能極其稱元波難挹高棟云摧旣離形器之表當會神通之域粤七月六日遷神於龍門奉先寺之北岡威儀法事盡令官給搢紳縞素者數百人士庶衷服者有萬計自鼎門至於塔所雲絶雷慟信宿不絶棺將臨壙有五色祥雲白鶴數十雲光鶴影皆臨棺上鬱靄徘徊俟掩而散近古歸墓靈相未有如斯之盛也禪師之季曰道深力方墳而心靜弟子莊濟等營豐碑而志勤伊余識昧昔

嘗面稟非以文詞取拙將爲剋慕在懷覽江夏立銘涕增橫墜覩太原成論悲甚慨然攀緣苦集願望都斷有太僕卿濮陽杜昱者與余法利同事共集禪師衆所知見實錄其餘傳聞不必盡記且離生滅是究竟無餘鏤盤盂乃古今難沫顧才不稱物短綆汲深猶昔人稽首東向獻心廬嶽者以爲懇慕之極況鐫刻永世不猶愈乎其銘曰

契眞慈者道爲物先靈力幽授降劫生賢爰茲大士寂照宏宣惠超三業心空四禪德溥甘露言感清泉翱軒宗極念護無邊猶彼檀施兮福未嘗有如彼戒瓶兮物無不受

石無磷兮白不涅柏耐霜兮竹亭雪兮將離世兮無有量永離蓋纏兮辭生滅門人法侶兮無歸仰刻石琱金兮狀高節望廬山兮摧慕瞻朗谷兮悲絕

自撰墓誌

天寶元年嚴挺之自絳郡太守抗疏陳乞天恩允請許養疾歸閑兼授太子詹事前後歷任二十五官每承聖恩嘗忝獎擢不盡驅策駑蹇何階仰荅鴻造春秋七十無所展用爲人士所悲其年九月寢疾終於洛陽某里之私第十一月葬於大照和尚塔次西原禮也盡忠事君叨載國史

勉拙從仕或布人謡陵谷可以自紀文章焉用飾爲遺文薄葬斂以時服

王琚

琚懷州河内人甫冠與駙馬都尉王同皎謀刺武三思事洩亡命傭揚州富商家識其非庸人以女嫁之厚給以貲元宗爲太子獵韋杜間輒止其家太子已平内難琚說太子除太平公主累授太子舍人兼諫議大夫常豫祕謀太子受内禪擢中書侍郎公主謀亂益急琚請帝決策除之事平進戶部尚書封趙國公眷委特異豫大政事號内宰相歷拜九刺史琚性豪侈右相李林甫恨琚恃功使氣使人發其宿贓貶江華員外司馬又使羅希奭按其罪琚懼仰藥未及死希奭縊殺之寶應元年贈太子少保

教射經上篇

凡射必中席而坐一膝正當垜一膝橫順席執弓必中在把之中且欲當其弦心也以弓當左膝前豎接席稍吐下弰向前微令上傾向右然後取箭覆其手微拳令指第二節齊平以三指捻箭三分之一加於弓亦三分之一以左手頭指受之則轉弓令弦稍離身就箭即以右手尋箭羽

下至淵以頭指第二指節當淵約弦徐徐送之令衆差池如鳳翮使當於心又令當淵羽向上弓弦既離身即易見箭之高下取其平直然後擡弓離席目睨其的接手頤下引之令滿其持弓手與控指及右膊肘平如水准令其射可措杯水故曰端身如幹直臂如枝直臂者非初直也架弦畢便引之比及滿使臂直是也引弓不得急急則失威儀而不主皮不得緩緩則力難爲而箭去遲惟善者能之箭與弓把齊爲滿地平之中爲盈貫信美而術難成要令大指知鏃至然後發箭故曰鏃不上指必無中矢指不知

鏃同於無目試之至也或以目視鏃馬上與暗中則乖此爲無術矣故矢在弓右視在弓左箭發則靡其弰厭其肘仰其腕目以注之手以駐之心以趣之其不中何爲也

教射經下篇

矢量其弓弓量其力無動容無作色和其支體調其氣息一其心志謂之楷式知此五者爲上德故曰莫患弓軟服當自遠莫患力羸恒當引之但力勝其弓則容貌和發無不中故始學者先學持滿須能制其弓定其體後乃射之然其的必始於一丈百發百中寸以加之漸至於百步亦

百發百中乃爲之術成或升其的於高山或致其的於深谷或曳之或擲之使其的縱横前却所以射禽獸與敵也凡弓惡右傾箭惡其襦頤惡傍引頸惡却垂胷惡前亞背惡後傴皆射之體髓疾也故身前竦爲猛武方騰額前臨爲封兕欲鬭出弓弰爲懷中吐月平箭濶爲弦上縣衡此皆有威容之稱也又曰凡控弦有二法無名指疊小指中指壓大指頭指當弦直竪中國法也屈大指以頭指壓勾指此胡法也此外皆不入術胡法力少利馬上漢法力多利步用然其持妙在頭指間世人皆以其指末齪弦則致箭曲又傷羽但令指面隨弦直竪即脆而易中其致遠乃過常數十步古人以爲神而祕之胡法不使大指過頭指亦爲妙爾其執弓欲使把前入扼把後當四指本節平其大指承鏃却其頭指使不得(闕)則和美有聲而俊快也射之道備矣

欽定全唐文卷二百八十一

陳貞節

貞節潁川人開元初爲右拾遺遷太常博士

請除則天帝號表

臣聞敬宗尊祖享德崇恩必也正名用光時憲禮也伏見太廟中則天皇后配高宗天皇大帝題云天后聖帝武氏伏尋昔居寵秩親承顧託因攝大政事乃從權神龍之初已去帝號岑羲等不閑政體復題帝名若又使帝號長存恐非聖朝通典夫七廟者高祖神堯皇帝之廟也父昭子

穆祖德宗功非夫帝子天孫乘乾出震者不得昇祔於斯矣但皇后祔廟配食高宗位號舊章無宜稱帝今山陵日近昇祔非遙請申陳告之儀因除聖帝之字直題云則天皇后武氏

請罷隱章懷懿德節愍四太子陵廟疏

王者制祀以功德者猶親盡而毀四太子廟皆別祖無功於人而園祠時薦有司守衞與列帝侔金奏登歌所以頌功德詩曰鐘鼓既設一朝饗之使無功而頌不曰舞詠非度耶周制始祖乃稱小廟未知四廟欲何名乎請罷卒吏詔祠官無領屬以應禮典古者別子爲祖故有大小宗若謂祀未可絕宜許所後子孫奉之

諸太子廟不合守供祀享疏

伏見章懷太子等四廟遠則從祖近則堂昆並非有功於人立事於代而寢廟相屬獻祼連時事不師古以克永代臣實疑之今章懷太子等乃以陵廟分署官寮八處修營四時祭享物須官給人必公糧合樂登歌咸同列帝謹按周禮始祖以下猶稱小廟未知此廟厥名維何臣謂八署司存員寮且省四時祭祀供給咸停臣又聞磐石維城既

開封建之典別子爲祖非無大小之宗其四陵廟等應須祭祀者並令承後子孫自修其事崇此正典其合禮經

明堂議

臣等竊聞明堂之建其所從來遠矣自天垂象聖人則之蒿柱茅檐之規上下方圓之制考之大數不踰三七之閒定之方中必居景巳之地豈非得房心布政之所當太微上帝之宮乎故仰叶俯從正名定位人神不雜各司其序則嘉應響至保合太和爲昔漢氏承秦經籍道息旁求堙墜詳究難明孝武初議立明堂於長安城南遭竇太后不

好儒術事乃中廢孝成之代又欲立於城南議其制度莫之能決至孝平元始四年始制造於南郊以申嚴配光武中元元年立於國城之南自魏晉迄於梁朝雖規制或殊而所居之地恒取景巳者斯蓋百王不易之道也高宗天皇大帝纂承平之運崇朴素之風四夷來賓九有咸乂永徽三年詔禮官學士議明堂制度羣儒紛競各執異端久之不決因而遂止者何也非謂財不足力不堪也將以周孔既遙禮經且紊事不師古或爽天心難用作程神不孚佑者也則天太后總禁闈之政藉軒臺之威屬皇室中圮

之期攝和熹從權之制以爲乾元大殿承慶小寢當正陽已午之地實先聖聽斷之宮表順端門儲精營室爰從朝饗未始臨御乃起工徒挽令摧覆既毀之後雷聲隱然衆庶聞之或以爲神靈感動之象也於是增土木之麗因府庫之饒南街北闕建天樞大儀之制乾元遺跡興重閣層樓之業烟焰蔽日梁柱排雲人斯告勞天實貽誡煨燼甫爾遽加修復況乎地殊景巳未答靈心跡匪膺期乃申嚴配事乖彝典神不昭格此其不可者一也又明堂之制木不鏤土不文今體式乖宜違經紊禮雕鐫所及窮侈極麗此其不可者二也高明爽塏事資虔敬密近宮掖何以祈天人神雜擾不可物取此其不可者三也況兩京上都萬方取則而天子闕當陽之位聽政居便殿之中職司其憂豈容沈默當須審考歷之詁擇煩省之宜不便者量事改修可因者隨時適用削彼明堂之號克復乾元之名則當宁無偏人識其舊矣謹議

太廟遷祔議

王制天子七廟三昭三穆與太祖爲七昭穆迭毀而太祖常存聖人之大典也若禮名不正則奠獻無敍矣謹按孝

和皇帝在廟七室已滿今睿宗大聖貞皇帝是孝和之弟甫及仲冬禮當遷祔但兄弟入廟古則有焉遞遷之禮昭穆須正謹按禮論晉太常賀循議云禮兄弟不相爲後也故殷之盤庚不序於陽甲而上繼於先君漢之光武不嗣於孝成而上承於元帝又曰晉惠帝無後懷帝承統懷帝自繼於世祖而不繼於惠帝其晉惠帝當同陽甲孝成別出爲廟又曰若兄弟相代則共是一代昭穆位同不可兼毀二廟此蓋禮之常例也荀卿子曰有天下者事七代謂從禰以上也尊者統廣故恩及遠祖若傍容兄弟上毀祖

考此則天子有不得全事於七代之義也孝和皇帝有中興之功而無後嗣請同殷之陽甲漢之成帝出爲別廟時祭不虧大祫之辰合食太祖奉睿宗神主昇祔太廟上繼高宗則昭穆永貞獻祼長序禮也此萬代之典敢不颺言謹議

論肅明皇后請別立廟議

禮宗廟父昭子穆皆有配座每室一帝一后禮之正儀自夏殷而來無易兹典伏惟昭成皇后有太姒之德已配食於睿宗則肅明皇后無啓母之尊自應別立一廟謹按周

禮云奏夷則歌小呂以享先妣先妣者姜嫄也姜嫄是帝嚳之妃后稷之母特爲立廟名曰閟宮又禮論云晉伏系之議云晉簡文鄭宣后既不配食乃築宮於外歲時就廟享祭而已今肅明皇后無祔配之位請同姜嫄宣后別廟而處四時享祀一如舊儀謹議

駮孫平子請祔孝和皇帝議

王制天子七廟三昭三穆並太祖而七昭穆者父子之位則知七代之廟無兄弟之義矣殷繼成湯至於帝乙父子兄弟十有二君其正代止六而已易乾鑿度曰殷之帝乙六代王也此卽兄弟不數爲代之明據也又殷人六廟親廟四並湯而六殷代兄弟四人相次爲君若以爲代便當上毀四室如此則無復祖禰之祭矣古之廟位自禰已上極於太祖雖數溢迭毀隨而上遷三昭三穆未嘗有闕也又禮大宗無子則立支子又曰爲人後者爲之子無兄弟相爲後之文所以舍至親取遠屬葢以兄弟一體無父子之道故父子曰繼兄弟曰及禮兄弟不相入廟者假如兄弟代立孫姪承統告享之日不得稱嗣子嗣孫則當上列云伯考伯祖下繫云姪子姪孫此乃何成七廟之位號何

成繼統之義序焉斯又不可之甚者也後漢論次昭穆定所繼之統以爲盤庚不序陽甲之廟而上繼先君光武不入成帝之廟而繼元帝以弟不可繼兄故也又殷十二代唯三祖三宗明兄弟相及自別立廟不必繼之七代也後漢祖列敍七廟而惠帝不入其數豈非文帝之嫡兄乎及文帝代立子孫克昌爲漢之太宗晉景亦晉文之兄緣景帝絕嗣不列七廟之數何以知之據永興元年告諭代祖稱景帝爲從祖也若以晉武越次尊崇其父而致廟壞遂及亂亾何因漢氏遷出惠帝宗尊文帝而享代二十有四

歷年四百三十殷廟何嘗見毀漢朝未始經折殷漢之盛委而不言魯晉之災引以爲喻是以春秋書太室壞者乃垂明誡何必閔僖晉太廟所以毀折者天誅奢麗不以遷廟然天子七廟諸侯五廟辨貴賤之差也父子相繼億萬人之心也昭穆列序重繼統之義也今孝和皇帝若與聖貞皇帝相亞在廟正成六代何以辨貴賤乎裔嗣絕滅何以宗後代乎昭穆失序何以成繼統之義乎況國家遠遵殷之陽甲近法漢之成帝特以孝和實中興之明主開百代不毀之廟別立園寢永以寧神歲時烝嘗與國終始有

何不可乎又孝和在則天末年自身處儲嗣昌宗小豎素宣威權惡盈稔貫衆所共棄南衙則宰相歸奉北門則將軍嚮從推崇嗣君誰曰不可豈若韋氏悖逆干紀亂常總軍國之權操生殺之柄既行不軌欲振凶威將誅懿親以絕人望睿宗大聖貞皇帝枕戈代邸泣血待晨志切仇讎義殷家國沈謀內斷委策聖明開元神武皇帝仰稟成規俯懷祕略挺身奮臂突入北軍不及終朝一戎定保致君親於堯舜拯社稷於阽危自開闢以來未之有也建立聖明之副宏宣祖宗之業前史不疑漢文繼統今亦何怪聖貞之代宗乎禮兄弟相繼不稱嗣子而曰及王明當用繼先君不繼兄之絕統也今睿宗雖代孝和而立故當同繼高宗則兩室並存便成二穆求之於禮不可同列於廟必須一室別居開元皇帝光臨區宇主祭宗廟豈容旁繼伯考之絕緒遂棄已親之正統乎乃云太廟壞緣躋聖貞所致引僖公後葬遷居閔公之上稱爲逆祀取類當今聖貞皇帝亞室高宗孝和皇帝特出立廟孝和升新寢之後聖貞方上祔高宗斯則未嘗一日躋居孝和之上引此爲證豈非誣罔朝廷耶孫平子云春秋傳稱君薨卒哭而祔祔

而作主特祀於主烝嘗禘於廟今日有違於此者自山陵甫終九虞卒哭特祀正寢祔於太廟四時享祭於禮何虧平子又云子雖齊聖不先父食昔禹不先鯀湯不先契文武不先不窋自去歲昇祔之後時孝和新廟未嘗樂懸所以差辰緣闕備物初非承制蓋是權宜修敎若成卽當同日禮增華省具列事由豈緣尊卑致隔先後借如睿宗一室誠卑孝和不可緣睿宗之卑後六祖之祭重尊之道禮極繼先因親之義情殷旁及平子云今太廟毀由臣下阿曲之過恐危陛下之國昔太康五年宣帝廟地陷梁折八

年正月太廟殿毀改作新廟築階及泉遠徵名材雜以銅柱十二年四月乃成十一月又梁折據此言之天降災譴非枯朽者也按孔子在齊景公在焉左右曰周使至言先王廟災孔子曰此必釐王廟夫釐王變文武之制而作元黃華麗之飾故天誅其廟焉有頃左右報所災者釐王廟景公曰善哉聖人之智過人也故晉之太廟掘地及泉雜以銅柱綴以珠玉踰先王之制降皇天之罰與釐王之廟異代同誅今國家太廟因隋舊制開皇之際創造新都移故太極殿是苻堅所造經今將四百年日月滋深朽蠹而

毀晉朝則新構梁折豈得非災唐朝則歲久櫓摧誠何足怪夫論徵說咎須義正經理苟異於斯便成妖妄平子不識忌諱肆其狂瞽危言高論謗訕朝廷引衰晉之朝比聖明之代惑亂視聽漸不可長平子又云廟雖造畢災尚未除來有何變故然史冊垂範義實多門妖孽之興理難固必廟櫓墜落自有別由天道難知豈得專尤別廟且廟屋雖年深朽壞聖上猶兢懼不已尊儒學於內殿慎刑書於外朝居纖以禮側身修德同殷湯之罪已等周文之小心縱令熒惑守辰猶能退舍況咎徵不見逆說其災平子又云莊公三十二年薨閔公二年吉禘自薨至禘尚有二年春秋猶非其失禮況夏喪冬禘其可得乎不亦太速乎後又云春秋閔淫雨彌旬傷稼敗邑漢書五行志簡宗廟不禱祀逆天時則致此災也夫水以潤下爲體不能潤下者水德微也何繫於淫雨哉斯乃妄引淫雨證成咎徵牽合災祥推於宗廟平子既前非速於祭禘後嫌簡不禱祀前後立義互相矛盾速稱越禮簡復貽災未詳二途何者爲適且祔後時享與禘全殊烝礿無愆何名爲簡虐旱淫雨時運或然堯日湯年安能累德平子言僞而辯禮所不容

薛登

登本名謙光以與太子同名敕賜名登常州義興人文明中解褐閬中主簿天授中累遷尚書左丞開元初留守東都再爲太子賓客七年卒年七十三贈晉州刺史

論選舉疏

臣聞國以得賢爲寶臣以舉士爲忠是以子皮之讓國僑鮑叔之推管仲燕昭委兵於樂毅苻堅託政於王猛及子產受國人之謗夷吾貪共賈之財昭王賜輅馬以止讒永固戮樊世以除譖處猜嫌而益信行間毀而無疑此由識

之至而察之淺也至若宰我見愚於宣尼逢萌被知於文叔韓信無聞於項氏毛遂不齒於平原此失士之故也是以人主受不肖之士則政乖得賢良之佐則時泰故堯資八元而庶績其理周任十亂則天下和平由是言之則知士不可不察而官不可妄授也何者比來舉薦多不以才假譽馳聲互相推獎希潤身之小計忘臣子之大猷非所以報國求賢副陛下翹翹之望者也臣竊窺古之取士實異於今先觀名行之源考其鄉邑之譽崇禮讓以勵己明節義以標信以敦朴爲先最以雕蟲爲後科故人崇勸讓

之風士去輕浮之行希仕者必修貞確不拔之操行難進易退之規衆議以定其高下郡將難誣於曲直故計貢之賢愚即州將之榮辱穢行之彰露亦鄉人之厚顔是以李陵降而隴西慙干木隱而西河美名勝於利故小人之道消利勝於名則貪暴之風扇是知化俗之本須擯輕浮昔冀缺以路禮昇朝則晉人知禮文翁以儒術化俗則蜀士崇儒燕昭好馬則駿馬來庭葉公好龍則眞龍入室由是言之未有上之所好而下不從其化者也自七國之季雖雜縱橫而漢代求才猶徵百行是以禮節之士敏德自修閭里推高然後爲府寺所辟魏氏取人尤愛放達晉宋之後祇重門資獎爲人求官之風乖授職惟賢之義有梁薦士雅好屬詞陳氏簡賢特珍賦詠故其俗以詩酒爲重不以修身爲務逮至隋室餘風尚存開皇中李諤論之於文帝曰魏之三祖更好文詞忽君人之大道好雕蟲之小藝連篇累牘不出月露之形積案盈箱惟是風雲之狀代俗以此相高朝廷以茲擢士故文筆日繁其政日亂帝納李諤之策由是下制禁斷文筆浮詞其年泗州刺史司馬幼之以表不典實得罪於是風俗改勵政化大行煬帝嗣興

又變前法置進士等科於是後生之徒復相倣效因陋就寡赴速邀時緝綴小文名之策學不以指實爲本而以浮虛爲貴有唐纂歷雖漸革於前非陛下君臨思察才於共理樹本崇化惟在旌賢今之舉人有乖事實鄉議決小人之筆行修無長者之論策第喧競於州府祈恩不勝於拜伏或明制纔出試遣搜敭則驅馳府寺之門出入王公之第上啓陳詩惟希咳唾之澤摩頂至足冀荷提攜之恩故俗號舉人皆稱覓舉覓爲自求之意未是人知之辭察其行而度其材則人品於此見矣徇已之心切則至公之理

乖貪仕之性彰則廉潔之風薄是知府命雖高異叔度勤勤之讓黄門已貴無秦嘉耿耿之辭縱不能抑已推賢亦不可待於三命豈與夫白駒皎皎不雜風塵束帛戔戔榮高物表校量其廣狹也是以耿介之士羞自拔而致其辭循常之人捨其疏而取其附故選司補擬喧然於禮闈州貢賓王爭訟於階闥謗議紛合浸以成風夫競榮者必有競利之心謙遜者亦無貪賄之累自非上智焉能不移在於中人理由習俗若重謹厚之士則懷祿者必崇德以潔已若開趨競之門則邀仕者皆戚施而附會附會則百姓

罹其弊潔已則兆庶蒙其福故風化之漸靡不由兹今訪鄉閭之談惟祇歸於里正縱使名虧禮則罪挂刑章或冒籍以偷資或邀勳而竊級假其不義之賂即是無犯鄉閭豈得比郭有道之銓量茅容望重裴逸人之獎拔夏統名高語其優劣也祇如才應經邦之流惟令試策武能制敵之例只驗彎弧若其文擅清奇便充甲第藻思微減便即告歸以此取人恐乖事實何者樂廣假筆於潘岳靈運詞高於穆之平津文劣於長卿子建筆麗於荀彧若以射策爲最則潘謝曹馬必居孫樂之右若使協贊機猷則安仁靈運亦無裨附之益由此言之不可一槩而取也至如武藝則趙雲雖勇資諸葛之指撝周勃雖雄乏陳平之計略若使樊噲居蕭何之任必失指縱之機使蕭何入戲下之軍亦無免主之效鬭將長於摧鋒謀將審於料事是以文泉聚米知隗囂之可圖陳湯屈指識烏孫之自解八難之謀設高祖追慙於酈生九拒之計窮公輸息心於伐宋謀將不長於弓矢良相寧資於射策豈與夫元長自表安飾詞鋒曹植題章虛飛麗藻校量其可否也伏願陛下降明制頒峻科千里一賢尚不爲少僥倖冒進須立隄防斷浮

虛之飾詞收實用之良策不取無稽之說必求忠讜之言文則試以効官武則令其守禦始既察言觀行終亦循名責實自然僥倖濫吹之伍無所藏其妄庸故晏嬰云舉之以語考之以事寡其言而多其行拙於文而工於事此取人得賢之道也其有武藝超絕文鋒挺秀有効伎之偏用無經國之大才爲軍鋒之爪牙作詞賦之標準自可試凌雲之策練穿札之工承上命而賦甘泉稟中軍而令赴敵既有隨材之任必無負乘之憂臣謹按吳起臨戰左右進劒吳子曰夫提鼓揮桴臨難決疑此將事也一劒之任非

將事也謹按諸葛亮臨戎不親戎服領蜀兵於渭南宣王持勁卒不敢當此豈弓矢之用也謹按楊得意誦長卿之文武帝曰恨不與此人同時及相如至終於文園令不以公卿之位處之者蓋非其所任故也謹按漢法所舉之主終身保任揚雄之坐田儀責其冒薦成子之居魏相酬於得賢賞罰之令行則請謁之心絕退讓之義著則貪競之路鎖自然朝廷無爭祿之人選司有撝謙之士仍請寬立年限容其採訪簡汰堪用者試令職守以觀能否參驗行事以別是非不實免王丹之官得人如翟璜之賞自然見

賢不隱食祿不專苟或進鍾繇郭嘉劉陶薦李膺朱穆勢不云遠有稱職者受薦賢之賞濫舉者抵欺罔之罪自然舉得才行則君子之道長矣

請止四夷入侍疏

臣聞戎夏不雜自古所誡夷狄無信易動難安故斥居塞外不遷中國前史所稱其來久矣然而帝德廣被時有朝謁受向化之誠請納梯山之禮貢事畢則歸其父母之國導以指南之車此三王之盛典也自漢魏以後遂革其風務飾虛名徵求侍子喻其解辮使襲衣冠築室京師不令歸國此又中葉之故事也較其利害則三王是而漢魏非論其得失則備邊長而徵質短殷鑒在乎往代豈可不懷經遠之慮哉昔郭欽獻策於武皇江統納諫於晉主咸以爲夷狄處中夏必爲變晉武不納二臣之遠策好慕化之虛名縱其習史漢等書官之以五部都尉此皆計之失也若前事之不忘則後代之龜鑑此臣所以極言而不隱者也伏惟陛下德洽區外仁被左衽綏懷式遏之方故無遺策豈臣庸淺所敢輕議然而區區之心有所未盡者也竊惟突厥吐蕃契丹等往因入貢並叨殊獎或執戟丹墀策

名戎秩或曳裾庠序高步黌門服改氈裘語兼中夏明習漢法覩衣冠之儀目覿朝章知經國之要窺成敗於國史察安危於古今識邊塞之盈虛知山川之險易或委以經略之功令其展効或矜其首邱之志放使歸蕃於國家雖有冠帶之名在夷狄廣其縱橫之智雖則慕化之美苟悅於當時而狼子孤恩旋生於過後及歸部落鮮不稱兵邊鄙罹災實由於此故老子云國之利器不可以示人在於齊人猶不可以示之況於夷狄乎謹按楚申公巫臣奔晉而使於吳使其子狐庸爲吳行人教吳戰陣使之叛楚吳

于是始伐楚取巢取駕克棘入州來子反一歲七奔命其所以能謀楚良以此也又按漢書桓帝遷五部匈奴於汾晉其後卒有劉石之難向使五部不徙則晉祚猶未可量也鮮卑不遷幽州則慕容無中原之僭又按漢書陳湯云夫胡兵五而當漢兵一何者兵刃朴鈍弓弩不利今聞頗得漢工然猶三而當一由是言之利兵尚不可使胡人得法況處之中國而使之習見哉昔漢東平王請太史公書朝臣以爲太史公書有戰國縱橫之說不可以與諸侯此則內地諸王尚不可與況外國乎臣竊計秦并天下及劉項之際累載用兵人戶凋散以晉惠方之八王之喪師輕於楚漢之塗地匈奴冒頓之全實過於五部之微弱當曩時冒頓之強盛乘中國之虛弊高祖餒危平城而冒頓不能入中國者何也非兵不足以侵諸夏力不足以破汾晉其所以解圍而縱高祖者爲不習中土之風不安中國之美生長磧漢之北以穹廬堅於城邑以氈罽美於章紱既安其所習而樂其所生是以無窺中國之心者爲不生漢故也豈有心不樂漢而欲深入者乎劉元海五部離散之餘而卒能自振於中國者爲少居內地明習漢法非元海

悅漢而漢亦悅之一朝背誕四人響應遂鄙單于之號竊帝王之寶賤沙漠而不居擁平陽而鼎峙者爲居漢故也向使元海不內徙止當刼邊人繒綵麴蘖以歸陰山之北安能使王彌崔懿反爲其用耶當今皇風遐覃含識革面凡在虺性莫不懷馴方使由余効忠日磾盡飾以臣愚慮者國家方傳無窮之祚於後脫備預不謹邊臣失圖則夷狄稱兵不在外方非所以肥中國削四夷經營萬乘之規貽厥孫謀之道也臣愚以爲願充侍子者一皆禁絕必若先在中國者亦不可更使歸蕃則夷人保疆邊邑無事矣

欽定全唐文卷二百八十二

王適

適幽州人官至雍州司功

對求鄰壁光判

郗珍性好讀書家貧鄰家富乃穿鄰壁取燭光

鄰告爲盜

郗珍黃冠野客白屋寒生仰桂林之一枝猶思對策掩蓬門之三徑無忘偷光但學以資身行不踰矩因人之利尚或不爲竊鄰之光何居而可必欲三餘不棄百遍無疲原

憲弊衣杖藜而非病顔回陋巷飲水而多歡既知讀書應聞對馬與其鑿壁何如聚螢若觀過知仁推情赦獄束緼之婦尚未過於黃沙懸梁之夫庶獲哀於丹筆違禮入律理或難容居法徇私斯焉有在

對旱令沈巫判

鄴縣時炎漳濱地旱三農務切百里情殷方有正於山川故無遺於祠祀思月離之澤南畝徒勤詠雲漢之詩西郊不潤雖土龍矯首不見朝隮而石燕斂翼無聞夜雨劉感頗學師古未達隨時巫人既不假神河伯又非求婦天則不雨女也何辜遂使睇彼江妃莫反淩波之步偶夫精衞長齊銜石之悲斯則抑人憑河事乃非令違法致罪理在可疑

體元先生潘尊師碣

古稱列仙自黃帝尚矣或解形默遯或練氣昭升然業與代殊古將今遠聞之者不見見之者不留世智以局守增疑神人以密化爲貴故其道彌大其議彌乖非理契冥通精存元覽者不可得而論已尊師趙國贊皇青山里人也族潘氏名師正字子眞唐嵩山上清之全眞者也尊師體

元和之精含太素之氣誕彌之夕景光充廬客曰此天階之祥非世貴者既而生有仙骨幼無童心足蹈龜文手垂過膝風儀蟲秀操履幽貞年十二通春秋及禮見黃老之旨薄儒墨之言白雲在天心已遐矣十三喪母氏攀墳柏以泣血伏冢廬而椎心緬維大孝嚴天非負土之義愼終崇德實致福之基大業云季回手謝俗啓金丹之術祈玉清之臺却粒而練肌鬻菁以虛藏身外無影骨間有聲時升元眞人王君居在茅山山有華陽洞天羣仙之府乃負簏潛往結草幽居受祕籙於金壇奉元文於石室王君以

尊師名著紫簡業盛黃邱指以所居告歸中岳於是朅來上國貴趾中經潄陰嶼之雙泉庇陽崖於二室寢冥孤岫垂將十年以其樵歌尚通隱跡或至歷羣岩以選勝窮絕界而擇幽得逍遙谷者有古仙之跡雄峯晃朗抗升天之階牝谷空濛洞入冥之路於是因林石結茅構燒楓柏而戒淨練松菜以存精志逸翔雲神合浩氣吞沆瀣以龜息吸喬皇以龍盤青古疑不留丹田已見冥寂五紀邈與代殊想望三清悠然景會上元三年天皇大帝幸洛都睎嵩阜謁三元之洞徵六甲之圖尊師以道有所申貴有所屈

竟不屑命對以無爲後年巡豫許京屬想太室願言霄極佇降雲軺師仍隱几謝以幽疾至調露元祀月維孟冬天子廼卬運堯心夙整軒御萬騎雲躍六龍天飛清碧瑤之壇訪皇人之道會師於嵩陽觀焉時天册金輪聖神皇帝潛光寶緯佐理瑤房渙祈絳闕之游遙契紫元之妙覔裝羽從齋心致謁既而皇眷靡斁青谿尚湲乃稅法駕尋元時風伯淨壑雨師空岩日月按晷以流光星辰環拱而列曜捹紫蘭以舉王輦闢丹桂而交翠旗天步穆清雲居攸止鴻崖絕以抗室赤松森而環階藥銚絕煙無若火化林扉擁霧有同巢居天皇乃幸結茅御蟠木訪天人之際究性命之元欣然順風歎以頹景睿情遐佇欲罷不能爰制有司就師立觀卽於逍遙隱谷建隆唐焉神皇雅尚仙圖永懷祕訣每灑心咨道揆賾求眞希步景於青元想餐霞於紫府嘗致書曰九宮神祕顧已通於大綱太乙紫房猶未解其渙旨尊師微言盍得祕世莫聞明年仲春上又以乘輿步輦致師於洛城西宮經畢圭之禁林造上陽之仙閣龍香竟路羽蓋騈陰天子側席齋宮虛襟宣室是日八風徵景五雲卿靄萬姓躊躇以聳矚百神翕習而發幽眞

與聖冥顯與晦接逖聽千古斯其一交者矣尋而瑞節言旋攀石梁之幽阻神眷動思賦瑤池之浩歌遷延永懷悉而不及疑乃降制命以嵩陽觀爲奉天宮苑接隆唐地鄰隱谷左闢仙遊之路右啓尋眞之門月陛互於雲扃紫微通於幽幌大帝於是排閶闔施鉤陳超巙嵯御嶙峋屏中侍肅外臣若忘天下窅然踰旬後年復降師於金闕亭問三洞之階稽七眞之祕神皇親饌金鼎而獻玉扃五芝雲敷八桂霜靡允執天師之禮以旌問道之勤又以功德事咨祈景福乃於太子甲第建宏道之壇老君壽宮立元元

之觀二名稟於師口雙榜題於帝筆有制屈德遙統其綱將以光振王司慶溢瓊府上乃降雲罕幸觀風命百僚瞰九部衣冠趨而銅路咽鐘鼓奏而天津沸龍旗鶴蓋紛以揮霍仙童靈妃忽其倏閃須臾聲散景滅若屆殊庭月曙烟飛已尋幽谷斯亦上九不疑之遯反一無迹之行焉其後乘輿屢涉山宮必瞰襄野之問尊師濬視絕景不降河宗之居雖甫對雲霓類蓬壺之怳惚而元通夢寐若肯庭之聆鑾永淳元年正月乙未崇朝風霽乙夜雲密忽而有聞若萬籟騁徐而聽之則五音和非大帝之樂聲即元都之仙韻中使具以狀聞帝曰潘師其升乎即日駕幸奉天上謁虛室帝子扈蹕王姬陪輦暨於寒峯戢景旰谷生陰黃竹申悲邱陵有贍尋而高宗厭世乘彼白雲我師寧極獨守元牝後年季夏一日謂弟子曰吾獲保茲嶺於今五十餘年靈異在谷仙鶴滿野俾吾不接萬乘之尊亦庶幾乎輕舉矣今名登元籙身歷太陰升元之言信吾命也是朔之夕辰象麗天鹿鳴羣山雉雊衆谷翼日師曰吾其蛻矣乃闔門入靜端坐焚香月至於朢日臨於甲命香水投青符浴蘭房披紫褐曰反吾淨矣亭午將化留此十旬歸

吾石室乃遺形隱景濟神幽欻於時紫氣氛氲以旁燭紅雲簫索而上延郁行芳藻流晷煙靄之表若有人焉神聖皇帝聞而興感乃降寶命式諡松扃曰去年冬晚軒皇之駕不追今歲秋寒廣成之居又寂以此哀悼情何可任贈大中大夫追諡曰體元先生昭國禮也尊師業尚盅密勤跂幽濬理心事天所寶惟嗇絕聖棄智不曜其光故真感冥期珍圖祕學性與天道不可得而聞也若乃崇標曠跡遐情遠意志摩青雲蓬視紫闥每歎曰大丈夫業於道不能投身霄嶺滅景雲林而疲痾此山以煩世主吾之過乎遂欲東求蓬萊孤舟入海屬天皇敦篤斯道祈款逾濬遲躕山隅絕策未往既而金格有命鑣轡遺區於戲昔姑射有神人堯輕天下空峒有至道軒屈順風元真高蹤萬古同德何其盛哉尊師有弟子十人並仙階之秀然鸞姿鳳骨眇悉雲松者惟穎川韓法昭皆稟訓瑤庭密受瓊室專太清之業遺下仙之儔谷汲芝耕服勤於我蓋歷歲紀也昭等永惟尊師靈迹闕一字業高濬邁古而棄世往矣其若之何乃琢石幽山申頌元德其頌曰

漢帝得道白日登天赤松度世紫嶽乘煙業祕千古精淪

九仙眞蹤誰嗣猗吾體元其一

體元惟何仙骨天植沖而神秀幼有至德雲性鴻騫冥心龜息元風獨邁白賁無飾其二

金陵福地茅山洞天高眞雲景終古貞全寥寥太素渺渺升元惟我師友負笈往焉其三

始受玉書卽入瓊室機先體二道惟得一學備青台化窮丹術餐霞允矣抱景期畢其四

元眞有命黃邸自理煙駕來歸雲林萃止葆光藏密冥機畏美嵔壘與居象罔而已其五

有唐天子樂我雲仙芝駕羽葢蜺旌鳳旆齋心來謁契道忘筌瑤池一去鼎化千年其六

煌煌女希繼天而立黑龍旣濟丹鳳攸集宗我仁師緬懷眞級紫房問道青元迺習其七

元功聿就洞業克成青童載謁絳虬來迎揮神默解卧闕一字霄行去去金闕悠悠玉清其八

岧幽碧洞峯秀金臺少君斯舉青子時來貞松雲鬱虛室霞開永言千載歸鶴徘徊其九

王志愔

志愔博州聊城人擢進士第景雲初拜齊州都督河南道按察使徙汴州封北海縣男開元九年留守京師京兆人權梁山僞稱襄王子謀反將殺志愔以悸卒

應正論

志愔爲大理正奏言法令者人之隄防隄防不正則人無禁竊見大理官僚多不奉法以縱罪爲寬恕以守文爲苛刻臣濫執刑典實恐爲衆所謗臣常著應正論以見微志因上之其論曰

嘗讀易至萃利見大人亨聚以正也六二引吉無咎注曰居萃之時體柔當位處坤之中已獨處正與衆相殊異操而聚民之多僻獨正者危未能變體以遠於害故必見引然後乃吉而無咎王肅曰六二與九五相應俱履貞正引由迎也爲吉所迎何咎之有未嘗不輟書而歎曰居中履正事之常體見引無咎道亦宜然有客聞而惑之因謂僕曰今主上文明域中理定君累司典憲不務和同處正之志雖存見引之吉難應行之於已余竊懼焉僕斂衽降階揖客而謝曰補遺闕於衮職用讜言爲已任以蒙養正見引獲吉應此道也仁何遠哉昔咎繇謨虞登朝作士設教理訓開物成務是以五流有宅五宅三居怙終賊刑刑故無小於是舜美其事曰汝明于五刑以弼五教期于予理刑期於無刑人協于中時乃功懋哉故孔子歎其政曰舜舉皋陶不仁者遠此非明辟執法大人見引之應乎季孫

行父之事君也舉竊寶之愆黜受邑之賞明善惡而糾慝議僭賞以塞違在虞舜之功居二十之一主司得行其道時君不以爲嫌此非巳獨處正引吉（一作應正）而無咎者乎觀魚于棠臧伯正色賂鼎在廟哀伯抗詞言者得盡其忠聞之不加其罪故春秋稱臧氏之正曰積善之家必有餘慶此非異操而驟引吉之所致乎魏絳理直晉侯乃復其位郕人辭順趙盾不伐其國此非正體未變爲吉所迎者乎夫在上垂拱臣下守制若正應乎上乃引吉於下而中士聞道若存若亾交戰於胸臆之中（一作諸正之門）懷疑乎語默之

境懼獨正之莫引忘此正之必亨吁嗟乎行已立身居正踐義其動也直其止也方維正直而是與何往而非攸利何以明之坤六二直方大不習無不利文言曰直其正也方其義也君子敬以直內義以方外敬義立而德不孤直方大則不疑其所行也嵇康撰釋私論曹羲著至公論皆以崇公激俗抑私事主一言可以蔽之歸於體正而已矣禮記曰刑者侀也侀者成也一成而不可變故君子盡心焉若以喜怒制刑輕重設比是則橋前驚馬希旨論人苑中獵兎從欲廢法理有違而合道物貴和而不同不同而和（一作之）正在其中矣昔任延爲武威太守漢帝誡之曰善事上官無失名譽延對曰臣聞忠臣不私私臣不忠上下雷同非國家之福善事上官不敢奉詔任延雅奏漢帝是其正言此則歸正不回乖旨順義不以忤懷見忌斯亦違而合道晏子春秋景公見梁邱據曰據與我和乎晏子曰此同也非和也夫和者君甘則臣酸君淡則臣鹹今據也君甘亦甘所謂同也安得爲和是知濟鹽梅以調羹乃適平心之味獻可否而論道方恢正體之節侯引正而遵度故曰物貴和而不同劉曼山辨和同之義有旨哉若以不

同見議未敢聞誨客曰和同乖訓則巳聞之援法成而不變者豈恤獄之寬憲耶書曰御衆以寬傳曰寬則得衆若以嚴綜物異乎寬政矣對曰刑賞二柄惟人主操之崇厚任寬是謂帝王之德愼子曰以力役法者百姓也以死守法者有司也以道變法者君上也然則非人臣之所操後魏游肇之爲廷尉也魏帝嘗私敕肇有所降恕肇執而不從曰陛下自能恕之豈可令臣曲筆也是知寬恕是君道曲從非臣節人或未達斯旨不料其務以平刑爲峻將曲法爲寬謹守憲章號爲深密內律云釋種虧戒律一日誅

五百人如來不救其罪豈謂佛法爲殘刻耶老子道德經云天網恢恢踈而不漏豈謂道教爲凝峻耶家語曰王者之誅有五而竊盜不與焉即行僞言辯之流禮記亦陳四殺破律亂名之謂豈是儒家執禁孔子之深文哉此三教之用法者所以明眞諦重元猷存天綱立人極也然則乾象震曜天道明威齊衆惟刑百王所以垂範折人以法三后於是成功所務掌憲決平斯廷尉之職耳易曰家人嗃嗃無咎婦子嘻嘻終吝嚴於其家可移於國昔崔寔達於理體（一無體字）而作政論仲長統曰凡爲人君宜寫政論一通

置諸坐側其大概云爲國者以嚴致平非以寬致平者也然則稱嚴者不必踰條越制凝網重罰在於施隳括以矯枉用平典以禁非刑故有常罰輕無捨人不易犯防之難越故也但人慢吏濁僞積贓深而曰以寬理之可以無過何異乎命王良御駟（一作騑）捨銜轡於奔踶請俞跗攻疾停藥石於膚腠適見鞅（一作秋）駕轉逸膏肓更深醫人僕夫何功之有又謂僕曰成法之變唯帝王之令歟對曰何爲其然也昔漢武帝甥昭平君殺人以公主子廷尉上請論刑（一無刑字）左右爲言武帝垂涕歎曰法令者高帝之所造也用親故撓先帝之法吾何面目入高廟乎又下負萬人乃可其奏近代隋文帝子秦王俊爲幷州總管以奢縱免官僕射楊素曰王陛下愛子請捨其過文帝曰法不可違若如公意我是五兒之父非兆人之父何不別制天子兒律乎我安能虧法卒不許此是帝王操法叶於禮經不變之義況於秋官典職司寇肅事而可變動者乎我皇睿哲登宸高視巖廊之上宰衡明允就列輯穆廟堂之下乾坤交泰日月光華庶績其凝衆工咸理聚以正也僕幸利見大人引其吉焉期養正於下位中正是託子何懼乎夫君子百

行之基出處二途而已出則策名委質行直道以事君進善納忠仰泰階而緝政諤諤其節思爲社稷之臣蹇蹇匪躬願參柱石之任處則遠辭徵召高謝公卿孝友揚名是亦爲政烟霞尚志其用永貞行藏事業心迹斯在至如水中汎汎天下悠悠執馭爲榮埽門自媚拜塵邀勢括囊守祿從來長恩以爲深恥客乃逡巡不對遂無以問僕也

李迥秀

迥秀贈秦州都督大寬族孫弱冠應英材傑出舉長安初歷天官夏官二侍郎同鳳閣鸞臺平章事出爲廬州刺史

景龍中累轉鴻臚卿修文館學士持節爲朔方道行軍大總管終兵部尚書贈侍中

授何彥則侍御史制

鸞臺朝議郎行左肅政臺侍御史上柱國借緋何彥則風標峻遠志懷毅烈學妙羣言行歸直道營屯河右克贍軍儲校律湟中載清夷落歲寒彌勵終始不渝宜承懋賞之恩允穆增榮之典可朝散大夫左肅政臺侍御史勳如故

唐齊州長史裴府君神道碑

蓋聞仲弓之德太邱播其英聲休徵之道瑯琊闡其茂績

是知利之所博非待殖林而貴名之所遵無假列爵而重若乃地兼崇祿門擅清華邁楊氏之五公冠張侯之七葉森森棟幹聞謝樹之生庭落落瓌奇見韋珠之照乘其於裴府君見之矣公諱希惇字虔實河東聞喜人也有若顓頊導昌源於長流有若大費啓洪基於敷土后子保河汾之邑非子據汧渭之封千乘由其克昌三牢所以能霸至如司空領袖吏部清通勢壓八王名高百秩家風祖德亦何代無其人哉曾祖澄字靜慮後魏著作郎諫議大夫散騎常侍金紫光祿大夫汾州刺史謚曰文儀刑雅澹籍甚當時業茂烝嘗功標彝器祖尼後魏給事中奉車都尉通直散騎常侍贈輔國將軍隨州刺史道著巖廊譽光朝野屬詞留於騎省追旌被於外臺父之隱隨侍御史上儀同三司駕憲二部侍郎扶風河南二郡贊治皇太僕司農二少卿武安郡太守始州刺史通直散騎常侍益州長史會稽縣開國男謚曰安望重縉紳榮兼出內寄隆洛岳任切象河八命遵其衮裳五等列於蒲穀公承積慶之繁祉稟中和之正性清光初迪照金玉於靈臺雅量甫成鬱松筠於識宇遠慕先王之道繼通賢哲之德宏止水以待物仰

高山以立身涯涘莫窺宮牆罕測談諧諷席業優學肆然則幽林之芳必薦於三闢井里之實自運於十城解褐受普安郡丞轉蓬州別駕君山該博屈伏六安之丞仲舉峻清來從豫州之辟方義比德千載一時除冀州南宮縣令兩河舊殊常之地中冀爲絕北之野民俗昌阜政化大行肥野廉問而識賢孔某及庭而稱善徙瀛州樂壽縣瀛壖之境風壤所接人民知方不言自理稍遷雍州鄠縣令王畿之地帝京是屬子羽捨困於櫟陽無伯祈星於緱氏廉能之化復如在昔拜齊州長史歷下咽喉華泉襟帶州將

所其四見疑王化合於萬里公銓藻品第股肱邦國百姓
乂安一變鄒魯奏課連最已申考功之名奉計京師遽有
永明之拜既留郡邸遘疾彌留上藥難逢莫蠲二豎之害
中使罕遇不睹十全之術以永徽元年三月四日終於長
安春秋六十三逮景龍年中纘戎帝籙禮穆王姬以公嫡
孫巽尚主之故乃下制追贈使持節商州諸軍事商州刺
史魏后悅平叔之才晉皇貪司空之族寵成外館榮被宗
祧惟公豪邁不羣風韻彌邵澄清內湛英華外發辨瀉言
泉韜光於若訥之旨學該書圃晦迹於惟疑之地總六藝

之隅奧括百行之樞機質負珪璋門惟軒蓋祖孫流譽聚
潁川之德星鄉邑稱高載平輿之月旦威儀棣棣聲望雅
雅猶鄧林之徙植若咸池之疏派公之宰樂壽也既去之
後吏人追思美政遂爲立碣不其頌歌無間於刊勒揄次
紀石止事於身後歷職著聞皆此類焉夫人京兆韋氏贈
扶陽郡夫人祖恭故上大將軍隨州刺史建安公父仁基
故縣州別駕龍州刺史殷伯兆其縣構楚傳開其茂緒朱
紱隆可及之暉黃金著經藝之績夫人笄纚式典遵寢門
之雅訓匜盥有行叶宜家之縟禮言容孔備國史聿修董
萓是奉蘋藻無匱加以淺悟空寂大闡迦維究隨順理開
決擇分六姻景行九族式瞻有婦德焉有母儀焉以乾封
二年十一月二日終岐州司士官第春秋六十七粤以景
龍二年十月二十六日合葬於咸陽之北原禮也嘉耦是
合未窮絳縣之壽同穴終窆遽開京兆之阡敕萬年縣令
盧齊卿監護葬事并給帳幕手力羽儀鼓吹仍送至墓所
贈授制闕一字率禮加於茲日輕車介士盛儀方於昔年有
子六人長曰思進位隨縣令贈蒲州長史太僕卿次曰思
約位滎州威遠縣令次曰思禮位宋州穀熟縣令次曰思

正大學生次曰醫王位太子僕少曰思溫太學生荀氏八
龍且知慭德東萊千里不足方駕懷仁服義海內所推曳
組簪纓朝中歸美並父疑從運惟疑未及卜宅風烟銷歇
霜露霑濡嫡孫巽鴻臚卿駙馬都尉上柱國魏郡開國公
行極天經才爲世出名題金榜家振玉齋雕軒繡轂結轍
於平陽之第青巾紫綬交錯於沁水之園當年之盛如此
永慕之心如彼夫計功稱伐里疑藹於舊聞勒銘刊頌義
炳乎來裔豈可使椅櫟靡述衛鼎無聲爰訪世親俾敘鴻
烈其詞云

惟霍之鎮積玉含章彼汾之水神鼎歆光豈獨靈異亦誕賢良培風直上簡影高驤家聲祖德川流岳峙家聲伊何載於國史祖德伊何冠乎人紀翕習交映芬芳不已公之生也克壯其猷勝衣志立弱歲名遒華如琬炎絕代莫儔郁若蘭蕙亦孔之休如登之堂月將日就詞高文苑理窮辨囿研味風騷擒摭科籥一日千里一年三秀筮仕之班應務陟歷爲邑累課列郡成績忘其技求晦茲矯歊令聞令望如金如錫藏舟易失傳薪不停未聞九轉俄愴百齡功著口實德範明經安仁願誄子玉思銘黑水西流黃山

東出季武成寢滕公見曰烟隧蒼茫風烟蕭瑟人世雖謝德音可述

李喬年

喬年禮部侍郎景伯子官左司郎中

對不受征判

甲有賜田不受征稅

王者之制加田無征蓋欲崇德厚賢安人薄賦眷言彼甲王室作藩既褒德而受圭亦班朝而錫壤且什一而稅周之通法緡算是資漢之舊典萬姓殷阜中外康寧有大夫之家尚苦於征稅法令爰著不稽舊章片言可折斯之謂矣

李夷吾

夷吾睿宗時官竟陵太守

對受田兼種五菜判

丁受田兼種五菜吏稅之丁云在外田稼不善詣郡科吏吏固執合稅久莫能決廉察使按郡守令不行

五土異宜三農是務井田肇啓稅畝斯均非無沃塉之差

寔爲封疆之異顧惟田畯職在主農徵收雖合以時役使宜遵常典安得不供所職有紊彝章將奪三時之功用此八家之力俾務農之士東作愆期使擊壤之夫西成何望必公田不善卽過在夫人私稼靡登乃罪招於吏眷言丁訴理或有憑審聽吏詞義將未可今者百城滯訟八使舉繩曠官之責自貽不法之名斯在

郭謙光

謙光景龍時人

大唐闕部將軍功德記

洛故天龍寺者兆基有齊替虖隋季𥁞教理歸寂載宅兹山之奥龕室千萬彌亘崖岊因厂增修世濟其美夫其峯巒岌礫丹翠含𧅚灌木蕭森濫泉觱沸或叫而合𨱔諠譁者則參虛之秀麗也雖緇徒久曠禪廡荒闃而邁種德者陟降遐險固無虛月焉大唐天兵中軍副使右金吾衞將軍上柱國遵化郡開國公闕部珣本枝東海世食舊德相虞不臘之奇族行太上懷邦由余載格歷官內外以貞勤驟徙天兵重鎮實佐中軍于神龍二年三月與內子樂浪郡夫人黑齒氏即大將軍燕公之中女也躋京陵越巨壑

出入坎窞牽攣莖蔓再休再呬迺詹夫淨域焉於是接足禮已卻住一面瞻覬闕一字歷歎未曾有相與俱時發純善誓博施財具富以闕一字上奉爲先尊及見存姻族敬造三世佛像并諸賢聖刻雕闕一字相百闕一字莊嚴冀藉勝因圓資居往曁三年八月功斯畢焉夫作而不記非盛德也遵化公資孝爲忠闕一字義而勇顱頳以國蹇連匪躬德立闕一字行事時禮順塞旣清只人亦寧只大蒐之隙且闋三乘然則居業定功於斯爲盛光昭將軍之令德可不務虖故刻此樂石以旌厥問其辭曰

闕一字鑠明德知終至而忠信孝敬元亨利而總戎衞服要荒謐而乘緣詣覺歸闕三字

王利貞

利貞睿宗時官和州歷陽丞

易州石亭府左果毅都尉薊縣田義起石浮圖頌

詳夫釋氏大慈能仁廣運一揮慧劍則結獄峯摧𩯭駕寶船則流海波息若迺豐牛步坦香象登津福祉夙昭解行先備非功德修淨其有與於此乎浮圖主石亭府果毅田公者孝乎惟孝忠爲令德秉武腰文遊仁踐義富潤石室

貨積銅山保性里閈縈足知止尊崇法門福求無上奉爲七代先亾見存太夫人合家大小敬造石浮圖七級釋迦像二菩薩神王等一鋪尒其索寶幽谷獲爰崇巖異濟北之神期匪河西之馬瑞欻焉搆造不日而成狀雀離之從天猶多寶之湧地虬檐霧舉寶鐸風吟睟容如在神儀儼若炅朝日以舒鑒爍幽霄以放光伏願冥資先霑七代爰以昭祐慶及見存與慧日而長懸同定水之無竭贊歎功德而述頌云

惟佛與佛法所皆空能仁富智廣度多功有清信士產積

豐崇檀波羅密琬琰雕鶴輪高擢露鐸迴吟風睟穆如在與天地終福霑一切於何不隆

盧從愿

從愿字子龔相州臨漳人睿宗朝拜吏部侍郎開元末以吏部尚書致仕

先師子游贊

文學（闕二字）絃歌政聲動則不徑處乃先（闕一字）立言宏遠執禮專精升堂入室凜凜猶生

陸餘慶

餘慶元宗朝官右散騎常侍

先師子路贊

偉哉英士既烈且忠宿言無諾獘（闕八字）山氣雄燔臺（闕六字）

晁良貞

良貞景雲二年進士

應文可經邦科對策

問三雄鼎立四海瓜分魏氏獨跨於中原孫劉割據於南土五勝更襲唯受命以當塗四大居尊咸仗義而稱帝二十八宿指躔次於何方三十六郡列封疆於何所醇化懿

綱非無寬猛之規愛國治人自有弛張之度皇祖考並建鴻名眇眇子孫俱聞失德爲功業之厚薄而存亾之後先至如獻納忠規縱横武節既自方於樂毅或見比於張良各有其人詳諸史傳所行事迹咸請縷陳

對曰漢代崩離三光分景齊毗盪析九土殊方權備割據於岷吳瞞丕篡圖於冀兖火行土德則有攸歸紫色蛙聲豈無兼峙策曰二十八宿指躔次於何方三十六郡列封疆於何所至若畢昴爲大魏之郊井絡應庸蜀之分星紀眞全吳之野婺女寄於越之精此其躔次也至若常山鉅鹿孟德之設教會稽豫章文臺之建國考廣漢犍爲之地實夜郎元德之邦星土之殊于是乎在策曰醇化懿綱非無寬猛之規愛國治人自有弛張之度皇祖考並建鴻名眇眇子孫俱聞失德爲功業之厚薄而存亾之後先者且夫天命不謟帝圖難僭劉既備矣當禪與人此乃事本於元符何止功殊於厚薄祚窮安樂不亦宜哉至於魏主以雄猜之姿虎噬河朔吳王以英威之略鳳起江南欺孤有言貽讖於石勒令圖發論見稱於陸機蜀滅於前吳亾於後物之理也夫何足疑策曰至如獻納忠規縱横武節

既自方於樂毅或見比於張良各有其人詳諸史傳所行事迹咸請纏陳者山川出雲賢豪擇木英英文若見比於留侯桓桓孔明自方於昌國聞九錫而殊議節表純臣荷三顧而知恩身歸奧主命畢空器不其惜哉威餘返旗蓋亦奇矣大者遠者斯焉取斯謹對

對歸胙判

甲監享以胙歸父餕而祭

精意以享敬於展牲率禮莫違洽乎歸胙甲以膚敏典司蒸禴分以貴骨爰封介葛之犧奉乎高堂用入老萊之膳

恩必逮下子道或霑其食餘祭示有先神理詎歆其餕未既比慶封之祀難許叔氏之禮

對寢苫枕草判

甲得士禮爲宗黨所敬居斬縗寢苫枕草閭里化之御史劾其惑衆

閔水成川賢愚共盡因心制禮榮賤同歸甲以慶絕循陔哀纏罷社綵綵其服永謝老萊之歡戀戀厥心空聞孺慕之切三年茹痛寢苫不爽於喪期九族遷風偃草遂行於仁里御史幸持清憲須辨彝章暴勝繡衣徒然忝竊晏嬰縗服罕悟重輕達禮之誠猶迷寧戚之宜安在請從宗黨之好無憚簡書之威

對醮子于阼醮子于宮判

甲醮子于阼素積以戒而尊有禁乙醮子于宮元端以戒而姆加景或告其非禮云古之道

始乎冠婚是惟達禮貽之訓誡用肅令儀今昔或違沿革斯別始弁髦而便棄實表成人初結褵而遂行或諧嘉偶甲以將雛襲慶元服就加乙以鳴鳳告祥束薪言往尊奠于禁未虧寧敬之宜姆加其景方昭有行之誨元端素積

雅叶禮經甲阼乙宮信於師古或者之告理實無從

封希顏

希顏睿宗朝官右樂丞開元中歷侍御史內供奉遷戶部員外郎

六藝賦（以移風易俗安上理人爲韻）

散琴書以吟想多六藝之爲儀禮緣情而損益樂與道而推移數方窮於大衍射不貴於主皮書斷決以象夬御周行而取隨則廢一而不可猶五材之並施且夫禮者含七曜均兩儀順之則安違之則危故君當廣敬臣亦盡規不

害物以利己每謙尊而守卑況復冕旒十二駱馬千羈會同侯伯享獻神祇者焉人無定樂有曲扣羽增智聞商寡欲必除怗懘之音使優柔以自足然後美教化成風俗魯不納於齊人戎辭遺於秦穆太史之職推步萬端或分或至一暑一寒趣乾坤之取舍知運命之艱難亦有宏羊心計小道可觀便人利國下給上安若乃墨妙之場書淫之客轉注別態圓方自適萬仞崩雲千巖落石垂露霑於緗綺飛花散於竹帛觀夫始用契以代繩未有紙而作策何樸略之難同爲智巧之所易也大射之禮先王是崇侯以示其所服正無言而審同飲少算於多算或在澤而在宮天子用騶虞之節諸侯歌貍首之風將以合雅投頌褒德進功敢不慎其所舉取制於中恐前功之相棄故少息而未窮良馬四之分鑣用壯平心正體自下奉上周諏則瑶水遐通虞巡則蒼梧可望不遠千里惟君所向寧止過遠前驅逐禽左廣願終功於造父不見遺於師曠緊彼庶藝孰與之倫圍碁好殺夾食無親祈年設漢左道亾秦今我守則以禮動輒隨人爲百工之恒式同六律之相循於戲聞先達之格言才難得而具美伊小人其何執效執御於

夫子有餘力以學文恐代匠而傷理屬天地之交泰忝侯藩之貢士儻片善而必收敢長鳴于知己

梁獻

獻先天時官倉部員外郎

出師賦

聖人乘時兮里社鳴聖人御宇兮天下平百姓日用而不盡四方風動而化行外鎮武將內羅羣英既居尊以體道思順文而偃兵何朔塞之醜類尚居邊而屢驚皇赫斯怒授鉞四七告歷登壇選時習吉流紫泥之明詔聞黃石之祕術旌旗翩翻而篲雲刀劍燦爛而含日望元塞而徐邁度青門而迴出天子乃整師旅振威德班列品類巾拂輶勒雜沓參差駢闐逼側隱隱軫軫鏘鏘翼翼銳兵含氣武士作色後殿未出於朝廷前驅已羅乎郊國大哉聖主乘時而撫內修恩德於以廣文外整兵戈於以克武設魚麗布鵝鸛良將勁卒威武剛斷欲使兇渠斬首豺狼慴竄一勞而逸永清疆畔爾其有征無戰縑緗所陳兵不可恃惟道是親昔周君有敵雖戎衣一解而夏禹將戰反修德七旬前君尚以行化而感迷悛況我皇上聖德通神別有窮

途下客流落羈棲書劍不用山川幾迷失路空歎亨衢未躋幸逢明聖觸類歸正旣懷投筆之用希遇封侯之聘

大閱賦 以國崇武備明習順時爲韻

惟聖有作合靈大庇萬邦以平羣動咸遂輸瓌景集削衽麇至猶且修干羽除戎器懿文德恢武備大閱之禮所以簡車徒謀元帥以虞以度習無不利故冬令有典夏官是司尚黑服建黑旗各率屬以于徂昭用衆之在茲擇元辰於仲月得剛日於斯時然後萊田立表斬牲徇陣旆游旌控高鞹百其勇倍其信駢馳翼驅旅退旅進鉦鐸鐲鐃之

數物有攸施坐作疾徐之節教無不順咸以律而自勉諒匪高而匪各才實天生用猶日愼遵蘭防而合禮罷芃野而作鎭邊陲削平天下文明遂以畋而以狩知足食而足兵戎士趫夫呈才逞武將擐戾以雄入顧振旅而盡取公之私之有倫有矩崇七德之豐禁邁三驅而誇詡豈惟兆於熊羆固乃除於猰貐暨夫整衆而入軍容翕習咆聒騰驤天動地炭亦取睽而致用誠猶火之不戢惟皇建中昭明有融止戈爲則垂衣是崇混車書於無外尚何施於一戎别有明試疇庸舉惟懋德徵於二柄或不爽於爲邦刑於一言庶無忝於觀國

欽定全唐文卷二百八十三

張九齡一

九齡字子壽一名博物韶州曲江人擢進士始調校書郎以道侔伊呂科策高第開元十一年拜中書舍人內供奉封曲江男二十一年同中書門下平章事遷中書令累封始興縣伯左遷荆州大都督長史卒年六十八贈荆州大都督謚曰文獻建中元年加贈司徒

白羽扇賦并序

開元二十四年夏盛暑奉敕使大將軍高力士賜宰臣白

羽扇某與焉竊有所感立獻賦曰

當時而用任物所長彼鴻鵠之弱羽出江湖之下方安知煩暑可致清涼豈無紈素彩畫文章復有修竹剖析毫芒提攜密邇搖動馨香惟衆珍之在御何短翮之敢當而（文粹作與）竊恩於聖后且見持於未央伊昔皋澤之時亦有雲霄之志苟效用之得所雖殺身之何忌肅肅白羽穆如清風縱秋氣之移奪終感恩於篋中

荔枝賦并序

南海郡出荔枝焉每至季夏其實乃熟狀甚瓌詭味特甘滋百果之中無一可比余往在西掖嘗盛稱之諸公莫之知固未之信唯舍人彭城劉侯弱年累遷經於南海一聞斯談倍復嘉歎以爲甘美之極也又謂龍眼凡果而與荔枝齊名魏文帝方引蒲桃及龍眼相比是時二方不通傳聞之大謬也每相顧閒議欲爲賦述而世務卒卒此志莫就及理郡暇日追敘往心夫物以不知而輕味以無比而疑遠不可驗終然永屈況士有未效之用而身在無譽之間苟無深知與彼亦何以異也因道揚其實遂作此賦

果之美者厥有荔枝雖受氣於震方實稟精於火離乃作

酸於此裔爰負陽以從宜蒙休和之所播涉寒暑而匪虧下合圍以擢本傍蔭畝而抱規紫紋紺理黛葉緗枝蓊鬱霮䨴環合棽麗如蓋之張如帷之垂雲煙沃若孔翠於斯靈根所盤不高不卑陋下澤之沮洳惡層崖之崄巇彼前志之或妄何側生之見疵爾其勾芒在辰凱風入律肇氣含滋芬敷謐溢綠穗靡靡青英苾苾不豐其華但甘其實如有意乎敦本故微文而妙質蔕藥房而攢萃皮龍鱗以騈比膚玉英而含津色江萍以吐日朱苞剖明璫出炯然數寸猶不可匹未玉齒而殆銷雖瓊漿而可軼彼衆味之

有五此甘滋之不一伊醇淑之無算非精言之能悉闡者歎而竦企見者訝而驚仡心恚可以蠲忿口爽可以忘疾且欲神於醴露何比數於甘橘援蒲桃而見擬亦古人之淡失若乃華軒洞開嘉賓四會時當燠煜客或煩憒而斯果在焉莫不心侈而體忲信琱盤之仙液實玳筵之綺饌有終食於累百愈益氣而理內故無厭於所甘雖不貪而必愛況李美而莫取浮瓜甘而自退豈一座之所榮冠四時而爲最夫其貴可以薦宗廟其珍可以羞王公亭十里而莫致門九重兮曷通山五嶠兮白雲江千里兮青楓何

斯美之獨遠嗟爾命之不逢每被銷於凡口罕獲知於貴躬柹何稱乎梁侯梨何幸乎張公亦因人之所遇孰能辨乎其中哉

開元正歷握乾符頌 并序

臣伏見景寅制書以開元歷握乾符垂示天下幸甚其沙門元偘等所言益部耆舊傳洛下閎改顓頊歷推校最爲精密而曰後八百歲其歷差一日當有聖人定之到於今歷果有差聖果有定誠非常之嘉應曠代之靈符不可得而間也臣誠歡誠喜臣聞天道先聖而啟期聖人後天而奉時不當乎天心不在歷數不登乎聖道不合元符元命定而王者應幽數起而明者察故洛下閎極其數而知來者舊傳尚其占而示後我皇帝無思而感自然元同僧元偘等幸會而言豈云素慮非人事也非神道也天固已儲祥以俟時積分以差日出入數代多歷年所疇人極力不能課其祥上林雜候亦莫徵其失則明天意以俟聖期期數未臻乃藏於密聖諮將至如應如響彼幽淡之何有此會通之不謀所以下叶黃鐘上稽歷象以和六氣以合三光復其見心闡不容髮斗樞且運而況於人時元氣已調

而況於月令於戲天下之動日用不知昆蟲草木生者自遂麟鳳龜龍靈者自瑞蠻夷戎狄遠無不至山川鬼神幽罔不洎此聖人所以定天下之象通天下之志而天人之道備矣昔者河出圖洛出書自時厥後符命非一空文而無應其殆乎人爲實錄而有徵焉用乎龍負則洛下閎者此其神乎不然是何見之明也夫聖有時而不作物無聖而不覩仲尼感時於鳳鳥古人嘆壽於河清皆傷於不逢而恨於難見我后受成命重光乎文武累聖而無窮殊祥而無數彼哀命之者曾不得而朝聞凡今之人抑何幸而

目覩由是觀之當其來運唐虞之屋可封非其有時孔邱之徒不遇此千載之會也萬物豈知其謝生於天乎兆人亦云忘力於帝乎微臣荷寵靈揚休命則臣子之忠在於盡美而惟天之大終莫能名不勝區區敢獻頌曰

於皇惟后受命於天時來于今兆是厥先既定乃曰允叶斯年赫赫光明應於上元

龍池聖德頌 并序

臣聞昔者元德升聞皇天眷命元聖有作上帝何言必見意於休徵忘象於幽贊惟茲降鑒若曰專精道周萬物者

其神充功濟生人者其祥大粤若古始肇有君臣巢燧之前寂寥無記書契而後煥炳可觀若乃鬼神睢盱品彙紛錯性命未正吉凶不定而太昊氏將通其德則河爲之出圖人食未粒鳥獸是茹時不耕稼器無耒耜而神農氏將教其本則天爲之雨粟蚩尤不道炎帝不制銅鐵鑄兵豺狼橫厲而軒轅氏將禁其暴則天爲之降元女洪水方割下人昏墊堯德莫能弭厥災舜功不能除其害而夏后氏將厎其績則洛爲之出書自茲以降殆三千歲矣其間水火更王雲物告符有若狼銜鉤魚躍舟素靈哭黃星見豈不以湯德有慙武善未盡漢道既雜魏方亦偏唯以一至之應且爲興王之兆則未有天錫眞符聖受休命遠與大禹相續超與上皇比崇如我國家之盛者焉洪惟龍池蓋天之所以祚聖即今上卜居之舊里京師爽塏之地傍無實澤中忽濫泉非常而靈液涓流無幾而神池寖廣榮光休氣若煙若雲所未嘗有則此之出雖清可以鑑而深不見底鱗介瑰詭於物其中時莫知其所然日徒見其有異中宗採識者之議壓王氣而來遊聖上處或躍之時出飛龍而合應臨淄始封也邸第在焉上黨歷試也靈符紹至

天其以是永命我唐圖象丁寧有所厎止其若茲也夫成數有時而否至理無代而亡固在乎大聖之生也乘運而作鼓天下之動安天下之危故將順成功自古之啟佑也如彼克定多難自天之叶贊也如此初中宗違代后黨窺隙大盜狃於得志羣慝起而擅權若綴旒然當此時也天與若不取鬼謀或不協則我祖宗之業無乃將墜而億兆之命亦猶倒懸聖上感之提劍而起雷霆一奮祆沴以清內難既衰外虞有謐推戴太上照臨萬邦實天之爲與人更始系皇統維乾綱決紘補壞蕩瑕滌穢而乃闢典或備

舊章悉舉處窮盡達在困必通品物資以再生寰區爲之一變然後返華僞於樸還澆漓於淳以大道爲源以至仁爲根動推是心以御於事人見德而興行神享誠而介福故不在於刑罰不在於禱請大造裁成元猷允塞有如陽春播澤觸類皆滋泰山起雲無遠不徧雖昆蟲草木與蠻貊要荒樂其所生安其所習在牛羊而勿踐有干戈而載戢又況於衣冠華夏禮樂家邦而不形於斯須不彰於漸漬者也夫然何教非德何化非經何能事之不舉何醇精之未極周溥洋溢於穆緝熙至於太和莫不允若體侔天地之大事出皇王之表豈擎跽曲拳盡禮極力將用彥聖不啻其口所能稱誦於吾君所可殆庶於至德且往者之有開也天感精以降聖聖敬命以奉天此誠有元則欽明文思及茲報本必嚴祇齋栗靈慶以屬之神化以答之與初相明其徵乃著紛綸先兆非篤信歟由是言之統天者人合符者聖而美德序命殊尤卓絕豈多乎哉至如古之興王必有所感五帝更尚五運旁通土者黃中之精於金爲母水者善利之物於土爲妃苟膺期而有來必合德而爲表是則然矣天其或者亦以阜育羣化發揮茂祉始告

以聖有明徵終成乎帝之神冊因其立象之本會以相乘之數則載代六百歷紀千年變而通之胡可量也宗子宗正卿褒信郡王璆等若干人伯父伯兄仲叔季弟聚族相與詣闕上言天意昭著固已久矣人事符合亦云至矣而一德是建泰階既平靈臺靈沼赫赫明明天之爲大雖莫能名王之在鎬豈無頌聲上初克讓抑而未許至於累請乃曰俞哉史臣不敏敢獻頌曰

茫茫元昊載凝載薄在帝庖犧繼天而作浩浩洪水包山襄陵舜亦命禹夏氏以興龍圖龜書二王是膺湯武已下夫何足徵

右元命

於鑠巨唐乘運而起纘禹之迹系堯之紀五聖在天丕命曾孫高視河洛同符混元亦有黃龍出於靈沼明明穆穆天子之表

右聖德

倬彼東井昭章于天沈精降液下爲靈泉靈泉有泚其淡無底泌之洋洋其甘如醴清德之鑑柔道之體洪源濬規實天之啟

右靈泉

濯濯靈泉洞冥皇祗滋液流衍化爲神池曰止曰行惟聖之作匪鱣匪鮪惟龍之躍植物斯生動物斯樂天根有見曾是不涸

右神池

靈有休氣紛紛郁郁如山之包如雲之簇潛龍在下瞻烏在屋兆云其吉周爰諮諏既契我龜又叶我人鎬惟舊京其命維新

右休氣

蜿蜿黃龍神池自出靈化恍惚噴雲沃日告帝之符其儀孔吉或潛於泉或見於田與時順動亦應乎天克配我皇無德稱焉

右黃龍

開元紀功德頌 并序

臣聞蠻夷猾夏唐虞已然天之所生類不可絕嘗有拓境者矣而固也爲患或有款塞者矣而必也無親是以古之哲王審其若此則限以荒服斷非純臣不貢不王武功居後不庭不率文德是先三代所以直道百蠻所以向化迨乎春秋之衰諸侯以力征伐自出戎心大啟謀夏亂華干盟偪好王綱弛而若綴天道厭而將革則有强能攘刼暴惡交侵雖雜霸之無成亦反經之所取其負力者乃塹山堙谷盡境而築長城其黷武者則輓粟飛芻窮兵以耗中國又失於下策而悔在末年彼王略之不恢殆千餘載矣夫有其餘而無豫思其患而不圖所謂能國將安貴聖物豈終否道非固窮鑑之者昊天救之者英主元命陰隲畀付神武我太宗一戎衣而大定我皇帝再受命而太平不是古而務文不非今而忘戰以時變而消息與天元而合

符日月之所照臨陰陽之所陶冶凡有在地莫不稟朔而東夏郡縣北隙山戎先是四十年侵軼數百里自茲氣奪數以病告既威攘之不讐且力制之不可或朝或否爲虺爲蛇幽鄣未遑以滅烽邊城安得而弛柝曠日持久兵連禍拏率由事邊是無寧歲二十二年春乃命右羽林大將軍兼御史中丞幽州長史張守珪將中軍都督諸鎮雄名先路夷裔生風載馳信臣繼發精卒戒嚴有赫張皇若神公卿大夫未始測也將校部曲亦莫知也皇帝方日靖以慮之乾綱以斷之初決策於九重已收功於萬里矣二十

二年冬十有二月中貴將命元戎受律三軍疾雷於不時二庭喪膽於非意欲遁則衆潰不係欲拒則兵鋒莫當因而僞降幸且紓禍遽圖反覆將肆鴟張覯釁先人豈伊負我以間諜而情得乘猜攜而計從或奇兵以嘗或厚利以啗無何變作果自族誅凶元惡首鬼惑神誘假天威而無前覆鳥巢而何有於是諸部大駭率衆復歸責以不義之尤捨其不臣之罪旣服卽序有威且懷載籍以來固未之見也昔我睿宗取句驪於拾遺今茲聖謀易林胡於反掌獻功有續後嗣無忝百王所廢之勳四夷來賓之俗自我

底定巍乎發皇其若此也於是彼節使與羣帥因東師之凱旋離而族談合而公議以爲主上憫一隅之苦乖不代之略以計易戰以信去兵神斷自天虜平不日且軍未血刄敵免膏原密承無方之謀坐致不陣之捷有征無戰卽王者之師歟而不彰美於吾君得無臣子之罪不表聖於帝載曷稱文武之時乃率其屬至於固請帝三讓德而曰俞哉夫曲成萬類者天爲而不有下濟兆庶者聖成而不居物無謝生於天雖云至道人無歸功於聖何以最靈雖無已無名所宜絕於言象而惟忠與義固不廢於頌述大雅云徐方旣同天子之功又曰明明天子令聞不已其此之謂也臣再拜頓首敢獻頌曰

赫赫天威兮被遐荒蠢茲山戎兮不來王命南仲兮整六師出幽陵兮躪九夷籛赤山兮蕩滄海弔無告兮伐有罪徒不勤兮車不殆虜震驚兮兵氣倍昔負固兮今安在魁自殲兮裔旣平謀旣集兮聖自明我不戰兮獻戎捷俾厥後兮揚天聲

藉田制

門下粢盛所以奉神祇耕藉所以助人力旣義率於下而

敬在其中是爲先農存諸大典故周宣不復於古而虢公致諫漢文能修其政而班史美談朕自御極以來動咨故實惟是千畝未展三推匱神困人降災移歲庸不在此良以憮然今星紀旣周土膏將動去農祥而不日考帝藉之以時朕其親耕以實御廩宜令禮官博士詳擇典故有司速卽施行

諸王實封制

門下先王之制封建有等諸侯所食征賦以歸河西節度大使原州都督慶王潭河東節度大使太原牧棣王洽河

北節度大使幽州大都督鄂王涓等性皆中和行無外飾教以詩禮能漸義方雖已列於封圻竟未疇於井賦頃以孝友之習且在深宮服用之間亦從御府既申開國之典宜崇書社之數可各食實封二千戶主者施行

貶韓朝宗洪州刺史制

門下所遣使臣將恤人隱頻亦諭旨期於悉心而政或相蒙賞或失善以此致理未嘗聞之朝請大夫荆州大都督府長史兼判襄州刺史事山南道採訪處置等使上柱國長山縣開國伯韓朝宗亟登清要爰委條察宜恭爾職以

副朕懷而乃私其所親請以爲邑未盈三載已至兩遷既殊德舉自速官謗及令按事果驗非才傷敗實多矯誣斯甚舉不爲黨豈其然歟事咨於周則異於是不能自律何以正人仍期後效且示輕貶可使持節都督洪州諸軍事守洪州刺史散官勳封如故馳驛赴任惟知人則哲在予之責已深而事上竭誠爲臣之節當勵其有賞罰不正枉直失措陷於比周隳我綱目有一於此誰其捨諸凡今刺舉宜以爲戒主者施行

廢王皇后制

門下朕承五聖之緒爲萬國之君敢以私愛而廢至公內顧而忘鴻業皇后王氏天命不佑華而不實居上畜虎狼之心御下甚鷹鸇之迹造起獄訟朋扇朝廷見無將之端有可諱之惡焉得敬承宗廟母儀天下可廢爲庶人就別院安置刑于家室有愧昔王爲國大計蓋非獲已布告天下咸使知聞

停張說中書令制

特進行尚書右丞相兼中書令燕國公張說往屬艱難輸誠於履險及茲輔相潤色於告成而不察細微之人頗乖

周愼之旨朕略小存大念舊錄功且法不欲屈宜罷中樞之任義亦有在更崇端揆之榮宜停中書令可尚書右丞相仍將國史於宅修撰主者施行

敕皇太子納妃

敕禮有謹於初義亦重其本凡是姻媾且猶正於人倫況在元良更將承於宗祀皇太子鴻儲副是屬仁孝自然爰從吉辰式備嘉禮上事下繼君子重之言告言歸朕豈無慰非獨在予之慶宜申與衆之澤應天下囚徒死罪特宜免死配流嶺南遠處流罪降至徒徒已下罪並宜釋放其

造僞頭首勾合知情受僞人等罪雖徒流仍便隸爲百姓至彼勿許東西諸道征行人家及鰥寡惸獨委州縣長官檢校矜放差科使安其業中間有不支濟者量事賑給仍量助其營種長安萬年兩縣百姓及今月當上彍騎衛士雜匠掌閑幕士駕士工人樂人供膳主膳官馬主食（一作角）弓等並免其家今年地稅三衛細引飛騎萬騎監門長上及禮生有職掌者各減一年勞在京文武官九品以上見在京外官因公使及當上在京新除五品以上外官未辭并致仕官朝朔望者各賜勳一轉東宮官九品以上諸司

緣禮會祇供官等更加勳一轉五禮使兵部尚書兼中書令蕭嵩特封徐國公禮會使黃門侍郎同中書門下平章事韓休特與三品妃禮會使少府監馮紹正賜紫金魚袋諸副使及判官更加勳一轉禮官儐者夾侍官及孔目官使典主旌節等選日優與處分仗內馬家內侍省給使教坊音聲人緣太子禮會祇供者各賜勳一轉皇太子舅尚輦奉御趙迴進特與三品仍改三品官前右武衛騎曹趙某（集作迴進一作向遵）特與五品仍改與五品官皇太子侍讀侍書等各加一階皇太子諭德潘蕭特與五品太子妃兄通事舍人薛愿特與五品仍改與五品官兄吏部常選薛某特與五品仍與六品官今日應預會官等各節級給賜物即宜領取宴會者所以宣其情頒錫者所以將其意公卿百辟庶知朕心

敕處分十道朝集使

敕朝集使等朕恭已奉天守文繼位布一心於兆庶明四目於萬方猶恐德或未周物不遂性旁求俊乂共理黎元於茲羣辟寧不我副凡今政要略有四端衣食本於農桑禮義興於學校流亡出於不足爭訟由於無恥故先王務

其三時將以厚生也修其五教將以淳俗也有國有家同知此議不患不知患在不行豈至長吏屢改正教屢移在官當先爲國理人各揚其職不得冒禁干進苟利其身澆俗不可不革淳風不可不返近令刺史在任四考方遷實欲始終其情黜陟斯繫必若縣得良宰萬戶息肩州有賢牧千里解帶仁政不遙行之則是皆能勵節朕復何有且如浮逃客戶所在安輯征鎮人家每事憂恤倉儲唯實賦役唯均鰥寡撫存盜賊禁止郵驛無弊姦訛不生念茲入事朕嘗屢想嗟爾庶尹可不用心卿等還州遞相勸勉遵

此王度恤彼下人敬順天常無違月令夫星列躔次土分區域休咎之徵唯人所感善必知主惡亦有由每至歲成當加賞罰宜知朕意並即好去

敕處分十道朝集使

敕朕臨御天下二十餘載每思至理實仗羣賢何常不敷求循良共底於道隼旟熊軾光寵有加甘露鳳皇寂寥無紀豈朕之不德感致斯然爲庶尹所能已極於此是用寤寐增歎殷勤永懷更爲後圖或未晩也且一郡之政繫一己之能泉源既清蓬麻自直爲長吏者可不勉之卿等至

州遞相慰誨以副共理之意用光分憂之委且如江左爰及山南歲小不登人已菜色皆由好逐朝夕之利而無水旱之儲卒遇凶年莫非艱食此則政乖慮始人無勸分欲免流庸不可得也夫氓者冥也豈能自謀政者正也當矯其弊所由長吏可不勉歟相其物土之宜務以耕桑之本時無妨奪吏不侵漁既富而教奚畏不理至若征鎭役重孤弱命窮將須哀矜以遂仁恕其餘常科所禁自可舉而行之豈煩縷說方振綱領乃者庚子制書已明理要徐思其意勿謂空言若風教未宏議能蓋闕競入朝計冀幸遷除勿曰不知將自誣也方牧參佐各宜思之朕所待賢能不惜官秩惟聲實是與惟履行是憑古者刺史入爲三公郎官出宰百里豈有限也何在汲汲不安於理郡哉誠須勵精以俟後命並即好去

敕處分朝集使

敕朕受命于天義兼君父思致可封之地無忘終食之間自有萬邦幾將二紀而刑政或殊風俗尚澆行所望而未至顧本懷而自失惟朕之不德在予之過有歸而卿等共理忠愛之誠宜剖至如典州當侯伯之尊宰邑敵子男之

寵好進之輩豈不務於政成欲速之心獨未思於義聣朕所以數戒敕以見意增祿秩以勸能何嘗有公方清白者不升理道循良者不用若聲績未著黎庶未康牧守未朝而輒遷參佐踰年而競入此獨爲人之資地爾豈是責成之意耶以故一切還州將矯其弊卿等至彼明諭朕意知不以中外爲隔唯以億兆爲憂頃以天下浮逃先有處分所在括附便入差科輒相容隱亦令糾告如聞長吏不甚存心致令流庸更滋前弊未革自行此法即有姦生逃者租庸類多乾沒長吏明察豈其然乎此色每年别須申省

比類多少以爲殿最又獄訟所寄人命是懸近恐妨農特原輕繫俾加閱實乃多幽枉都邑尚爾郡縣可知各以貶官用懲主吏自今以後天下繫囚等應申覆知證在遠而就中稍重者不得過十日次不得過五日其餘輕科量宜決遣不得因此復加楚毒且外臺者長吏主之至如禮義不興耕桑不勸孤寡不恤徭役不均不肅吏人不清盜賊不懲侵暴不糾姦訛有一於此是誰之過其遊僧幻者誑誘愚人窮其根萌特須禁絕諸軍征鎮每遣優矜如聞比來未免辛苦特宜撫恤使得安存今農扈戒期耕夫在野

事非急切不得追呼卿等至州一一宣示當遣察問勿不用心卽宜好去

敕處分十道朝集使

敕十道及朝集使等信賞以勸能刑罰以懲惡謂之二柄所以一人朕念彼黎元比遭水旱而賦役不等浮惰相仍且無緝寧漸用凋弊所以愼擇長吏兼命使臣寵數所加亦云不薄智能自效豈是末圖政之殊尤永用虛佇且郡縣所理黎庶是切善爲政者防於未然均其有無省其徭役事事有豫早爲之所雖遭歲惡固亦人安況在豐年不能招輯遂使戶多虛掛人苦均攤務欲削除更成詭故已逃者未必爲削爲姦者因此便除一啟其端豈勝其弊向若州有明牧縣有良宰而精心緝理豈若是乎卿等至州將朕此意優柔慰勉各令用心招撫流庸補綴居業使免助逃之費是爲救弊之先此不存心更知何理且刺史縣令專任不輕自有非違將何率勵至如親識遊客憑恃威權囑託下寮搖動獄訟或差遣不當致令損失或處分有乖使至煩擾兼有不肅諸吏唯只自謹一身姦豪盜賊無所畏懼是虛荷榮寵徒增祿秩此而可容孰爲尸曠並委

諸道條察具狀奏聞今甘澤以時農桑爲重不急之務先已勤停宜更申明勿妨春事諸處百姓貧窶者多雖有隴畝或無牛力勸率相助令其有秋所繫囚徒速令決斷無令寃滯致有妨奪鰥寡惸獨征鎮之家倍須撫存勿有科喚朕所懸爵秩惟待賢能若政舉一州惠施一縣使者廉問必以狀聞旣能副於朕懷亦當待以不次誠可復也豈食言哉並卽好去

張九齡二

敕令禮部掌貢人

敕。每歲舉人。求士之本。專典其事。寧不重歟。頃年已來。惟考功郎所職。掌位輕事重。名實不倫。欲盡委長官。又銓選猥積。且六官之例。體國是同。況宗伯掌禮。宜主賓薦。自今已後。每諸色舉人。及齋郎等簡試。並於禮部集。既衆務煩雜。仍委侍郎專知。

敕幸西京

敕。朕所時邁。皆順物情。頃屬關輔無年。遂爾東幸。固非爲已。將以息人。今百穀既成。庶務皆省。而五陵所奉。誠在京師。安可更留。周南有闕。時薦宜以來年正月七日。取南路幸西京。所司準式。應緣行幸所須。務從節減。所由明爲條例。勿使勞煩。

敕置十道使

敕。歲比不登。人或流亡。言念菜色。朕用疚懷。而牧宰是寄。惠養猶缺。黎元爲本。賦斂未均。當宁思之。良所於邑。且十連爲率。六察分條。周漢以還。事有因革。帝王之制。義在隨時。其天下諸道。宜依舊逐要便置使。令採訪處置。若牧宰無政。不能綱理。吏人有犯。所在侵漁。及物土異宜。人情不便。差科賦稅。量事取安。朕所責成。貴在簡要。其餘常務。不可橫干。其使宜令中書門下。即簡擇奏聞。朕將親覽。

敕授十道使

敕。言念蒼生。心必遍於天下。自古良牧。福猶潤於京師。所以歷選列城。聿求連率。豈徒刺察。將委輯寧。朝散大夫檢校御史中丞關內道宣慰賑給使上柱國盧絢等。任寄已深。聲實兼茂。咸貫通於理道。益純固於公心。或華髮不衰。

或白珪無玷。可以範儀郡國。康濟黎元。間歲已來。數州失稔。頗致流亡。能勿殷懷。吏又不畏不仁。人或不安不便。誠須矯過。必在仗賢。而前此使車。不無殷鑒。事皆掣肘。務欲總權。小有舉於毫髮。大莫振於綱領。本不條察。卻用煩苛。永言所期。豈云自弊。今既各膺重寄。允謂通才。以蠲疾苦之原。當叶大中之義。若令行一道。利及萬人。朕所設官。以待能者。朝之優秩。必歸令譽。言可復也。宜副朕懷。可依前件。

敕停官祭贈太子

勅諸贈太子頃年官爲立廟並致享祀雖欲歸厚而情且未安蒸嘗之時子孫不預若專令官祭是以疏閒親遂此爲常豈云教孝其諸贈太子有後者但官爲致廟各令子孫自主祭其祭置及官悉停若無後宜令依舊

勅歲初處分

勅天地以大德生羣品聖人以大寶守萬物古者受命之君謂之承天之序明有所代夫豈徒然若道無欽崇命不永保帝實臨汝人曷戴君朕所以每期庶乎合於仁覆之意也夫宓義神農黃帝堯舜或誅而不怒或教而不誅彼

亦何爲獨臻於此朕自有天下二紀及茲雖未能畫衣以禁亦未嘗刑人於市而政猶踳駮俗尚澆漓當是爲理之心未返於本耳凡人豈不仁於父母兄弟不欲於飲食衣服乎而卒被無孝友之名不溫飽之困其故何哉蓋未聞義方不識善道或任小智而爲詐或見小利而苟得致遠則窮繼之以纍已而身受戮誅家不相保愚妄之徒類多自陷訟獄之弊恆由此作吁可悲乎亦在教之不明也蓋刑罰者不獲已而用之天下黔黎皆朕赤子以誠告示其或知歸何必用威然後致理先務仁恕寧不懷之且五常循行豈須演識六親和睦何待丁寧自宜勉之以副所望刑措不用道在於茲今獻歲之吉迎氣伊始敬順天常無違月令所由長吏可舉舊章諸有嫗伏孕育之物蠢動生植之類愼無殺伐致令夭傷九土異宜三農在候聚衆興役妨時害功特宜禁止以助春事至若家有征鎭人或孤惸物向陽和此獨憂悴良可憫也亦宜所由隨事優恤蓋不體仁無以爲長不知道無以用心故道者衆妙之門而心者萬事之統得其要會義可以兼濟於人失其指歸生不能自全於已故我元元皇帝著道德經五千文明乎眞

宗致於妙用而有位者未之講習不務清淨欲令所爲之政教何從而致於太和者耶百辟卿士各須詳讀勉存進道之誠更圖前席之議至如計校小利綜緝煩文邀名直行去道彌遠違天和氣生人怨心朕甚厭之所不取也各勵精一共興元化俾蒼生登於仁壽天下還於淳樸豈遠乎哉行之可至其老子道德經宜令士庶家藏一本仍勸習讀使知指要每年貢舉人量減尚書論語一兩道策準數加老子策俾敦崇道本附益化源朕推誠與人有此教誠必驗行事豈垂空言今之此敕亦宜家置一本每須三

省以識朕懷

敕處分舉人

敕求賢濟理詢事考言務取由衷以觀滾識頃年策試頗成弊風所問既不切於時宜所對亦何關於政事徒徵隱僻莫見才明以此擇賢良未得所卿等各膺推薦副朕虛求宜其悉心各盡所見勿復仍舊空載游詞各宜就食食訖就試

敕處分縣令

敕諸縣令等自古致理其在命官令之所切莫如守宰朕

每屬意尤重此官有善者雖遠必升無能者縱近必廢惟取才實非務官資事亦坦然天下所見而浮競之輩未識朕懷俾其宰邑便爲棄地或以煩碎而不專意或以僻遠而不畏法或以徇己而貪婪或以畏法而巽愞浸染成俗妨奪爲常嗷嗷下人於何寄命朕所以寢興軫念思以濟人故命吏曹精選才幹卿等各膺推擇用簡朕心若能理化有聲名實相副必有超擢終不食言如其謂人不知惟利是視自速負敗兩喪身名智者所圖應不至是各宜勉勵以副勤屬

敕處分縣令

敕新除河南府密縣令張稷等令長之任黎庶尤切比嘗選舉未盡得人然而勇進之流乃非其好矯弊之政豈無所革今既各膺獎用當盡良能期月有成聲能若著所列清要惟待賢才既爾有聞不患無位各宜勉勵以副朕心

敕處分選人

敕朕憫茲下人不忘寤寐庶乎富教寄在牧宰所以推擇才能親加考覈卿等各膺時用副朕虛求亦既得人佇聞佳政若能銳精爲理聲績有稱即當待以不次信斯言之

可復如其政不能舉行且有遺豈獨敗於厥躬必將坐於舉主此亦明約不得不然各宜勉之以成名節今賜卿少物各宜領取並於朝堂坐食食訖好去

敕議放私鑄錢

敕布帛不可以尺寸爲交易菽粟不可以杪勺貿有無故古之爲錢將以通貨幣蓋人所作非天實生頃者耕織爲資乃稍賤而傷本磨鑄之物却以少而致貴頃雖官鑄所入無幾約工計本勞費又多公私之間給用不贍永言其弊豈無變通往者漢文之時已有放鑄之令雖見非於賈

詛亦無費於賢君況古往今來時異事變反經之事安有定耶終然固拘必無足用且欲不禁私鑄其理如何公卿百僚詳議可否朕將親覽擇善而從

敕處分宴朔方將士

敕朔方軍節度大使兵部尚書信安郡王禕總戎朔陲經略萬里賦車籍馬精卒銳兵自其有虞莫不素練而醜虜背誕偏師致誅謀若有神取如俯拾雖廟略之云遠亦將士之力焉威武載揚頑凶且慴狂寇覆巢以奔北羣師掉鞅而來歸因其凱旋聊加宴樂各宜坐食相與盡歡其軍

將已下官賞別有處分信安郡王禕與一子官

敕宴幽州老人

敕幽州老人師知禮等比者林胡翻覆薦歲不寧戎馬之鄉良亦滋苦而賊虜自叛天實誘之主將致誅略無遺噍實除邊患且減征徭卿等忠義因心遠來陳賀滋所嘉尚並宜坐食各有賜物食訖領取

敕處囚

敕時向炎蒸人或寃繫豈忘仁恕固須審察其京都城見禁囚宜令中書門下及留守檢覆訖徒已下罪各諉所由長官據情狀量決罰便放死罪已下遞降一等有情狀難容合決格杖者決訖準例處分天下諸州亦並準此

敕擇日告廟

敕邊境爲患莫甚於林胡朝廷是虞幾煩於將帥車徒屢出芻粟載勞使燕趙黎氓略無寧歲而山戎種落常爲匪人近有野心窮而歸我曾是懷附每所撫柔而不變鴞音輒爲獸搏幽州節度使副大使張守珪等乘閒電發表裏奮討積年逋逃一朝翦滅則東北之祲便以廓清河朔之人差寬征戍此皆上憑九廟之略下仗羣帥之功今其凱

旋敢不以獻宜擇吉日告九廟所司準式

敕辭泰書

敕辭泰朕撫育降奚每事過厚衣食供給數年於茲而禽獸無知不懷恩信相率種落一時叛亡此於國家譬猶蚊虻耳無所憚惜惟惡惡心總是亂階私相招誘若不撲滅何以示威卿可率所統與紀思誨王忠嗣等計會進討卿既身在邊鎮滋練兵權進退動靜惟變所適敵則預料奇出臨時會在審量不可輕舉氣候漸暖卿及將士已下並得如宜遺書指不多及

敕安西節度王斛斯書

敕安西副大都護王斛斯使人兼趙壁近至省表具之前已敕卿嚴加部勒近得奏請皆依處置卿當此信任必用盡誠蕃鎮之虞且無西顧頃者劉渙凶悖遂起姦謀朕以偏荒比加隱忍而惡跡轉露人神不容忠義之徒復知密旨自聞伏法自取誅夷狂愚至深亦何足道卿與彼地近想備知之突騎施北來窺隙會須審察至竟如何蕃中人來未可輕信但當撫養士卒而臨事制宜必先保全以此爲上夏初已熱卿及將士已下平安好遣書指不多及

敕西州都督張待賓書

敕西州都督張待賓累得卿表一一具知劉渙凶狂自取誅滅遠近聞者莫不慶快卿誠深疾惡初屢表聞邊事動靜皆爾用意即朕無憂也夏初漸熱卿及將士官僚百姓已下並平安好遣書指不多及

敕清夷軍使虞靈章書

敕清夷軍使虞靈章窮寇傷殘寄命無所猶以遺噍敢犯塞垣卿義勇過人臨難無苟親當矢石逐此犬羊略有梟夷足申威武邊寄盡節朕甚嘉之仍聞鋒鏑既交在卿亦有所損神道助順應不爲災今將藥物可以時療所有將士用命即具狀以聞其不幸陣亡固將深悼惜亦宜追卹當有加贈夏末甚熱卿及將士已下並平安好遣書指不多及

敕伊吾軍使張楚賓書

敕伊州刺史伊吾軍使張楚賓近得卿表知沙陁入界此爲劉渙凶逆處置狂疎遂令此蕃輒有遷轉今劉渙伏法遠近知之計沙陁部落當自歸本處卿可具宣朝旨以慰其心兼與蓋嘉運相知取其穩便豐草美水皆在北庭計

必思歸從其所欲也卿可量事安慰仍勿催迫處置了日具以狀聞夏中盛熱卿及將士百姓已下並平安好遣書指不多及

敕河西節度牛仙客書

敕河西節度使牛仙客邊事煩總苦已勞神若不纖悉安得條理頃聞訓練士馬蓄積軍儲資用有餘動不忘備是卿忠烈更勤經略事事如此朕復何憂摩管之聞想皆得所卿近有奏請並已處分夏末甚熱卿及將士百姓已下並平安好遣書指不多及

敕北庭將士已下書

敕北庭將士瀚海軍使蓋嘉運已下逆胡忿戾乘此猖狂驅率匪人圍犯邊鎮皆如素處不出下策卿等雖在絕境且據堅城將士一心莫非義勇觀釁而動取亂在茲宜臨事籌之無失此便但蘇祿本以姦詐誑誘羣胡無德在人何能有國今乃驅烏合之衆作不義之舉師曲在老族滅其時卿可因其不固之心乘其已疲之衆掎角歸路翦滅逋醜此亦天與豈直人謀仍熟料之取萬全也國之重賞惟待奇功豈在言之自艮圖耳比秋氣已冷卿及將士百

姓並安好遣書指不多及

敕西州都督張待賓書

敕西州都督張待賓及官吏百姓已下不虞狂賊擁衆多時彼州軍人素乏器械聞其悉力能不懸心卿等堅守孤城敵此凶寇亦既久拒終然萬全斯乃義可感幽鬼神相助妖不勝德氛祲自銷來無所能去無所得犬羊之衆道路埋魂其於破傷亦云甚矣向使甲戈有豫士卒且強躡彼歸途可無噍類卽令所司支料以備後來其有功之人各且據實以時敍定當有酬賞其龍泉寺小堡被其殘破雖已收拾猶慮損傷各宜宣慰令得存活秋氣已冷卿及寮吏百姓已下並平安好今賜卿衣一副至宜領取遣書指不多及

敕北庭將士百姓等書

敕北庭將士部落及百姓等忠義所感在臣子而固然凶惡必誅雖鬼神而亦爾逆賊劉渙不意含氣有此狂愚忽於夷塗坐生逆節姦謀雖起狡數自窮誘人不從欺天斯甚由是忠義奮發凶醜就擒雖則奴庸何足比數然則荒徼亦云除惡皆是卿等同心盡力向國輸忠能協人鬼之謀不貽戎狄之笑朕每以嘉歎無忘於心所云有功皆已優賞懲惡勸善實在於茲夏中甚熱卿並平安好遣書指

不多及

敕新羅王金重熙書

敕新羅王金重熙金獻章及僧沖虛等至省表兼進獻及進功德並陳謝者具悉卿一方貴族累葉雄材秉忠孝以立身資信義而爲國代承爵命日慕華風師旅叶和邊疆寧泰況又時修職貢歲奉表章進獻精珍忠勤並至功德成就恭敬彌彰載覽謝陳並用嘉歎滄波萬里雖隔於海

隅丹悃一心每馳於闕下以茲歎賞常屬寢興勉宏始終用副朕意今遣金獻章等歸國並少有信物具在別錄卿母及妃並副王宰相以下各有賜物至宜領之冬寒卿比平安好卿母比得如宜官吏將士百姓僧道等各家存問遣書指不多及

敕新羅王金興光書

敕新羅王開府儀同三司使持節大都督雞林州諸軍事上柱國金興光賀正使金碣丹等至兼得所進物省表具之海路艱阻朝賀不闕歲亦忠謹日以嗟稱所謂君子爲

邦動必由禮頃者渤海靺鞨不識恩信負恃荒遠且爾通誅卿嫉惡之情常以奮勵故去年遣中使伺行成與金思蘭同往欲以叶謀比聞此賊困窮偷生海曲唯以抄竊作梗道路卿當隨近伺隙掩襲取之奇功若有所成重賞更何所愛適欲多有寄附實慮此賊抄奪不可不防豈資窮寇待蕩滅之後終無所惜一昨金志廉等到緣事緒未及還期忽嬰瘵疾遽令救療而不幸殂逝相次數人言念殊鄉載深軫悼想卿聞此良以增懷然死者生之常固其命也固當理遣無以累情初秋尚熱卿及首領百姓已下並平安好今有答信物及別寄少信物並付金信忠往至宜領取遣書指不多及

敕河西節度牛仙客書

敕河西節度使牛仙客戎狄無義禽獸不若但當以兵威取此豈可人道論之突騎施頃者通和朕每撫之如子行李往來不隔歲時賜與優饒非直君長而窺我邊隙圖陷庭州關侯斤所以見誅天下孰云不當不思已過仍敢我讎率其犬羊犯我皇堡是其送死之日可謂天亾之時若不因其自來乘危決策一失此便後悔何追宜密令安西

徵蕃漢兵一萬人仍使人星夜倍道與大食計會取葉護勃達等路入碎葉令王斛斯自領精騎取其家口河西節度內發蕃漢二萬人取瓜州北高同伯帳路西入仍委卿簡擇騎將統率仍先與西庭等計會尅日齊入比已敕朔方軍西受降城定遠城及靈州兼取大家子弟並豐安新泉等軍共徵二萬於瓜州北庭招託就中簡擇驍健五千人先入直赴北庭從瓜州宜給一月熟糧若至北庭糧貯可支五年以上凡此諸道徵發並限十二月上旬齊集西庭等州一時討襲時不可失兵貴從權破虜滅胡必在此

畢卿可火急支計無失便宜今故使內侍程元宗催遣兵馬一一口具秋氣漸冷卿及將士百姓已下並平安好遣書指不多及

敕瀚海軍使蓋嘉運書

敕瀚海軍使北庭都護蓋嘉運及將吏軍士百姓已下蘇祿反虜敢爲寇讎犯我邊城初聞蟻附投兵死地果自冰銷朕始料之一不差也近得卿表知其狼狽而賊既不利衆必攜離犯順違天招殃破國將在此舉已見其徵卿等堅守孤城赤心邊徼言念及此嗟尚久之初解重圍差有

勞苦將士已下並得如宜又卿表所云葉護被殺事勢合爾殆非妄傳向若安西出兵乘虛討襲碎葉逆醜皆可成擒應爲懸軍未能越境逆虜漏刃莫不由茲今賊雖請和恃我張勢以防大食之下以鎮雜虜之心豈是眞情此其姦數卿可與王斛斯計會向其動靜因利乘便取亂侮亡不以此時知待何日儻成功立業重賞高班信若四時固必然也近者所有效功一皆委卿甄錄各據實狀具以名聞初冬漸寒卿及將吏軍士百姓並平安好遣書指不多及

敕安西節度王斛斯書

敕王斛斯得卿表知諸將接勇亦有克捷是卿指麾獲此凶醜蘇祿背德敢茲寇讎自斃犬馬之羣我無毫釐之失聞其狼狽疲羸滿道乘此翦撲勢若摧枯張義之等雖各行誅猶恨其少古之善用兵者不必在衆能制敵者會在出奇狂賊此來眞亦送死衆既不整心且非一烏雜之虜持久氣衰向有奇決破之必矣且如所奏亦足申威其將士立功擒殺有狀各據實聞奏當加優賞頃來諸軍奏請所患在於不實將既虛敘人則妄求如此相蒙自然撓法

朕以信示下以賞勸勞豈於其閒亦容有詭故委卿在遠所寄則深必取誠實勿令致此冬初已冷卿等及將士以下並平安好遣書指不多及

敕幽州節度張守珪書

敕幽州節度副大使兼御史中丞張守珪漁陽平盧東北重鎭匈奴斷臂山戎扼喉節制之權莫不在此朕所以推仗才識誠思遠圖既膺此舉當成本志今奚賊殘破固不足言契丹餘孽猶且爲梗將遂掃蕩懸賞須明至如寇抄之來邊境常事苟非大敵不勞我師頃者偏小邀功或亦

附益其事言而不實示信何歸賞而有虛叙勞何勸適使貪嗜小利之輩不思翦滅大舉之策則淺謀重賞更待何人而革弊成功當在卿爾其有賊非大下因有擒馘灼然殊效者可量事奏聞其餘微勞並任軍中賞賜冀能自勉今有後圖若信其苟爲終若成事而綱紀不立夷狄笑人以卿之明固在目擊也秋氣已冷卿及將吏以下並平安好遺書指不多及

敕幽州節度張守珪書

敕張守珪安祿山兩蕃自昔輔車相依奚既破傷殆無遺

噍契丹孤弱何能自全復聞突厥徵求欲有逃避傳者縱其未實此虜終已合然藉卿運籌徐以計取況祿山義勇武藝絕人謀帥得賢裨將復爾以討殘藁勢若摧枯仗順而行何敵之有今者又云遇賊略有芟夷乘其數窮日向殲盡其灼然有功效者可具以狀聞會取實勞以當優賞趙堪云卿見部勒欲以師行兵貴從權以時經略在卿臨事一以委之效命輸忠成名立事居今慕古千載一時衛霍之儔獨何人也邊事煩總無乃爲勞冬初薄寒卿及祿山並諸將士已下並平安好遺書指不多及

敕劍南節度王昱書

敕劍南節度副大使兼採訪使益州長史攝御史中丞王昱蠻夷相攻中國大利自古如此卿所知之然吐蕃請和近與結約羣蠻翻附彼將有詞卿可審籌其宜就中處置使蠻落不失望吐蕃又無憾詞柔遠懷來在卿良算所請入奏豈欲固違屬諸蠻初降正有邊要馳傳以入不日遄歸來去不遑迨爲勞力卿當此重寄每竭公忠言念遠情當亦想見義非獲已來歲何遲冬初薄寒卿比平安好遺書指不多及

欽定全唐文卷二百八十五

張九齡三

敕投降奚等書

敕新來投降奚等：汝本小蕃，不自存立，頃年依我，稍得安全，而常持兩端，遽即背叛，忘恩負義，豈是人心。今者聞汝復歸，亦應知過，仍緣困蹙，未免嫌疑。汝若誠能洗心，永以寄命，便令處置，汝等當須一一聽從，即捨往愆，更期來效，官賞諸事，皆如舊日，各宜自勉，勿不知恩。比嚴寒，汝等部落百姓並平安，好遣書指不多及。

敕契丹王據埒可突于等書

敕契丹王據埒及衙官可突于、蜀活刺史鬱捷等：順道則吉，惟智能圖；逆節即凶，豈愚所覺。如卿頃年背誕，實養禍胎，今而知之，亦猶未晚，因是轉災爲福，因敗而成，去百死之危，保萬全之計，則昔者之去，何其悖也，今茲復來，又何智也。皆是卿素有籌略，本於忠誠，率先種人，拔於死地。自爾之後，更有何憂。朕於諸蕃，未嘗負約，況於卿等，更有舊恩。聞卿此來，豁然慰意，一則兵革都息，二則君臣如初，百姓之閒，不失耕種，豐草美水，畜牧隨之，更無外虞，且知上策。人生自奉，誰不求安，保此永年，一無他慮，在卿所見，何假朕言。部落初歸，應須安置，可與守珪審定，務依蕃部所欲，想其沃饒之所，適彼寒暑之便，無令下人有所不愜也。冬末寒甚，卿與衙官軍吏刺史已下及部落百姓並平安，好遣書指不多及。

敕契丹都督泥禮書

敕契丹都督泥禮：往者屈烈、突于凶惡，無心憂矜百姓，背叛於我，終日自防，丁壯不得耕耘，牛馬不得生養，及依附突厥，而課稅又多，部落吁嗟，卿所見也。李過折因衆人之

忿，誅頑凶之徒，諸部酋豪相率歸我，已令隨事賞賜，亦云且得安寧。過折封王，豈直賞功而已，亦爲百姓衆意，賴其撫存。不知近日已來，若爲非理，亦聞殺害無罪，棒打又多，衆情不安，遂致非命。然卿彼之蕃法，多無義於君長，自昔如此，朕亦知之。然是卿蕃王，有惡徑殺，爲此王者，不亦難乎。但恐卿今爲王，後人亦常不自保，誰願作王。卿雖蕃人，是當土豪傑，亦須防慮後事，豈取快志目前。過折既亡，卿初知都督，百姓諸處分，復得安寧以否。張守珪先擬往彼，亦即令便就處置，卿應有官賞，即有處分。夏中甚熱，卿及

首領百姓並平安好今賜卿錦衣一副並細腰帶七事至宜領取遣書指不多及

敕幽州節度張守珪書

敕幽州節度副大使兼御史大夫張守珪近有降人云虜騎東下其數稍衆固宜有以待之仍聞兩蕃亦有應接當是妄語終須審覩若保無他便可信任也至於兵馬權略決在一時卿自審量不可懸料然虜騎馳突難與爭鋒會是乘其氣衰然後邀擊一戰取滅或在此舉頃者泥禮自擅雖以義責而未有名位恐其不安卿可宣示朝旨使知

無他也並便處置訖奏聞朕當即有處分比秋熱卿及將士已下並平安好今令趙惠琮一一口具遣書指不多及

敕奚都督李歸國書

敕李歸國近得守珪表稱奚衙官薅雲輒構異謀攜閒部落兼藏突厥仍欲圖卿知卿忠義一心糾逖無隱臨危制變果獲罪人此雖天誘其衷亦是卿誠效克著聞已誅翦是自滅凶朕於諸蕃含養過厚忝預人類亦合知恩但百姓無識易爲驚擾安危動靜處之在人以卿才能自應率伏念加威惠勿使猜嫌既去亂羣當已寧怙所設官賞惟待有功苟能盡節何憂不賞各宜勉勵以副朕懷秋涼卿及衙官已下並平安好遣書指不多及

敕奚都督李歸國書

敕奚都督右金吾衛大將軍歸誠王李歸國朕比聞突厥欲滅卿兩蕃先敕守珪嚴爲防護今聞泥禮已破凶徒仍慮其收合餘燼復來掩襲卿可與泥禮相爲腹背但突厥不盡後患終深卿可伺其歸師乘其喪氣與諸將計會逐要追襲時不可失宜自思之秋深極冷卿及衙官將士已下並平安好遣書指不多及

敕平盧使烏知義書

敕烏知義兩蕃既已歸我突厥仍敢犯邊此其不順誠可殘滅適聞契丹及奚等並力合謀同破凶醜卿亦繼進相與成功此之一捷使其喪氣然鬬防困獸誘備羸師兵家之難慎在終始卿是宿將當自明之若見可則行務須靈敏固在臨事難用速言必圖萬全不可輕舉已敕守珪與卿計會可須觀釁裁之秋涼卿及將士已下並平安好遣書指不多及

敕松漠都督泥禮書

敕松漢都督右金吾衛大將軍泥禮得張守珪表知卿等破賊且突厥此來也其心毒害又甚輕敵人事之與神道可得不有傷殘卿之忠誠加以義勇以順討逆自然必勝朕所懸爵秩惟賞有功況卿赤心復加戎捷然狂賊自遠投於死地今其傷敗必更有謀可須防之重不可失爲知義在彼宜與臨事籌之若須邀截亦與之計會秋氣漸涼卿及衙官首領百姓並平安好遺書指不多及

敕幽州節度張守珪書

敕幽州節度副大使幽州長史兼御史大夫張守珪北虜

猖狂勞師遠襲朕已成料知其破傷得卿上言果如前策然契丹恃我其心不攜以逸待勞取之必也既有尅捷當更防之困獸猶鬬窮寇勿遏喪敗之餘其氣不振乘此不取後悔難追熟料萬全然後邀擊蕃漢相雜使其莫辨此亦便不可失時不再來臨事指麾在卿審斷也事今若此得算已多勿復息息致難於末路卿比疝疾今復何似宜善將療不得自勤秋涼卿將士已下並平安好遺書指不多及

敕幽州節度張守珪書

敕幽州節度副大使張守珪趙堪至一一具知以國家之威武取敗亡之殘孽泰山壓卵豈其難乎頃者緣卿入朝節制蹔闕二虜乘隙相繼叛亡裨將無謀輕兵遣襲遂有輸失挫我銳氣此故猶細彼禍更深卿可秣馬訓兵候時而動草衰木落其則不遠近者所徵萬人不日即令進發大集之後諸道齊驅蕞爾凶徒何足殲盡平盧信息日夕往來數與籌宜首尾相應令彼醜虜飛走無歸事有預圖臨時合變想卿所悉不煩具言所有奏請並已處分訖夏末極熱卿及將士已下並平安好遺書指不多及

敕幽州節度張守珪書

敕幽州節度副大使張守珪張奉高下叛奚自取殲滅此等惡積天將絕種故遽誘其衆叛亡相繼及師徒追下皆就誅夷一二年閒凶黨必盡亦由卿指揮得所動不失宜明於兵權暗合神道故能致此也安祿山楊景暉湔雪前恥亦云效命鋒鏑之下各致損傷言念忠誠豈妄加獎已別有處分訖將士陣亡各須弔祭應合贈飾亦已狀聞聚兵饋糧義不可久秋深木落規略自宜機謀未豫何以除惡永久爲患將若之何委卿良圖用息邊甲彼軍少馬已

敕朔方想卿早知之宜差人受領秋氣漸冷卿及將士已下並平安好遣書指不多及

敕幽州節度張守珪書

敕幽州節度副大使張守珪頃者慰撫降虜每事優給而終不知恩惟圖反噬名雖人類實甚豺狼今所叛亡何苦如此近者聞其家累多並爲我所得惟有丁壯挺身走險樹木既闇弓矢亦全以窮寇失家之心乘深林必死之地若冒此輕進豈云料敵安祿山勇而無謀遂至失利衣甲資盜挫我軍威論其輕敵合加重罪然卽初聞勇鬭亦有

誅殺又寇戎未滅軍令從權故不以一敗棄之將欲收其後效也不行薄責又無所懲宜且停舊官令白衣將領卿更審量本狀亦任隨事處之所將陣亡之人及戰傷之者並收瘞救療弔死問生寇讐之來豈其獲已言念於此良深嗟悼卿等各秉忠義式遏方隅躬冒險難寧不知此無以小失致奪軍氣數宜激厲以保功名平盧軍儲取能支久若賊口聚食費耗更多早宜處置使得所也今將金瘡藥寄至可分療將士並數令巡問春後漸熱卿及將士並平安好遣書指不多及

敕幽州節度張守珪書

敕幽州節度副大使張守珪昨史思明往已有處分趙堪適至委曲知之安祿山等輕我兵威曾不審料致令損失宜其就誅卿既行軍於法合爾然此賊初叛勢尚未合乘其虛弱正可追擒直爲林闇山深恃不存之地萬一獸駭致損更多以此思之固須且守伺其有隙乘便翦除如此籌宜應是長策且戰者凶事有勝有負無以邂逅遂至蒼黃使我驍雄小有奪氣負罪者旣其卽戮用命者亦宜昇獎彼之小醜何足可除所有奏入卽當處分平盧以北動

靜須知得其委曲隨事防備委卿在遠一一必由但量宜行之奏未晚也

敕平盧使烏知義書

敕平盧使烏知義委卿重鎭安輯兩蕃動靜須知節制斯在而二虜將叛來往有謀曾不是思信其至此又委安祿山輕突挫我軍威不嚴其約是事無豫一朝損失雖悔何追但以卿忠勤復是耆舊雖有過失一切不論實欲盡卿所長收其後效固須易慮以補前闕此賊旣叛意其劫攻每事須防無失便也一一並趙堪口具夏初漸熱卿及將

士並平安好遣書指不多及

敕平盧諸將士書

敕平盧諸軍鎮將士已下兩蕃殘賊餘類僅存朕嘗懷撫柔冀其遷善而數年之內謀叛相仍信是梟鴟固非人也頃者所以列置軍鎮遮爲唇齒所虞在此豈欲勞人卿等委身邊疆爲國展效遇其反噬得不討除近日安祿山無謀率爾輕敵馳突不顧遂損師徒擇將不良傷人已甚事雖既往義實疚懷凡在平盧其陣亡之人並委張守珪差人弔祭並勘實鄉貫具以狀聞憫彼傷魂當有贈飾興言

悼惜久不能忘然此賊比來削弱已甚授繩繫頸人有其心安祿山之敗緣輕敵太過勿因此畏懦致失後圖立功成名榮貴斯在各宜勉勵共除凶惡夏初漸熱卿等並平安好遣書指不多及

敕新羅王金興光書

敕鷄林州大都督新羅王金興光比歲使來朝貢相繼雖隔滄海無異諸華禮樂衣冠亦在此矣皆是卿率心忠義能此恭勤朕每嘉之常優等數想卿在遠應體至懷頃者彼處使來累有物故水土不習飲食異宜奄忽爲災遂至不救言念逝者此其命乎想卿乍聞應以傷悼所以表奏皆依來請夏初漸熱卿及吏人並平安好今有少物並付來使至宜領取遣書指不多及

敕新羅王金興光書

敕雞林州大都督新羅王金興光賀正謝恩兩使續至再省來表深具雅懷卿位總一方道踰萬里託誠見於章奏執禮存乎使臣雖隔滄溟亦如面會卿既能副朕虛已朕亦保卿一心言念懇誠每以嗟尚況文章禮樂粲焉可觀德義簪裾浸以成俗自非才包時傑志合本朝豈得物土

異宜而風流一變乃比卿於魯衞豈復同於蕃服朕之此懷想所知也賀正使金義質及祖榮相次永逝念其遠勞情以傷憫雖有寵贈猶不能忘想卿乍聞當甚軫悼近又得思蘭表稱知卿欲於浿江寘戍既當渤海衝要又與祿山相望仍有遠圖固是長策且蕞爾渤海久已逋誅重勞師徒未能撲滅卿每疾惡深用嘉之警寇安邊有何不可處置訖因使以聞今有少物答卿厚意至宜領取春暮已暄卿及首領百姓並安好遣書指不多及

敕渤海王大武藝書

敕忽汗州刺史渤海郡王大武藝卿於昆弟之閒自相忿鬩門藝窮而歸我安得不容然處之西陲爲卿之故亦云不失頗謂得所何則卿地雖海曲常習華風至如兄友弟悌豈待訓習骨肉情深自所不忍門藝縱有過惡亦合容其改修卿遂請取東歸擬肆屠戮朕教天下以孝友豈復忍聞此事誠惜卿名行豈是保護逃亡卿不知國恩遂爾背德卿所恃者遠非能有他朕比年含容優恤中土所未命將事亦有時卿能悔過輸誠轉禍爲福言則似順意尚執迷請殺門藝然後歸國是何言也觀卿表狀亦有忠誠

可熟思之不容易爾今使内使往宣諭朕意一一並口具述使人李盡彥朕亦親有處分皆所知之秋冷卿及衙官首領百姓平安好並遣崔尋挹同往書指不多及

敕渤海王大武藝書

敕渤海郡王忽汗州都督大武藝不識逆順之端不知存亡之兆而能有國者未之聞也卿往年背德已爲禍階近能悔過不失臣節迷復非遠善又何加朕記人之長忘人之短況此歸伏載用嘉歎永祚東土不亦宜乎所令大成慶等入朝並已處分各加官賞想具知之所請替人亦令還彼又近得卿表云突厥遣使求合擬打兩蕃奚及契丹今既内屬而突厥私恨欲讎此蕃卿但不從何妨有使擬行執縛義所不然此是人情況爲君道然則知卿忠赤動必以聞永保此誠慶流未已春晚卿及衙官百姓並平安好遣書指不多及

敕渤海王大武藝書

敕渤海郡王忽汗州都督大武藝多蒙固所送水手及承前沒落人等來表卿輸誠無所不盡長能保此永作邊捍自求多福無以復加漸冷卿及衙官百姓已下並平安好

遣書指不多及

敕渤海王大武藝書

敕忽汗州刺史渤海郡王大武藝卿往者誤計幾於禍成而失道未遙聞義能徙何其智也朕棄人之過收物之誠表卿洗心良以慰意計卿既盡誠節永固東藩子孫百代復何憂也近使至具知款曲兼請宿衛及替亦已依行大朗雅等先犯國章竄逐南鄙亦皆捨罪仍放歸蕃卿可知之皆朕意也夏初漸熱卿及首領百姓等並平安好遣書指不多及

敕平盧使烏知義書

敕平盧節度營州都督烏知義突厥去歲東侵已大不利志在報復行必再來契丹及奚一心歸我不有將護豈云王略頃有沒蕃人出云其見擬東行蕃漢諸軍須有嚴備遠加斥堠動靜須知縱有凶徒亦即無慮委卿在邊實謂得人朕固無憂一任量事渤海黑水近復歸國亦委卿節度想所知之春初尚寒卿將士已下並平安好今令白眞陁羅往亦賜卿衣一副至宜領取遺書指不多及

敕河東節度副使王忠嗣書

敕河東節度副使兼代州都督王忠嗣及諸將士等大叔承慶至知卿遠經賊境晝夜勤勞雖不遇凶徒亦備盡誠效頃屬時暑士馬遠來行李之間固應疲頓諸軍將等各須撫養令其寧息行迴之人當有宴勞宜令大同軍即辦宴設及時慰勉夏中極熱卿及將士已下並平安好遺書指不多及

敕當州別駕董懲運書

敕當州別駕董懲運省所奏王昱及嚴正誨表具知所緣卿父往在當州連年縱酒旣加風疾行事乖疎董忩封經使具論王昱始奏停廢皆憑實狀不是冤誣後自病亡豈可怨訴所言不直欲信無憑卿久襲冠帶復拘法式寧不知此猶且有詞至於卿身合承刺史比來未授亦則有由聞卿少年未閑撫字舉州之衆又藉綏懷若蕃部不安豈虛此位卿若能自勵從此改修父亡子及終不失舊卿表云部落據險幾許無知亦慮惡人因此扇誘幸無他故勿取破亡今故令內使往問部落及百姓等此事虛實還自具名狀聞比極暄卿及部落百姓並平安好遺書指不多及

敕當悉等州羌首領書

敕當悉柘靜維翼等諸州首領百姓等前者令王承訓往宣問事止當州比其却來云諸州亦有所望州縣一也恩豈不均卿等祖父已來爲國守境皆盡忠赤防捍外蕃朝廷嘉之官賞相繼近者處置未當又得卿表所論朕皆依行想皆遂願今聞吐蕃屯結近在安戎比來通和未有瀁隙計其不合爲寇未知何故起兵卿比臨邊各須伺候慮有侵軼損我居人若預圖之保無憂也其董懲運董嘉宗已有處分訖其董忩雙羌羌嘉弄等亦即續有處分必須

嚴勒蕃部豫備惡人寇讐縱來計無所得我之深策豈不在茲卿等榮貴勿憂不遂今故令王承訓重宣往意比已熱首領百姓等並平安好遣書指不多及

敕嶲州都督許齊物書

敕許齊物近者投降吐蕃云蕃兵已向南取鹽井比已敕達奚守珪蒙歸義訖卿可嚴備勿失事宜應須防守並委量事處分仍遠著斥候知其有無有則從權無則仍舊慎勿生事騷擾邊人秋中漸涼卿及吏人已下並平安好遣書指不多及

敕隴右節度陰承本書

敕隴右節度使陰承本使人范正顏至省表具知朕於吐蕃恩信不失彼心有異操持兩端陰結突騎施密相來往事既醜露却以怨尤乃云姚嶲用兵取其城堡略觀此意必欲為惡必不得先舉但須嚴備遠加斥候察其動靜若形兆已見馳狀以聞諸處軍城數加戒敕若不稱職速須改換今年交兵新到隴右未經戎事大須訓習在彼處置委卿裁之雖有邊虞固無憂也秋初尚熱卿及將士並平安好遣書指不多及

敕北庭經略使蓋嘉運書

敕蓋嘉運等安西去年屢有攻戰醜虜肆惡懸軍可憂卿深識事宜以時救援先聲既振後殿載揚凶黨之閒卷甲而遁使我邊鎮且得休息然此賊為患勢未必已可數與王斛斯計會每事先防彼將自勞衆則離貳我因其隙從此可圖善熟籌之勿失便也春晚卿及將士已下並平安好遣書指不多及

敕安西節度王斛斯書

敕四鎮節度副大使安西副大都護王斛斯及將士等突騎施輒凶暴侵我西陲卿等懸軍遇此狂賊爰自去夏以迄於今攻戰相仍念甚勤苦近者聞在撥換兵少賊多朕每憂之慮遭吞噬又聞兵勢漸合將士同心父子之軍亦不在衆犬羊之類復何能為屢有殺獲固其宜也卿等各負忠勇為國忘身鋒鏑之閒瘡痍未免或致物故深用哀傷朱仁惠竟致淪亡良可悼惜具有褒贈以慰營魂福流子孫良亦在此其有頻當矢石每戰有功義可成名勇能抗敵或能出奇以挫凶威並具狀以聞即有優拔自餘戰士盡力邊荒計其積勞又在絕遠至於行賞豈比尋常勉

欽定全唐文 卷二百八十五 張九齡 十六

樹功名即有官爵且北山雲朋虜衆又疲歸途既難必有攜貳張義之將兵若至河西北庭兵又大集滅胡之舉亦在今時可臨事圖之無失便也一勞永逸豈不在茲所奏縱賓軌魏蹇等官及前年第一立功人官並依所請訖告身即差使頒送初春尚寒卿及將士已下並平安好遣書指不多及

敕安西節度王斛斯書

敕四鎮節度副大使安西副大都護王斛斯等狂賊經冬犯邊爲梗將士守備不釋戈甲言念勤苦良深嗟歎既負

忠義爲國盡誠懦夫所難志士所重感激增氣視死如歸古人之言今知之矣又聞此賊尋亦退散攻圍既解且得休息朕雖在九重心懸萬里念慮之至想所知之近既加兵惟憂糧貯諸處屯種今復何如逆賊有謀還慮殘暴必須善守無令損失若諸城有糧兵復足用忿戾之虜行應再來勞衆離心豈能無隙乘此一舉蕩滅有期宜善撫我人以待其弊小捷小獲何用此爲春晚極暄卿及將士已下並平安好今賜卿衣一副至宜領取遣書指不多及

敕安西節度王斛斯書

敕王斛斯得卿表並大食東面將軍呼邏散訶密表具知卿使張舒耀計會兵馬迴此雖遠蕃亦是強國觀其意理似存信義若四月出兵是實卿彼已合知之還須量意與其相應使知此者計會不是空言且突騎施負恩爲天所棄訶密若能助國破此冦讎錄其遠勞即合優賞但未知事實不可虛行卿可觀察蕃情頗有定否即須隨事慰接令彼知之若舒耀等虛有報章未得要領豈徒不實當有所懲絕域行人不容易也今秋此賊形候何如善須防之勿使侵軼時暑卿及將士已下並平安好遣書指不多及

敕安西節度王斛斯書

敕四鎮節度副大使安西副大都護王斛斯及將士已下朕雖居九重不忘征戍況強冦壓境侵軼是虞言念勤勞良所歎憫卿等各懷忠義不憚荒遐以此彌年足見誠節去歲因有狂賊在彼屢有戰亾昨得表言對之愴惻然卿狀但言都數其中不列姓名已令勘責可速以實報朕當錄其死義贈以官榮使異域之功存亾受賞近日狂虜形候如何屯收是時尤須備預更資一熟亦復何憂兼聞吐蕃與此賊計會應是要路斥堠須明事必預知動即無患

耳夏晚毒熱卿及將士已下並平安好遣書指不多及

欽定全唐文卷二百八十六

張九齡四

敕安西節度王斛斯書

敕王斛斯吐蕃與我盟約歃血未乾已生異心遠結凶黨而甘言緩我欲待合謀連衡若成西鎮何有卿能先覺有以待之觀釁而行適是軍法且屯苗既受踐暴軍人亦被拘囚如李混之所言不反何謂然則此蕃姦計頗亦陰深外示存約內實伺便事儻不濟即云無負卿還須知其變詐隨事交當使其退不得以此爲詞進不得成其凶詐如此設拒乃爲上策若事已侵軼兵見交鋒即當率勵驍雄

盡敵乃已秋冷卿及將士已下並平安好遣書指不多及

敕安西節度王斛斯書

敕王斛斯卿在西鎮軍務煩勞皆能用心處置不失頃與突騎施攻戰歷涉三年降虜生俘所獲過當懸軍能爾朕甚嘉之行官已有賞勞在卿固合優獎今授卿重職兼彼領護且復褒進終爲後圖吐蕃此來意不徒爾所有計較前已略言先覺預防無能爲也萬里之外三軍之寄一以委卿勿失權斷秋後漸冷卿及將士已下並平安好遣書

指不多及

敕北庭經略使蓋嘉運書

敕蓋嘉運卿久在邊鎮庶事用心又去年出兵冒遠入賊諸下皆賞卿豈無功言念忠勤不忘褒進今授卿雄要仍兼舊官宜知朕心當重寄也突騎施雖請和好其意不眞近敕彼軍與天山計會當審觀事勢遠著候人若有形勢事資先據如無應會不可虛勞勢在臨時固難遙斷秋後漸冷卿及將士已下並平安好遣書指不多及

敕瀚海軍使蓋嘉運書

敕瀚海軍使北庭都護蓋嘉運突騎施凶逆犯我邊陲自夏以來圍逼疎勒頃得王斛斯表見屯邊城張義之等入據此城屢與之鬬將士效節逆虜破傷已不敢攻圍而頓兵不去但邊城糧少或爲其所知持久則難不可不早爲計也卿可簡練驍武揚聲大入仍有所保據以防不虞用解邊城之圍以挫逆賊之勢臨機適變委卿裁之仍與王斛斯審籌形勢取萬全也今故令內謁者監王尚客往一一口具冬中甚冷卿及將士已下並平安好遣書指不多及

敕四鎮節度王斛斯書

敕四鎮節度副大使安西副大都護王斛斯及將士已下萬里懸軍屬此狂寇屢有攻戰能挫凶威遠聞義勇孰不增氣卿等激厲將士爲國盡誠決命寇讐成名當代奇功壯節何謝古人矢石之閒見危致命良深嗟嘆重其忠烈又聞朱惠中箭今復何似善須救療使得不殂前令具奏陣亡將士欲加褒贈卿宜識此意即以實聞近日與賊交鋒臨陣殺敵事須優賞亦即奏來所云賊等請和仍尚頓兵北嶺此虜姦詐首尾百端外示求和內將誘我卿所防

慮皆中其心然則蓋嘉運北庭近亦深入頗有所獲想彼知之虜庭乍聞當合驚駭務須分兵守境諸處防虞烏合之胡豈堪勞役必將自潰勢亦不久蘇祿儻或覺此革心請和亦復量宜以時開納仍與嘉運計會必取良圖近所加兵且應支用臨事制變豈待言之今將緋紫袍各二十領若有殊功應須速賞並委卿量事賜之冬中極寒卿及將士已下並平安好遣書指不多及

敕四鎮節度王斛斯書

敕四鎮節度副大使安西副大都護王斛斯蘇祿忘我大

惠敢作寇讐屢犯邊城將肆其惡雖禽獸是似而天地不容卿等義心固所發憤朕已敕河西節度使牛仙客令河西於諸軍州及在近諸軍簡練驍健五千人並十八年應替兵募五千四百八十人即相續發遣卿可與蓋嘉運計會取彼道便隨事進討使此賊救首救尾形勢分離本既烏合勞則自潰若以計取可不戰而擒若守而不攻益爲後患卿彼諸將皆是舊人旣諳山川又能料敵兼與北庭並力事亦可圖無爲端然連年受弊所緣邊鎮要切委卿臨事籌之可與蓋嘉運審量勿爲彼此之計也所緣兵募

行賜則令所由支遣已別敕牛仙客訖四鎮蕃漢健兒並委卿隨所召募可得幾許仍具數奏聞史震襲父可汗即令彼招輯兼與卿計會並臨事處置無失所宜冬中甚寒卿及將士已下並平安好遣書指不多及

敕安西節度王斛斯書

敕王斛斯累得卿表知賊等肆惡終冬不去又聞將士與鬬數有殺傷諸胡攜離將自此始朕比爲料亦以爲然卿受寄遠方悉心奉國撫巡將士皆得輸誠萬夫一心以少擊衆雖有狂寇固無遠憂朕所懸官爵惟賞忠義苟能盡節亦豈忘功卿可慰勉將士知朕此意若有殊效即具狀以聞且蘇祿凶徒本是烏合今其師老必有怨嗟至如骨咄王子來投已是其效何國胡不受處分亦是明徵其下離心已至於此可令間諜更誘其餘此賊敗亡將從內潰且四鎮絕遠皆是孤軍卒欲益兵頗難救急近已敕牛仙客且送五千人其餘驍勇亦即繼發並敕北庭計會卿可與蓋嘉運相知張皇國威誠在此舉俘滅醜虜今也其時勉樹邊勳以成不朽冬中甚寒卿及將士比並如何遣書指不多及

敕北庭都護蓋嘉運書

敕北庭都護蓋嘉運近得卿表知舊疾發動請入都就醫欲遂來表慮有邊要萬一失便雖悔何追且蘇祿猖狂方擬肆惡邊城經冬不去西州近復燒屯亦有殺傷想所聞也此賊諸頭抄掠虜衆已疲亦無能爲正可取便至如西州近者有賊其數無多烽候若明密與兩軍作號首尾邀擊立可誅翦何爲當軍自守信賊公行來有損傷去無關鍵豈是邊鎮之意也且西庭雖無節度受委固是一家有賊共除有患相救萬里之外何待奏聞自此之後必須用

意今遣醫人將藥往可善自將療春初餘寒卿及將士並平安好遣書指不多及

敕瀚海軍使蓋嘉運書

敕瀚海軍使北庭都護蓋嘉運及將士已下蘇祿爰自今夏連犯西陲犬羊之羣屯結不散誠欲出其不意乘虛以入凶黨聞此必自解圍卿識朕心有符成料比王尚客至聞已出師窮冬絕漠荷戈冒險又聞有所擒獲張我國威言念忠誠良深賞歎在此行也四鎮狂虜必應抽退彼既有効應合敘勞兼云擒獲人當優賞宜具實狀一一以聞

然此賊爲惡勢將未已若困窮蹙實則不知安西近亦加兵卿彼士馬自足可與王斛斯計議逐要圖之春初餘寒卿及將士已下並平安好遣書指不多及

敕契丹知兵馬中郎李過折書

敕契丹知兵馬中郎李過折等卿比在蕃中已知才略一此行事十倍所聞既立殊勳又成大節何其壯也可突于狡算翻覆人面獸心事其酋長不忠不義處其種落無信無恩專持兩端隨事向背而屈烈愚蔽與之同惡卿比觀變實爲遠圖誅元凶而存一蕃行權宜而合正道所全者大所慮實深今諸部怗然皆卿之力也且頃者攜叛又甚崎嶇羊馬不保於孳生田疇不安於耕種寄命山谷並力干戈總由頑凶致此勞苦向若無卿此舉信彼所行以疲弊之殘人當驍雄之巨衆彼則朝夕奔命此方歲月攻守而衆寡不敵殲滅有期賴卿先見之明遽爲轉禍之計以救萬人之命以成萬代之名豈獨大功眞爲上智今將疇其井賦異姓封王以旌厥庸且有後命在彼初有變故乍應驚擾百姓既知想當安怗卿可與張守珪量事處置務逐便宜今既一家愛同赤子惟其所欲隨事撫存春初尚寒卿及衙官刺史縣令並百姓已下並平安好遣書指不

多及

敕突厥苾伽可汗書

敕突厥苾伽可汗比數有信知彼平安良足慰也自爲父子情與年深中間往來親緣義合雖云異域何殊一家邊境之人更無他慮甚善甚善此是兒可汗能爲承順副朕之所親厚人間恩好無以過之長保此心終享福祿子孫萬代豈獨在今比秋氣漸冷卿及平章事首領部落並平安好遣書指不多及

敕突厥可汗書

敕兒登利突厥可汗天不福善禍終彼國苾伽可汗頃逝聞以惻然自二十年間結爲父子及此痛悼何異所生又聞可汗繼立蕃落並得寧靜良深悲慰且知無他朕與可汗先人情重骨肉亦既與朕爲子可汗卽合爲孫以孫比兒似疎少許今修先父之業復往時之好此情更重只可從親若以爲孫漸成疎遠故欲可汗今者還且爲兒義結既深當熟思此意人情終始固亦可知葬事所須並依來請卽與弔祭使將往必令及期言念宿昔深懷感愴春初猶冷可汗及平章事與首領部落並得如宜遺書指不多及

敕劒南節度王昱書

敕劒南節度使益州長史王昱近得卿表知蒙歸義等效命出力自討西蠻彼持兩端宜其殘破苟非生事定是輸忠亦卿等指麾更張遠略諸部所請朝貢及蒙歸義等立功並委卿料若合行賞豈有不來時尚炎蒸路且修阻郵傳之弊公私可知亦云重勞非是有惜想卿臨事思其所宜緣蠻落初寧當須計議若欲入奏亦任覆來春晚極暄卿比如宜遺書指不多及

敕突厥登利可汗書

敕突厥登利可汗日月流邁將逼葬期悲慕之心何可堪處朕以父子之義情與年深及聞宅兆良以追悼前哥利施頡斤至所請葬料事事不違所以然者將答忠孝故喪紀之數禮物有加道之所存地亦何遠今又遣從叔金吾大將軍佺持節弔祭兼營護葬事佺宗室之長信行所推欲達其情必重其使以將厚意更敦前約且以爲保忠信者可以示子孫息兵革者可以訓疆場故遣建碑立廟貽範紀功因命史官正辭朕亦親爲篆寫以固終始想體至懷春初尚寒可汗及平章事部落並平安好遺書指不多及

敕突厥可汗書

敕兒突厥可汗朕與先可汗結爲父子及兒紹續情意日深至於國計亦欲無別兒去年東討雖有先言然兩蕃既歸國家亦卽不合侵伐朕既與兒無閒終不以此爲懷契丹及奚諸蕃窮者土地不足以放牧羊馬不足以貪求遠勞師徒兼冒鋒鏑勝不爲武不勝亦危以此言之當務其

大者突騎施本非貴種出自異姓惟任姦數誑誘羣胡十數年閒又承國家庇廕因其荒遠遂得苟存近日以來敢茲背德又知兒意亦欲破之前與先可汗舉哀其使不肯就哭當時辭拒彼使具知兒若總兵西行朕即出師相應安西瀚海近已加兵欲以滅之復何難也儻事捷之日羊馬土地總以與兒子女玉帛別有優賞信是長策可熟思之與兒情親故言及此耳今有少信物至宜領取春初尚寒兒與平章事首領百姓已下並平安好遣書指不多及

敕突騎施毗伽可汗書

敕突騎施毗伽可汗天地有正位鬼神有正主敢此違犯必有禍殃不信朕言但試看取可汗雖爲君長實在幽荒陰陽之氣偏僻如此縱欲自大其如天何往年可汗初有册立以我國家常爲勢援諸蕃聞此不敢動搖是我有大惠於可汗行陰德於彼國自爾以後二十餘年情義相親結爲父子可汗身自不覺豈不知彼之大援而戎俗少義見利生心故闕俟斤入朝行至北庭有隙因此計議即起異心何羯達所言即是彼人自告蹤跡已露然始行誅邊頭事宜未是全失朕以擅殺彼使兼爲罪責北庭破劉渙之家仍傳首於彼可汗縱有怨望亦合且有奏論朕若不依舉兵未晚而乃總無來狀即起凶謀侵我西州犯我四鎮連年累月馬死人亡於羣胡已聞怨嗟於國家豈能大損中閒使哥德都耽及安胡數半泥臨河來此求和朕亦信受故遣使相逐具宣往意其後審觀形勢全是詐欺故密敕半道令廻豈是元心有負自爾之後侵犯不絕可汗有何兵衆遂此憑陵諸國聞此豈不得計約算已西諸國未敵我一兩大州可汗亦應先知何煩遂爾爲惡況安西北庭將士皆是鐵石爲心可汗具諳不煩更道此則承前

輕舉彼自無義却以我爲失無乃重其過乎可汗向若有禮以理論奏闕俟斤下羊馬數雖稍多欲爲補答亦何足難惟費一州庸調酬還則已大多而乃無義爲讐暴我邊鎮孤城小堡倉卒見危大率而言其數非少彼若計索馬價我亦須得此物忝是有識之類可不自解思量又可汗正爲寇敗闕伊難如從我界過葱嶺捕獲並物奏來所有蕃書具言物數朕皆送還贊普其中一物不留可汗亦以此爲詞謂言朕留此物且蕃中貧薄所見不廣銀瓶香子將作珍奇黑毯赤麖亦爲好物我中國雖在貧下固不以

此爲貴可汗𡨚識此意勿妄生詞且關伊難如越界可汗復邊頭作梗如此不捉更捉何人適是邊軍明其用命觀可汗求和之意似未有眞心只擬誘引國家乘便取利如此等事何用爲之我國守信如天終不欺物謂天無信物自無知然於四時終不差也可汗若遂能爲惡朕當别有處分三二年內試看若爲必其自省前非更思恩舊朕卽棄捨大過父子如初可汗更有何憂百姓皆得安樂一任可汗自料朕亦不復多言一一在使者口具秋中漸冷可汗及公主衙官蠹官首領百姓並平安好遣書指不多及

敕突厥可汗書

敕兒可汗比來和市常有限約承前馬數不過數千去歲以兒初立欲相優賞特勅欲谷前至納馬倍多故總與留著已給物市買中閒蘇農賀勒兼領堅昆馬來朕以一年再市舊無此法哥解骨支去日丁寧示意又移健達干後到亦以理報知不遣重來須存信約遂乃不依處分驅馬直來無禮無信是何道理朕緣兒義重深爲含容論其無知豈能不怪計兒忠孝必無非理未委此等何故而然念其遠來磧路艱苦勒令卻退去似不相親令覲都賜蘇農賀勒下及堅昆使下總二萬匹絹任其市易想兒知之其馬今並勒令卻去至彼之日以理告示也夏末甚熱兒及平章事並平安好遣書指不多及

敕突厥可汗書

敕兒突厥可汗道路既遠使命復稀近日已來音信斷絕朕每多懸念想所知之與兒情義既深庶事無閒父子之國直往直來何異一家眞無别也蘇農賀勒處剌達干等去歲將馬其數倍多又有諸蕃馬來亦是兒所發遣往者先可汗在日每年約馬不過三四千匹馬既無多物亦易

辦此度所納前後一萬四千緣兒初立可汗朕又約爲父子恩義相及不可卻迴所以總留計物五十萬匹兼屬國家大禮並放天下租庸用度無窮非特和市緣此馬價通容稍遲處剌達干未還不是故爲留滯念悉此意當復寬心今見續續市易不久望了卽當發遣回日非賒在此還如當家去住亦何異也此後將馬來納必不可多還如先可汗時約有定準來交易發遣易爲事須久長不是限隔今故令趙惠琮往並有少信物别具委曲至𡨚領取秋氣漸冷兒及平章事首領百姓並平安好遣書指不多及

勅突厥可汗書

勅突厥兒可汗內侍趙惠琮從彼還一一口具深慰遠懷兒表中猶言前年退馬多兼云蘇農賀勒處羅達干三年在此與兒更無閒外庶事一家所以趙惠琮去時皆以實報今者來報尚未體悉且去年所將馬來前後數倍常歲至於好惡未必皆以兒知其中老弱病患及軀格全小不堪駕馭如何總留所以略簡多少仍是十退一二是於兒處大爲存情何故來章尚嫌多退必若留售惡馬亦恐諸蕃笑人兒既君長北蕃復與朕爲父子須存分義使遠近知之勿信下人專由利動蘇農賀勒處羅達干等續續市買甚有次第雖校遲少許物並好於往時不久當迴亦勿怪也所欲遣使來者既爲父子之國來往乃是尋常須知平安復申朝覲佇聞來使用慰朕心冬中極寒兒及平章事首領百姓並平安好所有委曲皆使至口具遣書指不多及

勅吐蕃贊普書

皇帝問贊普緣國家先代公主既是舅甥以今日公主即爲子壻如是重姻何待結約遇事足以相信隨情足以相親不知彼心復同然否近得四鎮節度使表云彼使人與突騎施交通但蘇祿小蕃負恩逆命贊普既是親好即合同嫉頑凶何爲卻與惡人密相往來又將器物交通賂遺邊鎮守捉防遏是常彼使潛行一皆驚覺夜中格拒人或死傷比及審知亦不總損所送金銀諸物及偷盜人等並付悉諸（一作付悉諸）勃藏卻將還彼既與贊普親厚豈復以此猜疑自欲坦懷略無所隱縱通異域何慮異心又西南諸蠻元是異類或叛或附恍惚無常往年被略彼蕃率種歸我緣李知古處置失所又即翻然改圖彼此之閒有何定分而彼有來者乃云此先舉兵以蠻爲詞未知孰是今既無外當以此思之緣彼州鐵柱前書具報一言不信朕豈厚誣更以相仍便非義也鐵柱書唐九徵所作百姓咸知何不審之徒勞往復至於邊將在遠下人邀功變好爲惡誠亦有此非獨相規亦當自誡如此覺察更有何虞萬事之閒一無所限隔所以細故無不盡言想所知之體至懷也晚春極暄贊普及平章事首領並平安好有少信物別具委曲遣書指不多及

勅磧西支度等使章仇兼瓊書

敕磧西支度營田等使兼知長行事殿中御史章仇兼瓊近聞卿手足風緩頗有所廢而不敢言病竭心在公良用嗟稱有古人之節西庭既無節度緩急不相爲憂藉卿使事兼有提振不獨長行轉運營田而已事務方劇氣候又偏將攝之閒自須得所今遣醫人將藥就彼看療可與之商量隨病所宜冬寒卿比平安遣書指不多及

敕金城公主書

敕金城公主異域有懷連年不捨骨肉在愛固是難忘彼使近來且知安善又聞贊普情義是事叶和亦當善執柔

謙永以爲好前後所請諸物其中色種不違仍別有條錄可依領也春晚極瞻想念如宜諸下並平安好今令內常侍竇元禮往遣書指不多及

欽定全唐文卷二百八十七

張九齡五

敕吐蕃贊普書

皇帝問吐蕃贊普近竇元禮往事具前書贊普後來亦知彼意朕推心天下皆合太和況於彼蕃復是親婭仍加結約盟誓再三以至道言之此亦仁義不薄也而贊普且猶未信復是何心君長大蕃固不容易所云去年七月嶲州將兵抄掠兼有詐誘嶲州之外尚隔諸蠻既背吐蕃自行寇抄掠而乃推托於我何爲遙信虛詞且西南羣蠻別是

一物既不容於我亦不專於吐蕃去即不追來亦不拒乃是兩界所有只合任其所歸自數十年來或叛或附皆所親見豈假纏言往者此蠻背恩侵我邊鄙昆明即嶲州之故縣鹽井乃昆明之本城今復舊疆何廢修築而云除却是何道理且邊境備守彼此常事今既和好何有嫌疑至如西自蔥嶺已來沿邊諸處或地勢是要或水土是好彼有城鎮亦皆內侵朕既不解廣求更以自益緣已和好不可細論且八疊山築城置鎮皆入漢界何曾以此爲言而彼即生詞未知何意邊城委任當擇忠良無信小人今得

閒搆夏中已熱贊普及平章事部落百姓並平安好遣書指不多及

敕吐蕃贊普書

皇帝問贊普自與彼蕃連姻亦已數代又與贊普結約於今五年人使往還未嘗有閒朕以兩國通好百姓獲安子孫已來坐受其福疆埸之事幸且無憂此雖境上有兵固是存而不用在彼邊事與此何殊近得來章又論蠻中地界所有本末前書具言贊普不體朕懷乃更傍引遠事若論蠻不屬漢豈復定屬吐蕃耶彼不得所卽叛來此不得

所卽背去如此常事何乃固執復於國家何有朕豈利之至如彼中鐵柱州圖地記是唐九徵所記之地誠有故事朕豈妄言所修城壁亦依故地若不復舊豈爲通和蠻中抄掠彼人勘問亦有此事緣其初附法令未行亦有姚巂邊人奸險求利或入蠻同盜亦不可知既與贊普重親朕又君臨大國正欲混同六合豈復侵取一隅再三已論何乃不信顧慙薄德良用咨嗟且如小勃律國歸朝卽是國家百姓前遭彼侵伐乃是違約之萌朕以結信既深不顧其小中閒遣使曾不形言贊普何獨相尤而不思已西之事所存既大當共成之近聞莽布支西行復有何故若與突騎施相合謀我磧西未必有成何須同惡若爾者欲先爲惡乃以南蠻爲詞今料此情亦已有備近令勒兵數萬繼赴安西儻有所傷愼勿爲怪也朕心無所負事欲論平但國家之所守者信鬼神之所助者順未有背道求福違約能昌何況兵衆不可當而又天道所不假以此求濟不亦難乎遠道所傳多應不實亦計贊普不合異圖故令人審看定何緣也待潘息迴日更別具委曲今附少物具如別數爲路遠不得多附春首尚寒贊普及公主比如宜也平章事及首領以下並平安好今使內常侍竇元禮遣書

指不多及

敕吐蕃贊普書

皇帝問贊普得七月一日信所言陰承本奏請不擬與彼和將兵馬大入者至如和與不和事皆由朕自斷何人輒敢奏聞何兵卽敢擅入所結親好不是近年文成公主已來亦重疊矣中閒或絕或繼終是舊好存焉惟道此有讒臣不知彼專搆造亦須自覺豈可推過至如兵馬邊備彼與此同既見彼處加兵豈此總無備矣疑自彼起不可相

尤近日築城不出疆界邊頭有要隨事修營何所致疑以此爲語如彼頻歲亦築數城若不惡心何故嚴備固是邊境常事不足爲言忽此相尤淺所未達彼蕃必其自守此兵終不妄行所立盟約更知何用鬼神知意不必多言秋氣已冷贊普及平章事以下並平安好遣書指不多及

敕吐蕃贊普書

皇帝問贊普此使前至之日具知彼意竇元禮中閒所云亦已備論且親以舅甥之國申以婚姻之好義非不重心豈合疑頃歲以來加之盟約此又不信其如之何至如境

上蠻夷元是衆物來不可拒去不可追前書已言想所知也而每來信使皆以爲詞或云越界築城或稱將兵抄掠且蠻即背彼伊自築城城在蠻中人即隨地所以侵竊亦是羣蠻皆在荒遐豈關處分而歸過於我無乃甚乎邊境小人不識大體此既未免彼亦有之閒搆既行猜嫌互起朕近已知此贊普亦須察之勿取浮言虧我大信以絕兩國之好甚善甚善所有諸事皆具前書公主所請與人官及內人品第即當續有處分春晚漸熱贊普及平章事首領百姓並平安好今有少物別具委曲至宜領取遣書指不多及

敕金城公主書

敕金城公主歲月流易忽復經年言念遠情何能已已比者通好信使數來知彼所宜善足爲慰國家大計以義斷恩離別嬰心固當自抑仍善須和順使歡好如初所請授官及內人品第既久在彼誠亦可矜即當續有處分宗元禮衰疾近不能起賈混之緣此未得獨行待其稍瘳亦即遣去今有少信物至宜領取春晚公主已下並平安好遣書指不多及

敕吐蕃贊普書

皇帝問贊普朕與彼國既是舊親近年以來又加盟約如此結固仍有猜嫌明知異域之心亦難可保比者所有信使惟知怨此相違自料國家何負於彼至於突騎施蕞爾醜虜頃年恃我爲援幸至今日而敢辜恩朕未即誅之待其惡積贊普越界與其婚姻前者以意向道即云尋已告絕朕亦委信以爲必然今乃定婚如初黨惡可見又莽布支西出朕具知之今竇元禮往彼問以何故又道別緣他事爲此遣還其人實將兵西向擬行攻取前後詐妄言與

事違驗在目前得不敷恨夫人之所以爲貴者以其有信有禮國之所以能強亦云惟信與義若言不可信義不可親雖在匹夫尚多恥愧何況君長能無情乎彼突騎施人面獸心偏僻荒遠見利則背與親實難贊普背朕宿恩共彼相厚應非長策可熟思之又比來觀彼事意有殊往日惟任計數以此爲能今與突騎施和親密相結託陰有贊助而傍作好人如此潛謀亦非遠計所欲爲患不過邊庭且邊鄙之於中國如毫毛之在身耳以彼戎狄侵我毫毛雖實無多何須有損朕所以殷勤和好欲靜邊人君國之

心不能忘也亦與贊普累代舊親幸無大故不宜輕絕今邊鎭兵馬不可不防彼亦有之與此無別既不先舉自足知心從前所言豈有虛也秋晚稍冷贊普及平章事首領百姓並平安好遣書指不多及

敕金城公主書

敕金城公主數有來使聞彼安寧差慰遙心想所知也柔順之道既以夙成終始用心貴於無失惟此而已餘不足言所附物並依領具有還答並更附少信物別有委曲至宜領取秋冷念比何似遣書指不多及

敕吐蕃贊普書

皇帝問吐蕃贊普比亦覺彼事勢有異略加防備仍未益兵今得安西表來莽布支率眾已到今見侵軼軍鎭幷踐暴屯苗先知彼有異謀猶未自將至此者且莽布支西出朕先知之前令問其行由得報自緣別事今乃爲賊負心如何安西諸軍去此萬里倉卒遇敵何暇奏裁既彼交侵必應拒鬬儻有傷損可無相尤軍城鎭守之人不可束手就死事由彼起深所咨嗟且累代舊親復新有盟約彼既欺負天地違犯鬼神如此用心更知何道一往邊頭所備

只緣慮有非常今果如言防乃不錯突騎施異方禽獸不可以大道論之贊普與其越境相親只慮野心難得但試相結久後如何於朕已然義則合絕但爲誓約在近親好又深彼雖背恩豈我尤效先令奔問欲盡舊情必定爲惡別爲之所一昨遣內常侍劉思賢送公主封物幷每年國信物見已臨路適會表來思賢此行量其在道遲緩今故令劉思賢判官劉明子先行具宣往意秋冷贊普公主及平章事首領百姓並平安好遣書指不多及

敕西州都督張待賓書

敕天山軍使西州刺史張待賓吐蕃背約入我西鎮觀其動衆是不徒然必與突騎施連謀表裏相應或恐賊心多計諸處散下鐵關千術四鎮咽喉倘爲賊所守事乃交切已敕蓋嘉運與卿計會簡練驍雄於要處出兵以爲聲援仍遠令探候知其有無自外臨時皆委卿量事秋冷卿及將士並平安好遣書指不多及

敕河西節度副大使牛仙客書

敕河西節度副大使太僕卿攝御史大夫牛仙客突騎施連歲犯邊凶惡如此若不威服祗長寇讎自夏及今連歲

不散疎勒雖解邊城見侵雖無如我何亦爲邊所患終須有計以挫凶謀卿可於西河諸軍州揀練驍雄五千人即赴安西受王斛斯部分朕當發遣十八年安西應替五千四百八十人與彼相續足得成師若無蹔勞何從息甲且此賊狂悖不論信義直肆凶毒其意已然不此加兵以圖撲滅使其驕暴豈有寧時已敕蓋嘉運與王斛斯審量事宜臨時爲計既爲卿採訪所管亦宜隨要指麾兼有別敕發三萬人此但聲援而已可大張威勢遠使震攝又恐安西資用之乏卿可於涼府將二十萬段物往安西令隨事支擬及充宴賜朕則續支送涼府冬中甚寒卿及將士並平安好遣書指不多及

敕天山軍使張待賓書

敕天山軍使張待賓近知賊下燒此安然即去竟無斥候來不預知如此防邊無乃疎闊此一分頭抄掠計其數不至多向若烽燧稍明復與北庭計會相與來擊賊可無遺且邊鎮統軍俱受朝委共防患害何異一家況在絕漠尤宜相協已敕蓋嘉運訖可與之籌宜凶黨復來固須有預冬中甚寒卿及將士並平安好遣書指不多及

敕護密國王書

敕護密國王眞檀朕知卿忠赤能保國境所以前加禮命用叶蕃情卿感此殊恩盡力外禦聞有凶寇能伸遠績以義動衆雖弱必強豈獨人心亦有神鑒朕用嘉歎不可忘也冬末甚寒卿及將士並平安好遣書指不多及

敕護密國王書

敕護密國王眞檀發匐積惡自取滅亡想所具知不復煩述卿比者雖受冊立緣此未得還蕃彼既伏辜固無隔閡卿宣揚國命慰撫遠人保我西陲長守誠節突騎施凶悖

恣其抄掠卿宜善計勿令不覺其來已西商胡比遭發匐刼掠道路遂斷遠近吁嗟卿宜還國必須防禁蕃中事意遠路難聞可量彼權宜便與王斛斯計會夏末甚熱卿及首領百姓並平安好遣書指不多及

敕識匿國王書

敕識匿國王烏訥沒莫賀咄卿比與護密相爲唇齒而發匐凶狡刼殺商胡罪不容誅走投異域朕知其惡積改立眞檀遠聞却來還占本國卿等讎疾頑嚚相率誅之累歲逋逃一朝翦滅永言忠義深所嗟稱今授卿將軍賜物二百匹錦袍金鈿帶七事已下節級亦有衣物各宜領取夏末甚熱卿及百姓並平安好遣書指不多及

敕勃律國王書

敕勃律國王蘇沒謹忙得王斛斯表卿所與斛斯書知卿忠赤輸誠聞有外賊相誘執志無二又聞被賊侵寇頗亦艱虞能自支持且得退散并有殺獲朕用嘉之卿兄麻來兮及首領已下各量與官賞具如別敕今賜物三百匹銀盂瓴銀盤各一衣一副並金鈿帶七事至宜領取夏中甚熱卿及首領以下並平安好遣書指不多及

敕諸國王葉護城使等書

敕諸國王葉護城使等突騎施不道連年作寇使我邊鎭常以爲虞諸處攻鬬所在堅守能伺其隙各有誅夷比卿等赤誠臨事效節使祅不勝德氛祲自消遙料凶謀還慮再下且賊衆烏合疲於重來勞則心離久必有隙卿等常須有預以逸待之一二年間奇功可立富貴之舉彼賊是資忠烈之懷此心可度今各賜卿衣一副聊慰誠勤所有勳勞已令敘定當續有處分想亦知之春暄卿及將士並平安好遣書指不多及

敕罽賓國王書

敕罽賓國王得四鎭節度使王斛斯所翻卿表具知好意然事在絕域不可預圖卿若誠心任彼量度事遂之日必有重賞朕每於遠國未嘗有所食言想亦知之勿致疑也秋初尚熱卿及首領以下並平安好遣書指不多及

敕日本國王書

敕日本國王王明樂美御德彼禮義之國神靈所扶滄溟往來未嘗爲患不知去歲何負幽明丹墀眞人廣成等入朝東歸初出江口雲霧斗暗所向迷方俄遭惡風諸船飄

蕩其後一船在越州界其眞人廣成尋已發歸計當至國一船飄入南海卽朝臣名代艱虞備至性命僅存名代未發之間又得廣州表奏朝臣廣成等飄至林邑國既在異國言語不通並被刼掠或殺或賣言念災患所不忍聞然則林邑諸國比常朝貢朕已敕安南都護令宣敕告示見在者令其送來待至之日當存撫發遣又一船不知所在永用疚懷或已達彼蕃有來人可具奏此等災變良不可測卿等忠信則爾何負神明而使彼行人罹此凶害想卿聞此當用驚嗟然天壤悠悠各有命也中冬甚寒卿及首領百姓並平安好今朝臣名代還一一口具遣書指不多及

敕西南蠻大首領蒙歸義書

敕西南蠻大帥特進蒙歸義及諸酋首領等卿近在邊境不比諸蕃率種歸誠累代如此況卿等更效忠赤朕甚知之頃者諸酋之中或有攜貳相率自誅惡黨悉除卽日蕃中應且安帖然則地臨外境亦須有預人無遠慮必有近憂卿可思之豈虛語也所有蕃中事意使者具知之比秋涼卿及百姓並平安好遣書指不多及

敕柘靜等州首領書

敕柘靜等州部落昨王承訓去緣當州百姓有相扇動故令宣旨告示彼人如卿柘靜等州種落各異本自寧帖何復爲言比者採訪使處置或未得所朕既知之已有處分卿等祖父忠赤輸誠國家既是子孫久襲冠帶各守先業是得坦然何所憂慮而云驚懼宜各遞相告語勿使更然夏中已熱首領百姓並平安好遣書指不多及

敕西南蠻大首領蒙歸義書

敕蒙歸義吐蕃於蠻擬行報復又嶲州鹽井本屬國家中間被其內侵近日始復收得卿彼蕃落亦應具知吐蕃惟利是貪數論鹽井比有信使頻以爲詞今知其將兵擬侵蠻落兼擬取鹽井事似不虛國家與之通和未嘗有惡今既如此不可不防卿卽與達奚守珪部落團練候其有動方可出兵必無事蹤亦不得先舉嶲州相去道里稍遙若有驚急復須爲援並委卿與達奚守珪計會無失事宜卿於國盡誠在邊爲捍委寄得所朕復何憂秋中漸涼卿及首領部落百姓並平安好今故令內給事王承訓往一一口具遣書指不多及

敕蠻首領鐸羅望書

敕故姚州管內大酋長郍傍時嫡孫將軍鐸羅望卿之先祖輸忠奉國遽聞徂逝深愴於懷言念邊人必藉撫綏又逼蕃界兼資鎮遏卿宜纘承先業以副朕心故遣宿衞首領王白於姚州都督達奚守珪計會就彼弔慰便授卿襲浪穹州刺史並賜綾彩三百匹至宜領取秋中已涼卿及首領已下並平安好遣書指不多及

敕安南首領爨仁哲等書

敕安南首領歸州刺史爨仁哲潘州刺史潘明威獠子首

領阿迪和蠻大鬼主孟谷誤姚州首領左威衞將軍爨彥徵將軍昆州刺史爨嗣紹黎州刺史爨曾戎州首領右監門衞大將軍南州刺史爨歸王南寧州司馬威州刺史都大鬼主爨崇道昇麻縣令孟耽卿等雖在僻遠各有部落俱屬國家並識王化比者時有背叛似是生梗及其審察亦有事由或都府不平處置有失或朋讎相嫌經營損害既無控告自不安寧兵戈相防亦不足深怪也然則既漸風化亦當頗革蠻俗有須陳請何不奏聞蕃中事宜可具言也今故令掖庭令安道訓往彼宣問並令口具有不穩便可一一奏聞秋中已涼卿及百姓並平安好遣書指不多及

張守珪奏裨將安祿山失利送戮京師批

穰苴出軍必誅莊賈孫武行令亦斬宮嬪守珪軍令若行祿山不宜免死

南郊赦書

門下朕獲主三靈於今一紀聽政中昃每不敢康覲書乙夜將求諸道頃年已來每思至理或遠人不率或嗣歲不登淳樸未還惕厲斯在爲人上而懋德奉天明以畏威故

祝史正辭必期於陳信郊丘備禮將俟於昇平今正宗廟降靈克開厥後乾坤交泰保合太和麟鳳龜龍元符黃瑞之祉蠻夷戎狄梯山航海之琛莫不日月以聞道路相屬顧惟不德當茲休運欽若昭報疇咨故實所以今年獻春恭祠后土季秋吉日追崇九廟採必先於魯經稽肆類於虞典爰因長至欽謁上元告受命之元符昭嚴配之成績大典云備至誠克展諸侯駿奔來於穆之相百神受職率咸秩之文六變已陳三獻斯畢蓋春秋之大事莫先乎祀王者之盛禮莫重於郊柴燎克終感慶罔極豈予一人之

福亦爾萬邦之輯寧因咸和之際俾承厚下之澤可大赦天下自開元十一年十一月十六日昧爽已前罪無輕重已發覺未發覺已結正未結正繫囚見徒大辟罪已下咸赦除之其十惡死罪造僞頭首刼賊殺財主在不赦例就中仍慮有冤濫者所司具狀送中書門下盡理詳覆奏聞朕將親覽其有亾命山澤挾藏軍器百日不首復罪如初敢以赦前事相告言者以其罪罪之升壇行事官及供奉官三品已上賜爵一級四品以下加一階諸縣官並準此升壇例內外文武官及致仕并前資陪位者賜勳一轉緣

大禮有職掌並押當者更加一階齋郎並放出身皇親諸親陪位未出身者並放選已出身者賜勳一轉親王公主各與一子官三品衛監門黃衣長上飛騎萬騎並仗內雜色人在齋宮宿衛及諸色人有資勞人緣大禮有職掌並流外行署預見大禮者亦賜勳一轉其充香爐執扇及禮生祝史贊者賜勳外簡日選優與處分兵士宿衛齋宮并諸色無資勞緣大禮職掌及京兆府百姓緣南郊祇應者各免其家一年雜科差南北衛將軍率中郎將宿衛齋宮者並同升壇例其諸軍節度大使及三都留守雖不陪位

委寄既重特宜同升壇官例百歲老人賜棉帛五段粟五石縣令至其家存問給侍孝子順孫義夫節婦旌表門閭終身勿事已旌表者量加優恤諸州百姓或因逢水旱流寓未安者宜令所司與朝集使卽作賑卹安輯法奏聞其單貧衛士番鎮久次令州府長官簡擇灼然者放免番役征行人家州縣檢校勿使侵欺磧西鎮人途路懸邈特宜賜勳一轉鰥寡惸獨亦令州縣倍加矜恤使得存濟元置義倉救人不足承前貸百姓糧及種子未納者並放免不得却徵自古聖帝明王忠臣烈士名山大川並令所管致

祭其已得替官人並輕累未得處分非老弱疾病猶堪處事者量加收敍使免失職其左貶官非逆人五服內親及犯贓賄名教者所司責勘奏聞量移近處其官人有清白政術堪任刺史縣令及抱器懷才不求聞達者州長官其以名薦宗室中有孝悌才術爲衆所知仍在卑任者委宗正具以名奏君臣一體休戚共焉朕欽承天命恭傳大寶蓋憑累祖餘業得一之符亦由羣公舊勳不二之力永言繫賴其敢忘之自武德已來實封功臣知政宰輔有身無大故而亾官失爵子孫淪屈者所由勘實具以狀聞存者

可疇其官榮逝者當錄其允嗣使幽明同慶知有今辰亞獻邠王守禮終獻寧王憲各賜物一千匹捧俎申王撝夾侍岐王範薛王業各賜物七百匹侍中源乾曜中書令張說兵部尚書同中書門下三品王晙各賜物五百匹正衣駙馬都尉王守一王繇溫曦宗正少卿崔澄各賜物三百匹二王後賜物一百五十匹壇場使京兆尹孟溫禮賜物二百匹修造羽儀使賜物一百匹修撰儀注官五品已上賜物一百匹六品已下賜物七十段自餘陪位預宴官一品賜物一百匹二品三品八十匹四品五品六十匹六品

七品四十匹八品九品三十匹鴻臚諸蕃使與見大禮及在本蕃王侯大酋長並同宴會例給賜郡主縣主各賜物八十匹緣大禮數處有職掌者任於一頭從高敘天下州府賜酺三日京城五日任所在百姓村坊宴樂不得科率聚斂其有處分未該者令所司及本使比類奏聞赦書日行五百里主者施行

東封赦書

門下朕聞天監惟后后克奉天既合德以受命亦推恩而復始厥初作者七十二君道洽跡著時至符出皆用事於介邱升中於上帝人神之望蓋有以塞之皇王之序固可得而言也朕接統千歲承光五葉惟祖宗之德在人惟天地之靈作主往有內難幽贊而集大勳開無外虞守成而纘舊服未嘗不乾乾終日思與公卿大夫上下叶心聿求至理以宏我列聖其庶幾乎馨香今九有大寧羣氓樂業時必敬授而不奪物亦順成而無夭懋建皇極幸致太和洎乃幽遐率由感被戎狄不軌唯文告而來庭麟鳳已臻將覺悟而在藪以故凡百執事亟言大封顧惟不德初欲勿議伏以先聖儲祉與天同功荷傳符以在今敢侑神而

無報大節斯在朕何讓焉遂奉遵高祖太宗之業憲章乾封之典時邁東土柴告岱宗精意上達肸蠁來應信宿行事雲物呈祥登降之禮斯畢嚴配之誠獲展百神羣望莫不懷柔四方諸侯莫不來慶斯事天道之介福邦家之耿光也無窮之休祉豈獨在予非常之惠澤宐其逮下可大赦天下自開元十三年十一月十三日昧爽已前大辟罪已下罪無輕重已發覺未發覺已結正未結正繫囚見徒咸赦除之惟十惡死罪不在此限流人未達前所者放還其有挾藏軍器亾命山澤百日不首復罪如初敢以赦前

事相告言者以其罪罪之內外文武官三品已上賜爵一等四品已下加一階邠王守禮寧王憲岐王範薛王業各與一子三品官公主嗣王郡主縣主各與一子官其應文武行從官加階之外並賜勳兩轉三衛引駕細引黃衣長上飛騎彍騎先有武散官者加兩階未給武散官者各賜勳兩轉衛士馬主戎車主幕士掌閑供膳太常及仗內音聲人行署及蕃官（闕二字）並別敕雜色定名行從人亦賜勳兩轉緣大禮登山（闕三字）從行事舉脚等官三品已上特賜一階仍與一子（闕三字）已下特賜一階仍賜勳兩轉量與進

改其四軍別（闕二字）山宿衛及諸司上山執當官三品已上賜爵一等仍與一子出身四品已下加一階賜勳兩轉亦量與進改其白身人及行署蕃官放蕃選其山下昇壇行事官三品已上加爵一等賜勳一轉四品已下加一階賜勳一轉選日稍優諸獻官及宿衛齋宮將軍率中郎並郎將並兩京留守諸軍節度使並同昇壇例諸有職守押當非昇壇例諸有職人加一階選日優量其加階應入三品五品人非特賜者並依十一年三月二十八日敕節限齋郎禮生見任官前資官已上人並依資量材與處分未出

身者放出身皇親別敕承恩陪位者亦準此諸州岳牧四府長史朝覲陪位者泛階之外各賜勳一轉諸方使人及諸州父老宗姓并從家子孫至岳不得陪位者並賜勳一轉賜物五段諸州及兗州道僧至岳見大禮者並賜物五段孔子後褒聖侯量才與處分天下致仕官各依本品賜一季祿並束帛其陪位者仍賜勳一轉諸蕃侯王酋長來會禮者各加一官至都節級並與賜物其入朝留在邊軍人亦準此其蕃中祇候衙官刺史縣令並賜物及袍帶突厥可汗小殺等諸國王守護塞垣歲月朝貢並宜賜物副

使將佐侍老年百歲已上者版授下州刺史婦人版授郡君年九十已上者版授上州司馬婦人版授縣君年七十已上者版授縣令並婦人版級量賜粟帛其預見大禮侍老各別加侍丁一人孝子順孫義夫節婦旌表門閭終身勿事行人之家及鰥寡惸獨並疾病不能自存者委州縣長官倍加存卹諸軍行有文武散官已上者加一階白身者賜散勳一轉欠負官物逋懸租調並宜放免其行過州縣供頓劬勞並貼頓百姓有雜差科並車馬夫役者並免一年租賦兗州免二年租賦當頓官人始末不絕者與中

上考仍賜勳一轉朕永惟王業緊賴舊勳元首股肱其猶一體自武德已來功臣宰輔或名存王府遺嗣沈淪或身無大故銜屈泉壤宜令所司訪擇申理唐（此處隆字避元宗諱）元年六月二十六日立功官人往屬艱難能盡忠義今成大禮何日忘之宜各與一子出身無子者任回與周親之人有司試策三道等第收獎朕躬陟天門宿齋日觀時屬嚴冬雪後初夜風寒朕因露立祈恩誓欲代人當咎俯仰之際頓息霜飇奠獻之晨變同韶景誠荷上天垂祐亦賴靈山吐祥詩云無德不報宜封太山神爲天齊王禮秩加三公

一等宜令所管崇飾祠廟環山十里禁其樵採給近山二十戶復以奉神祠率土之內賜酺七（英華作五）日任於村坊內宴樂不得聚斂煩勞其節文有未霑及者所司比類奏聞其封祠有數處行事者從一處敍赦書日行五百里主者施行

后土赦書

門下昔者巡狩所至柴瘞斯行蓋取誠享以遵告類朕恭承祖宗之烈獲主神祇之祀夙夜祗畏不敢荒寧故勤兵朔陲先展義於汾社迴旆脽上遂有事於郊壇王者父事天母事地漢氏祈穀未始正名周禮降神乃爲徼福而已朕以天命之重子道爲先惟茲精誠在乎敦孝庶蒙福於四海期永康於兆人是以率由舊章敬恭明祀嚴配之誠旣展奠獻之禮又終且春秋之義大事在祀齋祭之福庶品維祺豈獨在予而有斯慶可大赦天下自開元二十年十一月二十一日昧爽已前大辟罪已下罪無輕重已發覺未發覺已結正未結正繫囚見徒常赦所不免者咸赦除之官人犯贓及有罪被推者本罪雖原不得更令却上仍别與處分自先天已來有雜犯流移人等並配隸人等

各量移近處左降官未經量移及經量移未復本資者奏聽進止天下遭損免州應損戶成（詔令作減）一分已上者及供頓州無出今年地稅如已徵納聽折來年地稅逋租懸調貸糧種子欠負官物在百姓腹內者並宜放免其不損處（一作免）州自開元十七年已前所有貸糧種子負欠官物在百姓腹內者亦宜準此諸州緣供頓所差貼助夫亦放其家今年地稅孝子順孫義夫節婦旌表門閭終身勿事諸州侍老百歲已上賜粟七石九十已上賜粟五石八十已上賜粟三石所由速付勿淹旬日太原潞州府侍老等先

已加恩不在此例亞獻皇太子鴻賜物二千匹終獻慶王澤賜物一千匹邠王守禮寧王憲薛王業各賜物一千匹忠王浚已下各賜物三百匹皇太子夾侍正衣進珪捧珪汝陽郡王淳等各賜物三百匹皇太子夾侍正衣各賜物一百五十匹裴光庭蕭嵩弼亮朕躬宏益斯遠本有優異何殊等夷加階賜爵之外各與一子官無子者任與周親仍各賜物三百匹二王後各賜物二百匹長公主各賜物三百匹嗣王郡主縣主賜物二百匹行從文武官三品已上賜物八十匹四品五品賜物六十匹六品七品賜物四十匹八

品九品賜物二十段昇壇官三品已上特賜一階四品已下各加一階應入三品五品官階相當不限考數聽得入知頓使及判官修禮儀官撰玉冊文官知頓御史加一階修壇場州刺史及書冊官各賜物一百匹其已有昇壇職掌從頭處分緣大禮有職掌官賜勳三轉行從官首末不絕及陪位官各賜勳兩轉內外文武官三品以上賜爵一等四品已下各加一階致仕官三品已上賜物七十匹四品五品各五十匹行從蕃客鴻臚安置陪位見大禮者宜賜物五十匹節級分付南北衙應宿衛齋宮官及左右廂

知兵馬虞候總管已下及判官別奏兼孔目官等更加勳一轉前資官選日稍優與處分白身人有資勞者簡選之日優與處分無資蔭者賜勳兩轉南北衙行從三衛飛騎萬騎引駕細引及監門直長主帥黃衣長上各賜勳兩轉仍各賜物五段兩營弩（一作弓）手六番併行宜各賜勳兩轉物五段仍量折番役諸衛彍騎及兵角弓手官馬主掌閑幕士駕士供膳士供膳主習馭工人樂人雜戶官戶白身有職掌人合行從人等各賜勳一轉物三段其齋郎既是見任官準壇上壇下有職掌官例處分執彈三衛及禮生

贊者各減二年勞無勞可減者簡選日稍優與處分流外行署從者各賜勳一轉有職掌者各賜勳兩轉供頓州刺史同陪位官例始末專知頓官各與一中上考蒲州刺史寶鼎縣官同昇壇官處分管壇一鄉百姓給復二年蒲州侍老等準太原潞州例降一等處分武德初功臣每有大慶必存追遠業參運始義合賞延其子孫沈翳無在朝者宜令勘實即與一子官唐（此處隆字避元宗諱）元年立功官等艱難之際誠效亦深言念其初豈忘終始其三品已上各賜一品官五品已上各賜紫金魚袋有亡沒者優贈一官仍與

一子官一子先得官者選日優與處分兩京留守京兆河南尹四大都督府長史諸軍節度副大使準行從官例處分諸方通表疏使人預見大禮準陪位官處分諸道戰亾人家仰州縣存卹不周濟者量事賑給諸軍健兒別敕行人各賜勳一轉仍令所司速勘會團奏官寫告身送付諸道行人或有身死被逃猶徵課役累及親鄰即宜審勘爲其除削皇親中有文武才用堪任使者委宗正具薦當與獎擢五岳四瀆名山大川自古聖帝明王忠臣烈士輔相各令致祭務盡誠潔赦書有所不該者所司比類奏聞亾命山澤挾藏軍器百日不首復罪如初敢以赦前事相告言者以其罪罪之率土之內賜酺三日赦書日行五百里布告天下咸使聞知主者施行

籍田赦書

門下昔者受命爲君體元立極未有不謹於禮而能見教於人朕其庶乎有慙作者方冊存而可舉舊章絶而復尋自古所行無一而廢將以上乞靈於宗社下蒙福於黎元朕茲精誠天實降鑒今嗣歲初吉農事將起禮有先於耕耤義緣奉於粢盛是所嚴祗敢不敬事故躬載耒耜親率公卿以先萬姓遂終千畝謂敦本之爲小何布澤之更滾宜有順於發生俾無偏於行惠可大赦天下自開元二十三年正月十八日昧爽已前大辟罪無輕重已發覺未發覺已結正未結正繫囚見徒咸赦除之其犯十惡死罪不在赦限自餘死罪特宜配流嶺南遠惡處官典犯贓本犯至死貶與嶺南遠惡左降官至流者亦量貶與遠官典配諸軍効力計贓至徒仍不得重令却上天下諸州損免處地稅先矜放其非損免處有貧乏未納者並一切放免京兆河南府秦州百姓有諸色勾徵及逋懸欠負亦宜放免其在官典及倉督等腹內者不在免限天下色役夌及支用務令節減並諸州貢賦先令中書門下均融減省宜準前敕速即條奏損免州稅戶錢未納並七等已上戶租先未處分及五色資錢課未納灼然不辨者並放至蠶麥秋收已來贖納損免州逃兵健兒承前訪捉不獲合取籍人充替自資裝送軍程期逼迫頗亦辛苦並放至蠶麥已後發遣仍令所司預與軍州計會諸軍征行人並令州縣存恤其行人有父母年七十已上者委本道採訪使檢責取實牒報本軍即放還本貫軍司據闕數募取健兒充替行

人及防丁有身亾者爲造棺櫬遞還本處諸州應發遣防丁去本貫一千里已上比來除正課之外給一丁充資多不濟辦宜更量與資助兩京城內今年所有諸雜夫役並宜免放應須使役以諸色錢和僱取充農桑是時不得妨奪州縣長官倍加勸課孝子順孫義夫節婦旌表門閭鰥寡惸獨不能自存量加優恤天下侍老百歲已上版授上州刺史九十中州刺史七十已上上州司馬其九十以上所由仍量給酒肉各令存問亞獻皇太子鴻賜物二千匹終獻慶王潭賜物一千匹邠王守禮等各賜物一千匹忠

王浚已下各賜物三百匹夾侍正衣進珪捧珪汝陽郡王淳等各賜物二百匹皇太子夾侍正衣等各賜物一百匹裴耀卿張九齡李林甫自其翊贊誠有忠益須賞以序等數須優宜與一子官仍各賜物三百匹二王後各賜物一百匹長公主公主各與一子官仍各賜物二百匹嗣王郡主縣主各賜物一百五十匹在京文武官見任及致仕並諸色陪位官一品賜物八十匹二品七十匹三品六十匹四品五十匹五品四十匹七品六品三十段八品九品二十段節度使副大使三都留守京兆尹各一百匹四大都

督府長史諸道採訪使各八十匹諸賜物應兩給者從一處給其耕官及侍耕官各賜勳兩轉丞相蕭嵩與一子官仍賜物二百匹攝九卿諸侯等各與一子出身仍各賜物一百五十匹侍耕執牛官各賜物一百二十匹昇壇行事官修禮儀官及刺史判官等更賜一階應入三品及五品官階相當減四考聽入攝司徒信安郡王禕禮儀官韋縚既不敘階禕與一子官賜物二百匹縚與一子出身賜物一百五十匹其昇壇及修禮儀兩兼者從一加階應與一子官及出身者若無子聽迴與周親供奉及押階不昇壇

並壇下行事及助耕勸牛官別敕差中書門下差定人等泛階合入三品五品官階至考未定者待考定日聽敘非待考者賜勳四轉未承別賜者各賜一等知頓使賜物一百匹修壇場長官屯官撰玉冊文官各賜物八十匹書玉冊官賜物五十匹管籍田縣令賜物六十匹在東京文武官朝集使外官充十道採訪使並判官諸道節度副大使並諸方通表使諸敕使判官新除五品已上官未赴任都城畿縣令見陪位者三品以上轉爵一級四品已下進一階皇親諸親及九廟子孫不入等陪位者並外文武官九

品已上各賜勳一轉諸蕃入朝及賀正蕃客應陪位者共賜物五十匹節級分付南北衙行從宿衛齋宮者及文武官押當有職掌並諸色雜職掌並應耕公卿從官等各賜勳一轉萬騎及飛騎見當上者各賜勳一轉其宿衛齋宮者加賜物三段仗內坊侍諸色行從人各賜物三段彍騎番兵角弓手弩手官馬主見當番及留帖人掌閑幕士駕士供膳習馭工人樂人見當上有職掌並庶人應耕者各賜物三段齋郎禮生贊者行事者並減兩年勞無勞可減者齋郎放出身禮生贊者選口稍優與處分三衛七色見

當番並流外行署及蕃官見上有職掌者各轉一勳河南洛陽縣陪位父老各賜物五段近壇百姓各免今年雜差科宗廟致享務在豐潔禮經沿革必本人情籩豆之薦或未能備物服制之紀或有所未通宜令禮官學士詳議具奏朕自臨天下二紀於茲不敢荒寧日加兢業而災眚未弭黎人未康若有由而然則在予之責有能直言極諫者具以狀聞每渴賢良無忘鑒寐頃雖虛佇未副旁求其才有王霸之畧學究天人之際智勇堪將帥之選政能當牧宰之舉者五品已上清官將軍都督刺史各舉一人孝悌

力田鄉閭推挹者本州長官勘實有才堪應務者各以名聞致仕官久歷清資始終稱著年漸衰邁情有可矜量與改職依前致仕宗子中有才行著聞比尚沈屈者委宗正勘實奏聞唐（此處隆字避元宗諱）元年兩營立功官任折衝並改與郎將郎將改與中郎其亡官失爵量加收敘五岳四瀆名山大川及自古聖帝明王忠臣良相並令所在長官以禮致祭赦書有所未該者所司比類奏聞亡命山澤挾藏軍器百日不首復罪如初敢以赦前事相告言者以其罪罪之都城內賜酺三日赦書日行五百里布告遐邇咸使知

聞主者施行

張九齡 六

讓起復中書侍郎同平章事表

草土臣九齡言伏奉去年十二月十四日制復臣中書侍郎同平章事者外沮公望內奪私情餘生力微哀怖殞絕臣誠哀誠懼死罪死罪臣伏以宰相所職贊理庶事陶冶太和以遂萬物苟非所任有受其殃臣實單人本無大用況在難疚觸緒哀迷矧以素所不堪加之荒塞而軍國事重翼亮誠難臣獨何人謬居此地退省所有負敗將及雖

願感恩扶力匍匐祇命其如塵玷聖鑑汚辱台衡於國非急於禮虛廢臣比年限役多闕晨昏疚疢之際遽乖救藥凶諱之日遠隔追攀而星霜未周冠冕載道是以庭闈昔絕几筵今阻凡曰名教實所深哀伏惟睿情有以永錫況質言非讓悲款不文祈天之心惟聖所體實冀哀素有次喪紀獲終俯鑒荒迷乞遂情禮臣無任感絕哀迫之至謹詣朝堂奉表陳乞以聞臣誠哀誠懼頓首頓首死罪死罪謹言開元二十二年正月二十七日草土臣張九齡上表

進千秋節金鏡錄表

臣九齡言伏見千秋節日王公已下悉以金寶鏡進獻誠貴尚之尤也臣愚以謂明鏡所以鑑形者也有妍媸則見之於外往事所以鑒心者也有善惡則省之於內故黃帝鏡銘云以鏡自照見形容以人自照見吉凶又古人云前事之不遠後事之元龜元龜亦猶鏡也伏惟開元神武皇帝陛下聖德之至動與天合本已全於道體固不假於事鑑然覆載廣大無所不包聖道沖虛有來皆應臣敢緣此義謹於生辰節上事鑑十章分爲五卷名曰千秋金鏡錄雖聞見褊淺所擇不深至於區區效愚其庶乎萬一不勝

悃款之至謹言

荊州謝上表

臣九齡言伏奉四月十四日制授臣荊州大都督府長史聞命皇怖魂膽飛越即日戒路星夜奔馳屬小道使多驛馬先少以今月八日至州禮上誠惶誠恐頓首頓首死罪死罪臣不即飲氣取死豈敢輒惜餘命伏念心無黨惡死則似同以此偷生猶希聖察臣往年按察嶺表便道赴使訪聞周子諒久經推覆遙即奏充判官尋屬臣改官使亦有替其後信安郡王禕奏將朔方驅使便請授官臣因其

嶺外勤勞因而奏乞事不敢隱未至涉私然進用非人誠宜得罪但臣特蒙拔擢出自宸衷陛下所用隱微惟臣而已伏思報効竊恃聖恩每於事端無所防避智識雖淺罄竭則淺微誠區區義有所在豈復與此私協以負累聖鑒臣雖至頑至愚不至於此皇天后土照臣血誠夙夜煩冤欲辨無路臣聞物有窮者必訴於昊天人有痛者必呼於父母臣今孤苦不乞哀於聖君豈蒙惡聲遂銜冤以沒代臣受性愚鈍闇於知人稟命舛剝與此凶會誠合自死以謝天威所以側息苟存者臣爲聖朝所用既極榮寵而一

朝至此恐玷明時在臣微生有若螻蟻身名俱滅誠不足言今釁咎則然恩禮猶重面目有靦夙夜唯憂戴盆望天豈期上達又未能宣布聖澤少答殊私跼蹐兢皇動失次第無任荷懼兢悚之至謹附河西經略判官所部朝義郎法曹參軍蘇銳奉表陳謝以聞臣誠惶誠恐頓首頓首死罪死罪謹言

賀赦表

臣言伏奉今月八日制恩春郊展禮惟新布澤臣聞古之王政雖在方冊將崇舊典必俟聖君伏惟開元神武皇帝陛下德合天明道高帝載以爲春者發生之氣氣者含育之本事乃重於歲始禮故親於東郊振絕代之綱作名王之法布澤行慶昭德順時以合陰陽之和以乘天地之正凡在品彙莫不昭蘇臣待罪荊南亦濫承恩賜臣無任欣慶戰荷之至謹因所部送永王俸料官當陽縣主簿陳琇奉表陳賀以聞臣誠歡誠喜頓首頓首死罪死罪謹言

賀冊皇太子表

臣言伏奉今月二十日制冊立皇太子者伏以皇太子天資生德睿智夙備爰以吉辰光膺盛典伏惟開元神武皇

帝陛下建儲固本體天合聖萬方之心永貞是屬一人之慶大賚斯在臣某待罪荊南不獲稱慶闕庭欣躍之誠實百常品無任悚踴慶躍之至謹遣所部官宣義郎行枝江縣尉楊崇先奉表陳賀以聞臣誠歡誠喜頓首頓首死罪死罪謹言

洪州進白鹿表

臣聞聖法天則至理調於元氣天表聖則嘉瑞託於羣生將以幽贊王澤覺悟生靈知至德之所感如虛響之必應伏見開元神武皇帝陛下道孚神化體合乾行品物所資

太和罔不叶圖諜所載殊祥罔不臻故郡國上言日月相繼臣所部豫章縣某月某日獲白鹿一休氣所集靈質自呈欲效符祉易爲馴狎臣謹按瑞應圖云王者明惠及下則白鹿見又按孝經援神契云王者德至鳥獸則白鹿見蓋鹿者仙壽之物實爲禎祥之表雖時和歲稔固不假於羽毛而天意人事誠欲伸於耳目臣不勝感慶之至謹詣某所奉瑞鹿表進以聞臣誠歡誠喜頓首頓首死罪死罪謹言

爲兵部尚書王晙謝平章事表

臣晙言伏奉今月二十九日制授臣兵部尚書同中書門下三品殊常寵榮妄集疲朽承恩竊喜任重惟憂臣誠歡誠恐臣伏以虛受之難魯史誡以量力滿盈之過夏載陳其招損臣階緣試吏際會登朝遂得入拜尚書比天之喉舌出典方鎮爲王之爪牙雖忠烈之誠心知所竭而績用之美歲久無聞今陛下不以爲愚寘之廟堂之上委以軍國之謀實恐鼎足不任鵷翼爲刺退失微臣之守上累陛下之明是以永夕九飛終朝三省泉谷爲懼冰炭在懷道雖願於將行位固慙於幸得臣已有別狀具所讓人猶蒙曲私未寢嚴命方欲俯僂恭命對揚休光磨鉛効於一割策蹇同於十駕臣誠懼塵台席謬齒國華將何以允答鴻私弼諧大化拜命祇惕罔知所爲臣不勝荷懼之至謹奉表謝以聞臣誠惶誠恐謹言

爲信安王獻聖眞圖表

臣言臣一昨扈從西狩岐陽時以有年事因農隙整六軍之衆修大田之禮戎卒是訓威武載揚屬草淺獸肥霜清氣殺詔虞人以卽鹿命荆州而起鳥陛下親御弧矢紆駕林衡曾不合圍取其背者雖有逸羣之狡走險之捷而飛

黃驃鑾縈拂如組綠沈縱鏑宛轉若神必命中於前期皆應弦而絕倒其餘變態不測神妙無窮非臣瞽言所能模狀既而備獻禽之禮虔薦寢之誠教人以孝自天作則此外效獲畢賜懿親兼禁羽騎無犯宿麥是行也典禮斯備仁恩允洽三令惟肅七德以宣魏武何階亦紀功於猛獸周文差擬將比義於非熊臣忝籍宗枝幸陪鑾輅竊觀神武冠絕古今以爲載之空言不若圖之繪事向所述聖今皆寫眞雖天顏不違而丹青莫擬徒極愚思庶存萬一謹錄上陳伏深戰汗臣誠惶誠恐謹言

爲何給事進亾父所著書表

臣言臣父某官某名往歷樞近志勤忠益至於霸王大略軍國要務事關興替言涉箴規因著十篇名曰帝圖祕籙將欲獻納纔加撰次尋屬臣私門殃釁夙遘閔凶手澤所存心瞿不忍遂未奏御猶在緘縢二紀及茲遺言將墜誠愚臣不克負荷丕揚休烈俾亾父之業聖代莫傳雖忝掖垣若寘冰谷伏惟陛下聽政中昃觀書乙夜思上皇而合道恨古人於同時而臣亾父所論君臣之際必欲驗之行事非直垂於空文誠宜上感宸衷由沒代而匡補下藏祕

府因聖君以發明竟未上聞伏增悲懼臣不勝感惕之至謹繕寫封進以聞謹言

謝賜香藥面脂表

臣某言某至宣敕旨賜臣裛衣香面脂及小通中散等藥捧日月之光寒移東海沐雲雨之澤春入花門雕匳忽開珠囊暫解蘭薰異氣玉潤凝脂藥自天來不假淮王之術香宜風度如傳荀令之衣臣才謝中人位參上將疆埸效淺山嶽恩深唯因受遇之多轉覺輕生之速

諫廢黜三王奏

陛下纂嗣鴻業將三十年太子已下常不離深宮日受聖訓今天下之人皆慶陛下享國日久子孫蕃育不聞有過陛下奈何以一日之間廢棄三子伏惟陛下思之且太子國本難於動搖昔晉獻公惑寵嬖之言太子申生憂死國乃大亂漢武威加六合受江充巫蠱之事將禍及太子遂至城中流血晉惠帝有賢子爲太子容賈后之譖以至喪亾隋文帝取寵婦之言廢太子勇而立晉王廣遂失天下由此而論之不可不愼今太子旣長無過二王又賢臣待罪左右敢不詳悉

上封事書

五月二十日宣義郎左拾遺內供奉臣張九齡謹再拜死罪死罪上書開元神武皇帝陛下臣所以上事以臣愚見竝當時尢切不敢飾詞伏願陛下親覽可否之宜幸甚幸甚臣伏以陛下自克清內難光宅天下常欲躋人於富壽致國於太平聖慮每勤德音屢發然猶黎人未息水旱爲憂臣竊伏思之有由然矣臣聞乖政之氣發爲水旱天道雖遠其應甚速昔者東海枉殺孝婦旱者久之一吏不明匹婦非命則天爲之旱以昭其冤況今六合之開元元之

衆莫不懸命於縣令宅生於刺史陛下所與共理此尤親於人者也多非其任徒有其名致旱之由豈惟孝婦一事而已是以親人之任宜得其賢用才之道宜重其選而今刺史縣令除京輔近處雄望之州刺史猶擇其人縣令或備員而已其餘江淮隴蜀三河諸處除大府之外稍稍非才但於京官之中出爲州縣者或是緣身有累在職無聲用於牧宰之間以爲斥逐之地或因勢附會遂忝高班比其勢衰且無他責又謂之不稱京職亦乃出爲刺史至於武夫流外積資而得官成於經久不計於有才諸若此流

盡爲刺史其餘縣令已下固不可勝言蓋甿庶所繫國家之本務本務之職反爲好進者所輕承弊之人每遭非才者所擾陛下聖化從此不宣皆由不重親人之選以成其弊而欲天下和洽固不可得也古者刺史入爲三公郎官出宰百里莫不於其所重勸其所行臣竊怪近俗偏輕此任今朝廷卿士入而不出於其私情遂自得計何則京華之地衣冠所聚子弟之間身名所出從容附會不勞而成一出外藩有異於此人情進取豈忘於私但立法制之不敢違耳原其本意固私是欲今大利在於京職而不在於外郡如此則智能之士欲利之心日夜營營寧有復出爲刺史縣令而陛下國家之利方賴智能之人此輩既自固而不行在外者又技癢而求入如此則智能之輩常無親人之責陛下又未格之以法無乃甚不可乎故臣愚以爲欲理之本莫若重刺史縣令此官誠重智能者可行正宜懸以科條定其資歷凡不歷都督刺史雖有高第者不得入爲侍郎列卿不歷縣令有善政者亦不得入爲臺郎給舍郎雖遠處都督刺史至於縣令以次差降以爲出入亦不得十年頻任京職又不得十年盡任外官如此設科以

救其失則內外通理萬姓獲寧如積習爲常遂其私計陛下獨宵衣旰食天下亦未之理也又古之選用賢良取其稱職或遙聞而辟召或一見而任之是以士修素行不圖僥倖羣小不逮亦用息心以故姦僞自止流品不雜今天下未必理於上古而事務日倍於前誠爲不正其本而設巧於末所謂末者吏部條章動盈千百刀筆之吏辨析毫釐節制搶攘溺於文墨胥徒之猾又緣隙而起臣以爲始造簿書以備用人之遺亡耳今反求精於案牘不急於人才亦何異遺劍中流而刻舟以紀去之彌遠可爲傷心凡

有稱吏部之能者則曰從縣尉與主簿從主簿與縣丞斯選曹執文而善知官次者也惟據其合與不合不論賢與不肖大略如此豈不謬哉陛下若不以吏部尚書侍郎爲賢必不授以職事尚書侍郎既以賢而受委豈復不能知人知人之難雖自古所慎而拔十得五其道可行今則執以格條貴於謹守幸其心能自覺者每選於所拔亦有三人五人若又專固者則亦一人不拔據資配職自以爲能爲官擇人初無此意故使時人有平配之議官曹無得賢之實朱紫同色清濁不分是於聖朝有何裨益故臣以爲

選部之法弊於不變變法之易在陛下煥然行之假如今之銓衡欲自爲意亦限行之已久動必見疑遂用因循益爲浮薄今若刺史縣令精覈其人即每年當管之內應有合選之色先委考其才行堪入品流然後送臺臺又推擇據所用之多少爲州縣之殿最一則州縣慎於所舉必取入官之才二則吏部因其有成無多庸人之數縱有不在送者妄起怨端且猶分謗於外臺不至喧嘩於南省今則每歲選者動以萬計京師米物爲之空虛豈多士若斯益渝濫至此而欲仍舊致理難於改制秪益文法煩碎賢愚

渾雜就中以一詩一判定其是非適使賢人君子從此遺逸斯亦明代之缺政有識者之所歎息也夫天下雖廣朝廷雖衆而士之名賢誠可知也若使毁譽相亂聽受不明事將已矣無復可說如知其賢能各有品第每一官缺而不以次用之則是知而不爲焉用彼相借如諸司清要之職當用第一之人及其要官闕時或以下等叨進以故時議無高無下惟論得與不得自然清議不立名節不修上善則守志而後時中人則躁求而易操其故何哉朝廷若以令名而進人士子亦以修名而獲利而利之所出衆則趨焉已而名利不出於清修所趣多歸於人事其小者苟

求輒得一變而至阿私其大者許以分義再變而成朋黨斯並教化漸漬使之必然故於用人之際不可不第高下若高下有次不可妄干天下士流必刻意修飾思齊日衆刑政日清此皆興衰之大端焉可不察易曰履霜堅冰至言聖人之見終始之微矣臣今所言上刺史縣令等事一皆指實縱臣所欲變法不合時宜伏望更發睿圖及詢於執事作爲長算振此頹風使官修其方人受其福天下幸甚伏惟陛下聰明神武動以聖斷正當可爲之運未行反

本之法微臣企竦竊有所望伏願少留宸睠稍覽愚誠必無可施行棄之非晚不勝塵露裨補之誠

薛王有疾上憂變容髮請宣付史館狀

右臣等伏見邠王守禮等表并答制以薛王業有疾聖情軫慮宿夕之閒容髮遂變又尋繹致倦假寢通神因獲異方頓解危惙誠陛下友愛之至冠於皇王急難之情達於神道所以諸王陳請願書竹帛然猶讓此歸美推而不居聖德謙沖固難名於廣大臣子之志敢忘義於昭宣況臣等近侍軒墀倍百恆品望以邠王等狀宣付史館謹錄狀奏聞伏聽敕旨

薛王薨上損膳請復膳狀

右未經旬時慘恤相次聖情友愛之至屬此天倫之戚伏聞寢膳有改乎常臣等下情不安夙夜惶灼伏願抑損恩命沖用道心以承宗社之重以慰臣庶之望天下幸甚臣等不勝倍百恆情之至謹奉狀以聞死罪謹奏

請御註道德經及疏施行狀

右臣等伏以至道無名常善救物所以鎮彼澆競登諸福壽而古今殊論穿鑿多門徒廣津梁何階閫閾伏奉恩敕賜臣等於集賢院與諸學士奉觀御注道德經及疏本天旨元遠聖義發明詞約而理豐文省而事愜上足以播元元之至化下足以闡來代之宗門非陛下道極帝先勤宣祖業何能迴日月之晷度鑿乾坤之戶牖使盲者返視聾者聳聽蒙蔽頓袪沈迷有適凡在率土實多慶賚無任忭戴忭躍之至請宣付所司施行

賀雨狀

右伏以自春降澤粟麥已滋首夏再旬時雨稍晚陛下念深萬姓恩覃庶獄將有事山川用達精意德音纔發甘霔滂流此誠聖感必通天應如答臣等忝居近侍倍百恆情

無任忭躍之至謹奉狀陳賀以聞謹奏

論教皇太子狀

右臣伏以皇太子是天下之本爲國之貳今則睿質漸長猶在深宮所與近習者未必皆正人端士安於逸樂久則性成是以古者明王恐其若此雖在赤子先之以教必使耆儒碩德爲之師保故大戴禮云周成王在襁褓之中太公爲之太師教之順也周公爲之太傅傅其德義召公爲之太保保其身體是故成王能聖周道用康秦始皇使趙

高傳其太子胡亥因教之以獄所習者非斬劓人則夷人之三族也胡亥即位秦氏以亡則明人之性情莫不由習若近正人聞正事雖欲爲惡固已不忍若親近細人不聞教諭縱欲行善猶未知所適此必然也胡越之人生則聲同長則語異蓋聲者天然語者所習習於胡則胡習於越則越故知成於所習不可不慎臣伏願詳擇典故徵用名賢執經勸學朝夕從事俾皇太子得於所習天下幸甚謹奏狀以聞謹狀

論內勘別宅婦女事狀

右件婦女事緣卑褻縱兩縣檢括有所阿容即願宣付憲司糾摘其罪今便收捕入內別加推逐道路有云何急於此若在外勘當慮以相寬其餘法獄豈皆應就內始可以杜其請託方益威嚴便是法不肅而吏不懼其弊尤重於別宅者也昔漢丞相府尚不按吏誠以務在尊崇體不可失況天子中禁而有此名丞尉極微所緣至小固不足以塵黷聖聽雖在內曹外議切切未爲得所即有聞知不敢不奏謹狀

論東北軍未可輕動狀

右高力士宣奉敕張守珪所進送突厥生口具問知委曲故今劉思賢去者臣等伏以北虜凶狡誠亦難保其心然陛下以恩澤懷柔歲月已久使彼豺武頓改頑嚚以事觀察信然不虛何者昨李佺使迴虜亦具云東下中間或言難信至今果如所說即是輸誠於國未有他詐且契丹等翻覆或往或來今其東討雖未稟命在於夷狄亦不可責於常理若因而屠之亦便除患陛下先有聖料以爲如此臣等常竊志之固非所及今其來也若契丹等偶勝北虜勢衰因而乘之滅其大半審料必取始可決行事若不然

而軍將妄動徒結大隙亦以不信爲國生患莫甚於此臣伏以在邊諸將茍利一軍便即行之以邀榮賞不思遠計誠是大失今劉思賢往望將降書處分守珪必爲遠圖無得妄動防約諸將使知聖心縱虜庭聞之尤彰天澤未審可否謹錄狀奏聞

請東北將吏刊石紀功德狀

右奚契丹尤近邊鄙侵佚是虞式遏成勞臣庶常情惟欲防禦所謂長策無出此者陛下獨斷宸襟高奪羣議以爲頓兵塞下轉粟邊軍曠日持久役無寧歲若不因利乘便

一舉遂平使遷善者自新爲惡者就戮事若不爾無息我人且今大兵臨之凶徒必潰不出此歲當並成擒臣等初奉聖謀高深未測及聞凱捷晷候不差而兩蕃遺噍莫不稽顙緣邊戍卒咸以返耕臥鼓滅烽誠自此始斯皆陛下睿謀先定神武非常覩變早於未萌必取預於無象伏以成功不宰君人所以爲量有美不宣臣子所以成罪臣雖蒙瞽安敢無言既預聞始謀又幸見成事豈可使天功虛往而日用不知竹帛相傳復紀何事請具狀宣付史館垂示將來仍請將吏等刊石勒頌以紀功德臣某等不勝區區忭躍之至謹奉狀以聞謹奏

請御註經內外傳授狀

右臣等今日於九齡處伏見集賢院奉賀御註前件經墨敕批答兼九齡說睿思幽贊元關洞闢微言與旨廓然昭暢臣等近識暗於大道粗聞九齡此傳便若已有所得欣戴感悅誠不克任伏惟陛下天縱無方有來斯應萬殊一貫三教同歸伏望降出御本使內外傳授則冀明積劫之重昏納羣迷於正覺朝聞夕死尚不足悋顧此輕生於焉何幸臣等不勝忭躍之至

西幸改期請宣付史館狀

右臣今日面奉進止西幸有日般運已去仍聞京畿百姓猶有未安倘來歲未熟下無所向朕雖至彼復有何情欲延期至來冬待看穀麥卿等商度以爲何似臣等具奏洛陽城闕雖曰皇都至於宮苑之間制度本狹然風土氣候不甚宜人陛下以萬姓爲心萬姓以陛下爲命億兆所繫誠在聖躬聖躬若安何顧小小陛下遂當宁動色再降德音苟利於人朕何顧惜發言惻隱感動神祇臣等幸聞至言不覺承睫聖恩愛育遂及於此又敕臣等商量進來者湛恩至德焉可使朝臣不知聖君鴻名不可令史官無述臣望宣聖旨改用來年十月幸西京仍望具將本狀徧示朝列并宣付史官等臣不勝感戴踴躍之至

上爲寧王寫一切經請宣付史館狀

右臣奉敕今日於安國觀行香伏見天恩爲寧王及故惠宣代國金仙公主共寫一切道經四本伏以睿恩友愛情深天屬生成之德無隔存亾利益之資方宏道要諸經畢繕景福雲集稱贊茲日功用有成教義是先誠所感慶臣無任欣戴之至望宣付史館奉狀以聞謹奏

賀張待賓奏尅捷狀

右高力士宣示臣等張待賓表臣等前因奏事親承聖旨懸料數日當有捷書及此使至皆如睿略但狂胡背誕圍逼軍州凶力固已困窮邊城一無所損臣等伏料此賊早是破傷大衆遠來踰月乃去馬羸則多死人苦則計生本是烏雜之徒足徵破亾之漸此皆皇威遠讋氛祲坐銷豈伊邊人所能自保臣等幸忝樞近承奉聖謨邊捷有符不勝慶悅謹奉狀陳賀以聞仍望宣付史館謹奏

欽定全唐文卷二百八十九

張九齡七

賀誅賊狀

右蓋嘉運奏北庭解圍仍有殺獲蘇祿背德敢此讐天盡驅犬羊來犯軍鎮雖肆凶毒欲逞其心而邊兵無遺鏃之費狂賊有輿尸之禍此皆陛下聖武將士龔行遠必叶謀動無遺策能令氛祲坐自廓清臣等忝奉密謀屢承獻捷踴躍稱慶倍百恆情謹奉狀陳賀以聞謹奏

賀奚契丹並自離貳廓清有期狀

右適高力士宣示臣等張守珪奏契丹及奚並自離貳兼安祿山復有殺獲賊數將盡觸緒猜攜邊鎮勤兵伺隙而動誅翦有日廓清可期此皆天威遠臨逋逃自滅臣等不勝慶躍之至

賀誅奚賊可突于狀

右高力士宣示張守珪所上逆賊契丹屈烈及可突于等首級此等惡稔喪敗將及故天誘其衷既降又貳而感義之士惡其翻覆背恩之賊已就誅鋤幽障廓清華夷俱靜計其餘噍永無動搖陛下邊任先擇聖謀獨斷克稟成命

樹此戎功且知河朔無轉輸之勞林胡爲賦稅之地臣等忝在樞近預聞遠績捷書之至喜倍恆情謹奉狀陳賀以聞謹奏

賀破突厥狀

右張守珪表奏突厥四萬騎前月二十五日至能訖離山契丹泥禮等前後斬獲俘馘數逾十萬突厥可汗棄甲逃亾奚王李歸國及平盧軍將等追奔逐北計日殲滅更聞奏者伏以突厥新立輕事用兵彼之威衆在於一舉又兩蕃與其結隙交搆未深在於邊隅猶軫天算陛下料其終

始指授規模知其舉種盡來本自無策勞師襲遠必合成擒使番騎先鋒漢軍堅壁坐觀成敗自戰蠻夷今契丹纔交突厥已破計其奔北必至喪亾脫身獲全亦舉衆皆棄北虜震懾從此氣衰東胡保邊永不攜貳寬徭罷柝自此可期斯皆聖德遠覃皇威遐振事無遺策舉不失圖臣忝跡樞近親承睿略忭躍之至倍百恆情謹奉狀陳賀以聞謹奏

賀東北累捷狀

右今日劉思賢至奉宣聖旨垂示臣等破賊所由兼見守珪表奏具承契丹累捷伏以聖武所加制勝者無失天威不抗犯順者自亾突厥負衆背恩窮凶遠襲兩蕃懷德誓死如歸三軍奉國從命如指遂使一戰便衄已聞殺傷無算慟哭而奔則知主將必死且蠻夷相伐我則不勞疆埸有虞義亦奚失固知無徵信於漢北有大造於燕垂此實獨斷神謀事皆有預萬全之策永靜邊隅薄伐之師匪勞中夏凡在黎庶孰不欣躍臣等忝預樞近倍百恆情無任慶忭之至

賀依聖料赤山北無賊及突厥要重人死請宣付史館狀（先是信安王禕承王忠嗣警因牒云赤山有賊）

右先得前件牒云九月三日奚撥見賊無數前三日臣等面奉聖旨料此必安祿山所將之兵奚疑是賊便有此牒也臣等當時又奏突厥舉國大來微有輸失便去竊料此意恐其有謀陛下又云必應彼有要重人死所以卽去今日幽州節度判官監察御史張曉至云今月十一日從幽州發來赤山元自無賊奚所見者正是安祿山下兵馬又云契丹有蕃落人走來云突厥之兵馬平章事第一人死所以狼狽卽去在路每日於帳衙前哭此並聖心懸照有

如目擊臣等親奉睿算及此符同萬里無差不勝驚喜無任踴躍之至仍望宣付史館

賀突厥小可汗必是傷死狀

右牛仙童宣勅送前件契丹令問委曲者臣等借問突厥退散所由其伊吐于被擒將隨五日因夜却走迴每日實見突厥諸將皆於衙帳前哭及剺正面是實據此必是小可汗傷死若其不然不合如此審覩伊吐于情狀亦即不敢妄言必其不虛乃是天敗比其歸至本處固應更有餘殃醜虜破亾必自此始也陛下聖德無遠妖沴自銷不勞

師徒已清朔漠臣等獲奉廟算不勝忭躍之至

賀聖料突厥必有亾徵其兆今見狀

右林招隱宣勅示臣等張守珪云契丹婦女屈將從突厥出來知可汗死是實又云黃頭突厥與默啜突厥爭言氣兵馬欲鬬驚軍屈將然得走來者參驗前後從突厥來者說事多同況此婦人尤爲指實死既非謬天實誅之且諸蕃之中北虜爲桀不待征戰而自取殲夷此誠天助有道坐清妖祲陛下嘗有聖料者知其必有亾徵今云兵馬自爭其兆已見佇聽其敗但只納降亭障息兵將自此始不勝欣慶之至

賀蓋嘉運破賊狀

右高力士宣奉勅示臣等王尚客奏狀知蓋嘉運至突厥施店密城逢賊便鬬多有殺獲且凶黨大衆見在邊城方擬經春圖爲邊患忽聞嘉運此入復有破傷必其驚忙當有攜散皆是聖略先定萬里懸同尚客所言合符前者臣等不勝慶躍之至

賀賊蘇祿遁走狀

右高力士宣勅示臣等曹待宣奏狀知蘇祿遁走入山出

界者四鎮懸遠比被侵逼將士用命雖有誅鋤凶黨尚多時有抄掠兵疲矢盡爲弊亦深今日奔亾誠是震懼聖威及遠氛沴坐銷又北庭救兵當時迴旆不費軍廩事且無憂吐蕃縱實西行蘇祿不得相應其敗可必又無可憂邊事且寧不勝慶慰謹奉狀陳賀以聞謹奏

賀雪狀

右伏以至德惟勤親躬以勸大禮云畢勞酒加歡聖感天從豐年雪應始降澤於千畝將有盈於萬箱臣等忝陪近侍載深慶躍無任悅豫之至謹奉狀陳賀以聞謹奏

謝侍講徧賜衣物狀

右高力士宣稱陛下親講讀毛詩徧賜侍講陳希烈三品兼賜衣物等伏以睿思元通超然物表俯臨天下必樹風化既宏儒教考覈詩人爰託師資親行講讀章句初畢賞錫有加明主濬恩孰不知勸臣等謬承任遇實愧經通聖業彌深微誠何補方思敩學以助明時無任悦豫之至

賀雨晴狀

右今月十日高力士宣聖旨以霖雨方滯有害稼穡之憂將親禱上陽三日內不坐精意朝發而重陰夕霽乃數日

已來遂致開朗誰謂天遠其應甚速遂得麥秋有望蠶事且登則知至人無心與天地合契神功潛運豈陰陽不測伏惟陛下明德自廣兢業載懷所致休徵必加謙愼天聖相合福施羣生日用不知年和在此臣等無能翊佐徒忝近密每有大猷承奉不暇無任欣戴慶躍之至

賀雨狀

右畿輔之間秋來少雨聖心有軫稼穡惟憂德至于天慶自嘉節實有神應旋降甘雨使將枯之苗有同於再熟已息之望不意於萬人臣有限不獲當時稱慶無任悚踴之至

賀雪狀

右伏以自冬少雪粟麥未滋歲律向終農候方近陛下黎庶在念憂濟常深聖心精誠天意昭感孰云元遠不日有應遂得盈尺告祥動植霑洽豐年有望即事可期即表非常之祥實倍不任之喜不勝忭躍之至

賀祈雨有應狀

右臣一昨面奉恩旨緣秋稼有望時雨蹔愆念及黎元見於顏色方躬自祈請誠勤夙夜上靈昭鑒嘉瑞必臻昨日

申酉之間雲物果應初含五色正覆於壇場未及終宵更灑於城闕遂使炎埃宿潤虐暑暫消實冀膚寸之資畢致普天之澤臣等多昧徒仰於成造蒼生何幸每及於聖私無任欣戴忭躍之至謹奉狀陳賀以聞既有殊應仍望宣付史館

賀太陽不虧狀

右今月朔太史奏太陽不虧據諸家歷皆蝕十分已上仍帶蝕出者今日日出百司瞻仰光景無虧臣伏以日月之行值交必蝕算數先定理無推移今朔之辰應蝕不蝕陛

下聞日有變齋戒精誠外寬刑政內廣仁惠聖德日慎災祥自弭若無表應何謂大明臣等不勝感慶之至謹奉狀陳賀以聞仍望宣付史官以垂來裔

賀祥雲見狀

右臣等伏見道門威儀司馬秀表稱今月十日夜陛下親臨同明殿道場爲宗廟蒼生祈福有祥雲見伏惟聖德以精至動天天意以肸蠁符聖其感甚速其應豈遠陛下聖敬之深勤恤所至靈心如答神道何言自表休期以介景福生人大賴天下幸甚臣等忝居近侍倍百恆情謹奉狀

陳賀以聞伏望宣示史館

賀麥登狀

右今日高力士宣示臣等皇太子表以嘉麥有成陛下躬執勞事率先兆庶皇太子以下繼美聖功臣聞勤於稼穡必有來麰之慶著在春秋則非他穀之比伏惟陛下致敬宗廟屬念黎元春郊順時則千畝在御禁園測候則萬寓皆豐況云立訓天人降尊農務上靈昭德已聞瑞日增輝當暑不疲則有祥雲自覆是彰敦本之化式精造物之功人謠在茲天意可鑒且禹之盡力堯實用心史策美談帝王成範未有休徵神應若斯之盛者也以今況古千載未聞請付史官天下幸甚臣等叨榮近侍倍百恆情無任感戴忭躍之至

賀衢州進古銅器狀

右伏見衢州所進瑞魚銘等神物瓌奇形製純古魚爲龍象既彰受命之元銘作龜文更表錫年之永河圖舊事無以加之臣叶贊休明屢承福應忝惟拜慶倍百恆情伏望宣付史官傳之不朽無任喜躍之至

賀御製開元文字音義狀

右今月日尹鳳祥宣敕旨示臣等聖製開元文字音義三十卷義微旨遠文省理該表隸以訓今存篆以徵古厥釋大備取證於前修片言旁通去嫌於翻字信文思之精一學術之明準非聖心之善誘焉降情於豪素臣等忝居近侍再忭發蒙捧戴之誠實百恆品望令集賢院更寫一本付外流行謹奉狀陳賀以聞謹進

賀論三教狀

右伏奉今日墨制召諸學士及道僧講論三教同異臣聞好尚之論事蹟於偏方至極之宗理歸於一貫非夫上聖

執撰要旨伏惟陛下道契無爲思該元妙考六經之同異詮三教之幽賾將以降照羣疑敷化率土屏浮詞於玉殿輯精義於金門一變儒風再揚道要凡百士庶罔不知歸臣等幸侍軒墀親承至訓忭躍之極實倍常情望宣付史館謹奉狀陳賀以聞謹奏

賀御註金剛經狀

右內侍尹鳳祥宣勅垂示臣等御註金剛經但佛法宗旨撮在此經人間傳習多所未悟陛下曲垂聖意敷演微言幽關妙鍵豁然洞達雖臣等愚昧本自難曉伏覽睿旨亦

即發明是知日月旣出天下普照誠在此也陛下至德法天平分儒術道已廣度其宗僧又不違其願三教並列萬姓知歸伏望降出御文內外傳授

賀皇太子製碑狀

右尹鳳祥宣聖旨示臣等皇太子所製王尊師碑文並壽王書臣等伏以天姿自高更濬聖訓文藝英拔理絕人境臣等周章省覽忭載懷兼皇太子文義高深壽王毫翰灑落朝臣不見竊懼蔽善臣等專輒宜留碑本望明日將示百官了訖續進不勝忭躍之至

賀上仙公主靈應狀

右臣等伏承今月八日上仙公主靈座有祥風瑞虹之應爰至啟殯乃知尸解又承特稟清虛薄於滋味素含眞氣自不食鹽洎於遷神更標奇跡伏惟聖系本於道源妙有所鍾靈異必降不然者何得幼而能悟性與非常適來以時且契於元運超然而蛻復昇於丹籙杳冥雖遠髣像如存則知仙路有歸慈念已釋理絕今古事昭聞見況臣等親侍軒墀幸聞仙解無任感慰之至伏望宣付史官以昭靈異仍望宣示百官

賀昭陵徵應狀

右御史中丞徐惲從京使還向臣等說妖賊劉志誠四日從咸陽北原向南見昭陵山上有黑雲忽起志誠謂其凶徒云此雲將有暴風若衝頭立恐有破敗志誠久從軍伍頗解雜占其言未畢飄風果至直衝行首莫不昏迷衆心驚惶不知所出及至便橋之際並即走散又見父老云往年權梁山之徒將逞不軌當時亦有烈風暴雨發自昭陵彼比至京城賊還破滅謹參往事與今同符者伏以閭閻賊類竊敢猖狂而祖宗威靈亦已元鑒昔年感召若命嵩

九今者驅除更徵風伯所以妖氛自殄狡計莫施晷刻之閒逃形無路此皆神功潛運昌歷無窮將俾孫謀用昭聖德事堪懲惡可以垂後無任慶悅之至仍望宣付史館並示朝列謹錄奏聞謹奏

謝加章紱狀

右伏奉去月三十日敕以臣先領荆州都督佩紫金魚袋前緣改官遂停今更蒙恩特賜任使無效寵服再加臣雖叨榮伏用戰懼不任悚躍之至謹奉狀陳謝以聞謹奏

謝工部侍郎集賢院學士狀

右伏奉今月三日制除臣工部侍郎兼集賢院學士臣本單族過蒙獎拔入升省闥累登清資出牧南州且無成績陛下殊私俯及擢任集賢遠自炎荒忽至霄漢祕文副掌淺陋無堪遽蒙聖恩反遷華省邱山施重報效何階不勝悚懼之至

謝知制誥狀

右臣忝跡集賢久無成效幸免咎責伏用兢惶忽蒙特恩令知制誥臣學業既淺識理非長述宣聖旨誠恐不逮跪受嚴命伏增悚惕無任戴荷之至

謝兩弟移官就養狀

右臣兩弟蒙恩移官就養老母感戴殊澤戰荷兼深臣山藪陋材豈堪國用日月私照謬掌綸言犬馬以地近見矜烏鳥以情至蒙福曲承孝理之賜莫知報效之所無任悚懼荷恩之至

謝中書侍郎狀

右臣謬跡書府兼司綸翰思力淺近無所發明聖恩不以不才卻賜榮獎拔擢非次荷躍惟深但中書近密參掌不易豈臣微賤所堪忝竊拜命之日伏用慙惶不勝戰荷之至

謝敕賜大麥麪狀

右林招隱宣敕賜臣等招隱說云薦新之外禁中所出皆是降至尊親耕稼穡之所成也伏以周人之禮惟有藉田漢氏之薦但聞時果則未有如陛下嚴祇於宗廟勤儉於生人事必躬親動合天德臣亦何幸近奉徽音又蒙聖恩猥垂珍錫已飽於聞義況霑此時羞繆承渥澤未知報效死罪死罪仍望宣牒史館以示將來臣等不勝感荷之至

謝賜食狀

右臣等面奉進止令就集賢院與諸學士等觀聖注道德經尋又賜臣等食竊味道腴兼承珍饌聞義飽德虛往實歸臣等何人叨承渥澤不勝惶悚感戴之至

謝賜藥狀

右高力士宣奉恩旨賜臣等鹿角膠丸及駐年面脂有命自天感戴兼至臣等涓滴無補渥澤日滋多謝股肱之良每慙智力之效徒承聖恩同體之義更霑御藥駐年之錫事絕希幸禮優常遇微軀賤貌因大造而載延捧日承天荷曲成而無極臣等無任悚戴之至

謝賜尺詩狀

右今日高力士宣敕賜臣等御製詩並寶尺伏以尺者紀度之數宏麗天文詩者律呂之和是生節物聖恩下逮天旨旁流因物寓言以言垂象臣雖瞽陋伏見宸衷竊謝良工徒秉刀尺終期死力取配鈞衡而未副所圖退省知罪臣等不勝負荷感懼之至

謝蒙太子書頌狀

右昨者高力士宣恩旨垂示皇太子書紀功德頌恭覽睿跡實天人之表幼傳楷則訓叶文明春秋典學時惟多藝鸞鳳變態入神妙而難明俾臣庸者憑篆刻而不朽微臣之幸倍百常情無任悚戴之至

謝兩弟授官狀

右伏奉昨二十日恩命授臣弟九皋殿中丞九章太子司議郎臣私門積釁殃罰如昨日月逾邁禮及外除弟九皋等加以常才比服哀疚瞻望未遠縞練猶存非常之恩一朝總集慙惶哽咽罔識言次不知微命餘生何以上報大造載悲載懼五情飛越不勝感戴戰慄之至

謝賜衣物狀

右高力士宣敕賜臣衣及器物等臣九齡不孝苟存企及禮制天恩以忝樞近賜問再臨衣服珍器殊常寵錫臣有何力可以叨濫渥澤至滋誠効已竭惟有微命不知所圖無任感戴惶悚之至

讓賜蕃口狀

右高力士宣聖恩賜臣等蕃口執自邊軍釋囚爲隸誠宜供國次及賞功臣等無庸何以受賜殊恩俯降循涯自失伏望俯停渥澤存以至公矜遂懇誠許歸官寺則上有無偏之道下有無苟之責無任悃款之至

觀御製喜雪篇陳誠狀

右臣等適見工部侍郎侍講學士陳希烈所蒙恩賜聖製雪篇伏以聖惟無作作則應天地和陰陽斯之謂矣言微利溥旨遠思深於彼蒼生焉知帝力臣聞食者萬姓之命雪爲五穀之精兆且見於祈年律既和於言志聖心昭感天瑞合符豈比夫漢咏白雲但嗟歡樂周歌黃竹徒事巡游而已哉臣等仰望昭回莫知遠近幸均生植同是霑濡況臣忝在樞衡無能翼亮闡罪己之義若實冰谷循念軀之節冀益涓塵伏誦聖文無任喜懼臣等誠歡誠恐謹言

謝賜御書喜雪篇狀

右臣前伏見聖製喜雪篇奉狀稱慶已特蒙賜本今日高力士又宣賜臣林甫臣某各一本麗天之文或冀傳誦垂露之聖難有偏霑則不知元造曲成宸豪俯逮鸞鳳斯降雲雨載均愚臣何幸叨此殊賜是知君臣之深義感不一子孫之後傳寶無窮而未知此生何以上答臣等不勝感戴伏望許臣等進食以申微誠雖廚萐每搖而野芹徒獻豈云堯禹之膳冀達臣子之情幸甚幸甚謹奉狀以聞謹奏

讓賜宅狀

右去正月二十六日中使李仁智宣口敕賜臣前件宅仍令官修及什物一事已上自奉恩命夙夜憂惕既慙虛受載懼滿盈臣生身蓬蓽所居賤陋釁屬茸麻豈圖宏敞宸私曲被寵賜猥臨加以殃罰之餘參議樞掖草土之末庇形棟宇器用資於官備禮數異於喪紀兢惶失圖啟處無地況涓滴未効霈澤先盈非據之責誰任其咎又臣見在家累僅十餘人臣之俸祿實爲豐厚以此留遷足辦私室今崇其甲第更使增修或恐因緣多有費損上則虧耗國用下則招集身尤縱陛下時垂寬容而臣苟爲貪冒其如

物議何其如公道何伏乞賜寢前命俯垂矜察納臣誠請免臣罪戾其宅及什物望並却令官收無任惶懼之至

讓兩弟起復授官狀

右臣昨以兩弟身官狀涉隱冒家且未正焉能正人所以陳露奏聞誠欲自律今日高力士宣敕令與兩弟京官慈旨優柔感深骨髓微臣何有叨此殊恩但臣自罹殃罰纔踰年序忝承重任不敢顧私而鞠育之恩終懷罔極几筵在遠奠酹不親惟有兩弟在家護申情紀今若恭承恩命

盡在墨縗何心何顏可以偷此陛下每宏教義必先名節豈於愚臣無少矜憫若使九臯等獲免罪戾幸無削除在臣閤門已霑殊澤更令授職俱遠哀次於臣私情實所不忍然於朝議必有喧黷乞寢成命俯亮愚衷冀無玷大猷豈敢自遂而已不勝哀荷戰懼之至

謝赴祥除狀

右殃釁殘生謬承天澤無能報效徒廢情禮而日月迅速祥制有期在臣私情哀懼莫主几筵在遠追慕不親一違外除終身何託伏望察臣罔極俯遂哀懇假以傳乘蹔赴

來月道路往復不出數旬孝理之恩冀知死所無任悲迫戰懼之至

進龍池聖德頌狀

右先奉敕令臣撰文伏以天將啟聖地乃出符歷考圖籙曠古未有臣學術膚淺且靈命難言雖已極於愚思曾未徵於萬一猥承恩獎虛汚磨礱以此慚惶無寧啟處謹隨狀封進以聞塵黷宸嚴伏增戰越

謝弟授官狀

臣伏以聖恩非常拔臣以無能受任歲月漸久涓涘無益取招毀議有累聖明臣前面陳誠以請罪陛下不以賜責又加過恩特以殊榮猥霑臣弟彌速曠官之謗且重非才之責累延公器寵及私門顛覆是憂隕越無措不勝悚懼荷戴之至謹奉狀陳謝以聞

謝賜詩及衣服絹狀

右中使某至特蒙恩曲賜遠别之作又中使某宣口敕賜衣一副並絹一百匹者但柱礎雖下感致於青雲陽燧則微昭應於白日在臣孤賤亦荷寵光伏惟陛下御札龍躍八體比之未雄天文鳳章五色對之猶淺況束帛荐至衣

服仍臻施重邱山恩深江海實爲九族遍有光華匪唯賤陋獨稱榮慶

謝賜馬狀

右今日高力士奉宣聖旨賜臣紫騮馬一匹伏以恩覃不次寵遇非常有忝股肱之臣頻奉渥洼之賜況郊壇展禮尚未奠於九宮而雨露深恩反有叨於三接雖鳴珂歘玉朝天永代於臣勞而任重才微久歲寧酬於聖造荷負無力答効何階

張九齡八

請郊見上帝議

伏以天者百神之君王者所由受命也自古繼統之主必有郊配之義蓋以敬天命報所受也故於郊義則不以德澤未洽年穀未登凡事之故而闕其禮昔者周公郊祀后稷以配天謂成王幼沖周公居攝猶用其禮明不可廢也漢丞相匡衡曰帝王之事莫重乎郊祀董仲舒又云不郊而祭山川失祭之事且逆於禮故春秋非之臣謂衡仲舒古之知禮皆以郊之祭所宜先也陛下紹休聖緒於今五載既先太平之業未行大報之禮考之於經義或未通今百穀嘉生鳥獸咸若夷狄內附兵革用弭乃怠於事天恐不可以訓願以迎日之至升紫壇陳采席定天位則聖典適矣

駮宋慶禮謚議

慶禮在人苦節爲國勞臣一行邊陲三十年所戶庭可樂彼獨安於傳遽稼穡惟艱又能實於軍廩莫不服勞辱之事而匪懈其心守貞堅之規而自盡其力有一於此人之所難況營州者鎮彼戎夷扼喉斷臂逆則制其死命順則爲其主人是稱樂都其來尚矣往緣趙文翽作牧馭之非才自經隳廢便長寇孽故二十年間有事東鄙僵屍暴骨敗將覆軍蓋不可勝紀大明臨下聖謀獨斷恢祖宗之舊復大禹之迹以數千之役徒無甲兵之強衞指期遂往稟命而行於是量畚築執鼛鼓親總其役不愆所慮俾柳城爲金湯之險林胡生腹心之疾蓋爲此也尋而罷海運收歲儲邊亭晏然河朔無擾與夫興師之費轉輸之勞較其優劣孰爲利害而云所亾萬計一何謬哉及契丹背誕之日懼我犄角之勢雖鼠穴自固而駒牧無侵蓋張星彼都繫賴之力也安有踐其跡以制其實貶其謚以徇其虛採虛始之謗聲忘經遠之權利義非得所孰謂其可請以所議更下太常庶表行之迹可尋易名之典不墜者也

應道侔伊呂科對策第一道 並問

問與化致治必俟得人求賢審官莫先愼舉聖朝受命於今百齡堯封比屋魏網斯頓史曹之職衡鏡攸歸歲時調集士踰累萬借使崔毛重起裴樂復存觀貌察言且猶未暇考行徵實其可得乎若遠循漢魏之規復存州郡之選

卽務辭會府權歸外臺牧守之明何法能鑒變通之要厥路奚由文武之道並用無偏軍旅之制事宜經遠而越騎佽飛皆出畿甸丁年負甲者日釋戈亡歿益多軍容每闕今欲均井田於要服遵兵賦於革車恐習俗滋淺慮始難就揆今酌古其衷若何且惠在安人政惟重穀頃承平旣久居泰易盈編戶流亡農桑莫贍精求良吏未之能補遂其寬施則莫懲遊食峻其科禁則慮擾疲人革弊適時應有良術子等並明於國體允應於旁求式陳開物之宜無效循常之對

對嗣魯王道堅所舉道侔伊呂科徵仕郎行祕書省校書郎張九齡伏覽睿問大哉國體九品流弊嘗所懵焉幸因對揚庶言其可古者諸侯貢士司徒論士必講禮觀能鄉舉里選故十五十八之歲大學小學之節誦習以時教化以禮則孝悌之行可知於鄉曲政事之業可升於國朝先王務教此其大者及周道旣衰斯文將喪秦氏滅學唯力是親仁義大壞俊造亦亡漢高以馬上非禮復修三代之事魏武以軍中是務權立九品之儀後代因循莫能改作紛紛橫調滔滔皆是天下公器可謂傷心伏惟陛下神啟睿圖天佑明德物不終否故受之以泰弊不遂極乃鼎之以新滌瑕蕩穢今其時也伏願圖之夫正其本者萬事理勞於求者逸於使豈有大明御宇慮此假權之人循良擇人安得謝恩之議是則外臺會府眞若滿於貯中濟理適時復何殊於掌上者也且有備無患亡戰必危是以振旅茇舍之儀羽林佽飛之衛漢家徵選咸出五陵周制供王不踰千里此以均其遠近會其中正王者之制豈虛乎哉必開井賦於要服俾裒益於畿甸雖經始之規何施不可而圖遠之業猶願勿遵且將振九品之頹綱維百王之絕

略使官有位次資有等衰才苟不侔時所勿取使夫能者代上帝之理議者息高門之談吏精其心人享其利流庸不日而來復耕桑何憂乎不稔動之斯應綏之斯來若惟作法於末途非救弊之本意盛德大業孰與歸乎某怖慄塵埃棲棲非得言之地慷慨禾莠惓惓因獻策之時何敢望焉盡心而已謹對

第二道

對王道務德不來不強臣霸道尚功不伏不偃武此勞逸異數得失可名故曰務廣德者昌務廣地者亡是時漢武

事胡豈比重華之干羽秦皇戍越奚擬公劉之槖囊雖古人有言引之者有同於河漢而王者大化行之者必本於唐虞不亦然乎此則開基之大者也國家因已有之地廣無私之仁犬戎卽敍肅愼入貢若力不能救豈惟桓公之恥征在其蘇是必成湯之怨然而春秋所貴惟義所在內諸夏而外夷狄此明中國恐弊不興異域之功下人苟安何惜救兵之舉則知弔伐之義隨時之道也今頗彫弊抑非其時至如守塞則侯應之言爲得斥地則蒙恬之弊可知前事昭昭足爲明戒者也必欲繫單于之頸裂匈奴之肩奚霫背恩受制於北虜小人發憤請議于東征謹對

第三道

對伏惟殿下德成問安教存齒學則孝悌之感元良之貞詠子衿之詩義形乎辭眞吾君之子也天下幸甚幸甚伏以化憑於勢聲若順風之遠感因於時德甚置郵之速則何草不偃何心不應而曰未能動俗殿下之至謙也尚何術之務而捨此乎今又降意微言徵諸墜典至如黃帝斲木蓋取諸意文王演卦乃言其象雖成象之時不同而得意之言一也周公制禮夏正得天縱損益可知而因循不改去聖既遠禮經殊殘遺文苟存羣儒紛糅故喪服異制諸家殊軌故王肅之旨約情以斷鄭元之言引經取決呂氏因封侯之餘俗採禮官之舊儀故戴聖採十二紀之首爲十二月令存周之典其故匪他仲尼以尊魯而取美於頌穆公以尊周而見序於書左氏以艷富稱誣穀梁以文淸爲婉范寗序事其義則詳樂書因秦而遂亡空有河閒之制夾氏在傳而不見惟餘班固之說謹對

上姚令公書

月日左拾遺張九齡謹奏記紫微令梁公閣下公登廟堂運天下者久矣人之情僞事之得失所更多矣非曲學之說小子之慮所能損益亦已明矣然而意有不盡未可息區區之懷或以見容亦猶用九九之術以此道也忍棄之乎今君侯秉天下之鈞爲聖朝之佐大見信用渴日太平千載一時胡可遇也而君侯既遇非常之主已踐難得之機加以明若鏡中運如掌上有形必察無往不臻朝暮義軒之時何云伊呂而已際會易失功業垂成而舉朝之衆傾心前人之弊未盡往往擬議愚用惜焉何者任人當才爲政大體與之共理無出此途而曩之用才非無知人之

鑒其所以失溺在緣情之舉夫見勢則附俗人之所能也與不妄受志士之所難也君侯察其苟附及不輕受就而厚之因而用之則禽息之首爲知己而必碎豫讓之身感國士而能漆至於合如市道廉公之門客虛盈勢比雀羅廷尉之交情貴賤初則許之以死殉體面俱柔終乃背之而飽飛身名已遂小人恒態不可不察自君侯職相國之重持用人之權而淺中弱植之徒已延頸企踵而至諂親戚以求譽媚賓客以取容情結笑言談生羽翼萬事至廣千變難知其閒豈不有才所失在於無恥君侯或棄其所

短收其所長人且不知淺旨之若斯便謂盡私於此輩其有議者則曰不識宰相無以得遷不因交遊無以求進明主在上君侯爲相安得此言猶出其口某所以爲君侯至惜也且人可誠感難可戶說爲君侯之計謝媒介之徒即雖有所長一皆沮抑專謀選衆之舉息彼訕上之失禍生有胎亦不可忽嗚呼古人有言禦寒莫若重裘止謗莫如自修修之至極何謗不息勿曰無害其禍將大夫長才廣度珠潛璧匿無先容以求達雖後時而自寧今豈無之何近何遠但問於其類人焉廋哉雖不識之有何不可是知女不私人可以爲婦矣士不苟進可以爲臣矣此君侯之度內耳安用小人之說爲固知山藏海納言之無咎下情上通氣用和洽是以不敢默默而已也願無以人故而廢其言以傷君侯之明此至願也幸甚幸甚

答嚴給事書

自出江郡慰誨累及情義已積昆弟無喻人生相知可謂厚矣僕方請歸養從此告辭會面無期所懷當盡故復累而言之耳凡爲前相所厚者豈必惡人耶僕亦自書生燕公待以族子頗以文章見許不因勢利而合但推奬之日

不量不才引致掖垣有負時議然則初有超拔豈由本心噭噭之口曾不是察既不稱其服又加之讒聞負乘致寇幾於不免當此時也若無所容以孤特之身處背憎之地自怪既往何幸而全追想寒心悅悅發悸嚴子足下不意而然既而遠出猶有餘釁巧言潛搆期僕傾危故使者之來怒於心而色於事賴於自慎幸且無咎不者吹毛洗垢求其痕疵勢窮力屈將無控告未始怯事也有爲而然以故春中有書薄言求庇足下猶不諒此意以爲汲汲於聲名而乃約以莊生之言博以東山之法曉導精至誠故人

之情向之所防有異來旨彼二教者忘情滅識無有纓愛故福至不喜禍至不憂今僕養親豈復割離恩愛直措心於此地哉正欲惟疾之憂全身遠害故雖在小小敢不兢兢至如自放身心雖復懵昧幸受教於君子亦聞道於古人豈不能少有所適方復屑屑於毀譽之際也管仲嘗三戰三北而鮑子不以爲無勇以其有親足下寧不我知而有此誨且往者不自量力因緣小技蹴躡于進荏苒歷年固以爲運屬盛明朝多君子義能容物而忘其孤陋則不知弊帚之貴末路多艱今專典一州益幸遇已甚而平生

萬事爲寒暑所移雖忝簪纓若墜泉壑者耳誠恥令名之不副寵章也昔賈誼才偕管晏言則霸王名重漢廷官止梁傅班固猶云未爲不遇況僕擬非其倫遇已過彼顧多慙色豈敢怨而更求歟足下知心當明義有所在耳尊者慈愛諸下懷寧本鄉不欲隨官重有離別春秋高矣晨昏久違僕豈復規規然徼無妄之福在悔悋之動而迫無所恃單子獨立萬一蹉跌或遠庭闈朝心不開暮髮盡白行已五十獨不知命是以冒死抗疏乞歸侍藥一則潔膳以展下情二則辭滿而無貽憂周易曰飛鳥遺之音不宜上宜下蓋取此義亦自卜者審也顧恨上負明主邱山之恩未有涓塵之答下愧知己契獎之力卒無如言之效又平生不飾小節苟取虛名使吠聲之徒退有後議竟未獲盡展所有之用以塞罔極之譏碌碌而歸不能不耿耿耳古人有從所好者僕亦有心庶承顏之餘放性自適軒冕之事亦云儻來林澤之間聊足散慮縱絕後望亦了一生何必崎嶇不平齟齬求入然後爲得也去矣嚴子勉事聖君儻存平仲久要之言無惜詩人金玉之問幸甚張九齡白

與李讓侍御書

李公足下夫心以義持公爲時出雖冥冥入窮神之奧鬼莫我窺而恟恟自眾人之口通者誰惑何則我有獨見之明物無浮言之信亦猶太阿之劍犀角不足齒其鋒高山之松霜霰不能渝其操斯豈非愛惡則物之相背而終始則我之不移且如明公義貫心靈人推正直遂乃雄飛清憲高步等夷向若見不決於明濟不兼於物終然獨善而已何自致之若是乎如此則明公獨運之機以獲當仁之利固人情之可恕何橫議之能干昨所造次下風求爲從者亦望心與道合申一言而取容人以義圖輕千駟如脫

屣則不意制以形骸之外拘於牙齒之閒葢下愼閉門而公奚措意夫國家所以歷試官序推擇士林雖因時買利之夫猶能變節而服義亾軀之意奚遽生疑此亦人言亦何害歲寒之取焱然明公所以不容左右誠非克堪固當别有嚶鳴如爲蛇足而以爲家屬在彼用防未然既明公之慮極精微亦下官之心懷感激何者至如中朝著姓連姻華族及夫委以鈞軸綜其條流而朝廷豈可南求僭耳之酋北取旄頭之虜必佇異方之任乃無內顧之私者耶故知事有是非公無遠近昔如祁奚之舉子不避其親齊

人之爲盜固在於楚是以爲善在己執一心之既定詭道從時乃千人之所指然下官所以勤勤自致其功靡他正以居本海隅始無朝望昔遇光華啓旦朝制旁求誤登射策之科忝職藏書之閣又屬朝廷尚義端士相趨復以無依見容不時弃置所以遲迴城闕感激身名未甘田里之平人所慕君親之大義而才能不急時用無施俸猶擬於侏儒舉未優於儲徛所以饑寒在慮扶侍增遥而慈親在堂如日將暮遂乃甘心附麗乘便歸寧不然則命非飲冰幸安中土又安能崎嶇執事之末還無一級去且二年顧明公審圖彼人向者何爲嗚呼忠信獲戾古人之言惟教義之所矜乃識嫌之見及恨不能隳肝嘗膽徇知己以求申而飲氣吞聲負當年而歎息庭闈眷戀行路屛營斯薄宦之所嬰念勞生之有役望美高傳何嗟及矣炯炯式微心爲誰矣轉當側聽妙選用息鄙心心之有懷言不能盡

某再拜

集賢殿書院奉敕送學士張說上賜燕序

集賢殿者本集仙殿也上不以惟睿作聖而猶垂意好學用相必本於經術圖王亦始於師臣及乎鴻生碩儒博聞多識之士自開元肇建以迄於今大用徵集煥乎廣內而

聽政餘暇式燕在兹忠臣嘉賓得盡心之所聰明文思有光被之德故下以道親上亦歡甚卽於御座爰發德音以爲候彼神人事雖千載傳於方士言固不經遂改仙爲賢去華務實且有後命增其學秩是以集賢之庭更爲論思之室矣中書令燕國公外弼庶績以奉沃心之謀內講六經以成潤色之業故得出入華殿師長翰林惟帝用臧固天所賴拜命之日荷寵有加降聖酒之罍頒御廚之膳食以樂侑人斯德飽時有侍中安陽公等承恩預焉學士右

散騎常侍東海公等攝職在焉或禹稷大賢或泉雲諸彥文王多士周室以寧武帝得人漢家爲盛而高視前古獨不在於今乎咸可賦詩以光鴻烈

陪王司馬宴王少府東閣序

夫道行與廢命也非謀之不臧命通與塞時也豈力之爲弊古之君子推其分養其和仲尼得之以絃歌傅說因之以版築至若詩有怨刺之作騷有愁思之文求之微言匪云大雅王六官志其大者司馬公引而申之謫居何心不欲賈生之投弔窮愁非我安用虞卿之著書嘗以風月在

懷江山爲事簿領何廢形勝不辜既好樂而無荒亦上同而不混迨乎倚層閣憑華軒川澤清明上懸秋景岑嶺迴合下帶溪流聯草樹而心搖際烟氛而目盡茲邦枕倚是日登臨豈子虛之過詫誠仲宣之信美物色起殊鄉之感誰則無情而道術得異人之資吾方有遣於是旨酒時獻清談間發歌滄浪以放言詠蟋蟀而傷儉蓋古人之作者豈異於斯者賦詩以揚其美

益州長史叔置酒宴別序

天子建五長守四方內以承衛京師外以攘却戎狄則有持其節制未十年而歷踐撫其封疆旣一行而寧輯盡在我叔父備聞於朝廷昔者吉甫是欽仲著孝友之德楚子所畏趯在諸侯之選世有實績今以美濟俾我張氏鬱彼士林以媚於一人以正於四國豈非德能光大謀必變通思古人之獲心施君子之不器所以前拜小司馬兼擁旄於五命今爲左常侍仍總戎於三蜀軌模素遠綽有先路之風聲車服載馳光被上軍之禮命莫不文茵暢轂淑旂綏章嘽嘽皇皇途將出於華陽威已疊乎夜郎是時也四序鱗次屬當春夏之交千里草長有懷原隰之往乃闢軒

宇邀賓寮自髦士而及同姓由金華而下建禮或交以道合豈徒肆好之風或情以族親所謂宗盟之義龜組交映肴蔌駢羅而聲欲成文發中堂之絃管志在擊節感四座之衣冠必名義而爲言雖聚散而何有酒酣相顧驪歌乃作白日西下求壯士之翻車青山南登愛忠臣之叱馭凡我明懿賦詩餞行

景龍觀山亭集送密縣高贊府序

景龍東山初主第也始其置金榜築鳳臺窮土木之功極岡巒之勢議與磐石同體造化較力何其壯哉自吾君茅

茨不翦采椽不斲既抑華而務實將設教以垂範以故平陽化焉罷歌舞於其地麻姑見者變桑田於此時所謂長女之宮鬱為列仙之館其後嘗有好事以為勝遊令日芳辰攜手接袂往往而在祇取樂焉高十官雌伏都畿星言至止聞殊庭之可尚召嘉客以相歡徒觀其匠幽奇宅爽塏十里九阪豈惟梁氏之作千巖萬壑宛是吳中之事青林修聳而垂綵綠蘿蒙籠以結陰清流若鏡下照金沙之底雜花如錦傍緣石菌之崖則可以藻飾形神揮斥氛滓相顧風塵之表無負雲霄之槩既而東主西賓酒酣樂闋

聚必有散匪伊麋鹿之羣往而不返固亦山林之弊高公乃振衣而起舉盃有屬卻計送人出長安之東道退思征馬向洛陽之南阡雖暫勞於州縣迫於簿領方欲厭於承明資其騫躍夫如是相知意氣何恨仳離盍賦詩焉以贈行者

歲除陪王司馬登薛公逍遙臺序

故郡城有荒臺焉雖層宇落構而遺制歸然邑老相傳斯則薛公道衡之所憩也薛公不容隋季出守海隅豈作臺榭以崇奢蓋因邱陵而視遠必有以清滌孤憤舒嘯佳辰寄文翰以相宣仰風流而未泯今司馬公英達好古清譽滿時迹有忤於貴臣道未行於明主以長沙下國同賈誼之謫居六安遠郡無桓譚之不樂嘗以為仁不異遠必敷政以愛人窮當益堅已坦懷而樂地屬府庭閒暇江浦清明南土陽和覺寒氛之向盡東郊候暖愛春色之先來於是命輕舸以乘流趣高臺而降望越荒堞披古道躋隱嶙而三休俯芊綿而四極其遠則烟連墟井指甌貊以南馳雲合山川距荊吳而北走其近則溪谿見底鱗介之所出沒喬林夾岸羽毛之所翺翔悠哉薛公無不寄也意神奇

之可接陟彼峻隅想風景之不殊翦為茂草司馬公又以為峴山故事感羊祜以興言湘水遺風懷屈原而可作況登高能賦得無述焉某實小人受教君子雖義之樂會稽之士自與許詢而仲舉禮豫章之人復招徐孺是日也羣英在焉猥惟陋才忝陪下列祇命為序請各言詩

餞宋司馬序

宋司馬才通命蹇雲翼泥蟠蔡邕朔方不廢琴書之業賈誼宣室欲言鬼神之事既而出宿南浦與鴻鴈而同歸追餞北梁對江山而不樂是日渚雲欲霽林鳥將春惜時物

之方華重情人之自遠羣公有感中座無歡他日清風自當元度之夕茲辰零雨得無子荆之詠遂相與援翰賦詩贈行

送幽州王長史赴軍序

漁陽我之巨鎮也愼選軍佐敷求國良以王公能有命汝往底其耕戰之事介於將吏之閒則已聲籍天庭氣雄遼碣鷹揚有日馬首欲東自名卿大夫與時髦懿士莫不激其節而重其邁結軫連袂攜壺抱琴留飲極於郊歧望美延於朔裔者不可勝數仲月暄矣陽時賁若植物之發芳

香行人之感意氣不曰羣萃豈懷安於鹿豕不曰垂堂已載馳於原隰孰不知西笑之美況伊歲華東征之勤兼彼戎旅益樂不遑舍君人之所難義不顧私志士之爲用今之作者閒而休之各賦詩一章以志其善也

韋司馬別業集序

杜城南曲斯近郊之美者也背原面川前峙太一清渠修竹左並宜春山靄下連谿氣中絕此皆韋公之有也余固已聞之開元歲夏四月猥忝散職居多放情跂彼一行無忘於夙尚時其七召果獲於前期迺與起居舍人蔡公萬年主簿韓公惠而得朋欣然命駕韋公方拭席見待羞以藥物之滋倚琴相歡雜以嘯歌之韻清言移晷閒步周林翫飛自情俯仰爲得斯亦吾儕之樂事幸可而同也扶陽餘慶磻溪古迹樹留梓漆器用天成庭漸芝蘭馨香世襲斯乃韋氏之懿業是所爲異焉而韋公尚其同之樂忘其異之貴均林棲於服冕齊鼎食於榮枯彼未可量吾見其大迹繼前軌將爲龍以爲光道包遠圖豈一邱而一壑二三君子相與志之云

別韋侍御使蜀序

子之友曰韋侯始以才進中而遇坎自廷尉評爲益州刺史行欲美也王映而山輝善無小也鶴鳴而天聽俄自謫官假其察視奮飛泥蟠皇華原隰爲持斧之吏受負弩之禮非其明義清節高邁卓絕時輩所美朝議推多亦焉得利其往蹇而振其廢滯而今而後子有以見舉德之輶爲神之介雖不本於利而終享其實者有矣夫火中暑徂使車云邁心同道合旨酒有踐或席次林園或觴臨郊歧風流相從日夕以繼者於若人如此其厚也僉以爲無欲而自致韋子之謂道有善而不揚友朋之爲過然則今之所

至莫近於詩盡賦一章以美吾友故有斯作也

獅子賛序

夫德之所感者淡物之所懷者遠中國有聖占候而自來四夷不王征伐而難致故絶域有來貢没羽諸侯有不入苞茅舉其大凡不在遐邇頃有至自南海厥繇西域獻其方物而獅子在焉爾雅所謂狻麑如虦貓食虎豹今之所見信然絶猛者也其天骨雄詭材力傑異得金精之剛爲毛羣之特仡立不動而九牛相去眈視且瞋則百獸皆伏所以肉視犀象孩撫熊羆其餘瑣細不置牙齒我天子示

柔遠之義國無不庭有伏猛之威物無難制故其受羈絏伏閑阜馴而爲用鋒莫可當然吾君所存義不謂此葢蠻夷君長歲時貢獻或殊璣絶賮實於内府或異獸奇禽擾於外囿皆其覲禮若中國之贄幣所不辭讓明異方之臣妾此則非有利物之心充耳目之翫好以爲懷柔之道示天地之含容不其然歟固無德而稱也義異獒犬豈勞召公之訓美同赤豹何關韓侯之詩凡我侍臣爲之贊云

鷹鶻圖贊序

鳥之鷙者曰鷹曰鶻鷹也者名揚於尚父義見於詩鶻也者迹隱於古人史闕其載豈昔之多識物亦有遺將今而嘉生材無不出爲所呼之變與所記之不同者耶然於羽族之中絶有豪傑之表氣感剛悍體侔銛鋒顧視之間偉如也夫授以勁翮意不羣飛資其利觜義在鮮食生有自然之權用無可抑之勢古之言武士法吏齊名比義者以其嚴若郅都飛若李廣委質於所事報功於所養不憚摧翼以虧勇不立垂枝以屈節是鳥也向之擬議不亦宜乎夫鸞與鳳將感於仁所不及也鷄與鶴猶較其德彼何有焉況其餘雖飛雖鳴凡者怪者肉非登俎才非下鞲威力

不敵羣噪無益然後知二禽之爲用衆鳥之絶倫者也故君子韙其然工人圖其狀以象武備以彰才美雖未極其天姿有以見其風骨矣昔支遁道林常養名馬自云重其神駿斯圖也非彼人之徒歟

欽定全唐文卷二百九十一

張九齡 九

開大庾嶺路記

先天二載龍集癸丑我皇帝御宇之明年也理內及外窮幽極遠日月普燭舟車運行無不求其所寧易其所弊者也初嶺東廢路人苦峻極行逕夤緣數里重林之表飛梁嶪巇千丈層崖之半顛躋用惕漸絕其元故以載則曾不容軌以運則負之以背而海外諸國日以通商齒革羽毛之殷魚鹽蜃蛤之利上足以備府庫之用下足以贍江淮

之求而越人綿力薄材夫負妻戴勞亦久矣不虞一朝而見恤者也不有聖政其何以臻茲乎開元四載冬十有一月俾使臣左拾遺內供奉張九齡飲冰矢懷執藝是度緣磴道披灌叢相其山谷之宜革其坂險之故歲已農隙人斯子來役匪逾時成者不日則已坦坦而方五軌闐闐而走四通轉輸以之化勞高深爲之失險於是乎鑲耳貫胸之類殊琛絕贐之人有宿有息如京如坻寧與夫越裳白雉之時尉佗翠鳥之獻語重九譯數上千雙若斯而已哉凡趣徒役者聚而議曰慮始者功百而變常樂成者利十而易業一隅何幸二者盡就況啓而未通通而未有斯事之盛皆我國家元澤寖遠絕垠胥洎古所不載寧可默而無述也盍刊石立紀以貽來裔是以追之琢之樹之不朽

聖應圖贊 并序

臣聞啓聖者天也宜有以覺悟受命者聖也必有以明徵故神不言而可知時將至而先兆當陛下龍潛上黨也或託類於雲物或效靈於卜筮意者天之丁寧垂象唯恐後時又以潞水之泓深山鹿之捷走馳騎是獲厲流不濡非力所能以明或躍乾之上體時在九四神道幽贊聖期密

邇自後而占何著明其若此蓋天福海內地降聖跡以瑞非常之后以決如神之策至於再三明必信耳有郡掾崔弼時其從行見龍騎先馳謂河流可涉亦既數步遽已滅頂不沈也安足以驗飛無凡也於何以昭聖事來自久命常維新臣不勝至願謹爲聖應圖遂獻贊曰

龍之或躍泉有何深神亦成象化爲背禽淩厲是獲明命則忱如彼從掾焉能不沈

侍中兼吏部尚書裴公畫像贊 并序

元聖有作大賢將其命良弼有二侍中是其一所從龍虎

實感風雲我之裴公道與上合義深體國策在忠主亦既致於堯舜不惟比於管樂至於執人柄振天綱丹青帝圖金玉王度雖古之作合謂之有開未始聞也夫事可法道可度威可畏儀可象赫喧中來精英外發故工繪其事所以見盛德之形容士頌其功所以知和氣之導達五事曰貌一以作恭七聲成文六乃爲頌俾凡今之人邑斯而覩輿聽之而知理水有方折辨和氏之價焉山爲具瞻表師尹之重焉贊曰

赫喧人望時爲國紀偉量川渟高標嶽峙磊落成節精明

入理偉哉輔臣式是多士丹青炳發儼如至止

宋使君寫眞圖贊 并序

夫形者神明之表而動用之應也察之苟至則珠玉雖蘊光輝必兆於山泉而眉睫可知賢達亦徵於骨象如宋公之天姿森挺人望儼然一覩清揚不俟深鑒是猶雞羣見鶴象齒非牛居然有差此其殊特者也聲聞如彼風格又爾寧有陳平之美更虞子羽失之耶雖安庸之目素非知公者偶見斯狀亦已明其瑰異焉初公舉茂才歷長安尉三爲御史再入尚書郎色莊以立朝則百僚所憚言揚於伏奏則三臺爲表而竟以出守俄復從邊其故何哉由抗直之爲患也然公處屯而必行其道居陋而不改其度能貞其節可謂君子哉才爲國而生命有時而泰彼宋公修志以俟也其復可立而須焉時其族兄曰之望者亦賈生之謫居有顧君之畫絕偉公之貌作爲是圖意得神傳筆精形似因命僕爲贊其詞云

宋公卓犖體標山嶽匪石不移如玉斯琢被服忠信規模禮樂望之儼然允謂高邈

畫天尊像銘 并序

畫天尊像者贈吏部侍郎武功蘇公夫人崔氏爲公卒哭之所作也蘇公有重名於時未大用而卒遭命不遂當代所悲況作嬪於公鞠凶在疚援詩以誓其節執禮而哭於晝哀而能感感而能通極希微而不見中恍惚其如在於是欲介景福將祈太清因心寓象命工設色飾金闕圖玉皇元天不遠眞官在列飄若靈氣爛其神光彼昭展誠允速其應斯所謂元鑒無昧當受謁帝之符幽魂有憑必署昇仙之籙此固崔氏之至願也有足悲者不其猗歟銘曰

至哉天京災刧不及上有靈府聖眞所集彼美孟姜聞斯

洞彰仙道貴度我君則亾猗歟我君蔚爲人傑命屈金鉉神傳王訣遊魂大素介福上清式圖元象永觀厥成

隴西縣君牛氏像龕碑

粤若稽古有釋迦如來示滅雙林常在三闕二字能闕七字權多所康濟天水趙氏之七子者若人有闕一字極闕八字先妣作禮導師心不可以卽空事不可闕七字慈作爲應身生未悟之闕一字夫如此來者可不闕九字鑿巖因禹不必闕一字須達之園擺指非倕安在闕九字摶翠壁而上闕一字攻香龕以洞啓通礱密石見闕九字湛然不動復次隋所圖擬殫其闕一

字異寂闕十一字月貞孟陬則闕三字天闕一字之建正是如來闕十一字雖古之介福未始臻于闕二字惟夫人姓牛闕十字寇牛父厥後有晉將軍闕一字金金十一闕十二字卽夫人烈考也始闕三字趙闕七字次曰闕六字貞曰頤貞曰彙貞闕九字歷闕一字交汾陰闕五字監察御史未闕一字屬闕三字河闕五字于闕一字吏公之懿親闕三字不調終於檀州錄闕二字軍事夫人闕三字直而敏喜慍如一道心闕一字然內訓垂裕初府君之沒也長子方冠少男未髻趙闕五字以禮蘭玉竝秀闕七字在堂已六子從政闕三字而不遠闕二字風樹忽驚闕十字載宏闕八字豈其闕一字爾下闕興佛是闕一字

故襄州刺史靳公遺愛碑銘并序

江漢閒州以十數而襄陽爲大舊多三輔之豪今則一都之會故在晉稱南雍在楚爲北津厥繇哤雜亦云難理而前此領郡鮮能安人或寬或猛或拘或抗跡多弗類俗亦弗寧是以天子念與我之理而公受煩卿之寄矣公名恆字子濟其先某人也祖帥幽州長史父禮庭奉天討監察御史世不苟合義在難進雖無充量之位而有積善之烈矣公性持重有器望卽溫而厲居敬而簡度量可以軌物

德義可以服人而先王遺言率由好學君子行道必本忠恕浚源水潔厲翼雲翔故一舉爲拾遺已有遠致三入爲御史侃然正色當時知音謂且大用而尚書理本郎官選不亟踐諸曹克壓羣議及再典大郡遂佐益州攝御史丞都督西南軍事原軫超將豈惟上德翁歸中立實兼文武先是兵連蠻徼歲轉軍儲擾我公私費以巨億公乃急其所病思有以易之建大田於雲南罷饋糧於巴蜀向之踰重阻冒毒瘴負擔以踣斃垂耳於剽掠者每十有五六及公底績盡境賴全至於是邦也政實有素今也惟行不違

其方以索其極莫不教之誨之優之柔之從者善之否則威之先德後刑端本肇末物知所勸事則有經率訓者衆多變薄爲厚感惠者淡遠既和且均夫然後人斯恥格庭少諍訟參佐閒拱屬城晏如其始也一年而政成其終也三年而頌興愛之如父母畏之如神明開元十二年以理跡尤異廉使上達天子嘉之稍遷陝州刺史暨解印去郡攀車盈途或頋借無緣而人吏遮道或瞻望弗及而老幼嗁呼如是者五里已終朝十日乃出界而皆有言曰捨我何之及聞公之喪哀可知矣而爲之罷舂以之輟惠愛之

結深古今之感一蓋爲仁由己而遺德在人者其若是乎郡中士大夫與門生故吏聚族而議誤德是以刻石立紀彼銅陽之陋墮淚成碑此峴山之績銘曰

英英靳公宣哲秉彝爲我髦士作人元龜倜儻大節磊落瑰詞人亦有言天實資之御史直繩郎官高選動必兼遂能皆再踐糾過邦憲彌綸事典遂及我人化流樊沔激厲素風抑揚善政約紀爲法急人所病物故推誠事匪忘敬感被於下仁明在詠舉德不鮮涉道載深穆然清風莫其遺音緊公既沒厥跡可尋勒石是圖以慰甿心

大唐故光祿大夫右散騎常侍集賢院學士贈太子少保東海徐文公神道碑銘 并序

夫物之所宗也莫善乎德行道之以明也莫先乎文學人倫以具體爲難世業以濟美爲貴有能兼之者其東海公乎公諱堅字元固其先東海郯人永嘉之後仕業南國因家吳興焉隋氏平陳徙族入雍今爲馮翊人也原其伯翳平水土實佐文命偃王行仁義大啓徐方因國保姓克昌厥後逮乎漢魏間出仁賢十二代祖晉江州刺史順德簡侯寧至五代祖梁直閤將軍慈源侯整整生陳始安太守

綜綜生隋延州臨眞令方貴方貴生唐果州刺史孝德孝德生唐西臺舍人贈禮部尚書齊聃出入六朝載祀數百文武冠冕存殁光靈訓子克家謀孫必復賢風儒行世有其人公即尚書府君之元子也生而濬發默識經藝粤自童齔則善文言時先府君爲沛王侍讀公之岐嶷聲振平臺王聞而延佇與之談議授簡能賦博奕惟賢門客府寮深所厭服奄遭不造十四而孤祖母金城郡君姜太夫人念其聰異誨以志學公遂刻勉詣心精微磅礴九流激昂三變景倩幼露實賴慈孫令伯大成抑由祖母上元中遭

姜太夫人喪哀毁滅性制則從禮有感斯絕無聲常淚服闋州辟秀才其年登科解巾補汾州參軍事部送邊帑至於定襄軍使王本立素重公才署爲管記書奏謀算悉以咨之坐耀鋒鋩未嘗肯綮尋而換雲陽尉萬年主簿親累出爲楊府功曹振鱗將摶載躍京轂垂翼遠逝有聲東南俄遷太子文學時祕閣羣籍大抵訛謬有敕召學士詳定公實在焉爲之刊緝卷盈二萬時輩絕倒服其博達尋與李嶠等撰三教珠英書成奏御拜司封員外尋加朝散大夫卽拜郎中稍遷給事中以公代及文史詞不失舊雖居

瑣闥尚比纏牽遂除中書舍人君子曰舜之官人也二年敕公修則天聖后實錄及文集等絕筆中宗嘉之璽書敦慰賜爵慈源縣子賚物五百段旌良史也遷刑部侍郎加秩銀青光祿大夫轉禮部侍郎兼判戶部公久踐朝廷累登省闥舊章必練卽事無疑雅不煩文深得大體雲臺高議以此歸之進封縣伯食邑五百戶兼昭文館學士受詔與天竺僧菩提流志譯寶積經及柳沖等同修姓氏系錄三教寶眞萬族有倫亟見成矣太平公主內秉國權駙馬武攸暨外收人望命公至第拒而不行惡夫佞也景雲初

今上夷亂主鬯東朝宮相四員時難其選二以宰臣兼領一則天子故人任良兩宮實在公矣遂除右庶子兼崇文館學士修史如故進爵東海郡公食邑二千戶遷右散騎常侍以本官兼黃門侍郎尋而卽眞祿賜同三品爵崇五等道茂兩宮利君謀身舉代皆譽又以刪定格令承恩進爵二等公請迴授叔父齊莊帝用懷之遂封齊莊爲長城縣子天下義士莫不激昂焉侍中岑羲公之姻婭與其聯事深自危懼求典閑司以遠祇悔遂改太子詹事迨羲禍敗地絕嫌疑先是不交定王及此不昵岑氏見炎莫附思患預防信達人也復以親累出爲絳州歷永蘄棣衢四郡山川分位楚夏異齊公政不易宜教以因俗德化歸厚人共由之開元中會同京師遷祕書監無何轉國子祭酒皇帝稽古崇訓開堂集儒以公才學元長命登首席遂令集賢殿修撰又除右常侍以公爲學士副丞相燕公知院事綢繆顧問日月獻納恩渥尤及少有其比上將柴於岱宗詔公草其儀注定禋祀之位廣配類之儀博文約禮或沿或革言出而人伏事立而天從時議遠矣及禮畢承恩特加光祿大夫時置十銓公在分掌程不愆素且無遺才公

既贊相謨猶從容諷議大鍾必諫溫樹不言啓沃盡規實致君於堯舜死生有命空比德於老彭享年若干以開元十七年龍集己巳五月丁酉薨於長安頒政里之私第聖人震悼君子稱嗟翌日有詔褒贈太子少保贈物若干段粟若干石特遣中使内侍伊鳳祥弔祭而别賜布帛若干端匹俾鴻臚少卿元復監護葬事官給鼓吹儀仗太常考行曰文君子曰仁而愛人敏而好學家有業紹其弓冶國有大事修其典章謚之曰文不亦宜乎其年冬甲子與夫人故南陽郡夫人合葬於萬年縣之少陵原先塋禮也

公寬裕有禮溫良能斷智出於象外樞得其環中行之積也厚名之立也大故起自黃綬累踐赤墀五省推高連州得寵事將時並位與才偕莫之夭閼也至於升堂入室撲微覩奧動有禮樂之運言有雅頌之聲是惟無作作則萬物和而八音備矣蓋嘗注史記修晉書續文選大隱傳及有文集三十卷皆資於故實博於遺訓古今通變河漢共高或藏名山或升天府亹亹然各得其所嗚呼文仲歿而其言立子產終而遺愛存公則備焉宜受戩穀保艾厥後代代守之有子曰峻嶠魄等才以雅著孝以特聞學茂高曾之科旨詞雄祖考之風格備歷清貫皆立能名三賢德聲方賈氏無愧累葉儒訓與班門孰多咸瞿瞿如皇皇如昊天不追終身積痛求舊捃實勒諸墳道僕從述者之後敬而伸之乃爲銘曰

舜命益虞疇功帝俞偃行文教代集通儒光華鼎閥出入秦吳門多長者君其宸乎其一　曾是好學果行洵美日就成風積鵬起黃綬覆簣朱門方軌官籍正人朝稱良史其二　三入承明五遷外郡道有出處心齊喜慍帝思啓沃國尚師訓屢獻箴規偏承顧問其三　居常有異博而無惑綿蕝孫

通銓衡叔則爲龜爲鏡立言立德胡不憖遺左右王國其四　悼興冕旒哀結衣簪官供羽仗士惜人琴已矣終古平生德音松枝掛劍碑字生金其五

大唐金紫光祿大夫行侍中兼吏部尚書宏文館學士贈太師正平忠獻公裴公碑銘 并序

夫道遵常習故蓋人拘於凡也得精亡麤是天縱於聖也方聖上之拔太師也豈藉譽於朝廷哉徑取才於無跡懸收功於未眹而終致大用克成休烈使祖虛名者見西子而慴貌工橫議者聞魯連而杜口乃知古謂則哲惟帝其

難今之得人遇聖爲易能允明主之鑒不負眞賢之實者其在正平忠獻公乎公諱光庭字連城河東聞喜人也伯翳之後與秦同姓始封於裴因邑命氏在魏晉之際爲人物之傑與瑯琊王氏相敵時人謂之八裴八王自茲厥後奕代更盛大王父定高周大將軍馮翊太守瑯琊公大父仁（此處基字避元宗諱）隋光祿大夫追贈持節原州都督天之旣厭隋德矣見危致命不亦難乎謚之曰忠春秋之義也父行儉禮部尚書兼定襄道行軍大總管聞喜縣公贈太尉時或有奸王命矣禁暴安人不謂重乎謚之曰憲尊名之典

也公卽太尉公次子降神元和含光不耀越在初歲已有老成雖遠大是圖而近識莫悟學撥帝載何事小名業綜人倫豈矜一善弱歲居太尉憲公喪幼以孝聞尋補宏文館學士神龍初明經擢第授家令寺丞轉太常丞加朝散大夫景龍中以親累外轉尋入爲陝王友改右衞郎將丁晉國太夫人憂柴毀骨立殆至滅性服免起爲貝州別駕未之就也復除右衞郎居無何遷率府中郎嗟乎有其道而無其用不可行也得其時而不得其志亦不可行也公負經綸之器韜王霸之略自委泊外臺棲遲下位出入從事十數年閒坦然而自若者何哉益知才有所必伸命有所必與非苟而已開元中聖上思光祿之休烈嘉太尉之元勳是必象賢其將大受特拜司門郎中轉兵部仙臺之文始應列宿鴻漸之羽可用爲儀遷鴻臚少卿以觀其能也是歲天子有事於岱宗諸侯會朝於行在執籩豆者不限於中外獻琛賮者亦勤於駿奔莫不來享無有遠近而執政者以公代曉邊事職在行人且曰夷狄豺狼讎盟阻德我今有事戎或生心我張吾師有備無患若何公曰不可夫封禪者所以告成功也觀兵者所以威逆命也云亭

苗扈非一時之事也受脤執燔非三代之禮也天方佑我光啓舊服慴彼獯鬻能違天乎無庸勦人可以謀告從之秋九月突厥果使其相執失頡利發與其介阿史德暾泥孰來朝公之謀也東封還遷兵部侍郎圻父之職夏卿之亞存而舉者悉以咨之公於是考遺訓補缺典飾蒐苗獮狩之禮詳施稅簡稽之賦頒九畿之政設九伐之刑以練國容以精軍實邊鄙不聳帝用嘉之旣而拜中書侍郎同中書門下平章事兼御史大夫王言其出霈乎人有歸也天憲惟明肅乎人知禁也尋加銀青光祿大夫換黃門侍

郎俄遷侍中兼吏部尚書宏文館學士總百揆之樞轄酌九流之淵輿叶文軌之殷度人神之和木火象鼎其惟實餗山川出雲用作霖雨時哉之會無得稱焉先是大化之行務以元默遵夫簡易舊章在而不議吏道雜以多端公於是求革故之實契隨時之義作執秩以平之設循資以定之謹權衡以選之考殿最以參之姦回無所措其邪噂嗒不能介其量多士動色羣方改瞻仰之者邈乎如山窺之者闇不容髮或曰執事無乃患與公曰大命敢不敬歟若然方將致六符於泰階驅百姓於仁壽豈直睥睨先世

紛綸近古汩而隨流守而勿失云爾哉二十年冬上幸河東祠后土命公兼左軍師禮畢賜爵正平男加光祿大夫抑人有言曰樹德莫如滋積仁莫如重則臧僖之慶有後於魯欒武之德未絕於人宜公侯之子孫必復其始也公嘗讀易至益之屯與升之漸迺喟然嘆曰物惡有滿而不溢高而不危者哉既而居不崇侈動不踰法雖百乘之家萬夫之長沖如也謂日用不知存諸方冊何天年未永瘼此台臣二十有一年春三月癸卯遘疾薨於京師平康里之私第春秋五十八朝廷哀傷冕旒震悼制戶部尚書杜暹即殯弔祭賻物五百段粟五百石喪事優厚官供輟朝三日丁未有詔贈太師謚曰忠獻使左庶子攝鴻臚寺卿李闕一字監護喪事以某月日葬我忠獻公於聞喜之舊塋禮也初知星者言上相有變良臣將歿謂請禳之公曰使禍可禳而去則福可祝而來也論者多之以爲知命夫天下之達道有五所以行之者三曰忠孝仁安君忠也榮親孝也周物仁也此三者有一於身鮮矣而公實兼之且媢於人者必好其威福賢於事者必蓋其謗政公知其然則以直道匪躬之故忠莫厚矣禮爲人子春秋以致享義於

人臣夙夜以從命公知其然則以時告如在之敬孝莫重焉夫以衡石之任陶鈞之力莫不責成於下吏求備於一人以故舞文雷同疑獄歲搆恬而不改浸以成風公知其然則以信察御物之惠仁莫加焉其行已奉公皆此類也嘗所著述率於箴規以爲惇敘九族本枝百代王者之盛也而義不可以無訓作瑤山往記維城前軌以諷之微而彰志而晦聖人之舉也道不可以虛行作續春秋自戰國迄於周隋以統之臣子之義也天人之際備矣非洽聞通理其孰能與於此乎宜其存無幸人歿有遺愛嗣子稹京

兆府司錄事參軍孝實克家動必中禮丕承後命紆天鑒而增華敢跡前修琢豐碑而不朽銘曰

益作舜虞鉞分晉土慶流八族德盛三祖瑯琊象賢懷文佩武光祿忠烈殺身報主尚書出將恢我王略文教內敷武功外鑠緇衣之敝惟公繼作用晦而明處豐思約鴻臚好謀夏卿稱職代天流化佐皇立極納於憲府好是正直乃宅冢司謀猷允塞盡瘁事國夙夜在公居無闕政歿有餘忠天子命我頌德銘功日月有既令聞無窮

欽定全唐文卷二百九十二

張九齡十

大唐贈使持節涇州諸軍事涇州刺史牛公碑銘 幷序

夫志道莫先於無欲福善莫大於有後始而晦跡終不近名非道德之合歟生我勞臣立於遠績非善慶所致歟所謂伊人其在牛公者矣公諱意字某其先子姓實始殷後有牛父者則宋之大夫允裔蕃衍人物更盛邯為護羌校尉崇為隴西主簿遂家隴上是稱冠族其後因官安定爰處鶉觚今為郡人亦既重代矣公之族祖有奇章公者隋室宗臣風流篤厚典章損益百代可知天下稱之地靈斯在大父通秉志高尚守道不撓當時交辟辭疾不起父會弱齡早代有才無祿公夙遭閔凶終鮮兄弟性具純至孝思罔極幼以子立志不違邪與道為徒求仁自我不屑軒冕考槃邱園雖云屢空晏如也六郡自古五方雜錯負力怙利上氣好武人庶相放風俗不純及公沖和其返眞樸外以義行格物內以黙致頤神不飾智以驚愚不棄同而即異有恆其德無斁於人隣落為之變風狠戾以之率化

公既浮雲不義介石惟一或勸之仕但笑而不言飛鴻冥冥胡可量也開元六年隨子西征以就色養春秋高矣道茂年衰魂氣其歸賢達共盡越五月寢疾終於伏羌之官舍時年七十有六冬十一月歸葬於北原夫人同郡王氏不享偕老先是卽代母儀婦德宋子齊姜自歸於我室爾家室不有配德曷生此子有子仙客爲國之良用商君耕戰之圖修充國羌胡之具出言可復所計而然邊扞長城主恩前席且以子貴之義有加父存之禮元澤下逮素風激揚陰德所流大福斯至十八年有詔贈涇州長史二十

二年冬且有後命贈使持節涇州諸軍事涇州刺史夫人追封太原郡夫人於戲存而累仁沒有餘烈福自昭於元體道非冀於異時及其影響同符寵光如答雖松楸已拱而章紱載華死如可作無異會稽之節生苟爲恥安用雁門之肉貴與不貴可不然乎嗣子銀青光祿大夫太僕卿判涼州持節河西節度使兼隴西羣牧都使支度營田使隴右採訪處置使攝御史大夫隴西縣開國子仙客叩心追遠號天莫逮以爲先美葢闕後嗣有愧且澤漏幽壤得不銘恩名典本州豈徒錫羡而已銘曰

隴上多豪山西好武使君貞獨幼不斯取惟道爲徒與代立矩善有餘慶風亦變古不學而知不行而至跡有相混名無自異出入百年終始一意福流於後神明其事行止於身用存元體厥子嘉績中朝縟禮邛迴壠隧門重旌棨逸人之墓今同郡邸

唐贈慶王友東平呂府君碑銘 并序

夫官雖序賢志道者不常有位才雖屈命福善者未必無後子夏文學之達以爲富貴在天于公決曹之平則云子孫由我蓋不享當代生數猶奇流慶後人互體乃用亨之

會也葢有原焉公諱處貞字虔求東平人曾祖北齊幽州長史府君諱贇祖隋貫州中正府君諱伽考渝州清池令府君諱師昔伯夷佐唐實典三禮四嶽佐禹用平九州虞夏以功而見封申呂因邑而命氏惟時厥後奕代丕承公正性之有自來直道之不充詘嘉勇退之乂德避近名之未然越在弱齡棲遲事外用光本於藏曜履行期於滅迹不遠於仁行之斯至不苟於義方之自正佐一郡而卽安居九夷而匪陋始不然者公何掾於東裔哉起家授元州司戶參軍晏如也言旋初服遂從所好外物之縶不離於

風塵遠子之言惟聞於詩禮所謂溫良淑愼無競伊人者歟天冊二年夏四月遇疾終於家春秋五十有二開元十四年冬十一月葬於邑城西南四里原夫人北地傅氏祔焉夫果於立誠靜以俟命力不足者則不疚運不至者則不憂物情之難及我而易是以名利衆之所欲也公則澹泊之德義人之所鮮也亦克蹈籍之如此而神不勞福不流未之有也有四子長曰元知今左威衞司戈次曰元悟中散大夫使持節鄜州諸軍事守鄜州刺史次曰元智左威衞執戟次曰元爽左衞長上惟元悟至大官此其教忠

有舊服義無斁好爵是與餘慶所貽入爲王門之長出居邦伯之列屬恩推子貴名彰身後事有光於冥漠德乃發於馨香三命爲大夫百代稱先子孝理所賜邦族爲榮開元十七年有制贈公慶王友夫人贈河間郡君異人之符至是斯驗惟神之鑒謂之不欺公之女孫曰東平郡夫人冠軍大將軍右監門衞大將軍渤海高公之夫人鄜州刺史之女也冰玉相輝椒蘭同馥由福履於君子與嘉會於善人齊姜于歸魚軒華以照路鄜時之往熊戟殷其若雷有車服而始大履霜露而追遠於戲食于舊德無忝爾之奉先樹之休聲有以見其歸美銘曰

赫赫我祖惟師尚父泱泱大風悠悠終古施于礽裔憲是文武我美其濟我則斯取雖匪高位亦惟碩德我王之友彼夫之特旣貞且亮宏語而默投足皆安終身不忒峩峩積善以福後人肸蠁家慶煒煌宗姻瞻彼松檟錫之絲綸今也追飾實爲先臣先臣伊何宏其有後志之所尙義無所苟身雖旣沒名豈虛受立德在茲亦云不朽

故果州長史李公碑銘　并序

公諱仁瞻字某趙郡房子人其先自段干木至栢仁侯皆

以醇德茂功奮於上世始於藩魏終而將趙其名不殞遂濟於今五代祖後魏中書侍郎始豐懿侯璨璨生徐州刺史始豐順侯元茂元茂生趙郡太守府君諱子雲子雲生駙馬都尉直閤將軍府君諱道宗道宗生齊尙書兵部郎中府君諱山壽公卽郎中府君之子仍世濟美在邦攸宏故我公稟靈中和履道元吉以學則攘其奧旨見聖人之心以行則踐其嘉言合君子之度以故動爲人譽名乃日宣義府孔修德輿云遠固未可量也隋大業中舉孝廉洎唐興調棣州司戶參軍凡遷磁相二州總管府戶曹參軍

定州錄事參軍莫不事人以直反身於誠處卑能安敬長則順故光輔郡將周爰咨度自州徂州或嘯或諾旣而遷金鄉晉陵二縣令精誠以庇事善教以長人四封用孚三英以粲彼蒲與密獨何有焉以課最遷歸州治中鄧州司馬加朝散大夫行果州長史盤桓參佐未復公侯道非吾行德無必貴遂以沒代豈命也夫某年月卒於官舍享年若干及喪至自蜀而葬不歸趙乃卜宅於許封樹汝墳子孫遂家亦旣重代至開元中公之孫曰察以古諸侯之祿奉先大夫之祀晝遊本郡輝光前烈非清白以遺善慶之

餘保艾爾後人亦何以臻此於是履霜爲感恭惟春秋之事刻石是圖俾揚祖宗之業斯善繼者也敘而志之銘曰長史英英作爲世程動合雅度綽有令名以之入官從事而昇以之佐郡爲政孔明悠悠上天曷不貴德終於參佐孰云邦國季孫其昌餘慶乃彰宰樹蒼蒼徽音不忘

故瀛州司戶參軍李府君碑銘 并序

君諱元祐字某趙郡房子人祖山壽齊尚書右丞兵部郎中父仁瞻朝散大夫果州長史系德所載見於先碑公懿烈無忝雅有風度體和而韻縉之以絲性婉而文受之以采故好學不倦而墳典必精慮善以動而規矩皆中悉心存乎道義餘力見於文章人以美談日聞休譽弱冠舉進士調補同州參軍換瀛州司戶參軍以素所履以施有政居獲乎上往得其中無不嚴祗長吏之所嘉歎無不崇讓同官之所厭服宜爾戩穀光昭令圖如顏子之不幸豈卜商之云命某年卒於官舍春秋若干公家代尚儉子孫是式初先大夫之喪也清白以遺而果無私積高燥是營而庶有餘慶豈所謂不戀本達也無懷土以重遷不傷生仁也無困財以乏祀夫然趙之北際何必故鄉許之東偏亦

云樂國故喪之歸也遂窆於斯及嗣子察受教義方能纂德業服事華髮潔身清朝天子方差擇其良惠恤於下由是解印少府剖符本州衣繡而歸雖榮之在晝重茵以坐而養不逮親結諸心形諸色孝子之志國人所稱於是乎歸美以揚先諱德以示後蓋蒸夷之義也得無述焉銘曰倬李侯代載德行時範言士則三英粲百夫特肥而家華而國美無廢命不融足方騁途斯窮子餘慶享次嵩我丕訓藹遺風

後漢徵君徐君碣銘 并序

後漢高士徐君諱穉字孺子南昌人也先生受天元休含道傑出生知而上貫之以一體資清純動適元妙知道之將廢乃窮而獨善躬耕取資非力不食鄰落所處率化無訟在漢之季遭時溷濁不抗迹以庇物故退棲山林不苟利以辱身故進無祿位五辟宰府四察孝廉又舉有道就拜太原太守皆辭疾不起延嘉二年尚書令汝南陳蕃僕射南郡胡廣相與上䟽極言先生宜爲輔弼協和人神漢桓帝猶能安車元纁備禮徵聘而竟不屈志知時之不可支也然而諸公嘉招雖不之屑就及聞薨卒徒步弔祭禮

有所尚隻雞不薄意有所加生芻爲貴士之感義實衰世之有補人而見德俾後生之可尋其廢中權行中慮皆此之類也昔者夷齊介潔而遠去沮溺野逸而離羣顏闔鑿坏以遁逃接輿狂歌而詭激此誠作者或類沽名夫有所不爲志則偏也無適不可用之極也先生則貶絕在心而經修於世純儉以存戒博愛以體仁應物以會通全已以歸正漢庭所以宗其德天下所以服其行豈與彼數子直逕庭而已哉靈帝初欲蒲輪聘會先生以疾終時年七十二有子曰季登篤行孝悌亦高尚不仕皇唐開元十五年予忝牧茲郡風流是仰在懸榻之後想見其人有表墓之儀豈孤此地則先生之德其可沒乎銘曰

靈芝無根醴泉無源角立傑出先生斯存英英先生德不可名麟出無應鴻飛入冥道高事遠跡陳名劭勒石舊邦以觀其妙

故辰州瀘溪令趙公碣銘 并序

有唐瀘溪令晉國趙君諱某字某終於其位嗚呼曾史既沒稱行者不在茲乎荀孟以來論命者亦何謂也放其言而無苟作合乃遷行其志而不迴與權必遂故道每屈於

位身必後於時而猶守貞不奪固窮自若立誠者既獨其所善尚德者徒隨而爲名名非欲彰以美實而自著位非欲下以屬守而遂卑此由命而然歟爲自我而然歟無代無之而今實績之矣公太祖盱北齊河間太守因家於饒陽亦既重代今爲饒陽人也曾祖北齊幽州大總管大父隋鉅鹿大中正府君烈考范陽令府君皆累行積慶以貽於後正性直道遂鍾於公公剛潔不羣精明獨斷非義所在不以利汚名非禮所安不以跡傷教有立卓爾童丱而然既學大成紛綸博綜將求祿養也而俯就鄉舉尋而明

經登科補太子正字又改射洪尉皆以逮親自乞執政哀之遂屈換定襄尉公欣然而捧檄矣秩滿轉洪洞主簿永城丞時縣宰敗類公止之不可雖盡同官之心且急下人之病義形於色彼用我讎此貪而無親難與心競公剛亦不吐乃邁力爭迄用上聞因而坐免邑中黔庶莫不咨嗟求而得仁退則無慍矣乃返初服遨遊墳索精義致用清風被物或太守咨訪偃息自若或諸儒稽疑廢疾皆起是時中書侍郎河東薛元超人倫之表也將命河朔實舉廢滯企我休風延以殊禮立譚體要大見嗟稱以故表聞其

庶乎簡在帝心會有陰忌之譖實爲無妄之禍矣進既曾母致疑退而賈生投弔不無故也以此左遷瀘溪丞公竟不自列窮則體命雖在幽闇鬼神不欺苟推忠誠蠻貊何陋時縣無長史政則我由未歲月而已成無谿谷而不悅互鄉自專之子左言難曉之民翕然同辭乞爲父母於是詣闕投疏至于再三朝廷允之則授瀘溪令公聿副誠請增修德化乃鄒魯設教而夷楚變風迨公遷殂闔境號慕古人遺愛何以加也遺令戒子留葬洛陽斯又不戀本達也有子曰瑝歷官侍御史尚書郎洪州都督霜露既變則感念以時陵谷有遷而音徽何代君子所懼于斯譔德銘曰

洛趙侯之德好是正直令儀令則不回不忒寔邦之選彼夫之特玉堅而折膏明自煎辰陽于遠溆浦迴邅下邑已矣君子殲旃遺令桐鄉歸魂崇芒瞻彼有洛維水泱泱德音不已于是揚揚

故河南少尹竇府君墓碑銘 并序

序曰正其身君子所以愼德敏于行吉人所以寡辭或道之或處之是亦正命命之將行利有攸往則行不家至而

人勸言不面命而事濟不爲跡而實以阜蓄不沽名而聲以遹駿夫如是者存乎其人故河南少尹竇公蓋有之矣公諱某扶風平陵人自後魏大將軍侍中永富公至烈考瀛州刺史贈刑部尚書華國公六葉矣皆增華卿族見重公朝四國于藩四方于宣龍旂承祀六轡耳耳公所謂盛德必祀承簡子之始大積善餘慶是哀伯之有後故生則靈知長而純固既白而受采亦黃以通中天假不器之性人服自然之理而況於文雅緣飾志業孔修引伸足以長人動用足以利物既學從政其歸簡易形有方殊道以一

貫人致一意而已我乃萬目盡張故其始也以明經上第授彭州參軍事詢謀郡將器異甚厚所遇森然其言固矣如山之爲始於覆簣如江之導終以方舟於是累遷至於辟王友贊善大夫燕王築館以待士漢儲立苑以招賓當其推擇莫匪賢儁議者惟允而公在焉然由韞匵隋和十城空其價踠跼驥騄千里未之騁及其用也再入尚書郎遂爲洛陽令三臺雅望一時精選舊章資以彌綸利器呈於盤錯出宰百里實推三河其賦政則必反於其身亦既誠信被之於物是爲惠懷故雖二州餘弊憸巧而難理五

郡尤劇權傾而多姦莫不可使由之令自求之善處中於下韝能合契於游刄至於聳舉風俗之謬裁正人倫之經務勸衣食之原調均傜賦之事本爲已任無間人言故視事踰四年通而不倦遺德在百姓久而益彰非夫明允宣和優柔博約自我之不忒爲人之攸曁亦曷由臻茲厥有洛陽所謂賢令者則周紆王渙孔翊祝良公實績之誰其似之屬天子建中都營新邑賓爾亞尹伊其董司朝選其人公首斯舉以故稍遷河中少尹且有後命廢府而復還河南焉以公之歸從人之望官則改次政無易方以佐理王都以表則天下而年不克祚位不光寵遇暴疾而卒悲夫是歲有唐開元之九年春秋五十有六公以孝友爲體一變而迪忠信以明恕爲用再變而致循良故所行無擇所事無巧有恆其德終且溫溫不伐其功昭然赫赫所以遺愛固結必在何武之去稱誦斯溪惟恐子產之死巳而神道欺而不福物情喪其所賴人之不幸今也云亡及喪之西歸則人吏致哀道路相屬得人心如此其旨可知冬十一月葬於北原後之人或者將遊於斯歎於斯彼其與歸我乃不朽矣其子八人長曰某次曰某家有太邱之德

里以高陽之名夙構閔凶能哀傷以殆滅匪革其道懼功伐之不傳俾予爲文以敘孝子之志銘曰

緜緜瓜瓞少康遺烈靈則長兮莫莫葛藟王孫承祀世其昌兮而我實續如金如玉載錫光兮咨亞尹之德柔嘉維則揚令聞兮惟別駕之功邦國不空毗胥詠兮不競不絿不剛不柔以成政兮德之攸好神之所勞實降祥兮有美有度曷不允祚今則亾兮我著名節俾無泯滅惠無疆兮

故開府儀同三司行尚書左丞相燕國公贈太師張公墓誌銘 并序

大唐有天下一百十三年開元十有八載龍集庚午冬十二月戊申開府儀同三司行尚書左丞相燕國公薨于位享年六十四嗚呼哀哉皇帝悼焉素服舉哀廢朝三日乃下制贈太師蓋師傅之舊恩禮有加也詔葬先遠喪事有日又特賜御詞表章琬琰公義有忘身之勇忠爲社稷之衞文武可憲之政公侯作扞之勳皆已昭昭於天文雖與日月爭光可矣公諱說字道濟范陽方城人晉司空壯武公之裔孫周通道館學士諱弋府君之曾孫慶州都督諱恪府君之孫贈丹州刺史刑部尚書諱騭府君之季子自

上世積慶及公而祥發神明所庥道德爲樞生以寧濟幼而休祥鷹揚虎視英偉磊落越在諸生之中已有絕雲霓之望矣初天后稱制舉郡國賢良公時大知名拔乎其萃者也起家太子校書迄於左丞相官政四十有一而人臣之位極矣尚書國之理本公悉更之中書朝之樞密公亟掌之休聲與偕升降數四守正而見逐者一遇坎而左遷者二其餘總戎于外爲國作藩所平除者惟幽并秉節鉞而已至若三登左右丞相三作中書令唐興已來朝佐其比蓋聖賢之運有會師臣之道欲行人雖求多我每餘地

馨香之發敷聞自久宓其翊戴聖后師範百寮功烈過於如神德聲出於咸一此固與版築崛起屠釣作合之類亦云異也公志元遠而性高亮未嘗自異會節乃有立何所不可體道以爲宗既定國於一言亦保身之大雅其於經理代務雜以軍國決事如流應物如響紛綸輻輳其猶指掌及夫先聖微旨稽古未傳缺文必補墜禮咸甄與經籍爲笙簧於朝廷爲粉澤固不可詳而載也始公之從事實以懿文而風雅陵夷已數百年矣時多吏議擯落文人庸引雕蟲沮我勝氣邱明有恥子雲不爲乃未知宗匠所作

王霸盡在及公大用激昂後來天將以公爲木鐸矣斯文豈喪而今也則亡嗚呼克生以輔時而臣道不究致用以利物而人將安仰上撫牀以念往下輟相而哀至復見之於公焉太常議行謚曰文貞二十年秋八月甲申遷窆於萬安山之陽燕國夫人元氏祔焉夫人故尚書右司員外郎武陵公贈幽州都督諱懷景之女也動爲柔範皆可師訓及公之貴連姻帝室雖處榮盛若非在己內執謙下外睦親踈古之賢明未始兼有開元十九年三月壬戌薨於東都康俗里第享年六十四長子均中書舍人次曰垍駙

馬都尉衛尉卿季曰椒符寶郎泣血在疚皆我之有後也嗚呼元堂永閟何事春秋幽篆斯在亦云不朽而已銘曰

天有密命滋液百寶時無大賢誰與明道我公允叶我德孔昭翰飛戾天羽儀清朝功遂身謝名由實美言而有立古無不死南山之下詔葬於兹後之與歸惟我太師

故特進贈兖州都督駙馬都尉觀國公楊公墓誌銘并序

公諱慎交字某宏農華陰人也其先食采於楊因邑爲氏始大於兩漢更盛於周隋司空觀德王士雄公之高祖也

台階論道盟府書勳利建維城澤流後嗣洎右衛將軍贈兵部尚書府君諱嘉本累葉炳靈六轡承祀而皆千里一舉逸翰所推五侯同拜貴戚莫比公卽尚書之子也誕保中和克紹前烈幼以美秀兼大叔之文長而嘉聞增季友之業孝弟忠信藴乎生知禮樂詩書成於時習弱冠以門子調補晉州參軍中宗之在春宮也妙簡才地將降天孫兼之實難而公惟允以選尚長寧郡主加朝散大夫拜通事舍人累遷右衛郎將神龍元祀中興在運預聞大策克樹休勳而貴主宜家既增湯沐列侯傳國復錫山川至是始襲觀國公拜駙馬都尉左千牛衛將軍加上柱國累遷祕書監兼太子賓客增秩金紫光祿大夫又特進散騎常侍右千牛將軍陜王傅坐事左出巴州刺史入爲光祿卿復出爲亳襄陳鄧四州刺史左轉郿亳許絳四州别駕公性明敏有器韻不求虚譽而百行允修不矜小善而九能咸事至於入官從政東文西武才既兩可事亦百中且不恃貴以傷義不怙寵而廢公奉以周旋加之撝挹雖在降出無他悔悋此亦公之善自爲謀以道終始者也開元十二年四月癸卯遘疾薨於絳郡之官舍春秋五十天子悼

焉有制贈使持節都督兖州諸軍事兖州刺史仍遣使弔問令返葬京師率禮有加哀榮異數其年秋九月甲申葬於北原其孤曰某等煢煢在疚願圖遺烈後之人亦知范宣之世祿豈獨臧孫之立言銘曰

巖巖太華作鎮西土祚我諸楊降生厥祖四代而立爲漢元輔爰及礽裔克復先古猗嗟觀公不忝前人荷天休寵爲國嘉姻王孫作儷帝子來嬪瓊敷玉潤輝映紛綸乃登王朝乃尊爵秩祿盈萬鍾賦食千室亦克畏滿亦以戒逸物更盛衰時有得失稟命不融斯人則亾天歸京兆地返

連岡吁嗟此室徽音不忘

欽定全唐文卷二百九十三

張九齡十一

故太僕卿上柱國華容縣男王府君墓誌銘 并序

公諱某瑯琊臨沂人蓋王氏所由遠矣然其自漢至今上下千載海沂爲頌始壯厥猷淮水作禎克昌其後繼跡台衮聯華牧伯君子韙其立言史官褒其行事則已系無違德人以嘉聞圖牒粲然宜爲冠族迺祖某梁侍中尚書左右僕射安東亭侯高祖某陳度支尚書曾祖某太子中書舍人祖某皇朝吏部郎中贈潤州刺史父某官至洪州都

督公踐修範業雅有名器性開敏而達於從事才果斷而長於御下至於學以知古義以隨時虛已存誠離經合道異焉而不傷於物同焉而不害於政咸自得之務其大者儀鳳中初以門子選爲孝敬皇帝挽郎解巾相王府參軍授豫王府參軍歷太子通事舍人蒲州司法參軍丁洪州府君憂去職喪踰於戚行過於禮時其在疚哀能感隣服闋授相州鄴縣令施於政也揮干鏌之鋒截無不斷展騏驥之足行無不至以故言出有孚豈止於百里教行無類俄浹於四封邑人是宜輿頌乃作御史中丞張仁愿表公

尤異帝用嘉焉遷洛州陸渾縣令加朝散大夫寵其能也再有仲由之善益聞考父之恭薄理我畿有加於鄰識者觀政許其以後圖時輩推多驗之於晚節稍遷蒲州司馬洛州長史蒲州長史三爲郡佐一以貫之執心有恆厥聲以茂雖巴祇之體素顧和之理識異代同官齊名比義固無愧也俄遷隨州刺史趙簡始大列於諸侯張敞有名擢爲刺史賢明獨斷政教宏宣始於漢東之美繼以巴中之異郡歷數四課嘗第一再領遂緜二州刺史先是俗多梗弊人盡流庸公亦來思撫之如子彼得攸墍歸之如市行

有餘力用不盡才驟遷大都督乃拜相州刺史先是景雲歲我唐雖舊儀制維新置連率之官增監郡之秩於是歷選列辟專謀用賢且有後命而公爲稱首遂作越州都督同京官正三品連率統察杭婺衢睦溫撫台閩八州長吏已下率由部按事雖竟寢議者終榮仍守越州都督加銀青光祿大夫公素有盛名兼之寵數聞望而革風必偃至止而蓬麻自直與夫任賢坐嘯勞心行部彼有因而至此我無爲而已然政之行焉有若神者徵拜雍州司馬頃之又正名爲京兆少尹京兆者本公之樂土居已重世買臣

還郡無矜於出綬張既本州是榮於衣繡公雖作貳我亦爲光開元二年始封華容縣男昭有德也其明年有制以公檢校太僕卿訓以六騶正於君僕日加數馬之慎歲有展軨之勤無何即眞可謂貴矣然公思報所受逾勵所行神明未衰志業不究春秋六十有一開元六年秋八月乙亥寢疾薨於洛陽之陶化里第嗚呼哀哉朝廷傷焉賻贈以禮夫人范陽盧氏不享偕老先時在殯其年冬十月乙酉合葬於偃師之某原郤倚首陽前瞻洛汭豈伊瑕邱之樂蓋取邢山之兆有子曰昊次子曰旻泣血苫凷哀纏於

遠日勒銘金石儀叶於吉時假以斯文爲之實錄其詞曰

有周之裔居海之沂緒業爲永德音罔違貽厥謀翼俾其翰飛宏哉世祀亦曰家肥其一洎我華容而今濟美四科冉季九能魯史學匪爲人義如在已施於有政嚮之柔矣其二雉馴宰邑鷹揚佐郡五爲刺史在邦必訓再踐太僕厥庸迺奮今也則亡天不可問其三神欺永年禮先遠日合如防墓開彼滕室鶴弔人悲龜言地吉篆石泉戶與山相畢其四

故安南副都護畢公墓誌銘 幷序

公諱某字某東平人四世祖義雲北齊度支郎中青州刺

史曾祖炎貞觀初并州白馬府右果毅都尉右衛郎將祖義蒲州河東令坐事左轉桂州歸義縣丞因家於始安父誠舉孝廉高尚不仕公即孝廉府君之子稟靈純茂姿性開朗亦既志學休有令聞雖在諸生之中已有萬人之望矣夫其忠有世善有元仁於其親友於兄弟豈尚行所致其因心而然公之植身根萌素厚搽本制末何適非宜故爲政之方所從來遠矣某年初有御史將命黜陟幽明公時盤桓居貞未有攸往而使者承式固才是求褐衣見召直繩斯委乃表公授梧州錄事參軍非其好也先是剽刦

在境行李所病綱佐無機逋盜肅然歲滿授廣州湞陽令事必簡舉人用穩便莫不咨嗟未始見也尋轉韶州司馬其政如初秩滿丁內憂公有至性幾於毀滅廬墓展哀泣血扶病有加一等不惟三年嶺南按察使廣州都督兼御史大夫蕭璿彼孝悌之士也以錫類之故有嘉德音於是拔補按察判官義行相承終始如一九加欽重特以表聞敕授新州刺史屬恩州酋帥日尋干戈將有式遏實資明允後按察使廣平郡宋璟以公爲五府總管以甲卒戍焉雖臨之兵威而開以恩信俾忿鷙狼戾化梟爲人廣平公深以爲能奏假恩州刺史俄又眞授夷落大寧尋加朝散大夫遷端州刺史居必致理莫匪嘉績并護之寄朝選以歸於是加秩中散大夫拜安南副都護到官未幾聞忽遂殂時年六十某月日庚子歸葬於某山原公內行無玷外物不干文非務華學皆爲已所涖數郡遺愛在人全已而歸可謂厚矣有子曰某銜恤終天想哀遠日永惟稱伐存乎幽篆銘曰

猗歟畢侯濬源長流受氏於畢爰自有周彼美系載實惟孫謀賢哲繼軌斯其遠猷嗟彼懿宗是生孝友知實內積

行非外誘家邦必聞人倫歸厚微此令德夫豈善守亦既從政厥聞載榮邑能訟息郡用禮成蠻夷慕教鴟鴞變聲九眞副嶺萬里揚旌護彼絕域義忘險艱緹律未改丹旐而還存沒之際忠孝之間徽音無泯篆德茲山

故許州長史趙公墓誌銘 并序

公諱某天水隴城人其先受賜於周所食者趙下逮襄子大爲諸侯貽子謀孫克用保國有功有伐無代無之曾祖某隋尚書左右僕射淮寧郡公祖某金紫光祿大夫殿中監贈工部尚書武強公父某符寶郎皆發聞馨香系祚蕃

衎不高位者則人望焉公惇師舊業允廸淵懿包君子大雅之量有古人獲心之賞修詞以達其道則質文相半履行以顧其言則剛柔並克弱冠以門子調補湖州參軍轉相州司兵參軍學以入官思不出位格言清論始誦今行屬太上皇養德在藩擇賢爲吏公首其舉王曰爾諧於是引爲相王府戶曹參軍轉法曹參軍及龍德既亨鶴鳴有應往而利見縻以好爵乃授朝散大夫雍州錄事參軍綱領諸曹罔有不率秩滿除洛州伊闕縣令事舉其中斂從其薄惠小鎮大徇公滅私政之在人今而遺愛俄遷徐州

司馬未幾轉陝州司馬許州長史千里將騁六轡斯柔得之自心動而中節故其四參州事再入府寮一宰畿邑三爲郡佐莫不所居而績宣其用所去而頌因其跡豈伊苟然厥繇尚矣開元八年春二月疾作革乙丑終於官舍春秋若干某年冬十有一月庚午歸葬夫人崔氏祔焉公自然淡泊不屑勢利守道貞固與命推遷故歷年多所移官數四不過參佐而已豈亦直道之云乎然而卑以自牧約而能濟推厚居薄內居其仁急病讓夷外多其義不曰君子其能爾乎有子曰令言次曰令則泣血加人抑情就禮哀慕宅穸之事恭惟先君之德驗之所履附之斯文以傳無窮以慰罔極銘曰

猗嗟令德寬仁合道景行行止風流肆好名取公器善爲身寶志所以立政所以宣入官惟允蒞事其然是儀是式不忘不愆今也終古後之克祚子孫禋祀春秋霜露茫茫九原斯焉永慕

故韶州司馬韋府君墓誌銘 并序

君諱某字某京兆杜陵人其先佐夏翼商賜命爲伯傅楚相漢繼世能賢休有成烈慶流於裔洎曾祖津仕隋至內

史侍郎戶部尚書武德初拜黃門侍郎壽光男克濟美名以食舊德大父瑰太子詹事武陽侯能成休軌載揚厥問烈考展官止少府監主簿懿業無忝而大位不充天爵自高人倫斯貴公荷百代之丕構傳一經之素範簡白足以長人文敏足以敷政跡不由徑必期乎直學不爲辨每抑其華志尚則然風流自遠斯有萬里之望豈伊百夫之特始自崇文生明經上第起家汾州參軍公以爲國無小而行無擇苟履忠信何陋蠻貊遂求補遠郡從所好焉於是授泉州司倉參軍歷廣州都督府法曹參軍輪囷下蟠弗

以肩意幹蠱用譽將以明道固已仁焉而不異於遠義焉而不辭於難潛亦孔昭允謂君子秩滿遷韶州司馬在郡數載檢身一德輔化致理刑清訟息宜其奮庸上國寘乎公卿而矢志南州終於參佐悲夫享年五十有一某年月卒於官舍粵開元六年冬十二月庚午葬於少陵原有子曰某欲報罔極思傳不朽勒石泉戶式昭德音銘曰

皇矣鼻祖時維大彭漦衰作伯彤弓用征猗那其後世濟其名雖公道屈亦樹德聲其一休烈有素聿修無忝言炳身文禮充物檢行雖欲盡名不可掩學古入官蓋取諸漸其二

參卿彼兮從事窮海孰云其陋我惟義在何適非宜胡然有待天曷我欺人隨物改其三

惠莊太子哀冊文

維開元十二年歲次甲子十二月丁巳朔二十四日庚辰司徒申王薨於行在所冊謚惠莊太子旋殯於寢粵閏十二月二十七日壬午將陪葬於橋林之栢城黼幕宵布羽纛宿設西序啟攢南首成列皇帝濬天倫之戚崇后儲之禮擬容衞於青宮申孔懷於朱邸爰命史氏稽於令則無俾直書不彰遺德詞臣曰

昊天有命先后受之分王子弟藩衞京師克荷成憲罔弗肅祇懿哉明哲誕惟神粹宣慈日聞孝友天至道則胎合迹無自異性則生知學兼時習易微書遠詩言禮立德必有隣善如不及貴而能損量固難挹方伯出鎮召南取斯司徒入掌鄭武其宜義之所在政乃克施物留遺愛事著成規西夏息人東征叶卜煒煒同輦皇皇改服疾搆中路凶傳左轂寧不愸遺奄鍾斯酷嗚呼哀哉昔在沖眇具惟兄弟四國並封五王均體遊必連騎居則同邸各承愛於含飴俱受經於置醴既荏苒而云邁屬殷憂之將啟實定

禍於蕭牆遂繼明於雲陛雖隔濬宮之衞常洽家人之禮曷殂謝以痛心感平生而流涕嗚呼哀哉爰擇茂典追崇上嗣表先聖之元良申友于之褒異紛鹵簿以徒設儀文物而空備彼神儀之如在乃羣悲之所萃周禮從袝漢塋是陪先遠日而選吉會同盟以送哀夜漏盡兮暗室啟庭燎殘兮曉挽催按三校而徐進將一去而不迴嗚呼哀哉背朱門兮遲遲馳白驥兮騤騤野蒼茫而助慘風蕭颼而增悲翩翩兮素蓋寂寂兮畫帷遵舊途而何有覽陳迹以如疑面都邑兮不入待陵寢兮有期惟光儀之永閟與昭

代而長辭嗚呼哀哉潛清暉於幽穸召鴻名於美跡將在皇儲之史豈伊諸侯之策播遺芳於蘭桂傳不朽於金石諒紀言之在兹嘉德音之無斁嗚呼哀哉

祭舜廟文

維某月朔日中散大夫使持節都督桂州諸軍事守桂州刺史兼當管經略使嶺南道按察使攝御史中丞佩紫金魚袋上柱國曲江縣開國男張某敢昭告於大舜之靈惟神以大孝而崇德以大聖而奮庸以至公而有天下以至均而一海內故不以荒服之外不以黃屋之尊巡守而來

殂落於此倦勤之造永結於黎庶惠懷之尊長存於壽宮載祀雖遐威靈如在今聖朝紹興至道懋兹遠人爰遣使臣按理邊俗惟神幽鑒願表微誠若私僻爲謀公忠有替明鑒是殛俾無遠圖如悉心在公惟力是視當福而不福爲善者懼矣今至止之日輒詣陳誠伏惟神道聰明亮斯欽畏願俯垂冥祐俾輸力明時尚饗

爲吏部侍郎祭故人文

維開元十年歲次壬戌二月癸酉朔十七日己丑吏部侍郎某謹以清酌脯醢之奠敬祭故某公之靈聞夫仁必壽考所謂神道善亦慶延以爲信然今夫子之不福而聖謩之是徵孝友純固禮讓周旋行所以直業所以專誠公才而天假故官政以日宣節使是式朝宿既至十部稱賢一人思媚鳳凰於彼雲霄以冀胡然明靈殲我良懿嗚呼哀哉夫子之逝平生之懷襟抱素合遊處常偕清風對禁文石同儕自兹兩掖殆將一紀展轉清貫仳離君子曷其愛而甫云覯止正司空之掃第屬荆州之罷市歘交臂而相失殷痛心其何已今卜兆有日祖載在庭颯然象設寞爾音形驅白馬而何見瞻素車之已扃德音不忘應甘棠之

勿翦交情乃見伊黍稷之非馨嗚呼哀哉尚饗

祭故李常侍文

維年月朔日中散大夫洪州都督張某謹遣倉曹參軍李某以脯醢之奠敬祭於故宋國公之靈惟公代載賢傑天資忠厚外珪組而雖華內冰鏡而無垢善常不伐明能自晦省中之樹訪猶不言車前之馬數而後對淑慎自己否亨有時孰能違命公此來思結忠主之戀滾去國之悲六疾斯起五福云欺生涯溘盡精魄何之嗚呼哀哉追惟曩昔昇降雲霄榮華侍從暐暐光昭日歟月歟有榮有凋丹

旐孑孑白驥蕭蕭同官之感俾予魂銷靈之來歸茲焉旅次瞻望無覩悲辛自至頃密邇而寄音今寞然而結歎南北於遠幽明永異何以敘情寄之奠饋尚饗

祭洪州城隍神文

維開元十五年歲次丁卯六月朔壬寅十日辛亥中散大夫使持節都督洪州諸軍事洪州刺史上柱國曲江縣開國男張某謹以清酌脯醢之奠祭於城隍神之靈恭惟明神懿皆潛德城池是保民庶是依精靈以秉正直攸好忝牧此都敢忘在公道雖隔於幽明事或同於表裏今水潦

所降亦惟其時而淫雨不止恐害嘉穀穀者人之所以爲命人者神之所以爲祀祀不可以爲利義不可以不福闔境山川能致雲雨豈無節制願達精誠以時弭災無或失稔則理人有助是所望於神明尚饗

爲王司馬祭妻父文

維年月朔日謹具少牢清酌之奠祭於故某公府君之靈惟公聯華公族振景天朝昔也時來則地分茅土今也福過則海變桑田豈惟魑魅之憂方爲螻蟻之患嗚呼哀哉始更槃盛早睦嘉姻謬入郄公之選嘗荷戴侯之遇情契濶而彌積義流離而益固公之謫宦某又犯時永矣去國貴然來思雖窮途之至此幸隣境之在茲所忌者法豈忘於私聞析聲而密邇畏簡書而間之然猶風煙可冀翰墨無輟心已運於虛舟跡尚濡於涸轍驟寒暑之徂謝紛吉凶之迴穴京兆之使忽追廣陵之音遽絕嗚呼哀哉平生多感自傷千里之心已矣長辭徒發九泉之歎計疇昔之光寵痛淪亾於旅窴嘗許恤人之孤況霑愛子之半謹因遣奠昭告明靈心不可卷德以爲馨匪羞是薦惟魂是聽遣行人於信宿空泫目於郊坰嗚呼哀哉尚饗

爲王司馬祭甄都督文

維開元五年歲次丁巳九月丁酉朔十四日庚戌某官謹以清酌之奠祭於廣州都督甄公之靈惟公稟氣異人爲國良臣資忠秉義奮翼躍鱗富貴自取聲名益震故能北擁旄於元朔南仗節於朱垠行部無幾卧理斯屬棠陰在聽饞歌成曲下流是仰長塗反促始望雨而隨車遽驚風而轉燭嗚呼哀哉甫茲歲首彤襜載輝今也秋季丹旐言歸既寒來而暑往將物改而人非駟馬不馭雙雁空飛對平生之氣象詠宿昔之音徽燕越兮地眇胡山兮路微奠

肴觴之在席感徒御以霑衣嗚呼哀哉尚饗

祭張燕公文

維年月朔日族子祕書少監集賢院學士某謹以清酌少牢之奠敢昭告於燕國公之靈惟公應有期之運降不世之英坦高軌以明道謹大節而立誠懸鏡待人虛舟濟物妙用無數精心惟一明未联而先覩聽有餘而每黜猶豹變而成文嘗鳳鳴而中律故能羽翼聖后丹青元化陳臯陶之謨謀盡仲山之夙夜道因慮於文武業惟永於王霸綢繆恩渥荏苒代謝國重元輔門承下嫁實大我之宗盟

與人君之姻婭天蓋福善地益華宗赫赫爲尹巖巖比崇不享黃髮如何元穹既道長而運短豈祥降而惠終人亾令則國失良相學墮司南文殞宗匠惟國華之見奪何天道之弗諒追惟小子夙荷濱期一顧增價二紀及茲非駑駘之足數蓋枝葉以見貽洎剖符於外臺承徹琴於舊館屢行號而身曠空匍匐而心斷跡既拘於彝憲情未展於哀款朝章猥及傳名斯入想德輝而不見望仁里而徒泣樹所歎而猶存人具瞻而永戢盡繐帳之今感哀烏衣之往集庶羞雖薄冀享厥誠尊靈斯降是嘉平生已矣萬古纏緜五情追悲緒於離筵結巨恨於幽明伏惟尚饗

追贈祭文

開元二十年歲次壬申孤子九齡謹遣弟某等謹以清酌脯醢庶羞之奠敢昭告於先考先妣之靈九齡積罪昊天天實降罰嚴蔭永隔慈顏重違欲報劬勞終天何極夙承教誨幸而有成崇國寵靈猥當大任聖上義存延賞追贈所及朝恩優渥跪承摧感伏惟昭亮享茲殊錫今謹具贈太常卿廣州都督告身桂陽郡太夫人告身及玉帶金章紫衣各一副伏惟尚饗

欽定全唐文卷二百九十四

褚无量

无量字宏度，杭州鹽官人。擢明經第，累除國子司業兼修文館學士。元宗即位，遷左散騎常侍兼國子祭酒，封舒國公，爲麗正殿直學士。開元八年卒，年七十五，贈禮部尚書，謚曰文。

太廟屋壞請修德疏

臣聞尚書洪範傳云：王者陰盛陽微，則先祖見其變。昔成湯遇旱，引事自責云：女謁盛耶？今則太廟毀壞，即是先祖

示變。後宮衆多，即是陰盛陽微。伏請後宮之中非所幸者，親享之後，簡出少多，以應其變，則上荅先祖，必災異自消。昔殷帝武丁祭成湯，有飛雉升鼎耳而雊，武丁憂懼，問其臣祖乙。祖乙曰：王勿憂，先修政事。武丁乃修政行德，殷道復興。昔太戊之時，桑穀二木共生於朝，一暮大拱，此不恭之罰也。太戊修德，桑穀自濤。昔周武王之時，周公輔政，三叔流言，秋熟未穫，天大雷電以風，禾則盡偃，大木斯拔，邦人大恐。王乃與大夫盡出郊，天乃返風，禾則盡起，歲則大熟。昔宋景公之時，熒惑守心，景公問之司星子韋，對曰：禍在君，可移於相。公曰：宰相所與共理國也。曰：移於人。公曰：人死誰爲君？曰：移於歲。公曰：乏食人必死。子韋曰：天處高而聽卑，君有至德之言三，必三賞。熒惑果徙三舍。至漢之文景，並叡明天子也，亦災異繼起，修德行政，其名益光。愚又竊聞左右近臣妄奏云：國家太廟，其材木是苻堅時舊殿。臣按括地志云：隋文帝創立新都，移宇文廟故殿改造此廟，元非苻堅及宇文氏所作也。況我國家及隋文帝貴爲天子，富有四海，豈復遞取苻堅之舊殿以充太廟者乎？此則言僞而辨，殊不足採納。伏願精選舉，用賢良，節奢靡，

輕賦稅，繼絶代，慎刑罰，納諫諍，察諂諛。夫賢良任用，則能興化臻理矣；節奢靡，則不恣耳目之欲，清靜之風行矣；輕賦稅，則下人樂以奉上，不困窮矣；繼絶代，則崇德報功，有勸沮矣；慎刑罰，則寬猛相濟，不濫罰矣；納諫諍，則日聞己過，人竭忠矣；察諂諛，則君子道長，無邪僻矣。非禮勿動，順時行令，夫如是則人和，人和則氣和，氣和則天地和矣。天地和會，災異自消。伏願陛下虔奉神心，兢謹天誡，幸甚。

請定嗣王朝班疏

臣謹詳諸史氏，案以禮經，有親親之義，尊尊之道，所以重

王室敬耆年今陛下纘舊惟新睦親尚齒朝儀品列宜更申明至若命以嗣王用崇主祭養夫國老蓋在乞言會於朝班合從上列準令嗣王正一品今乃居庶官之次頗爲閒雜須有甄明臣伏見開府儀同三司在三品前立望請嗣王亦與開府同行諸致仕官各於本司之上則重親尚齒典禮式存

車駕東幸上書

昔虞舜之狩秩山川徧羣神漢孝景祠黃帝橋山孝武祠舜九疑高祖過魏祭信陵君墓過趙封樂毅後孝章祠桓

譚冢願陛下所過名山大川邱陵墳衍古帝王賢臣在祀典者並詔致祭自古受命之君必興滅繼絕崇德報功故存人之國大於救人之災立人之後重於封人之墓願到東都收敘唐初逮今功臣系絕者雖在支庶咸得承襲

皇后不合祭南郊議

夫郊祀者帝王之盛事國家之大禮行其禮者不可以臆斷不可以情求皆上順天心下符人事欽若稽古率由舊章然後可以交神明可以膺福祐然禮文雖衆莫如周禮周禮者周公致太平之書先聖極由衷之典法天地而行教化辨方位而敘人倫其義可以幽贊神明其文可以經緯邦國備物致用其可忽乎至如冬至圜丘祭中最大皇后內主禮位甚尊若合郊天助祭則當具著禮典今徧檢周官無此儀制蓋由祭天南郊不以地配惟將始祖爲主不以祖妣配天故惟皇帝親行其禮皇后不合預也謹案大宗伯職云若王不與祭祀則攝位注云王有故代行其祭事下文云凡大祭祀王后不與則攝而薦豆籩徹若皇后合助祭承此下文則當云若不祭祀則攝而薦豆籩今於文上更起凡則是别生餘事夫事與上異則别起凡凡

者生上起下之名不專繫於本職周禮一部之內此例極多備在文中不可具錄又皇后助祭親薦豆籩而不徹案九嬪職云凡祭祀贊后薦徹豆籩注云后進之而不徹則知中徹者爲宗伯生文若宗伯攝祭則宗伯親徹不别使人又案外宗掌宗廟之祀王后不與則贊宗伯此之一文與上相證何以明之案外宗惟掌宗廟祭祀不掌郊天足明此文是宗廟祭也又案王后行事總在內宰職中檢其職文惟曰大祭祀后祼獻則贊瑤爵亦如之鄭注云謂祭宗廟也注所以知者以文云祼獻祭天無祼所以得知又

祭天之器則用陶匏亦無瑤爵注以此得知是宗廟也又內司服掌王后六服無祭天之服而巾車職掌王后之五輅亦無后祭天之輅祭天七獻無后亞獻以此諸文參之故知后不合助祭天也惟漢書郊祀志則有天地合祭皇后預享之事此則西漢末代強臣擅朝悖亂彝倫黷神諂祭不經之典事涉誣神故易傳曰誣神者殃及三代泰誓曰正稽古立功立事可以永年丕天之大律斯史策之良誡豈可不知今南郊禮儀事不稽古忝守經術不敢默然請旁詢碩儒俯摭舊典採曲臺之故事行圜丘之正儀使

聖朝叶昭曠之塗天下知文物之盛豈不幸甚謹議

王泠然

泠然開元五年進士官校書郎

汝州薛家竹亭賦

梁穎多士聞來久矣出伊洛以南遊登嵩峴以顧視信乎精華實息恢怪森起惟萬戶與千門咸帶山而傍水畿甸殷壯閭閻密邇當天象之西郊近皇居之百里其人和而賢儁其地厚而淳美則吾先文王行化之始烈祖成王定鼎於此宐乎蕃我良能誕生君子世序雖遠英靈不窮其氣渾渾其光雄雄橫古今而特秀者惟我薛公卜幽棲於汝北夷舊業於河東夫其禮樂成器清明在躬官非稱才吾不謂之仕宦人非克己吾不謂之交遊處未全隱和而莫同且欲墀岞㟧苑蒙籠閒亭一所修竹一叢蕭然物外樂自其中其竹也初栽尚少未長仍小雜以喬木環為曲沼遵遠水以澆浸編長欄而護遶向日森森當風嫋嫋勁節迷其寒煥繁枝失其昏曉疎莖歷歷傍見人交葉重重上聞鳥其亭也溪左巖右川空地平材非難得功則易成一門四柱石礎松櫺泥含淑氣瓦覆苔青纔容小榻更設

短屏後陳酒器前開藥經薛公謂予曰自造此亭未有茲客跪而應曰自從為客未見此亭既而物且遍好多能所造亭間坐臥清戶開而向林門下往來翠陰合而無草禁行路使勿伐命家僮使數埽遊子見而忘歸居人對而遺老余何為者累載棲遑學應成癖走則非狂宇宙至寬顧立錐而無地公卿未識久彈鋏而辭鄉一見竹亭之美竟嗟歎而成章

清泠池賦

梁王既受封於漢命駕東遊入睢陽之下國弔微子之高

邱縈華莫比僭擬無休復欲象昆明之校戰同右武之習流決河間而飮馬治宮樹以維舟當時舊跡此地爰修土木間成起臺宮而似畫絲金並奏和水石而疑秋是時宮人出看上客淹留旣成此地勝形無比喬樹青冥而外合層甍岌業而斜指曉坐狎鷗春祠薦鮪連小山而夾迴磴截長河而分半水徒觀其清泠無黕洞澈如凝鏡開珠淨月混星澄鳧嚼紅藻黿翻碧菱地將昏而霧合天欲雨而雲蒸明則可鑒虛而不竭風靜浪碎日落圓折波含閣而相動潭映空而俱澈此土之池君王所爲年淺則峴山陵變水浹則滄海塵吹不見射魚之浦空餘養雁之陂皇家化溢成周包含梁宋分星辰以主萬國會江漢而歸一統惟茲之地清而且平居下流而不濁含上善而逾明常以柔而處順豈遺道而從榮時人競渡搖海艦於三春暮客來投落江帆於四岸何今日之登陟皆昔年之池館物是人非所存者半濟巨川必待舟楫得風流還升汗漫儻餘波而可霑幸不遺於所觀

新潭賦

國之天府名曰河南水有清洛漲乎新潭夫其貫都成川習坎爲德石門呀豁而洞瀉綠樹逶迤而夾植源自山來漕因人力或清淺而見底或滚沈而莫測奔狹口以雷聲積中心而黛色若乃方將暮春大集都人錦筵橫石羅幕藉塵騎影攢臨變作桃花之浪衣香亂入翻爲蓮葉之津由其地勢多美所以潭名永新觀其城闕映帶閭閻縈繞半向石崇之園斜經潘岳之沼星月沈浮乎其內烟雲洗沸乎其表不生芰荷但聚魚鳥通舳艫之利於國旣多開浸灌之功與人非少自記從調恆來此遊朝林坐而疑夕夏潭行而覺秋清可照人實欣逢於朗鑑虛宜受物佇相引於仙舟帶洛常恥臨淄更羞況獲忝乎餘派終敢希乎

下流

止水賦 以清審洞澈涵容爲韻

嘗聞神心保正天道害盈漏巵添而復出欹器備而還傾豈若茲水居然可名旣混之而不濁又澄之而不清時止則止時行則行峻隄防則其源見塞開汲引則其道能亨安波不動與物無爭如方圓之得性何寵辱之能驚故爲國者取象於止水使其政公平爲身者亦同於止水使其心至明至察可尚柔謙何稟思遠道則一葦能杭守貧居

則一瓢可飲接下流則卑以自牧鑒羣物則寬而能審誠用之而舍之在去泰而去甚水之爲德也長水之爲功也衆散作雲雨畜作潭洞浮芥則傲吏措杯種瓜則幽人抱甕無朝夕之出納有飛沈之狎弄徒觀其淺虛見底咫尺宜挨千流並入萬象皆涵搖樹影於青岸落山光於碧潭其仁可以濟物其義可以激貪旣而壅之不流蒙則未決照春物而畫屏相似映晴空而明鏡無別雨來而圓點亂生風靜而長波自滅任天時以開閉隨王澤而盈絶受涓滴而逾淺處冰壺而更澈書云視水積影能見形容視人

行事能知吉凶政煩則人擾水濁則魚喁夫子欲精神而不惑俾榮利無繫於心胷比浮雲之於我觀止水而爲容兀兮若枯木坐忘澹兮若虛舟見逢正道未遠斯言可從儻不遺於射鮒希有便於登龍

初月賦

觀乎皎皎新月含虛驚闕伺海蛤而齊生候階蓂而俱發旣與物而盈偃亦隨時而興歇故其清光未滿斜輪半空依稀破鏡髣髴懸弓離畢墜雨繞暈生風散微華於粉壁集輕照於蘭叢爾其於狀也皎皎的的鏡丹霄而灼爍鮮鮮緜緜點清漢而連娟逢輕雲而暫蔽雜華星而共妍寫邊城之羈目監珠箔之嬌絃思閨女之披幌弄舟人於叩舷若乃斷山風入中天氣清雲徹暮景霞開晚晴望頹陽之西落見微月之孤生出煙郊而漫漫映江浦之亭亭凝碧臺以光淨度青樓以色明雖予情之斯得停搴攬而不盈俄而涼夜未幾低輪半傾墜斜光於森木落餘照於巖城臨玉墀而不見望亭閣而杳冥予亦何爲者感在空庭

蘇合山賦

飲食安樂兮不易明說君子行之兮斯道不闕英髦俊彥

兮攢巒結巘華堂洞開兮綺饌齊列雖珍膳芳鮮而蘇山奇絶原其所營妙實難名味兼金房之蜜勢盡美人之情素手淋瀝而象起元冬涸沍而體成足同夫露結霜凝不異乎水積冰生盤根趾於一器擬崖㟏於四明厥狀相類高淺殊致或峻或危其勢參差隱映陸離疑雪岫之坐窺乍輝乍煥其色璀璨灼爍皓旰與玉臺兮相亂縱天台揭起而陵霞太華削成而浸漢雖萬仞之奇特非四座之榮觀豈若茲山俎豆之間裛綵樹而形綺雜紅花而色斑吮其味則峰巒入口玩其象則瓊瑤在顔隨玉箸而必進非

固非愫觸皓齒而便消是津是潤儻君子之留賞甘捐軀而自徇

對歷生失度判

歷生失杪忽之度

律呂之本今古攸尚周行殷歷孔子於是興嗟漢襲秦正劉歆以之條奏莫不考於經傳稽之氣象惟彼歷生稱明算法理須銅壺曉唱則聽鷄鳴玉斗夜迴方看蟻轉何得輕於杪忽失以毫釐禆竈多言豈知天道羲和廢職幾亂人時遂令太史罷占疇人廢業陸佐公之漏刻莫見新成

張平子之渾儀但聞虛設既失推蓂之典何逃寘棘之刑

對舉抱甕生判

河南東道御史舉抱甕生或告云矯州科生妄

罷不服

使臣巡方天子錫命有能利國無待受辭況詩著考槃易稱嘉遯清高勵俗義道周身致爲舉先可以師者御史歲觀風物夜動星芒路出河東載馳驄馬地疑河上便遇眞人將觀善以懲遠遂薦賢而報國逢萌既達威辟莫辨東西法眞不以禮延何能進退由是黃金見鑠白玉成瑕雖莊周道心以枯槁非本而子貢利口乃渾沌假修人既無情罵叔文而稱矯州寧妄罪鞭甯越以成威

對登城判

甲登城而指乙告其惑衆甲云實無妖言

先王訓俗禁以窺臨君子執身愼乎登降惟甲才非入室教異垂堂既處隘而乘閒爰興高而眺遠平看雉堞迴數人家遍識山川周知國邑殊鄭君之伺敵忽上層埤同漢后之思鄉且瞻長路行未聞於能賦告將惑於妖言不指不呼孰云知禮從輕從重旋欲議刑向若甲是卑流恭隨

長者承所視而待問事緣情而可矜今者攀陟不宜驚疑於衆護非有失雖云李徑無言故犯難容亦可棘司懲訓嚴城作限緩獄何逃罪自招於指揮理宜退於心伏

論薦書

將仕郎守太子校書郎王泠然謹再拜上書相國燕公閣下孔子曰居是邦也事其大夫之賢者則僕所以有意上書於公爲日久矣所恨公初爲相而僕始總角公再爲相僕方志學及僕預鄉舉公在官於巴邱及僕參常調而公統軍於沙朔今公復爲相隨駕在秦僕適効官分司在洛

竟未識賈誼之面執相如之手則堯舜禹湯之正道稷契夔龍之要務焉得與相公論之乎昔者公之有文章時豈不欲文章者見之乎公未富貴時豈不欲富貴者用之乎今公貴稱當朝文稱命代見天下未富貴有文章之士不知公何以用之公一登甲科三至宰相是因文章之得用於今亦三十年後進之士公勿謂其無人何者長安令裴耀卿於開元五年掌天下舉擢僕高第以才相知今尚書右丞王邱於開元九年掌天下選授僕清資以智見許然二君者若無明鑒寧處要津是僕亦有文章思公見也亦

未富貴思公用也此非自媒自衒恐不道不知有唐以來無數才子至於崔融李嶠宋之問沈佺期富嘉謨徐彥伯杜審言陳子昂者與公連飛並驅更唱迭和此數公者眞可謂五百年挺生矣天喪斯文凋零向盡唯相公日新厥德長守富貴甚善甚善是知天贊明主而福相公當此之時亦宜應天之休報主之寵彌縫其闕匡救其災若尸祿備員則焉用彼相矣僕聞位稱燮理者則道合陰陽四時不忒則百姓無怨豈有冬初不雪春盡不雨麥苗纔日而青死桑葉未秋而黃落蠢蠢迷愚嗷嗷愁怨而相公溫服

甲第飽食廟堂僕則天地之一生人亦同人而怨相公也京房易傳曰欲德不用茲謂張言人君欲賢者而不用徒張此意厥災荒云大旱也陰陽不雨復曰師出過時茲謂曠其旱不生夫天道遠人道邇僕多言者也安知天道請以人事言之主上開張翰林引納才子公以傲物而富貴驕人爲相以來竟不能進一善拔一賢漢高祖云當今之賢士豈獨異於古人乎有而不知是彰相公之暗知而不用是彰相公之短故自十月不雨至於五月雲纔積而便散雨垂落而復收此欲德不用之罰也仍聞六胡爲孽日

寇邊陲邦家連兵來往塞下已西諸將必不出師過時之咎也四郊多壘卿大夫之辱也不知廟堂肉食者何以謀之相公在外十餘年而復相國險阻艱難備嘗之矣民之情僞盡知之矣今人室如懸磬野無青草何恃而不恐天則不雨公將若之何昨五月有恩百官受賜公官旣大物亦多有金銀器及錦衣等聞公受之面有喜色今歲大旱黎人阻飢公何不固辭金銀請賑倉廩懷寶衣錦於相公安乎百姓餓欲死公何不舉賢自代讓位請歸公三爲相而天下之人皆以公爲亢極矣夫物極則反人盛必衰日

中則昃月滿則虧老子曰功成名遂則身退天之道也今公富貴功成文章命遂唯身未退耳相公昔在南中自爲岳陽集有送別詩云誰念三千里江潭一老翁則知虞卿非窮愁不能著書以自寬賈誼非流竄不能作賦以自安公當此時思欲生入京華歸老田里脫身瘴癘其可得乎今則不然忘往日之栖遑貪暮年之富貴僕恐前途更失後悔難追主上以相公爲賢使佐社稷若弃德不讓是廢明君之舉豈曰能賢僕見相公事方急不可默諸桃李公聞人之言或中猶可收以桑榆詩曰投我以木瓜報之以

瓊琚此言雖小可以諭大相公五君詠曰淒涼丞相府餘慶在元成蘇公一聞此詩移相公於荆府積漸至相由蘇得也今蘇屈益部公坐廟堂投木報瓊義將安在亦可舉蘇以自代然後爲朔方之行抑又聞屋漏在上知之在下報國之重莫若進賢去年赦書云草澤卑位之間恐遺賢俊宜令兵部郎作牒目徵名奏聞而吏部起請云試日等第全下者舉主量加貶削條目一行僕知天下父不舉子兄不舉弟向者百司諸州長官皆無才能之輩並是全軀保妻子之徒一入朝廷即恐出暫居州郡即思改豈有輕爲薦舉以取貶削今聞天下尚有四百人應舉相公豈與四百人盡及第乎既有第差由此百司諸州長官懼貶削而不舉者多矣僕竊謂今之得舉者不以親則以勢不以賄則以交未必能鳴鼓四科而裹糧三道其不得舉者無媒無黨有行有才處卑位之間仄陋之下吞聲飲氣何足算哉何乃天子令有司舉之而相公令有司拒之則所謂欲德不用徒張此意事與京房易傳同故天以大旱相試也去年所舉縣令吏部一例與官舉若得人天何不雨賢俊之舉楚既失之縣令之舉齊亦未得夫有賢明宰相尚

不能燮理陰陽而令庸下宰君豈能輯熙風化相公必欲選良宰莫若舉前倉部員外郎吳太元爲洛陽令必欲舉御史中丞莫若舉襄州刺史吳兢清輦轂之路非太元不可任臺閣之風非吳兢不可僕非吳兢親友但以知其賢明相公有而不知知而不用亦其過深矣抑又聞之昔閔子騫爲政曰仍舊貫如之何何必改作凡校書正字一例不得入畿相公曾爲此職見貞觀以來故事今吏部侍郎楊滔目不識字心不好賢蕪穢我清司改張我舊貫去年冬奏請自今已後官無內外一例不得入畿即知正字校

書不如十鄉縣尉明經進士不如三衛出身相公復此政張甄別安在古人有坐釣登相立籌封侯今僕無尚父之謀酈公之策徒以仕於書苑生於學門小道逢時大言祈相僕也幸甚幸甚去冬有詩贈公愛子協律其詩有句云官微思倚玉文淺怯投珠呂氏春秋云嘗一臠之肉知一鼎之味請公且看此十字則知僕曾吟五言則亦更有舊文願呈作者如公之用人葢已多矣僕之思用其來久矣拾遺補闕寧有種乎僕雖不佞亦相公一株桃李也此書上論不雨陰陽乖度中願相公進賢爲務下論僕身求用

之路事繁而言不典理切而語多忤其善也必爲執事所哂其惡也必爲執事所怒儻哂既怒罷方解則僕當持舊文章而再拜來也

與御史高昌宇書

僕之怪君甚久矣不憶往日任宋城縣尉乎僕稍善文章每蒙提奬勤勤見遇又以齊眦叨承恩顧銘心在骨復聞升進不出臺省當爲風流可望故舊不遺近者伏承皇皇者華出使江外路次於宋依然舊遊門生故人動有十輩蒙問及者衆矣未嘗言泠然明公縱欲高心不垂半面豈不畏天下窺公侯之淺深與著綠袍乘驄馬蹌蹌正色誰敢直言僕所以數日伺君望塵而拜有不平事欲圖於君莫厭多言而彰公短也先天年中僕雖幼小未閑聲律輒參舉選公既明試量擬黜額僕之枉落豈肯緘口是則公之激僕僕豈不知公之辱僕僕終不忘其故亦上一紙書蒙數遍讀重相摩奬道有性靈云某來掌試仰取一名於是逡巡受命匍匐而歸一年在長安一年在洛下一年坐家園去年冬十月得送今年春三月及第往者雖蒙公不送今日亦自致青雲天下進士有數自河以北唯僕而已

光華藉甚不是不知君須稍垂後恩雪僕前恥若不然僕之方寸別有所施何者故舊相逢今日之謂也僕困窮如君之往昔君之未遇似僕之今朝因斯而言相去何遠君是御史僕是詞人雖貴賤之間與君隔濶而文章之道亦謂同聲而不可以富貴驕人亦不可以禮義見隔且僕家貧親老常少供養兄弟未有官資嗷嗷環堵菜色相看貧而賣漿值天凉今冬又屬停選試遣僕爲御史君在貧途見天下文章精神氣調得如王子者哉實能憂其危拯其弊今公之富貴亦不可多得意者望御史今年爲僕索一

婦明年爲留心一官。幸有餘力，何惜些些。此僕之宿憾，口中不言。君之此恩，頂上相戴。儻也貴人多忘，國士難期，使僕一朝出其不意，與君並肩臺閣，側眼相視，公始悔而謝僕，僕安能有色於君乎？僕生長草野，語誠觸忤，並詩若干首。别來三日，莫作舊眼相看。山東布衣不識忌諱泠然頓首。

高紹

紹，官考功郎中。開元七年，由長安令左遷潤州長史。

重修吴季子廟記

顧野王輿地志云：季子名札，吴太伯十九世孫，吴王壽夢之少子。長子曰諸樊，次子曰餘祭，次曰餘昧，次曰季札。諸樊立爲王，且死，立弟餘祭，欲令兄弟傳國以及季子。餘祭餘昧卒，立季札，乃讓不受，退耕於延陵，卽其采邑。士人懷德，爲之立廟。闕山謙之丹陽記：季子舊有三廟，南廟在晉陵東郭外，北廟在武進縣博落城西，西廟卽此是也。昔第五倫爲會稽太守，禁非正之祀，宜歸於一，故惟存南廟，而二廟被毁。其後人間悉更復之。南廟後有古墓，周處風土記、韋陟先賢序、殷仲堪季子碑皆云此墓卽季子墓也。墓前有季子廟碑者，仲堪爲晉陵太守，造碑銘，命縣人薛玖植碑於南廟。至永初中，南廟被毁，遷碑於西廟。今廟前雙碑，左廂者卽仲堪所製，右廂者梁天監十二年九月延陵縣令王僧恕所建。紹以開元七年，自長安令左遷潤州長史。爰洎十年，太歲壬戌，因巡屬縣，廟於延陵，與縣令吴輿沈炎同謁季子廟，申奠禮也。慨靈廟之巋然，訪貞石而湮滅，詢於廟祝，因覩舊文。雖殷王二君共延陵而俱沒，而前後雙製與高風而尚存。重鐫刻以懿之，紀年月以顯之。嗚呼！來者觀此，亦何異乎夫子之大篆也。

欽定全唐文卷二百九十五

韓休

休京兆長安人初舉賢良元宗在春宮親問國政對策乙第擢禮部侍郎兼知制誥開元二十一年拜黃門侍郎同中書門下平章事旋罷政事遷太子少師封宜陽縣子二十七年卒年六十八贈揚州大都督謚曰文忠寶應元年重贈太子太師

駕幸華清宮賦 以溫泉毖湧盪邪難老爲韻

惟我皇御宇兮法象乾坤天步順動兮行幸斯存雨師灑

路兮九門洞啟千旗火生兮萬乘雷奔紫雲霏微隨六龍而欲散還聮白日照耀候一人兮當寒却溫蓋上豫遊以叶運豈伊沐浴而足論若乃北騎殿後鉤陳啟前辭紫殿而魚不在藻出青門而龍乃見田霜戟森森以星布玉輅迢迢而天旋聲明動野文物藻川月落鳳城已涉於元灞日生暘谷俄屆於甘泉於是登三休兮憩神巒朝百辟兮禮容備玉堂憑扆面鶉野以高明石溜象蒙繞龍宮之清毖處無爲兮既端拱時或濯兮溫泉湧聖躬清兮聖德廣四目明兮四聰朗與元氣之氛氳如晴空之滌盪觀夫巍峩宮闕隱映烟霞上薄鳥道經迴日車路臨八水砌比萬家樓觀排空時既知於降聖忠良在位諒勿疑於去邪儒有鵬無翼風有搏每俟命以居易尚媿身於才難觀國光以舉踵歷華清而展歡不賡歌以抃舞夫何足以自安乃爲歌曰素秋歸兮元冬早王是時兮出西鎬幸華清兮順天道瓊樓架虛兮靈仙保長生殿前兮樹難老甘液流兮聖躬可澡俾吾皇兮億千壽考

奉和聖製喜雨賦

聖人調玉燭握金鏡秉正陽而馭六氣之辨考中星而授

四時之命所以平三階而齊七政惟十有六祀日躔於南紀火德方盛炎曛自始主上問飛候之或失徵驕陽之所起未明求衣當食昃晷恐六事之害政引萬方而罪己乃設槱燎奠椒醑豈史巫之紛若惟誠德之是與稽元穹以誓期樂形影以增佇善言既發靈應無越天垂貫斗之雲神召離星之月有渰淒淒南山朝隮林鳴陰鳥澗隱晴霓九光之霞冠於雲日五色之氣映於巖谿始攢團而未下終颯灑而俱齊合散縈直紛飛驟息肇自千畝周於八極及乎我私長我黍稷我箱既萬我庾惟億人咸謂之神功

爾孰知夫帝力若乃拂珠箔含綺疏微霧氣於金掌糅香烟於玉除下碧雲而陰合滴銅池而響餘君王乃倚雲閣凴雨殿臨清暑奏繁薦欣大德之在生知上靈之有貺於斯時也一人有慶萬國歡心羣臣獻華封之壽天子御薰絃之琴昭宸文於合璧式王度其如金乾道兮下濟湛恩兮汪濊四三皇兮六五帝于胥樂兮萬千歲

授杜暹等侍御史制

敕朝議郎行殿中侍御史杜暹禮樂之器直方効節通直郎殿中侍御史內供奉馮宗文儒之業堅正在心咸以清

公副茲望實風霜既肅臺閣推美持我邦憲載穆時談俾遷周史之能更奉楚冠之任並可侍御史

授皇甫翼等監察御史制

敕朝議郎行河南縣尉皇甫翼朝議郎行長安縣尉韋紹朝議郎行醴泉縣尉張季瑀等備聞清操雅有深識進乃安卑退非求譽察其才行副是名實任之舉直可以觸邪並可監察御史

授鄭虛心監察御史制

敕左拾遺內供奉鄭虛心茂其德業蘊是辨詞識通於政理行著於公直清可勵物正以繩違褐衣召見既司諫省之職繡服承榮俾奉憲闈之任可監察御史

封張嘉貞河東縣男制

門下任事而爵古之彝訓論功以封朝之通典銀青光祿大夫守中書令上柱國張嘉貞忠肅恭懿宣慈敏達涵清明以毓德體文武而成器自光帝載昭宣廟謨鼎味用和台堦增峻事君有犯而無隱奉國以公而滅私持其憲章式是軌度既邦教有敘亦王猷以穆頃統軍政則城朔方爰底其績未疇厥賞固宜命以圭社崇其禮物俾楚臣授邑克表寢邱之制漢道優賢更叶平津之美可封河東縣

開國男食邑三百戶主者施行

唐金紫光祿大夫禮部尚書上柱國贈尚書右丞相許國文憲公蘇頲文集序

易有四象有天文焉有人文焉所以察時變而觀化成也詩有六義有大雅焉有小雅焉所以陳國風而美王政也文之時用其肇於茲自長發祎殷正考述其典在坰頌魯史克明其訓由是比興繼作風流彌繁黃竹白雲垂芳於帝籍楚蘭班素作麗於辭人莫不究情性之微含風騷之

詠吟咏先王之澤光昭正始之宗故情發於中而申之以
歌詠文生於情而飾之以辭采所以立言會友感物造端
藻暢襟靈導揚隱伏潤彼金石流於管絃以告其成功而
懿我文德者也嗚呼斯文未喪命世聿興發揮造化之微
鼓動江山之氣轥轢前古昭彰後葉疇克有之則尚書許
公應運而挺生矣公四代相門十卿崇構海域挹其軒冕
縉紳推其軌儀夫其導源錫允之慶克家屏宗之美論道
布政之典推誠立節之效並已勒於豐碑紀在良史此則
略而不言焉公神秀穎發自然生知五歲便措意於文每

坐卧吟諷未嘗蹔輟至於八九歲則有若大成焉一覽誦
千言有若素習十七遊太學對策甲科振鱗溟渤濯羽弱
泉海內重林宗之名朝廷藉賈生之譽矣時吏部侍郎馬
載名知人見公歎曰蘇生一日千里王佐才也後因選集
時屬糊名考判公與宋璟俱入殊等由是天下益稱焉公
任御史時兩臺有送別四韻詩四十餘首試令公誦之一
遍倒覆之遂不錯一字其敏悟也如此公任起居郎屬考
功員外郎闕時中書令李嶠執筆曰考功郎非蘇君莫可
遂拜考功員外郎遷給事中特制授修文館學士遷中書

舍人專知制誥僉議允歸制命敕書皆出自公手筆不停
綴思無所讓及是見君淺所歎伏焉今上嘗謂公曰朕每
見卿文章與諸人尤異當令後代作法豈惟獨稱朕心及
東封詔公撰朝覲壇頌加金紫光祿大夫與一子官賞能
也公性與道合神無滯用惟淺也總衆妙之門惟才也體
生人之秀若乃學以聚之問以辨之括囊道藝之場採贖
幽微之數至若栒戈考篆魯鼎看銘書有亾篋文稱墜簡
疑絳老之年走朝有問卜晉侯之疾訪史莫知莫不取揆
宏襟詢謀達識公辨無不釋言必造微掩雲夢以吞之湛

陽秋以昭之如太嶽之覽羣山若滄溟之朝百谷者矣至
乃緒發而宮商應言形而雅頌興爽律與雲天並高繁章
與霞月俱亮故能虛明獨照壯思雄飛自我心極爲之宰
匠嘗亦紀泰望銘華山勒函谷之關刊燕然之石繁絃閒
發縟采相輝歌奏而白雪遂孤賦成而黃金有貴豈惟排
終拉賈駕王超陳而已若乃天言煥發王命急宣則翰動
若飛思如泉湧典謨作制於邦國書奏便蕃於禁省敏以
應用婉而有章則近代以來未之前聞也豈學而得之歟
抑亦天縱之歟何其殊尤而懿鑠也惜乎循途未及閱川

行謝雖洞簫爲賦方傳漢帝之宮而禪草遺忠空留茂陵之下思盛烈其如在覽餘文而增歎曲池無處舊館寂寥感知己以悼恩懷舊德而何極豈峴山之上長留墮淚之詞延閣之中不紀藏書之錄謹撰緝文誥成一家之言凡四十卷列之如左請藏於祕府以示來裔

梁宣帝明帝二陵碑

有梁拓迹開統建邦立號王業始於憂勤霸功成於海縣乃昭事上帝惠綏遠人文軌通於四海正朔繼乎三代屬天步未夷皇綱中圮巨猾開釁大盜潛移宗廟鞠爲禾黍

衣冠巋爲戎狄則我梁之業將墜於地國之郊禋蓋無主矣而天未絕商鼎猶祀夏炎精翳而復揚文德懿而方肇明命斯在神休允歸則我中宗宣皇帝代宗明皇帝乘彼樂推撫其歸運者矣宣皇帝諱詧明皇帝諱巋姓蕭氏蘭陵中都里人也房雲祚商大火封宋功昭革夏之業德盛明周之禮故能慶緒崇緬哲源浩濬樂叔之封既命遂列於諸侯高辛之祚克昌俱有於天下始宋公子食采於蕭國以得氏其後居於豐沛自漢丞相何侍中彪奕世載美不忝前烈洎於裔孫整東晉淮陰令始渡江居於南徐州之蘭陵焉整生雋及鎋雋曾孫道成是爲齊高帝鎋以四代孫丹陽尹順之生高祖武皇帝衍高祖生昭明皇帝統宣皇即昭明皇帝之子明皇即宣皇帝之子也降元精之吉乘正陽之氣星斗發祉日衡兆祥德叶於天地之和名書於帝王之籙故其本枝榮慶歷試肇迹勿用而履夫重剛明夷而蒙彼大難乃鞠旅樊沔投戈雍梁政始東國化行南紀取長沙而兵不血及戰江夏而舉無遺策推賢用之而如不及委政授之而心不疑誅豶羿而廓天關掃欃槍而清帝座遂撫方夏用膺徽號訓兵同於一旅申命式

於九圍克祇上靈之睠光啟中興之業於斯時也飛鴻滿野戎馬生郊庭旅荆棘室同煨燼由是躬大禹之菲薄同衛文之節儉千里襁負一年成都適其樂國歸我有道者蓋同於遷豳而居此也於是蒐夢澤朝渚宮五德配天二郊在國不失舊物重覩漢官之儀叶於新命還秉宗周之禮用能布令結援修好申盟我饗延乎四方人心洽於一德始則誕受多福終亦繼明重熙豈惟敵國挫師克申威武信亦强鄰結好芬若椒蘭謹其外虞宏我邦本孝心虔於紱冕儉德過於茅茨立教以至仁爲宗宏風以清淨爲

樂豈非古之聰明神武而不殺者夫方欲觀兵上國淸蹕中壤混一區宇削平四方而乾道臨於大過雄圖屈於知運霸功則肇王業未宏雖慷慨於當年竟遷回於卒歲者矣嗚呼陵谷驟改市朝無處荒墳嵬然蔓草蕪沒孟嘗尊貴獨愴雍門之言魏武英威空留士衡之弔有可悲矣嗣子琮屬金陵畢氣天祿永終山川不出於伯符歷數有同於歸命終我梁祚是爲虞賓其天意也豈人事也次子珣梁南海王隋左光祿大夫梁國公食邑三千戸贈遷州刺史承百祀之重秉二宗之慶恩昭異代禮崇備物子鈞皇

朝中書舍人率更令崇賢宏文兩館學士鈞子灌皇朝渝州長史贈吏部尚書疇其慶靈俾爾戩穀盛名昭於海內高秩謝於人寰實彰燕翼之宜克享褒崇之禮嗣子曰嵩金紫光祿大夫吏部尚書兼中書令河西節度經略支度營田九姓長行轉運等副大使知節度事判涼州事赤水軍使檢校天下諸軍兵募健兒使集賢院大學士上柱國徐國公秉靈迪哲體道宏正自我人秀惟其國楨亮釆而三階已平疇咨而九功式序糾逷王慝緝熙邦政文武體用清明在躬地奉紫垣之寵門延絳河之貴永言孝思式是前烈雖大統云集而鴻芬莫紀時逢喪亂迹昧於亾隋之年運屬光華功盛於有唐之日邱墟遂遠碑表莫存豈使配天之功不勒於金石終古之美永翳於邱山式繼武於烝夷俾披文於大隧緬思至道俯課虛懷幸陪論政之餘空愧知音之託乃爲銘曰

天祚我梁受命而王於穆烈祖昭惟武皇德配華夏功成蒴商克受丕祉宏兹太康陰極爲剝泰終而否九伐未修四郊多壘戎州孔熾王室如燬不有繼明孰彰我祀四子有命二宗代興歷數攸在天人叶徵靈心允洽元德昭升

奄有成命其歸與能長江作限上京未復永念殊邦思同比屋拔山雖壯逝水何速嗣王不辰終我天祿洪惟德門卓彼孝孫弼我王道宏其政源式播前烈貽厥後昆勒兹貞石永馥蘭芬已矣焉哉昭邱一望盡烟埃楚塞斷兮荆門開緬千里以環繞見二陵之崔嵬銅臺虛兮繐帳暗金扃閟兮黃鳥哀嗚呼百年人畏其神者豈獨軒轅之臺

贈邠州刺史韋公神道碑

夫賢者所以稱至業也居賢而德故有尊位者所以敘才用也有才而位不必貴緬覩志則代有其人焉公諱鈞字

季和京兆杜陵人也昔大彭授征伐之任摠齊羣后立爲
商伯扶陽擅儒雅之道儀刑列辟起爲漢相由是邁種厥
德光昭盛門軒裳奕葉以濟美靈庭肸蠁而相屬故夫重
輝洪業啟彼元緒淳德介祉歸諸後昆者焉曾祖濬皇朝
國子祭酒儒門肇業國庠貽訓祖慶植皇朝舒密二州刺
史政成師長化洽黎元父瑤皇朝駕部員外郎譽重國楨
道高人望光膺三署之拜克彰九德之美公淳輝秉靈鴻
芬錫祉合英秀發揚光炯曜其少也則珪璜自然克有成
器其長也則禮樂攸在光其大名式是古訓洽於前烈懷

利器而待劌含虛明而獨照學無不綜窺先王之書靡言
必有則得夫子之文章挹其道則虛往而實歸論其德則
敬容而貴允所謂樂只君子邦家之暉者也解褐以常調
授綿州魏城丞矯會翰淩絕巒立茲政聲宏彼邦敎以尤
異擢授雍州長安尉未幾遷雍州司士參軍起於輦劇佐
此神京既位以才遷亦高由政舉無何轉洛州陸渾令京
皋底績河縣爲榮銅墨載美絃歌用譽以親累出爲晏州
嵯峨縣丞尋改授雅州司功參軍遷雍州三原縣令又改
授邠州三水令又改岐州扶風令窮通在命喜慍在我當

運而寵辱不驚養空而逝止恆適用能因事立訓自公滅
私雖得喪繫乎其時亦風軌存乎所涖者矣嗚呼物不可
終否道不可以遂喪夷然順之艱以貞之俾夫人亨則自
天而佑之矣景龍二年聖人發明制褒有功授太子司議
郎內供奉尋正除乃遷尚輦奉御恭承嘉惠肅奉彝則膺
美選於禮門拜殊榮於御府又以親累授果州司馬尋改
授漢州司馬公道直而正德貞而修雖行必恆存而運無
常泰善不違已固無負於神明累則因人亟又從於貶降
且人有厚於德而薄於命行其道而屈其身者歟棲遲下

列竟以卒歲以開元十一年十二月十九日遘疾終於漢
州之官舍春秋六十有四惟公含宏光大洵秀沖雅澹然
而靜漻乎以清神崖自高海量孰測韞隨和以增美將蕙
蘭而共芬而天爵斯茂朝宗莫及盛名空在昌運不留可
爲長歎惜者也以開元十二年七月二十五日遷窆於萬
年縣洪固鄉陪先塋禮也公之第四女蘭晼生秀金閨植
德以良家之選參帝子之榮克彰慶善之餘允洽徽章之
命開元二年正月四日乃下制贈公邠州刺史贈先夫人
薛氏晉國夫人制曰代榮簪組才稱楨幹方居參佐奄謝

中年朝選良家既聞餘慶義崇恩禮爰在飾終且分符節之榮無忝笳簫之夢可贈使持節邠州刺史幷贈夫人爲晉國夫人非夫宏風勵俗明察在人豈能褒崇光茲訓翼者也君子曰管氏之代祀不亦宜乎其斯之謂歟有子尚舍直長悅然等晉之明用幹蠱而克永惟孝思訓我淳則爰播美於穹壤用圖芳於篆刻乃爲銘曰

緬彼大彭兮佐於有商自我楚傳兮慶流扶陽逮茲後昆兮奕世以昌誕此明德兮與時而光良王不駢兮幽蘭自芳爲邦之彥兮爲人之綱明德之修兮而命之不臧既道

崇而位薄亦身沒而名揚嗚呼積其善也聞季女之寵章崇其構也稱鄭公之不亾勒貞石旌高堂德音昭昭以孔彰俾夫墮淚之美者豈獨峴山之陽

惠宣太子哀冊文

維開元二十二年歲次甲戌七月庚申朔十日己巳司徒薛王薨於洛册謚惠宣太子翌日殯於正殿之西階粵八月二日庚寅將陪葬於橋陵禮也涼陰戒秋白露凝夜儀哀挽於郊道儼虛容於池榭皇帝痛棣華之既凋矚蘭坂而增欷撫徽冥以無及恨潛泉之永閟光乎典冊昇彼儲

副爰命史臣颺言其懿其詞曰

於昭帝系濬發元裔逮堯升唐自辟而王粵有成德遂荒東國大啟土宇聿崇典則夫其秉靈在初迪哲惟濬惇敏秀鑠淳龎淑慎謀謨以成蹈道而順文英獨越武烈惟振百辟式瞻五宗以訓惟茲大賢克懋天秩爲藩爲屏是輔是弼保乂我邦家左右我王室沛獻演易楚元說詩藝無不綜學罔有遺分以寶玉建其旌旗出宏聲政入贊雍熙洛爾公族是惟敦睦王曰介弟寵其車服俾侯於京怡怡弟兄穆以家人之禮崇其藩后之榮曷常不樂彼同輿卻

東平之歸奏詢其異政欽少海之能名將以天倫之愛可以昭於載籍友于之道可以貫於神明宜其善有其慶禍無其胎享此眉壽祐其多才胡勿藥以爲疾逮彌旬而成災躬爲禱兮無不至誠以請兮無不備走羣祀以累祈徵上醫而畢洎蒼黃而晦明未隔閒忽而古今斯異嗚呼哀哉神理無昧人寰已非想河樂其猶在望淮仙而不歸悲由中而自切情限禮而相違帳丙舍而云遠飾承華以增輝嗚呼哀哉靈軜肇吉服馬先路悼津門之永違遵河橋以直度笳哀洛陽之道旐靡咸京之樹換憂歡於今昔變

風景於新故嗚呼哀哉夫行以諡尊恩由禮盛申備物以增飾緬貞徽而獨映俾重爲善之名以彰有後之慶嗚呼哀哉庭樹感以驚秋川波咽而不流歷神皋兮望國寢背華宇兮歸山邱流塵滿兮虛榭暗綠苔生兮行徑幽惟盛德與鴻烈亦天長而地悠嗚呼哀哉

徐鍔

鍔元宗朝官河南府告成縣主簿遷司封郎中洛陽縣令

大寶積經述

夫日月出矣而輝耀十方時雨降矣而渠漉萬物況我身常樂湛虛空之相妙覺圓明融心行之本唯皦唯昧不生不滅者哉是以闢無學之地聿修伽藍啟息言之津亶作羅柰智勝菩薩起方便之緣淨居天人發成就之力稱謂所絕者其第一義乎自恆星夜掩仙虹晝爍青鉢傳其睟容寶棺現其金臂法山摧仞拂魔箭於危屏直水橫流繫慈航於彼岸烏虖妙藏不可以常祕戒輪不可以終蟄雖雙林下訔示於泥洹逮一千年遍被於聲教龍持貝葉亟傳摩竭之城象負蓮華遂滿眞丹之境三十七品慈悲於火宅一十二經引喻於妙界矣大寶積經者後漢迦葉摩

騰竺法蘭及今朝元奘法師菩提流志等咸自西天竺所致也如來昔在鷲峯利建平等金口注海酌之而不竭寶言如綸振之而有緒炯茲瑞憲久翳鴻都原鑾屢非市朝多變歷代徇齊之主競興參譯跋陁授記之言罕能丕就洎我唐之有天下也功橫鐵圍化縣忉利苑禦千界提封萬刹張四攝之扉廣納諸有騁六通之驥冥濟羣惑太上皇以澤浚智海掌耀禪珠神皇帝以勛格梵宮胸懸法印肅敷元誥昭灑鴻波歷選緇徒明敭列寀博考同異聿與刊緝勇振頹綱嚴持絕紐爰有沙門大德思忠東天竺國婆羅門大首領臣伊舍羅等譯梵文者求善住緣悟無生忍博聞強識精而譯之復有天竺沙門波若屈多沙門達摩證梵義者開忍辱場破煩惱衆弼諧神侶明而辨之復有沙門大德履方宗一普敬慧覺等筆授者令問孔昭威儀不忒手渥仙札受而字之復有沙門大德浚亮勝莊塵外無著慧迪等證義者國之大師佛之右臂掞諸了義演而證之復有大德沙門承禮雲觀神暕道本等次文者庇影多林息肩香窟勤修精進纂而次之復有潤文官者銀青光祿大夫邠王傅上柱國固安縣開國伯盧粲銀青光

祿大夫太子詹事崇文館學士兼修國史上柱國東海縣開國公徐堅朝議大夫守中書舍人崇文館學士上柱國野王縣開國男蘇晉朝議郎給事中內供奉崔璩等位列鳳池聲流雞圃分別二諦潤而色之復有銀青光祿大夫守侍中兼太子左庶子兼修國史上柱國鉅鹿縣開國公魏知古兵部尚書上柱國郭元振銀青光祿大夫檢校中書令上柱國范陽縣開國男張說銀青光祿大夫行中書侍郎同中書門下三品監修國史上柱國興平縣開國侯陸象先等朝踐瑣闥夕遊珠域護持四法總而閱之爾乃

杖錫之士端珪之後麻列定筵林攢樂土蔭祥雲而演譯倏換炎涼吸甘露而勤求載淹衡晷大乘章句義不唐捐小品精微拯無遺溺能事畢矣佛何言哉今所新翻經凡有四十九會七十七品合一十二帙以類相從撰寫咸畢以先天二年六月三十日進太上皇八月二十一日進皇帝禁闈曉闢眞教上聞仙宇克怡宸襟允穆竦鈞陳於白日親御靈臺落雲雨於彤霄薦加殊尉賢愚稽首以爲利見仁主眞俗歸心以爲潛登覺道次有清信佛弟子前少府監丞李式顏等皇朝金紫光祿大夫兵部尚書贈侍中隴西公迥秀子也復有清信佛弟子前右拾遺徐鍔等皇朝銀青光祿大夫太子賓客昭文館學士高平公子也咸屬彼穹降禍私門墜構陟遙岵而崩心瞻冥途而獻福於是胠篋撤笥檀波羅蜜廣疊簡牋首崇書寫不變槐火遽盈苔袟然後裝之鏤軸綴以瓊籤羅綵筆而霓舒播珠函而錦縟方使猛風吹嶽長存姤路之文劫火燒天不壞多羅之典

呂太一

太一景雲中爲洹水令拜監察御史裏行遷戶部員外郎

土賦

一闔一闢分陽分陰坎爲水兮離爲火東方木兮西方金惟土德之爲大處中位而君臨寒暑不能易其節鬼神無以測其深吐納清濁區分寓縣帝軒感氣於星斗虞舜降精於雷電爾其荊河墳壤淮海塗泥草木漸苞於赤埴璆鐵作貢於青黎火以炎上爲母水以潤下爲妻黃白分於雍冀官位列於東西蒸之以爲城闕北連朔野累之以爲臺觀上構虹霓爲海爲河爲牛爲馬起圓規於陣法美教化於王者負之爲模胡人失其膽氣得之爲祥晉卿載於

原野且久且大，非名可名，定剛柔於坤德，合絲竹於宮聲。夫其爲重也，封割五色，分茅錫社。夫其爲厚也，包括萬象，含姿育靈，處瘠則勞，處沃則逸。白獸忽見，積羊間出，體均物而爲象，抱溫柔以成質。舟航纔盡，則青鏤飛神；六五旣臨，則黃裳元吉。萬國收其利，三公主其秩。因覆簣而成山，爲幽居而鑿室。不借譽於龍鳳，直養德於麒麟。失之則昆蟲作孼，得之則宗族以親。雖鼇足初分，重濁者爲之地；而羊角勃起，輕清者爲之塵。授之可薦於宗廟，捧之未塞於孟津。起刑馬而爲首，祀勾陳以爲神。漢廟玉環，方之則君

王納諫；豐城寶劍，拭之則光彩射人。含物吐象，包藏玉石，均王四時，卑陛三尺。運乎虛舟之中，不以爲損；捧乎泰山之上，不以爲益。土之爲德也重，土之爲性也平。爰稼穡而爲務，被朱紫而爲榮。余以旣籍形體，承恩天壤，公和之山窟非陋，子猷之冬林自賞。先君列國，猶未斷於封疆；軒佐吹塵，直庶幾於夢想。

欽定全唐文卷二百九十六

馬懷素

懷素字惟白，潤州丹徒人。舉進士，又應制舉，登文學優贍科。開元初爲戶部侍郎，加銀青光祿大夫，累封常山縣公，三遷祕書監兼昭文館學士。卒年六十，贈潤州刺史，諡曰文。

請編錄典籍疏

南齊已前墳籍，舊編王儉七志；已後著述，其數盈多。隋志所書，亦未詳悉。或古書近出，前志闕而未編；或近人相傳，

浮詞鄙而猶記。若無編錄，難辨淄澠。望括檢近書篇目，幷前志所遺者，續王儉七志，藏之祕府。

呂令問

令問，元宗時人。

駕幸芙蓉園賦

紫禁彤庭兮二月春，戲蝶流鶯兮百處新。借問此來遊幸所，是日芳菲宸惹人。乘桂苑之春晚，值芳林之雨霽。微聲都尉之門，召舞平陽之第。的皪綵仗，逶迤羅袂。兩兩相看步搖簪，一一共闘承雲髻。鳴鑾漸出，轉佩相從。仙宮萬戶，

層城九重緣扇似月從騎如龍奏清笳於楊柳下天蓋於芙蓉灞川宛轉秦郊騎錯北極儀鳳之樓南隣隱豹之嶼入紅園而移步輦俯綠池而卷行幕鳴管則嬌鳥不飛拂簟則輕花自落留連帳殿彌望帷宮水搖搖而岸花紫烟微微而野樹紅鳴文鷁於波面奏嬌鸎於掌中千鍾獻堯之酒五絃歌舜之風日落前溪雲垂後殿陌上氣合花間露泫徐飛睿藻再融神眄羣公既奏柏梁文萬乘方迴瑤池醼

金莖賦 以日華川上動爲韻

惟漢武皇聖謨洋溢英徽振於縣古洪德協於元吉騰休聲馳茂實掩八紘以稱大御六龍而首出雖端拱之無爲常鍊奇以永日於是乎訊殊方之士考靈仙之術張皇臺殿恢拓宮室飛廉之觀既成長年之宮已畢乃金莖之仙掌承沆瀣之精華欻聳擢以橫漢屹岧亭而出霞珠盤上開疑天半之懸日丹莖直指若峯蓮之秀花崛然雙立巍乎造天紛爌爌以照野赫奕奕而燭川晴朝有日兮金鏡相射清夜無雲兮銀露自圓屑瓊蕊以充餌逾玉英以延年想王喬之再覯乘羽服以蹁躚思王母之一至拖霓裳以嬋娟鍊液之法斯在化金之術攸傳觀其迥出囂塵孤高巃嵸錯金盤於龍鳳曳浮光於螮蝀長風激而自淸震雷驚而不動亦可以納虛澹之間曠遺代俗之煩總然而仙在物表君居人上物表者不可以苟求居上者不可以自放虛信神君之語徒蓄長生之望求師入海終貽藥大之誅書帛飯牛卒受文成之誣竟迷情於虛誕亦何補於崩喪則知履道者守國以正直失德者納人於邪妄向使武皇不謬於茲道亦可以冠百王以爲尚也

掌上蓮峯賦 以題爲韻

衆山邐迤曾何足仰未若太華崒爲之長削成三峯壁立千丈伊昔太虛結而爲山伊昔巨靈拓而爲掌擘開元象崛起厚壤當少陰而德合秋成據丁酉而氣涌金爽溪沉其色菌萏其狀雲霞不映而其勢彌雄塵露將裨而其高靡讓掌形仙蹠石容天壯雖造次於自然若鐫磨於意匠晦夕霧而羣峯乍隱煦朝陽而衆壑相向由是考圖籍高爲四嶽之先盼靈奇勢出九天之上若乃雲搖羽蓋鶴掛飛泉危峯並吐巨掌高懸異蓬萊之鼇泛海若崑崙之柱承天淸露將零小爲盤而仰漢陽烏假道疑覆日之孤蓮

不但子先之霓裳時見羊公之石楬仍全況乎運啓皇家
應河源而誕聖豈比詩歌周德美嵩甫之生賢者哉既而
嵐氣霽蟠烟光晚濃林巒一色巖崿千重想清虛而可覿
歎攀陟兮無從歌曰苔逕滑兮石無蹤道不可得仙不可
逢儻賜一丸生羽翼願輕舉於三峯

襄華貫洪河賦

太極經始純坤傾東勢以嶽鎮氣以川融於是靈闢襄華
象開洪濛橫大野以中豁夾洪河而北崇爾其沓嶂無際
連波方永噴激萬里迴合千嶺總崤函之氣象壓秦晉之

封境山同河潤上騰雲雨之祥水與時清下倒巖巒之影
若乃騁遠望馮層城秋爽元氣朝昇大明偉連天之浩汗
壯發地之崢嶸翠岫屏擁澄瀾砥平疑白虹飲壑而半隱
似寒雲抱塞而初橫及夫俯臨迫察詭麗雄悍峻勢危而
不騫靈源注而常滿積陰騰氣與嵐色而相鮮爍日生霞
連榮光而不斷觀其蓄含精秀孕育風霆應會昌運發揚
炳靈茂賢傑于間出翊邦家而永寧況乎山積鴻休川流
景福明徵祥瑞幽贊化育此其所以配乾坤此其所以稱
嶽瀆豈徒玩夫縈帶委注箕開翼張巍巍峩峩滔滔湯湯

於天之峻極赴海之靈長而已士有圭竇強學金門獻賦
困陶侃之無津恥孫宏之不遇覽襟帶而增氣追聖賢而
遐慕想劉公之歎微禹其魚感吳子之言在德爲固義由
景行仰高山而自懋志切朝宗與大海而同注倘餘潤之
波及期變化於雲路

雲中古城賦

正北曰幷有唐作京密近戎狄張皇甲兵尹也總居守之
任將也當節制之名故卒乘輯睦而王都肅清於是斷武
謚按亭燧電轉前旌風飄橫吹楊葉箭的蓮花劍騎下代

郡而出雁門抵平城而入胡地挾纊稱暖投醪必醉則知
撫之者誠難用之者不易是時陰閉羣山寒彫眾木川平
塞迥冰飲霜宿慷慨乎大荒倘佯乎遊目區脫潛遁屠耆
懾逐訴古城之謂何傳魏家之所築伊昔晉京板蕩海縣
沸騰不有所命將何以興王師赫怒爰整其旅霧集雲屯
龍驤鳳舉棄萬里之沙漠傍五原之風土肇爲此都實惟
太祖夫其規典章辨封疆池桑乾之水苑秦城之牆百堵
齊矗九衢相望歌臺舞榭月殿雲堂開儒士於壁沼貯美
人於玉房翕習沸渭熒熒煌煌取威定霸於是乎在施令

作法罔或不藏武破六州之內文宅三川之陽何其壯也
旣而年代倏忽市朝遷徙干戈鼙鼓之雄綺羅絲竹之美
孰不烟散雨絕沙埋灰委樹名歡而詎存鳥稱樂而俱死
危堞旣覆高墉復夷寥落殘徑依稀舊墀榛棘蔓而未合
苔蘚紛乎相滋伏熊鬭贙騰麕聚麇常鳴悍鷩乍嘯愁鵾
不可勝紀但令人悲胡風起兮馬嘶急漢月生兮雁飛入
可憐久戍人懷歸空佇立有客志遠才雄秉義由衷負詩
書禮樂之用蘊蕭曹魏邴之風虜庭高枕河源虀空霜犯
髩而先白塵染顏而少紅三爲都護五掌元戎益封而廣

國事利而業崇獨見淩雲而作賦誰言坐樹而論功者哉

府庭雙石榴賦以平生少年日爲韻

公府洞豁羣木羅生歷衆芳而遐妙得雙榴之美名擢質
森聳垂陰淒淸埽危階之數級蔭閒庭之四平夾砌騈羅
則東西表賓主之位與時消息則寒暑任榮枯之情故其
異影同庇芬芳對出夏景焯而開花秋氣結而成實剖之
則珠彩輝掌捧之則金光照日其生也雖雜居幽遐之蘭
其用也亦閒若雕盤之栗若乃當公務之總偶訟庭之要
爰趨爰揖或長或少皆指而稱曰彼石榴之所生何託根
之至妙俯環廊之迴合拂危簷之窈窱類甘棠之勿翦人
縱去而猶思若李樹之無言蹊自成而不召是以固其根
幹美其華耀乍開軒而翠彩重合甫褰帷而紅燦四照也
或曰物惡近以招累事貴遠而克全空遁幽以獨美抱甘
香而自捐豈比夫善生者託仁以遠害能壽者輔道以延
年是以蒙君子之惠渥故終保夫自然

駕幸天安宮賦

卓哉有唐之開元也拉五帝而軼三王灑雲雨之霶澤炯
日月之重光惠及豚魚則鳥獸咸若化被草木則行葦不
傷爾其尚節儉反貞淳照之如日育之如春猶以爲震出

而亨則隨方而東狩豫順以動則因時而西巡非以肆志
放欲蓋乃觀風勞人於是乎天子乃命羣僚考吉日升玉
輦馳淸蹕霍濩沸湧鏗訇洋溢龍輿馳地杳空山而自鳴
紅旗照天轉洛橋而半出若乃宸襟遠覽睿賞遐宣則野
泛佳氣樹生彩烟過澠池而懷古入傅巖而想賢覽唐墟
之遺跡嘉舜風之慨然白雲初飛溧秋思於汾水黃河一
變濯聖慮於秦川是以問年德恤惸獨望秩山瀆肆覲羣
牧屬車所止罔不淸肅乃有邑老田父進而歌曰歲旣稔

而時清我后來兮應天行東都士庶扶輪送西土諸侯掃地迎君之德兮德無有路旁勞賚皆牛酒乘輿一至長安城千秋萬歲南山壽

對官門誤不下鍵判

安上門應閉主者誤不下鍵

門闥洞開國都以赫禁鑰崇設王府則有茲率厥典欽乃攸司重城建扃安上題牓當天衢以南豁臨帝庭而北峙上以發皇明之壯觀下乃備他盜之非常瞻彼主司或殊善閉闔而不鑰已彰慢藏開而不鍵誰測深意但人同於

失雖有類於茅茹法貴從寬尚未方於覓陸若謂一時有誤須稽錯失之由必當外戶不扃寧累升中之化請捨小過無傷大猷幸未深於滅耳庶無勞於噬膚

對馬驚師徙判

僕氏爲御馬驚師徙小却監軍糾爲無勇僕氏遂死之或誅其功監軍請實於理誅者執云非罪

將執御乎必使能者伎苟有素失乃非愆僕氏御戎豈其敗績六藝之末尚勤夫子之言十乘之先遂執王良之轡旣而師貞以律騎勇爭鋒外强中乾忽陸離而莫制大軍小將却遷延而欲奔非馬其人異叔牂之沒怨有矢在內知貴父之非罪國人以告誠合誅之正也不欺將子無怒

對陂防判

甲秉權決去陂水人相傳云有兩黃鵠云陂當復甲以惑衆劾之衆云自決陂之後飯我豆食羹芋魁科不服罪

秉國之權非賢奚可因人所利君子不奪甲爲政者異於是乎以爲畜水不流竭之何害豈知舊防是要罷之或損

且川浸藪澤殖物於是乎生蒲魚稻粱爲利於是乎博濟人理國職此之由潰塘涸源過孰斯盛蓄藏或寡純固則盈割龜厭粱空思於舊貫飯豆煮芋奚取於訛言愚謂載以旣陂政可遵於夏訓廢而興謗事無取於漢臣此則有過能改彼當內訟自直無往不復傳者何傷聊以抒憂未爲惑衆甲自不典人無匪彝輒欲笞之未由也已

宋溫璩

溫璩元宗時人

哀皇后哀冊文

維開元六年歲次戊午夏五月甲午朔三日景申哀皇后裴氏梓宫啓自先殯將遷祔於恭陵之山塋禮也皇上御寰區而翼翼纂洪緒而親親感上仙於周嗣痛未從於虞嬪攀鶴駕於終古贈鸞輅而增新時無遠而惟古物有容而必陳纂芳佇思徵幽寄神載揚清懿之烈爰屬有司之臣其詞曰

月麗雲昇靈叶爽馮甚鄉茂族晉邑丕承土厚河廣祥發慶膺公侯必復紱冕攸興艮精兌象宜家化國昌冑延和縈門誕德淑問不已柔風允塞素里揚英清閨仰則一人

元良萬邦大本天作之合興能烈壼家本楙於漢封地先歸於晉衮主饋旌善賀酒騰歡承暉養德奉景訪安搖金羽之頻煩結環珮之珊珊貫日月之光色妙靈象而無端含章握文敬微慎獨崇法服於翬組接懿筐於蠶簇覲皇英而上覲祇宵燭而下睦庶無違於信順期有憑於福靈忽虧光於輪月奄落彩於前星爽仁壽於偕老遘夭禍而斯下瞻神宇之惟漠感靈衣之靡形驚迴風於虛殿宿服鳥於空庭顧長御以揮涕甘自殉於山扃制歷時而遽終情徇節而恆苦草驕春而繞砌蟲吟秋而入戶限百刻之不延調六脉其譙顧嗚呼哀哉殂謝緬其永久氣節漫以流換感窀穸之冥漠軫皇情以淒歎稽舊章之典禮崇新命之綸渙濟天地而德合綜神靈而道貫嗚呼哀哉日吉兮辰良玉佩兮金章命駢校以進駕翊龍輀而上驤伐靈鞉於河鼓建參旗於太常號宫女之嗷嗷遣使臣之皇皇騰魚軒兮背北渚亂鳳管兮越南岡當赫曦之畏日如徙靡之秋光望層城而不返遵厚夜而何長嗚呼哀哉神理惟昧萬物同宅人生有終駟馬過隙訊虞妃於前古聞賓帝於在昔感伊洛於山川懷靈仙之顯迹彼宵形兮天壤

云誰固兮金石惟彤管之芳輝與青史而無斁嗚呼哀哉

權寅獻

寅獻元宗時冠氏尉終臨淮太守

對鄉貢進士判

鄉舉一作貢進士至省求考秀才考功不聽求訴不已

拔茅稱吉大易至言刈楚飛音詩人起詠進士以鋪翰振藻見舉於鄉閭文麗筆精允光於省闥據才雖稱片玉無狀須依一名出敬梓之鄉但論進士入握蘭之署旋求茂

木名異奏名事便迂僻訴非訴禮義甚乖踈瞻乎不已之詞何哉無狀之繆請依鄉舉謂充公途

對鬯酒不供判

太常申博士請鬱鬯酒光祿以久無匠人且金草不知所出不造祠部亦以爲禮有沿廢不允所請寺執見著唐禮豈得不行祠部云藉田準令兼給廩犧藉田今或不供犧亦廢用酒無鬱鬯於事何闕寺猶固執

五帝殊功不相襲樂三王異俗豈同常禮是以因事立制

則制施而下從量時署官乃官修而人理苟有其闕誰執其僁且祭天饗神太常攸主鬱人酒正光祿是司率彼舊章博士諸供而有裕顧瞻新職匠人久廢而何憑夫以誠敬無文精靈不測若昭之以明德聽之以和聲則澗谿沼沚之毛可羞宗廟潢汙行潦之水堪薦鬼神且虧季蘭之誠何必鬱金之草況國家光膺駿命克享天心合昭穆以潔精下神祇而誠感酌至元之酒七廟孔修奏無聲之樂六宗攸序所以鬱鬯之禮見遺而不行金草之司有文而且闕省司含香推妙起草稱工酌一人之心是言沿廢引三推之令遠比兼供藉田既不供犧牲造酒何煩供鬱鬯禮雖見著令式空存請從祠部之言無聽太常之執

韓覃

覃揚州兵曹參軍開元朝入爲麗正院校書遷萊州別駕坐誣告刺史流遠方

諫營建中都表

臣聞古者明王之制也史書過瞽誦詩公卿諫士傳言庶人謗於道商旅議於市然後君得聞其過失而後改之見義而從之所以永有天下者也陛下不以臣不肖忝在學

士敢不竭忠盡節有隱避乎詩曰靡不有初鮮克有終老氏曰愼終如始則無敗事曩者韋氏稱制萬邦憂惶實賴陛下神武克復社稷其初也賤珍寶禁奢華罷土功敦樸素革衆弊代天工垂拱無爲凝心虛靜追踪堯舜比德羲軒天下禺禺傾耳注目喜遇非常之主復在於今日矣康哉之歌復聞於黎庶矣奈何簡易未幾而又興建中都乎畜於閑廐數倍乎溺於聲色無極乎耽於遊畋不節乎營爲繕造衆多乎都邑課稅煩劇乎不省亾國之風因循覆車之軌天下失望四海驚嗟朝野心知而懼罪鉗口以斯

統御天下豈所謂可久可大之業耶且自歷代之君皆欲建萬代之業使子孫長有天下者也豈使子孫傾覆天下者哉子孫若覺所行必將敗亾則必恐懼不敢爲之矣以亾國之主自謂必不亾也然後至於敗亾也存國之君恐懼必將亾也然後至於不亾也易曰知進退存亾得喪而不失其正者其惟聖人乎又曰其亾其亾繫於包桑此言懼亾獲堅固也管仲曰古之隳國家失社稷者非故且爲之也有樂焉不知其陷於惡也陸凱曰有道之君以樂樂人無道之君以樂樂身樂人者其樂彌長樂身者不久而

亾惟陛下居安慮危在得圖失防患於無形之始愼禍於纖微之初念管仲之至言棄少樂而存社稷覽陸凱之篤論思樂人而彌長也禮記曰孟夏之月無有壞隳無起土功無發大衆無伐大樹昔魯夏城中邱春秋書之垂爲後戒今建國都乃長久之大業也犯天下之大禁襲春秋之所譏詩曰畏天之怒不敢戲豫孝經曰理國者不敢侮於鰥寡而況於士人乎今不恤庶人之擾而建都國不畏上天之怒而長戲豫棄安就危棄存就亾棄易就難棄約就奢而欲永有天下恐不可得也但恐頃年已來水旱不節

天下虛竭兆庶困窮戶口逃散流離艱苦望洛暴水所喪尤多江淮赤地饑餧者衆加以東北有不賓之寇西涼有喪失之軍干戈歲增疆埸騷動近又胡羯逆命徵發不寧料事度宜豈應更建中都乎至若兩都雖舊制矣然而分守官衆多矣費耗用度尚以爲損豈況更建中都乎夫河東者國之股肱郡也勁銳强兵盡出於是其地隘狹今又置都十萬之戶將安投乎夫惟所造城闕爰及苑囿毀折閭閻令其别創損壞冢墓令其改卜殷富者破其產業貧窶者莫知所從外迫威詔內懷湯火怨嗟之聲驚惶之擾

盈於途路達於鬼神老小孤惸茫然無訴憂悲苦惱不可勝說此甚不可也且陋東都而幸西都自西都而造中都取樂一君之欲以遺萬人之患務在都國之多不恤危亾之變悅在遊幸之麗不顧兆庶之困非所以建深根固蔕不拔之長策矣昔漢帝感鍾離意之言息事德陽之殿魏主採績咸之諫止造鄴都之宮臣職非其位言發微細然聖主不以人廢言不以微擯人矣臣愚誠願陛下發德音垂明詔深恤黎庶罷事中都則福履無疆天下幸甚謹言

趙冬曦

冬曦定州鼓城人第進士開元時官考功員外郎直學士遷中書舍人內供奉終國子祭酒

謝燕公江上愁心賦

江上之仙鶴兮鳳翥而龍躍氣摩青天兮遙橫碧落集洞庭兮乍駐倏迴翔兮寥廓江上之鳴雁兮違陰以就陽中霄翻翰兮上帶青霜雖主人兮感會蹇淹留兮瀟湘湘水兮潺潺荆山兮岑岑荆有玉兮玉爲音湘有芷兮芷爲心我所思兮愔愔不得見兮露襟搦芳札兮援寶瑟申短章兮吐長吟草萋萋兮自綠目征帆兮春水曲永一望兮空

躑躅望眇眇兮思緜緜憶都門兮夏雲邊邈千里兮無由緣送涼風兮脫葉復窮陰兮冒天緬一日其如歲矧四運之相遷離别也騷愁焉惡乎然惡乎不然

三門賦 有序

砥柱山之六峰者皆生河之中流蓋夏后之所開鑿其㝡北有兩柱相對距崖而立卽所謂三門也次於其南有孤峰揭起峰頂平闊夏禹之廟在焉西有孤石數丈圓如削成復次其南有三峰東曰金門中曰三堆西曰天柱湍水從黃老祠前東流湍激蹙於蝦石折流而南激於三門包於廟山乃分爲四流淙於三峰之下觝於曲限會流東注加以兩崖夾水壁立千仞盤紆激射天下罕比時以内兄牛氏壯而遊焉相顧賦之以紀奇跡

大河瀰漫上應天漢濬靈波於積石之西瀑懸流於崑崙之半茫茫禹功茲焉會同鑿連巖而瀉瀲羅崛島以攢空闞兮若橫兩闕於江上岌兮若拔三山於海中崇山嶔崟呀水淙射左右飛濤起伏相擊截奔湍兮躋石臺目霍濩兮心徘徊三峰砥其却立架崇門以洞開連嶂紆河以壁峭疊巘喬空而半頹洪流蹙折以坌涌激湍崟窟而相磓

芭蘼祕隙砯其鼓作回舉澎瀑灘以山擂奔濤迅濩紛其蕩駭蓬渤滑濿霍以雲迴盤渦寥寥以谷旋奔石砰磕以成雷抝怒未洩橫流逆拆合如地轉散若天裂搖騰砉嘰刷蕩堋穴硉巖腰而沫沸淙隘口而湍咽然後渫雲霽靄收濤卷瀨汩沄沄以無聲漫浩浩以東會總四流而混合注三穴而滂沛泛洪漣於大磧之東薄餘怒於天地之外當其時也山獸驚躍水禽亂飛魚獺沈潭以不動獮猱拱樹以相依竄鮫人於洞窟帖舟子於漣漪莫不愁白鷺之初下歎黃牛之暝歸若乃降望金門儴徉石嶄窮巖萬仞

一曲千里松歷歷而生涯草鬖鬖而覆水雲蓬茸兮歷地生風飀飀兮百籟驚猿惜暮而悲叫鳥辭春而不鳴阽嵲屼兮杪崢嶸飛客心兮動客情憐石菌之冬茂賞瑤芝之夜明惟夏君兮永蟄拜靈廟兮何及懷梁古兮山鳥棲階壁蕪兮野鼯入感微禹之歎深亢幽歌以佇立歌曰申胥石兮空自奇客乘查兮何遠爲君不見虛舟之泛泛浩乘流而不羈

請明律例奏

臣聞夫今之律者乃有千餘條近有隋之奸臣侮弄其法

故著律曰犯罪而律無正條者應出罪則舉重以明輕應入罪則舉輕以明重立夫一辭而廢其數百條自是迄今竟無刊革遂使生死罔由乎法律輕重必因乎愛憎被罰者不知其然舉事者不知其犯臣恐賈誼見之慟哭必矣夫立法者貴乎下人盡知則下不敢犯而遠機穽文義深則吏乘便而朋附盛律令格式謂宜刊定科條直書其事其以準加減比附量情及舉輕以明重不應爲之類皆勿用使愚夫愚婦相率而遠罪犯者雖貴必坐律明則人信法一則主尊

趙和璧

和璧國子祭酒冬曦弟擢進士

對伏日出何典憲判

廣漢等四郡俗並不以庚日爲伏或問其故云地氣溫暑草木早生異於中土常自擇伏日既乖恆經出何典憲

天平四序有寒暑之殊地列九州著華夷之別風土既其不等節候於是莫同廣漢夷陬境連巴俗岷隅沓轉雲峰與霞岫爭輝江溜橫分錦派共沙湍遞映候乖中壤葉茂

三秋氣離炎州草長二月至若時鍾季夏節一重陽金方始萌火德不競非無典司之主必告伏匿之辰當復取捨因循何得輒爲改革國家明堂布政象法已行豈使均雨之鄉翻聞易日之義雖殊風俗之典恐非得時之宜勒依恆式謂符通理

趙居貞

居貞國子祭酒冬曦弟擢進士第官吳郡太守兼江南採訪處置使

新修春申君廟記

輶軒涖郡十有一月矣猥以薄林謬承重寄欻自淮服半刺趙爲江南方伯郡領二十地亘五千里皇皇者華幾慚輝道兢兢其志常戒飲冰周爰咨詢申命行事損以懲忿窒欲益以改過遷善豺狼擁路埋輪以逐之騏驥伏櫪攬轡以騁之宣王化而盡覺風行安毗心而不知日用寬猛相濟威恩兼洽長吏肅警疆土乂寧日月其除冰霜再履始也務不暇給今也處有餘閒别祈神仙獲歲豐稔乘公堂之宴縱靈廟之游城不復隍樹無禁伐闔陬荒以毀梁木小而摧乃喟然嘆曰神必依人人茲望福依無所據福

安來哉昔越踐滅吳楚威滅越考烈王繼立春申君登相封江東之巨縣城吳墟爲大都專主威權救國災患與趙魏爲四公子招賓旅有三千人擠聘使之玳簪誇上客之珠履王久無嗣君方患之璅兮李園托其女弟既歆然而有娠遂祕之以獻王王乃殂落子爲君主无妄之人靡信无妄之禍遄興舍人其亾死士常偵棘門之下蒿里相催天乎天乎胡寧忍此令尹多居郢國假君恆守吳宮鳥焚其巢何笑號之先後蛟没其觸繫父子之沉埋夷盡其家賊園之故一朝冀將滅口千古猶爲痛心今邦牧所居使臣所理故宮之內故事備聞於是大葺堂庭廣修偶像春申君正陽而坐朱英配享其側假君西廂視事上客東室齊班李園死士庚方授戮僕夫閑駿辰位呈形大雪久冤之魂更申如在之敬家屬穆穆展哀榮也儀衛肅肅振威名也巨木擁腫而皆古小栽青蔥而悉新總之一門是謂神府空正名於黃相削訛議於城隍昔韓整守吳叔吳伯之廟太史適楚壯楚相之宮余顧兼之言可則也神有新宇享之落之人有貞石追之琢之我躬披文紀之告之君空密應祐之福之初余之拜命也表授廣陵糾曹張禹兵

曹蘇相爲判官安喜尉李岡爲支使同郡舊知精明滚識異途新合歷落瓌林三人冀有我師四牡愼行爾職欽剛往賢之恥歎垂後昆之裕長史宋尚主臣餘慶佑嶽良能司士楊彥琮每憂司存實稱佳吏預乎作廟翼翼觀乎降神欣欣咸亦相因斯焉附出唐天寶單閼歲除日中散大夫守吳郡太守兼江南道採訪處置使柱國天水趙居貞記

趙頤貞

頤貞國子祭酒冬曦弟擢進士第官安西都護

對小吏持劍判

乙爲小吏持劍執燭事功曹後忽帶劍於槐棄炬於地功曹將罰之乙不伏

王爵高懸惟才是與君子陳力必嗣周行雖士庶區分固有限於流品而忠信之道是無隔於胥徒乙也鯫生職司小吏業非地望有殊代祿之家才同懷寶頗異名人之子念判壁之未斷惜連城之莫知吾道不行斯命也已執鞭之士抑亦爲之遂僶俛於下寮俄鞠躬而從役持劍曠久執炬斯勤竟無自明之效莫騁鉛刀之割掃丞相之門忠

貞未表備功曹之卒日月其除無徐君之知已追延陵之挂劍爾位其曠誠逃王者之規嚴罰將加恐有蔽賢之責司徒尚猶不拜主吏更欲何尤不伏之辭恐爲妄作

對清白二渠判

清白二渠交口不著斗門堰府司科高陵令罪云是二月一日以前

清白二渠其來自遠善利萬物聞諸古昔故疏溝若雨荷鍤如雲利彼秦垧興功鄭白雖壑鑿南畝人歌日出之功而翹望西成不假月離之潤所以每加修葺式建隄防各有司存標諸令式高陵令以遷鶯入仕翔鸞布德宣風百里早副天心管轄二渠正當交口欲加門堰諒有前規即此經營非無往例但以金堤柳色未變新枝玉琯葭灰尚飄春雪節未逾於二月事不越於三章府局論辜竊以未可欲加罪也其如詞乎

欽定全唐文卷二百九十七

閻邱均

均益州成都人景龍中爲安樂公主所薦起家拜太常博士公主被誅坐貶循州司倉卒

浮屠頌

瀘定寺浮屠者先德僧琮始起立周一甲子今而圮傾宰君太原王公諱瓌鑒操清能善營福道每聽臨必覩惜乎時墜勉督清衆速於扶持主僧釋處眞實膺堪任及派流經久致瀘加心柱上出與金輪相依累虧則全新巧便闕

岷城此製驚壯多有攷量茲模曾不得匹焉處眞聽英上士談闕等章句辨才見稱大勳可嗟夫頌之而已

靈哉浮屠岌嶪淩踊十一其級千楹萬栱形比孤峭勢如飛動赤霞晨開金光晝擁清哀縣樂音響百種暫昇情周欻高神恐眞分中闕燈花長奉

爲公卿請復常膳第二表

臣某等言前以減膳日久憂損聖躬率土迴惶輕陳管見而孝情凝邈猶未俯同誠不感天增其履薄臣聞先王垂教以禮制情聖人無心以身從物故能上安七廟下字兆人所以孝理莫非斯道伏惟陛下率由過禮至性光前想終身之憂懷茹荼之酷愆子卯之制海晦朔之期生靈皆所不堪聖體必將勞頓貽臣子之危懼忘社稷之晏虞緬茲一善方招兩失求諸典故兼且未安詢及普天孰云其可既守高祖之天下爲萬國之歡心先當愛身以寧宗社無宜獨善用杜衆情伏願俯順禮經仰迴天眷則羣臣苟賴庶品咸康不任懇切之至

賀連理樹表

臣聞靈氣所生恆起於無形祥跡所憑名屬於聖日雖微

物之成象固王者之明徵臣所部官園中有李樹質茂宗生異標恆類交枝兩出共理三連緣葉密而泛烟白花糅而似雪觀於即事知者稱瑞當今星精下流天意元寄嘉圖誰載休徵莫儔昔上林樹生中興劉氏推神議物我則居多臣謬齒勞章慙名首席欣逢偶數竊躍昌期

爲益州刺史賀赦表

臣某言臣伏奉二月二十二日制書大赦天下恭惟大賚踴躍無地臣聞德至於天眞符幽感業齊於聖神物昭光伏惟應天皇帝陛下纂復睿謨祇定天保英茂開聰聖之

體文章煥皇王之烈道祿錫允卜食延休順天翊聖皇后垂耀軒轅命兆沙麓明章教訓以致其功陰祇助宣於陽靈坤德承順於乾道是故覎流椒掖慶發瑤筵祥裔五雲絢丹黃而振邑褘褕六服合黼藻而融文皇歡載紆滂澤時降洗滌逋穢洽潤資生恩宥生死之僁榮加命婦之繇凡在區宇孰不戴欣臣忝二方岳化理蔑聞參一物而霑
恩齒同列以稱慶無任下情蹈舞之至

爲益州父老請留博陵王表

臣某言臣伏見陛下睿圖興復寶命維新救寓縣於阽危

拯蒼生於塗炭凡在戴髮孰不幸甚蜀鄉財產古稱天府疲弊始西軍之役屢空拯冒賄之夫滿路吁嗟棄親亾散維貨是視愛養誰能陛下所以惠賜藩王鎮撫梁益因之博利期以政成而元暐至止纔移弦朔除替旋聞臨筵不暖陛下與而奪之勾萌未達於方春濟舟忽渡於中水天下何謂亾此哀憐今者百姓甚情於官人貪留元暐 闕 師
恩 闕 斯弊遂革美其風而不見其好移其政而不失其宜且益州者列岳之雄望元暐者朝廷之忠良明使是推能術尤急理以才名相副義與隨時不乖陛下何惜一賢以遺百姓特望俯迴授受留借期年瀝懇上陳馳情無地瞻
帝闈而遐吁佇天聰而西流獲遂丹誠戴恩瞑目無任悃款屏營之至

爲益州父老請攝司馬鄧某爲眞表

臣聞天工人代安危所存得其情則風化淳厚失其性則毗庶流離臣等本部益州司馬臣某雅慮忠純貞心剛克通識人理博綜古言州無牧伯居攝端右靜以鎮撫物情功乃隱於視聽事益於國家故不可一二而言也臣又聞寇恂爲郡甚得人心將拜汝南百姓遮道漢皇如請竟留

一歲敢緣斯義上犯天顏伏乞陛下憫垂涕之慈惠黎民之願卽其所守除以爲眞使生人無惜去之嗟孤貧有永綏之賴則上下咸得中和可期伏表上祈以驚以震

爲益州父老請留史司馬表

益州大都督府草莽臣某等若干人謹冒死言臣聞理有所藉頹川重覩於黃霸惜其不可河南一借於寇恂古之
恩跡今亦宜有臣等出身草莽茂育元德井飲田食齒老年衰安全家道傾遂天性皆賴陛下聖情恩利惠及蒼生擇循吏以共康官賢才而俾牧者也臣州佐某官英明興

氣忠志居心該舉墳典猶協文史克美價於一省著能聲於邦國緹油至止光輔藩維體要而庶政必凝憂勤而自公知退伏見今月日除節彭州刺史重函適到熊軾將登吏人傳聞驚嗟相惜臣聞天地之道每從人欲帝王之義必順人心所以黎庶安寧上下禔福今此百姓乞留一年庶得服習其教而易安優柔其道而自得閶闔天遠上祈猶難伏乞聖慈回睠殊渙中留停已出之旨復如初之望使折心重至驚魂還歸時雨一霑同養萬物無任瞻望佇迴之至

爲蜀州刺史第八息進雲母粉表

臣某言伏按雲母者千二百玉石之精七十二氣霧之英也體華而光不爲水毀不爲火煅夫萬物之精者神氣所會未有不化神而能長久者也是以服食者則翱翔自任役使百靈臣肌性虛羸小嬰疾苦務求攝理驗討方書品丹石之名徵草木之氣前聖所錄粗知其體即味消邪厲力輔神年類非難得之珍價無兼金之重觸疾則愈莫若茲物伏惟越古金輪聖神皇帝陛下福德所符天祚攸久豈假上藥方固南山然一日萬機或煩聖慮色力營衛必有相資臣從西山野人得其良者其色多白是名雲液臣不揆拙昧輒採古仙要方量事施藝翦棄粗纇收聚輕英開潔清之所遠淹穢之迹浸以茅露洮以東流曠日彌時然後功就果得光潤融爛質理研微試之柔膚隨手化滅皆云所見未始相侔臣意其精殊倘涉靈祕豈以凡妄所敢飡嘗謹詣朝堂敢冒死封進伏希陛下兼愛博物受其區區不以凡人忽棄神寶無任下情

爲僧履空進圖書古器物等表

僧履空言履空幸沐國恩謬齒和衆雖居鄰壤志尚幽古

禮誦之餘每得披玩前件眞迹書及圖書古物等積集既久衆推奇異豈下僧蒙鄙之資所得自畜如將服用必是保衛聖躬謹因括圖使臣某輒附進上表以聞塵黷旒扆伏增戰灼之至

唐朝故使持節河東州諸軍事河東州刺史上護軍王府君碑銘　并序

夫神有所服謂之威名有所宗謂之德威非大者則不能以率服德非厚者則不能以獨宗是故靈鳳(闕一字)絕於雲氣(闕一字)從衆鳥猛虎耽踞於山林震(闕一字)百獸豈其締飾

毛羽以求嘉（闕一字）之殊磨利爪牙以取雄羣之勢蓋云材力所素出（闕一字）象所自全固其然也抑聞赭（闕一字）明珠多從於西域異物奇玩必致於南州期於服用（闕二字）充光內府十金是資萬乘為器者何必顧（闕一字）隍而（闕二字）黜幽荒而靡錄哉君諱仁求安寧郡人也其胄出於太原因遷播而在焉十有餘世氏族之系肇命王子（闕二字）之美稱高汾晉（闕一字）品節義氣相纘於家風（闕一字）代（闕三字）歷書於史筆故知今古（闕二字）其（闕一字）昔有夏之衰弃稷不務至乎不窋用失其官自竄於戎狄之閒莫思於先君之業守以敦篤

奉以忠信（闕一字）世（闕二字）不忝前人擬之其倫庶以匹合（闕二字）有矚所居必（闕一字）而太伯逃吳文身之風既習少卿降虜毳幕之化無違夫豈（闕八字）事有與適安土恆（闕一字）其宏時（闕一字）可從（闕一字）禮必同其欲祖（闕二字）漏隨別駕幹具英爽風（闕一字）軒邁鷹揚推於顯化驥足整於長途（闕四字）隨大都督身日律度材（闕一字）梓漆劉（闕一字）望賢於十部陶侃榮重於八州君遇行運之秀德膺鬼神之靈會道與其（闕一字）而（闕一字）乃聰（闕一字）月在懷（闕一字）寶（闕一字）目謂海蓋廣土量（闕一字）澹而（闕二字）謂山蓋高（闕一字）容隆（闕一字）而難仰智則有

達明則能通推可而斯行擇善而（闕一字）動不事於所欲不為於所求（闕二字）所以久恃貞果所以立（闕三字）多其信行州里高其義聲大略觀書知風聽樂擊劍盡騰猨之術（闕三字）斂羽之妙可以往（闕一字）爾事匡飾有邦故王制輔成以（闕一字）貢賦至於五千里州十二師外薄四海咸建五長君有運理羣物之才（闕二字）保邊裔之略無待累次直綜（闕二字）出（闕一字）使持節河東州諸軍事河東州刺史加上護軍由乎大翼負風淩天地以絕奮巨鱗激水期（闕二字）而一（闕一字）若乃訓以生聚之方開其資財之道顯川澤之利（闕一字）山林

之饒內足以養老盡孝外足以事上供稅力役齊平教化清靜通其變使人不倦愛其費使人以時賞及馬牛恩肥土（闕一字）庶心咸服冀俗（闕一字）歸（闕一字）未能大革情性均之雅俗（闕二字）一變風聲（闕二字）賢吏矣初（闕一字）將求寵於大國以和其民人招慰奏置姚府已西廿餘州俾睦（闕二字）德（闕一字）前漢六代外事四夷開夜郎之道綏哀牢之（闕五字）聲化率流既處於僻界荒垂不能為中國輕重時復廢弃但云羈縻君以地形平衍生殖豐阜（闕一字）延企而（闕一字）思宏郡縣以（闕一字）事（闕一字）乎唐運實（闕一字）其勤孰與使者唐（闕一字）

疆略南坐轉粟潰於驚恐發卒至於殘傷可同一論哉然貪戾君長負遠放命災我城邑延(闕一字)平人(闕二字)州刺史蒙(闕一字)實治其亂咸亨之歲犬羊大擾梟將失律元凶莫懲君武(闕三字)義以憤惋(闕一字)犀(闕一字)以奮擊驅虎(闕一字)而先(闕三字)猖狂之種殲厥逋(闕一字)之師遐垠是賴到於今而克寧勲在王室藏於盟府則侯子綺吾破虜截級中國蒙其惠帝王(闕一字)其身(闕三字)山嚴(闕一字)所謂(闕一字)密無形爲計(闕一字)主堅强不變爲國(闕二字)者已嗚呼(闕一字)曰故矣誰留於變化梁其壞乎已非於疇昔聖賢皆死天道謂(闕二字)

咸亨五年八月十五日寢疾而終春秋卌四長子雲麾將軍行左鷹揚衛翊府中郎將使持節河東州諸軍事河東州刺史上輕車都尉新昌縣開國子公士善寶炳靈滇水(闕一字)神禺山端儼有望簡貴不雜音儀朗乎秋月詞令潤乎春雲如蘭之精猶金之利能(闕一字)能惠不忌不尅誠立無易於暗昏言出必應於遠邇故能保世滋大昭前之光鳴將驚人飛而食(闕一字)張博望收虜於屬國魏獻子受(闕二字)和戎功熙亮采職庀中外雖則符守方鎮恆以宿衛京都至於朝廷班爵之儀彝倫上下之序樂懸禮物之數軍麾國憲之容莫不(闕一字)懷胄襟流入骨髓乃感念追遠永言孝思汚隆適從無所失道(闕二字)兼有執而能修張於神明之器附於絞衾之物崇其封塋設(闕三字)鬱鬱潤澤白虎之候可占洪洪博平雄龍之象終吉故其土性惇質有如上代安錯儀軌弗踐終經聞斯行諸窆我告始則知(闕二字)合葬自周公而乃來古不高墳傳孔某而其立固率而作者聊使於事業迹而用者遂成於典謨夫身已沒而名不盡世彌久而功愈劭凡百(闕一字)哲託乎鐫紀(闕一字)至行二美具存愛之斯錄之矣敬之斯盡其道焉銘曰

先王疆理其義寔睦小國附庸罔弗祇服聖人在位羣生蒙福實育(闕一字)賢爲之司牧翼翼夫子守終純(闕一字)振鱗洪波驤首天路(闕二字)郡道名攜款慕平此凶驕掃茲氛露高烈時暢懋賞惟嘉敦愛種落輔助邦家嘗聞仁善享壽窆遐(闕二字)不續黃鳥嗟嗟先以遠日安其宅兆墓門將閉陰堂不曉(闕二字)隴煙哀悽山草行人墮淚空見銘表

裴耀卿

耀卿字煥之寧州刺史守眞子擢童子舉睿宗朝授國子主簿開元二十一年拜黃門侍郎同中書門下平章事充

轉運使遷侍中二十四年拜尚書左丞相罷知政事累封趙城侯天寶元年進尚書左僕射俄改右薨年六十三贈太子太傅謚曰文獻

論夷州刺史楊濬決杖表

臣某言臣伏見夷州刺史楊濬犯贓處死敕決六十配流者伏以聖恩天覆仁育品類凡死罪之屬不欲尸諸市朝全其性命流竄而已所以政致刑措獄無寃人曠古已來未有斯美臣愚以爲全生免死誠爲至化有恥且格爲訓將來苟有未安不敢緘默臣以爲刺史縣令與諸吏稍别

人之父母風化所瞻一爲本部長官卽合終身致敬決杖者五刑之末只施於扶朴徒隸之閒官蔭稍高卽免鞭撻今決杖贖死誠則已優解體受笞事頗爲辱法至於死天下共之刑至於辱或有所恥況本州刺史百姓所崇一朝對其人吏背脊加杖屈辱頗挫人或哀矜忘其免死之恩且有傷心之痛恐非敬官長勸風俗之意又雜犯死法本無杖刑奏報三覆然後行決今非時不覆決杖便發儻獄或未盡又寒熱不耐杖因杖或死卽是促期處分不得順時將欲生之却夭其命又恐非聖明寬宥之意臣前後頻在州縣或緣雜犯決人每大暑盛夏之時決杖多死秋冬已後至有全者伏望凡刺史縣令於本部決杖及夏暑生長之時所定杖刑並乞停減卽副陛下好生之德於死者皆有再生之恩也臣無任

請行禮樂化導三事表

三者禮樂化道也州牧縣宰所守者宣揚禮樂典書經籍所教者返古還樸上奉君親下安鄉族若皆氣和浹洽自然化理清平由此言之不在刑法聖朝制禮作樂雖行之自久而外州遠郡俗習未知徒聞禮樂之名不知禮樂之

實竊見鄉飲酒禮頒於天下比來惟有貢舉之日略用其儀閭里之閒未通其事臣在州日率當州所管縣貳與百姓勸導行禮奏樂歌至白華華黍由庚等章言孝子養親及羣物遂性之義或有泣者則知人心有感不可盡誣但臣州久絶雅聲不識古樂伏計太常具有樂器大樂久備和聲伏望令天下三五十大州簡有性識於太常調習雅聲仍請笙竽琴瑟之類各三兩事令比州轉次造習每年各備禮儀準令式行禮稍加勸奬以示風俗又以州縣之學本以勸人祿在其中聞於學也今計天下州縣所置學

生不滅五六萬人及諸色並國子每年薦舉擢第過百人已上雖有司明試務在擇才而學校衰微居然可驗州縣補學生之日皆不願爲遠郡送鄉貢之時多有不願來集恐成頹弊不可因循伏望詳擇其宜微加勸革

賀平奚契丹表

奚及契丹尤近邊鄙侵軼是虞式遏成勞臣庶常情欲其防禦所謂長策無出此者陛下獨斷宸襟高奪羣議以爲頓兵塞下轉粟邊軍曠日持久役無寧歲若不因利乘便一舉遂平使遷善者自新爲惡者就戮事若不爾無息我

人且命大兵臨之凶徒必潰不出此歲當並成擒臣等初奉聖謀高深未測及聞凱捷晷候不差兩蕃遺噍莫不稽顙緣邊戍卒咸已返耕卧鼓熄烽誠自此始斯皆陛下睿謀先定神算非常觀變早於未萌必取豫於無象臣伏以成功不宰君人所以爲量有美不宣臣子所以成罪臣雖蒙暫安敢無言既豫聞始謀又幸見成事豈可使天功虛往日用不知竹帛相傳復紀何事請具狀宣付史館垂示將來仍許將吏等刊石立頌以紀功德臣耀卿等不勝區區抃躍之至謹奉狀以聞謹奏

賀獻長春酒方表

伏承逸人姜撫獻同度山長生藥祕精英而日久候聖明而乃彰伏惟陛下大聖撫運深仁濟俗和氣時若淳風穆然上帝式臧用分景福逸人斯至乃表長生藥薦長春酒和甘露天栝暫御神策逾增益光明於日月齊長久於天地臣子大慶開闢所無朝野多歡蹈舞相繼況自中外賜藥兼方遠使人寰同昇壽域慶流渥澤馳景迴光凡在生靈不勝悅慶臣等望進禮食以稱壽觴歡寶祚之無疆樂微生之有遇

請以講讀尚書周易道德莊列宣付史官奏

臣等伏承陛下講讀尚書周易道德莊列畢聖心宏道國訓崇儒元風遠被更自玆始況以事殷四海念切萬方日旰罷朝既披文於內殿風迴問俗亦函丈於行宮漢皇乙夜無以過此悟老莊之旨齊物而仁恕以行運堯舜之心稽古則憲章攸備鈞深致遠不疾而速陶鈞庶類品物之歡幸實深宏獎大猷簡策之輝光載遠臣等叨陪獻納竊奉徽音慶躍之誠倍百常品伏望宣付史官騰芳盛烈

請減寧王壙內食味奏

尚食所料水陸等味一千餘種每色瓶盛安於藏內皆是非時瓜果及馬牛驢犢麞鹿等肉並諸藥酒三十餘色儀注禮料皆無所憑臣據禮司所料奠祭相次事無不備典制分明天恩每申讓帝之志務令儉約禮外加數竊恐不安又非時之物馬驢犢等並野味魚鴈鵝鴨之屬所用銖兩動皆宰殺盛夏胎養聖情所禁又需造作什物動餘千計求徵市井實謂煩勞千味不供禮無所闕伏望依禮減省以取折衷

復手敕論外族服制奏

外族之親禮無厭降外甥既爲舅母制服舅母還合報之夫之外甥既爲報服則與夫之姨舅以類是同外甥之妻不得無服所增者頗廣所引者漸疎微臣愚蒙猶有未達

定舅母堂姨舅服制奏

陛下體至仁之德廣推恩之道將宏引進以示睦親再發德音更令詳議臣等按大唐新禮親舅加至小功與從母同服此蓋當時特命不以輕重遞增蓋不欲參於本宗愼於變禮者也今聖制親姨舅小功更制舅母緦麻堂姨舅袒免等服取類新禮垂示將來通於物情自我作則羣儒風議徒有稽留並望準制施行

論蓋嘉運疏

伏見蓋嘉運立功破賊更委兩軍以勇果之才承戰勝之勢吐蕃小醜不足殲夷然臣近日與其同班觀其舉措精勁勇烈誠則有餘言氣矜誇恐難成事莫敖狃於蒲騷之役舉趾稍高春秋書之以爲懲戒恐其有驕敵之色臣竊憂之入秋防邊日月稍逼接對人吏須識其宜今將撫邊軍未言發日若臨事始去人吏未識雖決在一時恐將非制勝萬全之道況兵未訓練不知禮法人未懷惠士未同

心求其忘性命於一時憚嚴刑於少頃縱威逼而進因而立功恐非師出以律久長之義又萬人性命決在將軍不得已而行之鑿凶門而卽路今酣宴朝夕優渥有餘亦恐非愛人憂國之意不可不察若不可迴換卽望速遣進途仍乞聖恩勗以嚴命

請置武牢洛口等倉疏

江南戶口稍廣倉庫所資唯出租庸更無征防緣水陸遙遠轉運艱辛功力雖勞倉儲不益竊見每州所送租庸調等本州正月二月上道至揚州入斗門卽逢水淺已有阻

硤須停留一月以上。三月四月以後。始渡淮入汴。多屬汴河乾淺。又船運停留。至六月七月以後。始至河口。卽逢黃河水漲。不得入河。又須停一兩月。待河水小。始得上河入洛。卽漕洛乾淺。船艘隘鬧。船載停滯。備極艱辛。計從江南至東都。停滯日多。得行日少。糧食既皆不足。折欠因此而生。又江南百姓不習河水。皆轉雇河師水手。更爲損費。伏見國家舊法。往代成規。擇制便宜。以垂長久。河口元置武牢倉。江南船不入黃河。卽於倉內便貯。鞏縣置洛口倉。船從黃河不入洛水。卽於倉內安置。爰及河陽倉柏崖倉太

原倉永豐倉渭南倉。節級取便。例皆如此。水通則隨近轉運。不通則且納在倉。不滯遠船。不憂欠耗。比於曠年長運。利便一倍有餘。今若且置武牢洛口等倉。江南船至河口。卽却還本州。更得其船充運。並取所減脚錢。更運江淮變造義倉。每年剩得一二百萬石。卽數年之外。倉廩轉加。其江淮義倉。多爲下溼。不堪久貯。若無般運。三兩年色變。卽給貸費散。公私無益。

請緣河置倉納運疏

伏惟陛下仁聖至深。憂勤庶務。小有饑乏。降詔哀矜。躬親支計。救其危急。今既大駕東巡。百司扈從。諸州及三輔先有所貯。且隨見在發重臣分道賑給。計可支一二年。從東都廣漕運以實關輔。待稍充實。車駕西還。卽事無不濟。臣以國家帝業本在京師。萬國朝宗。百代不易之所。但爲秦中地狹。收粟不多。儻遇水旱。卽便匱乏。往者貞觀永徽之際。祿廩數少。每年轉運不過一二十萬石。所用便足。以此車駕久得安居。今昇平日久。國用漸廣。每年陝雒漕運數倍於前。支猶不給。陛下幸東都以就貯積。爲國大計。不憚劬勞。皆爲憂人而行。豈是故欲來往。若能更廣陝運。支入

京倉廩。常有三二年糧。卽無憂水旱。今日天下輸丁約有四百萬人。每丁支出錢百文。充陝洛運脚。五十文充營窖等用。貯納司農及河南府陝州。以充其費。租米則各隨遠近。任自出脚送納。東都至陝。河路艱險。既用陸脚。無繇廣致。若能開通河漕。變陸爲水。則所支有餘。動盈萬計。且江南租船。所在候水。始敢進發。吳人不便河漕。繇是所在停留。日月既淹。遂生隱盜。臣請於河口置一倉。納江東租米。便令江南船迴。其從河口卽分入河雒。官自雇船載運。者至三門之東置一倉。既屬水險。卽於河岸傍山車運十數

里至三門之西又置一倉每運至倉即般下貯納水通即運水細便止漸至太原倉泝河入渭更無停留所省巨萬臣嘗任濟定冀等三州刺史詢訪故事前漢都關內年月稍久及隋亦在京師緣河皆有舊倉所以國用常贍若依此行用利便實深

京師饑請廣漕運疏

陛下既東巡百司畢從則太倉三輔可遣重臣分道賑給自東都益廣漕運以實關輔關輔既實則乘輿西還事蔑不濟且國家大本在京師但秦地狹水旱易匱往貞觀永

徽時祿廩者少歲運粟二十萬略足今用度寖廣運數倍且不支故數東幸以就廒粟爲國大計臣願廣陜運道使京師常有三年食雖水旱不足憂今天下輸丁約四百萬使丁出百錢爲陜洛運費又益半爲營窖用分納司農河南陝州又令租米悉輸東都從都至陝河益湍湨若廣漕路變陸爲水所支尚贏萬計且河南租船候水始進河工不便河漕處處停留易生隱盜請置倉河口以納東租然後官自雇載分入河洛度三門東西各築廒倉自東至者東倉受之三門迫險則旁河鑿山以開車道運十數里西倉受之度宜徐運抵太原倉趨河入渭更無留阻可減費鉅萬矣

皇太子衣服稱謂議

謹按衣服令皇太子具服有遠遊冠三梁加金博山附蟬九首施朱翠黑介幘髮纓翠緌犀簪導絳紗袍紅裳白紗中單皁領褾襈白裙襦白假帶方心曲領絳紗蔽膝白韈黑舄革帶劍佩綬等謁廟還宮元日冬至朔日入朝釋奠則服之其絳紗袍則是冠衣之內一物之數與裙襦劍佩等無別至於貴賤之差尊卑之異則冠爲首飾名制有殊

並珠旒及衣裳采章之數多少有別自外不可事事差異亦有上下通服名制是同禮重則具服禮輕則從省今以至敬之情有所未取衣服不可減省謂須更變名望所撰儀注不以絳紗袍爲稱但稱爲具服則尊卑有差謙光成德

太子賓客贈太子太師竇希球神道碑

聖上本元元之化以身而觀國酌堯舜之道睦親而逮疎羽儀成而正體尊胏腑寧而元首豫生人之始內教權輿文明在運外戚先理膺上仁而踐元舅享多福而執謙光

者其惟冀靖公乎公諱希球字國珍扶風平陵人昭成皇后之第二弟也昔漢文恭儉垂統於西京我族有內輔之功政清而刑偃漢章長者揚休於東國我君有少宗一作小君之佐累洽而重熙貞觀創業也吾姑本周南之化時維太姜開元立極也吾姊合塗山之德時維文母昌化皆在乎明主景運必當乎太平千載相望重光四后豈比夫魏晉中朝之狹隘陰郭微時之屬籍或悠悠於戊申緬邈於襃紀不同年而語矣五代祖諱善平北將軍散騎常侍驃騎大將軍開府儀同三司侍中使持節都督北華州刺史永

富公載於周書高祖諱榮定平東將軍驃騎大將軍開府儀同三司洛鄭榮懷汴廣和霸秦寧成唐渭一十三州刺史秦州行軍使左右武衛大將軍陳國懿公著於隋史曾祖諱抗唐梁岐冀定幽易燕檀八州刺史遼東朔州二總管光祿大夫開府儀同三司左武候大將軍納言贈司空陳國容公祖諱誕駙馬都尉殿中國子祭酒并州總管鎮北將軍太常卿刑部尚書右光祿大夫贈工部尚書荊州大都督華國安公見太宗實錄考孝諶太常卿潤州刺史并州大都督贈太保豳國公或道濟舟楫或功垂劍履青史之三朝相次彤弓之四代畢封此又衣冠之上腴人門之絕等者也公降靈辰象育粹淳源稟淵懿之姿體敦龐之度退讓致美不忘於先疇虛元爲心得之於先訓起家太子宮門丞朝散大夫尚乘奉御換尚舍奉御開元初累遷都水使者光祿少卿特階金紫光祿大夫將作少卿封冀國公又加銀青光祿大夫太子左諭德宗正少卿鄭王傅又遷太子賓客春秋七十有一以開元二十一年正月十九日遇疾薨於長安布政里之賜第天子輟朝變禮事優恆數乃下制曰申伯元舅禮實重於緣情堯典睦親義

兼在於追遠故銀青光祿大夫守太子賓客上柱國冀國公竇希球名高懿戚位重周行在貴不驕每執謙而守約與物無競常隱耀而含華以是全眞方期永命徂遷奄及震悼良深生而寵光已榮觀津之族歿有賁飾仍申渭陽之贈可贈太子太師賻物二百段米粟二百石應緣喪葬量事官供仍令京兆少尹田賓庭充使監護以某年十月二十六日歸祔於咸陽舊原禮也嗚呼善始令終者爲侯家之貴安時處順者爲達士之師目牛乎邀福之源忘我乎持盈之地非懸解深識焉能及此昔之后族干政外家

操權穰侯之負乘王鳳之專擅苟欲憑寵不知退身時主之芒刺生乎上國人之怨讟作乎下千載義士爲之寒心公則懲於斯誡於斯雖望重凡百恩稱莫二承孝理之淡化當寵光之盛時而乃閉關偃息循牆俯僂無健羨於當路每蕭條於執鈞清宴之閒外言不入退食之暇時人不交其巽讓也如此昔之姻黨不法舅氏過制成都之矜侈曲陽之僭奢既青璅而赤墀亦秦鐘而鄭舞詩家虧於易道騁欲違於老經天下之人爲之騰口公又懲於斯誡於斯雖師資藩邸羽翼龍樓富逾於百乘之家貴極於諸侯之爵而乃居簡行儉寡欲少思出無弋釣之娛入無羅紈之費絲竹宴衎視若塵埃池臺雕斲未嘗營起其素約也如此昔之倚勢爲暴恃地作威武安之驕盈梁氏之凶蠹以毫諏而誣善以睚眦而殺人主意之益用不平謗書之紛然屢起四海之內爲之囂囂公又懲於斯誡於斯雖南陵周親北闕元老室家之皇枝帝戚猶子之尚主嬪王而乃謙不可逾卑以自牧念大壯於榮貴思同人於醜夷公私遊駭大小無忤賓御出入閭闔不知其溫良也如此合是庶美歸於一貫諡之爲靖不亦宜乎皇上軫敦敘之恩

流平分之施自近推於及遠經邦始於正家不侮於邊夷之客而況於懿戚乎不遺於小國之人而況於純臣乎是故悲臨於渭陽感動於陟屺陪邑於先原建封於貴里所以教天下之爲子車通幰門加兵會同不錄班讌見不呼名所以教天下之爲甥觀乎聖慈曲被皇明淡視舅氏榮寵折衷於人言外宗法度儀刑於士禮當是時也以伯舅護儲兩以肆舅儀台司以大宗率譜屬以小宗通膶餼則官政條而家事理矣故五侯之第四姓之宗罕與誦於適人無纖羅於廷尉存則壽考歿則哀榮君臣交泰若茲之美開府儀同三司畢國公希瑊公之第三弟也親賢並茂德位齊優公嗣子無祿不及終事畢公執喪哀次義切天倫親率宗姻躬侍輴紼威儀則序禮物其容詔葬紛紜傾城縱觀台臣白首陟崇岡而北臨宰樹青松瞻舊城而西靡有以知冀公之令名不殞盛德歸全畢公之至行惟殷孔懷纏慕廼俾夫具臣惟舊直質無華者書其實錄蓋取信於金石不欺於聞見云爾敘其詞曰

沔彼嬀水福祥伊始坤道元亨后族清理靖公樹德含章濟美溫良淑人（疑脫四字）退讓維何溫良則那就閒違劇受少

辭多金玉三緘羔羊五紽國人無忤宗族以和北闕元舅東閣上客吾邑百乘吾門萬石溪保純素退藏虛白儀刑衣冠光我墳籍輔仁徒歎過隙難追朝野增慕哀榮在斯賻以國錢尊爲子師輿言渭陽何痛如之兆啟酆畢行臨秦鎬樹拱行楸根陳宿草歎息遺事湮沈故老勒銘豐珉敢告神道

欽定全唐文卷二百九十八

王晙

晙滄州景城人徙家洛陽弱冠明經擢第景龍末充朔方軍副大總管兼安北大都護隴右羣牧使開元十年拜太子詹事累封中山郡公十一年同中書門下三品充朔方軍節度大使二十年卒年七十餘贈尚書左丞相謚曰忠烈

賀拜南郊表

臣晙言臣聞鴻勳大猷必崇昭饗至德廣運莫先郊禋伏

惟陛下紹皇開圖纂聖興業舉昭祀之典尊嚴配之儀伏以長至陽升用書雲物元穹有事祐福無窮畿嶽會同卉木咸悅臣獨擐甲朔野履冰（一作理兵）河外不獲躬陪玉（一作大）輅預奉圜壇屏營塞垣抃躍何已無任翹翹鳧藻之至

賀拜南郊表

臣某言臣伏承陛下親拜南郊恭禋上帝竭孝誠於殷薦示彝訓於兆人寰海無虞元穹啟祐百靈効職九服駿奔燔燎洞合於神光日月共禎於瑞色乾坤交泰動植歡榮臣限以守職在藩不獲趨陪大禮無任慶躍屏營之至

賀饗太廟拜南郊表

臣某言臣得度支鹽鐵轉運副使戶部侍郎潘孟陽狀報伏承皇帝陛下以來年正月四日謁元元宮五日饗太廟六日拜南郊制命施行中外慶抃臣某誠歡誠抃頓首頓首臣聞四氣首時履端爲貴六經重祭報本是先伏惟皇帝陛下光啟睿圖纂承寶歷功格宇宙德冠勳華以建寅之吉辰備用辛之大禮祇事宮一作宗廟克禋烈祖之嚴對越天地聿修孝孫之敬萬靈從祀以肸蠁四夷率職而駿奔樂奏九成神降百福臣幸逢昌運外守藩條不及侍蒼

輅之後塵仰泰壇之盛典心馳魏闕目極漢儀踴躍海隅倍萬恆品

謝追赴大禮表

臣晙言直省王容至伏奉恩敕朔方無事且赴大禮者臣肅承寵命喜躍交抃臣某中謝臣實不才累承恩獎入參喉舌叨居國相之榮出總旌麾謬忝元戎之寄常願俯陳螢爝寧有益於曦舒思竭涓塵何以裨於海岳每憂折鼎負乘碎首糜軀何階答於照臨撫已增於悚息伏以禋宗大享禮備郊天特垂綸綍之私聽同王帛之會馳心輦蹕不遑俟駕踴躍塞垣迫於遵守以慶以懼戰汗兼深今長河始冰大漠初雪邊亭有賊今正其時事不可期兵難預度倘驚塵忽起禍出不虞臣進不之京退不及事微軀塞責無益於軍誠願陪扈屬車仰望雲漢顧惟軍旅之重正當預備之辰不敢釋此嚴防馳赴恩命惟當利兵訓卒息烽候於三邊耀武懷荒宣皇威於萬里無任悚荷屏營之至

請移突厥降人於南中安置疏

突厥時屬亂離所以款塞降附其與部落非有讎嫌情異

北風理固明矣養成其釁雖悔何追今者河曲之中安置降虜此輩生梗實難處置日月漸久姦詐逾深窺邊間隙必爲患難今有降者部落不受軍州進止輒動兵馬屢有傷殺詢問勝州左側被損五百餘人私置烽鋪潛爲抗拒公私行李頗實危懼北虜如或南牧降戶必與連衡臣問沒蕃歸人云却逃者甚衆南北信使委曲通傳此輩降人翻成細作儻收合餘燼來逼軍州虜騎憑陵胡兵應接表裏有敵進退無援雖復韓彭之勇孫吳之策令其制勝其可必乎望至秋冬之際令朔方軍盛陳兵馬告其禍福啗

以繒帛之利示以麋鹿之饒說其魚米之鄉陳其畜牧之地並分配淮南河南寬鄉安置仍給程糧送至配所雖復一時勞弊必得久長安穩二十年外漸染淳風持以銳兵皆爲勁卒若以北狄降者不可南中安置則高麗俘虜置之沙漠之曲西域編甿散在青徐之右唯利是視務安疆埸何獨降胡不可移徙近者在邊將士爰及安蕃使人多作諛辭不爲實對或言北虜破滅或言降戶安靜志欲自言功效非有以徇邦家伏願察斯利口行茲遠慮邊荒清晏黎元幸甚臣料留住之議謀者云遵故事必言降戶之

輩舊置河曲之中昔年既得康寧今日還應穩便但時異事變先典攸傳往者頡利破亡邊境寧謐降戶之輩無復他心所以多歷歲年此類皆無動靜今虜見未破滅降戶私使往來或畏北虜之威或懷北虜之惠又是北虜戚屬夫豈不識親疏將比昔年安可同日臣料其中頗有三策若盛陳兵馬散令分配內獲精兵之實外袪黠虜之謀暫勞永安此上策也若多屯士卒廣爲備擬亭障之地蕃漢相參費甚人勞此下策也若置之朔塞任之來往通傳信息結成禍胎此無策也伏願察斯三者詳其善惡利害之狀長短可尋縱因遷移或致逃叛但有移得之者即是今日良圖留待河冰恐即有變臣蒙天澤叨居重鎭逆耳利行敢不盡言

吴兢

兢汴州浚儀人以史才薦拜右拾遺內供奉直史館開元中拜諫議大夫兼修文館學士歷台洪饒蘄四州刺史加銀青光祿大夫封長垣縣子天寶初入爲恒王傅八年卒年八十餘

乞典郡表

臣自掌史東觀十有七年歲序徒淹勤勞莫著不能勒成大典垂誡將來顧省微躬久妨賢路乞罷今職別就他官至於理人之政在兢尤所詳曉望令試典一郡刺舉外臺必當效績循良不負朝寄又兢父致仕已來俸料斯絕所冀祿秩稍厚甘脆有資烏鳥之誠幸垂矜察

讓奪禮表

草土臣兢言伏奉去年八月十日恩敕追臣赴京起復尚書水部郎中依舊兼判刑部郎中知國史事聞命驚號心手無措臣兢中謝臣行負幽明禍延所怙銜哀茹血五情

崩潰卜隣之訓永慕不追陟岵之感窮寃已及但心同木石未能自死豈悟皇明旋加辟命且臣聞在家稱孝居國必忠苟違斯理實虧禮敎焉有躬嬰荼毒而跡忝南史首伏苫廬而名叨東觀將何以發揮帝典襃貶人倫定一代之是非爲百王之準的臣不敢遠喻前古廣飾浮辭自近歲以來起復者則有御史大夫解琬黃門侍郎張說工部侍郎蘇頲皆訴哀陳款特蒙矜遂此實成例竊敢庶幾伏願陛下敦孝理之風全通喪之典追收綸渙俯納懇誠許其畢疚私庭終服凶次獲申負土之禮用展攀栢之悲則雖死之年猶生之日無任荒迫之至謹遣臣大學生終奉表陳乞以聞

第二表

草土臣兢言頻表乞哀誠辭已罄未蒙矜亮奬喻彌切鞠躬周章倍增號震臣聞自昔墨縗本因兵革權宜變禮不爲文儒後來浮薄罕存喪紀事匪軍容亦從權奪陛下休明撫運景業惟新伏望革近代之澆漓復先王之至德況史官之任爲代準的若苟虧情理輒徇恩榮靦目强顏操簡書事適足玷聖朝之孝理何以樹終古之風聲特乞天慈少加矜察使畢情苦凷少申悲露則天地之恩實爲至厚臣子之道幸此克全無任懇迫之至謹詣朝堂路左奉表乞哀以聞

第三表

草土臣兢言臣去秋九月一日冒死哀訴冀得終服私門天聰猶邈未垂哀察跼影窮號罔知自寘又奉十一月二日敕史館要才須從權奪宜令州縣敦諭發遣者伏對崩號觸緒屠裂臣某中謝臣孝虧誠感奄遘憫凶瀝膽銜荼崩心茹棘偓骸殘喘豈冀生全天澤曲私屢加奪命令居史閣是掌記言臣昔忝此官十有餘載才輕寄重答效無施未能襃貶有章使人倫知勸典謨大訓與日月俱懸卽微臣平日其曠職如此今心形隕越荒疾失圖寧可重處南董之司頻叨班馬之列實貽貪祿之咎更招廢禮之辜顧視等夷何施面目且三年之制貴賤同遵四時之悲几筵是託乞歸身苫凷趨侍松塋既不負素心亦不玷皇化干黷已屢伏待刑書無任崩迫之至謹詣朝堂路左奉表乞哀以聞

爲桓侍郎讓侍中表

臣彥範言伏奉恩制除臣侍中光大之命忽降望表顛越之懼頓積心涯臣某聞君子樹功心在利物義夫建策口不言賞故田疇以責塞爲闕十六字趾達於閭里筮仕本祈於州縣屬天道貞觀功能咸錄曾未一紀殆將十遷二八寃司莫禁奸宄再升會府寧裨準繩掌棘木之刑訟聲詎弭受羽林之寄軍容未肅循省知懼寢興弗遑頃逆豎等潛搆禍端竊窺神器外結凶黨陰懷密圖則天大聖皇帝天縱睿明察之於將兆陛下性命神武擒之於發機臣職統士卒受命梟斬此宗社之福也陛下之明也臣何力之有

焉金紫佩腰已虧於曩節貂蟬冠首胡顏於後命不出旬朔頻越等倫臣知不可物議誰塞臣又聞暴進者催咎知止者無辱詩有匪服之議易著折足之誡歷考前載益用惶惑且賞罰之柄國之大典罰一罪使天下革心賞一人使天下知勸今皇極肇建明命初基惠化始覃而賞勸失中此臣所以固讓也況此官出納帝命喉舌王言政之理亂實所攸繫豈可以微蚋之力能負邱山一葦之航克濟溟渤伏願覽任官惟賢之旨察量能受職之義寢已施之澤鑒不奪之誠幸甚幸甚

諫畋獵表

臣兢言伏見明制來年五月五日幸東都道路皆以陛下至長春宮及沙苑當有畋獵之事今東土耆艾關河士女莫不欣躍舞忭翹望帝車延頸企踵所思者德伏願陛下舉無失禮動則有章詩云敬慎威儀惟人之則愚臣以山陵始畢甫及逾年陛下縗服雖除心喪未已四海之內八音尚遏豈可遽將犬馬爲娛鷹隼是務必或如此則恐傷人子之道虧天地之經欲令萬方何所取則況禮經云三年之喪自天子達之陛下既俯順當時之請唯行易月之

制奈何更盤于遊畋以徇從禽之樂豈可謂明王之孝理天下乎而望德教加於百姓必不可得也昔魯侯觀魚于棠春秋尚列其戒陛下若既葬而獵後代豈不爲刺且馳騖山澤之閒經過林薄之下水谷之危未遠銜策之變不恆伏願陛下重慎防微須爲社稷自愛老子曰我無爲而人自化我無欲而人自朴詩云爾之教矣人胥效矣由是觀之居上者必慎所好愚臣職居待問兼掌史筆竊以君舉必書位在無隱既聞衆所流議實恐有玷聖猷區區之誠唯在於此輒敢冒死上陳伏願留神省察恕此狂斐之

罪

諫十銓試人表

臣聞易稱君子思不出其位言各止其所不侵官也此實百王準的伏見敕旨令韋抗等十人分掌吏部銓選及試判將畢遽召入禁中決定雖有吏部尚書及侍郎皆不得參其事議者皆以陛下曲受讒言不信於有司也然則居上臨人之道經邦緯俗之規必在推誠方能感物抑又聞用天下之智力者莫若使天下信之故漢光武置赤心於人腹良有旨哉昔魏明帝嘗卒至尚書省尚書令陳矯跪

問曰陛下欲何之帝曰欲按行省司文簿矯曰此是臣之職分陛下非所宜臨若臣不稱職則就黜退陛下宜即還宮帝慙而返又陳平丙吉者漢家之宰相也尚不對錢穀之數不問路死之人故上自天子至於卿士守其職分而不可輒有侵越也況我大唐萬乘之君卓絕千古之上豈得下行選事頓取怪於朝野乎凡是選人書判並請委之有司仍停此十銓分選復以三銓還有司

上貞觀政要表

臣兢言臣愚比嘗見朝野士庶有論及國家政教者咸云若陛下之聖明克遵太宗之故事則不假遠求上古之術必致太宗之業故知天下蒼生所望於陛下者誠亦厚矣易曰聖人感人心而天下和平今聖德所感可謂深矣竊惟太宗文武皇帝之政化自曠古而來未有如此之盛者也雖唐堯虞舜夏禹殷湯周之文武漢之文景皆所不逮也至如用賢納諫之美垂代立教之規可以宏闡大猷增崇至道者並煥乎國籍作鑒來葉微臣以早居史職莫不成誦在心其有委質策名立功樹德正詞鯁義志在匡君者並隨事載錄用備勸戒撰成一帙十卷合四十篇仍以

貞觀政要爲目謹隨表奉進望紆天鑒擇善而行引而伸之觸類而長之易不云乎聖人久于其道而天下化成伏願行之而有恆思之而不倦則貞觀巍巍之化可得而致矣昔殷湯不如堯舜伊尹恥之陛下儻不修祖業微臣亦恥之詩云念我皇祖陟降庭止又云無忝爾祖聿修厥德此誠欽奉祖先之義也惟陛下念之哉則萬方幸甚不勝誠懇之至謹奉表以聞謹言

請總成國史奏

臣往者長安景龍之歲以左拾遺起居郎兼修國史時有

武三思張易之昌宗紀處訥宗楚客韋温等相次監領其職三思等立性邪佞不修憲章苟飾虛詞殊非直筆臣愚以爲國史之作在乎善惡必書遂潛心積思别撰唐書九十八卷唐春秋三十卷用藏於私室雖緜歷二十餘年尚刋削未就但微臣私門凶釁頃歲以丁憂去官自此便停知史事竊惟帝載王言所書至重儻有廢絕實深憂懼於是彌綸舊紀重加刪輯雖文則不工而事皆從實斷自隋大業十三年迄乎開元十四年春三月卽皇家一代之典盡在於斯矣既撰將成此書於私家不敢不奏又卷軸稍

廣繕寫甚難特望給臣楷書手三數人并紙墨等至絕筆之日當送上史館

上中宗皇帝疏

今聞道路云云皆言賊臣等竊議以安國相王連謀於重俊共加羅織將欲寘於法臣既忝職諫曹安敢不奏臣聞庶物不可以自生陰陽以之亭育大寶不可以獨守子弟成其藩翰昔武王聖主也成王賢嗣也然封建魯衛以扶社稷所以龜鼎相傳七百餘載始皇絕昭襄之業承戰爭之弊忽先王之典制比宗親於黔首孤立無輔二代而亡及諸呂用權將傾劉氏朱虛爲其心腹絳侯作其爪牙劉氏復安豈非宗子之力歟國之安危在于藩屏故設官分職先親後疏詩云宗子維城書云九族既睦自文明之後皇運中衰國之祚胤不絕如綫洎陛下龍興恩被骨肉搜謫竄於炎障復衣冠于庭闕萬國歡心孰不慶幸且安國相王實陛下之同氣六合至廣親莫加焉但賊臣等日夜同謀必欲寘於極法此則禍亂之漸不可不察夫相王之仁孝幽明共知頃遭荼苦哀毀過制以陛下爲性命亦陛下之手足大孝於父母而惡於兄弟者未之有也若信任

邪佞委之於法必傷陛下之恩失天下之望所謂芟刈股肱獨任胷臆方涉江漢棄其舟檝可爲寒心可爲慟哭自昔翦伐枝幹委權異族者未有不喪其宗社也何以明之秦任趙高卒致傾敗漢委王莽遂成簒逆晉家以自相魚肉寰瀛鼎沸隋皇以猜忌子弟海縣塵飛驗之覆車安可重跡是以任之以權雖踈必重奪之以勢雖親必輕臣又聞之根朽則木枯源涸則流竭子弟者國之根源豈可使其朽竭哉先王所以廣封樹存親親使謀孫翼子柯葉碩茂況皇家枝幹零落無幾方之先朝十不存一自陛下登

極于今四紀一子以弄兵被誅一子以愆失遠任惟此一弟朝夕左右斗粟尺布之刺可不慎焉蒼蠅之詩誠可畏也昔者謗書盈篋難明於主君讒言三至見疑於慈母伏願陛下降明制曉羣邪使忠臣孝子知友于之愛姦佞庸回執讒慝之口下全棠棣之美上慰罔極之心德教加於兆人風化流於千載則羣生幸甚臣本布衣匪求官達聖明過聽拔擢諍臣不勝受恩之甚謹昧死讜言輕瀆天威伏增戰汗

上元宗皇帝納諫疏

自古人臣不諫則國危諫則身危臣愚食陛下祿不敢避身危之禍比見上封事者言有可采但賜束帛而已未嘗蒙召見被拔擢其忤旨則朝堂決杖傳送本州或死於流貶由是臣下不敢進諫古者設誹謗木欲聞已過今封事謗木比也使所言是有益於國使所言非無累於朝陛下何遽加斥逐以杜塞直言道路流傳相視怪愕夫漢高帝赦周昌桀紂之對晉武帝受劉毅桓靈之譏況陛下豁達大度不能容此狂直耶夫人主居尊極之位顓生殺之權其爲威嚴峻矣開情抱納諫諍下猶懼不敢盡奈何以爲罪且上有所失下必知之故鄭人欲毀鄉校而子產不聽也陛下初卽位猶有褚无量張廷珪韓思復辛替否柳澤袁楚客數上疏爭時政得失自頃上封事往往得罪諫者頗少是鵲巢覆而鳳不至理之然也臣誠恐天下骨鯁士以讜言爲戒撓直就曲斲方爲刓偷合苟容不復能盡節忘身納君於道矣夫帝王之德莫盛於納諫故曰木從繩則正后從諫則聖又曰朝有諷諫猶髮之有梳猛虎在山林藜藿爲之不采忠諫之有益如此自古上聖之君恐不聞已過故堯設諫鼓禹拜昌言不肖之主自謂聖智拒諫

害忠桀殺關龍逄而滅於湯紂殺王子比干而滅於周此其驗也夫與理同道罔不興與亂同道罔不亡人將疾必先不甘魚肉之味國將亡必先不甘忠諫之說嗚呼惟陛下深鑒於茲哉隋煬帝驕矜自負以爲堯舜莫已若而諱亡憎諫乃曰有諫我者當時不殺後必殺之大臣蘇威欲開一言不敢發因五月五日獻古文尚書帝以爲訕已卽除名蕭瑀諫無伐遼出爲河池郡守董純諫無幸江都就獄賜死自是蹇諤之士去而不顧外雖有變朝臣鉗口帝不知也身死人手子孫勦絕爲天下笑太宗皇帝好悅至

言時有魏徵王珪虞世南李大亮岑文本劉洎馬周褚遂良杜正倫高季輔咸以切諫引居要職嘗謂宰相曰自知者爲難如文人巧工自謂已長若使達者大匠詆訶商略則蕪辭拙跡見矣天下萬機一人聽斷雖甚憂勞不能盡善今魏徵隨事諫正多中朕失如明鑑照形美惡畢見當是時有上書益於政者皆黏寢殿之壁坐望卧觀雖狂瞽逆意終不以爲忤故外事必聞刑戮幾措禮義大行陛下何不遵此道與聖祖繼美乎夫以一人之意綜萬方之政明有所不燭智有所不周上心未諭於下下情未達於上

伏惟以虛受人博覽兼聽使深者不隱遠者不塞所謂闢四門明四目也其能直言正諫不避死亡之誅者特加寵榮待以不次則失之東隅冀得之桑榆矣

大風陳得失疏

自春以來亢陽不雨乃六月戊午大風拔樹壞居人廬舍傳曰欲德不用厥災旱上下蔽隔庶位踰節陰侵於陽則旱災應又曰政悖德隱厥風發屋壞木陰類大臣之象恐陛下左右有姦臣擅權懷謀上之心臣聞百王之失皆由權移於下故曰人主與人權猶倒持太阿授之以柄夫天降災異欲人主感悟願深察天變杜絕其萌且陛下承天后和帝之亂府庫未充冗員尚繁戶口流散法出多門賕謁大行趨競彌廣此弊未革實陛下庶政之闕也臣不勝惓惓願斥屏羣小不爲慢遊出不御之女減不急之馬明選舉愼刑罰杜僥倖存至公雖有旱風之變不足累聖德矣

諫東封不宜射獵疏

陛下爰自雒邑將告禪岱宗行經數州屢以畋獵爲事伏恐外荒之攸漸成非致理之所致況陳封告成禮容甚大

伏願罷此遊畋之事克備文物之儀又貞觀時太宗文皇帝凡有巡幸則博選識達古今之士以在左右每至前代興亡之地皆問其所繇用爲鑒誡伏願陛下遵而行之則與夫騁奔馬於澗谷要狡獸於叢林不愼垂堂之危不思馭朽之變安可同年而較其優劣

貞觀政要序

有唐良相曰侍中安陽公中書令河東公以時逢聖明位居宰輔寅亮帝道弼諧王政恐一物之乖所慮四維之不張每克己勵精緬懷故實未嘗有乏太宗時政化良足可

覯振古而來未之有也至於垂代立教之美典謨諫奏之詞可以宏闡大猷增崇至道者爰命不才備加甄錄體制大略咸發成規於是綴集所聞參詳舊史撮其指要舉其宏綱詞兼質文義在懲勸人倫之紀備矣軍國之政存焉凡一帙一十卷合四十篇名曰貞觀政要庶乎有國有家克遵前軌擇善而從則可久之業益彰矣可大之功尤著矣豈必祖述堯舜憲章文武而已哉其篇目次第列之於左

楊瑒

瑒字瑤光華州華陰人開元中歷遷國子祭酒再遷大理卿拜左散騎常侍卒年六十八贈戶部尚書諡曰貞

請定帖經奏

今之舉明經者主司不詳其述作之意每至帖試必取年頭月尾孤經絕句自今已後考試者盡帖平文以存大典今之明經習左氏者十無一二恐左氏之學廢又周禮儀禮公羊穀梁亦請量加優獎

諫限約明經進士疏

太學者教人務禮樂敦詩書也古制卿大夫子弟及諸侯歲貢小學之異者咸造焉故曰十五入太學學先聖禮樂而朝廷君臣之禮班以品類分以師長三德以訓之四教以睦之人既知勸且務通經學成業著然後爵命加焉以之效職則知禮節以之莅人使識廉讓則棫樸之詠興也伏聞承前之例監司每年應舉者嘗有千數簡試取其尤精上者不過二三百人省司重試但經明行修卽與擢第不限其數自數年以來省司定限天下明經進士及第每年不過百人兩監惟得一二十人若常以此數而取臣恐三千學徒虛廢官廩兩監博士濫糜天祿臣竊見流外入

仕諸色出身每歲尚二千餘人方於明經進士多十餘倍則是服勤道業之士不及胥吏浮虛之徒以其效官豈識於先王之禮義國家大啟庠序廣置教道厚之以政始訓之以士先豈徒然哉將有以也陛下設學校務以勸進之有司爲限約務以黜退之臣之微誠實所未曉臣伏見承前以來制舉道迹邱園孝弟力田者或試時務策一道或通一經粗明文義卽放出身亦有與官者此國家恐其遺才至於明經進士服道日久請益無倦經策既廣文辭極難監司課試十已退其八九考功及第十又不收其一二

若長以爲限恐儒風漸墜小道將興若以出身人多應須諸色都減豈在獨抑明經進士也

柳渙

渙蒲州解人河北道推勾租庸使兼復囚使判官衞州司功參軍開元初爲中書舍人

請還葬伯祖奭表

臣堂伯祖奭去顯慶三年與褚遂良等五家同被譴戮雖蒙遺制盪雪而子孫亾沒並盡唯有曾孫無忝見貫龔州蒙雪多年猶同遠竄陛下自臨寓縣優政必被鴻恩及於泉壤大造加於亾絕先天巳後頻降絲綸曾任宰相之家並許收其淪滯況臣伯祖往叨執政無犯受誅藁窆尚隔故鄉後嗣遂編蠻服臣不申號訴義所難安伏乞許臣伯祖還葬鄉里其曾孫無忝放歸本貫

趙郡汶河石橋銘

於繹工妙沖訊靈若架海維河浮黿役鵲伊制或微茲模葢略析堅合異超涯截壑支堂勿動觀龍是躍信梁而奇在啟爲博北走燕薊南馳溫洛騑騑壯轅殷殷雷薄攜斧拖繡騫驄視鶴藝入侔天財豐頌閣斵輪見嗟錯石惟作並固良球人斯瞿[illegible]

馮紹正

紹正福州長樂人開元中官少府監守殿中丞累遷戶部侍郎封安昌縣開國男

賀雨表

自夏以來時稍微旱昨令臣畫龍刻魚聖躬親用祈禱先天不違油雲鬱興甘澤滂降百穀豐就萬物滋成臣忝有司實荷殊慶請宣付史館以闡皇猷

欽定全唐文卷二百九十九

裴光庭

光庭字連城贈太尉行儉子早孤武后時隨母厙狄氏入宮甚見親待累遷太常丞開元十七年拜中書侍郎同中書門下平章事尋拜侍中兼吏部尚書加宏文館學士二十七年加光祿大夫封正平男卒年五十八贈太師太常議謚曰克詔改謚忠獻

宰相等上尊號表

臣光庭等言臣聞惟天爲大聖人合其德知微其神至人

契其道德應者天錫其命道尊者帝受其名伏惟陛下克享天心誕承丕命仁育萬類道光四表功業見乎變禎符應乎時往者國步多艱克清內難皇天眷祐受命文宗允協聖謨肇修人紀不易日月再造乾坤此陛下之神武也若乃欽明上古允恭克讓綴學設教定禮創歷章施五采克諧八音緝熙之教成肅雍之德備此陛下之聖文也若郊祀天地文之經也敬事神祇文之德也柔遠能邇文之化也登封告成文之表也非大聖則不能合其典謨非至神則不能制其通變故功成者不可不表德至者不可不崇是以百辟禺望三靈乃眷將謂鴻名尚闕大典未敷臣等昧死上尊號爲開元聖文神武皇帝陛下將以首出千古表正萬邦伏願守神器之至公違鳴謙之小節微名不可以濩抑大典不可以固違則乃謂韶盡美矣又盡善也凡在含生不勝大慶臣等區區敢以固請

第二表

臣光庭等言臣伏以聖德廣運神功莫大昭升于上敷聞在下是用稽古歷考元符敢備元名以光帝冊陛下蒸蒸大孝翼翼小心沖讓推誠未允羣請臣等愚蔽罔知所圖

臣聞聖者與天地合其德日月齊其名智無不通物無不照其德合其名稱蓋聖人之總名非王者之私受昔周尊后稷推以配天所以美其聖矣及思齊文王人樂其德所以稱其聖矣及下武繼文能受其命亦稱其聖矣是以列聖相承受天之祐豈則前聖有紀而後聖無名陛下聖無不通神無不妙克受文命大定武功稽之於古則如彼考之於今則如此豈可鴻名大寶未有所崇蓋天授者不可違人欲者從其願伏乞暫回元鑒俯察丹誠使文德武功鬱爲稱首朝聞其道夕死是甘區區以固請無任悚踴之

至

第三表

臣光庭等言臣等竊因興頌上奉鴻名丹懇備陳元鑒猶邈是故退省方策進輸眞誠伏惟陛下少回天恩則海內幸甚臣聞天下者列帝之公器聖號者先王之至名故業崇則器尊道在則名應理徵不假義與無私今天之祚唐重光累聖天則有命聖可無名今若違而不居請而不允豈所謂畏天命以從人欲之旨哉伏惟聖以知時神以妙物文經造化武定邦家書云乃聖乃神乃武乃文光昭帝

圖莫斯爲大不稽古之明義豈在今之能名臣等虔奉舊章奉將元命非敢虛美以咎其詞伏願上察天心下自人聽使百靈遂望萬古式瞻則朝聞其道夕死無恨臣等不勝懇迫之至

賀雨表

頃以春季夏初微愆時澤雖無溥潤尚未爲災臣等親承德音憂勤萬姓虔誠雲漢自結壇場有孚斯感不疾而速則有鶴鳥和鳴油雲沓起未崇朝而四溟飛灑不終夕而萬里滂沱生靈以之相慶草樹綠而自樂臣等幸參近侍親奉殊祥蹈躍之誠實百常品望宣付史館

賀雨表

昨二十五日伏見高力士奉宣敕旨親於興慶池投龍祈雨伏以何言者天卑聽以平施惟微者聖旋感而降祥用能感孚響臻幽贊昭應聖德美利其至矣哉頃西郊微愆南畝不害遠自河陝已聞沾洽近次咸秦頗未均被而聖情遷軫憂勞日昃降天步禱神池肩然肸蠁若有從助俯祈萬福之祐仰叩三靈之心言發而旋雲朝隮神通而甘露降澍人欣華黍之盛物覩由庚之樂不疾之速書契所

未聞至誠之感皇王所不載需休之慶曲成羣物況在臣等切倍常情望宣付史館式彰昭感之美

賀幽州執奚壽斤表

伏以淡仁燭幽遠被無外至德感物翙茲有苗頃者奚壽斤放命不恭執訊來獻而陛下設誠不疑推致赤心歸於陬落襁負而至置之左右射御不違自非睿宗至誠被物何以驟改驕節卒爲忠臣變鴟梟於鸞鳳登反側於仁壽求諸前古竹帛所不載稽諸近事耳目所未聞臣等豫覩休異輒敢書於史冊

請修續春秋奏

臣聞聖人述作先宅天人之心次紀皇王之跡垂謨訓於萬代示褒貶於一方湯武道衰斯文將墜周公補其絶緒仲尼振其頹綱然後樂正雅頌懲惡勸善自獲麟已來代歷千祀班馬以紀傳黜凡例魏晉以篡殺爲揖讓既撓亂前軌又聾瞽後代春秋之義非聖人誰能修之伏惟陛下闢四門修六典高視風雅發揮經術微臣末學待罪阿衡職兼宏文懼不勝任昔晉書文詞繁冗穿鑿多門太宗特紆宸衷親爲刊削兼命儒學以成贊論書稱御製臣等不

勝大願上自周敬下至有隨約周公舊規依仲尼新例修續春秋經具有褒貶伏望進御裁定指歸如先朝故事其傳請與館內直學士張琪李融等如左丘明受經敷暢聖意屬詞比事原始要終審逆順之端定君臣之敍繼周孔之絶跡闡文武之鴻休傳之無窮永爲程式

請以三殿講道德經編入史策奏

堯舜以揖讓而理湯武以干戈而興或勞神以苦形且役志而焦慮有生之類雖亦聞於小康無爲之風故未臻於大道今陛下化成天下與道元同小其有爲之迹宏此不言之教將以去華歸本削僞存眞其爲道德之鄉固在老莊之術遂命集賢院學士中書舍人陳希烈諫議大夫王迥質侍講學士宗正少卿康子元贊善大夫馮朝隱等於三殿侍講敷暢眞文演襄城之七聖及姑山之四子理之於國惟清惟淨之風修之於身久視長生之道聖化元運寰瀛樂康咸日用而不知實曠代之未有臣忝職司望編入史策宣示天下

請以加老子策詔編入國史奏

伏見昨日一敕教示百僚爰及兆庶聖恩溥洽德澤如天

亦既生成載加誨勗莫不遷善咸知向方臣忝在樞衡未有宏益忽承天獎曠若發蒙雖義軒上皇堯舜至德無以加也天下幸甚望編入國史以示將來

斷死四二十四人請宣付史館奏

臣等伏見所司奏天下應死囚總二十四人竊以天下至廣宇內至衆豈惟德禮所齊固以幽贊潛治方將勒休述美非獨成康之時反樸歸淳幾若華胥之俗昔斷獄數百文景稱仁徵諸良史遠有慙德臣等竭心奉職徒效涓塵之微動色相趨預聞頌聲之作請宣付史館克昭盛烈

金城公主請賜書籍議

西戎不識禮經。心昧德義。頻負盟約。孤背國恩。今則計窮。求哀稽顙。聖慈含育。許其降和。所請書隨事給與。庶使漸陶聲教。混一車書文軌大同。斯可致也。休烈雖見情僞變詐。於是乎生。而不知忠信節義於是乎在。

楊若虛

若虛。元宗時人。

應知合孫吳運籌決勝科對策 并問

問。朕聞武以保大定功。刑以禁邪止殺。軒轅三皇之聖。莫

能去兵。陶唐五帝之聰。時猶振旅。故知體國經野。宜有弔伐。居安慮危。可無預備。朕纂承丕業。虔守大寶。因祖宗之既康。恐文武之將墜。兢兢戒懼。翼翼憂勤。而德教誕敷。烽燧尚警。三邊每勞於征伐。百姓不歌於耕鑿。言念于役。深軫於懷。所以日旰忘飡。中宵輟寐。思謀臣以制敵。折衝於樽俎。索名將以守邊。降伏其戎寇。行何法也。得致斯人哉。子等藏器待時。呈才應命。盡陳古今之事。備詳攻守之策。至時賢著述。往彥勳庸。兵法有五十三家。宜分其四種。漢臣有二十八將。自比夫幾人。景略可逮於孔明。張遼得齊於關羽。斛律光賀若弼。近代之用。誰優。我李勣與李靖先朝之光。誰最。又邛南一方之地。磧西萬里之域。將棄之以促境。寧守之以勞人。鎮涼州至於流沙。軍隴坂至於積石。險阻要害。予疑汝明。秦中歲役於防冰。若爲釐革。代北年疲於禦塞。奚所變通。薊門屯田。何術以休其弊。柳城梗澀。何籌以繫其虜。凡此邊廷。今爲重鎮。何經何見。何履何歷。若兵不獲已。用何奇謀。貞我師旅。使有征無戰。必文可來之。施何異政。柔彼夷狄。使懷惠畏威。咸述爾能。直言其事。當有昇壇之拜。佇伸推轂之寵。

對。臣沐清化。忝紆黃綬。屬陛下聽鼓鼙之音。載懷將率。卹邊鄙之聳。思輯軍容。臣竊歎三隅未寧。爲日久矣。不以庸菲。謬膺推薦。恭承大問。俯踏玉陛。咫尺天休。以抒情素。臣聞古先哲王。鮮不征伐。禁暴止亂。咸以爲人。思患預防。實爲善政。伏惟陛下允恭克讓。虔守四表。俊乂咸理。以孚于人。猶恤彼勤勞。求茲政道。實天下幸甚。臣聞事適於務。則理有成。法宜於時。則功可建。是以廣採輿誦。詢於芻言。不以人廢言。不以欲違衆。故計濟事立。利倍功大。完軍保勝。道泰人安。雖三邊未清。而百姓不弊。臣聞或多難以啓其

疆土或無難以喪其守宇天其啟此邊難以警陛下勤於政理以致和平因定荒亂之宜以爲子孫之業也不然者豈聖明之時屢有斯寇今若以明視遠以聰聽德欽崇天意允釐庶績制以官刑儆于有位愛敬立於親長始終協於家邦崇禮以致賢修德以來遠言合於道雖賤必行議乖於政雖貴必罰謀得其要必申爪衍之賞刑當其理不貽戮僕之懲則在庭之官足以致化臣聞燕昭立館以報强讎越踐自勤竟雪深恥景略用而秦道霸孔明起而蜀業成豈明明之朝不如區區之國其珠玉無足愛之必至

賢良思用求之必來惟陛下知與不知用與不用苟得其任何憂制敵降戎而已哉必資聽之不濫擇之無失審甄其操履明試以言謀之以八徵求之以五聽穰苴進於晏子韓信用自蕭何是以君人勞於求才逸於任使舍人求勝臣以爲難臣聞自古用兵成敗相半賢者得其大愚者得其小莫不同用於法焉至於戰勝攻取無出三事類文校義分爲四種記之金策具於玉韜漢臣以之撥亂輔時上應列宿振威耀武咸得其才以臣之愚何以堪此然守終持滿竊仰鄧禹之能勍敵神謀頗懷馮異之略至隱若敵國思其奉上之故亦採於一善未致其全若景略比於孔明功當術淺張遼比於關羽壯劣情優斛律光著破虜之功賀若弼有平陳之績論其攻戰則可齊肩語其才雄此或先駕彼亾隋之任士內用寵戚外階朋黨忠言死於逆耳國命出於讒言政以賄易功以財成鴈門之圍兵士以微而不賞狼河之敗許公以親而不誅天下分崩人受塗炭是以李勣與李靖爲國家用因隋亾之臣致有周之業靖則克勝其任匈奴於是破亾勣則能達其謀高麗以之終滅謀功比事勣可同年以功取人靖以居上臣聞惇

德允元柔遠能邇王者無外守在四夷張綱棄兵竟和南國充國不戰亦定西夷若李牧以居邊魏尚而爲牧遠和邇鎮固障持邊遠和則不勞邇鎮則居逸是謂釋遠謀近逸而有終然後明其伍候守其交禮謹其走集誡以不虞足以輯和士庶羈縻夷狄何必棄南邛之戎捨磧西之地隳先朝之業致將來之誚焉蹙國挫威臣所不取臣又聞華夏者國之心腹邊陲者國之支體若心腹克盈則支體無害古既守之不損今禦之而何失古以之足今以之虛非古今有殊理實授非其任然東自榆林西至蒲海限之

以亭塞隔之以山河啟玉關金微之險有臨洮墨離之阨飛狐白石爰在并汾木狹土門出於幽薊李靖距頡利於磧口終絕南侵李傑敗王師於榆關遂貽東鄙險阻不異成敗乃殊以是言之非才莫可今若漸收塞上之士申晁錯之謀安輯雲中之人曉嚴尤之術保以邑落守以城池求賢良以爲守習農桑以爲教敵至則收其積聚使野無所遺賊去則伺其虛危使兵不失利則秦川歲減於冬戍代北不懼於秋犯臣見薊門屯田降軍冠之乘攻守餘暇務耕耘之積省兩河之粟資三軍之費但使役之無擾何

憂兵以致弊軍既未息此安可停臣聞取亂侮亡書之明義固險而守國之恆政若柳城之寇不虞於邊人鴻臚之賓未絕於來使則養士卒以待其衰也必若虐暴邊隅須申致寇之略如其毒痛於下方興問罪之師任之以智能申之以謀策明賞必罰教人以信山林水澤之陣識以權宜父子兄弟之軍赴湯蹈火然後揚兵耀武示之以威則師旅以貞夷狄柔服惠懷無戰其在於茲若但行以秋霜之嚴而無時雨之澤不計而動離怨在心驅以合敵貪以取敗既輕有生之命求幸白刃之中使天威挫衂者臣竊恨焉易曰差之毫釐繆以千里此之謂也臣以不才展効州郡每懷報國屢上微言神龍二年進狀論沙場喪敗開元四載投匭言降戶得失鑾駕西幸又於河中府上表幷進柔遠論一首而才微理拙不蒙顧問制問曰何經何歷敢不盡言臣識淺才微罔知攸據至若昇壇之拜推轂之寵豈可一策所能及愚臣暗昧不足以當之俯伏惶恐若履冰谷謹對

劉庭琦

庭琦開元時官雅州司戶

對家僮視天判

甲於庭中作小樓令家僮更直於上視天乙告違法甲云專心候業不伏

士惟各業法貴師古苟睽厥道盍速其尤甲也黔人頗遊元藝門庭之中駕小樓而對月星象之下縱微管以窺天懸究昭回遠揆雲物傳諸子弟頗覿前修授以家僮未詳其可雖有詞於候業亦難免於刑典更資研問方寬糾纆

張嘉貞

嘉貞字嘉貞蒲州猗氏人應五經舉拜平鄉尉坐事免歸

長安中以採訪使張循憲薦則天召見擢拜監察御史歷梁秦二州都督開元八年拜中書侍郎同中書門下平章事遷中書令累封河東侯十七年卒年六十四贈益州大都督謚曰恭肅

空水共澄鮮賦

空之爲象也本乎天水之爲德也本乎泉上善之人方其性貞化之客愛其元清虛而隱性含受而無偏因高下而臨照故能共於澄鮮誠大明而盡善實和光如可憐爾其皎潔清泚空色懸於水底分明照曠水光積於空上玲玲

瓏瓏晶晶液液託九霄如染翠澈千里而含碧微風共息含晴影而湛然兩日俱生弔長輝而相躲表裏如一容象難尋涵泳游鱗若迴陵而上出聯翩度鳥疑戲沙之下沉爲當物將類於迴覆爲是人自惑於闕臨竟未能纏列於疑似分別於空水元之又元美之逾美

水鏡賦

利濟者水涵虛者鏡懐朗鑑遇物無心處下流通而不競對清流則泛濫長游開寶匣則蟠螭孤映汾澮所及泯眾惡而無私銓衡不遺鑒羣才而必正清汋其味堅貞其質

六氣咸用彼得於終亨五材不愆乃取其初吉洩則不竭貞能象物浮錦纜而花生映瑤臺而月出若然者體不自有故受之於金功不自居乃推之於坎昭昭神遇必盡其妍蚩泛泛隨流豈懐於舒慘清必見底明恆照膽塞之則止寧有謝於屯蒙用之則行竟無情於窺鑒臨萬象而皆見總百川而俱會隱瑞鵲於光中泛靈查於天外混之不濁含靜質而終潔覆之則昏用明道而若昧功雖一致理或殊調乘桴浮海從我者豈測其深賦蒙求徵無欲者以觀其妙納晴天而兩日交麗因紅粉而雙容俱笑旣不憚

於惠風亦何疲於屢照加以向日冰静澄流玉潔聲名未著覽鶴髮而魂驚功業後時仰龍門而心絕幸君子之惠鑒庶流同而派別

奏宥反坐罪

昔者天子聽政於上瞍賦矇誦百工諫庶人謗而後天子斟酌焉今反坐此輩是塞言者之路則天下之事無由上達特望免此罪以廣謗誦之道

答勸置田園札

吾忝歷官榮曾任國相未死之際豈憂饑餒若負譴責雖

富田莊亦無用也比見朝士廣占良田及身沒後皆爲無賴子弟作酒色之資甚無謂也

石橋銘序

趙郡洨河石橋隋匠李春之迹也製造奇特人不知其所以爲試觀乎用石之妙楞平碪鬭方版促郁緘（一作鍼）穹隆崇豁然無楹吁可怪也又詳乎义插駢坒磨礱緻密甃百象一仍餬灰璺腰纖鐵（一作纖栓）蹙兩涯嵌四穴蓋以殺怒水之蕩突雖懷山而固護焉非夫深智遠慮莫能㓨是其欄檻華（一作華）柱鎚斵龍獸之狀蟠繞拏踞睢盱翕欻若飛若

動又足畏乎夫通濟利涉三才一致故辰象昭回天河臨乎析木鬼神幽助海石到乎扶桑亦有停杯（一作林）渡河羽毛填塞引弓擊水鱗甲攢會者徒聞于耳不覩于目目所覩者工所難者比於是者莫之與京

先師仲弓贊

諸侯爲邦雍也可使道在於政政期於理用刑者何居敬則已況禮況德聞之夫子

北嶽廟碑（幷序）

有國者殷薦於天地望秩於山川故災沴不生矣有家者嚴敬於鬼神克諧於禮樂故休祐斯應矣由是上下交泰幽明相叶五精同朗辰爲水其味鹹五鎮俱清恆爲冬其音羽大哉玆嶽殊於衆山嵩華乃跼乎近甸衡泰不踰乎方域孰與夫包括綿長經綸中外外夷有四昴宿主胡則延袤以限之中郡有五寶符在代則高襄以臨之其頂也上扶乾門黑帝之宮觀其足也下捺坤軸元神之都府豈止脅冀魏截幽燕拒洪河撐大海澒洞合沓半天下之襟帶嵯峩巉嵒一宇內之標格者也故知惟土有精惟山有靈窅窅冥冥其道至乎其德至貞氤氳馨馨目之不覩夫

形耳之不聞夫聲陰陽不測夫奧所以存像設建祠庭矣稽彼上古洎於中運五載巡狩百神懷柔皇王令典以之叶祚數昌期以之永降臻嬴秦爰逮周隨匪修匪處或替或僭不勤於省者其政缺非美而封者其事訛嗚呼黷祭虛陳昭靈罔荅更張禮秩固待雍熙粵若我唐正百王頹敎恭惟我后揚五聖丕烈人神允浹動植和暢乃藉北鎮柴南壇碑西岳泥東岱是用告厥功祇其祠也故穰穰介福獲於彼喁喁衆心徯於此而今玁狁不熾已萬餘辰邊隅於是乎靜雨雪其滂乃屢盈尺稼穡於是乎豐豐以阜

人靜以安俗俗安而人阜君睿而神聰惟神幽贊已成惟
君能事斯畢北巡之禮胥詠其蘇雖黝輅纁旂未由冬覲
而圓珪方璧每自天來或事舉必祈福行空賽則有公卿
而奉新（一作告）命也或四時薦熟三獻酌洗則有侯牧而率
舊（一作新）章也非夫昭信雅直豈常享於明代哉是以河朔
人風潔誠而禱蠶穀者衆矣春終秋孟冬首三之月九劇
蘋藻自羞若從官斂樵蘇不禁孰敢私伐蓋威靈感通以
致耳與其淫諂而求者異乎夫道莫先乎貞政莫先乎淳
參造化以成萬物莫先乎神資帝王以富四海莫先乎人

護神莫先乎君公理人莫先乎師長景寅歲乃命菲木謬
兼軍郡欽若明詔持兵導俗無敢懈怠名山大川著乎典
式靡不加敬於昭神寢於岳之陽伊岳致神惟神主岳高
柯古幹幽蔚陰翳俯仰瞻對精魂肅恭慄然何爲故以嗟
嘆嗟嘆之不足於是詠歌歌以發言言以彰德事可追於
風雅詞無隱於聞見神而聽之頌斯作曰
五宿熒煌風政休咎上經乎乾綱我君順之祚乃久兮五
宗盤薄陰化成貺下彰乎坤絡我君欽之福乃介兮天平
地成神道助貞人事以寧兮皇極帝力神道助直人事以

息兮禎祥日新既祠既禋國萬斯春兮風雨時若是耕是
穫家勤於作兮至誠通兮昭冥協和至道默兮對揚頌歌
大恆如礪明德惟我

趙州癭陶令李懷仁德政碑

夫緝懿德以升榮必凝範於金冊總徽圖而闡化亦昭茂
於丹青將以矯弊翻訛匡風正物求諸曩烈良宰況乎辰
樞委曜載誕宗英居市立之重就烹鱻之任而能立心政
術克著清猷吞賈鄭於胷懷顧周韓於掌握信可以騰芬
琬琰垂範將來者焉君諱懷仁字【闕】隴西狄道人代祖

元皇帝曾孫太宗文皇帝之族子也自黃軒御曆元帝垂
時竦瓊構於綿代渙瑤原於遙祀月魄凝祥庭堅之德斯
邁星精委貺伯陽之道攸高靈變所鍾神功乃暢撫羣材
而贊統允叶龍圖敦九族以垂風載光麟趾華宗景胄可
得稱乎亾祖湛北宮之德雖厚西嵊之老不借父義持節
丹松商恆四州長史使持節都督丹州松州商州恆州等
州諸軍事恆州刺史徵拜宗正卿轉左驍衛大將軍上柱
國隴西郡公英姿鳳峙逸概鴻騫行不恆物言必以信出
總六條入參九棘戎機斯要載奉鉤陳忠肅之誠見稱循

警君商岑薦祉渭川澄祜稟靈和之氣挺韶茂之姿始自裖辰已見克岐之美迨乎丱日更標通理之稱蓋亦猶同山之羽光彰五色渥水之駒早聞千里豐池孕寶紫氣遙浮楚岫銜珍白虹孤映若乃韞器清朗植性溫嚴磨而弗磷撓而不濁忠孝之道無待傚成仁義之方率由斯至雖聯華帝室毓質景門而乃謙恭肅慮若在冰谷不宣驕而傲物豈恃貴以誇時言則循憲動必由禮幼而聰敏備覽羣籍偃書林而斂實漱詞河而吐潤貞觀元年承隱太子爲息其後降封陳留縣開國公食邑一千戶錫社分茅乃

遵周冊誓河疏邑爰依漢典爵窮上等名貫通侯發以聲明紀之文物朝廷以今之長吏古之諸侯任總一同寄淺百里況全趙之地是曰大邦鳴絃軌俗實資良彥永徽元年以宗室子弟敕授朝議郎行癭陶縣令晉稱楊國魏曰癭遙近控槐川旁通寖水封城舊址卽帶常山歷郡故基還分鉅鹿趙肅王之子美化猶傳廣川國之裔清規未遠君乘輕涖境經餉升職宏製錦之術取棼絲之義不言而教道德齊禮法令爲師勝殘去殺而以爲政之本學校居先阜俗之原耕桑是務於是敦勵鄉黨黌塾俱開課租農時田疇盡闢子衿之侶遠同洙泗歲取之積近辟京坻至於棄業遊手挾丸之客剝鼓之酋咸仰仁明變其澆悍市無竊盜路多懸寶鳴桴既靜犴獄恆空彈絃跕屣之家復遵貞道剽奪椎埋之豎更同醇懿若夫孤老疾恙惸嫠窮竭煙火不舉資費靡依親勸富豪均爲周贍衣食畢繼咸無凍餒徭賦賙卹斷自經懷揣其輕重量其遠邇牽而弗擾勞而靡怨而以士女攸居郛邑爲重商旅所湊闤闠斯切而地惟鹵溼垣巷多毀農事之餘漸勸營構修衢矢直列肆星羅崇墉掩藹飛甍隱耀通渠亙陌長隄叢陰百姓

相驩靡弗稱賴亦猶齊茅荷竹無煩堂邑之（闕二字下闕）疏原有濟滎陽之俗（闕）阿之功既峻無（闕）之政爲優較而言焉我亦奚愧界內有狸乳鼠麥秀（闕）歧暴獸成狸徒彰昔美兩歧興瑞空結前謠未有乳字之奇雙穎之異超今絕古掩牒韜圖雖天降休祥本符昌歷然產於縣境良由善政不有聖朝孰任明宰不有嘉應何表能官豈若祥靡變質獨紀瑕邱之化禎禾擢秀空顯中牟之德逮於今茲彼固非美合縣道俗等道存名教情據典律咸棲幕府並浴儒津以爲盛德必彰既形之於舞詠徽風載洽亦播之於絃

管言武城之小善尚著歌謠董須昌之微功猶勘碑頌況我君英規允暢惠化旁流道軼翁鄉仁跡涉闕焉可使丹書靡紀翠碣無聞者乎

欽定全唐文卷三百

賀知章

知章字季真會稽永興人第進士開元中累遷禮部侍郎加集賢院學士充皇太子侍讀遷太子賓客銀青光祿大夫授祕書監晚年自號四明狂客又稱祕書外監天寶三載上疏請度爲道士還鄉里元宗親制詩贈行卒年八十六肅宗立贈禮部尚書

上封禪儀注奏

昊天上帝君位五方精帝臣位帝號雖同而君臣各異陛下享君位於山上羣臣祀臣位於山下誠足以垂範來葉爲變禮之大者也禮成於三初獻亞獻終獻合於一處

唐龍瑞宮記

宮自黃帝建候神館宋尚書孔靈產入道奏改懷仙館神龍元年再置開元二年敕葉天師醮龍見敕改龍瑞宮管山界至東秦皇酒甕射的闕一字西石山南望海玉笥香爐峯北禹陵由射的潭五闕三字白鶴山淘砂徑茗闕一字宮山闕二字潭葑田茭池闕一字洞天第十名天帝陽明紫府眞仙會處黃帝藏書闕三字闕闕四字禹至闕得書治水闕一字禹之

下闕

李元紘

元紘字大綱京兆萬年人開元十四年拜中書侍郎同中書門下平章事加銀青光祿大夫封清水縣男與杜暹不叶罷知政事出爲曹州刺史以疾去官拜戸部尚書仍聽致仕二十年起爲太子詹事卒贈太子少傅謚曰文忠

請令張說吳兢就史館修史奏

國史者記人君善惡國政損益一字貶襃千載稱之前賢所難事匪容易今張說在家修史吳兢又在集賢撰錄遂

今國之大典散在數處且太宗別置史館在於禁中所以重其職而祕其事也望勒說等就史館參詳撰錄則典冊有憑舊章不墜矣

廢職田議

伏以軍國不同中外異制若人閒無役地棄不墾發閒人以耕棄地省餽運以實軍糧於是乎有屯田其爲益多矣今百官所退職田散在諸縣不可聚也百姓所有私田皆力自耕墾不可取也若置屯田即須公私相換徵發丁夫徵役則業廢於家免庸則賦闕於國內地置屯古所未有得不補失或恐未可謹議

牛仙客

仙客涇州鶉觚人初爲縣小史積功遷洮州司馬王君㚟節度河西召爲判官遷太僕少卿判涼州別駕知節度留後事俄爲節度使開元二十四年爲朔方行軍大總管以工部尚書同中書門下三品知門下事遙領河東節度副大使封邠國公加左相卒贈尚書右丞相謚曰貞簡

請宣付元元皇帝靈應奏

臣等伏覩皇太子送十二月德音赴史館伏承陛下前月

五日將欲巡幸渭北是夜夢元元皇帝曰明日子欲遊乎北神不在此事宜止五更當自有應且子之享國多歷年所何必此日陛下二更即降制停渭北之行至五更果烈風大起際暮方定伏以王眞體妙莫大於皇極盛明致理孰盛於吾皇由是感而遂通聖與神合言不測之事示必然之期果茲烈風有叶靈夢既彰陛下之祚更表無疆之休同天地而久長若符契之徵驗臣以上自開闢博考圖書神靈效祥帝王膺慶未有若此之昭著者也臣等謬當樞近又忝史官預聞德音不勝抃躍伏望宣示百僚須及

中外。

賀紫宸殿烏巢表

臣等伏因侍奉之際，天恩令臣升殿觀此烏巢。陛下孝弟之至，通於神明，仁慈所育，豈獨黎庶。故得上元協應，靈烏呈瑞，翱翔不離於廷際，栖集必歸於軒檻。或人俗所有，但止於園林。今聖感而來，乃巢於殿栱，依人無懼，戀主愈馴，博考圖籍，未之有也。臣等幸忝樞近，親覩休祥，望頒示中外，以彰靈感。

賀宣政殿烏巢表

陛下孝友因心，慈仁被物，故得上帝儲祉，靈烏發祥。高棟重櫨，共瞻爰止；前軒內殿，皆覩來巢。視之彌馴，逼之不懼，休祐重沓而交應，徵求古今而未聞。臣等何人，屢覩嘉瑞，望與前狀同宣中外，克紀禎符。

章仇兼瓊奏吐蕃安戎城得泉賀表

此城往緣無備，權屬吐蕃，天威所臨，復爲我有。而犬戎自送其死，且或執迷，率彼凶徒，輒敢圍逼。城中在昔惟水爲虞，雖佇之則多，而汲之路斷。陛下每憂無物，必期靈祐，聖心有屬，神道元通，遂使折石流泉，分巖瀉液，動天地而昭應，與造化而同功。三軍所資，一朝皆足，既使無渴之慮，益勵忠勇之心，翦滅寇戎，從此非遠。傍稽典策，博考禎休，以欣以躍，實倍常品。請宣示百僚，編諸册簡。

賀迎元元皇帝眞容有慶雲見表

伏以元元孚祐，聖感潛通，將垂介福，必有丕應。頃屬初夏，微陽暫僁，自夢協已來，頻降膏澤，變茲秋稼，成此豐年。又數日陰雲，通霄澍雨，聖容將出，天景廓清，加以霏烟在天，瑞氣捧日，元符稠疊，若此再三。惟皇祖之降靈，表吾君以大慶，爰自古昔，所未嘗聞。臣等何人，覩茲明應，伏望宣付

史官。

皇帝夢元元皇帝眞容見請宣示中外奏

兵部尚書兼侍中牛仙客等奏：臣等因奏事，親承德音，陛下謂臣等曰：朕自臨御已來，向卅年，未曾不四更初卽起，具衣服禮尊容，蓋所爲蒼生祈福也。昨十數日前，因禮謁事畢之後，曙色猶未分，端坐靜慮，有若假寐，忽夢見一眞容云：吾是汝遠祖，吾之形像可三尺餘，今在京城西南一百餘里，時人都不知年代之數。汝但遣人尋求，吾自應見。汝當慶流萬葉，享祚無窮。吾自度其時，今合與汝於興慶

中相見汝亦當有大慶吾猶未卽言語畢覺後昭然若有所覩朕因卽命使兼令諸道士相隨於京城西南求訪果於盩厔縣樓觀東南山阜間迺遇眞容一昨迎到便於興慶宮大同殿安置瞻覩與夢中無異者伏以元元大聖降見眞容感通之徵實符睿德陛下體至尊之道崇清靜之源何曾不禮謁虔誠爲蒼生祈福故得眞容入夢烈祖表靈求之西南果與夢協且與慶宮者潛龍舊邸王業所興當此處而告期與嘉名而相會斯乃降於紫府鎭我皇家啟無疆之休論大慶之應陛下爰捨正殿以爲法堂是尊

是崇至敬至極殊常之理將萬福而俱臻無外皆覃迺億兆而同慶臣等昨日伏承聖恩賜許瞻禮自然相好諒絕名言開闢以來典籍所載未之有也臣等無任慶悅之至謹奉狀陳賀以聞仍請宣示中外編諸簡冊者

呂延祚

延祚開元六年官工部侍郎

進集注文選表

臣延祚言臣受之於師曰同文底績是將大理刊書啟衷有用廣化實昭聖代輒極鄙懷臣延祚誠惶誠恐頓首頓首臣嘗覽古集至梁昭明太子所撰文選三十卷閱翫未已吟讀無斁風雅其來不之能尚則有遺詞激切揆度其事宅心隱微晦滅其兆飾物反諷假時維情非夫幽識莫能洞究往有李善時謂宿儒推而傳之成六十卷忽發章句是徵載籍述作之由何嘗措翰使復精覈注引則陷於末學質訪指趣則巋然舊文祇謂攪心胡爲析理臣懲其若是志爲訓釋乃求得衢州常山縣尉臣呂延濟都水使者劉承祖男臣良處士臣張銑臣呂向臣李周翰等或藝術精遠塵遊不雜或詞論穎曜巖居自修相與三復乃詞

周知祕旨一貫於理杳測澄懷目無全文心無留義作者爲志森乎可觀記其所善名曰集注并具字音復三十卷其言約其利博後事元龜爲學之師豁若徹蒙爛然見景載謂激俗誠惟便人伏惟陛下濬德乃文嘉言必史特發英藻允光洪猷有彰天心是效臣飾敢有所隱斯與同進謹於朝堂拜表以聞輕瀆冕旒精爽震越臣誠惶誠恐頓首死罪謹言

崇宗之

宗之開元時官禮部員外郎

昭成皇后謚議

昭成皇后謚宜引聖眞冠后謚之上而誤加大字非也若取單謚配之應曰聖昭若睿成以復謚配之應曰大聖昭成聖眞昭成且太穆皇后武德元年五月追謚爲穆皇后貞觀元年五月六日又追尊爲太穆皇后上元中又追尊太穆神皇后文德皇后貞觀年中謚曰文德上元中追尊文德聖皇后卽後漢皇后紀范煜論明矣

蘇晉

晉贈太子賓客珣子舉進士及大禮科皆上第先天中累

遷中書舍人歷戶部侍郎襲爵河內郡公開元中加銀青光祿大夫終太子左庶子年五十九

應賢良方正科對策 并問

問妙盡黃間期於（一作乎）百發術該（一作窮）元女寧無七縱聲苟中律不憚撞鐘之求服必稱儒何辭解衣之試況今徵工意匠搴秀談叢臯鷺卽事於分區牛驥佇從於別阜謂其淩厲顧盼以雪陳琳之恥（一作陳侯之疑）何乃罔敞遷延不答馬卿之難豈時英所病共設於罌醻將高尚在懷不屈於周黨薦舉之法抑有多途取捨之方莫能折衷何則含光隱迹不盜處士之名介立宴徒安獲知己之薦舉逸之法應有通規取捨之言非爲（一作無）盡善文武之道方冊所不墜德怨之報人情之大綱射爲諸侯杜預無穿札之力士爲知己崔洪有挽弓（一作智）之悔相圃澤宮失之遠矣子皮紇叔夫何言哉（一作夫何有哉）舉賢受賞非才有罰國柄（一作秉）所加期乎必當驗之從政效無斷限之年試以（一作之）文朮智有遲速之別知而不舉聞識竊位舉而非（一作非其）人寧當顯戮臧孫之犯既是虛刑子文之辜復當何典內外齊舉援親豈不致嫌師錫具陳行慶又誰爲首凡此歧路罔識攸

從遲莫如律（一作知律）宏其利涉

對物以類昇方以類降故大小趣捨未始離乎類也所謂同聲相應同氣相求雲從龍風從武時其效歟矧惟生人懷五常含好惡自然之勢也安可處非其類乎斯固士君子砥行立名伸首抗迹思欲奮迅泥滓淩邁雲漢與鸞鳳爲伍矣豈不能折其鋒沮其目誠謂類有驟羣有分下流不可久居且無其時猶欲干進之若此況乎師曠傾耳卞氏拭目將欲察異音求奇彩苟有留者誰肯遷延於解衣之試哉策曰薦舉之法抑有多途取捨之方莫能折衷何

則含光隱迹不盜處士之名介立寡徒安獲知巳之薦舉逸之法應有通規取捨之言非無盡善者夫人洪然則淡其心飾其狀不可知以貌不可窮以言將爲辨者不可也求乎其端或有可知矣夫天之巖乎其上者施人以氣地之坎乎其下者成人以形高下之閒不可逃者形氣而已矣氣之積者彰乎形形之動者感乎物彰於形故可以象察感於物故可以類求察其象長短之材可量矣求其類邪正之氣可識矣雖則含光隱迹介立不羣終不能以形逃不能以氣隱明矣子曰視其所以觀其所由察其所安

人焉廋哉人焉廋哉古聖王之觀人也未嘗越於是取捨之言非不盡善也但夫懷詐飾僞舉世有之干祿者不盡善舉人者不盡智或以勢逼或以利興觀象察言以難其識附威藉利諛媚其心有於此者則取捨之方何所施矣嗚呼負舟登山誠難事也策曰文武之道方策所不墜德怨之報人情之大綱射爲諸侯杜預無穿札之力士爲知巳崔洪有挽弓之悔相圃澤宮失之遠矣子皮鮑叔夫何有哉夫射者先王所以定人之心和人之志亦以示威儀耳以爲諸侯分我茅土育我黎蒸撫有威衡持秉生殺當審心定志敷德遵和故爲其立飲射之法以導達其志不在穿札貫的矣子曰射不主皮卽其義也則夫麗龜貫石者將武夫之伎耳非不侮鰥寡保其社稷之業夫有大功者獲大賞異哉當陽誠無閒然矣古之君子冠業而立於朝則必有益於時矣以爲益時者莫先於進賢苟得其人則沒齒無怨矣又何可顧望默識乎子曰定其交而後求夫古之人定其交者將宏濟時務克清代幾恐夫道不吾行才爲時棄是用定其交求其達豈徒踽促存於情之所好哉若以情之所好相求則是便僻比周之人豈得爲文

雅君子乎崔侯必不以挽弓爲悔假使子皮薦國產叔牙舉夷吾終不能光興鄭邦匡合齊社亦未足以紛昭載籍矣策曰舉賢受賞非才有罰國柄所加期乎必當驗之從政效無限斷之年試以文朮智有遲速之別知而不舉闇識竊位舉非其人寧當顯戮臧孫之犯旣是虛刑子文之辜復當何典內外齊舉援親豈不致嫌師錫具陳行慶又誰爲首夫天之平分萬物體不俱舉有其才者童其首揮其翼者兩其足德不必備才難盡善其人善於政者不必有其文工於詞者不必敏其事書曰無求備於一人詳矣

先王均其曲直任其事宜物各有所長工拙不相害矣故書曰明試以功車服以庸則堯試其人以官備在方冊矣夫政有序化有漸時有險夷功有隱顯爲政者當責其歲晚不可中道而廢也施政立德不過乎三年人情大可見也孔子曰期月而化成書曰三載考績何得無限斷之年歟夫文者貴其能書理論宣道其業非得意之實乃無意之筌歟夫傳曰言以足志文以足言又曰非文無以自達苟欲考之文詞求之遲速則志有可得在政斯亨言之無文用亦何害且夫官爵者至公之器也薦賢者至公之道也君子持至公之道守至公之器進思盡忠何可囘隱復俛薦嫌疑親讎之間哉昔者先王之立制進賢受上賞蔽賢蒙顯戮舉非其實寘其阿黨之誅薦得其人介以彙征之賞行慶之典不偏於師錫矣時理則德存代亂則道喪難乎魯無君子楚不足徵使子文安居臧氏無咎痛哉政不難矣不有仲尼爲賈之喻千載之後何知其過焉謹對

又應賢良方正科對策 并問

問朕聞處域中之大據天下之圖莫不設簴以思賢解琴而顧化雖君唱臣和而明鮮晦多所任者或非其人所行者儻乖其道歸於浸弊罔弗由茲朕寅畏上元負荷先構靜言爲國有若涉川風俗未淳政教猶鬱黎元寡遂鸞鳳不臻當宁永懷良深愧歎子大夫講聖人之高議明王事之大綱蓄憤謀忠歷年載矣何施而反本於古何用而救末於今何術而人物阜安何德而神靈滋液爾其無隱無忽悉之究之通其條貫朕當親覽

對臣聞聖人法天而理察道而行心膂俊賢子惠黎獻吏恭爾位人樂其業朝無秕政俗詠康哉書曰惟天聰明惟聖時憲惟臣欽若惟人從乂此其謂也雖根英異轍火木殊途革去故而鼎就新變咸池而歌大夏然而無易茲典其故何哉葢以因天人之和順陰陽之數不可替也皇上道高西聖德邁南薰黃龍薦圖翠鳳爲寶至於膺正歷享靈符朗七曜於銅儀安萬人於寶歷延祥降福陟酌登封八表黎元歌皇風而周地絡四夷酋長頌元化而建天樞此皆以刻於玉版載於金匱爲帝者之祖宗與乾元而始終至於坐衢室端冕旒寂然不動感而遂通赫赫明明之美無聲無臭之化固以榮鏡宇宙發揚神人振古以來未有如斯之盛矣猶復寅畏上帝憂念下人思反朴於鶉居

佇遷訛於鴻古夕惕勤止良以深焉爰降綸言俯詢輿議此陛下沖謙之道也愚臣何足以知之然而忝迹明時敢忘披露臣聞帝王之道藉英彥以張風邦國之圖資明謨以垂化故能庶徵有序美政無虧當今制禮作樂懸章布憲可謂文物大備刑政中和而紫宸宏卷舒之風黔首罕阜安之業者良以官僚空曠守宰荒寧不能宣裕皇明洗蒸徒之耳目發揮神化變澆薄於閭閻夫遷物化人著誠去僞豈惟君上之道實亦官聯之職故文翁好儒蜀學比於齊魯毛玠崇質魏士素其裘裳是知易俗移風使天下

迴心而嚮道者非俗吏之所能爲也故董生云黎人未濟皆吏不明使至於此也賈誼亦云下之有過吏之罪也夫聞伯夷之風者貪夫以廉見柳下惠之迹者鄙人以恭故曰教人莫若垂範垂範必仰良林阜俗莫若興農興農必由循吏且擇賢而處其弊猶濫員乘爲政何以克堪今若選英傑而實百僚自朝廷而及州縣咸令法易簡之道慎德刑之教賞以春夏慎其濫矣罰以秋冬敬其刑矣夫賞刑中則庶人安庶人安則財用足財用足則百志成百志成則天人和天人和則神靈滋液矣然後垂訓而理勤法而行宣九式以均財修六禮以節性明七教以興德齊八政以興邦道格元亨風還太古時雍之和可致濟俗之義可宏唐虞之美可逾文景之聲可越謹對

丞相少傅拜職天子作三傑之詩以命宴序

惟聖寶賢以齊皇極有若左丞相燕國公右丞相廣平公太子少傅安陽侯皆生人碩德皇國元老道著廊廟績宣華戎由是懋其成功錫以元吉洎日於朔擇時於秋俾對命王庭受職公府見羣屬揖庶寮禮官辨章掌舍陳次工備佾褰獻蒸六卿拜下以成儀三事自天而來賀秩秩賓

序暉暉旅醼王緯垂文南風和雅頌之變金漿降醴雲天光飫酌之宜宰德貴和盡莊敬具瞻之範羣情尚洽預周旋晏語之歡方將一心天工勠力帝載寢黑山之柝苞青海之戈雲雨賢才水火菽粟日詠魚藻歲陳由庚頤殷趙之年留魯陽之景爰命在宴乃賡載歌

嚴從

從開元初人

風后握機圖序

中黃子曰予觀風后握機圖殆有情哉然年代遷遠文字

損益或致恁訛矣惜乎夫兵者榮賤覆殺之大機也天地神靈之所閟也洞則王昧則亾故黃帝湯武得其道矣然則兵之用也豈惟道乎亦有工拙矣語大旨有三微焉昔伊尹勸湯呂望勸周子房勸漢祖鄧禹勸光武可謂知命運之微也樂生破竹迎刃之喻曹劌三鼓俟衰而作可謂知和氣之微也孫臏邀敵於馬陵韓信置軍於水上可謂知地勢之微也故古人有言曰能知三微霸代之師至夫以智料智因奇縱奇千變萬化不可殫備今夫握機者約而遠幾而深用少以濟廣貫一以綿萬微乎微乎可以神

會難以迹融非智合曩賢役心深妙者不可以常識偕之今予依風后大旨略爲此圖以擬方陣陣有八物有八容八八相值可離可合中有容效三元天子上將所居常靜不動以象元極以配中黃其理微矣若乃四衡夾三軸九地夾二天吟龍嘯武當前後之衝雲鳥風虵居搏掣之要敵寡則從武翼之屬風虵之勢合而圍之彼衆則奮龍武之衝接雲鳥之勢突而擊之亦百勝之術焉昔諸葛孔明以傑時之智將求其源而未得也乃曰八陣成可以橫行天下然武侯陣法亦有武翼翔鳥足明武侯所習則風后五圖也桓溫見蜀將八陣云是常山虵勢徒妄言耳常山虵者法出孫子謂之率然蓋直陣也故桓溫覽孫子而有是言殊無旨哉然此離合之勢奇正之術故曰或離而爲八或合而爲一以正合以奇勝其要在此矣孫子儒者也至注釋務析精奧而多引空言以誣後人何哉馬揔述云增字發明未得精了更益煩蕪予昔嘗覽焉中失其本每思經述近乃得之聊因時暇刊繁舉要序而第焉二百八十言殆不過尺幷爲圖式以悟後賢庶有賴云爾

擬三國名臣讚序

昔孔子舉詩書作後王者之法其稱殷頌曰天命元鳥降而生商書曰天工人其代之然則聖人受命賢人受任龍騰武躍風流雲蒸求之精微其道莫不咸係乎天者也故夫受天之命者不可以苟代天之理者不可以私前聖知其如此故明四目達四聰高居而審聽處幽而遐覽羣才必用衆功乃廣然後天應以福而太和之化臻矣雖三光襲照五運潛周嬀圖啟而揖讓興夏鼎移而干戈用德業相踵屯夷不同然激揚名義增廣壇宇何嘗不得賢則理失賢則危哉是故五老尊而軒風熾三仁去而殷道衰淮

陰來而漢家昌亞父亾而楚王滅姬漢以降大象淪夷當極者不以垂拱居尊干祿者必以權利邀進鏡物者不以虛巳爲德達才者必以寒雋爲嫌故洪綱强而萬目頽大理虧而廉讓蹇貞良甘退而莫進賢士卷藝以湠潛故伯夷爲之哀歌綺里爲之高遁晉重滅名以避其患楚狂遁世以全其身豈惡富貴哉葢有爲而然也夫明王旰食以求士君子含德以俟時然求應之感徒湠而君臣之分猶鮮者何也葢經達之道難而代乏鮑子蕭何之智也若夫解縛爲相古今所罕有登壇受爵賢者歎其難漢高始以

爲疑齊桓終受其福乃知有管仲之才無鮑叔之介則桓公不納有韓信之略無蕭何之助則漢高不容齊桓漢高不易值矣蕭公鮑子豈屢得哉夫未遇良鑒則夜光不爲寶時逢哲后則負鼎可升朝歷求遼古爰覽近圖臣主之際授受之外垂大明以敘下推至公以匡上則有我唐太宗文武大聖皇帝魏文貞者之流也葢至理之代君子不以王爵私其身而況親屬乎是以貞觀之中賢者在朝各崇至公馬周懷奇思而拔起隴畝李靖多大功而終始援用魏徵數直諫而優游撫納我朝之得才於斯爲美彼三

國之臣主始當草昧之期卒踐陵遲之運君無尺土之漸而以爭奪爲德臣無素定之分而以偷合爲功然其屬衰亂之閒固貞仁之節接風塵之會吐博奕之謀用能各奉其主克立厥勳者亦不可誣也又若清淑沈懿有顔氏之德靈鑒洞照有子房之能推功給下有終始之勤篤誼守節有風雲之概歎王室之多故懷黍離以永吟遂委忠曹公冀圖匡復而天命潛革人心則殊姑迴備物之謨卒抗非常之錫雖欲匡上以德翻乃殺身成仁夫仁義豈有恆在乎不捨道而巳是故比干湛身於殷后微子抗跡於周

邦雖二美同歸而三仁齊致公達慷慨總角耀奇惡姦臣之擅命想桓文之高舉羣雄競起漢歷寖微翻然回慮吐詞魏幕原其所以然者豈不以桑榆之暉非魯陽可止溝瀆之節豈仲尼所嘉是以攝管仲之高蹤攀魏武之遐轍全生之理其亦遠乎崔子矯然植青松之操鯁詞直對則左右失容捐生取義千載稱美雖遇讒譖葢亦其素志矣若乃天命未改則人思其舊乾道將革則物厭其常是以司隸之儀見悲於漢叟先王之跡遠播於汶隅孔明躬耕南陽盤桓俟主吐籌獻策識鼎峙之形總衆臨戎有席卷

之望原其去就抑亦懷漢之雅志焉及其撫戎幕持國鈞開誠心布公道賞不失德罰不濫刑又雖古之遺直不能尚也昔管仲用法伯氏無怨子羔刑人終以見德孔明之謫李嚴蓋近之矣周瑜魯肅咸起諸生鶚眎烏林鷹揚赤壁然肅為布衣當襄漢之際標賣田宅分財結士以求人傑此其志不小也公瑾推第於孫策子敬輟粟於周郎咸有異於人者也子布剛簡懷不撓之節屬桓王創業首贊經綸仲謀嗣立躬自扶翊古人所謂託六尺之孤者歟既而忠言屢發直道不回折弋獵之娛沮釣臺之樂斯又王臣蹇蹇國之元老者哉夫江東之於天下猶四體之有一掌耳權不能恢閎雄量以求忠讜而乃輕肆忿毒厭聞至言始抽刃於虞翻終按刃於子布翻既謫終遐裔昭亦廢處家僮故使時望挫傷元功圮衂由是見仲謀之器小也其不能厠跡中原懋長代之業者宜矣夫以子布忠賢承奕代之遇一言忤旨有不測之辜況賤跡之士而欲自下干上罄其孤慮者乎善料古者必察乎今善籌遠者必謀諸近讚詠之作豈必褒既往之陳迹蓋將暢其幽情貴使來葉有可觀者聊復采斷為其讚云